Título:	*Dicionário de Teatro*
Autor:	Patrice Pavis
Formato:	18,0 × 25,5 cm
Papel:	Cartão 300 g/m² (capa)
	Offset 75 g/m² (miolo)
Número de Páginas:	512
Editoração Eletrônica:	PS Comunicações
Scan e Reeditoração:	Studio 3
Impressão:	Meta Brasil

Dicionário de teatro

Supervisão Editorial: J. Guinsburg
Tradução: Maria Lúcia Pereira, J. Guinsburg,
Rachel Araújo de Baptista Fuser,
Eudynir Fraga e Nanci Fernandes
Revisão: J. Augusto de Abreu Nascimento
Capa: Adriana Garcia
Produção: Ricardo W. Neves e Sergio Kon

Dicionário de teatro

Patrice Pavis

Tradução para língua portuguesa sob a direção de
J. Guinsburg e Maria Lúcia Pereira

Título do original francês
Dictionnaire du Théâtre

Copyright © Dunod, Paris, 1996

Dados Internacionais de Catalogação na Publicação (CIP)
(Câmara Brasileira do Livro, SP, Brasil)

Pavis, Patrice, 1947 -
　　Dicionário de teatro / Patrice Pavis ; tradução para a língua portuguesa sob a direção de J. Guinsburg e Maria Lúcia Pereira. – São Paulo : Perspectiva, 2015.

　　Título original: Dictionaire du théâtre
　　2ª reimpr. da 3ª edição de 2011
　　Bibliogafia.
　　ISBN 978-85-273-0205-0

　　1. Teatro – Dicionários 1. Título

99-5310　　　　　　　　　　　　　　　　CDD-792.03

Índices para catálogo sistemático:
1. Teatro : Dicionários　792.03

3ª edição –2ª reimpressão
[PPD}

Direitos reservados em língua portuguesa à
EDITORA PERSPECTIVA LTDA.
Av. Brigadeiro Luís Antônio, 3025
01401-000 São Paulo SP Brasil
Telefax: (011) 3885-8388
www.editoraperspectiva.com.br

2019

À memória de Margita Zaheadniková
para Zajbo-Bojko e Moumouchka

Prefácio à edição brasileira

Pela primeira vez edita-se no Brasil um dicionário que, pautado em um elenco essencial de tópicos, consegue abranger todos os aspectos, meandros e nuances da linguagem teatral. Seu autor, Patrice Pavis, põe ao alcance do interessado – seja ele leigo ou especialista, teórico ou criador – a definição e a reflexão que, no conjunto da trama dos conceitos epigrafados, trazem tudo aquilo que vem a constituir o teatro.

Não se tem aqui, porém, um repertório de caráter histórico, mas, sim, temático. O leitor nunca encontrará entradas por nomes ou datas. Nomes e datas constarão ocasionalmente do corpo textual dos verbetes, a título de esclarecimento ou de ilustração. Também é oportuno lembrar que se trata de um dicionário francês e que, não obstante a sua visada declaradamente multicultural e etnocenológica, o material é referenciado basicamente à experiência e à cultura em que o autor tem origem e atua. Daí por que a larga maioria dos verbetes, definidos com grande rigor, e dos exemplos ilustrativos procede principalmente do teatro na França, o que, de modo algum, prejudica a sua abrangência e a sua imensa utilidade para o estudo da arte teatral em nosso meio. Tentamos, na tradução, inserir notas que remetam à realidade do teatro no Brasil, não dando exemplos, mas procurando estabelecer pontes ou analogias.

Para a análise dos elementos constitutivos da arte teatral, Patrice Pavis parte, quase sempre, de uma abordagem semiótica, na medida em que esta implica não menos o enfoque estrutural e fenomenológico. Isto significa que este dicionário não se reduz a uma visão semiótica do teatro. Na verdade, ele é muito mais que isto: encarado em seu conjunto, reprojeta em manifestações significativas toda a história do teatro – sem que a obra se proponha tal intento – e, também, o percurso e o debate do pensamento crítico sobre esta arte e as variantes de seu discurso. Neste sentido, vale notar que, à leitura deste repertório, vai se impondo a percepção de que o teatro não é apenas um resistente histórico que sobrevive a si mesmo, relegado à passividade de seus meios tradicionais, mas, ao contrário, é uma forma artística dotada de um grande poder vital de autorrenovação, que o foi adaptando aos tempos e incorporando a ele inovações estéticas e técnicas, inclusive de outros domínios, o que o tornam perfeitamente apto a levar ao palco os temas e os problemas do modo de ser de nossa época, como já o fizera em relação a quase todas as outras.

O tempo, este crítico feroz e seletivo, faz sobreviver as obras cujo valor resiste a ele e ao seu desafio. Por isso mesmo, cremos que, apesar da visível vinculação das opções deste elenco de noções ao teatro de hoje, o que, no futuro, poderá indicar com alguma particularidade seu momento de origem, o seu autor nos proporciona um dicionário que se destina a uma vida longa, graças, sobretudo, a um extraordinário conhecimento do campo, a uma rigorosa disciplina metodológica, a uma pesquisa incansável e pertinente a seus objetos, e à profundidade de sua exposição analítica, tão raros neste gênero de empreitada.

Não é preciso enfatizar que a transposição desta obra para o português ofereceu um montante respeitável de problemas e dificuldades, que procuramos vencer da maneira mais adequada possível, considerando as peculiaridades do vernáculo e as carências conhecidas de nossa linguagem técnica neste terreno. Temos a consciência de que o trabalho realizado representa condignamente o texto original e queremos crer que isto se deva, afora à equipe da editora, ao interesse e dedicação dos tradutores deste dicionário.

J. GUINSBURG E MARIA LÚCIA PEREIRA

Nota da Editora

No que concerne à versão para a língua portuguesa deste dicionário, a contribuição de Maria Lúcia Pereira foi de particular relevância, pois, além de traduzir a maioria dos verbetes, realizou a espinhosa tarefa de uniformização, merecendo por isso nossos agradecimentos.

Prefácio

Como fazer um dicionário de teatro que responda a todas as perguntas que se propõe quem trabalha no campo do teatro e quem se contenta em amá-lo? Um dicionário que seja um instrumento científico a integrar o conjunto das pesquisas que balizaram o século XX na ordem da semiótica, da linguística e da comunicação. Mas que não recuse a história, que integre não só as noções principais que ocupam o campo teatral, mas também suas transformações através dos tempos.

Tal é a aposta vencida por Patrice Pavis: seu dicionário é o fruto de vinte anos de reflexão e pesquisas, mas não menos de experiências pedagógicas e de contemplações de espectador.

O resultado disto é um objeto raro que, perpetuamente problemático, evita trazer ao leitor uma solução pronta, mas lhe mostra, a cada passo, como se colocam os difíceis problemas de uma dupla prática, ao mesmo tempo literária e artística, eternamente inscrita nas páginas de um livro, mas também viva, provisória, fugaz no âmbito de uma cena.

Este dicionário é um objeto tanto mais precioso quanto suas sucessivas edições lhe permitiram não só aperfeiçoamentos úteis, mas uma inserção em perspectiva das recentes manifestações da escritura e da encenação contemporâneas.

Neste momento em que se assiste a uma "mundialização" da cultura, o privilégio de Patrice Pavis é o de estar no cruzamento dos grandes domínios, o domínio anglo-saxão, mas também os domínios latinos, alemão e eslavo, e de levar a seu trabalho a riqueza dos textos teóricos e literários europeus e americanos.

E este dicionário é igualmente para o leitor, prático ou teórico, estudante ou amador, fonte de prazer: a legibilidade, a simplicidade direta do estilo iluminam noções complexas sem operar sua redução. Ele nos dirá tudo e nós teremos prazer em acompanhá-lo: por mais que a *Poética* de Aristóteles esteja distribuída no dicionário em fatias miúdas, ela se recompõe maravilhosamente a nossos olhos. Remissões e citações tecem uma trama tão cerrada que a armação lógica das teorias está presente por toda parte.

A teoria do teatro que se poderia extrair deste dicionário dá oportunidade às formas mais opostas, mas nos adverte: as formas não são inocentes; as formas justamente não são formais ou formalistas. As formas falam: elas dizem a relação do artista com o mundo.

Anne Ubersfeld

Prólogo

A ordem alfabética pode tornar-se um destino: aquele que permitiu classificar os artigos da primeira e da segunda edição deste dicionário (1980, 1987) situava de imediato a empreitada entre "absurdo" e "verossimilhante". Esta nova edição não escapa a estas limitações alfabéticas, embora ela tenha sido inteiramente modificada e consideravelmente aumentada. O projeto enciclopédico sempre parece tão desmesurado em sua amplitude e em sua ambição, mas tanto mais legítimo e necessário quanto nos esforçamos para entender a diversidade e a globalidade do fenômeno teatral. A despeito dos acasos maliciosos do dicionário – e de suas teimosias –, esta nova edição, concebida dentro do mesmo espírito, enriqueceu-se com inúmeros artigos e complementos. É um puro acaso se "absurdo" cede agora o primeiro lugar a "abstração"? E a abstração não é, mais que o absurdo, a melhor resposta à abundância das formas? O livro é, em todo caso, bem mais que uma rápida atualização ou uma modificação dos materiais antigos. O infinito jogo das remissões tece imperceptivelmente um texto que deveria ser perpetuamente revisto e corrigido pela atualidade. A presente edição leva em consideração inovações dos anos 1990, a dimensão interartística, intercultural e intermidiática do teatro de hoje. Tais influências obrigam a repensar as teorias e suas categorias, a situar a dramaturgia ocidental (a "representação" de um texto) numa antropologia das práticas espetaculares e numa etnocenologia.

O teatro é uma arte frágil, efêmera, particularmente sensível ao tempo. Ninguém poderia apreendê-lo sem requestionar seus próprios fundamentos e revisar periodicamente o edifício crítico ao qual incumbe, supõe-se, descrevê-lo.

A atividade teatral nunca foi tão intensa nem tão marcada pela diversidade das linguagens, das estruturas de recebimento e dos públicos. O espectador dá doravante prova de uma grande tolerância e de um gosto mais marcado pelas experiências de vanguarda. Ficou difícil surpreendê-lo e chocá-lo. Ele não se contenta mais em ficar maravilhado, admirado ou fascinado; precisa de uma explicação técnica ou filosófica. Aliás, o teatro não mais receia teorizar sua própria prática, a ponto de fazer disso, às vezes, a matéria de suas obras, mesmo se a época se distancia hoje em dia da auto reflexividade complacente dos anos teóricos triunfais (1965-1973). Estar-se-ia por fim levando o teatro a sério, considerá-lo-iam agora como uma arte maior e autônoma e não mais como uma sucursal da literatura, um substitutivo, na falta de melhor, do cinema ou uma desprezível atividade de feira?

Durante os anos 1960 e 1970, a teatrologia se desenvolveu sob o impulso das ciências humanas; explodiu num grande número de objetos de pesquisa e de metodologias. A forma parcial e descontínua do dicionário se impõe para cadastrar seus fragmentos e lampejos, sem dar a ilusão de unidade ou de totalidade. A teoria exige uma metalinguagem precisa que defina, sem simplificá-las, noções muito complexas.

Esta busca é mais de ordem metodológica e epistemológica do que terminológica e técnica. Ela não descreve noções com fronteiras garantidas – ela delimita as fronteiras propondo uma matéria em movimento. No infinito jogo das decupagens, denominações e remissões, o dicionário permite uma reflexão sobre o teatro e sobre o mundo "do qual ele fala" (não se ousa mais dizer "que ele representa").

A complexidade das teorias não passa, contudo, de um pálido reflexo da infinita riqueza das experiências teatrais de nossa época. Muitas dentre elas conhecem um certo resultado, quer se trate da investigação do espaço, da expressão corporal, da releitura dos clássicos ou da relação fundamental entre ator e espectador. Desconfiar-se-á, em compensação, dos discursos que proclamam o fim da encenação ou da história, o desaparecimento da teoria, o retorno à evidência do texto ou à supremacia incontestável do ator, pois em geral atestam uma recusa da reflexão e do sentido, um retorno a um obscurantismo crítico de sinistra memória. Nestes tempos de incerteza ideológica onde se liquida a herança humanista entre dois saldos de conceitos desbotados demasiado depressa, de engenhocas hermenêuticas ou de procedimentos pseudomodernos que dão muito na vista, uma reflexão histórica e estrutural parece-nos mais do que nunca necessária para não ceder à vertigem de um relativismo e de um esteticismo teóricos.

Este dicionário de noções teatrais procura, primeiramente, clarificar noções críticas bem emaranhadas. Mesmo se enveda por caminhos tortuosos, proporciona um reflexo do trabalho prático da análise da encenação, inclusive da criação teatral propriamente dita. Mais do que pela etimologia das palavras e pela compilação das definições, ele se interessa pela apresentação de diferentes teses, situando a reflexão sobre o teatro num contexto intelectual e cultural mais amplo, avaliando a influência dos meios de comunicação de massa, testando os instrumentos metodológicos existentes ou imagináveis.

Todo léxico fixa o uso de uma língua num determinado momento de sua evolução, arrola os signos nomeadores e delimita as coisas denominadas a partir dos termos existentes. Estabelecemos por conseguinte, em primeiro lugar, um levantamento desses termos. Este foi o início de nossas preocupações, pois, se há noções que atravessam o tempo e as fronteiras, existem também conceitos historicamente datados e caídos em desuso, porque demasiado ligados a um gênero ou a uma problemática particular. Foi-nos preciso levantar os dois tipos de termos. Embora tenhamos nos prendido ao uso atual da problemática, pareceu-nos útil reter igualmente conceitos mais clássicos, tanto mais quanto alguns são às vezes reinvestidos de um sentido novo (ex.: *catarse, ficção, ator*). Uma mesma entrada remete portanto, frequentemente, a empregos historicamente diferenciados ou contraditórios. Estas defasagens só são perceptíveis, todavia, se se adotar uma perspectiva histórica e se se relativizar, assim, os conceitos e as teorias.

Este dicionário, que dispõe sua matéria em ordens de razão, versa essencialmente sobre a nossa tradição teatral ocidental, de Aristóteles a Bob Wilson, em suma… Esta tradição exclui a descrição das formas extra europeias, em particular dos teatros tradicionais orientais, que provêm de um quadro de referências completamente diverso, mas ela também está aberta, desde os anos oitenta e noventa, às práticas interculturais e à miscigenação das formas, gestos e teorias que caracterizam a arte contemporânea. Fomos obrigados a excluir, às vezes meio arbitrariamente, formas anexas de espetáculo: as cerimônias, os ritos, o circo, a mímica, a ópera, as marionetes etc. Estas formas só foram examinadas na medida em que se misturam ao teatro (*cf.* marionetes e ator, música de cena etc.). Em compensação, a influência dos meios de comunicação de massa – em particular o cinema, a televisão ou o rádio – é tão grande que fizemos questão, em vários artigos, de levantar sua marca na prática contemporânea.

Não se encontrará aqui uma lista de criadores, movimentos e teatros (mesmo que os artigos façam, é claro, referência constantemente a eles e que o índice permita partir de nomes próprios), mas, antes, uma apresentação das grandes questões de dramaturgia, de estética, de hermenêutica, de semiologia e de antropologia. O vocabulário da crítica teatral, em constante evolução, não deixa de cobrir um campo e uma problemática bastante bem traçados e constituídos numa terminologia, às vezes muito especializada, que o dicionário deve esclarecer.

Ao lado dessas entradas muito técnicas, concedemos amplo espaço a artigos-dossiês sobre grandes questões estéticas, métodos de análise ou formas de representação. Aí, ainda menos do que em outros casos, a lexicologia não poderia pretender a objetividade. Ela tem que tomar partido nos debates em curso, assumir seus próprios pressupostos, não se esconder por trás das colunas neutras do dicionário.

Importa auxiliar o estudante, o amador e o praticante de teatro, tanto quanto o crítico e o espectador, a propor as grandes perguntas teóricas que atravessam sua arte.

A definição geral à cuja base se abre a maioria dos artigos oferece sua primeira orientação tomando o cuidado de não tornar fixos os termos e a problemática que eles veiculam. Ela pretende ser, portanto, a mais geral possível e não deve ser entendida como uma definição absoluta. A discussão metodológica se esforça, a seguir, em remediar a simplicidade inerente a toda definição, ampliando o debate e colocando-o no terreno teórico e estético. Aí ainda, a tensão entre vocabulário e tratado sistemático é total. Cada artigo é concebido como uma apresentação das dificuldades de seu emprego numa teoria de conjunto; ele gostaria de ser o ponto de partida e a abertura para o universo dramático e cênico; ele deixa adivinhar, em filigrana, o conjunto da construção que o subtende e o pressupõe. Daí as frequentes remissões (indicadas por um asterisco), que, além do tornarem o texto mais leve, permitem traçar algumas pistas numa paisagem crítica muito densa. O leitor poderá progredir por elas como quiser, guiado pelo índice temático.

Visão instantânea de um determinado ponto da evolução teatral, este livro não terá, esperamos, nem a tranquila segurança da lista telefônica nem a boa consciência do Código Penal, pois, se ele propõe uma interpretação estrutural do funcionamento textual e cênico, esse instantâneo nada tem de definitivo ou normativo. A acuidade de sua visão é como que embasada por sua fragilidade. Todo termo deslocado desloca com ele o edifício inteiro: tivemos a oportunidade de verificá-lo com frequência nos últimos vinte anos...

Os termos arrolados, escolhidos tanto por causa de sua recorrência na história da crítica quanto por sua utilidade na descrição dos fenômenos, poderiam ser reagrupados, não sem recortes, nas oito categorias do índice temático:

- a *dramaturgia*, que examina a ação, a personagem, o espaço e o tempo, todas as questões que contribuíram para fundamentar uma pesquisa teatral, textual e cênica ao mesmo tempo;

- o *texto* e o *discurso*, cujos principais componentes e mecanismos no interior da representação examinamos;

- o *ator* e a *personagem*, que constituem as duas faces de toda representação das ações humanas;

- o *gênero* e as *formas*, cujos principais casos de figura repertoriamos, sem pretender esgotar a questão, o que é impossível, no caso;

- a *encenação* e a maneira pela qual ela é apreendida e organizada, excluindo-se os termos técnicos da maquinaria teatral, o que exigiria um estudo específico;

- os *princípios estruturais* e as *questões de estética*, que não são especialmente ligados ao teatro, mas são indispensáveis para apreender sua estética e sua organização;

- a *recepção do espetáculo*, do ponto de vista do espectador, com todas as operações hermenêuticas, sócio semióticas e antropológicas que isto comporta;

- a *semiologia*, que não tem nada de uma nova ciência a substituir outras disciplinas, mas que constitui uma reflexão propedêutica e epistemológica sobre a produção, a organização e a recepção dos signos. Esta semiologia integrada, após uma forte crise de crescimento nos anos 1970, encontrou finalmente sua velocidade de cruzeiro e perdeu qualquer pretensão hegemônica, sem nada ceder quanto à profundidade e ao rigor.

Estas oito categorias nos parecem quadros bastante estáveis, pontos de referência seguros, na medida em que sustentam o olhar que este livro continua a lançar sobre a realidade teatral, apesar do fluxo incessante da criação, da irredutível distância entre a teoria e a prática e os acasos da vida teatral.

Índice Temático

DRAMATURGIA

ação
ação falada
acaso → motivação
adaptação
agon
alegoria
analítica (técnica, drama)
aparte
apaziguamento final
argumento
assunto → fábula
ato
catástrofe
cena obrigatória
complicação
composição dramática
composição paradoxal
conciliação → conflito
conclusão → apaziguamento final
conflito
contraintriga → intriga secundária
cordel → recurso dramático
coro
crise
deliberação
desenlace
deus ex machina
diégese
dilema
distensão cômica
documentação

dramático e épico
dramatização
dramaturgia
dramaturgia clássica
dramatúrgica (análise)
dramaturgo
encadeamento
ensaio
épico (teatro)
epílogo
episódio
epítase → crise
epicização do teatro
erro → *hamartia*
espaço dramático
espaço interior
estrutura dramática
estudos teatrais
exposição
fábula
fabula → fábula
falha → *hamartia*
ficção
fim → apaziguamento final
flashback
focalização
fonte
fora de cena
fora do texto
função
gag
golpe de teatro
harmatia

historicização
hybris
imbroglio
imitação
incidente
interesse
intriga
intriga secundária
mal-entendido → quiproquó
meio
mimese
momento de decisão
morceau de bravoure → cena obrigatória
motivação
motivo
mythos
necessário → verossimilhante
nó
nota introdutória
obstáculo
parábase
parábola
paroxismo
pausa silêncio
peripécia
poética teatral
ponto de ataque
ponto de integração
ponto de vista
porta-voz
possível → verossimilhante
prefácio → nota introdutória
pressuposto → discurso
prótase → exposição
queda → catástrofe
quiproquó
realidade representada
realidade teatral
reconhecimento
recrudescimento da ação
recurso dramático
regras
repertório
réplica
resumo da peça → argumento
retardamento → motivo, peripécia
silêncio
suspense
teatrologia
teicoscopia
tempo
tensão
trama → intriga

travestimento → disfarce
unidades
verossimilhança
versão cênica
virada

TEXTO E DISCURSO

aforismo → sentença
alexandrino → versificação
ambiguidade
análise da narrativa
auto reflexividade → *mise en abyme*
autor dramático
canevas
clichê → estereótipo
comentário → épico
concretização → texto dramático
contexto
conversa → diálogo, pragmática
debate → dilema
dedicatória
dêixis
dialogismo → discurso
diálogo
dicção
didascálias
discurso
ditirambo
dito e não dito
elocução
enunciado, enunciação → discurso, situação de enunciação
escansão → declamação, versificação
escritura cênica
espaço textual
esquete
estâncias
esticomitia
indicações cênicas
indicações espaço-temporais
inversão → virada
leitmotiv
máxima → sentença
melopeia → recitativo
monólogo
montagem
palavra do autor
não dito → dito e não dito
narração
narrador
narrativa

paratexto
poema dramático
programa
prólogo
prosódia
provérbio dramático
recitação → declamação, dicção
recitante
recitativo
retórica
sentença
solilóquio
song
subtexto
teoria do teatro
texto cênico → texto espetacular
texto dramático
texto e contratexto → intertextualidade
texto principal, texto secundário
tirada
título da peça
tradução teatral
versificação

ATOR E PERSONAGEM

actancial
alazon → fanfarrão
ama → confidente, *soubrette*
anagnoris → reconhecimento
antagonista
anti-herói → herói
aparição → fantasma
apontador → ponto
arlequinada → pantomima
arquétipo
atitude
ator
biomecânica
bobo → bufão
bufão
canastrão → ator
caracterização
caráter
comediante ou ator
condensação
condição social
confidente
configuração
corifeu → coro
corpo
criado

dama de companhia → confidente, *soubrette*
declamação
demonstração de trabalho
desdobramento → duplo
deuteragonista → protagonista
dicção
direção de ator
disfarce
distribuição
dramatis personae
emploi
entonação → declamação, voz
espectro → fantasma
estereótipo
expressão corporal
fanfarrão
fantasma
figura
figuração
figurante → figuração
fisionomia → mímica
gesto
gestual → teatro gestual
gestualidade
gestus
gracioso → bufão
herói
identificação
improvisação
ingênua
jogo
jogo de cena
jogo de linguagem
jogo e contrajogo
kinésica
kinestesia
lazzi
lista de personagens
literatura dramática → arte dramática
louco → bufão
mambembe
marcha → movimento
marionete (e ator)
mentiroso → narrativa
mímica
mimo
natural
olhar
orador
orquéstica
paixões
pantomima
papel

paralinguística (elementos) → kinésica
performer
personagem
ponto
postura → movimento
presença
procedimento → movimento
prosódia
protagonista
proxêmica
quironomia
raisonneur
resmungos
resumo → condensação
retrato de ator → fotografia de teatro
saltimbanco
soubrette
subpartitura → partitura
supermarionete
tipo
tom → declamação
trabalhos de ator
tritagonista → protagonista
coadjuvar
voz
voz *off*

GÊNEROS E FORMAS

ações
comédia (alta e baixa)
antimáscara → máscara
antiteatro
aristotélico (teatro)
arte corporal
arte do espetáculo → espetáculo
atelanas
autossacramental
autoteatro
balé de corte → *comédie-ballet*
boulevard → teatro de *boulevard*
burguês (teatro)
café-teatro
cena de multidão → teatro de massa
cerimônia → ritual (teatro e)
comedia
comédia
comédia antiga
comédia burlesca
comédia de caráter
comédia de costumes
comédia de gaveta

comédia de ideias
comédia de intriga
comédia de salão
comédia de situação
comédia em série
comédia heroica
comédia lacrimosa
comédia ligeira *vaudeville*
comédia negra
comédia nova
comédia pastoral
comedia satírica
comédia sentimental → comédia lacrimosa
comédia séria → tragédia doméstica (burguesa)
comédie-ballet
Commedia dell'arte
commedia erudita
cortina
crônica
dança-teatro
didática → peça didática, teatro didático
divertissement
documentário → teatro documentário
drama
drama burguês → drama
drama histórico → história
drama litúrgico
eletrônicas (artes)
épico
etnodrama
experimental → teatro experimental
expressão dramática → jogo dramático
fantasmagoria → *féerie*
féerie
formas teatrais
gênero
herói-cômico → comédia heroica
happening
humor → comédia de humores
humor → cômico
improviso
intercultural (teatro)
interlúdio
intermédio
intervenção → teatro de *agit-prop*
jogo
jogo dramático
leitura dramática
mascarada → máscara
massa → teatro de massa
materialista (teatro)
meios de comunicação e teatro
melodrama

metateatro (metapeça)
mimodrama
miracle
mistério
monodrama
moralidade
mulheres (teatro das)
multimídia (teatro)
novo teatro
one (wo)man show
ópera (e teatro)
paixão
parada
paródia
participação → teatro de participação
peça
peça bem feita
peça de capa e espada
peça de grande espetáculo → espetáculo
peça de máquina → máquina teatral
peça de problema → peça de tese
peça de tese → teatro de tese
peça didática
peça em um ato
peça histórica → história
peça muda → pantomima
peça radiofônica → rádio e teatro
performance
pós-moderno (teatro)
rádio e teatro
ritual (teatro e)
sainete
sotie
tragédia heroica
trágico
tragicomédia
tragicômico
teatro antropológico
teatro autobiográfico
teatro de bolso → teatro de câmara
teatro do absurdo → absurdo
teatro épico → épico (teatro...)
teatro íntimo → teatro de câmara
teatro sincrético → teatro total
televisão (e teatro)
vanguarda → teatro experimental
vaudeville
vídeo → meios de comunicação e teatro

ENCENAÇÃO

abstração acessórios

acontecimento
animação
área de atuação
arte da cena
arte da representação
arte teatral
bastidores → fora de cena
caderno de encenação
cena
cenário
cenário construído
cenário falado → cenário verbal
cenário sonoro
cenário verbal
cenários simultâneos
cênico
cenografia
colocação em onda → rádio
conselheiro literário → dramaturgo
coreografia (e teatro)
cortina
criação coletiva
descoberta → analítico(a) (técnica..., drama...)
direção de cena
diretor de cena
diretor de teatro
dirigir-se ao público
dispositivo cênico
efeito sonoro → sonoplastia
encenação
encenador
ensino de teatro → universidade
entreato
espacialização → leitura dramática
espaço (no teatro)
espaço cênico
espaço lúdico (ou gestual)
espaço teatral
espetacular
espetáculo
etnocenologia
fantasia (teatro da...)
festival figurino
formador → animação
fotografia (de teatro)
iluminação
imagem
instalação
intermidialidade
jogo mudo → jogo de cena
lado corte, lado jardim → direita e esquerda do palco – lado pátio, lado jardim
luz → iluminação

maquiagem
máquina teatral
marcação → leitura dramática, encenação
modelo (representação)
montagem sonora → sonoplastia
música de cena
música (e teatro)
naturalista (representação)
objeto
opsis
orquestra
outra cena → espaço interior, fantasia
palco
parateatro
percurso
plástica animada
ponto
prática espetacular
praticável
pré-encenação
produção teatral
projeção
quadro
quadro vivo
quarta parede
rampa → quadro, cortina
realista (representação)
reapresentação
representação teatral
reteatralização → teatralização
rítmica
ritmo
roteiro
som sonoplastia
sonoplastia
tablado
teatralidade
teatro de diretor
teatro de imagens
teatro de objetos
teatro materialista
teatro mecânico
teatro musical
tempo
texto e cena
theatron
verista (representação)
versão cênica
vídeo → meios de comunicação e teatro
vocalização → leitura dramática
voz

PRINCÍPIOS ESTRUTURAIS E QUESTÕES DE ESTÉTICA

abstração
absurdo
adaptação
ambiguidade
animação
antropologia teatral
apolíneo e dionisíaco
arte dramática
arte poética → poética teatral
atualização
avaliação → descrição, estética teatral
bom-tom
brechtiano
burlesco
categoria dramática (teatral)
ciência do espetáculo → teatrologia
citação
close → focalização
coerência
colagem
cômico
corte → decupagem
decoro
distância
distanciamento
divertido → cômico
duplo
edificação → teatro didático, teatro de tese
efeito de desconstrução
efeito de estranhamento
efeito de evidenciação
efeito de real
efeito de reconhecimento
efeito teatral
especificidade teatral
essência do teatro
estética teatral
esteticismo
estilização
estranhamento efeito de estranhamento
estratégia
expressão
fantástico
forma
forma aberta
forma fechada
formalismo
gosto
grotesco
inquietante estranheza efeito de estranhamento

insólito → efeito de estranhamento
ironia
magia → *féerie*
máscara
matemática (abordagem) do teatro
melodramático
metáfora, metonímia retórica
mise en abyme
norma → regras
origem → arte teatral
pathos
percepção
perspectiva
poesia (no teatro)
procedimento
processo teatral
psicanálise → fantasia
quadro
reprodução
ridículo → cômico
riso → cômico
ritmo
ruptura
sagrado → ritual
simbolismo → estilização, símbolo
sociocrítica
tratado → arte teatral
valor → estética teatral
verista (representação)
verossimilhante

RECEPÇÃO

aplauso
atitude
catarse
crítica dramática
dedicatória
descrição
espectador
expectativa
fortuna da obra → recepção
hermenêutica
ilusão
instituição teatral → sociocrítica
interpretação
legibilidade
leitura
nota introdutória
percepção
pesquisa teatral

piedade → terror e piedade
relação teatral terror e piedade

SEMIOLOGIA

actancial (modelo)
actante → actancial
analagon → ícone
códigos teatrais
comunicação não verbal → kinésica
comunicação teatral
decupagem
dêixis
descrição
formalização → descrição, partitura
ícone
índice
intertextualidade
isotopia
linguagem cênica, teatral → escritura cênica
linguagem dramática
mensagem teatral
metalinguagem → descrição
metateatro
mundo possível → ficção
notação → descrição, partitura
ostensão
partitura
pragmática
prática significante
práxis
público → espectador, recepção
questionário
reconstituição → descrição
referente → realidade representada, signo teatral
sátira → cômico, paródia
segmentação → decupagem
semiologia teatral
semiotização
sequência
significado → signo teatral
significante → signo teatral
signo teatral
símbolo
sistema cênico
sistema significante → sistema cênico
situação de enunciação
situação de linguagem
situação dramática
unidade mínima
visual e textual

XXI

NOTA TÉCNICA

As palavras seguidas de um asterisco remetem a outros artigos. As datas entre parênteses após os nomes de autor ou de obras permitem identificar na bibliografia no final do volume o artigo ou o livro em questão. As obras citadas no corpo do artigo não são retomadas no complemento bibliográfico, mas constituem, é claro, referências importantes. Para obras muito conhecidas ou reeditadas, muitas vezes se escolheu a data da primeira edição, indicando na bibliografia geral aquela da edição utilizada.

Um índice temático permite restituir o termo a seu campo conceitual, em função de um tipo de abordagem ou de um domínio crítico.

A

ABSTRAÇÃO

↻ Fr.: *abstraction*; Ingl.: *abstraction*; Al.: *Abstraktion*; Esp.: *abstración*.

Se não existe teatro abstrato (no sentido de uma pintura abstrata), sempre se observa, em contrapartida, um processo de abstração e de *estilização** da matéria teatral, tanto na escritura quanto na cena. Todo trabalho artístico, e singularmente toda encenação, abstrai-se da realidade ambiente; ela está antes (retomando a distinção da *Poética* de ARISTÓTELES) mais próxima da poesia – que trata do geral – do que do teatro -que trata do particular. É da natureza da encenação organizar, filtrar, abstrair e extrair a realidade. Certas estéticas sistematizam este processo de abstração: assim a Bauhaus de O. SCHLEMMER visa "a simplificação, a redução ao essencial, ao elementar, ao primário, para opor uma unidade à multiplicidade das coisas" (1978: 71). Daí resulta uma geometrização das formas, uma simplificação dos indivíduos e dos movimentos, uma percepção dos códigos, das convenções e da estrutura de conjunto.

ABSURDO

↻ Fr: *absurde*; Ingl.: *absurd*; Al.: *das Absurde*; Esp.: *absurdo*.

1. O que é sentido como despropositado, como totalmente sem sentido ou sem ligação lógica com o resto do texto ou da cena. Em filosofia existencial, o absurdo não pode ser explicado pela razão e recusa ao homem qualquer justificação filosófica ou política de sua ação. É preciso distinguir os elementos absurdos no teatro do *teatro absurdo* contemporâneo.

No teatro, falar-se-á de elementos absurdos quando não se conseguir recolocá-los em seu contexto dramatúrgico, cênico, ideológico. Tais elementos são encontrados em formas teatrais bem antes do absurdo dos anos cinquenta (ARISTÓFANES, PLAUTO, a farsa medieval, a *Commedia dell'arte**, JARRY, APOLLINAIRE). O ato de nascimento do *teatro do absurdo*, como gênero ou tema central, é constituído por A *Cantora Careca* de IONESCO (1950) e *Esperando Godot de* BECKETT (1953). ADAMOV, PINTER, ALBEE, ARRABAL, PINGET são alguns de seus representantes contemporâneos. Às vezes se fala de *teatro de derrisão*, o qual "procura eludir qualquer definição precisa, e progride tateando em direção ao indizível, ou, retomando um título beckettiano, em direção ao inominável" (JACQUART, 1974: 22).

2. A origem deste movimento remonta a CAMUS (*O Estrangeiro, O Mito de Sísifo*, 1942) e a SARTRE (*O Ser e o Nada*, 1943). No contexto da guerra e do pós-guerra, estes filósofos pintaram um retrato desiludido de um mundo destruído e dilacerado por conflitos e ideologias.

Entre as tradições teatrais que prefiguram o absurdo contemporâneo, alinham-se a farsa, as *paradas**, os intermédios grotescos de SHAKESPEARE ou do teatro romântico, dramaturgias inclassificáveis como as de APOLLINAIRE, de JARRY, FEYDEAU OU GOMBROWICZ. As peças de CAMUS (*Calígula, o Mal-entendido*) e SARTRE (*Entre Quatro Paredes*) não correspondem a nenhum dos critérios formais do absurdo, mesmo que as personagens sejam seus porta-vozes filosóficos.

A peça absurda surgiu simultaneamente como antipeça da dramaturgia clássica, do sistema épico brechtiano e do realismo do teatro popular (*anfiteatro**). A forma preferida da dramaturgia absurda é a de uma peça sem intriga nem personagens claramente definidas: o acaso e a invenção reinam nela como senhores absolutos. A cena renuncia a todo mimetismo psicológico ou gestual, a todo efeito de ilusão, de modo que o espectador é obrigado a aceitar as convenções físicas de um novo universo ficcional. Ao centrar a fábula nos problemas da comunicação, a peça absurda transforma-se com frequência num discurso sobre o teatro, numa *metapeça**. Das pesquisas surrealistas sobre a escrita automática, o absurdo reteve a capacidade de sublimar, numa forma paradoxal, a escrita do sonho, do subconsciente e do mundo mental, e de encontrar a metáfora cênica para encher de imagens a paisagem interior.

3. Existem várias estratégias do absurdo:
– o absurdo *niilista*, no qual é quase impossível extrair a menor informação sobre a visão de mundo e as implicações filosóficas do texto e da representação (IONESCO, HILDESHEIMER);
– o absurdo como princípio *estrutural* para refletir o caos universal, a desintegração da linguagem e a ausência de imagem harmoniosa da humanidade (BECKETT, ADAMOV, CALAFERTE);
– o absurdo *satírico* (na formulação e na intriga) dá conta de maneira suficientemente realista o mundo descrito (DÜRRENMATT, FRISCH, GRASS, HAVEL).

4. O teatro absurdo já pertence à história literária. Ele possui suas figuras clássicas. Seu diálogo com uma dramaturgia realista durou pouco, já que BRECHT, que projetava escrever uma adaptação de *Esperando Godot*, não conseguiu concluir este projeto. Apesar das recuperações no Leste, em autores como HAVEL ou MROZEK, ou no Oeste, nos jogos de linguagem à maneira de WITTGENSTEIN (por HANDKE, HILDESHEIMER, DUBILLARD), o absurdo continua, no entanto, a influenciar a escritura contemporânea e as provocações calculadas das encenações dos textos prudentemente "clássicos".

 Trágico, tragicômico, cômico.

 Hildesheimer, 1960; Esslin, 1962; Ionesco, 1955, 1962, 1966.

AÇÃO

 Fr.: *action*; Ingl.: *action*; Al.: *Handlung*; Esp.: *acción*.

1. Níveis de Formalização da Ação

a. Ação visível e invisível

Sequência de acontecimentos cênicos essencialmente produzidos em função do comportamento das personagens, a ação é, ao mesmo tempo, concretamente, o conjunto dos *processos** de transformações visíveis em cena e, no nível das *personagens**, o que caracteriza suas modificações psicológicas ou morais.

b. Definição tradicional

A definição tradicional da ação ("sequência de fatos e atos que constituem o assunto de uma obra dramática ou narrativa", dicionário *Robert*) é puramente tautológica, visto que se contenta em substituir "ação" por *atos* e *fatos*, sem indicar o que constitui esses *atos* e *fatos* e como eles são organizados no texto dramático ou no palco. Dizer, com ARISTÓTELES, que a fábula é "a junção das ações realizadas" (1450*a*) ainda não explica a natureza e a estrutura da ação; trata-se, em seguida, de mostrar como, no teatro, esta "junção das ações" é estruturada, como se articula a fábula e a partir de que índices pode-se reconstituí-la.

c. Definição semiológica

Reconstitui-se primeiro o *modelo actancial** num determinado ponto da peça estabelecendo o vínculo entre as ações das personagens, determinando o sujeito e o objeto da ação, assim como os oponentes e adjuvantes, quando este esquema é modificado e os *actantes** assumem novo valor e nova posição dentro do universo dramatúrgico. O motor da ação pode, por exemplo, passar de uma para outra personagem, o objeto perseguido pode ser eliminado ou assumir uma outra forma, modificar-se a estratégia dos oponentes/adjuvantes. A ação se produz desde que um dos actantes tome a iniciativa de uma mudança de posição dentro da configuração *actancial**, alterando assim o equilíbrio das forças do drama. A ação é portanto o elemento transformador e dinâmico que permite passar lógica e temporalmente de uma para outra *situação**. Ela é a sequência lógico--temporal das diferentes situações.

As análises da *narrativa** se combinam para articular toda história em redor do eixo desequilíbrio/equilíbrio ou transgressão/mediação, potencialidade/realização (não realização). A passagem de um a outro estádio, de uma situação de partida a uma situação de chegada descreve exatamente o percurso de toda ação. ARISTÓTELES não estava dizendo outra coisa quando decompunha toda fá*bula** em início, meio e fim (*Poética*, 1450*b*).

2. Modelo Actancial, Ação e Intriga

a. Para dissociar ação de *intriga**, é indispensável recolocar as duas noções no interior do modelo actancial e situá-las em diferentes níveis de manifestação (estrutura profunda e estrutura superficial).

O quadro abaixo se lê de cima a baixo como a passagem da estrutura profunda (que só existe no nível teórico de um modelo reconstituído) à estrutura superficial (ou de "superfície", que é a do discurso do texto e das sequências de episódios da intriga); logo, da ação naquilo que ela tem de cênica e narrativamente perceptível.

b. A ação situa-se num nível relativamente profundo visto que ela se compõe de figuras muito gerais das transformações actanciais antes mesmo de deixar adivinhar, no nível real da fábula, a composição detalhada dos episódios narrativos que formam a *intriga**.

A ação pode ser resumida num *código* geral e abstrato. Ela se cristaliza, em certos casos, numa fórmula assaz lapidar (BARTHES, 1963, ao dar a "fórmula" das tragédias racinianas). A intriga é perceptível no nível superficial (o da performance) da mensagem individual. Poder--se-ia distinguir assim a ação de *Don Juan* em suas diferentes fontes literárias, ação que reduziríamos a um pequeno número de sequências narrativas fundamentais. Em contrapartida, se analisarmos cada versão, é preciso levar em conta episódios e aventuras particulares do herói, enumerar cuidadosamente as sequências de *motivos**: trata-se aí de um estudo da intriga. H. GOUHIER propõe uma distinção análoga entre ação e intriga quando opõe a *ação esquemática*, espécie de essência ou fórmula concentrada da ação, à *ação que assume uma duração* ou ação encarnada no nível da existência: "A ação esboça acontecimentos e situações; a partir do momento que ela começa a se alongar, põe em movimento um jogo de imagens que já conta uma história e que por aí se coloca no nível da existência" (1958: 76).

c. A diferença entre ação e intriga corresponde à oposição entre a *fábula** (sentido 1.*a.*) como matéria e *história contada*, lógica temporal e causal do sistema actancial, e a fábula (sentido 1.*b.*) como estrutura da narrativa e *discurso contante*, sequência concreta de discurso e de peripécias; *assunto* no sentido de TOMASCHÉVSKI

Nível 3 Estrutura superficial (manifesta)	Sistema das personagens ↓	Atores ↓	Intriga ↓
Nível 2 Estrutura discursiva (nível figurativo)	Modelo actancial ↓	Actantes ↓	Ação ↓
Nível 1 Estrutura profunda Estrutura narrativa	Estruturas elementares da significação (quadrado semiótico de Greimas, 1970)	Operadores lógicos	Modelos lógicos da ação

(1965), a saber, como disposição real dos acontecimentos na narrativa.

3. Ação das Personagens

Desde ARISTÓTELES, está aberta a discussão sobre a primazia de um dos termos do par ação-caracteres. É natural que um determine o outro e reciprocamente, mas as opiniões divergem sobre o termo maior e a contradição.

a. Concepção existencial

A ação vem primeiro. "As personagens não agem para imitar os caracteres, mas recebem seus caracteres por acréscimo e em razão de suas ações [...] sem ação não pode haver tragédia, mas pode havê-la sem caráter" (*Poética*, 1540a). A ação é considerada como o motor da fábula, definindo-se as personagens somente por tabela. A análise da narrativa ou do drama esforça-se para distinguir esferas de ações (PROPP, 1965), sequências mínimas de atos, actantes que se definem por seu lugar no modelo actancial (SOURIAU, 1950; GREIMAS, 1966), situações (SOURIAU, 1950; JANSEN, 1968; SARTRE, 1973). Estas teorias têm em comum uma certa desconfiança em relação à análise psicológica dos caracteres e uma vontade de só julgar estes últimos com base em suas ações concretas. SARTRE resume bastante bem esta atitude: "Uma peça é lançar pessoas numa empreitada; não há necessidade de psicologia. Em contrapartida, há necessidade de delimitar muito exatamente que posição, que situação pode assumir cada personagem, em função das causas e contradições anteriores que a produziram com relação à ação principal" (1973: 143).

b. Concepção essencialista

Inversamente, uma filosofia levada a julgar o homem por sua essência e não por suas ações e sua situação começa por analisar, muitas vezes de maneira finíssima, os caracteres, define-os de acordo com uma consistência e uma essência psicológica ou moral além das ações concretas da intriga; ela só se interessa pela personificação da "avareza", da "paixão", do "desejo absoluto". As personagens só existem como lista de *emplois* morais ou psicológicos; elas coincidem totalmente com seus discursos, contradições e *conflitos**. Tudo se passa como se sua ação fosse a consequência e a exteriorização de sua vontade e de seu caráter.

4. Dinâmica da Ação

A ação está ligada, pelo menos para o teatro *dramático** (*forma fechada**), ao surgimento e à resolução das contradições e conflitos entre as personagens e entre uma personagem e uma situação. É o desequilíbrio de um conflito que força a(s) personagem(s) a agirem para resolver a contradição; porém sua ação (sua reação) trará outros conflitos e contradições. Esta dinâmica incessante cria o movimento da peça. Entretanto, a ação não é necessariamente expressa e manifesta no nível da intriga; às vezes ela é sensível na transformação da consciência dos protagonistas, transformação que não tem outro barômetro que não os discursos (drama clássico). Falar, no teatro ainda mais que na realidade cotidiana, sempre é agir (ver *ação falada**).

5. Ação e Discurso

O discurso é um modo de fazer. Em virtude de uma convenção implícita, o discurso teatral é sempre maneira de agir, mesmo segundo as mais clássicas normas dramatúrgicas. Para D'AUBIGNAC, os discursos no teatro "[...] devem ser como ações daqueles que neles fazemos aparecer; pois aí *falar é agir*" (*Pratique du Théâtre*, livro IV, cap. 2). Quando Hamlet diz: "Estou partindo para a Inglaterra", deve-se já imaginá-lo a caminho. O discurso cênico foi muitas vezes considerado como o local de uma *presença** e de uma ação verbal. "No princípio era o Verbo [...] no princípio era a Ação. Mas que é um Verbo? No princípio era o Verbo ativo" (GOUHIER, 1958: 63).

Outras formas de ação verbal, como as performáticas, o jogo dos pressupostos, o emprego dos dêiticos estão em ação no texto dramático (PAVIS, 1978a). Mais que nunca, elas tornam problemática a separação entre a ação visível no palco e o "trabalho" do texto: "Falar é fazer, o logos assume as funções da práxis e a substitui" (BARTHES, 1963: 66). O teatro se torna um local de simulação onde o espectador é encarregado, por uma convenção tácita com o autor e o ator, de imaginar os atos performáticos num palco que não o da realidade (*cf. pragmática**).

6. Elementos Constitutivos da Ação

ELAM (1980:121) distingue, na sequência dos trabalhos da filosofia da ação (VAN DIJK, 1976), seis elementos constitutivos da ação: "O agente, sua intenção, o ato ou o tipo de ato, a modalidade da ação (a maneira e os meios), a disposição (temporal, espacial e circunstancial) e a finalidade". Estes elementos definem qualquer tipo de ação, pelo menos de ação consciente e não acidental. Identificando estes elementos, precisar-se-á a natureza e a função da ação no teatro.

7. Formas da Ação

a. Ação ascendente/ação descendente

Até a *crise** e sua resolução na *catástrofe**, a ação é ascendente. O encadeamento dos acontecimentos se faz cada vez mais rápido e necessário à medida que nos aproximamos da conclusão. A ação descendente é reunida em algumas cenas, até mesmo alguns versos no fim da peça (*paroxismo**).

b. Ação representada/ação contada

A ação é dada diretamente a ver ou é transmitida num texto. No segundo caso, ela própria é *modalizada** pela ação e pela situação do recitante.

c. Ação interior/ação exterior

A ação é mediatizada e interiorizada pela personagem ou, ao contrário, recebida do exterior por esta.

d. Ação principal/ação secundária

A primeira tem seu eixo na progressão do ou dos protagonistas; a segunda é enxertada na primeira como intriga complementar sem importância primordial para a fábula geral. A dramaturgia clássica, ao exigir a unidade de ação, tende a limitar a ação à ação principal.

e. Ação coletiva/ação privada

O texto, principalmente nos dramas históricos, muitas vezes apresenta em paralelo o destino individual dos heróis e este, geral ou simbólico, de um grupo ou de um povo.

f. Ação na forma fechada*/na forma aberta*

(Ver nestes termos.)

8. A Ação Teatral numa Teoria da Linguagem e da Ação Humana

a. Os autores da ação

Entre os inúmeros sentidos da ação teatral, foi possível, no que antecede, conduzir a ação a três ramos essenciais:

- *a ação da fábula** ou ação representada: tudo o que se passa no interior da ficção, tudo o que fazem as personagens;
- *a ação do dramaturgo e do encenador*: estes enunciam o texto através da encenação, procedem de modo a que as personagens façam esta ou aquela coisa;
- *a ação verbal das personagens* que dizem o texto, contribuindo assim para assumir a ficção e a responsabilidade delas.

b. Vínculo da ação da fábula e da ação falada das personagens

Parece útil distinguir dois tipos de ação, no teatro: a ação global da fábula, que é uma ação como ela se dá a ler na fábula, e a ação falada das personagens, que se realiza em cada uma das enunciações (ou *réplicas**) da personagem.

A ação enquanto fábula forma a armação narrativa do texto ou da representação. Ela é passível de ser lida e, portanto, reconstituída de diversas maneiras pelos práticos que encenam a peça, mas conserva sempre sua estrutura narrativa global, no interior da qual se inscrevem as enunciações (ações faladas) das personagens.

Pode acontecer que esta distinção tenda a apagar-se, quando as personagens não têm mais nenhum projeto de ação e se contentam em substituir toda ação visível por uma história de sua enunciação ou de sua dificuldade em se comunicar: é o caso em BECKETT (*Fim de Jogo, Esperando Godot*), HANDKE (*Kaspar*) ou PINGET. Este já era mesmo o caso em certas comédias de MARIVAUX (*Os Juramentos Indiscretos*), onde os locutores não falam mais em direção a um fim ou de acordo com uma fábula e fazem constante referência a sua maneira de falar e à dificuldade de comunicação.

📖 Tomaschévski, 1965; Greimas, 1966; Jansen, 1968; Urmson, 1972; Bremond, 1973; Rapp, 1973; Hübler, 1972; Stierle, 1975; *Poética*, 1976; Van Dijk, 1976; Suvin, 1981; Richards, 1995; Zarrilli, 1995.

AÇÃO FALADA

 Fr.: *action parlée*; Ingl.: *speech act*; Al.: *Sprechhandlung*; Esp.: *acción hablada*.

1. No teatro, a ação não é um simples caso de movimento ou de agitação cênica perceptível. Ela se situa *também*, e para a tragédia clássica *sobre tudo*, no interior da personagem em sua evolução, suas decisões, logo, em seus *discursos**. Daí o termo ação falada (segundo a *azione parlata* definida por PIRANDELLO).

Toda fala no palco é atuante e aí, mais que em qualquer outro lugar, "dizer é fazer". D'AUBIGNAC era bem consciente disso, CORNEILLE fazia de seus monólogos verdadeiros mimos discursivos (PAVIS, 1978*a*), CLAUDEL opunha o kabuki, onde atores falam, ao bunraku, onde uma fala age. Todo homem de teatro sabe bem, como SARTRE, "que a linguagem é ação, que há uma linguagem particular no teatro e que esta linguagem jamais deve ser descritiva [...] que a linguagem é um momento da ação, como na vida, e que ela é feita unicamente para dar ordens, proibir coisas, expor, sob a forma de argumentações, os sentimentos (logo, com um fim ativo), para convencer ou defender ou acusar, para manifestar decisões, para duelos verbais, recusas, confissões etc.; em suma, sempre em ato" (1973: 133-134).

2. Por causa destas certezas, a *pragmática** encara o diálogo e o acontecimento cênico como ações performáticas e como um jogo sobre os pressupostos e o implícito da conversação; em suma, como uma maneira de agir sobre o mundo pelo uso da palavra.

 Searle, 1975; *Poética*, 1976, n. 8; Pfister, 1979; Ubersfeld, 1977*a*, 1982; Pavis, 1980*a*.

ACESSÓRIOS

 Fr.: *accessoires*; Ingl: *props*; Al.: *Requisitem*, Esp.: *utileria*.

*Objetos** cênicos (excluindo-se *cenários** e *figurinos**) que os atores usam ou manipulam durante a peça. Numerosíssimos no teatro naturalista, que reconstitui um ambiente com todos os seus atributivos, tendem, hoje, a perder seu valor caracterizante para se tornarem *máquinas** de atuar ou *objetos** abstratos. Ou então transformam-se, como no teatro do absurdo (particularmente em IONESCO) em objetos-metáforas da invasão do mundo exterior na vida dos indivíduos. Eles passam a ser personagens completas e acabam invadindo totalmente a cena.

Espaço, tablado.

Veltruský, 1940; Bogatyrev, 1971; Hoppe, 1971; Saison, 1974; Harris e Montgomery, 1975; Adam, 1976: 23-27; Ubersfeld, 1980*a*; Pavis, 1996*a*: 158-181.

AÇÕES

 Fr.: *actions*; Ingl.: *actions*; Al.: *Handlungen*; Esp.: *acciones*.

Ao contrário das ações teatrais, simbólicas e representadas do comportamento humano, as *ações* de artistas de *performance** ou de *body art* (*arte corporal**) como as de Otto MÜHL ou de Hermann NITSCH, do grupo Fura dels Baus ou do Circo Archaos são ações literais, reais, muitas vezes violentas, rituais e catárticas: elas dizem respeito à pessoa do ator e recusam a simulação da mimese teatral.

As ações, ao recusarem a teatralidade e o signo, estão em busca de um modelo ritual da ação eficaz, da intensidade (LYOTARD, 1973), visando extrair do corpo do performer, e depois, do espectador, um campo de energias e de intensidade, uma vibração e um abalo físicos próximos daqueles que exigia ARTAUD, ao reivindicar uma "cultura em ação que se toma em nós como que um novo órgão, uma espécie de segunda respiração" (1964: 10-11).

Kirby, 1987; Sandford, 1995.

ACONTECIMENTO

Fr.: *événement*; Ingl.: *event*; Al.: *Ereignis*; Esp.: *acontecimiento*.

A representação teatral, considerada não no aspecto ficcional de sua fábula, mas em sua realidade de prática artística que dá origem a uma troca entre ator e espectador.

1. Uma das marcas específicas da teatralidade é constituir uma presença humana entregue ao olhar do público. Essa relação viva entre ator e espectador é que constitui a base da troca: "A essência do teatro não se acha nem na narração de um acontecimento, nem na discussão de uma hipótese com o público, nem na representação da vida cotidiana, nem mesmo numa visão [...] O teatro é um ato realizado aqui e agora no organismo dos atores, diante de outros homens" (GROTOWSKI, 1971: 86-87).

2. Esta situação particular do ato teatral explica porque todos os sistemas cênicos, inclusive o texto, dependem do estabelecimento desta relação com o acontecimento: "A significação de uma peça de teatro está muito mais distante da significação de uma mensagem puramente linguística do que o está da significação de um acontecimento" (MOUNIN, 1970: 94).

3. A cena dispõe de poderosos recursos para produzir uma ilusão (narrativa, visual, linguística), mas o espetáculo depende também, a todo instante, da intervenção externa de um acontecimento: rompimento do jogo, parada da representação, efeito imprevisto, ceticismo do espectador etc.

4. Para certos encenadores ou teóricos, a finalidade da representação não é mais a magia ilusionista e, sim, a conscientização da realidade de um acontecimento vivido pelo público. A própria ideia de ficção fazendo esquecer a comunicação do acontecimento torna-se então estranha para eles: "A ilusão que procuraremos criar não terá por objeto a maior ou menor verossimilhança da ação, mas a força comunicativa e a realidade desta ação. Cada espetáculo se tornará por isso mesmo uma espécie de acontecimento" (ARTAUD). O palco é uma "linguagem concreta", o local de uma experiência que não reproduz nada de anterior.

5. Algumas formas atuais de teatro (o *happening**, a festa popular, o "teatro invisível" de BOAL, 1977), *a performance** buscam a versão mais pura da realidade ligada ao acontecimento: o espetáculo inventa a si mesmo negando todo projeto e toda simbólica.

 Ilusão, recepção, especificidade teatral, hermenêutica, essência do teatro.

Derrida, 1967; Ricoeur, 1969; Voltz, 1974; Cole, 1975; Boal, 1977; Kantor, 1977; Hinkle, 1979; Wiles, 1980; Barba e Savarese, 1985.

ACTANCIAL (MODELO...)

Fr.: *actantiel* (*modele*...); Ingl.: *actantial model*; Al.: *Aktantenmodell*; Esp.: *actancial* (*modelo*...).

1. Utilidade do Modelo Actancial

A noção de *modelo* (ou *esquema* ou *código*) *actancial* impôs-se, nas pesquisas semiológicas, para visualizar as principais forças do drama e seu papel na ação. Ela apresenta a vantagem de não mais separar artificialmente os *caracteres** e a *ação**, mas de revelar a dialética e a passagem paulatina de um a outro. Seu sucesso se deve à clarificação trazida aos problemas da *situação** dramática, da dinâmica das situações e das personagens, do surgimento e da resolução dos *conflitos**. Ela constitui, por outro lado, um trabalho *dramatúrgico** indispensável a toda encenação, a qual também tem por finalidade esclarecer as relações físicas e a configuração das personagens. Finalmente, o modelo actancial fornece uma nova visão da personagem. Esta não é mais assimilada a um ser psicológico ou metafísico, mas a uma entidade que pertence ao sistema global das ações, variando da forma amorfa do *actante** (estrutura profunda narrativa) à forma precisa do *ator** (estrutura superficial discursiva existente tal e qual na peça). O actante é, segundo GREIMAS e COURTÈS (1979), "aquele que realiza ou recebe o ato, independentemente de qualquer determinação" (1979: 3). GREIMAS pegou esta noção no gramático L. TESNIÈRE (*Éléments de syntaxe structurale*, 1965).

Entre os pesquisadores, não reina a unanimidade quanto à forma a ser dada ao esquema e à definição de suas divisões, e as variantes não são simples detalhes de apresentação. A ideia fundamental de PROPP (1929) a GREIMAS (1966) é de:

- repartir as personagens em um número mínimo de categorias, de modo a englobar todas as combinações efetivamente realizadas na peça;
- destacar, além dos caracteres particulares, os verdadeiros protagonistas da ação reagrupando ou reduzindo as personagens.

2. Ajustamentos do Modelo

a. Polti (1895)

A primeira tentativa de definir o conjunto das situações dramáticas teoricamente possíveis é a de G. POLTI, o qual reduz as situações básicas a trinta e seis, o que não deixa de ser uma excessiva simplificação da ação teatral.

b. Propp (1928)

A partir de um corpus de contos, W. PROPP define a narrativa típica como uma narrativa de sete actantes pertencentes a sete esferas de ações:

- o mau (que comete a maldade),
- o doador (que atribui o objeto mágico e os valores),
- o auxiliar (que vai em socorro do herói),
- a princesa (que exige uma façanha e promete casamento),
- o mandatário (que envia o herói em missão),
- o herói (que age e é submetido a diversas peripécias),
- o falso-herói (que usurpa por um instante o papel do verdadeiro herói).

PROPP define, além disso, as funções das personagens: "O que muda são os nomes (e, ao mesmo tempo, os atributos) das personagens; o que não muda são suas ações, ou suas *funções**. Pode-se concluir daí que o conto muitas vezes empresta as mesmas ações a diferentes personagens. Isto é o que permite estudar os contos *a partir das funções das personagens*" (1965: 29).

c. Souriau (1950)

Seis funções dramatúrgicas formam a estrutura de todo universo dramático:

- *leão* (força orientada): é o sujeito desejante da ação,
- *sol* (valor): o bem desejado pelo sujeito,
- *terra* (o obtentor do bem): aquele que se beneficia do bem desejado,
- *marte* (o oponente): o obstáculo encontrado pelo sujeito,
- *balança* (o árbitro): decide a atribuição do bem desejado pelos rivais,
- *lua* (adjuvante).

Estas seis funções só têm existência em sua interação. O sistema de SOURIAU representa uma primeira etapa importante para a formalização dos actantes; ele inclui todos os protagonistas imagináveis. Apenas a função de arbitragem (*balança*) parece a menos bem integrada ao sistema, pairando acima das outras funções e por vezes dificilmente definível na peça estudada. Por outro lado, o esquema se adapta sem problema àquele de GREIMAS, que estrutura as seis funções subdividindo-as em três pares de funções.

d. Greimas (1966, 1970)

Destinador ⟶ Objeto ⟶ Destinatário
                      ↑
Adjuvante ⟶ Sujeito ⟶ Oponente

O eixo *destinador-destinatário* é o do controle dos valores e, portanto, da ideologia. Ele decide a criação dos valores e dos desejos e sua divisão entre as personagens. É o eixo do poder ou do saber ou dos dois ao mesmo tempo.

O eixo *sujeito-objeto* traça a trajetória da ação e a busca do herói ou do protagonista. Está cheio de obstáculos que o sujeito deve superar para progredir. É o eixo do querer.

O eixo *adjuvante-oponente* facilita ou impede a comunicação. Ele produz as circunstâncias e as modalidades da ação, e não é necessariamente representado por personagens. Adjuvantes e oponentes às vezes não passam de "projeções da vontade de agir e de resistências imaginárias do próprio sujeito" (GREIMAS, 1966: 190). Este eixo é também ora o eixo do saber, ora o do poder.

e. A. Ubersfeld (1977)

Na aplicação que Anne UBERSFELD (1977a: 58-118) faz do modelo greimassiano, esta permuta o par sujeito-objeto, fazendo do sujeito a função manipulada pelo par destinador-destinatário, enquanto o objeto se torna a função tomada entre adjuvante e oponente. Este detalhe modifica profundamente o funcionamento do modelo. Com GREIMAS, na verdade, não se partia de um sujeito fabricado conscientemente por um destinatário em função de um destinador: o sujeito só se definia no final, em função da busca do objeto. Esta concepção apresentava a vantagem de construir pouco a pouco o par sujeito-objeto e de definir o sujeito não em si, mas conforme suas ações concretas. Em contrapartida, no esquema de A. UBERSFELD, arriscamo-nos a supervalorizar a natureza do sujeito, de fazer dele um dado facilmente identificável pelas funções ideológicas do destinador-destinatário – o que não parece, por outro lado, ser a intenção de A. UBERSFELD, já que ela nota, com razão, que "não existe sujeito autônomo num texto, mas um eixo sujeito-objeto" (1977a: 79). A modificação do modelo greimassiano, por tabela, também tem por objeto o eixo adjuvante-oponente, mas ela não tem as mesmas consequências sobre o funcionamento global: pouco importa, na verdade, que o auxílio e o empecilho tenham por objeto o sujeito ou o objeto que eles perseguem, só haverá uma diferença de eficácia e de rapidez do auxílio ou do empecilho.

f. Dificuldades e possíveis melhorias dos esquemas actanciais

A decepção mais frequentemente sentida quando da aplicação do esquema é sua generalidade e universalidade grande demais, em particular para as funções do destinador e do destinatário (Deus, a Humanidade, a Sociedade, Eros, o Poder etc.). É bom, por outro lado, proceder a várias experiências, em particular para o sujeito, casa que temos interesse em completar no fim da experiência e da maneira mais flexível possível. Lembrar-nos-emos, finalmente, que a razão de ser do modelo actancial é sua mobilidade, e que não existe fórmula mágica pronta e definitiva: a cada nova situação deverá corresponder um esquema particular; cada uma das seis casas é, aliás, passível de ramificar-se num novo esquema actancial.

Tomaremos o cuidado de não limitar o uso do código actancial à personagem (logo, à análise textual). Tudo o que é mostrado em cena deve ser tomado também como combinatória de actantes: assim, na *Mãe Coragem* de BRECHT, os materiais utilizados e seu desgaste também constituem um modelo actancial. Poder-se-ia, portanto, estabelecer um modelo no qual os seis actantes seriam representados pelos diferentes estados dos objetos e da cena; isto evitaria reduzir o modelo a uma combinatória de personagens. Do mesmo modo, poder-se-ia estudar o sistema dos diferentes *gestus**. (Sobre a dificuldade de um modelo actancial a-histórico, ver: *personagem**.) Este modelo foi pensado em função da dramaturgia ocidental clássica do conflito e só se aplica, muito mal, ao drama moderno (SZONDI, 1956) e às formas extra europeias que não apresentam nem conflito, nem fábula, nem progressão dramática, no sentido ocidental.

3. Actantes e Atores

a. Teoria dos níveis de existência da personagem

Nível I: nível das *estruturas elementares do significado*. As relações de contrariedade, contradição, implicação entre diferentes universos de sentido formam o quadrado lógico (quadrado semiótico de GREIMAS, 1966,1970: 137).

Nível II: nível dos *actantes**, entidades gerais, não antropomorfas e não figurativas (exemplo: a paz, Eros, o poder político). Os actantes só têm existência teórica e lógica dentro de um sistema de lógica da ação ou de narratividade.

Nível III: nível dos *atores** (no sentido técnico do termo, e não no sentido de "aquele que atua, que representa personagens"), entidades individualizadas, figurativas, realizadas na peça (*grosso modo*: a personagem no sentido tradicional).

Nível intermediário entre II e III: os *papéis**, entidades figurativas, animadas, mas genéricas e exemplares (ex.: o fanfarrão, o pai nobre, o traidor). O papel participa ao mesmo tempo de uma estrutura narrativa profunda (ex.: os traidores sempre fazem x) e da superfície textual (o tartufo é um tipo bem preciso de traidor).

Nível IV: nível da encenação, dos atores (no sentido de comediantes como tais são representados por um ou vários comediantes). Este é um outro nível, exterior ao da personagem.

b. Redução ou sincretismo da personagem

• Redução

Um actante é representado por vários atores; ex.: em *Mãe Coragem*, o actante "sobreviver" cabe a diferentes atores: Mãe Coragem, o cozinheiro, os soldados, o capelão.

Um comediante representa duas personagens: todos os casos de papel desdobrado do comediante. Em *A Alma Boa de Sé-Tsuan* (BRECHT), a mesma personagem encobre dois actantes diferentes (ser humano/ter lucro a qualquer preço).

	Sistema de personagem	Nível de existência
Estrutura superficial Nível IV (representação)	Comediantes C c^1c^2	Personagem perceptível através do ator
Nível III (superfície textual)	a^{1a2} Atores a a $a^1\ a^2\ a^3$ Papéis	Estrutura discursiva (motivos, temas da intriga)
Estrutura profunda Nível II (sintaxe do texto)	$A^1\ A^2\ A^3$ A Actantes	Estrutura narrativa (lógica das ações)
Nível I (estrutura lógica)	Operadores lógicos Quadrado lógico de Greimas	Estruturas elementares do significado

- Sincretismo

Dois comediantes representam uma personagem ou uma faceta particular da personagem (processo de desdobramento muito usado hoje). Um mesmo ator pode também concentrar várias esferas de ação. Por exemplo, Mãe Coragem agrupa os actantes de "lucrar" e "viver tranquilamente".

📖 Bremond, 1973; Suvin, 1981.

ADAPTAÇÃO

↻ Fr.: *adaptation*; Ingl.: *adaptation*; Al.: *Bühnenbearbeitung*, *Adaptation*, *Adaption*; Esp.: *adaptación*.

1. Transposição ou transformação de uma obra, de um gênero em outro (de um romance numa peça, por exemplo). A adaptação (ou *dramatização**) tem por objeto os conteúdos narrativos (a narrativa, *a fábula**) que são mantidos (mais ou menos fielmente, com diferenças às vezes consideráveis), enquanto a estrutura discursiva conhece uma transformação radical, principalmente pelo fato da passagem a um dispositivo de *enunciação** inteiramente diferente. Assim, um romance é adaptado para palco, tela ou televisão. Durante esta operação semiótica de transferência, o romance é transposto em diálogos (muitas vezes diferentes dos originais) e sobretudo em ações cênicas que usam todas as matérias da representação teatral (gestos, imagens, música etc.). Exemplo: as adaptações, por GIDE ou CAMUS, de obras de DOSTOIÉVSKI.

2. A adaptação também designa o trabalho *dramatúrgico** a partir do texto destinado a ser encenado. Todas as manobras textuais imagináveis são permitidas: cortes, reorganização da narrativa, "abrandamentos" estilísticos, redução do número de personagens ou dos lugares, concentração dramática em alguns momentos fortes, acréscimos e textos externos, *montagem** e *colagem** de elementos alheios, modificação da conclusão, modificação da fábula em função do discurso da encenação. A adaptação, diferentemente da *tradução** ou da *atualização**, goza de grande liberdade; ela não receia modificar o sentido da obra original, de fazê-la dizer o contrário (*cf.* as adaptações brechtianas (*Bearbeitungen*) de SHAKESPEARE, MOLIÈRE e SÓFOCLES e as "traduções" de Heiner MÜLLER como a de *Prometeu*). Adaptar é recriar inteiramente o texto considerado como simples matéria. Esta prática teatral levou a se tomar consciência da importância do *dramaturgo** (sentido 2) para a elaboração do espetáculo.

Não poderia haver adaptação perfeita e definitiva das obras do passado. Quando muito pode-se, como BRECHT (1961), em seu *Modellbuch*, propor certos princípios de representação e fixar certas interpretações da peça com os quais os futuros encenadores poderão se beneficiar (*modelo**).

3. Adaptação é empregado frequentemente no sentido de "tradução" ou de transposição mais ou menos fiel, sem que seja sempre fácil traçar

a fronteira entre as duas práticas. Trata-se então de uma tradução que adapta o texto de partida ao novo contexto de sua recepção com as supressões e acréscimos julgados necessários à sua reavaliação. A releitura dos clássicos – concentração, nova tradução, acréscimos de textos externos, novas interpretações – é também uma adaptação, assim como a operação que consiste em traduzir um texto estrangeiro, adaptando-o ao contexto cultural e linguístico de sua língua de chegada. É notável que a maioria das traduções se intitule, hoje, adaptações, o que leva a tender a reconhecer o fato de que toda intervenção, desde a tradução até o trabalho de reescritura dramática, é uma recriação, que a transferência das formas de um gênero para outro nunca é inocente, e sim que ela implica a produção do sentido.

AGON

(Do grego *agon*, competição.)
Fr.: *agon*; Ingl.: *agon*; Al.: *Agon*; Esp.: *Agon*.

1. Todo ano, realizavam-se na Grécia antiga competições de esportistas e artistas. Havia um *agon* dos coros, dos dramaturgos (510 a.C.), dos atores (450-420 a.C).

2. Na comédia ática ou antiga (ARISTÓFANES), o *agon* é o diálogo e o conflito dos inimigos, o qual constitui o cerne da peça.

3. Por extensão, o *agon* ou princípio "agonístico" marca a relação conflitual entre os *protagonistas**. Estes se opõem numa dialética de discurso/ resposta. Cada um se engaja totalmente numa discussão que impõe sua marca à estrutura dramática e constitui seu *conflito**. Certos teóricos chegam mesmo a fazer do diálogo (e das *esticomitias**) o emblema do conflito dramático e, de maneira mais geral, do teatro. No entanto, é preciso lembrar que certas dramaturgias (épicas ou absurdas, por exemplo) não se baseiam no princípio agonístico dos caracteres da ação.

4. Na teoria dos jogos de R. CAILLOIS (1958), o *agon* é um dos quatro princípios que governam a atividade lúdica (com o *illynx*, busca da vertigem, o *alea*, papel do acaso, e a *mimesis*, gosto pela imitação).

Diálogo, dialética, protagonista.

Duchemin, 1945; Romilly, 1970.

ALEGORIA

Fr.: *allégorie*; Ingl.: *allegory*; Al.: *Allégorie*; Esp.: *alegoría*.

Personificação de um princípio ou de uma ideia abstrata que, no teatro, é realizada por uma personagem revestida de atributos e de propriedades bem definidos (a foice para a Morte, por exemplo). A alegoria é usada sobretudo nas *moralidades** e nos mistérios medievais e na dramaturgia barroca (GRYPHIUS). Ela tende a desaparecer com o aburguesamento e a antropomorfização da personagem, mas volta nas formas paródicas ou militantes do *agit--prop**, do expressionismo (WEDEKIND) ou das parábolas brechtianas (*Arturo Ui*; *Os Sete Pecados Capitais*).

Benjamin, 1928; Frye, 1957; *Le Théâtre européen face à l'invention: allégories, merveilleux, fantastique*, Paris, PUF, 1989.

AMBIGUIDADE

Fr.: *ambiguïté*; Ingl.: *ambiguity*; Al.: *Doppeldeutigkeit, Mehrdeutigkeit*; Esp.: *ambigüedad*.

Aquilo que autoriza vários sentidos ou *interpretações** de uma personagem, de uma ação, de uma passagem do texto dramático ou da representação inteira.

A produção e a manutenção das ambiguidades é uma das constantes estruturais da obra de arte cênica. A obra de arte, na verdade, não é nem *codificada**, nem decodificada de uma só maneira correta, exceto no caso da obra *à clé* ou da *peça didática**. A encenação tem todo o poder para resolver, mas também acrescentar certas ambiguidades. Toda *interpretação** cênica toma necessariamente partido por uma certa leitura do texto, abrindo a porta a novas possibilidades de *sentido**.

Signo, isotopia, hermenêutica, coerência.

Rastier, 1971; Pavis, 1983*a*.

ANÁLISE DA NARRATIVA

↻ Fr.: *analyse du récit*; Ingl.: *narrative analysis*. Al.: *Handlungsanalyse*; Esp.: *análisis del relato*.

1. A Noção de Narrativa no Teatro

a. Estado das pesquisas

A análise da narrativa (que é preciso distinguir cuidadosamente da construção da *fábula** tomada no sentido 1.*b* de matéria) interessou-se primeiro pelas formas narrativas simples (conto, lenda, novela) antes de atirar-se ao romance e a sistemas multicodificados, como a história em quadrinhos ou o cinema. O teatro ainda não foi objeto de uma análise sistemática, sem dúvida por causa de sua extrema complexidade (imensidade e variedade dos sistemas significantes), mas talvez também porque continua sobretudo associado, na consciência crítica, à *mimese** (imitação da ação) mais que à *diégese** (o *relato** de um narrador), enfim e sobretudo porque a narrativa teatral não é senão um caso particular dos sistemas narrativos cujas leis são independentes da natureza do sistema semiológico utilizado. Por *análise da narrativa* entende-se não o exame dos relatos das personagens, mas o estudo da narratividade no teatro.

b. Mimese e diégese

Tradicionalmente definido (desde a *Poética* de ARISTÓTELES) como *imitação** de uma ação, o teatro não conta uma história do ponto de vista de um narrador. Os fatos relatados não são unificados pela consciência do autor que os articularia numa sequência de episódios; eles são sempre transmitidos "no fogo" de uma situação de comunicação tributária do aqui e agora da cena (*dêixis**).

Contudo, do ponto de vista do espectador que confronta e unifica as visões subjetivas das diversas personagens, o teatro apresenta, na maioria dos casos, uma *fábula** resumível numa narrativa. Esta fábula tem todas as características de uma sequência de motivos que possuem lógica própria, de modo que uma análise da narrativa é perfeitamente possível contanto que se trabalhe em cima de uma narrativa reconstituída num modelo narrativo teórico (*narração**, *narrador**).

A narrativa situa-se portanto em superfície profunda, no nível do código *actancial**. Muitas das dificuldades nas pesquisas sobre a narrativa vêm de não precisarmos claramente em que nível nos colocamos: no nível superficial, sequência de modelos visíveis da *intriga**; ou, no nível profundo, configuração do *modelo actancial**. A narrativa é formalizável em dois níveis: seguindo o traçado sinuoso da intriga decomposta em seus menores elementos (como ela aparece em todas as situações cênicas), ou, ao contrário, no interior de um código muito geral das ações humanas (código actancial), código reconstituído a partir do texto e encarado em sua forma geral de uma lógica das ações.

c. Definição geral da narrativa

A definição mais geral da narrativa convém àquela da narrativa no teatro: uma narrativa é sempre "sistema monossemiológico (um romance) ou polissemiológico (uma história em quadrinhos, um filme), antropomorfo ou não, regulamentando a conservação e a transformação do sentido dentro de um enunciado orientado" (HAMON, 1974: 150).

2. Métodos de Análise da Narrativa no Teatro

a. Análise em funções ou em motivos

Quase não é possível – exceto, talvez, em tipos de teatro muito codificados (farsa, teatro popular, mistério medieval) – distinguir um número fixo de funções (motivos narrativos) recorrentes, como fez PROPP (1929) em sua *Morfologia do Conto*, a propósito do conto popular. A ação nunca é tão codificada e submetida a uma ordem fixa de surgimento das funções.

b. Gramáticas textuais do teatro

A gramática do texto pressupõe a existência de dois níveis do texto: a *estrutura narrativa profunda* examina as relações possíveis entre os actantes num nível lógico, não antropomórfico (*modelo actancial**); a *estrutura discursiva superficial* define as realizações concretas das personagens e sua manifestação no nível do discurso. Toda a dificuldade consiste em encontrar as regras que explicam a passagem das macroestruturas actanciais à superfície do texto e da cena, em ligar a lógica dos acontecimentos contados ao discurso contante. Examinar-se-á portanto a transição:

- do actante ao ator, do narrativo ao discursivo (modelo actancial, *personagem**),
- da história contada ao discurso contante.

c. Articulação da narrativa

Na falta de se encontrar um número preciso de funções ou de regras de constituição da superfície discursiva, pode-se determinar algumas articulações da narrativa:

• É preciso, evidentemente, contentar-se com uma descrição muito genérica das etapas obrigatórias de toda narrativa. Todas as análises giram em torno da noção de um *obstáculo** imposto ao herói que aceita ou recusa o desafio de um conflito para sair dele vencedor ou vencido. Quando aceita o desafio, o herói é investido pelo destinador (isto é, o distribuidor dos valores morais, religiosos, humanos etc.) e se constitui em *sujeito* real da ação (HAMON, 1974: 139).

• São, por exemplo, as regras de funcionamento da narrativa raciniana descrita por T. PAVEL: as personagens "1) são vítimas de amor fulminante; 2) sentem os efeitos da proibição, tentam lutar contra a paixão e pensam às vezes serem bem sucedidas; 3) compreendem a inutilidade desta luta e se abandonam à sua paixão" (PAVEL, 1976: 8).

• A narrativa tem sempre por centro o ponto nevrálgico de um conflito (de valores ou pessoas) no qual o sujeito é levado a transgredir os valores de seu universo. Graças a uma mediação (intervenção externa ou livre escolha do herói), este universo, por um instante perturbado, achar-se-á finalmente restabelecido. A narrativa mínima terá assim a fórmula fundamental representada no quadro abaixo.

• A mediação é o momento-chave da narrativa, visto que ela permite o desbloqueio da situação conflitual no momento preciso em que o esquema actancial (isto é, a estrutura profunda paradigmática das relações de força) "emerge" e aflora no nível sintagmático da história contada. A mediação, quer dizer, a resposta à provação ou a solução do conflito, é, portanto, o local de articulação das estruturas narrativas (actanciais) profundas e da superfície do discurso onde se situa a cadeia dos acontecimentos (a *intriga**).

d. Frase mínima da narrativa

Na prática, buscar-se-á reduzir a fábula a uma frase mínima que resuma a ação desvendando as articulações ou as contradições: reencontra-se aí o método brechtiano para destacar num curto enunciado o *gestus** da obra: "Todo episódio particular tem seu gestus fundamental: Richard Glocester corteja a viúva de sua vítima. Por meio de um círculo de giz, descobre-se quem é a verdadeira mãe da criança. Deus faz com o diabo uma aposta cujo prêmio é a alma de Fausto" (BRECHT, *Pequeno Organon*, § 66).

A busca do gestus da ação obriga a centrar a narrativa na ação principal e no conflito-mediação que permite a resolução do contrato do protagonista.

A frase mínima da narrativa é mais ou menos descritiva, fornecendo um cômputo exato dos episódios ou resumindo "metalinguisticamente" o movimento. Para *Mãe Coragem*, teríamos, por exemplo: Mãe Coragem quer ganhar com a guerra, mas ela perde tudo. Esta proposição é repetida três vezes, em três variantes de ganho/perda que se resumem a cada vez pela sequência: perspectiva do ganho material/perda de um filho.

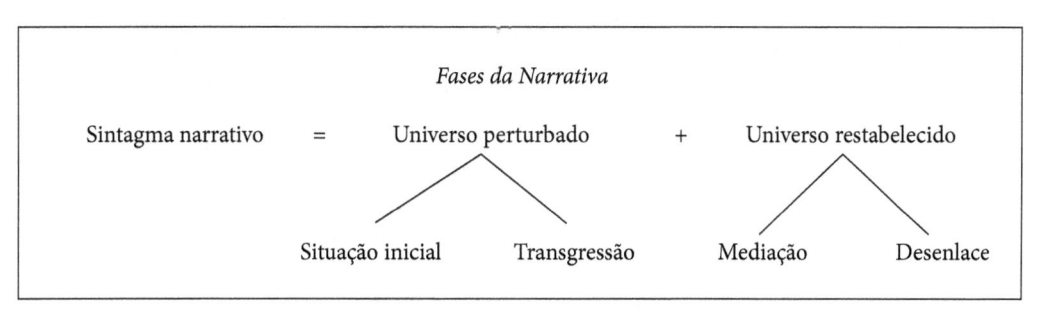

Fases da Narrativa

Sintagma narrativo   =   Universo perturbado   +   Universo restabelecido

                    Situação inicial   Transgressão   Mediação   Desenlace

Fonte: segundo T. PAVEL, 1976: 18.

A narrativa de *Mãe Coragem* é portanto constituída pela sequência: desejo de ganho/perda // desejo de ganho/perda // desejo de ganho/perda.

e. Perspectiva da análise da narrativa

A análise da narrativa teatral não poderá progredir realmente antes que as hipotecas que pesam sobre a possibilidade e sua especificidade sejam definitivamente levantadas. Várias dificuldades teóricas esperam sempre uma resolução:

- Passagem das estruturas profundas narrativas às estruturas superficiais discursivas

Isto constitui o objeto das pesquisas de GREIMAS, 1970, BRÉMOND, 1973, PAVEL, 1976. As duas extremidades da cadeia são agora bastante conhecidas. Resta encontrar as regras de transformação adequadas e especificar sua natureza para cada gênero e, em último caso, cada obra em particular. Quanto à velha questão, levantada por ARISTÓTELES, da prioridade da ação ou das personagens (*Poética*, 1450a), as pesquisas de GREIMAS mostraram como se passa paulatinamente de uma estrutura elementar da significação aos actantes, depois aos atores, depois aos papéis e finalmente às personagens concretas. Ao invés de eliminar um dos dois termos do par ação/personagem, a análise deverá examinar no que determinada característica da personagem age sobre a ação e, inversamente, no que determinada ação transforma a identidade da personagem.

- Decupagem da narrativa dramática

Não se conseguiu isolar outras unidades pertinentes de narração que não aquelas, artificiais, da decupagem em cenas ou em atos. Quanto à distinção de uma obra em *atos** ou em *quadros**, sem dúvida ela é capital para descrever dois modos de abordagem da realidade (o *dramático** que insiste na totalidade indecomponível da curva que conduz necessariamente ao conflito; o épico, brechtiano, principalmente, indicando que o real é construído e, logo, transformável). Porém a distinção atos/quadros não informa sobre a progressão da narrativa, o encadeamento das sequências ou das funções, a lógica actancial.

- Narrativização da teatralidade

Apesar do postulado de uma teoria semiótica da narrativa independente da manifestação (conto, romance, gestualidade), deve-se perguntar se o teatro, por sua faculdade de representar as coisas, não escapa, em certas formas, à tirania de uma lógica da narrativa. Talvez seja por consequência de uma reação contra a insistência de BRECHT e dos brechtianos em denunciar a fábula, e em querer determinar o sentido do texto, sem preocupar-se suficientemente com a materialidade e com os jogos significantes da escritura, que certas experiências atuais, como o teatro de Robert WILSON ou o Bread and Puppet, baseiam-se precisamente na vontade de entregar de maneira desordenada imagens cênicas sem ligação necessária e unívoca. Ainda que se procurasse e se conseguisse construir para cada imagem cênica uma mininarrativa, a grande quantidade e as contradições das narrativas impediriam a constituição de uma macronarrativa responsável por uma lógica dos acontecimentos. Seja como for, a descoberta das estruturas narrativas não daria conta da riqueza plástica do espetáculo. Por isso a análise da narrativa não é senão uma disciplina muito parcial da *teatralogia**.

Brémond, 1973; Chabrol, 1973; Mathieu, 1974, 1986; *Communications*, 1966, n. 8; Prince, 1973; Greimas e Courtès, 1979; Kibédi-Varga, 1981; Segre *in* Amossy (ed.), 1981; Segre, 1984.

ANALÍTICO(A) (TÉCNICA..., DRAMA...)

Fr.: *analytique* (*technique...*, *drame...*); Ingl.: *analytical playwriting*; Al.: *analytische Technik*; Esp.: *analítico* (*técnica...*, *drama...*).

1. Técnica dramatúrgica que consiste em introduzir na ação presente o relato de fatos que ocorreram antes do início da peça e que são expostos, depois de ocorridos, na peça. O exemplo mais célebre é o *Édipo* de SÓFOCLES: Édipo não passa, de certo modo, de uma análise trágica. Tudo já está ali e se acha desenvolvido" (GOETHE a SCHILLER, carta de 2 de outubro de 1797). Vê-se tudo o que uma técnica pode extrair de uma escritura que se dá como revelação das personagens: no *Édipo Rei* de SÓFOCLES, observa FREUD, "a ação da peça não é senão um processo de revelação [...] comparável a uma psicanálise" (*A Interpretação dos Sonhos*).

2. A análise das razões que levaram à catástrofe torna-se o único objeto da peça, o que, eliminando toda *tensão** dramática e todo *suspense**, favorece o surgimento de elementos *épicos**. Certos dramaturgos que recusam a forma dramática constroem suas obras de acordo com um esquema épico de demonstração e de acontecimentos passados e de *flashback** (IBSEN, BRECHT), sendo o drama apenas uma vasta *exposição** da *situação.** (por exemplo, *A Noiva de Messina*, de SCHILLER, *Os Espectros, John Gabriel Borkman*, de IBSEN, *A Bilha Quebrada*, de KLEIST, *A Desconhecida de Arras*, de SALACROU).

3. Inversamente, na técnica e no drama sintéticos (ou dramaturgia da forma dramática pura), a ação se desenvolve em direção a um ponto de chegada desconhecido na partida, ainda que necessariamente atingido pela lógica da fábula e, portanto, de certo modo, previsível.

Campbell, 1922; Szondi, 1956; Green, 1969; Strässner, 1980.

ANIMAÇÃO

Fr.: *animation*; Ingl.: *animation*; Al.: *Animation*; Esp.: *animación*.

1. A animação teatral ou cultural acompanha hoje a simples criação de espetáculos, para preparar em profundidade o terreno de uma recepção mais eficaz dos produtos culturais. Esta noção, surgida na França dentro da corrente da descentralização dramática e da ação cultural, reflete toda a onda da empresa teatral de hoje e de sua função na sociedade: trata-se de criar *uma* certa animação nos ambientes à margem da cultura ou de promover animações pontuais antes ou depois de um espetáculo para "explorá-lo" em todos os sentidos do termo? Fundamentalmente, a animação entendeu que o teatro não se reduz à análise de um texto e a sua encenação, e sim que nem toda inovação e criação têm a sorte de serem corretamente recebidas num contexto em que o público foi preparado para a arte dramática. É, portanto, por intervenções em escolas ou locais de trabalho que esta política de animação deverá começar. Iniciando os jovens espectadores no jogo dramático ou na leitura do espetáculo, a animação investe num público futuro, sem poder testar imediatamente os resultados de seus esforços.

2. As formas de animação variam da discussão após um espetáculo à organização de um teatro e de um público populares (como o TNP de Jean VILAR, nos anos 1950 e 1960), à apresentação de uma montagem audiovisual em sala de aula ou na televisão, passando por pesquisas num bairro para preparar um espetáculo (teatros do Aquarium nos anos 1970 ou do Campagnol), até uma verdadeira colaboração com a população para preparar a encenação. A animação familiariza um público ainda mal informado com o aparelho teatral, dessacraliza este e insere-o no tecido social; ela só tem probabilidade de dar certo se for conduzida no âmbito de uma casa de cultura, de um teatro que tenha um orçamento de exploração satisfatório e com uma equipe de animadores que concebam o teatro como um ato tanto político quanto estético. A animação se tornou tão importante para o êxito de um espetáculo que o encenador deve muitas vezes transformar-se em administrador, educador, militante e responsável pelas relações públicas; esta multiplicação de tarefas ingratas e absorventes provoca constantes conflitos com a atividade criadora da gente de teatro e contribui para acentuar ainda mais o fosso entre uma arte popular acessível e uma arte elitista fechada em si mesma. A palavra de ordem de Antoine VITEZ de um "teatro elitista para todos" surge como a busca ainda utópica de um equilíbrio entre animação e criação pura.

ANTAGONISTA

Fr.: *antagoniste*; Ingl.: *antagonist*; Al.: *Gegenspieler, Antagonist*; Esp.: *antagonista*.

As personagens *antagonistas* são as personagens da peça em oposição ou em *conflito**. O caráter antagonista do universo teatral é um dos princípios essenciais da forma *dramática**.

Protagonista, obstáculo, *agon*.

ANTITEATRO

Fr: *antithéâtre*; Ingl.: *antitheatre*; Al.: *Antitheater*; Esp.: *antiteatro*.

1. Termo bastante genérico para designar uma *dramaturgia** e um estilo de representação que negam todos os princípios da *ilusão** teatral. A palavra aparece nos anos 1950, no início do teatro do *absurdo*. IONESCO dá à sua *Cantora Careca* (1953) o subtítulo de "antipeça", o que provavelmente ajudou os críticos a encontrarem o *antiteatro* (assim G. NEVEUX em *Théâtre de France II*, 1952, e L. ESTANG em *La Croix* de 8 de janeiro de 1953, que aplica o rótulo à peça de BECKETT: *Esperando Godot*).

2. Este tipo de teatro não é realmente uma invenção do nosso tempo, pois toda época sempre inventa suas contrapeças; assim o teatro de feira parodia, no século XVIII, as tragédias clássicas. É com o futurismo (MARINETTI) e o surrealismo que se faz sentir mais a recusa da literatura, da tradição e da peça bem feita e psicológica. O teatro está então cansado da psicologia, dos diálogos sutis e da intriga bem amarrada; não se acredita mais no teatro considerado como "instituição moral" (SCHILLER). O antiteatro se caracteriza por uma atitude crítica e irônica ante a tradição, artística e social. O palco não é mais capaz de dar conta do mundo moderno, a ilusão e a identificação são ingênuas. A ação não mais obedece a uma causalidade social (como em BRECHT) e, sim, a um princípio de acaso (DÜRRENMATT, IONESCO). O homem não passa de um fantoche derrisório, mesmo quando se toma por herói ou simples ser humano.

3. *Antiteatro* é uma denominação "guarda-chuva", mais jornalística que científica. Debaixo dela, cabem tanto formas épicas quanto o teatro do insólito e do *absurdo** e as formas de teatro sem ação (*Sprechtheater* de HANDKE, por exemplo) ou os *happenings**. Nada indica que a negação incida sobre a arte em geral ou uma dramaturgia considerada obsoleta. No primeiro caso, a revolta teria por objeto, como para os futuristas e dadaístas, a própria ideia de atividade artística, e o teatro dedicaria a destruir-se a si mesmo, como às vezes consegue em PIRANDELLO, MROZEK, BECKETT ou HANDKE. No segundo caso, tratar-se-ia apenas de uma "revolução palaciana", de um protesto formal contra uma norma estabelecida: BRECHT faria então parte dela (*cf.* seu desejo de uma dramaturgia *antiaristotélica**), bem como IONESCO, o qual declara só fazer antiteatro porque o antigo teatro é considerado como *o* teatro.

4. Ao invés de uma doutrina estética, o antiteatro se caracteriza por uma atitude geral crítica perante a tradição: recusa da imitação e da ilusão, logo, da *identificação** do espectador, o ilogismo da ação; supressão da causalidade em benefício do acaso, ceticismo ante o poder didático ou político da cena, redução a-histórica do drama a uma forma absoluta ou a uma tipologia literária existencial; negação de todos os valores, em particular aqueles dos *heróis** positivos (o absurdo se desenvolve *também* como contracorrente do drama filosófico ou do realismo psicológico ou social). Esta atitude estética e apolítica de negação absoluta leva paradoxalmente a uma consolidação do caráter metafísico, trans-histórico e, portanto, idealista do antiteatro, o que, em última instância, regenera a forma teatral tradicional que o absurdo e as vanguardas históricas pensavam estar liquidando.

📖 Ionesco, 1955, 1962; Pronko, 1963; Grimm, 1982.

ANTONOMÁSIA

↔ Fr.: *antonomase*; Ingl.: *antonomasia*; Al.: *Antonomasia*; Esp.: *antonomasia*.

Figura de estilo que substitui o nome de uma personagem por uma perífrase ou um nome comum que caracteriza aquela. O "Atrabiliário amoroso", o "Avarento" ou o "Tartufo" são antonomásias das personagens de Alceste, Harpagon ou Tartufo. (Neste último caso, a sonoridade é que produz inconscientemente no ouvinte a desagradável impressão de um homem meloso e que sussurra suas preces.)

O nome das personagens, quando é expressivo e designa em potência toda a sua psicologia, é, portanto, uma figura de antonomasia. Além do efeito cômico e do ganho de tempo para informar o espectador sobre a natureza dos caracteres, este procedimento indica desde o início a perspectiva do autor, prepara nosso julgamento crítico e facilita a abstração e a reflexão a partir de um caso particular da história contada. Esta motivação do signo poético reforça o vínculo entre o significante (as características do nome e da personagem) e o significado (o sentido da personagem): a figura de Tartufo não mais se distingue do seu nome e de seu discurso e dá assim a ilusão de um signo poético autônomo. "Um nome próprio, escreve R. BARTHES, sempre deve ser cuidadosamente questionado, pois o nome próprio é, se podemos falar assim, o príncipe dos significantes; suas conotações são ricas, sociais e simbólicas" (*in* CHABROL, 1973: 34).

📖 Carlson, 1983.

ANTROPOLOGIA TEATRAL

↻ Fr.: *anthropologie théâtrale*; Ingl.: *theatre anthropology*; Al.: *Theater-anthropologie*; Esp.: *antropología teatral*.

A antropologia encontra no teatro um excepcional terreno de experimentação, visto que tem debaixo dos seus olhos homens que se divertem representando outros homens. Esta simulação visa analisar e mostrar como estes se comportam em sociedade. Colocando o homem numa situação experimental, o teatro e a antropologia teatral fornecem-se os recursos para reconstituir micro sociedades e para avaliar o vínculo do indivíduo com o grupo: como representar um homem a não ser representando-o? Há, calcula SCHECHNER, uma convergência dos paradigmas da antropologia e do teatro: "Assim como o teatro está se antropologizando, a antropologia está se teatralizando" (1985: 33). Assim é o raciocínio, impecável, da antropologia teatral.

Infelizmente, em campo as coisas são muito mais complexas, pois se a antropologia teatral pode pretender em teoria organizar o saber da teatrologia, ela é, no momento atual, mais um toque de reunir ou um desejo de conhecimento que uma disciplina constituída, mais um imenso terreno inculto (ou uma floresta virgem impenetrável) que um campo arado e sistematicamente plantado. Este cultivo começou, contudo, graças à ISTA (International School of Theatre Anthropology) de Eugênio BARBA, que programa estágios desde 1980: "A ISTA é o local onde se transmite, se transforma e se traduz uma nova pedagogia do teatro. É um laboratório de pesquisa interdisciplinar. É o âmbito que permite a um grupo de homens de teatro intervir no meio social que o rodeia, tanto por seu trabalho intelectual quanto através de seus espetáculos" (BARBA, 1982: 81). O livro recente do mesmo E. BARBA e de N. SAVARESE, *Anatomia do Ator. Um Dicionário de Antropologia Teatral* (1985, 1995, 2a ed.), fornece uma soma das pesquisas do ISTA, fixando o programa da antropologia teatral: "O estudo do comportamento biológico e cultural do homem numa situação de representação, quer dizer, do homem que usa sua presença física e mental segundo princípios diferentes daqueles que governam a vida cotidiana" (1985:1). Dada a importância da síntese de BARBA e do ISTA, voltaremos longamente a estes princípios, após havermos esboçado as razões da emergência de um pensamento antropológico no teatro, as condições de êxito epistemológico de uma empreitada dessas e a discussão de algumas de suas teses.

1. Razões de sua Emergência

a. Relavitização das culturas

Não data de hoje a ideia de considerar o teatro do ponto de vista de uma antropologia ou de uma teoria da cultura. Quase todos os tratados de teatro têm sua hipotesezinha sobre as origens do teatro. Tal pensamento genealógico desemboca, no século XX, com ARTAUD, por exemplo, num desejo de retorno às fontes, uma nostalgia das origens, numa comparação com culturas distantes da cultura ocidental. A antropologia aplicada ao teatro (mesmo que ela ainda não se denomine assim) parece surgir na sequência da consciência de um "mal-estar na civilização" (FREUD), de uma inadequação da cultura e da vida semelhante àquela que diagnostica Antonin ARTAUD: "Nunca, quando é a própria vida que se vai, se falou tanto em civilização e cultura. E há um estranho paralelismo entre este desmoronamento generalizado da vida que está na base da desmoralização atual e a preocupação com uma cultura que jamais coincidiu com a vida, e que é feita para regenerar a vida" (1964*b*: 9). A sensação de ruína de nossa cultura e a perda de um sistema de referência dominante levam os homens de teatro – chamem-se eles BROOK, GROTOWSKI ou BARBA – a uma relativização de suas antigas práticas, sensibilizam-nos para formas teatrais exóticas, e dão-lhes, sobretudo, um olhar etnológico sobre o ator. Estas experiências teatrais vão ao encontro, em parte, da antropologia lévi-straussiana que se esforça para compreender o homem, "a partir do momento em que o tipo de explicação que se busca visa reconciliar a arte e a lógica, o pensamento e a vida, o sensível e o inteligível" (Claude LÉVI-STRAUSS, *Textes de et sur*, Paris, 1979: 186).

b. Insuficiência da lógica racional

Segundo uma tradição outra que não o pensamento sintomático de FREUD, coloca-se o símbolo acima do conceito, e com pensadores como JUNG, KERENYI ou ELIADE (1965), ligamo-lo ao "esforço para traduzir o que, na experiência íntima da *psyché* ou no inconsciente coletivo, ultrapassa os limites do conceito, escapa às categorias do entendimento, o que, portanto, não pode ser conhecido, no sentido estrito, mas pode, entretanto, ser "pensado", reconhecido através das formas de expressão onde se insere a aspiração humana ao incondicionado, ao absoluto, ao infinito, à totalidade, isto é, para falar a linguagem da fenomenologia religiosa, à abertura para o sagrado" (VERNANT, 1974: 229). Esta abertura para o sagrado muitas vezes é acompanhada de uma volta ao religioso, mesmo que ela não se confesse como tal; às vezes ela assume, como bem mostrou M. BORIE, a forma de uma má consciência da antropologia ocidental face às sociedades primitivas idealizadas e de uma busca da autenticidade perdida: "O teatro, antes mesmo de ARTAUD, visto cada vez mais não como um espaço destinado à ilustração do texto e submetido à supremacia do escrito, mas como local por excelência do contato físico e concreto entre atores e espectadores, não oferece um espaço privilegiado para experimentar um retorno à autenticidade das relações humanas?" (BORIE, 1980: 345). O *teatro de participação**, a busca de um *happening** coletivo ou a *performance** autobiográfica bebem neste manancial da autenticidade que permitiria a comunicação teatral.

c. Busca de uma nova linguagem

A busca do sagrado e da autenticidade tem necessidade de uma linguagem que não esteja vinculada à língua natural ou a uma escritura demasiado racionalizante: "Quebrar a linguagem para tocar a vida é fazer ou refazer o teatro; e é importante não acreditar que esta arte deve permanecer sagrada, isto é, reservada. Mas o importante é acreditar que ela não pode ser feita por qualquer um, e que é preciso uma preparação" (ARTAUD, 1964b: 17). Esta preparação para uma linguagem que recuse as facilidades e o ressecamento manda encontrar uma espécie de linguagem cifrada que seja ao mesmo tempo aquela dos criadores, para a cena, dos participantes da cerimônia teatral e dos atores que são "como supliciados que estão sendo queimados e ficam fazendo sinais do alto de suas fogueiras" (1964b: 18). Também se pode dizer que não é fácil encontrar sua chave ou que ela queimará quem quiser se apoderar dela. Esta *hermenêutica**, que desconfia do racionalismo e, *a fortiori*, do positivismo semiológico, gostaria de decifrar uma mítica linguagem teatral, chame-se ela hieróglifo (MEIERHOLD), ideograma (GROTOWSKI) ou "base pré-expressiva do ator" (BARBA, 1982:83).

2. Condições Epistemológicas da Antropologia Teatral

Um certo número de condições deve ser primeiro reunido para que se possa fundar uma antropologia teatral.

a. Natureza da antropologia

Distingue-se habitualmente a antropologia *física* (os estudos sobre as característica fisiológicas do homem e das raças), a antropologia *filosófica* (o estudo do homem em geral, por exemplo no sentido de KANT: antropologia *teórica, pragmática e moral*), e, finalmente, a antropologia *cultural* ou *social* (organização das sociedades, dos mitos, da vida cotidiana etc.): "Quer a antropologia se proclame 'social' ou 'cultural', ela sempre aspira a conhecer o *homem total* considerado, num caso, a partir de suas produções, no outro, a partir de suas representações" (LÉVI-STRAUSS, 1958: 391). A antropologia teatral – principalmente a de BARBA – ocupa-se da dimensão simultaneamente fisiológica e cultural do ator numa situação de representação. Um programa ambicioso, pois, no estudo do *bios* do ator, o que é preciso exatamente examinar e medir? Cumpre contentar-se com uma descrição morfológica e anatômica do corpo do ator? Deve-se medir o trabalho dos músculos, o ritmo cardíaco etc.? É preciso medicalizar a pesquisa teatral? Tais estudos foram empreendidos sem que os resultados possam ser relacionados com outras séries de fatos, principalmente os elementos socioculturais.

b. Escolha do ponto de vista

Poder-se-ia pensar, com LÉVI-STRAUSS (1958: 397-403), que o ponto de vista do antropólogo se caracteriza pela *objetividade*, pela *totalidade*, pelo interesse dedicado ao *significado* e à *autenticidade* das relações pessoais, das relações concretas entre indivíduos. Pois bem, a antropologia teatral, assim como a concebe BARBA (que, aliás, nunca se refere aos trabalhos de LÉVI-STRAUSS) não escolhe o mesmo programa. Ele não privilegia um ponto de vista exterior e objetivo, aquele do observador distante que seria o espectador, ou de um superobservador que, como o etnólogo, tentaria reunir todos os dados observáveis. Ao contrário, pela voz de TAVIANI (*in* BARBA e SAVARESE, 1985: 197-206), ele confronta duas visões, a do ator e a do espectador, pois se preocupa com a utilidade das observações para o ator, com uma "autêntica abordagem empírica do fenômeno do ator" (1985: 1) e, portanto, com *seu feed-back* sobre a prática teatral: "Quando os semiólogos analisam um espetáculo como uma estratificação densíssima dos signos, eles estão observando o fenômeno teatral através do seu resultado. Entretanto, nada prova que sua atitude possa ser útil para os autores do espetáculo, que devem partir do início e para os quais o que será visto pelos espectadores constitui o ponto de chegada" (TAVIANI, *op. cit.*: 1991).

Mas o cerne da antropologia teatral de BARBA situa-se na noção de "técnica do corpo" (MAUSS) que ele situa, ao contrário de MAUSS, no "uso particular, extracotidiano, do corpo no teatro" (BARBA, 1982: 1).

c. Situação da "técnica do corpo"

Poder-se-ia aqui – como o faz, mas bastante parcialmente, VOLLI (*in* BARBA-SAVARESE, 1985: 113-123) – recorrer ao artigo de Marcel MAUSS sobre as "maneiras pelas quais os homens, sociedade por sociedade, de uma maneira tradicional, sabem servir-se de seu corpo" (1936). MAUSS dá inúmeros exemplos colhidos em todas as atividades do homem, mas não menciona o teatro ou a arte e, em todo caso, não os opõe, pois, dentro de sua perspectiva, toda técnica – tanto cotidiana como artística – é determinada pela sociedade. BARBA toma emprestada de MAUSS (1936) esta noção de um corpo condicionado pela cultura, mas para introduzir uma oposição entre situação cotidiana e situação de representação: "Usamos nosso corpo de maneira diferente na vida e nas situações de 'representação'. No nível cotidiano temos uma técnica do corpo condicionada por nossa cultura, nosso estado social, nossa profissão. Mas numa situação de 'representação' existe uma técnica do corpo totalmente diferente" (1982: 83).

BARBA parece sugerir que, em representação, a técnica do corpo muda radicalmente e que o ator não está mais submetido ao condicionamento da cultura. Pois bem, é difícil enxergar o que produziria uma tal metamorfose, o que faria com que o ator mudasse de corpo a partir do momento em que muda de quadro. Mesmo em representação, o ator – e sobretudo o ator ocidental – fica à mercê de sua cultura de origem, em particular de sua gestualidade cotidiana. A própria ideia de separar a vida da representação é estranha, pois é o mesmo corpo que é utilizado e a representação não pode apagar tudo. Esta discussão do cotidiano e da representação arrisca-se a deslizar para uma nítida oposição entre natureza (o corpo cotidiano) e cultura (o corpo em representação), oposição que a antropologia se esforça precisamente para refutar. Numa outra ordem de ideia, pensar-se-ia ter voltado ao tempo em que a estilística queria a qualquer preço distinguir uma linguagem comum e uma linguagem poética, sem dizer como estabelecer o *distingo*. Aqui, do mesmo modo, o corpo em representação é definido tautologicamente: o corpo em representação é o corpo que é representado e que possui propriedades específicas e diferentes do corpo cotidiano. Pois bem, a diferença, se se pode fazê-la na verdade pragmaticamente, continua superficial, e ela não envolve a apreensão da gestualidade e da presença (pois por que reservar esta presença apenas para a representação: não se está também mais ou menos presente "na vida"?).

d. Busca dos universos culturais

Se a antropologia se atribui por tarefa estudar a variedade das manifestações humanas, ela chega com muita frequência à conclusão de que existe, apesar das diferenças, um substrato comum a todos os homens, que o mesmo mito, por exemplo, volta em lugares muito diversos. LÉVI-STRAUSS propõe uma reflexão que procure "superar a aparente antinomia entre a unicidade da condição humana e a pluralidade aparentemente inesgotável das formas sob as quais a apreendemos".

Uma preocupação análoga guia GROTOWSKI, que chega à conclusão de que "a cultura, cada cultura em particular, determina a base objetiva sociobiológica, visto que cada cultura está ligada às técnicas cotidianas do corpo. Então, é importante observar o que continua constante face à variação das culturas, o que existe como transcultural" (*in* BARBA e SAVARESE, 1985: 126).

BARBA compartilha este universalismo com seu mestre, GROTOWSKI, pois, para ele, os teatros não se parecem em suas manifestações, mas em seus princípios. O livro contém um rico material iconográfico que visa mostrar analogias entre posturas e gestos de atores que pertencem às tradições teatrais mais diversas.

BARBA na verdade descobre o elemento transcultural no "nível pré-expressivo da arte do ator" (1985:13), na presença (principalmente dos atores orientais) "que atinge o espectador e obriga-o a olhar para ele", um "núcleo de energia, uma radiação sugestiva e sábia, mas não premeditada, que capta nossos sentidos". "Ainda não se trata de 'representação' nem de 'imagem' teatral, mas da força que brota de um corpo enfermado" (1982: 83).

BARBA, acompanhando GROTOWSKI (1971: 91), desconfia da intencionalidade do ator, de seu desejo de expressão para significar esta ou aquela coisa. Ele escolhe, portanto, pegar o ator antes desta expressão, precisamente no nível pré-expressivo, que pode por isso ser considerado universal, como "a força que jorra de um corpo *enformado* (1982: 83) ou as fontes (ou origens do homem) que se encontram na base das diferentes culturas teatrais e que explicariam, como as técnicas pré-expressivas, "o jorro do poder criativo" (1985: 124). Qualquer que seja a metáfora – força jorrante, fonte, núcleo de energia, pré-expressividade – podemos nos perguntar se este "corpo *enformado*" já não é expressivo, mesmo que esta expressividade seja não intencional e não comunicativa. Pode-se não comunicar? A situação de representação não é uma comunicação da comunicação?

3. Outras Perspectivas

a. *Retorno à questão das origens*

Uma das obsessões da antropologia filosófica, principalmente no século XVIII, foi a questão da origem das línguas. O debate está encerrado desde a linguística estrutural. Mas uma inquietação semelhante agitou e continua a agitar as reflexões sobre a origem do teatro (*cf.* NIETZSCHE, 1872), a propósito das origens do teatro, do *pré-teatro** que o precedeu (SCHAEFFNER, *in Encyclopédie des Spectacles*, 1965). Qualquer que seja a datação do surgimento do teatro, concorda-se em ver aí uma secularização progressiva de cerimônias ou de ritos. Resta determinar se ele conservou um rastro desta origem ritual em suas formas modernas. Mesmo espíritos muito próximos, como os de BENJAMIN e BRECHT, opõem-se sobre este assunto. Para BENJAMIN, toda obra de arte, mesmo "na era de sua reprodutibilidade técnica" (de acordo com o título do ensaio de 1936), "encontra fundamento no ritual no qual ela teve seu valor de uso original e primeiro. É inútil que este fundamento seja mediatizado de todas as maneiras possíveis, reconhecemo-lo mesmo nas formas mais profanas de beleza, enquanto ritual secularizado" (1936: 20).

Para BRECHT, ao contrário, a emancipação do culto foi completa: "Quando se diz que o teatro é originário das cerimônias do culto, afirma-se, sem mais, que é saindo delas que ele se tornou teatro; ele não mais retomou a função religiosa dos mistérios, mas pura e simplesmente o prazer que nele encontravam os homens" (*Pequeno Organon*, § 4).

O que BRECHT não parece admitir aqui é a incessante dialética do sagrado e do profano, as possibilidades de ressacralização do teatro, manifestas a partir de ARTAUD, BROOK ou GROTOWSKI, e que foram postas em evidência pela antropologia religiosa de um Mircea ELIADE. Poder-se-ia mesmo dizer, com Paul STEFANEK (1976), que o teatro nunca saiu verdadeiramente do culto, já que o culto era desde o início *teatralizado*. Assim voltar-se-ia à fórmula de SCHECHNER sobre a teatralização da antropologia e a antropologização do teatro, fórmula circular e temporal.

b. *Limites e perspectivas*

Todas essas considerações antropológicas, reavivadas pela reflexão de BARBA, tiveram o mérito de questionar faces inteiras da estética ocidental, como a identificação da psicologia do ator, a ilusão e a caracterização, noções que dominaram a reflexão teórica de ARISTÓTELES a BRECHT. Entretanto, elas se baseiam quase que exclusivamente nas tradições orientais e não elucidam realmente o comportamento do ator ocidental, deixando pensar que também poderiam incluí-lo. Há, sem cessar, uma variação não só quanto aos fundamentos epistemológicos da investigação, mas também quanto a seu objeto exato. Também se pode lamentar que não se faça maiores referências a "verdadeiros" antropólogos como LÉVI-STRAUSS, TURNER (1982), LEROI-GOURHAN (1974) ou JOUSSE (1974). Não é menos verdade que a antropologia teatral, e sobretudo aquela de BARBA e de seus colaboradores do ISTA, constitui a resposta mais sistemática e ambiciosa à teorização política de um BRECHT ou ao funcionalismo da semiologia*.

Etnocenologia, etnodrama, teatro antropológico.

Eliade, 1963, 1965; Esprit, nov. 1963; Drama Review, t. 59, set. 1973, t. 94, 1982; Brook, 1968; Durand, 1969; Barba, 1979; Borie, 1980, 1981,1982; Innés, 1981; Pradier, 1985; Slawinska, 1985; Pavis, 1996.

APARTE

Fr.: aparté; Ingl.: aside; Al.: Beiseitesprechen; Esp.: aparte.

Discurso da personagem que não é dirigido a um interlocutor, mas a si mesma (e, consequentemente, ao público). Ele se distingue do monólogo por sua brevidade, sua integração ao resto do diálogo. O aparte parece escapar à personagem e ser ouvido "por acaso" pelo público, enquanto o monólogo é um discurso mais organizado, destinado a ser apreendido e demarcado pela situação dialógica. Não se deve confundir a frase dirigida pela personagem como a si mesma e a frase dita intencionalmente ao público.

1. O aparte é uma forma de monólogo*, mas torna-se, no teatro, um diálogo* direto com o público. Sua qualidade essencial é introduzir uma modalidade diferente daquela do diálogo. O diálogo se baseia na troca constante de pontos de vista e no entrechoque dos contextos; desenvolve o jogo da intersubjetividade e aumenta a possibilidade da mentira das personagens entre si. Ao contrário, o aparte reduz o contexto semântico àquele de uma única personagem; assinala a "verdadeira" intenção ou opinião do caráter, de modo que o espectador sabe a que ater-se e pode julgar a situação com conhecimento de causa. No aparte, na verdade, o monologuista nunca mente já que, "normalmente", não enganamos voluntariamente a nós mesmos. Estes momentos de verdade interior são também tempos mortos no desenvolvimento dramático, durante os quais o espectador formula seu julgamento.

2. A tipologia do aparte se superpõe àquela do monólogo: auto reflexividade, conivência com o público, tomada de consciência, decisão, dirigir-se ao público*, monólogo interior etc.

3. O aparte é acompanhado por um jogo cênico capaz de torná-lo verossímil (afastamento do ator, mudança de entonação, olhar fixo na sala). Certas técnicas lhe permitem ao mesmo tempo "passar a ribalta", e, portanto, ficar verossímil embora dando-se a reconhecer como procedimento: refletor voltado para o monologuista, voz off, iluminação atmosférica diferente etc.

Só uma concepção ingenuamente naturalista da representação pôde contribuir para criticar o uso do aparte. A encenação atual reencontra suas virtudes: poder lúdico e eficácia dramatúrgica.

Solilóquio, discurso, palavra do autor, épico.

Larthomas, 1972; Gulli-Pugliati, 1976; Pfister, 1977.

APAZIGUAMENTO FINAL

Fr.: apaisement final; Ingl.: final resolution; Al.: Auflösung des Konflikts; Esp.: solución final.

De acordo com as concepções da dramaturgia clássica*, o drama só pode ser concluído quando os conflitos* são solucionados* e o espectador não se faz mais perguntas sobre a sequência da ação. Esta sensação de apaziguamento é produzida pela estrutura narrativa que indica claramente que o herói chegou ao termo do seu percurso; ela é completada pela impressão de que tudo retornou à ordem – cômica ou trágica – que regia o mundo antes do início da peça. O apaziguamento está assim ligado seja ao "alívio cômico" (*comic relief*), seja à justiça transcendente do universo *trágico**: "A justiça eterna, dada a natureza racional de seu poder, proporciona-nos um apaziguamento, mesmo quando nos faz assistir à perda dos indivíduos engajados na luta" (HEGEL, 1832).

Quando o dramaturgo se recusa a propor um fim harmonioso, ele optará às vezes por fazer intervir um *deux ex machina** (mais ou menos preparado pela peça) ou então concluirá pela impossibilidade de resolver correta e harmoniosamente o conflito (BRECHT no final de *A Alma Boa de Sé-Tsuan*, 1940).

Solução, solução final, desenlace, desfecho.

APLAUSO

Fr.: *applaudissement*; Ingl.: *applause*; Al.: *Beifall*; Esp.: *aplauso*.

O aplauso no sentido estrito – o fato de bater palmas – é um fenômeno bastante universal. Ele atesta, em primeiro lugar, a reação quase física do *espectador** que, depois de uma imobilidade forçada, libera sua energia. O aplauso sempre teve uma função fática, ele diz: "Eu os recebo e os aprecio". E diz também, num movimento de *negação**: "Eu rompo a ilusão, para dizer-lhes que vocês me dão prazer ao me dar ilusão". O aplauso é o encontro desarmado entre o espectador e o artista, para além da ficção.

O hábito de aplaudir os atores é muito antigo. Os gregos haviam mesmo previsto um pequeno deus encantador para esta atividade: Krotos. O costume de bater as mãos é corrente em toda a Europa do século XVII. Em certas culturas, o público manifesta sua aprovação por gritos e assovios. Todavia, existe uma polêmica para saber se se pode aplaudir durante a representação e, portanto, romper a ilusão. O aplauso é, na verdade, um elemento de distanciamento, uma intervenção da realidade na arte. Atualmente, constata-se que o público burguês aplaude de bom grado, com a maior boa vontade, "seus" atores e seus ditos espirituosos, ou mesmo o cenário no início do ato, e que, frequentemente, ele intervém durante o espetáculo de *boulevard* ou da Comédie-Française, enquanto o público mais intelectual e "vanguardista" só manifesta seu entusiasmo uma vez fechada a cortina, para não estimular números de atores ou efeitos de encenação, e só agradecer aos artistas em bloco, terminado o espetáculo, mesmo que tenha de convocar, para a circunstância, os atores, o encenador, o cenógrafo, até mesmo o autor, se ele ousar aparecer.

Os aplausos são, às vezes, literalmente, encenação. Em todos os tempos, os empresários de teatro pagaram os serviços de claques profissionais para levar o público a apreciar o espetáculo. Quando das saudações ao público, as entradas e saídas dos comediantes muitas vezes foram ensaiadas e este ritual foi então posto em cena, por exemplo, com atores que continuam a representar sua personagem ou a fazer um número cômico (recurso contestável de colocar os que riem a seu favor).

Poerschke, 1952; Goffman, 1974.

APOLÍNEO E DIONISÍACO

Fr.: *apollinien et dionysiaque*; Ingl.: *Apollinian and Dionysiac*; Al.: *das Apollinische und das Dionysische*; Esp.: *apolíneo y dionisíaco*.

Em *O Nascimento da Tragédia* (1872), NIETZSCHE opõe duas tendências da arte grega das quais ele faz princípios antitéticos de toda arte. Sua análise visa destacar as forças impulsivas e moldantes da criação artística segundo as quais toda arte evolui.

O apolíneo é a arte da medida e da harmonia, do autoconhecimento e dos seus limites. A imagem do escultor dando forma à matéria, figurando o real e absorvendo-se na contemplação da imagem e do sonho impõe-se como arquétipo do apolíneo, forma artística submetida ao limite do sonho e ao princípio da individualização. A arquitetura dórica, a música ritmada, a poesia ingênua de HOMERO e a pintura de RAFAEL são algumas de suas manifestações.

O dionisíaco não é a anarquia das festas e orgias pagãs; ele é consagrado à embriaguez, às forças incontroladas do homem que renascem quando da primavera, à natureza e ao indivíduo reconciliados. É a arte da música sem forma articulada e que produz o terror no ouvinte e no executante. Em vez de uma informação, ele apresenta apenas um sofrimento e uma ressonância primitivos. Nele, o homem se sente como um deus ao rejeitar qualquer barreira e inverter os valores tradicionais; "o homem não é mais artista, ele se tornou obra de arte" (1967: 25).

Apolíneo e dionisíaco, apesar de – ou melhor, por causa de – sua natureza contrária, não poderiam existir um sem o outro; eles se completam no trabalho criador, dão origem à arte grega, e, de maneira mais geral, à história da arte. Esta oposição não coincide totalmente com os antagonismos classicismo/romantismo, técnica/inspiração, forma depurada/conteúdo exuberante, *forma fechada/forma aberta*. Entretanto, ela reutiliza e reestrutura certas características contraditórias da arte ocidental das quais o teatro é apenas um caso de espécie. Uma tipologia dos estilos de encenação encontraria sem dúvida essas tensões: assim a oposição entre um *teatro da crueldade**, de inspiração dionisíaca, (como o esboçou ARTAUD) e um teatro "apolíneo" que controla ao máximo seu funcionamento, como aquele da prática brechtiana.

ÁREA DE ATUAÇÃO

↻ Fr.: *aire de jeu*; Ingl.: *playing area*; Al.: *Spielfläche*; Esp.: *área de actuación*.

Porção do *espaço** e do lugar teatral no qual evoluem os atores. Todo espetáculo é levado, por sua prática, a delimitar seu perímetro de atuação, o qual forma um espaço simbólico inviolável e infranqueável pelo público, mesmo que este seja convidado a invadir o dispositivo cênico. A partir do momento que os atores tomam posse fisicamente da área de atuação, o espaço passa a ser "sagrado", porque simbólico de um local representado. As evoluções gestuais dos atores estruturam este "espaço vazio" (BROOK, 1968), mobiliando-o e percorrendo-o. A área de atuação é assim estruturada pelo gesto ou mesmo apenas pelo olhar do ator. Esta estruturação chega às vezes a uma ocupação codificada e marcada da cena: criação de partidos e de casas no tabuleiro das relações humanas, materialização das "habitações", dos territórios ou dos clãs.

ARGUMENTO

↻ (Do latim *argumentum*, coisa mostrada, dada, exposta.)
Fr.: *argument*; Ingl: *plot outline*; Al.: *Inhaltsangabe*; Esp.: *argumento*.

1. Resumo da história contada pela peça, o argumento (ou *expositio argumenti*) é fornecido antes do início da peça propriamente dita para informar o público sobre a história que lhe vai ser contada, principalmente no caso do resumo em francês de uma peça em latim (na Idade Média). CORNEILLE, na edição de 1660 de seu teatro, precedeu cada uma de suas peças de um argumento.

ARISTÓTELES sugere ao dramaturgo fazer do argumento o ponto de partida e a ideia geral do drama: "Quer se trate de assuntos já tratados ou de assuntos que a pessoa mesma componha, é preciso, antes de mais nada, estabelecer a ideia geral e só depois fazer os episódios e desenvolvê-los" (*Poética*, § 1455 b). Em seguida, o poeta poderá estruturar a fábula em episódios, precisando nomes e lugares. Refletir desde o início sobre o argumento obriga a falar de verdades e conflitos universais, a privilegiar a filosofia e o geral às custas da história e do particular (§ 1451 b).

2. Sinônimo de *fábula**, *mythos** ou *assunto*, o argumento é a história relatada, reconstituída dentro de uma lógica dos acontecimentos, o significado da fábula (história contada) que se oporá a seu significante (*discurso** contante). Certos gêneros teatrais como a *farsa** ou a *Commedia dell'arte** utilizam o argumento (o *canevas**) como texto básico a partir do qual os atores improvisam. Às vezes o argumento é apresentado sob a forma de uma pantomima: assim, em *Hamlet*, a pantomima precede os diálogos da cena do envenenamento.

3. Como para *fábula*, às vezes encontramos *argumento* nos dois sentidos de 1) *história contada* (fábula como matéria) e de 2) *discurso contante* (fábula como estrutura da narrativa). Parece mais de acordo com o uso reservar ao argumento o sentido de *história contada*, independente e anteriormente à ordem de apresentação, isto é, da *intriga** (ex.: o argumento de *Berenice* relatado por RACINE no seu prefácio).

ARISTOTÉLICO (TEATRO...)

↻ Fr.: *aristotélicien (théâtre...)*; Ingl.: *Aristotelian theatre*; Al.: *aristotelisches Theater*; Esp.: *aristotélico (teatro...)*.

1. Termo usado por BRECHT e retomado pela crítica para designar uma *dramaturgia** que se vale de ARISTÓTELES, dramaturgia baseada na *ilusão** e na *identificação**. O termo tornou-se sinônimo de teatro *dramático**, teatro *ilusionista** ou teatro de identificação.

2. BRECHT identifica (equivocadamente) esta característica unicamente à concepção aristotélica: ele se opõe à dramaturgia que busca a identificação do espectador a fim de provocar nele um efeito *catártico**, impedindo toda e qualquer atitude crítica. Contudo, a identificação é apenas um dos critérios da doutrina aristotélica. É preciso juntar a ela o respeito pelas *três unidades** (principalmente a *coerência** e a unificação da ação), o papel do destino e da necessidade na apresentação da fábula: a peça é construída em torno de um conflito, de uma situação "bloqueada" ("atada") a ser resolvida (nó*, *desenlace**).

3. Seria igualmente errôneo assimilar teatro antiaristotélico e forma *épica**: o uso de técnicas épicas não garante automaticamente uma atitude crítica e transformadora do espectador. Reciprocamente, outras formas teatrais podem ser esboçadas na esteira de uma dramaturgia catártica sem que por isso as faculdades do espectador fiquem paralisadas (Living Theatre). O dramaturgo não tem que usar servilmente o molde aristotélico para produzir fortes efeitos catárticos.

Brechtiano, forma fechada e forma aberta.

Lukács, 1914, 1975; Kommerell, 1940; Resting, 1959; Benjamin, 1969; Brecht, 1963, 1972; Flashar, 1974.

ARQUÉTIPO

(Do grego *archetypos*, modelo primitivo.) Fr.: *archétype*; Ingl.: *archetype*; Al.: *Archetyp*; Esp.: *arquétipo*.

1. Em psicologia junguiana, o arquétipo é um conjunto de disposições adquiridas e universais do imaginário humano. Os arquétipos estão contidos no inconsciente coletivo e se manifestam na consciência dos indivíduos e dos povos por meio dos sonhos, da imaginação e dos símbolos.

A crítica literária (FRYE, 1957) apossou-se desta noção para desvendar, para além das produções poéticas, uma rede de mitos que têm origem numa visão coletiva. Ela busca o rastro de imagens recorrentes reveladoras da experiência e da criação humanas (a falta, o pecado, a morte, o desejo de poder etc.).

2. Um estudo tipológico das *personagens** dramáticas revela que certas figuras procedem de uma visão intuitiva e mítica do homem e que elas remetem a complexos ou a comportamentos universais. Dentro desta ordem de ideias, poder-se-ia falar de Fausto, Fedra ou Édipo como personagens arquetípicas. O interesse de tais personagens é ultrapassar amplamente o estreito âmbito de suas situações particulares segundo os diferentes dramaturgos para elevar-se a um modelo arcaico universal. O arquétipo seria portanto um tipo de personagem particularmente genérico e recursivo dentro de uma obra, uma época ou dentro de todas as literaturas e mitologias.

Tipo, estereótipo, modelo actancial, antropologia teatral, *emploi*.

Jung, 1937, 1967; Slawinska, 1985.

ARTE CORPORAL

Fr.: *art corporel*; Ingl.: *body art*; Al.: *body art*; Esp.: *arte corporal*.

A *body art* ou arte corporal "é menos um movimento do que uma atitude, uma visão de mundo, uma visão do papel que o artista deve desempenhar" (NORMAN, 1993: 169). Ela consiste em usar o próprio corpo para infligir-lhe sevícias, de maneira a transgredir a fronteira entre o real e a simulação, a levar o público ou a polícia a reagir, a protestar contra guerras ou massacres. Já nos anos 1920, com MARINETTI, DUCHAMP ou Dada, mas sobretudo durante os anos 1960, ela usa a forma da *performance** ou do *happening**, e flerta também com as aparências enganosas na representação da morte e do sofrimento, seja com o Butô de origem japonesa, ou com grupos como o Fura dels Baus ou numa estética punk como a do Royal de Luxe, ressurgência pós-moderna do bom e velho Grand-Guignol. (A propósito da transformação do corpo, ver: Michel JOURNIAC [1943-1995] e *Vingt-Quatre Heures de la Vie d'une Femme Ordinaire – Vinte e Quatro Horas da Vida de uma Mulher Comum.*)

ARTE DRAMÁTICA

Fr.: *art dramatique*; Ingl.: *dramatic art*; Al.: *dramatische Kunst*; Esp.: *arte dramático*.

A expressão é frequentemente empregada no sentido bastante genérico de "teatro", para designar ao mesmo tempo a prática artística (fazer teatro) e o conjunto de peças, textos, literatura dramática que serve de base escrita para a representação ou para a encenação. A arte dramática é portanto um gênero no seio da literatura e uma prática ligada ao jogo do ator que encarna ou mostra uma personagem para um público.

Essência do teatro, especificidade, teatralidade, etnocenologia.

Arnold, 1951; Villiers, 1951; Aslan, 1963.

ARTE TEATRAL

Fr.: *art théâtral*; Ingl.: *theatre art*; Al.: *Theaterkunst*; Esp.: *arte teatral*.

Arte teatral é uma aliança de palavras que contém em germe todas as contradições do teatro: é uma arte autônoma que tem suas próprias leis e que possui uma *especificidade** estética? Ou não passa da resultante – síntese, conglomerado ou justaposição – de várias artes como a pintura, a poesia, a arquitetura, a música, a dança e o gesto? Os dois pontos de vista coexistem na história da estética. Mas há que se questionar primeiro suas origens e sua tradição ocidental.

1. Origens do Teatro

A infinita riqueza das formas e tradições teatrais, ao longo da história, torna impossível uma definição, mesmo que bastante genérica, da arte teatral. A etimologia da palavra grega *theatron*, que designava o lugar onde ficavam os espectadores para ver a representação, dá conta apenas parcialmente de um componente desta arte. Na verdade, arte visual por excelência, espaço de voyeurismo institucionalizado, o teatro foi, todavia, "reduzido" com muita frequência a um gênero literário, a arte dramática, cuja parte espetacular era considerada, desde ARISTÓTELES, como acessória e necessariamente submissa ao texto.

A esta dispersão das formas teatrais e dos gêneros dramáticos corresponde uma igual diversidade de condições materiais, sociais e estéticas da empreitada teatral: que vínculo haveria, por exemplo, entre um ritual primitivo, uma peça de *boulevard*, um mistério medieval ou um espetáculo da tradição indiana ou chinesa? Os sociólogos e antropólogos têm bastante dificuldade em esclarecer as motivações da necessidade de teatro no homem. Eles têm citado sucessivamente -ou simultaneamente – o desejo mimético, o gosto pelo jogo na criança e no adulto, a função iniciadora do cerimonial, a necessidade de contar histórias e de zombar impunemente de um estado de sociedade, o prazer experimentado em se metamorfosear no ator. A origem do teatro seria *ritual** e religiosa, e o indivíduo, fundido no grupo, participaria de uma cerimônia, antes de delegar pouco a pouco esta tarefa ao ator ou ao sacerdote; o teatro só se desprenderia paulatinamente de sua essência mágica e religiosa, tornar-se-ia suficientemente forte e autônomo para enfrentar esta sociedade: daí as dificuldades históricas que caracterizam sua relação com a autoridade, com a lei, até mesmo com seu simples direito de cidade. Qualquer que seja o valor dessas teorias, o teatro de hoje não tem mais nada a ver com essa origem cúltica (exceto em algumas experiências de retorno ao mito ou à cerimônia que buscam, na sequência de ARTAUD, a pureza original do ato teatral). Ele se diversificou a ponto de responder a inúmeras novas funções estéticas e sociais. Seu desenvolvimento está intimamente ligado ao da consciência social e tecnológica: não se prevê periodicamente seu iminente desaparecimento diante da expansão dos meios de comunicação e das artes de massa?

2. A Tradição Ocidental

Se a questão da *essência** e da especificidade da arte teatral sempre tem algo de idealista e de metafísico, bem distante da realidade das práticas teatrais, pode-se pelo menos enumerar, para nossa tradição ocidental, alguns traços característicos desta arte, dos gregos aos nossos dias. A noção de *arte* difere da de artesanato, de técnica ou de ritual: o teatro, mesmo que tenha à disposição várias técnicas (da interpretação, da cenografia etc.) e que sempre possua uma parte de ações prescritas e imutáveis, ultrapassa o âmbito de cada um de seus componentes. Ele sempre apresenta uma ação (ou a representação mimética de uma ação) graças a atores que encarnam ou mostram personagens para um público reunido num tempo e num lugar mais ou menos organizados para recebê-lo. Um texto (ou uma ação), um corpo de ator, uma cena, um espectador: esta parece ser a cadeia obrigatória de toda comunicação teatral. Cada elo desta cadeia assume, contudo, formas muito diversas: o texto é às vezes substituído por um estilo de jogo não literário, mesmo que se trate, aí, de um texto social também fixo e legível: o corpo do ator perde seu valor de presença humana quando o encenador faz dele uma "*supermarionete*", ou quando é substituído por um objeto ou um dispositivo cênico figurado pela cenografia; o palco não tem que ser aquele de um edifício teatral construído especificamente para a representação de peças: uma praça pública, um barracão ou qualquer outro lugar adaptado prestam-se perfeitamente à atividade teatral: quanto ao espectador, é impossível eliminá-lo totalmente sem transformar a arte teatral num jogo dramático do qual cada um participa, num rito que não tem necessidade de nenhum olhar exterior para realizar-se, ou numa "atividade de capela", um "autoteatro" totalmente fechados em si mesmos sem abertura crítica para a sociedade.

A arte dramática baseia-se, na origem (em *A República* de PLATÃO ou na *Poética* de ARISTÓTELES), numa distinção entre a *mimese* (representação por imitação direta das ações) e a *diégese* (relato, por um narrador, dessas mesmas ações). A mimese tornou-se, por conseguinte, a marca da "objetividade" teatral (no sentido de SZONDI, 1956): os *ele* das personagens (agentes e falantes) são postos em diálogo pelo *eu* do autor dramático: a *re-presentação* dá-se como imagem de um mundo já constituído. De fato, sabe-se, hoje, que a representação mimética não é direta e imediata e, sim, uma colocação em discurso do texto e dos atores. A representação teatral comporta um conjunto de diretivas, conselhos, ordens contidas na *partitura** teatral, textos e indicações cênicas.

A distinção e a hierarquia entre os gêneros nada têm de congelado e de definitivo, como o pretendia a poética clássica, baseada numa visão normativa dos gêneros e de suas funções sociais. Toda a arte teatral contemporânea desmente esta tripartição teatro/poesia/romance. Do mesmo modo, a polaridade tragédia-comédia, que também se encontra na dupla tradição dos gêneros "nobres" (tragédia, alta comédia) ou "vulgar" (farsa, grande espetáculo), perde sentido com a evolução das relações sociais que estavam na base dessas distinções de classe.

3. O Teatro Dentro de um Sistema das Artes

a. A maioria dos teóricos está disposta a convir que a arte teatral dispõe de todos os recursos artísticos e tecnológicos conhecidos numa determinada época. CRAIG, por exemplo, a define assim (de uma maneira mais tautológica): "A arte do teatro não é nem a arte da interpretação do ator, nem a peça de teatro, nem a figuração cênica, nem a dança. [...] É o conjunto de elementos dos quais se compõem esses diferentes domínios. Ela é feita de movimento, que é o espírito da arte do ator, de falas, que formam o corpo da peça, de linha e de cor, que são a alma do cenário, de ritmo, que é a essência da dança" (CRAIG, 1905: 101).

b. Mas está longe de reinar a unanimidade quanto ao vínculo recíproco dessas diferentes artes. Para os defensores do *Gesamtkunstwerk** wagneriano, as artes cênicas devem convergir para uma síntese e unificar-se graças às redundâncias entre os diversos sistemas.

c. Para outros, entretanto, não se pode unir artes diferentes; quando muito, produzir-se-ia um conglomerado não estruturado; o que importa é estabelecer uma hierarquia entre os meios e articulá-los em função do resultado esperado e do gosto do encenador. A hierarquia proposta por APPIA (1954) – ator, espaço, luz, pintura – não é senão uma das inúmeras possibilidades da *estética**.

d. Outros teóricos criticam a noção de uma arte teatral concebida como *Gesamtkunstwerk* ou teatro total, e substituem-na pela noção de *trabalho teatral** (BRECHT). As artes cênicas só existem e só significam em suas diferenças ou em suas contradições (*cf.* BRECHT, *Pequeno Organon*, § 74). A encenação faz trabalhar a cena contra o texto, a música contra o sentido linguístico, o gestual contra a música ou o texto etc.

4. Especificidade e Limites da Arte Teatral

Um rápido sobrevoo dos escritos sobre teatro mostra que nenhuma teoria está em condições de reduzir a arte teatral a componentes necessários e satisfatórios. Não se poderia limitar esta arte a um conjunto de técnicas; e a prática se encarrega de ampliar incessantemente o horizonte da cena: *projeção** de diapositivos ou filmes (PISCATOR, SVOBODA), expansão do teatro para a escultura (Bread and Puppet), a dança e a mímica, a ação política (*agit-prop**) ou o evento (*happening**).

Por via de consequência, o estudo da arte teatral se ramifica em infinitos campos de estudo, sendo o programa desmesurado; aquele de SOURIAU surge quase como tímido demais: "Um tratado de teatro deveria examinar sucessivamente pelo menos todos estes fatores: o autor, o universo teatral, as personagens, o lugar, o espaço cênico, o cenário, a exposição do tema, a ação, as situações, o desenlace, a arte do ator, o espectador, as categorias teatrais: trágico, dramático, cômico; finalmente as sínteses: teatro-e-poesia, teatro-e-música, teatro-e-dança, para terminar pelos suplementos do teatro: espetáculos diversos, jogos circenses, marionetes etc. Sem esquecer a interferência de outras artes, e, particularmente, da nova arte do cinematógrafo" (SOURIAU, citado em ASLAN, 1963: 17).

Essência do teatro, encenação, antropologia teatral, etnocenologia.

Rouché, 1910; Craig, 1964; Touchard, 1968; Kowzan, 1970; Schechner, 1977; Mignon, 1986; Jomaron, 1989; Corvin, 1991.

ARTES DA CENA

Fr.: *arts de la scène*; Ingl.: *performing arts, stage arts*; Al.: *Bühnenkünste*; Esp.: *artes de la escena*.

As artes da cena estão ligadas à apresentação direta, não adiada ou apreendida por um meio de comunicação, do produto artístico. O equivalente inglês (*performing arts*) dá bem a ideia fundamental destas artes da cena: elas são "performadas", criadas diretamente, *hic et nunc*, para um público que assiste (a) a representação: o teatro falado, cantado, dançado ou mimicado (gestual), o balé, a pantomima, a ópera são os exemplos mais conhecidos. Pouco importa a forma do palco, e a relação palco-plateia (*relação teatral**); o que conta é a imediatidade da comunicação com o público por intermédio dos *performers** (atores, dançarinos, cantores, mímicos etc.).

Arte da representação, arte teatral, teatralidade.

ARTES DA REPRESENTAÇÃO

Fr.: *arts de la representation*; Ingl.: *performing arts*; Al.: *darstellende Künste*; Esp.: *artes de la representación*.

1. Este termo genérico agrupa as artes que se baseiam na representação ou na re-presentação (presentação renovada) de suas matérias (palco, ator, imagem, voz etc.). Existe necessariamente uma imagem/representação que desempenha um papel de significante (de matéria audiovisual) para um significado que seria o resultado, a finalidade e a conclusão da *representação**, significado que não é, em absoluto, estratificado e definitivo. O teatro falado, musical ou gestual, a dança, a ópera e a opereta, as marionetes, mas também as artes mediáticas (ou mecanizadas) como o cinema, a televisão, o rádio são artes da representação.

2. Estas artes se caracterizam por um nível duplo: o representante – o quadro, a cena etc. – e o representado – a realidade figurada ou simbolizada. A representação é sempre uma reconstituição de alguma outra coisa: acontecimento passado, personagem histórica, objeto real. Daí a impressão de não se enxergar no quadro senão uma realidade segunda. Porém o teatro é a única arte figurativa que só se "presenta" ao espectador uma única vez, mesmo que tome emprestados seus meios de expressão a uma infinidade de sistemas exteriores.

🔍 Artes da cena, arte teatral, teatralidade, meios de comunicação, encenação, etnocenologia.

ARTES DA VIDA

🔄 Fr.: *arts de la vie*; Ingl.: *life arts*; Al.: *Lebenskünste*; Esp.: *artes de la vida*.

Termo calcado naquele de "ciências da vida" e empregado (BARBA, 1993 e seu "corpo-em-vida"; PRADIER e seus "comportamentos humanos espetaculares organizados") para as artes da cena que usam o corpo vivo: teatro falado, dança, mímica, dança-teatro, ópera etc., em contraste com as artes mecânicas que se limitam a reproduzir uma imagem do corpo (cinema, vídeo, instalação).

ATELANAS

🔄 (De *fabula atellana*, fábulas de Atela.)
Fr.: *atellanes*; Ingl.: *atellane*; *Atellan farces*; Al.: *Atellane*; Esp.: *atelanas*.

Pequenas farsas de caráter bufão que extraem seu nome de sua cidade de origem – Atela, na Campânia. Inventadas no século II a.C, as atelanas apresentam personagens *estereotipadas** e grotescas: Maccus, o simplório, Buco, o glutão e fanfarrão, Pappus, o velho avarento e ridículo, Dossenus, filósofo corcunda e astucioso. Foram retomadas pelos comediantes romanos (que interpretavam mascarados) ou representadas como complemento das tragédias e são consideradas um dos ancestrais da *Commedia dell'arte**.

ATITUDE

🔄 Fr.: *attitude*; Ingl.: *attitude*; Al.: *Haltung*; Esp.: *actitud*.

Maneira de se ter o corpo, no sentido físico. Por extensão, maneira psicológica ou moral de encarar uma questão.

1. A atitude do ator é sua posição com respeito à cena e aos outros atores (isolamento, pertinência ao grupo, relação emocional com os outros). *Atitude* equivale a pose, maneira voluntária e involuntária de se manter, e a *postura*, posição de uma parte do corpo em relação às outras. A atitude é muitas vezes assimilada a um *gesto** feito: "O gesto passa, a atitude fica... [...]. A mímica é uma arte em movimento na qual a atitude não é senão a pontuação" (DECROUX, 1963: 124).

2. Em BRECHT, a atenção do encenador e do espectador deve voltar-se para as relações inter-humanas, em particular em seu componente socioeconômico. As atitudes (*Haltungen*) das personagens entre si (ou *gestus**) tornam visíveis as relações de força e as contradições. A atitude serve de vínculo entre o homem e o mundo exterior, semelhante, nisso, à atitude tal como definida pelos psicólogos.

3. A atitude do encenador diante do texto é a maneira de interpretar ou criticar o texto e de mostrar, na encenação, este julgamento crítico e estético.

🔍 Postura.

📖 Engel, 1788; Noverre, 1978; Pavis e Villeneuve, 1993.

ATO

🔄 (Do latim *actus*, ação.)
Fr.: *acte*; Ingl.: *act*; Al.: *Akt*; Esp.: *acto*.

Divisão externa da peça em partes de importância sensivelmente igual em função do tempo e do desenrolar da ação.

1. Princípios da Estruturação

A distinção entre os atos e a passagem de um a outro são marcadas de maneira bastante diversificada no decorrer da história do teatro ocidental. O mesmo ocorre quanto à maneira de indicar a mudança de ato: intervenção do *coro** (GRYPHIUS), fechar a cortina (a partir do século XVII), mudança de luz ou *black-out*, refrão musical, cartazes etc. Isto porque os cortes entre atos correspondem a necessidades muito diversas (e para começar, antigamente, mudança das velas e dos cenários).

a. Cortes temporais

O ator marca por vezes uma *unidade** de tempo, um momento da jornada (classicismo), uma jornada inteira (dramaturgia espanhola do século de ouro), e às vezes, porém raramente, um lapso de tempo mais longo (TCHÉKHOV, IBSEN).

O ato se define como uma unidade temporal e narrativa, mais em função de seus limites do que por seus conteúdos: ele se conclui quando há uma saída de todas as personagens ou quando há uma mudança notável na continuidade espaço-temporal, sendo a fábula cortada então em grandes momentos.

b. Cortes narratológicos

Este é o critério essencial da divisão em atos: desde ARISTÓTELES, considera-se na verdade que o drama deve apresentar uma única ação que pode ser decomposta em partes organicamente ligadas entre si – e isto, apresente ou não a *fábula** uma reviravolta da ação. Esta estruturação é narratológica, a decupagem se efetua aí em função de grandes unidades universais da narrativa. Três fases são aí indispensáveis:

– *prótase* (exposição e encaminhamento dos elementos dramáticos);
– *epítase* (complicação e estreitamento do nó);
– *catástrofe* (resolução do conflito e volta ao normal).

Estas três fases (que correspondem mais ou menos aos modelos narratológicos dos teóricos da *narrativa**) serão os núcleos de toda peça de fatura aristotélica e o número mágico desta dramaturgia. Assim HEGEL (1832), ao refletir sobre a tradição teatral, também distingue três momentos chaves: 1) nascimento do conflito; 2) choque; 3) paroxismo e conciliação. Este modelo, que pode ser considerado lógico e canônico (para este tipo de dramaturgia) será submetido a muitas variações, pois a decupagem externa não coincide necessariamente com as três fases da narrativa. (*Análise da narrativa, estrutura dramática**.)

2. Evolução do Número de Atos

A tragédia grega não conhece subdivisões em atos. Ela é ritmada pelas aparições do coro que separam os *episódios** (indo de dois a seis). Cabe aos autores latinos (HORÁCIO, DONATO em seu comentário de TERÊNCIO) e, sobretudo, aos teóricos do Renascimento formalizar a decupagem acrescentando ao esquema temário dois elementos intercalares, elevando o número de atos de três para cinco: o ato II passa a ser o desenvolvimento da intriga, garantindo a passagem entre exposição e ápice. O ato IV prepara o desenlace ou reserva um último suspense, uma esperança, rapidamente frustrada, de resolução. Já se encontram os cinco atos em SÊNECA (que segue aqui o preceito de HORÁCIO). A peça em cinco atos passará a ser normativa no século XVII francês: ela constitui a finalização de uma estrutura dramática padronizada. O princípio essencial é doravante consciente: uma progressão constante, sem "saltos", fazendo a ação deslizar para um desenlace necessário. Os cortes não afetam a qualidade e a unidade de ação; eles apenas ritmam a progressão e harmonizam a forma e o conteúdo dos atos: para a norma clássica, estes devem ser equilibrados, formar um conjunto autônomo e brilhar por "alguma beleza particular, isto é, ou por um incidente ou por uma paixão ou por alguma outra coisa semelhante" (D'AUBIGNAC, 1657, VI, 4, 299).

Nessa estética, o ato desempenha um papel de catalisador e de parapeito da ação: "É um grau, um passo da ação. É por esta divisão da ação total em graus que deve começar o trabalho do poeta. [...] O diálogo marca os segundos, as cenas marcam os minutos, os atos correspondem às horas" (MARMONTEL, 1763, artigo "Ato").

3. Outros Modelos de Estruturação

A divisão em três ou cinco atos geralmente busca, na época clássica (ou neoclássica: FREYTAG, 1857), fazer-se passar por universal ou natural. Ela só o é, de fato, para aquele tipo preciso de dramaturgia que se baseia na unidade espaço-temporal da ação. A partir do momento em que a ação se alonga ou não tem mais a qualidade de um *continuum* harmonioso, o esquema dos cinco atos caduca. Uma sequência de *cenas** ou *quadros** na verdade ilustra muito melhor os textos de SHAKESPEARE, LENZ, SCHILLER, BÜCHNER ou TCHÉKHOV (*cf.* SZONDI, 1956). Mesmo que certos dramaturgos conservem o nome de ato (e de cena), seus textos são, na verdade, uma sequência de quadros com encadeamento frouxo. É o caso de SHAKESPEARE, editado em seguida em atos e cenas, ou dos dramaturgos espanhóis que compõem suas peças em três jornadas, e a maioria dos autores pós-clássicos e pós-românticos.

A partir do momento que a decupagem em atos se faz tanto em função da ação quanto da época, o ato tende a englobar um momento dramático, a situar uma "época" e a assumir a função de um quadro. Historicamente, este fenômeno se produz a partir do século XVIII (*drama** burguês) e muito claramente no século XIX (HUGO), para tornar-se, em nossos dias, uma marca fundamental da dramaturgia épica (WEDEKIND, STRINDBERG, BRECHT, WILDER). DIDEROT já notava, sem o saber, a transição do ato para o quadro, do *dramático** ao *épico**: "Se um poeta meditou bem sobre seu assunto e dividiu bem sua ação, não haverá nenhum ato seu ao qual ele não possa dar um título; e do mesmo modo que no poema épico se diz a descida aos infernos, os jogos fúnebres, o recenseamento do exército, a oposição da sombra, dir-se-ia, no dramático, o ato das suspeitas, o ato dos furores, o do reconhecimento ou do sacrifício" (DIDEROT, 1758: 80-81).

ATOR

↻ Fr.: *acteur*, Ingl.: *actor*, Al.: *Schauspieler*; Esp.: *actor*.

1. Corpo Condutor

O ator, desempenhando um papel ou encarnando uma *personagem**, situa-se no próprio cerne do acontecimento teatral. Ele é o vínculo vivo entre o texto do autor, as diretivas de atuação do encenador e o olhar e a audição do espectador. Compreende-se que este papel esmagador tenha feito dele, na história do teatro, ora uma personagem adulada e mitificada, um "monstro sagrado", ora um ser desprezado do qual a sociedade desconfia por um medo quase instintivo.

2. Distância e Proximidade

Até o início do século VII, o termo *ator** designava a personagem da peça; ele passou a ser, em seguida, aquele que tem um papel, o artesão da cena e o *comediante**. Na tradição ocidental, na qual o ator encarna sua personagem, fazendo-se passar por ela, ele é, antes de mais nada, uma presença física em cena, mantendo verdadeiras relações de "corpo a corpo" com o público, o qual é convidado a sentir o lado imediatamente palpável e carnal, mas também efêmero e impalpável de sua aparição. O ator, ouve-se dizer com frequência, é como que "habitado" e metamorfoseado por uma outra pessoa; não é mais ele mesmo, e sim uma força que o leva a agir sob os traços de um outro: mito romântico do ator de "direito divino", que não estabelece mais diferença entre o palco e a vida. Contudo, este é apenas um dos possíveis aspectos do vínculo entre ator e personagem: ele pode marcar também toda a distância que o separa do seu papel mostrando, como o ator brechtiano, sua construção artificial. Esta é uma velhíssima discussão entre os partidários de um ator "sincero" que sente e revive todas as emoções da personagem e um ator capaz de dominá-las e simulá-las, "fantoche maravilhoso cujos fios o poeta puxa e ao qual ele indica a cada linha a verdadeira forma que ele deve assumir" (DIDEROT, em *Paradoxo Sobre o Comediante*, 1775). A questão da sinceridade do ator assume às vezes a forma de um conflito entre duas concepções de criatividade no ator: ator/rei que improvisa e cria livremente, às vezes com os excessos do canastrão ou do "monstro sagrado", ou o ator considerado como *supermarionete** (CRAIG) acionado por um encenador.

3. A Formação do Ator

Durante muito tempo inexistente ou abandonada ao aprendizado de técnicas próprias de uma certa tradição, a formação do ator acompanhou o movimento de sistematização do trabalho de encenação; ela visa desenvolver o indivíduo global: voz, corpo, intelecto, sensibilidade, reflexão sobre a dramaturgia e o papel social do teatro. O ator contemporâneo deixou definitivamente para trás os dilemas e mitos do ator-senhor ou do ator-escravo; ele aspira a representar o papel modesto porém exaltante de um intérprete, não mais de uma simples personagem, mas do texto e de sua encenação.

4. Enunciador

O ator é sempre um intérprete e um enunciador do texto ou da ação: é, ao mesmo tempo, aquele que é significado pelo texto (cujo papel é uma construção metódica a partir de uma leitura) e aquele que faz significar o texto de uma maneira nova a cada interpretação. A ação mimética permite ao ator parecer inventar uma fala e uma ação que na verdade lhe foram ditadas por um texto, um roteiro, um estilo de representação ou de improvisação. Ele joga com esta fala que ele emite instalando-a de acordo com o dispositivo de sentido da encenação e interpelando o espectador (através de seus interlocutores) sem, contudo, dar-lhe o direito de resposta. Simula uma ação, fazendo-se passar por seu protagonista pertencente a um universo fictício. Ao mesmo tempo, realiza ações cênicas e continua a ser ele próprio, qualquer que seja o que ele possa sugerir. A duplicidade: viver e mostrar, ser ele mesmo e outro, um ser de papel e um ser de carne e osso, tal é a marca fascinante do seu emprego.

5. Ator, Produtor e Produto

Para além de todas estas manobras enganosas, o ator é um portador de signos, um cruzamento de informações sobre a história contada (seu lugar no universo da ficção), sobre a caracterização psicológica e gestual das personagens, sobre a relação com o espaço cênico ou o desenrolar da representação. Perde então sua aura misteriosa em benefício de um processo de significação e de uma integração ao espetáculo global. Mesmo que sua função na representação pareça relativa e substituível (por um objeto, um cenário, uma voz ou uma máquina de interpretar), continua a ser a aposta de todas as práticas teatrais e de todos os movimentos estéticos desde o surgimento da encenação. Compreende seu papel como o de um dos artesãos do espetáculo e em função da tarefa pedagógica e política do teatro. Com frequência renunciou a enganar o seu mundo ao não pretender mais improvisar sem esforço. Tanto quanto sua "naturalidade", o que nos interessa agora é realmente o trabalho do ator, sua técnica corporal e seus exercícios respiratórios.

Presença, poética, ritmo, comediante.

Talma, 1825; Brecht, 1961; Stanislávski, 1963, 1966; Aslan, 1974, 1993; Dort, 1977*b*, 1979; Barker, 1977; Brauneck, 1982; Ghiron-Bistagne, 1976, 1994; Kantor, 1977, 1990; Roubine, 1985; Pidoux, 1986; Roach, 1987; Villiers, 1987; Godard, 1995; Pavis, 1996.

ATUALIZAÇÃO

Fr.: *actualisation*; Ingl.: *actualization*; Al.: *Aktualisierung*; Esp.: *actualización*.

Operação que consiste em adaptar ao tempo presente um texto antigo, levando em conta circunstâncias contemporâneas, o gosto do novo público e modificações da fábula que se tornaram necessárias pela evolução da sociedade.

A atualização não muda a fábula central, ela preserva a natureza das relações entre as personagens. Somente são modificados a data e, eventualmente, o âmbito da ação.

Pode haver atualização de uma peça em vários níveis: desde a simples modernização dos figurinos até uma *adaptação** a um público e uma situação sócio histórica diferentes. É assim que, durante um tempo, acreditou-se ingenuamente que bastava representar os clássicos em trajes comuns para que o espectador sentisse que a problemática exposta lhe dizia respeito. Hoje, as encenações preocupam-se mais em fornecer ao público os instrumentos corretos de uma boa *leitura** da peça; eles não procuram eliminar e, sim, acentuar as diferenças entre ontem e hoje. A atualização tende então a ser uma *historicização** (no caso da atualização brechtiana, por exemplo).

Tradução, dramatúrgica (análise).

Brecht, 1963, 1972; Knopf, 1980.

AUTOSSACRAMENTAL

(Do latim *actus*, ato, ação e *sacramentum*, sacramento, mistério.)

Peças religiosas alegóricas representadas na Espanha ou em Portugal por ocasião de Corpus Christi e que tratam de problemas morais e teológicos (o sacramento da eucaristia). O espetáculo era apresentado sobre carroças, e mesclava farsas e danças à história santa e atraía o público popular. Elas se mantiveram durante toda a Idade Média, conheceram seu apogeu no Século de Ouro, até sua proibição, em 1765. Tiveram grande influência sobre dramaturgos portugueses (GIL VICENTE) ou espanhóis (LOPE DE VEGA, TIRSO DE MOLINA, CALDERÓN etc.).

📖 Flecniakoska, 1961; Sentaurens, 1984.

AUTOR DRAMÁTICO

↻ Fr.: *auteur dramatique*; Ingl: *dramatist, playwright*; Al.: *Bühnenautor, Dramatiker*, Esp.: *autor dramático*.

1. Este termo é empregado hoje de preferência a *dramaturgo** (envelhecido ou reservado ao sentido técnico moderno de "conselheiro literário") e a *poeta dramático* (arcaico e que se aplica a um autor que escreve versos).

O estatuto do autor variou consideravelmente no curso da história. Até o início do século XVII, o autor ainda não passa, na França, de um simples fornecedor de textos. Somente com P. CORNEILLE é que o dramaturgo passa a ser uma verdadeira pessoa social, reconhecida e capital na elaboração da representação. Sua importância poderá mesmo parecer, na sequência da evolução teatral, desproporcional em relação àquela do encenador (que surgirá, pelo menos sob uma forma consciente de si mesma, somente por volta do final do século XIX), e sobretudo do ator, que não é senão, segundo as palavras de HEGEL, o "instrumento no qual o autor toca, uma esponja que absorve as cores e as devolve sem nenhuma mudança".

2. A teoria teatral tende a substituí-lo por um sujeito global, um coletivo de enunciação, espécie de equivalente do narrador para o texto do romance. Este sujeito "autoral" todavia, é dificilmente identificável, exceto no caso das *indicações cênicas**, do *coro** ou do *raisonneur**. E mesmo estas instâncias não passam, na verdade, de um substituto literário e por vezes falaz do autor dramático. Seria mais judicioso vê-lo em ação na estruturação da fábula, na montagem das ações, na resultante (dificilmente delineável, entretanto) das perspectivas e dos contextos semânticos dos dialogantes (VELTRUSKÝ, 1941; SCHMID, 1973). Enfim, o texto clássico, quando é formalmente homogêneo e caracterizado por traços prosódicos e léxicos suprassegmentais e próprios de todo texto, sempre revela, apesar da divisão em vários papéis, a marca de seu autor.

3. O autor dramático não é senão o primeiro elo (essencial, contudo, na medida em que o verbo é o sistema mais preciso e estável) de uma cadeia de produção que lamina, mas também enriquece, o texto através da *encenação**, o jogo do ator, a apresentação cênica concreta, e a recepção pelo público.

🔍 Peça, discurso.

📖 Vinaver, 1987, 1993; Corvin e Lemahieu *in* Corvin, 1991: 73-75. Ver a revista *Les Cahiers de Prospéro*.

AUTOTEATRO

↻ Fr.: *auto-théâtre*; Ingl.: *autotheatre*; Al.: *Autotheater*; Esp.: *autoteatro*.

Este termo é usado por ABIRACHED (1992: 188) para qualificar o fenômeno do teatro amador: muitas vezes os participantes só fazem teatro para si mesmos (quaisquer que sejam suas motivações), e não para um público exterior. Ele também se aplicaria a um teatro que só faz referência a si mesmo, por citação de jogos, técnicas ou realizações, e que, portanto, evita reproduzir o mundo exterior: "Dioniso cedendo lugar a um narciso apaixonado por seu reflexo" (Ph. IVERNEL, *Journal du TEP*, 1995).

B

BIOMECÂNICA

↻ Fr.: *biomécanique*; Ingl.: *biomechanics*; Al.: *Biomechanik*; Esp.: *biomecánica*.

Estudo da mecânica aplicada ao corpo humano. MEIERHOLD usa esta expressão para descrever um método de treinamento do ator baseado na execução instantânea de tarefas "que lhe são ditadas de fora pelo autor, pelo encenador [...]. Na medida em que a tarefa do ator consiste na realização de um objetivo específico, seus meios de expressão devem ser econômicos para garantir a precisão do movimento que facilitará a realização mais rápida possível do objetivo" (1969: 198).

A técnica biomecânica opõe-se ao método introspectivo "inspirado", aquele das "emoções autênticas" (199). O ator aborda seu papel a partir do exterior, antes de apreendê-lo intuitivamente. Os exercícios biomecânicos preparam-no para fixar seus gestos em posições-poses que concentram ao máximo a ilusão do movimento, a expressão do *gestus** e os três estádios do ciclo do jogo (intenção, realização, reação).

📖 *Drama Review*, 1973; Meierhold, 1963, 1969, 1973, 1975, 1980; Braun, 1995.

BOM-TOM

↻ Fr.: *bienséance*; Ingl.: *decorunr*, Al.: *Anstand*; Esp.: *decoro*.

1. Termo de dramaturgia clássica. Adequação às *convenções** literárias, artísticas e morais de uma época ou de um público. O bom-tom (decoro) é uma das regras do classicismo; tem origem em ARISTÓTELES que insiste nas conveniências morais: os costumes do herói devem ser aceitáveis, as ações morais, os fatos históricos relatados devem conter verossimilhança, a realidade não deve ser mostrada em seus aspectos vulgares e quotidianos. A sexualidade, a representação da violência e da morte são igualmente rejeitadas. O bom-tom impõe, também, a coerência da construção da fábula e da ordem das ações.

J. SCHERER distingue, desse modo, o bom-tom da *verossimilhança**: "A verossimilhança é uma exigência intelectual; ela demanda certa coerência entre os elementos da peça de teatro; ela bane o absurdo e o arbitrário ou o que o público considera como tal. O bom-tom é uma exigência moral; pede que a peça teatral não choque os gostos, as ideias morais ou, se quiserem, os preconceitos do público" (1950: 383).

A noção de bom-tom (como foi elaborada entre 1630 e 1640 por doutos como CHAPELAIN ou LA MESNARDIÈRE) muitas vezes entra em conflito com a de verossimilhança (ou de *conveniência*, termo de MARMONTEL, no artigo "Bienséance"): a verdade histórica muitas vezes é chocante e o dramaturgo deve suavizá-la para respeitar o bom-tom. Assim, as conveniências são "relativas às personagens", ao passo que os decoros "referem-se particularmente aos espectadores": enquanto as conveniências "cuidam dos usos, dos costumes do tempo e do lugar da ação, os outros dizem respeito à opinião e aos costumes do país e do século em que a ação é representada" (MARMONTEL, *Éléments de Littérature*).

De maneira geral, é de "bom-tom" aquilo que se adapta ao gosto do público e à sua representação do real. CORNEILLE justifica desse modo sua alusão ao casamento de Ximena e do Cid, casamento este que poderia "chocar" os espectadores: "Para não contrariar a história, pensei não poder me furtar de lançar nela alguma ideia, mas sem certeza quanto ao efeito; e seria somente por aí que eu poderia adequar o decoro do teatro à verdade do acontecimento" (*Exame do Cid*). (Ver também as *Réflexions sur la Poétique d'Aristote*, de R. RAPIN, 1674.)

A regra do bom-tom é desse modo, um *código** não explícito de preceitos ideológicos e morais. Neste sentido, acompanha cada época e distingue-se com dificuldade da *ideologia**. Cada escola ou sociedade, mesmo quando rejeita as regras da época que a precede, também dita normas de comportamento. O bom-tom é portanto a imagem que determinada época faz de si mesma e que deseja encontrar nas produções artísticas. Ela se acha submetida às "mudanças de todos os valores" (NIETZSCHE). Assim, atualmente, em Paris ou Nova Iorque, o bom-tom imporá a muitos encenadores mostrar uma atriz despindo-se durante a peça, quer encenem MARIVAUX, BRECHT OU R. FOREMAN.

Decoro.

D'Aubignac, 1657; Bray, 1927.

BRECHTIANO

Fr.: *brechtien*; Ingl.: *brechtian*; Al.: *brechtisch*; Esp.: *brechtiano*.

Adjetivo derivado do nome do dramaturgo alemão Bertolt BRECHT (1898-1956), representante de um teatro (alternadamente denominado épico, crítico, dialético ou socialista) e de uma técnica de atuação que favorece a atividade do espectador, graças principalmente ao caráter demonstrativo do jogo do ator.

Muitas vezes, o termo é empregado a propósito de um estilo de encenação que insiste no caráter histórico da realidade representada (*historicização**) e propõe ao espectador que tome distância, que não se deixe enganar por seu caráter trágico, dramático ou simplesmente ilusionista.

Brechtiano frequentemente faz referência a uma "política dos signos": palco e texto são local de uma prática de todas as pessoas de teatro que significam a realidade mediante um sistema de signos ao mesmo tempo estéticos (ancorados num material ou numa arte da cena) e políticos (que criticam a realidade em vez de imitá-la passivamente). O "sistema" brechtiano – conforme se insistirem seu aspecto antidramático (épico), realista ou dialético (junção de princípios contrários como identificação e distância) – nada tem a ver com uma filosofia estratificada, que fornece receitas de encenação. Ao contrário, ele deve permitir montar peças de acordo com as exigências de cada época e dentro do contexto ideológico que a ele corresponde. Constata-se, no entanto, que nos anos 1950 e 1960, muitos grupos ou jovens autores contentaram-se em imitar servilmente o "estilo" brechtiano – certo tipo de materiais e cores, uma certa pobreza cénica, certo tipo de atuação distanciada – sem pensar na adaptação desses recursos estéticos para uma análise da realidade e, portanto, para uma nova maneira de fazer teatro. Daí "brechtiano", palavra ora elogiosa e "filial", ora insultosa e zombeteira, para acentuar o difícil e, atualmente, bem distante vínculo do teatro contemporâneo com esse autor já clássico que é o "pobre BB".

Teatro experimental, narrativa.

Dort, 1960; Brecht, 1961, 1963, 1967, 1976; Barthes, 1964: 84-89; Rülicke-Weiler, 1968; Pavis, 1978*b*; Knopf, 1980; Banu, 1981; F. Toro, 1984.

BUFÃO

Fr.: *bouffon*; Ingl.: *fool*; Al.: *Narr*, Esp.: *bufón* (*gracioso*).

O bufão é representado na maioria das dramaturgias cômicas. "Vertigem do cômico absoluto" (MAURON, 1964: 26), é o princípio orgiástico da vitalidade transbordante, da palavra inesgotável, da desforra do corpo sobre o espírito (Falstaff), da derrisão carnavalesca do pequeno ante o poder dos grandes (Arlequim), da cultura popular ante a cultura erudita (os *Picaro* espanhóis).

O bufão, como o louco, é um marginal. Este estatuto de exterioridade o autoriza a comentar os acontecimentos impunemente, ao modo de uma espécie de paródia do coro da tragédia. Sua fala, como a do louco, é ao mesmo tempo proibida e ouvida. "Desde as profundezas da Idade Média, o louco é aquele cujo discurso não pode circular como o dos outros: do que ele diz fica o dito pelo não dito (...); ocorre também, em contrapartida, que lhe atribuam, por oposição a todos os outros, estranhos poderes, como o de dizer uma verdade oculta, prever o futuro, o de enxergar com toda ingenuidade aquilo que a sabedoria dos outros não consegue perceber" (FOUCAULT, 1971: 12-13).

Seu poder desconstrutor atrai os poderosos e os sábios: o rei tem seu bobo; o jovem apaixonado, seu criado; o senhor nobre da *comedia* espanhola, seu *gracioso*; Dom Quixote, seu Sancho Pança; Fausto, seu Mefisto; Wladimir, seu Estragon. O bufão destoa onde quer que vá: na corte, é plebeu; entre os doutos, dissoluto; em meio a soldados, poltrão; entre estetas, glutão; entre preciosos, grosseiro... e lá vai ele, seguindo tranquilamente seu caminho!

Como aqueles bonecos de plástico chamados de "joão bobo", o bufão nunca cai: ninguém jamais conseguirá culpá-lo ou fazer dele bode expiatório, pois ele é o princípio vital e corporal por excelência, um animal que se recusa a pagar pela coletividade, e que nunca tenta se fazer passar por outro (sempre mascarado, é o revelador dos outros e nunca fala em seu próprio nome, e nunca assume o papel sério dos outros, sem incorrer em sua perda). Como Arlequim, o bufão guarda, na verdade, a lembrança de suas origens infantis e simiescas. É o que nos diz o seríssimo filósofo ADORNO: "O género humano não conseguiu se livrar tão totalmente de sua semelhança com os animais a ponto de não poder de repente reconhecê-la e ser por isso inundado de felicidade; a linguagem das crianças e dos animais parece ser uma só. Na semelhança dos *clowns* com os animais se ilumina a semelhança humana com os macacos: a constelação animal-tolo (ou louco: *Narr*), *clown* é um dos fundamentos da arte" (1974: 163).

Cômico, *Commedia dell'arte*, personagem.

Gobin, 1978; Bakhtin, 1971; Ubersfeld, 1974; Pavis, 1986a. Ver Revista *Bouffonneries*, principalmente n. 13-14.

BURLESCO

(Do italiano *burlesco, burla*, gracejo, farsa.) Fr.: *burlesque*; Ingl.: *burlesque*; Al.: *das Burleske*; Esp.: *burlesco*.

O burlesco é uma forma de *cômico** exagerado que emprega expressões triviais para falar de realidades nobres ou elevadas, mascarando assim um género sério por meio de um pastiche *grotesco** ou vulgar: é "a explicitação das coisas mais sérias por expressões totalmente cômicas e ridículas".

1. O Gênero Burlesco

O burlesco torna-se género literário em meados do século XVII, na França, com SCARRON (*Recueil de Vers Burlesques*, 1643; *Virgile Travesti*, 1648), D'ASSOUCI (*Le Jugement de Pâris*, 1648), PERRAULT (*Les Murs de Troie*, 1653), como reação ao jugo das regras clássicas. Este tipo de escritura, ou melhor, de reescritura, aprecia particularmente o travestimento de autores clássicos (SCARRON, MARIVAUX com seu *Télémaque Travesti* e seu *Homère Travesti*, 1736). O burlesco muitas vezes se serve do panfleto, da sátira social ou política. Contudo, encontra dificuldade para se constituir como género autônomo, provavelmente por causa de seu vínculo com o modelo parodiado (MOLIÈRE, SHAKESPEARE, na peça *Píramo e Tisbe* representada por Bottom em *Sonhos de uma Noite de Verão*, nas peças que ironizam textos conhecidos: a *Beggar's Opera*, de GAY (1728), *The Rehearsal*, de BUCKINGHAM, que satiriza DRYDEN, a *Tragedy of Tragedy or the Life and Death of Tom Thumb the Great*, de FIELDING (1730)). Na França, o balé burlesco, na primeira metade do século XVII, abre caminho para a *comédia-balé** de MOLIÈRE e LULLY.

2. Estética do Burlesco

Mais que um género literário, o burlesco é um estilo e um princípio estético de composição que consiste em inverter os signos do universo representado, em tratar com nobreza o trivial e trivialmente o que é nobre, acompanhando nisto o princípio barroco do mundo às avessas: "O burlesco, que é um pedaço do ridículo, consiste na desproporção entre a ideia que se tem de algo e sua ideia verdadeira [...]. Ora, essa desproporção ocorre de duas maneiras: uma, falando de maneira baixa das coisas elevadas, e outra, falando magnificamente das coisas mais baixas" (C. PERRAULT, *Paralelo dos Antigos e Modernos*, III, 1688). Contrariando uma opinião muito difundida, o burlesco não é um género vulgar ou grosseiro; é, ao contrário, uma arte refinada que pressupõe que seus leitores tenham vasta cultura e compreendam a *intertextualidade**. A escritura – ou reescritura burlesca – é uma deformação estilística da norma, uma maneira rebuscada e preciosa de se expressar e não um género popular e espontâneo. Ele é a marca de grandes estilos e de espíritos irónicos que admiram o objeto parodiado e apostam em efeitos cômicos de contraste e de superlativo, na forma e na temática. A discussão que consiste em se perguntar (como faz MARIVAUX em seu prefácio do *Homère Travesti*) se o burlesco reside nos termos empregados ou nas ideias manipuladas (no significante ou no significado) é falsa, já que é apenas no contraste entre os dois termos que o cômico se instaura (princípio da mistura de géneros e do herói-cômico).

É difícil distinguir o burlesco de outras formas *cômicas**; caberá observar simplesmente que o burlesco recusa o discurso moralizador ou político da *sátira**, que ele não tem necessariamente a visão catastrófica e niilista do grotesco e que ele se apresenta como "exercício de estilo" e jogo de escritura gratuito e livre. Este mascaramento ideológico é que possibilitou seu desenvolvimento à margem das instituições literárias e políticas. A mistura e a intertextualidade de todos os estilos e "escrituras" é que fazem dele, ainda hoje, um género moderno por excelência, uma arte de contraponto (dialogismo de BAKHTIN, *distanciamento** de BRECHT).

Hoje, é no cinema que o burlesco se exprime melhor: nas comédias de B. KEATON, dos IRMÃOS MARX ou de M. SENNET, as *gags** visuais correspondem ao desvio estilístico praticado pelo burlesco clássico. Neste sentido, o princípio textual do burlesco se transforma em princípio lúdico e visual: opõe, então, uma maneira séria de se comportar e sua desconstrução cômica por um desarranjo inesperado.

📖 Bar, 1960; Genette, 1982.

C

CADERNO DE ENCENAÇÃO

↻ Fr.: *livret de mise en scène*; Ingl.: *production book*; Al.: *Regiebuch*; Esp.: *libro de producción*.

Livro ou caderno que contém as anotações de uma encenação, efetuadas muitas vezes pelo *diretor de cena** a partir das notas do encenador e contendo, em particular, os deslocamentos dos atores, as pausas, as intervenções da sonoplastia, os movimentos de luz e qualquer outro sistema de *descrição** ou de notação, gráfico ou informático, usado para memorizar o espetáculo. É um documento essencial para a retomada de uma encenação ou para pesquisadores, mesmo que este documento não seja a encenação, mas apenas anotações mais ou menos exaustivas que não reconstituem necessariamente o sistema da encenação.

🔍 Modelo, fotografia, meios de comunicação e teatro.

📖 Passow, 1971; Pavis, 1981*b*, 1996.

CAFÉ-TEATRO

↻ Fr.: *café-théâtre*; Ingl.: *café-theatre*; Al.: *café--théâtre*; Esp.: *café-teatro*.

Os cafés-teatro, em sua forma e programação atuais, são uma invenção recente: em 1961, M. ALEZRA abre na Vieille Grille uma mercearia--bar onde são levados espetáculos de poesia e música. Em 1966, B. DA COSTA abre o Le Royal, primeiro café-teatro a levar esse nome. Depois, é o Café de la Gare animado por Romain BOUTEILLE; o Vrai Chic Parisien com COLUCHE. Desde então, contam-se por volta de trinta cafés-teatro em Paris, oitenta na França e o sucesso desse tipo de espetáculo não pode ser negado.

O café-teatro, em que pese sua moda recente, tem, no entanto, ancestrais muito mais antigos e prestigiosos: a taverna da Idade Média onde se pode imaginar F. VILLON; os cafés dos filósofos, no século XVIII, nos quais o pensamento filosófico é elaborado ou confrontado com a vida quotidiana; o café do século XIX, "espelunca" das classes populares, que mais se assemelha a um antro de perdição que a um lugar de intercâmbios culturais organizados.

O que confere originalidade aos cafés-teatro de hoje é que eles se tornaram um dos últimos refúgios dos autores e atores não reconhecidos e decididos a desafiar o *establishment* teatral que só apresenta peças de *boulevard* de sucesso, autores clássicos reconhecidos, ou espetáculos subvencionados criados sem muito risco. O café-teatro (que em outros tempos seria chamado teatro de arte ou experimental ou estúdio) nesse sentido é uma resposta à pretensa crise de autores, à dificuldade, esta sim, real, de encontrar um local de trabalho, mas também uma resposta à demanda insistente de um público jovem em busca de novos talentos, de um riso libertador e também de um repertório renovado e conectado com a atualidade.

O café-teatro nada tem de novo enquanto gênero dramático, ou mesmo como tipo original de cenografia ou de local (nele não se consomem necessariamente bebidas durante o espetáculo); mas é a resultante de um conjunto de dificuldades econômicas que impõem um estilo bastante uniforme: o palco é bem pequeno, dificilmente permite que se use mais de três ou quatro atores, estabelece uma relação de grande proximidade com plateia de cinquenta a cem espectadores; os dois ou três espetáculos que se sucedem na mesma récita são necessariamente curtos (cinquenta a sessenta minutos) e se apoiam na interpretação quase sempre cômica dos atores, "tragicamente" convidados a assumirem os riscos financeiros trabalhando pela bilheteria, partilhada com o diretor. Os textos dramáticos são com frequência satíricos (one (wo)man show*) ou poéticos (montagem de textos, poemas ou canções); são quase sempre criações que, em caso de sucesso, são reprisadas em teatros maiores, nos teatros do centro ou no cinema. Os efeitos de encenação são deliberadamente sacrificados em prol do jogo do ator virtuoso que, aliás, revelou inúmeras estrelas de cinema. A invenção dramatúrgica mais marcante é a criação de monólogos cômicos ou absurdos e por vezes a palavra cedida a grupos muitas vezes pouco ouvidos e a um discurso feminino novo e percussor.

A crise do teatro comercial e o desemprego da profissão favoreceram paradoxalmente a irrupção do café-teatro, que já dispõe de um considerável repertório de peças de qualidade bastante variável, bem parecido com o do teatro de boulevard*, ou de one (wo)man shows às vezes agressivos e grosseiros, mas outras vezes originais (ZOUC, JOLY, BALASKO). O café-teatro ainda não conseguiu proporcionar a si mesmo meios para uma criação suficientemente liberta das imposições comerciais, e, a fortiori, criar um gênero dramático novo, em condições de perdurar.

📖 Merle, 1985.

CANEVAS

🔄 (Canevas vem do francês arcaico chenevas, tela grossa de cânhamo.)
Fr.: canevas; Ingl.: scenario; Al.: Kanevas, Handlungsschema, Esp.: boceto.

O canevas é o resumo (o roteiro*) de uma peça, para as improvisações dos atores, em particular na Commedia dell'arte*. Os comediantes usam os roteiros (ou canovaccios) para resumir a intriga, fixar os jogos de cena, os efeitos especiais ou os lazzi*. Chegaram até nós coletâneas deles, que devem ser lidos não como textos literários, mas como partitura constituída de pontos de referência para os atores improvisadores.

CARACTERIZAÇÃO

🔄 Fr.: caractérisation; Ingl.: characterization; Al: Charakterisierung; Esp.: caracterización.

Técnica literária ou teatral utilizada para fornecer informações sobre uma personagem* ou uma situação.

A caracterização das personagens é uma das principais tarefas do dramaturgo. Ela consiste em fornecer ao espectador os meios para ver e/ou imaginar o universo dramático, portanto para recriar um efeito de real* que prepara a credibilidade e a verossimilhança da personagem e de suas aventuras. Por conseguinte, esclarece as motivações e as ações* dos caracteres*. Ela se estende ao longo de toda a peça, com os caracteres evoluindo sempre levemente. É acentuada e fundamental na exposição e na instalação das contradições e dos conflitos. Entretanto, nunca se conhece totalmente a motivação* e a caracterização de todas as personagens; o que é ótimo, uma vez que o sentido da peça é a resultante sempre incerta dessas caracterizações: cabe ao espectador definir as coisas e também sua própria visão dos caracteres (perspectiva*).

1. Meios da Caracterização

O romancista tem todo o tempo para caracterizar o exterior de suas personagens, para descrever suas motivações secretas. O dramaturgo, em compensação, em razão da "objetividade" do drama (SZONDI, 1956), apresenta personagens em ação e nas falas sem o comentário de seu demiurgo; daí decorre uma certa imprecisão quanto à maneira como se deve "ler" a personagem. Vários elementos facilitam essa leitura:

a. Indicações cênicas

Para indicar o estado psicológico ou físico das personagens, o âmbito da ação etc.

b. Nome dos lugares e dos caracteres

Para sugerir, antes mesmo que a personagem intervenha, sua natureza ou sua singularidade (*antonomásia**).

c. Discurso da personagem e, indiretamente, comentários das outras

Autocaracterização e multiplicidade das perspectivas sobre uma mesma figura.

d. Jogos de cena e elementos paralinguísticos: entonações, mímica, gestualidade**

Todas essas indicações são, evidentemente, fornecidas pelo dramaturgo, pelo encenador e pelo ator, mas parecem provir das próprias personagens, de seu modo de se expressar e de seu efeito de realidade. O autor intervém diretamente nos *apartes**, no *coro**, no *dirigir-se ao público**. Estes são procedimentos antidramáticos adequados para a caracterização da personagem "em duas pinceladas", sem efetuar rodeios, pela ficção de um caráter que inventa seu próprio discurso.

e. A ação da peça é apresentada de maneira a que o espectador extraia dela necessariamente conclusões sobre seus protagonistas e que compreenda as motivações de cada um. A caracterização da personagem é sempre dada pela condução da fábula, pelo discurso dos outros actantes, pelos silêncios e pelos sons, pelas ambiguidades e pelas ausências da cena.

2. Graus de Caracterização

A cada dramaturgia corresponde uma dosagem bem específica da caracterização: o teatro clássico tem um conhecimento essencialista e universal do homem; ele não tem, portanto, necessidade de caracterizar material e sociologicamente suas personagens. O *naturalismo**, em compensação, dedicar-se-á a descrever escrupulosamente as condições de vida dos caracteres, a expor o *ambiente** em que eles evoluem. Uma vez que a forma dramática pressupõe o conhecimento de uma certa psicologia ou de tipos de personagens (ex.: *Commedia dell'arte**), torna-se inútil caracterizar muito antes as personagens: elas são conhecidas por tradição e *convenção**.

CARÁTER

↻ (Do grego *kharactêr*, signo gravado.)
Fr.: *caractère*; Ingl.: *character*; Al.: *Charakter*; Esp.: *cáracter*.

1. No sentido (hoje um pouco arcaico) de *personagem**, os caracteres da peça constituem o conjunto de traços físicos, psicológicos e morais de uma personagem. ARISTÓTELES opõe esse termo à fábula: os caracteres são subordinados à ação e são definidos como "aquilo que nos faz dizer, das personagens que vemos em ação, que elas têm estas ou aquelas qualidades" (*Poética*, 1450a). Por extensão, caráter designa essa personagem em sua identidade psicomoral. Os caracteres de LA BRUYÈRE ou os das comédias de MOLIÈRE oferecem, por exemplo, um retrato bastante completo da interioridade das personagens. O caráter surge no Renascimento e na época clássica e se desenvolve plenamente no século XIX. Sua evolução acompanha a do capitalismo e do individualismo burguês; culmina no modernismo e na psicologia das profundezas. A vanguarda, desconfiada em relação ao indivíduo – esse mau sujeito burguês – tende a superá-lo, do mesmo modo que deseja ir além do psicologismo para encontrar uma sintaxe dos tipos e das personagens "desconstruídos" e "pós--individuais".

2. Os caracteres se apresentam como um conjunto de traços característicos (específicos) de um temperamento, de um vício ou de uma qualidade, ao passo que os *tipos** e os *estereótipos** são, antes, esboços facilmente reconhecíveis e não tanto "escavados", aprofundados de personagens. O caráter é muito mais profundo e sutil: certos traços individuais não lhe são proibidos; assim os grandes caracteres de MO-

LIÈRE (*O Avarento*, *O Misantropo*), conservam, além de sua caracterização geral, traços individuais que ultrapassam a pintura "sintética" de um simples caráter. O caráter é uma reconstituição e um aprofundamento das propriedades de um ambiente ou de uma época. O caráter é quase sempre uma personagem com a qual podemos identificar-nos: quem não se reconheceria no caráter do apaixonado, no do ciumento ou no do angustiado?

3. A *comédia de caráter** enfatiza a descrição exata das motivações das personagens: na dialética aristotélica entre *ação* e *caráter*, a ação só tem importância na medida em que caracteriza, ou seja, define e faz visualizar fielmente os protagonistas. Este tipo de comédia opõe-se à *comédia de intriga**, baseada, por sua vez, na renovação das peripécias.

4. Dialética do caráter: segundo a norma da dramaturgia clássica, o caráter deve evitar dois excessos opostos: não deve ser nem uma força histórica abstrata, nem um caso individual patológico (HEGEL, 1832). O caráter "ideal" realiza um equilíbrio entre marcas individuais (psicológicas e morais) e determinismos sócio históricos (MARX, 1868:166-217). De maneira geral, o caráter cenicamente eficaz alia a universalidade à individualidade, o geral ao particular, a poesia à história (segundo a *Poética* de ARISTÓTELES); ele é muito preciso, mas ao mesmo tempo dá margem à adaptação de cada um de nós, já que aí reside o segredo de toda personagem de teatro: ela é nós próprios (identificamo-nos com ela *catarticamente**) e é um outro (nós a mantemos a uma distância respeitável).

History, caracterização, motivação, denegação.

CATARSE

(Do grego *katharsis*, purgação.)

ARISTÓTELES descreve na *Poética* (1449b) a purgação das paixões (essencialmente *terror e piedade**) no próprio momento de sua produção no espectador que se *identifica** com o herói trágico. Há catarse também quando é empregada a música no teatro (*Política*, 8o livro).

A catarse é uma das finalidades e uma das consequências da tragédia que, "provocando piedade e temor, opera a purgação adequada a tais emoções" (*Poética*, 1449b). Trata-se de um termo médico que assimila a identificação a um ato de evacuação e de descarga afetiva; não se exclui daí que dela resulte uma "lavagem" e uma purificação por regeneração do ego que percebe. Para uma história do termo, reportar-se a F. WODTKE, artigo "Katharsis" in *Reallexikon*, 1955).

1. Essa purgação, que foi assimilada à identificação e ao prazer estético, está ligada ao trabalho do imaginário e à produção da ilusão cênica. A psicanálise interpreta-a como prazer que a pessoa colhe em suas próprias emoções ante o espetáculo das do outro, e prazer de ela sentir uma parte de seu antigo ego recalcado que assume o aspecto tranquilizante do ego do outro (*ilusão**, *denegação**).

2. A história das interpretações recolocou essa ambiguidade da função catártica. Desde o Renascimento até o século das Luzes, uma concepção cristã inclina-se para uma visão mais negativa da catarse, que seria frequentemente um endurecimento ante a visão do mal e uma estoica aceitação do sofrimento. Esta concepção desemboca em CORNEILLE, que traduz a passagem de ARISTÓTELES da seguinte maneira: "Que pela piedade e pelo temor ela purgue tais paixões" (*Segundo Discurso Sobre a Tragédia*, 1660) ou mesmo em ROUSSEAU, que condena o teatro censurando a catarse por ser apenas "uma emoção passageira e vã que não dura mais que a ilusão que a produziu, um resquício de sentimento natural logo abafado pelas paixões, uma piedade estéril, que se sustenta com algumas lágrimas, e que nunca produziu o menor ato de humanidade" (*Do Contrato Social*). A segunda metade do século XVIII e o drama burguês (notadamente DIDEROT e LESSING) tentarão provar que a catarse não se destina a eliminar as paixões do espectador, mas a transformá-las em virtudes e em participação emocional no patético e no sublime. Para LESSING, a tragédia acaba sendo "um poema que provoca a piedade"; convida o espectador a encontrar o meio termo (noção burguesa por excelência) entre os extremos da piedade e do terror.

A fim de ultrapassar as concepções puramente psicológicas e morais da catarse, os intérpretes do final do século XVIII e do século XIX por vezes tentarão defini-la em termos de forma harmoniosa. Em seu ensaio *Sobre o Sublime*, SCHILLER vê nela não apenas um convite a "tomar consciência de nossa liberdade moral", mas também e já uma visão da perfeição formal que deve predominar.

Para GOETHE, a catarse auxilia na reconciliação de paixões antagônicas. Em sua *Releitura da "Poética" de Aristóteles*, ele acaba por fazer dela um critério formal de fim e de desfecho encerrado em si mesmo (que *reconcilia* as paixões e que é "exigido por todo drama e mesmo por toda obra poética"). NIETZSCHE encerrará essa evolução em busca de uma definição puramente estética: "Nunca, desde ARISTÓTELES, deu-se uma explicação da emoção trágica que pudesse finalizar em estados de sensibilidade estética, numa atividade estética dos espectadores. Ora falam-nos do terror e da piedade que devem ser aliviados ou purgados com o auxílio de graves acontecimentos, ora dizem-nos que a vitória dos bons princípios, o sacrifício do herói devem nos exaltar, nos entusiasmar, de conformidade com uma filosofia moral do universo. E ainda que eu pense residir aí justamente o único efeito da tragédia para um grande número de homens, não deixa de resultar com menos evidência que todos eles, e com eles seus estetas, nada entenderam da tragédia enquanto forma de *arte* superior" (*Nascimento da Tragédia*, cap. XXII).

A reflexão sobre a catarse experimenta sua última retomada com BRECHT que a compara, com um ardor que ele tempera no *Pequeno Organon* e seus *Adendos*, com a alienação ideológica do espectador e com a valorização, nos textos, somente dos valores a-históricos das personagens. Hoje, os teóricos e os psicólogos parecem ter uma visão muito mais nuançada e dialética da catarse que não se opõe à distância crítica e estética, mas a pressupõe: "A conscientização (distância) não se sucede à emoção (identificação), uma vez que o *compreendido* está em relação dialética com o *experimentado*. Há menos passagem de uma atitude (reflexiva) a uma outra (existencial), do que oscilações entre uma e outra, por vezes tão próximas que quase se pode falar de dois processos simultâneos, cuja própria unidade é catártica" (BARRUCAND, 1970).

CATÁSTROFE

↻ Fr.: *catastrophe*; Ingl.: *catastrophe*; Al: *Katastrophe*; Esp.: *catástrofe*

A catástrofe (do grego *katastrophê*, desenlace, desfecho) é a última das quatro partes da tragédia grega. Tal conceito dramatúrgico designa o momento em que a ação chega a seu termo, quando o herói perece e paga tragicamente a falha ou o erro (*hamartia**) com o sacrifício de sua vida e o reconhecimento de sua culpa. A catástrofe não está necessariamente ligada à ideia de acontecimento funesto, mas, às vezes, àquela de conclusão lógica da ação: "O desenrolar verdadeiramente trágico consiste na progressão irresistível em direção à catástrofe final" (HEGEL, *Esthétique*, 1832: 337). A catástrofe é apenas um caso particular, frequente entre os gregos, menos "automático" na era clássica europeia, do *desenlace** da ação.

A catástrofe é o resultado do erro de julgamento do herói e de sua falha moral: culpado sem verdadeiramente sê-lo, na tragédia grega, ou responsável, na tragédia clássica moderna, por simples "defeitozinhos" (BOILEAU, *Arte Poética*, III, 107), a personagem deve sempre curvar-se. A diferença reside no fato de que a resolução através da catástrofe tem ora um sentido (na tragédia grega ou na tragédia clássica, que centra a falha no indivíduo responsável, sua paixão, sua glória etc.); este sentido é o resgate de uma mácula original, o erro de julgamento, a recusa em transigir; ora, ao contrário, ela desemboca apenas num vazio existencial tragicômico (BECKETT), numa situação absurda (IONESCO), num escárnio total (DÜRRENMATT, KUNDERA).

A *Poética* recomenda aos autores que situem a catástrofe no quinto ato, no momento da queda do herói, mas a catástrofe pode estender-se por toda a peça, quando ela foi colocada, *por flashback**, no começo da peça (técnica do drama *analítico**, no qual se "desenvolvem" as razões e os conflitos que conduziram à saída trágica).

CATEGORIA DRAMÁTICA (TEATRAL)

↻ Fr.: *catégorie dramatique (théâtrale)*; Ingl.: *theatrical category*; Al.: *Kategorien des Theaters*; Esp.: *categoria teatral*.

Princípio geral e antropológico que vai além das formas realizadas historicamente, por exemplo: o *dramático**, o *cômico**, o *trágico**, o *melodramático**, o *absurdo**. Estas categorias ultrapassam o estreito âmbito das obras literárias e designam posturas fundamentais do homem diante da existência. Elas são aplicadas em outros contextos que não o do teatro ocidental, mas, a cada vez, com valores específicos.

🔍 Essência do teatro, especificidade, teatralidade.

📖 Gouhier, 1943, 1953, 1958, 1972.

CENA

↔ (Do grego *skênê*, barraca, tablado.)
Fr.: *scène*; Ingl.: *stage*; Al.: *Bühne*; Esp. *escenario*.

1. O *skênê* era, no início do teatro grego, a barraca ou a tenda construída por trás da *orquestra*. *Skênê*, *orchestra* e *theatron* formam os três elementos cenográficos básicos do espetáculo grego; a orquestra ou área de atuação liga o palco do jogo e o público.

O *skênê* desenvolve-se em altura, contendo o *theologeion*, ou área de atuação dos deuses e heróis, e em superfície com o *proscenium*, fachada arquitetônica que é o ancestral do cenário mural e que dará mais tarde o espaço do proscênio.

2. O termo *cena* conhece, ao longo da história, uma constante expansão de sentidos: cenário, depois área de atuação, depois o local da ação, o segmento temporal no ato e, finalmente, o sentido metafísico de acontecimento brutal e espetacular ("fazer uma cena para alguém").

🔍 Palco.

CENA OBRIGATÓRIA

↔ Fr.: *scène à faire*; Ingl.: *obligatory scene*; Al.: *obligatorische Szene*; Esp.: *escena obligatoria*.

Cena que o público prevê, espera e exige, e que o dramaturgo deve, "obrigatoriamente", escrever. Segundo SARCEY, é uma "cena que resulta necessariamente dos interesses ou das paixões que animam as personagens postas em jogo", cena que se encontrará frequentemente numa *peça bem feita** ou numa peça de *boulevard*. Segundo W. ARCHER (*Play-Making*, 1912), há cinco circunstâncias principais que tornam uma cena obrigatória:

- ela se torna necessária pela lógica inerente ao tema;
- ela é requerida pelas exigências manifestas do efeito especificamente dramático;
- o próprio autor parece conduzir fatalmente a ela;
- ela se impõe para justificar uma modificação da personagem ou uma alteração na vontade;
- ela se torna obrigatória pela história ou pela lenda.

CENÁRIO

↔ Fr.: *décor*; Ingl.: *set*; Al.: *Bühnenbüd*; Esp.: *decorado*.

✎ O termo também é utilizado em francês e em inglês, *scenario*, no sentido de *canevas*. (N. de T.)

Aquilo que, no palco, figura o quadro ou moldura da ação através de meios pictóricos, plásticos e arquitetônicos etc.

1. Cenário ou Cenografia?

A própria origem do termo (em francês, *décor*: pintura, ornamentação, embelezamento) indica, suficientemente, a concepção mimética e pictórica da infraestrutura decorativa. Na consciência ingênua, o cenário é um telão de fundo, em geral em perspectiva e ilusionista, que insere o espaço cênico num determinado *meio**. Ora, isto é apenas uma estética particular – a do *naturalismo** do século XIX – e uma opção artística muito estreita. Daí resultam as tentativas dos críticos de superar este termo e substituí-lo por *cenografia**, plástica, *dispositivo cênico**, *área de atuação** ou *objeto** cênico etc. Com efeito, "tudo se passa como se a arte do cenário não tivesse evoluído desde o final do século XIX. Continua-se a aplicar-lhe o mesmo vocabulário descritivo, a julgá-lo em relação a conceitos estéticos precisos que não levam em conta nem seu objetivo, nem sua função [...] O cenário, como o concebemos hoje, deve ser útil, eficaz, funcional. É mais uma ferramenta do que uma imagem, um instrumento e não um ornamento" (BABLET, 1960:123).

2. Cenário como Ilustração

A manutenção do nome e da prática do cenário não é, evidentemente, inocente. Durante muito tempo a encenação limitou o seu campo de ação a uma visualização e ilustração do texto, supondo ingenuamente que lhe cabia tornar evidente e redundante o que o texto sugeria. ZOLA sugere, sintomaticamente, que a decoração não passa de uma "descrição contínua que pode ser muito mais exata e atraente que a descrição realizada pelo romance" (1881).

Portanto, não é de se surpreender que a cena se submeta totalmente a ele, ou, ao contrário, no momento em que se põe a experimentar, como COPEAU, desdenhe o cenário, como reação à ilustração realista. "Simbolista ou realista, sintético ou anedótico, o cenário é sempre um cenário: uma ilustração. Esta ilustração não interessa diretamente à ação dramática, que, por si só, determina a forma arquitetônica da cena" (citado em JEAN, 1976: 126).

3. Explosão Atual do Cenário

Desde o início do século – de forma consciente e sistemática nos últimos vinte ou trinta anos – faz-se sentir uma sadia reação no campo da plástica cênica. O cenário não apenas se liberta de sua função mimética, como também assume o espetáculo inteiro, tornando-se seu motor interno. Ele ocupa a totalidade do espaço, tanto por sua tridimensionalidade quanto pelos vazios significantes que sabe criar no espaço cênico. O cenário se torna maleável (importância da *iluminação**), expansível e coextensivo à interpretação do ator e à recepção do público. Em contraponto, todas as técnicas de jogo fragmentado, simultâneo, nada mais são do que a aplicação dos novos princípios cenográficos: escolha de uma forma ou de um material básico, busca de um tom rítmico ou de um princípio estruturante, interpenetração visual dos materiais humanos e plásticos.

4. O Não Cenário como Cenário

A estética do teatro pobre (GROTOWSKI, BROOK) e o desejo de abstração por vezes conduzem o encenador a eliminar totalmente o cenário, na medida em que isto for possível, visto que o palco, mesmo vazio, parece estar sempre "aprestado" e "esteticamente desnudo". Assim sendo, tudo significa por ausência: ausência do trono para o rei, de figuração para o palácio, do lugar exato para o mito. O cenário é perceptível apenas no *"cenário verbal*"* ou na gestualidade dos atores, na sua forma de mimar pude simplesmente indicar o elemento decorativo invisível. Na atualidade, prefere-se falar em *dispositivo cênico**, *máquina teatral** ou *objeto** cênico, que têm a vantagem de não limitar o cenário por meio de uma camisa-de-força que aprisiona a representação, mas fazem da cena, em contrapartida, o lugar de uma prática e de uma retórica, graças ao trabalho do diretor.

5. Funções Dramatúrgicas do Cenário

Ao invés de enumerar os tipos e as formas de cenário desde a Antiguidade até nossos dias, distinguir-se-á, para organizar a infinita variedade das realizações, um número limitado de funções dramatúrgicas da cenografia:

a. Ilustração e figuração de elementos que se supõe existentes no universo dramático: o cenógrafo escolhe alguns objetos e lugares sugeridos pelo texto: ele "atualiza" – ou, antes, dá a ilusão de mostrar mimeticamente o quadro do universo dramático. Esta figuração é sempre uma estilização e uma escolha pertinente de signos, porém varia de uma abordagem naturalista (em que a decoração é "uma descrição contínua que pode ser muito mais exata e impressionante do que a descrição realizada pelo romance" (ZOLA), até uma simples evocação mediante alguns traços pertinentes (um elemento do templo ou do palácio, um trono, a evocação de dois espaços).

b. Construção e modificação sem restrições do palco, considerado como máquina de representar: o cenário não mais pretende transmitir uma representação mimética; ele é apenas um conjunto de planos, passarelas, construções que dão aos atores uma plataforma para suas evoluções. Os atores constroem os lugares e os momentos da ação a partir de seu espaço gestual (Exemplos: cenário construtivista, *tablados**, *dispositivos cênicos** do TNP de J. VILAR).

c. *Subjetivação* do palco, que é decomposto não mais em função de linhas e massas, mas, sim, de cores, luzes, impressões de realidade que jogam com a sugestão de uma atmosfera onírica ou fantasiosa do palco e de sua relação com o público.

🔍 Percurso, imagem, espaço, cenografia.

📖 Bablet, 1960, 1965, 1968, 1975; Pierron, 1980; Brauneck, 1982; Rischbieter e Storch, 1968; Russell, 1976.

CENÁRIO CONSTRUÍDO

↔ Fr.: *décor construit*; Ingl.: *constructed set*; Al.: *Bühnenaufbauten*; Esp.: *decorado construido*.

Cenário no qual os planos essenciais das arquiteturas são realizados no espaço considerando-se deformações exigidas sob a ótica teatral (SONREL, 1943).

CENÁRIO SONORO

↔ Fr.: *décor sonore*; Ingl.: *sound effects*; Al.: *Geräuschkulisse*; Esp.: *decorado sonoro*.

Forma de sugerir, através de sons, o âmbito da peça. O cenário sonoro recorre à técnica da peça radiofônica, substituindo com frequência, na atualidade, o cenário realista e figurativo.

CENÁRIO VERBAL

↔ Fr.: *décor verbal*; Ingl.: *verbal scenery*; Al.: *Wortkulisse*; Esp.: *decorado verbal*.

Cenário que, em vez de ser mostrado através de meios visuais, é demonstrado pelo comentário de uma personagem (*cf.* Rosalinda em *Como lhes Apraz*, de Shakespeare: "Pois bem, eis a floresta de Arden", II, IV). A técnica do cenário verbal só é possível em virtude de uma *convenção** aceita pelo espectador: este tem que imaginar o lugar cênico, a transformação imediata do lugar a partir do momento em que ele é anunciado. Em SHAKESPEARE, deste modo, passa-se sem dificuldade de um local exterior para outro interior, da floresta para o palácio. As cenas encadeiam-se sem que seja necessário oferecer algo além de uma simples indicação espacial ou uma troca de palavras que evoque um lugar diferente (*indicações espaço-temporais**).

📖 Honzl, 1940, 1971; Styan, 1967; d'Amico, 1974.

CENÁRIOS SIMULTÂNEOS

↔ Fr.: *décors simultanés*; Ingl.: *simultaneous setting*; Al.: *Simultanbühne*; Esp.: *decorados simultáneos*.

Cenários que permanecem visíveis ao longo de toda a representação, sendo distribuídos no espaço em que os atores representam simultânea ou alternadamente, conduzindo às vezes o público de um lugar para outro. Na Idade Média, cada cena recebe o nome de *mansão*, quadro para uma ação destacada. Este tipo de cena está muito em voga atualmente, pelo fato de responder à necessidade de fragmentação do *espaço** e de multiplicação de temporalidades e *perspectivas** (*cf.* os cenários dos espetáculos *1789*, de *L'Âge d'Or*, na Cartoucherie, *Fausto I e II*, encenados por C. PEYMANN em Stuttgart, em 1977).

CÊNICO

↔ Fr.: *scénique*; Ingl.: *well staged, stagey*; Al. *szenisch, Bühnenwirksam, theatralisch*; Esp. *escénico*.

1. Que tem relação com a *cena**.

2. Que se presta à expressão teatral. Uma peça ou uma passagem são às vezes particularmente *cênicas*, isto é, espetaculares, facilmente realizáveis e representáveis.

CENOGRAFIA

↔ Fr.: *scénographie*; Ingl.: *scenography, stage craft*; Al.: *Bühnenbild*; Esp.: *escenografia*.

A *skênographia* é, para os gregos, a arte de adornar o teatro e a decoração de pintura que resulta desta técnica. No Renascimento, a cenografia é a técnica que consiste em desenhar e pintar uma tela de fundo em perspectiva. No sentido moderno, é a ciência e a arte da organização do palco e do espaço teatral. É também, por metonímia, o próprio desejo, aquilo que resulta do trabalho do cenógrafo. Hoje, a palavra impõe-se cada vez mais em lugar de decoração, para ultrapassar a noção de ornamentação e de embalagem que ainda se prende, muitas vezes, à concepção obsoleta do teatro como decoração. A cenografia marca bem seu desejo de ser uma escritura no espaço tridimensional (ao qual seria mesmo preciso acrescentar a dimensão temporal), e não mais uma arte pictórica da tela pintada, como o teatro se contentou em ser até o naturalismo. A cena teatral não poderia ser considerada como a materialização de problemáticas *indicações cênicas**: ela se recusa a desempenhar o papel de "simples figurante" com relação a um texto preexistente e determinante.

1. Uma Escritura no Espaço

Se o cenário se situa num espaço de duas dimensões, materializado pelo telão pintado, a cenografia é uma escritura no espaço em três dimensões. É como se passássemos da pintura à escultura ou à arquitetura. Esta mudança da função cenográfica está ligada à evolução da dramaturgia. Corresponde tanto a uma evolução autônoma da estética cênica quanto a uma transformação em profundidade da compreensão do texto e de sua representação cênica.

Durante muito tempo se acreditou que o cenário deveria materializar as coordenadas espaciais verossimilhantes e ideais do texto, tais como o autor as considerara ao escrever a peça: a cenografia consistia em dar ao espectador os meios para localizar e reconhecer um lugar neutro (palácio, praça), universal, adaptado a todas as situações e próprio para situar abstratamente o homem eterno, sem raízes étnicas e sociais.

Hoje, ao contrário, a cenografia concebe sua tarefa não mais como ilustração ideal e unívoca do texto dramático, mas como *dispositivo** próprio para esclarecer (e não mais para ilustrar) o texto e a ação humana, para figurar uma situação de *enunciação** (e não mais um lugar fixo), e para situar o sentido da encenação no intercâmbio entre um espaço e um texto. A cenografia é assim o resultado de uma concepção semiológica da encenação: conciliação dos diferentes materiais cênicos, interdependência desses sistemas, em particular da imagem e do texto; busca da situação de enunciação não "ideal" ou "fiel", porém a mais produtiva possível para ler o texto dramático e vinculá-lo a outras práticas do teatro. "Cenografar" é estabelecer um jogo de correspondências e proporções entre o espaço do texto e aquele do palco, é estruturar cada sistema "em si" mas também considerando o outro numa série de harmonizações e defasagens.

2. A Escritura Original do Cenógrafo

Fortalecido por seus novos poderes, o cenógrafo pode tomar consciência de sua autonomia e de sua contribuição original na realização do espetáculo. Personagem outrora apagado, encarregado apenas de pintar os telões de fundo, para a glória do ator ou do encenador, doravante ele tem por missão investir totalmente os *espaços**: cênico, cenográfico e *teatral*. Ele leva em conta *quadros** mais ou menos amplos: o palco e sua configuração, a relação palco-plateia, a inserção da plateia na construção teatral ou no local social, os acessos imediatos da área de atuação e do edifício teatral.

Às vezes esta valorização dos volumes leva o cenógrafo a desviar o trabalho global da encenação para seu benefício exclusivo: este é o caso quando o espaço do palco não é mais que um pretexto para uma exposição de telas (*instalação**) ou para uma pesquisa formal sobre volumes ou cores. Pintores célebres (PICASSO, MATISSE, os pintores dos Balés Russos) foram tentados por esta expressão livre e esta exposição "teatral" de suas obras, e a tentação de esteticismo num cenário belo em si continua a ser muito grande, apesar das precauções dos encenadores preocupados com reconduzir o cenário a proporções mais exatas e em interessá-lo pela produção do sentido global da representação.

Apesar da extrema diversidade das pesquisas contemporâneas da cenografia, pode-se enumerar algumas tendências:

– *Romper a frontalidade* e a caixa italiana, de modo a abrir o palco para a plateia e para os olhares, a aproximar o espectador da ação. O palco italiano é, na verdade, sentido como anacrônico, hierarquizado e baseado numa percepção distante e ilusionista. Esta recusa não exclui, aliás, uma reconquista e um forte retorno deste mesmo palco para experimentar sobre o local da ilusão, da *fantasia** e da maquinaria totalizante: a inversão é incompleta, visto que o palco italiano não é mais o refúgio da verossimilhança e, sim, a marca de referência da decepção e da fantasia.

- *Abrir o espaço* e multiplicar os pontos de vista para relativizar a percepção unitária e fixa, repartindo o público em volta e às vezes dentro do acontecimento teatral.

- *Arrumar a cenografia* em função das necessidades do ator e para um projeto dramatúrgico específico.

- *Reestruturar o cenário* levando-o a basear-se alternadamente no espaço, no objeto, no figurino: termos que superam a visão congelada de uma superfície a ser revestida.

- *Desmaterializar a cenografia*: graças ao emprego de materiais leves e facilmente deslocáveis, o palco é usado como acessório e "prolongamento" do ator. A luz e os refletores esculpem na escuridão qualquer lugar ou atmosfera.

Em todas essas práticas contemporâneas, a cenografia não é mais o elemento obrigatório do telão pintado de antigamente e, sim, um elemento dinâmico e polifuncional da representação teatral.

3. Pontos de Referência Cenográficos

Mais que dar uma lista necessariamente incompleta dos principais cenógrafos do século XX, insistiremos no papel fundador de Adolphe APPIA (1862-1928) e de Edward Gordon CRAIG (1872-1966). Com eles, a cenografia impõe-se pela primeira vez como a alma da representação teatral: mais que pintores ou decoradores, APPIA e CRAIG são reformadores do teatro dotados de uma concepção global da encenação; mais que por suas realizações concretas de cenografias usadas realmente para encenações, eles são importantes por seus esboços, projetos, reflexões teóricas. Ambos reagem contra a encenação naturalista que faz do meio ambiente a réplica mimética e passiva da realidade; contra a concepção de ANTOINE, por exemplo, para quem "o meio é que determina os movimentos das personagens, e não os movimentos das personagens que determinam o meio" (*Causerie sur la Mise en Scène*, p. 603). Na estética de APPIA e de CRAIG, a respiração de um espaço e de seu valor rítmico estão no centro da cenografia, a qual não é um objeto bidimensional fixo, mas um corpo vivo submetido ao tempo, ao tempo musical e às variações da luz. A cenografia (não se trata mais de decoração, palavra demasiado ligada à pintura) é considerada em si mesma como universo de sentido que, longe de ilustrar e redizer o texto, o dá a ver e a ouvir, como que do interior (influência do simbolismo). APPIA "nos ensinou, escreve COPEAU, que a duração musical, que envolve, comanda e ordena a ação dramática, gera ao mesmo tempo o espaço onde ela se desenvolve. Para ele, a arte da encenação, em sua acepção pura, não é outra coisa senão a configuração de um texto ou de uma música, tornada sensível pela ação viva do corpo humano e por sua reação às resistências que lhe opõem os planos e volumes construídos. Daí o banimento, do palco, de toda decoração inanimada, de todo telão pintado, e o papel primordial desse elemento ativo que é a luz" (*Commedia*, 12 de março de 1928).

A obra de APPIA – além de seus livros (*A Encenação do Drama Wagneriano* (1895), *Die Musik und die Inszenierung* (1899), *A Obra de Arte Viva* (1921)) – compreende uma centena de esboços de cenários para óperas (WAGNER), textos dramáticos (SHAKESPEARE, IBSEN, GOETHE) e "espaços rítmicos" para JAQUES-DALCROZE. "A arte da encenação, escreve APPIA, é a arte de projetar no Espaço aquilo que o dramaturgo só pôde projetar no Tempo." O ator não está mais encerrado num ambiente opressivo ou inserido numa tela fixa; ele está no centro de um espaço animado pela luz. A cenografia constrói volumes maciços, porém frágeis e manejáveis: escadas, pódios, pilares, sombras projetadas não esmagam o ator, eles inserem o corpo humano numa ordem musical e arquitetônica. O espaço é assim uma paisagem mental, uma arquitetura perfeita, o sonho ou a música tornam-se forma, a ideia matéria, o texto revive no universo rítmico do tempo e do espaço.

CRAIG compartilha com APPIA a recusa da exatidão histórica, da encenação pervertida pelo ator-vedete ou a ilustração pictórica, a admiração pela obra de arte global de WAGNER, a crença numa autonomia da cenografia e numa síntese dinâmica dos elementos da representação: "A arte do teatro não é nem o jogo dos atores, nem a peça, nem a encenação, nem a dança, ela é formada pelos elementos que os compõem: pelo gesto, que é a alma da atuação; pelas palavras, que são o corpo da peça; pelas linhas e cores que são a própria existência do cenário; pelo ritmo, que é o espaço da dança" (*De l'Art du Théâtre*, p. 115). Enquanto APPIA preparava para o ator um papel central na rítmica do espaço e do tempo, CRAIG tende a uma neutralização do ator que resulta em sua teoria da supermarionete, concebida não para substituir o ator, mas para evitar as "confissões involuntárias" de um ser humano demasiado submetido à emoção, ao acaso, à improvisação própria da matéria viva.

Após esta abertura magistral de APPIA e de CRAIG, o piso está aplainado para o século XX entrar no espaço cenográfico. Experiências e estilos sucedem-se rapidamente. E em primeiro lugar os construtivistas russos que, como TAÍROV (1885-1950) e seu *Teatro Libertado*, estruturam o espaço segundo planos, linhas e curvas que fazem da cena uma máquina de representar.

Em reação ao mesmo tempo contra o estetismo dos partidários do espaço rítmico e como o construtivismo militante dos cenógrafos russos, Jacques COPEAU (1879-1949) propõe voltar a um palco nu, a um teatro de tablados que pretende "negar a importância de qualquer maquinaria" e deixar ao ator e ao gesto a primeira e a última palavra. A cenografia deve submeter-se ao projeto da encenação, a qual está a serviço do texto e do "esboço da ação dramática". Nas antípodas estética despojada, encontramos aquela dos Balés Russos de DIAGHILEV, que triunfa em Paris a partir de 1909, com os cenários e figurinos criados por Léon BAKST e, depois, as realizações de GONTSCHAROVA e de LARIONOV. Uma orgia de cores vivas (vermelho, laranja, amarelo, verde), de motivos folclóricos russos anima o cenário pintado, e, mais ainda, os figurinos dos cantores, dançarinos ou coristas. Com aquilo que se chamou "o teatro dos pintores", a cenografia corre o risco – mesmo que se trate de um risco delicado – de perder o controle da pintura em benefício de uma exposição generalizada das telas que não tem, com a ação cênica, mais que um vínculo bastante frouxo. O resultado não é menos surpreendente quando os pintores, trabalhando muito frequentemente para os Balés Russos, têm por nome PICASSO (*Parada*, de SATIE, 1917), MATISSE (*O Canto do Rouxinol*, de STRAVINSKI, 1920), Fernand LÉGER (*A Criação do Mundo*, de MILHAUD, 1923), BRAQUE (*Les Fâcheux*, de AURIC, 1924; *O Tartufo*, de MOLIÈRE, 1950), UTRILLO (*Louise*, de CHARPENTIER, 1950), DUFY (*O Boi no Telhado*, de MILHAUD, 1920); *Les Fiancés du Havre* de SALACROU, 1944), DALI (*As you Like it*, no Teatro Eliseo de Roma, 1948), MASSON (*Mortos sem Sepultura*, de SARTRE, 1946). Hoje, os pintores parecem ter mais dificuldade em lidar com o teatro; às vezes eles parecem haver caído na era dos decoradores "ilustradores", à exceção de cenógrafos que trabalham em estreita colaboração com um mesmo encenador (R. PEDUZZI e P. CHÉREAU, R. ALLIO e R. PLANCHON, Y. KOKKOS e A. VITEZ, J. SVOBODA e O. KREJCA, W. MINKS e P. ZADEK, G. AILLAUD e K. M. GRÜBER). Não obstante, os cenógrafos foram bem sucedidos, nos melhores momentos da cenografia contemporânea, em animar o espaço, a duração e o jogo do ator num ato criador total onde dificilmente se faz a parte do encenador, do iluminador, do ator ou do músico.

Bablet, 1965, 1975; Rischbieter e Storch, 1968; Badenhausen e Zielske, 1974; Pierron, 1980; Boucris, 1993.

CENOLOGIA

Fr.: *scénologie*; Ingl.: *scenology*; Al.: *Szenologie*; Esp.: *escenologia*.

MEIERHOLD chama assim (*scenovedenie*) a ciência da cena que estuda a dramaturgia, a encenação, o jogo do ator, a cenografia, em suma, todos os elementos que contribuem para a produção do espetáculo. Falar-se-ia hoje em *teatrologia**, ou, para as formas não europeias, em *etnocenologia**.

CINÉSICA

Ver *Kinésica*.

CINESTESIA

Ver *Kinestesia*.

CITAÇÃO

↻ Fr.: *citation*; Ingl.: *quotation*; Al.: *Zitat*; Esp.: *cita*.

1. Na Dramaturgia

A citação é "normalmente" – para a forma dramática do teatro ilusionista – banida da dramaturgia. O ator encarna seu papel e leva a pensar que está inventando seu texto no momento em que o enuncia; ele não cita, pois, o escrito do dramaturgo. Este dá impressão de ter extraído um fragmento de realidade, um ambiente e palavras aos quais permite que se expressem. A única exceção aparente tolerada pela dramaturgia clássica seria a citação de *sentenças**, *mots d'auteur** ou reflexões gerais atribuídas a determinada personagem. Para o autor, é a oportunidade de fazer passar um certo número de frases brilhantes ou de elevar a discussão a um patamar superior de generalização. No entanto, a convenção da origem do discurso na personagem por enquanto ainda não foi abolida.

A dramaturgia épica, ao contrário, mostra a origem da fala e seu processo de elaboração por um autor e atores. Parece, então, que a representação não passa de uma narrativa ou de uma citação no interior do dispositivo teatral. Citar, efetivamente, é retirar um fragmento de texto e inseri-lo num tecido estranho. A citação está ligada ao mesmo tempo ao seu contexto original, e ao texto que a recebe. O "atrito" desses dois discursos produz um efeito de *estranhamento**. O mesmo ocorre com a dramaturgia "citacional". Nota-se:

- o texto que recebe: a maquinaria teatral, os atores, o trabalho de composição do dramaturgo;
- a citação: o texto a ser dito pelos comediantes, a gestualidade adaptada à personagem a ser simulada, a fábula a ser exposta. A separação entre citado e citante nunca é disfarçada em proveito da ilusão. Citar é distanciar-se de si mesmo.

2. No Jogo do Ator

É através do gesto, sobretudo, que o ator afixa seu texto como citação. "Em vez de querer dar impressão de improvisar, o ator, ao contrário, mostrará o que ocorre de fato: que ele está citando" (BRECHT, 1972: 396). A citação é sempre realizada por um efeito de ruptura, de uma interrupção no fluxo verbal e gestual, de uma destruição da *coerência** do texto e da ficção.

Desse modo, o ator cita a personagem como ela poderia existir em várias versões ou como ele, ator, se assenhoraria dela para representá-la, se quisesse fazer teatro... "Ele cita uma personagem, é testemunha, quando de um processo [...] o ator fala no passado, a personagem, no presente" (BRECHT, 1951: 99).

3. Na Encenação

A instância citante é o encenador; ele procede por alusões (nem sempre decifráveis, todas elas, por todos) a outras encenações, a estilos diferentes, a um quadro de pintura (PLANCHON no *Tartufo*, STREHLER em *Il Campiello*, GRÜBER em *Empedokles*, *Hölderlin lesen*). A citação (quando não é um simples jogo ou um modo de apregoar sua cultura) pendura a peça num universo diferente, dá-lhe uma nova luz, quase sempre distanciada. Ela abre um vasto campo semântico e *modaliza** o texto onde se introduz. No limite, produz um efeito especular para a peça remetida incessantemente a outras significações.

🔍 Paródia, intertextualidade.

📖 Brecht, 1963; Benjamim, 1969; Compagnon, 1979.

CLÍMAX

↻ Fr.: *clou*; Ingl.: *climax*; Al.: *Höhepunkt*; Esp.: *punto culminante*.

Momento e parte do espetáculo que prende a atenção do público e marca o momento mais esperado (*cena obrigatória**, número de ator ou achado da encenação).

COADJUVAR

↻ Fr.: *utilité*; Ingl.: *to play second fiddle*; Al.: *Nebenrolle*; Esp.: *representar pequeños papeles*.

Emprego subalterno de um ator que só é útil para valorizar seus parceiros. "Coadjuvar" é ter um *papel** secundário de comparsa.

🔍 *Emploi*, distribuição, personagem.

CÓDIGOS TEATRAIS

↻ Fr.: *codes au théâtre*; Ingl.: *theatrical codes*; Al.: *Theaterkodes*; Esp.: *códigos teatrales*.

1. Código e Códigos

A expressão quase não é encontrada no singular, ou então é abusiva, uma vez que não existe um código teatral que dê a chave de tudo o que é dito e mostrado em cena (como não há *uma* linguagem teatral). Seria ingenuidade esperar da *semiologia** a revelação de um ou mesmo vários códigos teatrais que poderiam reduzir (ou formalizar) a representação teatral a um esquema do qual seria a tradução. O código é, portanto, uma regra que associa arbitrariamente, mas de maneira fixa, um sistema a outro (do mesmo modo que o código das flores associa certas flores a determinados sentimentos ou simbolismos). A esta concepção da semiologia da *comunicação**, preferir-se-á, para o teatro, a concepção de um código não fixado por antecipação, em perpétuo remanejamento e sendo objeto de uma prática *hermenêutica**.

2. Dificuldades da Noção de Código Teatral

a. Objeção de princípio

Na crítica dramática, frequentemente se encontra a objeção segundo a qual codificar um espetáculo (quando de uma encenação) ou procurar nele códigos definitivos seria imobilizar a representação e, a curto prazo, condená-la a morte, congelando-a num único esquema significante. A objeção é de molde a refutar uma abordagem positivista demais e com eixo na mensagem teatral, concebida como um conjunto de sinais emitidos e recebidos tão claramente quanto um farol. Por outro lado, uma abordagem mais flexível dos códigos e uma perspectiva mais *hermenêutica** da interpretação do espetáculo não poderiam deixar de levar em consideração o processo semiológico, sob o pretexto de que ele congelaria o *acontecimento** da representação.

b. Dificuldade de uma tipologia dos códigos

Nenhuma tipologia impõe-se a outras. Entretanto, é útil estudar à parte os códigos específicos do teatro (*especificidade** teatral) e os códigos comuns a outros sistemas (pintura, literatura, música, narrativa). O código ideológico coloca um problema particular, uma vez que é, por natureza, revelado com muita dificuldade, e porque participa dos elementos artísticos, culturais e epistemológicos do texto e da cena. Os códigos *particulares* da obra (idioleto) comandam unicamente o funcionamento interno (sintático) da representação.

A seguinte distinção entre: *códigos específicos*, *códigos não específicos*, *códigos mistos* é apenas uma classificação entre outras, conforme o critério da *especificidade** teatral:

• Códigos específicos

1. Códigos da representação ocidental, por exemplo: a ficção, a cena como lugar transformável da ação, a *quarta parede** que esconde a ação e a desvela para um público *voyeur*.
2. Códigos vinculados a um gênero literário ou lúdico, a uma época, a um estilo de atuação.

• Códigos não específicos

Existem fora do teatro, e o espectador, mesmo ignorando tudo de teatro, "transporta-os" consigo por ocasião do espetáculo:

– códigos linguísticos,
– códigos psicológicos: tudo o que for necessário para a boa percepção da mensagem,
– códigos ideológicos e culturais: muito pouco conhecidos e, portanto, pouco formalizáveis, esses códigos são, no entanto, a grade através da qual percebemos e avaliamos o mundo (ALTHUSSER, 1965:149-151). (*Sociocrítica**.)

• Códigos mistos

Seria o tipo de código que dá a chave dos códigos específicos e não específicos utilizados na representação. Deste modo, para a gestualidade, é impossível separar o que o gesto tem de próprio do ator (portanto de não teatralmente específico) e o que tem de artificial e construído (portanto, de específico do teatro). Em suma, o gesto – bem como a representação inteira – atua constantemente nos dois quadros: realidade imitada, efeito do real, mimese e construção artística, *procedimento** teatral.

c. Codificação e convenção teatral

É certo que muitas das convenções teatrais se reduzem a um conjunto de códigos, especialmente nas formas de espetáculo muito tipificadas ou ritualizadas (como a Ópera de Pequim, a dança clássica, o Nô etc.). Fica fácil, então, definir a convenção em questão, limitá-la a um conjunto de regras imutáveis. Mas outras convenções, igualmente necessárias à produção do espetáculo, são, às vezes, "inconscientes", seja porque demasiado automáticas para serem ainda notadas (leis da perspectiva, de eufonia, marcas ideológicas que regem a encenação, convenções necessárias à percepção estética da representação e graças às quais reconstituímos uma história e um universo dramáticos, a partir de alguns signos).

📖 Barthes, 1970; Helbo, 1975,1983; Eco, 1976; de Marinis, 1982.

COERÊNCIA

↻ (Do latim *cohaerentia*, coesão.)
Fr.: *cohérence*; Ingl.: *coherence*; Al.: *Kohärenz*; Esp.: *coherencia*.

Harmonia e não contradição entre os elementos de um conjunto. Um texto (no sentido semiótico do termo) é coerente quando os actantes permanecem os mesmos e as relações entre as proposições iniciais e finais permanecerem idênticas (*cf.* ADAM, 1984: 15), quando pudermos integrar o signo a um sistema global de interpretação" (CORVIN, 1985: 10).

1. Coerência Dramatúrgica

A dramaturgia clássica se caracteriza por uma grande unidade e homogeneidade dos materiais usados e de sua composição. *A fábula** forma um todo articulado lógica e organicamente em partes constituintes da ação. A unidade de lugar e de tempo leva toda a narrativa a um material homogêneo e ininterrupto. O diálogo é uma sequência de tiradas ou réplicas ligadas entre si por uma unidade temática: não deve haver "trancos", desliza-se paulatinamente de um a outro tema, permanecendo o estilo sensivelmente uniforme. Acha-se excluída a conversa sem finalidade precisa ou as discussões sem objeto e sem vínculo com a situação. A personagem assume e representa em sua consciência unificada as contradições da peça: coincide perfeitamente com o *conflito** e a discussão que a opõe às outras não passa de um debate abstrato de consciências, que se opõem e se aniquilam na ideologia e na moral coerente e não problemática da consciência central do autor.

A coerência dramatúrgica é consequência de uma visão unificadora dos conflitos de consciências entre heróis ou no interior de um herói. A coerência está ligada a uma narrativa que se pode ler sem dificuldade, sem choques e segundo uma lógica de ações e uma ordem de narrativa em conformidade com o modelo sociocultural adequado a uma determinada sociedade.

2. Incoerência Dramatúrgica

Inversamente, a dramaturgia pós-clássica denuncia esta busca da unidade a qualquer preço. A ação não é mais contínua ou lógica e, sim, desmembrada e sem esquema diretor; o lugar e a temporalidade são reduzidos; a personagem não mais existe e é substituída por vozes ou discursos disparatados. Essas "explosões" não têm nenhuma exigência formal de liberdade na utilização do lugar, do tempo e do espaço. São a consequência lógica de uma constatação: a do fim da consciência unificada e livre do herói. Já que a ação não possui mais unidade nem coincide mais com seu autor, a fábula apresentar-se-á desmembrada, descontínua, por vezes arrumada por um narrador que possui uma chave para a análise da sociedade, com frequência entregue ao espectador para sua reconstituição parcial, como em BRECHT.

3. Coerência da Cena

O espaço cênico também está em condições de instaurar uma coerência dos lugares representados. É capaz de interpretar todos os papéis imagináveis, de transformar-se num piscar de olhos graças a uma convenção de jogo. Todavia, uma outra convenção pede que, uma vez situada, a cena conserve identidade e coerência e que tudo quanto nela aparecer seja marcado pela mesma *modalidade**: nesse sentido, a cena homogeniza com perfeição o acontecimento representado; as personagens que aí se emparelham evoluem num universo regido pelas mesmas leis; suas trocas ocorrem num mesmo plano. Por outro lado, a violação dessa lei provoca um efeito cômico (como em IONESCO, e mesmo já em MOLIÈRE, em *Anfitrião*).

4. Coerência do Espetáculo

A coerência do *texto espetacular** (da *encenação**) depende, antes de mais nada, da coerência dramatúrgica na qual deveria inspirar-se. Contudo, o trabalho da encenação tem o poder de acentuar ou recusar a coerência/incoerência lida no texto e, sobretudo, de instaurar sua própria coerência (*questionário**). Uma encenação coerente não produz nenhum signo que saia do âmbito da análise dramatúrgica. Ela facilita a tarefa do espectador ao unir elementos idênticos: mesma tonalidade dos elementos do cenário, atuação harmônica, tempo de jogo mantido constante, modo harmonioso de estruturação da ação e dos jogos cênicos etc.

Uma encenação incoerente (no sentido não pejorativo: evidentemente, pode ser que a incoerência também não seja intencional), ao contrário, confunde o espectador, fazendo o sentido "explodir" em todas as direções, tornando impossível uma interpretação global.

A coerência vale para a organização dos diversos sistemas significantes, para o modo como significantes produzem significados comparáveis, e até mesmo redundantes. Quando há defasagem entre estes sistemas, a incoerência assume um sentido sempre pertinente. A percepção de defasagens informa sobre o *ritmo** da encenação. A percepção de uma tática da coerência/incoerência ilumina o discurso da encenação, a organização do texto espetacular (PAVIS, 1985e).

A noção de coerência/incoerência é uma categoria tanto da *recepção** quanto da *produção**. É produzida pela encenação, como projeto de sentido, mas, em última instância, é o espectador que tem a possibilidade de construí-la a partir dos signos da representação. Cabe ao espectador encontrar nos sistemas significantes da representação uma unidade ou uma disparidade. A compreensão da combinatória dos diversos sistemas cênicos proporciona-lhe a possibilidade de conciliar ou opor certos signos e de construir, para o conjunto do espetáculo, *isotopias** de leitura, em suma, instaurar sua própria coerência de leitura, mesmo a partir de sistemas de signos que a princípio possam parecer incoerentes.

A noção de coerência é eminentemente dialética e só existe em oposição à de incoerência.

Todo texto – e portanto toda encenação – é um perpétuo jogo entre coerência e incoerência, entre norma e transgressão. Colocado como em qualquer narrativa, numa "ordem da narrativa dominante", o espectador "visa impor um modo de inteligibilidade do universo colocado como coerente, contínuo, decifrável" (J. M. ADAM, *Langue Française*, n. 38, 1978). O triunfo da coerência também vale, como mostra ADORNO, para as obras modernas ou absurdas: "A obra que nega rigorosamente o sentido fica ligada por essa mesma lógica à mesma coerência e unidade que outrora deviam evocar o sentido" (ADORNO, 1970: 231; fr. 1974: 206). Ocorre que a coerência se realiza na mente do espectador somente muito depois da representação, como se o teatro, polvo da *catarse* e da *nêmesis*, acabasse sempre nos agarrando de novo.

🔍 Semiologia, semiotização, unidades, redundância.

COLAGEM

↻ Fr.: *collage*; Ingl.: *collage*; Al.: *Collage*; Esp.: *colage*.

Termo de pintura introduzido pelos cubistas, e depois pelos futuristas e surrealistas para sistematizar uma prática artística: a aproximação através da colagem de dois elementos ou materiais heteróclitos, ou ainda de objetos artísticos e objetos reais.

1. A colagem é uma reação contra a estética da obra plástica feita com um único material, contendo elementos fundidos harmoniosamente dentro de uma forma ou de um âmbito preciso. Ela trabalha os materiais, tematiza o ato poético de sua fabricação, diverte-se com a aproximação casual e provocativa de seus constituintes.

A colagem é um jogo com base nos *significantes* da obra, isto é, com base em sua materialidade. A presença de materiais não nobres e inusitados garante a *abertura** significante da obra, impossibilita a descoberta de uma ordem ou uma lógica. (A montagem, ao contrário, oporá sequências moldadas no mesmo tecido e sua organização contrastada será significativa.)

Colar fragmentos e objetos é um modo de citar um efeito ou um quadro anterior (cf. o bigode que DUCHAMP colocou na Gioconda). O ato citacional tem uma função metacrítica, ele desdobra o objeto e seu olhar, o plano factual e a *distância** tomada em relação a ele.

2. Todas essas propriedades da colagem em artes plásticas valem para a literatura e o teatro (escritura e encenação). Em lugar de uma obra "orgânica" e feita com uma só pedaço, o dramaturgo cola fragmentos de textos oriundos de todos os lados: artigos de jornais, outras peças, gravações sonoras etc. É viável uma estilística dos modos de colagem, ainda que sua tipologia seja trabalhosa. A partir do eixo metáfora/metonímia, determina-se o movimento de aproximação temática de pedaços colados ou aquele que as afasta umas das outras. Mesmo que estas se oponham em razão de seu conteúdo temático ou de sua materialidade, elas são sempre correlacionadas pela pesquisa sobre a percepção artística do espectador. Desta percepção, original ou banal, é que depende o bom resultado da colagem.

a. Colagens dramaturgicas

Pesquisa de textos ou de elementos de jogos cênicos de origem diversa: adições, na peça, de textos históricos, prefácios, comentários (*cf.* MESGUICH inserindo em seu *Hamlet* (1977) uma entrevista de GODARD e um monólogo de CIXOUS; P. CHÉREAU criando um prólogo a partir de vários textos de MARIVAUX para sua encenação de *A Disputa*; R. PLANCHON recompondo inteiramente suas *Folies Bourgeoises*); A. BÉZU reunindo entrevistas de ciclistas para descrever o mundo de *La Grande Boucle* (1996).

b. Colagens verbais

Junções de restos de conversas ou de sonoridades (ex. R. Wilson em *Letter to Queen Victoria*), de "*disparates*" temáticos do teatro do absurdo*, colagens de estereótipos mundanos em *La Baie de Naples*, de Joël DRAGUTIN.

c. Colagem no cenário

Pesquisa pictórica de inspiração surrealista que ressalta um objeto deslocado (PLANCHON, GRÜBER). Aproximação de elementos cênicos heteróclitos: como a bicicleta, a tenda no palco aquático em *Disparitions* (1979), de R. DEMARCY e T. MOTTA.

d. Colagem de estilos de atuação

Paródia de várias maneiras de atuar (naturalista ou grotesca etc.). Descompasso entre o texto e a gestualidade que o acompanha. É necessário distinguir a colagem de materiais heterogêneos (atuação, cenografia, música, texto etc.) da hibridação e da criolização que constituem uma nova produção (*teatro intercultural**).

Citação, intertextualidade, jogo e contrajogo, dramaturgia, coerência.

Revue d'Esthétique, 1978: n. 3-4; Bablet (ed.), 1978.

COMEDIA

Fr.: *comedia*; Ingl.: *comedia*; Al.: *Comedia*; V-Esp.: *comedia*.

Gênero dramático espanhol a partir do século XV.

A comedia é divida habitualmente em três jornadas. Sua temática gira em torno de questões amorosas, de honra, de fidelidade conjugal e de política. Além dos gêneros tradicionais da comédia, distinguem-se:

– a *comedia de capa y espada* (comédia de capa e espada): mostra os conflitos de nobres e cavaleiros,
– a *comedia de caracter* (de caráter*),
– a *comedia de enredo* (de intriga*),
– a *comedia de figuron* (satírica): dá uma imagem caricatural da sociedade.

COMÉDIA

(Do grego *komedia*, canção ritual por ocasião do cortejo em homenagem a Dioniso.) Fr.: *comédie*; Ingl.: *comedy*; Al.: *Komödie*; Esp.: *comedia*.

No sentido literário e antigo, comédia designa qualquer peça, independentemente do gênero ("fazer comédia", a Comédie-Française, "RACINE fez uma comédia que se chama *Bajazef*, Mme. de SÉVIGNÉ).

1. Origens

Tradicionalmente, define-se a comédia por três critérios que a opõem à tragédia: suas personagens são de condição modesta, seu desenlace é feliz e sua finalidade é provocar o riso no espectador. Sendo "uma imitação de homens de qualidade moral inferior" (ARISTÓTELES), a comédia nada tem a extrair de um fundo histórico ou mitológico; ela se dedica à realidade quotidiana e prosaica das pessoas comuns: daí sua capacidade de adaptação a qualquer sociedade, a infinita diversidade de suas manifestações e a dificuldade de deduzir uma teoria coerente da comédia. Quanto ao *desenlace**, ele não só não poderia deixar cadáveres nem vítimas desencantadas, como desemboca quase sempre numa conclusão otimista (casamento, reconciliação, reconhecimento). O riso do espectador ora é de cumplicidade, ora de superioridade: ele o protege contra a angústia trágica, propiciando-lhe uma espécie de "anestesia afetiva" (MAURON, 1964: 27). O público se sente protegido pela imbecilidade ou pela doença da personagem cômica; ele reage, por um sentimento de superioridade, aos mecanismos de exagero, contraste ou surpresa.

Tendo surgido ao mesmo tempo que a tragédia, a comédia grega, e depois dela toda peça cômica, é o duplo e o antídoto do mecanismo trágico, uma vez que "O conflito comum à comédia e à tragédia é Édipo" (MAURON, 1964:59). "A tragédia joga com nossas angústias profundas, a comédia, com nossos mecanismos de defesa contra elas" (1964: 36). Os dois gêneros respondem, então, a um mesmo questionamento humano, e a passagem do trágico ao cômico (como a do sonho angustiado do espectador "paralisado", ao riso libertador) é garantida pelo grau de investimento emocional do público, o que FRYE denomina modo irônico: "A ironia, afastando-se da tragédia, começa a emergir na comédia" (FRYE, 1957: 285). Tal movimento produz estruturas bem diferentes em cada caso: do mesmo modo que a tragédia está ligada a uma série obrigatória e necessária de motivos que levam protagonistas e espectadores em direção à catástrofe, sem que dela possam se "desvencilhar", a comédia vive da ideia repentina, das mudanças de ritmo, do acaso, da inventividade dramatúrgica e cênica. Isto não significa, entretanto, que a comédia sempre escarneça da ordem e dos valores da sociedade em que opera; de fato, se a ordem é ameaçada pela extravagância cômica do herói, a conclusão se encarrega de chamá-lo à ordem, às vezes com amargura, e de reintegrá-lo à norma social dominante (crítica à tartufaria, à falta de sinceridade, ao compromisso etc.).

As contradições são finalmente solucionadas de modo agradável (ou estridente) e o mundo restabelece seu equilíbrio. A comédia apenas deu a ilusão de que os fundamentos sociais poderiam ser ameaçados, mas "era só para rir". Ainda aí, o restabelecimento da ordem e o *happy end* devem passar primeiro por um momento de flutuação no qual tudo parece perdido para os bons, por um "ponto de morte ritual" (FRYE, 1957: 179) que desembocará, em seguida, na conclusão otimista e na resolução final.

2. Peça Cômica

A peça cômica procura fazer sorrir. Para o classicismo francês, a comédia, por oposição à tragédia e ao drama (século XVIII), mostra personagens de um meio não aristocrático, em situações cotidianas, que acabam se saindo bem de apuros. MARMONTEL dá uma definição muito geral, mas bastante completa, da comédia: "É a imitação dos costumes, posta em ação: imitação de costumes no que difere da tragédia e do poema heroico; imitação em ação, no que difere do poema didático moral e do simples diálogo" (1787, artigo "Comédia").

A comédia é submetida ao império da subjetividade: "É por meio do riso que dissolve e reabsorve tudo para que o indivíduo garanta a vitória de sua subjetividade que, apesar de tudo que lhe possa acontecer, permanece sempre segura de si" (HEGEL, 1832: 380). "É cômica [...] a subjetividade que coloca contradições em suas ações, para em seguida resolvê-las, permanecendo calma e segura de si" (HEGEL, 1832: 410).

3. Sequência Mínima da Comédia

A fábula da comédia passa pelas fases de *equilíbrio, desequilíbrio, novo equilíbrio*. A comédia pressupõe uma visão contrastada, até contraditória do mundo: um mundo normal, geralmente reflexo do mundo do público espectador, julga e caçoa do mundo anormal das personagens consideradas diferentes, originais, ridículas e, portanto, cômicas. Tais personagens são necessariamente simplificadas e generalizadas, uma vez que encarnam de modo esquemático e pedagógico uma extravagância ou uma visão inusitada do mundo. A ação cômica, já ressalta ARISTÓTELES (*Poética*, cap. 5), não conduz à consequência e poderá então ser inventada em cada peça. Ela se decompõe tipicamente numa série de obstáculos e de reviravoltas de situação. Seu motor essencial é o *quiproquó** ou o desprezo.

A comédia, diferentemente da tragédia, presta-se facilmente aos efeitos de distanciamento e se autoparodia de bom grado, pondo assim seus procedimentos e sua forma de ficção em exergo. Desse modo, ela é o gênero que apresenta grande consciência de si, que frequentemente funciona como *metalinguagem** crítica e como *teatro dentro do teatro**.

📖 Voltz, 1964; Olson, 1968b; Chambers, 1971; Pfister, 1973; Issacharoff, 1988; Corvin, 1994.

COMÉDIA (ALTA E BAIXA...)

↻ Fr.: *comédie (haute et basse)*; Ingl.: *comedy (high and low)*; Al.: *Konversationstück, Schwank*; Esp.: *comedia (alta y baja...)*.

Distinção conforme a qualidade dos procedimentos cômicos (tanto para a comédia grega, como para a sequência da evolução teatral). A baixa comédia usa procedimentos de farsa, de comicidade visual (*gag**, *lazzis**, surra de pauladas), enquanto a *alta* ou grande comédia usa sutilezas de linguagem, alusões, jogos de palavra e situações mais "espirituais". A *comedy of humours*, cuja origem é atribuída a Ben JOHNSON, autor de *Every Man in His Humour* (1598), é o protótipo da alta comédia encarregada de ilustrar os diferentes humores da natureza humana, considerada como resultante de dados psicológicos. A farsa ou a bufonaria pertencem à baixa comicidade. "O 'baixo' cômico provoca assim o riso franco; o 'alto', ao contrário, quase sempre convida apenas a sorrir, tende ao sério, depois ao grave" (MAURON, 1964: 9).

COMÉDIA ANTIGA

↻ Fr.: *comédie ancienne*; Ingl.: *antique comedy*; Al.: *antike Komödie*; Esp.: *comedia antigua*.

No teatro grego (século V a.C), a comédia antiga derivada dos ritos de fertilidade em homenagem a DIONISO, era uma sátira violenta, muitas vezes grotesca e obscena (CRATÈS, CRATINOS, e sobretudo ARISTÓFANES).

COMÉDIA-BALÉ

↻ Fr.: *comédie-ballet*; Ingl.: *ballet comedy, comic ballet*; Al.: *Ballettkomodie*; Esp.: *comedia ballet*.

Comédia em que balés interferem no curso da ação da peça ou como intermédios autônomos entre cenas ou atos (*cf.* MOLIÈRE e LULLY).

Tende-se a conceber o balé como elemento segundo ou, mesmo, secundário, como intermédio decorativo, cabendo a primazia ao texto da comédia. Certos balés, no entanto, contêm alguns elementos dramáticos dialogados e representados. Por vezes, o dramaturgo resolve ligar o balé à intriga, como MOLIÈRE, em *Os Importunos*: "Para não interromper de forma alguma o fio da peça com essas maneiras de intermédio, tomamos o cuidado de costurá-las ao assunto o melhor que pudemos, e de fazer, do balé e da comédia, uma coisa só" (*Prefácio*).

Usualmente, a comédia-balé é construída com base em uma sucessão de entradas de balé, passagens dançadas que formam uma série ininterrupta de cenas sucessivas, de acordo com o princípio da peça de gaveta ou episódica.

📖 Mc Gowan, 1978.

COMÉDIA BURLESCA

↻ Fr.: *comédie burlesque*; Ingl.: *burlesque comedy*; Al.: *burleske Komödie*; Esp.: *comedia burlesca*.

Comédia que apresenta uma série de peripécias cômicas e chistes (*burlas*) burlescos que ocorrem com uma personagem extravagante e bufona (ex. *Dom Jafé da Armênia*, de SCARRON).

COMÉDIA DE CARÁTER

↻ Fr.: *comédie de caratère*; Ingl.: *character comedy*; Al.: *Charakterkomödie*; Esp.: *comedia de caracter*.

A comédia de *caráter** descreve personagens esboçadas com muita precisão em suas propriedades psicológicas e morais. Ela leva a um certo estatismo ao propor uma galeria de retratos que dispensam a intriga, a ação e o movimento contínuo para tomar corpo. Floresce no Grande Século e no início do século XVIII, influenciada pelos *Caracteres*, de La Bruyère.

COMÉDIA DE COSTUMES

↻ Fr.: *comédie de moeurs*; Ingl.: *comedy of manners*; Al.: *Gesellschaftskomödie*; Esp.: *comedia de costumbres*.

Estudo do comportamento do homem em sociedade, das diferenças de classe, meio e caráter (ex. a Inglaterra dos séculos XVII e XVIII, CONGREVE, SHERIDAN, MOLIÈRE, DANCOURT, LESAGE, REGNARD e, no século XIX, o drama naturalista).

COMÉDIA DE GAVETA

↻ Fr.: *comédie à tiroir*; Ingl.: *episodic play*; Al.: *Schubladenstück*; Esp.: *comedia de folla*.

A comédia de gaveta oferece uma sequência de esquetes ou de cenas curtas em torno de um mesmo tema e com variações de um mesmo conflito, multiplicando episódios cuja tendência é se tornarem autônomos. *Os Importunos* (*Les Fâcheux*), de MOLIÈRE, é o exemplo mais célebre de uma galeria de retratos da pessoa desagradável na sociedade do século XVII.

COMÉDIA DE HUMORES

↻ Fr.: *comédie d'humeurs*; Ingl.: *comedy of humours*; Esp.: *comedia de humores*.

A *comedy of humours* surgiu na época de SHAKESPEARE e de Ben JOHNSON (*Every Man Out of His Humour*, 1599). A teoria dos humores, baseada na concepção médica dos quatro humores que regem a conduta humana, visa criar personagens-tipo, que são determinadas fisiologicamente e que agem em função de um humor, mantendo comportamento idêntico em todas as situações. Esse gênero é semelhante ao da *comédia de caráter** que diversificará os critérios de comportamentos estendendo-os a traços sociais, econômicos e morais.

COMÉDIA DE IDÉIAS

↻ Fr.: *comédies d'idées*; Ingl.: *comedy of ideas*; Al.: *Ideenkomödie*; Esp.: *comedia de ideas*.

Peças onde são debatidos, de forma humorística ou séria, sistemas de ideias e filosofias de vida. (Ex.: SHAW, WILDE, GIRAUDOUX, SARTRE.)

COMÉDIA DE INTRIGA

↻ Fr.: *comédie d'intrigue*; Ingl.: *comedy of intrigue*; Al.: *Intrigenstück*; Esp.: *comedia de intriga*.

Opõe-se à *comédia de caráter**. As personagens são esboçadas de modo aproximado e os múltiplos recrudescimentos da ação propiciam a ilusão de movimento contínuo da ação. (Ex.: *As Malandragens de Scapino, O Mercador de Veneza*.)

COMÉDIA DE SALÃO

↻ Fr.: *comédie de salon*; Ingl.: *drawing-room play, high comedy*; Al.: *Salonstück, Konversationsstück*; Esp.: *comedia de salón*.

Peça que quase sempre mostra personagens discutindo num salão burguês. O cômico é exclusivamente verbal, muito sutil e à procura da palavra certa ou da *palavra do autor**. A ação se restringe à troca de ideias, de argumentos ou de mordacidades formuladas de modo agradável. (Ex.: WILDE, MAUGHAM, SCHNITZLER.)

COMÉDIA DE SITUAÇÃO

↻ Fr.: *comédie de situation*; Ingl.: *situation comedy*; Al.: *Situationskomödie*; Esp.: *comedia de situaciones*.

Peça que se caracteriza mais pelo ritmo rápido da ação e pelo *imbroglio* da intriga que pela profundidade dos caracteres esboçados. Como na *comédia de intriga**, passa-se sem cessar de uma a outra situação, sendo que a surpresa, o quiproquó e o golpe de teatro são seus mecanismos favoritos. (Ex.: *A Comédia dos Erros*, de SHAKESPEARE.)

COMÉDIA HERÓICA

↻ Fr.: *comédie héroïque*; Ingl.: *heroic comedy*; Al.: *heroische Komödie*; Esp.: *comedia heroica*.

1. Gênero intermediário entre a tragédia e a comédia, a comédia heroica coloca personagens de alta linhagem em apuros numa ação de final feliz, na qual não se "vê nascer perigo algum que possa levar-nos à piedade ou ao temor" e onde "todos os atores [...] são reis ou grandes de Espanha" (CORNEILLE, "Prefácio" de *Don Sancho de Aragon*, 1649).
   Importada da Espanha (LOPE DE VEGA) por ROTROU e CORNEILLE, constitui um novo gênero na França com CORNEILLE, na Inglaterra com DRYDEN, por volta de 1660-1680 (*The Conquest of Granada*, 1669).
   A tragédia torna-se heroica quando o sagrado e o trágico cedem lugar à psicologia e ao compromisso burguês. *O Cid*, por exemplo, esforça-se por conciliar psicologia, individualismo e razões de Estado.

2. O *heroico*, na comédia e na tragédia, manifesta-se pelo tom e pelo estilo muito elevados, pela nobreza de ações, por uma série de conflitos violentos (guerra, rapto, usurpação), pelo exotismo de lugares e personagens, pelo tema ilustre e heróis admiráveis: "O ilustre do heroico se baseia nas mais altas virtudes da guerra" (LE TASSE, *Du Poème Héroïque*).

3. O *herói-cômico* é uma parodia do tom heroico, uma descrição em termos prosaicos de ações nobres e sérias. E muito próximo do *burlesco** e do *grotesco**.

COMÉDIA LACRIMOSA

↻ Fr.: *comédie larmoyante*; Ingl.: *melodrama*; Al.: *Rührstück, Trauerspiel*; Esp.: *comedia lacrimógena*.

Gênero equivalente ao drama burguês do século XVIII (DIDEROT, LESSING), cujos temas, tomados por empréstimo à vida quotidiana do mundo burguês, provocam emoção, e até mesmo lágrimas do público.

🔍 Melodrama.

COMÉDIA NEGRA

↻ Fr.: *comédie noire*; Ingl.: *black comedy*; Al.: *schwarze Komödie*; Esp.: *comedia negra*.

Gênero que se aproxima do tragicômico. A peça, de comédia, só tem o nome. Sua visão é pessimista e desiludida sem dispor sequer do recurso da solução trágica. Os valores são negados e a peça só acaba "bem" por um esforço irônico. (Ex.: *O Mercador de Veneza*, *Medida por Medida*, as peças negras de ANOUILH, *A Visita da Velha Senhora*, de DÜRRENMATT.)

COMÉDIA NOVA

↻ Fr.: *comédie nouvelle*; Ingl.: *new comedy*; Al.: *neue Komödie*; Esp.: *nueva comedia*.

Teatro cômico grego (século IV a.C.) que pinta a vida cotidiana, apela para tipos e situações estereotipadas (MENANDRO, DÍFILO). Influencia os autores latinos (PLAUTO, TERÊNCIO), prolonga-se na *Commedia dell'arte** e na comédia de situação e de costumes da era clássica.

COMÉDIA PASTORAL

↻ Fr.: *comédie pastorale*; Ingl.: *pastoral play*; Al.: *Schäferspiel*; Esp.: *comedia pastoral*.

Peça que exalta a vida simples dos pastores, eleitos como protótipos da existência inocente, utópica e nostálgica dos bons e velhos tempos. Aparece, sobretudo, nos séculos XVI e XVII. (Ex.: *Les Bergeries*, de RACAN, 1625.)

COMÉDIA SATÍRICA

↻ Fr.: *comédie satirique*; Ingl.: *satirical comedy*; Al.: *Satire*; Esp.: *comedia satírica*.

Peça que põe em cena e critica uma prática social ou política ou um vício humano. (*Tartufo, O Avarento.*)

COMEDIANTE

↻ Fr.: *comédien*; Ingl.: *actor*; Al.: *Schauspieler*; Esp.: *comediante (actor)*.

✍ Traduzimos, na maioria das vezes, o termo *comédien* por *ator*. A língua francesa utiliza os dois termos, conforme se explica no item 1 do verbete. Em português, porém, apesar de um uso recente no sentido mais amplo de intérprete em geral, o termo *comediante* designa especificamente o ator que se dedica apenas ao gênero cômico. (N. de T.)

1. Comediante

Atualmente, é, ao mesmo tempo, o *ator** que atua na tragédia, na comédia, no drama ou em qualquer outro gênero. Na língua clássica, às vezes *comediante* se opunha a *trágico*. Em nossos dias, o termo agrupa todos os artistas da cena; é, portanto, um termo particularmente adaptado à mistura de gêneros e estilos. Ao contrário, L. JOUVET, na sequência de uma tradição teórica que remonta ao século XIX e a DIDEROT, sistematizou uma distinção implícita entre ator e comediante. O ator é capaz apenas de certos papéis que correspondem a seu *emploi** ou à marca de sua imagem; ele define os papéis em função de si próprio. O comediante desempenha todos os papéis, desaparece totalmente por trás da personagem, é um artesão da cena. A esta oposição acrescenta-se outra, a do ator considerado função dramatúrgica, como protagonista da ação, e a do comediante, pessoa social engajada na profissão teatral e sempre sensível por trás do papel fictício que encarna.

2. Estatuto do Comediante

Na época clássica, comediante é o termo que designa o ofício, o estado dos atores (os Comédiens de Monsieur, 1658 – os Comédiens-Français, 1680). O comediante foi, durante muito tempo, marcado pela execração pública.

Em nossos dias, porém, ele conquistou um certo status social, prestigioso quando é "conhecido". Seu papel estético é muito variável e incerto. À tendência dos grandes atores e do teatro do comediante, seguiu-se, a partir do final do século XIX, a era do teatro do encenador do qual MEIERHOLD dá aqui um testemunho, entre muitos outros: "O encenador, no ensaio, não temerá entrar em conflito com o ator até e inclusive o corpo a corpo. Sua posição é sólida porque, ao contrário do ator, ele sabe (ou deve saber) o que o espetáculo deverá render amanhã. É obcecado pelo *conjunto*, portanto mais forte que o ator" (1963: 283).

3. Emancipação do Comediante

Hoje, talvez esteja se esboçando um movimento a favor de uma volta do ator e de uma concepção coletiva de espetáculos construídos a partir de materiais extrateatrais (reportagens, *colagem** de textos, *improvisações** gestuais etc.). Tendo deixado de ser um amplificador a serviço de um *encenador** tão paternalista quanto tirânico, de um *dramaturgo** encarregado das questões ideológicas, o comediante reivindica sua parte de criatividade. A representação perde seu caráter fetichista de *monumento*: ela entrega somente alguns *momentos* de espetáculo.

4. O Comediante como Cabotino

O termo pejorativo comediante, empregado a propósito de uma pessoa que dissimula seus sentimentos, indica bem o risco de ver o artista transformar-se em canastrão (ou cabotino). O cabotinismo o leva a tentar aparecer por todos os meios às custas de seus colegas, da personagem, da ilusão teatral e do espectador complexado que se vê obrigado a admirar tal "bicho de teatro". Além da perversão social do ofício de comediante pelo canastrão, ver-se-á no cabotinismo a marca de uma cumplicidade demagógica com o público, que toma consciência de que o comediante é um virtuose que domina seu papel e que ele é até capaz de fazê-lo sentir-se parar no tempo por um instante.

🔍 Ator.

📖 Diderot, 1773; Jouvet, 1954; Stanislávski, 1963; Duvignaud, 1965; Villiers, 1951, 1968; Strasberg, 1969; Chaikin, 1972; Eco, 1973; Aslan, 1974, 1993; Schechner, 1977; Dort, 1977*b*, 1979; *Voies dela Création Théâtrale*, 1981, vol. 9; Roubine, 1985: Pavis, 1996.

CÔMICO

↻ Fr.: *comique*; Ingl.: *comic*; Al.: *das Komische*; Esp.: *cómico*.

O cômico não se limita ao gênero da comédia; é um fenômeno que pode ser apreendido por vários ângulos e em diversos campos. Fenômeno antropológico, responde ao instinto do *jogo**, ao gosto do homem pela brincadeira e pelo riso, à sua capacidade de perceber aspectos insólitos e ridículos da realidade física e social. Arma social, fornece ao irônico condições para criticar seu meio, mascarar sua oposição por um traço espirituoso ou de farsa grotesca. Gênero dramático, centra a ação em conflitos e peripécias que demonstram a inventividade e o otimismo humanos perante a adversidade.

1. Princípios do Cômico

a. Dimensão da ação pouco habitual

- Mecanismo

A partir das análises de BERGSON, atribui-se a fonte do cômico à percepção de um mecanismo reproduzido na ação humana: "daquilo que é mecânico calcado no que é vivo". "As posturas, gestos e movimentos do corpo humano são risíveis na exata medida em que esse corpo nos faz pensar em mera mecânica" (BERGSON, 1899). O princípio do mecânico vale para todos os níveis: gestualidade rígida, repetições verbais, sequência de *gags*, manipulador manipulado, ladrão roubado etc., desprezo e quiproquó, estereótipos retóricos ou ideológicos, junção de dois conceitos com significantes semelhantes (jogos de palavras).

- Ação que falha em seu objetivo

O cômico é produzido numa situação em que um indivíduo não consegue realizar a ação que se propôs. KANT definia o riso como "o afeto proveniente da transformação súbita de uma expectativa muito tensa que acaba em nada" (1790: 190). Depois dele, associou-se o cômico à ideia de uma ação deslocada de seu local habitual, criando um efeito de surpresa (STIERLE, 1975: 56-97).

b. Dimensão psicológica

- Superioridade do observador

A percepção de uma ação ou uma situação cômica está ligada ao julgamento do observador; este se acha superior ao objeto percebido e disso tira uma satisfação intelectual: "Trata-se de um único e mesmo fenômeno, quando nos parece cômico aquele que, em comparação conosco, dispende demais em sua atividade corporal e de menos na atividade espiritual; não há dúvida que, nos dois casos, o riso é a expressão da superioridade que nos atribuímos perante ele e que sentimos prazerosamente. Quando, nos dois casos, a relação se inverte, quando o dispêndio somático do outro diminui e o espiritual aumenta, não rimos mais, somos tomados pelo espanto e pela admiração" (FREUD, 1969, vol. 4: 182). FREUD descreve e resume aqui vários traços da atitude do espectador colocado diante de um acontecimento cômico: superioridade moral, percepção de uma falha no outro, tomada de consciência do inesperado e do incongruente, desvio do inusitado colocando-se em perspectiva etc. A percepção simpática da inferioridade do outro – e, portanto, de nossa superioridade e satisfação – situa-nos, diante do cômico, a meio caminho entre a perfeita identificação e a distância intransponível. Nosso prazer – assim como no caso da ilusão e da identificação teatral – reside nestas constantes passagens entre identificação e distância, entre percepção "do interior" e do "exterior". Porém, nesse vaivém, o que prevalece é sempre a perspectiva distanciada: MARMONTEL, a esse respeito, já observava que o cômico implica uma comparação "entre o espectador e a personagem visível, numa distância vantajosa para o primeiro" (1787: art. "Comédia").

- Liberação e alívio

O efeito cômico provoca uma libertação psíquica e não recua ante nenhuma proibição ou obstáculo: daí a insensibilidade, a indiferença, a "anestesia do coração" (BERGSON, 1899: 53) atribuídas geralmente aos que riem. Estes reconduzem a pessoa ridícula a sua justa proporção, desmascarando a importância do corpo por trás da fachada espiritual do indivíduo: os fenômenos cômicos – *paródia**, *ironia**, sátira, humor – concorrem todos para "diminuir a dignidade de cada homem indicando sua humaníssima fraqueza, mas, principalmente, a dependência de seus desempenhos intelectuais das necessidades corporais". O desmascaramento volta em seguida com o seguinte aviso: "Este ou aquele que é admirado como um semideus não passa de um homem como você e eu" (FREUD, 1969, vol. 4: 188). Assim, ao rir-se do outro, sempre se ri um pouco de si mesmo; esta é uma maneira de se conhecer melhor e também de sobreviver apesar de tudo, voltando sempre a ficar de pé, quaisquer que sejam as dificuldades e os obstáculos. Esta é provavelmente a razão pela qual HEGEL faz da comédia o modo da subjetividade humana e da resolução final das contradições: "É cômica [...] a subjetividade que introduz contradições em suas próprias ações, para em seguida resolvê-las, permanecendo calma e segura de si" (1832:410). "No desfecho, a comédia deve mostrar que o mundo não desmorona sob as besteiras" (1832: 384). Isto indica bem a dimensão fundamentalmente social do riso.

c. Dimensão social

O riso é "comunicativo"; quem ri necessita de pelo menos um parceiro para associar-se a ele e rir do que é mostrado. Ao rirmos de um homem cômico, determinamos, por outro lado, nossa relação com ele: receptividade ou exclusão (*cf.* abaixo). O riso pressupõe a determinação de grupos socioculturais e sutis relações entre eles. É um fenômeno social (BERGSON, 1899).

A mensagem cômica e o público que ri estão unidos num processo de comunicação: o mundo fictício e cômico só se revela como tal graças à perspectiva usual do espectador que é ferido e frustrado pela cena. Havendo sido frustrada a expectativa do público, este se afasta do acontecimento cômico, coloca-se à distância e passa a zombar dele, fortalecido em seu sentimento de superioridade. Ao contrário, diante da tragédia, o caráter exemplar e sobre-humano dos conflitos impede-o de substituir a ação por sua perspectiva pessoal: ele se identifica com o herói e renuncia a qualquer crítica.

A comédia tende "naturalmente" à representação realista do meio social: na verdade, ela faz constantes alusões a fatos atuais ou de civilização e desmascara práticas sociais ridículas: nela, o distanciamento é como que natural. A tragédia, ao contrário, mitifica a existência, visa não a um grupo social, mas a uma camada universal e profunda do homem, cristaliza as relações humanas. O trágico necessita da aceitação, por protagonistas e espectadores, de uma ordem transcendente e imutável. O cômico, ao contrário, indica claramente que os valores e normas sociais não passam de convenções humanas, úteis à vida em comum, mas dos quais poderíamos nos privar e que poderíamos substituir por outras convenções.

d. Dimensão dramatúrgica

No teatro, a situação cômica advém de um obstáculo dramatúrgico contra o qual se chocam as personagens, conscientemente ou não. Tal obstáculo, construído pela sociedade, impede a realização imediata de um projeto, concorda com os maus ou com a autoridade: o herói tropeça nele sem cessar e seu fracasso se assemelha a um choque físico contra uma parede. Contudo, o conflito – está é a diferença capital em relação à tragédia – pode ser posto de lado, para dar, em seguida, livre campo aos protagonistas. Muitas vezes, aliás, o conflito é instalado pelas vítimas. Ao contrário da tragédia, os episódios cômicos não se encadeiam de modo necessário e inevitável.

2. Formas do Cômico

a. Cômico e risível

Uma primeira distinção entre cômico na realidade e cômico na arte opõe (1) o risível (o ridículo) e (2) o humorístico. Entre (1) *ridiculum* e (2) *vis comica* (JAUSS, 1977: 177), há toda a diferença entre as produções fortuitas de cômico (uma forma natural, um animal, a queda de alguém) e as produções conscientes do espírito e da arte. O riso espontâneo em situações reais é um "riso bruto, o riso, apenas, riso de mera negação, de simples recusa, de autodefesa espontânea" (SOURJAU, 1948: 154). É verdadeiramente cômico somente o que for reinvestido pela invenção humana e responder a uma intenção estética.

b. Cômico significativo e cômico absoluto

BAUDELAIRE faz distinção entre cômico significativo e cômico absoluto. No primeiro tipo, ri-se de alguma coisa ou de alguém; na segunda, ri-se *com*: e o riso é o do corpo inteiro, das funções vitais e do *grotesco** da existência (o riso rabelaisiano, por exemplo). Essa espécie de cômico vai arrancando tudo à sua passagem, e não deixa lugar para nenhum valor político ou moral.

c. Riso de acolhida e riso de exclusão

A necessária solidariedade entre os que riem tem por consequência ou rejeitar como ridícula a pessoa cômica, ou convidá-la a juntar-se aos que riem através de um movimento unanimista de fraternidade humana.

d. Cômico, ironia, humor

O humor é um dos procedimentos favoritos dos dramaturgos (em particular daqueles que elaboram brilhantes diálogos filosóficos ou de *boulevard*). Serve-se do cômico e da ironia, mas possui seu próprio tom. Enquanto a *ironia** e a *sátira** dão muitas vezes a impressão de frieza e intelectualidade, o humor é mais caloroso, não hesitando em zombar de si mesmo e em ironizar quem ironiza. Busca os aspectos filosóficos ocultos da existência e deixa entrever uma grande riqueza interior no humorista. "O humor não tem apenas algo de libertador, como o chiste e o cômico, mas também algo de grandioso e edificante: traços que não se encontram nas duas outras formas de obtenção de prazer pela atividade intelectual. O que ele tem de grandioso provém muito evidentemente do narcisismo e da individualidade vitoriosamente afirmada do ego" (FREUD, 1969, vol. 4: 278).

e. Engraçado, ridículo, bufo

O cômico se nos apresenta através de uma situação, um discurso, um jogo de cena de modo ora simpático, ora antipático. No primeiro caso, zombamos com comedimento daquilo que percebemos como *engraçado*, divertido; no segundo, rejeitamos como *ridícula* (risível) a situação que nos é apresentada.

O *engraçado* (*plaisant*, termo frequente na época clássica) proporciona uma emoção estética, dirige-se ao intelecto e ao senso de humor. É, explica-nos MARMONTEL, o oposto do cômico e da bufonaria, "o efeito prazeroso que causa em nós um contraste tocante, singular e novo, percebido entre dois objetos, ou entre um objeto e a ideia heteróclita que ele dá à luz. É um encontro imprevisto, que, através de relações inexplicáveis, excita em nós a doce convulsão do riso" (*Éléments de Littérature*, 1787, art. "Plaisant").

O *ridículo* ou o risível é muito mais negativo; ele provoca nossa superioridade levemente desdenhosa, sem, no entanto, nos chocar. Assim é que, segundo a *Poética* de ARISTÓTELES, a comédia "é a imitação do homem de qualidade moral inferior, não em todo tipo de vício, mas no domínio do risível, que é uma parte do feio, já que o risível é um defeito e uma feiura sem dó nem piedade; desse modo, por exemplo, a máscara cômica é feia e disforme sem expressão de dor" (§ 1449*b*). O ridículo tornar-se-á, para os autores cômicos, objeto de sátira e motor de sua ação (teoricamente, os dramaturgos se impõem por elevada missão, ao menos de acordo com seus prefácios, corrigir os costumes rindo-se; praticamente, eles se empenham sobretudo em fazer o público rir de uma esquisitice que às vezes é a dele mesmo). A percepção do ridículo implica que o autor, do mesmo modo que o espectador, esteja em condições de fazer parte daquilo que é razoável e permitido na conduta humana. Desse modo, MOLIÈRE fará do ridículo, em sua "Carta Sobre a Comédia do *Impostor*" (1667) o alvo de sua dramaturgia: "O ridículo é, portanto, a forma exterior e sensível que a providência da natureza vinculou a tudo o que é insensato, a fim de nos fazer percebê-lo e dele nos obrigar a fugir. Para conhecer este ridículo, é preciso conhecer a razão pela qual ele é defeito, e ver em que ela consiste". O *bufo** e o *grotesco** situam-se num grau ainda mais baixo na escala dos procedimentos cômicos: implicam um aumento e uma distorção da realidade que vão até a caricatura e o excesso.

3. Procedimentos Cômicos

Nenhuma tipologia das formas cômicas é satisfatória. A classificação conforme a origem do prazer cômico (por efeito de superioridade, de incongruência ou de alívio psíquico) explica apenas parcialmente as formas cômicas (*sátira** para o primeiro efeito, jogo de palavra para o segundo, brincadeiras sexuais para o último). O critério de classificação proposto é o tradicional, o dos estudos dramatúrgicos da comédia (*cf.* as definições dos gêneros da comédia). Por isso não retomaremos aqui o conjunto de procedimentos, já esboçados nas formas e nas entradas sobre os gêneros da comédia.

📖 Freud, 1905; Victoroff, 1953; Mauron, 1964; Escarpit, 1967; Pfister, 1973; Warning e Preisendanz, 1977; Sareil, 1984; Issacharoff, 1988.

COMMEDIA DELL'ARTE

1. Origens

A *Commedia dell'arte* era, antigamente, denominada *commedia all improviso*, *commedia a soggetto*, *commedia di zanni*, ou, na França, comédia italiana, comédia das máscaras. Foi somente no século XVIII (segundo C. MIC, 1927) que essa forma teatral, existente desde meados do século XVI, passou a denominar-se *Commedia dell'arte* – a *arte* significando ao mesmo tempo arte, habilidade, técnica e o lado profissional dos comediantes, que sempre eram pessoas do ofício. Não se sabe ao certo se a *Commedia dell'arte* descende diretamente das farsas atelanas* romanas ou do mimo antigo: pesquisas recentes puseram em dúvida a etimologia de *Zanni* (criado cômico) que se acreditava derivado de *Sannio*, bufão da atelana romana. Em contrapartida, parece ser verdade que tais formas populares, às quais se devem juntar os saltimbancos, malabaristas e bufões do Renascimento e das comédias populares e dialetais de RUZZANTE (1502-1542), prepararam o terreno para a *commedia*.

2. Caraterísticas do Jogo

A *Commedia dell'arte* se caracterizava pela criação coletiva dos atores, que elaboram um espetáculo improvisando gestual ou verbalmente a partir de um canevas, não escrito anteriormente por um autor e que é sempre muito sumário (indicações de entradas e saídas e das grandes articulações da fábula). Os atores se inspiram num tema dramático, tomado de empréstimo a uma comédia (antiga ou moderna) ou inventado. Uma vez inventado o esquema diretor do ator (o roteiro), cada ator improvisa levando em conta os *lazzi** característicos de seu papel (indicações sobre jogos de cena cômicos) e as reações do público.

Os atores, agrupados em companhias homogêneas, percorrem a Europa representando em salas alugadas, em praças públicas ou patrocinados por um príncipe; mantêm forte tradição familiar e artesanal. Representam uma dúzia de tipos fixos, eles próprios divididos em dois "partidos". O partido sério compreende os dois casais de namorados. O partido ridículo, o dos velhos cômicos (Pantaleão e o Doutor), do Capitão (extraído do *Miles Gloriosus* de PLAUTO), dos criados ou Zanni, estes com diversos nomes (Arlecchino, Scaramuccia, Pulcinella, Mezzottino, Scapino, Coviello, Truffaldino) se dividem em primeiro Zanni (criado esperto e espirituoso, condutor da intriga) ou segundo Zanni (personagem ingênua e estúpida). O partido ridículo sempre porta máscaras grotescas, e estas máscaras (*maschere*) servem para designar o ator pelo nome de sua personagem.

Neste teatro de ator (e de atriz, o que era novidade na época), salienta-se o domínio corporal, a arte de substituir longos discursos por alguns signos gestuais e de organizar a representação "coreograficamente", ou seja, em função do grupo e utilizando o espaço de acordo com uma encenação renovada. A arte do ator consiste mais numa arte da variação e da adequação verbal e gestual, do que em invenção total e numa nova expressividade. O ator deve ser capaz de reconduzir tudo o que improvisou ao ponto de partida, para passar o bastão ao seu parceiro e assegurar-se de que sua improvisação não se afasta do *roteiro**. Quando o *lazzi* – improvisação mímica e às vezes verbal, mais ou menos programada e inserida no canevas – se desenvolve num jogo autônomo e completo, torna-se uma *burla*. Esse tipo de jogo fascina os atores de hoje por seu virtuosismo, sua finura e pela parcela de identificação e distância crítica que exige de seu executante. Ele prefigura o reinado do encenador, ao confiar a adaptação dos textos e a interpretação geral a um *capocomico* (ou *corago*).

3. Repertório

O repertório dos "comediantes" é muito vasto. Não se limita aos canevas de comédia de intriga e os *scénarii* (argumentos) que chegaram até nós dão apenas uma ideia truncada deles, uma vez que esse gênero se fixava precisamente por finalidade trabalhar a partir de um esquema narrativo. Notícias, comédias clássicas e literárias (*commedia erudita*), tradições populares, tudo é bom para servir de fundo inesgotável para a *commedia*. As companhias chegam mesmo a montar tragédias, tragicomédias ou óperas (*opera regia*, *mista* ou *heroica*) em que se especializam (como a Comédie-Italienne em Paris) nas paródias de obras-primas clássicas e contemporâneas. Elas interpretavam também obras de autor (MARIVAUX, pela companhia de Luigi RICCOBONI, GOZZI e GOLDONI na Itália). Desde o final do século XVII, a arte da *commedia* começa a perder fôlego; o século XVIII e seu gosto burguês e racionalista (como GOLDONI e MARIVAUX no fim de sua carreira) surraram-na tanto que não mais se reerguerá.

4. Dramaturgia

Apesar da diversidade dessas formas, a *commedia* se remete a um certo número de constantes dramatúrgicas: tema modificável, elaborado coletivamente; abundância de quiproquós; fábula típica de namorados momentaneamente contrariados por velhos libidinosos; gosto pelos disfarces, pelos travestimentos de mulheres em homens, cenas de reconhecimento no fim da peça, nas quais os pobres ficam ricos, os desaparecidos reaparecem; manobras complicadas de um criado tratante, porém esperto. Esse gênero tem a arte de casar intrigas ao infinito, a partir de um pano de fundo limitado de figuras e situações; os atores não buscam o verossímil, mas o ritmo e a ilusão do movimento. A *commedia* revivifica (mais que destrói) os gêneros "nobres", mas esclerosados, como a tragédia cheia de ênfase, a comédia demasiado psicológica, o drama sério demais; ela representa, desse modo, o papel de revelador de formas antigas e de catalisador para uma nova maneira de se fazer teatro, privilegiando o jogo e a teatralidade.

Provavelmente, é esse aspecto vivificante que explica a profunda influência que ela exerceu sobre autores "clássicos" como SHAKESPEARE, MOLIÈRE, LOPE DE VEGA ou MARIVAUX. Este último realiza uma difícil síntese de expressão linguística e psicologia refinadas, combinadas na utilização de alguns tipos e situações da "comédia de máscaras". No século XIX, a *Commedia dell'arte* desaparece completamente e seus vestígios vão ser encontrados na pantomima ou no melodrama, baseado, este último, em estereótipos maniqueístas. Ela sobrevive, hoje em dia, no cinema burlesco ou no trabalho de *clown*. A formação de seus atores tornou-se modelo de um teatro completo, baseado no ator e no coletivo, redescobrindo o poder do gesto e da improvisação (MEIERHOLD, COPEAU, DULLIN, BARRAULT).

Duchartre, 1925, 1955; Mie, 1927; Attinger, 1950; Taviani e Schino, 1984; Pavis, 1986a; Fo, 1990; Rudlin, 1994.

COMMEDIA ERUDITA

(Termo italiano para "comédia erudita".)

Comédia de intriga, na Itália, no Renascimento, muitas vezes escrita por humanistas em contraponto às imitações bastante grosseiras das comédias de PLAUTO ou de TERÊNCIO e do gênero popular da *Commedia dell'arte*. Ex.: I *Suppositi* de ARIOSTO (1509), *A Mandrágora* de MAQUIAVEL (1520).

COMPLICAÇÃO

Fr.: *complication*; Ingl.: *complication*; Al.: *Komplikation*; Esp.: *complication*.

Momento da peça (essencialmente na *dramaturgia clássica**) em que o *conflito** se estabelece e a tensão dramática se torna cada vez mais acentuada. A *ação** não tende de modo algum à simplificação (resolução ou queda final) e se complica com novas peripécias, e o herói vê pouco a pouco as portas de saída se fecharem à sua frente. Cada episódio torna sua situação mais inextricável, até atingir o *conflito** aberto ou a *catástrofe** final.

COMPOSIÇÃO DRAMÁTICA

Fr.: *composition dramatique*; Ingl.: *dramatic composition*; Al.: *dramatische Komposition*; Esp.: *composition dramática*.

Modo pelo qual a obra dramática – e particularmente o texto – é arranjada (sinônimo: *estrutura**).

1. Normas de Composição

As artes poéticas constituem tratados normativos de composição dramática. Enunciam *regras** e métodos para a construção *da fábula**, o equilíbrio dos atos ou a natureza das personagens. Sua composição se assemelha à da *re-*

tórica: a disposição-modelo é considerada obrigatória.

É possível uma teoria da composição dramática (ou do *discurso** teatral), desde que os princípios do sistema sejam descritivos e não normativos, e que sejam suficientemente gerais e específicos para abarcarem todas as dramaturgias imagináveis.

A escritura contemporânea, especialmente a pós-dramática e pós-brechtiana, não mais obedece a uma série de regras de composição, pois estas regras desapareceram desde que se passou recorrer a textos não escritos originalmente para a cena.

2. Princípios Estruturais de Composição

Destacar a composição do texto dramático implica a possibilidade de descrever o *ponto de vista* (ou *perspectiva**) em que o dramaturgo se colocou para organizar os acontecimentos e distribuir o texto das personagens. Em seguida, é conveniente revelar as mudanças de ponto de vista, as técnicas de manipulação das visões e dos discursos das personagens, bem como os princípios estruturais de apresentação da ação: esta é apresentada num único bloco e como crescimento orgânico? Ou é fragmentada numa montagem de sequências épicas? É interrompida por comentários ou por entreatos líricos? Num mesmo ato, há tempos mortos e tempos fortes?

As questões de composição inspiram-se na composição pictórica ou arquitetônica: disposição de massas, superfícies e cores, sua massa, posição e ordenação, tudo isso corresponde, no teatro, à divisão dos fatos representados ou ao arranjo sequencial das ações.

Os fenômenos de enquadramento da fábula (*quadro**), de *fechamento** ou abertura da representação, de mudança de perspectiva e de *foco** têm seu lugar neste estudo da composição.

Na dramaturgia clássica, a composição é estritamente regulamentada. Ela usa *regras** para a verossimilhança e a organização narrativa (*exposição**, *nó**, *desenlace**, *obstáculo**). A composição das obras modernas obedece a regras tão diversas e contraditórias que elas perdem a pertinência e fica difícil descrever sua organização.

Dramaturgia, estrutura dramática, forma fechada, forma aberta.

Freytag, 1857; Uspenski, 1970; Eisenstein, 1976.

COMPOSIÇÃO PARADOXAL

Fr.: *composition paradoxale*; Ingl.: *paradoxical composition*; Al.: *paradoxe Komposition*; Esp.: *composition paradójica*.

Técnica dramatúrgica que consiste em inverter a *perspectiva** da estrutura dramática: inserir, assim, um episódio cômico em plena situação trágica (*intermédio cômico**) ou mostrar a *ironia** do destino de uma personagem trágica. Esse *procedimento** foi empregado notadamente por MEIERHOLD (1973-1992) para ressaltar as contradições da ação e, enquanto procedimento estilístico, desnudar a construção artística: o automatismo da percepção é aí entravado em benefício de uma nova visão do acontecimento cotidiano. MEIERHOLD foi um dos primeiros a realçar tal procedimento e a empregá-lo sistematicamente; ele fez da composição paradoxal uma técnica de atuação, de cenografia (como sol azul, céu laranja) e, no plano mais geral, de estrutura global da *encenação** (HOOVER, 1974: 309).

Contraponto, jogo e contrajogo, distanciamento, efeito de evidenciação.

Rudnitski, 1988; Braun, 1994.

COMUNICAÇÃO TEATRAL

Fr.: *communication théâtrale*; Ingl.: *theatrical communication*; Al.: *Theaterkommunikation*; Esp.: *comunicación teatral*.

Essa expressão, de uso frequente mas pouco preciso, designa o processo de troca de informação entre palco e plateia. Evidentemente, a representação é transmitida ao público por intermédio dos atores e do aparato cênico. O problema do *feed back* da informação para os atores e sua influência na atuação, bem como o da interação entre atores e público é muito pouco conhecido, e também não reina a unanimidade sobre a importância a ser atribuída a esta participação. Para alguns pesquisadores, o teatro constitui mesmo a arte e o protótipo da comunicação humana: "O que é exclusivamente específico do teatro, é que ele representa seu objeto, a comunicação humana, *através da comunicação humana*: no teatro, a comunicação humana (a comunicação das personagens) é então representada pela própria comunicação humana, pela comunicação dos atores" (OSOLSOBE, 1980: 427).

1. Comunicação ou Não?

a. Confundindo com bastante frequência comunicação com participação do público, a pesquisa teatral (teórica e prática) faz da comunicação entre palco e plateia o objetivo essencial da atividade teatral. Mas seria isto o que semiólogos e teóricos da informação entendem por comunicação? Se se entender por comunicação uma troca simétrica de informação, o ouvinte tornando-se receptor, e usando o mesmo código, o jogo teatral não é uma comunicação (MOUNIN, 1970). Na verdade, a não ser no caso limite do *happening** que procura exatamente eliminar a distinção espectador/ator, o espectador sempre fica na mesma posição; como possibilidade de réplica ele dispõe, no máximo, do aplauso, do assovio ou do tomate.

b. Em contrapartida, se a comunicação for concebida como meio usado para influenciar outrem e reconhecido como tal por aquele que se quer influenciar (PRIETO, 1966*a, b*), a reciprocidade da troca não mais é necessária para se falar em comunicação, e é claro que tal definição se aplica ao teatro: sabemos que estamos no teatro e não podemos deixar de ser "tocados" pelo espetáculo. Trata-se somente de saber como se dá essa *recepção**, pois é necessário distinguir *comunicação* (entrega) banal dos signos cênicos e a *evidenciação* do efeito artístico e ideológico. Ou então é preciso definir esta comunicação como (1) "copresença física do emissor e do receptor" e (2) "coincidência da produção e da comunicação" (DE MARINES, 1982, § 6.2: 158-162).

2. Modalidades da Resposta

a. A semiologia da comunicação ainda não conseguiu estabelecer uma teoria da *recepção** do espetáculo, apesar de sua intenção de associar uma "arte do espetáculo" (BRECHT) à arte teatral. É que ela considera ainda demasiado frequentemente a representação como uma *mensagem** que agrupa os sinais emitidos intencionalmente pela cena para um receptor colocado em posição de criptanalista, cujo único esforço a fazer é decodificar cada sinal sem ter o trabalho da escolha e da estruturação significante das informações recebidas. Pouco importa a localização física do espectador diante da representação (frontal, lateral, no meio dela, fragmentária etc.). O que é determinante é sua capacidade de combinar uma escolha dos signos cênicos numa estrutura significante "rentável", isto é, que lhe permita compreender mais ampla ou profundamente o espetáculo. O público deve poder *modelizar* (abstrair, teorizar) sua própria situação social para compará-la com os *modelos** fictícios propostos pela cena. Em outras palavras, ele tem que (como mostra BRECHT) levar em conta duas *historicidades**: a sua própria (suas *expectativas* estéticas e ideológicas) e a da obra (contexto estético e social, disposição do texto a esta ou aquela interpretação). Impõe-se, então, um estudo dos mecanismos da percepção: os formalistas russos e depois BRECHT mostraram como é o efeito de uma percepção inusitada, o reconhecimento do *procedimento** estético e o efeito de insólito ideológico que provocam o "desligamento" significante. A determinação dos "*horizontes de expectativa*" (JAUSS, 1970) da representação (e do texto) é uma etapa indispensável para a previsão dos mecanismos de recepção do público (*recepção**).

b. Em vez de uma verdadeira comunicação entre palco e plateia, instaura-se uma interação *hermenêutica** entre percepção ingênua e percepção do *efeito teatral**, seja este *distanciamento** brechtiano, procedimento formal ou tomada de consciência de uma ideologia. O espetáculo é "devir, produção de um nova consciência no espectador, inacabada, como toda consciência, porém movida por esse próprio inacabamento, pela distância conquistada, pela obra inesgotável da crítica em ato" (ALTHUSSER, 1965:151). Em suma – e aqui reside a lição de BRECHT: só haverá uma verdadeira comunicação do palco para a plateia quando o trabalho teatral for capaz de se mostrar como *efeito** artístico visando a detecção de um efeito ideológico.

3. Formalização dos Processos de Recepção

a. As pesquisas atuais da estética da recepção deslocam o ponto de vista da análise literária, da instância da *produção* (autor), para a instância da *recepção* (leitor, espectador, contemplador). Se se levantar a hipótese de uma comunicação da representação com o espectador, é necessário que se pergunte a quem se destina o texto dramático, como ele interpela o público e como este o "trabalha".

A hipótese fundamental é que, em primeiro lugar, texto e cena são capazes de organizar, até mesmo de manipular a boa recepção da obra; segundo, que se pode detectar, na obra apresentada, um "receptor implícito" que assume a forma seja de modelo teórico imposto ao leitor, seja de receptor ideal do conjunto da obra, uma espécie de "superespectador" onisciente, seja, em certas peças de uma personagem que serve de ligação entre nós e o autor.

b. Figuras do "receptor implícito"

• A encenação é a primeira e mais fundamental das decisões que envolvem a interpretação do espectador numa direção quase sempre muito clara.

• O texto dramático faz ao leitor perguntas que não pode eludir: como lhe é apresentada a ação? Que personagens são protagonistas dela? Quem parece levar vantagem nas discussões? Quem é apresentado sob um ângulo favorável? Algumas destas perguntas que o leitor se faz obtêm uma resposta imediata através da manipulação da simpatia e da antipatia; outras, são irrespondíveis: quem tem razão, Alceste ou Philinte sobre a concepção da vida em sociedade? Muitas perguntas mais são feitas com o fim de provocar respostas absurdas ou contraditórias (caso dos dilemas morais da tragédia clássica).

• O jogo das *perspectivas** dos caracteres em conflito também produz com frequência uma resultante. Cabe ao espectador restabelecer as proporções a partir dos discursos desiguais, subjetivos ou mentirosos das personagens. Se for o caso, a determinação do *porta-voz**, do *coro** ou do *raisonneur** fixa, (aliás, nem sempre com muita certeza) a imagem da "boa" recepção. Às vezes mesmo, o receptor ideal é representado entre as *dramatis personae**; sem ser um verdadeiro porta-voz do autor, sente-se que é a este tipo de pessoa que a mensagem da peça é dirigida.

• Assim, esse "receptor" implícito, essa imagem do espectador na própria obra não são a exceção, mas a regra geral da estrutura dramática e cênica. É claro que essa imagem é mais ou menos nítida, conforme as dramaturgias: oculta e imprecisa, no drama naturalista, ela será valorizada no teatro didático ou numa forma teatral que indique claramente seus mecanismos. O mecanismo da recepção é explicitado mais claramente em BRECHT, tornando-se um fim em si e parte integrante da atividade teatral: o espectador toma consciência de que a ficção e os discursos entrecruzados conduzem-no à sua própria situação, que ele apenas se comunicou através de *uma* história com *sua* história.

Semiologia, relação palco-plateia.

Barthes, 1964:258-276; Mounin, 1970; Miller, 1972; Moles, 1973; Styan, 1975; Corti, 1976; Corvin, 1978; Fieguth, 1979; de Marinis, 1979, 1982; Quéré, 1982; Hess-Lüttich, 1981, 1984, 1985; Winkin, 1981; Martin, 1984; *Versus*, 1985.

CONDENSAÇÃO

(Tradução aproximada do francês *raccourci*, literalmente, *abreviação, resumo.*)

Termo empregado por mímicos para descrever a concentração de uma sequência em um gesto. Para DORCY, é "a condensação da ideia, do espaço e do tempo" (1958: 66). Segundo DECROUX, COPEAU, ao usar a mímica corporal no Vieux-Colombier sabia concentrar os gestos: "O desenvolvimento da ação era engenhoso o suficiente para que se tivesse várias horas em alguns segundos, e vários lugares num só lugar" (1963: 18). MEIERHOLD usa a palavra *rakurz* para designar uma noção similar à do *gesto psicológico* de M. TCHÉKHOV (1980,1995): o modo de posicionar o corpo para que "a expressão emotiva saia da expressão exata" (COPEAU, 1973: 211), para a busca do tom exato: "Um ator que se colocou numa condensação física exata emitirá seu texto de maneira exata [...]. Busco a condensação mais precisa possível do mesmo modo que um escritor busca a palavra exata" (MEIERHOLD, 1992: 329).

A condensação deve fornecer ao ator um resumo de sua situação, de seu tom e toda uma longa sequência gestual típica de seu papel.

CONDIÇÃO SOCIAL

↔ Fr.: *condition*; Ingl.: *social condition*; Al.: *gesellschaftlicher Stand*; Esp.: *condición social*.

Na terceira *Conversa com Dorval sobre o Filho Natural* (1757), DIDEROT propõe *personagens** que não sejam definidas por seu *caráter**, mas, por seu status social, sua profissão, sua ideologia, enfim, por sua *condição social*: "Até agora, na comédia, o caráter foi o objeto principal, e a condição social, apenas acessória; é necessário que a condição social, hoje, passe a ser assunto principal e o caráter, acessório" (1951:1257). Esta exigência do drama burguês visa inserir melhor a personagem em seu contexto socioeconômico.

CONFIDENTE

↔ Fr.: *confident*; Ingl.: *confidant*; Al.: *Vertrauter*; Esp.: *confidente*.

1. *Personagem* secundária que ouve confidências do protagonista, aconselha-o e o orienta. Presente sobretudo na dramaturgia do século XVI ao XVIII, substitui o *coro**, faz o papel de narrador indireto e contribui para a *exposição** e, a seguir, para a compreensão da ação. Às vezes destinam-lhe tarefas degradantes, indignas do *herói** (ex.: Enone, na *Fedra* de RACINE, Euphorbe em *Cina*). Raramente se eleva ao nível de *alter ego* ou parceiro total da personagem principal (como o Horácio de *Hamlet*), mas a completa. Dele não se tem uma imagem muito precisa e caracterizada, uma vez que é apenas comparsa e eco sonoro daquela, não tendo geralmente conflito trágico a assumir ou decisão a tomar. Sendo do mesmo sexo que seu amigo, frequentemente o guia em seu projeto amoroso. Pelo viés das confidências, curiosamente se formam duplas (como Terâmeno e Hipólito, Filinto e Alceste, Dorante e Dubois em *As Falsas Confidências*, por exemplo) sobre cuja identidade pode-se especular. Uma afinidade de caráter ou, ao contrário, no caso do confidente cômico um contraste gritante (Don Juan e Sganarelo), caracteriza suas relações.

2. Do coro, o confidente conservou a visão moderada e exemplar das coisas. Ele representa o senso comum, a humanidade média, e valoriza o herói por seu comportamento muitas vezes timorato ou conformista. É sobretudo no drama, ou na tragédia, que sua presença se impõe como mediação entre o mito trágico do herói e a cotidianidade do espectador. Nesse sentido, ele orienta a *recepção** do espectador e desenha sua imagem na peça.

A influência do confidente varia consideravelmente ao longo da evolução literária e social. Seu poder aumenta na medida em que o do *herói** se esboroa (fim do *trágico**, ironia sobre os grandes homens, ascensão de uma nova classe). Desse modo, em BEAUMARCHAIS, os confidentes Fígaro e Suzana contestam seriamente a supremacia e a glória de seus patrões. Com eles logo desaparecerão, e de uma só vez, a forma trágica e a proeminência aristocrática.

3. Suas funções dramatúrgicas são tão variáveis quanto sua verdadeira relação com a personagem principal: ele é, alternada ou simultaneamente, *mensageiro** a trazer notícias, a relatar acontecimentos trágicos ou violentos, criado do príncipe, amigo de longa data (Orestes e Pílade em *Andrômaca*), preceptor ou ama. Tem sempre o ouvido atento aos grandes desse mundo teatral: "Ouvinte passivo", na definição de SCHLEGEL, mas também ouvinte insubstituível de um herói que se perde, "psicanalista" *avant la lettre*, que sabe provocar a crise e lancetar o abcesso. Suas formas mais prosaicas serão, para as mulheres: a ama, a aia (CORNEILLE dedica-lhe uma peça do mesmo nome em 1632-1633), a *criada esperta* (MARIVAUX) ou a dama de companhia para os encontros amorosos; aos homens cabem os papéis de: executor de tarefas baixas, de *alter ego* indelicado (Dubois em *As Falsas Confidências*). Se sua importância é variável, ela não se limita ao mero papel de substituto, de instrumento de "escuta" dos *monólogos** (estes se mantêm na dramaturgia clássica sem que o confidente tente substituí-los). Personagem tipicamente "dupla" (situado ao mesmo tempo na ficção e fora dela), o confidente, por vezes, torna-se substituto do

público (para o qual ele organiza a boa circulação do sentido) e *duplo** do autor; vê-se com frequência promovido à categoria de intermediário entre protagonistas e criadores.

📖 Scherer, 1950: 39-50.

CONFIGURAÇÃO

↔ Fr.: *configuration*; Ingl.: *configuration*; Al.: *Konfiguration*; Esp.: *configuración*.

A *configuração* das *personagens* de uma peça é a imagem esquemática de suas relações em cena ou no sistema teórico *actancial**. É o conjunto da rede que liga as diversas forças do drama.

1. Quando se fala em *configuração* indica-se uma visão estrutural das personagens: *figura** não tem em si realidade ou valor, ela só vale se integrada ao sistema de forças das figuras; portanto, vale mais por diferença e relatividade do que por sua essência individual.

2. Há mudança de configuração a partir do momento que uma personagem entra ou sai e que o modelo *actancial** é modificado pela mudança de *situação** e pelo desenrolar da ação.

3. A configuração das personagens é a imagem das relações estatisticamente possíveis e concretamente realizadas na peça. Certas relações são pertinentes ao universo dramático; outras, apenas fortuitas e desinteressantes para a caracterização das figuras.

4. "A pura configuração das obras-primas" – é assim que COPEAU designa o que é dito e feito em cena, "sem nunca exagerar o significado" (1974: 199). É esta configuração que a encenação é convidada a manifestar e preencher.

🔍 Matemática (abordagem...).

📖 Souriau, 1950; Ubersfeld, 1977a.

CONFLITO

↔ Fr.: *conflit*; Ingl.: *conflict*; Al.: *Konflikt*; Esp.: *conflicto*.

O conflito dramático resulta de forças antagônicas do drama. Ele acirra os ânimos entre duas ou mais personagens, entre duas visões de mundo ou entre posturas ante uma mesma *situação**.

De acordo com a teoria clássica do teatro *dramático**, a finalidade do teatro consiste na apresentação das ações humanas, em acompanhar a evolução de uma crise, a emergência e a resolução de conflitos: "A ação dramática não se limita à realização calma e simples de um fim determinado; ao contrário, ela se desenrola num ambiente feito de conflitos e colisões e é alvo de circunstâncias, paixões, caracteres que a ela se contrapõem ou se opõem. Tais conflitos e colisões geram, por sua vez, ações e reações que tornam, em dado momento, necessário seu apaziguamento" (HEGEL, 1832: 322). O conflito tomou-se a marca registrada do teatro. Entretanto, isto só se justifica para uma dramaturgia da ação (*forma fechada**). Outras formas (a *épica**, por exemplo) ou outros teatros (asiáticos) não se caracterizam pela presença nem do conflito, nem da *ação**.

Há conflito quando um sujeito (qualquer que seja sua natureza exata), ao perseguir certo objeto (amor, poder, ideal) é "enfrentado" em sua empreitada por outro sujeito (uma personagem, um *obstáculo** psicológico ou moral). Esta oposição se traduz então por um combate individual ou "filosófico"; sua saída pode ser *cômica** e reconciliadora, ou *trágica**, quando nenhuma das partes presentes pode ceder sem se desconsiderar.

1. Lugar do Conflito

Na maior parte do tempo, o conflito é contido e é mostrado ao longo da ação, constituindo-se em seu ponto alto. (Trata-se do *Zieldrama* ou drama construído em função de um objetivo e de um fim, a catástrofe.) Mas o conflito pode ter sido produzido antes do início da peça: a ação é apenas a demonstração *analítica** do passado (o melhor exemplo disto é *Édipo*). Se a personagem espera o momento final da peça para conhecer o segredo de sua ação, o espectador conhece de antemão a saída para ela. A *textualização** do conflito (seu lugar na fábula) fornece indicações sobre a visão trágica dos autores. Ela sempre se situa no mesmo lugar em diferentes peças de um mesmo autor: desse modo, em RACINE, a transgressão se dá muitas vezes antes do início da peça, ao passo que CORNEILLE faz dela parte central de sua obra.

2. Formas em Conflito

A natureza dos diferentes tipos de conflito é extremamente variável. Se fosse possível estabelecer cientificamente uma tipologia, ela forneceria um modelo teórico de todas as situações dramáticas imagináveis e precisaria assim o caráter dramático da ação teatral. Surgiriam os seguintes conflitos:

- rivalidade de duas personagens por razões econômicas, amorosas, morais, políticas etc.;
- conflito entre duas concepções de mundo, duas morais irreconciliáveis (ex.: Antígona e Creonte);
- discussão moral entre subjetividade e objetividade, inclinação e dever, paixão e razão. Esta discussão ocorre no interior de uma mesma figura ou entre dois "campos" que tentam se impor ao herói (*dilema**);
- conflitos de interesse entre indivíduo e sociedade, motivações particulares e gerais;
- luta moral ou metafísica do homem contra um princípio ou desejo maior que ele (Deus, o absurdo, o ideal, o superar-se a si próprio etc.).

3. Formas de Conflito

Para o drama clássico, o conflito está ligado ao *herói**; é sua marca registrada. Definindo-se o herói como consciência de si e constituído por sua oposição à outra personagem ou a um princípio moral diferente, existe a "unidade do herói e da colisão" (LUKÁCS, 1965: 135). Mas nem todos os conflitos se exteriorizam na forma mais visível do duelo retórico (*esticomitias**), nem do debate retórico com argumentos e contra-argumentos. Às vezes, o *monólogo** é próprio para apresentar um raciocínio baseado na oposição e no confronto de ideias. Na maioria das vezes, a fábula – a estrutura dos acontecimentos com peripécias e reviravoltas – é marcada pela dialética conflitual das personagens e das ações. Cada episódio ou motivo da fábula só faz sentido relacionado a outros motivos que vêm contradizê-lo ou modificá-lo: "Caracteres e situações [...] se entrecruzam e se determinam reciprocamente, cada caráter e situação procurando afirmar-se, colocar-se em primeiro plano em detrimento dos outros, até que toda agitação atinja o apaziguamento final" (HEGEL, 1832: 322). Todos os meios cênicos estão à disposição do encenador a fim de que concretize as forças presentes: a aparência física dos atores, a colocação, a *disposição** e a *configuração** dos grupos e personagens em cena, as mudanças de luz. A situação e a encenação impõem necessariamente escolhas quanto à visualização das relações humanas e à tradução "física" dos conflitos psicológicos ou ideológicos (*gestus**).

4. Razões Profundas do Conflito

Por trás das motivações individuais de personagens em conflito, muitas vezes é possível distinguir causas sociais, políticas ou filosóficas: assim, o conflito entre Rodrigo e Ximena, além da oposição entre dever e amor, prolonga-se em diferenças sociopolíticas entre duas leis dos pais: princípios de uma moral individualista arcaica opostos a uma visão política centralizadora e monarquista (PAVIS, 1980a).

De acordo com uma teoria marxista ou simplesmente sociológica, todo conflito dramático resulta de uma contradição entre dois grupos, duas classes ou duas ideologias em conflito, num determinado momento histórico. Em última análise, o conflito não depende apenas da vontade do dramaturgo, mas das condições objetivas da realidade social representada. Essa é a razão pela qual os dramas históricos, que ilustram as grandes convulsões históricas e descrevem as partes em confronto, conseguem visualizar melhor os conflitos dramáticos. Inversamente, uma dramaturgia que expõe as discussões internas ou universais do homem tem muito mais dificuldade para mostrar dramaticamente as lutas e conflitos (desse modo, a tragédia clássica francesa ganha em refinamento de análise o que perde em eficácia dramatúrgica). A escolha de conflitos humanos demasiado individualizados ou universais acarreta uma desintegração dos elementos dramáticos em benefício de uma "romantização" e de uma *epicização** do teatro (LUKÁCS, 1965; SZONDI, 1956; HEGEL, 1832). A forma épica, com efeito, tem muito mais condições de descrever em pormenor a ação, não centrando mais a fábula na crise, mas no processo e no desenvolvimento.

5. Lugar de Resolução do Conflito

As razões profundas do conflito é que autorizam, ou não, a resolução das contradições. Na dramaturgia clássica, o conflito deve resolver-se no interior da peça: "A ação deve ser completa e concluída, o que quer dizer que, no acontecimento que a encerra, o espectador deve estar tão bem instruído sobre os sentimentos dos dois que tiveram aí alguma participação que ele saia com o espírito em sossego e que não reste a ele dúvida alguma" (CORNEILLE, *Discurso Sobre o Poema Dramático*). Na tragédia, a resolução do conflito é acompanhada por uma sensação de conciliação e *apaziguamento** no espectador: este toma consciência, ao mesmo tempo, do fim da peça (todos os problemas resolvidos) e da radical separação dos conflitos imaginários de seus problemas pessoais. O conflito dramático está, então, definitivamente resolvido graças ao "sentimento de conciliação que a tragédia nos propicia através da visão da justiça eterna que impregna, com seu poder absoluto, a justificação dos fins e das paixões unilaterais, pois ela só poderia admitir o conflito e a contradição entre forças morais que, segundo seu conceito, devem estar unidas, se perpetuem e se afirmem vitoriosamente na vida real" (HEGEL, 1832: 380). Essa conciliação se realiza de todos os modos; subjetivo e idealista: quando os indivíduos renunciam por vontade própria aos seus projetos em prol de uma instância moral superior; objetivo: quando uma força política encerra a discussão; artificial: quando um *deus ex machina** desembaraça os fios de uma discussão inextricável etc.

Uma dramaturgia materialista dialética (como a de BRECHT) só não separará os conflitos fictícios das contradições sociais do público, como remeterá os primeiros nos segundos: "Tudo que se relaciona com o conflito, com a colisão, com a luta não pode, em absoluto, ser tratado sem a dialética materialista" (BRECHT, 1967, vol. 16: 927).

Ação, actancial (modelo...).

CONTADOR DE HISTÓRIAS

Fr.: *conteur*, Ingl.: *storyteller*; Al.: *Erzähler*; Esp.: *cuentista*.

É preciso não confundir o contador de histórias com o *narrador**, que pode ser uma personagem que conta um acontecimento, como na *narrativa** clássica, nem com o que os franceses chamam de *récitant*, que se manifesta à margem da ação cênica ou musical.

O contador de histórias é um artista que se situa no cruzamento de outras artes: sozinho em cena (quase sempre), narra sua ou uma outra história, dirigindo-se diretamente ao público, evocando acontecimentos através da fala e do gesto, interpretando uma ou várias personagens, mas voltando sempre a seu relato. Reatando os laços com a oralidade, situa-se em tradições seculares e influencia a prática teatral do Ocidente confrontando-a com tradições esquecidas da literatura popular, como o relato do contador de histórias árabe ou do feiticeiro africano. O contador de histórias (que muitas vezes compõe seus próprios textos) procura estabelecer contato direto com o público reunido numa praça, por ocasião de alguma festa, ou nas salas de espetáculo; ele é um *performer** que realiza uma ação e transmite uma mensagem poética diretamente recebida pelos ouvintes-espectadores. Como nas tradições orais, a memorização do texto e do gesto é efetuada simultaneamente: "Cada frase oral, do mesmo modo que cada frase gestual, está sempre prenhe de toda a tradição" (M. JOUSSE).

A arte do contador de histórias renovou a prática teatral de nossos dias. Ela se insere na corrente do teatro-narrativa, que dramatiza materiais não dramáticos e casa perfeitamente a atuação e a narrativa, prática que VITEZ lançou com *Vendredi ou La Vie Sauvage*: "O que não podemos representar, contamos; o que não basta contar, representamos". A arte do contador de histórias tornou-se um gênero muito popular destinado a um público diferente do teatro-encenação: com recursos mínimos, voz e mãos nuas, o contador de histórias rompe a quarta parede, dirige-se diretamente ao público, toma o cuidado de limitar-se a um confronto que não se converta em encenação sofisticada, usando todos os recursos, principalmente técnicos, da cena, o que permite o uso de microfone de lapela, de iluminação ou de acompanhamento musical (P. MATEO).

Quando conta histórias *autobiográficas* (como J.-P. CHABROL), o contador de histórias assemelha-se ao *performer** (americano, por exemplo: L. ANDERSON, S. GREY). Todas as relações da fala com a situação cênica do locutor são imagináveis; todos os meios são bons para a teatralização da narrativa, a qual introduz personagens que tomam a palavra e a sustentam (como Philippe CAUBÈRE, que faz todas as personagens em *Le Roman d'un Acteur* e não, somente seu "duplo", Ferdinand, *o herói*). O contador de histórias enriquece a prática teatral e tira bastante proveito dos milagres da cena.

Ver *Dire*, revista de conto e de oralidade. Entre os cento e cinquenta contadores de história profissionais da França destacam-se principalmente H. GOUGAUD, M. HINDENOCH, B. DE LA SALLE (Le *Conteur Amoureux*, 1996).

📖 Haddad, 1982; Gründ, 1984.

CONTEXTO

🔄 Fr.: *contexte*; Ingl.: *context*; Al.: *Kontext*; Esp.: *contexto*.

1. O *contexto* de uma peça ou de uma cena é o conjunto de circunstâncias que rodeiam a emissão do texto linguístico e/ou da produção da representação; circunstâncias estas que facilitam ou permitem a compreensão. Estas circunstâncias são, entre outras, coordenadas espaço-temporais, temas da enunciação, dêiticos, portanto, tudo o que pode esclarecer a "mensagem" linguística e cênica e sua enunciação.

2. Em sentido mais reduzido e mais estritamente linguístico, o contexto é o círculo imediato da palavra ou da frase, o antes e o depois do termo isolado, o *contexto*, no sentido de contexto verbal e em oposição ao contexto situacional. Desse modo, uma cena, uma tirada só fazem sentido quando colocadas em situação e vistas como transição entre duas situações ou duas ações.

3. O conhecimento do *contexto* é indispensável para que o espectador compreenda o texto e a representação. Toda encenação pressupõe certos conhecimentos: elementos de psicologia humana, sistema de valores de determinado ambiente ou época, especificidade histórica do mundo fictício. O conhecimento partilhado, a soma de proposições implícitas, a competência ideológica e cultural comum aos espectadores são indispensáveis à produção e à recepção do texto dramático ou da encenação.

4. A noção de contexto é tão problemática para o teatro quanto para a linguística. Na verdade, seria necessário poder levantar e formalizar os traços contextuais para estar em condições de decifrar o sentido da situação. Enfim, é delicado discernir, na representação, o que pertence ao domínio da situação dramática, da ideologia da época representada, da ideologia do público, dos valores culturais pertencentes a um grupo específico.

🔍 Recepção, intertextualidade, fora de cena, fora do texto, situação dramática, situação de enunciação.

📖 Veltruský, 1977: 27-36; Pavis, 1983a.

CONTRAPONTO

🔄 Fr.: *contrepoint*; Ingl.: *counterpoint*; Al.: *Kontrapunkt*; Esp.: *contrapunto*.

1. Termo musical: combinação de melodias vocais ou instrumentais superpostas e independentes, cuja resultante dá impressão de uma estrutura de conjunto coerente.

2. Por analogia, a *estrutura dramática** em contraponto apresenta uma série de linhas temáticas ou de *intrigas** paralelas que se correspondem de acordo com um princípio de contraste. Por exemplo, na comédia marivaudiana, a intriga dupla dos criados e patrões, o paralelismo das situações – com as diferenças que se impõem -formam uma estrutura dramática em contraponto (*intriga secundária**).

O contraponto também pode ser temático ou metafórico: duas ou mais séries de imagens são colocadas em linhas paralelas ou convergentes e só são compreendidas quando relacionadas (*cf.* o tema das pistolas, da morte em *Hedda Gabler*, ou a aparente desordem do diálogo tchekhoviano) quando personagens e temas dialogam de um para outro ato e não de uma para outra frase, dando a impressão de uma polifonia (PAVIS, 1985c).

Muitas vezes, estabelece-se um contraponto rítmico ou gestual entre um indivíduo e um grupo (coro). O ator deve, por seu *ritmo** de atuação e sua *atitude** em relação ao grupo, sugerir seu lugar no conjunto da cena. Por vezes, à agitação do grupo corresponde a imobilidade da personagem ou, de modo inverso, o caráter busca seu ponto de apoio na relação com o grupo, o qual ocupa e estrutura a maior parte do espaço cênico.

O uso do contraponto exige do dramaturgo e do espectador a capacidade de compor "espacialmente" e de agrupar, de acordo com o tema ou o lugar elementos *a priori* sem relação; exige ainda a capacidade de considerar a encenação como orquestração muito precisa de vozes e instrumentos diversos.

🔍 Jogo e contrajogo, composição paradoxal.

CONVENÇÃO

↻ Fr.: *convention*; Ingl.: *convention*; Al. *Konvention*; Esp.: *convención*.

Conjunto de pressupostos ideológicos e estéticos, explícitos ou implícitos, que permitem ao espectador receber o jogo do ator e a representação. A convenção é um contrato firmado entre autor e público, segundo o qual o primeiro compõe e encena sua obra de acordo com normas conhecidas e aceitas pelo segundo. A convenção compreende tudo aquilo sobre o que plateia e palco devem estar de acordo para que a ficção teatral e o prazer do jogo dramático se produzam.

1. Atuação

O teatro, como a poesia e o romance, só se constitui graças a uma certa conivência entre o emissor e o receptor. Mas essa conivência não deve exceder um certo grau, sob pena de o autor não conseguir mais surpreender o espectador, nem criar uma obra que escape ao óbvio e surpreenda este espectador.

A convenção, como a *verossimilhança** ou o *procedimento**, é uma noção de difícil definição no detalhe, tantas são as variações de gêneros, de públicos, de tipos de encenação no curso da história.

2. Tipologia

Por isso, uma tipologia fica muito frágil: os parâmetros do jogo teatral são numerosos demais para que a lista de convenções possa ser definitivamente encerrada.

a. Convenções das realidades representadas

O conhecimento abrangente, bem como a capacidade de reconhecimento dos objetos do universo dramático são realmente primordiais: compreender a psicologia de uma personagem, distinguir sua classe social, ter noções das regras ideológicas do meio representado são igualmente convenções que se baseiam num conjunto de *códigos**.

*b. Convenções de recepção**

Compreendem todos os elementos materiais e intelectuais necessários a uma boa "leitura"; por exemplo: mostrar as coisas sob a ótica do espectador, utilizar as leis da perspectiva (para palco italiano), falar de modo audível, na língua pátria, ainda que se chame Hamlet etc., acreditar na ficção, deixar-se levar pelo espetáculo ou, ao contrário, tomar consciência da produção de ilusão.

c. Convenções especificamente teatrais

– *quarta parede**,
– monólogos e *apartes** como maneira de informar sobre a interioridade da personagem,
– uso do coro,
– local polimorfo,
– tratamento dramatúrgico do tempo,
– estrutura prosódica.

d. Convenções próprias de um gênero ou de uma forma específica

– caracterização dos atores (ex.: *Commedia dell'arte**),
– sistema de cores (teatro chinês),
– cenário simultâneo (classicismo francês),
– *cenário verbal** (SHAKESPEARE).

3. Convenções Caracterizantes e Convenções Operatórias

Se se quiser evitar a desordem taxinômica da tipologia precedente, haverá interesse em opor: (*a*) convenções que servem para *caracterizar*, tornar verossímeis, convenções que não se confessam como tais; (*b*) convenções operatórias que no início se oferecem como ferramenta artificial utilizada durante alguns minutos, e depois eliminada. Isto equivale a buscar uma espécie de estrutura de convenções de um tipo de espetáculo e a hierarquizar as diferentes convenções.

a. Convenção caracterizante

Serve-se de procedimento que autentifica o espetáculo e facilita a criação de um mundo harmonioso no qual se pode acreditar legitimamente. (É o caso de todos os elementos do figurino ou do comportamento físico que revela de imediato a identidade da personagem.)

b. Convenção operatória

É muito usada na representação épica que abre mão da imitação: trata-se de um acordo a curto prazo firmado quase sempre de modo irônico: cadeira quer dizer conforto; casca de banana, perigo; tijolos, alimentos (cf. *Ubu aux Bouffes* de P. BROOK no teatro Bouffes do Nord em 1977). Aqui, a convenção acha prazeroso anunciar-se como *procedimento** lúdico. Em muitas encenações modernas, esta falsa convenção, por outro lado, vira um brinquedo, do jeito que o público espera, de modo que essa convenção operatória passa a ser convenção caracterizante (de uma certa vanguarda). Daí resulta que a encenação e o teatro produzem *sem cessar* convenções (operatórias) que "entram para os costumes" a ponto de parecerem características do teatro e "eternas", e que há uma constante dialética entre convenção operatória e convenção caracterizante.

4. Convenções e Códigos Teatrais

A teoria semiológica explica o funcionamento da mensagem teatral através de leis estruturais e de um conjunto de *códigos** em ação no texto e no espetáculo. Portanto, é tentador assimilar as convenções a um tipo de código de recepção (DE MARINES, 1978; PAVIS, 1976a: 124-134). No entanto, isso só se legitima completamente se não se concebem códigos – como na semiologia da comunicação – isto é, como sistemas explícitos previamente fornecidos (como por exemplo o morse ou as sinalizações de estrada). Com efeito, nesse caso, nenhuma convenção resulta em código, pois elas estão longe de serem explícitas e controláveis, em especial as convenções ideológicas e as estéticas, que não formam sistemas fechados e já elucidados.

As convenções são, antes, regras "esquecidas", interiorizadas pelos praticantes do teatro e decifráveis após uma interpretação que envolve o espectador. Para definir a convenção, substituir-se-á a ideia de um código fixo pela ideia de uma hipótese *hermenêutica** ou de um instrumento de funcionamento/decifração.

5. Dialética das Convenções

As convenções são indispensáveis ao funcionamento teatral e toda forma de espetáculo serve-se delas. Cientes dessa verdade, certas estéticas jogam deliberadamente com seu uso exagerado (*tipos**). Nelas, a cumplicidade com o público é reforçada e as formas tipificadas (ópera, pantomima, farsa) assemelham-se a maravilhosas construções artificiais nas quais tudo tem sentido preciso. O abuso das convenções, porém, pode cansar um público que nada mais espera da ação, da caracterização e da mensagem particular da obra. Eis porque o uso das convenções exige um grande habilidade por parte das pessoas de teatro. A história literária está cheia, aliás, dessas reviravoltas dialéticas: convenções formação de uma norma uniformidade violação da norma por invenção de convenções opostas formação de novas normas etc.

📖 Bradbrook, 1969; Swiontek, 1971; Burns, 1972; de Marinis, 1982.

COREOGRAFIA (E TEATRO)

🔄 Fr.: *chorégraphie*; Ingl.: *choreography*; Al.: *Choreographie*; Esp.: *coreographía*.

A prática do espetáculo em nossos dias abole as fronteiras entre o teatro falado, o canto, a mímica, a *dança-teatro**, a dança etc. Por isso, deve-se estar atento à melodia de uma *dicção** ou à coreografia de uma encenação, uma vez que cada jogo de ator, cada movimento de cena, cada organização de signos possui uma dimensão coreográfica. A coreografia abrange tanto os deslocamentos e a gestualidade dos atores, o *ritmo** da representação, a sincronização da palavra e do gesto, quanto a disposição dos atores no palco.

A encenação não restitui tal qual os movimentos e comportamentos da vida cotidiana. Ela os estiliza, torna-os harmoniosos e legíveis, coordena-os em função do olhar do espectador, trabalha-os e ensaia-os até que a encenação esteja, por assim dizer, "coreografada". BRECHT, que não pode ser acusado de esteticismo, insistia nessa modificação de proporções na estilização cênica: "Um teatro que se baseia integralmente no gestus, não poderia abrir mão da coreografia. A elegância de um gesto, a graça de um movimento de conjunto bastam para produzir um efeito de distanciamento e a invenção pantomímica oferece à fábula um auxílio inestimável". (*Pequeno Organon*, § 73.)

🔍 Gesto, mimo, corpo, expressão.

📖 Hanna, 1979; Noverre, 1978; Pavis, 1996.

CORO

↻ (Do grego *khoros* e do latim *chorus*, grupo de dançarinos e cantores, festa religiosa.) Fr.: *choeur*, Ingl.: *chorus*; Al.: *Chor*, Esp.: *coro*.

Termo comum à música e ao teatro. Desde o teatro grego, coro designa um grupo homogêneo de dançarinos, cantores e narradores, que toma a palavra coletivamente para comentar a ação, à qual são diversamente integrados.

Em sua forma mais geral, o coro é composto por forças (*actantes**) não individualizadas e frequentemente abstratas, que representam os interesses morais ou políticos superiores: "Os coros exprimem ideias e sentimentos gerais, ora com substancialidade épica, ora com impulso lírico" (HEGEL, 1832: 342). Sua função e forma variam tanto ao longo do tempo, que se faz necessária uma breve rememoração histórica.

A tragédia grega teria nascido do coro de dançarinos mascarados e cantores: o que demonstra a importância desse grupo de homens que, aos poucos, deu forma às personagens individualizadas, depois que o chefe do coro (*exarchôn*) instaurou o primeiro ator, que pouco a pouco se pôs a imitar uma ação (tragédias de TÉSPIS). ESQUILO, depois SÓFOCLES introduziram um segundo ator e em seguida, um terceiro.

A *choréia* realiza uma síntese entre poesia, música e dança; encontra-se aí a origem do teatro ocidental. Porém, como observa R. BARTHES, "nosso teatro, mesmo o lírico, não pode dar ideia da *choréia*, uma vez que nele predomina a música em detrimento do texto e da dança, esta última relegada aos intermédios (balés); ora, o que define a *choréia* é a igualdade absoluta das linguagens que a compõem: todas são, se se pode assim dizer, "naturais", ou seja, provenientes do mesmo quadro mental, formado por uma educação que, sob o nome de "música", compreendia as letras e o canto (os coros eram naturalmente compostos por amadores e não havia dificuldade alguma em recrutá-los)" (R. BARTHES, "Teatro Grego", *História dos Espetáculos*, 1965: 528).

O coro trágico, disposto num retângulo, compreende uma dúzia de coreutas, ao passo que o coro da comédia utiliza até vinte e quatro pessoas. A partir do momento em que as respostas e comentários do coro são cantados pelos coreutas e falados pelo corifeu (chefe do coro), o diálogo e a forma dramática tenderam a suplantá-lo e o coro se limita a um comentário marginal (advertência, conselho, súplica).

1. Evolução do Coro

A origem do teatro grego – e com ele, da tradição do teatro ocidental – confunde-se com as celebrações ritualísticas de um grupo no qual dançarinos e cantores formam, ao mesmo tempo, público e cerimônia. A forma dramática mais antiga seria a recitação do corista principal interrompida pelo coro. A partir do momento em que as respostas ao coro passam a ser dadas por um, depois por vários protagonistas, a forma dramática (diálogo) passa a ser a norma, e o coro não é mais senão uma instância que comenta (advertências, conselhos, súplica).

Na comédia aristofânica, o coro se integra amplamente à ação, intervindo nas *parábases**. Depois, tende a desaparecer ou a restringir-se apenas à função de entreato lírico (como na comédia romana).

Na Idade Média, assume formas mais pessoais e didáticas e atua como coordenador épico dos episódios apresentados, e se subdivide, no interior da ação, em subcoros que participam da fábula.

No século XVI, em particular no drama humanista, o coro separa os atos (ex.: o *Fausto*, de MARLOWE), torna-se entreato musical. SHAKESPEARE o personaliza e o encarna num ator encarregado do *prólogo** e do *epílogo**. O clown e o bobo, que prenunciam o confidente do teatro clássico francês, são sua forma paródica.

O classicismo francês, em ampla escala, renuncia ao coro, preferindo a iluminação intimista do *confidente** e do *solilóquio** (exceções marcantes: *Ester* e *Athalie* de RACINE). Foi usado pela última vez na forma clássica por GOETHE e SCHILLER. Para este último, o coro deve provocar a catarse e "despsicologizar" o conflito dramático elevando-o de seu ambiente banal a uma esfera altamente trágica da "força cega das paixões", e "desdenhar a produção de ilusão" (SCHILLER, 1968:249-252).

No século XIX realista e naturalista, o emprego do coro entra nitidamente em declínio para não chocar a verossimilhança; ou, então, se encarna em personagens coletivas: o povo (BÜCHNER, HUGO, MUSSET). Um vez ultrapassada a dramaturgia ilusionista, o coro faz, hoje, sua reaparição como fator de distanciamento (BRECHT, ANOUILH e sua *Antígona*), como desesperadas tentativas de encontrar uma força comum a todos (T. S. ELIOT, GIRAUDOUX, TOLLER) ou na comédia musical (função mistificadora e unanimista do grupo soldado pela expressão artística: dança, canto, texto).

2. Poderes do Coro

a. *Função estética desrealizante*

Apesar de sua importância fundante na tragédia grega, o coro logo parece elemento artificial e estranho à discussão dramática entre as personagens. Torna-se uma técnica épica, muitas vezes distanciadora, pois concretiza diante do espectador um outro espectador-juiz da ação, habilitado a comentá-la, um "espectador idealizado" (SCHLEGEL). Fundamentalmente, este comentário épico equivale a encarnar em cena o público e seu olhar. SCHILLER fala, sobre o coro, exatamente o que mais tarde dirá BRECHT a respeito do narrador épico e do distanciamento: "Separando as partes umas das outras e interferindo em meio às paixões com seu ponto de vista pacificador, o coro devolve a nossa liberdade, que de outra forma desapareceria no furacão das paixões". ("Do Emprego do Coro na Tragédia", SCHILLER, prefácio à *Noiva de Messina*, in 1968, vol. 2: 252.)

b. *Idealização e generalização*

Elevando-se acima da ação "terra a terra" das personagens, o coro substitui o discurso "profundo" do autor; garante a passagem do particular para o geral. Seu estilo lírico eleva o discurso realista das personagens a um nível inexcedível, o poder de generalização e de descoberta da arte nele se encontra multiplicado por dez. "O coro deixa o estreito círculo da ação para estender-se ao passado e ao futuro, aos tempos antigos e aos povos, ao humano em geral, para extrair as grandes lições de vida e exprimir os ensinamentos de sabedoria" (SCHILLER, 1968: 251).

c. *Expressão de uma comunidade*

Para que o espectador real se reconheça no "espectador idealizado" que constitui o coro, é preciso necessariamente que os valores transmitidos por esse último sejam os mesmos que os seus e que com eles possa se identificar completamente. O coro, portanto, só tem probabilidade de ser aceito pelo público se este se constituir em uma massa solidificada por um culto, uma crença ou uma ideologia. Deve ser aceito espontaneamente como um jogo, ou seja, como um universo independente das regras conhecidas de todos nós, às quais não questionamos, uma vez que aceitamos a elas nos submeter. O coro é – ou deveria ser – segundo SCHILLER "uma parede viva com o qual a tragédia se cerca a fim de se isolar do mundo real e para preservar seu solo ideal e sua liberdade poética" (1968: 249). A partir do momento em que a comunidade franqueia os limites dessa fortaleza ou revela as contradições que a atravessam, o coro passa a ser criticado como irrealista ou mistificador e está fadado ao desaparecimento. Pelo fato de nem todas as épocas possuírem o dom de "figurar o caráter público da vida" (LUKÁCS), o coro por vezes cai em desuso, particularmente a partir do momento em que o indivíduo sai da massa (nos séculos XVII e XVIII) ou toma consciência de sua força social e de sua posição de classe.

d. *Força de contestação*

O caráter fundamentalmente ambíguo do coro – sua força catártica e de culto, de um lado, e seu poder distanciador, de outro – explica que ele tenha se mantido nos momentos históricos em que não mais se crê no grande indivíduo sem conhecer (ainda?) o indivíduo livre de uma sociedade sem contradições. Assim, em BRECHT ou DÜRRENMATT (*cf. A Visita da Velha Senhora*), ele intervém para denunciar o que ele teoricamente deveria representar: um poder unificado, sem discussões internas, presidindo os destinos humanos.

Nas formas "neoarcaicas" de comunidade teatral, ele não representa este papel crítico; ele encobre o costume do grupo solidificado, e que celebra um culto. É o caso dos espetáculos de *happenings**, das *performances** que apelam à atividade física do público ou das comunidades teatrais (o Living Theatre é o exemplo típico de uso contínuo, embora invisível, de coro no espaço cênico e social).

Confidente, narrador épico.

CORPO

Fr.: *corps*; Ingl.: *body*; Al.: *Körper*; Esp.: *cuerpo*.

1. Organismo ou Marionete?

O corpo do ator situa-se, no leque dos estilos de atuação, entre a espontaneidade e o controle absoluto, entre um corpo natural ou espontâneo e um *corpo-marionete**, inteiramente preso a cordéis e manipulado por seu sujeito ou pai espiritual: o encenador.

2. Relé ou Material?

A utilização teatral do corpo oscila entre as duas seguintes concepções:

a. O corpo não passa de um relé e de um suporte da criação teatral, que se situa em outro lugar: no texto ou na ficção representada. O corpo fica, então, totalmente avassalado a um sentido psicológico, intelectual ou moral; ele se apaga diante da verdade dramática, representando apenas o papel de mediador na cerimônia teatral. A *gestualidade** desse corpo é tipicamente ilustrativa e apenas reitera a palavra.

b. Ou, então, o corpo é um *material** autorreferente: só remete a si mesmo, não é a expressão de uma ideia ou de uma psicologia. Substitui-se o dualismo da ideia e da expressão pelo monismo da produção corporal: "O ator não deve usar seu organismo para ilustrar um movimento da alma; deve realizar o movimento com seu organismo" (GROTOWSKI, 1971: 91). Os *gestos** são – ou ao menos se dão como – criadores e originais. Os exercícios do ator consistem em produzir emoções a partir do domínio e do manejo do corpo.

3. Linguagem Corporal

A tendência do *corpo-material* é que predomina hoje na prática geral da encenação, pelo menos no teatro experimental. É por essa razão que, depois de liberados da tarefa textual e psicológica, os encenadores da vanguarda tentaram frequentemente definir uma linguagem corporal do ator: "a nova linguagem física baseada em signos e não mais em palavras", de que fala ARTAUD (1964: 81), é apenas uma metáfora entre tantas outras. Todas têm em comum uma busca de signos que não sejam calcados na linguagem, mas que encontrem uma dimensão figurativa. O signo icônico, a meio caminho entre o objeto e sua simbolização, toma-se o arquétipo da linguagem corporal: hieróglifo em ARTAUD e MEIERHOLD, ideograma em GROTOWSKI etc.

O corpo do ator torna-se o "corpo condutor" que o espectador deseja, fantasia e identifica (identificando-se com ele). Toda simbolização e *semiotização** se choca com a *presença** dificilmente codificável do corpo e da voz do ator.

4. Hierarquização do Corpo

O corpo não significa como um bloco; ele é "decupado" e hierarquizado de maneira sempre muito estrita, sendo que cada estruturação corresponde a um estilo de atuação ou a uma estética. A tragédia, por exemplo, anula o movimento dos membros e do tronco, enquanto o drama psicológico usa principalmente os olhos e as mãos. As formas populares valorizam a gestualidade do corpo todo. A mímica, tomando o contrapé do psicologismo, neutraliza o rosto e, em menor escala, as mãos, para se concentrar nas posturas e no tronco (DECROUX, 1963). A essas hierarquizações, conforme o gênero, superpõe-se uma dependência geral do corpo aos *gestus** sociais e aos determinismos culturais. Uma das aspirações da *expressão corporal** é precisamente fazer com que se tome consciência dos condicionamentos posturais e da alienação gestual.

5. Imagem do Corpo

Segundo os psicólogos, a imagem do corpo – ou esquema corporal – toma forma no "estádio do espelho" (LACAN); ela é a representação mental do biológico, do libidinal e do social. Toda utilização do corpo, tanto em cena como fora dela, necessita de uma representação mental da imagem corporal. Mais ainda que o não ator, o ator tem a intuição imediata de seu corpo, da imagem emitida, de sua relação com o espaço circundante, principalmente com seus parceiros de atuação, com o público e com o espaço. Dominando a representação de seus gestos, o ator permite ao espectador perceber a personagem e a "cena", identificar-se fantasiosamente com ela. Desse modo ele controla a imagem do espetáculo e seu impacto sobre o público, garante a *identificação**, a transferência ou a catarse.

6. Antropologia do Ator

Uma antropologia do ator está sendo constituída. Ela se compõe das seguintes hipóteses:

• O ator herda, dispõe de um certo corpo já impregnado pela cultura ambiente. Seu corpo se "dilata" (BARBA) sob efeito da presença e do olhar do outro.

• O corpo, ao mesmo tempo que mostra, esconde. Cada contexto cultural tem regras quanto ao que é permitido exibir.

• O corpo ora é manipulado do exterior, ora comanda a si próprio. Ou é, então, "agido" pelos outros ou age por si mesmo.

• Às vezes, está centrado em si mesmo, levando tudo a este centro; outras, ele se descentra, coloca-se na periferia de si mesmo.

• Cada cultura determina o que considera como corpo controlado ou corpo solto, o que parece ser ritmo rápido, lento ou normal.

• O corpo falante e atuante do ator convida o espectador a entrar na dança, a adaptar-se ao sincronismo interacional.

• O corpo do ator não é percebido pelo espectador apenas visualmente, mas também cineticamente, hapticamente; ele solicita a memória corporal do espectador, sua motricidade e sua propriocepção.

Presença, mímica, proxêmica, comediante, ator, voz.

Mauss, 1936; Decroux, 1963; Lagrave, 1973 Bernerd, 1976; Chabert, 1976; Dort, 1977b; Hanna, 1979; de Marinis, 1980; Pavis, 1981a Laborit, 1981; Krysinski, 1981; Marin, 1985.

CORTINA (1)

Fr.: *lever de rideau*; Ingl.: *curtain raiser*; Al.: *Vorspiel*; Esp.: *loa*.

No Brasil, a cortina é um número rápido apresentado nos entreatos da revista, na frente da cortina, enquanto, no palco, se troca o cenário. (N. de T.)

Peça (geralmente em um ato) representada com o espetáculo principal, em relação ao qual muitas vezes ela é tematicamente diferente (farsa antes da tragédia). A cortina, comum no século XIX, tende a desaparecer hoje. Ainda a encontramos na Comédie-Française quando a peça principal é curta demais para ocupar toda a noitada. Na Espanha, o *loa* serve de *prólogo** ao *autossacramental** ou à comédia.

CORTINA (2)

Fr.: *rideau*; Ingl.: *curtain*; Al.: *Vorhang*; Esp.: *cortina*.

1. A função da cortina – mais do que suas formas e variantes, que não levaremos em conta aqui – é rica em ensinamentos para o teatrólogo.

Usada de maneira sistemática pela primeira vez no teatro romano, e caindo depois em desuso na Idade Média e na época elizabetana, a cortina passou a ser, com o teatro do Renascimento e da era clássica, uma marca obrigatória da teatralidade. É preciso esperar até o século XVIII para que seja fechada durante o espetáculo, ao final de cada ato. Hoje, serve, muitas vezes, como marca de citação e ironia da teatralidade, estando às vezes no meio da cena (VITEZ, MESGUICH, LIOUBIMOV, LIVCHINE).

2. A cortina serve, antes de mais nada, para ocultar, ainda que temporariamente, o cenário ou o palco; logo, serve para facilitar as manipulações dos contrarregras e maquinistas, num

teatro que se baseia na ilusão, no qual não se pode revelar os bastidores da ação.

3. A cortina é o signo material da separação entre palco e plateia, a barreira entre o que é olhado e quem o olha, a fronteira entre o que é semiotizável (pode tornar-se signo) e o que não o é (o público). Como a pálpebra para o olho, a cortina protege o palco do olhar; introduz, por sua abertura, no mundo oculto, o qual se compõe ao mesmo tempo do que é concretamente visível na cena *e* do que pode ser imaginado, nos bastidores, com os "olhos do espírito", como diz Hamlet, e portanto numa *outra cena* (a da fantasia). Toda cortina se abre, assim, para uma segunda cortina, que é ainda mais "inabrível" (inconfessável) por ser invisível, se não como limite dos bastidores, como fronteira para o extra cênico, logo, para a *outra cena*.

4. Através de *sua presença*, a cortina fala da própria *ausência*, ausência esta constitutiva de todo desejo e de toda representação (teatral ou não). Como o carretel descrito por FREUD, que a criança fazia aparecer e desaparecer como que para evocar a presença da mãe antes de fazê-la desaparecer novamente, a cortina convoca e revoga o teatro, faz-se *denegação**: mostra o que esconde, é um *larvatus prodeo*, excita a curiosidade e o desejo do desvendamento. Daí o prazer de ver a cortina se abrir e, depois, fechar-se lentamente, pontuando o espetáculo, traçando-lhe os limites, "ensanduichando" o mundo teatral: "Certos teóricos, sem dúvida exagerados, afirmam que, no teatro, os espetáculos só acontecem para justificar os movimentos da cortina. Dormem durante a peça e deleitam-se quando a cortina se abre antes do espetáculo e quando se fecha ao final" (G. LASCAUT, *Diário do Teatro Nacional de Chaillot*, n. 9, dezembro de 1982). Prazer e fruição maiores do que se pensa, mas que não deixam de apresentar um certo risco: cortar brutalmente demais a cena que se fantasia e cortar tudo o que vá além. BRECHT discordava, não sem segundas intenções, da tradicional e pesada cortina de veludo [que] conclui demais a cena e corta a peça como o gume da guilhotina [...]". Ele propunha a abolição desse instrumento perigoso...

5. Há outras formas – menos cortantes – de cortina: como a dualidade escuridão/luz, os intermédios musicais entre as cenas, a alternância entre fala e silêncio, em suma, qualquer sistema binário que opuser presença e ausência. No teatro, uma cortina pode esconder outra.

🔍 Quadro, espaço.

COTIDIANO (TEATRO DO...)

🔍 Fr.: *théâtre du quotidien*; Ingl.: *theatre of everyday life*; Al.: *Theater des Alltags*; Esp.: *cotidiano (teatro...)*.

Encontrar e mostrar o cotidiano sempre excluído da cena, porque insignificante e demasiado particular: este é o objetivo de uma corrente neonaturalista dos anos setenta que assume o nome genérico de teatro do cotidiano.

Esse rótulo se aplica às experiências mais variadas: o "Kitchen Sink Drama" dos anos cinquenta, na Inglaterra (WESKER), o neonaturalismo de KROETZ, as criações e encenações de WENZEL, DEUTSCH, LASSALLE, TREMBLAY (*As Cunhadas*), TILLY (*Charcuterie Fine, Y'a Bon Bamboula*). Esse movimento renova o afresco histórico do realismo crítico (BRECHT), toma o contrapé da dramaturgia do *absurdo**, vítima de sua metafísica do "nada". Até então, o cotidiano sempre era relegado a um lugar ornamental e anedótico, aquele do povo nas tragédias clássicas e dramas históricos do século XIX. Era integrado a um desígnio dramatúrgico superior (pano de fundo do local de evolução do herói, por exemplo). Por definição, não havia interesse pelo que fosse atípico ou irrelevante para o desenvolvimento histórico. Até mesmo BRECHT só descreve a vida cotidiana do povo, dentro da perspectiva de um esquema sociológico global, como contraponto à vida dos "grandes homens", por exemplo (*cf. Mãe Coragem*). O teatro do cotidiano se contenta com a montagem de fragmentos da realidade, retalhos de linguagem.

1. Temática

Mostrar a vida cotidiana e banal das camadas sociais menos favorecidas equivale a preencher a brecha entre a grande história, a dos grandes homens, e a história mesquinha, porém insistente e obsessiva, da gente humilde sem voz na sociedade. (Uma história que a história das mentalidades, dos objetos, da vida cotidiana reabilitou.) A partir de certos episódios ou frases vivenciados diariamente, esse teatro "mínimo" queria reconstituir um ambiente, uma época e uma ideologia. Hiper-realista, acumulando detalhes, o teatro do cotidiano retoma, ainda que de maneira crítica, o naturalismo da cena e da atuação: assiste-se a acontecimentos, muitas vezes repetitivos, pegos sempre no plano da realidade cotidiana, com um acúmulo de coisas e estereótipos. Nele se mesclam notações do real, da autobiografia e da intimidade.

2. A Linguagem Refinada

Com muita frequência, os diálogos são "achatados" e reduzidos ao mínimo; ultrapassam constantemente o pensamento de seus locutores, que se limitam a repisar os estereótipos da linguagem que lhe foram inculcados pela ideologia dominante (lugares-comuns, provérbios, construções "elegantes" de frases "sopradas" pelos meios de comunicação de massa, discursos sobre a liberdade individual de expressão etc.). Ao espectador, importam somente os silêncios e os não ditos dos discursos. Os "sujeitos" falantes são privados de qualquer iniciativa verbal; são apenas peças de engrenagem na máquina ideológica de reprodução das relações sociais.

Essa concepção do homem totalmente dominado por um meio ambiente que lhe rouba a linguagem apenas retomaria a estética naturalista e não é um novo estatuto da teatralidade.

3. A Teatralidade Cambiante

Longe de ser traçada pela representação obsessiva do real, a teatralidade é constantemente perceptível, como uma espécie de "baixo contínuo" que nenhum efeito de realidade conseguiria sufocar. Por trás da acumulação dos fatos verdadeiros, dos pormenores licenciosos, deve-se perceber a organização do real; por trás do "natural", o escárnio; por trás do lugar-comum, o fantasioso. Essa atitude subjetiva diante do real é, na maioria das vezes, assumida pela direção de ator (LASSALE), pela cenografia não realista (cf. *Loin d'Hagondange*, encenada por CHÉREAU). Um constante jogo de rupturas entre realidade produzida e produção teatral da realidade é a garantia ideológica dessa forma teatral: o espectador não deve receber imagens não trabalhadas de sua realidade cotidiana. A própria acumulação das representações de seu real e a defasagem da apresentação delas deve levar o espectador a se conscientizar da incongruência delas e mostrar a realidade como "remediável".

4. Transformação do Cotidiano?

Entretanto, diferentemente do realismo crítico brechtiano, que se baseava fundamentalmente na crença otimista da possibilidade de transformação do mundo, o teatro do cotidiano sempre mantém a ambiguidade e o pessimismo quanto à possibilidade de transformação da ideologia e da sociedade. Uma certa repugnância em face das representações do real e da ideologia nas consciências humanas leva à resignação e ao imobilismo: o entravamento no discurso dominante apenas ilustra essa visão quase fatídica da alienação verbal. Para "dominar o leme" nessa deriva mítica para uma reificação da ideologia e das relações sociais, o texto, às vezes, faz com que intervenha a voz lírica do autor, que critica abertamente a alienação das personagens e torna subjetiva a problemática delas (como em WENZEL, *Doravante I*, 1977; *Os Incertos*, 1978; *O Fim dos Monstros*, 1994; no segundo KROETZ e em algumas cenas do texto de DEUTSCH, *Treinamento do Campeão Antes da Corrida* e no trabalho intercultural de X. MARCHESCHI, M. NAKACHE e A. GATTI). Como o naturalismo, o teatro do cotidiano não escapa da sutil dialética entre científico e assunção subjetiva da realidade. (Ver também o teatro de TILLY, CORMAN, DURRINGER, CALAFERTE, SOULIER, LEMAHIEU.)

Naturalista (representação…), efeito de real, realista, realidade representada, história.

H. Lefèvre, *La Vie Quotidienne dans le Monde Moderne*; Vinaver, 1982; Sarrazac, 1989, 1995; *Travail Théâtral*, n. 24-25, 37, 38-39.

CRIAÇÃO COLETIVA

Fr.: *création collective*; Ingl.: *collective creation*; Al.: *kollektive Arbeit, Kollektivarbeit*; Esp.: *creación colectiva*.

1. Método Artístico

Espetáculo* que não é assinado por uma só pessoa (dramaturgo ou encenador), mas elaborado pelo grupo envolvido na atividade teatral. Com frequência, o texto foi fixado após as improvisações durante os ensaios, com cada participante propondo modificações. O trabalho *dramatúrgico** segue a evolução das sessões de trabalho; ele intervém na concepção do conjunto por uma série de "tentativas e erros". Às vezes a desmultiplicação do trabalho chega a deixar para cada ator a responsabilidade de reunir os materiais para sua personagem (Théâtre de l'Aquarium) e de integrar-se ao conjunto somente no fim do percurso.

É necessária toda uma pesquisa histórica, sociológica e gestual para a elaboração da fábula (Théâtre du Soleil para *1789* e *1793*). Acontece de o ator começar por uma abordagem puramente física e experimental da personagem construindo sua porção da fábula em função do *gestus** que teria sabido encontrar.

Em determinado momento, no trabalho de equipe, a necessidade de coordenação dos elementos improvisados se faz sentir: é então que se torna necessário o trabalho do *dramaturgo** (sentido 2) e do encenador. Esta globalização e esta centralização não impõem necessariamente que se escolha nominalmente uma pessoa para assumir a função de encenador, mas elas estimulam a equipe a agrupar estilística e narrativamente seus esboços, a tender para uma encenação "coletiva" (se a expressão não for contraditória).

Hoje em dia esse método de trabalho é frequente no teatro de pesquisa, mas ele exige, para estar à altura de seu objetivo, alta qualificação e polivalência dos participantes, sem falar dos problemas de dinâmica de grupo que sempre podem por a perder a empreitada.

2. Razões Sociológicas de seu Aparecimento

Essa forma de criação é reivindicada como tal por seus criadores desde os anos sessenta e setenta. Está ligada a um clima sociológico que estimula a criatividade do indivíduo em um grupo, a fim de vencer a "tirania" do autor e do encenador que tendem a concentrar todos os poderes e a tomar todas as decisões estéticas e ideológicas. Esse movimento está vinculado à redescoberta do aspecto ritual e coletivo da atividade teatral, ao fascínio dos que fazem teatro pela improvisação, pela gestualidade liberada da linguagem e pelas formas de comunicação não verbais. Reage contra a divisão do trabalho, contra a especialização e contra a tecnologização do teatro, fenômeno sensível a partir do momento em que os empreendores de teatro passam a dispor de todos os meios modernos de expressão cênica e a apelar mais para "operários especializados" que a artistas polivalentes. Politicamente, a promoção do grupo caminha lado a lado com a reivindicação de uma arte criada por e para as massas, com uma democracia direta e com um modo de produção por autogestão do grupo. Isto chega até a pesquisa, no Living Theater e no Performance Group, de uma fusão entre teatro e vida: viver não consiste mais *em fazer* teatro, significa, isso sim, *encarnar* o teatro no cotidiano. A promoção do grupo dessacraliza totalmente a noção de obra-prima ("Para acabar com as obras-primas", clamava A. ARTAUD). Passa a não haver mais instância central e a arte está em toda parte, pode responder por ela e o grupo pode dominar as diferentes facetas da arte criativa.

3. Métodos de Criação

Durante as improvisações, o ator é convidado a não chegar cedo demais à sua personagem, mas a experimentar em função de seu *gestus**; daí resulta uma multiplicação de pontos de vista sobre os temas abordados, sem que um encenador decida arbitrariamente unificar e simplificar essas abordagens. Quando muito, no final do processo, o dramaturgo (no sentido técnico de conselheiro literário e teatral) ou o líder do grupo (animador) pode dar sua opinião sobre o material trazido pelos atores, reagrupar e comparar os esboços narrativos, até propor princípios de encenação decididos de acordo com a maioria. A dinâmica do grupo e a capacidade de cada um de ultrapassar de sua visão parcial serão determinantes para o bom termo da empreitada coletiva.

4. Evidências e Dificuldades dessa Noção

A criação coletiva nada mais faz do que sistematizar e revelar uma evidência esquecida: o teatro, em sua realização cênica, é uma arte coletiva por excelência, um relacionamento de técnicas e linguagens distintas: "A fábula é explicitada, construída e exposta pelo teatro inteiro, pelos atores, cenógrafos, maquiadores, figurinistas, músicos e coreógrafos. Todos inserem sua arte na empresa comum, sem no entanto abrirem mão de sua independência" (BRECHT, *Pequeno Organon*, § 70). BRECHT definiu tal trabalho coletivo como socialização do saber; mas pode-se concebê-lo igualmente como colocação em discursos de sistemas significantes na enunciação cênica: a encenação não representa mais a palavra de *um* autor (seja este autor dramático, encenador ou ator), porém a marca mais ou menos visível e assumida da palavra coletiva. Passa-se assim da noção sociológica de *criação coletiva* à noção estética e ideológica de *coletivo de criação*, de coletividade do sentido e do sujeito do enunciado teatral. A atual crise da criação coletiva não pode ser explicada somente por uma volta ao autor, ao texto e à instituição após a euforia coletiva de 1968. Ela se deve também à ideia de que o sujeito artístico individual nunca é, de qualquer maneira, totalmente unificado e autônomo, mas sempre fragmentário, tanto na obra coletiva quanto na de *um* artista.

📖 *Revue d'Esthétique*, 1977; Chabert, 1981; Passeron, 1996.

CRIADO

↻ Fr.: *valet*; Ingl.: *valet, servant*; Al.: *Diener*; Esp.: *criado*.

O criado é uma personagem muito frequente da comédia desde a Antiguidade até o século XIX. Definido de imediato por seu status social e sua dependência de um amo, o criado encarna as relações sociais de uma época específica da qual ele rapidamente se torna barômetro e figura de proa: se é socialmente inferior ao patrão, seu papel dramatúrgico é geralmente capital. Sua função na peça é, portanto, dupla: ajudante ou conselheiro do patrão, e às vezes senhor absoluto da intriga (Scapino, Fígaro).

Graças à sua associação com o ou os patrões, o criado permite ao dramaturgo reconstituir uma célula social característica do universo ficcional pintado pela peça: o criado raramente se contenta em ser um executor servil dos projetos do patrão; ele é sucessivamente um conselheiro (Dubois em *As Falsas Confidências*), um observador nos postos avançados da intriga (Fígaro), um cúmplice (Sganarello, no *Dom Juan* de MOLIÈRE), e até mesmo, às vezes, no teatro do absurdo, a forma paródica de um escravo (Vladimir e Estragon em *Esperando Godot*). O criado é sempre aquele que faz frente à personagem principal, que a força a agir, a se expressar, a revelar seus sentimentos (em MARIVAUX), a executar as tarefas pouco dignas dos aristocratas ou dos burgueses. Mais que um *alter ego*, ele é o corpo e a alma do patrão, sua consciência e seu inconsciente, seu "não dito" e seu "não feito". Conforme a ideologia da peça, ora sua diferença é posta em relevo (sua glutonaria, sua maneira trivial e popular de se expressar, seus desejos em estado puro: é o caso do Arlequim da *Commedia dell'arte* e de MARIVAUX); ora, ao contrário, o criado se aproxima muito do patrão, até contestar a supremacia daquele que o emprega ("ainda assim homem bastante comum, ao passo que eu, Deus meu!..." *As Bodas de Fígaro*).

O criado do teatro francês situa-se numa dupla tradição: italiana, para um criado "bufão", oriundo da *Commedia dell'arte* e especializado nos efeitos de farsa (Arlequim, Trivelino); francesa, para um criado de intriga, engenhoso e brilhante, conduzindo a ação a seu modo (Scapino, Crispim, Lubino, Dubois). Personagem popular por excelência, o criado porta em si todas as contradições das sociedades e dos gêneros teatrais: alienação e libertação são as etapas de seu itinerário.

A criada não teve o mesmo destino brilhante que seu homólogo masculino; ela só se distingue da ama a partir das comédias de CORNEILLE e não tem influência direta na ação.

📖 Émélina, 1975; Aziza, 19786; Moraud, 1981; Forestier, 1988.

CRISE

↻ (Do grego *crisis*, decisão.)
Fr.: *crise*; Ingl.: *crisis*; Al.: *Krise*; Esp.: *crisis*.

1. Momento da *fábula** que anuncia e prepara o *nó** e o *conflito**, que corresponde à epítase da tragédia grega, precede imediatamente o momento da *catástrofe** e do *desenlace**.

2. O dramaturgo clássico sempre escolhe mostrar o momento particularmente intenso de

uma crise psicológica ou moral das personagens; concentra a ação em algumas horas ou nos dias dessa crise e pincela suas principais fases. A dramaturgia *épica** ou o naturalismo, ao contrário, preferem privilegiar os momentos da vida cotidiana sem especial relevo em detrimento dos momentos de crise.

🔍 Obstáculo, dramaturgia clássica, dramático e épico.

CRÍTICA DRAMÁTICA

↻ Fr.: *critique dramatique*; Ingl.: *theatre criticism*; Al.: *Theaterkritik*; Esp.: *crítica teatral*.

1. Tipo de crítica geralmente feita por jornalistas, que tem por objetivo reagir imediatamente a uma encenação e relatá-la na imprensa ou nos meios de comunicação audiovisuais. O desejo de informação pelo menos é tão importante quanto a função incitativa ou dissuasiva da mensagem: trata-se de acompanhar a atualidade e de apontar que espetáculos podem ser/ou devem ser vistos, ao dar a opinião de um crítico que é, aliás, mais representativo de seus leitores que de suas próprias opiniões estéticas ou ideológicas. Estamos bem distantes da crítica de humor do final do século XIX dos FAGUET, SARCEY ou LEMAÎTRE, que dispunham de longos folhetins para clamar seu entusiasmo ou seu furor que incrementavam sua argumentação com mexericos e escândalos da vida teatral. Atualmente, a crítica está limitada em importância, legitimidade e impacto sobre a carreira do espetáculo.

2. Esse tipo de escritura depende, mais do que qualquer outra, das condições de seu exercício e do meio de comunicação utilizado. Desde o início do século, o espaço da rubrica teatral diminuiu consideravelmente, o que complica a análise e a avaliação. Apesar das dificuldades das condições de exercício, não se deveria separar radicalmente a atividade do crítico dramático da de um autor de um artigo de publicação especializada (revista de teatro) ou mesmo de um estudo mais documentado de tipo universitário. Não parece ser possível definir um discurso típico da crítica dramática, uma vez que seus critérios de julgamento variam de acordo com as posições estéticas e ideológicas e de acordo com a concepção implícita que cada crítico tem da atividade teatral e da encenação. Poder-se-ia notar, hoje, uma conscientização da importância do encenador e de suas opções, uma abertura à experimentação e a quaisquer tentativas, mas também a sensação de estar desarmado para descrever um espetáculo e uma certa desconfiança em relação à teoria e às ciências humanas que oferecem seus serviços à análise do espetáculo.

📖 Lessing, 1767; Brenner, 1970; Dort, 1971: 31-48; *Travail Théâtral*, n. 9, 1972; *Yale Theater*, vol. 4, n. 2, 1973; Pavis, 1979a, 1985e: 135-144, "Le Discours de la Critique"; *Pratiques*, n. 24, 1979; Ertel, 1985. Ver também críticas recolhidas de R. Kemp, G. Leclerc, J.-J. Gautier, B. Poirot-Delpech, G. Sandier, R. Temkine, B. Dort, J.-P. Thibaudat, 1989.

CRÔNICA

↻ Fr.: *chronique*; Ingl.: *chronicle play*; Al.: *Chronik*; Esp.: *crónica*.

A crônica (*chronicle play* ou *history*) é uma peça baseada em acontecimentos históricos, por vezes registrados na crônica de um historiador -como por exemplo a de HOLINSHED (1577) para as crônicas de SHAKESPEARE. *King Johan* (1534) de John BALE é considerada a primeira crônica, porém as mais conhecidas ainda são as dez crônicas shakespearianas que, do *Rei João* a *Henrique VIII*, formam um afresco da *história** da Inglaterra, afresco este, composto no final do reinado de Elizabeth I, depois da vitória inglesa sobre a Invencível Armada (1588).

Esse gênero criado por BALE e por SHAKESPEARE, mas também por SACKVILLE e NORTON (*Gorboduc*, 1561), PRESTON (*Cambises*, 1569) e MARLOWE (*Eduardo II*, 1593) renova-se na peça histórica: SCHILLER (*Wallenstein*, *Maria Stuart*) GOETHE (*Egmont*) e hoje, com o teatro épico de BRECHT (*Galileu*) ou no *teatro documentário**. O interesse desse gênero é estar diretamente às voltas com a história, dramatizá-la por zelo de exatidão, mas também em razão do moralismo e da exemplaridade contemporânea. Apesar da fórmula quase sempre cronológica e factual, as fábulas das crônicas são organizadas de acordo com o ponto de vista e o discurso do historiador-dramaturgo, apreendidas numa forma de teatro, onde a literatura e a cena retomam seus direitos.

D

DANÇA-TEATRO

↻ Fr.: *danse-théâtre*; Ingl.: *dance theater*, Al. *Tanztheater*, Esp.: *Danza teatro*.

A dança-teatro (expressão traduzida do alemão *Tanztheater*) é conhecida sobretudo através da obra de P. BAUSCH, porém tem sua origem no Folkwang Tanz-Studio, criado em 1928 por K. JOOS, que foi professor de BAUSCH e proveio, ele próprio, da *Ausdruckstanz*, a dança expressionista alemã. A esta corrente da criação coreográfica contemporânea pertencem igualmente Johann KRESNIK (e seu "teatro coreográfico"), R. HOFFMANN, G. BOHNER e, na França, M. MARIN, J.-C. GALOTTA, J. NADJ e K. SAPORTA, os quais, apesar de não utilizarem este termo, são conhecidos como coreógrafos abertos à teatralidade e favoráveis à descompartimentação das artes cênicas (FEBVRE, 1995).

1. Razões de sua Emergência

Os anos 1970 marcam o retorno a uma arte mais figurativa, mais engajada e ancorada na história, mais atenta às histórias bem contadas: trata-se, no caso, de uma reação à radicalidade das vanguardas, à busca de uma especificidade das artes e, no que se refere à arte coreográfica, à dança pura. Assim, P. BAUSCH lança um olhar enternecido, porém crítico ao cotidiano, às relações entre os sexos, aos modos habituais de falar; KRESNIK dedica-se mais radicalmente à alienação sob todas as formas (*Ulrike Meinhof*); M. MARIN cria personagens inspiradas pelo universo depressivo de BECKETT (*May B.*); K. SAPORTA confronta corpos eletrizados e pirômanos com uma metalúrgica desativada (*La Brûlure*). Em todas estas experiências, a cena narra uma história, sem retornar ao argumento idealizado da dança clássica, distante da abstração e do formalismo da dança pós-moderna (de CUNNINGHAM, por exemplo). Ver GINOT, 1995.

2. Um Oxímoro Vital

Surgida como reação aos formalismos, a dança-teatro ultrapassa as oposições julgadas estéreis, como aquela do corpo e da linguagem, do movimento puro e da fala, da pesquisa formal e do realismo. Seu objetivo é fazer com que coexistam *cinese* e *mimese*; ela confronta a *ficção* de uma personagem construída, encarnada e imitada pelo ator, com a *fricção* de um dançarino, que vale por sua faculdade de inflamar a si próprio e aos outros através de suas proezas técnicas, de seu desempenho esportivo e *cinestésico**. A dança-teatro recoloca o dilema da dança sempre dividida entre a arte do movimento puro e a pantomima, com seu gosto por uma história simples.

3. A Estética da Dança-Teatro

Mais do que um teatro que vai dar na dança, no movimento e na coreografia, a dança-teatro é a dança que *produz efeito de teatro*.

a. Efeitos de teatralidade

Eles são sensíveis nos momentos em que os "dançatores" representam uma personagem, recorrem à representação mimética de situações: é o momento em que a cena parece ao mesmo tempo verossímil e exagerada. Ex.: as torturas infligidas a Ulrike Meinhof são tão espetaculares, sistemáticas e refinadas, que resultam numa acusação do aparelho de repressão da jovem democracia alemã (KRESNIK). Repetindo ao infinito uma ação banal, P. BAUSCH propõe uma teatralidade exagerada e cáustica, que desmascara os jogos de poder, as maneiras cotidianas de falar ou de comportar-se.

b. Efeitos de real

Tem-se a impressão de que a dança-teatro convoca e cita momentos e aspectos da realidade. A dança-teatro se alimenta da realidade, em vez de abstrair-se dela, como na dança pura; traz a realidade até si, em vez de afastar-se dela: daí os numerosos efeitos de realidade, nos quais a obra de arte parece invadida e substituída pela realidade ambiente.

c. Efeitos de encenação

A dança-teatro tem-se valido de todos os ingredientes de uma encenação teatral: o uso de textos – ditos, lidos ou pronunciados em voz *off* –, a atenção dispensada à cenografia, aos objetos, aos figurinos, à esmerada coordenação de todos os materiais cênicos. Disso resulta a criação de uma fábula e de uma dramaturgia que contam uma história – a partir das ações simbólicas das personagens – que "permanecem no seu papel" e são condutoras da dramaturgia. O *gestus* social, mais que os gestos individuais ou psicológicos, é o que conta: o movimento jamais é puro ou isolado e, sim, ligado a motivações psicológicas ou sociológicas. A dança-teatro aplica a si mesma o que J. MARTIN, ao comentar a dança de característica literária ou a pantomima, e pressentindo o Tanztheater de WIGMANN ou JOSS, escrevia em 1933 sobre esta dança que se aproxima do jogo dramático, da dança literária e da pantomima. "Neste tipo de dança, os problemas de desenhos espaciais e temporais são de menor importância. O processo de composição se desenvolve por meio de uma série de incidências, na maioria das vezes ligadas a fatores externos. Sua forma é regida por leis dramatúrgicas e o movimento desempenha um papel secundário" (1991: 71). Para a dança-teatro, esta dramaturgia exterior ao movimento sempre marca o retorno do teatro à dança, o retomo da *ficção* teatral à *fricção* coreográfica, a qual julgava ter conquistado e deslumbrado definitivamente o espectador, através do virtuosismo e da cinestesia. É dessa forma que se elabora a dança-teatro: a dança, obedecendo a uma dramaturgia e a uma encenação, vai ao encontro do teatro, sem jamais, no entanto, compreender ou pôr à prova a causa – frequentemente obscura e ilegível – que se propôs servir ao aliar-se a ele. Desta união antinatural entre dança e teatro originaram-se as mais belas produções do nosso tempo.

DECLAMAÇÃO

(Do latim *declamatio*, exercício da palavra.) Fr.: *déclamation*; Ingl.: *declamation*; Al.: *Deklamation*; Esp.: *declamación*.

1. Arte da *dicção** expressiva de um texto recitado pelo ator; ou, pejorativamente, forma muito teatral e cantada de pronunciar um texto em verso. MARMONTEL (1787) assinala seu vínculo com a música e a dança. "A declamação natural deu nascimento à música, a música à poesia; a música e a poesia, por sua vez, fizeram uma arte da declamação [...] Para dar à música mais expressão e verdade, pretendeu-se articular os sons empregados na melodia; portanto, ela exige palavras adaptadas aos mesmos números: daí a arte dos versos. Os números dados pela música e observados pela poesia convidavam a voz a marcá-los: daí a arte *rítmica**. O gesto acompanhou naturalmente a expressão e o movimento da voz; daí a arte *hipócrita* ou a ação teatral, que os gregos chamavam de *Orchesis*, os latinos *Saltado* e que nós aproveitamos para a dança" (1787, art. "Declamação"). Se a filiação entre declamação, música, *rítmica** e dança é suspeita, pelo menos o vínculo entre estes elementos do movimento vocal e corporal é admiravelmente percebido por MARMONTEL. Atualmente, este vínculo é objeto das pesquisas mais vanguardistas (BERNARD, 1976; MESCHONNIC, 1982).

No século XVIII, a declamação opõe-se à pura recitação e ao canto; ela é uma recitação "acompanhada pelos movimentos do corpo" (DU BOS, 1719) e aproxima-se do recitativo, tendo cada ator a obrigação de imprimir um ritmo ao texto, em função de sua pontuação, de seu "corte", de seu senso sintático e em função das "palavras de valor" que são destacadas da frase e postas em relevo.

A elocução do texto – a dicção trágica, muitas vezes lenta, ou a vivacidade cômica – depende do ator (e, se for o caso, das indicações de seu diretor): ele é quem condiciona a percepção do não dito do texto ou do discurso que foi passado a ele.

2. No entanto, a declamação é considerada – e isto desde o final do século XVIII – como uma maneira enfática e empolada de expressar o texto, ao passo que na época clássica era o meio "*natural**" de interpretação. O ator TALMA assinala o envelhecimento deste termo, assim como a forma de interpretação que ele representa: "Talvez seja oportuno salientar a inadequação da palavra *declamação*, da qual nos servimos para expressar a arte do comediante. Este termo, que parece designar algo distinto da elocução natural e que traz consigo a ideia de certa enunciação convencional – cujo emprego remonta provavelmente à época em que a tragédia era de fato cantada – não raro tem dado uma falsa orientação aos estudos dos jovens atores. Declamar, de fato, é falar com ênfase; portanto, a arte da declamação é falar como não se fala" (TALMA, 1825).

3. O termo declamação adquiriu muito rapidamente um sentido pejorativo, sinônimo de "discurso cheio de afetação" (RACINE, no seu primeiro prefácio de *Britannicus*) que se opõe a um pretenso *natural**. Mas, por outro lado, cada escola se proclama "natural" e acha a interpretação da trupe rival demasiado "declamatória". Assim é que RICCOBONI, em seus *Pensamentos Sobre a Declamação*, zomba da "expressão exagerada da declamação trágica" (1738: 36). E STREHLER pode escrever hoje: "Cada ator, em cada época, opõe-se ao ator precedente e o 'reforma', usando como base a verdade. Aquilo que era, ou parecia ser simples há vinte anos atrás, torna-se retórico, enfático, vinte anos depois" (1980: 154).

A questão da declamação não deve ser realizada, como muitas vezes acontece na atualidade, na loja de antiguidade. Se a prática teatral de hoje não se debruça mais sobre a teoria de uma declamação adequada, isso se deve, com exceção de alguns encenadores, ao fato de a declamação ser considerada, mais uma vez, uma enfermidade vergonhosa, ou, na melhor das hipóteses, útil para representar tragédias clássicas na Comédie-Française ou para impressionar acadêmicos.

Ora, a declamação é um dos modos da *dicção**, a qual, por sua vez, é um dos modos do *ritmo**, atualmente na encruzilhada dos estudos sobre o gesto, a *voz** e a *retórica** (MESCHONNIC, 1982). Sob este ponto de vista, a declamação supera o debate sobre o natural e o artificial e situa-se no centro de uma reflexão sobre a oralidade e a voz. A declamação, assim como o ritmo da encenação, continua a ser uma noção construída, um sistema de convenções cujo defensor foi MEIERHOLD, opondo-se a STANISLÁVSKI: "Toda a essência do ritmo cênico, escreveu ele, está nas antípodas daquela da realidade, da vida cotidiana" (1973, vol. I, 129).

Certos encenadores, como VILLÉGIER, VITEZ ou RÉGY, procuram acentuar a artificialidade da declamação teatral, distanciar o verso da banalidade da linguagem cotidiana, atribuir o sentido de um ritmo e de uma retórica, tanto verbal quanto gestualmente (eles fazem com que se ouça as doze sílabas do alexandrino, as diéreses, a alternância das rimas masculinas e femininas, a extensão desigual dos pés). Paradoxalmente, uma vez instalado este mecanismo, o diretor pode se dar ao luxo de apresentar certos versos como naturais (por exemplo: "Não, não olhemos para ela, respeitemos sua dor", *Bérénice*, ato III, cena 2), e chocar o ouvinte, cujo ouvido acaba de ser readaptado à declamação. Esta alternância entre o efeito de natural e a música permite-lhe lutar contra a banalização da recitação, concessão feita até pela própria Comédie-Française. Desta maneira, toda uma reflexão sobre o *procedimento** literário, a *convenção** teatral, a *teatralidade** e o valor coercitivo do discurso passa por uma redescoberta da declamação.

Dorat, 1758-1767; Engel, 1788; Chancerel, 1954; Aslan, 1963, 1974; Klein, 1984; Bernard, 1986; Bernardy, 1988; Regnault e Milner, 1987; Regnault, 1996; J. Martin, 1991.

DECORO

Ver *Bom-tom*.

DECUPAGEM

↻ Fr.: *découpage*; Ingl.: *découpage, segmentation*; Al.: *Découpage, Segmentierung*; Esp.: *segmentación*.

A decupagem ocorre quando o espectador se esforça para analisar a impressão global causada pelo espetáculo, e é induzido a buscar as unidades e seu funcionamento. No século XIX, falava-se no *corte* de um texto dramático: a maneira pela qual ele é dividido concretamente e como é construído. Decupar não é uma atividade teórica perversa e inútil, que destrói o efeito de conjunto; ao contrário, é uma tomada de consciência do modo de fabricação da obra e do sentido. A decupagem parte da estrutura narrativa, cênica e lúdica.

Não existe somente um tipo possível de decupagem da representação, sendo que o modo de segmentação e a determinação das *unidades mínimas** influem consideravelmente na produção de sentido do espetáculo.

1. Decupagem Exterior

O texto dramático raramente se apresenta sob a forma de um bloco compacto de diálogos. Frequentemente, ele é cindido em *cenas**, *atos** ou *quadros**. Os signos de segmentação, como abrir ou fechar a cortina, a luz ou a escuridão, a imobilização dos atores, os intermédios musicais e as pantomimas, são meios objetivos de pontuar a ação. Não obstante, esta decupagem nem sempre tem outro objetivo senão o de esclarecer (as entradas e saídas, os lugares cênicos etc.). Ora, a estruturação do texto e do espetáculo deve responder a critérios mais objetivos, estabelecidos em função das mudanças de regime da ação ou do emprego de materiais cênicos.

2. Decupagem Transversal e Decupagem Longitudinal

A decupagem longitudinal é feita de acordo com o eixo *temporal*, quando se distinguem diversas sequências de acordo com o desenvolvimento do espetáculo: trata-se da análise da fábula ou da ação.

No momento em que se tenta deslindar os inúmeros *materiais** cênicos, inventariando os sistemas cênicos utilizados, decupa-se (transversalmente) um dado momento (uma cena ou uma *situação**) da representação.

A primeira escolha a fazer para estas decupagens é, portanto, tomar a decisão de trabalhar em cima do texto dramático ou da encenação.

3. Decupagem em Sistemas Cênicos

a. Enquadramento

A *encenação** realiza a primeira e a mais fundamental das decupagens. Ao visualizar certos aspectos e ao excluir outros do *quadro** da representação, ela faz uma opção à base da evidência do sentido. Este enquadramento organiza o palco hierarquicamente ao centrar-se nos elementos que ele deseja valorizar, estabelecendo toda uma escala no uso dos materiais cênicos de importância variável (*focalização**).

b. Enumeração dos signos da representação

Um levantamento de todos os estímulos emitidos pelo palco põe em evidência uma variedade de sistemas, tais como: música, texto, mímica, marcação etc. Entretanto, apesar de seu interesse pedagógico e pragmático, esta enumeração limita-se a uma descrição muitas vezes positivista do palco; particularmente, ela não dá conta dos vínculos entre os materiais, do valor dominante dos mesmos e da escolha mais ou menos imposta ao espectador. Tampouco leva em consideração o desaparecimento, nas encenações contemporâneas, das fronteiras entre o ator e o objeto, a música, a sonoplastia ou o texto cantado, a iluminação e a plástica cênica.

Do mesmo modo, as decupagens a partir de signos auditivos e signos visuais, a partir dos canais de transmissão ou da origem da emissão (palco/personagem), reduzem injustamente a encenação a um conjunto de signos expressos intencionalmente como um sistema mecânico.

4. Decupagem Dramatúrgica

Uma segmentação da representação a partir das unidades dramáticas é muito mais satisfatória. Ela se baseia nas indicações espaço-temporais disseminadas pelo texto e que a encenação usa para distribuir a matéria narrativa conforme o espaço-tempo da cena. Esta decupagem sempre é possível pelo fato de recorrer a acontecimentos e fatos sempre situados no espaço e no tempo (da história "narrada" e da encenação "narrante"). Este tipo de segmentação narratológica propõe uma sequência *definições** ou *motivos**, e extrai da peça (como de qualquer outro tipo de discurso) um modelo lógico-temporal (*análise da narrativa**). A dramaturgia clássica afirma, por exemplo, tanto a unidade de ação (ARISTÓTELES), quanto a decomposição de toda a fábula em várias etapas: *exposição**, ascenso da ação, clímax, queda, *catástrofe**. Do ponto de vista do conflito, a cadeia é a seguinte: crise e estabelecimento do nó, peripécia e desenlace. Esta segmentação vai ao encontro daquelas das análises das situações dramáticas: ambas agrupam dados do texto e da cena, delimitam as situações através das entradas e saídas das personagens. É delicado, porém importante, estabelecer a distinção entre a segmentação da *história** (a fábula narrada) e a segmentação da narrativa (*discurso** narrante). As duas decupagens geralmente não são correspondentes, visto que o dramaturgo tem toda a liberdade de apresentar seus materiais conforme a ordem (o discurso) que ele desejar.

A demarcação da forma dramatúrgica é feita de maneira bastante intuitiva, porém sempre em função da unidade e da globalidade de um projeto de sentido dramatúrgico. Esta unidade ou forma agrupa um jogo de cena, um comportamento de uma personagem, um elo da fábula etc.

A decupagem também é feita eventualmente de acordo com as mudanças de situações, isto é, as modificações das *configurações** actanciais.

5. Decupagem Conforme o *Gestus*

A decupagem em unidades dramatúrgicas não está muito distante do método brechtiano de investigação dos diferentes *gestus** da peça. Cada *gestus* particular corresponde a uma ação cênica e agrupa, com base no modo da gestualidade e das atitudes, os pontos fortes das ações. Este tipo de decupagem oferece, por fim, a vantagem de partir do trabalho cênico concreto e da marcação das comédias e da *fábula**. A narrativa segmentada é aquela da evolução e da transformação dos diferentes *gestus*.

6. Outras Decupagens Possíveis

As decupagens acima descritas (com exceção do *gestus*), nem sempre são *especificamente* teatrais. Em particular, elas não levam em conta a situação de enunciação e os *dêiticos**, que estão sempre ligados ao presente e à ocorrência da interpretação. As pesquisas de A. SERPIERI (1981), depressa demais abandonadas, ao contrário, mostram-se preocupadas em segmentar conforme a enunciação teatral e de acordo com as unidades pertencentes ao texto e à representação. Portanto, em vez de decupar conforme a fábula, a lógica das ações etc., ele destaca, em todo texto dramático, segmentos que se caracterizam por sua "orientação indicial e performática": a partir de uma personagem que se dirige a um interlocutor (outra personagem, cena ou público), ordena-se um conjunto de relações que ligam todos os elementos cênicos a uma mesma situação espaço-temporal e a uma instância do discurso. Dá-se, dessa forma, o surgimento de uma nova "orientação performática-dêitica" – quer dizer, a fixação do discurso numa nova situação e numa "*ação falada**" em cena – que segmenta o espetáculo e encaminha a dinâmica dos discursos das personagens (ELAM, 1980).

Composição, unidade mínima, dramaturgia, estrutura dramática, semiologia.

Kowzan, 1968; Jansen, 1968, 1973; Pagnini, 1970; Serpieri, 1977, 1981 (*in* Amossy, 1981); Rutelli, Kemeny, *in* Serpieri, 1978; Ruffini, 1978; de Marinis, 1979.

DEDICATÓRIA

Fr.: *dédicace*; Ingl.: *dedication*; Al.: *Widmung*; Esp.: *dedicatoria*.

Texto, frequentemente impresso com o texto dramático, no qual o *autor** faz a doação simbólica de sua obra a uma pessoa ou a uma instituição. Na época clássica, quando os escritores tinham necessidade da proteção material e do aval moral de figuras poderosas, a dedicatória tornou-se uma formalidade indispensável para assegurar sua existência e evitar aborrecimentos. CORNEILLE curvou-se a este costume com uma obsequiosidade muito particular (*cf.* sua dedicatória a Montoron para *Cinna*), mas essa era a regra do jogo... Hoje em dia, acontece de os autores dedicarem sua peça ao encenador, quando da criação (*nota introdutória**).

DÊIXIS

Palavra grega para a ação de mostrar, indicar. Termo de linguística, a dêixis é uma expressão que assume sentido na *situação de enunciação**: lugar e momento, locutor e ouvinte têm existência apenas em relação à mensagem transmitida. Entre os dêiticos, figuram os pronomes pessoais (eu, tu, você), os verbos no presente, os advérbios de tempo e lugar, os nomes próprios, assim como todos os recursos mímicos, gestuais ou prosódicos para indicar as coordenadas espaço-temporais da situação de enunciação (BENVENISTE, 1966: 225-285).

1. A dêixis desempenha um papel fundamental no teatro, a ponto de constituir uma de suas características específicas. Com efeito, tudo o que ocorre no palco está intimamente ligado ao local de sua *ostensão**, só adquirindo sentido porque é mostrado e oferecida à vista. É a situação exterior ao texto linguístico que esclarece este à luz do enfoque desejado pelo encenador. Cada locutor (personagem, ou qualquer outra instância de discurso verbal ou icônico) organiza a partir dele seu espaço e seu tempo, entra mais ou menos em comunicação com os outros, reconduz todo o seu discurso (suas ideias sobre o mundo, sua ideologia) para si próprio e para seus interlocutores diretos: ele é egocêntrico por natureza e por necessidade. Esta atividade de (de)monstração é considerada, desde ARISTÓTELES, como fundamental para o ato teatral: mostram-no (ou imitam-no) personagens no ato de se *comunicar**. Exibe-se a "palavra em cena".

2. São inúmeros os dêiticos (isto é, as formas concretas da dêixis) no teatro: em primeiro lugar, a *presença** concreta do ator: o fato de ele estar *aureolado* por esta presença física perante o público o impede de se anular para não ser mais que a representação codificada de maneira unívoca e definitiva. Em seguida, é a sua *gestualidade** que nos recorda sem cessar, através da *mímica**, do olhar, da *atitude**, que ele permaneceu sempre em *situação**. Por fim, a cena, em sua totalidade, só existe enquanto espaço sempre vivenciado como presente e submetido ao ato perceptivo do público; o que ocorre ali (o que é ali "performado"), só existe por causa da simples ação de enunciação. Por uma convenção implícita, o discurso da personagem significa e representa (mostra/assemelha-se a) aquilo de que ele está falando. Da mesma forma que um ato performático (ex.: "eu juro"), o discurso teatral é "ação falada" (PIRANDELLO).

3. A cena desempenha o papel de um locutor que se dirige a um público e que determina seu sentido de acordo com as leis de um intercâmbio verbal. Uma vez claramente definidos lugar e tempo para o espectador, o âmbito da atuação fica delimitado e todas as convenções e substituições na representação do universo dramático passam então a ser possíveis.

A dêixis é igualmente a instância que coloca os diversos elementos da cena em relação, que aponta (indica/mostra) na direção da mensagem estética a ser recebida (*índice**).

O ator é, por excelência, um dos elementos dêiticos do espetáculo. Todo *espaço** e *tempo** se organizam a partir dele, como uma espécie de auréola que não o abandona jamais. Deste modo, explica-se por quê o teatro não necessita de nenhuma figuração cênica a partir do momento que o enunciador, através da fala ou do gesto, *indica* de onde está falando. O teatro pode usar todos os meios épicos (relatos, comentários) que desejar; ele permanece sempre vinculado à sua proferição dêitica e esta proferição dá a cena sua coloração emocional. Portanto, em vez de resumir o texto dramático numa fábula ou numa imitação da realidade, é preferível ver nele uma espacialização de diferentes falas, "um processo dinâmico de um cruzamento de instância de discurso" (SERPIERI, 1977). De maneira alguma é necessário um narrador para se descrever a situação dêitica, visto que ela é dada a ver (*ostensão**) e que a cena "vive" num presente permanente. Desta forma, vêm sendo legitimamente realizadas algumas tentativas para segmentar o texto dramático em função das direções da fala, dos vínculos que se tecem entre personagens e da orientação geral do diálogo rumo a uma culminância, um tempo morto ou cíclico.

4. A localização dos dêiticos no texto é, não obstante, insuficiente para dar conta da representação: esta utiliza, com efeito, muitos outros dêiticos. Além do mais, intervém:

a. Cenografia

Em função do público, ela orienta o conjunto de signos emitidos pelo palco. O melhor elenco nada consegue se atuar num lugar contrário àquele exigido pela situação dramática da peça.

b. Gestualidade e mímica

O texto não é simplesmente *dito*, ele é, por exemplo, lançado na cara do outro, ou dito "no ar" ou posto em circulação. A mímica o modula, o *modaliza** e o encaminha para a direção desejada.

c. Passagem do plano real para o plano figurado ou fantasioso

O discurso passa sem cessar de uma situação concreta, ligada ao palco, para um plano imaginário no qual as orientações dêiticas são totalmente fantasiosa e movediças. Pode-se então distinguir entre os dêiticos concretos e os dêiticos figurados, para a seguir observar a translação de um para o outro.

d. Encenação

Ela agrupa e relativiza, numa metadêixis, todos os movimentos do palco; ela forma aquilo que BRECHT chama o *Gestus** de entrega do espetáculo para o espectador.

Presença, decupagem, semiologia, pragmática.

Honzl, 1940; Jakobson, 1963: 176-196; Velstruský, 1977; Serpieri, 1977; Serpieri (et *al.*), 1978.

DELIBERAÇÃO

Fr.: *délibération*; Ingl.: *deliberation*; Al.: *Überlegung*; Esp.: *deliberación*.

Termo de dramaturgia clássica, na verdade emprestado da retórica. Cena em que a personagem evoca um conflito interior dilacerante (frequentemente de origem política), num *monólogo** ou em *estâncias**, esforçando-se para tomar uma decisão, às vezes ajudada por conselheiros. O orador expõe suas motivações e seus argumentos, hesita longamente ou dispõe-se a escolher a solução menos ruim.

Fumaroli, 1972; Pavis, 1980d.

DEMONSTRAÇÃO DE TRABALHO

Fr.: *démonstration de travail*; Ingl.: *work demonstration*; Al.: *Arbeitsvorführung*; Esp.: *demonstración de trabajo*.

Apresentação, por uma atriz ou ator, de alguns momentos de seu treinamento, de sua preparação, tendo em vista um papel ou uma encenação, bem como sua pesquisa fundamental de voz, gesto, memória etc. Não se trata de um ensaio, nem de uma apresentação especial, nem de um *one-(wo)man show*, porém de uma forma de fazer com que se compreenda a preparação individual do artista cênico. Muitas vezes a demonstração é retomada no âmbito de estágios, festivais ou colóquios; assim fixada, ela se torna um miniespectáculo, o que parece contradizer as intenções iniciais, e deriva para um *exercício de ator**.

DENEGAÇÃO

(Tradução do alemão *Verneinung*.)
Fr.: *dénégation*; Ingl.: *denial, dénégation*; Al. *Verneinung*; Esp.: *denegación*.

Termo de psicanálise que designa o processo que traz à consciência elementos reprimidos e que são ao mesmo tempo negados (ex.: "Não acredite que eu lhe queira mal").

A situação do espectador que experimenta a *ilusão** teatral embora tendo a sensação de que aquilo que está vendo não existe realmente, constitui um caso de denegação. Esta denegação institui a cena como o lugar de uma manifestação de *imitação** e de ilusão (e, consequentemente, de uma *identificação**); porém ela contesta o engodo e o imaginário, e recusa reconhecer na personagem um ser fictício, fazendo dela um ser semelhante ao espectador. A denegação da identificação permite ao espectador libertar-se dos elementos dolorosos de uma representação, levando estes elementos à conta de um ego infantil anterior, e de há muito reprimido. Como a criança (descrita por FREUD) que tem prazer na brincadeira do carretel jogado e depois recuperado, em ser ao mesmo tempo ator e espectador, a denegação faz a cena oscilar entre o *efeito de real** e o *efeito teatral**, provocando alternadamente identificação e *distanciamento**. É nesta dialética que reside, provavelmente, um dos *prazeres** sentidos na representação teatral.

📖 Freud, 1969, vol. 10:161-168; Mannoni, 1969; Ubersfeld, 1977a: 46-54 e 260-261, 1981: 311-318; Ostergaard, 1986.

DESCRIÇÃO

↻ Fr.: *description*; Ingl.: *description*; Al.: *Beschreibung*; Esp.: *descripción*.

O teatro já aconteceu no exato instante em que se começa a falar dele. A descrição da representação só é possível a partir das lembranças do espectador ou de documentos necessariamente fragmentários: anotações de encenação (que, no entanto, não são a encenação), esquemas ou fotos (que congelam o acontecimento), gravações audiovisuais (que instauram sua própria decupagem).

1. Incerteza das Noções e das Finalidades

"Análise", "descrição", "interpretação" do espetáculo ou da representação ou da encenação: a incerteza dos termos trai uma não menos grande incerteza de uma das mais importantes tarefas da semiologia teatral: atribuir sentido a um conjunto de materiais heterogêneos reunidos num tempo e num espaço para um determinado público. Parece evidente que o trabalho não pode ser iniciado enquanto não se levantar um conjunto mínimo de dados sobre o espetáculo; porém, como organizar e instaurar este levantamento? Trata-se de preparar o terreno para uma segunda etapa, que seria a interpretação? Ou se trata, ao contrário, de definir de imediato a organização do sentido no ato da descrição? É necessário distinguir descrição e notação? A descrição passa necessariamente pela linguagem articulada? Um método "objetivo", não vinculado à descrição verbal, seria concebível?

2. Descrição e Notação

🔖 O termo *notação* é usado para registro de marcações e de tudo o que ocorre durante o espetáculo. Tanto é feita pelo assistente de direção quanto por uma pessoa especialmente encarregada do registro do processo de criação (muitas vezes, o próprio *dramaturgo** (sentido 2). (N. de T.)

Se a nuance entre análise, descrição ou notação do espetáculo não é clara, isto se dá porque análise e notação são atividades muito próximas: não se pode analisar sem anotar qualquer coisa; e, de maneira inversa, anotar jamais será uma operação neutra que prescinde do sentido e da interpretação. É comum apresentar-se a análise, seja ela descrição ou notação, como um empobrecimento do espetáculo, a redução de uma realidade complexa a um esquema simplista. Que haja ocorrido transformação, é evidente. Mas esta transformação não é necessariamente uma redução; ela seria antes o único meio para se apreender o sentido do espetáculo, uma modelização e um modelo reduzido. A redução do espetáculo no ato da análise ou da notação não é de ordem técnica e, sim, teórica. A redução não ocorre porque as máquinas usadas para registrar ou as técnicas de notação ainda são primitivas e insuficientes para anotar a encenação; ela ocorre porque anotar transforma o objeto analisado. Anotar é fazer uma seleção, é passar do concreto para o abstrato, propor uma escolha teórica a partir do objeto empírico que é o espetáculo antes que se reflita sobre ele.

A pergunta é: seria possível admitir, entretanto, o princípio de uma metodologia geral da descrição – a saber, um sistema de notação ou um método de análise ou de leitura que sejam adaptáveis a qualquer objeto teatral? Para responder a esta pergunta, é preciso distinguir imediatamente entre uma análise que vise anotar o espetáculo e uma análise que objetive descrevê-lo para comentá-lo e interpretá-lo verbalmente. Ao fazer isso, reintroduz-se uma distinção entre notação e interpretação que deve necessariamente ser questionada. *Anotar um espetáculo será sempre, com efeito, guardar* o que é notável no interior de um projeto global de sentido, no âmbito de uma apreensão sintética do espetáculo ou, pelo menos, de uma porção do espetáculo. Chega-se portanto a um círculo lógico: só se anota e se descreve aquilo que é percebido como notável; portanto, aquilo que está já e imediatamente anotado, a saber, aquilo que já tem função e sentido num conjunto muito mais amplo e já constituído, aquilo que faz sentido numa encenação.

3. Descrição e Encenação

Se a análise não quiser se perder numa descrição de signos isolados, numa enumeração não estruturada de códigos, o procedimento de notação do menor índice deve ser feito no interior de um conjunto já constituído num sistema semiótico que tenha suas próprias regras e que seja percebido de imediato como coerente. A noção de *encenação* é então indispensável, porém desde que seja entendida não como o trabalho individual do encenador ou, menos ainda, como a passagem do texto para o palco, mas, sim, como sistema estrutural de uma enunciação cênica – isto é, como colocação em conjunto e em relação com sistemas significantes, e também como visualização em função de sua recepção por um público, em si, variável e ativo. A descrição ou a notação só é possível enquanto análise que pressupõe uma síntese – síntese esta, aliás, móvel e sempre desconstrutível. A encenação fornece um cômodo *quadro** teórico para este trabalho de enquadramento e de análise do sentido, da análise e da síntese.

4. Estabelecimento do Texto do Espetáculo

Tenta-se ligar a descrição do espetáculo à análise actancial e/ou narratológica, destacando-se microssequências. No interior destas microssequências, são reagrupados séries de signos, tanto transversalmente (ou seja, de acordo com a densidade dos diversos sistemas num curto lapso de tempo) quanto horizontalmente (no âmbito de uma unidade narrativa). A ideia é reagrupar em quadros conjuntos de ritmos diferentes, tomando-se o cuidado de observar as redundâncias, as mudanças de ritmo, a passagem do quantitativo para o qualitativo. Pouco a pouco está esboçado o *texto espetacular**.

Em vez de descrever tudo como um escriba consciencioso, cumpre explicar sobre quais princípios é construído o texto espetacular, qual é sua *coerência**, sua produtividade, seu dinamismo. Trata-se de procurar uma coerência mínima na série de signos e sistemas significantes, de modo a apreender a orientação das séries, a julgar redundâncias e novas informações. A descrição jamais implica uma clarificação de todos os signos; ao contrário, ela inclui uma reflexão sobre os locais de indeterminação do texto espetacular e sobre a eventual resposta que a representação dá aos locais de indeterminação do texto dramático. Assim, a recepção aparece como que guiada, ao menos em parte, por alguns signos privilegiados do texto e da representação, por um percurso através das ambiguidades levantadas e das ambiguidades incontornáveis. Percursos sensíveis são assim propostos pela descrição: estamos longe, como se vê, de uma visão positivista e tecnicista da descrição. Descrever impõe que seja levada em conta a enunciação cênica, a qual se define como a operacionalização, no espaço e no tempo, de todos os elementos cênicos e dramatúrgicos julgados úteis à produção do sentido e à sua recepção pelo público.

📖 Bouchard, 1878; *Theaterarbeit*, 1961; Bowman e Bali, 1961; Mehlin, 1969; *Voies de la Création Théâtrale*, 1970, 1985; Pavis, 1979*b*, 1981*a*, 1985*e*, 1996; Mc Auley, 1984; Kowzan, 1985; Gomez, 1986; Hiss, 1990; Pierron, 1994.

DESENLACE

↩ Fr.: *dénouement*; Ingl.: *denouement, unraveling*; Al.: *Lösung, Enthüllung*; Esp.: *desenlace*.

Para a dramaturgia clássica, o desenlace situa-se no final da peça, exatamente depois da peripécia e do ponto culminante, no momento em que as contradições são resolvidas e os fios da *intriga** são desembaraçados. O desenlace é o episódio da comédia ou da tragédia que elimina definitivamente os conflitos e obstáculos. A poética normativa (de ARISTÓTELES, de VOSSIUS, de D'AUBIGNAC ou de CORNEILLE) exige dele que conclua o drama de maneira verossímil, concentrada e natural: o *deus ex machina**

deverá ser empregado apenas em casos excepcionais, unicamente quando a intervenção dos deuses pode desatar uma situação bloqueada. O espectador deve obter todas as respostas às perguntas sobre o destino dos protagonistas e a conclusão da ação. Ao contrário, uma dramaturgia aberta (*épica** ou *absurda**, por exemplo) negar-se-á a dar à ação a aparência de um esquema definitivo e *resolvido*. O desenlace clássico, diferentemente, por exemplo, do drama romântico ou do melodrama, apresenta-se frequentemente sob a forma de relato para respeitar as conveniências. Os autores, para evitar o desenlace trágico da catástrofe, têm-se esforçado em suavizar o desenlace (evitando as mortes, facilitando as reconciliações ou relativizando o trágico numa visão absurda ou tragicômica do mundo).

DEUS EX MACHINA

↻ Fr.: *deus ex machina*; Ingl.: *deus ex machina*; Al.: *Deus ex machina*; Esp.: *deus ex machina*.

O *deus ex machina* (literalmente o deus que desce numa máquina) é uma noção dramatúrgica que motiva o fim da peça pelo aparecimento de uma personagem inesperada.

1. Em certas encenações de tragédias gregas (especialmente EURÍPIDES), recorria-se a uma máquina suspensa por uma grua, a qual trazia para o palco um deus capaz de resolver, "num passe de mágica", todos os problemas não resolvidos. Por extensão e figurativamente, o *deus ex machina* representa a intervenção inesperada e providencial de uma personagem ou de alguma força qualquer capaz de desenredar uma situação inextricável. Segundo ARISTÓTELES (*Poética*), o *deus ex machina* só deve intervir "para acontecimentos que se passaram antes, acontecimentos que o homem não pode saber, ou por acontecimentos que se passaram depois e têm necessidade de ser preditos e enunciados" (1454b). A surpresa deste tipo de desenlace é, necessariamente, total.

2. O *deus ex-machina* é usado, muitas vezes, quando o dramaturgo encontra dificuldade para achar uma conclusão lógica e quando procura um meio eficaz para resolver de uma só vez todos os conflitos e contradições. Ele não parece necessariamente artificial e irrealista se o espectador acreditar na filosofia na qual a intervenção divina ou irracional é aceita como *verossímil**.

3. A comédia usa de subterfúgios aparentados ao *deus ex machina*: reconhecimento ou volta de uma personagem; descoberta de uma carta, herança inesperada etc. Neste caso, uma parcela de acaso é admitida nas ações humanas. Para a tragédia, em compensação, o *deus ex machina* não é efeito do acaso e, sim, o instrumento de uma vontade superior; é mais ou menos motivado, sendo artificial ou inesperado apenas na aparência.

4. Por vezes, o *deus ex machina* é um meio irônico de terminar uma peça sem iludir sobre a verossimilhança ou a necessidade do epílogo. Ele se torna um meio para colocar em dúvida a eficácia das soluções divinas ou políticas: por exemplo, a chegada do chefe de polícia, no *Tartufo* é, ao mesmo tempo, uma piscadela de MOLIÈRE ao poder monárquico e uma forma de demonstrar o poder e o perigo dos falsos devotos na sociedade do século XVII. Na *Ópera de Três Vinténs* ou em *A Alma Boa de Se-Tsuan*, BRECHT se valeu deste procedimento para "concluir sem concluir" e para conscientizar o público de sua faculdade de intervenção na realidade social. Dessa forma, atualmente o *deus ex machina é*, com frequência, uma personagem que serve de duplo irônico do dramaturgo.

🔍 Motivação, epílogo, reconhecimento.

📖 Spira, 1957.

DIÁLOGO

↻ (Do grego *diálogos*, discurso entre duas pessoas.)
Fr.: *dialogue*; Ingl.: *dialogue*; Al.: *Dialog*; Esp.: *diálogo*.

Conversa entre duas ou mais personagens. O diálogo dramático é geralmente uma troca verbal entre as personagens. Outras comunicações dialógicas sempre são possíveis: entre uma personagem visível e uma personagem invisível (*teicoscopia**), entre um homem e um deus ou um espírito (*cf. Hamlet*), entre um ser animado e um ser inanimado (diálogo com ou entre máquinas, conversa telefônica etc.). O critério essencial do diálogo é o da troca e da reversibilidade da *comunicação**.

1. Diálogo e Forma Dramática

O diálogo entre personagens é amiúde considerado como a forma fundamental e exemplar do drama. A partir do momento que concebemos o teatro como apresentação de personagens atuantes, o diálogo passa a ser "naturalmente" a forma de expressão privilegiada. Em contrapartida, o *monólogo** parece um ornamento arbitrário e aborrecido que não é visto como adequado à exigência de verossimilhança nas relações inter-humanas. O diálogo parece ser o meio mais apto para mostrar como se comunicam os locutores: o *efeito** de realidade é então muito mais forte, porquanto o espectador tem a sensação de assistir a uma forma familiar de comunicação entre pessoas.

2. Do Monólogo ao Diálogo

Contudo, embora seja útil distinguir estas duas formas de texto dramático, seria perigoso colocá-los sistematicamente em oposição. Diálogo e *monólogo** jamais existem sob uma forma absoluta; além disso, a transição entre os dois é muito fluida e tem-se a vantagem de distinguir entre vários graus de dialogismo ou de monologismo numa mesma escala contínua (MUKAŘOVSKÝ, 1941). Assim, o diálogo do drama clássico é muito mais uma sequência de monólogos organizados de maneira autônoma do que um jogo de réplicas semelhante a uma conversa animada (como no diálogo quotidiano). Inversamente, muitos monólogos, apesar de sua disposição tipográfica unitária e de seu sujeito único de enunciação, são, na verdade, apenas diálogos da personagem com uma parte de si mesma, com uma outra personagem de sua fantasia ou com o mundo tomado como testemunha.

3. Tipologia dos Diálogos

Inventariar todas as variantes possíveis do diálogo teatral seria um desafio difícil, por isso contentar-nos-emos em diferenciar os diálogos de acordo com diversos critérios:

a. *Número de personagens*

O conhecimento da respectiva *situação** dos protagonistas permite distinguir vários tipos de comunicação (igualdade, subordinação, relações de classes, vínculos psicológicos).

b. *Volume*

Há diálogo quando as falas das personagens se sucedem num ritmo suficientemente elevado; sem isto, o texto dramático assemelha-se a uma sucessão de monólogos que só mantêm relações distante entre si. A forma mais evidente e espetacular de diálogo é a do duelo verbal ou *esticomitia**. O tamanho das falas é função da dramaturgia empregada na peça. Na tragédia clássica, que não busca que os discursos das personagens sejam dados de forma naturalista, as diferentes falas serão construídas de acordo com uma retórica muito sólida: a personagem expõe aí, amiúde muito logicamente, sua argumentação à qual seu interlocutor poderá responder ponto por ponto. Para o teatro naturalista, o diálogo é tomado diretamente do discurso quotidiano dos homens, com tudo o que ele tem de violento, elíptico ou inexprimível; por isso mesmo, ele dará uma impressão de espontaneidade e de desorganização, reduzindo-se a uma troca de gritos ou de silêncios (HAUPTMANN, TCHÉKHOV).

c. *Relação com a ação*

No teatro, conforme uma convenção tácita, o diálogo (e qualquer discurso das personagens) é "ação falada" (PIRANDELLO). Basta que os protagonistas tenham uma atividade linguística para que o espectador imagine a transformação do universo dramático, a modificação do esquema actancial, a dinâmica da ação. A relação do diálogo com a ação é, todavia, variável conforme as formas teatrais:

– na tragédia clássica, o diálogo desencadeia simbolicamente a ação; ele é, ao mesmo tempo, sua causa e sua consequência;
– no drama naturalista, o diálogo é apenas a parte visível e secundária da ação; é, antes de mais nada, a situação, as condições psicossociais dos caracteres que fazem a intriga avançar: o diálogo tem apenas uma função de barômetro ou de revelador.

O diálogo e o discurso são as únicas ações da peça: o ato de falar, de enunciar frases é que constitui uma ação performática (*cf.* MARIVAUX, BECKETT, ADAMOV, IONESCO).

4. Intercambialidade das Pessoas

O diálogo demonstra uma troca entre um *eu* locutor e um *tu*, *você* ouvinte, cada ouvinte assumindo, por seu turno, o papel de locutor. Tudo aquilo que é enunciado só tem sentido no contexto desta ligação social entre locutor e ouvinte. Isto explica a forma por vezes alusiva do diálogo, que usa mais a situação de enunciação do que a informação trazida por cada réplica. Inversamente, o monólogo deve começar nomeando as personagens ou as coisas às quais se dirige: ele se refere, antes de mais nada, ao mundo do qual fala (o *ele*). O *eu* do diálogo, ao contrário, fala a um outro *eu* e, portanto, insiste facilmente em sua função metalinguística ou fática. Ele insere réplicas no espaço e, neste cruzamento de enunciações, faz desaparecer totalmente um centro de gravidade fixo ou um sujeito ideológico preciso (por isso a dificuldade, no teatro, de se reencontrar a origem da fala e captar-se o sujeito ideológico na multiplicidade de locutores).

A característica do diálogo é não estar nunca terminado e provocar, necessariamente, uma resposta do ouvinte. Desta forma, cada dialogante aprisiona o outro no discurso que acaba de proferir, obrigando-o a responder de acordo com o contexto proposto. Desse modo, todo diálogo é uma luta tática entre dois manipuladores do discurso: cada um procura impor seus próprios pressupostos (lógicos e ideológicos), forçando o outro a situar-se no terreno que ele tenha escolhido para si (DUCROT, 1972).

5. O Diálogo Dentro de uma Teoria Semântica do Discurso

O contexto global do conjunto de réplicas de uma personagem, assim como as relações entre os contextos, são determinantes para definir a natureza dialógica ou monológica do texto. Três casos de diálogos são definíveis segundo a relação dos dois contextos:

a. Caso normal do diálogo: os sujeitos do diálogo têm em comum uma parte de seu contexto; falam, portanto, *grosso modo*, "da mesma coisa" e são capazes de trocar certas informações.

b. Os contextos são totalmente estranhos um ao outro: mesmo que a forma externa do texto seja a de um diálogo, as personagens, na realidade, apenas superpõem dois monólogos. Seu diálogo é um "diálogo de surdos". Como dizem os alemães, eles nada mais fazem do que "falar passando um ao largo do outro" (*Aneinandervorbeisprechen*). Encontramos esta forma de falso diálogo em dramaturgias pós-clássicas, quando a troca dialética entre as personagens e seus discursos não mais existe (TCHÉKHOV, BECKETT).

c. Os contextos são quase idênticos: as réplicas não mais se opõem, porém partem de uma mesma boca. É o caso do drama lírico, no qual o texto não pertence propriamente a um caráter, sendo distribuído "poeticamente" entre as personagens: monólogo de várias vozes que nos faz lembrar certas formas musicais em que cada instrumento ou voz soma-se ao conjunto.

6. Divergência ou *Coerência** dos Diálogos

O que produz a impressão de um *verdadeiro* diálogo entre personagens (e não de um monólogo decupado em diálogos e distribuído a esmo), é a grande coerência deste tipo de diálogo muito "fechado". Com efeito, o diálogo dá a impressão de coerência e de unificação quando: 1) seu *tema** é quase o mesmo para os dialogantes, ou 2) a *situação** de enunciação (o conjunto da realidade extralinguística das personagens) é comum aos locutores.

a. Quando as personagens falam da mesma coisa, seus diálogos são geralmente compreensíveis e dialéticos, mesmo que, por outro lado, os dialogantes sejam extremamente diferentes (por exemplo, podemos imaginar sem dificuldade que um homem dialogue com uma máquina se o tema do discurso pode ser identificado claramente).

b. Quando as personagens são colocadas na mesma situação cênica e as sentimos muito próximas emocional ou intelectualmente, seus discursos serão compreensíveis e coerentes inclusive quando falarem de coisas totalmente diferentes. Elas estão sempre, qualquer que seja o tema da conversa ou de seu "diálogo de surdos", na "mesma faixa de onda" (como as personagens de TCHÉKHOV).

7. Origem do Discurso Dialógico

O diálogo às vezes parece ser propriedade individual e característica de uma personagem: cada discurso de uma personagem tem um ritmo, um vocabulário ou uma sintaxe própria. Este tipo de diálogo verossímil e "tomado ao vivo" será utilizado por uma dramaturgia naturalista e ilusionista. As rupturas de tom e os cortes semânticos entre as réplicas são muito sensíveis. O diálogo significa [produz significado] seja através dos *silêncios** e do *não dito**, seja pelas interrupções das réplicas ou pelo conteúdo das palavras.

No texto clássico, ao contrário, os diálogos serão unificados e homogeneizados pelos traços suprassegmentais que caracterizam o estilo global do autor. As divergências de pontos de vista e de psicologia entre os diferentes caracteres são niveladas em favor da unidade e do monologismo do poema dramático.

Monólogo, discurso, pragmática.

Todorov, 1967; Rastier, 1971; Ducrot, 1972; Benveniste, 1974; Veltruský, 1977: 10-26; Pfister, 1977; Runcan, 1977; Avigal, 1980; Wirth, 1981; Todorov, 1981; Dodd, 1981; Klöpfer, 1982; Jaques, 1985; Kerbrat-Orechioni, 1980, 1984, 1990, 1996.

DICÇÃO

(Do latim *dictio*, palavra.)
Fr.: *diction*; Ingl.: *diction*; Al.: *Diktion*; Esp.: *dicción*.

1. Da Retórica à Declamação

a. Sentido arcaico (século XVIII): maneira de dizer e de compor um texto de acordo com certa disposição de ideias e palavras. O pressuposto da boa dicção poética é que existe um estilo e uma escolha de palavras especificamente poéticas. A dicção tem dois modos principais: o relato (poesia e narrativa) e a "*imitação**" do discurso das personagens dramáticas.

b. Maneira de pronunciar um texto em prosa ou em verso. Arte de pronunciar um texto com a elocução, a entonação e o ritmo convenientes (*declamação**). A forma de dicção varia segundo as épocas, sendo o critério mais frequente seu caráter verossímil (realista) ou artístico (dicção alterada, *prosódico** ou *rítmica**). Com efeito, a dicção de um texto oscila sempre entre o som e o sentido, entre o grito espontâneo (a psicologia) e a construção retórica (*o procedimento** literário).

2. Dois Tipos de Dicção

Distinguem-se dois tipos antitéticos de dicção:

a. A dicção naturalista "pule" ou "aplaina" as asperezas do ritmo melódico ou de seus efeitos sonoros para obter uma forma "natural", trivial e cotidiana de se expressar. Isto se produz quando o ator procura encarnar sua personagem mostrando os efeitos linguísticos de sua emotividade. R. BARTHES, a propósito da interpretação burguesa da tragédia, criticou esta maneira de fazer: "O ator burguês intervém sem cessar, ele 'ressalta' uma palavra, suspende um efeito, faz ver sempre como o que está dizendo ali é importante, tem um significado oculto: é isso que se chama *dizer* um texto" (1963: 136).

b. A dicção artística adapta-se à estrutura rítmica do texto a ser dito e não mascara sua origem artística. Linguagem emotiva cotidiana e esquema prosódico são aqui mantidos à distância. O ator não calca o ritmo de seu discurso na sucessão realista das emoções. Ele estrutura sua atuação de acordo com as articulações retóricas, expõe a construção verbal de seu texto, jamais misturando o discursivo e o psicológico.

Este tipo de dicção é muito difícil de realizar, visto que exige ser mantido por todo o estilo da representação: não mimetismo, insistência sobre o teatro, distanciamento de certos procedimentos, atmosfera deliberadamente artificial (mas não paródica). Inúmeras encenações que se afastam do naturalismo obedecem a este modo de representação (as encenações de VITEZ, MESGUICH, GRÜBER, VILLÉGIER). Elas conseguem, assim, certa autenticidade na forma de abordar o texto, de "dizê-lo", ao mesmo tempo que dizendo o que pensam dele. Ao destacar certas palavras ou membros de frase do texto, o comediante faz o gesto de indicar qual sentido está sendo privilegiado, qual relação corporal ele mantém com o discurso e sua personagem. Ele torna perceptível a arquitetura da frase e a visão subjetiva que tem das propostas espaciais do texto.

3. Dicção e Interpretação

Muito além de uma simples palavra técnica de apresentação mais ou menos convincente, a dicção do ator se situa na intersecção do texto proferido materialmente e do texto interpretado intelectualmente. Ela é a verbalização e a corporificação de um dos sentidos possíveis do texto. Deste ponto de vista, o ator é o último *"porta-voz"* do autor e do encenador, porquanto diz seu texto encarnando-o cenicamente e fazendo-o passar através de seu corpo. Fenômeno que L. JOUVET descreveu nestes termos, em *O Ator Desencarnado*: "O texto do autor é, para o comediante, uma transcrição física. Deixa de ser um texto literário" (1954: 153). É a dicção que insufla vida à frase e trata-se, segundo JOUVET, de fazer a frase viver não pelo sentimento, mas pela dicção (*Tragédie Classique et Théâtre du XIXe Siècle*, 1968, p. 257).

O ator, derradeiro porta-voz do texto, toma necessariamente partido com relação àquilo que enuncia, não tendo, aliás, que recuperar o presumido sentido do autor. Da mesma forma que, na frase, a enunciação sempre tem a "última palavra" sobre o enunciado, a dicção é um ato *hermenêutico** que impõe ao texto um volume, uma cor vocal, uma corporalidade e uma modalização responsáveis por seu sentido; ela significa imperativamente um sentido para o ouvinte e para o espectador. O ator, ao imprimir ao texto um certo *ritmo**, um "fluxo" contínuo ou entrecortado, emprestando-lhe as marcas e os acidentes de seu corpo, constrói a fábula e toma partido em relação aos acontecimentos. Esta enunciação gestual e vocal dá o tom e a dinâmica da encenação.

📖 Becq de Fouquières, 1881; Barthes, 1982: 236-245.

DIDASCÁLIAS

↻ (Do grego *didascalia*, ensinamento.)
Fr.: *didascalies*; Ingl.: *didascalia, stage directions*; Al.: *Didaskalien, Bühnenanweisungen*; Esp.: *didascalias*.

Instruções dadas pelo autor a seus atores (teatro grego, por exemplo), para interpretar o texto dramático. Por extensão, no emprego moderno: *indicações cênicas** ou *rubricas**.

1. No teatro grego, o próprio autor é, muitas vezes, seu próprio encenador e ator, de modo que as indicações sobre a forma de atuar são inúteis e, por isso, estão totalmente ausentes do manuscrito. As didascálias contêm mais exatamente informações sobre as peças, datas e locais onde foram escritas e representadas, o resultado dos concursos dramáticos etc. Elas estão tão ausentes, enquanto indicações concretas do modo de atuação, que nem sempre se sabe claramente quem pronuncia as réplicas quando estas aparecem decupadas por um traço distintivo.

Mais tarde, entre os latinos, elas consistem numa breve informação acerca da peça e numa lista de *dramatis personae**.

2. O termo *indicação cênica* ou *rubrica*, mais frequente atualmente, parece mais adequado para descrever o papel metalinguístico deste *texto secundário** (INGARDEN, 1971).

🔍 Rubrica, indicação cênica.

📖 Levitt, 1971; Larthomas, 1972; Ubersfeld, 1977a; Ruffini, 1978; Thomasseau, 1984; Pavis, 1996.

DIÉGESE

↻ (Do grego *diegesis*, relato.)

*Imitação** de um acontecimento em palavras, contando a história e não apresentando as personagens atuantes.

1. Diégese e Mimese

ARISTÓTELES (*Poética*, 1448a), opõe a imitação (*mimese**) à narração. A diégese é o material narrativo, a *fábula**, o relato "puro", não modalizado pelo discurso. Esta noção é usada sobretudo em *semiologia** do cinema (PERCHERON, *in*: COLLET, 1977).

A noção de diégese, usada em teoria literária (GENETTE, 1969) e cinematográfica, pertence à mesma oposição entre o *relato** como material, como fábula a ser transmitida ("história"), e o *discurso* como utilização individual deste relato, construção que sempre revela vestígios da instância enunciadora: autor, encenador, ator etc. (BENVENISTE, 1966: 237-250).

2. Apresentação da Diégese

A construção dramática, a instauração da *ficção** e da *ilusão**, são mais ou menos visíveis ou ocultas. Diremos que a diégese apresenta-se como "natural" quando todos os procedimentos da ficcionalização e da encenação são escamoteados, quando a cena procura dar a impressão de que a ilusão é total e de que ela não precisa ser "fabricada" por diversos *procedimentos** da enunciação.

Ao contrário, uma dramaturgia que se assuma como sistema artificial e prática significante "exibirá" a produção da ficção, o trabalho de elaboração da fábula, e não contará com a *identificação** do ator (ex.: BRECHT); ela sublinhará os efeitos narrativos da diégese.

3. Diegetização da Enunciação

A narrativa (novela, conto etc.) conhece bem a técnica da diegetização de sua produção textual. Muito amiúde, ela se esforça para tornar verossímil seu ato de produção: nota do autor sobre um manuscrito "encontrado"; relato narrado por um "eu" contando uma história "verdadeira"; apresentação "objetiva", científica dos fatos etc. O teatro dispõe de meios idênticos: primeiras réplicas "*in media res*" que sugerem que a ação começou antes de se abrir o pano; *narrador** épico, que vem apresentar no prólogo a história a ser narrada; *teatro dentro do teatro**, no qual a personagem declara querer mostrar uma representação teatral. São muitas as técnicas destinadas a ocultar a construção literária, as convenções e os fios teatrais indispensáveis a qualquer ilusão. Desta forma, é recuperado e apagado o processo da enunciação e da produção literária ou cênica.

DILEMA

(Do grego *dilemma*, dupla escolha.)
Fr.: *dilemme*; Ingl.: *dilemma*; Al.: *Dilemma*; Esp.: *dilema*.

1. Alternativa diante da qual o herói se acha colocado ao ser instado a escolher entre duas soluções contraditórias igualmente inaceitáveis. A *dramaturgia clássica**, que busca ilustrar o *conflito** de maneira mais concentrada e visível, privilegia, particularmente, os dilemas que, nos séculos XVIII e XVIII, eram chamados de "*situação**". "Situação é aquele estado violento no qual nos encontramos entre dois interesses prementes e opostos, entre duas paixões imperiosas que nos dilaceram e não nos determinam, a não ser com muita dificuldade" (MORVAN DE BELLEGARDE, 1702, a propósito de *El Cid*).

2. O dilema põe em confronto dever e amor, princípio moral e necessidade política, obediência a duas pessoas opostas etc. Nele, o herói expõe os termos da contradição e acaba por tomar uma decisão, a qual resolve então, de maneira bastante variada, o conflito dramático. O dilema é uma das formas dramatúrgicas possíveis do *trágico**: ele compreende os dois termos da contradição. No dilema, assim como no conflito trágico entre personagens, "ambos os lados da oposição têm razão, porém só podem realizar o verdadeiro conteúdo de sua finalidade negando e ferindo a outra potência, que também tem os mesmos direitos, e se tomam culpados em sua moralidade e devido a esta própria moralidade" (HEGEL, 1832: 322).

Estâncias, conflito, monólogo, dialética, discurso, deliberação.

Scherer, 1950; Pavis, 1980a.

DIREÇÃO DE ATOR

Fr.: *direction d'acteur*; Ingl.: *directing the actor*, Al.: *Schauspielerleitung*; Esp.: *dirección del actor*.

Vinda do cinema, onde o trabalho de e sobre o ator tende frequentemente a ser escondido pelo aparato técnico, a direção de ator é a maneira pela qual o encenador (às vezes rebatizado de "diretor de ator", até mesmo *coach*), guia e aconselha seus atores, desde os primeiros ensaios até os ajustes feitos durante a apresentação pública do espetáculo. Esta noção, por sua vez tênue e indispensável, diz respeito à relação individual, tanto pessoal quanto artística, que se estabelece entre o mestre de obra e seus intérpretes: relação pessoal e muitas vezes ambígua, que só acontece no teatro ocidental, sobretudo realista e psicológico, em que o ator procura a identidade de sua personagem a partir de si próprio, como um "trabalho do ator sobre si mesmo". Para se compreender o fundamento desta noção e sua importância na encenação, é preciso abster-se de reduzi-la a uma relação psicológica e anedótica, a fim de se tentar apreender seu método e propor uma teoria geral dela.

1. O Encenador Antes da Encenação

Exceto nas experiências que prosseguem por muitos anos, como as de um BROOK, de um BARBA ou de uma MNOUCHKINE, o diretor não tem tempo de oferecer a seus comediantes uma formação, e menos ainda uma deformação profissional acelerada, na qual eles retomariam as bases físicas e psíquicas do ator (descontração, sensorialidade, memória afetiva, concentração etc.). Ele quase não tem tempo de sobra para "readestrar" atores, muitas vezes deformados por charlatães e condições de trabalho medíocres. Entretanto, generaliza-se a prática de estágios preparatórios (AFDAS, por exemplo), no decorrer dos quais o futuro encenador de um espetáculo testa sua distribuição de papéis, verifica as aptidões de seus atores, inventa exercícios básicos que os introduzem, sem que se perceba, na obra a ser representada. Desta maneira, a introdução na criação se dá suavemente.

2. A Direção Durante a Preparação da Encenação

a. Leitura do texto

Ela toma caminhos muito diversos: o encenador organiza longas jornadas de leituras "de mesa": explica as opções de interpretação, prepara a dicção do texto, faz reflexões sobre as motivações das personagens para buscar maneiras pessoais de cada um se comportar ("o que eu faria se...?"). Às vezes, ao contrário, o diretor propõe uma neutralidade vocal e entonativa da leitura, para não fechar a compreensão do texto. O diretor decidirá até mesmo, como VITEZ, fazer trabalhos que são pontas de ensaios, "sem exposição preliminar, o pensamento deve desenvolver-se pelo exame da escolha entre tal gesto ou aquele outro tal lugar, escolha às vezes dramática, objeto de comentário por meio de uma conversa perpétua no palco" (VITEZ, 25: as citações são extraídas de *Théâtre/Public* n. 64-65, 1985, "A direção de ator").

b. Encarnação da personagem

Os conselhos do diretor – quase que no sentido de um diretor de consciência, um confessor! – são necessários ao ator para ele poder "entrar" na personagem, para apreender as motivações, utilizar as características de sua *persona*, "exterior e interior", sugerir e construir o papel. Tarefa imensa que, felizmente, se subdivide em tarefas parciais: ater-se ao objetivo global de uma cena ou da peça; encontrar um "à vontade" vocal, gestual e comportamental; regular a distância ou a proximidade da personagem; cuidar da legibilidade e da beleza da gestualidade; decidir o ritmo exterior das ações físicas visíveis e o ritmo interior vinculado ao subtexto; ajudar o ator a encontrar sua partitura e a subpartitura que a carrega etc.

Isto posto, a relação entre o diretor e o ator se personaliza e torna-se também frequentemente conflituosa: o ator fica mais ou menos "desestabilizado, tranquilizado e inquieto" (RYNGAERT, 37): seu diretor deve "apoiá-lo, tranquilizá-lo, compreendê-lo e contê-lo" (GUIGNON, 34). Ele sempre sabe usar de artimanhas e contar histórias ao grupo ou a cada um em particular, a fim de estabelecer um mínimo de confiança e dar início ao trabalho coletivo, ou "desbloquear o ator com uma frase", "fazer sentir a acuidade de um olhar" (MAYOR, 50). Como em qualquer relação interpessoal, os não ditos e os subentendidos são eloquentes: tudo não pode e não deve ser dito, todos deixam escapar pequenos segredos, todos ficam um pouco naquela situação dos atores ideais de MARIVAUX que não "sabem a importância daquilo que estão dizendo". Portanto, cabe ao diretor restituir-lhes ou não, total ou parcialmente, a importância daquilo que dizem, ou a imagem do que fazem, torná-los ou não conscientes da importância daquilo que expressam ou da imagem que destacam. O diretor sempre descobre em seu ator um indivíduo complexo, apto a inumeráveis tarefas, de poderes insuspeitados: ele tem a perspectiva individual da personagem, mas também a compreensão do conjunto da peça, a contribuição individual de traços pertinentes, mas também a submissão aos objetivos de conjunto da encenação. Deste modo, o ator é necessariamente um ator-criador, um "ator que se insere num projeto, porém contribuindo para ele com elementos que só ele pode trazer" (KNAPP, 19).

3. Modos de Transmissão

Além dos segredos indizíveis, existem métodos bem conhecidos para transmitir uma diretiva ao ator:

a. Mostração

O encenador mostra ao ator o que espera dele. Este modo de agir não tem boa aceitação e, com efeito, pode esterilizar o ator; contudo, desde que seja um STREHLER a utilizá-lo, é sempre um espetáculo em si, um convite a fugir do mimetismo e uma bênção para o ator.

b. Demonstração

M. TCHÉKHOV e E. VAKHTÂNGOV inventaram uma forma de mimar, sem a palavra, alguns momentos-chave do papel, restituindo-lhes uma atitude pertinente, um ritmo, um *gesto psicológico**.

*c. Indicação**

O diretor se limita a dar uma indicação, verbal ou mímica, sobre um aspecto da atuação ou da personagem; evita imitar aquilo que espera de seu intérprete.

d. Direção comandada

O ator é dirigido e corrigido enquanto atua, o que evita interrupções muito frequentes e instaura uma dinâmica nos ensaios também muito improvisados e abertos (VITEZ, 1994: 135).

e. Mímica interior do encenador

É muito mais útil ao diretor que ao ator, porém é igualmente transmissível de um para o outro; trata-se de uma "mímica interior, íntima e interna, daquilo que o outro fará, daquilo que o outro deve fazer" (VITEZ, 25). Compete ao ator saber decifrar essa mímica interior.

f. Vaivém entre partitura e subpartitura

O ator é estimulado a fixar seus movimentos, ações, pensamentos e imagens por meio de uma subpartitura que facilite sua localização no espaço-tempo e com base na "linha contínua da ação" (STANISLÁVSKI): a soma das partituras visíveis dos diferentes atores torna-se a partitura global da encenação, da qual o diretor se serve como de um organograma do conjunto, sempre flutuante, porém sempre mais estável, do espetáculo em devir. Ao detalhar pouco a pouco a partitura global, o diretor convida seus atores para afinar e integrar suas subpartituras individuais.

g. Acompanhamento da relação

É possível, e muitas vezes indispensável, depois da estreia: o diretor-geral tem muitas vezes necessidade de "apertar os parafusos", fazer ajustes, supressão de cenas ou de momentos imperfeitos: nesta etapa da produção, é preciso uma habilidade especial. As aquisições do trabalho, dificilmente contabilizáveis, poderão ser preservadas para o próximo espetáculo ou papel; um estilo de atuação, uma escola de pensamento, uma estética serão então constituídas, facilitando futuras direções.

A direção de ator não é, no final das contas, nada mais do que o próprio cerne da encenação em sua dimensão humana e cotidiana; é ela quem condiciona seu sucesso, humano e artístico. Estaríamos errados em fazer dela objeto de uma nova ciência (à maneira russa, de STANISLÁVSKI e MEIERHOLD a TCHÉKHOV e VASSILIEV), mas seguramente teríamos razão ao examinar-lhe os problemas epistemológicos que são também a chave de toda e qualquer aventura teatral.

DIREÇÃO DE CENA

↔ Fr.: *régie*; Ingl.: *stage management*; Al.: *Bühnenregie, Spielleitung*; Esp.: *regiduría*.

Organização material do espetáculo pelo diretor de cena ou diretor de palco antes, durante e após a apresentação. Antes do advento da *encenação**, no século XIX, o trabalho cênico era concebido como sendo a única atividade extraliterária e o diretor de cena organizava as tarefas práticas (salvo algumas exceções: como IFFLAND, diretor de cena do teatro de MANNHEIM, por volta de 1780, que tinha um papel importante na direção artística da cena. Toda organização do palco é, aliás, uma encenação da qual não se toma conhecimento). Após a conscientização da necessidade do controle global dos meios artísticos, o diretor de cena cindiu-se em encenador e diretor de cena no sentido atual de responsável pelo palco, principalmente quanto ao som, à luz e à contrarregragem (a direção geral de cena consiste em coordenar as diversas responsabilidades). O alemão conservou os termos *Régisseur*, *Regie*, para encenador e encenação, ao passo que o francês algumas vezes ainda se serve desse termo para designar o encenador, considerando-o, então, à maneira de VILAR (1955), mais como executante que como intérprete criativo. Entretanto, é inegável o impacto estético, teórico e dramatúrgico da direção de cena sobre a encenação.

DIREITA E ESQUERDA DO PALCO
LADO PÁTIO, LADO JARDIM

Fr.: *côté cour, côté jardin*; Ingl.: *audience's right, stage left; audience's left, stage right*; Al.: *rechs von Zuschauer, links von Zuschauer*; Esp.: *derecha e izquierda del escenario*.

No Brasil, como nos Estados Unidos, o palco é dividido, a partir do ponto de vista de quem está em cena, em *direita alta* (fundo do palco) e *baixa* (frente do palco), e *esquerda alta e baixa* (há também *centro alto e baixo*). Esta denominação servia (e ainda serve) para determinar tanto entradas e saídas de cena, quanto marcações. (N. de T.)

Em francês, o lado pátio corresponde ao lado direito do palco do ponto de vista do espectador; o lado jardim, ao lado esquerdo. Antes da Revolução, falava-se do *lado do rei*, à direita, e do *lado da rainha*, à esquerda (de acordo com a disposição de seus assentos em frente ao palco). O uso vem do Teatro das Tulherias, situado entre o jardim e o palácio, e cuja topografia deu origem a essa terminologia.

DIRETOR DE CENA

Fr.: *régisseur*; Ingl.: *stage manager*; Al. *Inspizient*; Esp.: *regidor de escena*.

O francês distingue encenador (*director* em inglês, *Régisseur* em alemão) de diretor de cena, que é o responsável pela organização material do espetáculo. Entretanto, os dois ofícios são complementares "pois, se o encenador cria o espetáculo e lhe dá vida, o diretor de cena o conserva, garantindo-lhe a manutenção e a continuidade. À medida que uma peça se aproxima da representação, pode-se dizer que ela passa das mãos do encenador às do diretor de cena, um pouco como já havia passado das mãos do autor às do encenador e dos atores" (COPEAU, "La Mise en Scène", *Encyclopédie Française*, tomo XVII, 1935, p. 1764-1763). O diretor de cena se encarrega da organização técnica da maquinaria e da cena, enquanto o encenador gerencia o resultado da operação dos diversos materiais e cuida de sua apresentação estética. "O discreto charme da boa direção de cena": esta é a peça que o bom diretor de cena prepara para seu encenador, que quase sempre é o único a recolher os louros.

DIRETOR DE TEATRO

Fr.: *directeur de théâtre*; Ingl.: *theatre manager*, Al.: *Theaterleiter, Intendant*; Esp.: *director de teatro*.

A figura do diretor de teatro, administrador, *Intendant* alemão ou artista encenador nomeado pelo governo contribui grandemente não só para a gestão, mas também para a estética dos espetáculos. Ele não pensa sempre como o diretor do *Prólogo sobre o Teatro*, do *Fausto* de GOETHE: "Eu gostaria demais de agradar à multidão, sobretudo porque ela vive e faz viver"? "A casta infernal dos diretores-encenadores", lamenta-se J. LASSALE (1990: 30), antigo administrador da Comédie-Française.

O diretor está ali para nos lembrar que a administração é parte integrante da criação: não apenas em relação ao orçamento de funcionamento porém, mais ainda, quanto à programação: o diretor tenderá naturalmente a propor assinaturas que assegurem uma temporada tranquila; recomendará exigências para peças ou estilos já comprovados; só assumirá compromisso com coproduções rentáveis – são vários os imperativos econômicos que se imporão às jovens companhias ou aos encenadores. Dessa forma, a política cultural não mais garante a sobrevivência da arte, mesmo que mediana.

DIRIGIR-SE AO PÚBLICO

↻ Fr.: *adresse au public*; Ingl.: *address to the audience*; Al.: *Anrede ans Publikum*; Esp.: *apelación al público*.

Há partes do texto (improvisadas ou não) em que o ator, saindo de seu papel de personagem, dirige-se diretamente ao público, rompendo assim a ilusão e a ficção de uma *quarta parede** que separa radicalmente a sala e o palco. (Encontra-se também o termo técnico latino *ad spectatores*.)

1. Na forma *dramática**, dirigir-se ao público é rigorosamente proibido, para que se mantenha a *ilusão** teatral. Isto só existe sob a forma da *palavra do autor** ou do discurso moralista do *raisonneur**. Esta última forma de *discurso** é, na verdade, um meio de ampliar a comunicação interna das personagens numa comunicação direta com o público; ela é mascarada pela ficção de uma personagem encarregada de transmitir o bom ponto de vista sobre a ação.

2. No teatro épico (BRECHT, WILDER, às vezes GIRAUDOUX), dirigir-se ao público é um recurso comum, tão legítimo quanto o efeito de *distanciamento** ou o jogo paródico. Ele ocorre no momento chave da ação, quando a personagem amadurece sua decisão, quando ela pede conselho ao público ou quando conclui a peça graças a um *epílogo** (*O Círculo de Giz Caucasiano* de BRECHT, por exemplo). Dirigir-se ao público é muitas vezes incitação ao bem agir (teatro dos jesuítas, milagre medieval) ou a tomar consciência de sua alienação. Tentar estabelecer uma passagem entre o mundo da ficção teatral e a situação concreta dos espectadores.

3. O estatuto da personagem que se dirige à multidão é, contudo, ambíguo: esta se apresenta certamente como pessoa privada, o ator X ou Y falando em seu próprio nome e propondo mesmo ao público dialogar, mas não consegue nunca fazer esquecer o espaço cênico de onde ela está falando e seu estatuto de personagem: tudo o que ela pode dizer assume, desde que proferido no palco, valor de *texto a ser dito* integrado à ficção da peça e "previsto" pela encenação, dirigido a um espectador fictício (e não real) já previsto pelo espetáculo. Dirigir-se ao público (exceto no *happening**, onde não há mais – teoricamente – emissor e receptor do texto) nunca é uma *comunicação** direta e colocada fora da ficção, mas lisonjeia o gosto do público pelo jogo e pela desmistificação.

🔍 Aparte, monólogo, parábase, semiotização.

DISCURSO

↻ Fr.: *discours*; Ingl.: *discourse, speech*; Al.: *Diskurs*; Esp.: *discurso*.

1. O Discurso em Linguística

Por uma transferência de metodologia – ou, em certos casos, simplesmente de vocabulário – o discurso e sua problemática invadiram a crítica teatral. Fala-se de *discurso da encenação* ou de *discurso das personagens*. É necessário perguntar-se de que forma a análise do discurso pode ser aplicada no teatro, sem que isto se efetue através de uma aplicação mecânica dos instrumentos da linguística, e o que ganharia com isto a análise cênica e textual.

A noção de *discurso* vem de SAUSSURE e, na sua esteira, de BENVENISTE (1966, 1974): a frase provém do discurso e não mais da língua. O discurso opõe-se, além do mais, ao relato: no relato, "grau zero da enunciação", os "acontecimentos parecem contar a si próprios"; o discurso, ao contrário, supõe um locutor e um ouvinte e se organiza através da correlação dos pronomes pessoais. Na origem, o discurso é oral, porém pode ainda ser considerado sob a forma escrita, pois o discurso "é também a massa dos escritos que reproduzem discursos orais ou que deles empresta o contorno e os fins: correspondências, memórias, teatro, obras didáticas – em resumo, todos os gêneros nos quais alguém se dirige a alguém, se enuncia como locutor e organiza aquilo que diz na categoria da pessoa" (BENVENISTE, 1966: 242). Portanto, pode-se falar de discurso teatral tanto para a representação quanto para o texto dramático, o qual está à espera de uma enunciação cênica. "O texto teatral, observa M. ISSACHAROFF [diríamos mais exatamente o texto *dramático*] não é um discurso oral, a bem dizer [...], é uma forma escrita convencional que representa a oral" (1985: 11). Dessa maneira, de acordo com este uso, entende-se por discurso, com M. ISSACHAROFF, "aquilo que singulariza o uso teatral da linguagem, a partir dos enunciados (sua dimensão verbal) até o não verbal (sua dimensão visual: gestos, mímicas, movimentos, figurinos, corpos, acessórios, cenários)" (1985: 9).

2. Análise do Discurso e Discurso da Encenação

Se por *discurso* entende-se o "enunciado considerado do ponto de vista do mecanismo discursivo que o condiciona" (GUESPIN, 1971: 10), o discurso da encenação é a organização de materiais textuais e cênicos segundo um ritmo e uma interdependência próprias do espetáculo encenado. Para definir o mecanismo discursivo da encenação, é preciso relacioná-lo com as condições de produção, as quais, por sua vez, dependem da utilização particular feita pelos "autores" (dramaturgo, encenador, cenógrafo etc.) dos diferentes sistemas artísticos (materiais cênicos) que eles têm à sua disposição num dado momento histórico. Em linguística, desde SAUSSURE, sabemos que a *fala* (e os discursos que produz) é uma utilização e uma atualização da *língua* (dos sistemas fonológico, sintático e semântico). Da mesma forma, o discurso teatral (textual e cênico) é uma tomada de posse dos sistemas cênicos, uma utilização individual de potencialidades cênicas (mesmo que o indivíduo – o sujeito do discurso – seja constituído de fato por toda a equipe de realização). Deve ficar claro que estes sujeitos do discurso teatral devem ser distinguidos das pessoas concretas da equipe teatral; eles se definem num nível teórico (e não real) como sujeitos em permanente construção, que deixam mais ou menos um rastro visível no *enunciado cênico*. Para podermos apreender estes sujeitos em devir, ou seus mecanismos discursivos, procuraremos seu rastro nas marcas da (*a*) *enunciação teatral* e (*b*) nos *pressupostos lógicos* que o discurso introduz sub-repticiamente:

a. Enunciação teatral

• Discurso central e discurso da personagem

A enunciação é assumida em dois níveis essenciais: aquele dos discursos *individuais* das personagens, e o nível do discurso *globalizador* do autor* e da equipe de encenação. Esta primeira "desmultiplicação" camufla a origem da fala no teatro e faz do discurso um campo de tensões entre duas tendências opostas: uma tendência a apresentar discursos autônomos, miméticos e característicos de cada personagem em função de sua situação individual; e uma tendência de homogeneizar as diversas falas das personagens por meio das marcas do autor, que são encontradas nos diversos discursos e que dão certa uniformidade (rítmica, léxica, poética) ao conjunto. Vem daí o antigo nome de *poema dramático**: Nele, os diversos papéis eram claramente submetidos à enunciação "centralizadora" e uniformizante do poeta.

• Dialogismo e dialética do enunciado e da enunciação

Ao multiplicar as fontes da fala, ao fazer com que um cenário, uma gestualidade, uma mímica ou uma entonação "falem" tanto quanto o texto, a encenação instala todos os sujeitos do discurso e instaura um dialogismo entre todas essas fontes da fala (BAKHTIN, 1970). O teatro é muitas vezes o lugar onde a ideologia aparece como que fragmentada, desconstruída, ao mesmo tempo ausente e onipresente. "O discurso teatral é, por natureza, uma interrogação sobre o estatuto da fala: quem fala a quem? E em que condições se pode falar?" (UBERSFELD, 1977a: 265). Mais do que qualquer outra arte e qualquer sistema literário, ele se presta a uma dissociação do enunciado (o que se diz) e da enunciação (o modo de dizê-lo). A encenação faz os enunciados textuais falarem muitas coisas que eram, no entanto, consideradas claras e unívocas. O ator/personagem pode mostrar ao público, ao mesmo tempo, a ficção (a ilusão) e a maneira discursiva e construída desta ficção: "história" e "discurso" (no sentido de BENVENISTE, 1966: 237-250) coincidem na interpretação da personagem.

b. Pressupostos lógicos

Tudo aquilo que é afirmado cenicamente (pelo texto ou pelo palco) nem sempre o é de forma direta. O palco, da mesma forma que os pressupostos linguísticos, recorre constantemente a implicações que ultrapassam os simples enunciados visíveis e que são deduzidas por convenção ou associação daquilo que é visível ou enunciado: deste modo, a presença de um objeto cênico basta para evocar um ambiente, para se perguntar por quê e por quem ele foi posto em cena, qual situação anterior ele pressupõe etc. Deste modo, afirmam-se coisas que nunca são expressamente verbalizadas, o que aumenta ainda mais a eficácia e a *ação** do discurso. O manejo dos pressupostos é deixado à discrição do encenador, porém este deve observar certas regras: os pressupostos, uma vez evocados, passam a ser parte integrante do enunciado; eles se conservam e determinam a sequência da situação dramática; não precisam ser repetidos e não devem ser contraditos ou suprimidos caso o discurso tente parecer verossímil; enfim, são uma arma tática cujo hábil manejo permite aprisionar o ouvinte (a plateia), forçando-o a aceitar um estado de fato e teleguiando seu juízo ideológico e estético (DUCROT, 1972).

3. Discurso como Ação Falada

Com efeito, o discurso teatral se distingue do discurso literário ou "cotidiano" por sua força performática, seu poder de, simbolicamente, levar a cabo uma *ação**. No teatro, por uma convenção implícita, "dizer é fazer" (AUSTIN, 1970). É isto o que têm sempre assinalado os teóricos, em particular os da época clássica, na qual era impensável pôr em cena ações violentas ou mesmo aquelas simplesmente de difícil materialização. Deste modo, D'AUBIGNAC observa que os discursos das personagens "devem ser como as ações daqueles que aparecem em cena, pois nela falar é agir", de forma que "toda tragédia, na representação, consiste apenas num discurso" (1967: 282-283). O discurso teatral é o local de uma produção significante no nível da retórica, dos pressupostos e da enunciação. Por isso, não tem como única missão representar a cena, porém contribuir para representar-se a si mesmo como mecanismo de construção da fábula, da personagem e do texto (PAVIS, 1978a).

4. Formações Discursivas

Uma abordagem da análise do discurso – a da pesquisa das formações discursivas de um texto –, ao ser aplicada ao teatro, promete resultados interessantes. Esta teoria postula que "uma sequência, um enunciado só tem 'sentido' para um sujeito na medida em que ele concebe que ela pertence a esta ou àquela formação discursiva, mas (que) este mesmo sujeito recusa esta ideia para substituí-la pela ilusão de que ele está na fonte do sentido" (MAINGUENEAU, 1976: 83). Na análise dos textos dramáticos, observa-se frequentemente, nos discursos de personagens antagonistas, mas também no interior do texto de um mesmo caráter, a presença de duas ou mais formações discursivas, as quais, segundo a teoria marxista, são articuladas com base em formações ideológicas correspondentes a diferentes condições materiais. Contudo, na prática da análise textual, é delicadíssimo levar em conta diferentes formações ideológicas e discursivas, mas o teatro tem pelo menos a vantagem (e a ilusão!) de pôr em conflito (e "em questão") diversos pontos de vista, e de visualizar a heterogeneidade dos discursos.

5. Caracteres Gerais do Discurso Teatral

Não é possível falar de discurso teatral em geral (contrariamente ao costume habitual). Contudo, vamos enumerar muito rapidamente algumas de suas propriedades mais frequentes:

a. O ou os *assuntos* estão para ser descobertos, muitas vezes, aliás, lá onde menos se espera. Assunto ideológico e assunto psicanalítico com frequência aparecem descentrados; a encenação dá apenas uma imagem aproximada e ilusória deles.

b. O discurso é *instável*: ator e encenador têm a liberdade de se distanciar do texto, o *modalizar** e constituí-lo de acordo com a situação de *enunciação**.

c. Ele é mais ou menos *cênico* e *gestual*: sua "tradutibilidade" cênica depende de seu *ritmo**, de sua retórica, de sua qualidade fônica.

d. Sua colocação em *situação* revela, conforme seu grau de precisão e de explicação, elementos que, de outro modo, permaneceriam ocultos no texto (processo de concretização) (*texto dramático**).

e. O discurso é mais ou menos *dialético**: vinculado às mudanças da situação dramática, ele se encadeia em função dos conflitos dramáticos ou de suas resoluções; ou, ao contrário, é guiado apenas pelo acaso, pelo dito espirituoso, pela ideia repentina ou pelo "achado" (DÜRRENMATT, 1970: 57).

f. O discurso dramático é uma forma conversacional que tende, segundo WIRTH (1981), a substituir o diálogo-conversa (troca dramática): "No diálogo-conversa*, o espaço da fala se confunde com o espaço cênico. Nas formas não conversacionais do discurso (dirigir-se ao público, por exemplo), o espaço da fala inclui a plateia do mesmo modo que o palco" (1981: 10).

🔍 Semiologia, dito e não dito, concretização, pragmática.

📖 Fontanier, 1968; Foucault, 1969, 1971; Schmid, 1973; Jaffré, 1974; Van Dijk, 1976; Pavis, 1978a, 1983a, 1985e; Kerbrat-Orecchioni, 1980, 1984; Elam, 1984; U. Jung, 1994; Danan, 1995.

DISFARCE

↻ Fr.: *déguisement*; Ingl.: *disguise*; Al.: *Verkleidung*; Esp.: *disfraz*.

1. Possibilidades do Disfarce

Travestimento de uma personagem que muda de identidade ao mesmo tempo que troca de roupa ou de *máscara**, algumas vezes às escondidas de outras personagens ou do público, outras com conhecimento de uma parte das personagens ou do público. A transformação pode ser individual (uma pessoa por outra), social (uma condição por outra: MARIVAUX), política (por exemplo: *Medida por Medida*), sexual (BEAUMARCHAIS).

O disfarce é uma técnica empregada frequentemente, em particular na comédia, para produzir toda espécie de situações dramaticamente interessantes: menosprezos, *quiproquós**, *golpes de teatro**, *teatro dentro do teatro**, voyeurismo. O disfarce "superteatraliza" o jogo dramático, que já se baseia na noção de *papel** e de *personagem** que travestem o ator, mostrando deste modo não apenas a cena, mas também o olhar dirigido à cena. O disfarce é apresentado como verossímil (na representação realista) ou como *convenção** dramática e uma técnica dramatúrgica, necessárias ao dramaturgo para transmitir a informação de um a outro caráter, para facilitar a progressão da intriga e desatar os fios no final da peça (MARIVAUX, MOLIÈRE).

2. A Situação Fundamental no Teatro

O travestimento não é excepcional no teatro; inclusive, é sua situação fundamental, posto que o ator brinca de ser outro, e sua personagem, como "na vida", apresenta-se aos demais sob diversas máscaras, em função de seus desejos e projetos. O disfarce é a marca da teatralidade, do teatro dentro do teatro e da *mise en abyme** da representação. Ele não pode privar-se da conivência do público, o qual deve aceitar esta convenção materializada que consiste no disfarce. "A verdade do teatro não é aquela da realidade. Ora, o travesti no teatro, tal como deveria ser empregado, leva o conjunto da representação teatral para uma transposição geral, quase inevitável" (DULLIN, 1969: 195).

3. Formas de Disfarce

O travestimento se efetua, em geral, graças a uma troca de figurino ou de máscara (portanto, de convenção própria de uma personagem). Porém, ele é também acompanhado por uma mudança de linguagem ou de estilo, por uma modificação de comportamento ou por uma interferência nos pensamentos ou sentimentos reais. O "travestimento-sinal" indica ao espectador ou a uma personagem que existe claramente um mascaramento provisório. Em compensação, o "travestimento-vertigem" desorienta os observadores: não se tem nenhum ponto de referência e todos enganam a todos como num baile de máscaras.

A função ideológica e dramatúrgica do travestimento é infinitamente variada, embora na maioria dos casos ele propicie uma meditação sobre a realidade e a aparência (MARIVAUX), sobre a identidade do homem (PIRANDELLO, GENET), sobre o desvendamento da verdade. Na intriga, o disfarce provoca os conflitos, acelera as revelações, permite as trocas de informações e os confrontos "diretos" entre sexos e classes. Revelador e sucinto, o travestismo é uma convenção dramática ideal para quem deseja captar a identidade e a evolução dos protagonistas. Ele assume o caráter de um desvendamento platônico e hermenêutico da verdade oculta, da ação futura e da conclusão da peça. Sua função é frequentemente subversiva, visto que o disfarce nos autoriza a discorrer acerca da ambiguidade sexual ou sobre a intercambialidade dos indivíduos e das classes (SHAKESPEARE, BRECHT).

📖 Forestier, 1988.

DISPOSITIVO CÊNICO

🔄 Fr.: *dispositif scénique*; Ingl.: *stage arrangement*; Al.: *Bühnengestaltung*; Esp.: *dispositivo escénico*.

O termo *dispositivo cênico*, usado hoje com bastante frequência, indica que a cena não é fixa e que o cenário não está plantado do início ao fim da peça: o cenógrafo dispõe as áreas de atuação, os objetos, os planos de evolução de acordo com a ação a ser representada, e não hesita em variar esta estrutura no decorrer do espetáculo. O teatro é uma *máquina** de representar, mais próxima dos brinquedos de construção para crianças do que do afresco decorativo. O dispositivo cênico permite visualizar as relações entre as personagens, e facilita as evoluções gestuais dos atores.

🔍 Espaço, percurso, palco, praticável.

DISTÂNCIA

🔄 Fr.: *distance*; Ingl.: *distance*; Al.: *Distanz, Entfernung*; Esp.: *distancia*.

O espectador – e, em sentido mais amplo, o receptor de uma obra de arte – estabelece uma distância quando o espetáculo lhe parece totalmente exterior, quando não se sente envolvido emocionalmente por ele ou quando nunca consegue esquecer que está diante de *uma ficção**. Por extensão, a distância é a faculdade de usar o juízo crítico, de resistir à *ilusão** teatral e de detectar os *procedimentos** da representação.

O conceito de distância é usado, na teoria literária romanesca, principalmente para indicar como o narrador se situa com respeito à sua enunciação ou aos seus enunciados ou, ainda, a suas personagens.

1. A Metáfora Espacial no Teatro

Como o espectador é colocado diante do palco, numa simbiose mais ou menos estreita com o acontecimento, a imagem de sua distância psíquica para com a representação se impôs, sobretudo a partir do célebre *Effekt* brechtiano (*Verfremdungseffekt*, traduzido incorretamente por *distanciamento**: uma tradução mais adequada seria *efeito de estranhamento*).

a. Antes de mais nada, *distância* é, concretamente, a *relação palco-plateia**, a *perspectiva** do público e o seu grau de participação – ou pelo menos de integração – física na representação. Com efeito, a *cenografia** é ao mesmo tempo o efeito e a causa de uma certa dramaturgia, sendo que ela reforça o efeito dramatúrgico caso consiga adaptar-se às exigências de uma visão de mundo e de um modo de escritura.

b. Por extensão, a *distância* torna-se uma atitude do ego em face do objeto estético. Ela varia entre dois polos teóricos:

– a distância "zero" ou *identificação** total e fusão com a personagem;
– a distância máxima, que seria o desinteresse total pela ação, assim que o espectador deixa o teatro e fixa sua atenção em outra coisa. Esta distância é calculada por *rupturas* de ilusão no momento em que um elemento da cena pareça inverossímil. Portanto, a distância é uma noção *aproximativa*, subjetiva e dificilmente mensurável – em suma, metafórica.

2. Distância Crítica

A *tomada de distância* tem, em nosso universo cultural, um tom positivo e crítico. É meio vergonhoso cair na armadilha da ilusão e alienar seu juízo: é melhor, como se sabe, manter certa distância. É neste contexto cognitivo que BRECHT foi levado a elaborar sua crítica da *identificação**.

A *recusa da distância* conduzirá os encenadores, ao contrário, a ativar a *participação** do público, prendendo-o emocionalmente à cena, tentando derrubar a separação entre palco e plateia e, em certos casos-limite, fazendo atores e cidadãos participarem de um mesmo culto, de uma mesma ação política, ou unindo-os numa mesma comunhão (*festa**, *happening**).

A tomada de distância do jogo teatral não é uma simples questão de *dispositivo cênico** ou de encenação. Ela depende, sobretudo, dos valores da comunidade teatral, de seus códigos culturais e do estilo de interpretação e do gênero de espetáculo: a tragédia – e todas as formas em que pairam a morte e o destino – é apropriada para juntar o público e fazê-lo aderir em bloco àquilo que lhe for apresentado. A comédia, em compensação, não precisa "manter" o público ligado ao acontecimento; ela provoca o sorriso crítico por sua invenção na condução da intriga; seus procedimentos parecem sempre artificiais e lúdicos.

Relação teatral, recepção, comunicação.

Brecht, 1963,1970; Starobinski, 1970; Booth, 1977; Pavis, 1980c.

DISTANCIAMENTO

Fr.: *distanciation*; Ingl.: *alienation effect*; Al.: *Verfremdungseffekt*; Esp.: *distanciamento*.

Procedimento de tomada de distância da realidade representada: esta aparece sob uma nova perspectiva, que nos revela seu lado oculto ou tornado demasiado familiar.

1. Distanciamento como Princípio Estético

O termo "efeito de distanciamento" provém da tradução do termo de CHKLOVSKI: *priem ostranenija*, "procedimento" ou "efeito de estranhamento". É um *procedimento** estético que consiste em modificar nossa percepção de uma imagem literária, pois "os objetos percebidos muitas vezes começam a ser percebidos por um reconhecimento: sabemos que o objeto se encontra à nossa frente, mas não o enxergamos mais. [...] O procedimento da arte é o procedimento de singularização dos objetos, e o procedimento que consiste em obscurecer a forma, em aumentar a dificuldade e a duração da percepção. [...] O objetivo da imagem não é tornar mais próxima da nossa compreensão a significação que ela carrega em si, mas criar uma percepção particular do objeto, criar a sua visão e não o seu reconhecimento" (CHKLOVSKI, *in* TODOROV, 1965: 83, 84, 90).

Este princípio estético vale para qualquer linguagem artística: aplicado ao teatro, ele abrange as técnicas "desilusionantes" que não mantêm a impressão de uma realidade cênica e que revelam o artifício da construção dramática ou da personagem. A atenção do espectador se dirige para a criação da ilusão, para a maneira como os atores constroem suas personagens. Todos os gêneros teatrais recorrem a isto.

2. Distanciamento Brechtiano

a. Uma percepção política da realidade

BRECHT chegou a uma noção próxima daquela dos formalistas russos, ao procurar modificar a atitude do espectador e ativar sua percepção. Para ele, "uma reprodução distanciada é uma reprodução que permite seguramente reconhecer o objeto reproduzido, porém, ao mesmo tempo, torná-lo insólito" (*Pequeno Organon*, 1963: § 42). O distanciamento é "um procedimento que permite descrever os processos representados como processos bizarros" (1972:353). "O efeito de distanciamento transforma a atitude aprovadora do espectador, baseada na identificação, numa atitude crítica. [...] Uma imagem distanciante é uma imagem feita de tal modo que se reconheça o objeto, porém que, ao mesmo tempo, este tenha um jeito estranho" (*Pequeno Organon*, 1963, § 42).

Para BRECHT, o distanciamento não é apenas um ato estético, mas, sim, político: o efeito de estranhamento não se prende a uma nova percepção ou a um efeito cômico, mas a uma desalienação ideológica (*Verfremdung* remete a *Entfremdung*, alienação social: *cf.* BLOCH, 1973). O distanciamento faz a obra de arte passar do plano do seu procedimento estético ao da responsabilidade ideológica da obra de arte.

b. Níveis de distanciamento

O distanciamento se efetua simultaneamente em vários níveis da representação teatral:

• A *fábula* conta duas histórias: uma é concreta, outra é sua parábola abstrata e metafórica.

• O *cenário* apresenta o objeto a ser reconhecido (ex.: a fábrica) e a crítica a ser feita (a exploração dos operários) (BRECHT, 1967, vol. 15: 455-458).

• A *gestualidade* informa sobre o indivíduo e sua pertinência social, sua relação com o mundo do trabalho, seu *gestus**.

• A *dicção** não psicologiza o texto, banalizando-o; ela lhe restitui o ritmo e a fatura artificial (ex.: pronúncia musical dos alexandrinos).

- Em sua *atuação*, o ator não encarna a personagem; ele a mostra, mantendo-a à distância.

- *Dirigir-se ao público**, *songs**, mudança de cenários à vista do público são outros tantos procedimentos que quebram a ilusão.

🔍 Historicização, épico, efeito de estranhamento, metateatro, teatro dentro do teatro, *mise en abyme*.

📖 Barthes, 1964; Rülicke-Weiler, 1968; Benjamin, 1969; Chiarini, 1971; Bloch, 1973; Knopf, 1980.

DISTENSÃO CÔMICA

🔄 Fr.: *détente comique*; Ingl.: *comic relief*; Al.: *komische Entspannung*; Esp.: *esparcimiento cómico*.

O momento (ou a cena) de distensão cômica acontece depois ou exatamente antes de um episódio dramático ou trágico a fim de mudar radicalmente a atmosfera da situação e retardar o desencadeamento da catástrofe (particularmente em SHAKESPEARE, e nos dramaturgos que praticam a mistura de gêneros). Ela desempenha uma função de suspensão temporária, de *suspense** e de preparação para a ação dramática.

DISTRIBUIÇÃO

🔄 Fr.: *distribution*; Ingl.: *cast, casting*; Al.: *Besetzung, Rollenverteilung*; Esp.: *reparto*.

Maneira pela qual são atribuídos aos atores os papéis de uma peça. Por extensão, conjunto dos integrantes de uma peça.

Durante muito tempo, pensou-se que a distribuição deveria, inteira e naturalmente, depender do texto e das indicações cênicas do autor. A maioria dos encenadores continua a efetuar a distribuição em função de sua leitura, com, no entanto, todas as coerções institucionais e imprevistos das disponibilidades de cada um. Atualmente alguns acham que, inversamente, a escolha mais ou menos fortuita de uma distribuição é que irá dar mais sentido à encenação: "Mesmo se, por hipótese, ela tivesse sido feita às cegas (através de sorteio, por exemplo), encontraria seu equilíbrio e tudo sempre acaba fazendo sentido" (VITEZ, *Annuel du Théâtre*, 1982-1983, p. 31). Com efeito, a criação teatral não está mais obcecada, como no século XIX, por exemplo, pelos *emplois**, a cujas ordens os atores teriam de colocar-se. Qualquer que seja a concepção, a distribuição apresenta-se aos criadores como um momento fundamental, a escolha "mais irremediável e, portanto, mais grave" (LASSALE, ibid., p. 20), "que compromete todo o sentido da peça" (VITEZ, p. 31).

Dividem-se as opiniões sobre a utilidade de distribuir os papéis dentro de uma mesma família de atores – fato que pode proporcionar ganho de tempo, aproveitando-se a experiência adquirida – ou, ao contrário, de regenerar o grupo ao acrescentar-lhe novos elementos, objetivando variar experiências e estilos.

A moda atual, de contratar uma estrela (de cinema, se possível), continua a grassar, porém às vezes a empresa teatral precisa de tais investimentos. Assim, investido pelo passado e pela aura de uma estrela, o papel chega às vezes a desviar o sentido da encenação e a enriquecer a personagem e a peça com uma dimensão mítica que renova sua leitura.

DITIRAMBO

🔄 Fr.: *dithyrambe*; Ingl.: *dithyramb*; Al.: *Dithyrambus*; Esp.: *ditirambo*.

Sendo em sua origem um canto lírico para glorificar Dioniso, interpretado e dançado por coreutas conduzidos pelo corifeu, o ditirambo evoluiu, notadamente com SIMONIDE DE CÉOS (556-468) e LASOS D' HERMIONE, para um diálogo, resultando, segundo ARISTÓTELES, na tragédia.

DITO E NÃO DITO

🔄 Fr.: *dit et non-dit*; Ingl.: *spoken and unspoken*; Al.: *Gesprochenes und Unausgesprochenes*; Esp.: *dicho y no dicho*.

Que dizer do não dito? E, para começar, onde localizá-lo? Tanto o *texto dramático** quanto a encenação são necessariamente incompletos, não dizem tudo sobre o sentido de uma personagem, uma ação ou algum elemento extraverbal; compete ao leitor ou ao espectador completar a elipse, as reticências, o implícito ou o indizível.

1. O discurso da personagem é sempre incompleto. Alguns pensamentos, algumas de suas motivações permanecem desconhecidos para nós (e para ela), seja porque ela é assim caracterizada, seja porque a estratégia do texto optou por deixar-nos na ignorância, a fim de manter o *suspense*, obrigar-nos a concluir o texto ou a divertir-nos com seu inacabamento.

2. Também a própria fábula está cheia de não ditos – quer os denominemos pontos cegos, locais de indeterminação (INGARDEN, ISER), buracos (UBERSFELD, 1977*a*) ou inconsciente do texto. Aliás, todo texto é, por natureza, incompleto, incoerente, trabalhado pelos pressupostos e pelo implícito (*pragmática**). A tarefa do *dramaturgo** e do encenador é reconstituir um caminho possível através do texto dramático, estabelecer-lhe a fábula e propor-lhe uma concretização possível. Todos os meios são bons para reduzir estes bolsões de não ditos, porém nem todos são igualmente judiciosos. Em primeiro lugar, é preciso decidir aquilo que se quer que o texto diga, e, sobretudo, qual a *modalidade** que atribuímos ao dito: é preciso acreditar nele, sugeri-lo, oferecê-lo como uma possibilidade ou uma certeza etc. Em última análise, esta grave questão *hermenêutica** fica por conta da encenação e dos intérpretes.

3. Os não ditos da encenação são lidos na maneira pela qual ela decide explicitar ou, ao contrário, "complicar" o texto, dando informações sobre as motivações das personagens, sobre os fundamentos psicológicos e/ou socioeconômicos de seu comportamento – em resumo, permitindo adivinhar aquilo que STANISLÁVSKI chamou de *subtexto**. Alguns consideram este não dito "expresso" pela encenação e pelo ator como uma traição em relação ao texto dramático; parece-nos mais justo fazer disso o que está em jogo na encenação, a forma de dizer o não dito, de produzir um sentido.

Silêncio, discurso, interpretação, encenação, texto e cena.

Ellis-Fermor, 1945; Ducrot, 1972; Miller, 1972; Ubersfeld, 1977*a*, 1977*b*; Pavis, 1986*a*.

DIVERTISSEMENT

(Do francês *divertissement*, divertimento.)
Fr.: *divertissement*; Ingl.: *entertainment, incidental ballet*; Al.: *Unterhaltung, Balleteinlage*; Esp.: *entretenimiento*.

Nos séculos XVII e XVIII, os espetáculos eram intercalados ou frequentemente arrematados por um *divertissement*, uma espécie de *intermédio** dançado e cantado. Gênero misto, situando-se ao mesmo tempo na ficção teatral e no espaço social, por vezes o *divertissement* resume a peça, tira as conclusões morais de forma brincalhona, pede os bons auspícios da plateia, oferece-lhe árias conhecidas e populares para passar mais agradavelmente a mensagem e termina com canções.

DOCUMENTAÇÃO

Fr.: *documentation*; Ingl.: *documentation*; Al.: *Dokumentation*; Esp.: *documentación*.

Para escrever a história de uma representação, de um teatro ou de um artista de teatro, o pesquisador precisa de um mínimo de documentação. Ele a encontrará em suas anotações e nos arquivos, ou em obras já publicadas sobre temas próximos. Bibliotecas e *museus** de teatro lhe fornecerão uma reserva de informações que nem sempre é fácil aproveitar. Em que consiste, em geral, a documentação? Os textos, gravados ou transcritos, não são mais do que um rastro muito tênue – no sentido literal e figurado – da representação. A encenação, em contrapartida, recebe toda a realidade ambiente por intermédio do reflexo que o palco dá dela, e o palco não se deixa armazenar facilmente: os documentos brutos (figurinos, cenografia, objetos etc.) são mais apreciados por fetichistas do que por pesquisadores e computadores. Os documentos anexos, tais como as fontes pictóricas, arquitetônicas ou lúdicas da representação pertencem ao domínio ilimitado da arte e da cultura, não sendo consultáveis a não ser que o espectador já tenha conhecimento deles e tempo para reexaminá-los. Frequentemente, programas ou revistas são conservados em arquivos inacessíveis, pois ainda não foram classificados ou acondicionados em caixas que serão abandonadas em edifícios públicos. A documentação mal explorada transforma-se na mortalha do pesquisador. Os objetos realmente preciosos (esboços ou maquetes de cenógrafos) foram ou dispersos, ou vendidos pelo artista ao cabo da preparação do espetáculo. Somente no caso de se fazer um arquivamento sistemático, utilizando-se a informática, principalmente os CD-ROMs, é que o problema do armazenamento e da conservação de documentos poderá ser resolvido. Isto implica que seu recolhimento soube encontrar os *monumentos* restantes da representação para coletá-los e transformá-los em *documentos* facilmente exploráveis. Em suma, o processo de documentação exige uma clara consciência teórica daquilo que o tratamento das informações permitirá coletar e explorar; ele depende de todo o processo de *pesquisa** e do olhar que este baixa sobre o objeto que se está tentando documentar. Desta forma, a documentação tem melhores probabilidades de ser bem explorada caso se consiga associá-la a uma exposição (seletiva, por conseguinte), a um projeto de pesquisa (em devir, portanto) ou a uma discussão teórica, sempre em vias de formulação. Dossiês atualizados e manuseáveis, uma biblioteca ideal, um estudo provisório dos lugares e das teorias certamente ajudariam a melhor estruturar os materiais informes da documentação.

🔍 Estudos teatrais, didascálias, cadernos de encenação.

📖 Veinstein, 1983; Hiss, 1990.

DRAMA

🔄 Fr.: *drame*; Ingl.: *drama*; Al.: *Schauspiel*; Esp.: *drama*.

✍ No Brasil, de modo genérico, para um público não especializado, *drama* significa o gênero oposto a *comédia*. E, dentro de uma tradição americana adotada por nosso teatro, o *drama* é imediatamente associado ao drama psicológico. (N. de T.)

Se o grego *drama* (ação) resultou, em inúmeras línguas europeias, no termo *drama* para designar a obra teatral ou dramática, ele é usado em francês apenas para qualificar um gênero em particular: o drama burguês (do século XVIII), e posteriormente o drama romântico e o drama lírico (no século XIX).

Num sentido geral, o drama é o poema dramático, o texto escrito para diferentes papéis e de acordo com uma ação conflituosa.

1. No século XVIII, impulsionado por DIDEROT, o *drama burguês** é um "gênero sério", intermediário entre a comédia e a tragédia (burguesa).

2. Victor HUGO advogará a causa de um *drama romântico* em prosa, procurando, também ele, libertar-se das regras e das unidades (salvo a de ação), multiplicar as ações espetaculares, misturar gêneros, visando uma síntese entre os extremos e as épocas, invocando o drama shakespeariano: "Shakespeare é o drama, e o drama que funde num mesmo sopro o grotesco e o sublime, o terrível e o bufão, a tragédia e a comédia; o drama é o caráter próprio à terceira época da poesia da literatura atual" (Prefácio de *Cromwell*).

3. O *drama poético* (ou *lírico*) chega ao auge no final do século XIX com MALLARMÉ, RÉGNIER, MAETERLINCK, HOFMANNSTHAL. Ele provém das formas musicais da ópera, do oratório, da cantata e do *drama lírico* italiano; porém se desprende da influência musical com o drama "*fin de siècle*", que é composto como reação às peças naturalistas. O drama lírico contém uma ação limitada em extensão, a intriga não possui outra função senão a de proporcionar momentos de estases líricas. A aproximação do lírico e do dramático provoca uma desestruturação da forma trágica ou dramática. A música não é mais um componente exterior acrescentado ao texto: é o próprio texto que se "musicaliza" numa série de motivos, falas e poemas que têm valor em si e não em função de uma estrutura dramática claramente desenhada.

📖 Szondi, 1975a; Sarrazac, 1981; Hubert, 1988.

DRAMA LITÚRGICO

🔄 Fr.: *drame liturgique*; Ingl.: *liturgical drama*; Al.: *geistliches Spiel*; Esp.: *drama litúrgico*.

Surge na França dos séculos X ao XII com a representação dos textos sagrados. Durante a missa, os fiéis intervém no canto e na recitação de salmos e de comentários da Bíblia (ciclo da Páscoa em torno de temas da Ressurreição, de Natal, em torno da Natividade). Pouco a pouco, são-lhe acrescentadas cenas do Velho e do Novo Testamento, o gesto se soma ao canto, recorre-se não mais ao latim, mas ao francês (drama semilitúrgico) nos *sainetes** interpretados no átrio da igreja (1175: *Santa Ressurreição*, em língua vulgar). O drama litúrgico produzirá os *miracles** e os *mistérios**.

📖 Slawinska, 1985.

DRAMÁTICO E ÉPICO

↔ Fr.: *dramatique et épique*; Ingl.: *dramatic and epic*; Al.: *dramatisch und episch*; Esp.: *dramático y épico*.

1. Épico/Dramático

a. O dramático é um princípio de construção do texto dramático e da representação teatral que dá conta da *tensão** das cenas e dos episódios da fábula rumo a um desenlace (catástrofe ou solução cômica), e que sugere que o espectador é cativado pela ação. O teatro *dramático* (que BRECHT oporá à forma *épica*) é o da dramaturgia clássica, do realismo e do naturalismo, da *peça bem feita**: ele se tornou a forma canônica do teatro ocidental desde a célebre definição de tragédia pela *Poética* de ARISTÓTELES: "Imitação de uma ação de caráter elevado e completo, de uma certa extensão [...], imitação que é feita pelas personagens em ação e não através de um relato, e que, provocando piedade e terror, opera a purgação própria de tais emoções" (1449*b*).

b. O épico também tem seu lugar na prática e na teoria do teatro, já que não se limita a um gênero (romance, novela, poema épico), e desempenha um papel fundamental em algumas formas teatrais (ver *teatro épico**). Mesmo no interior do teatro dramático, o épico pode desempenhar um papel, principalmente pela inserção de relatos, de descrição, de personagem-narrador*. Uma montagem paralela permitirá situar melhor a dialética do dramático e do épico.

2. O Dramático e o Épico de Acordo com Brecht

(Ver quadro 1 p. 111.)

Esta dupla atitude do espectador em face da representação é igualmente teorizada por BRECHT, na sua comparação entre *Teatro do Carrossel* e *Teatro do Planetário* (BRECHT, 1972: 516-522) (Ver quadro 2, p. 111).

3. Critérios Estéticos e Ideológicos do Épico

a. Encontramos elementos épicos no drama bem antes do teatro de BRECHT. Os mistérios da Idade Média, os teatros clássicos asiáticos, até mesmo os relatos no teatro clássico europeu, são também elementos épicos inseridos no tecido dramático da obra. Trata-se sempre, porém, de procedimentos técnicos e formais que não colocam em questão a direção global da obra e a função do teatro na sociedade.

b. Para BRECHT, ao contrário, a passagem da forma dramática para a forma épica não é motivada por uma questão de estilo e, sim, por uma nova análise da sociedade. O teatro dramático, com efeito, não é mais capaz de dar conta dos conflitos do homem no mundo; o indivíduo não está mais oposto a outro indivíduo, porém a um sistema econômico: "Para conseguir apreender os novos temas, é preciso uma nova forma dramática e teatral. [...] O petróleo rejeita os cinco atos, as catástrofes de hoje não se desenrolam em linha reta, mas sob a forma de ciclos, de crises, de heróis mudando a cada fase. [...] Para conseguir dramatizar uma simples notícia de jornal, a técnica dramática de HEBBEL e de IBSEN é completamente insuficiente" (1967, vol. 15: 197).

O sistema *brechtiano**, sem ser verdadeiramente um conjunto filosófico fechado, acha-se exposto pela primeira vez nas "Observações sobre a Ópera de *Mahagonny*" (1931), encontrando sua expressão definitiva no *Pequeno Organon* (1948), *A Compra do Cobre* (1937-1951) e na *Dialética no Teatro* (1951-1956).

(1) TEATRO DRAMÁTICO	TEATRO ÉPICO
I. A cena (o palco)	
A cena é o lugar da ação.	A cena não é "transfigurada" pelo lugar da ação; ela exibe sua materialidade, seu caráter ostentatório e demonstrativo (pódio). Ela não encarna a ação, mas a mantém à distância.
1. Acontecimento presente/passado	
O acontecimento se desenrola à nossa frente, num presente imediato. – Quer-se fazê-lo reviver para nós. – Ele se limita a momentos excepcionais da atividade humana (crises, paixões).	O acontecimento passado é "reconstituído" pelo ato da narração. – Quer-se expô-lo a nós "com vagar". – Ele constitui uma "totalidade"; pode ser formado por um conjunto importante de fatos.
2. Ponto de vista da representação	
A ação e sua reconstituição coincidem perfeitamente no tempo e no espaço; elas são apresentadas sob a forma de um intercâmbio entre um "eu" e um "tu" ("você").	O narrador apaga-se diante do "ele" fictício das personagens. Distancia-se das ações das personagens que ele apresenta como vozes exteriores.
II. Ação da fábula	
Desenrola-se diante de mim, forma um conjunto que se impõe a mim e que não poderia ser retalhado sem perder toda a substância: "A ação dramática se move diante de mim" (SCHILLER a GOETHE, carta de 26 de dezembro de 1797).	O narrador não é apontado na ação e, sim, conserva toda a liberdade de manobra para observá-la e comentá-la: "Eu giro em volta da ação épica e esta parece não se mexer" (SCHILLER a GOETHE, carta de 26 de dezembro de 1797).
III. Atitude do leitor-espectador	
Submissão	*Liberdade*
"[...] Fico fascinado pela presença sensível [do dramático], minha imaginação perde toda a liberdade, uma perpétua inquietude acende-se em mim e em mim se mantém; todo olhar para trás, toda reflexão me é proibida pois sou arrastado por uma força estranha [...]" (Ibid.).	"[...] Posso caminhar com um passo desigual, de acordo com minha necessidade subjetiva posso atrasar-me mais ou menos, posso andar para a frente ou para trás, quem conta [...] conserva uma liberdade serena" (Ibid.).
IV. Atuação	
A atuação é dada diretamente, como a ilusão de uma ação real.	O ator, por sua atuação épica, deve, se não impedir, ao menos tornar difícil a identificação contínua do espectador com sua personagem. Ele mantém a figura à distância, não a encarna e, sim, a mostra.

(2) TEATRO DO CARROSSEL	TEATRO DO PLANETÁRIO
O espectador embarca numa história (um picadeiro) que ele não consola; ele se ilude sobre os animais e as paisagens que acredita encontrar.	No Planetário, os movimentos das estrelas são reconstituídos de forma esquemática, porém fielmente em suas trajetórias.

c. Atualmente, o teatro de pesquisa leva em consideração, teórica e praticamente, os princípios da interpretação dramática e/ou épica. No entanto, conforme os detalhamentos de BRECHT no final de sua obra teórica (cf. *Adendo ao Pequeno Organon*, 1954), o épico e o dramático não mais são abordados individualmente e de maneira exclusiva, mas, sim, em sua complementariedade dialética: a demonstração épica e a participação total do ator/espectador muitas vezes coexistem no mesmo espetáculo.

O princípio do relato e do narrador contando a história de um outro narrador, o qual, ele próprio etc., parece ser muito frequentemente utilizado, sem que isso responda sempre claramente à necessidade de interpretar de forma realista a realidade social (MONOD, 1977b).

O gosto pela atuação épica é acompanhado muitas vezes por uma enfatização lúdica da teatralidade da representação. O épico, nesse caso, serve mais para questionar as possibilidades e limites do teatro do que para dar uma interpretação pertinente da realidade. Nos anos setenta e oitenta, o épico perdeu terreno na criação teatral devido ao ceticismo em relação ao brechtianismo apregoado por inúmeros encenadores.

Forma fechada, forma aberta, dramaturgia, realidade representada, fábula, teatro aristotélico, epicização.

Kesting, 1959; Dort, 1960; Lukács, 1965; Szondi, 1972a; Sartre, 1973; Todorov, 1976; Pavis, 1978b; Knopf, 1980; De Toro, 1984; Segre, 1984.

DRAMATIS PERSONAE

1. Nas antigas edições dos textos teatrais, as *dramatis personae*, "personagens* (ou máscaras) do drama", eram agrupadas numa lista que antecedia a peça. Tratava-se de nomear e de caracterizar em poucas palavras as personagens do drama, de esclarecer de imediato a *perspectiva** do autor sobre suas personagens e de orientar o julgamento do espectador.

2. É significativo notar que a palavra latina *persona* (máscara) é a tradução da palavra grega para "personagem dramática" ou "papel". Dessa forma, a personagem é originalmente concebida como uma voz narrativa; é um duplo do homem "real". Os gramáticos usaram em seguida a imagem de máscara e do drama para caracterizar as relações entre as três pessoas: a primeira (*eu*) desempenha o papel principal, a segunda (*tu*) dá-lhe a réplica, ao passo que o *ele*, que não é definido em termos de pessoa no intercâmbio entre *eu* e *tu*, *é o* sujeito dos diálogos.

3. Na crítica anglo-saxônica e alemã, *dramatis personae* é às vezes empregado no sentido de *protagonista** ou de personagem. Trata-se do termo genérico mais abrangente para designar a personagem (*caráter*, *figura*, *tipo*, *papel**, *herói**) e o termo técnico consagrado para a *lista de personagens**.

DRAMATIZAÇÃO

Fr.: *dramatisation*; Ingl.: *dramatization*; Al.: *Dramatisierung*; Esp.: *dramatización*.

Adaptação de um texto (épico ou poético) para um texto dramático ou para um material destinado ao palco.

Desde a Idade Média, pode-se falar, com os mistérios, de uma dramatização da Bíblia. O teatro elizabetano gosta de adaptar os relatos dos historiadores (PLUTARCO) ou dos cronistas (HOLINSHED). Nos séculos XVIII e XIX, dramatizam-se os romances de sucesso (DICKENS, SCOTT etc.). Trata-se ainda de tentativas para encontrar um estilo que lembra o teatro, graças aos diálogos.

A *adaptação** dramática de romances é igualmente frequente no século XX, notadamente a partir de obras muito *dramáticas**; assim é com *Os Irmãos Karamazov* (COPEAU, 1911), *Os Possessos* (A. CAMUS ou L. DODINE), os romances de KAFKA (*O Processo*, adaptado por GIDE e BARRAULT, 1947), *Des Petits Cailloux dans les Poches* (*Pedrinhas nos Bolsos*), a partir da obra de V. WOOLF por A.-M. LAZARINI e M. FABRE, ou *Rêves de Franz Kafka*, a partir de trechos do *Diário*, encenado por E. CORMAN e Ph. ADRIEN em 1984. A influência e a concorrência do cinema e da televisão, que costumam fazer estas adaptações de romances, explicam tanto as inúmeras adaptações, quanto o desejo de não mais se limitar o teatro a um texto dialogado escrito especificamente para o palco.

🔍 Tradução, teatralização.

📖 Caune, 1981; B. Martin, 1993.

DRAMATURGIA

↻ (Do grego *dramaturgia*, compor um drama.)
Fr.; *dramaturgie*; Ingl.: *dramaturgy*; Al.: *Dramaturgie*; Esp.: *dramaturgia*.

1. Evolução da Noção

a. Sentido original e clássico do termo

De acordo com o *Littré*, a dramaturgia é a "arte da composição de peças de teatro".

• A dramaturgia, no seu sentido mais genérico, é a técnica (ou a poética) da arte dramática, que procura estabelecer os princípios de construção da obra, seja indutivamente a partir de exemplos concretos, seja dedutivamente a partir de um sistema de princípios abstratos. Esta noção pressupõe um conjunto de regras especificamente teatrais cujo conhecimento é indispensável para escrever uma peça e analisá-la corretamente.

Até o período clássico, a dramaturgia, amiúde elaborada pelos próprios autores (*cf.* os *Discursos* de CORNEILLE e a *Dramaturgia de Hamburgo*, de LESSING), tinha por meta descobrir regras, ou até mesmo receitas, para compor uma peça e compilar para outros dramaturgos as normas de composição (ex.: *Poética*, de ARISTÓTELES; *Prática do Teatro*, de D'AUBIGNAC).

• J. SCHERER, autor de uma *Dramaturgia Clássica na França* (1950), distingue entre a estrutura interna da peça – ou dramaturgia no sentido estrito – e a estrutura externa – ligada à (representação do texto: "A estrutura interna [...] é o conjunto dos elementos que [...] constituem o fundo da peça; é aquilo que é o assunto dela, para o autor, antes que intervenham as considerações de operacionalização. A esta estrutura interna se opõe a estrutura externa, que é sempre uma estrutura, porém uma estrutura constituída por formas, e formas que põem em ação modalidades da escritura e da representação da peça" (SCHERER, 1961).

A *dramaturgia clássica** busca os elementos constitutivos da construção dramática de qualquer texto clássico: *exposição**, *nó**, *conflito**, conclusão, *epílogo** etc.

A dramaturgia clássica examina exclusivamente o trabalho do autor e a estrutura narrativa da obra. Ela não se preocupa diretamente com a realização cênica do espetáculo: isto explica um certo descaso da crítica atual por esta disciplina, ao menos em seu sentido tradicional.

b. Sentido brechtiano e pós-brechtiano

A partir de BRECHT e de sua teorização sobre o teatro dramático e épico, parece ter-se ampliado a noção de dramaturgia, fazendo dela:

• A estrutura ao mesmo tempo ideológica e formal da peça.

• O vínculo específico de uma forma e de um conteúdo, no sentido em que ROUSSET define arte como a "solidariedade de um universo mental e de uma construção sensível, de uma visão e de uma forma" (1962: I).

• A prática totalizante do texto encenado e destinado a produzir um certo efeito sobre o espectador. Assim, "dramaturgia épica" designa, para BRECHT, uma forma teatral que usa os procedimentos de comentário e de colocação à distância épica para melhor descrever a realidade social a ser encarada, e contribuir assim para sua transformação.

Nesta acepção, a dramaturgia abrange tanto o texto de origem quanto os meios cênicos empregados pela encenação. Estudar a dramaturgia de um espetáculo é, portanto, descrever a sua fábula "em relevo", isto é, na sua representação concreta, especificar o modo teatral de mostrar e narrar um acontecimento (*cf. questionário**, n. 9, p. 318).

c. Reutilização da "dramaturgia" no sentido de atividade do "dramaturgo"

A dramaturgia, atividade do *dramaturgo** (sentido 2), consiste em instalar os materiais textuais e cênicos, em destacar os significados complexos do texto ao escolher uma interpretação particular, em orientar o espetáculo no sentido escolhido.

Dramaturgia designa então o conjunto das escolhas estéticas e ideológicas que a equipe de realização, desde o encenador até o ator, foi levada a fazer. Este trabalho abrange a elaboração e a *representação* da fábula**, a escolha do espaço cênico, a *montagem**, a interpretação do ator, a representação ilusionista ou distanciada do espetáculo. Em resumo, a dramaturgia se pergunta como são dispostos os materiais da fábula no espaço textual e cênico e de acordo com qual temporalidade. A dramaturgia, no seu sentido mais recente, tende portanto a ultrapassar o âmbito de um estudo do texto dramático para englobar texto e realização cênica.

2. Problemas da Dramaturgia

a. Articulação da estética e da ideologia

Examinar a articulação do mundo e da cena, ou seja, da ideologia e da estética, esta é, em suma, a principal tarefa da dramaturgia. Trata-se de compreender como ideias sobre os homens e sobre o mundo são enformadas, portanto, em texto e em cena. Isto requer o acompanhamento dos processos de modelização (de abstração, de estilização e de codificação) da realidade humana que desembocam num uso específico do aparelho teatral. A significação, no teatro, é sempre uma questão técnica de realização concreta a partir de materiais cênicos, formas e estruturas.

A dramaturgia baseia-se numa análise das ações e de seus *actantes** (as personagens), o que obriga a determinar as forças direcionais do universo dramático, os valores dos actantes e o sentido (a direção) da fábula. Ao escolher ler e montar o texto de acordo com um ou vários pontos de vista coerentes, o dramaturgo esclarece a historicidade do texto, sua ancoragem ou seu desvinculamento da história dos homens, a defasagem entre a situação dramática e o nosso universo de referência. Ao interpretar a peça conforme este ou aquele gênero literário, produzem-se fábulas e personagens muito divergentes, de sorte que o "seletor genérico" dá ao texto uma configuração particular a cada vez. Todas estas escolhas permitem situar, se não explicitar, as ambiguidades (estruturais e históricas), os não ditos (dizíveis e indizíveis) e os pontos cegos (dificuldades de leitura que resistem a todas as hipóteses).

b. Evolução dos dramaturgos

A evolução histórica dos conteúdos ideológicos e as pesquisas formais explicam as defasagens que podem ocorrer entre forma e conteúdo, colocando em questão sua unidade dialética. SZONDI mostra assim a contradição do teatro europeu, no final do século XIX, que usa a forma caduca do diálogo como marca de intercâmbio entre os homens para falar de um mundo onde este intercâmbio não mais é possível (SZONDI, 1956: 75). E é porque o homem tem hoje um conhecimento científico da realidade social que BRECHT condenará a forma dramática, que se apresenta como imutável e produtora de ilusões.

c. A dramaturgia como teoria da representatividade do mundo

O objetivo final da dramaturgia é representar o mundo, seja sob a ótica de um realismo mimético, seja quando toma distância em relação à mimese, contentando-se em figurar um universo autônomo. Em cada caso, ela estabelece o estatuto ficcional e o nível de realidade das personagens e das ações; ela figura o universo dramático através de meios visuais e auditivos, e decide o que parecerá real ao público: aquilo que é, para ela, *verossímil*. Dessa forma, a dramaturgia escolhe, como se faria em música, uma *clave* de ilusão/desilusão, e se aferra a ela durante a execução da ficção cênica. Uma das principais opções desta figuração é mostrar as ações e seus protagonistas como casos particulares ou como exemplos típicos. Enfim, a tarefa final e principal será efetuar o "ajuste" entre texto e cena, decidir de que forma *interpretar* o texto, como dar-lhe um impulso cênico que o esclareça para determinada época e determinado público.

A relação com o público é o vínculo que determina e especifica todos os outros: decidir se o teatro deve entreter ou instruir, confortar ou perturbar, reproduzir ou denunciar- tais são as questões que a dramaturgia formula na operacionalização de suas análises.

d. Explosão e proliferação de dramaturgias

Para quem tem uma imagem mais global e unificada do mundo, a reprodução da realidade pelo teatro continua a ser necessariamente fragmentária. Não se procura mais, então, elaborar uma dramaturgia que agrupe artificialmente uma ideologia coerente e uma forma adequada e, frequentemente, uma mesma representação recorre a diversas dramaturgias.

Não se fundamenta mais o espetáculo apenas na identificação ou no distanciamento; alguns espetáculos tentam mesmo retalhar a dramaturgia utilizada, delegando a cada ator o poder de organizar seu texto de acordo com sua própria visão da realidade. Portanto, a noção de *opções dramatúrgicas* está mais adequada às tendências atuais do que aquela de uma *dramaturgia* considerada como conjunto global e estruturado de princípios estético-ideológicos homogêneos.

Gouhier, 1958; Dort, 1960; Klotz, 1960, 1976 Rousset, 1962; Larthomas, 1972; Jaffré, 1974 Keller, 1976; Monod, 1977a; *Pratiques* n. 41, 1984 n. 59, 1988; n. 74, 1992; Ryngaert, 1991; Moindrot 1993.

DRAMATURGIA CLÁSSICA

Fr.; *dramaturgie classique*; Ingl.: *classical dramaturgy*; Al.: *klassische Dramaturgie*; Esp.: *dramaturgia clásica*.

1. Historicamente, a dramaturgia clássica foi elaborada, no caso da França, entre 1600 e 1670. J. SCHERER (1950), distingue um período arcaico (1600-1630), um período pré-clássico (1630-1650) e um período clássico no sentido estrito (1650-1670).

2. Contudo, a *dramaturgia clássica* tornou-se uma expressão que designa um tipo formal de construção dramática e de representação do mundo, assim como um sistema autônomo e lógico de regras e leis dramatúrgicas. As regras impostas pelos doutos e pelo gosto do público do século XVII se transformaram num conjunto coerente de critérios distintivos da *ação**, das estruturas espaço-temporais, do *verossímil** e do modo de apresentação cênica.

3. A ação unificada fica limitada a um acontecimento principal, devendo tudo convergir necessariamente para o estabelecimento e para a resolução do *nó** do conflito. O mundo representado deve ser esboçado dentro de certos limites bastante estritos: uma duração de vinte e quatro horas, um local homogêneo, uma apresentação que não choque nem o bom gosto, nem o *bom-tom**, nem a verossimilhança.

Este tipo de dramaturgia, por causa de sua coerência interna e de sua adaptação à ideologia literária e humanista de sua época, manteve-se até nas formas pós-clássicas (MARIVAUX, VOLTAIRE), tendo sobrevivido, no século XIX, na *peça bem feita** e no *melodrama**, e no século XX na comédia de *boulevard** ou na telenovela. A partir do momento em que este modelo dramatúrgico cristalizou-se numa forma canônica (enquanto a análise psicossocial do homem era, ao mesmo tempo, renovada pelas ciências humanas), ele bloqueou qualquer inovação formal ou qualquer nova apreensão da realidade. Não é de se estranhar, portanto, que ele seja violentamente rejeitado por novas estéticas: no século XIX, pelo drama romântico (mesmo que este recorra ainda às fontes do modelo que ele recusa), no início do século XX pelos movimentos naturalista, simbolista ou épico.

Poética, teoria do teatro.

D'Aubignac, 1657; Marmontel, 1787 Bénichou, 1948; Bray, 1927; Szondi, 1956 Anderson, 1965; Jacquot, 1968; Pagnini, 1970 Fumaroli, 1972; Truchet, 1975; R. Simon, 1979; Scherer, 1986; Forestier, 1988; Regnault, 1996.

DRAMATÚRGICA (ANÁLISE...)

Fr.: *dramaturgique (analyse...)*; Ingl.: *dramaturgical analysis*; Al.: *dramaturgische Analyse*; Esp.: *dramatúrgico (análisis...)*.

1. Do Texto ao Palco

Tarefa do *dramaturgo** (sentido 2), mas também da crítica (pelo menos em algumas formas aprofundadas desta atividade), que consiste em definir os caracteres específicos do texto e da representação. A análise dramatúrgica tenta esclarecer a passagem da escritura *dramática** para a escritura *cênica**. "Que é este trabalho dramatúrgico senão uma reflexão crítica sobre a passagem do fato literário para o fato teatral?" (DORT, 1971: 47). A análise dramatúrgica ocorre tanto antes da encenação, pelo dramaturgo e pelo encenador, quanto depois da representação, quando o espectador analisa as opções escolhidas pelo encenador.

2. Trabalho sobre a Constituição do Sentido do Texto ou da Encenação

A análise dramatúrgica examina a realidade representada na peça e faz as seguintes perguntas: Que temporalidade? Que espaço? Que tipo de personagem? Como ler *a fábula**! Qual o vínculo da obra com a época de sua criação, a época que ela representa e nossa atualidade? Como interferem estas historicidades?

A análise explicita os "pontos cegos" e as ambiguidades da obra, clarifica um aspecto da intriga, toma partido por uma concepção particular ou, ao contrário, organiza várias interpretações. Preocupada em integrar a perspectiva e a *recepção** do espectador, estabelece pontes entre *a ficção** e a *realidade** de nossa época.

A análise da sociedade é feita, com frequência, com base no modelo marxista – ou de suas variantes aplicadas ao estudo da literatura (LUKÁCS, 1960, 1965, 1970) –; ela pesquisa as contradições das ações, a presença de ideologemas (PAVIS, 1983*b*), as relações da ideologia com o texto literário, os vínculos do individual e do social que atravessam a personagem, a maneira pela qual a representação pode ser decomposta numa sequência de *gestas** sociais.

3. Entre a Semiologia e a Sociologia

A análise dramatúrgica ultrapassa a descrição semiológica dos sistemas cênicos, visto que ela se pergunta, de maneira pragmática, o que o espectador receberá da representação e como o teatro desemboca na realidade ideológica e estética do público. Ela concilia e integra, numa perspectiva global, uma visão semiológica (estética) de signos da representação e uma pesquisa sociológica sobre a produção e a recepção destes mesmos signos (*sociocrítica**).

4. Necessidade dessa Reflexão

A partir do momento em que há a encenação, pode-se considerar que há necessariamente um trabalho dramatúrgico, mesmo – e sobretudo – que este seja negado pelo encenador em nome de uma "fidelidade" à tradição, ou de uma vontade de tomar o texto "ao pé da letra" etc. Com efeito, toda *leitura** e, *a fortiori*, toda representação de um texto pressupõem uma concepção das condições da *enunciação**, da situação e da interpretação dos atores etc. Esta concepção, ainda que embrionária ou sem imaginação, já é em si uma análise dramatúrgica que compromete uma leitura do texto.

5. Desapreço em Relação à Análise Dramatúrgica

Após os anos 1950 e 1960 – nos quais, sob a influência da dramaturgia brechtiana, a análise dos textos era voluntariamente política e crítica – assistimos, desde a "crise" dos anos setenta e oitenta, a uma certa despolitização das análises, e a uma recusa em reduzir o texto dramático ao seu substrato socioeconômico, insistindo na sua forma específica e nas *práticas significantes** que podem lhe ser aplicadas. Dessa forma, o encenador (como faz VITEZ) se recusa a fazer um trabalho preliminar sobre o texto, e se esforça para experimentar o mais cedo possível no palco com os atores, sem saber de antemão que discurso deverá necessariamente emergir da encenação. A mesma desvinculação ideológica é perceptível em antigos brechtianos, como B. BESSON, B. SOBEL, J. JOURDHEUIL, R. PLANCHON, J.-F. PEYRET, M. MARÉCHAL, ou na nova geração dos anos 1990, que não tem nenhum apego ao brechtianismo ou à leitura sociocrítica dos clássicos.

📖 Brecht, 1967, vol. 17; Girault, 1973; Jourdheuil, 1976; Klotz, 1976; Pavis, 1983*a*; Bataillon, 1972.

DRAMATURGO

↻ (Do grego *dramaturgos*, autor dramático.)
Fr.: *dramaturge*; Ingl.: *playwright, literary director, dramaturg*; Al.: *Dramatiker, Dramaturg*; Esp.: *dramaturgo*.

1. Sentido Tradicional

O dramaturgo é o autor de dramas (comédia ou tragédia). MARMONTEL fala, por exemplo, de "SHAKESPEARE, o grande modelo dos dramaturgos" (1787). Atualmente, o costume francês prefere o termo autor dramático.

2. Emprego Técnico Moderno

Dramaturgo (que vem do sentido 1 por intermédio de sua tradução e de seu uso alemão, *Dramaturg*) designa atualmente o conselheiro literário e teatral agregado a uma companhia teatral, a um encenador ou responsável pela preparação de um espetáculo.

O primeiro *Dramaturg* foi LESSING: sua *Dramaturgia de Hamburgo* (1767), coletânea de críticas e reflexões teóricas, está na origem de uma tradição alemã de atividade teórica e prática que precede e determina a encenação de uma obra. O alemão distingue, diversamente do francês, o *Dramatiker*, aquele que escreve as peças, do *Dramaturg*, que é quem prepara sua interpretação e sua realização cênicas. As duas atividades são às vezes desenvolvidas simultaneamente pela mesma pessoa (ex.: BRECHT). Empregado correntemente na Alemanha, e se o dramaturgo trabalha de forma contínua com um mesmo encenador, essa figura está cada vez mais presente na França.

3. Tarefa Ambígua do Dramaturgo

A partir do momento em que o dramaturgo passa a ter direitos adquiridos no teatro (direitos recentes e ainda contestados na França), ele é encarregado principalmente de:

- Escolher as peças do programa em função de uma atualidade ou de uma utilidade qualquer; combinar os textos escolhidos para uma mesma encenação.

- Efetuar as pesquisas de documentação sobre e em torno da obra. Às vezes, redigir um *programa** documentário (tomando o cuidado de não explicar tudo de antemão, como acontece em alguns textos-programas).

- *Adaptar** ou modificar o texto (*montagem**, *colagem**, supressões, repetições de passagens); eventualmente, traduzir o texto, sozinho ou em colaboração com o encenador.

- Destacar as articulações de sentido e inserir a interpretação num projeto global (social, político etc.).

- Intervir de tempos em tempos, durante os ensaios, como um observador crítico cujo olhar é mais "fresco" do que aquele do encenador, confrontado cotidianamente com o trabalho cênico. O dramaturgo é então o primeiro crítico *interno* do espetáculo em elaboração.

- Assegurar a ligação com um público potencial (*animação**).

4. Dramaturgo: Pré ou Pós-Encenador?

Por muito tempo considerado inútil ou integrado ao *trabalho de mesa**, colocado "como sanduíche" entre atores e encenador, o dramaturgo fez definitivamente sua entrada na equipe artística, mesmo que atualmente os encenadores negligenciem as *análises dramatúrgicas** de inspiração brechtiana. Sua marca na encenação é, portanto, inegável, tanto na fase preparatória quanto na realização concreta (interpretação do ator, coerência da representação, encaminhamento da recepção etc.). Após alguns anos, seu papel não é mais o de ser o preposto do discurso ideológico e, sim, o de assistir o encenador na sua pesquisa dos possíveis sentidos da obra.

📖 Tenschert, 1960; Dort, 1960, 1975.

DUPLO

Fr.: *double*; Ingl.: *double*; AL; *Doppel, Doppelgänger*; Esp.: *doble*.

O duplo é um tema literário e filosófico infinitamente variado. O teatro recorre amplamente a ele, pois, devido à sua natureza de arte da representação, ele sempre mostra o ator e sua personagem, o mundo representado e suas representações, os signos concomitantemente referenciais (eles "imitam" ou "falam" do mundo) e auto referenciais (remetendo a si próprios, como todo objeto estético).

O duplo perfeito se realiza no sósia (MOLIÈRE, PLAUTO), com todos os mal-entendidos que se possa imaginar. O duplo é frequentemente um irmão inimigo (*A Tebaida*, de RACINE, *Os Bandoleiros*, de SCHILLER), um *alter ego* (Mefisto para Fausto), um executor de serviços sujos (Enone para Fedra, Dubois para Dorante em *As Falsas Confidências*, de MARIVAUX), um cúmplice (Sganarello para Dom Juan), um parceiro ou uma projeção de si próprio para o diálogo (Rodrigo, filho e amante em *O Cid*). Entre a identidade e a alteridade, por isso irrealizável, a personagem, como o teatro, está eternamente em busca de seu duplo.

Mise en abyme, teatro dentro do teatro, disfarce, criado.

O. Rank, *Dom Juan et le Double*, 1932; Artaud, 1938; Mauron, 1964; Ferroni, 1981.

E

EFEITO DE DESCONSTRUÇÃO

↻ Fr.: *effet de déconstruction*; Ingl.: *deconstruction effect*; Al.: *Dekonstruktionseffekt*; Esp.: *efecto de deconstrucción*.

O termo desconstrução, tomado de empréstimo a DERRIDA pela crítica pós-estruturalista americana, é, na maioria das vezes, empregado no sentido banal em que a encenação contemporânea desfaz e desafia toda pretensão à construção de um sentido estável e unívoco. O espectador, acostumado a procurar sentido em tudo, não consegue, quando dos efeitos de desconstrução, reconstruir a representação sobre as ruínas de seus fragmentos ou de suas contradições. Não se trata aí de um simples efeito de *distanciamento* ou de estranhamento que sempre acaba por se arranjar, nem um efeito de *evidenciação** que ressalta seus procedimentos. A desconstrução se opõe radicalmente (embora de maneira lúdica) ao funcionamento global da representação: por exemplo, quando o ator, interpretando, desmonta o cenário e o remonta para outra encenação, ou quando a cenografia retoma elementos daquilo que o público pode ver da realidade ambiente: a perspectiva do Trocadéro e da Torre Eiffel retomados por Y. KOKKOS para a encenação de *Ubu Rei* por A. VITEZ em Chaillot, em 1985.

EFEITO DE ESTRANHAMENTO

↻ Fr: *effet d'étrangeté*; Ingl.: *alienation effect*; Al.: *Verfremdungseffekt*; Esp.: *efecto de extrañamiento*.

O contrário de efeito de real. O efeito de estranhamento mostra, cita e critica um elemento da representação; ele o "desconstrói", coloca-o à *distância* por sua aparência pouco habitual e pela referência explícita a seu caráter artificial e artístico (*procedimento**). Semelhante ao signo poético que é autorreferencial (JAKOBSON, 1963) e que designa seus próprios códigos, a *teatralidade** é exageradamente ressaltada quando da produção deste efeito de estranhamento.

O estranho, categoria estética da *recepção**, nem sempre se distingue facilmente de outras impressões como o insólito, o bizarro, o maravilhoso ou a intraduzível palavra alemã *das Unheimliche* ("a inquietante estranheza"). O termo brechtiano *Verfremdungseffekt* é às vezes traduzido por "efeito de estranhamento", o que salienta bem a nova percepção implicada pela interpretação e pela encenação e convém mais que *distanciamento**.

🔍 Absurdo, fantasia (teatro da), fantástico.

📖 Brecht, 1963; Vernois, 1974; Knopf, 1980.

EFEITO DE EVIDENCIAÇÃO

↻ Fr.: *effet de mise en évidence*; Ingl.: *foregrounding effect*; Al.: *Aktualisierungseffekt*; Esp.: *efecto de actualización*.

Técnica descrita pelo Círculo Linguístico de Praga com o nome de *aktualisace*: atualização, colocação de um fenômeno em primeiro plano.

A evidenciação do *procedimento** estético (seja ele linguístico, cênico ou lúdico) faz sobressair a estrutura artística da mensagem, liberta o sujeito dos automatismos de percepção de um objeto tornado subitamente insólito. O efeito de *distanciamento** brechtiano não é senão um caso particular, pois a evidenciação é um fenômeno muito mais amplo, próprio da arte em geral.

No teatro, a evidenciação tem por objeto ora a dicção enfática de certos verbos e palavras, a interpretação exagerada (não naturalista) do ator que insiste na teatralidade de sua personagem, um princípio ou um detalhe da plástica cênica destinado a atrair a atenção (cores, lugar, iluminação). O trabalho dramatúrgico considera uma de suas tarefas essenciais salientar (ou atenuar) certos aspectos e sentidos da obra, repartir as ênfases de acordo com um projeto estético-ideológico bem definido. Evidenciar não é senão encenar de modo "equilibrado": pouca evidência não desemboca em nenhuma concepção organizada; evidência demais enfraquece o espetáculo e o banaliza, por falta de ambiguidade suficiente.

🔍 Efeito de estranhamento, coerência, efeito teatral.

📖 Matejka, 1976a, 1976b; Deák, 1976; Knopf, 1980.

EFEITO DE REAL

↻ Fr.: *effet de réel*; Ingl.: *reality effect, effect of the real*; Al.: *Wirklichkeitseffekt*; Esp.: *efecto de realidad*.

Esta expressão emprestada de R. BARTHES (*Communication* n. 11, 1968) aplica-se à literatura, ao cinema ou ao teatro: há, na verdade, impressão de real quando o espectador tem a sensação de estar assistindo ao acontecimento apresentado, de ser transportado para a realidade simbolizada e de ser confrontado não com uma *ficção** artística e uma representação estética, mas com um acontecimento real.

A encenação naturalista, que se baseia na *ilusão** e na *identificação**, produz *efeitos de real* apagando totalmente o trabalho de elaboração do sentido pelo uso dos diferentes materiais cênicos segundo a exigência hegeliana de uma obra que nada deve revelar do andaime necessário à sua construção. Os significantes são então confundidos com o referente desses signos. Não se percebe mais a peça como *discurso** e escritura sobre o real, mas como reflexo direto deste real.

Além do prazer da *identificação** para o espectador, o efeito de real tranquiliza sobre o mundo representado, que corresponde perfeitamente aos esquemas ideológicos que temos dele, esquemas que se dão como naturais e universais.

🔍 Denegação, distanciamento, recepção, naturalista (representação...).

EFEITO DE RECONHECIMENTO

↻ Fr.: *effet de reconnaissance*; Ingl.: *recognition effect*; Al.: *Wiedererkennungseffekt*; Esp.: *efecto de reconocimiento*.

Mais ou menos sinônimo de *efeito de real**. Há efeito de reconhecimento quando o espectador reconhece em cena uma realidade, um sentimento, uma atitude que lhe parece já ter experimentado alguma vez. A impressão de reconhecimento varia conforme os objetos reconhecidos: a *identificação** com a personagem dá-se de acordo com um sentimento ou uma impressão já conhecida. O efeito de reconhecimento ideológico produz-se quando o espectador se sente num ambiente familiar cuja legitimidade ele não questiona: "Antes de ser ocasião de uma identificação (consigo sob os aspectos de um outro), o espetáculo é fundamentalmente ocasião de um reconhecimento cultural e ideológico" (ALTHUSSER, 1965: 150).

A teoria psicanalítica explica pela necessidade de sublimação estética o prazer que o espectador sente com este efeito de reconhecimento. Esta sublimação leva o espectador a apropriar-se do ego da personagem e a reencontrar assim uma parte recalcada ou complementar do seu antigo ego (infantil, essencialmente).

Ilusão, denegação, realismo, reconhecimento.

EFEITO TEATRAL

Fr.: *effet théâtral*; Ingl.: *theatrical effect*; Al.: *theatralischer Effekt*; Esp.: *efecto teatral*.

Opõe-se a *efeito de real*. Ação cênica que revela imediatamente sua origem lúdica, artificial e teatral. A encenação e a interpretação renunciam à ilusão: elas não mais se dão como realidade exterior, mas salientam, ao contrário, as técnicas e os procedimentos artísticos usados, acentuam o caráter interpretativo e artificial da representação. Paradoxalmente, o efeito teatral é banido da cena ilusionista, pois lembra ao público sua situação de espectador ao enfatizar a *teatralidade** ou a *teatralização** da cena.

Meierhold, 1963; Brecht, 1972: 329-376.

ELETRÔNICAS (ARTES...)

Fr.: *électroniques (arts...)*; Ingl.: *media*; Al.: *neue Medien*.

Termo genérico para os meios de comunicação, não só o vídeo, mas também a trilha sonora, a criação eletroacústica, a radionovela, o "cinema para o ouvido" como o de W. RUTTMANN, cujo *Week End* (1930) é "um filme sem imagens, uma orquestração de ruídos naturais, gravados pela película sonora, de acordo com os recursos e uma técnica cinematográficos" (*Revue du Cinéma*, 1930), o vídeo que redescobre o som, para as projeções estáticas demasiado diretivas ou o virtuosismo visual, mergulha num evento sensorial global, e o eletro-CD que usa sons naturais ou eletrônicos de acordo com uma montagem e uma "música sem música" como os mini-CDs de Phillippe MION ou M. CHION (1990).

A *eletroacústica* tenta dar uma nova percepção dos sons e das imagens a um *espectouvinte*, um indivíduo capaz de integrar em si mesmo percepções sonoras e visuais, testando o que elas têm de comum e de ligado ao espaço e ao tempo: sua densidade, seu ritmo, sua intensidade, sua situação enquanto plano visual e plano sonoro, e outros tantos parâmetros que aproximam a visão e a audição, a música, o texto, a dança e o movimento.

ELOCUÇÃO

Fr.: *elocution*; Ingl.: *elocution*; Al. *Vortragskunst, Elocution*; Esp.: *elocución*.

Termo de retórica: escolha e ordem das palavras do discurso, modo de expressar-se por figuras. Segundo ARISTÓTELES (*Poética*, 1450a), a elocução é, com a fábula, os caracteres, o pensamento, o espetáculo e o canto, um dos seis elementos da tragédia. Para CÍCERO, a *elocutio* define o estilo conforme a correção, a conveniência, o ornamento, a clareza, o *ritmo**.

No teatro, a elocução, ou a arte da *dicção** e da *declamação**; envolve o sentido do texto pronunciado pelo ator ao qual ele empresta uma *enunciação**. A época clássica distingue claramente "ELOCUÇÃO, DICÇÃO, ESTILO: os três termos servem para exprimir a maneira pela qual as ideias são apresentadas. O estilo tem mais relação com o autor, a dicção com a obra e a elocução com a arte oratória" (BEAUZÉE, *Encyclopédie*).

EMPLOI

(Diretamente do francês *emploi*, sem correspondente em português.)
Fr.: *emploi*; Ingl.: *casting, character type*; Al.: *Rollenbesetzung, Rollenfach*; Esp.: *parte*.

Tipo de *papel** de um ator que corresponde à sua idade, sua aparência e seu estilo de interpretação: o *emploi* de *soubrette*, de *galã* etc.

O *emploi* depende da idade, da morfologia, da voz e da personalidade do ator. Distingue-se principalmente os *emplois* cômicos e trágicos. As classificações são inumeráveis. A codificação dos *emplois* atesta uma necessidade de estabelecer leis para o domínio artístico, à imagem de um NAPOLEÃO que, no seu decreto de Moscou, publicou uma lista de *emplois*. Noção bastarda entre a *personagem** e o ator que o encarna, o *emploi* é uma síntese de traços físicos, morais, intelectuais e sociais. A classificação se faz de acordo com diversos critérios, como:

- nível social: o rei, o valete, o dândi;
- figurino: papel com capa (primeiros papéis e pais de comédia); papel com colete (ex.: aldeões da ópera cômica portando colete e calção);
- caráter: a ingênua, o apaixonado, o traidor, o pai nobre, a ama.

Esta concepção "fisiológica" do trabalho do ator já pertence ao passado: ela é mantida por gêneros como o drama burguês, a comédia clássica ou a *Commedia dell'arte**. Baseia-se na ideia de que o ator deve corresponder aos grandes tipos do repertório e encarnar sua personagem. Esta noção cai em desuso, pelo menos para o teatro experimental. É retomada, contudo, num contexto completamente diferente, em encenadores como MEIERHOLD (1975: 81-91).

Tipo, caracterização, estereótipo, distribuição.

Pougin, 1885; Abraham, 1933; Herzel, 1981; *Annuel du Spectacle*, 1982-1983.

ENCADEAMENTO

Fr.: *enchaînement*; Ingl.: *scene order*; Al.: *Szenenfolge*; Esp.: *encadenamiento*.

1. Ligação dos episódios da fábula; maneira pela qual a peça articula as cenas e pela qual a encenação coordena e dá ritmo aos diversos sistemas cênicos e à passagem de uma ação a outra. A dramaturgia *ilusionista** (clássica, romântica ou naturalista) concebe a peça como uma progressão temática e *actancial** cuidando para que os encadeamentos sejam ao mesmo tempo eficientes e discretos: não se deve enxergar os *nós** que os unem uns aos outros.

2. Um encadeamento é às vezes um *motivo** (texto, intermédio lírico ou dançado, comentário) destinado a fazer a ligação entre duas cenas (encadeamento do narrador épico, do apresentador no circo ou no *music-hall*).

Ligação das cenas, épico e dramático, análise da narrativa.

ENCENAÇÃO

Fr.: *mise en scène*; Ingl.: *production, staging, direction*; Al.: *Inszenierung, Regie*; Esp.: *puesta en escena*.

A noção de encenação é recente; ela data apenas da segunda metade do século XIX e o emprego da palavra remonta a 1820 (VEINSTEIN, 1955: 9). É nesta época que o encenador passa a ser o responsável "oficial" pela ordenação do espetáculo. Anteriormente, o ensaiador ou, às vezes, o ator principal é que era encarregado de fundir o espetáculo num molde preexistente. A encenação se assemelhava a uma técnica rudimentar de *marcação** dos atores. Esta concepção prevalece às vezes entre o grande público, para quem o encenador só teria que regulamentar os movimentos dos atores e das luzes.

B. DORT explica o advento da encenação não pela complexidade dos recursos técnicos e da presença indispensável de um "manipulador" central, mas por uma modificação dos públicos: "A partir da segunda metade do século XIX, não há mais, para os teatros, um público homogêneo e nitidamente diferenciado segundo o gênero dos espetáculos que lhe são oferecidos. Desde então, não existe mais nenhum acordo fundamental prévio entre espectadores e homens de teatro sobre o estilo e o sentido desses espetáculos" (1971: 61).

1. Funções da Encenação

a. Definições mínima e máxima

A. VEINSTEIN propõe duas definições de encenação, segundo o ponto de vista do grande público e aquele dos especialistas: "Numa ampla acepção, o termo *encenação* designa o conjunto dos meios de interpretação cênica: cenário, iluminação, música e atuação [...]. Numa acepção estreita, o termo *encenação* designa a atividade que consiste no arranjo, num certo tempo e num certo espaço de atuação, dos diferentes elementos de interpretação cênica de uma obra dramática" (1955: 7).

Deixamos de lado as razões históricas do surgimento da encenação, no final do século XIX, sem menosprezar sua importância. Seria fácil mostrar a revolução técnica da cena, entre 1880 e 1900, principalmente a mecanização do palco e o aperfeiçoamento da iluminação elétrica. A isto se acrescentam a crise do drama, assim como o desmoronamento da dramaturgia clássica e do diálogo (SZONDI, 1956).

b. Exigência totalizante

Em suas origens, a encenação afirma uma concepção clássica da obra teatral cênica como obra total e harmônica que ultrapassa e engloba a soma dos materiais ou artes cênicas, outrora considerados como unidades fundamentais. A encenação proclama a subordinação de cada arte ou simplesmente de cada signo a um todo harmonicamente controlado por um pensamento unificador. "Uma obra de arte não pode ser criada se não for dirigida por um pensamento único" (E. G. CRAIG). A exigência totalizante é acompanhada, desde o surgimento da encenação, de uma tomada de consciência da historicidade dos textos e das representações, da série de sucessivas concretizações de uma mesma obra. Esta historicidade se manifesta pela imposição de um novo saber ao texto a ser representado: aquele das ciências humanas: "O saber é constitutivo da encenação" (PIEMME, 1984: 67).

c. Colocação no espaço

A encenação consiste em transpor a escritura dramática do texto (texto escrito e/ou *indicações cênicas**) para uma escritura cênica. "A arte da encenação é a arte de projetar no espaço aquilo que o dramaturgo só pode projetar no tempo" (APPIA, 1954: 38). A encenação é "numa peça de teatro a parte verdadeira e especificamente teatral do espetáculo" (ARTAUD, 1964b 161, 162). É, em suma, a transformação, ou melhor, a concretização do texto, através do ator e do espaço cênico, numa duração vivenciada pelos espectadores.

O espaço é, por assim dizer, colocado em palavras: o texto é memorizado e inscrito no espaço gestual do ator, réplica após réplica. O ator busca o percurso e as atitudes que melhor correspondem a sua inserção espacial. As falas do diálogo, reagrupadas no texto, são doravante espalhadas e inseridas no espaço e no tempo cênicos, para serem vistas e ouvidas: "O tipo de enunciação do texto dramático contém a exigência de ser dado a ver", escreve justamente P. RICOEUR (1983: 63). O gesto, por exemplo, é sistematicamente trabalhado para ser legível (mais que visível); ele é estilizado, abstrato, decomposto, associado mnemotecnicamente ao desfile do texto, ancorado de acordo com alguns pontos de referência, em alguns apoios (*subpartitura**).

d. Conciliação

Os diferentes componentes da representação, devidos muitas vezes à intervenção de vários criadores (dramaturgo, músico, cenógrafo etc.), são reunidos e coordenados pelo encenador. Quer se trate de obter um conjunto integrado (como na ópera) ou, ao contrário, de um sistema onde cada arte conserva sua autonomia (BRECHT), o encenador tem por missão decidir o vínculo entre os diversos elementos cênicos, o que evidentemente influi de maneira determinante na produção do sentido global. Este trabalho de coordenação e homogeneização se faz, para um teatro que mostra uma ação, em torno da explicação e do comentário da *fábula** que é tornada inteligível recorrendo-se à cena usada como teclado geral da produção teatral. A encenação deve formar um sistema orgânico completo, uma estrutura onde cada elemento se integra ao conjunto, onde nada é deixado ao acaso, e sim, possui uma função na concepção de conjunto. Toda encenação instaura uma *coerência**, a qual, aliás, ameaça a todo momento transformar-se em incoerência. Exemplar, a este respeito, é a definição de COPEAU, que retoma inúmeras experiências teatrais: "Por encenação entendemos: o desenho de uma ação dramática. É o conjunto dos movimentos, gestos e atitudes, a conciliação das fisionomias, das vozes e dos silêncios; é a totalidade do espetáculo cênico, que emana de um pensamento único, que o concebe, o rege e o harmoniza. O encenador inventa e faz reinar entre as personagens aquele vínculo secreto e invisível, aquela sensibilidade recíproca, aquela misteriosa correspondência das relações, em cuja ausência o drama, mesmo que interpretado por excelentes atores, perde a melhor parte de sua expressão" (COPEAU, 1974: 29-30).

e. Evidenciação do sentido

A encenação não é mais considerada, portanto, como "mal necessário" do qual o texto dramático poderia muito bem, afinal de contas, se privar, e sim, como o próprio local do aparecimento do sentido da obra teatral. Assim, para STANISLÁVSKI, compor uma encenação consistirá em tomar materialmente evidente o sentido profundo do texto dramático. Para isso, a encenação disporá de todos os recursos cênicos (dispositivo cênico, luzes, figurinos etc.) e lúdicos (atuação, corporalidade e gestualidade). A encenação compreende ao mesmo tempo o ambiente onde evoluem os atores e a interpretação psicológica e gestual desses atores. Toda encenação é uma interpretação do texto (ou do *script*), uma explicação do texto "em ato"; só temos acesso à peça por intermédio desta leitura do encenador.

f. Três questões sobre a organização da encenação

Para compreender a concretização que implica toda nova encenação de um mesmo texto, busca-se estabelecer a relação entre o texto dramático e seu contexto de enunciação, colocando três questões teóricas:

• Que *concretização* é feita do texto dramático quando de qualquer nova leitura ou encenação? Que circuito da concretização se estabelece então como obra-coisa, *contexto social* e objeto estético? (Para retomar os termos de MUKAŘOVSKÝ (1934); *cf.* PAVIS, 1983a).

• Que *ficcionalização*, isto é, que produção de uma ficção, a partir do texto e a partir da cena, se estabelece graças aos efeitos conjugados do texto e do leitor, da cena e do espectador? No que a mescla de duas ficções, textual e cênica, é indispensável à ficcionalização teatral? (*cf.* PAVIS, 1985d)?

• A que *ideologização* são submetidos o texto dramático e a representação? O texto – seja ele dramático ou espetacular – só se compreende em sua *intertextualidade**, principalmente em relação às formações discursivas e ideológicas de uma época ou de um *corpus* de textos. Trata-se de imaginar a relação do texto dramático e espetacular com o *contexto social*, isto é, com outros textos e discursos mantidos sobre o real por uma sociedade. Sendo esta relação das mais frágeis e variáveis, o mesmo texto dramático produz sem dificuldade uma infinidade de leituras e, portanto, de encenações imprevisíveis a partir somente do texto.

g. Solução imaginária

O relacionamento das duas ficções, textual e cênica, não se limita a estabelecer uma circularidade entre enunciado e enunciação, ausência e presença. Ela confronta os locais de indeterminação e as ambiguidades do texto e da representação. Estes locais não coincidem necessariamente no texto e no palco. Por vezes, a representação pode tomar ambígua, isto é, polissêmica ou, ao contrário, vazia de sentido, esta ou aquela passagem do texto. Por vezes, ao contrário, a representação toma partido sobre uma contradição ou uma indeterminação textual.

Tornar opaco pelo palco o que era claro no texto, ou esclarecer o que era opaco no texto, tais operações de determinação/indeterminação situam-se no cerne da encenação. Na maior parte do tempo, a encenação é uma explicação de texto que organiza uma mediação entre o receptor original e o receptor contemporâneo. Por vezes, ao contrário, ela é uma "complicação de texto", uma vontade deliberada de impedir toda comunicação entre os *contextos sociais* das duas recepções.

Em certas encenações (aquelas inspiradas, por exemplo, por uma análise dramatúrgica brechtiana), trata-se de demonstrar como o texto dramático foi ele próprio a solução imaginária de contradições ideológicas reais, aquelas da época na qual se estabeleceu a ficção. A encenação é então encarregada de tomar a contradição textual imaginável e representável. Para encenações preocupadas com a revelação de um subtexto do tipo stanislavskiano, supõe-se que o inconsciente do texto acompanhe, num texto paralelo, o texto realmente pronunciado pelas personagens.

h. Discurso paródico

Qualquer que seja a vontade, apregoada ou não, de mostrar a contradição da fábula ou a verdade profunda do texto através da visualização do subtexto, a encenação é sempre um discurso *ao lado* de uma leitura achatada e neutra do texto; ela é, no sentido etimológico, paródica. mas nem a contradição, nem o subtexto inconsciente estão verdadeiramente *ao lado* ou acima do texto (como o metatexto); eles estão no entrechoque e no entrelaçamento das duas leituras, no interior da concretização, da ficção, da relação com a ideologia: como uma paródia que não poderíamos separar do objeto parodiado.

i. Direção de ator

Concretamente, a encenação passa por uma fase de direção de atores. O encenador guia os comediantes fazendo-os mudar e explicitando-lhes a imagem que eles produzem trabalhando a partir de suas propostas e efetuando correções em função dos outros atores. Ele se assegura de que o detalhe do gesto, da entonação, do ritmo corresponde ao conjunto do discurso da encenação, integra-se a uma sequência, a uma cena, a um conjunto. Os atores experimentam, durante os ensaios, diversas *situações de enunciação**. Ocupam pouco a pouco o espaço, ao termo de um trajeto, organizando e organizando-se no conjunto dos sistemas cênicos: "É isto a direção de ator, conseguir motivar vocês e por que os gestos efetuados por vocês no palco lhes pareçam não só que 'têm de ser feitos', mas que são evidentes: sentir que o papel é interpretado apenas com os deslocamentos, por exemplo" (C. FERRAN in *Théâtre/Public* n. 64-65, 1985, p. 60). Uma direção assim supõe que os signos produzidos pelo ator sejam emitidos claramente, sem "ruídos" nem interferências, com os traços pertinentes buscados pelo discurso global da encenação, que os comediantes realizem o jogo cênico uns com os outros, sejam audíveis e "legíveis". Dedica-se frequentemente um cuidado particular à entonação e ao ritmo, àquilo que os alemães chamam de *Sprachregie* (encenação da língua).

A encenação não é necessariamente – como está na moda dizer – um exercício de autoritarismo do encenador que despoja os autores e tiraniza sadicamente atores-marionetes. BRECHT o lembrava, em vão: "Entre nós, o encenador não penetra no teatro com sua 'ideia' ou sua 'visão', uma 'planta baixa das marcações' e dos cenários prontos. Seu desejo não é 'realizar' uma ideia. Sua tarefa consiste em despertar e organizar a atividade produtiva dos atores (músicos, pintores etc.). Para ele, ensaiar não significa fazer engolir à força alguma concepção fixada *a priori* em sua cabeça e, sim, pô-la à prova" (1972: 405).

j. Indicação

No jargão dos atores, diz-se que o encenador dá *indicações* aos comediantes. Toda a dificuldade consiste em dar e receber esta indicação por meias palavras: "É uma coisa bem difícil saber pegar bem uma indicação, como é coisa difícil para o encenador dá-la com clareza. É preciso captar o espírito de não tornar-se escravo da letra" (DULLIN, 1946: 48). Conselho que seguem todos os encenadores para quem a indicação não deve desembocar numa imitação: indicar não é ditar, é, antes, sugerir, informar, mostrar um caminho possível.

2. Problemas da Encenação

a. Papel da encenação

O surgimento do encenador na evolução do teatro é significativo de uma nova atitude perante o texto dramático: durante muito tempo, na verdade, este apareceu como o recinto fechado de uma única interpretação possível que era preciso despistar (comprova isto, por exemplo, a fórmula de LEDOUX que recomendava ao encenador, em confronto com o texto, "servir e não servir-se"). Hoje, ao contrário, o texto é um convite a buscar seus inúmeros significados, até mesmo suas contradições; ele se presta a novas interpretações. O advento da encenação prova, além do mais, que a *arte teatral** tem doravante direito de cidade como arte autônoma. Sua significação deve ser buscado tanto em sua forma e na estrutura dramatúrgica e cênica quanto no ou nos sentidos do texto. O encenador não é um elemento exterior à obra dramática: "Ele ultrapassa o estabelecimento de um quadro ou a ilustração de um texto. Torna-se o elemento fundamental da representação teatral: a mediação necessária entre um texto e um espetáculo. [...] Texto e espetáculo se condicionam mutuamente; um expressa o outro" (DORT, 1971: 55-56).

b. O discurso da encenação*

A encenação de um texto sempre tem uma palavra a dizer: intervenção capital pois será, para a representação, a "última palavra"; não existe discurso universal e definitivo da obra que a representação deve trazer à luz. A alternativa que ainda hoje vigora entre os grandes encenadores – "levar o texto" *ou* "levar a representação" – é, portanto, falseada desde o início. Não se poderia privilegiar impunemente um dos dois termos. Quase não se pensa mais, hoje, que o texto é o ponto de referência congelado numa única representação possível, texto que só teria uma única "verdadeira" encenação (*roteiro**, *texto e cena**).

c. Local do discurso da encenação

• As *indicações cênicas** dão diretivas muito precisas para a realização cênica, porém a encenação não tem necessariamente que segui-las ao pé da letra.

- O próprio texto muitas vezes sugere o desenrolar e o local da ação, a posição das personagens etc. (*indicações espaço-temporais**). Um texto dramático, qualquer que seja ele, não pode ser escrito sem uma vaga ideia de uma possível representação, sem um conhecimento, mesmo que rudimentar, das leis da cena usada, da concepção da realidade representada, da sensibilidade de uma época aos problemas do tempo e do espaço (*pré-encenação**).

- As indicações cênicas e as sugestões vindas do texto nunca são verdadeiramente imperativas, e é decisiva a intervenção pessoal, e em certa medida exterior ao texto, do encenador. O local e a forma desta intervenção são muito ambíguos. Mesmo que seja concretizado num caderno de encenação, o discurso do encenador dificilmente é isolável da representação; ele constitui sua *enunciação**, metalinguagem perfeitamente integrada ao modo de apresentação da ação e das personagens; ele não vem se juntar ao texto linguístico e à cena, não existe em parte alguma como texto acabado; está espalhado nas opções do jogo da atuação da cenografia, do ritmo etc. Por outro lado, ele só existe, segundo nossa concepção produtiva-receptiva da encenação, quando é reconhecido e, em parte, partilhado pelo público. Mais que um texto (cênico) ao lado do texto dramático, o metatexto é o que organiza, do interior, a concretização cênica, o que não está *ao lado* do texto dramático, mas, de certo modo, no interior dele, como resultante do circuito da concretização (circuito entre significante, *contexto social* e significado do texto) (PAVIS, 1985e: 244-268).

- Além do trabalho consciente do encenador, é preciso, enfim, deixar lugar para um pensamento visual ou inconsciente dos criadores. Se, como o sugere FREUD, o pensamento visual se aproxima mais dos processos inconscientes que o pensamento verbal, o encenador ou o cenógrafo poderia fazer o papel de "médium" entre linguagem dramática e linguagem cênica. A cena sempre remeteria então à "outra cena" (*espaço interior**).

3. Tipologia das Encenações

a. A encenação dos clássicos

A classificação é arriscada e as categorias voláteis (PAVIS, 1996a). Certas categorias de encenação dos clássicos também valem *mutatis mutandis* para os textos contemporâneos. Elas colocam todas as questões estéticas com uma acuidade ainda maior. O fato de se tratar de textos já antigos e dificilmente aceitáveis hoje sem uma certa explicação quase que obriga o encenador a tomar partido quanto à sua interpretação ou a situar-se na tradição das interpretações. Várias soluções oferecem-se então a seu trabalho:

- Reconstituição arqueológica

Não *encenar* e, sim, *reencenar* uma peça inspirando-se, com um fervor arqueológico, na encenação de origem, quando os documentos de época estão disponíveis.

- Neutralização

Recusar a cena e suas escolhas cênicas em "benefício" de uma leitura neutra do texto, sem tomar partido quanto à produção do sentido e dando a ilusão (falaciosa) de que só nos prendemos ao texto e que a visualização é redundante. Ora o texto é vivido como uma ação única que não "dobra" o real (ARTAUD); ora o texto é concebido como um "bisturi que permite que abramos a nós mesmos" (GROTOWSKI, 1971:35).

- Historicização

Levar em conta a *defasagem* entre a época da ficção representada, aquela de sua composição, e a nossa, acentuar esta defasagem e indicar as razões históricas nos três níveis de leitura, isto é, *historicizar**. Este tipo de encenação restaura, mais ou menos explicitamente, os pressupostos ideológicos ocultados, não receia desvendar os mecanismos da construção estética do texto e de sua representação. PLANCTON, VILAR, STREHLER, FORMIGONI, VINCENT pertencem a esse tipo de "encenação sociológica" (VITEZ, 1994: 147).

- Recuperação do texto como material bruto
Textos antigos são usados como simples material com finalidade estética ou ideológica (*atualização* brechtiana, modernização, adaptação, reescritura). Citações ou trechos de outras obras esclarecem intertextualmente a obra interpretada (MERGUISCH, VITEZ).

- Encenação de sentidos possíveis e múltiplos do texto

Instalando *práticas significantes** (KRISTEVA), que oferecem o texto espetacular à manipulação do espectador (A. SIMON, 1979: 42-56). Estas práticas oscilam entre uma abstração e uma abundância da cena.

• "Despedaçamento" do texto original

Ao mesmo tempo destruição de sua harmonia superficial, revelação das contradições ideológicas (*cf.* PLANCHON e sua *Mise en Pièce(s) du Cid*, seu *Arthur Adamov* ou suas *Folies bourgeoises*) ou as encenações do Théâtre de l'Unité (!).

• Retorno ao mito

A encenação se desinteressa da dramaturgia específica do texto, para pôr a nu o núcleo mítico que o habita (ARTAUD, GROTOWSKI, BROOK e CARRIÈRE em sua adaptação do *Mahabarata*).

b. Alterações na escritura

Um meio possível de se demarcar os tipos de encenação consiste em observar como elas tratam o texto: "Por qualquer extremidade que sejam pegas, todas as perguntas que o teatro faz sempre conduzem a esta: que acontece com o sentido do texto no palco?" (SALLENAVE, 1988: 93). Cada década parece haver inventado sua própria relação com os textos e o palco:

– os anos 1950 propuseram uma *leitura* (respeitosa) das peças do patrimônio nacional (VILAR);
– os anos 1960 introduzem uma *releitura* crítica e distanciada (PLANCHON);
– os anos 1970 preferem uma *desleitura*, desconstrução polifônica e dialógica (BAKHTIN, 1978) das práticas significantes (VITEZ);
– os anos 1980 questionam a estética da recepção e o "papel do leitor" (ECO, 1980), tomam altura e propõem *metaleituras* que timbram toda observação com o selo do comentário, marginal ou predominante (MESGUICH);
– os anos 1990 restauram os poderes da escritura e assistem a uma eclosão de escrituras tanto autônomas quanto abertas numa encenação: *superleitura* que se presta a todas as situações (COLAS ou PY);
– e no terceiro milênio? O texto, ou o hipertexto, talvez passe da memória humana à *memory* da máquina, do corpo à virtualidade, sem que ninguém tenha mais consciência dele, misturadas que estarão hiperescritura e hiperleitura.

Questionário, visual e textual.

Becq de Fouquières, 1884; Antoine, 1903; Appia, 1899, 1954, 1963; Rouché, 1910; Allevy, 1938; Baty, 1945; Moussinac, 1948; Blanchard, 1948; Veinstein, 1955; Jacquot e Veinstein, 1957; Dhomme, 1959; Pandolfi, 1961; Reinhardt, 1963; Artaud, 1964*a*; Bablet, 1968; Touchard, 1968; Dullin, 1969; Dort, 1971, 1975, 1977*a*, 1979; Girault, 1973; Sanders, 1974; Vitez, 1974, 1981; Pignarre, 1975; Bettetini, 1975; Wills, 1976; *Pratiques*, 1977; Benhamou, 1977, 1981; Ubersfeld, 1978*b*; Strehler, 1980; Pavis, 1980*e*, 1984*a*; Hays, 1981; Jomaron, 1981, 1989; Braun, 1982; Brauneck, 1982; de Marinis, 1983; Melrose, 1983; Banu, 1984; Javier, 1984; Piemme, 1984; Fischer-Lichte, 1985; Thomsen, 1985; Alcandre, 1986; Bradbye Williams, 1988; Sallenave, 1988; Jomaron, 1989; Thibaudat, 1989; Bradby, 1990; Lassalle, 1991; Régy, 1991; Abirached, 1992; Yaari, 1995.

ENCENAÇÃO VINCULADA A UM DETERMINADO LUGAR

Fr.: *mise en scène liée à un lieu donné*; Ingl.: *site specific performance*; Al.: *Ortsgebundene Inszenierung*.

Encenação e espetáculos concebidos a partir e em função de um local encontrado na realidade (e, portanto, fora dos teatros estabelecidos). Grande parte do trabalho reside na procura de um lugar, muitas vezes insólito, carregado de história ou impregnado por uma forte atmosfera: barracão, fábrica desativada, parte de uma cidade, casa ou apartamento. A inserção de um texto, clássico ou moderno, neste local descoberto lhe confere uma nova iluminação, uma força insuspeitada e instala o público numa relação completamente diferente com o texto, o lugar e a intenção. Este novo quadro fornece uma nova situação de enunciação que, como na *land art*, faz-nos redescobrir a natureza e a disposição do território e dá ao espetáculo uma ambientação insólita que constitui todo seu encanto e sua força.

Esta técnica de encenação foi abundantemente experimentada no século XX. Citemos principalmente: EVREINOFF e sua reconstituição da tomada do Palácio de Inverno; COPEAU e seus mistérios em Beaune e Florença; o Théâtre du Soleil e seus arranjos da Cartoucherie em função de cada nova criação; o Royal de Luxe, a Fura dels Baus e Brith GOF que se especializaram na diversificação dos locais e na encenação de seu imaginário.

ENCENADOR

↻ Fr.: *metteur en scène*; Ingl.: *director*; Al. *Régisseur*, Esp.: *director de escena*.

Pessoa encarregada de montar uma peça, assumindo a responsabilidade estética e organizacional do espetáculo, escolhendo os atores, interpretando o texto, utilizando as possibilidades cênicas à sua disposição.

1. O surgimento da função e do termo geralmente é situado na primeira metade do século XIX. Se a palavra e a prática sistemática da *encenação** datam desta época, não faltam ancestrais mais ou menos legítimos do encenador na história do teatro (*cf.* VEINSTEIN, 1955: 116-191).

2. No teatro grego, o *didascalo* (de *didaskalos*, instrutor) era às vezes o próprio autor: ele cumpria a função de organizador. Na Idade Média, o *meneur de jeu* "condutor do jogo" tinha a responsabilidade ao mesmo tempo ideológica e estética dos mistérios. Na época do Renascimento e do barroco, muitas vezes é o arquiteto ou o cenógrafo que organiza o espetáculo de acordo com sua própria perspectiva. No século XVIII, passa-se o bastão a grandes atores: IFELAND, SCHRODER serão, na Alemanha, os primeiros grandes "ensaiadores". Mas será preciso esperar o naturalismo – em particular o duque Jorge II DE MEININGEN, A. ANTOINE e K. STANISLÁVSKI – para que a função se torne uma disciplina e uma arte em si.

3. É delicado estabelecer um estatuto definitivo sobre a oportunidade e a importância do encenador na criação teatral, pois, em última análise, os argumentos sempre se reduzem a uma questão de gosto e de ideologia e não a uma discussão estética objetiva. Constatar-se-á simplesmente que o encenador existe e que se faz sentir – particularmente, aliás, quando não está à altura de sua tarefa – na produção cênica. Durante os anos 1960 e 1970, ele se viu periodicamente contestado por outros "colegas": o ator que se sente aprisionado por diretivas demasiado tirânicas; o cenógrafo que gostaria de prender na armadilha de sua máquina de representar a equipe artística e o público; o "coletivo" que recusa as distinções no grupo ao encarregar-se do espetáculo e propõe uma *criação coletiva**; e, chegando por último, o *animador** cultural que serve de intermediário entre a arte e sua comercialização, entre os artistas e a cidade: posição desconfortável, porém estratégica.

4. Nos anos 1990, a função do encenador quase não é mais contestada, porém é consideravelmente banalizada. A questão não é mais saber se o encenador faz demais ou não faz o suficiente -se é um mestre ou um medidor –, se a encenação é uma "demasiadação" (VINAVER, 1988); faz-se antes, com VINAVER, "a aposta de um retorno para mais modéstia e leveza, para menos arte e mais artesanato" (VINAVER *in* FLOECK, 1989: 254). Sem dúvida, ainda se encontra a afirmação, mais tortuosa que ingênua, de que a melhor encenação deve contentar-se em deixar o texto falar (S. SEIDE, C. RÉGY, P. CHÉREAU, J. LASSALLE, citados *in L'Art du Théâtre*, n. 6, 1986). M. DURAS exige da encenação que ela faça o menos possível: "A representação rouba o texto, nada traz a ele, pelo contrário, rouba a presença do texto, profundidade, músculos, sangue" ("Le théâtre", *in: La Vie Matérielle*).

A jovem geração de encenadores não é mais tributária de um modelo desconstrutor, seja ele a psicanálise, o marxismo ou a linguística, ela não mais se refere a modelos ou escolas, e menos ainda a movimentos ou "-ismos"; ela progride a cada trabalho, sem um programa definido, por vezes sem as asas protetoras da instituição. Certos artistas passam da encenação à escritura (A. HAKIM, H. COLAS, C. ANNE, P. RAMBERT, Ph. MINYANA, J. JOUANNEAU, D. LEMAHIEU, A. BÉZU, J.-F. PEYRET, J. ROUSSEAU), outros conservam a lembrança de sua educação "formal" com VITEZ (B. JAQUES, C. SCHIARETTI, S. LOUCASHEVSKY, S. BRAUNSCHWEIG, J. DANAN), alguns se abrem para a produção intercultural (C. VÉRICEL, G. TSAÏ, X. DURRINGER, M. NAKACHE, X. MARCHESCHI, E. SOLA), alguns se distinguem por uma nova relação com o texto concebido como material plástico (E. DA SILVA, O. PY) ou material de resistência (S. NORDEY, P. PRADINAS, C. ALLOUCHERIE, E. LACASCADE).

📖 Allevy, 1938; Borgal, 1963; Bergman, 1964, 1966; Brook, 1968; Dullin, 1969; Vitez, 1974, 1984; Wills, 1976; Hays, 1977; Temkine, 1977, 1979; *Pratiques*, 1979; Godard, 1980; Strehler, 1980; Braun, 1982; *L'Art du Théâtre*, n. 6, 1986; *Art Press*, 1989; Floeck, 1989; Meldolesi, 1989; Carasso *et al.*, 1990.

ENSAIO

↻ Fr.: *répétition*; Ingl.: *repetion, rehearsal*; Al.: *Wiederholung, Probe*; Esp.: *repetición, ensayo*.

Trabalho de aprendizagem do texto e do jogo cênico efetuado pelos *atores** sob direção do encenador. Esta atividade preparatória do espetáculo ocupa o conjunto da companhia e assume formas bastante diversas (*encenação**). P. BROOK (1968: 154) observa que a palavra francesa evoca um trabalho quase mecânico, ao passo que os ensaios se desenvolvem cada vez de maneira diferente, e são, às vezes, criativos. Se não o fossem ou se se prologassem na repetição infinita da mesma peça, a morte do teatro seria rapidamente perceptível. O alemão *Probe* ou o espanhol *ensayo* ("tentativa") traduz melhor a ideia de experimentação e de tateio antes da adoção da solução definitiva.

🔍 Trabalho teatral, jogo, distribuição.

📖 Spolin, 1985; Cole, 1992; Shomit, 1992.

ENTREATO

↻ Fr.: *entracte*; Ingl.: *intermission*; Al.: *Pause*; Esp.: *intermedio*.

O entreato é o lapso de tempo entre os atos durante o qual o jogo é interrompido e o público deixa provisoriamente a sala de espetáculo. Ruptura que provoca a volta do tempo social, da desilusão e da reflexão.

O entreato tornou-se necessário pela renovação do cenário, no decorrer de uma longa pausa, de *black-outs* ou de mutações à vista. Mas sua função é sobretudo social. Ele generalizou-se assim para o teatro de corte do Renascimento, pois permite o encontro dos espectadores e a exposição das toaletes (daí o ritual do *foyer* na Ópera ou na Comédie-Française, no século XIX).

A dramaturgia clássica aceita os entreatos, esforçando-se para motivá-los e fazê-los servir à ilusão: "Nos intervalos dos atos, o teatro fica vazio, mas a ação não deixa de continuar fora do lugar e da cena", ou ainda: "O entreato é um repouso apenas para os espectadores, e não o é para a ação. Supõe-se que as personagens ajam no intervalo de um ato a outro" (MARMONTEL, 1763). Pouco importa a duração do entreato, se ela é motivada pela ação que se prolonga nos bastidores: "Já que a ação não para de jeito nenhum, é preciso que, quando o movimento cessa no palco, continue por trás dele. Não há repouso, não há suspensão" (DIDEROT, *Discours de la Poésie Dramatique*, cap. 15).

Porém o entreato tem muitas outras justificações além dessa ilusória verossimilhança. É, primeiramente, uma necessidade psicológica para o público, cuja atenção dificilmente pode sustentar-se por mais de duas horas sem pausa. Do mesmo modo, os atores também têm necessidade de repouso. Este retorno à realidade convida o espectador, queira ele ou não, a pensar globalmente no que acaba de ver, a julgar o trabalho, a totalizar e a estruturar a massa das impressões. E o despertar do espírito crítico, e não é de se espantar que uma dramaturgia épica favoreça, até mesmo multiplique essas pausas no espetáculo, obrigando o público a "intervir" nesses momentos de desilusões. Em contrapartida, as encenações baseadas no fascínio e submetidas a um ritmo específico fazem muitas vezes, hoje, desaparecer esses preciosos momentos de calmaria. Plantado no seu lugar, de bico calado, as costas doloridas por assentos sem piedade para com a anatomia, o espectador de agora quase não pode mais comunicar seu mau humor; ele se vê obrigado a participar da "missa em cena", a não romper o fio do espetáculo. Nesta prova de resistência, esta é uma demonstração de força para prevenir a fuga dos cérebros do espaço teatral.

🔍 Decupagem, tempo, silêncio, ato, intervalo.

ENTREMEZ

↻ (Termo espanhol para *intermédio**.)

Peça curta cômica, no decorrer de uma festa ou entre os atos de uma tragédia ou de uma comédia, onde se representam as personagens do povo: LOPE DE RUEDA, BENAVENTE, CERVANTES e CALDERÓN foram mestres do gênero.

📖 Sentaurens *in* Corvin, 1991.

ÉPICO (TEATRO...)

Fr.: *épique (théâtre)*; Ingl.: *epic theatre*; Al.: *episches Theater*; Esp.: *teatro épico*.

Na década de 1920, BRECHT, e, antes dele, PISCATOR deram este nome a uma prática e a um estilo de representação que ultrapassam a dramaturgia clássica, "aristotélica", baseada na tensão dramática, no conflito, na progressão regular da ação.

Um teatro épico – ou, pelo menos, um teatro que contém momentos épicos -já existe na Idade Média (para os mistérios e suas cenas simultâneas). O coro da tragédia grega, que desapareceu pouco a pouco, revela que, mesmo na origem, o teatro recitava e dizia a ação, em vez de encarná-la e figurá-la a partir do momento em que houve diálogos entre pelo menos dois protagonistas. Do mesmo modo, os prólogos, interrupções, epílogos, relatos de mensageiro são igualmente restos do épico na forma dramática, meios para deixar adivinhar quem está falando e a quem ele se dirige.

São inúmeros os autores que, antes do teatro épico brechtiano, desativam a mola dramática por cenas de relatos, intervenções do narrador, do mensageiro, do "anunciador" (CLAUDEL) ou do "diretor do teatro" (*Fausto* de GOETHE). BÜCHNER, no seu *Woyzeck*, conta em vários quadros curtos a vida alienada de um homem em que tudo levará ao crime. IBSEN, em *Peer Gynt*, descreve o encaminhamento poético do herói através dos lugares e dos tempos. Thorton WILDER evoca as refeições natalinas que pontuam a vida das sucessivas gerações (*The Long Christmas Diner*).

Todas essas experiências optam por contar o acontecimento, em vez de mostrá-lo: a *diégese** substitui a *mimese**, as personagens expõem os fatos, em vez de dramatizá-los (como o fará, em BRECHT, a testemunha do acidente de trânsito reconstituindo gestual e verbalmente o que se passou). A solução do drama é conhecida antecipadamente, as frequentes interrupções (sons, comentários, coros) impedem qualquer aumento de tensão. A interpretação dos atores redobra esta sensação de distância, de relato e de neutralidade narrativa.

O teatro épico surgiu como reação às facilidades da peça bem feita e ao fascínio catártico do público. Contudo, não está estabelecido que a oposição platônica entre *mimese e diégese* corresponda absolutamente a uma oposição teórica, pois a mimese nunca é uma representação direta das coisas: ela aciona inúmeros índices e signos cuja leitura linear e temporal é indispensável à constituição do sentido, de sorte que a imitação direta e dramática não pode se abster de um modo de contar, e que toda apresentação mimética dramática pressupõe uma narrativização da cena.

O teatro épico tenta encontrar e acentuar a intervenção de um narrador, isto é, de *um ponto de vista* sobre a fábula e sobre sua encenação. Para isto, ele recorre aos talentos do compositor (do dramaturgo), do fabulador, do construtor da ficção cênica (o encenador), do ator que constrói seu papel, discurso após discurso, gesto após gesto. Do mesmo modo que não existe teatro puramente dramático e "emocional", não há teatro épico puro. BRECHT, aliás, acabará falando em teatro dialético para administrar a contradição entre interpretar (mostrar) e viver (identificar-se). O teatro épico perdeu assim seu caráter francamente antiteatral e revolucionário para tomar-se um caso particular e sistemático da representação teatral.

Kesting, 1959; *Theaterarbeit*, 1961; Piscator, 1962; Rülicke-Weiler, 1968; R. Grimm, 1971; Klotz, 1976; Knopf, 1980.

EPÍLOGO

(Do grego *epilogos*, peroração de um discurso.)

Fr.: *épilogue*; Ingl.: *epilogue*; Al.: *Epilog*; Esp.: *epílogo*.

Discurso recapitulativo no final de uma peça para tirar as conclusões da história, agradecer ao público, estimulá-lo a extrair as lições morais ou políticas do espetáculo, ganhar sua benevolência. Distingue-se do *desenlace** por sua posição "fora da ficção" e pela soldadura que realiza entre a ficção e a realidade social do espetáculo.

Prólogo, dirigir-se ao público, discurso, *raisonneur*, fábula, orador.

EPISÓDIO

↻ (Do grego *epeisodion*, entrada.)
Fr.: *épisode*; Ingl.: *episode*; Al.: *Episode*; Esp.: *episódio*.

1. A tragédia grega era segmentada em *episodia*, partes situadas entre as intervenções cantadas do *coro**. Os episódios são as partes dialogadas entre o *prólogo** e o *êxodo** (a saída do coro), e compõem-se de longas *tiradas** ou *esticomitias**.

2. Em narratologia, um episódio é uma ação secundária, ligada indiretamente à ação principal e formando um todo (digressão).

3. Os episódios da fábula ou da *intriga** são as partes integrantes da narrativa.

📖 Romilly, 1970.

EPICIZAÇÃO DO TEATRO

↻ (Tradução do alemão *Episierung*.)
Fr.: *épisation du théâtre*; Ingl.: *epic treatment of drama*; Al.: *Episierung des Dramas*; Esp.: *epización del teatro*.

A tendência do teatro, a partir do final do século XIX, é integrar a sua estrutura dramática os elementos *épicos**: relatos, supressão da *tensão**, ruptura da *ilusão** e tomada da palavra pelo *narrador**, cenas de massa e intervenções de um *coro**, documentos entregues como num romance histórico, projeções de fotos e de inscrições, *songs** e intervenções de um narrador, mudanças à vista de cenário, evidenciação cênica do *gestus** de uma cena.

Este movimento de epicização (ou de desdramatização), já sensível em certas cenas de SHAKESPEARE ou GOETHE (*Goetz von Berlichingen*, *Fausto II*), acentua-se no século XIX com o *teatro numa poltrona** (MUSSET, HUGO) e os afrescos históricos (GRABBE, BÜCHNER). Culmina com o teatro épico ou documentário contemporâneo (BRECHT). São possíveis diversas explicações deste fenômeno, do qual HEGEL (1832), SZONDI (1956) e LUKÁCS (1965) se fizeram teóricos. Elas se resumem no fim do individualismo heroico e do combate singular. No seu lugar, o dramaturgo, se quer exprimir os processos sociais em sua totalidade, deverá fazer intervir uma voz comentadora e arrumar a *fábula** como um panorama geral, o que exige uma técnica mais de romancista que de dramaturgo.

🔍 História, brechtiano, conflito, narração.

ESCRITURA CÊNICA

↻ Fr.: *écriture scénique*; Ingl.: *stage writing*; Al.: *szenische Schreibweise*; Esp.: *escritura escénica*.

1. A *escritura* (a *arte* ou o *texto*) *dramática* é o universo teatral tal como é inserido no texto pelo autor e recebido pelo leitor. O *drama* é concebido como estrutura literária que se baseia em alguns princípios dramatúrgicos: separação dos papéis, diálogos, tensão dramática, ação das personagens. Esta escritura dramática possui características que facilitam sua passagem para (ou sua confrontação com) a escritura cênica: principalmente a distribuição do texto em papéis, seus buracos e ambiguidades, a abundância de *indicações espaço-temporais**. A escritura dramática não deve, todavia, ser confundida com a escritura cênica que leva em conta todas as possibilidades de expressão da cena (ator, espaço, tempo).

A tarefa do cenógrafo é assistir o encenador para encontrar uma escritura (ou uma linguagem) cênica: "para cada peça, inventar uma espécie de linguagem para o olho que sustente os significados da peça, os prolongue e faça eco a eles, ora de modo preciso e quase crítico, ora de modo difuso e sutil, à maneira de uma imagem poética (onde os sentidos fortuitas não são menos importantes que aqueles que foram procurados), no interior do registro e do modo de expressão escolhido" (R. ALLIO, citado *in* BABLET, 1975: 308).

2. A *escritura* (ou a *arte*) *cênica* é o modo de usar o aparelho cênico para pôr em cena – "em imagens e em carne" – as personagens, o lugar e a ação que aí se desenrola. Esta "escritura" (no sentido atual de estilo ou maneira pessoal de exprimir-se) evidentemente nada tem de comparável com a escritura do texto: ela designa, por metáfora, a prática da encenação, a qual dispõe de instrumentos, materiais e técnicas específicos para transmitir um sentido ao espectador. A fim

de que a comparação com a escritura se verifique como algo bem fundado, seria necessário estabelecer primeiramente o léxico dos registros, unidades e modos de prática cênica. Mesmo que a *semiologia** revele certos princípios de funcionamento cênico, é claro que ainda ficamos muito longe de um alfabeto e de uma escritura no sentido tradicional.

A escritura cênica nada mais é do que a *encenação** quando assumida por um criador que controla o conjunto dos sistemas cênicos, inclusive o texto, e organiza suas interações, de modo que a representação não é o subproduto do texto, mas o fundamento do sentido teatral. Quando não há texto a encenar, e, portanto, encenação de um texto, falar-se-á no sentido estrito em escritura cênica: a de um WILSON (nos seus primeiros trabalhos), um KANTOR ou um LEPAGE.

O *trabalho dramatúrgico** (sentido 2) encara o *texto dramático* dentro da perspectiva de sua *escritura cênica*.

3. Para PLANCHON, a escritura cênica e a escritura dramática sempre existiram, mas cada época privilegia uma delas: a Idade Média escreve em imagens, procura representar as personagens de seus mistérios. O classicismo parte do texto, adapta e retrabalha materiais textuais, sem preocupar-se com sua apresentação visual. Nossa época distingue as duas escrituras e as representações escolhem uma delas: "Às vezes o texto dramático ocupa todo o terreno, às vezes é a escritura cênica, e, às vezes, é a mistura dos dois" (*Pratiques* n. 15-16, 1977, p. 55). Esta distinção e este corte que os encenadores, como os eruditos, deleitam-se em perpetuar é, em si, bastante discutível, pois, se sempre se opôs historicamente *mimese* (a imitação de uma coisa) a *diégese* (o texto que descreve esta coisa), a imagem ao texto, é em virtude de um critério de imitação e de realismo, logo, de relação ao referente, que está longe de ser o único possível. Por outro lado, todo texto obriga o leitor a fazer dele, para si, uma representação ficcional e, inversamente, toda imagem cênica se lê também conforme um conjunto de códigos e circuitos que a linearizam e a decompõem.

Retórica, texto e cena.

Barthes, 1953; Artaud, 1964a; Bartolucci, 1968; Larthomas, 1972; Martin, 1977; Vais, 1978; Alcandre, 1986; Vinaver, 1993.

ESPAÇO (NO TEATRO)

Fr.: *espace (au théâtre)*; Ingl.: *space (in the theatre)*; Al.: *Theaterraum*; Esp.: *espacio teatral*

A noção de espaço, cuja fortuna na teoria teatral tanto quanto nas ciências humanas é hoje prodigiosa, é usada para aspectos muito diversos do texto e da representação. Separar e definir cada um desses espaços é uma empreitada tão vã quanto desesperada. Não obstante, dedicar-nos-emos a ela na esperança de uma clarificação.

1. *Espaço Dramático**

É o espaço dramatúrgico do qual o texto fala, espaço abstrato e que o leitor ou o espectador deve construir pela imaginação (*ficcionalizando*).

2. *Espaço Cênico**

É o espaço real do palco onde evoluem os atores, quer eles se restrinjam ao espaço propriamente dito da área cênica, quer evoluam no meio do público.

3. *Espaço Cenográfico** (ou *Espaço Teatral*)

É o espaço cênico, mais precisamente definido como o espaço em cujo interior situam-se público e atores durante a representação. Ele se caracteriza como relação entre os dois, *relação teatral** (R. DURAND, 1980) (*lugar teatral**). Poder-se-ia reservar o termo *espaço (do) público* ao lugar que é ocupado pelo público no decorrer da representação e durante os intervalos (ou exatamente antes do início do espetáculo). O *espaço teatral* é a resultante dos espaços (nos sentidos 1, 2, 4, 5 e 6); ele se constrói, observa Anne UBERSFELD, "a partir de uma arquitetura, de uma mirada sobre o mundo (pictórica), ou de um espaço esculpido essencialmente pelo corpo dos atores" (1981: 85).

4. *Espaço Lúdico** (ou Gestual)

É o espaço criado pelo ator, por sua presença e seus deslocamentos, por sua relação com o grupo, sua disposição no palco.

5. *Espaço Textual**

É o espaço considerado em sua materialidade gráfica, fônica ou retórica; o espaço da "partitura" onde são consignadas réplicas e didascálias. O espaço textual é realizado quando o texto é usado não como espaço dramático ficcionalizado pelo leitor ou pelo ouvinte, mas como material bruto disposto à vista e ao ouvido do público como "pattern" (assim como em B. WILSON ou nas últimas encenações de MNOUCHKINE pelo Théâtre du Soleil) ou como repetição sistemática (HANDKE).

6. *Espaço Interior**

É o espaço cênico enquanto tentativa de representação de uma fantasia, de um sonho, de uma visão do dramaturgo ou de uma personagem: por exemplo, o espaço criado por R. PLANCHON para *Arthur Adamov* ou por Phillippe ADRIEN para *Rêves de Franz Kafka* (teatro da *fantasia**).

O funcionamento do espaço na encenação contemporânea é abordado em cada um desses seis tipos de espaço e nas entradas *cenografia**, *dispositivo cênico**, *máquina teatral**, *percurso**, *tablado**, *teatro de rua**, *teatro de massa**, *imagem**.

ESPAÇO CÊNICO 1

↻ Fr.: *lieu scénique*; Ingl.: *playing area*; Al.: *Spielflache*; Esp.: *lugar escénico*.

Termo de uso contemporâneo para *palco** ou *área de atuação**. Considerando-se a explosão das formas cenográficas e a experimentação sobre novas *relações palco-plateia**, *espaço cênico* vem a ser um termo cômodo, porque neutro, para descrever os *dispositivos** polimorfos da área de atuação (ver também *espaço 2**).

ESPAÇO CÊNICO 2

↻ Fr.: *espace scénique*; Ingl.: *stage space*; Al.: *Bühnenraum*; Esp.: *espacio escénico*.

É o espaço concretamente perceptível pelo público na ou nas cenas, ou ainda os fragmentos de cenas de todas as cenografias imagináveis. É quase aquilo que entendemos por "a cena" de teatro. O espaço cênico nos é dado aqui e agora pelo espetáculo, graças aos atores cujas evoluções gestuais circunscrevem este espaço cênico.

1. Limites e Formas

O teatro sempre tem *lugar* num espaço que é delimitado pela separação entre o olhar (o público) e o objeto olhado (a cena). O limite entre jogo e não jogo é definido por cada tipo de representação e de cena: a partir do momento em que o espectador adentra a sala, ele abandona seu papel de "olhante" para se tornar um participante de um evento que não é mais teatral e, sim, jogo *dramático** ou *happening**; o espaço cênico e o espaço social são então confundidos. Afora esses transbordamentos, o espaço cênico permanece inviolado, quaisquer que sejam sua configuração e metamorfoses.

O espaço cênico se organiza em estreita relação com o espaço teatral (o do local, do edifício, da sala). Ele conheceu todas as formas e relações com o lugar dos espectadores. Se admitirmos a origem ritual do teatro, a participação de um grupo numa cerimônia, num rito, e depois numa ação ritualizada, o círculo figura o local primordial e a cena não exige um ângulo de visão ou uma distância particulares. O círculo – no qual se inspira o teatro grego, que é ao mesmo tempo construído e naturalmente escavado no flanco de uma colina – volta na sequência a todo lugar em que a participação não fica limitada àquela do olhar exterior sobre o acontecimento. Então, o ângulo e o feixe óptico que ligam um olho e uma cena é que se tornam o elo entre público e cena. No palco italiano, a ação e os atores ficam confinados numa caixa aberta frontal ao olhar do público e do príncipe, cuja posição de audição e de observação é privilegiada. Este tipo de palco organiza o espaço de acordo com o princípio da distância, da simetria e da redução do universo a um cubo que significa o universo inteiro pelo jogo combinado da representação direta e da ilusão.

A combinação desses dois princípios – círculo e linha, *coro* dos oficiantes e *olho* do senhor – produz todos os tipos de palco e de relações no teatro: a história do teatro experimentou-as sem que nenhuma fórmula jamais se impusesse em definitivo, pois a representação e a figuração do real são submetidas a incessantes variantes que afetam até a escritura e a estrutura do texto dramático.

2. Dependência e Independência do Espaço Cênico

Por um lado, o espaço cênico é determinado pelo tipo de cenografia e pela visualização que dele faz o encenador em sua leitura do *espaço dramático**. Porém, por outro lado, o cenógrafo e o encenador têm uma grande margem de liberdade para moldá-lo à seu modo. Desta dialética entre determinismo e liberdade nasce o espaço cênico escolhido para a representação. Eis por que com frequência se observou que o espaço serve de mediador entre visão dramática e realização cênica. "É no nível do espaço, justamente porque ele é, em grande parte, um *não dito do texto*, uma zona particularmente esburacada – o que é propriamente *a falta* do texto de teatro -, que se faz a articulação texto--representação" (UBERSFELD (1977a: 153). (Ver também JANSEN, 1984).

3. Funcionamento do Espaço Cênico

Graças a sua propriedade de signo, o espaço oscila entre o espaço *significante* concretamente perceptível e o espaço *significado* exterior ao qual o espectador deve se referir abstratamente para entrar na ficção (*espaço dramático**). Esta ambiguidade constitutiva do espaço *teatral* (isto é, *dramático + cênico*) provoca no espectador uma dupla visão. Nunca se sabe exatamente se é preciso considerar a cena como real e concreta ou como uma *outra cena*, isto é, como uma figuração latente e inconsciente. Nesta última eventualidade, é possível ler a cena como conjunto de figuras retóricas cujo sentido profundo (*retórica**) é procurado. O que é figurado em cena não é a manifestação de uma outra realidade não figurada e até mesmo não figurativa: esta realidade é tanto aquela do observador que se projeta nela quanto a do encenador que a esboça pelo lugar cênico e pela presença dos atores. *Figurar* a cena é empregar uma figura de retórica para passar de um elemento – o espaço concreto – a um outro espaço imaginado, o fora-de-cena e o espaço dramático. Duas figuras convém a esta passagem fora do visível: a metáfora e a metonímia. A primeira transforma seu objeto por similaridade/dissimilaridade, a segunda por contiguidade espacial. Estas duas combinatórias, as quais JAKOBSON (1963) mostrou no que elas presidem toda significação e semioses, dão a chave de todas as figuras cênicas: de sua natureza, de sua facilidade de assinalar o real e de manipular o espaço (*texto e cena**).

4. Tipologia e Qualidades dos Espaços Cênicos

A cada estética corresponde uma concepção particular de espaço, de modo que o exame do espaço é suficiente para levantar uma tipologia das dramaturgias (*cf.* KLOTZ, 1960; HINTZE, 1969):

a. O espaço da tragédia clássica brilha por sua ausência: é um lugar neutro, de passagem, que não caracteriza o ambiente, mas fornece um suporte intelectual e moral para a personagem. É o local abstrato e simbólico do tabuleiro: tudo aí significa por diferença, e toda caracterização das casas é supérflua.

b. O espaço romântico muitas vezes sucumbe ao brilho fácil, à cor local e à arqueologia "subjetiva" encarregada de sugerir mundos extraordinários à imaginação.

c. O *espaço naturalista** imita ao máximo o mundo que ele pinta. Sua fatura material – infraestrutura econômica, hereditariedade, historicidade - fica concentrada num *meio** que encerra as personagens.

d. O espaço simbolista, ao contrário, desmaterializa o lugar, estiliza-o como universo subjetivo ou onírico submetido a uma lógica diferente (*cf.* STRINDBERG, CLAUDEL, os projetos cenográficos de APPIA ou CRAIG). Ele perde toda especificidade em benefício de uma síntese das artes cênicas e de uma atmosfera global de irrealidade (*Gesamtkuntwerk**).

e. O espaço expressionista se modela em locais parabólicos (prisão, rua, hospício, cidade etc.). Atesta a profunda crise que dilacera a consciência ideológica e estética.

O espaço do teatro contemporâneo é centro de experiências demasiado numerosas para ser reduzido a algumas características. Toda dramaturgia, e mesmo todo espetáculo é objeto de uma análise espacial e de um reexame de seu funcionamento. O espaço não é mais concebido como concha em cujo interior certos arranjos são permitidos, mas como elemento dinâmico de toda a concepção dramatúrgica. Ele deixa de ser um problema de invólucro para tornar-se o lugar visível da fabricação e da manifestação do *sentido**.

📖 Brook, 1968; Bablet, 1972,1975; Hays, 1977, 1981; Banu e Ubersfeld, 1980; Jansen, 1984; Carlson, 1989; Regy, 1991; Boucris, 1993; Pavis, 1996a.

ESPAÇO DRAMÁTICO

↔ Fr.: *espace dramatique*; Ingl.: *dramatic space, space represented*; Al.: *dramatischer Raum*; Esp.: *espacio dramático*.

Espaço dramático opõe-se a *espaço cênico* (ou *espaço teatral*). Este último é visível e se concretiza na encenação. O primeiro é um espaço construído pelo espectador ou pelo leitor para fixar o âmbito da evolução da ação e das personagens; pertence ao texto dramático e só é visualizável quando o espectador constrói imaginariamente o espaço dramático.

1. Espaço Dramático Como Espacialização da Estrutura Dramática

O espaço dramático é construído quando fazemos para nós mesmos uma imagem da estrutura dramática do universo da peça: esta imagem é constituída pelas personagens, pelas ações e pelas relações dessas personagens no desenrolar da ação. Se se especializa (isto é, esquematiza numa folha de papel) as relações entre as personagens, obtém-se uma projeção do esquema *actancial** do universo dramático. O esquema actancial se organiza em torno da relação *sujeito* em busca e *objeto* desta busca. Em torno desses dois polos gravitam o resto dos actantes cujo conjunto forma a estrutura dramática, a qual é visualizável num espaço dramático. I. LOTMAN (1973) e A. UBERSFELD (1977a) observam que este espaço dramático é necessariamente cindido em dois conjuntos, dois "subespaços dramáticos". O que eles descrevem por esta cisão não é senão o *conflito* entre duas personagens ou duas ficções, ou entre sujeito desejante e objeto desejado. Tudo é mesmo, na verdade, conflito entre duas *partes*, isto é, dois espaços dramáticos, e toda narrativa não é mais que a colocação em sintagma (isto é, a sucessão linear) desses dois paradigmas.

Para que esta projeção do espaço dramático se realize, não é necessária nenhuma encenação: a leitura do texto basta para dar ao leitor uma imagem *espacial* do universo dramático. Construímos este espaço a partir das *indicações cênicas** do autor (espécie de esquema de *pré-encenação**) e das *indicações espaço-temporais**, nos diálogos (*cenário falado**). Cada espectador, consequentemente, tem sua própria imagem subjetiva do espaço dramático, e não é de se espantar que o encenador só escolha, também ele, *uma* possibilidade de lugar cênico concreto. Eis por que a "boa" *encenação** não é, como ainda se acredita com frequência, aquela que encontra a melhor adequação entre espaço dramático e espaço cênico (*texto e palco**).

2. Construção do Espaço Dramático

O espaço dramático está em perpétuo movimento: ele depende das relações actanciais que devem necessariamente mudar se a peça deve ter a menor ação. O espaço dramático só se torna realmente concreto e visível quando uma encenação figura algumas das relações espaciais implicadas pelo texto. Neste sentido, pode-se dizer que o espaço cênico e a encenação sempre são, por um lado, tributários da estrutura e do espaço dramático do texto: seria inútil, para o encenador, ser muito inventivo e zombar do texto a ser encenado; ele não pode ignorar totalmente a representação mental que fez do espaço dramático ao ler o texto (*texto e palco**).

O espaço dramático é o espaço da *ficção** (e nisto ele é idêntico ao espaço dramático para o poema ou o romance ou todo texto linguístico). Sua construção depende tanto das indicações que nos dá o autor do texto quanto de nosso esforço de imaginação. Nós o construímos e modelamos a nosso bel prazer, sem que ele nunca se mostre ou se anule numa representação real do espetáculo. Esta é sua força e também sua fraqueza, pois ele "fala menos ao olho" do que o espaço cênico concreto. Por outro lado, o espaço dramático (simbolizado) e o espaço cênico (visto) misturam-se sem cessar em nossa percepção, um ajudando o outro a construir-se, de modo que, ao cabo de um momento, somos incapazes de discernir o que nos é dado e o que nós mesmos fabricamos. Nesse preciso momento intervém a *ilusão** teatral, pois reside aí a natureza da ilusão: ser persuadido de que não inventamos nada, que estas quimeras que temos diante dos olhos e do espírito são reais (*denegação**).

3. Ligação entre Espaço Dramático e Cenografia

Esta configuração do espaço dramático que reconstituímos à leitura do texto influi, em compensação, sobre o espaço cênico e a cenografia. Na verdade, um certo espaço dramático necessita, para concretizar-se, de um espaço cênico que o sirva e lhe permita apregoar sua especificidade. Assim, para uma estrutura e um espaço dramático baseados no conflito e no confronto, é necessário usar um espaço que valorize esta oposição.

Aqui coloca-se a eterna questão da anterioridade da cenografia ou da *dramaturgia** (estrutura dramática). É evidente que uma determina a outra; mas em primeiro lugar vem, é claro, a concepção dramatúrgica, isto é, a questão ideológica do conflito humano, do motor da ação etc. Somente em seguida o teatro escolhe o tipo de espaço cênico e dramatúrgico que melhor convém à visão dramatúrgica e filosófica. A cena é, afinal, apenas um instrumento e não uma prisão eterna e uma imposição para os meios dramatúrgicos. Não é de se duvidar que haja, na história teatral, momentos em que um certo tipo de cenografia tenha bloqueado a análise dramatúrgica e, portanto, a representação do homem no teatro. Mas a cenografia sempre acaba sendo abandonada quando presta maus serviços, e ela se adapta então ao movimento ideológico e dramatúrgico.

📖 Hintze, 1969; Moles e Rohmer, 1972; Sami-Ali, 1974; Issacharoff, 1981; Jansen, 1984.

ESPAÇO INTERIOR

🔄 Fr.: *espace intérieur*; Ingl.: *interior space*; Al.: *innerer Raum*; Esp.: *espacio interior*.

1. O Espectador

O teatro é, à primeira vista, o lugar da exterioridade onde se contempla impunemente uma cena, mantendo-se a si mesmo à distância. É, segundo HEGEL, o lugar da objetividade e também aquele do confronto entre palco e plateia; logo, aparentemente, é um espaço exterior, visível e objetivo.

Mas o teatro é também o local no qual o espectador deve projetar-se (*catarse**, *identificação**). A partir de então, como que por osmose, o teatro se torna espaço interior, a "extensão do ego com todas as suas possibilidades" (MANNONI, 1969: 181). Para que haja teatro, é preciso que haja um início de identificação e de catarse: "A verdadeira fruição da obra poética provém da liberação de tensões com nossa alma" (FREUD, 1969, vol. 10:179). Encontramos na personagem uma parte do nosso ego recalcado e "talvez mesmo o fato de que o criador nos coloca em condições de fruir doravante sem censura e desavergonhadamente nossas próprias fantasias contribua grandemente para este sucesso" (179).

Assim, o espaço cênico adota a forma e a coloração do ego espectador: ele é, aliás, com muita frequência, muito pouco caracterizado (dentro do estilo atual) e só toma corpo realmente graças à projeção de um ego exterior.

2. O Realizador

Acontece de a temática da peça ou de o pressuposto da encenação impor um dispositivo cênico que supõe-se figurar um espaço interior: o do sonho de uma personagem, de *suas fantasias** e de seu imaginário.

O espaço interior dessa personagem evidentemente é tributário, em grande parte, daquele do realizador. Este está defronte a sua personagem-intérprete na mesma situação tranquilizante que o espectador que contempla com delícia o ego e as fantasias das personagens em cena: ele manipula e contempla uma parte de seu eu íntimo sob os traços de um outro. Uma boa parte da visualização cênica sai assim diretamente do inconsciente do realizador via inconsciente fictício da personagem. As passagens oníricas são, na maioria das vezes, parênteses na representação: elas são representadas de modo diferente das cenas reais (música e ambiência "derrealizadas"). Por exemplo, PLAN-

CHON salpica suas descrições cheias de malícia das *Folies Bourgeoises* com ilhas oníricas onde predomina a imagética surrealista (colagem, junção de objetos heteróclitos, substância e ritmo gestual diferente). Estes parênteses oníricos vêm no momento em que o pensamento verbal constituído é insuficiente para figurar o trabalho do imaginário e em que a imagem onírica dá uma aproximação e uma "ideia" cênica do trabalho do inconsciente. Este trabalho do inconsciente (essencialmente, deslocamento e condensação) tem por objeto um jogo de imagens às quais é recusada qualquer verbalização (*retórica**). Esta técnica da encenação de elementos inconscientes do sonho ou da fantasia é frequente num teatro de imagens, sem texto, demasiado dominador que exigiria uma exemplificação minuciosa. Ela é então empregada com conhecimento de causa pelo encenador (daí um certo virtuosismo e um *esteticismo** às custas de uma abordagem intuitiva e não sofisticada). Mas ela existe em toda encenação, já que nada do texto impõe *a priori* uma visualização de um tipo preciso, e que o encenador e o cenógrafo são livres para fabricar a imagética que lhes agradar. De certo modo, é nas representações realistas e naturalistas que é mais revelador observar no encenador esta escapada involuntária da fantasia criadora, pois é no momento em que esta toma precauções para não se trair, para nada deixar aparecer de sua própria visão, que está mais arriscada a deixar transpirar e liberar seu inconsciente. Paradoxalmente, só há teatro da fantasia onde não se suspeita que haja, onde não se procura dar-lhe forma. Eis por que as encenações mais ricas a este respeito são aquelas que dosam sutilmente realismo e fantasia. As peças de TCHÉKHOV, IBSEN, STRINDBERG, GORKI ou mesmo de BRECHT (quando LAVAUDANT, *Puntila*, ou ADRIEN, *Um Homem é um Homem*, o encenam) hesitam entre os dois estilos (realismo e fantástico) e prestam-se maravilhosamente à eclosão cênica dos espaços interiores recalcados.

3. O Ator

Em último lugar, todos esses espaços revelados pela cena passam pelo *corpo** do ator. Projetando a imagem de sua personagem, dando a ver o invisível de sua consciência, ela nunca deixa de revelar o âmago do seu ser. Sabe-se que partido GROTOWSKI (1971) ou BROOK (1968) souberam tirar deste "desnudamento" do ator diante do público para enriquecer a relação teatral e o autoconhecimento. Esta exteriorização do espaço interior, verdadeira obsessão das atuais pesquisas sobre o ator, acompanha as pesquisas sobre o *espaço cênico**.

📖 Jamati, 1952; Langer, 1953; Bachelard, 1957; Derrida, 1967: 253-340; Green, 1969; Dorfles, 1974; Benmussa, 1974, 1977; Le Galliot, 1977; Pierron, 1980; Finter, 1990.

ESPAÇO LÚDICO (OU GESTUAL)

↔ Fr.: *espace ludique (ou gestuel)*; Ingl.: *ludic (or gestural) space*; Al.: *gestischer Raum*; Esp.: *espacio lúdico (o gestual)*.

E o espaço criado pela evolução *gestual** dos atores. Por ações, relações de proximidade ou de afastamento, livres expansões ou confinamento a uma área mínima de jogo, os atores traçam os exatos limites de seus territórios individual e coletivo. O espaço se organiza a partir deles, como que em torno de um pivô, o qual também muda de posição quando a ação exige.

Este tipo de espaço é construído a partir do jogo: está em perpétuo movimento, os limites são expansíveis e imprevisíveis, ao passo que o espaço cênico, ainda que pareça imenso, é na verdade limitado pela estrutura cenográfica da sala. Mais ainda que o espaço cênico, o espaço gestual presta-se a todas as convenções e manipulações; não é um espaço realista, mas um instrumento cênico à disposição do ator e do encenador. Toda representação é, neste sentido, o teatro de um duplo movimento de expansão e de concentração do espaço: o espaço cênico fornece o quadro geral; tende a englobar e a esmagar todo elemento que nele apareça. O espaço gestual, ao contrário, dilata-se e preenche o espaço ambiente, pelo menos quando é bem utilizado. A harmonia desses movimentos espaciais inversos cria a impressão de *um jogo** que usa o melhor possível as possibilidades da sala. O espaço gestual é também a maneira pela qual o *corpo** do ator se comporta no espaço: atraído para o alto e para baixo, recurvado ou distendido, em expansão ou dobrado sobre si mesmo.

ESPAÇO TEATRAL

↻ Fr.: *lieu théâtral*; Ingl.: *theatrical space*; Al.: *theatralischer Raum*; Esp.: *lugar teatral*.

Termo que substitui frequentemente, hoje, *teatro*. Com a transformação das arquiteturas teatrais – em particular o recuo do palco italiano ou frontal – e o surgimento de novos espaços – escolas, fábricas, praças, mercados etc. -, o teatro se instala onde bem lhe parece, procurando antes de mais nada um contato mais estreito com um grupo social, e tentando escapar aos circuitos tradicionais da atividade teatral. O espaço cerca-se por vezes de um mistério e de uma poesia que impregnam totalmente o espetáculo que aí se dá. Assim, o teatro deteriorado Bouffes du Nord, religiosamente conservado em seu estado de origem quando foi "encontrado", presta-se maravilhosamente ao estilo "bruto" e "imediato" das encenações de P. BROOK. As antigas oficinas da Cartoucherie que abrigam o Théâtre du Soleil e o Aquarium conservam, de seu passado, um ar meio industrial, meio artesanal, e favorecem, para cada encenação, a eclosão de uma *cenografia** adaptada à sua atmosfera específica.

🔍 Quadro, espaço cênico, espaço.

📖 Jacquot e Bablet, 1963; Bablet, 1965, 1972, 1975; Rischbieter e Storch, 1968.

ESPAÇO TEXTUAL

↻ Fr.: *espace textuel*; Ingl.: *textual space*; Al. *Textraum*; Esp.: *espacio textual*.

1. O espaço textual não deve ser assimilado às *indicações espaço-temporais** contidas no texto dramático: como todo texto que fala do mundo (figura um certo real), o texto dramático também contém determinadas expressões do espaço (os adjuntos adverbiais de lugar, os elementos de ligação, pronomes pessoais, por exemplo) que ligam toda enunciação a seu lugar e tempo. As indicações espaço-temporais, portanto, nada têm de específico no teatro; elas se situam no plano do conteúdo, dos enunciados.

2. Se, em contrapartida, fala-se aqui de espaço textual, é somente na enunciação do texto, na maneira pela qual frases, discursos e réplicas se desenvolvem num determinado lugar. Pois bem, esta dimensão visual do discurso é – ou pode ser -tornada sensível no teatro. Os enunciadores estão presentes; percebe-se de onde provêm seus discursos e suas trocas de palavras. O teatro põe à vista do público textos que se respondem e que só são compreensíveis numa interação quase física (*esticomitias**). Nesta medida, espaço textual e arquitetura rítmica são sempre cenicamente sensíveis.

Mas o espaço se insere igualmente em certas formas de textualidade, e isto, desde que a atenção se dirija não ao que o discurso procura figurar (o que ele representa dramaticamente), mas à sua apresentação e sua enformação *significante*; a partir do momento que um texto é poético (opaco) demais para figurar um referente, ele tende a cristalizar-se e a autocongelar-se (assim, *Les Burgraves* de HUGO são uma das primeiras tentativas de atrair a atenção do espectador para a materialidade e a "espacialidade" dos versos recitados). Uma estrutura repetitiva de termos ou de parágrafos produz o mesmo efeito: não entendendo o texto ou a razão da repetição, o ouvinte fica sensível a uma enunciação de massas de palavras ou de frases (*cf.* em G. STEIN, R. FOREMAN ou em R. WILSON, em *A Letter to Queen Victoria* ou *I Was Sitting on my Patio*, em que o texto é dito duas vezes por dois atores, sem que a informação seja aumentada, o que reforça a imagem de um texto projetado no espaço).

🔍 Discurso, texto e cena, ritmo.

📖 Pavis, 1984*b*; Ryngaert, 1984.

ESPECIFICIDADE TEATRAL

↻ Fr.: *spécificité théâtrale*; Ingl.: *theatrical specificity*; Al.: *Wesen des Theaters*; Esp.: *especificidad teatral*.

Buscar a especificidade do teatro é uma atitude meio metafísica a partir do momento que se visa isolar uma substância que conteria todas as propriedades de todos os teatros. Servimo-nos desta expressão (e da de *linguagem teatral*, *escritura cênica** ou *teatralidade**) para diferenciar o teatro da literatura e das outras artes (arquitetura, pintura, dança etc.). A *semiologia**

também se coloca a a questão de saber se existe um *signo** teatral e um conjunto de *códigos** próprios do teatro, ou se os códigos usados no palco são emprestados de outros sistemas artísticos. Ela se questiona sobre a *essência** do teatro em termos de funcionamento dos sistemas significantes.

1. Um Signo Teatral?

Especificidade teatral implicaria que o icônico da cena (o visual) e o simbólico do texto (textual) pudessem fundir-se num conjunto indecomponível e propriamente dramático. Pois bem, signos linguísticos e signos visuais sempre conservam a autonomia, mesmo que sua combinatória e sua aliança produzam um significado que não mais se vincula a um único sistema cênico. O signo teatral nunca é a mistura dos diferentes códigos (no sentido em que uma cor é a mistura de duas cores básicas). A única "especificidade" possível é o fato de utilizar e de reagrupar, ao mesmo tempo, diferentes materiais cênicos. Mas esta técnica existe em outras artes da representação.

2. Uma Combinação Específica dos Signos?

Uma segunda questão consiste em perguntar-se se a representação teatral mantém a autonomia dos diferentes materiais ou se cria com eles uma síntese que possa ser dita "especificamente teatral". De fato, a resposta que traz toda *encenação** a este dilema resulta de uma opção estética e ideológica. Ora a encenação busca a harmonia e as "correspondências" entre seus materiais (como na ópera – principalmente wagneriana); ora ela isola cada sistema que conserva sua autonomia e vai até opor-se a cada um dos outros materiais (BRECHT) para evitar a criação de uma ilusão e de uma totalidade indecomponível.

3. Outras Especificidades

a. A voz

O icônico cênico e o simbólico textual, o figural e o discursivo (LYOTARD, 1971), correspondem aos dois polos da representação: o jogo corporal do ator e seu discurso. É na *voz** do ator, a qual participa ao mesmo tempo do corpo e da linguagem articulada, que se realiza uma tensão que está longe de resolver-se numa síntese absoluta (VELTRUSKÝ, 1976: 94-117; BERNARD, 1976).

b. Ação e "mobilidade" do signo teatral

A ação, desde a *Poética* de ARISTÓTELES, volta com muita frequência como parte indispensável do teatro. Isto se deve à faculdade da narratividade de passar indiferentemente de um sistema a outro na medida em que todos os sistemas se integram a um projeto global (dinâmica da narratividade). Esta função unificadora da ação é igualmente sublinhada pela semiologia do círculo de Praga: "A ação – a própria essência da arte dramática – faz fundir a fala, o ator, o figurino, o cenário e a música no sentido em que os reconhecemos como condutores de uma corrente única que o atravessa passando de um a outro ou por vários ao mesmo tempo" (HONZL, 1971: 18). Falar-se-á igualmente da vetorização da encenação, da maneira de combinar os motivos e os materiais do espetáculo (*semiologia**).

c. Dinâmica dos signos

A especificidade derradeira dos signos teatrais talvez resida na faculdade de usar os três funcionamentos possíveis dos signos: *ironicamente* (mimeticamente), *indicialmente* (em situação de enunciação), *simbolicamente* (como sistema semiológico sobre o modo ficcional). O teatro, na verdade, visualiza e concretiza as fontes da fala: ele indica e encarna um mundo fictício por meio de signos, de modo que ao termo do processo de significação e de simbolização, o espectador reconstituiu um modelo teórico e estético que analisa o universo dramático representado a seus olhos.

d. Fim da especificidade?

Confrontado, quer queira quer não, aos *meios de comunicação**, o teatro perde aí sua alma... ou encontra uma nova especificidade através de novos intercâmbios. Esta mediatização do teatro se traduz por intercâmbios cada vez mais frequentes com as artes mecanizadas: a prática teatral apropria-se alegremente dos outros campos, utilize ela o vídeo, a televisão ou a gravação do som no interior da representação teatral, veja-se ela constantemente solicitada por eles para ser gravada, multiplicada, conservada e arquivada. Os processos de empréstimo e de intercâmbio entre o teatro e os meios de comunicação são tão frequentes e diversificados, que quase não há mais sentido em definir o teatro como uma "arte pura", nem mesmo em esboçar uma *teoria do teatro** que ignore as práticas mediáticas que rodeiam e muitas vezes penetram a prática cênica contemporânea (PAVIS, 1985a).

Hoje, não se parte mais do princípio de que o teatro existe como arte autônoma unificada. Só parece ainda legítima, à margem desta midiatização do teatro, a busca de um teatro mínimo, do que resta do teatro quando se retirou tudo, a saber, no sentido do *teatro pobre* de GROTOWSKI, "a relação espectador/ator própria de cada tipo de espetáculo" (GROTOWSKI, 1971: 19).

Unidade mínima, *Gesamtkuntwerk*, etnocenologia.

Appia, 1895, 1963; Ellis-Fermor, 1945; Bentley, 1957, 1964; Bazin, 1959; Artaud, 1964b; Kowzan, 1968; Gouhier, 1943, 1958, 1968, 1972; *Versus*, 1978 n. 21; Pavis, 1983a.

ESPECTADOR

Fr.: *spectateur*, Ingl.: *spectator*; Al.: *Zuschauer*; Esp.: *espectador*.

1. Por muito tempo esquecido ou considerado quantitativamente negligenciável, o espectador é, no momento, o objeto de estudo favorito da *semiologia** ou da estética da *recepção**. Falta, todavia, uma perspectiva homogênea que possa integrar as diversas abordagens do espectador: sociologia, *sociocrítica**, psicologia, semiologia, *antropologia** etc. Não é fácil apreender todas as implicações pelo fato de que não se poderia separar o espectador, enquanto indivíduo, do público, enquanto agente coletivo. No espectador-indivíduo passam os códigos ideológicos e psicológicos de vários grupos, ao passo que a sala forma por vezes uma entidade, um corpo que reage em bloco (*participação**).

2. A abordagem sociológica limita-se na maioria das vezes, a investigar a composição dos públicos, sua origem sociocultural, seus gostos e reações (GOURDON, 1982). *Questionários** e teses, durante e após o espetáculo, permitem afinar os resultados, mensurar as reações ao espetáculo considerado como conjunto de estímulos. Então, a psicologia experimental, e até mesmo a fisiologia é que assumem a vez e quantificam a recepção. Não se garante, em absoluto, uma melhor compreensão do processo de inteligência da encenação. Seria necessário vincular este modelo sociológico a uma percepção das formas teatrais, não estabelecer oposição entre os dados quantitativos estatísticos e a percepção qualitativa das formas, tão verdadeiro é – e isto poderia ser a divisa da sociocrítica – que "o que há de verdadeiramente social na literatura é a forma" (LUKÁCS, *Schriften zur Literatursoziologie*, 1961:71).

3. A semiologia se preocupa com a maneira pela qual o espectador fabrica o sentido a partir das séries de signos da representação, das convergências e distâncias entre os diversos significados.

O trabalho (e o prazer) do espectador consiste em afirmar sem trégua uma série de microescolhas, de miniações para focalizar, excluir, combinar, comparar. Esta atividade repercute na constituição da representação: "O efeito de uma performance artística sobre o espectador, observa BRECHT, não é independente do efeito do espectador sobre o artista. No teatro, o público regula a representação" (1976: 265).

4. A estética da recepção está em busca de um espectador implícito ou ideal. Ela parte do princípio, a bem dizer bastante discutível, de que a encenação deve ser recebida e compreendida de uma única e boa maneira e de que tudo é agenciado em função desse receptor onipotente. A realidade é outra: o olhar e o desejo do e dos espectadores é que constituem a produção cênica, dando sentido à cena concebida como multiplicidade variável de enunciadores. O prazer do espectador, face a essas instâncias da enunciação, é variado: ser enganado pela ilusão, acreditar e não acreditar (*denegação**), regressar a uma situação infantil onde o corpo imóvel experimenta, sem demasiados riscos, situações perigosas, aterrorizantes ou valorizantes. Sociedade de vulnerabilidade limitada, o público não é realmente ameaçado pelo espetáculo. Enquanto no cinema a fantasia é facilmente ativada e o psiquismo atinge suas camadas profundas, o espectador de teatro está

consciente das convenções (quarta parede, personagem, concentração dos efeitos e da dramaturgia); continua a ser o manipulador-mor, o maquinista de suas próprias emoções, o artesão do acontecimento teatral: ele vai por si só em direção ao palco, ao passo que a tela absorve sem remissão o espectador de cinema. Ele poderia (em teoria) intervir no palco e bancar o desmancha-prazeres, aplaudir ou vaiar; na realidade, ele interioriza esses ritos de intervenção sem perturbar a cerimônia posta em cena, com tanta dificuldade, pelos artistas.

Poerschke, 1952; Rapp, 1973; Ruprecht, 1976 Turk, 1976; Fieguth, 1979; Hays, 1981, 1983 Avigal e Weitz, 1985; Pavis, 1985d; *Versus*, 1985 Wirth, 1985; Schoenmakers, 1986; Guy e Mironer 1988; Deldime, 1990; Dort, 1995; Pavis, 1996a.

ESPETACULAR

Fr.: *spectaculaire*; Ingl.: *spectacular*; Al.: *spektakulär*; Esp.: *espectacular*.

Tudo o que é visto como que fazendo parte de um conjunto posto à vista de um público. O espetacular é uma noção bastante fluida, pois, como o insólito, o estranho e todas as categorias definidas a partir da *recepção** do espectador, ela é função tanto do sujeito que vê quando do objeto visto.

O grau de espetacular a partir de uma mesma obra depende da encenação e da estética da época que ora rejeita (cena clássica) ora estimula (cena contemporânea) a emergência do espetacular. Muitas vezes o teatro é acusado de render-se ao espetacular, isto é, de buscar efeitos fáceis, de mascarar o texto e a leitura por uma massa de signos visuais.

O espetacular é uma categoria histórica que depende da ideologia e da estética do momento, as quais decidem o que pode ser mostrado e sob que forma: visualização, alusão pela narrativa, uso de efeitos sonoros etc. Se ele é associado, na história do teatro, à visualidade e à *representação** visual, isto talvez não passe de um acidente de civilização; poder-se-ia também ligar o espetacular ao universo sonoro e gustativo.

ESPETÁCULO

Fr.: *spectacle*; Ingl.: *performance*; AL *Vorstellung, Aufführung*; Esp.: *espectáculo*.

É espetáculo tudo o que se oferece ao olhar. "O espetáculo é a categoria universal sob as espécies pela qual o mundo é visto" (BARTHES, 1975: 179). Este termo genérico aplica-se à parte visível da peça (representação), a todas as formas de artes da representação (dança, ópera, cinema, mímica, circo etc.) e a outras atividades que implicam uma participação do público (esportes, ritos, cultos, interações sociais), em suma, a todas as *cultural performances* das quais se ocupa a *etnocenologia**.

1. O Espetáculo Supérfluo

Em dramaturgia clássica, *espetáculo* equivale a *encenação**, termo então inexistente. Fala-se, no século XIX, de uma *peça de grande espetáculo* quando a representação desvenda uma significação sempre pejorativa, em face da profundidade e da permanência do texto. ARISTÓTELES o repertoria em sua *Poética* como uma das seis partes da tragédia, mas é para reduzir sua importância diante da ação e do conteúdo: "O espetáculo, ainda que de natureza a seduzir o público, é tudo o que há de alheio à arte e pelo menos próprio da poética" (14507;). Continuar-se-á durante muito tempo a reprovar (assim MARMONTEL, 1787) seu caráter exterior, material, próprio a divertir em vez de educar; sempre se desconfia um pouco dele: o *Espetáculo numa Poltrona* (MUSSET, 1832), ou o *Teatro em Liberdade* (HUGO, 1886), peças criadas como que por reação à encenação, não correm o risco de impor uma encenação demasiado vistosa e "infiel" ao texto escrito.

Na concepção clássica, ninguém se opôs, todavia, por princípio, ao espetáculo. D'AUBIGNAC (1657) sublinha o interesse do espetáculo para a representação, outros porém separam categoricamente texto e espetáculo, em vez de ser sensível à sua interdependência.

2. (Re)conquista do Espetáculo

Com a emergência da encenação e a conscientização de sua importância para a compreensão da peça, o espetáculo reencontra direito de cidadão. Com A. ARTAUD, ele passa a ser o cerne da representação, e encontram-se neste teórico os dois empregos, pejorativo e laudatório, da palavra:

• "A representação chamada impropriamente de espetáculo, com tudo o que esta denominação traz de pejorativo, de acessório, de efêmero e de exterior" (1964b: 160).

• "Esperamos basear o teatro, antes de tudo, no espetáculo, e no espetáculo introduzimos uma nova noção de espaço usado em todos os planos possíveis e em todos os graus da perspectiva em profundidade e em altura, e a esta ideia virá juntar-se uma noção de tempo acrescida daquela de movimento" (1964b: 188).

3. Razões da Preferência do "Espetáculo"

O frequente emprego de espetáculo (principalmente no lugar de *peça**) não se explica somente por um fenômeno de moda, mas por razões mais profundas e reveladoras de nossa concepção atual da atividade teatral.

• Tudo é significativo: texto, cena e local do teatro e da sala. O espetáculo não se isola mais numa área cênica: ele invade a sala e a cidade, ultrapassa seu *quadro**.

• Todos os meios são bons para a colocação em teatro: discurso, atuação, recursos técnicos novos. O teatro abandona sua exigência de forma para apoderar-se de todos os meios de expressão que possam servi-lo.

• Não se procura mais produzir uma ilusão mascarando-se os processos de sua fabricação; integra-se este processo à representação, sublinhando o aspecto sensível e sensual do jogo teatral, sem preocupar-se com a significação.

4. Que Teoria do Espetáculo?

Uma teoria geral do ou dos espetáculos parece no mínimo prematura, primeiro porque a fronteira entre espetáculo e realidade não é facilmente traçável. Tudo é espetacularizável? Sim, se se trata de fazer disso o objeto de uma *ostensão** e de uma observação; não, se este objeto deve ser também *espetacular*, deve causar espanto e fascinar um observador. Pelo menos se chega a uma definição mínima e puramente teórica do espetáculo: "A definição do espetáculo compreende então, ao menos do ponto de vista interno, características como a presença de um espaço tridimensional fechado, a distribuição proxêmica etc., enquanto, do ponto de vista externo, ela implica a presença de um actante observador (o que exclui desta definição as cerimônias, os rituais míticos, por exemplo, onde a presença do espectador não é necessária)" (GREIMAS E COURTÈS, 1979: 393).

Que práticas poderiam ser classificadas como "espetaculares"? O teatro, o cinema, a televisão, mas também o *strip-tease*, os espetáculos de rua, e, por que não, também os jogos eróticos e as cenas domésticas, a partir do momento em que eles têm um observador voluntário ou acidental. O termo *performance* e *cultural performance* falha cruelmente em francês [e em português, também] para designar o conjunto dessas práticas ou comportamentos espetaculares pelos quais se interessa atualmente a *etnocenologia**.

Uma tipologia dos espetáculos também é arriscada. Pode-se pelo menos distinguir grandes clivagens: as *artes da representação** que se opõem às *artes da cena**:

Ou então, conforme o estatuto fictional:

– arte da ficção (ex.: teatro, cinema não documentário, mímica etc.);
– arte não ficcional (ex.: circo, touradas, esportes etc.): estas artes não procuram criar uma realidade diferente da nossa realidade de referência, mas realizam uma performance baseada na destreza, na força ou na habilidade.

5. *"Cultural Performance"*

Falta a língua francesa [e à portuguesa] uma palavra para traduzir a noção muito genérica, que ultrapassa em muito o teatro, de *performance*, que às vezes é expressa, na falta de termo melhor, por *espetáculo*, palavra que tende a designar toda manifestação visual do sentido ("espetáculo do mundo"). Contudo, a *performance* cobre um imenso campo que as artes do espetáculo e a *etnocenologia** se esforçam em esquadrinhar e que põe em questão a fronteira entre espetáculo estético e prática cultural: "A *performance* [logo, a prática espetacular e/ou cultural] não é mais fácil de definir ou de localizar. O conceito e a estrutura se estenderam por toda parte. Ela é étnica ou intercultural, histórica e não histórica, estética e ritual, sociológica e política. A *performance* é um modo de comportamento, uma abordagem da experiência concreta; ela é jogo, esporte, estética, divertimentos populares, teatro experimental, e mais ainda" (TURNER, 1982). A noção de *cultural performance*, elaborada pelo etnólogo Milton SINGER nos anos 1950, permite agrupar sob este rótulo práticas culturais (ritos, festas, cerimônias, danças etc.) que compreendem elementos de representação que o grupo se dá a si mesmo.

🔍 Representação, texto e cena, (re)teatralização, teatralidade, jogo.

📖 *Spectacles à Travers les Âges (Les)*, 1931; Singer, *Traditional India: Structure and Change*, Philadelphia, University Press, 1959; *Histoire des Spectacles*, Dumur (ed.), 1965; Debord, 1967; Giteau, 1970; Dupavillon, 1970, 1978; Rapp, 1973; Kowzan, 1975; Zimmer, 1977; Dort, 1979; *Cahiers de Médiologie*, 1996.

ESQUETE

↔ (De *sketch*, palavra inglesa para "esboço".) Fr.: *sketch*; Ingl: *sketch*; Al.: *Sketch*; Esp.: *sketch*.

O esquete é uma cena curta que apresenta uma situação geralmente cômica, interpretada por um pequeno número de atores sem caracterização aprofundada ou de intriga aos saltos e insistindo nos momentos engraçados e subversivos. O esquete é, sobretudo, o número de atores de teatro ligeiro que interpretam uma personagem ou uma cena com base em um texto humorístico e satírico, no *music-hall*, no cabaré, na televisão ou no *café-teatro**. Seu princípio motor é a sátira, às vezes literária (paródia de um texto conhecido ou de uma pessoa famosa), às vezes grotesca e burlesca (no cinema ou na televisão), da vida contemporânea (R. DEVOS, G. BEDOS, antigamente F. RAYNAUD, COLUCHE e P. DESPROGES).

ESSÊNCIA DO TEATRO

↔ Fr.: *essence du théâtre*; Ingl.: *essence of the theatre*; Al.: *Wesen des Theaters*; Esp.: *esencia del teatro*.

1. A busca – bastante mítica – da essência ou da *especificidade** teatral sempre obcecou a reflexão crítica. H. GOUHIER, ao passar em revista as inúmeras filosofias da *arte teatral**, indica por exemplo, que o método indutivo que parte do conjunto das obras tenta revelar, "através das diferenças, uma espécie de essência que traria a razão de ser e esboçaria uma estrutura fundamental da obra teatral" (1972: 1063). Ele vê como "regra imanente da obra teatral [...] um princípio de economia e de harmonia" (1063).

2. Pois bem, semelhante concepção essencialista da essência do teatro nunca passa de uma opção estética e ideológica entre muitas outras. Ela faz abstração da relatividade histórica e cultural, demasiado preocupada com a descoberta de uma essência eterna e universalmente humana. As necessidade antropológicas profundamente ancoradas no homem (gosto pelo *jogo**, pela metamorfose, pelo *ritual** etc.) bastam realmente para explicar a permanência e a diversidade das empreitadas teatrais na evolução histórica e cultural? Do mesmo modo, os inúmeros estudos sobre a origem ritual ou festiva do teatro têm um interesse mais antropológico do que estético.

Ao buscar a essência do teatro, é-se rapidamente levado a relativizar a tradição ocidental europeia, a ampliar a noção de teatro para a de prática espetacular, para a qual resta inventar uma etnocenologia atenta às condições locais de todas as *cultural performances* nas quais o teatro, no sentido ocidental, não passa de uma prática entre inúmeras outras.

🔍 Teoria do teatro, encenação, estética teatral, antropologia teatral, poética (bibliografia).

📖 Nietzsche, 1872; Appia, 1921; Bentley, 1957; Gouhier, 1957, 1968, 1972; Artaud, 1964a; Schechner, 1977; Barba e Savarese, 1985.

ESTÂNCIAS

↔ Fr.: *stances*; Ingl.: *stanza*; Al.: *Stanze*; Esp. *estancias*.

Em dramaturgia clássica (na França, essencialmente de 1630 a 1660), as estâncias são versos que se apresentam em estrofes regulares construídas com base no mesmo modelo de rima e de ritmo, pronunciadas pela mesma personagem, na maioria das vezes sozinha em cena. Cada estrofe se encerra por uma queda e marca uma etapa na reflexão da personagem que as pronuncia: "Em sua forma mais regular... à mercê do ouvido como à mercê do espírito, a estância mais bem arredondada é aquela cujo círculo abraça um pensamento único, e que se encerra como ela e com ela por um pleno repouso" (MARMONTEL, 1787, artigo "Stance").

O elaboradíssimo trabalho formal das estâncias faz delas um verdadeiro exercício de estilo, para o qual é necessária uma grande precisão semântica, prosódica e consonântica. Sua beleza formal é às vezes justificada pelos teóricos com o argumento de que elas foram compostas cuidadosamente pela personagem nos bastidores (D'AUBIGNAC, 1657). Sua originalidade reside em sua situação de poema dentro do poema e na acentuação de seu caráter poético. Enfim, não se deve subestimar sua função dramaturgical a de uma reflexão poética do herói que fabrica as estâncias e cujas ações e decisões são determinadas pela maquinaria retórica do texto poético.

📖 Scherer, 1950; Hilgar, 1973; Pavis, 1980a.

ESTEREÓTIPO

⇄ Fr.: *stéréotype*; Ingl.: *stereotype*; Al.: *Stereotyp*; Esp.: *estereotipo*.

Concepção congelada e banal de uma personagem, de uma situação ou de uma improvisação.

Distinguem-se, no teatro, vários elementos estereotipados; personagens muito tipificadas, situações triviais e muitas vezes repetidas, expressões verbais em forma de clichês, gestualidade sem invenção, estrutura dramática e desenrolar da ação sujeito a um modelo fixo.

1. Personagens

Os estereótipos (ou *tipos**) falam ou agem de acordo com um esquema previamente conhecido ou extremamente repetitivo. Eles não têm a menor liberdade individual de ação, não passam de instrumentos rudimentares do autor dramático (o militar, o fanfarrão...). Sua ação é mecânica, eles são considerados como que num retrato-robô. Muitas vezes são produto de uma longa evolução literária e ressurgem sob formas ligeiramente variadas (*caricatura**, *emploi**, *tipo**, *papel**).

2. Situações

Como exemplos de situações histórica e tematicamente tipificadas, poder-se-ia notar: a rivalidade guerreira ou amorosa, o triângulo da comédia de *boulevard*, a indecisão do herói antes da ação, a bela e a fera, o homem às voltas com os elementos etc. Trata-se, em todos esses casos, de combinatórias de episódios espetaculares e previsíveis. Reconstituindo as relações, possíveis entre personagens, determina-se, entre todas as variantes, um pequeno número de situações e de modelos *actanciais** que encontramos, aliás, maciçamente, na história do teatro (SOURIAU, 1950; POLTI, 1895). A encenação às vezes se diverte em traduzir o clichê verbal numa retórica cênica que o ilustra e o desconstrói (AMOSSY, 1982).

3. Estrutura Dramatúrgica

*A peça bem feita** (ou o drama neoclássico de VOLTAIRE, por exemplo) busca a estrutura dramática mais próxima possível de um modelo ideal, e cai em todos os clichês da construção dramática: equilíbrio dos cinco atos, precisão das fases da ação, conclusão artificial, monólogos e cenas obrigatórias.

4. Ideologia

Os estereótipos não assumem nenhum risco artístico ou ideológico: eles usam ideias recebidas e evidências incontroladas. A comédia de *boulevard*, grande consumidora de estereótipos ideológicos, voltando incessantemente a seus temas favoritos (a infidelidade conjugal, a ascensão social, o espírito de retaliação) tranquiliza sub-repticiamente o público em suas crenças e apresenta seus estereótipos como leis imutáveis e fatais.

5. Utilização dos Estereótipos

Na maior parte do tempo, as peças de personagens e ações estereotipadas oferecem pouco interesse do ponto de vista da originalidade dramatúrgica e da análise psicológica. Entretanto, o dramaturgo às vezes explora em seu benefício esta pobreza congênita dos estereótipos e dos clichês. Remetendo o espectador a um tipo de personagem já conhecido, ele ganha tempo para melhor manipular os cordéis da intriga, concentrar-se nos saltos da ação, trabalhar a teatralidade da atuação/do jogo dos comediantes. Assim, provavelmente se explique o atual retomada de interesse pela *Commedia dell'arte**, pelo *melodrama** e pelo circo. Os estereótipos dramatúrgicos resolvem de imediato a questão da caracterização e do jogo psicológico: eles convidam o encenador a um jogo muito teatral, imaginativo e muitas vezes paródico. O espectador, primeiro frustrado em sua necessidade catártica de psicologia e de identificação, acha em seguida, na correspondência dramatúrgica do jogo cênico, uma grande prazer teatral.

Finalmente e sobretudo, toda utilização dos estereótipos caminha junto com um distanciamento irônico do procedimento e uma denúncia dos cordões teatrais. O dramaturgo e o encenador retomam o esquema fixo, variando-o e criticando-o do interior. BRECHT serviu-se deste método para fazer o espectador conscientizar-se dos lugares-comuns ideológicos que o aprisionam (A *Ópera de Três Vinténs*, parodiando a comédia burguesa de *Happy End*, *Arturo Ui*, jogando com a imaginação popular ao caricaturar os *gangsters* americanos etc.). O jogo dramático recorreu a ele para sensibilizar os atuantes para as forças linguísticas e ideológicas que os aprisionam (RYNGAERT, 1985).

📖 *Dictionnaire des Personnages*, 1960; Aziza et al., 1978.

ESTÉTICA TEATRAL

↻ Fr.: *esthétique théâtrale*; Ingl.: *aesthetics of drama*; Al.: *Theaterästhetik*; Esp.: *estética teatral*.

A estética, ou ciência do belo e filosofia das belas-artes, é uma teoria geral que transcende as obras particulares e dedica-se a definir os critérios de julgamento em matéria artística e, por tabela, o vínculo da obra com a realidade. Ela é assim levada a demarcar a noção de *experiência estética**: de onde provém, pergunta-se ela, o prazer da contemplação, a catarse, o trágico e o cômico? Como apreender o espetáculo esteticamente e não em função de um critério de verdade, de autenticidade ou de realismo?

A estética (ou *a poética**) teatral formula as leis de *composição** e de funcionamento do texto e da cena. Ela integra o sistema teatral num conjunto mais amplo: *gênero**, teoria da literatura, sistema das belas-artes, *categoria** teatral ou dramática, teoria do belo, filosofia do conhecimento.

1. Estética Normativa

Ela ausculta o texto ou a representação em função de critérios de gosto particulares de uma época (mesmo que eles sejam universalizados pelo esteta numa teoria geral das artes). Este tipo de estética parte de uma definição a priori da *essência** teatral e julga seu objeto em função de sua conformidade ao modelo exemplar ou, nas teorias da recepção, segundo o desvio estilístico da obra e seu questionamento da norma e do horizonte de *expectativa**. A estética normativa elimina necessariamente certos tipos de obras: caracterizando o gênero teatral como lugar de um conflito, durante muito tempo ela eliminou logo de saída o teatro épico. Cada época histórica é dominada por uma série dessas normas, faz uma ideia diferente da *verossimilhança**, do bom-*tom**, das possibilidades morais ou ideológicas do teatro (*regras** das *três unidades**, mescla de *gêneros**, *teatro total**). A estética formula um julgamento de valor sobre a obra esforçando-se para fundamentá-la em critérios claramente estabelecidos (*cf. questionário**).

2. Estética Descritiva (ou Estrutural)

Contenta-se em descrever as formas teatrais, repertoriá-las e classificá-las de acordo com diferentes critérios. Estes critérios apresentam-se como objetivos: abertura ou fechamento da ação, configuração da cena, modo de *recepção* etc. Entretanto, é dificílimo formalizar a linguagem do texto e da cena e fazê-la repousar em bases sólidas. Uma integração da estética teatral a uma teoria geral dos discursos ou a uma semiótica geral não pôde (ainda?) ser realizada. A estética se subdivide num estudo dos mecanismos de *produção* do texto e do espetáculo (*poiesis*), um estudo da atividade de *recepção** do espectador (*aisthesis*), um estudo das trocas emocionais de identificação ou de distância (*ca-*

tharsis) (JAUSS, 1977), mesmo que se ganhasse ao considerá-los como dialéticas (PAVIS, 1983a).

3. Estética da Produção e da Recepção

Permite reformular a dicotomia normatividade/descrição. A estética da produção enumera os fatores que explicam a formação do texto (determinações históricas, ideológicas, genéricas) e o funcionamento da cena (condições materiais do trabalho, da representação, da técnica dos atores). A produção é assimilada a um conjunto de circunstâncias que influíram na formação do texto interpretado ou do espetáculo representado. A estética da *recepção** coloca-se, ao contrário, na outra extremidade da cadeia e examina o ponto de vista do espectador e os fatores que prepararam sua recepção correta ou equivocada, seu horizonte de expectativa cultural e ideológica, a série de obras que precederem este texto e esta representação, o modo de percepção, distanciado ou emotivo, o vínculo entre o mundo fictional e os mundos reais da época representada e do espectador.

4. Estética e Dramaturgia

Estas duas noções coincidem, em grande parte, pois ambas estão atentas à articulação de uma ideologia ou de uma visão de mundo e de uma técnica literária ou cênica. A *semiologia** se interessa pelo funcionamento interno da representação sem prejulgar seu lugar numa estética normativa precisa. Ela toma emprestadas da estética alguns de seus métodos: busca de *unidades** e trocas, vínculos dos *sistemas cênicos**, produção de *efeitos**.

Teatralidade, especificidade teatral, encenação, essência do teatro, experiência estética.

Hegel, 1832; Zich, 1931; Veinstein, 1955; Gouhier, 1958; *Revue d'Esthétique*, 1960; Souriau, 1960; Aslan, 1963; Adorno, 1974; Borie, de Rougemont, Scherer, 1982; Carlson, 1984.

ESTETICISMO

Fr.: *esthétisme*; Ingl.: *aestheticism*; Al.: *Ästhetizismus*; Esp.: *esteticismo*.

O qualificativo *esteticismo*, geralmente bastante crítico, aplica-se a um elemento da encenação:

– que insiste na dimensão puramente estética (e não semântica ou ideológica) da encenação, buscando apenas a beleza formal (*formalismo**);
– que busca a arte pela arte e preconiza a autonomia da obra de arte (ADORNO, 1974) (esta atitude é às vezes criticada de um ponto de vista político como falta de engajamento);
– que não se integra claramente ao sistema global da encenação: assim os *figurinos** ricos demais podem ser, como bem mostra BARTHES, vítimas da "doença estética, da hipertrofia de uma beleza formal sem relação com a peça" (1964: 55).

ESTICOMITIA

(Do grego *stikos*, verso, e *mythos*, narrativa.) Fr.: *stichomythie*; Ingl.: *stichomythia*; Al.: *Stichomythie*; Esp.: *stichomithia*.

Troca verbal muito rápida entre duas personagens (alguns versos ou frases, um verso, até mesmo duas ou três palavras), na maioria das vezes num momento particularmente dramático da ação.

Presente no teatro grego e latino, a esticomitia conhece, na época clássica (séculos XVI e XVII), um certo sucesso no tocante aos momentos emocionais da peça. Todavia, é condenada quando degenera num *procedimento** demasiado à vista e que rejeita a organização retórica das *tiradas**. No drama naturalista e no chamado teatro psicológico, constitui uma técnica frequente, sempre bem-vinda no momento-chave da *peça bem feita**.

1. Psicologização do Discurso

A esticomitia faz o efeito de um duelo verbal entre protagonistas no ápice de seu conflito. Ela dá uma imagem falante da contradição dos discursos e dos pontos de vista, e marca o momento da emergência, na estrutura discursiva muito estrita das tiradas, do elemento emocional, incontrolado ou inconsciente.

2. Inversões Semânticas

Todo *diálogo** *faz* alternar um *eu* e um *tu*, sendo a regra do jogo esperar que o outro tenha terminado para falar. Os dialogantes são ligados por um *tema** comum e por uma *situação de* *enunciação** que diz respeito a ambos e ameaça a todo momento influir no tema. Cada dialogante possui, no entanto, seu próprio contexto semântico: nunca se pode prever exatamente o que ele vai dizer de novo, e o diálogo é uma sequência de rupturas contextuais. Quanto mais o texto do dialogante se reduz, mais a probabilidade de uma mudança brutal de contexto aumenta. Assim, a esticomitia é o momento verdadeiramente dramático da peça, porque tudo parece que de repente poder ser dito, e o suspense do espectador (assim como de cada dialogante) cresce com a vivacidade da troca. A esticomitia é a imagem verbal do choque entre *contextos**, personagens e pontos de vista. Ao mesmo tempo *discurso** cheio (intenso, hiperdramático) e vazio (evidenciação dos buracos semânticos dos contextos), a esticomitia é a forma exagerada do discurso teatral.

📖 Mukařovský, 1941; Scherer, 1950.

ESTILIZAÇÃO

⇄ Fr.: *stylisation*; Ingl.: *stylization*; Al.: *Stilisierung*; Esp.: *estilización*.

Procedimento que consiste em representar a realidade sob uma forma simplificada, reduzida ao essencial de seus caracteres, sem detalhes demais.

A estilização, como a *abstração**, designa um certo número de traços estruturais gerais que põem em evidência um esquema diretor, uma apreensão em profundidade dos fenômenos. O artista, segundo a frase de GOMBRICH (1972), "tende mais a ver o que pinta do que a pintar o que vê".

A escritura dramática e cênica apela à estilização a partir do momento em que renuncia a reproduzir mimeticamente uma totalidade ou uma realidade complexa. Toda representação, mesmo que *naturalista** ou *verista**, baseia-se numa simplificação do objeto representado e numa série de *convenções** para significar o objeto representado.

1. A ação humana nunca é desenvolvida por inteiro em cena: escolhemos seus momentos fortes e significativos (*parábola**); explicamo-la por um comentário implícito que desvenda seus princípios. A exposição das *motivações** humanas seria rapidamente fastidiosa no teatro. Mesmo quando nos decidimos a mostrar de fora um comportamento ou uma vivacidade repetida (*cf.* o neonaturalismo do *teatro do cotidiano**), o ator representa o que é característico, e, portanto, identificável para um público. Em sua exigência do teatro como relato de uma totalidade, HEGEL (1832) e, depois dele, LUKÁCS (1965) marcam a posição extrema da estética clássica: esta se fundamentara para formular esta norma na medida em que a ação, o discurso e o caráter coincidiam perfeitamente, porém a exigência de totalidade é necessariamente acompanhada de uma generalização e universalização da ação humana representada. O típico e o característico servem o projeto de figuração exemplar da existência. Depois de HEGEL e do declínio da forma clássica, a ação dramática não abrange mais do que um fragmento particular, até mesmo fortuito, da realidade. Porém, ainda aí, mesmo para a estética naturalista do relato total, o fragmento deve ser simplificado e adaptado à visão do espectador: portanto, ele não ganha verdadeiramente em precisão o que perdeu em universalidade.

2. O ato cênico (comer, morrer, por exemplo) nunca recobra o conjunto de suas condições de produção, e, portanto, sua eficiência primeira. O ator substitui o ato real por um ato significante que não se dá por real, mas é assinalado como tal, em virtude de uma *convenção**. Paradoxalmente, é muitas vezes na medida em que é estilizado que o ato passa a ser teatralmente válido e verossimilhante. Assim, não é constrangedor ver os atores fazerem uma refeição em travessas e pratos vazios. A estilização ajuda mesmo ao fascínio do jogo teatral, na medida em que devemos superpor ao ato cênico um ato real, no interior da *ficção**.

3. A linguagem dramática também é submetida ao polimento da estilização: as diferenças de níveis de língua, conforme as personagens e sua classe social, são atenuadas pela "marca" modelante do dramaturgo. O diálogo naturalista utiliza, por exemplo, convenções de linguagem, remissões estilísticas de termo a termo no interior de réplicas diferentes. Quando o autor tiver por fim a caracterização brutal de um falar, o uso da cena sempre impõe uma certa retórica: repetições de construções a serem ressaltadas, vocabulário compreensível para a maioria do público, exagero dos traços individuais etc.: utilizações da realidade "bruta".

4. A realidade cênica (cenários, objetos, figurinos) é que pior sustenta uma representação não estilizada. O espectador se perde numa massa de "fatos verdadeiros", reconhece elementos de seu ambiente, porém, ao mesmo tempo, não sabe o que fazer desta reconstituição arqueológica. A tarefa do encenador é, ao contrário, simplificar o real, fazê-lo ser "fisgado" por alguns objetos-signos que identificam sua natureza e seu vínculo. A estilização situa-se entre a *imitação** servil e a *simbolização* abstrata.

Realidade representada, realismo, mimese, imitação, semiologia.

ESTRATÉGIA

Fr.: *stratégie*; Ingl.: *strategy*; Al.: *Strategie*; Esp.: *estrategia*.

Atitude e modo de proceder do autor, do encenador ante o assunto a ser tratado ou da encenação a ser efetuada e, em última instância, da ação simbólica a ser exercida sobre o espectador.

1. Estratégia do Autor

O trabalho *dramatúrgico**, seja ele efetuado pelo autor dramático ou pelo *dramaturgo** (sentido 2), implica, para ser sistemático e eficaz, uma reflexão sobre o sentido do texto encenado e sobre a finalidade de sua representação nas circunstâncias concretas em que ele será apresentado ao público. Portanto, é em função ao mesmo tempo da interpretação interna do texto e de seu modo de recepção que se efetuam o trabalho dramatúrgico e a estratégia apropriada à sua boa recepção. A determinação destes parâmetros constitui a estratégia global do espetáculo.

2. Estratégia do Texto

A estratégia do autor só existe em estado virtual e deve repercutir no texto (e para os intérpretes se lerem a partir deste). A estratégia textual impõe certos modos de leitura, apresenta "pistas de sentido" mais ou menos esclarecedoras para o conjunto da obra, propõe escolhas na compreensão de uma personagem. Muitas vezes, a estratégia está longe de ser unívoca; as contradições internas da obra ficam inexplicadas e, no texto moderno, as *isotopias** (métodos e pistas) de leitura são múltiplas. Toda leitura do roteiro a ser representado ultrapassa necessariamente, porém mais ou menos bem, esses obstáculos da interpretação. Uma escolha se imporá então, guiada antes de mais nada pelo projeto global do trabalho teatral, pelo discurso estético e social do encenador.

3. Estratégia da Encenação

Ela ultrapassa aquela da leitura da peça e forma a etapa derradeira do trabalho: as opções de leitura são concretizadas por recursos cênicos. Estes são ora uma exemplificação e uma aplicação direta das opções de leitura, ora são aplicados muito discretamente sem que a tese da leitura seja imediatamente evidente ou mesmo explicitada.

Muitas vezes, esta estratégia tem por única finalidade manipular a simpatia do espectador para com certas personagens, fazer de modo a que ele escolha o bom ponto de vista ou hesite entre diversas soluções. De qualquer maneira, a estratégia fundamental é prender o público numa armadilha. A estratégia cênica às vezes é, na verdade, mais frustrante que construtiva, e muitos espetáculos são organizados de maneira a tornar impossível uma leitura definitiva da representação.

4. Estratégia da Recepção

A recepção condiciona, em definitivo, toda a empreitada teatral fazendo explodir suas fronteiras, pois o fim derradeiro da *performance* teatral é agir sobre a consciência do espectador e repercutir nele quando tudo parece terminado. Percebe-se aqui a natureza ilocutória e mesmo perlocutória do espetáculo, que exige uma conscientização e que se tome partido (*ação falada**).

Em suma, a arte do teatro consiste em levar o espectador a efetuar uma série de ações simbólicas e em travar com ele um diálogo graças à interação das táticas e a partir da descoberta paulatina das regras do jogo.

📖 Bataillon, 1972; Genot, 1973; Marcus, 1975.

ESTRUTURA DRAMÁTICA

↻ Fr.: *structure dramatique*; Ingl.: *dramatic structure*; Al.: *dramatische Struktur*; Esp.: *estructura dramâtica*.

A análise das estruturas dramáticas da obra teatral coincide em grande parte com a *dramaturgia**. As duas disciplinas têm em comum o estudo das propriedades específicas da forma do drama. A criação do método estruturalista ajudou muito a formalizar os níveis da obra e a integrar todo fenômeno a um esquema global, de modo que a representação apareceu como um organismo muito estritamente construído (*forma fechada**).

Estrutura indica que as *partes* constituintes do sistema são organizadas segundo um arranjo que produz o sentido do *todo*. Mas é preciso distinguir vários sistemas em toda representação teatral: a fábula ou a ação, as personagens, as relações espaço-temporais, a configuração da cena, e mesmo, no sentido amplo, a *linguagem** *dramática* (desde que se possa falar do teatro como sistema *semiológico** específico).

1. Dramaturgia Como Estudo das Estruturas Dramáticas

Para abordar as estruturas dramáticas de um texto dramático, recorre-se frequentemente a um esquema da ação, o que evidencia a curva dramática. Observa-se então a conduta da fábula: divisão dos episódios, continuidade ou descontinuidade da ação, introdução de momentos épicos na estrutura dramática etc. (*forma aberta**, *forma fechada**).

Falar de *uma* estrutura dramática só é lícito se nos debruçamos sobre um caso – historicamente fundador mas relativamente limitado – da dramaturgia clássica, aristotélica (correspondente aos critérios da *Poética* de ARISTÓTELES, fechada e dramática, e não aberta às manipulações e à duração épica). É fácil caracterizar esta estrutura por vários traços pertinentes: o acontecimento se passa no presente diante do espectador, o "suspense" e a incerteza de sua conclusão são teoricamente adquiridos; o texto é dividido de acordo com os locutores, cada ator possui um papel e é a resultante dos discursos e papéis que o sentido fundamenta; a preparação da ação é portanto "objetiva"; o poeta não fala em seu nome, e sim dá a palavra às personagens. O drama é sempre uma "imitação de uma certa extensão" (§ 1449), "de maneira, entretanto, que a memória possa facilmente apreendê-la" (1450*b*). A matéria dos acontecimentos será portanto concentrada, unificada e organizada teleologicamente em função de uma crise, de uma evolução, um desenlace ou uma catástrofe.

2. Composição da Obra Dramática: Análise Imanente

A composição da obra (sua estrutura) se manifesta numa análise das imagens e dos temas recorrentes: tipos de cena, entradas e saídas das personagens, correspondências, regularidades e relações-tipos. Trata-se ai de um estudo imanente da obra que se baseia unicamente nos elementos visíveis, nas relações internas da peça, sem que seja necessário referir-se ao mundo exterior descrito pela obra e à interpretação do crítico. Esta estrutura imanente é chamada por J. SCHERER de *estrutura externa* e opõe-se à *estrutura interna*, que é o estudo dos "problemas de fundo que se colocam ao autor dramático quando ele constrói sua peça, antes mesmo de escrevê-la" (1950:12). A *estrutura externa*, aqui chamada estrutura *imanente*, define-se como "as diferentes formas que podem assumir, seguindo tradições teatrais ou necessidades cênicas, a peça em seu conjunto, o ato, esta subdivisão do ato que é a cena, e finalmente certos aspectos privilegiados da escritura teatral."

3. Forma e Fundo

A busca de estrutura encontra a problemática da aliança de *uma forma** adequada para um *conteúdo* específico. Não existe estrutura dramática típica e universal (como pensavam HEGEL e os teóricos do drama clássico). Toda evolução dos conteúdos e todo novo conhecimento da realidade produzem uma forma adaptada à transmissão do conteúdo. Como mostra P. SZONDI (1956), a destruição da forma dramática canônica foi uma resposta a uma mudança da análise ideológica por volta do final do século XIX. Definir as estruturas dramáticas é uma operação dialética. Não é preciso nem procurar como ideias definitivas (um conteúdo) são "colocadas" sob uma forma exterior e secundária, nem acreditar que uma nova forma diz algo de novo sobre o mundo.

4. Estrutura e Acontecimento

A descoberta das estruturas e das formas dramáticas, dos princípios de composição e da dramaturgia da peça, por mais precisa que possa ser, não é, contudo, suficiente. Na verdade, ela geometriza e torna visível a estrutura a ponto de fazer dela uma construção *real*, um objeto que seja a quintessência da obra e reduza esta a uma construção fixa que existe independentemente do trabalho de interpretação do crítico. Pois bem, a obra sempre está em relação com o mundo exterior que a comenta: "A estrutura estruturada da obra nos remete a um assunto estruturante, assim como nos remete a um mundo cultural ao qual ela se junta trazendo a ele, na maioria das vezes, perturbação e desafio" (STAROBINSKI, 1970: 23). Assim, a busca das estruturas dramáticas deve ser mais um método de estruturação que uma fotografia de estrutura. Em particular, no teatro, ela sempre será sobre determinada pelo *aspecto eventual** da apresentação cênica e pela incessante *prática significante** à qual o espectador é obrigado.

Hermenêutica, formalismo, realismo, socio-crítica.

ESTUDOS TEATRAIS

Fr.: *études théâtrales*; Ingl.: *theatre studies*; Al.: *Theaterwissenschaft*; Esp.: *estudios teatrales*.

Os estudos teatrais – este termo talvez seja o menos ruim de todos – afirmam-se de imediato contra a literatura (e, portanto, o drama escrito) para colocar sua diferença radical: sua pertinência ao mundo da cena, da representação, das artes do espetáculo. Seu objeto não é portanto – ou não é simplesmente – o texto dramático, mas todas as práticas artísticas que podem intervir no uso da cena e do ator, quer dizer, todas as artes e técnicas das quais uma época dispõe: ao que é preciso acrescentar aquilo que a *etnocenologia** define como uma prática espetacular em todos os contextos culturais possíveis.

1. Finalidades dos Estudos

O estudo pode ter por finalidade informar um leitor sobre um dos inúmeros aspectos da criação teatral. O discurso crítico varia então da informação jornalística sobre o local e a data da representação ao estudo erudito de um aspecto da atividade teatral numa revista especializada. Porém às vezes ele tem por ambição transmitir uma especialidade e formar atores, cenógrafos ou iluminadores. O estudo desemboca então num saber técnico que o futuro praticante porá em ação em sua atividade profissional. Cada um dos campos se ramifica em ramos especializados para os quais existem procedimentos de análise e técnicas de aprendizagem especializadas em si. O estudo prepara, neste caso, para o exercício de uma das profissões do teatro e ela se legitima pela eficácia de sua habilidade e de sua preparação para uma atividade técnica ou artística futura. Pode-se imaginar tantos saberes e campos de estudo quanto técnicas as necessárias para produzir um espetáculo. A dificuldade não é especificar e especializar o saber e, sim, garantir com ele a homogeneidade de um ramo a outro e estar ainda em condições de confrontar e de fecundar saberes parciais. Não existe lugar ou instituição onde se estude o teatro em sua totalidade: nas escolas profissionais, aprendem-se alguns dos ofícios da cena (cenografia, iluminação, figurinos); nas escolas de atores, as pessoas se exercitam numa técnica de interpretação; nos departamentos de literatura na escola ou na universidade leem-se grandes textos; em alguns departamentos de teatro, na universidade, se reflete sobre a produção do sentido no trabalho do ator e na encenação e se medita sobre a relação entre teoria e prática. O que se está no direito de esperar de um ensino universitário não é mais a universalidade e a globalidade de um saber, mas, pelo menos, a reflexão epistemológica sobre as condições de validade de um conhecimento sobre este ou aquele componente da obra dramática ou teatral ou sobre a atividade teatral em todas as suas formas. No lugar de uma ilusória teoria unificada do teatro, contentar-nos-emos, portanto, com uma epistemologia dos estudos teatrais, que esboce o quadro dos saberes e os limites de nosso conhecimento.

2. Epistemologia

Entre gente de teatro, muitas vezes encontra-se a convicção de que a arte teatral não poderia ser estudada, que só se pode adivinhar algumas de suas leis e que a intuição do ator ou do encenador substitui vantajosamente toda e qualquer teoria. Entre as disciplinas artísticas e as artes do espetáculo em particular, não há arte mais mitificada que o teatro, de tal maneira que a abordagem teórica ou científica passa muitas vezes por um sacrilégio. Contudo, uma abordagem científica tenta constituir-se, mas de maneira indireta: ela se baseia em disciplinas científicas como a biologia, a psicologia, a etnologia ou a medicina para transferir seus saberes ao campo do comportamento espetacular do ator ou do espectador e aplicar em seguida, por hipótese e como programa, alguns de seus resultados. Se se concebe a cientificidade não mais em termos de resultados verificáveis e quantificáveis, mas de coerência e de não contradição, obtém-se uma *dramaturgia** ou uma *semiologia** que não tem, a princípio, outra ambição senão elucidar a produção do sentido e a manipulação dos signos, seja no nível de uma obra específica ou de um conjunto (época, gênero, obra de um autor ou de um encenador). O estudo tem por objeto ora a produção do texto e da encenação pela equipe de criadores e "realizadores", ora sua *recepção** pelo leitor ou pelo espectador ou, melhor ainda, sua dialética no interior de uma semiótica que descreve ao mesmo tempo os mecanismos da *comunicação** (entre teatro e público) e de sua inserção numa semiótica da cultura.

3. Perspectivas e Campos

Para conhecer, porém, este estranho objeto chamado teatro, primeiro é preciso saber que olhar dirigir a ele, em que perspectiva abordá-lo e segundo que ângulo de ataque. Porque é o olhar que cria, não, sem sombra de dúvida, o objeto teatral, mas o discurso sobre ele. Este olhar está impregnado de metodologia e de ciência humana: antropologia (BARBA), sociologia, fenomenologia (STATES), semiologia (UBERSFELD), pragmática. Ele é pré-formado pelo tipo de questionamento de cada uma dessas metodologias e, é claro, encontra no objeto analisado apenas aquilo que procura, mas pelo menos conhece os limites, os problemas e os impasses de cada disciplina. É-lhe então possível recortar, no interior do objeto e em função de sua metodologia, um certo número de campos de estudo. Estes campos são ora componentes do objeto teatro, ora modos de investigação que atravessam vários componentes. Logo fica evidente que nenhum campo pode ficar decentemente no isolamento e que nele se engolfa imediatamente o resto dos questionamentos. Por isso não existe programa ideal de estudo, porém, quando muito, uma série de abordagens que demarcam mais ou menos seu objeto de investigação.

4. Um Saber em Processo

O saber assim esquadrinhado deve reconstituir-se sem cessar como teoria global, principalmente estendendo pontes entre estudo do texto e estudo da representação e associando vários campos de saber e diversos questionamentos. As grandes perspectivas são então indispensáveis para ligar os fragmentos esparsos: assim, uma abordagem semiológica permitirá calcular a produção dos signos em função de um projeto dramatúrgico.

Mais que pretender cobrir o conjunto da atividade teatral, seria melhor provocar o estudo das zonas ou de combinações ainda na sombra. Entre os campos a serem desbravados, mencionaremos: o teatro gestual, a peça radiofônica, a dança e o teatro-dança, os elementos interartísticos da encenação, as relações interculturais na encenação contemporânea.

Paralelamente ao perigo da ultraespecialização e da autonomia de um campo de estudo, existe um perigo, também real, de dissolução dos estudos teatrais em disciplinas ou metodologias muito mais amplas, que não pertencem mais à estética, como a antropologia, a teoria da comunicação de massa, a narratologia e até mesmo a semiologia, quando ela se reduz ao modelo jakobsoniano das funções da comunicação, a uma tipologia dos signos, a uma busca das unidades mínimas, a um inventário dos códigos ou a um delírio conotativo dos significados.

No final das contas, pode-se estudar o teatro? Enquanto modelização e espelho deformante do mundo, ele se presta a todas as questões, a todas as abordagens, a todos os desejos de conhecimento, a todos os recortes do saber e *da pesquisa**.

📖 *Fonte*: Patrice PAVIS *in* Michel CORVIN (ed.), *Dictionnaire Encyclopédique du Théâtre*, Paris, Bordas, 1991.

ETNOCENOLOGIA

↔ Fr.: *ethnoscénologie*; Ingl.: *ethnoscenology*; Al.: *Ethnoszenologie*; Esp.: *etnoescenologia*.

Neologismo forjado por J.-M. PRADIER (1995) e que se aplica a uma nova disciplina: a etnocenologia amplia o estudo do teatro ocidental para as práticas espetaculares do mundo inteiro, em particular aquelas que se originam do rito, do cerimonial, das *cultural performances* (práticas culturais), sem projetar nessas práticas uma visão eurocêntrica. E "o estudo, nas diferentes culturas, das práticas e dos comportamentos humanos espetaculares organizados – PCHSO" (1995: 47).

A principal dificuldade é saber usar a etnologia e a antropologia cultural aplicando-as com flexibilidade a objetos que não sejam nem metáforas (como a da *teatralidade** do cotidiano ou da vida social) nem dos campos abertos para o infinito, como o são às vezes as *performances** de toda ordem: jogos, esportes, ritos, cerimônias etc.

A noção de espetáculo (*spectaculum*, o que é visível e *speculum*, o que remete uma imagem) e a de *performance** (ação realizada) pertencem a dois universos epistemológicos incompatíveis, logo, a dois olhares dirigidos a um mesmo objeto: a etnocenologia deveria poder reconciliá-los para empreender seu estudo. Para evitar uma deriva da etnocenologia rumo ao infinito das atividades humanas, propõe-se escolher interessar-se por fenômenos que impliquem os seguintes critérios: enformação estética de um evento, ficcionalidade, prazer do jogo, gratuidade da ação.

📖 Pronko, 1967; Banham, 1988; Pavis, 1990, 1992, 1996*b*; Balme, 1995.

ETNODRAMA

↔ Fr.: *ethnodrame*; Ingl.: *ethnodrama*; Al.: *Ethnodrama*; Esp.: *ethnodrama*.

Termo dado por alguns etnólogos e *etnocenólogos** a manifestações que têm origem ao mesmo tempo na religião, no rito e no teatro. Estas manifestações veem a origem do teatro nas cerimônias do teatro, quer se trate da tragédia grega, do Nô japonês ou do vodu haitiano. O conceito de etnodrama parece ter sido forjado pelo psiquiatra L. MARS que batizou assim "este fenômeno originário que é ao mesmo tempo religião e drama [e] está na origem do teatro e da religião popular de muitos povos" (*Revue de Psychologie des Peuples*, 1962, n. 1, p. 21).

📖 Lorelle, 1962, 1974, 1991, *in* Corvin, 1991.

EXPECTATIVA

↔ Fr.: *attente*; Ingl.: *expectation*; Al.: *Erwartung*; Esp.: *expectativa*.

1. Enquanto forma *dramática**, o teatro especula sobre a expectativa do acontecimento no espectador, mas esta expectativa tem sobretudo por objeto, por antecipação, a conclusão e a resolução final dos conflitos: é a "expectativa ansiosa do fim" (DEMARCY, 1973: 329). Certos *motivos** ou cenas da peça têm por função única anunciar e preparar a sequência, preparando um *suspense** e uma *tensão**.

2. O *horizonte de expectativa* (JAUSS, 1970) de uma obra é o conjunto de expectativas do seu público, dada sua situação concreta, o lugar da peça dentro da tradição literária, o gosto da época, a natureza das questões cuja resposta o texto constitui.

É preciso acrescentar a este horizonte os esquemas socioculturais do público: suas expectativas pessoais, o que ele sabe sobre o autor, sobre o *quadro** onde se dá a representação, sobre o título e a aceitação social da obra, o papel da moda e do esnobismo que preparam o terreno da *recepção** etc. Todo encenador é amplamente consciente dessas expectativas; ele faz com que elas sejam levadas em consideração para definir sua linha estético-política. A estética se mescla estreitamente à política cultural.

EXPOSIÇÃO

(Do latim *expositio, exponere*, por à vista.)
Fr.: *exposition*; Ingl.: *exposition*; Al.: *Exposition*; Esp.: *exposición*.

Na exposição (ou *exposição do tema*, como se dizia no século XVII), o dramaturgo fornece as informações necessárias à avaliação da *situação** e à compreensão da ação que vai ser apresentada. O conhecimento desta "pré-história" é particularmente importante para peças de *intriga** complexa. Ela é indispensável a todo texto dramático que imita ou sugere uma realidade exterior e apresenta uma ação humana.

1. Localização da Exposição

Está aberta a discussão para saber se a exposição é uma parte constitutiva da peça (assim como a *crise* ou o *epílogo**) ou se está "espalhada" no texto todo. Em *dramaturgia clássica**, a exposição (ou *prótase*) tende a concentrar-se no início da peça (primeiro ato, até mesmo primeiras cenas) e muitas vezes está localizada num *relato** ou numa troca "ingênua" de informações. Porém, a partir do momento em que a estrutura dramática se distende e não se limita a uma crise ou a um conflito, as notações sobra a ação ficam muito mais dispersas. No caso limite do drama *analítico** que não mostra o conflito, mas o pressupõe antes de proceder à análise de suas causas, todo o texto se torna uma vasta exposição, e o conceito perde todo valor espacial e distintivo (*cf.* HEBBEL, IBSEN).

Além do mais, a exposição nem sempre está situada onde se espera: assim, o lugar cênico no teatro naturalista expõe "clandestinamente" um grande número de informações que serão usadas, mesmo que inconscientemente, pelo público, e explicarão o curso da ação. O *quadro** global da representação também fornece uma grade mais ou menos fina de informações: conhecer o lugar do teatro, a origem e a orientação política da companhia, ler o *programa** e a análise dramatúrgica proposta influenciam profundamente o espectador. No teatro moderno, torna-se cada vez mais difícil circunscrever a exposição e reduzi-la a um estoque de informações (CORVIN, 1978a).

2. Técnicas de Exposição

a. Exposição como rememoração

Às vezes, certos elementos da ação são conhecidos pelo público e não necessitam, portanto, ser explicitamente mencionados: o *mythos* para a tragédia grega, o texto anterior para as paródias de textos clássicos.

b. Naturalização

Sendo a exposição, na maioria das vezes, sentida como um mal necessário que precede e encaminha a ação, sem fazer parte dela, o dramaturgo busca mascará-las ou pelo menos torná-la *verossimilhante**. Eis por que o início da peça nos mergulha imediatamente *in medias res*, liga-nos a uma história que já começou e da qual vamos apreender rapidamente alguns fragmentos de lógica: "A arte da exposição dramática consiste em torná-la tão natural que não haja sequer suspeita de arte" (MARMONTEL, 1787).

c. Dramatização

Para parecer natural, a exposição, que é comodamente estática e épica (relato objetivo de circunstâncias) transmuda-se facilmente num diálogo animado que dá a sensação de que a ação principal já está engatada: é a doutrina da *exposição em ação*: "O melhor tema dramático é aquele em que a exposição já é uma parte do desenvolvimento" (carta de GOETHE a SCHILLER de 22 de abril de 1797).

3. Formas da Exposição

No drama clássico, a exposição, naturalizada e dramatizada através de todas as técnicas da verossimilhança, é muitas vezes transmitida por uma conversa entre heróis ou entre heróis e confidente. Ela deve ser ao mesmo tempo curta e eficaz: transmitir as informações com economia e clareza, não repetir inutilmente um dado, nada omitir do que é importante para o conhecimento das motivações das personagens, preparar por discretas indicações a sequência e o final da fábula.

Em contrapartida, quando a representação não visa a imitação e a ilusão, não é mais importante motivar o fornecimento de informações. Estas serão mesmo transmitidas "ironicamente" e de maneira direta por uma personagem anunciadora ou pelo conjunto de figuras que declinarão sua identidade (PIRANDELLO, BRECHT). Por espírito de contradição, as personagens absurdas anunciarão uma série de evidências (cf. *A Cantora Careca*) ou frases "filosóficas" sem ligação com sua situação. Nesses diferentes casos, a exposição consiste paradoxalmente em expor fatos sem interesse para a compreensão da ação. A exposição é ao mesmo tempo lugar nenhum e todo lugar. A exposição "dissolve-se" facilmente para reaparecer em outros conceitos: o *contexto**, a *situação**, os pressupostos ideológicos. Esta "dissolução" e esta "desdramatização" da exposição fazem dela um dos dados da estrutura dramática mais difíceis de aprender. Assim, ela estabelece relação com os seguintes elementos:

4. Perguntas Propostas pela Exposição

*a. Modelo actancial**

Quais são os protagonistas? Que os separa e os aproxima? Qual é o objetivo de sua ação?

*b. Efeito de real**

Que efeito é produzido na peça? Que atmosfera e que realidade são simuladas? Para que fins?

c. Lógica do mundo representado

Se a lógica do mundo possível da ficção difere daquela do nosso, quais são suas regras? Como ler as motivações psicológicas, sociais ou amorosas das personagens?

d. Finalidade do jogo teatral

Que visa a encenação? Como estabelecer um paralelo com nosso universo? É graças ao *efeito de reconhecimento** ideológico que a exposição se realiza perfeitamente. O espectador dispõe então dos dados do mundo ficcional e das pontes ideológicas e emotivas entre a *ficção** e sua própria situação.

🔍 Horizonte de expectativa, prólogo, dramático e épico, dramaturgia clássica, drama analítico.

📖 Freytag, 1857; Scherer, 1950; Bickert, 1969 e *in* Keller, 1976; Klotz, 1969.

EXPRESSÃO

↻ Fr.: *expression*; Ingl.: *expression*; Al.: *Ausdruck*; Esp.: *expresión*.

1. A expressão dramática ou teatral, como toda expressão artística, é concebida, segundo a visão clássica, como uma exteriorização, uma evidenciação do sentido profundo ou de elementos ocultos, logo, como um movimento do interior para o exterior. E ao ator que cabe, em última instância, este papel de revelador: ele tem que "interpretar o poeta através de sua interpretação, revelar-nos suas intenções mais secretas, fazer com que subam à superfície as pérolas que se escondem na profundeza" (HEGEL, 1832: 368).

Esta "expressão", esta "expulsão" da significação realiza-se melhor, em cena (sempre de acordo com o dogma clássico), na expressividade gestual e corporal do ator.

A teoria clássica da expressão postula implicitamente que o sentido existe previamente no texto, que a expressão é apenas um processo secundário de "extração" a partir de uma ideia prévia. O que é fundamental para ela é a experiência estética do autor, da qual o ator deixa entrever algumas parcelas; esta posição implica uma supervalorização da *ideia* às custas da *matéria* expressiva, uma crença no sentido anterior à expressão.

2. Hoje, tende-se a não mais separar o conteúdo da forma; concebe-se a obra moderna como criação, e não como expressão. A obra dramática não reflete um mundo anterior, ela entrega este mundo na visão e na forma que ela tem dele. Quer este trabalho de enformação do conteúdo (e de conteudização pela forma) se chame *escritura**, estruturação ou *prática significante**, ele tem, em todo caso, por resultado, não mais separar pensamento e expressão, mas torná-las solidárias. Para o teatro, isto quer dizer que a encenação experimenta com os meios de investigação e de jogos cênicos dos quais dispõe, para produzir um sentido que não estava previsto antecipadamente desde sempre. O encenador organiza seus materiais cênicos de modo a produzir esta ou aquela leitura no espectador. Esta leitura às vezes é "falseada", desinteressante ou insignificante, mas pelo menos questiona o texto e o sentido da representação. Do mesmo modo, o ator escolhe conscientemente os sinais que deseja enviar em função de um efeito a ser obtido, e não de uma ideia a ser encarnada de uma única e boa maneira (*leitura*).

3. O ator está atento tanto à expressão de suas emoções quanto à enformação gestual que gerará a emoção. A expressão não vai somente do interior para o exterior mas também do exterior para o interior, e, como observa J. COPEAU, a "expressão emotiva sai da expressão exata" (1974: 211).

EXPRESSÃO CORPORAL

Fr.: *expression corporelle*; Ingl.: *body language*; Al.: *Körperausdruck, Körpersprache*; Esp.: *expresión corporal*.

Técnica de interpretação usada em oficina e que visa ativar a expressividade do ator, desenvolvendo principalmente seus recursos vocais e gestuais, sua faculdade de improviso. Ela sensibiliza os indivíduos para suas possibilidades motoras e emotivas, para seu esquema corporal e para sua faculdade de projetar este esquema na sua interpretação. Ela toma emprestadas certas técnicas da *mímica**, do *jogo dramático**, da *improvisação**, mas continua a ser mais uma atividade de despertar e treinamento que uma disciplina artística.

A expressão corporal foi um método de trabalho para os ensaios nos grupos dos anos 1960 (BROOK, o Living Theatre) e entre seus epígonos; além disso, ela exerce grande influência sobre a arte-terapia e o "teatro em/e educação".

Gesto, corpo, mímica.

Feldenkrais, 1964; Levieux, s.d.; Dars e Benoît, 1964; Barret, 1973; Pujade-Renaud, 1976; Bernard, 1976, 1977; Barker, 1977; Boal, 1977; Ryngaert, 1977, 1985; Salzer, 1981; Marin, 1985.

F

FÁBULA

↻ Fr.: *fable*; Ingl.: *plot, fabula*; Al.: *Fabel, Handlung*; Esp.: *fábula (relato)*.

1. Contradição da Noção de Fábula

a. Origem

Do latim *fabula* (fala, relato), o termo *fábula*, que corresponde ao grego *mythos*, designa a "sequência de fatos que constituem o elemento narrativo de uma obra" (*Robert*). A *fábula* latina é um relato mítico ou inventado e, por extensão, a peça de teatro e o conto. Só nos ocuparemos, aqui, da fábula da obra teatral. Um exame das fábulas (de ESOPO ou de LA FONTAINE) mostraria, entretanto, que os problemas teóricos ligados à noção de fábula dizem respeito ao mesmo tempo ao conto, à epopeia e ao drama (*cf.* LESSING, "Sobre a fábula"). Um panorama dos inúmeros empregos de "fábula" deixa depreender duas concepções opostas do lugar da fábula:

– como material anterior à composição da peça;
– como estrutura narrativa da história.

Esta dupla definição confirma a oposição dos termos *inventio* e *dispositio* da retórica ou *story* (história) oposta a *plot* (*intriga**) da crítica anglo-saxônica.

Compor a fábula (no sentido 2) é, para o autor dramático, estruturar as ações – motivações, conflitos, resoluções, desenlace – num espaço/tempo que é "abstrato" e construído a partir do espaço/tempo e do comportamento dos homens. A fábula textualiza as ações que puderam ocorrer antes do início da peça ou que terão sequência após a conclusão da peça. Ela pratica uma seleção e uma ordenação dos episódios conforme um esquema mais ou menos rígido: o da dramaturgia clássica recomendará, por exemplo, respeitar a ordem cronológica e lógica dos acontecimentos: exposição, aumento da tensão, crise, nó, catástrofe e desenlace. "O poeta deverá tomar cuidado para que, quando dispuser uma fábula, todos os elementos fiquem tão dependentes que uns sigam os outros como que por necessidade: que nada haja na ação que não pareça ter acontecido tanto quanto deveria acontecer depois do que se havia passado; e, assim, que todas as coisas sejam aí tão bem encadeadas que saiam uma da outra por uma justa consequência" (LA MESNARDIÈRE, *Poétique*, 1640, cap. 5).

De acordo com esta concepção clássica, a fábula está muito próxima da *story*: às vezes chamam-na de "história", ao passo que o *plot* corresponde à intriga, à sequência causal das ações. ("Uma história *[story]* é um relato de acontecimentos organizado em sequência temporal. Uma intriga *[plot]* é igualmente um relato de acontecimentos, caindo a insistência sobre a causalidade", E. M. FORSTER, *Aspects of the Novel*, 1927.)

b. A fábula como matéria

- Fábula *versus* assunto

No teatro grego, a fábula muitas vezes é tomada de um mito conhecido dos espectadores, e, portanto, preexistente à obra dramática. A fábula ou mito é então o material, a fonte onde o poeta vai buscar os temas de sua peça. Este sentido se mantém até a época clássica: RACINE, usando ele próprio fontes gregas, ainda *emprega fábula* opondo-a a *assunto*: "Não é preciso chicanar os poetas por algumas mudanças que eles puderam fazer na fábula: mas é preciso empenhar-se em considerar o excelente uso que fizeram dessas mudanças e a maneira engenhosa pela qual souberam conciliar a fábula e seu assunto" (segundo prefácio de *Andrômaca*). A fábula é portanto, nesta acepção, o conjunto de motivos que se pode reconstituir num sistema lógico ou dos acontecimentos ao qual o dramaturgo recorre. "A causa dos acontecimentos (observa MARMONTEL, 1787, art. 'Intriga') é assim independente das personagens, anterior à própria ação ou supostamente fora dela." A partir de qualquer texto dramático pode-se portanto reconstituir a fábula como uma sequência de motivos ou temas que nos são comunicados no decorrer da obra sob a forma específica de *assunto*. Esta distinção atinge sua formulação mais sistemática na obra dos formalistas russos: "A fábula se opõe ao assunto que é constituído pelos mesmos acontecimentos, mas ele respeita sua ordem de aparição na obra e a sequência das informações que no-las designam. [...] Em suma, a fábula é o que se passou efetivamente; o assunto é a maneira pela qual o leitor tomou conhecimento disto" (TOMASCHÉVSKI, *in* TODOROV, 1965: 268).

Nesse primeiro sentido, a fábula será portanto definida como a instalação cronológica e lógica dos acontecimentos que constituem a armação da história representada. Quanto ao vínculo específico entre *fábula* e *assunto*, ele dará a chave da *dramaturgia**.

- Fábula ou "junção de ações realizadas" (Aristóteles)

Na *Poética* de ARISTÓTELES, a fábula designa a imitação da ação, "a junção das ações realizadas" (1450a). "A fábula é o princípio e como que a alma da tragédia; em segundo lugar somente vem os caracteres" (1450a). Aqui, a fábula está ligada a seu elemento constitutivo: a ação dramática. O ponto de vista deslocou-se pois ligeiramente a partir da matéria dramática "bruta" das fontes até o nível da narração de ações e de acontecimentos. Estas ações são comuns às fontes e à peça que as usam: colocamo-nos aqui no terreno de uma lógica das ações ou narratologia. Por isso mesmo, a fábula descreve "os atos das personagens e não as personagens em si. Os atos e a fábula são o fim da tragédia" (1450a). Esta assimilação da "fábula-matéria" à "fábula-ação" prepara a passagem para uma concepção da fábula como estrutura narrativa da peça.

c. Fábula como estrutura da narrativa

Mas a fábula se torna muitas vezes também uma noção de estrutura específica da história que a peça conta. Portanto, já se percebe aí a maneira pessoal pela qual o poeta trata seu assunto e dispõe os episódios particulares na intriga: "Toda invenção, à qual o poeta associa uma certa intenção, constitui uma fábula" (LESSING, *Tratado Sobre a Fábula*, 1759). Assim, a fábula aparece, desde o século XVIII, como um elemento da estrutura do drama que é preciso distinguir das fontes da história narrada. Verifica-se ser necessário um esforço de clarificação para os termos ação, assunto e fábula. MARMONTEL os distingue nitidamente: "Nos poemas épicos e dramáticos, a fábula, a ação, o assunto são comumente tomados como sinônimos; porém, numa acepção mais estreita, o assunto do poema é a ideia substancial da ação: a ação, por conseguinte, é o desenvolvimento do assunto; a fábula é essa mesma disposição considerada do lado dos incidentes que compõem a intriga e servem para enredar e desenredar a ação" (MARMONTEL, 1787, art. "Fábula").

d. Fábula como ponto de vista sobre a história (fábula brechtiana)

- Reconstituição da fábula

Se as concepções pré-brechtianas da fábula consideravam-na como um dado evidente e automático a partir do momento que lemos a peça e nos pomos a destacar as fases da ação, para BRECHT, criticando ARISTÓTELES, a fábula não é um dado imediato, mas deve constituir o objeto de uma reconstituição, uma busca de todos, desde o *dramaturgo** (sentido 3) até o ator: "A tarefa principal do teatro é explicitar a fábula e comunicar o sentido dela através de efeitos de *distanciamento** apropriados. [...] A fábula é explicitada, construída e exposta pelo teatro inteiro, pelos atores, pelos cenógrafos, maquiadores, figurinistas, músicos e coreógrafos. Todos põem sua arte nesta empreitada comum, sem nem por isso abandonarem sua independência" (*Pequeno Organon*, 1963, § 70: 95). Para BRECHT, construir a fábula é ter ao mesmo tempo um ponto de vista sobre a história (o relato) e a História (os acontecimentos considerados à luz do marxismo).

- Descontinuidade da fábula brechtiana

A fábula brechtiana não se baseia numa história contínua e unificada, mas no princípio de descontinuidade: ela não conta uma história seguida, e, sim, alinha episódios autônomos que o espectador é convidado a confrontar com os processos da realidade aos quais eles correspondem. Neste sentido, a fábula não é mais, como na dramaturgia clássica (isto é, não épica), um conjunto indecomponível de episódios ligados pelas relações de temporalidade e causalidade, mas uma estrutura retalhada. Reside aí, aliás, a ambiguidade desta noção em BRECHT: a fábula deve ao mesmo tempo "seguir seu curso", reconstituir a lógica narrativa e ser, entretanto, incessantemente interrompida por distanciamentos apropriados.

- Ponto de vista do fabulador

Daí resulta evidentemente um mal-entendido sobre o conceito brechtiano de fábula: tenta-se reconstituí-la efetuando o relato dos acontecimentos, portanto abstraindo a disposição dos episódios na peça; porém, ao mesmo tempo, quer-se "interpretar a fábula": esta deve tornar-se legível na narração dos acontecimentos. Na realidade, a busca da fábula quer permitir a reconstituição da lógica da realidade representada (do significado do relato), ao mesmo tempo que mantendo uma certa lógica e autonomia do relato. É precisamente da tensão entre estes dois projetos e das contradições entre mundo representado e maneira de representar o mundo que resultam o efeito de estranhamento e a percepção justa da história/História.

Destacar a fábula não é, para BRECHT, descobrir uma história universalmente decifrável e inserida no texto sob sua forma definitiva. "Procurando a fábula", o leitor e o encenador expõem seu próprio ponto de vista sobre a realidade que desejam representar: "A fábula não é simplesmente constituída por uma história extraída da vida em comum dos homens, tal como poderia ter-se desenrolado na realidade; ela é feita de processos dispostos de maneira a expressarem a concepção que o fabulador tem da sociedade" (*Aditivo* ao *Pequeno Organon*, 1963: 109).

Cada fabulador, mas também cada época, terá uma visão particular da fábula a ser construída: assim, BRECHT "lê" *Hamlet* e, portanto, o "adapta" na sequência de uma análise da sociedade na qual ele vive. ("Sombria e sanguinolenta época [...] tendência geral a duvidar da razão [...]" – *Pequeno Organon*, 1963, § 68: 92.)

A fábula está em perpétua elaboração não só no nível da redação do texto dramático, mas também e sobretudo no processo da encenação e da interpretação: trabalho prévio do *dramaturgo** (sentido 3), escolha das cenas, indicação das motivações das personagens, crítica da personagem pelo ator, coordenação das diferentes artes da cena, colocação em crise da obra pelas questões mais prosaicas (ex.: "Por que Fausto não se casa com Margarida?") etc. Ler a fábula é dar uma interpretação (do texto pelo encenador, da representação pelo espectador), é escolher uma certa divisão dos acentos significativos da peça. A *encenação** não aparece mais então como descoberta definitiva do sentido, mas opção dramatúrgica, lúdica e, portanto, hermenêutica.

- Determinação do *gestus* fundamental

A apreensão da fábula brechtiana passa primeiro pela compreensão do *gestus* que não informa sobre as personagens em si mesmos, mas sobre suas "inter-relações" no seio da sociedade. "Comentando este material gestual, o ator toma posse da *fábula* e, por aí, da sua personagem" (*Pequeno Organon*, 1963, § 64). A fábula brechtiana está assim intimamente ligada à constelação de personagens dentro do microcosmo da obra e do macrocosmo de sua realidade de origem: "A grande empreitada do teatro é a fábula, composição global de todos os processos gestuais, que contém todas as informações e impulsões das quais será feito, doravante, o prazer do público" (§ 65). A determinação brechtiana da fábula faz-se assim no decorrer de um processo dialético nunca verdadeiramente concluído. A comparação com a concepção de ARISTÓTELES mostra-o claramente:

Aristóteles	Brecht
1. Fábula → 2. Personagens (caracteres individuais)	Inter-relações sociais ⇄ *Gestus* fundamental ↔ Personagens → fábula

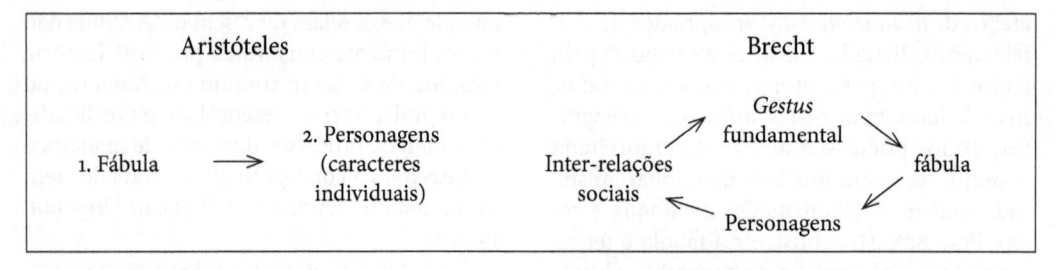

- A busca das contradições

A fábula não deve contentar-se em restituir o movimento geral da ação, mas em pôr a nu as contradições, indicando as razões destas. Para *Mãe Coragem*, por exemplo, a fábula insistirá sempre na impossibilidade de ações opostas: viver da guerra *e* nada sacrificar a ela; amar os filhos *e* usá-los para fazer negócios etc. Em vez de mascarar as "incoerências da história contada" (1963, § 12), a falta de lógica do encadeamento dos acontecimentos, a fábula épica brechtiana faz-nos tomar consciência disso estorvando a continuidade harmoniosa da ação. A perspectiva sobre o acontecimento é sempre histórica, dando a ver o pano de fundo ideológico e social que muitas vezes esclarece as motivações pretensamente individuais das personagens.

2. Importância e Dificuldades da Noção de Fábula

a. Ambiguidade da fábula: a interferência do narrativo e do discursivo

A noção de fábula, a cujo propósito assinalamos anteriormente a dupla definição como *material* (história contada) e como *estrutura do relato* (discurso contante), indica, por sua própria ambiguidade, que a crítica colocada diante de um texto dramático deve interessar-se ao mesmo tempo pelo significado (a história contada), pelo significante (a maneira de contar), assim como pela relação dos dois.

A flutuação na designação do termo *fábula* (material ou estrutura) reflete totalmente o cruzamento, no interior desta noção, do modelo actancial reconstituído a partir dos materiais narrativos (*estrutura narrativa* ou estrutura "profunda"), por um lado, e da estrutura superficial do relato (*estrutura discursiva*), por outro. A fábula diz respeito ao mesmo tempo ao modelo actancial (ao narrativo) e à organização dos materiais sobre o eixo do desenvolvimento da peça (o discursivo).

No primeiro caso, examina-se a história contada sob sua forma sistemática (paradigmática) antes que sejam dispostos os materiais do discurso. No segundo caso, inversamente, opta-se pela observação dos encadeamentos dos motivos. Esta oposição recorta aquela de *ação**e de *intriga**: a ação explica, num nível geral, até mesmo potencial, as possíveis relações entre as forças em presença; a intriga segue no detalhe a forma concreta (cênica e textual) que esta ação assume.

b. A ou as fábulas

A construção brechtiana de diferentes fábulas a partir do mesmo texto repõe em questão a ideia da fábula como interpretação única e denotativa do texto. A fábula não poderia doravante desempenhar o papel de "alma do drama" neutra e definitiva. Ela não existe no exterior do texto como sistema fixo inalterável, mas constitui-se após cada leitura, cada interpretação, cada encenação.

É, portanto, perigoso conceber a fábula como a invariante do texto ou como a denotação (comum a todos) na qual se poderia enxertar as conotações da representação. A fábula nunca é um dado objetivo, mas exige, para ser reconstituída, um ponto de vista crítico sobre o texto e a realidade que ele veicula.

Através desse problema da produtividade da fábula, reencontramos a noção de *isotopia** que permite centrar a fábula em torno de um plano de referência único e eliminar as ambiguidades devidas à interferência de várias leituras da fábula.

c. Fábula e relato do texto

O texto não tem, por outro lado, um direito de olhar exclusivo sobre a fábula: esta é reconstituível a partir de todos os signos cênicos, mesmo que o relato dos gestos ou da música seja, na prática, mais difícil de decifrar que o relato feito linguisticamente. É preciso estender a noção de fábula ao conjunto dos sistemas cênicos cuja junção e "concorrência" constituem a fábula.

d. Propriedades gerais da fábula

- Resumível

A fábula pode ser reduzida a algumas frases que descrevem suscintamente os acontecimentos. "O resumo da narrativa (se é conduzido de acordo com os critérios estruturais) mantém a individualidade da mensagem. Em outras palavras, a narrativa é *traduzível* sem dano fundamental" (BARTHES, 1966a: 25).

- Transponível

Mudando a substância da expressão (cinema, conto, teatro, pintura), deve-se poder conservar o sentido da fábula. Como uma narrativa "que regulamenta a conservação e a transformação do sentido no seio num enunciado orientado" (HAMON, 1974: 150), a fábula se adapta às mudanças no uso dos recursos cênicos que o encenador é levado a fazer: o que varia de uma encenação a outra pode ser, é claro, a interpretação geral da fábula, mas é também, às vezes, um uso dos materiais que não põe novamente em questão o sentido atribuído à fábula.

- Decomponível

(Reportar-se à *análise da narrativa**.)

e. Fim da fábula, retorno do texto?

Procurar a fábula será doravante a palavra de ordem dos apaixonados pelo palco. Tal busca deu lugar a inúmeras releituras de textos clássicos que haviam sido consideradas um pouco como um caso classificado e entendido. Muitas vezes, esses encenadores da fábula trouxeram uma nova iluminação desta (assim PLANCHON ao *Tartufo* e a *La Seconde Surprise de l'Amour*; B. SOBEL e A. GIRAULT a *Dom Juan* e *Timon de Atenas*). Disso também resultou, às vezes, e necessariamente, uma simplificação e uma banalização do texto como estrutura significante: o espectador percebia claramente a curva da intriga e o mundo ficcional, mas perdia, na operação, sua sensibilidade para a forma e a retórica textual, dramatúrgica e cênica; a peça lhe parecia, além disso, muito afastada na história e distante de sua situação de espectador implicado pelo jogo concreto (e não só pela ficção contada).

Uma outra tendência – indispensável contrapeso da primeira – esboçou-se então: mostrar a textualidade, a retórica, o declamatório (é o caso de VITEZ), abordar o texto como organismo vivo e provocante (assim em BROOK, em SOBEL do último período). No momento, a encenação se debate neste dilema: representar a fábula ou o texto? Parece estar aí, segundo A. GIRAULT, dramaturgo de B. SOBEL, a "contradição central de toda representação de uma peça antiga: por um lado, é preciso colocar o texto à distância para "historicizar" mas, por outro lado, um texto só tem probabilidade de tomar-se "texto de teatro" se for projetado diretamente para o espectador; e, neste caso, a "missa não fica longe" ("Deux *Timon d'Athènes*", *Théâtre/Public*, n. 5-6, 1975). Em suma, a fábula, mal se destacou do texto, tende hoje a voltar a ele, mas depois de um desvio pelo corpo do ator e do espectador.

📖 Tomaschévski, 1965; Todorov, 1966; Gouhier, 1968a; Olson, 1968a; Hamon, 1974; Prince, 1973; Brémond, 1973, 1977; Kibedi-Varga, 1976, 1981; Vandendorpe, 1989.

FANFARRÃO

↻ (Do espanhol *fanfarrón*, palavra vinda do árabe *farfâr*: tagarela, leviano.) Fr.: *fanfaron*; Ingl.: *braggart*; Al.: *Prahler*; Esp.: *fanfarrón*.

Personagem tradicional do gabola ou do valentão, que se vangloria de feitos imaginários. A tradição remonta ao *alazon* grego, ao *miles gloriosas* latino, ao *capitan* espanhol, ao *braggadocio* inglês (*The Faerie Queene* de SPENSER). Matamore em *A Ilusão Cômica* de CORNEILLE ou Falstaff em *Henrique IV de* SHAKESPEARE são alguns de seus espécimes célebres.

FANTASIA (TEATRO DA…)

↻ Fr.: *Fantasme* (théâtre du…); Ingl.: *fantasy, imagination*; Al.: *Phantasie*; Esp.: *fantasía* (teatro de…).

A fantasia é, em psicanálise, uma representação imaginada pelo sujeito num sonho acordado e que traduz seus desejos inconscientes: "Uma fantasia flutua, por assim dizer, entre três tempos, os três momentos temporais de nossa faculdade representativa. O trabalho psíquico parte de uma impressão atual, de uma oportunidade oferecida pelo presente, capaz de despertar um dos grandes desejos do sujeito: daí ele se estende à lembrança de um acontecimento de antanho, na maior parte das vezes infantil, no qual este desejo era realizado; então ele edifica uma situação relacionada com o futuro e que se apresenta sob a forma de realização deste desejo, aí é o sonho acordado ou a fantasia que porta os vestígios de sua origem: oportunidade apresentada e lembrança. Assim, passado, presente e futuro se distribuem ao longo do fio contínuo do desejo" (FREUD, 1969, vol. 10: 174).

Este trabalho do sonho sobre a cena se produz no fenômeno da *denegação**: o teatro, escreve LE GALLIOT, "é uma permanente oscilação entre o símbolo e o imaginário, o campo das trocas e das correntes metafóricas, o espaço para onde tende o desejo mas, para sua decepção final, o lugar onde a fantasia se manifesta no inacessível e donde o Ego "real" volta mais sozinho e nu que antes, na lembrança nostálgica daquela "outra cena" para a qual a verdadeira cena havia pendido" (1977: 121).

1. Teatro e Fantasia

A representação teatral compartilha com a fantasia esta mistura das temporalidades e este embaralhamento da cena real e da cena fantasiada. O espectador, colocado diante de um acontecimento presente, deve, para assimilá-lo, recorrer a sua experiência anterior, projetando-se num universo vindouro. O mesmo ocorre quanto à atividade do encenador: a partir do momento que ele se liberta da impulsão imitativa e ilustrativa do texto, e que modela o *espaço cênico** amalgamando nele várias imagens "brutas", ele introduz em sua visão uma parte de fantasioso. Para o espectador, a cena teatral é uma fantasia, pois ela sempre mistura a imagem (da ficção representada) e o acontecimento (da recepção no presente). Com relação a isso, a cena teatral sempre se deixa analisar como outra cena, aquela do imaginário. Todo o trabalho dramatúrgico de *montagem**, *colagem**, metaforização e metonimização é uma operação a partir de e sobre as fantasias coletivas (autor, cenógrafo, ator). Ele permite esboçar uma *retórica** das grandes *figuras** cênicas, retraçar sua origem e sua finalidade, buscar os processos de condensação ou de deslocamento na retórica cênica.

2. Fantasia na Representação Clássica

A fantasia está em ação em todo o texto dramático, a partir do momento em que o ator recorre a um lugar exterior à cena e de onde ele fala. HONZL (in MATEJKA e TITUNIK, 1976: 124-126) chama a isto *dêixis orientada pela fantasia*. No caso do *relato** clássico, a personagem reconstitui uma cena vivida passada pintando-a com sua visão atual e acrescentando a ela uma dimensão extraobjetiva. Em RACINE, principalmente, os relatos de ações trágicas têm a nitidez e a visão distorcida do sonho (BARTHES, 1963).

3. Tentações de um Teatro da Fantasia

Pegando o contrapé de um teatro da imitação, um teatro da interioridade – e, portanto, das fantasias – busca às vezes constituir-se (IBSEN, WEDEKIND, MAETERLINCK, STRINDBERG, PIRANDELLO, O'CASEY, WILLIAMS, ALBEE, ADAMOV). Mas é sobretudo na encenação que esta dramaturgia encontra sua expressão adequada: ela está "em busca de uma surrealidade que denunciaria mais fortemente o real, teatro onde a representação, passando a ser transcrição direta do imaginário no espaço, busca, com isso, não sem um certo mal-estar, negar-se como representação" (BENMUSSA, 1974: 29). Tal é, na verdade, o caráter paradoxal do teatro da fantasia: ele nada imita de exterior, não é a imagem de uma coisa ou de um inconsciente, mas é esta coisa e este próprio inconsciente. Esta exigência de sinceridade significa por isso mesmo a impossibilidade de uma encenação direta da fantasia. Mais que de *teatro da fantasia* (com suas leis, seu estilo, suas técnicas), seria preciso falar então da *fantasia do teatro* como *local da fantasia*, de uma espécie de complexo hamletiano que queria ver representado na cena teatral o que se passa confusamente na cena interior dos criadores.

No teatro da fantasia, espectadores e criadores encontram-se necessariamente, já que cada um projeta no palco suas fantasias e seus desejos inconscientes; a encenação elabora-se nessa troca. Sabe-se que o prazer do espectador provém da projeção no herói: "O herói é o local de um encontro entre o poder do aedo, que dá vida à fantasia, e o desejo do espectador que vê sua fantasia encarnada e representada" (GREEN, 1969: 38).

4. Teatro da Fantasia e Teatro Político

Durante muito tempo – e isto, é claro, deve ser mais uma vez culpa de Brecht! – separou-se radicalmente um teatro dos processos históricos e uma dramaturgia da intimidade fantasiosa. Semelhante cisão tem causas objetivas; a dificuldade de conciliar uma visão externa "objetiva" e uma sensibilidade lírica interna, a concorrência ideológica e epistemológica do marxismo e da psicanálise, mas também causas inconfessas e, elas próprias, fantasiosas: a recusa em estabelecer vínculo entre a neurose individual e a opressão social, em admitir que a visão histórica pode ser apenas fantasiada e que a fantasia também é, por um lado, atravessada pela história. A. ADAMOV foi um dos primeiros a fazer (e a perder) a aposta dessa necessária reunião do político e do fantasioso. O *teatro do cotidiano** e o neonaturalismo (KROETZ, WESKER, TILLY) experimentaram-se aí, interessando-se mais pelo estereótipo ideológico e de linguagem do que pelo arquétipo da fantasia. As pesquisas da encenação empenham-se às vezes em religar o fantasioso ao realismo, assim, a propósito de TCHÉKHOV (VITEZ, KREJCA, PINTILIÉ, BROOK, BRAUNSCHWEIG, PY) ou outros autores considerados realistas.

Espaço interior, texto e cena.

Freud, 1969, vol. 10: 161-168; Mauron, 1964; Green, 1969, 1982; Mannoni, 1969; Vemois, 1974; Ubersfeld, 1975; Marranca, 1977; Le Galliot, 1977; Sarrazac, 1989, 1995; Thoret, 1993.

FANTASMA

Fr.: *fantôme*; Ingl.: *phantom*; Al.: *Phantom, Gespenst*; Esp.: *fantasma*.

Tipo mesmo do não ser e da não *personagem**, o fantasma volta com insistência às cenas teatrais, não só em *Hamlet* ou *Dom Juan*, mas em inúmeras peças nas quais deve aparecer uma pessoa morta ou desaparecida. Ele assume todas as aparências possíveis: lençol, sombra, espectro horrendo, voz d'além-túmulo, fantasia encarnada etc. O teatro e seu gosto pelo truque, pela ilusão e pelo sobrenatural é um lugar de eleição para tais criaturas. Enquanto ilusão de uma ilusão (a personagem), o fantasma assume, por uma paradoxal inversão de signos, os traços de uma figura bem real. Contrariamente à personagem que é denegada no instante em que é mostrada (*denegação**), o fantasma não tem nenhuma necessidade de afirmar-se como verídico e goza, a partir de então, de total liberdade de representação: quanto mais "irrealista" e fantástico é, mais tem a aparência de um fantasma! Daí a inventividade de suas encarnações, o que, no entanto, não resolve os problemas concretos do encenador. Há tantas maneiras de representar fantasmas quanto há estéticas teatrais: o fantasma do pai em *Hamlet* é às vezes representado pelo ator que interpreta Cláudio e disfarçado de soldado, apresentado de maneira ridícula e irreal (iluminação "onírica", fosforescente), com voz "cavernosa" e de ressonância insólita; às vezes, por uma preocupação de verossimilhança ou de racional, o fantasma é claramente designado como um prolongamento fantasioso de Hamlet, uma criatura feita do seu medo e da sua fragilidade.

FANTÁSTICO

Fr.: *fantastique*; Ingl.: *fantastic*; Al.: *das Phantastische*; Esp.: *fantástico*.

O fantástico não é próprio do teatro, mas encontra na cena um campo de eleição, visto que sempre há produção de *ilusão** e de *denegação**. A alternativa não está só entre a ficção e a realidade; ela opõe natural e sobrenatural: "É preciso que o texto obrigue o leitor [...] a hesitar entre uma explicação natural e uma explicação sobrenatural dos acontecimentos evocados" (TODOROV, *Introduction à la Littérature Fantastique*, 1970, p. 37).

Provavelmente porque o teatro parte de uma irrealidade visível e, portanto, não pode facilmente opor natural e sobrenatural é que ele não gerou, como a narrativa ou o cinema, uma grande literatura dramática fantástica. Em contrapartida, os *efeitos de estranhamento**, o teatro do maravilhoso, a *féerie** encontraram aí seus procedimentos cênicos, à margem do fantástico.

🔍 Fantasia, verossimilhante.

FARSA

↔ Ft.: *farce*; Ingl.: *farce*; Al.: *Farce, Schwank*; Esp.: *farsa*.

1. Um Gênero "Saco de Viagem"

A etimologia da palavra *farsa* – o alimento temperado que serve para rechear (em francês, *farcir*) uma carne – indica o caráter de corpo estranho desse tipo de alimento espiritual no interior da arte dramática. Na origem, realmente, intercalavam-se nos mistérios medievais momentos de relaxamento e de riso: a farsa era concebida como aquilo que apimenta e completa o alimento cultural e sério da alta literatura. Excluída assim do reino do bom gosto, a farsa pelo menos consegue jamais deixar-se reduzir ou recuperar pela ordem, pela sociedade ou pelos gêneros nobres, como a tragédia ou a alta comédia. À farsa geralmente se associa um *cômico** grotesco e bufão, um riso grosseiro e um estilo pouco refinado: qualificativos condescendentes e que estabelecem de imediato e muitas vezes de maneira abusiva que a farsa é oposta ao espírito, que ela está em parte ligada ao corpo, à realidade social, ao cotidiano. (A propósito disto, a redescoberta, por BAKHTIN, do cômico da farsa prolonga esta visão, mesmo que sua valorização seja invertida: farsa = realismo, corpo; comédia = idealismo.) A farsa sempre é definida como forma primitiva e grosseira que não poderia elevar-se ao nível da comédia. Quanto a esta grosseria, nem sempre se sabe muito bem se ela diz respeito aos procedimentos demasiado visíveis e infantis do cômico ou à temática escatológica.

2. Um Gênero Indestrutível

Encontram-se farsas desde a época grega (ARISTÓFANES) e latina (PLAUTO); mas ela só se constitui enquanto gênero durante a Idade Média (cerca de um milhar delas, das quais só resta uma centena. Ex.: *A Farsa do Mestre Pathelin, O Pastelão e a Torta, O Caldeireiro, O Tanoeiro*) e se prolonga até o início do século XVII (em autores como TURLUPIN, GROS-GUILLAUME, TABARIN, GAULTIER-GARGUILLE). Em MOLIÈRE, ela se amalgama com a comédia de intriga. Autores de *vaudeville* como LABICHE, FEYDEAU ou COURTELINE, ou de dramas absurdos como os de IONESCO e BECKETT perpetuam em nossos dias a tradição de um cômico do *nonsens*. A farsa deve sua eterna popularidade a uma forte teatralidade e a uma atenção voltada para a arte da cena e para a elaboradíssima técnica corporal do ator.

3. O Triunfo do Corpo

A farsa, gênero ao mesmo tempo desprezado e admitido, mas "popular" em todos os sentidos do termo, valoriza a dimensão corporal da personagem e do ator. No gênero cômico, a crítica opõe a farsa à comédia de linguagem e de intriga onde triunfam o espírito, a intelectualidade e a palavra sutil. "A farsa, ao contrário, faz rir, com um riso franco e popular; ela usa, para este efeito, recursos experimentados que cada um emprega como quer e de acordo com sua verve: personagens típicas, máscaras grotescas, truques de *clown*, mímicas, caretas, *lazzis*, trocadilhos, todo um grosseiro cômico de situações, gestos e palavras, num tom copiosamente escatológico ou obsceno. Os sentimentos são elementares, a intriga construída sem o menor apuro: alegria e movimento carregam tudo" (MAURON, 1964: 35-36). Esta rapidez e esta força conferem à farsa um caráter subversivo: subversão contra os poderes morais ou políticos, os tabus sexuais, o racionalismo e as regras da tragédia. Graças à farsa, o espectador vai à forra contra as opressões da realidade e da prudente razão; as pulsões e o riso libertador triunfam sobre a inibição e a angústia trágica, sob a máscara e a bufonaria e a "licença poética".

🔍 Saltimbanco, parada, grotesco, intermédio.

📖 Bakhtin, 1965; Aubailly, 1975, 1976; Tissier, 1976; Rey-Flaud, 1984; Corvin, 1994.

FÉERIE

↔ (Diretamente do francês *féerie*, sem correspondente em português.)

Ingl: *fairytale play*; Al.: *Marchendrama*; Esp.: *comedia de magia*.

A *féerie* é uma peça que se baseia em efeitos de magia, maravilhoso e espetacular, e faz intervir personagens imaginárias dotadas de poderes sobrenaturais (fada, demônio, elemento natural, criatura mitológica etc.).

1. O Lugar do Maravilhoso

A *féerie* só existe com a criação de um efeito de maravilhoso ou de *fantástico** que opõe ao mundo real e "verossimilhante" um universo de referência regido por outras leis físicas. O maravilhoso intervém a partir do momento em que "os fatos se produzem contra nossa expectativa, decorrendo uns dos outros" (ARISTÓTELES, *Poética*, § 1452a), logo, quando, "por um encadeamento de causas não forçadas, nem chamadas de fora, vê-se resultarem acontecimentos ou contra a expectativa ou contra o comum" (CHAPELAIN, *Préface à l'Adonis*). Ele se opõe ao real, a "tudo o que é contra o curso ordinário da natureza" (P. RAPIN), mas é também, na doutrina clássica, o complemento necessário e dialético da verossimilhança. Não se limita aos temas, mas diz respeito igualmente à forma, à linguagem e à maneira de contar a fábula. O prazer do espectador "maravilhado" é aquele de uma criança diante de um imenso brinquedo cênico que ela não compreende e que a subjuga por seu funcionamento inesperado. O maravilhoso exige que o espectador suspenda o julgamento crítico e acredite nos efeitos visuais da *maquinaria** cênica: poderes sobrenaturais dos heróis mitológicos (voo, levitação, força, adivinhação), ilusionismo total do cenário passível de todas as manipulações. Aqui, a convenção reina soberana: ela exige a crença passageira em fenômenos sobre os quais sabemos, contudo, que não passam de efeitos fabricados. O prazer teatral não é senão o prazer do maravilhoso e do sobrenatural que aumenta e embeleza a ficção, e que sustenta, nos espectadores, aquela doce ilusão que é todo o prazer do teatro, onde ela lança ainda o maravilhoso" (LA BRUYÈRE). O palco, lugar do irreal, é muito naturalmente o lugar de eleição do maravilhoso. O espetáculo tem tendência a recalcar o texto, a literatura e a verossimilhança: apenas o sentido e a imaginação são solicitados neste teatro onde se expressa o prazer da regressão. Por vezes, entretanto, o maravilhoso não é senão uma maneira oculta e cuidadosamente codificada de descrever a realidade (*As Viagens de Gulliver*, as peças "insulares" de MARIVAUX e as parábolas políticas sob a máscara do irreal). A *féerie* opera então uma total inversão dos signos da realidade e mantém assim um contato velado com ela; ela não atesta pois necessariamente, como se afirma com frequência, uma concepção idealista e apolítica do mundo que se furta à nossa análise; é, às vezes, ao contrário, a imagem invertida e "fielmente distorcida" da realidade e, portanto, a fonte verdadeira do realismo. Na maioria das vezes, entretanto, o maravilhoso não tem outra finalidade senão provocar estados oníricos e eufóricos que afastam da realidade cotidiana (opereta, comédia musical ou ópera de grande espetáculo). Os teóricos clássicos (como P. RAPIN, em suas *Réflexions sur la Poétique*) preconizavam o uso do maravilhoso por personagens divinas como em EURÍPEDES e SÓFOCLES. Eles fazem dele o lugar de uma mitologia simplificada, popular ou aristocrática; tentam conciliá-lo com o verossimilhante convertendo-o num caso limite para o maravilhoso humano. Para o maravilhoso divino (ou cristão), os milagres e as intervenções sobrenaturais são justificadas pelos poderes extraordinários dos deuses. Querendo limitar os efeitos dele, os teóricos clássicos limitam-no à forma e à expressão: "A maravilha ocorre pelos acidentes quando a fábula é sustentada somente pelas concepções e pela riqueza da linguagem, de modo que o leitor deixa a matéria para deter-se no embelezamento" (CHAPELAIN, *Préface à l'Adonis*).

O maravilhoso assume todas as formas cênicas possíveis: aparição de personagens sobre-humanas, de *fantasmas** ou de mortos, ações cênicas sobrenaturais (efeitos de magia), objetos que povoam a cena etc. Não é necessário que o público, hoje muitas vezes cético, acredite nos efeitos do maravilhoso; basta-lhe apreciá-los como outros tantos momentos altamente teatrais e poéticos, como símbolos a serem decifrados (como no teatro do absurdo).

2. Formas da *Féerie*

A *féerie* assume as formas diversas de ópera, balé, pantomima ou peça de intriga fantasiosa (*Sonho de uma Noite de Verão*, de SHAKESPEARE), usando todos os recursos visuais imagináveis (figurinos, luzes, fogos de artifício, balés aquáticos). É popular no século XVII barroco (encenações de TORELLI, dramatização de contos de fadas de PERRAULT, criação da *Andrômeda* e do *Tosão de Ouro* de P. CORNEILLE, de *Psique* de MOLIÈRE). No século XVIII, os Comediantes-Italianos, a Ópera e o teatro de feira criam um gênero de grande espetáculo que participa do teatro e da ópera. Na Itália, a *Commedia dell'arte* e a *comédia fiabesca** de C. GOZZI, encenadas por A. SACCHI, recorrem a um desenvolvimento cênico no qual reinam a convenção e a fantasia. No final do século XVIII, as fantasmagorias têm a arte de produzir a ilusão de fantasmas em salas escuras. No século XIX, a *féerie* se associa ao melodrama, à ópera, à pantomima, e depois ao *vaudeville**, para produzir espetáculos onde se misturam, em meio a cantos, danças, música e efeitos de cena, heróis humanos e forças sobrenaturais. A *féerie* vai ao encontro da peça popular nas realizações das "Volksstücke" vienenses do século XIX (RAIMUND, NESTROY), nos teatros do "*boulevard* do Crime" ou, em nossos dias, nos espetáculos faustosos das operetas ou das revistas eróticas (*Casino de Paris*) ou esportivas (*Holiday on Ice*). O cinema (trucagens de MÉLIÈS, desenhos animados, filmes fantásticos) é o herdeiro direto dessa forma em que a técnica fica encarregada de produzir, com grandes custos, o extraordinário e o inimaginável.

Winter, 1962; Christout, 1965.

FESTIVAL

Fr.: *festival*; Ingl.: *festival (performance)*; Al.: *Festspiel*; Esp.: *festival*.

1. Às vezes a gente se esquece que *festival* é a forma adjetiva para festa: em Atenas, no século V, por ocasião das festas religiosas (Dionisíacas ou Leneanas), representavam-se comédias, tragédias, ditirambos. Estas cerimônias anuais marcavam um momento privilegiado de regozijo e de encontros. Deste acontecimento tradicional, o festival conservou uma certa solenidade na celebração, um caráter excepcional e pontual que a multiplicação e a banalização dos modernos festivais muitas vezes esvaziam de sentido.

2. Para o teatro ocidental, encontra-se uma celebração assim (a da Paixão de Cristo) em Oberammergau, desde 1033. O "culto" de SHAKESPEARE já era celebrado a partir de 1769 pelo ator GARRICK; o de WAGNER, auto organizado, desde 1876, em Bayreuth. A Europa conhece suas manifestações culturais de prestígio: Stratford, Salzburgo, o Maio Florentino, a Primavera de Praga. Na França, o Festival de Avignon, criado em 1947 por Jean VILAR, atrai, em julho, um público numeroso. É antes de tudo uma enorme concentração de companhias e de experiências que procuram ao mesmo tempo ser conhecidas e reconhecidas pela crítica e pelo público. Redes paralelas ("off Avignon") criam-se na cidade, teoricamente à margem do festival oficial; encontros e espetáculos em esboço ("teatro aberto") são aí organizados.

3. Outras manifestações animam a vida cultural na França: o Festival de Outono que, em Paris, reúne espetáculos musicais, teatrais e coreográficos lançando a temporada; o Festival de Nancy que, desde 1963, recebeu companhias menos oficiais e mais experimentais, uma série de festivais de verão onde teatro, ópera e música aliam forças (como em Aix-en-Provence).

O interesse primordial dos festivais reside na possibilidade oferecida a um público de ver, num lugar e num tempo, espetáculos novos, de descobrir tendências e experiências pouco conhecidas, de confrontar animadores e amadores de teatro.

4. Este moderno ressurgimento do festival sagrado atesta uma profunda necessidade de um momento e de um lugar onde um público de "celebrantes" se encontre periodicamente para tomar a pulsação da vida teatral, satisfazer às vezes a falta de ir ao teatro no inverno, e, mais profundamente, ter a sensação de pertencer a uma comunidade intelectual e espiritual encontrando uma forma moderna de culto e de ritual. O festival tende assim a acentuar a ruptura quase esquizofrênica entre o trabalho – instalado no ano – e o tempo das férias do sujeito onde a arte é consumida em doses elevadas, como compensação e reserva.

FIABESCO

Fr.: *fiabesque*; Ingl.: *fiabesco*; Al.: *Fiabesco*; Esp.: *fiabesco*.

Do italiano *fiaba*, fábula. São as comédias extraídas de contos populares, principalmente na obra de Cario GOZZI (*O Amor das Três Laranjas, A Princesa Turandot*).

FICÇÃO

(Do latim *fingo*, eu moldo, eu formo.) Fr.: *fiction*; Ingl.: *fiction*; Al.: *Fiktion*; Esp.: *ficción*.

Forma de discurso que faz referência a pessoas e coisas que só existem na imaginação de seu autor, e, depois, na do leitor/espectador. O discurso ficcional é um discurso "não sério", uma asserção inverificável, descompromissada, e é colocado como tal pelo autor: "O critério de identificação que permite reconhecer se um texto é ou não uma obra de ficção deve necessariamente residir nas intenções ilocutórias do autor" (SEARLE, 1982: 109).

1. Um Ato Ilocutório Descompromissado

No *discurso** teatral, o texto e a representação não passam de uma ficção, já que são totalmente inventados e que as asserções que eles contêm não têm valor de verdade. É, segundo SEARLE (1982), uma linguagem que não é "séria", isto é, que não compromete aquele que a profere como um julgamento ou uma frase da linguagem da vida diária. Os autores (enunciadores) deste discurso, dramaturgo, encenador, ator, parecem emitir frases que têm estatuto de verdade, de executar atos ilocutórios (performáticos) que comprovam uma atividade verbal, ao passo que, na verdade, essas frase não os vinculam a nenhum critério de verdade ou de lógica. "O autor de uma obra de ficção finge realizar uma série de atos ilocutórios, normalmente do tipo assertivo" (SEARLE, 1982: 108). Este discurso assume exatamente o mesmo sentido que se fosse pronunciado na vida real; simplesmente ele não liga seu autor, graças a uma convenção que o autoriza a mentir impunemente. Porém, e está aí a especificidade do teatro, esta ficção é construída por verdadeiros corpos: aqueles dos atores. (Para uma crítica da posição de SEARLE, ver *pragmática**.)

2. Produção do Interesse Teatral

Revezam-se na ficção teatral pelo menos dois "simuladores": o autor e o ator. Outros simuladores se interpõem frequentemente entre eles: encenadores e diversos artesãos do espetáculo. No teatro, o *faz-de-conta* é apresentado diretamente, não mediado (pelo menos diretamente) por um narrador. É isto que explica a forte impressão de "ao vivo" e de "real" sentida pelo público (*efeito de real**, *ilusão**). Todavia, a ficção não poderia ser metafisicamente oposta à realidade (como o faz SEARLE). Há uma única interpretação dos dois elementos, ainda mais inextricável porque também se entremeiam a ficção textual e a ficção cênica.

Realidade representada, realidade teatral, pragmática, texto e cena, signo, situação de enunciação.

Urmson, 1972; Iser, 1975; Pratt, 1978; Guarino, 1982*a*; Jansen, 1984; Pavis, 1980*e*, 1985*e*; Hrushovski, 1985.

FIGURA

(Do latim *figura*, configuração, estrutura.) Fr.: *figure*; Ingl.: *figure*, *character*; Al.: *Figur*; Esp.: *figura*.

1. Em francês clássico, a *figura* é o aspecto e o comportamento de uma pessoa. (Fazer *boa figura*, mostrar-se sob *sua própria figura*.) Às vezes se encontra a palavra em expressões como "figura do herói" ou "figura de Mãe Coragem". A figura designa um tipo de personagem sem que seja precisado de que traços particulares essa personagem se compõe. A figura é uma forma imprecisa que significa mais por sua posição estrutural que por sua natureza interna (como o termo alemão *Figur*, ao mesmo tempo silhueta e personagem). A figura, como o *papel** e o *tipo**, reagrupa um conjunto de traços distintivos bastante genéricos. Ela se apresenta como uma silhueta, uma massa ainda imprecisa e que vale sobretudo por seu lugar no conjunto de protagonistas como "forma de uma função trágica" (BARTHES, 1963: 10).

A figura ganha em coerência sintática (na configuração *actancial**) o que perde em precisão semântica: ela se toma uma noção estrutural própria para formalizar as relações entre as personagens e a lógica das ações.

2. Considerada como *figura de estilo* (ou de *retórica**), a cena inteira sempre apresenta, além de sua realidade imediata, um sentido abstrato e *figurado* no qual se baseiam a *ficção** e a *ilusão**.

🔍 Caráter, caracterização, personagem, figuração, configuração.

📖 *Genette*, 1966, 1969; Francastel, 1967; Fontanier, 1968; Lyotard, 1971; Bergez, 1994.

FIGURAÇÃO

🔄 Fr.: *figuration*; Ingl.: *figuration*; Al.: *Statisterie*; Esp.: *figuration, comparsa*.

1. Conjunto de *figurantes*, atores de papel secundário e mudo, que entram na representação como multidão anônima, grupo social, empregados etc.

2. A figuração ou figurabilidade (tradução do termo freudiano *Darstellbarkeit*) é a transformação que sofre o material do sonho para a formação do sonho. No teatro, é a maneira de representar visualmente o que não o era de início: mostrando um cenário, esclarecendo uma personagem, sugerindo um estado psicológico, a encenação faz opções sobre a interpretação da peça e a emergência de *fantasias** visuais. Como o sonho, a cena "escreve" em imagens: "As artes plásticas, pintura e escultura, comparadas à poesia que pode, ela, servir-se da palavra, acham-se numa situação análoga [ao sonho e ao teatro]: aí também a falta de expressão deve-se à natureza da matéria utilizada por essas duas artes, em seu esforço de expressar algo. Antigamente, enquanto a pintura ainda não havia encontrado suas leis de expressão própria, ela se esforçava para remediar esta deficiência. O pintor colocava diante da boca dos indivíduos que estava representando bandeirolas nas quais escrevia as palavras que não esperava que compreendessem" (FREUD, 1973: 269; orig. 1969, vol. 2: 311).

A *encenação** figura o texto dramático: ela não o "traduz", não o expressa, mas prevê um dispositivo de *enunciação* cênica onde ele assume sentido para um determinado público.

🔍 Texto e cena, interpretação, espaço interior, fantasia.

📖 Schlemmer, 1927; Francastel, 1965, 1970; Metz, 1977; Lyotard, 1971.

FIGURINO

🔄 Fr.: *costume*; Ingl.: *costume*; Al.: *Kostüm*; Esp.: *vestuário*.

Na encenação contemporânea, o figurino tem papel cada vez mais importante e variado, tomando-se verdadeiramente a "segunda pele do ator" de que falava TAÍROV, no começo do século. O fato é que o figurino, sempre presente no ato teatral como signo da personagem e do disfarce, contentou-se por muito tempo com o simples papel de caracterizador encarregado de vestir o ator de acordo com a verossimilhança de uma condição ou de uma situação. Hoje, na representação, o figurino conquista um lugar muito mais ambicioso; multiplica suas funções e se integra ao trabalho de conjunto em cima dos significantes cênicos. Desde que aparece em cena, a vestimenta converte-se em figurino de teatro: põe-se a serviço de efeitos de amplificação, de simplificação, de abstração e de legibilidade.

1. Evolução do Figurino

O figurino é, no entanto, tão antigo quanto a representação dos homens no ritual ou no cerimonial, onde o hábito, mais do que em qualquer outro lugar, sempre fez o monge: os sacerdotes gregos de Elêusis, assim como os padres dos mistérios medievais usavam trajes também utilizados no teatro. A história do figurino de teatro está ligada à da moda da vestimenta, mas, ela a amplia e estetiza de maneira considerável. O figurino sempre existiu, e até mesmo de modo demasiado vistoso e excessivo, uma vez que, até a metade do século XVIII, os atores se vestiam da maneira mais suntuosa possível, herdando vestimentas de corte de seu protetor, exibindo seus adornos como sinal exterior de riqueza, sem preocupação com a personagem que deveriam representar. Com o progresso da estética realista, o figurino ganha em precisão mimética tudo o que possuía de riqueza material e de delírio do imaginário.

A partir de meados do século XVIII, na França, reformadores do teatro como DIDEROT e VOLTAIRE, e atrizes e atores como CLAIRON, FAVARD, LEKAIN ou GARRICK garantem a passagem para uma estética mais realista em que o figurino imita o da personagem representada. Ainda com frequência, ele continua a ser empregado unicamente por seu valor de identificação da personagem, limitando-se a acumular os signos mais característicos e conhecidos por todos. Sua função estética autônoma é muito fraca. O figurino teve que esperar as revoluções do século XX para aprender a situar-se com respeito à encenação como um todo. A par dessa mudança do significante da vestimenta, o teatro reproduz sistemas fixos nos quais cores e formas remetem a um código imutável conhecido pelos especialistas (teatro chinês, *Commedia dell'arte** etc.).

2. Função do Figurino

Como o traje, o figurino serve primeiro para vestir, pois a nudez, se não é mais, em nossos palcos, um problema estético ou ético, não é assumida com facilidade. O corpo sempre é socializado pelos ornamentos ou pelos efeitos de disfarce ou ocultação, sempre caracterizado por um conjunto de índices sobre a idade, o sexo, a profissão ou classe social. Essa função sianalética do figurino é substituída por um jogo duplo: no interior do sistema da encenação, como uma série de signos ligados entre si por um sistema de figurinos mais ou menos coerente; no exterior da cena, como referência ao nosso mundo, onde os figurinos também têm um sentido.

No interior de uma encenação, um figurino é definido a partir da semelhança e da oposição das formas, dos materiais, dos cortes, das cores em relação aos outros figurinos. O que importa é a evolução do figurino no decorrer da representação, o sentido dos contraste, a complementaridade das formas e das cores. O sistema interno dessas relações tem (ou deveria ter) grande coerência, de modo a oferecer ao público a fábula para ser lida. Mas, a relação com a realidade exterior também é muito importante, se a representação pretender nos dizer respeito e permitir uma comparação com o contexto histórico. A escolha do figurino sempre procede de um compromisso e de uma tensão entre a lógica interna e a referência externa: jogos infinitos da variação da indumentária. O olho do espectador deve observar tudo o que está depositado no figurino como portador de signos, como projeção de sistemas sobre um objeto-signo relativamente à ação, ao caráter, à situação, à atmosfera.

Sob esse ponto de vista, o figurino apenas acompanhou (expondo-o como "cartão de visita" do ator e da personagem) a evolução da encenação, que passou do mimetismo naturalista à abstração realista (principalmente brechtiana), ao simbolismo dos efeitos de atmosfera, à desconstrução surrealista ou absurda. Presentemente faz-se uma utilização sincrética de todos esses efeitos: tudo é possível, nada é simples. Novamente a evolução se situa entre a identificação rasa da personagem por seu traje e a função autônoma e estética de uma construção da indumentária que só tem contas a prestar a si mesma. A dificuldade está no fato de tornar dinâmico o figurino: fazer com que ele se transforme, que não se esgote após um exame inicial de alguns minutos, mas que "emita" signos por um bom tempo, em função da ação e da evolução das relações actanciais.

3. O Figurino e a Encenação

Às vezes se esquecem que o figurino só tem sentido para e sobre um organismo vivo; ele não é apenas, para o ator, um ornamento e uma embalagem exterior, é uma relação com o corpo; ora *serve* o corpo adaptando-se ao gesto, à marcação, à postura do ator; ora, *enclausura* o corpo submetendo-o ao peso dos materiais e das formas, prendendo-o num colarinho tão duro, prendendo-o tanto quanto a retórica ou o alexandrino.

Desse modo, o figurino participa sucessiva e por vezes simultaneamente, do ser vivo e da coisa inanimada; garante a transmissão entre a inferioridade do locutor e a exterioridade do mundo objetal; pois, como observa G. BANU "não é só o figurino que fala, fala também sua relação histórica com o corpo" (1981: 28). Os figurinistas, hoje em dia, cuidam para que o figurino seja ao mesmo tempo matéria sensual para o ator e signo sensível para o espectador.

O signo sensível do figurino é sua integração à representação, sua capacidade de funcionar como cenário ambulante, ligado à vida e à palavra. Todas as variações são pertinentes: datação aproximativa, homogeneidade ou defasagens voluntárias, diversidade, riqueza ou pobreza dos materiais. Para o espectador atento, o discurso sobre a ação e a personagem se insere na evolução do sistema da indumentária. Insere-se assim nele, tanto quanto na gestualidade, no movimento ou na entonação, no *gestus* da obra cênica: "No figurino, tudo o que confunde a clareza dessa relação, contradiz, obscurece ou falsifica o *gestus* social do espetáculo, é ruim; ao contrário, tudo o que nas formas, nas cores, nas substâncias e na sua disposição ajuda a leitura desse *gestus*, é bom" (BARTHES, 1964: 53-54).

Esse princípio se limita sobretudo a um tratamento realista da cena; ele não exclui uma certa loucura do figurino: tudo é possível, contanto que continue a ser sistemático, coerente e acessível (que o público possa decifrá-lo em função de seu universo de referência e que ele produza os sentidos que lhe atribuímos ao contemplá-lo). O paradoxo deste figurino no trabalho teatral contemporâneo é o seguinte: ele multiplica suas funções, vai além do mimetismo e da sinalização, coloca em questão as categorias tradicionais demasiado estratificadas (cenário, acessório, maquiagem, máscara, gestualidade etc.); o "bom" figurino é aquele que retrabalha toda a representação a partir de sua flexibilidade significante.

É mais fácil apreender estas "doenças" do figurino teatral (hipertrofia da função histórica, estética ou suntuária segundo BARTHES) do que propor uma terapia ou simplesmente uma prática dos efeitos do figurino. Ele sempre oscila entre um "excessivo" e uma subutilização, entre uma embalagem pesada e uma metamorfose espontânea.

O figurino está longe de ter dito a sua última palavra e apaixonantes pesquisas indumentárias podem renovar o trabalho cênico. A pesquisa sobre um figurino mínimo, polivalente, "de geometria variável", que recorte e *represente* o corpo humano, um figurino "fênix", que seja um verdadeiro intermediário entre o corpo e o objeto, está, de fato, bem no cerne da busca atual da encenação. Tal como uma miniencenação volante, o figurino permite conferir novamente ao cenário seu título de nobreza, afixando-o e integrando-o ao corpo do ator. Se o ator fez bem em se desnudar à nossa frente, nos anos sessenta e setenta, é preciso, agora, que ele "se vista de novo", que reconquiste tudo quanto valorize seu corpo, ao parecer escondê-lo, e que entre no reino do figurino.

Laver, 1964; Louys, 1967; Bogatyrev, *in* Matejka e Titunik, 1976: 15-19; Pavis, 1996.

FLASHBACK

Fr.: *flashback*; Ingl.: *flashback*; Al.: *Flashback*, *Rückblende*; Esp.: *flashback*.

1. Termo inglês para uma cena ou um *motivo** dentro de uma peça (na origem, dentro de um filme) que remete a um episódio anterior àquele que acaba de ser evocado. Em retórica, esta figura se chama analepse. Esta técnica narrativa lembra a abertura *in médias res* que remete em seguida aos *antecedentes** da ação.

Esta técnica "cinematográfica" não foi, entretanto, inventada pelo cinema; já existia no romance. No teatro, conhece uma certa voga, a partir das experimentações sobre a *narrativa** (ex.: *A Morte de um Caixeiro-Viajante*, de A. MILLER). Um dos primeiros usos se acha em *A Desconhecida de Arras*, de A. SALACROU (1935).

2. No teatro, o *flashback* é indicado seja por um narrador, seja por uma mudança de luz ou uma música onírica, seja por um motivo que encaixe este parêntese na peça. Sua utilização dramatúrgica é muito flexível, mas são convenientes certas precauções em seu emprego. Primeiro é preciso indicar claramente os limites do *flashback* de modo a conhecer a *modalidade** e o grau de realidade da ação. O *flashback* opera conforme dicotomias simples: aqui/ali, agora/outrora, verdade/ficção. Ele sempre deve parecer apreensível pelo espectador: um *flashback* dentro do *flashback* ou uma cascata de, *flashbacks* desorientariam o espectador. Em contrapartida, todos estes procedimentos tornam-se legítimos quando a dramaturgia renuncia à linearidade e à objetividade da apresentação, quando brinca de imbricar inextricavelmente as realidades umas nas outras. (Sonhos, fantasias, poética da narrativa, como em *O Ano Passado em Marienbad*, de RESNAIS/ROBBE-GRILLET.)

Tempo, análise da narrativa, fábula.

FOCALIZAÇÃO

Fr.: *focalisation*; Ingl.: *Focalization*; Al.: *Fokalisierung, Fokuslenkung*; Esp.: *focalización*.

Insistência do autor numa ação segundo um ponto de vista particular para salientar sua importância. Este procedimento essencialmente épico (GENETTE, 1972, BERGEZ, 1994), aplica-se também ao teatro: o dramaturgo, teoricamente ausente do universo dramático, intervém na verdade no desenrolar dos conflitos e na singularização das personagens principais, subordinando o resto aos elementos enfocados. A focalização influi nos *pontos de vista** das personagens e, por conseguinte, naqueles do autor e do espectador.

Em cena, a focalização é muitas vezes realizada conscientemente usando um refletor dirigido para uma personagem ou um lugar para atrair a atenção por "efeito de *close*". Este *close*, técnica emprestada do cinema, não é, entretanto, realizado necessariamente por um efeito de luz. O jogo dos olhares dos atores sobre um outro ator ou um elemento cênico, ou todo *efeito de evidenciação**, produzem-no do mesmo modo. É a enunciação da encenação que assegura a valorização (o "enquadramento") de um momento ou de um lugar da representação.

FONTE

Fr.: *source*; Ingl.: *source*; Al.: *Quelle*; Esp.: *fuente*.

Conjunto das obras, textuais ou cênicas, que puderam influenciar direta ou indiretamente o autor dramático.

No sentido estrito, a fonte é um texto no qual o dramaturgo se inspirou em seu trabalho preparatório: outras peças, arquivos, lendas, mitos etc. Toda escritura dramática implica um trabalho *dramatúrgico** de *adaptação**, visto que o dramaturgo recorreu a materiais muito diversos que ele usa de acordo com suas necessidades, às vezes, aliás, no limite do plágio (BÜCHNER recopia trechos de livros de história para *A Morte de Danton*).

A noção de fonte quase não é mais usada a não ser pela crítica positivista *à la* LANSON ("houve a ideia – escreve ele no prefácio de sua edição crítica das *Cartas Filosóficas* de VOLTAIRE (1909) – de chegar a descobrir para cada frase o fato, o texto ou o propósito que abalara a inteligência ou a imaginação de VOLTAIRE"). Hoje não se tem mais esta vã e louca pretensão: não mais se atribui às fontes um valor explicativo absoluto. Em compensação, mostramo-nos atentos à *intertextualidade**, tanto cênica quanto textual, examinando a que outras obras ou estilos um texto ou uma encenação remetem, observando que tradições de atuação e de encenação são reativadas na produção teatral contemporânea.

Tema, leitura, teatro documentário, adaptação, motivo.

Frenzel, 1963; Demougin, 1986.

FORA DE CENA

Fr.; *hors-scène*; Ingl.: *offstage*; Al.: *ausserhalb der Bühne*; Esp.: *extra-escena*.

1. O fora de cena compreende a realidade que se desenvolve e existe fora do campo de visão do espectador. Distingue-se o fora de cena teoricamente visível para a personagem em cena, mas mascarado para o público (*teicoscopia**) e aquele outro, invisível para o público e para o palco. Este último recebe também o nome de *bastidores* ou *coxia*.

2. O estatuto dessa fora de cena varia conforme o grau de realidade que o ambiente cênico pretende ter: no caso da representação naturalista, o fora de cena parece existir tanto quanto a cena; ele é truncado e se deixa adivinhar como prolongamento da cena. É, portanto, o que não é visível, sendo-o. Ao contrário, para um espetáculo limitado à área de atuação (como na cena épica brechtiana), ou para uma cena fechada em si mesma (como na cena simbolista), o fora de cena não é o prolongamento da cena, mas uma realidade outra e distinta, local onde começa nosso mundo real.

3. Para sugerir esse fora de cena, a encenação cria, muitas vezes, um dispositivo sonoro que marca a ressonância nas peças fechadas, indicando os ruídos produzidos nos bastidores; ela pode – como em *Britannicus*, na montagem de G. BOURDET – iluminar a cena a partir das coxias, através de janelas invisíveis que supostamente dariam num outro cômodo, ou num parque: estes são procedimentos que dão a impressão de um *espaço** contíguo, real, que teve que ser arbitrariamente omitido.

Quadro, fora do texto, realidade representada.

FORA DO TEXTO

Fr.: *hors-texte*; Ingl.: *non textual*; Al.: *Kontext*; Esp.: *extra-texto*.

O fora do texto é ao mesmo tempo o *contexto** ideológico, histórico e o intertexto: a sequência de textos que precede a obra e que, através de todas as mediações e transformações possíveis, influem no texto dramático.

No teatro, este fora do texto é essencial para compreender o texto das personagens. Na verdade, as indicações cênicas e o texto descritivo da encenação não mais existem na representação. Todas essas "notas do autor [...] esses buracos que delas resultam para a unidade do texto são preenchidos por outros sistemas de signos" (VELTRUSKÝ, 1941: 134; 1976: 96). Desta forma, o fora do texto (e fora de cena) fazem sua reaparição em cena através da situação proposta pela encenação. O texto dramático "visualizado", o texto "emitido no palco" é, assim, sem que o pareça, pré-formado e *modalizado** pelo fora do texto tomado fisicamente sensível na *situação** cênica. Tudo o que é dito em cena só faz sentido em função do que é rejeitado ou pressuposto no ante ou no extratexto. O teatro, como a literatura, recorre à realidade exterior não como se acreditou por muito tempo, imitando-a, mas usando-a como pressuposto comum ao autor e ao espectador, e como ilusão referencial (efeito do real), que toma possível a leitura do texto dramático.

Intertextualidade, sociosemiótica.

Althusser, 1965; Lotman, 1973; Pavis, 1978*a*, 1983*a*, 1985*d*; Ubersfeld, 1979*a*.

FORMA

Fr.: *forme*; Ingl.: *form*; Al.: *Form*; Esp.: *forma*.

1. A Forma no Teatro

Onde se situa a forma na representação teatral? Em todos os níveis:

– num nível concreto: lugar cênico, sistemas cênicos e expressão corporal;
– mas também num nível abstrato: *dramaturgia** e *composição** da fábula;
– a *decupagem** espaço-temporal da ação, elementos do *discurso** (sons, palavras, ritmos, métrica, retórica).

2. Forma e Conteúdo

Só existe forma, porém, numa enformação de um conteúdo e de um significado precisos. Uma forma teatral não existe em si; ela só faz sentido dentro de um projeto cênico global, isto é, quando se associa a um conteúdo transmitido ou a transmitir. Por exemplo, dizer que existe uma forma épica não faz sentido; deve-se precisar como esta forma (fragmentada, descontínua, assumida por um jogo de narrador) se articula sobre um conteúdo preciso: forma épica brechtiana para quebrar a *identificação** e a *ilusão** de um desenvolvimento orgânico da *fábula**; ou ainda *forma épica da narrativa clássica* inserida como narrativa objetiva na terceira pessoa num tecido dramático e utilizado por razões de verossimilhança (e não, como em BRECHT, rompimento crítico da ilusão).

3. Problemática Hegeliana do Fundo e da Forma

Para HEGEL, a forma e o conteúdo da obra de arte estão em relação dialética. Só se pode separar o conteúdo da forma (e reciprocamente) por necessidades de teorização: a forma é um conteúdo enformado, manifesto. Eis por que, de acordo com a estética hegeliana, "as verdadeiras obras de arte são aquelas onde conteúdo e forma revelam-se idênticos" (HEGEL, citado *in* SZONDI, 1956: 10; 1983: 8). Esta estética valoriza a harmonia entre forma e fundo e postula a anterioridade do conteúdo sobre a forma. Assim, dir-se-á, dentro deste espírito, que a dramaturgia clássica é a forma mais apropriada para "expressar" a concepção essencialista e idealista do homem. As mudanças de forma, em particular a destruição da forma dramática em benefício de elementos épicos, serão considerados como uma decadência e um descarte da forma canônica do drama (*epicização**). Isto é, como mostra SZONDI (1956), desconhecer o novo conhecimento do homem e a evolução da sociedade, ignorar a novidade dos conteúdos ideológicos que não podem mais usar a forma clássica fechada sem violentá-la, esvaziá-la de seu conteúdo e introduzir os elementos críticos épicos que destroem a dramaturgia demasiado clássica da peça bem feita. É, portanto, o surgimento de novos conteúdos (isolamento e alienação do homem, impossibilidade do conflito individual etc.) que fez explodir a forma dramática, por volta do final do século XIX, e tornou necessário o emprego de *procedimentos** épicos.

4. Níveis de Observação da Forma

O espetáculo não usa formas criadas *ex nihilo*, ele as toma emprestadas das estruturas sociais: "A pintura, a arte, o teatro sob todas as formas – e eu preferiria dizer o espetáculo – visualizam por um determinado tempo não só os termos literários e as lendas, mas as estruturas da sociedade. Não é a forma que cria o pensamento nem a expressão, mas o pensamento, expressão do conteúdo social comum de uma época, que cria a forma" (FRANCASTEL, 1965: 237-238).

Toda *unidade**, por mínima que seja, só fará sentido numa análise semiológica se se estiver em condições de fazer corresponder a unidade a um projeto estético e ideológico global, produção do sentido e de funcionamento interno ao mesmo tempo para a representação e *para* o espectador.

🔍 Semiologia, formalismo, forma fechada, forma aberta, realidade representada, dramaturgia.

📖 Langer, 1953; Rousset, 1962; Heffner, 1965; Lukács, 1960, 1965; Dietrich, 1966; Klotz, 1969; Todorov, 1965; Tynianov, 1969; Erlich, 1969; Witkiewicz, 1970; Kirby, 1987.

FORMA ABERTA

🔄 Fr: *forme ouverte*; Ingl.: *open form*; Al.: *offene Form*; Esp.: *forma abierta*.

Se a *forma fechada** extrai a maioria de suas características do teatro clássico europeu, a forma aberta se define como reação contra esta dramaturgia. Ela apresenta uma enormidade de variantes e de casos particulares. A abertura conduz quase que a uma total destruição do modelo anterior, de modo que obras tão diferentes quanto as de SHAKESPEARE, BÜCHNER, BRECHT ou BECKETT recebem às vezes o vago rótulo de obra aberta (ECO, 1965).

O critério de fechamento/abertura vem do estudo das formas artísticas, e mais precisamente das artes da representação. Segundo os *Conceitos Fundamentais de História da Arte* de WÖLFFLIN, a forma fechada é "uma representação que, através de técnicas mais ou menos tectônicas, faz do quadro um fenômeno fechado em si mesmo, que remete em toda parte a si mesmo, ao passo que, inversamente, o estilo da forma aberta remete em toda parte para além de si mesmo e procura dar uma impressão de ilimitado" (1915: 145). V. KLOTZ (1969) retomou esta distinção aplicando-a à história do teatro; ele pôde, assim, pôr em evidência dois estilos de construção dramática aos quais correspondem dois modos de representação cênica. Seu modelo leva perfeitamente em conta diferenças formais e ideológicas de duas dramaturgias, desde que se leve ao molde genérico os arranjos indispensáveis à análise específica da peça examinada.

Numa mesma ordem de ideia, o livro de ECO sobre A *Obra Aberta* (1965) inaugurou uma nova abordagem do texto literário. Este é concebido como depositário de uma multiplicidade de sentido, podendo coexistir vários significados em um significante. A abertura se faz no plano da *interpretação** e da *prática significante** que a crítica impõe ao objeto estudado.

1. Fábula

A fábula é uma montagem de motivos que não são estruturados num conjunto coerente, mas apresentados de maneira fragmentária e descontínua. A cena ou o quadro formam as unidades básicas que, somando-se, produzem uma sequência épica de motivos. O dramaturgo não parece organizar seus materiais conforme uma lógica e uma ordem que excluem a intervenção do acaso. Ele faz as cenas se alternarem segundo um princípio de contradição, até mesmo de *distanciamento** (BRECHT). Ele não integra as diferentes *intrigas** a uma ação principal, mas joga com as repetições ou variações temáticas (*leitmotiv**) e com as ações paralelas. Por vezes, estas últimas, dispostas livremente, juntam-se, entretanto, no *ponto de integração**.

2. Estruturas Espaço-Temporais

O tempo, fragmentado, não corre de modo contínuo. Ele se estende naturalmente uma vida inteira, até mesmo uma época. Em certos dramaturgos, ele não é apenas meio de comunicação da ação; torna-se inteiramente personagem (BÜCHNER, IONESCO, BECKETT).

O espaço cênico é aberto em direção ao público (desaparecimento da *quarta parede**), permitindo todas as explosões cenográficas imagináveis, estimulando diretamente *dirigir-se ao público**. O lugar e o sentido dos objetos cênicos variam sem cessar: o espectador é convidado a aceitar suas convenções.

3. As Personagens

O dramaturgo e os atores fazem-nas sofrer os piores ultrajes! Elas não são mais redutíveis a uma consciência ou um conjunto acabado de caracteres; são as ferramentas dramatúrgicas utilizáveis de diversas maneiras, sem preocupar-se com *verossimilhança** ou *realismo**.

Dramaturgia, estruturas dramáticas, dramático e épico, colagem, montagem.

Szondi, 1956; Barry, 1970; Levitt, 1971; Pfister, 1977.

FORMA FECHADA

Fr.: *forme fermée*; Ingl.: *closed form*; Al.: *geschlossene Form*; Esp.: *forma cerrada*.

A oposição entre *forma fechada* e *forma aberta** nada tem de absoluto, os dois tipos de dramaturgia não existindo em estado puro. Trata-se antes de um meio cômodo de comparar tendências formais da construção da peça e de seu modo de representação. Esta distinção só tem interesse se se pode fazer corresponder a cada uma das formas características sobre a visão dramatúrgica, e mesmo à concepção do homem e da sociedade que a subtendam. Ela recorta apenas parcialmente os pares *épico**/*dramático**, aristotélico*/não aristotélico, *dramaturgia clássica**/teatro épico.

1. Fábula

A fábula forma um conjunto articulado em cima de uma sequência de episódios em número limitado e centrados todos no *conflito** principal. Cada tema ou motivo é subordinado ao esquema geral, o qual obedece a uma estrita lógica temporal e causal. A progressão da intriga faz-se dialeticamente por "golpe e contragolpe", as contradições resolvidas trazendo sempre novas contradições, até o ponto final que resolve definitivamente o conflito principal. Todas as ações são integradas à ideia diretora, a qual coincide com a busca do assunto principal. Os episódios cuja apresentação cênica apresentaria demasiada dificuldade são transmitidos no nível da consciência e da linguagem da personagem pelos relatos ou longos monólogos. A ação tem tendência a desmaterializar-se para só existir pela mediação do discurso (*narrativa**) dos protagonistas: ela apresenta muitas vezes um caráter típico, até mesmo parabólico. É dada grande atenção aos jogos de simetria na sequência das ações e das réplicas; cada ato retoma o desenvolvimento geral da curva dramática.

A forma fechada é própria do gênero da tragédia; aí, a fábula é na verdade construída de modo a que todas as ações pareçam convergir inelutavelmente para a *catástrofe**. Os episódios se encadeiam dentro de um implacável mecanismo lógico que exclui qualquer acaso e qualquer desvio do herói de sua trajetória (*técnica analítica**).

2. Estruturas Espaço-Temporais

O que é imperativo não é tanto a *unidade** de lugar e de tempo, quanto sua homogeneidade. O tempo vale como duração, como substância compacta e indivisível, como breve crise que concentra todas as fases dramáticas de uma ação unificada. Ele conserva a mesma qualidade durante toda a representação: a partir do momento que ele ameaça desnaturar o tempo da ação interior do herói principal, é mediado por um relato e reconstituído pelo discurso.

Do mesmo modo, o espaço tolera apenas poucas mudanças; ele não é diferenciado de acordo com os lugares representados, mas é sempre homogêneo: lugar neutralizado, "assepctizado", é visto como espaço de significação e não como lugar concreto.

3. Personagens

Em número reduzido, elas coincidem com seus discursos e apresentam, apesar de sua diversidade, um grande número de pontos em comum. Assumem sentido por seu lugar relativo na *configuração* actancial**. Suas propriedades são sobretudo intelectuais e morais (lugar no universo dramático ou trágico), e não materiais (nível social e descrição física naturalista).

4. Discurso

Também ele obedece à regra de homogeneidade e de convencionalidade artística. O discurso é submetido a uma forma fixa: alexandrino, sequência de tiradas, retomadas termo a termo. A língua não procura produzir um *efeito de real**, e sim reunir protagonistas munidos da mesma bagagem cultural e verbal.

Esta forma fechada vai dar, no caso mais típico, na *peça bem feita**, isto é, construída de acordo com uma dramaturgia de inspiração clássica, que apresenta um universo fictício autônomo e "absoluto" (SZONDI, 1956: 18) e que dá a ilusão de um mundo harmonioso, fechado em si mesmo, e de um perfeito arremate estrutural.

📖 Wölfflin, 1956; Bickert, 1969; Klotz, 1969.

FORMALISMO

Fr.: *formalisme*; Ingl.: *formalism*; Al.: *Formalismus*; Esp.: *formalismo*).

1. Na origem, o formalismo é um método de crítica literária elaborado pelos formalistas russos entre 1915 e 1930. Estes se interessam pelos aspectos formais da obra, pondo em evidência suas técnicas e procedimentos (composição, imagens, retórica, efeito de estranhamento etc.). Os aspectos biográficos, psicológicos, sociológicos e ideológicos não são descartados, mas subordinados a sua organização formal.

2. O debate sobre o *realismo** e o formalismo marcou os anos trinta (discussão entre BRECHT e LUKÁCS) e prolongou-se até os anos cinquenta em torno da questão do realismo socialista. Formalismo tornou-se rapidamente, no contexto socialista, um insulto que servia para neutralizar o adversário por falta de engajamento social e complacência em relação à experimentação estética. Há formalismo, ou pelo menos acusação de formalismo, quando a forma é totalmente separada de sua função social. Segundo BRECHT, por exemplo, "todo elemento formal que nos impede de apreender a causalidade social deve desaparecer; todo elemento formal que nos ajuda a compreender a causalidade social deve ser utilizado" (1967, vol. 19: 291).

No teatro, a pesquisa formal é indispensável se considerarmos que uma encenação sempre traz uma nova luz ao texto e que nada é definitivamente solucionado antecipadamente quanto a seu sentido e sua encenação. Estamos bastante distantes, no momento, deste debate sobre os direitos das formas, que são o próprio e único lugar onde o artista permanece fiel a si mesmo.

🔍 Figuração, função, teatralidade, dramaturgia, esteticismo, história, realidade representada, estrutura.

📖 Mukařovský, 1934, 1941; Jakobson, 1963, 1977, 1978; Chklovski, 1965; Todorov, 1965; Brecht, 1967, vol 19: 286-382; Tynianov, 1969; Gisselbrecht, 1971; Jameson, 1972.

FORMAS TEATRAIS

Fr.: *formes théâtrales*; Ingl.: *theatrical forms*; Al.: *Theaterformen*; Esp.: *formas teatrales*.

Forma teatral é um termo frequentemente empregado hoje, provavelmente para renovar o desgastado termo *gênero** e para distinguir tipos de peça e de representação mais precisos que os grandes gêneros (*tragédia**, *comédia**, *drama**). A atual mistura de gêneros (e mesmo o desinteresse por uma tipologia das formas e uma nítida separação dos tipos de espetáculo) facilitou enormemente o emprego deste termo. *Forma** indica de imediato o aspecto eminentemente móvel e transformável dos tipos de espetáculo em função de novos fins e circunstâncias que tornam impossível uma definição canônica e estática dos *gêneros**. Fala-se em formas teatrais para as coisas mais heteróclitas e também nos servimos deste termo para componentes da estrutura dramática ou da representação (diálogo, monólogo, prólogo, montagem de textos, colocação no espaço etc.).

FOTOGRAFIA DE TEATRO

↻ Fr.: *photographie de théâtre*; Ingl.: *theatre photography*; Al.: *Theaterphotographie*; Esp.: *fotografía de teatro*.

1. Uma Arte Fotogênica

O teatro é fotogênico. Alguns fotógrafos se especializam na fotografia de teatro e sua arte supera em muito a de um documentarista ou de um repórter. A fotografia é grandemente utilizada quando se trata de estabelecer uma documentação da encenação para os arquivos do teatro, para a pesquisa ou a fim de fornecer à imprensa escrita (jornais diários ou revistas especializadas) uma ilustração imediata ou postergada do espetáculo.

Acontece que fotografam qualquer coisa e de qualquer jeito. Há uma grande diferença entre uma fotografia efetuada durante os ensaios ou no ensaio geral, e uma fotografia tirada ao vivo numa representação para o público: já estamos tocando também no problema da autenticidade do documento fotográfico, em sua inserção na encenação ou sua extração por razões técnicas de melhor apreensão ou de recomposição do tema. Fotografando-se a representação – com as dificuldades, riscos e imperfeições que isso implica – pretende-se ter acesso à situação real da enunciação; ao contrário, fazendo-se com que o ator ou a cenografia "posem", consegue-se valorizar determinado detalhe, colocar em cena o ator predador da tomada fotográfica. A etapa seguinte, a que R. BARTHES descreve em "O Ator de Harcourt" (1957), a fotografia realizada em estúdio, não passa da finalização lógica dessa técnica de reconstituição.

2. O Foco do Retrato

Não é de se espantar que o ator atraia para si o olhar da câmera! Não é ele o ponto focal de toda representação, o que se irradia por todo o palco, o que une as palavras à imagem cênica? O antropomorfismo natural da fotografia se exacerba ainda mais no caso da arte teatral, que se reduz sem dó a um rosto e uma voz. O retrato é a voz à qual é dado prolongar-se e fixar-se na superfície do papel. Sua delimitação não é, contudo, natural: não é só o rosto (os cabelos, os olhos e, a rigor, os ombros) que está carregado de sentido na representação contemporânea; a atitude do corpo todo, a relação com os objetos, a proxêmica dos atores distribuídos no espaço todo são, igualmente, elementos dos quais a câmera tiraria vantagem em captar, mas que são excluídos do retrato do ator, ao menos em sua versão "clássica". Isto porque a tendência é o *close*, ainda que o rosto do ator não seja senão um fragmento da representação teatral.

3. Especificidade da Fotografia de Teatro

Definir um gênero fotográfico por seu objeto (retrato, paisagem, reportagem) já é particularmente difícil, uma vez que o objeto é variável, pouco disposto a ater-se a uma categoria autônoma. Definir a fotografia de teatro tendo por critério único o local onde é tirada é ainda mais problemático, na medida em que não parece mais haver regra para os objetos a serem fotografados, nem mesmo para o local, o momento e a especificidade do trabalho teatral. Certas fotos tiradas no teatro conseguem a proeza de fazerem esquecer que têm por objeto um evento teatral; sua função estética recalca totalmente sua função comunicativa. Sem querer entrar no falso debate entre "fotografia documental e objetiva" oposta à "fotografia artística, autônoma em relação ao seu objeto", é, no entanto, necessário convir que a fotografia de teatro é, antes de mais nada, simplesmente uma fotografia que deve ser avaliada enquanto forma e objeto estético, independentemente do objeto teatral que quis abarcar.

No entanto, essa fotografia – e aí está outro traço específico – é uma imagem de uma imagem: deve captar uma realidade que já é representação e imagem de algo: de uma personagem, de uma situação, de uma atmosfera. Assim, seu referente (seu objeto) já está colocado em formas e signos e ela não pode ignorar essa primeira semiotização. A fotografia será necessariamente a encenação (a colocação em papel) de uma encenação teatral e, nesta qualidade, ela optará por explicitar e completar a encenação, ou ao contrário, por afastar-se dela e comentá-la, desconstruindo-a. Porém, ao fazê-lo, levando ou não em conta a realidade encenada que fotografa, ela também registrará a materialidade assignificante do acontecimento teatral, o corpo acidental do ator, o uso aleatório do espaço, o ritmo próprio (não ficcional) da maquinaria teatral, de tudo o que não se deixa semiotizar, isto é, o que não se deixa reduzir a um sistema organizado e intencional de sentido. O olho da objetiva não é muito diferente daquele que o semiólogo volta para o espetáculo: a semiologia não saberia manter um discurso científico e neutro sobre um objeto preexistente, ela organiza um processo de constituição do sentido; do mesmo modo, a fotografia constitui um sentido possível, e não o sentido definitivo do objeto teatral; é apenas a encenação (fictícia e real) de uma encenação (fictícia e real). Aqui, estamos bem distantes do positivismo das fotos do *Modellbuch* brechtiano, que pretendia, com boa fé cientificista, captar a encenação ou o *gestus*, a fim de conservá-los para uma futura reprodução em outra encenação.

4. Funções da Fotografia de Teatro

Para compreender as possibilidades da fotografia de teatro, poder-se-ia questionar os fins buscados pelo artista e pela instituição que ele tem por trás de si. Com muita frequência, o fotógrafo trabalha para uma agência à qual a imprensa encomendará, de imediato ou mais tarde, um ou mais fotos para um jornal, com a única finalidade de indicar que ator famoso atua no espetáculo. A função, nesse caso, é puramente comunicativa. Para a imprensa especializada (periódicos e revistas teatrais), será importante captar a originalidade de uma cenografia, encontrar um enquadramento e um tratamento de imagem que reconstituam, seja como for, a atmosfera da encenação. Às vezes, os fotógrafos acompanham a carreira de determinado encenador e publicam um livro sobre ele (TREATT/CHÉREAU). Destaca-se então uma estética que é a do objeto fotografado, mas que é, sobretudo, a estética do fotógrafo.

Antigamente, mais que agora, a fotografia do ator tinha função promocional e não de conhecimento do papel ou da representação: "No século XIX, a fotografia de teatro serve essencialmente à promoção dos atores, auxiliada por iluminações sofisticadas e prudentes retoques. Sarah Bernhard soube de pronto tirar proveito desse instrumento de culto, inseparável da necessidade de idealização que o público tem. Léopold Reutlinger, ao fotografar Yvette Guilbert ou Cécile Sorel, tem a mesma preocupação de embelezamento, de mitificação" (BORHAN, *Clichés*, n. 11, 1985). O desenvolvimento da fotografia está ligado ao da imprensa e do culto dos monstros sagrados: "A reprodução da primeira foto em um jornal, em 1880, é que criará o verdadeiro mercado da fotografia de teatro. As revistas especializadas como *L'Illustration* ou *Le Théâtre*, mas também a imprensa de informação mensal ou semanal tornam-se as principais consumidoras dessas fotos, reforçando o culto da estrela" (MEYER-PLANTUREUX, 1984: 22).

5. Exemplo de Retrato de Ator

O desenvolvimento industrial da foto na "era da reprodutibilidade técnica" (W. BENJAMIN) substitui a tradição do retrato do ator e da gravura. Que é que a fotografia traz a mais? Primeiramente, a impressão da realidade sobre a película: um fragmento da representação e/ou do ator é inscrito, a própria sombra da pessoa é captada para sempre. Que amante do teatro poderia resistir a tal relação um tanto fetichista com o ator? A fotografia multiplica os pontos de vista da representação, escolhe-se uma série, aceitando por antecipação as surpresas da objetiva, ao passo que a pintura ou a gravura não podem ser nada além de uma atividade organizada: no teatro, mais do que em qualquer outro lugar, o momento exato do "clique" pode ser deixado ao acaso. Para o trabalho do ator captado no voo de sua enunciação, uma fração de segundo muda tudo: é esperto quem antecipa, segundos antes, o resultado de uma tomada.

a. Escolha da pose

Que o disparo do obturador seja em parte obra do acaso, ou seja ele premeditado, a escolha da pose nunca é acidental. Cada discurso sobre teatro – cada estética ou norma dominante – guia essa escolha de modo a ilustrar seu propósito. Considerado durante muito tempo como o reino do dramático, o teatro insiste em fornecer representações dramáticas dos atores. Essa dramaticidade é muitas vezes produzida pela concentração e pela interiorização do olhar (para o retrato individual) ou pelo circuito muito "desenhado" dos olhares de todos os atores no grupo (como os retratos dos atores do TNP feitos por Agnès VARDA).

b. Legenda do retrato

Esse tipo de retrato visa *escrever* uma legenda embaixo da fotografia, como se houvesse apenas um único texto possível e como se a foto se impusesse. Tais retratos, porém, que induzem uma legenda unívoca, só se constroem numa montagem prévia do sentido da personagem e da peça, cujo único objetivo da foto seria, em seguida, esclarecer e encarnar. Já que a foto não é mais que uma autenticação da encenação, cabe uma explicação: ela não tem – como se está no direito de exigir em nossos dias – um poder hermenêutico sobre a representação. Esse tipo de "retrato-explicação de texto" com certeza só é possível, ao menos em certo grau de perfeição, em estúdio, com a iluminação e a busca da pose exigindo uma minuciosa precisão. A foto se torna, então, encenação da imagem do papel: foto-clima (ou foto-caráter) – esse gênero de retrato acumula uma duração e uma série de signos redundantes que caracterizam o papel. Inversamente, a foto-acontecimento (ou foto-ação) está ligada a uma situação fugaz; é, portanto, realizada em cena, em "tamanho natural", sem reconstituição em estúdio ou em cena, abstraindo-se o restante da representação. Essa prática de outrora – fazer os atores posarem para as agências de imprensa, após o ensaio geral, diante da objetiva, em função do ângulo e da iluminação considerados mais estéticos – tinha algo de bom, em que pese a evidente falsificação da encenação teatral através dessa encenação fotográfica. Permitia ao menos reconstruir e enxertar no retrato a longa série de traços relevantes do papel, inserindo no corpo do ator uma verdadeira análise dramatúrgica (*cf.* BARTHES, "O Ator de Harcourt").

6. O Que Diz a Mancha de Sombra

Mas o que dizem o fotógrafo e o ator através do retrato? No "período clássico" da fotografia de teatro, que vai até o método brechtiano exposto no *Modellbuch* (Modelo*), consiste em buscar "a inteligência moral do sujeito", "a semelhança íntima" (NADAR), a fim de que "o homem exterior seja uma imagem do homem interior, e o rosto, uma expressão reveladora do conjunto do caráter" (SCHOPENHAUER). Esse tipo de retrato está em busca da essência ideal do ator fotografado, e, ao mesmo tempo, de seu papel, como se a fotografia o guiasse para a descoberta de seu *emploi*, que é a finalização da teoria clássica do retrato pictórico, tal como é exposto por exemplo, por DIDEROT: "O homem fica furioso, atento, curioso, ama, odeia, despreza, desdenha, admira; e cada um destes movimentos de sua alma vai se pintar em seu semblante com caracteres *claros*, *evidentes* que nunca *nos enganarão*... No pintor, a expressão ou é frágil ou falsa, se ela deixar incerto sobre o sentimento..." Com BRECHT, trata-se de tomar legível não mais a interioridade física do caráter, mas seu *gestus* social. O retrato do ator deve inscrever os signos da contradição em seu corpo, donde a preferência dos fotógrafos pelo grupo de atores (*Theaterarbeit*, 1961).

Hoje, estamos distantes dessa busca de legibilidade do retrato. O fotógrafo esforça-se por multiplicar as imagens e os papéis que o ator quer dar de si mesmo. O ator aceita deixar-se surpreender pelo clichê, torna-se um olhar sobre o espetáculo. O fotógrafo coloca-o em cena (e até o "pare") tentando fazer emergir o que ele não quer mostrar de sua personagem ou de si mesmo. Este é o processo da significação, da aprendizagem e da tentativa do papel que estarão doravante sob os refletores. Há, portanto, uma descentralização no retrato: não é mais o rosto que é visado, enquanto expressividade de uma interioridade, é um movimento acidental, criação do instante tanto do ator quanto do fotógrafo, relação singular do ator com seu ambiente. O retrato não é mais psicológico e, enquanto tal, limitado ao rosto e às mãos; ele se estende à enunciação cênica por inteiro. Não se pensa mais que a finalidade da fotografia (do retrato) seja a de encontrar a realidade do objeto fotografado; a fotografia, agora, propiciará uma imagem, uma representação também tão válida – nem mais nem menos – quanto o que se crê saber da personagem ou do ator. Em termos semiológicos, poder-se-ia dizer que a fotografia não visa mais o referente do ator ou sua personagem, mas seu significante: ela não pretende chegar a um referente imaginário (o da personagem) ou real (o do ator na cidade), mas esforça-se por jogar com o significante de um complexo ator/papel que não se pode mais decupar como se faz habitualmente (ator=significante/papel=significado).

Estes são alguns dos poderes da fotografia de teatro. Ela também já tem uma longa tradição por trás de si e dela não se deve esperar um valor documental insubstituível. A fotografia é um dos testemunhos sobre o teatro e, como tal, é uma contribuição inestimável. Testemunho quase sempre estético, mas também meio falso. Esta é a impossibilidade de descrever o teatro e de congelar seu sentido em fusão que a máquina fotográfica congela ilusoriamente na película.

📖 *Théâtre/Public*, n. 32, 1980; Girault, 1982; Dubois, 1983; Aliverti, 1985; *Jeu*, n. 37, 1985; Rogiers, 1986; Meyer-Plantureux e Pic, 1995.

FUNÇÃO

↻ Fr.: *fonction*; Ingl.: *fonction*; Al.: *Funktion*; Esp.: *función*.

A função dramática (de uma personagem) é o conjunto de ações desta personagem considerado do ponto de vista do seu papel no desenvolvimento da intriga.

1. Função Narrativa

Esta noção provém da teoria narrativa funcionalista de W. PROPP, o qual define a função narrativa como "a ação de uma personagem definida do ponto de vista de sua significação no desenvolvimento da intriga" (1965: 31). De acordo com esta teoria, o texto dramático e a representação, considerados sob o aspecto de uma estrutura narrativa (*análise da narrativa**), se decompõem num número finito de *motivos** e *actantes**, os quais seriam interconectados pelo sistema *actancial**. PROPP distinguia trinta e uma funções ou "esferas de ação" com seus actantes; o herói, o falso herói, o agressor, o doador, o auxiliar, a princesa, o mandatário. BARTHES (1966a) distingue *as funções cardeais*, que são "as verdadeiras articulações da narrativa", *catálises* que não passam de "notações subsidiárias". Para que uma função seja cardeal, basta que a ação à qual ela se refere abra uma alternativa consequente para a sequência da história. Certas sequências de funções formam, segundo PROPP, sequências obrigatórias ou, segundo BRÉMOND (1973), tríades (eventualidade/ato/conclusão).

2. Função Dramática

E. SOURIAU (1950) aplicou esta visão funcional das ações à dramaturgia ocidental distinguindo seis funções e definindo "matematicamente" (em espírito, senão em realidade) as 210.141 *situações** geradas a partir das funções dramáticas. Desta maneira, as situações designam ao mesmo tempo os grupos de ações realmente observáveis numa obra ou numa dramaturgia e os modelos teoricamente realizáveis.

A permutabilidade dos actantes (no papel de sujeito, por exemplo) provoca a variação dos pontos de vista na peça: toda personagem, toda função é, na verdade, passível de organizar as outras funções-personagens de acordo com seu próprio *ponto de vista**.

3. Função da Comunicação

O modelo jakobsoniano das seis funções da comunicação (1963: 209-248) foi por vezes aplicado ao teatro. Como a linguagem poética, na verdade é permitido supor que a *linguagem teatral* (com as necessárias precauções para o emprego deste conceito) é uma utilização particular do esquema das seis funções. Todavia, não se poderia reduzir a representação a um uso mecânico dessas seis funções da comunicação, pois a encenação não visa comunicar uma mensagem já claramente formulada.

📖 Polti, 1895; Slawinska, 1959; Ingarden, 1971; Jansen, 1973; Marin, 1985.

G

GAG

↻ Fr.: *gag*; Ingl.: *gag*; Al.: *Gag*; Esp.: *gag*.

Do inglês norte-americano *gag*: efeito burlesco. A palavra é empregada em francês desde a década de 1920. A *gag* é, no cinema, um efeito ou um *esquete** cômico que o ator parece improvisar e que é produzido visualmente, a partir de objetos, de situações inusitadas: é, "na gíria dos estúdios, um achado irresistível que revigora e multiplica o riso num filme cômico" (B. CENDRARS em *L'Homme Foudroyé*). No cinema, como no teatro, o ator *cômico** inventa, às vezes, jogos de cena, *lazzis**, que contradizem o discurso e perturbam a percepção normal da realidade.

📖 Bergson, 1899; F. Mars, *Le Gag*, 1964; Freud, 1969, vol. 4 ("Der Witz"); Collet *et al.*, 1977.

GÊNERO

↻ Fr.: *genre*; Ingl.: *genre, type of drama*; Al.: *Genre, Dramengattung*; Esp.: *género*.

1. Confusão do Termo

Fala-se correntemente de gênero dramático ou teatral, de gênero de comédia ou de tragédia, ou de gênero de comédia de costumes. Este emprego pletórico do termo *gênero* faz com que se perca seu sentido preciso e prejudica as tentativas de classificação das formas literárias e teatrais. A teoria literária não se satisfaz, como a crítica, em estudar as obras existentes. Ela ultrapassa o âmbito estreito da descrição da obra individual para fundar uma tipologia *disformas**, das *categorias** literárias, dos tipos de discurso; ela retoma, desta forma, a velha questão da *poética** dos gêneros, porém não mais se limita, doravante, a catalogar obras historicamente realizadas, preferindo refletir sobre as formas de estabelecer uma tipologia dos discursos, deduzindo-os de uma teoria geral do fato linguístico e literário. Assim, a determinação do gênero não é mais um caso de classificação mais ou menos sutil e coerente, mas a chave de uma compreensão de todo texto em relação a um conjunto de convenções e normas (que definam precisamente cada gênero). Todo texto é, ao mesmo tempo, uma concretização e um afastamento do gênero; ele fornece o modelo ideal de uma forma literária: o estudo da conformidade, mas também da superação desse modelo, esclarece a originalidade da obra e de seu funcionamento.

2. Enfoque Histórico e Sistema Estrutural

São possíveis dois métodos de abordagem dos gêneros, conforme se considera o gênero como forma histórica ou como categoria do discurso. A distinção é às vezes explicitada pela oposição gênero/modo: "Os gêneros são categorias propriamente literárias; os modos são categorias, originárias da linguística, ou, mais exatamente, de uma antropologia da expressão verbal" (GENETTE, 1977: 418).

a. Historicamente, notam-se as diferentes formas teatrais na evolução literária, e tenta-se encontrar uma filiação ou critérios de oposição entre os gêneros.

b. Estruturalmente, elabora-se uma tipologia universal dos discursos fabricando uma teoria que apresente todas as variantes possíveis de formas de discurso, casos ou compartimentos nos quais se tenta, em seguida, enfiar os gêneros já comprovados, reservando-se, para as obras vindouras, compartimentos de gêneros ainda não realizados, mas teoricamente imagináveis.

Para o teatro, trata-se de saber se ele constitui por si só um gênero oposto à poesia épica (ao romance) e à poesia lírica. Esta tripartição parece impor-se a partir do trecho de *A República* (III, 392) em que PLATÃO estabelece uma distinção fundamentada sobre o modo como os fatos passados, presentes e futuros são transmitidos ao público: por exposição pura e simples (ditirambo), por imitação (tragédia e comédia) ou pelos dois métodos (poesia épica). Esta categorização se apoia no modo de representação do real, num critério semântico de "imitação" do real e na intervenção, mais ou menos direta, do poeta na exposição dos fatos. O teatro torna-se o gênero mais "objetivo", aquele em que as personagens parecem falar por si mesmas, sem que o autor tome diretamente a palavra (salvo nos casos excepcionais do porta-voz, do mensageiro, do coro, do prólogo, do epílogo ou das indicações cênicas).

3. O Teatro Numa Teoria dos Gêneros

Dentro do gênero dramático, também é igualmente difícil traçar divisões fundadas em critérios de discurso. O peso da história e das normas impostas pelas poéticas é aqui considerável e as *espécies* quase sempre se definem no interior da oposição comédia/tragédia, em função de conteúdos e de técnicas de composição (daí os diversos tipos de comédia e tragédia que ampliam suas potencialidades sem problematizar a separação). Por isso é que o gênero intermediário da tragicomédia ou do drama tem muita dificuldade em se impor: ora ele não passa de uma tragédia de final otimista (CORNEILLE), ora de uma comédia ou drama que nada tem de cômico ou prazeroso. Quando, com DIDEROT, nasce a tragédia doméstica e burguesa, o gênero novo ou sério, "sem ridículo que faça rir, sem perigo que faça estremecer" (*Troisième Entretien avec Dorval*), passa a ser uma forma antes desastrada e sem valor estético, pois nada mais resta da vitalidade das duas categorias estéticas fundamentais, o cômico e o trágico. O drama romântico e o drama existencialista ou absurdo não conseguiriam ultrapassar esse caminho médio burguês senão às custas dos excessos e exageros do grotesco e do maravilhoso. Quanto à escritura teatral contemporânea, ela apela a muitas formas, a uma mistura de critérios e de materiais (todas as artes plásticas, as artes da representação e da música), embora as categorias herdadas da história sejam de pouca utilidade para apreender sua originalidade. Somente uma tipologia dos discursos e dos modos de funcionamento aclaram a sua descrição.

É portanto legítimo perguntar qual função cabe hoje à determinação do gênero dos textos e espetáculos teatrais. O gênero é constituído – além das normas exigidas pelas poéticas – por um conjunto de codificações que informam sobre a realidade que se supõe que o texto represente, que decidem sobre o nível de verossimilhança da ação. O gênero – e, para o leitor/ espectador, a opção de ler o texto conforme as regras deste ou daquele gênero – dá, imediatamente, uma indicação sobre a realidade representada, fornece uma grade de leitura, firma um contrato entre o texto e seu leitor. Detectando o gênero do texto, o leitor tem em mente um certo número de expectativas, de figuras obrigatórias que codificam e amplificam o real, permitindo ao autor não recapitular as regras do jogo e do gênero supostamente conhecidas por todos, autorizando-o a satisfazer, mas também a ultrapassar essas expectativas, afastando seu texto do modelo canônico.

Procurar o gênero é, sempre, ler o texto, comparando-o com outros e, em particular, com normas sociais e ideológicas que, para uma época e um público, constituem o modelo do verossímil. Desta forma, a teoria dos gêneros examina, bem mais que o "arranjo" interno das peças ou dos espetáculos: ela examina sua inserção nos outros tipos de texto e no texto social, o qual fornece uma base de referência a toda literatura.

📖 Bray, 1927; Staiger, 1946; Frye, 1957; Bentley, 1964; Genette, 1969, 1977; Grimm, 1971; Todorov, 1976.

GESAMTKUNSTWERK

↔ Fr.: *gesamtkunstwerk*; Ingl.: *gesamtkunstwerk, total theatre*; Al.: *Gesamtkunstwerk*; Esp.: *gesamtkunstwerk, obra total*.

Termo forjado por R. WAGNER, por volta de 1850. Literalmente, *obra de arte global* (ou de conjunto, ou total) às vezes traduzida (meio às pressas) por *teatro total**. A estética da ópera wagneriana procura a obra "mais altamente comunitária" que seja uma síntese da música, da literatura, da pintura, da escultura, da arquitetura, da plástica cênica etc. Esta procura é, em si, sintomática, tanto de um movimento artístico – o simbolismo – quanto de uma concepção fundamental do teatro e da encenação.

1. O Ideal Simbolista

Para o simbolismo, a obra de arte, e, singularmente, o teatro, forma um todo significante e autônomo, fechado em si mesmo, sem corresponder, mimeticamente, à realidade. A cena é um *modelo** reduzido coerente, uma espécie de sistema cibernético (ou semiológico) que integra todos os materiais cênicos numa totalidade e num projeto significante. Correspondências do tipo baudelairiano regem as diferentes artes da cena, florestas de *símbolos** agrupam o que pareceria heterogêneo. Para WAGNER, por exemplo, a palavra e o elemento masculino fecundam a música ou elemento feminino; o espírito e a afetividade, a visão e o ouvido se reúnem por sinestesias. "A dança, a música e a poesia são três irmãs nascidas com o mundo. Desde que se conseguiu vê-las se dando as mãos, estavam prontas as condições para o surgimento da arte. Elas são, por natureza, inseparáveis" (WAGNER). Esta obra de arte sintética postula uma harmonia – preexistente ou a ser estabelecida – entre os componentes do espetáculo, e mesmo uma homologia entre o teatro e a vida, uma espécie de culto estético e filosófico que configura o *Livre à Venir*, de MALLARMÉ: "Creio que a literatura, retomada em sua fonte que é a arte da ciência, fornece-nos um teatro cujas representações serão o verdadeiro culto moderno; um livro, explicação do homem que basta para nossos mais belos sonhos [...]. Esta obra existe, todo mundo a tentou sem o saber, não há gênio ou palhaço que não tenha encontrado ao menos um traço dela, sem o saber."

2. A Encenação: Fusão ou Separação das Artes?

A teoria da *Gesamtkunstwerk* coloca o problema da *especificidade** do teatro: é arte "bastarda" e "impura" composta com o que lhe cair nas mãos (os diferentes sistemas cênicos)? Ou é uma totalidade harmoniosa na qual tudo o que aparece em cena se funde como num crisol, como parece sugerir WAGNER?

a. A impossível fusão

Mas se a fusão é o objetivo final do encenador, o teatro total não poderia realizá-la, ao menos num sentido não metafórico ou místico da palavra. O próprio WAGNER, que desejava que as transições entre os quadros se fizessem numa espécie de *fusão encadeada* onírica, teve de renunciar a realizar uma encenação simbolista suficientemente irrealista. Ele sucumbiu à figuração realista dos cenógrafos e a fusão perfeita continuou a ser letra morta.

Para os encenadores "aristotélicos" (aqueles que acreditam na fábula e na narrativa como a espinha dorsal de toda peça), a ação é um fator de unificação. HONZL (1940) vê nela a corrente elétrica que passa através dos atores, do figurino, do cenário, da música e do texto: pouco importa o número e a frequência dos materiais, a partir do momento em que a corrente se propaga em direção a um objetivo, gerando, desta forma, a ação.

b. Articulação dos sistemas

Se há o efeito de fusão, não é no nível da produção de sistemas, mas, sim, naquele de sua recepção pelo espectador. Multiplicando as fontes de emissão das artes cênicas, harmonizando e sincronizando seu impacto sobre o público, produz-se, realmente, um efeito de fusão na medida em que o espectador é inundado de impressões convergentes que parecem transitar entre si com facilidade. Aí reside, sem dúvida, o paradoxo do *Gesamtkunstwerk*: unir as artes numa experiência *única* para o espectador (uma *Erlebnis*), sem deixar de conservar para cada uma delas seu poder específico. Mais que proceder a uma fusão – onde cada elemento perderia sua qualidade – o *Gesamtkunstwerk* integra cada arte num conjunto transcendente, ou seja, para WAGNER, o drama musical. Ao invés, portanto, de partir miticamente para a descoberta de uma produção de elementos iguais, é mais exato distinguir vários tipos de *Gesamtkunstwerk* conforme o elemento que serve de base e de cimento às outras artes. Em WAGNER, incontestavelmente, a música é que representa este papel. Em CLAUDEL e M. REINHARDT (1963), será o texto poético. Para a Bauhaus, a arquitetura servirá de suporte para o resto das artes. (Da mesma maneira, estruturando os *códigos** da representação, ter-se-á o cuidado de determinar sobre qual sistema de base se articularão os outros códigos, isto conforme o espetáculo ou mesmo certas partes do espetáculo. Este método evita estabelecer, metafisicamente, uma hierarquia e uma especificidade das diferentes artes.)

c. A antigesamtkunstwerk ou o distanciamento recíproco dos sistemas

Além da impossível fusão ou da articulação dos sistemas, seria possível, teoricamente, uma terceira eventualidade: mostrar as artes cênicas opondo-se umas às outras, recusando somar sua resultante. É a técnica do *distanciamento** (que não é, necessariamente, de obediência brechtiana). Insiste-se na separação das técnicas: música contradizendo texto, *gestualidade** traindo a atmosfera cênica ou a ação. Cada sistema significante conserva não só sua autonomia, como distancia os outros: "Que as artes irmãs da arte dramática sejam, pois, convidadas à nossa casa, não para fabricar uma "obra de arte total", na qual elas se abandonariam e se dissolveriam todas, mas para fazer adiantar a tarefa comum, cada uma a sua maneira. Todas as suas relações consistirão em se distanciar umas das outras" (BRECHT, *Pequeno Organon*, 1963, § 74: 100).

Encenação, semiologia.

Baudelaire, 1861, em 1951; Appia, 1895, 1899, 1954; Craig, 1911; Kesting, 1965; Szeemann, 1983.

GESTO

(Do latim *gestus*, atitude, movimento do *corpo**.)
Fr.: *geste*; Ingl.: *gesture*; Al.: *Gebärde, Geste*; Esp.: *gesto*.

Movimento corporal, na maior parte dos casos voluntário e controlado pelo ator, produzido com vista a uma significação mais ou menos dependente do texto dito, ou completamente autônomo.

1. Estatuto do Gesto Teatral

a. O gesto como expressão

Cada época tem uma concepção original do gesto: o que, em contrapartida, influi na interpretação do ator e no estilo da representação. A concepção clássica – que ainda prevalece bastante, atualmente – faz do gesto um meio de *expressão** e de exteriorização de um conteúdo psíquico interior e anterior (emoção, reação, significação) que o corpo tem por missão comunicar ao outro. A definição de CAHUSAC, autor do artigo "Gesto", da *Enciclopédia*, é reveladora dessa corrente de pensamento: o gesto é "um movimento exterior do corpo e do rosto, uma das primeiras expressões do sentimento dadas ao homem pela natureza. [...] Para talar do gesto de maneira útil às artes, é necessário considerá-lo sob pontos de vista diferentes. Mas de qualquer maneira que o encaremos, é indispensável vê-lo sempre como expressão: aí está a sua função primitiva e, por esta atribuição estabelecida pelas leis da natureza, é que ele embeleza a arte da qual ele é o todo, e à qual se une para se tornar sua parte principal". A natureza expressiva do gesto toma-o particularmente apropriado a servir à interpretação do ator, o qual não tem outros meios senão os do seu corpo para expressar seus estados anímicos. "Há cenas inteiras nas quais, para as personagens, é infinitamente mais natural mover-se do que falar" (DIDEROT, *Sobre a Poesia Dramática*, 1758). Toda uma psicologia primitiva estabelece uma série de equivalentes entre os sentimentos e sua visualização gestual. O gesto é então o elemento intermediário entre interioridade (consciência) e exterioridade (ser físico). Ainda aí, trata-se da visão clássica do gesto na vida como no teatro: "Se os gestos são signos exteriores e visíveis de nosso corpo, pelos quais se conhece as manifestações interiores de nossa alma, infere-se que podemos considerá-los sob duplo ponto de vista: em primeiro lugar como mudanças visíveis por si mesmas; em segundo lugar, como meios que indicam as operações interiores da alma" (ENGEL, 1788: 62-63).

b. O gesto como produção

Em reação a essa doutrina expressionista do gesto, uma corrente atual tenta não mais definir a gestualidade como comunicação de um sentido prévio, mas como produção. Superando o dualismo impressão-expressão, essa concepção monista considera a gestualidade do ator (ao menos numa forma experimental de interpretação e de improvisação) como produtora de signos e não como simples comunicação de sentimentos "colocados em gestos", gestualizados. GROTOWSKI, por exemplo, recusa-se a separar pensamento e atividade corporal, intenção e realização, ideia e ilustração. O gesto é, para ele, objeto de uma pesquisa, de uma produção--decifração de *ideogramas*: "Novos ideogramas devem ser constantemente pesquisados e sua composição parecerá imediata e espontânea. O ponto de partida dessas formas gestuais é a estimulação e a descoberta em si mesmo de reações humanas primitivas. O resultado final disso é uma forma viva, que possui sua própria lógica" (GROTOWSKI, 1971: 111). O gesto teatral é aqui fonte e finalidade do trabalho do ator. Impossível descrevê-lo em termos de sentimento ou mesmo de posições-poses (MEIERHOLD) significativas. Para GROTOWSKI, a imagem do hieróglifo é sinônimo de signo *icônico* intraduzível que é tanto o objeto simbolizado como o símbolo. Para outros praticantes do teatro, o gesto "hieroglífico" parecerá decifrável: "Todo movimento é um hieróglifo que tem sua própria significação particular. O teatro deveria utilizar somente os movimentos que são imediatamente decifráveis, todo o resto é supérfluo" (MEIERHOLD, 1969: 200).

c. O gesto como imagem interna do corpo ou como sistema exterior

Uma das principais dificuldades no estudo do gesto teatral é determinar ao mesmo tempo sua fonte produtiva e sua descrição adequada. A descrição obriga a formalizar algumas posições-chave do gesto; logo, a decompô-lo em momentos estáticos e a reduzi-lo a algumas oposições (tensão/relaxamento, rapidez/lentidão, ritmo entrecortado/fluidez etc.). Mas esta descrição, além de sua dependência da metalinguagem descritiva verbal que impõe suas próprias articulações, permanece, como, aliás, toda descrição, exterior ao objeto e não precisa seu vínculo com a palavra ou com o estilo de representação: ela é, muitas vezes, mal integrada ao projeto significante global (dramatúrgico e cênico).

Quanto à apreensão do gesto através da imagem do corpo e do esquema corporal, ela é função da representação que o ator ou o dançarino faça do espaço onde evolui. Esta representação do figurativo gestual ficará, no momento, perceptível apenas no nível de intuições.

2. Rumo a uma Tipologia e a um Código Gestual

a. Tipologia

• Nenhuma tipologia dos gestos é verdadeiramente satisfatória, nem no tocante aos gestos executados na realidade, nem aos executados no teatro. Costuma-se distingui-los em:

– gestos inatos, ligados a uma atitude corporal ou a um movimento;
– gestos estéticos, trabalhados para produzir uma obra de arte (dança, pantomima, teatro etc.);
– gestos convencionais que expressam uma mensagem compreendida pelo emissor e pelo receptor.

• Outra distinção consistiria em opor *gesto imitativo* e *gesto original*. O *gesto imitativo* é o do ator que encarna de maneira realista ou naturalista uma personagem, reconstituindo seu comportamento e seus "tiques" gestuais (na realidade, estilização e caracterização são inevitáveis e condicionam mesmo esse efeito da realidade gestual). O gesto pode, ao contrário, recusar a imitação, a repetição e a racionalização discursiva. Ele se dá, então, como hieróglifo a ser decifrado – "O ator, diz GROTOWSKI, não deve mais usar seu organismo para ilustrar um movimento da alma; ele deve realizar esse movimento com seu organismo" (1971: 91). Trata--se de encontrar os ideogramas corporais (em GROTOWSKI) ou, segundo a formulação de ARTAUD, "uma nova linguagem física à base de signos e não mais de palavras" (1964b: 81).

- Toda tipologia dos gestos deve ser revista a partir do momento que se examina os gestos num palco de teatro. Tudo, na verdade, é significante no trabalho gestual do ator, nada é deixado ao acaso, tudo assume valor de signo e os gestos, qualquer que seja a categoria a que pertençam, entram na categoria estética. Porém, inversamente, o corpo do ator nunca é totalmente redutível a um conjunto de signos, ele resiste à *semiotização** como se o gesto, no teatro, conservasse sempre a marca da pessoa que o produziu.

b. Código gestual

Em lugar de decompor o movimento gestual em unidades recorrentes (quinemas, aloquinemas na teoria de BIRDWHISTELL), indicaremos algumas características de um código gestual (para uma discussão detalhada, *cf.* PAVIS, 1981*a*):

- tensão do gesto/relaxamento;
- concentração física e temporal de vários gestos (*cf.* os ideogramas de MEIERHOLD, 1973);
- percepção da finalidade e da orientação da sequência gestual;
- processo estético de estilização, ampliação, depuração, distanciamento do gesto;
- estabelecimento da ligação entre o gesto e a palavra (acompanhamento, complementaridade, substituição).

3. Problemas de uma Formalização dos Gestos

Os gestos são dados num *continuum* ao longo da representação, o que torna muito difícil uma *decupagem** em unidades gestuais. A ausência de movimento não é critério suficiente para delimitar o início ou o fim do gesto; também não há, verdadeiramente, elementos recorrentes na "frase gestual" como o objeto, o verbo ou o sujeito.

Toda descrição verbal do gesto do ator perde muito das qualidades específicas dos movimentos e das atitudes; ademais, ela decupa o corpo de conformidade com unidades semânticas linguísticas, quando se deveria exatamente estudar o corpo segundo suas próprias unidades ou leis – se é que existem. Trata-se de saber a que função ideológica corresponde a necessidade de uma *notação** e de uma grade aplicada ao estudo dos movimentos: é para fixar e codificar o gesto, tranquilizando gesticulador e observador? Não será preciso adicionar à descrição exterior uma visão intuitiva da imagem corporal do gesticulador, reencontrar no gesto a dimensão das pulsões cuja articulação FREUD mostrou no limite dos domínios psíquico e físico?

O estudo da gestualidade, se quiser sair do simples comentário estético e encontrar a dimensão profunda do gesto, tem um longo caminho pela frente.

📖 Laban, 1960; Artaud, 1964; Birdwhistell, 1973; Bouissac, 1973; Leroi-Gourhan, 1974; Cosnier, 1977; Hanna, 1979; Krysinski, 1981; Sarrazac *et al.*, 1981; Marin, 1985; Lecoq, 1987, 1996; Pavis e Villeneuve, 1993.

GESTUAL

↔ (Neologismo do início do século XX.)
Fr.: *gestuelle*; Ingl.: *system of gestures*; Al.: *Gebärdensprache*; Esp.: *gesticulation*.

O gestual é uma noção que se aproxima da noção de *gestualidade**. E a maneira de se mexer específica de um ator, de uma personagem ou de um estilo de representar. *Gestual* implica uma formalização e uma caracterização dos gestos do ator, preparando, portanto, para a noção de *gestus**.

GESTUALIDADE

↔ Fr.: *gestualité*; Ingl.: *gestuality*; Al.: *Gestik*; Esp: *gestualidad*.

Neologismo empregado a partir das pesquisas em semiótica e, provavelmente, formado com base no modelo literatura/literalidade, teatro/teatralidade, para designar as propriedades específicas do *gesto**, particularmente aquelas que aproximam e distinguem os gestos de outros sistemas de comunicação.

A gestualidade se opõe, por outro lado, ao gesto individualizado: ela constitui um sistema mais ou menos coerente de maneiras de ser corporais, ao passo que o gesto se refere a uma ação corporal singular.

📖 *Langages*, 1968; Stern, 1973; Pavis, 1981*a*, 1966.

GESTUS

Fr.: *gestus*; Ingl.: *gestus*; Al.: *Gestus*; Esp.: *gestus*.

1. Gesto e *Gestus*

Gestus é o termo latino para *gesto**. Esta forma é encontrada em alemão até o século XVIII: LESSING fala, por exemplo, de "*gestus* individualizantes" (quer dizer, característicos) ou do "*gestus* de advertência paterna". *Gestus* tem aqui o sentido de *maneira característica* de usar o *corpo**, tomando, já, a conotação social de *atitude** para com o outro, conceito que BRECHT retomará em sua teoria do *gestus*. MEIERHOLD distingue, quanto a ele, "posições-poses" (*rakurz*) que indicam a atitude cristalizada e fundamental de uma personagem. Seus exercícios *biomecânicos** têm a finalidade, entre outras, de determinar atitudes cristalizadas, verdadeiros "breques" (entalhes de suspensão) no movimento gestual (*condensação**).

2. *Gestus* Brechtiano

O *gestus* deve ser diferenciado do gesto puramente individual (coçar-se, espirrar etc.): "As atitudes que as personagens tomam umas com as outras constituem o que denominamos domínio gestual. Atitudes corporais, entonações, jogos fisionômicos são determinados por um *gestus* social: as personagens se xingam, se cumprimentam, trocam conselhos etc." (*Pequeno Organon*, 1963: § 61: 80). O *gestus* se compõe de um simples movimento de uma pessoa diante de outra, de uma forma social ou corporativamente particular de se comportar. Toda ação cênica pressupõe uma certa atitude dos protagonistas entre si e dentro do universo social: é o *gestus social*. O *gestus fundamental* da peça é o tipo de relação fundamental que rege os comportamentos sociais (servilismo, igualdade, violência, astúcia etc.). O *gestus* se situa entre a ação e o caráter (oposição aristotélica de todo teatro): enquanto ação, ele mostra a personagem engajada numa práxis social; enquanto caráter, representa o conjunto de traços próprios a um indivíduo. O *gestus* é sensível, ao mesmo tempo, no comportamento corporal do ator e em seu discurso: um texto, uma música podem, na verdade, ser gestuais se apresentam um *ritmo** apropriado ao sentido do que ele está falando (ex.: *gestus* chocante e sincopado do *song** brechtiano para representar um mundo chocante e pouco harmonioso). Melhor será, para o ator, usar gestos que palavras ("*non verbis, sed gestibus*").

Esta noção mereceria ser reconsiderada à luz das teorias da linguagem poética, de *iconicidade** do discurso teatral e da gestualidade teatral como hieróglifo do corpo humano e do corpo social (ARTAUD, 1964; GROTOWSKI, 1971).

Distanciamento.

Brecht, 1967, vol. 19: 385-421; Pavis, 1978*b*; Knopf, 1980.

GOLPE DE TEATRO

Fr.: *coup de théâtre*; Ingl.: *coup de théâtre*; Al.: *Theatercoup, coup de théâtre*; Esp.: *golpe de efecto*.

Ação totalmente imprevista que muda subitamente a situação, o desenrolar ou a saída da ação. O dramaturgo recorre a ele, na tragédia clássica, (tomando, entretanto, o cuidado de preparar o espectador para isso) e no drama burguês e no melodrama. DIDEROT, nas *Conversas Sobre o Filho Natural* (1757), define o golpe de teatro como "incidente imprevisto que se passa em ação e que altera subitamente o estado das personagens" e o opõe ao *quadro** que descreve um estado típico ou uma situação patética.

Recurso dramático por excelência, o golpe ou lance de teatro especula sobre o efeito surpresa e possibilita, na oportunidade, resolver um *conflito** graças a uma intervenção externa (*deus ex machina**).

Szondi, 1972*b*; Valdin, 1973.

GOSTO

Fr.: *goût*; Ingl.: *taste*; Al.: *Geschmack*; Esp.: *gusto*.

1. Na tradição ocidental do teatro, o gosto, em seu sentido específico, raramente representa um papel pertinente na experiência estética dos espectadores, ao passo que certas poéticas, como a poética sânscrita, fazem alusão ao gos-

to e ao sabor do espetáculo, àquilo que BARTHES denomina *Sapienta* do texto: "Nenhum poder, um pouco de saber, um pouco de sabedoria, e o máximo possível de sabor" (1978a: 46).

2. O gosto em sentido amplo – o de *expectativa** e de avaliação – é, em compensação, um dado essencial para apreciar a maneira pela qual o público recebe o espetáculo, lê o texto ou percebe a encenação em função de *códigos**, a forma, também, pela qual os gostos se modificam com o tempo e com as ideologias, como o bom e o mau gosto estão sujeitos a constantes variações, para o grande azar dos poetas normativos que, como LA BRUYÈRE, pretendem que "há, pois, um bom e um mau gosto" (*Les Caractères*, 1688). Os estudos sobre o gosto exigem, portanto, pesquisas empíricas sobre os públicos de teatro, sua composição, cultura e hábitos.

Semiologia, sociosemiótica.

Bourdieu, 1979; Pavis, 1996.

GROTESCO

(Do italiano *grottesca*, derivado de gruta.) Fr.: *grotesque*; Ingl.: *grotesque*; Al.: *das Groteske*; Esp.: *grotesco*.

Nome dado às pinturas descobertas no Renascimento em monumentos soterrados e contendo motivos fantásticos: animais com forma vegetal, quimeras e figuras humanas.

1. Emergência do Grotesco

a. Grotesco é aquilo que é cômico por um efeito caricatural burlesco e estranho. Sente-se o grotesco como uma deformação significativa de uma forma conhecida ou aceita como norma. Assim, Th. GAUTIER, em *Les Grotesques* (1844), propõe reabilitar os autores "realistas" do início do século XVII expondo as "deformações literárias" e os "desvios poéticos" deles.

A forma grotesca aparece na época romântica como a forma capaz de contrabalançar a estética do belo e do sublime, de fazer com que se tome consciência da relatividade e da dialética no julgamento estético: "O grotesco antigo é tímido e procura sempre se esconder. [...] No pensamento dos modernos, ao contrário, o grotesco tem imenso papel. Encontramo-lo em toda parte; de um lado, cria o disforme e o horrível; de outro, o cômico e o bufo. [...] O grotesco é, segundo nosso ponto de vista, a mais rica fonte que a natureza pode abrir à arte" (HUGO, prefácio de *Cromwell*, 1827).

b. Aplicado ao teatro – dramaturgia e apresentação cênica – o grotesco conserva sua função essencial de princípio de deformação acrescido, além disso, de um grande senso do concreto e do detalhe realista. MEIERHOLD a ele se refere constantemente, fazendo até do teatro, dentro da tradição estética de um RABELAIS, de um HUGO e, posteriormente, de um teórico como BAKHTIN (1970), a forma de expressão por excelência do grotesco: exagero premeditado, desfiguração da natureza, insistência sobre o lado sensível e material das formas.

2. O Espírito do Grotesco

a. As razões da deformação grotesca são extremamente variáveis, desde o simples gosto pelo efeito cômico gratuito (na *Commedia dell'arte**, por exemplo), até a sátira política ou filosófica (VOLTAIRE, SWIFT). Não existe o grotesco, mas projeções estético-ideológicas grotescas (grotesco satírico, parabólico, cômico, romântico, niilista etc.). Da mesma forma que o *distanciamento**, o grotesco não é um simples efeito de estilo, ele engloba toda a compreensão do espetáculo.

b. O grotesco está estreitamente associado ao *tragicômico**, que surge historicamente com o *Sturmund Drang*, o *drama** e o *melodrama**, o teatro romântico e expressionista (HUGO, mas também BÜCHNER, NESTROY, WEDEKIND, KAISER, STERNHEIM) e o *teatro grotesco* de CHIARELLI ou PIRANDELLO. Gêneros mistos, o grotesco e o tragicômico mantêm um equilíbrio instável entre o risível e o trágico, cada gênero pressupondo seu contrário para não se cristalizar numa atitude definitiva. No mundo atual, famoso por sua deformidade – isto é, por sua falta de identidade e de harmonia -, o grotesco renuncia a nos fornecer uma imagem harmoniosa da sociedade: ele reproduz "mimeticamente" o caos em que ele está nos oferecendo sua imagem retrabalhada.

c. Disso resulta uma mistura de *gêneros** e de estilos. Esse cômico acerbo paralisa a recepção do espectador, sempre impedido de rir ou de chorar impunemente. Este perpétuo movimento de inversão das perspectivas provoca a contradição entre o objeto realmente visto e o objeto abstrato, imaginado: visão concreta e abstração intelectual caminham sempre juntas. Da mesma maneira, há, frequentemente, transformação do homem em animal e vice-versa. A bestialidade da natureza humana e a humanidade dos animais provocam uma reavaliação dos ideais tradicionais do homem. Isto nem sempre é sinal de degenerescência e de desprezo, mas apenas uma forma de pôr o homem no seu devido lugar, sobretudo no que se refere a seus instintos e sua corporalidade (BAKHTIN, 1965).

d. Nesse sentido, o grotesco é uma arte realista, já que se reconhece (como na caricatura) o objeto intencionalmente deformado. Ele firma a existência das coisas, criticando-as. É o contrário do *absurdo**, pelo menos daquela categoria de absurdo que recusa toda lógica e nega a existência de leis e princípios sociais. Está também distante da arte niilista ou da arte dadaísta que rejeitavam qualquer valor e não acreditavam sequer na função paródica ou crítica da atividade artística. Da mesma forma, como mostrou DÜRRENMATT, "a arte fascista, pretensamente positiva e heroica, é que é verdadeiramente niilista e destrutiva de todo valor humanista. Em contrapartida, o grotesco é uma das possibilidades de ser exato. [...] É uma estilização extrema, uma concentração súbita e, nisso, está em condições de captar as questões da atualidade e mesmo nossa época, sem ser peça de tese ou reportagem" (1966: 136-137).

e. Na derrisão grotesca, rimos não *de* alguma coisa, de maneira isolada, mas *com* aquilo que estamos ridicularizando. Participamos da festa dos espíritos e dos corpos: "O riso causado pelo grotesco tem, em si, algo de profundo, axiomático e primitivo que se aproxima mais da vida inocente e da alegria absoluta do que o riso provocado pela comicidade dos costumes [...]. Eu, doravante, chamarei o grotesco de cômico absoluto [...] como antítese ao cômico comum, que denominarei cômico significativo" (BAUDELAIRE, 1855: 985).

f. O problema é saber se esse cômico absoluto destrói, na sua passagem, todo valor e todo absoluto e se ele se assemelha, assim, ao mecanismo cego do absurdo, como pretendia, equivocadamente, ao que parece, J. KOTT: "O fracasso do ator trágico é o absoluto transformado em escárnio e dessacralizado, sua transformação um mecanismo cego, em uma espécie de autômato" (1965: 137). "O grotesco transforma em escárnio o absoluto da história, como transformou em escárnio o absoluto dos deuses, da natureza e da predestinação" (144).

Do grotesco tragicômico ao *absurdo** não há senão um passo, rapidamente transposto no teatro contemporâneo. Mas a manutenção da fronteira (mesmo quando ela é *apenas* teórica) é útil para distinguir dramaturgias como as de IONESCO ou BECKETT das de FRISCH, DÜRRENMATT, até mesmo de BRECHT. Para os três últimos, o grotesco é uma última tentativa de compreender o homem tragicômico de hoje em dia, seu dilaceramento, mas também sua vitalidade e sua regeneração através da arte.

📖 Kayser, 1960; Dürrenmatt, 1966; Heidsieck, 1969; Ubersfeld, 1974.

H

HAMARTIA

↻ (Palavra grega para *erro*.)

Na tragédia grega, o erro de julgamento e a ignorância provocam a catástrofe. O herói não comete uma falta por causa de "sua maldade e de sua perversidade, mas em consequência de algum erro que cometeu" (ARISTÓTELES, *Poética*, § 1453a).

A *hamartia* é concebida como ambígua: com efeito, "a culpabilidade estabelece-se trágica entre a antiga concepção trágica religiosa da falta-mancha, da *hamartia*, moléstia do espírito, delírio enviado pelos deuses, gerando, necessária porém involuntariamente, o crime, e a concepção nova em que o culpado, *hamartón* e, sobretudo, *adikón*, é definido como aquele que, sem ser obrigado a isso, escolheu, deliberadamente, cometer um delito" (VERNANT, 1972: 38).

🔍 *Hybris*, conflito, trágico.

📖 Romilly, 1961, 1970; Saïd, 1978.

HAPPENING

↻ (Do inglês *to happen*, passar-se, acontecer.)

Forma de atividade que não usa texto ou programa prefixado (no máximo um roteiro ou um "modo de usar") e que propõe aquilo que ora se chama *acontecimento* (George BRECHT), ora *ação* (BEUYS), procedimento, movimento, *performance**, ou seja, uma atividade proposta e realizada pelos artistas e participantes, utilizando o acaso, o imprevisto e o aleatório, sem vontade de imitar uma ação exterior, de contar uma história, de produzir um significado, usando tanto todas as artes e técnicas imagináveis quanto a realidade circundante. Esta atividade nada tem, portanto, contrariamente à ideia que normalmente se faz dela, de desordenada ou catártica: trata-se, antes, de propor *in actu* uma reflexão teórica sobre o espetacular e a produção de sentido nos limites estritos de um ambiente previamente definido. Como escreveu Michel KIRBY, um dos melhores teóricos do *happening*, é "uma forma especificamente composta de teatro, na qual diversos elementos não lógicos, principalmente uma maneira de representar não prevista antecipadamente, não organizada dentro de uma estrutura compartimentada" (1965: 21).

Suas origens imediatas se encontram nas pesquisas de várias categorias de artistas. John CAGE ("organizador", em 1952, de um concerto usando o pintor RAUSCHENBERG, o coreógrafo Merce CUNNINGHAM, o poeta OLSEN, o pianista TUDOR) desencadeou essa "federação de artes". Outros exemplos: no Japão, desde 1955, o grupo GUTAI; em Nova York, nos anos 1960, os escultores OLDENBURG, KIRBY e KAPROW (*18 Happenings in 6 Parts*, 1959); na Europa, BEUYS e VORSTELL, defensores da *body art* (*arte corpo-*

ral*), G. PANE, M. JOURNIAC, H. NITSCH. O *happening* se prolonga no *teatro invisível** ou na *performance**: ele perdeu o entusiasmo que os anos 1960 geraram nele.

🔍 *Agit-prop*, improvisação, instalação, teatro ambiental.

📖 Lebel, 1966; Rischbieter e Storch, 1968; Tarrab, 1968; Suvin, 1970; Sandford, 1995.

HERMENÊUTICA

↔ Fr.: *herméneutique*; Ingl: *hermeneutics*; Al.: *Hermeneutik*; Esp.: *hermenéutica*.

Método de *interpretação** do texto ou da representação que consiste em propor um *sentido** destes, levando em conta a posição de enunciação e de avaliação do intérprete. A metodologia da hermenêutica deve muito à exegese bíblica e depois ao direito, os quais procuram, ambos, o sentido oculto dos textos. Sua outra origem é grega: no século V a.C., os rapsodos interpretavam o texto de Homero, tentando torná-lo acessível ao público, que já tinha dificuldade em compreendê-lo. De maneira geral, a hermenêutica tem por finalidade "fazer os signos falarem e descobrir seu sentido" (FOUCAULT, 1966: 44). Ela goza de direitos adquiridos na crítica dramática na medida em que a interpretação do texto e do palco pelo encenador, pelo ator e pelo público é um aspecto essencial do trabalho teatral, porquanto a representação se apresenta como uma série de interpretações, em todos os níveis e em todos os momentos.

1. De modo geral, a hermenêutica tem por tarefas:

– determinar que prática o realizador e o espectador têm da obra;
– enunciar claramente o local e a situação histórica do exegeta;
– mostrar a dialética entre o presente do crítico e o passado da obra, insistindo na heterogeneidade de suas historicidades.

Não há, pois, um sentido final e definitivo da obra e da encenação e, sim, uma relativa latitude de interpretação: a obra adquire, no curso da história, uma série de concretizações. Poder-se-ia falar de um "círculo hermenêutico" na interpretação da encenação, pois só compreendemos os elementos isolados da cena se, previamente, aprendemos o "discurso global" dessa encenação. Além disso, é preciso, sem cessar, formular hipóteses sobre o porquê dos signos e esperar que elas sejam confirmadas ou anuladas no decorrer do espetáculo.

2. A representação não é, pois, um sistema ou um conjunto de sistemas cênicos fechados; ela "transborda" para o mundo exterior, apela ao mesmo tempo ao sentido e à *significação** da cena. Ela exige a intervenção crítica do espectador que interpreta a cena à luz das suas experiências anteriores.

3. Esta abertura da obra para o exterior leva a usar o texto como pretexto para interpretações sucessivas e não definitivas, a experimentar todas as interações imagináveis entre *texto e cena**.

4. A cena, enquanto organização de sistemas cênicos mais ou menos integrados a um projeto global, é objeto de uma manipulação e de um trabalho incessante do criador e do espectador sobre as possíveis estruturações das artes cênicas.

5. Finalmente, a precisão das condições subjetivas, mas também sociais e ideológicas do hermeneuta é que será determinante para a pertinência da interpretação. O hermeneuta deverá, portanto, sob pena de perder toda eficácia, integrar a seu método um conhecimento concreto da historicidade do objeto estudado e de seu próprio local de enunciação. Esta historicidade permite completar ou flexibilizar uma semiologia que estaria preocupada demais com uma decodificação mecânica dos signos: mais vale um pouco de hermenêutica hoje que uma catástrofe semiológica amanhã.

🔍 Acontecimento, relação teatral, leitura, recepção, semiologia, antropologia teatral.

📖 Ricoeur, 1969; Jauss, 1970, 1977; Warning, 1975; Fischer-Lichte, 1979; Borie, 1981.

HERÓI

↻ (Do grego *hérôs*, semideus e homem divinizado.) Fr.: *héros*; Ingl.: *hero*; Al.: *Held*; Esp.: *héroe*.

1. Herói, Grau Zero

O herói da mitologia grega era uma personagem elevada ao nível de um semideus. Em dramaturgia, o herói é um tipo *de personagem** dotada de poderes fora do comum. Suas faculdades e atributos estão acima daqueles dos simples mortais, mas "o surgimento do herói estabiliza a imagem do homem" (M. AUGE, *Génie du Paganisme*). Quando o herói não executa ações extraordinárias, e não força a admiração do espectador provocando sua catarse, ele é, pelo menos, reconhecível como a personagem que recebe a cor emocional mais viva e mais notável" (TOMASCHÉVSKI, *in* TODOROV 1965: 295). Para a tragédia, esta cor emocional mais marcada consiste em *terror** e *piedade**, graças aos quais nos identificamos melhor com a personagem. Por isso é impossível dar uma definição extensiva do herói, já que a *identificação** depende da atitude do público ante a personagem: é herói aquele que dizemos que é.

2. O Herói Clássico

Só existe herói, no sentido estrito, numa dramaturgia que apresenta as ações trágicas de reis ou príncipes, de modo que a *identificação** do espectador se realize em direção a um ser mítico ou inacessível. Suas ações devem parecer exemplares e seu destino livremente escolhido. O herói está, todavia, tragicamente aprisionado entre a lei divina, cega mas irreprimível, e a consciência infeliz, porém livre (*trágico**).

O herói clássico coincide perfeitamente com sua ação: ele se coloca e se opõe através do combate e do conflito moral, responde pelo seu erro e se reconcilia com a sociedade ou consigo mesmo, quando de sua queda trágica. Só pode haver personagem heroica quando as contradições da peça (sociais, psicológicas e morais) estão totalmente contidas na consciência de seu herói: este é um microcosmo do universo dramático.

HEGEL distingue, na sua *Estética* (1832), três tipos de herói, correspondentes a três fases históricas e estéticas:

– o *herói épico* é esmagado por seu destino no combate com as forças da natureza (HOMERO);
– o *herói trágico* concentra em si uma paixão e um desejo de ação que lhe serão fatais (SHAKESPEARE);
– o *herói dramático* concilia suas paixões e a necessidade imposta pelo mundo exterior; evita, desta forma, a aniquilação. Para este tipo de herói, a denominação *herói* vale tanto para o homem ilustre cujas proezas relatamos, quanto para a personagem de teatro.

Um dos preceitos da tragédia foi que o autor recrutasse seus heróis entre personagens de alto nível. Assim, confundiram-se duas coisas: primeiro, satisfazer o público da nobreza, oferecendo-lhe um retrato adulador (motivação política); segundo, apresentar personagens que já tiveram, na vida real, um papel capital no desenvolvimento histórico e merecem o nome de herói. Esta segunda exigência (de um herói histórico) é totalmente legítima para uma dramaturgia que deve trabalhar a partir de um material já "dramatizado", ou seja, utilizando indivíduos "de importância histórica mundial" (HEGEL) que concentrem em si um campo de forças e de conflitos sociais. Tais heróis da vida real e seus conflitos não pedem senão que sejam expressos sob uma forma naturalmente dramática.

3. Excrescências do Herói

A partir do século XIX, *herói* designa tanto a personagem trágica quanto a figura cômica. Ele perde seu valor exemplar e mítico e não tem mais que o sentido de personagem principal da obra épica ou dramática. O herói ora é negativo, ora coletivo (o povo, em certos dramas históricos do século XIX), ora inencontrável (teatro do *absurdo**, DÜRRENMATT), ora seguro de si e vinculado a uma nova ordem social (herói positivo do realismo socialista). A história literária não é senão uma sequência de sucessivas desclassificações do herói; a tragédia clássica o apresenta em seu isolamento esplêndido. O drama burguês o torna, em seguida, uma representação da classe burguesa que tenta fazer com que triunfem os valores individualistas de sua classe. O naturalismo e o realismo nos mostram um herói lastimável e enfraquecido e decaído, às voltas com o determinismo social. O teatro do absurdo conclui sua decadência convertendo-o num ser metafisicamente desorientado e desprovido de aspirações (IONESCO, BECKETT). BRECHT já havia assinado sua sentença de morte, renunciando à sua representação, em troca daquela do coletivo "erigido pela produção capitalista ou assumido pela classe trabalhadora". "Não se pode mais entender os acontecimentos decisivos de nossa época do ponto de vista das personalidades individuais e tais acontecimentos não podem mais ser influenciados por personalidades individuais" (1967, vol. 15: 274). O herói contemporâneo não tem mais a força de agir sobre os acontecimentos, não possui mais ponto de vista sobre a realidade. Cede lugar à massa, organizada ou amorfa. "A personagem individual deve ceder sua função aos grandes coletivos" (DÜRRENMATT, 1970: 244). A ausência do herói cria um escárnio generalizado, porque "os verdadeiros representantes fazem falta e os heróis trágicos não têm nome [...] os secretários de Creonte despacham o caso Antígona" (1970: 63).

4. O Anti-Herói

A partir do final do século XIX, e de maneira mais marcada no teatro contemporâneo, o herói só existe sob os traços de seu *duplo** irônico ou grotesco: o anti-herói. Estando todos os valores aos quais era vinculado o herói clássico em baixa ou mesmo deixado de lado, o anti-herói aparece como a única alternativa para a descrição das ações humanas (DÜRRENMATT, 1970). Em BRECHT, o homem é sistematicamente desmontado (*cf. Um Homem é um Homem*), reduzido a um indivíduo cheio de contradições e integrado a uma *história** que o determina mais do que ele imagina. O herói não sobrevive à inversão dos valores e à desmontagem de sua consciência. Ou então ele deve, para sobreviver, disfarçar-se de *bufão** ou de criatura derrisória, *à la* BECKETT.

Dramaturgia clássica, protagonista, *hamartia*.

Aristóteles, 330 a.C.; Scherer, 1950; Frye, 1957; Lukács, 1965; Ventant e Vidal-Naquet, 1972; Hamon, 1977; Abirached, 1978.

HISTÓRIA

Fr.: *histoire*; Ingl.: *history, story*; Al.: *Geschichle*; Esp.: *historia*.

1. Uma História e a História

A história, ou *história contada*, é o conjunto de episódios relatados, independentemente de sua forma de apresentação (sinônimo: *fábula**, no sentido 1). Mas a história é também a maneira pela qual um texto ou uma representação falam do seu tempo, seu vínculo com a historicidade.

O problema mais delicado é captar a relação entre *dramaturgia** e história. O teatro mostra ações humanas inventadas ou que fazem referência a fatos históricos. A dramaturgia aborda a história desde que a peça reconstitua um episódio passado que realmente aconteceu (ou que ela imagine, como a *science-fiction*, uma situação vindoura). Toda obra dramática, intitule-se ou não peça histórica, faz intervir uma temporalidade e representa assim um momento histórico da evolução social: a relação do teatro com a história é, neste sentido, elemento constante e constitutivo de toda dramaturgia.

No trabalho do dramaturgo que fala da história, intervém duas objetividades: a do historiador que julga diversos discursos sobre os acontecimentos e toma parte na explicação deles e aquela do escritor que seleciona e dispõe os materiais de *sua fábula**. O dramaturgo restitui, com seu texto, uma coerência à história: "Pensar a história objetivamente, este é o trabalho silencioso do dramaturgo; a saber, tudo pensar em seguida; tramar os elementos isolados num conjunto; e sempre pressupondo que uma unidade de plano deve ser colocada nas coisas, se ela já não estiver aí" (NIETZSCHE, *Do Uso e da Desvantagem da História para a Vida*).

2. O Geral e o Particular

ARISTÓTELES já observava que a poesia é mais filosófica que a história, porque exprime melhor o geral, enquanto a história é adequada para dar conta do particular (*Poética*, 1451*b*). Impossível reconstituir na obra literária, como na representação, toda a riqueza dos fatos históricos: uma triagem sistemática se impõe de imediato na massa dos materiais em função do julgamento do poeta sobre a realidade a ser pintada e sobre sua própria realidade. A escritura da história, que impõe estas escolhas, só pode ser *épica**: sente-se sempre a presença do narrador-historiador. Esta é a razão pela qual os dramas históricos preferem a forma épica.

Seu autor multiplica a descrição dos acontecimentos e dos objetos e intervém em sua organização: é sempre muito delicado mostrar essa história "em ação", sob forma dramática, porque a precisão épica e histórica corre o risco de pagar por isso.

3. Totalidade dos Objetos e Totalidade do Movimento

No romance histórico, como mostrou G. LUKÁCS (1956), a precisão épica se aplica aos objetos descritos que são acumulados pela descrição do narrador numa "totalidade de objetos". No drama, o essencial é dar a ilusão de movimento ("totalidade do movimento"): concentrar os conflitos nos ombros das personagens típicas que representam "indivíduos mundialmente históricos [...] cujos próprios fins particulares abraçam o substancial, que é a vontade do espírito do mundo" (HEGEL, citado por LUKÁCS, 1956: 131).

4. Historicidade e "Eterno Humano"

O dramaturgo, pintor da história, debate-se entre duas exigências e duas tentações contraditórias:

a. Dar uma representação historicamente exata dos acontecimentos, retraçando-os em toda a sua especificidade e mostrar a defasagem que separa radicalmente duas situações históricas (a sua e a da época evocada). Esta preocupação com a exatidão implica muitos estudos prévios e uma apresentação dos documentos da época. Ele leva a dois resultados perfeitamente contrários: ou os heróis são particularizados demais, fotograficamente fiéis demais, e não se vê mais o princípio de sua significação; ou o dramaturgo faz deles abstrações históricas, aquilo que MARX chama de "porta-voz do espírito do tempo" (MARX [1859], 1967, vol. 1: 181; trad. francesa, *Correspondance Marx-Engels*, Ed. Sociales, tomo V, p. 304). As personagens não têm, então, mais vida nenhuma; o espectador não se reconhece nelas, pois uma abstração filosófica não possui credibilidade quando toma lugar de uma personagem de carne e osso.

b. A segunda tentação é generalizar a ação, depurá-la e simplificá-la para tornar os protagonistas mais próximos de um tipo genérico, ampliar a ação numa parábola abstrata e reconhecível. A personagem é, então, privada de qualquer historicidade e passa a ser um *caráter** que não pertence a nenhuma época e a nenhum ambiente. Este gênero de personagem assemelha-se a todos e a ninguém; não passa de um ideal com o qual apressamo-nos a nos identificar, posto que só enxergamos aquilo que se parecer conosco. O *conflito** não é mais aquele das forças sociais encarnadas nas personagens, mas de indivíduos muito subjetivos e de grande riqueza interior. A "privatização" do conflito leva à peça de conversação ou a um "diálogo" de personagens silenciosas cujo caráter e interioridade são finamente traçados, a ponto de se tornarem inexprimíveis (TCHÉKHOV, PIRANDELLO e todo o drama psicológico).

5. Verdade Histórica e Verdade Dramática

Verdade histórica e verdade dramática nada têm em comum. A confusão entre elas, pelos dramaturgos, gera todos os mal-entendidos do *realismo** da representação teatral. O "bom" autor dramático tem a arte de tomar liberdades com a história. Algumas inexatidões – na caracterização, na cronologia – não acarretam consequências, desde que os processos globais, os movimentos sociais, a determinação das motivações do grupo sejam corretas. Uma análise sociológica, baseada mais de perto ou mais de longe no marxismo, se esforçará para situar o conflito na confluência de movimentos históricos mais profundos (por exemplo, a oposição entre Antígona e Creonte, no momento em que se passa, como mostrou HEGEL, de uma forma de sociedade primitiva ao poder central da cidade). Para empregar a frase brechtiana: o essencial é colocar em evidência as relações de causalidade social.

Em compensação, uma verdade do pormenor que não dê importância à explicação das razões profundas dos conflitos só pode conduzir a um naturalismo improdutivo.

Um compromisso entre verdade histórica e verdade dramática às vezes se manifesta através da maneira pela qual o herói motiva e justifica suas ações. As motivações particulares (de caráter, passionais) nunca devem fazer com que se esqueça as motivações objetivas e históricas da ação. O herói conhece um destino, ao mesmo tempo único e exemplar, particular e geral.

Todas estas normas que o dramaturgo deve respeitar, se deseja exprimir corretamente os processos históricos, valem, sobretudo, para a forma clássica (dramática) do drama como HEGEL e, depois, LUKÁCS, perceberam no drama histórico e na tragédia, até o primeiro terço do século XIX. HEGEL já constata, no momento em que teoriza o modelo trágico e dramático por excelência, a crescente dificuldade de apresentar "totalidade de movimento" e um conflito de heróis individualizados (cf. SZONDI, 1956).

6. A História na Dramaturgia Pós-Clássica

a. A história distanciada

BRECHT (a quem LUKÁCS se dirige, sem o nomear) toma as rédeas dessa concepção dramatúrgica da história. Ele também procura delimitar os processos sociais, fabricar "heróis" produzidos por movimentos profundos da sociedade e reconstruir uma imagem completa, embora fragmentada na sua composição distanciada, da evolução humana (*realidade representada**).

b. A história do cotidiano

Mas a história é também a insignificância do cotidiano, a repetição do trabalho alienante e dos estereótipos ideológicos. O *teatro do cotidiano** explora esse veio partindo de uma visão mínima e voluntariamente mutilada da história, para chegar a algumas olhadelas furtivas no real, dando a ilusão de fotografar a realidade de suas práticas linguísticas e gestuais cotidianas.

c. A história do absurdo

A dramaturgia do *absurdo** dá uma imagem cíclica, irracional, fatalista, incontrolável ou lúdica da história. Tudo se desenvolve como se só guardássemos o segundo termo do aforismo de MARX, parodiando HEGEL: "HEGEL observa em algum lugar que todos os grandes fatos e todas as personagens da história mundial se produzem, de certo modo, duas vezes. Ele se esqueceu de acrescentar: a primeira vez, como tragédia; a segunda, como farsa" (*O 18 Brumário de Luís Bonaparte*). A dramaturgia do absurdo encontra sua fonte no pessimismo de SCHOPENHAUER, para quem a história e a tragédia não têm mais nenhum sentido, são apenas "a representação do aspecto terrível da vida, o sofrimento indizível, a miséria da humanidade, o triunfo do mal, o reino cheio de sarcasmo do acaso e a queda irremediável dos justos e dos inocentes" (citado *in* LUKÁCS, 1956: 135). Toda uma linha temática uniu, nessa concepção da história, dramaturgos tão diferentes quanto BÜCHNER (e seu "horrível fatalismo da história"), GRABBE (a história como natureza indiferente), MUSSET (a história-carnaval), JARRY ou IONESCO (a história grotesca ou absurda).

d. A pós-história

Atualmente, parece que os dramaturgos hesitam em se inserir numa explicação global do mundo, jogando fora o bebê com a água suja do banho histórico, em que todos se encharcaram e em que todos são comprometidos, senão culpados. Assiste-se a um retrocesso da explicação política, ou simplesmente histórica. Mesmo o Théâtre du Soleil, outrora especialista na evocação particular e geral do homem, chega com, por exemplo, as encenações de SHAKESPEARE, de *Sihanouk*, *L'Indiade* ou de *La Ville Parjure* (CIXOUS), a uma concepção da história onde os grandes indivíduos, como os povos, não parecem mais obedecer a uma lógica previsível. Mas pode-se verdadeiramente sair da história?

Tempo; realidade representada; crônica; teatro documentário.

Althusser, 1965; Lindenberger, 1975; Hays, 1977, 1981; Jameson, 1981; Pavis, 1983c.

HISTORICIZAÇÃO

(Tradução do alemão *Historisierung*.)
Fr.: *historicisation*; Ingl.: *historicization*; Al.: *Historisierung*; Esp.: *historización*.

Termo introduzido por BRECHT. Historicizar é mostrar um acontecimento ou uma personagem à sua luz social, histórica, relativa e transformável. É "mostrar os acontecimentos e os homens sob seu aspecto histórico, efêmero" (BRECHT, 1967, vol. 15: 302), o que levará o espectador a pensar que sua própria realidade é histórica, criticável e transformável (reportando-se à *história**).

Na *dramaturgia** brechtiana, bem como numa encenação inspirada no *realismo** crítico *brechtiano**, historicizar consiste em recusar-se a mostrar o homem em seu caráter individual e anedótico, para revelar a infraestrutura sócio histórica que subtende os conflitos individuais. Neste sentido, o drama individual do *herói** é recolocado no seu contexto social e político, e todo teatro é histórico e político.

A historicização põe em jogo duas historicidades: a da obra no seu próprio contexto e a do espectador nas circunstâncias em que assiste ao espetáculo: "A historicização leva a considerar um determinado sistema social do ponto de vista de outro sistema social. A evolução da sociedade fornece os pontos de vista" (BRECHT, 1976: 109).

O recurso essencial da historicização é o *distanciamento**. O espectador "distancia" a representação teatral, mas também sua própria realidade referencial.

Épico e dramático; brechtiano.

Dort, 1975, 1977a; Pavis, 1978b; Ubersfeld, 1978b; Banu, 1981.

HYBRIS

Palavra grega para "orgulho ou arrogância funesta". A *hybris* leva o herói a agir e provocar os deuses, apesar de seus avisos, o que vai dar na sua vingança e na sua perda. Este sentimento é a marca da ação do *herói* trágico**, sempre disposto a assumir seu destino.

Hamartia.

Saïd, 1978.

I

ÍCONE

↻ Fr.: *icône*; Ingl.: *icon*; Al.: *Ikone*; Esp.: *icono*.

1. Similaridade

Na tipologia dos signos de PEIRCE, o ícone é "um signo que remete ao objeto que ele denota simplesmente em virtude dos caracteres que possui, exista ou não este objeto" (PEIRCE, § 2247, citado *in* 1978: 140). O retrato é o ícone do seu modelo "contanto que ele se pareça com essa coisa e seja usado como signo dessa coisa" (ibid.). O ícone é um signo que tem uma relação de semelhança com seu modelo. Este pode ser visual (o ator "se assemelha" a sua personagem), auditivo (a voz embargada diz a emoção), gestual (um comportamento imita outro).

2. Iconicidade e Mimese

O teatro é às vezes definido como uma arte icônica por causa de sua faculdade de imitar cenicamente – pela interpretação dos atores – uma realidade referencial que éramos convidados a considerar como real. Arte por excelência da *mimese**, era lógico que ele surgisse como o domínio dos signos icônicos. Todavia, a noção de iconicidade tanto coloca problemas para o teórico quanto os resolve (reportar-se a *signo teatral**). Uma reavaliação da *semiologia** de origem saussuriana e da semiótica peirciana permitiria colocar o problema do referente do *signo** e do estatuto da realidade cênica. O modelo triádico peirciano (signo, objeto, interpretante) leva em conta o vínculo entre signo e referente e o uso pragmático dos signos. A dicotomia saussuriana (significante/significado) exclui a coisa designada pelo signo para reter somente o conceito ao qual é associada a materialidade do significante.

Por sua complexidade e por causa de uma certa desconfiança para com alguns traços metafísicos de sua filosofia, o modelo de PEIRCE foi, até o momento, pouco usado. Uma notável exceção, na França, é a do grupo de pesquisa semiótica de Perpignan (MARTY, *et alii*, 1980; DELEDALLE *in* PEIRCE, 1978). Mas a fecundidade do modelo peirciano para a *semiologia** teatral ainda precisa ser provada.

3. Utilização e Dificuldades da Noção de Iconicidade

a. Em vez de opor os signos conforme sua tipologia (ícone, índice, símbolo), é mais útil falar de signos de *função dominante* icônica, indicial ou simbólica, e determinar o respectivo papel das funções numa sequência e retraçar assim o circuito da simbolização (PAVIS, 1976*a*; ECO, 1978).

b. Pode-se estabelecer uma escala da iconicidade. Todavia, é delicado quantificar um dado tão impreciso e subjetivo quanto a noção de semelhança ou de *realismo**. Opondo iconicidade e simbolismo como dois mecanismos dialéticos, fornecemo-nos os recursos para descrever a cena como um meio mais ou menos codificado e reduzido a uma abstração e a uma simbolização.

c. A análise dos elementos visuais não escapa a um corte em unidades, corte este que passa pela grade da linguagem, o que altera de imediato a apreensão puramente icônica do fenômeno cênico.

d. A partir daí fica possível ressimbolizar o icônico segundo duas maneiras essenciais:

- Iconicidade diagramática

A codificação é feita em função do respeito às proporções e à configuração geral comum ao objeto e a seu signo. O *realismo** brechtiano, quando reconstitui um ambiente com o auxílio de alguns signos fundamentais, procede diagramaticamente (*cf.* BRECHT, 1967, vol. 15: 455-458).

- Iconicidade metafórica e *também* metonímica

A codificação se opera segundo um paralelismo entre objeto e signo: o espaço exíguo significa, por exemplo, a prisão; a palha remete à cela (caso de metonímia), o cenário abstrato a uma cidade etc.

e. A oposição ícone/símbolo é hoje substituída por uma teoria da vetorização dos signos, baseada na oposição entre deslocamento metonímico e condensação metafórica (PAVIS, 1996) (*semiologia**).

4. Iconicidade em Outros Níveis Além do Visual: o Discurso Teatral

a. O texto dramático é colocado em espaço, de modo que o *discurso** é modulado em função do local de sua enunciação, meio à moda dos caligramas onde a visualização do texto influi consideravelmente em sua significação.

b. Os fenômenos prosódicos (*ritmo**, entonação, evidenciação da arquitetura retórica etc.) são muito sensíveis e imprimem sua marca à interpretação. O texto é recebido e sentido em sua dimensão retórica.

Índice, símbolo.

La Borderie, 1973; Ertel, 1977; Ubersfeld, 1977a; Pavis, 1978c; Marty, 1982; Kowzan, 1985.

IDENTIFICAÇÃO

Fr.: *identification*; Ingl.: *identification, empathy*; Al.: *Einfühlung, Identifikation*; Esp.: *identificación*.

Processo de *ilusão** do espectador que imagina ser a personagem representada (ou do ator que entra totalmente "na pele" da personagem). A identificação com o herói é um fenômeno que tem raízes profundas no inconsciente. Este prazer provém, segundo FREUD, do reconhecimento *catártico** do ego do outro, do desejo de apropriar-se deste ego, mas também de distinguir-se dele (*denegação**).

1. A Identificação com a Personagem

O prazer da identificação com a personagem é, segundo NIETZSCHE, o fenômeno dramático fundamental: "ver-se a si mesmo metamorfoseado diante de si e agir agora como se se houvesse entrado num outro corpo, num outro caráter" (*Nascimento da Tragédia*, 1872: § 8, 44). Este processo implica que o espectador é capacitado, pelo texto dramático ou pela encenação, a julgar a personagem. Se julgarmos o herói "melhor" que nós, a identificação dar-se-á por admiração e numa certa "distância" apropriada ao inacessível; se o julgarmos pior, mas não inteiramente culpado, a identificação dar-se-á por compaixão (*terror e piedade**).

O prazer do espectador está ligado àquele da *ilusão**, da *imitação** e da *denegação**. FREUD descreveu o prazer do espectador como a satisfação de "sentir as diferentes partes do ego se moverem sem inibição em cena" (FREUD, 1969, vol. X: 167-168; trad. fr. in Digraphe n. 3, 1974).

2. Esquema de Identificação

Na ausência de uma teoria científica das emoções que distinguiria os diferentes níveis de recepção (conforme a afetividade, a intelecção, o reconhecimento ideológico etc.), é impossível propor uma tipologia indiscutível das interações de identificação com o herói. A teoria de H. R. JAUSS tem o mérito de definir claramente

Modalidades de identificação do espectador com o herói (nossa tradução)

Modalidade de identificação	Relação	Disposição de recepção	Normas de conduta + progressivo − regressivo
a) Associativa	Jogo/competição	Pôr-se no lugar dos papéis de todos os participantes	+ gozo de uma existência livre − excesso permitido (ritual)
b) Admirativa	O herói perfeito	Admiração	+ emulação − imitação
c) Simpática	O herói imperfeito	Piedade	+ interesse moral − sentimentalidade
d) Catártica	a) O herói que sofre	Violenta emoção trágica Libertação da alma	+ interesse desinteressado
	b) O herói oprimido	Zombaria, libertação cômica da alma	− prazer de *voyeur* − zombaria
e) Irônica	O herói desaparecido ou o anti-herói	Espanto (provocação)	+ resposta pela criatividade, sensibilização da percepção − culto do tédio, indiferença

Fonte: a partir de H. R. JAUSS, 1977: 220.

seus critérios de distintividade: cinco modelos de identificação são aí propostos: associativa, admirativa, simpática, catártica, irônica (JAUSS, 1977: 220).

3. Críticas da Identificação

Entre estas potencialidades de identificação, a catarse (*d*) e a admiração sem limite (*b*) sempre foram objeto de sérias críticas. Uma atitude moralizante condena a catarse porque esta acostuma o espectador ao mal. A crítica brechtiana do teatro de identificação é muito mais radical: identificar-se com o herói implicaria uma ausência de espírito crítico e pressuporia que se concebe a natureza humana como eterna, acima das épocas e das classes.

Esta critica radical da alienação do espectador ameaça, todavia, (se é levada ao extremo, para não dizer ao absurdo, como no jovem BRECHT), desequilibrar a oposição identificação/*distanciamento**. Pois bem, toda identificação com o herói faz-se afastando-se ligeiramente deste e, portanto, por uma leve denegação, ainda que para afirmar sua superioridade ou sua especificidade; e, inversamente, toda crítica do herói necessita de uma certa percepção de sua "psicologia". Assim, interpretar (mostrar) e viver (identificar-se com) são "dois processos antagônicos que se unem no trabalho do ator" (BRECHT, 1979: 47).

4. Identificação e Ideologia

Certos críticos de inspiração marxista e brechtiana, como L. ALTHUSSER (1965), propõem ultrapassar a concepção estreitamente psicológica da identificação, ampliando a consciência espectadora a uma instância que se reconhece também no conteúdo ideológico da peça ou da encenação. O espectador adere, através das personagens e da fábula, aos mitos e crenças de sua ideologia cotidiana. Identificar-se é sempre deixar-se impressionar pela "evidência" sinuosa de uma ideologia ou de uma psicologia.

Reconhecimento, realidade representada, espectador, herói, terror e piedade, ironia.

ILUMINAÇÃO

Fr.: *éclairage*; Ingl.: *lighting*; Al.: *Beleuchtung*; Esp.: *iluminación*.

1. O termo *iluminação* vem sendo substituído, cada vez mais, na prática atual, pelo termo *luz*, provavelmente para indicar que o trabalho da iluminação não é iluminar um espaço escuro,

mas, sim, criar a partir da luz. O alemão *Lichtregie* (encenação da luz) ou o inglês *lighting design* (desenho das luzes) também insistem no papel focalizador da luz na encenação. Após os sucessivos imperialismos do ator-rei, do encenador, do cenógrafo, é o iluminador – o senhor absoluto da luz – que se torna com frequência a personagem-chave da representação. Entretanto, APPIA já observava, no início do século, a importância da luz colocada a serviço do ator: "A luz é de uma flexibilidade quase milagrosa. Ela possui todos os graus de claridade, todas as possibilidades de cores, como uma paleta, todas as mobilidades; pode criar sombras, irradiar no espaço a harmonia de suas vibrações exatamente como o faria a música. Possuímos nela todo o poder expressivo do espaço, se este espaço é colocado a serviço do ator" (1954: 39).

2. A luz intervém no espetáculo; ela não é simplesmente decorativa, mas participa da produção de sentido do espetáculo. Suas funções dramatúrgicas ou semiológicas são infinitas: iluminar ou comentar uma ação, isolar um ator ou um elemento da cena, criar uma atmosfera, dar ritmo à representação, fazer com que a encenação seja lida, principalmente a evolução dos argumentos e dos sentimentos etc. Situada na articulação do espaço e do tempo, a luz é um dos principais enunciadores da encenação, pois comenta toda a representação e até mesmo a constitui, marcando o seu percurso. Material milagroso de inigualáveis fluidez e flexibilidade, a luz dá o tom de uma cena, modaliza a ação cênica, controla o ritmo do espetáculo, assegura a transição de diferentes momentos, coordena os outros ritmos cênicos colocando-os em relação ou isolando-os.

3. A técnica da luz pôs em evidência sua plasticidade e seu poder "musical". A luz é "o único recurso exterior que pode agir sobre a imaginação do espectador sem distrair sua atenção; a luz tem uma espécie de poder semelhante ao da música; toca outros sentidos, mas age como ela; a luz é um elemento vivo, um dos fluidos da imaginação, o cenário é uma coisa morta" (DULLIN, 1969: 80). Vivificando assim o espaço e o ator, a luz assume uma dimensão quase metafísica, ela controla, modaliza e nuança o sentido; infinitamente modulável, é o contrário de um signo discreto (sim/não; verdadeiro/falso; branco/preto; signo/não signo), é um elemento atmosférico que religa e infiltra os elementos separados e esparsos, uma substância da qual nasce a vida.

📖 Bablet, 1973; Bergman, 1977; *Travail Théâtral* n. 31, 1978; Bonnat, 1982; *Oxford Companion*, 1983 (histórico); Valentin, 1988; Pavis, 1996a.

ILUSÃO

↻ (Do latim *illusio*; *ludere*, brincar; *illudere*, transpor.)
Fr.: *illusion*; Ingl.: *illusion*; Al.: *Illusion*; Esp.: *ilusión*.

Há ilusão teatral quando tomamos por real e verdadeiro o que não passa de *uma ficção**, a saber, a criação artística de um mundo de referência que se dá como um mundo possível, que seria o nosso. A ilusão está ligada ao *efeito de real** produzido pelo palco; ela se baseia no reconhecimento psicológico e ideológico de fenômenos já familiares ao espectador.

1. Objetos de Ilusão

A ilusão vale para todos os componentes do espetáculo, em graus diversos e segundo modalidades específicas.

a. Mundo representado

O espaço cênico naturalista, onde tudo é reconstituído com exatidão com respeito à realidade significada, fornece o quadro da representação ilusionista. Para o público, este quadro parece "transplantado" de sua própria realidade para o palco. Ele contém os objetos típicos de um ambiente, dando aos espectadores o efeito de real, seguindo nisto a certeza clássica de que "o único meio de produzir e manter a ilusão é se parecer com aquilo que se imita" (MARMONTEL, 1787).

b. Cenografia

Certas cenografias estão mais aptas do que outras a captar a ilusão: o palco frontal, à italiana, que enquadra e põe em perspectiva os acontecimentos, será, por exemplo, particularmente apropriado aos efeitos ilusionistas do *trompe-l'oeil*.

c. A fábula

Para produzir ilusão, a fábula será disposta de maneira a que se sinta sua lógica e sua direção, sem que o espectador possa entrever completamente sua conclusão. O espectador é tomado pelo "suspense" e não pode levar seu olhar para fora da trajetória traçada para ele, e acredita na história contada pela *fábula**.

d. A personagem

O espectador tem a ilusão de ver a personagem real à sua frente. Tudo é feito para que ele se *identifique**.

2. "Duplo Jogo" da Ilusão

Está na natureza do binômio ilusão/desilusão nunca apresentar-se sob apenas um dos dois aspectos da contradição. A ilusão pressupõe a sensação de saber que aquilo que vemos no teatro é apenas uma representação. Se nos entregássemos totalmente à decepção, nosso prazer também seria diminuído. As estéticas hipernaturalistas que apostam na ilusão perfeita às vezes ignoraram esta necessidade do prazer suspeito da ilusão/desilusão. Ao contrário, o teatro clássico, e, geralmente, todo teatro que não procura negar-se a si mesmo, tem uma posição muito mais equilibrada e "prática", mais sutil do que a alternativa entre efeitos de real e de irreal. Assim, MARMONTEL recomenda não levar a ilusão ao máximo e deixar ao espectador a consciência de perceber uma imagem da realidade, não a realidade. É preciso ter "dois pensamentos simultâneos": que se "veio ver representar uma fábula" e que se assiste a um fato real: mas o primeiro pensamento deve sempre prevalecer, pois a ilusão não tem que triunfar às custas da reflexão: "[...] quanto mais viva e forte é a ilusão, mais ela age sobre a alma, e, por conseguinte, menos liberdade, reflexão e apego à verdade ela deixa" (MARMONTEL, 1787, art. "Ilusão"). Não se está longe, nesse controle refletido da ilusão, da exigência brechtiana de "restabelecimento da realidade teatral [como] condição necessária para que possam ser dadas representações realistas da vida em comum dos homens" (1972: 247; (re)*teatralização**). O que MARMONTEL (para a teoria clássica) e BRECHT (para a teoria épica) descrevem aqui não é senão o fenômeno de *denegação**.

3. Fabricação da Ilusão

A ilusão nada tem de um fenômeno misterioso: ela se baseia numa série de *convenções** artísticas.

O estudo da *imagem** e dos signos *icônicos** mostra que a realidade figurativa não é uma imitação passiva, mas que ela obedece a um conjunto de *códigos**. "De modo geral, cada época inventa suas próprias receitas de ilusionismo. [...] A pintura, como o teatro, como as outras artes, é ilusionismo, e seus meios, tanto quanto seus fins, estão ligados a um certo estado da sociedade, e mais ainda a um certo estado de seus conhecimentos teóricos e técnicos, até mesmo à medida das reações que um modo de vida, deduzido de uma certa compreensão do universo impõe a uma coletividade" (FRANCASTEL, 1965: 224).

Para a ilusão, assim como para a imitação, não há fórmula definitiva de representação verídica e natural do mundo. A ilusão e a mimese não são mais que o resultado de *convenções** teatrais.

4. Ilusão e Inconsciente

A busca da ilusão está ligada, como mostrou FREUD, à busca do prazer e a um duplo movimento de denegação: sabemos que aquela personagem não é nós, mas, ainda assim, sim era nós! (MANNONI, 1969). O teatro, como bem sabia Hamlet, é o local onde o recalcado retorna.

A ilusão e a identificação extraem seu prazer do sentimento de que aquele que percebemos não é senão um outro, e que nós não acreditamos numa ilusão presente, mas, quando muito, na ilusão que um ego anterior (o da criança) teria podido, outrora e alhures, sentir. Fica agradável assistir "impunemente a acontecimentos que, na vida real, seriam penosos. A ilusão provoca uma diminuição da dor graças à certeza de que, primeiramente, é um outro que age e sofre em cena e que, em segundo lugar, aquilo é apenas um jogo que não pode causar dano algum à nossa segurança pessoal" (FREUD, 1969, vol. 10: 163).

A experiência *catártica** faz reviver no sujeito tudo o que ele recalcara: expectativas e desejos infantis, as madalenas proustianas e todo o resto.

Quarta parede, naturalismo, realidade representada, realidade teatral.

📖 *Nouvelle Revue de Psychanalyse*, 1971; Reiss, 1971; Gombrich, 1972; Rivière, 1978.

IMAGEM

↻ Fr.: *image*; Ingl.: *image*; Al.: *Bild*; Esp.: *imagen*.

1. A imagem desempenha um papel cada vez maior na prática teatral contemporânea, pois tornou-se a expressão e a noção que se opõe àquelas de texto, fábula ou ação. Havendo reconquistado completamente sua natureza visual de representação, o *teatro de imagens** chega mesmo a recorrer a uma sequência de imagens e a tratar os materiais linguísticos e actanciais como imagens ou quadros: é assim, por exemplo, nos espetáculos de R. WILSON, R. FOREMAN, C. RÉGY, P. CHÉREAU; K.-M. GRÜBER; Ph. ADRIEN; A. ENGEL, R. DEMARCY e, mais recentemente, de R. PLANCHON, S. BRAUNSCHWEIG, G. LAVAUDANT, Ph. GENTY, R. LEPAGE, A. BÉZU.

2. A encenação (colocação em cena) é sempre *colocação em imagens*, porém ela é mais ou menos "imaginada" e "imaginante": no lugar de uma figuração mimética ou de uma abstração simbólica, hoje se encontra, com frequência, uma cena feita de uma sequência de imagens de grande beleza. A cena fica próxima de uma paisagem e de uma imagem mental, como se se tratasse de ultrapassar a imitação de uma coisa ou sua colocação em signo. Depois da máquina de interpretar, o cenário – constata A. PIERRON – é doravante "máquina de sonhar": "Já é hora de o cenário se desintelectualizar. A superfície branca do cenário abstrato, em sua limpidez ou seu hermetismo, propõe o melhor tratamento de desintoxicação de uma cenografia por demais apoiada na ilustração e no signo" (PIERRON, 1980: 137).

3. Esta busca da dimensão *fantasmática** e desmaterializada da imagem renova o estatuto da representação e do texto dramático: a partir do momento em que é assim transformado em imagem pela cena, o texto se presta, com efeito, a uma releitura de acordo com novas modalidades. Apesar de seu desejo de romper a linearidade ou a lógica do texto, a imagem nem por isso se torna ilegível e imaterial; ela continua a ser uma construção da maquinaria teatral e possui sua própria organização formal, que um olhar treinado percorre sem dificuldade.

📖 Lindekens, 1976; Marranca, 1977; Barthes, 19786; Rivière, 1978; *Théâtre Public*, 1980, n. 2; Gauthier, 1982; Dubois, 1983; Simhandl, 1993.

IMBROGLIO

↻ Fr.: *imbroglio*; Ingl.: *imbroglio, entanglement*; Al.: *Verwicklung*; Esp.: *enredo*.

Esta palavra italiana ("embrulho") designa uma situação e/ou uma *intriga** complexa e confusa que impede as personagens (e os espectadores) de perceberem claramente suas respectivas posições no tabuleiro estratégico da peça. Esta é a situação costumeira do *vaudeville** ou da *comédia de intriga**.

O prazer sentido pelo espectador em acompanhar o *imbroglio* mistura-se à exasperação de nunca estar certo de entender totalmente, nem de maneira suficientemente rápida, e de ser refreado em seu desejo de ter acesso à conclusão final. Inversamente, é também, muitas vezes, o prazer de ultrapassar o *imbroglio* graças a um atalho ou a uma antecipação simplificadora que constitui o interesse da comédia de intriga.

IMITAÇÃO

↻ (Do latim *imitado*, palavra correspondente ao grego *mimésis**.)

1. Universalidade da Reivindicação

A reivindicação da imitação retorna constantemente na história do teatro, de ARISTÓTELES ao realismo socialista. Ela se manteve por razões essencialmente ideológicas: dar ao espectador a *ilusão** da realidade, a segurança do *verossimilhante**: "A perfeição de um espetáculo consiste na imitação tão exata de uma ação que o espectador, ininterruptamente enganado, imagina estar assistindo à própria ação" (DIDEROT, 1962: 142). Esta estética da imitação culmina com o teatro *naturalista* que pretende substituir a realidade.

2. Objetivo da Imitação

Imitar é, entretanto, um processo muito vago que se aplica a toda espécie de objetos: o gesto e o comportamento humanos, o discurso de uma personagem, o *ambiente** cênico, um *acontecimento** histórico, um modelo literário. As palavras de ordem da imitação assumem assim, na *prática teatral**, formas variadíssimas: nada de comum, por exemplo, entre um texto clássico que "imita" um modelo grego (fábula, temática) e uma cena naturalista que reconstitui minuciosamente um interior burguês. Por sua amplitude e sua imprecisão, o conceito de imitação tomou-se inoperante. De fato, ele está sempre limitado a um exemplo de regras consideradas indispensáveis ao bom gosto, ao verossímil ou à verdade profunda. No caso particular do classicismo, a imitação dos Antigos passa pela imitação da natureza, pedra de toque da doutrina clássica. Ela exige o domínio das técnicas e das regras. A imitação clássica não impõe uma descrição da totalidade da sociedade e sim traços marcantes da psicologia humana. Quanto aos termos natureza e *natural**, ainda mais carregados que os termos imitação ou *mimese**, todas as estéticas referem-se a eles sistematicamente para reivindicar uma nova relação com a realidade.

3. Imitação e Codificação

A teoria literária é hoje muito reticente quanto ao emprego da noção de imitação, pois os estudos dos *procedimentos** artísticos e literários revelaram o que a imitação escondia vergonhosamente: as *convenções** e as *codificações**. A cena nada mostra que não necessite, de parte do espectador, da aceitação de convenções tácitas: a cena se dá para o mundo, o ator *representa* determinada personagem, a iluminação *ilumina* a realidade etc. A imitação se baseia portanto num sistema de codificações que produzem a ilusão: "O que se chama, de maneira bem leviana, de imitação da realidade no teatro sempre foi, mesmo quando não se suspeitava disto, pura questão de convenção. Se se suprimir os cenários ou os disfarces, se se recitar o texto ou interpretá-lo, não faz grande diferença. Quando ANTOINE queria fazer 'mais' real, tratava-se de inaugurar um estilo, e mesmo um modo sem importância e transitório" (MANNONI, 1969: 166). Imitação e ilusão só existem por oposição a um efeito de "desilusão" e de *denegação** do real.

Mimese, signo, realidade representada, denegação, realista (representação...).

Princeton Encyclopedia of Poetry and Poetic, 1974; Culler, 1975; Genette, 1976; Barthes *et al.*, 1982.

IMPROVISAÇÃO

Fr.: *improvisation*; Ingl.: *improvisation*; Al.: *Improvisation, Stegreifspiel*; Esp.: *improvisación*.

Técnica do ator que interpreta algo imprevisto, não preparado antecipadamente e "inventado" no calor da ação.

Há muitos graus na improvisação: a invenção de um texto a partir de um *canevas* conhecido e muito preciso (assim, na *Commedia dell'arte**), *o jogo dramático** a partir de um tema ou de uma senha, a invenção gestual e verbal total sem modelo na *expressão corporal**, a desconstrução verbal e a pesquisa de uma nova "linguagem física" (ARTAUD).

Todas as filosofias da criatividade enxertam-se de maneira contraditória nesse tema da improvisação. A voga dessa prática explica-se pela recusa do texto e pela imitação passiva, assim como pela crença num poder liberador do *corpo** e da criatividade espontânea. A influência dos exercícios de GROTOWSKI, do Living Theatre, do trabalho sobre as personagens pelo Théâtre du Soleil e de outras práticas "selvagens" (isto é, não acadêmicas) da cena contribuíram poderosamente para forjar, nos anos 1960 e 1970, um mito da improvisação como fórmula "abre-te, Sésamo" da criação coletiva teatral, fórmula justamente denunciada por M. BERNARD (1976, 1977) como ressurgência da teoria expressionista do corpo e da arte.

Hodgson e Richards, 1974; Benmussa, Bernard e Aslan *in Revue d'Esthétique*, 1977: 1-2; Barker, 1977; Ryngaert, 1977, 1985; Sarrazac *et al.*, 1981; Monod, 1983.

IMPROVISO

Fr.: *impromptu*; Ingl.: *impromptu play*; *extempore play*; Al.: *Stegreifspiel*; Esp.: *madrigal* (*impromptu*).

O improviso é uma peça improvisada (*a l'improvviso*), pelo menos que se dá como tal, isto é, que simula a improvisação a propósito de uma criação teatral, como o músico improvisa sobre determinado tema. Os atores agem como se tivessem que inventar uma história e representar personagens, como se realmente estivessem improvisando. Um dos primeiros e mais célebres improvisos é o de MOLIÈRE, *L'Impromptu de Versailles* (*O Improviso de Versalhes*), escrito por encomenda do rei para responder aos polêmicos ataques contra *La Critique de l'École des Femmes* (*A Crítica da Escola de Mulheres*, 1663).

Este gênero ressurge no século XX com *Esta Noite se Representa do Improviso* (1930), de PIRANDELLO e a série dos *Impromptus: de Paris* (GIRAUDOUX, 1937), *de l'Alma* (IONESCO, 1956), *du Palais-Royal* (COCTEAU, 1962). Gênero autorreferencial (referente a si mesmo e criando-se no próprio ato de sua enunciação), o improviso põe em cena o autor, o envolve na ação e aprofunda sua criação. Ele instaura assim um *teatro dentro do teatro**. Atento às condições da criação, a seus acasos, suas dificuldades, revela por isso mesmo os fatores estéticos mas também socioeconômicos da empreitada teatral.

📖 Kowzan, 1980.

INCIDENTE

↔ Fr.: *incident*; Ingl.: *incident*; Al.: *Vorfall, Episode*; Esp.: *incidente*.

Termo de *dramaturgia** clássica, hoje pouco usado. O incidente é uma parte constitutiva da intriga e, por vezes, um acontecimento secundário da ação principal: "A intriga é uma cadeia da qual cada incidente (é) um elo" (MARMONTEL, 1787). O uso atual prefere os termos *motivo*, peripécia*, episódio** ou *acontecimento** da *ação**.

🔍 Fábula, narrativa, análise da narrativa.

📖 Olson, 1968a; Forestier, 1988.

INDICAÇÕES CÊNICAS

↔ Fr.: *indications scéniques*; Ingl.: *stage directions*; Al.: *Bühnenanweisungen*; Esp.: *indicaciones escénicas*.

Todo texto (quase sempre escrito pelo dramaturgo, mas às vezes aumentado pelos editores como para SHAKESPEARE) não pronunciado pelos atores e destinado a esclarecer ao leitor a compreensão ou o modo de apresentação da peça. Por exemplo: nome das personagens, indicações das entradas e saídas, descrição dos lugares, anotações para a interpretação etc..

1. Evolução das Indicações

a. A existência e a importância das indicações cênicas variam consideravelmente na história do teatro, indo da ausência de indicações exteriores (teatro grego), de sua extrema raridade no teatro clássico francês à abundância no melodrama e no teatro naturalista, até mesmo à invasão total da peça (BECKETT, HANDKE). O texto dramático prescinde de indicações cênicas quando contém em si mesmo todas as informações necessárias para que seja posto em situação (auto apresentação da personagem, como entre os gregos ou nos mistérios; *cenário falado** entre os elizabetanos; exposição clara dos sentimentos e projetos no teatro clássico).

b. O classicismo as recusa como texto exterior ao texto dramático, impondo-lhes a obrigação de estar expressamente escritas no texto da peça, principalmente nos relatos. Segundo D'AUBIGNAC (1657), "todos os pensamentos do poeta, seja para as decorações do teatro, seja para os movimentos de suas personagens, vestimenta e gestos necessários à inteligência do assunto, devem ser expressos pelos versos que ele faz recitar" (1657: 54). Mas certos autores dramáticos, como CORNEILLE, por exemplo, desejam descrevê-las à margem do texto para não sobrecarregá-lo: "Eu seria de opinião que o poeta tomasse grande cuidado para marcar à margem as mesmas ações com as quais seus versos não merecem ser carregados, e que lhes subtrairia mesmo algo de sua dignidade. O comediante supre isto facilmente no teatro, porém, no livro, ficar-se-ia com bastante frequência obrigado a adivinhar" (*Discours Sur les Trois Unités*, 1657). As indicações cênicas aparecem verdadeiramente no início do século XVIII com autores como HOUDAR DE LA MOTTE (em sua *Inês de Castro*, 1723) e MARIVAUX; elas se sistematizam com DIDEROT, BEAUMARCHAIS e o teatro naturalista. Na verdade, a escritura dramática não mais se basta: ela necessita de uma encenação que os autores desejam prever por meio de suas indicações cênicas.

Por que esta súbita aparição? O estatuto das indicações cênicas no conjunto do texto escrito para o teatro dá uma primeira resposta.

2. Estatuto Textual das Indicações Cênicas

a. A partir do momento que a personagem não é mais um simples papel, que assume traços individuais e se "naturaliza", torna-se importante revelar seus dados num texto-guia. E o que se passa historicamente nos séculos XVIII e XIX: a busca do indivíduo socialmente marcado (drama burguês) e a conscientização da necessidade de uma encenação provocam um aumento das *didascálias**. E como se o texto quisesse anotar sua própria futura encenação. As indicações cênicas dizem então respeito não só às coordenadas espaço-temporais, como sobretudo à interioridade da personagem e à ambiência da cena. Estas informações são tão precisas e sutis que pedem uma voz narrativa. O teatro se aproxima então do romance, e é curioso constatar que é no mesmo momento em que se propõe a ser verossimilhante, objetivo, "dramático" e naturalista que ele passa para a descrição psicológica e recorre ao gênero descritivo e narrativo.

b. Paradoxalmente, este texto do autor onde ele supostamente fala em seu nome é neutralizado em seu valor estético, estando ali de maneira puramente utilitária: com frequência, presta-se pouquíssima atenção à escritura das indicações cênicas e, sobretudo, é-se por demais tentado a fazer delas "um dos raros tipos de 'escrito literário' onde se esteja quase certo de que o eu do autor – que, no entanto, nunca aparece – não seja um outro" (THOMASSEAU, 1984*a*: 83). Na realidade, o texto didascálico (ou *paratextual**) nos engana, no entanto, como todo texto, sobre sua origem e função. Além do mais, ele não se metamorfoseia necessariamente, longe disso, nos signos da representação, como gostariam os defensores da fidelidade ao autor. A nosso ver, seria mesmo um erro querer deduzir a encenação das "virtualidades paratextuais do texto dialogado" (THOMASSEAU, 1984*a*: 84). A encenação é "grande o bastante" para conduzir seu discurso do exterior do texto, para afirmar-se como prática artística autônoma não vinculada ao texto. O que, todavia, não quer dizer, ao contrário, que o texto dramático é escrito sem levar em consideração uma prática cênica realizada ou vindoura.

c. O estatuto das indicações cênicas sempre é, como se vê, ambíguo e incompleto: a indicação cênica não é um gênero autônomo, uma escritura homogênea, é um texto de apoio para o texto dos diálogos, o que remedia, muitas vezes com dificuldade, o ato pragmático da enunciação do texto, doravante ausente (no texto clássico, por exemplo). Só se pode estudar as indicações cênicas no interior do texto dramático inteiro e fechado, como um sistema de remissões de convenções, logo, em relação com a dramaturgia. O dramaturgo é que as impõe (em função de uma tradição de jogo, de um código da verossimilhança e do bom-tom); porém, inversamente, elas impõem um certo tipo de dramaturgia, em relação com a situação e o desenvolvimento do texto. Deste modo, sempre constituem um intermediário entre o texto e a cena, entre a dramaturgia e o imaginário social de uma época, seu código das relações humanas e das ações possíveis.

3. Função para a Encenação

A questão é determinar o respectivo estatuto do texto da peça e das indicações cênicas. Duas atitudes podem ser consideradas:

a. Consideramos as indicações cênicas parte essencial do conjunto texto + indicações e fazemos delas um metatexto que sobredetermina o texto dos atores e tem prioridade sobre ele. Mostramo-nos então "fiéis" ao autor respeitando-as na encenação e subordinando a elas a interpretação da peça: é uma maneira de aceitar como verdadeira a interpretação e a encenação que o dramaturgo sugere. As indicações cênicas são assim assimiladas a indicações de encenação, a uma "pré-notação" da futura encenação, a uma *pré-encenação**.

b. Inversamente, porém, quando se contesta o caráter primordial e metatextual das indicações cênicas, pode-se ou ignorá-las, ou fazer o contrário do que elas propõem. Com isso, a encenação muitas vezes ganha em inventividade, e a nova luz do texto compensa facilmente a "traição" de uma certa "fidelidade" – ilusória, aliás – ao autor e a uma tradição teatral. Por vezes, mesmo, o encenador escolhe fazer com que elas sejam ditas por uma personagem ou uma *voz off** ou ainda afixá-las num painel (BRECHT). Sua função não é mais metalinguística; passa a ser a de um material com que a gente tem o direito de jogar segundo sua própria leitura. Muitas vezes a encenação não se sente mais vinculada ao que havia na mente do dramaturgo ao compor suas indicações cênicas. O encenador passou a ser o comentador do texto e das indicações cênicas; é o único depositário da metalinguagem crítica da obra. O que nem sempre agrada aos autores – e pode-se compreendê-los!

🔍 Didascálias, texto principal e secundário, texto e cena, rubrica.

📖 *Enciclopedia dello Spettacolo*, 1954; Steiner, 1968; Ingarden, 1971; Thomasseau, 1984, 1996.

INDICAÇÕES ESPAÇO-TEMPORAIS

🔄 Fr.: *indications spatio-temporelles*; Ingl.: *spatio-temporal indications*; Al.: *Information Uber Raum und Zeit*; Esp.: *indicaciones espacio-temporales*.

Poder-se-ia chamar assim, para diferenciá-las claramente das *indicações cênicas**, as menções explícitas, no texto dramático, a um lugar, a um tempo – e também a uma ação, uma atitude ou um jogo de personagens. Estas menções são "ouvidas" pelo leitor-espectador e contribuem para o estabelecimento da ficção; elas não têm necessariamente que ser traduzidas na encenação, mas sua não consideração, até mesmo seu total desvio, nunca são inocentes, e o espectador, se estiver atento, não deixará de observá-las. Inversamente, nada obriga o encenador a concretizar, na encenação, as indicações cênicas, as quais não são ouvidas pelo espectador e possuem um estatuto totalmente diferente do *texto dramático** ao qual pertencem as indicações espaço-temporais.

ÍNDICE

🔄 Fr.: *index*; Ingl.: *index*; Al.: *Index*; Esp.: *índice*.

1. Segundo Peirce

Na tipologia de PEIRCE (1978), o índice (ou indício) é um signo "em conexão dinâmica (inclusive espacial) com o objeto individual, por um lado, e com o sentido ou a memória da pessoa para a qual ele serve de signo, por outro lado" (1978: 158). O indício mantém uma relação de contiguidade com a realidade exterior.

A fumaça é um *indício* do fogo. Um homem com um balanço no andar indica provavelmente um marinheiro. O dedo apontado para um objeto é um *índice* que serve para designar esse objeto. O índice situa elementos que, sem ele, ficariam sem ancoragem espacial ou temporal. Este tipo de signo é frequente no teatro visto que a cena produz situações que só têm significação no momento da enunciação e em função de personagens presentes. A *ostensão** é a primeira forma de *comunicação** teatral (OSOLSOBE, 1981). É este aspecto da *semiologia** que a teoria teatral poderá desenvolver, dentro da tradição da *mimese**, em vez de retomar mecanicamente a tipologia de PEIRCE.

2. Formas do Índice no Teatro

Quando há utilização de um texto linguístico, o aparelho da *enunciação** (pronomes pessoais, indicações de tempo e de espaço, sistema dos verbos) funciona como situação concreta do texto.

Outras formas indiciais específicas da cena intervém: a gestualidade, as relações *proxêmicas** entre os atores, a interação dos olhares. Estes signos estão ligados à *presença* cênica do ator, ao ritmo geral da representação, à *leitura** mais ou menos direta ou distanciada da fábula. O índice é capital para o encadeamento dos diversos momentos da ação; ele assegura a contiguidade e a continuidade entre os episódios da ação e, nesta qualidade, é o garante da coerência da fábula.

🔍 Ícone, símbolo, signo, dêixis.

📖 Barthes, 1966a; Pavis, 1976a; Eco, 1978.

INGÊNUA

🔄 Fr.: *ingénue*; Ingl.: *ingenue*; Al.: *Ingenue (die Naive)*; Esp.: *ingenua*.

Personagem cujo *emploi** é o de uma mocinha (ou, mais raramente, de um mocinho) cândida e inocente, devido a sua inexperiência de vida (ex.: Agnès em *Escola de Mulheres* ou o Cândido de VOLTAIRE).

INSTALAÇÃO

↻ Fr.: *installation*; Ingl.: *installation*; Al.: *Installation*; Esp.: *instalación*.

A instalação é contraditória, em seu princípio, em relação ao fluxo ininterrupto da representação teatral viva, à constante renovação dos signos convocados em cena. Mas é precisamente por causa deste aparente estatismo que ela fascina os encenadores, pois eles procuram provocar e modificar o olhar do espectador: quando as coisas estão instaladas, e os instaladores se foram, chegam então os visitantes que, com um simples olhar, poderão tudo deslocar.

1. Estratégia da Instalação

A instalação coloca no espaço elementos plásticos, meios de comunicação de massa, fontes de palavra ou de música, itinerários através de uma cenografia, excluindo-se, todavia, atores ou *performers* vivos (seria então uma *performance**). Os meios de comunicação de massa – vídeo, cinema, projeção de *slides*, telas de computador – acham-se inseridos numa cenografia que facilita o *percurso**, o encaminhamento, a trajetória, a visita livre ou guiada dos espectadores, que são mais passantes que observadores. Prevendo para esses passantes um percurso temporal no espaço da instalação, leva-se melhor em conta a temporalidade da experiência espectatorial: os passantes podem deter-se num detalhe, abordar por diversas vias a instalação, e voltar atrás, influir sobre a natureza espaço-temporal da obra abordada.

2. Tipos de Instalação

– O *bric-à-brac* da produção plástica e cênica é convidado a participar do encontro.
– Instalação sonora: diversos alto-falantes espalhados no espaço disseminam restos de palavras ou de músicas, podendo o ouvinte escolher livremente seu percurso.
– Instalação musical: Éric Satie, em 1920, com *Musique d'Ameublement*, já propunha instalar um espaço sonoro em seus próprios móveis.
– Instalação fílmica: A. Warhol filma durante horas e ininterruptamente o *Empire State Building* (1964) ou alguém que dorme (*Sleep*, 1963): o menor movimento involuntário daquele que dorme faz então o efeito de uma despudorada canastrice!

3. Razões do Fascínio da Instalação Sobre as Pessoas de Teatro

Como e por quê o teatro, em marcha por natureza, decide instalar-se?

• O teatro sempre sonhou aliar-se às outras artes, seduzindo-as para um projeto comum e, sobretudo, pedindo-lhes para conservar sua maneira de ser. Certos encenadores gabam-se de não empregar um cenógrafo ou um músico de cena, mas um artista plástico ou um compositor, cuidando para que eles não se submetam à concepção de conjunto.

• Cansado de tomar decisões sobre a cronologia, o tempo, a história contada, ele prefere colocar o visitante no lugar dos atores, colocá-lo numa outra disposição de espírito: a de alguém que caminha a esmo, de um *voyeur* que passa à ação apenas por seus deslocamentos.

• Ele bem sabe, aliás, que as outras artes têm um olhar enviesado para com ele: fala-se em "gesto arquitetônico", em teatralidade da pintura, em oralidade da poesia tradicional, em teatralidade da música.

Ele é tentado pela chegada da arte conceitual a um campo teatral normalmente habitado pela presença de atores bem concretos e impressiona-se com uma arte minimalista que vai ao encontro dos hábitos miméticos da representação.

• Na era das exposições e da museografia generalizada da arte, os encenadores e cenógrafos chegam mesmo a pensar que podem, por assim dizer, dispor das obras, "pendurá-las" e "dependurá-las" a seu bel-prazer, fazer e desfazer o dispositivo da cena e da sala e, no entanto, continuarem a ser os donos do olhar fugidio do espectador.

INTERCULTURAL (TEATRO...)

↻ Fr.: *théâtre interculturel*; Ingl.: *intercultural theatre*; Al.: *interkulturelles Theater*; Esp.: *teatro intercultural*.

Não se poderia falar em teatro intercultural como um gênero estabelecido ou uma categoria claramente definida, porém, no máximo, como um estilo ou uma prática de jogo teatral aberta a diversas fontes culturais. Trata-se portanto de uma tendência, de um movimento em formação que diz respeito mais à prática da encenação ou das formas de jogo, no Ocidente ou em outros lugares, do que à escritura dramática, cujas influências étnicas ou culturais é muito mais difícil retraçar.

1. Dramaturgia Intercultural

No entanto, mesmo a escritura contemporânea traz a marca dessa problemática do intercâmbio cultural. Estamos pensando em autores francófonos como A. CÉSAIRE (*La Tragédie du Roi Christophe*, 1963), S. SCHWARTZBART (*Ton Beau Capitaine*, 1987), K. YACINE (*L'Homme aux Sandales de Caoutchouc*, 1970), E. GLISSANT (*Monsieur Toussaint*, 1962), S. LABOU TANSI (*Moi, Veuve de l'Empire*, 1987), D. PAQUET (*Congo-Océan*, 1990) e em muitos outros autores da francofonia que G. GARRAN recebe frequentemente no TILF (Théâtre International de Langue Française). Um autor como B.-M. KOLTÈS trata sem trégua dos valores, das temporalidades, das diferentes maneiras de viver, encarnando assim as tendências e tensões de sua época.

2. Encenação Intercultural: Marcos Históricos

Mais ainda que na dramaturgia, é na prática cênica que o intercultural se constitui há cerca de um século; em suma, desde os primórdios da prática consciente da encenação.

• Na Europa, como que para renovar a herança do teatro europeu, propiciar-lhe uma transfusão de sangue enquanto ele agoniza nos estertores da psicologia, os encenadores apelam muito frequentemente às tradições de jogo orientais: MEIERHOLD à cena japonesa, BRECHT ao teatro clássico chinês, ARTAUD à dança balinesa. Estes artistas encontram no Oriente uma vitalidade, uma precisão e uma volta ao corpo que eles buscam para sua própria estética.

• Nos anos 1960 e 1970, a vanguarda conhece o mesmo fascínio pelo Oriente, por sua perfeição formal e sua espiritualidade (WILSON, quando estava começando, GROTOWSKI, BARBA, SCHECHNER, MNOUCHKINE), pela África e sua "espontaneidade" (BROOK). Diferentemente dos pioneiros do início do século, esses artistas refletem sobre os meios de usar concretamente, no jogo do ator muito mais que na temática ou no cenário exótico, as técnicas dessas tradições nas quais eles se inspiram: BROOK faz delas a fonte do seu teatro imediato e bruto; BARBA vê no teatro eurasiano a "artificialidade minuciosa" graças à qual todos estes artistas "dão origem ao ator em vida"; MNOUCHKINE se inspira na forma do *kabuki* para atingir uma grande perfeição formal em sua interpretação das tragédias shakespearianas. Na mesma época, artistas japoneses como T. SUZUKI ou HIJIKATA e K. OHNO, inspiradores do Butô, recorrem à dramaturgia ocidental ou à dança expressionista. O Japão e a China, aliás, haviam-se aberto ao Ocidente, respectivamente, desde 1890 e 1911. Estes países também concebem a outra cultura como aquilo que vai enriquecer e imprimir novos rumos à sua trajetória cultural e estética.

• Nos anos 1980 e 1990, com a aceleração e a banalização das viagens e intercâmbios culturais, o teatro intercultural entrou numa era ao mesmo tempo eufórica (na multiplicação dos projetos mistos) e cética (por causa do nivelamento e da intercambialidade das culturas ou das práticas culturais colocadas todas no mesmo plano: do canto gregoriano ao rap, do minimalismo conceitual à arte do tag).

O rótulo, mesmo que facilmente descolável, de *encenação intercultural* tem pelo menos o mérito de encontrar um lugar dentro do sistema da criação contemporânea. Ela se opõe, por exemplo, ao *teatro de arte*, geralmente unicultural, isto é, concentrado numa tradição nacional e na busca de homogeneidade e de estilização, sobre o eixo da conservação das formas tradicionais. Ela também se distingue do teatro pós-moderno que acolhe, sem sombra de dúvida, as mais diversas culturas e práticas artísticas, mas sem a preocupação de um confronto, de um intercâmbio ou de uma hibridação das diversas culturas, com, ao contrário, a vontade apregoada de apresentar um *patchwork* delas digna de uma *one-world-culture*, isto é, uma aglutinação de restos culturais e um *bric-à-brac* sem complexos.

O rótulo também convida a fazer a distinção com o *teatro multicultural*, criado e recebido por várias comunidades onde a finalidade não é a hibridação, mas a coexistência de formas e identidades.

3. Dificuldades de uma Teorização

Ainda se está longe de uma teoria em boa e devida forma, talvez porque os parâmetros culturais sejam muito numerosos e porque sua confrontação obedeça a todo um jogo de simulações e estratégias ocultas. É o caso, por exemplo, do prefixo *inter*, ele não encobre um vaivém, uma troca, uma mestiçagem, um nivelamento, um diálogo de surdos ou indiferentes?

A teoria dos intercâmbios não poderia evitar de levar em conta as relações econômicas e políticas entre as partes envolvidas: os intercâmbios são muitas vezes desiguais ou cheios de segundas intenções: aquele entre Oeste e Leste (a Europa importando o Nô, por exemplo) nada tem em comum com aquele entre o Norte e o Sul (a cidade de Limoges convidando, por exemplo, um autor africano para escrever, na qualidade de residente, uma peça em francês).

Seria necessário, também, estabelecer alguns grandes quadros e casos de figura da interculturalidade, indo da simples citação da cultura estrangeira à sua assimilação pura e simples, da absoluta estranheza à perfeita familiaridade (CARLSON, in PAVIS, 1996*b*).

A teoria das transferências culturais limita-se a observar alguns grandes mecanismos:

– identificação dos elementos formais e temáticos estrangeiros na encenação;
– o alvo dos adaptadores: sua estratégia ao tornar a outra cultura acessível ao público;
– o trabalho preparatório dos artistas, engajados na transferência, e dos espectadores, que têm de "adaptar-se";
– a escolha de uma forma para receber os materiais e tradições estrangeiros;
– a representação teatral da cultura: mimética por imitação ou como realização de uma ação ritual.

Estas observações apenas esboçam uma pesquisa intercultural ainda em gestação. Elas obrigam o espectador, assim como o teórico, a questionar as certezas do seu olhar. Talvez eles estejam despreparados para este relativismo estético e intelectual, pois ainda se acham habituados à sua arte acessível e sua teoria universal.

Não estamos numa encruzilhada, obrigados a escolher entre formas sagradas, porém inacessíveis, e um sincretismo democrático, porém insípido? Somos intimados a decidir-nos entre uma busca identitária que deriva rapidamente rumo a um integrismo ou um *patchwork* pós-moderno onde nada mais teria sentido nem gosto. Pode ser que o teatro intercultural, à imagem da revolução segundo BÜCHNER, acabe devorando seus próprios filhos.

Pronko, 1967; Banham, 1988; Pavis, 1990, 1992, 1996*b*; Pradier, 1996.

INTERESSE

Fr: *intérêt*; Ingl.: *interest*; Al.: *Interesse*; Esp.: *interés*.

Termo de dramaturgia clássica: qualidade da obra teatral capaz de excitar no espectador profundas emoções, "tudo o que mexe fortemente com os homens" (FONTENELLE, *Réflexion sur la Poétique*), o que é "a verdadeira fonte da emoção contínua" (HOUDAR DE LA MOTTE, *Premier Discours sur la Tragédie*). O interesse, numa grande tragédia, observa MARIVAUX, "vem menos dos fatos do que da maneira de tratá-los, interesse ainda mais espalhado, mais distribuído do que marcado somente em alguns lugares" (*Journaux*, Ed. Garnier, 1969: 226).

INTERLÚDIO

(Do latim *interludere*, jogar por intervalos.) Fr.: *interlude*; Ingl: *interlude*; Al.: *Zwischenspiel*; Esp.: *interludio*.

Composição musical tocada entre os atos de um espetáculo para ilustrar ou variar o tom da peça e para facilitar as mudanças de cenário e de atmosfera. Por extensão, toda apresentação verbal ou mímica que interrompe a ação cênica (*intermédio**).

INTERMIDIALIDADE

↻ Fr.: *intermédialité*; Ingl.: *intermediality*; Al.: *Intermedialitat*; Esp.: *intermedialidad*.

Formado com base no modelo da *intertextualidade*, o termo *intermidialidade* designa as trocas entre os meios de comunicação, principalmente no que diz respeito a suas propriedades específicas e a seu impacto sobre a representação teatral. Portanto, examinar-se-á sistematicamente como um meio de comunicação influencia outro: um tipo de iluminação cinematográfica será, por exemplo, usado no palco; ou então o procedimento fílmico da fusão, da câmara lenta ou do quadro-a-quadro será retomado pela mímica corporal de DECROUX; ou então, ainda, a montagem narrativa de curtas sequências de planos fílmicos passará a ser uma técnica de escritura dramática etc. Graças às revoluções tecnológicas, o homem tornou-se, escrevia FREUD em *Mal-Estar na Civilização* (1929), um "deus profético"; da mesma maneira o corpo e o espírito do ator e do espectador foram modelados por novos meios de comunicação: é o conjunto dessas interações que a intermidialidade propõe-se a estudar.

📖 Norman, 1993, 1996; Pavis, 1996*a*; *Les Cahiers de la Médiologie*, 1996.

INTERMÉDIO

↻ Fr.: *intermède*; Ingl.: *intermezzo*; Al.: *Intermezzo, Zwischenspiel*; Esp.: *intremés*.

Número (acrobático, dramático, musical etc.) apresentado durante os entreatos da peça, consistindo num coro, balé ou *sainete**. Na Idade Média, os mistérios eram entrecortados por cenas ou cantos onde o Diabo e Deus comentavam as ações anteriores. Na Itália, no Renascimento, os *intermedii* eram constituídos por cenas de assunto mitológico, entre os atos da peça principal. Na França, a palavra é *entremets*, na Espanha *entremés*. Certas refeições principescas apresentavam *entremeses* ou *interlúdios**

dramáticos ou musicais. No século XVII, na França, balés enfeitavam os entreatos (exemplo no *Burguês Fidalgo* ou no *Doente Imaginário* de MOLIÈRE). Quando o intermédio ganha em extensão e profundidade, tende a tornar-se um curto espetáculo autônomo, como uma peça em um ato ou uma *cortina**.

✎ No francês antigo, *entremes*, hoje *entremets*, A palavra nomeava um prato servido entre dois pratos principais e, hoje, designa o doce servido como sobremesa. (N. de T.)

INTERPRETAÇÃO

↻ Fr.: *interprétation*; Ingl.: *interpretation*; Al.: *Interpretation*; Esp.: *interpretación*.

Abordagem crítica pelo leitor ou pelo espectador do texto e da cena, a interpretação se preocupa em determinar o *sentido** e a significação. Ela concerne tanto ao processo da produção do espetáculo pelos "autores" quanto ao de sua recepção pelo público.

1. Interpretação da Encenação

O texto dramático não é representável "diretamente" sem um trabalho *dramatúrgico** prévio, destinado a escolher o aspecto significativo da obra que a cena deve valorizar. A leitura escolhida, a concretização da obra dependem tanto da época e das circunstâncias da *encenação** quanto do público ao qual se dirige a representação.

2. Interpretação do Ator

A interpretação do ator varia de um jogo regrado e previsto pelo autor e pelo encenador a uma transposição pessoal da obra, uma recriação total pelo ator, a partir dos materiais à sua disposição. No primeiro caso, a interpretação tende a apagar-se a si mesma para fazer com que apareçam as intenções de um autor ou de um realizador; o ator não assume seu papel de utilizador e de transformador da mensagem a ser transmitida: ele não passa de uma marionete. No segundo caso, ao contrário, a interpretação torna-se o local onde se fabrica inteiramente a significação, onde os *signos** são produzidos não como consequência de um sistema preexistente, mas como estruturação e produção deste sistema. Desde o advento da *encenação** que se recusa a ser subjugada por um texto onipotente e congelado num único significado, a interpretação não é mais uma linguagem secundária – ela é a própria matéria do espetáculo.

3. Interpretação do Leitor ou do Espectador

a. Abordagem hermenêutica

"Interpretar um texto [...] não é procurar uma intenção *oculta por trás* dele, é acompanhar o movimento do sentido rumo à referência, isto é, rumo à espécie de mundo, ou melhor, de estar-no-mundo, *aberta diante* do texto. Interpretar é tornar manifestas as novas mediações que o *discurso** instaura entre o homem e o mundo" (RICOEUR, 1972: 1014).

Não poderíamos privar-nos – como pôde fazer crer uma certa semiologia da *comunicação** aplicada mecanicamente à literatura e às artes – da noção de *hermenêutica** e de interpretação. A interpretação organiza a diversidade das possíveis leituras de uma mesma obra: ela convida a avaliar o trabalho produtivo e receptivo do espectador, sua relação hermenêutica com o espetáculo: "A relação do espectador com o espetáculo é, constitutivamente, turva, incerta, equívoca: é a ele que cabe, não perseguir o sentido, mas assistir a seu nascimento, produzi-lo numa ligação de comunicação com o espetáculo de maneira tão aleatória que ela sem dúvida não merece mais esse nome, mas, plenamente, o nome de interpretação" (CORVIN, 1978: 15).

b. A semiótica e a semântica

A distinção de BENVENISTE (1974: 43-67) entre a dimensão semiótica – o sistema fechado de diferenças entre os signos e a dimensão semântica – que abre o sistema para o mundo e o discurso, a situação e o intérprete – permite distinguir entre o *sentido** da representação e sua *significação**. Se o sentido descreve o funcionamento imanente da obra (sua estrutura), a interpretação engloba a representação nos sistemas exteriores de uma época, de uma história e de uma abordagem subjetiva do espectador.

c. Pluralidade das interpretações

O trabalho crítico sobre o texto ou a cena faz a escolha entre a busca (problemática) de um centro de gravidade (portanto, de uma interpretação estática) e a multiplicação de seus trajetos interpretativos e das possíveis vetorizações no interior do espetáculo. Esta última possibilidade parece gozar atualmente das boas graças dos que fazem teatro, muitas vezes adeptos do pluralismo e fazendo eco a R. BARTHES: "Interpretar um texto não é dar-lhe um sentido (mais ou menos fundamentado, mais ou menos livre), é, ao contrário, apreciar de que plural ele é feito" (1970: 11).

Encenação, texto dramático, texto e cena, visual e textual.

Ricoeur, 1965; Barthes, 1966b; Jauss, 1977; Pavis, 1980c, 1983a.

INTERTEXTUALIDADE

Fr.: *intertextualité*; Ingl.: *intertextuality*; Al.: *Intertextualität*; Esp.: *intertextualidad*.

A teoria da intertextualidade (KRISTEVA, 1969; BARTHES, 1973a) postula que um texto só é compreensível pelo jogo dos textos que o precedem e que, por transformação, influenciam-no e trabalham-no.

Da mesma maneira, o *texto dramático** e *espetacular** situa-se no interior de uma série de dramaturgias e procedimentos cênicos. Certos encenadores não hesitam em inserir no tecido da obra representada textos estranhos cujo único vínculo com a peça é temático, paródico ou explicativo (VITEZ, PLANCHON, MESGUICH). Opera-se assim um diálogo da obra citada e do texto de origem (VITEZ cita ARAGON em *Andromaque*). Esta técnica deve ser distinta da simples *contextualização* social ou política da inúmeras encenações: a busca de um intertexto transforma o texto original tanto no plano dos significados quanto dos significantes; ela faz explodir *a fábula** linear e a ilusão teatral, confronta dois ritmos e duas escrituras, muitas vezes opostas, põe o texto original à distância insistindo na materialidade.

Também há intertextualidade quando o encenador monta ao mesmo tempo, no mesmo cenário e muitas vezes com os mesmos atores, dois textos que têm, necessariamente, ressonância. Assim VITEZ, para sua tetralogia molieresca, A. DELBÉE para seus três "Racine", Le Théâtre de l'Aquarium com *L'Intruse* de MAETERLINCK e *Léonie est en Avance*, de FEYDEAU, O. PY com *La Servante*. A intertextualidade obriga a procurar um vínculo entre os dois textos, a fazer aproximações temáticas, a ampliar o horizonte de leitura.

🔍 Citação, jogo e contra jogo, discurso.

📖 Bakhtin, 1970; *Texte*, n. 2, 1983 (bibliografia); Pavis, 1983a; Ruprecht, 1983; Lehmann *in* Thomsen, 1985.

INTERVALO

Ver *Entreato*.

INTRIGA

↔ (Do latim *intricare*, emaranhar, termo que deu em italiano *intrigo*.)
Fr.: *intrigue*; Ingl.: *plot, story, intrigue*; Al.: *Handlung, Intrige*; Esp.: *intriga*.

Na língua clássica, encontra-se também a forma verbal ("A arte de intrigar consiste em ligar os acontecimentos, de maneira que o espectador sensato perceba aí sempre uma razão que o satisfaça" DIDEROT, *De la Poésie Dramatique*, 1758).

1. A intriga é o conjunto das *ações** (*incidentes**) que formam o *nó** da peça (do romance ou do filme). "Na ação de um poema, entende-se por *intriga* uma combinação de circunstâncias e incidentes, interesses e caracteres donde resultam, na expectativa do acontecimento, a incerteza, a curiosidade, a impaciência, a inquietação etc. [...] A intriga de um poema deve portanto ser uma cadeia da qual cada incidente seja um elo" (MARMONTEL, 1787). Ação e intriga são empregados pela crítica de maneira anárquica. Propomo-nos distingui-las claramente.

2. A intriga está mais perto do termo inglês *plot* que do termo *story*. Como o *plot*, a intriga salienta a causalidade dos acontecimentos, ao passo que a *story* (a história) considera esses acontecimentos de acordo com sua sequência temporal.

A intriga, por oposição à ação, é a sequência detalhada dos saltos qualitativos da *fábula**, o entrelaçamento e a série de *conflitos** e *obstáculos** e de recursos usados pelas personagens para superá-los. Ela descreve o aspecto exterior, visível da progressão dramática e não os movimentos de fundo da ação interior. "A intriga é o assunto da peça, o jogo das circunstâncias, o nó dos acontecimentos. A ação é a dinâmica profunda desse assunto (SIMON, 1970, artigo "Intriga"). Assinalemos que RICOEUR (1983) traduz o *mythos* aristotélico por "intriga" ou "disposição dos fatos em sistema", a poética passando a ser a arte de compor intrigas (ver quadro na página seguinte).

3. *Modelo actancial**, ação e intriga constituem três níveis diferentes de abstração que mostram a transição entre sistema de personagens e de ação e realização concreta da peça na intriga.

4. A *comédia de intriga** é uma peça com múltiplos saltos qualitativos cujo cômico consiste na repetição e na variedade dos esforços e dos *golpes de teatro**. Certas peças de MOLIÈRE (*As Malandragens de Scapino*), SHAKESPEARE (*A Comédia dos Erros*) ou BEAUMARCHAIS (*As Bodas de Fígaro*) são comédias de intriga.

🔍 Análise da narrativa, dramaturgia.

📖 Gouhier, 1958; Reichert, 1966; Olson, 1968a.

INTRIGA SECUNDÁRIA

↔ Fr.: *intrigue secondaire*; Ingl.: *subplot, byplay*; Al.: *Nebenhandlung*; Esp.: *intriga secundaria*.

A intriga secundária (ou contra intriga) completa a intriga central e se articula paralelamente com esta comentando-a, repetindo-a, variando-a ou distanciando-a. Geralmente ela compreende personagens em número e importância dramatúrgica menores. Seu vínculo com a ação central é às vezes muito frouxo, até não ter mais que uma longínqua relação com ela e constituir uma *fábula** autônoma. Este procedimento, usado sobretudo no teatro elizabetano, é bastante frequente na dramaturgia

Quadro das oposições correntes dos termos

	Teoria do discurso literário	Concepção aristotélica e antiaristotélica (brechtiana)	Crítica anglo-saxônica	Formalistas russos (Tomaschévski, 1965)	G. Genette (1966)
A	História contada ou ação (sentido 2)	Fábula (sentido 1*b*)	*Story*	Fábula	História (contada)
B	Discurso contante ou intriga	Fábula (sentido 1*c* e 1*d*)	*Plot*	Assunto	Narração (apresentação discursiva da história, ato de contar)

clássica; muitas vezes ele opõe uma *ação* * coletiva a uma ação privada, um jogo nobre a um jogo cômico ou grotesco (SHAKESPEARE, MOLIÈRE), um plano parodiado a um plano parodiante, uma história de patrões a uma história de servos (MARIVAUX). É frequente, mas não obrigatório, que as duas intrigas acabem convergindo para uma única e mesma corrente.

Isotopia, análise da narrativa.

Scherer, 1950; Klotz, 1960; Pfister, 1977.

IRONIA

(Do grego *euronia*, dissimulação.)
Fr.: *ironie*; Ingl.: *irony*, Al.: *Ironie*; Esp.: *ironía*.

Um enunciado é irônico desde que, além de seu sentido evidente e primeiro, revele um sentido profundo, até mesmo oposto (antífrase). Certos sinais (entonação, situação, conhecimento da realidade pintada) indicam, mais ou menos diretamente, que é preciso ultrapassar o sentido evidente para substituí-lo por seu contrário. É um prazer desvendar a ironia, visto que nos mostramos capazes de extrapolar e que somos superiores ao senso comum.

1. Ironia das Personagens

As personagens, enquanto usuárias da linguagem, estão em condições de entregar-se a uma ironia verbal; zombam então umas das outras, apregoam sua superioridade em relação a um parceiro ou a uma situação (ex.: "Brutus is an honorable man", *Júlio César*). Este tipo de ironia nada tem de especificamente dramático (*prag-mático**) mas presta-se bem à cena, visto que a situação deve mostrar aqueles que estão em erro ou contradizer, por um gesto, uma entonação ou uma mímica, o que o texto diz *aparentemente*. SÓCRATES "faz teatro" quando usa de sua diabólica ironia para conseguir de seus interlocutores que revelem o que não conseguem formular. O *eiron* é aquele que, fingindo ignorância e ainda que fraco, chega a seus fins, muitas vezes às custas do *bufão** grotesco (*alazon*).

2. Ironia Dramática

Muitas vezes a ironia dramática está ligada à *situação dramática*. Ela é sentida pelo espectador quando ele percebe elementos da intriga que ficam ocultos à personagem e impedem-na de agir com conhecimento de causa. A ironia dramática sempre fica, em graus variados, sensível ao espectador na medida que os *egos* das personagens, que parecem autônomas e livres, são, na verdade, submetidas ao ego central do dramaturgo. Neste sentido, a ironia é uma situação dramática por excelência, já que o espectador sempre tem uma posição de superioridade em relação ao que é mostrado em cena. A inclusão da *comunicação** interna (entre as personagens) na comunicação externa (entre palco e plateia) autoriza todos os comentários irônicos sobre as situações e os protagonistas. Apesar da *quarta parede** que se supõe proteger a ficção do mundo exterior, o dramaturgo muitas vezes é tentado a dirigir-se diretamente ao público cúmplice, apelando a seu conhecimento do código ideológico e a sua atividade *hermenêutica** para fazê--lo apreender o verdadeiro sentido da situação. A ironia desempenha o papel de *distanciamento** que quebra a ilusão teatral e convida o público a não tomar ao pé da letra aquilo que a peça conta. A ironia indica que os enunciadores da peça (ator, dramaturgo, autor) poderiam, no fim de contas, estar apenas contando histórias. Ela convida o espectador a perceber o *insólito** de uma situação, a não acreditar em nada sem submetê-lo à crítica. Tudo o que é mostrado na ficção teatral é como que precedido da menção "Cuidado! Perigo!", como que potencialmente submetido a um juízo irônico: a ironia está mais ou menos inscrita e legível no texto, ela só é reconhecida enquanto tal pela intervenção externa do espectador e continua sempre ambígua (*denegação**).

A estrutura dramática é às vezes construída conforme a oposição entre intriga principal e intriga secundária bufona (*distensão cômica**), uma relativizando a outra. Nos autores mais modernos, como TCHÉKHOV, por exemplo, a ironia organiza a estrutura dos diálogos: ela se baseia na contínua produção de ambiguidades, na desmotivação das personagens e na estratégia de leitura que torna possível uma interpretação e seu contrário, recusando uma opção explícita por uma ou outra.

3. Ironia Trágica

A ironia *trágica** (ou ironia do destino) é um caso de ironia dramática onde o herói se equivoca totalmente sobre sua situação e corre para sua perda, enquanto acredita poder safar-se. O exemplo mais célebre é o de Édipo que "conduz a investigação" para acabar descobrindo que ele mesmo é o culpado. A ironia trágica muitas vezes beira o humor negro: assim Wallenstein (herói da peça de SCHILLER) declara, instantes antes de sua morte, ter a intenção de "fazer um longo repouso"; Otelo fala do "honesto Iago" etc. Além da personagem, é o público inteiro que toma consciência da ambiguidade da linguagem e dos valores morais e políticos. O herói comete uma falta por excesso de confiança (a *hybris** dos gregos) e por sequência de um erro sobre o emprego das palavras e de uma ambiguidade semântica do discurso: "A ironia trágica poderá consistir em mostrar como, no decorrer do drama, o herói é literalmente "pego pela palavra", uma palavra que se volta contra ele trazendo-lhe a amarga experiência do sentido que ele se obstinava em não conhecer" (VERNANT, 1972: 35).

Esta descoberta da ironia no próprio cerne do conflito *trágico* é relativamente recente na história da crítica literária: ela data da época romântica quando a ironia aparece como um princípio da obra de arte, da consciência do autor dentro da obra e do irredutível contraste entre a subjetividade do indivíduo e a objetividade do destino implacável e cego, da "clara consciência da agitação eterna, do total caos infinito", como dizem W. A. e F. SCHLEGEL (1814), teóricos da ironia romântica com SOLGER (1829).

📖 Sharpe, 1959; Behler, 1970; States, 1971; Booth, 1974; *Linguistique et Sémiologie* n. 2, 1976; *Poétique* n. 36, 1978; n. 46, 1982; Rozik, 1992.

ISOTOPIA

↻ Fr.: *isotopie*; Ingl.: *isotopy*; Al.: *Isotopie*; Esp.: *isotopía*.

1. Isotopia Semântica

Conceito introduzido por A. GREIMAS em semântica, a isotopia é "um conjunto redundante de categorias semânticas que torna possível a leitura uniforme da narrativa, tal como ela resulta das leituras parciais dos enunciados e da resolução de sua ambiguidade que é guiada pela busca da leitura única" (1970: 188). A isotopia é – se é preciso falar claro – o fio condutor a guiar o leitor ou o espectador em sua busca de sentido e que o ajuda a reagrupar diversos sistemas significantes de acordo com uma determinada perspectiva.

Esta definição, justamente criticada por CORVIN (1985: 234), tem pelo menos por interesse dar conta da *coerência** de um texto ou de um espetáculo, apesar da diversidade dos materiais e das pistas de *leitura**, em particular mostrando graças a que procedimentos de conexões de isotopias o leitor passa de um a outro nível do texto. Pode-se ampliá-lo do plano do conteúdo ao plano da expressão (RASTIER, 1972) e, para a representação teatral, observar as regularidades, as retomadas, os jogos significantes de todos os sistemas significantes.

2. Isotopia da Ação

Não existe uma única isotopia fundamental na representação teatral. Para definir isotopia, deve-se considerar a realização cênica, procurar os traços recorrentes que unificam o espetáculo e fornecem um caminho de interpretação ao espectador. Pensa-se imediatamente no papel integrador da *fábula** e da *ação** que reagrupam e retrabalham num esquema narrativo o conjunto dos sistemas cênicos. Para toda uma estética dramática que remonta a ARISTÓTELES, é a ação, na verdade, que serve de canalizador para o conjunto da representação: "A ação, tomada como a essência da arte dramática, unifica a palavra, o ator, o figurino, o cenário e a música no sentido em que poderíamos identificá-los como os diferentes condutores de uma única corrente que passa seja de um a outro, seja através de vários ao mesmo tempo" (HONZL, 1971: 19). A imagem da corrente multiforme (ou do fio vermelho) é, na verdade, uma concretização possível da isotopia. Mas os espetáculos contemporâneos que se baseiam mais na narratividade e numa ação seguida se leem segundo muitos outros tipos de isotopia, mais ligados aos significantes da representação.

3. Isotopia da Representação

A isotopia é muitas vezes materializada por um tipo de iluminação, um refrão musical ou verbal, uma metáfora desenvolvida paulatinamente, uma sequência de imagens no mesmo registro, em suma, por tudo aquilo o que é a marca de uma certa coerência. A recepção e a vetorização do espetáculo dependem de nossa faculdade de reconhecer e de estabelecer os vínculos entre as informações dadas por todos os materiais da representação. Esta noção nos conduz portanto àquela de estratégia textual (ou estratégia da leitura) ou de discurso da encenação.

Redundância, recepção, discurso, hermenêutica, texto dramático, semiologia, texto espetacular.

Arrivé, 1973.

J

JEU

↻ (Em francês, sem correspondente em português.)
Fr.: *jeu*; Ingl.: *medieval play*; Al.: *mittelalterliches Theater*; Esp.: *obra medieval*.

Forma dramática medieval (séculos XII e XIII). O termo corresponde ao latim *ludus* – que designa representações litúrgicas – e a *ordo*, texto sagrado "ordenado em tiradas". O *jeu* dramatiza episódios da Bíblia, mas se estende, a partir do século XIII, a temas profanos (ex.: *Le Jeu de la Feuillée* de ADAM DE LA HALLE), agrupando formas bastante diversas: *féerie*, parábola, revista satírica, pastoreia (*O Menino e o Cego*).

🔍 Farsa, moralidade, *sotie*, mistério.

JOGO

↻ Fr.: *jeu*; Ingl: *play, performance*; Al.: *Spiel*; Esp.: *actuación*.

✎ Em francês, a palavra *jeu* tem inúmeras acepções. Em teatro, ela pode ser aplicada à arte do ator (o que se traduz em português por *atuação, interpretação*), à própria atividade teatral, a certas práticas educacionais coletivas (jogo dramático) e até mesmo como denominação de um tipo de peça medieval. Na tradução, na maior parte do tempo mantivemos a palavra jogo, exceto quando foi estritamente necessário traduzi-la por *atuação* ou *interpretação*. (N. de T.)

1. Jogos de Palavras

a. O jogo e seus derivados

A língua francesa (nem a portuguesa) não possui expressões paralelas para *jeu* e *théâtre* (ou *pièce*) como o inglês (*to play, a play*) ou o alemão (*spielen, Schauspiel*). Uma dimensão importante da representação, o aspecto *lúdico*, acha-se assim excluída do imaginário da língua. Em contrapartida, o inglês joga lindamente com as palavras e noções ("A *play* is *play*", BROOK, 1968: 157; "*The play's the thing*", Hamlet, II, 2), ao passo que o alemão concebe os atores como "jogadores do espetáculo" (*Schauspieler*).

Só expressões como *jogo do ator*, por exemplo, dão ideia da atividade lúdica. O recentíssimo termo *jogo dramático** reencontra, de maneira sintomática, a tradição espontânea e improvisada do jogo.

b. Jogo e enunciação

O *jogo de teatro* (este era antigamente o nome para *jogo de cena**, aquilo que o ator faz em cena, fora do seu discurso) é a parte visível e propriamente cênica da representação. Ele obriga o espectador a receber o conjunto do acontecimento na força da sua enunciação. Mesmo a leitura do texto dramático exige visualizar o jogo dos atores, como lembra MOLIÈRE aos candidatos a leitor: "As comédia são feitas exclusivamente para serem interpretadas e só aconselho lê-las às pessoas que têm olhos para descobrir, na leitura, todo o jogo do teatro" ("Ao leitor", *O Amor Médico*).

Para captar o jogo do ator, é preciso, na verdade, como leitor, mas também como espectador, relacionar a enunciação global (o gestual, a mímica, a entonação, as qualidades da voz, o ritmo do discurso) com o texto proferido ou a situação armada. O jogo se decompõe então numa sequência de signos e unidades que garantem a coerência e a interpretação do texto.

Durante muito tempo, a questão do jogo foi colocada em termos de sinceridade/hipocrisia do ator: deve ele acreditar no que diz, comover-se com isso ou deve afastar-se e ser apenas o portador distante do seu papel? As respostas variam de acordo com a concepção do efeito a ser produzido no público e do efeito social do teatro. A solução de DIDEROT (ser um ator insensível) não é senão uma formulação para um jogo que continua consciente de si mesmo e onde o ator não tenta fazer crer em sua possessão e numa transmutação no corpo da personagem: "A extrema sensibilidade é que faz os atores medíocres: a sensibilidade é que faz a multidão de maus atores; e a falta absoluta de sensibilidade é que prepara os atores sublimes" (*Paradoxo Sobre o Comediante*).

Atualmente, não é mais em termos de sensibilidade ou de maestria que os encenadores abordam o jogo cênico dos atores. Eles se perguntam, antes de mais nada, que função dramatúrgica e cênica a gestualidade e a mímica preenchem na sequência examinada. Não há jogo natural que dispense convenções e seja recebido como evidente e universal: todo jogo se baseia num sistema codificado (mesmo que não seja experimentado enquanto tal pelo público) de comportamentos e ações que passam por verossimilhantes, realistas e teatralizados. Preconizar o natural, a espontaneidade, o instintivo é apenas pretender jogar segundo efeitos de *natural**, em função de um código ideológico que decide, num momento histórico preciso e para um determinado tipo de público, o que é o jogo naturalista e verossimilhante e o que é o jogo declamatório e teatral. Como no tocante ao jogo, quem, no teatro, sabe fazê-lo e ganhá-lo, é quem melhor conhece as regras e finge trabalhar sem esforço e sem leis.

Do jogo do ator, do *ritmo** que ele imprime ao texto, ao gestual e a toda a representação depende a interpretação do texto. Se o jogo é lento, todo um discurso sobre o inconsciente e a historicidade do texto pode desenvolver-se à margem do texto ouvido, como um comentário ou um "subtexto" (STANISLÁVSKI) que desdobra e contradiz o texto a ser interpretado. Se o jogo é rápido (à maneira como se atuava outrora), o comentário é menos audível ou não pretende impor-se *expressis verbis* ao espectador: "A tradição do jogo rápido só joga o que está escrito. O inconsciente passa" (VITEZ, *Langue Française*, n. 56, p. 32).

2. Jogo e Teatro

a. *Regras e convenções*

O teatro tem uma parte ligada ao jogo em seus princípios e regras, se não em suas formas. HUIZINGA dá a seguinte definição global de jogo: "Sob o ângulo da forma pode-se [...] definir jogo como uma ação livre, sentida como *fictícia* e situada fora da vida comum, capaz, não obstante, de absorver totalmente o jogador; uma ação despida de qualquer interesse material e de qualquer utilidade; que se realiza num tempo e num espaço expressamente circunscritos, desenrola-se ordenadamente de acordo com determinadas regras e provoca, na vida, relações de grupos que se cercam voluntariamente de mistério ou que acentuam pelo disfarce sua estranheza diante do mundo habitual" (1951). Esta descrição do princípio lúdico poderia ser a do jogo teatral: a ela não falta nem a ficção, nem a máscara, nem a cena delimitada, nem as convenções! Pensa-se imediatamente no corte palco/plateia que separa radicalmente os intérpretes dos espectadores e que parece opor-se ao espírito do jogo. E é exato que somente o *happening** ou o *jogo dramático** juntam todo mundo numa comunidade de jogo. No entanto, não há representação teatral sem cumplicidade de um público, e a peça só tem possibilidade de "dar certo" se o espectador jogar o jogo, aceitar as regras e interpretar o papel daquele que sofre ou daquele que se safa, se está assistindo (a) a representação.

b. *Aspectos lúdicos do teatro*

Em vez de buscar uma absoluta identidade entre projeto lúdico e teatral, é bom examinar o que o teatro compartilha com certos tipos de jogos. A tipologia de R. CAILLOIS (1958) parece cobrir o que entendemos intuitivamente, pelo menos dentro de nossa perspectiva ocidental, por *jogo*.

- *Mimicry* (simulacro)

Desde ARISTÓTELES, o teatro passa por imitar a ação dos homens. Isto continua fundamentalmente verdadeiro, se se conceber a *mimese** como uma reprodução não fotográfica do real e, sim, como uma transposição (abstração e reconstituição) de acontecimentos humanos. O ator sempre recorre a uma *persona*, a uma máscara, mesmo quando a aponta com o dedo.

- *Agon* (competição)

A competição – rivalidade, conflito cômico ou trágico – é uma das molas essenciais do gênero dramático. A relação palco/plateia produz igualmente, sem que haja aí metáfora abusiva, o efeito de uma rivalidade: para o palco trata-se, na dramaturgia clássica, de arrancar em bloco a adesão da plateia, de conseguir que o olhar público faça do palco um universo autônomo. Quanto ao teatro épico brechtiano, ele ambiciona levar a contradição do palco à plateia, de modo a que o público fique dividido sobre as soluções narrativas e políticas. Mesmo que este desejo de divisão radical assuma um pouco o aspecto de uma ingênua fantasia de ativismo político, é inegável que uma dramaturgia assim favorece a eclosão de contradições, colocando frente à frente ideologias e soluções opostas.

- *Aléa* (sorte)

Muitas dramaturgias tentaram efetuar experiências com o acaso. Durante muito tempo, acreditou-se que a conclusão do drama era decidida por antecipação e que quase não havia jeito de levar o acaso a intervir no resultado da representação. Os mais audaciosos usaram disto em suas construções dramáticas: assim, o teatro do *absurdo** ou pesquisas sobre a narrativa alógica (DÜRRENMATT) surpreendem o público por uma fábula imprevisível, devendo a ação tomar "o pior rumo possível", o qual "chega por acaso" (DÜRRENMATT, "21 pontos a propósito dos *Físicos*"). Às vezes, os atores é que decidem que conclusão dar à peça. Mas só o *psicodrama**, o *jogo dramático** ou o *happening** integram plenamente o acaso do jogo à sua "performance".

- *Illinx* (vertigem)

O teatro não joga fisicamente com os corpos dos espectadores, manipulados até sentirem vertigem, mas simula perfeitamente as situações psicológicas mais vertiginosas. A *identificação** e a *catarse** são, nisso, semelhantes a uma escorregadela nas zonas indefinidas da fantasia ou, como diria ROBBE-GRILLET, a "escorregões progressivos do prazer".

Se a principal regra do teatro é, como os dramaturgos não se cansaram de repetir, agradar, a regra do jogo dramático é adaptar sua visão espectadora a certos princípios fundamentais do jogo. Do *ludus*, jogo convencional, à *paida*, jogo espontâneo e anárquico, é imensa a paleta de emoções e combinatórias

3. Uma Teoria Semiótica do Jogo?

Para sair do solo metafísico onde essas considerações sobre a universalidade do jogo ficam presas, para não repetir os discursos humanistas sobre a natureza lúdica do homem, não substituir o psicólogo que salienta, muito justamente, a importância do jogo no amadurecimento psicológico e social da criança, melhor seria propor uma teoria semiológica do jogo considerado como *modelização** e colocação em *signo** da realidade. O ator, guiado pelo encenador e por sua leitura do texto a ser interpretado ou do roteiro a ser realizado, dispõe de um programa de jogo que ele elabora em função da recepção antecipada pelo público: que deslocamentos são visíveis e pertinentes? É preciso contradizer por uma mímica o enunciado do texto? Como situar a interação com os outros atores? Trata-se de simular a existência da personagem ou de colocá-la por convenção? O jogo se elabora durante os ensaios, e, depois, na escolha de uma encenação que resolva esses problemas técnicos. Cada resposta implica uma produção de sequências gestuais que se esforçam em conciliar todas essas exigências, em estabelecer o estatuto funcional da representação, em dar ao público o que ele espera e o que vai surpreendê-lo.

Recepção, espectador, *theatrum mundi*.

Evreinoff, 1930; Caillois, 1958; Winnicott, 1975; Schechner, 1977; Dort, 1979; Sarrazac, 1981; Ryngaert, 1985.

JOGO DE CENA

Fr.: *jeu de scène*; Ingl.: *stage business*; Al.: *äussere Handuing, Bühnengeschehen*; Esp.: *juego escénico*.

Ação muda do ator que usa apenas sua presença ou seu gestual para expressar um sentimento ou uma situação, antes de tomar a palavra ou enquanto faz uso dela. Na época clássica, fala-se em "jogo de teatro" quando se "põe a pantomima no lugar da eloquência" (VOLTAIRE).

JOGO DE LINGUAGEM

Fr.: *jeu de langage*; Ingl.: *language play*; Al.: *Sprachspiel*; Esp.: *juego de lenguaje*.

O jogo de linguagem deve, segundo WITTGENSTEIN, "trazer a realce que falar uma língua é parte de uma atividade, de um modo de vida" (1961, § 23). Aplicada ao teatro, esta noção descreve bastante bem a maneira pela qual um texto dramático age e dá um exemplo de ação verbal. Por oposição a *situação dramática**, onde a ação é produzida por um conflito entre personagens, poder-se-ia chamar jogo de linguagem a uma estrutura dramática na qual toda fábula ou ação é substituída por uma estratégia de discurso e por uma progressão das enunciações (fora de seus enunciados). Por exemplo, em MARIVAUX, paralelamente à intriga visível, a peça é construída de acordo com a história da consciência enunciadora: passa-se de um "vou dizer tudo" a um "tudo foi dito" no final da peça. As principais personagens não cessam de estender armadilhas linguísticas para o outro, sendo a confissão o xeque-mate da armadilha verbal.

Toda uma corrente teatral contemporânea (PIRANDELLO, BECKETT, BERNHARD, HANDKE, PINGET, SARRAUTE, TARDEU) constrói a progressão da "fábula" com base em assonâncias, em associações de palavras ou em referência à comunicação e à enunciação. A partir do momento que a linguagem não é mais primariamente empregada segundo seu sentido, mas segundo sua textura e seu volume, ela se transforma num jogo de construção, manipulado como coisa e não como signo.

Situação de linguagem, espaço textual, retórica, ação falada.

Barthes, 1957: 88-91; Pavis, 1980c, 1983c; Elam, 1984; Spolin, 1985.

JOGO DRAMÁTICO

Fr.: *jeu dramatique*; Ingl.: *dramatic play*; Al.: *dramatisches Spiel, Spielpadagogik*; Esp.: *juego dramático*.

Prática coletiva que reúne um grupo de "jogadores" (e não de atores) que improvisam coletivamente de acordo com um tema anteriormente escolhido e/ou precisado pela situação. Portanto, não há mais separação entre ator e espectador, mas tentativa de fazer com que cada um participe da elaboração de uma atividade (mais que de uma ação) cênica, cuidando para que as improvisações individuais se integrem ao projeto comum em curso de elaboração. O fim visado não é nem uma *criação coletiva** passível de ser posteriormente apresentada ao público, nem um transbordamento *catártico** do tipo *psicodramático**, nem uma desordem e uma brincadeira como para um *happening**, nem uma teatralização do cotidiano. O jogo dramático visa tanto levar os participantes (de todas as idades) a tomarem consciência dos mecanismos fundamentais do teatro (personagem, convenção, dialética dos diálogos e situações, dinâmica dos grupos) quanto a provocar uma certa liberação corporal e emotiva no jogo e, eventualmente, em seguida, na vida privada dos indivíduos.

Improvisação, gestos, olhar, expressão, corpo.

Barret, 1973; Barker, 1977; Ryngaeit, 1977, 1985; Monod, 1983; Boal, 1990.

JOGO E CONTRA-JOGO

Fr.: *jeu et contre-jeu*; Ingl.: *play and counterplay*; Al.: *Spiel und Gegenspiel*; Esp.: *juego y contra-juego*.

Se se admite que todo texto faz empréstimos de textos anteriores tanto quanto lhes traz uma nova informação (*intertextualidade**), pode-se supor que o mesmo ocorrerá em relação ao jogo do ator: ele faz empréstimos de outras maneiras de interpretar, de outros estilos, e, sobretudo, situa-se nos confins do jogo das outras personagens da peça. Cita, voluntariamente ou não, outras maneiras de interpretar. A partir daí, para apreendê-lo corretamente, seria preciso recorrer a uma noção de interludicidade.

Esta interludicidade é às vezes visível na estrutura dramatúrgica. É o caso da *paródia**: só a compreendemos se tomamos consciência do objeto parodiado e dos motivos e técnicas do objeto parodiante. Assim, certas passagens em BÜCHNER (A *Morte de Danton*) ou BRECHT (*Santa Joana dos Matadouros*) são dificilmente decifráveis se não se observar a citação paródica do *pathos** schilleriano.

De modo muito mais geral e completo, a interludicidade impregna o jogo do ator (e não só no jogo distanciado brechtiano). O ator entra necessariamente no jogo de seus parceiros: falando da mesma coisa, evoluindo na mesma situação, ele só pode reproduzir certas *atitudes** e comportamentos de outros atores: a interação se refletirá então numa homogeneização e num perpétuo empréstimo de técnicas de jogo: assim, "jogar a réplica" consistirá em usar o impulso do discurso anterior. Do mesmo modo, opor-se gestualmente a uma personagem com o qual se está em conflito forçará o interlocutor a captar em seus gestos certas atitudes que ele tomará de empréstimo dela para melhor contrapor-se-lhe.

JOGO E PRÉ-JOGO

↻ Fr.: *jeu et préjeu*; Ingl.: *acting and preacting*; Al.: *Spiel und Vorspiel*; Esp.: *juego y juego prévio*.

Termo de MEIERHOLD (*predygra*), pré-atuação. O ator interpreta uma pantomima antes de instalar sua personagem e de reconstituir a situação dramática, "sugerindo assim ao espectador a ideia da personagem que ele encarna e preparando-o para perceber, de certo modo, o que se seguirá, de modo que receba todos os detalhes desta situação sob uma forma tão elaborada que não tenha de fazer mais nenhum esforço para entender o sentido daquela cena" (1975: 129).

Este procedimento tomado do teatro clássico japonês e chinês, experimentado na encenação de *Professor Bubus*, em 1925, é característico de um jogo corporal muito marcado e voluntariamente teatral. E um meio, para o "ator-tribuno", de "transmitir aos espectadores sua atitude em relação a eles, […] fazer com que os espectadores percebam a ação que se desenvolve debaixo dos seus olhos de uma certa maneira e não de outra" (1975: 129).

KL

KINÉSICA

↻ Fr.: *kinésique*; Ingl.: *kinesics*; Al.: *Kinesik*; Esp.: *kinésica*.

Ciência da comunicação pelo *gesto** e pela expressão facial. A hipótese fundamental é que a *expressão** corporal obedece a um sistema codificado aprendido pelo indivíduo e que varia de acordo com as culturas. O estudo dos movimentos comporta vários campos: o estudo das formas e funções da comunicação individual, a natureza da interação entre movimento e linguagem verbal, a observação da interação gestual entre dois ou vários indivíduos.

A kinésica deveria permitir uma análise das interações cênicas dos atores, reencontrar o sistema consciente e inconsciente que presidiu os arranjos cênicos, deslocamentos e distâncias que os separam. É evidentemente necessário considerar distorções entre conduta dita "normal" e comportamento cênico; em particular calculando o efeito produzido sobre a visão do espectador pela disposição *proxêmica** dos atores.

Uma kinésica da gestualidade teatral teria que formalizar os processos desta "subconversa" gestual: influência do meio social descrito, do modo de *estilização** estética, dos fatores individuais, involuntários da *gestualidade** do ator e da utilização deles pelo encenador. Os fatores da codificação gestual como ela aparecerá para o público são numerosíssimos e de difícil identificação. Em contrapartida, a cena obriga a codificar conscientemente os gestos; ela simplifica para ser legível, o que a torna um precioso laboratório de pesquisa para o kinesista. Mais importante que as distâncias entre os *corpos** dos atores (*proxêmica**) parecem ser, tanto na realidade como no teatro, o *olhar** e o ângulo de visão do ator e do espectador. Neste sentido, é indispensável um estudo das *perspectivas** de *recepção** e de seu valor emocional ou simplesmente físico. As pesquisa intuitivas dos *mímicos** e de certos praticantes (BRECHT, DECROUX, MEIERHOLD) sobre as *atitudes**, posturas e *gestus** são os primeiros passos de uma abordagem kinésica *avant la lettre* do fenômeno gestual.

📖 Laban, 1960, 1994; Goffman, 1967, 1981; *Langages* n. 10, 1968; K. Scherer, 1970; Scheduler, 1973a; Stern, 1973; Birdwhistell, 1973; Sebeok, *in* Helbo, 1979; Pavis, 1981a; Sarrazac *et al.* 1981; Fleshman, 1986; Pavis, 1996.

KINESTESIA

↻ (Do grego *kinesi* – e *aisthesis*, sensação de movimento.)

Fr.: *kinesthésie*; Ingl.: *kinesthesia*; Al.: *Kinasthetik*; Esp.: *kinestesia*.

A kinestesia (ou cinestesia) é a percepção consciente da posição ou dos movimentos e de seu próprio corpo graças ao sentido muscular e ao ouvido interno. O nível kinestésico diz respeito à comunicação entre atores e espectadores, como, por exemplo, a tensão do corpo do ator ou a impressão que uma cena pode causar "fisicamente" no público. Segundo a antropologia teatral de BARBA (1995), o espectador é afetado fisicamente pelo nível pré-expressivo do corpo do ator e da representação. A dança conhece bem este impacto da kinestesia: "Há uma resposta kinestésica no corpo do espectador, o que reproduz nele, em parte, a experiência do dançarino" (MARTIN, 1966: 48; 1991: 60). John MARTIN dá mesmo o nome de *metakinesis* à correlação entre "o físico e o psíquico [que] são os dois aspectos de uma única realidade fundamental" (1991: 29). A kinestesia permite apreciar o movimento corporal graças a um "sentido muscular que regula as múltiplas nuances de força e de velocidade dos movimentos corporais de uma maneira adequada às emoções inspiradoras desses movimentos, de modo a assegurar ao mecanismo do organismo humano a possibilidade de estilizar essas emoções e de fazer assim da dança uma arte completa e essencialmente humana" (JAQUES-DALCROZE, 1919: 141).

LAZZI

(Do italiano *lazzi*, brincadeiras, jogos de cena *bouffons*.)

Termo da *Commedia dell'arte**. Elemento mímico ou *improvisado** pelo ator que serve para caracterizar comicamente a personagem (na origem Arlequim). Contorções, rictus, caretas, comportamentos burlescos e clownescos, intermináveis jogos de cena são seus ingredientes básicos. Os *lazzi* tornam-se rapidamente *morceaux de bravoure* que o público espera do comediante. Os melhores ou mais eficientes são muitas vezes fixados nos *canevas** ou nos textos (jogos de palavra, alusões políticas ou sexuais). Com a evolução da *Commedia*, em particular sua influência sobre o teatro francês dos séculos XVII e XVIII (MOLIÈRE, MARIVAUX), os *lazzi* tendem a ser integrados ao texto e são uma maneira mais refinada, porém sempre lúdica, de conduzir o diálogo, uma espécie de encenação de todos os componentes paraverbais do jogo do ator.

Na interpretação contemporânea, frequentemente muito teatralizada e paródica, os *lazzi* desempenham um papel essencial de suporte visual (encenações de STREHLER dos clássicos italianos, formas e técnicas populares etc.).

📖 Mic, 1927; Pavis, 1986a; Fo, 1991.

LEGIBILIDADE

Fr.: *lisibilité*; Ingl.: *readability*; Al.: *Lesbarkeit*; Esp.: *legibilidad*.

Caráter mais ou menos legível da representação. Uma representação é legível quando o espectador é habilitado, pela encenação, a reconhecer certos signos dela, a acompanhar certos encaminhamentos narrativos, a compreender a organização dos diferentes sistemas, a extrair do conjunto significações globais. Certos encenadores empenhar-se-ão em pôr em evidência a *fábula**, sua lógica e suas contradições (leituras *historicizadas** de influência brechtiana). Outros realizadores assegurar-se-ão de que as associações de ideias e de imagens produzam um sentido facilmente detectável; outros, ainda, buscarão na leitura mecanismos inconscientes de uma atuação, de uma retórica da cena ou de um texto que "não pensava dizer tanto".

A noção de legibilidade depende igualmente, em grande parte, das *expectativas** do espectador, de sua atitude ao jogar com os signos apresentados e de construir a significação *linearmente* (de acordo com a lógica da narrativa) e *plasticamente* (de acordo com a retórica das imagens).

🔍 Leitura, recepção, semiologia, texto espetacular.

LEITMOTIV

(Palavra alemã: literalmente: "motivo guia".)
Fr.: *Leitmotiv*; Ingl.: *leitmotiv*; Al.: *Leitmotiv*; Esp.: *leitmotiv, tema*.

Termo introduzido por Hans VON WOLZOGEN a propósito da música de WAGNER que fala de *Grundthema* (tema fundamental).

1. Em música, o *leitmotiv* é um tema musical recorrente, espécie de refrão melódico que pontua a obra (ex.: o *leitmotiv* do Graal em *Parsifal*). Em literatura, o *leitmotiv* é um grupo de palavras, uma imagem ou uma forma que retorna periodicamente para anunciar um tema, assinalar uma repetição formal, até mesmo uma obsessão. O procedimento é musical, visto que é sobretudo o efeito de repetição e de familiarização que é essencial, sendo secundário o sentido da expressão retomada. Eis por quê o tema não tem necessariamente um valor central para o texto global, mas vale como sinal emotivo e elemento estrutural: o encadeamento dos *leitmotive* forma, na verdade, uma espécie de metáfora paulatinamente desenvolvida, que se impõe à obra toda dando-lhe seu tom. Basta um sinal para caracterizar imediatamente tal personagem ou tal atitude: os *leitmotive* funcionam como código de reconhecimento e como índice de orientação para o espectador. A obra marca assim sua estrutura temporal, sua pontuação e seu estilo de desenvolvimento (BERLIOZ fala em *ideia fixa* de uma obra).

2. No teatro, esta técnica é empregada com frequência. A comédia a usa como cômico de repetição (*cf.* os famosos "e Tartufo?", "sem dote" de MOLIÈRE). Para o teatro poético, a retomada de um verso ou de uma figura retórica é uma técnica de *leitmotiv*. De modo mais geral, toda retomada de termos, toda assonância, toda conversa que gira em torno de si mesma (TCHÉKHOV) constitui um *leitmotiv*.

O autor às vezes faz uso dramatúrgico dele quando o tema marca a passagem inelutável do tempo (a referência ao jardim das cerejeiras na peça do mesmo nome) ou a lenta progressão rumo à catástrofe (as pistolas de *Hedda Gabler*). O coro trágico assume igualmente esta função de advertência e de destino.

O caráter necessariamente subterrâneo desta subconversa torna difícil uma formalização de todas as redes temáticas. Porém, ao mesmo tempo, ela impregna o texto e o comunica ao espectador ao modo infralinguístico e sugestivo da música. Aliás, é facultado ao dramaturgo ou ao encenador fabricar *leitmotive* quase imperceptíveis, dirigindo-se à percepção subconsciente (sonoridades, ritmos, paralelismo de expressão, refrões temáticos).

3. Certas encenações trabalham a partir de *leitmotive* cênicos: a mesma gestualidade, repetição de sequências inteiras (R. WILSON), atuação desdobrada ou imagens surrealistas como intermédios poéticos (PLANCHON em *Folies Bourgeoises*), breves retomadas de um tema musical (nas encenações de Racine por MESGUICH). O sistema da encenação impregna muitas vezes a representação de um tema ou de um comentário recorrente que faz as vezes de *leitmotiv*.

Composição, estrutura dramática.

LEITURA

Fr.: *lecture*; Ingl.: *reading*; Al.: *Lektüre*; Esp.: *lectura*.

Ler o espetáculo é, no sentido metafórico, decifrar e interpretar os diferentes *sistemas cênicos** (dentre os quais o *texto dramático**) que se oferecem à percepção do espetáculo. A crítica emprega hoje a expressão "ler o teatro" (UBERSFELD, 1977a) no sentido de uma busca de todas as unidades possíveis do texto e das imagens cênicas com a finalidade de "determinar os modos de leitura que permitem não só esclarecer uma prática textual muito particular, como mostrar, se possível, os vínculos que unem esta prática textual a uma outra prática, que é a da representação" (1977a: 8).

1. "Ler" o Texto

Ler um texto dramático não é simplesmente seguir ao pé da letra um texto como se leria um poema, um romance ou um artigo de jornal, a saber, ficcionalizar ou criar um universo ficcional (ou um mundo possível). A leitura do texto dramático pressupõe todo um trabalho imaginário de situação dos enunciadores. Que personagens? Em que tempo e lugar? Em que tom? Todas elas perguntas indispensáveis à compreensão do discurso das personagens. Ademais, é inevitável acompanhar esta leitura de uma análise *dramatúrgico**, que esclareça a construção dramática, a apresentação da *fábula**, a emergência e a resolução dos *conflitos**. Toda leitura é feita dentro da perspectiva de uma espacialização desses elementos dinâmicos do drama, da colocação em relevo do esquema diretor da ação. Este tipo de abordagem do texto e do espetáculo pelo viés da dramaturgia vai ao encontro daquilo que se chamou leitura horizontal (DEMARCY, 1973).

2. Leitura Horizontal, Leitura Vertical

a. A leitura horizontal (ou sintagmática) coloca-se no interior da ficção; ela segue o rastro da ação e da fábula, observa os encadeamentos dos episódios e se preocupa com a lógica narrativa e como resultado final para o qual a fábula tende. Ela só usa, nos materiais cênicos, aquilo que se integra ao esquema narrativo e mantém o espetáculo na ilusão de uma progressão irresistível.

b. A leitura vertical (ou paradigmática) favorece as rupturas do fluxo dos acontecimentos para ligar-se aos signos cênicos e aos equivalentes paradigmáticos dos temas que eles evocam por associação. O "leitor" não mais se interessa pela sequência dos acontecimentos e, sim, pela maneira segundo a qual eles são dispostos (épico*). Ele tem por preocupação constante fazer "intervir seu juízo crítico" (BRECHT).

As duas leituras, linear e paradigmática, são indispensáveis para uma decifração correta que reconstitua "plasticamente" (verticalmente) o que ele apreende linearmente (na fábula*). O modo de leitura é, todavia, fortemente sugerido pela dramaturgia e pela atitude de recepção* que lhe corresponde: assim, a leitura horizontal será apropriada a facilitar a identificação, a abdicação do juízo crítico; em contrapartida, a leitura vertical mantém todos os "sentidos" em alerta, favorece a tomada de distância e de medida (distanciamento*).

A rigor, melhor seria reservar a noção de leitura ao texto dramático, pois se lê o teatro mui diferentemente de um texto linguístico: expondo-se a todas as linguagens não verbais (gestual, música, cenografia, rítmica) que, precisamente, escapam à linguagem e confrontam o espectador com um evento cênico, não com um texto constituído de signos linguísticos (LYOTARD, 1971).

3. Leitura em Marcha Lenta, Leitura em Velocidade Normal

VINAVER e seus colaboradores (1993) distinguem dois tipos de leitura: "uma leitura em marcha lenta" para um fragmento do texto; ela "se faz parando em cada réplica, e começa pela pergunta: qual é a situação inicial? Estando esta definida, levanta-se, um de cada vez: a) os acontecimentos, b) as informações, c) os temas [...], de modo a isolar, no texto, o que é propriamente ação" (1993: 896); numa leitura em "velocidade normal" da obra inteira, "Verifica-se, completa-se, ajusta-se, corrige-se, se preciso for, os resultados da análise do fragmento" (1993: 898). Há quem sugira, todavia, indo de encontro a VINAVER, não esperar o fim dessas leituras para levar em conta os dados históricos, os quais determinam de imediato nosso modo de leitura.

Comunicação teatral, código, interpretação, semiologia, texto e cena.

Ingarden, 1931, 1971; Eco, 1965, 1980; Iser, 1972; Hogendoorn, 1976; Charles, 1977; Collet et al., 1977; Biagini, 1979; Pavis, 1980c, 1983a; Barthes, 1984: 33-47; Avigal e Weitz, 1985.

LEITURA DRAMÁTICA

Fr.: lecture-spectacle; Ingl.: public reading; Al.: Leseaufführung; Esp.: lectura-espectáculo.

Gênero intermediário entre a leitura de um texto por um ou vários atores e a espacialização ou encenação deste texto, a leitura dramática usa alternadamente os dois métodos. Lucien ATTOUN explorou esta fórmula no âmbito de seu Teatro Aberto em Avignon e em Paris ou em France-Culture, dando a conhecer textos inéditos ou não representados a um público reduzido e a atores que poderiam montá-los em condições mais "cênicas". É útil distinguir diversos modos de leitura dramática:

• A espacialização, que é a "apresentação de uma peça nova [de um autor de expressão francesa] sem cenário nem figurino" (Europe, 1983, n. 648: 24).

• A vocalização, que é o processo de aprendizagem do texto, bem no início dos ensaios, antes que a entonação, a enunciação e a marcação tenham sido feitas.

• Não se deve confundir a *espacialização* e a *vocalização* com a *marcação*, que é uma etapa na elaboração da encenação e que fixa os deslocamentos e posições dos atores, as figuras da interpretação deles, aquilo que BRECHT chamava de *Grundarrangement* (arranjo fundamental) e que os anglo-saxões denominam *blocking the performance*. Esta fase de delimitação e de ocupação do espaço é apenas uma das fases, a mais visível mas não a mais importante, da *encenação**. *Marcação* muitas vezes tem assim o sentido pejorativo de uma encenação considerada somente sob o aspecto exterior dos movimentos. R. PLANCHON a opõe a sua atividade de encenação: "A contribuição essencial vem da encenação (colocação em cena), não da marcação (colocação no lugar). Marcar é, para o ator, delimitar uma área de atuação precisa. Nunca fiz marcação, esta é a última das minhas preocupações" (*Cahiers de Cinéma*, 22 de março de 1962).

LIGAÇÃO DAS CENAS

⇄ Fr.: *liaison des scènes*; Ingl.: *linking of scenes*; Al.: *Szenenverflechtung*; Esp.: *enlace de escenas*.

Em dramaturgia clássica, princípio segundo o qual duas cenas que se seguem devem ser ligadas pela presença de uma mesma personagem de uma cena na outra, de modo a que o palco nunca fique vazio. D'AUBIGNAC distingue a *ligação de presença* de uma personagem e a *ligação que se faz pelo ruído* "quando, ao ruído que é feito em cima do teatro, um ator que realmente pôde ouvi-lo, acorre para saber sua causa ou alguma outra razão, e não encontra mais ninguém" (1657: 245). A *ligação de fuga* é realizada quando uma "personagem sai de cena no momento em que uma outra personagem entra, porque ela não deseja que esta a veja ou lhe dirija a palavra" (SCHERER, 1950: 437).

LINGUAGEM DRAMÁTICA

⇄ Fr.: *langage dramatique*; Ingl.: *dramatic language*; Al.: *dramatische Sprache*; Esp.: *lenguaje dramático*.

Se se considerar a escritura dramática em seu conjunto, quaisquer que sejam as épocas e os gêneros, está-se no direito de falar de uma linguagem dramática que deveria ser distinta de outras linguagens: cinematográfica, literária, romanesca, poética etc. Segundo LARTHOMAS, "pode-se falar [...] em linguagem dramática, supondo, com razão, que obras muito diferentes usam a mesma linguagem que, por isso mesmo, tem um certo número de caracteres universais à despeito das diferenças de forma, época e efeitos" (1972: 12). Baseada na *eficácia*, essa linguagem possuiria características que LARTHOMAS busca nos *textos dramáticos** (e não nas encenações) e que VINAVER persegue nas *Écritures Dramatiques* como fala atuante (1993: 9).

Também existe a tendência inversa que faz da linguagem dramática uma linguagem cênica e que inclui, como LEMAHIEU, a encenação (a direção) e mesmo a recepção do espectador: "A linguagem dramática é a composição do texto, de sua direção, completada e reescrita pela projeção criativa do espectador, decifrador da arte do teatro, desde que ele se preste ao jogo refinado da decodificação dos signos manifestos no palco" (*in* CORVIN, 1991: 488).

Achamos preferível manter uma distinção entre linguagem (ou *escritura*) *dramática**, como a lemos no texto, e linguagem (ou *escritura*) *cênica**, como é realizada num palco por um encenador para um espectador.

LISTA DE PERSONAGENS

⇄ Fr.: *liste des personnages*; Ingl.: *list of characters*; Al.: *Liste der Personen*; Esp.: *lista de personajes*.

A lista de personagens, geralmente colocada antes do título da peça e do início dos diálogos, é um elemento da *didascália** (ou *texto secundário** ou do *paratexto**) que só se destina, portanto, ao leitor ou ao encenador. Do Renascimento até o início do século XIX, não era raro encontrar o termo latino *dramatis personae*, que insistia na semelhança com pessoas reais envolvidas numa ação. Esta lista é quase sempre retomada no *programa** colocado à disposição do público. Assim, tanto o leitor quanto o espectador têm a possibilidade – e muitas vezes isto não é um luxo – de se familiarizar, antes e durante a representação, com a constelação das personagens, verificando seu parentesco ou suas relações sociais etc. A lista é estruturada de maneira variável, mas esforça-se, em geral, para citar todas as personagens, pelo menos aquelas que são suficientemente individualizadas. A ordem dos nomes muitas vezes corresponde, principalmente na época clássica, à hierarquia social: nomeia-se primeiro o rei ou a personagem cujo nível social é mais elevado, e depois, pela ordem decrescente de mérito, os outros protagonistas. Há um esforço, todavia, para agrupar os pares, os pais e os filhos.

Depois do classicismo, e paralelamente à multiplicação das indicações cênicas, os nomes são às vezes seguidos de uma ficha de identidade mais ou menos farta, indicando idade, caráter, aparência física (ex.: *O Barbeiro de Sevilha*, de BEAUMARCHAIS), até mesmo motivações secretas. A tentação de muitos dramaturgos é transformar a lista num ensaio ou numa novela sobre cada personagem.

A estruturação da lista faz-se às vezes de maneira a deixar claros os conflitos e partes em confronto, a opor homens e mulheres (*cf. Cyrano de Bergerac*), a visualizar as grandes famílias e as alianças. Não é raro que o editor indique o nome dos atores na criação da peça.

Também é costume enumerar, no início de cada cena, as personagens nela presentes, de modo a que o leitor saiba quem está em cena mas fica em silêncio e em que momento ele entra ou sai.

A denominação da personagem é um ato decisivo para sua definição e para a maneira como será percebida no decorrer da intriga, o que quer que seja que ela faça ou diga. É a primeira palavra do autor dramático, mas muitas vezes é também a última.

📖 Thomasseau, 1984.

M

MAMBEMBE

↻ Fr.: *baladin*; Ingl.: *mountebank, buffoon*; Al.: *Quacksalber, Possenreisser*; Esp.: *saltimbanqui*.

O mambembe é, originalmente, um dançarino de teatro. A palavra (no original francês) vem do latim vulgar *ballare*; designa hoje o *saltimbanco**. Trupes mambembes de histriões e saltimbancos cruzavam antigamente a Europa realizando espetáculos populares em tablados. Esses atores mambembes – *clowns*, acrobatas, malabaristas, mas às vezes também cantores e poetas – se produziam sempre à margem dos teatros oficiais.

MAQUIAGEM

↻ Fr.: *maquillage*; Ingl.: *make-up*; Al.: *Schminke*; Esp.: *maquillaje*.

1. Uma Arte Cambiante

No teatro, a maquiagem assume um relevo particular, visto ser o último toque dos preparativos do rosto do ator e porque contém uma série de informações. Certos teatros, como o Kabuki ou o Kathakali, praticam a maquiagem como uma cerimônia ritual. O Théâtre du Soleil também pratica este rito expondo à visão do público, não sem autossatisfação, os atores enquanto estão se caracterizando.

Se a limitássemos à função banal de embelezamento dos traços naturais, poder-se-ia ter certeza de ela ser tão velha quanto o mundo do teatro. Entretanto, se os gregos a conheciam, não a usavam para embelezar o ator – mascarado, aliás – mas para cobrir ritualmente o rosto com sangue do animal sacrificado e cinza. A maquiagem de beleza – que, por definição, deve passar despercebida – é usada a partir do século XVI. As técnicas evoluem e a pintura quase mascara o rosto. No século XVIII, os atores se pintam exageradamente, o que leva um de seus contemporâneos a dizer: "Todos os atores que entram em cena são também donzéis. As rainhas e as heroínas aí estão tão pintadas que sua tez parece fresca e corada como a de nossas jovens leiteiras". Quaisquer que sejam as técnicas (dentre as quais algumas, à base de arsênico, eram perigosíssimas), a maquiagem adapta a cor da pele à iluminação cênica; portanto, ela evolui com a introdução da iluminação a gás e, depois, da luz elétrica.

2. Funções

a. Embelezar

Este uso habitual da maquiagem ainda é enaltecido em cena, a arte não sendo tanto envelhecer uma personagem quanto rejuvenescê-la... O *papel** de composição obriga o maquiador a prodígios de reparos e de melhoramentos: retirar bolsas dos olhos, disfarçar um queixo duplo, eliminar uma espinha – um cirurgião plástico não faria melhor...

b. Codificar o rosto

Certas tradições teatrais, como o teatro chinês, baseiam-se num sistema puramente simbólico de correspondências entre cores e características sociais: branco para os intelectuais, vermelho para os heróis leais, azul escuro para as personagens orgulhosas, prata para os deuses etc.

c. Teatralizar a fisionomia

Figurino vivo do ator, a maquiagem faz o rosto passar do animado ao inanimado, flerta com a máscara, quando se torna uma máscara mais ou menos opaca e flexível que às vezes utiliza a mobilidade do rosto. O ator às vezes produz caretas que ela mantém (GROTOWSKI, 1971: 64). O Serapions Theater pratica uma escultura facial com a ajuda de caretas mantidas pelas mãos dos atores. Na arte do semblante, a maquiagem pode, ao mesmo tempo, acentuar a teatralidade, a maquinaria facial – "as máquinas da Ópera", como dizia MARIVAUX – e dar novamente impressão de vida, renaturalizar e "interiorizar" a expressão *mímica**. Ela joga com a ambiguidade constitutiva da representação teatral: mescla de natural e artificial, de coisa e de signo.

d. Estender a maquiagem

Ela não mais se limita ao rosto, o *corpo** inteiro pode ser pintado. Em sua encenação de *Britannicus*, VITEZ pinta os cabelos, redesenha o contorno das pernas dos atores, desrealiza o rosto deles sem caricaturá-los. A maquiagem passa a ser um cenário ambulante, estranhamente simbólico; ela não mais caracteriza de maneira psicológica e, sim, contribui para a elaboração de formas teatrais do mesmo modo que os outros *objetos** da representação (*máscara**, *iluminação**, *figurino** etc.). Ao renunciar a seus efeitos psicológicos, assume sua qualidade de *sistema significante**, que faz dela um elemento estético total da encenação.

Olhar, kinésica.

Paquet, 1990; *Traverses* n. 7, 10, 14-15, 17, 18, 21-22, 29.

MÁQUINA TEATRAL

Fr.: *machine théâtrale*; Ingl.: *theatrical machinery*; Al.: *Theatermaschinerie*; Esp.: *maquinaria teatral*.

1. Do emprego, pela dramaturgia e pela cena, de máquinas teatrais, à cena-máquina, há apenas um passo que o teatro, no entanto, levou vinte e cinco séculos para dar. ARISTÓTELES já tenta limitar a intervenção das máquinas (principalmente pelo *deus ex machina**) a episódios irrealizáveis pelos homens apenas e em circunstâncias excepcionais, a fim de não privar o dramaturgo de sua faculdade de dar explicações verossimilhantes a todas as ações. A máquina é sempre a materialização cênica, outrora apavorante, e hoje derrisória, do princípio do maravilhoso (voar, deslocar-se, desaparecer), um maravilhoso que faz as delícias dos espectadores crédulos ou "bonzinhos", mas que indispõe os doutos e os racionalistas.

2. A máquina é, ao mesmo tempo, um tema metafísico – o homem superado pela mecânica, seja ela celeste, diabólica ou robótica – e um princípio da teatralidade. O atual gosto pela ópera, pelas peças de grande espetáculo, pelas peças de máquina do Renascimento, do século XVII, pelo *Tratado sobre as Máquinas de Teatro* de N. SABBATTINI (1637), *Andrômeda* (1650), de P. CORNEILLE, *Anfitrião* (1668), *Psique* (1671), de MOLIÈRE, explica-se pelo fascínio exercido pela maquinaria teatral, fascínio cultivado e descrito pelos encenadores construtivistas (OKHLOPKOV, MEIERHOLD, MALEVITCH, STENBERG, TATLINE) e, hoje, pelos encenadores "barrocos" como I. LAVELLI, L. RONCONI, V. GARCIA, H. RONSE ou J.-M. VILLÉGIER.

3. A maquinaria cênica porta necessariamente a marca da *materialidade* do teatro, de seu caráter construtor ou desconstrutor e da *artificialidade* da ilusão e das fantasias que ela induz. Ambiguidade que faz os prazeres dos pequenos e dos grandes (por razões diversas) e sobre a qual LA FONTAINE já ironizava nesses termos:

"De machine d'abord le surprenant spectacle
Éblouit le bourgeois et fit crier miracle,
Mais la seconde fois il ne s'y pressa plus:
Il aima mieux *Le Cid*, *Horace*, *Héradius*;

[...]
Souvent au plus beau char le contrepoids résiste;
Un dieu pend à la corde et crie au machiniste."

("Da máquina primeiro o surpreendente espetáculo
Deslumbra o burguês e faz gritar milagre,
Mas na segunda vez ele não acorreu mais a ele
Preferiu *O Cid, Horácio, Heráclius*;
[...]
Muitas vezes ao mais belo carro o contrapeso resiste;
Um deus fica pendurado e tem que gritar ao maquinista.")

Epístola a M. Nyert sobre a Ópera, 1677.

Espaço, objeto, acessório, *deus ex machina*, dispositivo.

Allio, 1977; Guarino, 1982; Bataille, 1990; Freydefont *in* Corvin, 1991.

MAQUINISTA

Fr.: *machiniste*; Ingl.: *stage hand*; Al.: *Bühnenarbeiter*; Esp.: *tramoyista*.

Pessoa que cuida, durante a representação, da mudança dos cenários, dos truques, do fornecimento de acessórios ou objetos cênicos. Até os primeiros passos do jogo épico (brechtiano, principalmente), o maquinista agia necessariamente "nos bastidores", isto é, no escuro ou escondido atrás da cortina; sobretudo, ele não deveria quebrar a *ilusão** de um mundo cênico natural e autônomo. Entretanto, seria necessário notar que, mesmo antes de BRECHT e da coorte dos "distanciadores", o maquinista tinha às vezes uma função "desilusionante": assim, na comédia clássica (ARISTÓFANES), chama-se o maquinista e a maquinaria teatral de aquilo que quebra a ilusão. Hoje, na prática cênica de vanguarda, as intervenções do maquinista, até mesmo suas intrusões no jogo, não são mais mascaradas; ao contrário, o maquinista passou a ser o garante e o signo da *prática** teatral, a ponto de dar a impressão de ter este emprego no próprio seio da *ficção** relatada. Aliás, sua tarefa, quando não ultrapassa o manejo de objetos leves, é muitas vezes assumida pelos próprios atores: as mudanças se fazem à vista, e não há mais, então, uma nítida ruptura entre ação cênica e paradas de atuação; os atores aparecem para aquilo que nunca deixam de ser: trabalhadores da cena, ao passo que os maquinistas são "teatralizados" e integrados ao espetáculo, observadores intermediários entre atores e público.

MARIONETE (E ATOR)

Fr.: *marionnette (et acteur)*; Ingl.: *marionette (and actor)*; Al.: *Marionette (und Schauspieler)*; Esp.: *marioneta (y actor)*.

Uma velha história de amor e ódio une ator e marionete. Quando o ator busca a perfeição e a dificuldade do gesto, sempre lhe vem à mente a metáfora do fantoche desarticulado, manejável ao menor capricho, marionete capaz de responder a todas as injunções de um manipulador dos gestos e das vozes. DIDEROT, no *Paradoxo sobre o Comediante*, já encarava o "grande ator" como "outro fantoche maravilhoso cujos cordões o poeta segura, e ao qual ele indica, em cada linha, a verdadeira forma que deve assumir" (1773: 1035). Esta marionetização do ser humano culmina na supermarionete de Gordon CRAIG. Porque o ator não é capaz de fazer de seu próprio corpo uma "obra de arte", mas somente "uma série de confissões acidentais", é que CRAIG queria substituí-lo por uma marionete humana que controlasse todas as emoções e fizesse do palco um espaço puramente simbólico: "Suprima o ator e estará retirando de um realismo grosseiro os meios para florescer em cena. Não haverá mais personagem viva para confundir em nosso espírito arte e realidade; não haverá mais personagem viva na qual as fraquezas e estremecimentos da carne sejam visíveis" (1905: 66). Outras utopias consideram o mesmo controle à distância da came humana: a máscara e a voz especial do ator "como se, segundo A. JARRY, a cavidade da boca da máscara só pudesse emitir aquilo que a máscara dissesse, se os músculos de seus lábios fossem flexíveis" (1896: 143); o corpo *biomecânico** do ator, segundo MEIERHOLD, que deve ser uma matéria "apta a realizar rapidamente as senhas recebidas do exterior (do ator ou do encenador)", o balé mecânico de SCHLEMMER no qual é possível, "fazendo do homem o portador de figurinos construídos, realizar configurações imaginárias sem coação, em cima de variações sem limites" (1927: 67).

Todas essa experiências utópicas têm em comum um fascínio pela maquinaria, seja ela cênica, gestual ou vocal. A máquina, na verdade, repetindo à vontade um mesmo movimento, infringe a regra estrita da unicidade da performance teatral, da incodificabilidade do ser humano, do poder absoluto e extremista do ator. A máquina é também a inércia, o controle, a teatralidade segura de seus efeitos; é a finalização perversa de uma concepção de teatro baseada no controle absoluto do encenador (do significador) da cerimônia espetacular: não são mais, simplesmente, as emoções e o corpo do ator que são codificados e reificados, é a representação em sua totalidade. Mas este controle absoluto quase não é possível, pois em algum lugar da cadeia intervém um ser humano para coordenar suas máquinas e para recebê-las enquanto espectador. A partir daí, a marionete se anima novamente e se engana: tudo pode recomeçar. Sobre a semiologia, falou-se – não sem malícia – que ela resultaria necessariamente numa marionetização da representação teatral, numa semaforização dos atores, numa mecanização da realidade viva do espetáculo. Na verdade, o perigo é real, mas desde que os que fazem teatro e os espectadores são concebidos como produtores e receptores, a teoria escapa à marionetização e o ator passa a ser o centro e a figura emblemática da *graça* da qual falava KLEIST a propósito do teatro de marionetes (1810), a graça do animado e do inanimado, do conhecimento e da inocência, do manequim articulado e do deus.

📖 Kleist, 1810; Bensky, 1971; Dort in *Théâtre Public* n. 43, 1982; Fournel, 1982; Plassard, 1992; revista *Puck*, publicada pelo Instituto Internacional da Marionete.

MÁSCARA

↔ Fr.: *masque*; Ingl.: *masque*; Al.: *Maskenspiel*; Esp.: *máscara*.

Gênero dramático inglês do século XVI ao século XVIII, de origem francesa e italiana. Os atores usavam máscaras (daí o nome) e representavam um espetáculo de dança, de música, de poesia, de alegoria e de encenação de grande espetáculo. A máscara é comparável ao *balé de corte** e aos primórdios da ópera. Quando há uma ação, esta é reduzida a alguns elementos mitológicos ou alegóricos e ao esboço de uma discussão. Duas tendências dominam a máscara: a do texto poético e literário (*cf.* BEN JONSON, *A Festa de Reis*, 1606; *A Máscara das Rainhas*, 1610), a do espetáculo de grande maquinaria e de efeitos visuais (JONES e suas experiências arquitetônicas e cênicas inspiradas no palco italiano).

A *antimáscara*, inventada por BEN JONSON, é a versão grotesca e puramente pantomímica da máscara: é representada como interlúdio cômico, antes ou durante a máscara.

📖 Jacquot, 1972; D. Lindley (ed.), *The Manchester Court Masque*, Manchester, 1984.

MÁSCARA

↔ Fr.: *masque*; Ingl.: *mask*; Al.: *Maske*; Esp.: *máscara*.

O teatro contemporâneo ocidental reencontra o uso da máscara. Esta redescoberta (se se pensar no teatro antigo ou na *Commedia dell'arte**) acompanha a *reteatralização* do teatro e a promoção da *expressão corporal**.

Além das motivações antropológicas do emprego da máscara (imitação dos elementos, crença numa transubstanciação), a máscara é usada no teatro em função de várias considerações, principalmente para observar os outros estando o próprio observador ao abrigo dos olhares. A festa mascarada libera as identidades e as proibições de classe ou de sexo.

Escondendo-se o rosto, renuncia-se voluntariamente à expressão psicológica, a qual em geral fornece a maior massa de informações, muitas vezes bastante precisas, ao espectador. O ator é obrigado a compensar esta perda de sentido e esta falta de identificação por um dispêndio corporal considerável. O corpo traduz a interioridade da personagem de maneira muito amplificada, exagerando cada gesto: a teatralidade e a espacialização do corpo saem daí consideravelmente reforçadas. A oposição entre um rosto neutralizado e um corpo em perpétuo movimento é uma das consequências estéticas essenciais do porte da máscara. A máscara, aliás, não tem que representar um rosto: assim, a máscara neutra e a meia-máscara bastam para imobilizar a mímica e para concentrar a atenção no corpo do ator.

A máscara desrealiza a personagem, ao introduzir um corpo estranho na relação de identificação do espectador com o ator. Ela será, portanto, frequentemente utilizada quando a encenação buscar evitar uma transferência afetiva e distanciar o caráter.

A máscara deforma propositalmente a fisionomia humana, desenha uma caricatura e refunde totalmente o semblante. Expressão grotesca ou estilização, cópia reduzida ou enfatização, tudo se torna possível com os materiais modernos com formas e mobilidade surpreendentes.

A máscara só faz sentido no conjunto da encenação. Hoje, ela não está mais limitada apenas ao rosto, mas mantém estreitas relações com a *mímica**, a aparência global do ator e mesmo a plástica cênica.

Maquiagem, antropologia.

Bernard, 1980 in Corvin, 1991; Gauvreau, 1981; Aslan e Bablet, 1985; Roubine, 1985.

MATEMÁTICA (ABORDAGEM...) DO TEATRO

Fr.: *mathématique (approche...)*; Ingl.: *mathematical (approach...)*; Al.: *mathematische (Methode...)*; Esp.: *matemático (acercamiento...)*.

O denominador comum das abordagens matemáticas do drama consiste numa reflexão sobre as combinatórias de situações dramáticas a partir das relações possíveis – prováveis e efetivamente realizadas – entre as personagens.

Existe uma tradição do estudo das situações desde POLTI (1895), PROPP (1929) e sobretudo SOURIAU (1950). O livro deste último inspirou inúmeros trabalhos narratológicos e cibernéticos (CUBE, 1965; MARCUS, 1974, 1975; DINU, 1977); a narrativa (sequência de ações e de configurações actanciais) é aí concebida como um movimento desde um equilíbrio relativo entre protagonistas até um desequilíbrio (conflito, *hybris*, catástrofe), o qual acaba se estabilizando num equilíbrio ainda mais profundo.

A formalização só pode se dar com base em dados objetivamente observáveis: número de personagens, de cenas, entradas e saídas, tamanho das falas, recorrência de temas ou imagens, configurações actanciais. Tal cálculo valida, ao mesmo tempo, a cientificidade do procedimento, mas negligencia necessariamente as mudanças qualitativas da ação e as irracionalidades na condução da intriga. Pois se o raciocínio matemático é, por natureza, inatacável, a *decupagem** das sequências de ações, das personagens e dos momentos pertinentes das mudanças cênicas (entradas/saídas, cenários, mudanças psicológicas e morais) é evidentemente muito mais delicada e necessariamente sujeita à discussão. É neste nível que uma análise dramatúrgica ou *semiológica** é indispensável para clarificar as unidades básicas do universo dramático e evitar que a formalização subsequente não leve em conta intuições fundamentais e o projeto estético global. Entre poesia e matemática, a coabitação é necessária, porém dolorosa.

Ginestier, 1961; Brainerd e Neufeldt, 1974; Alter, 1975; *Poetics*, vol. 6, n. 314, 1977; Dinu, in Schmid e Van Kesteren, 1984; Schoenmakers, 1986; Lafon, 1991.

MATERIAIS CÊNICOS

Fr.: *matériaux scéniques*; Ingl.: *stage materials*; Al.: *Bühnenmaterial*; Esp.: *materiales escénicos*.

1. Sistema Significante

As diferentes artes ou práticas cênicas (pintura, arquitetura, projeções fixas e animadas, música, ruídos, enunciação do texto), são às vezes chamadas, quando consideradas sob o aspecto de *signos**, de *sistemas significantes** ou *sistema cênico**. Os materiais cênicos são os signos usados pela representação em sua dimensão de significante, a saber, em sua materialidade.

O palco sempre é, mesmo que o espaço cênico quase não seja trabalhado ou não passe de um espaço vazio, o local de produções concretas de materiais de toda origem destinados a ilustrar, sugerir ou servir de quadro para a ação da peça. Representam o papel de materiais os objetos e formas veiculados pelo palco, mas também o corpo dos atores, a luz, o som e o texto falado ou declamado. Os efeitos de matéria e textura são particularmente fortes com o uso de materiais naturais como madeira, cimento, mármore e tecidos. Eles apelam à visão, mas também ao sentido do tato, da acústica ou do olfato.

2. Materialidade da Cena

O conjunto dos materiais brutos da representação constitui uma reserva de significantes que o espectador recebe sem poder nem querer traduzi-los como significados. Por vezes, os *significantes* * "resistem" à "tradução" ou assumem sentidos ou valores muito diferentes. A materialidade cênica opõe-se à ficção que se estabelece a partir dos dados da fábula e dos caracteres. A materialidade situa-se do lado dos acontecimentos, do domínio direto do público dos mecanismos da encenação.

O palco varia, na estética teatral, de um local neutro, simbólico, "asseptizado" e abstrato, com a função única de possibilitar ouvir o texto (clássico, principalmente), a um espaço concreto e movediço onde se deve sentir a materialidade da linguagem teatral e da cena. Parece então, diz-nos ARTAUD, "que no palco, que é antes de mais nada um espaço a ser preenchido e um local onde se passa alguma coisa, a linguagem das palavras deve ceder lugar à linguagem dos signos cujo aspecto objetivo é que melhor nos atinge" (1964a: 162).

MEIO AMBIENTE

Fr.: *milieu*; Ingl.: *milieu*; Al.: *Milieu*; Esp.: *medio*.

O meio ambiente é o conjunto de condições exteriores nas quais vive o homem ou o animal. Este conceito é fundamental para as teorias *naturalistas** que consideram que o homem não pode ser separado do seu ambiente.

No teatro, o meio ambiente passa a ser, para os naturalistas e mais geralmente para toda estética da ilusão fotográfica, o local de observação do homem. No binômio *ação*/caráter**, ele toma o lugar do caráter e rejeita a ação em benefício de um quadro detalhado da situação humana muitas vezes concebida como primária e imutável. É sempre "o meio que determina o movimento das personagens e não os movimentos das personagens que determinam o meio" (ANTOINE, 1903) (ver também ZOLA, 1881).

Uma *dramaturgia épica** e descritiva procede por momentos estáticos (*quadros**); ela renuncia a qualquer tensão dramática entre as cenas, concentra-se na evocação de uma lenta desintegração do homem. A cena é uma substância bem trabalhada, impregnada da atmosfera muitas vezes mórbida de uma família, de uma empresa, de uma classe social ou de uma humanidade lassa. Ao contrário de um *praticável** manipulável ao sabor da ação, de uma máquina de representar, ela pesa com todo o seu peso, como um destino da matéria, sobre os protagonistas do drama.

Realidade representada, história, realista (representação).

MEIOS DE COMUNICAÇÃO (MÍDIAS) E TEATRO

Fr.: *médias et théâtre*; Ingl.: *media (and theatre)*; Al.: *Medien (und Theater)*; Esp.: *médios de comunicación (y teatro)*.

1. "Midiatização" do Teatro

Querer inserir o teatro numa teoria dos meios de comunicação é pressupor, talvez de maneira meio apressada, que ele é comparável a práticas artísticas e tecnológicas como o cinema, a *televisão**, o *rádio** ou o vídeo. E compará-lo ao que geralmente opõe o computador a ele: aos meios de comunicação de massa, às artes mecanizadas e *eletrônicas**, às técnicas da indústria cultural. Num certo sentido, é prestar-lhe um mau serviço negar sua especificidade comparando-o a meios de comunicação que se baseiam numa infraestrutura tecnológica da qual o teatro se privou por muito tempo. Porém, por outro lado, a prática teatral invade alegremente outros domínios, seja porque utiliza o vídeo, a televisão ou a gravação sonora dentro da representação teatral, seja porque vê-se constantemente solicitada pela televisão, pelo rádio, pelo cinema ou pelo vídeo para ser gravada, multiplicada, conservada e arquivada. Os processos de troca entre teatro e meios de comunicação (mídias) são tão frequentes e diversificados que se deve mesmo levar em conta a rede de influências e de interferências que acaba por tramar-se. Quase não faz sentido definir o teatro como "arte pura", nem mesmo esboçar uma teoria do teatro que não leve em conta práticas de comunicação de massa, pois os meios de comunicação acompanham e influenciam a produção teatral. A questão é apenas saber se o teatro pode ser integrado a uma teoria dos meios de comunicação e se é possível compará-lo a artes ou práticas mecanizadas (*intermidialidade**).

Que é um meio de comunicação? Esta noção é das mais mal delimitadas. O meio de comunicação parece definir-se essencialmente por uma soma de características (possibilidades e potencialidades) técnicas, pela matéria tecnológica pela qual ele é ao mesmo tempo produzido, transmitido e recebido, pela qual é reprodutível ao infinito. O meio de comunicação não está, portanto, vinculado a um conteúdo ou a uma temática determinados, mas a um aparelho e a um estado presente da tecnologia. E, no entanto, esta tecnologia da reprodução mecânica e da produção da obra de arte implica uma certa estética, ela só é útil quando concretizada numa obra particular e singular, ou apreciada num juízo estético ou ético. Toda técnica romanesca remete, dizia Sartre, a uma metafísica. Poder-se-ia dizer o mesmo da tecnologia dos meios de comunicação: ela só se compreende relacionada a uma reflexão estética, até mesmo metafísica, sobre a passagem da quantidade (reprodutiva) à qualidade (interpretativa). Não basta descrever as propriedades tecnológicas de um meio de comunicação como o rádio ou a televisão, é preciso apreciar a dramaturgia *visível* num programa de rádio ou de televisão e *previsível* para uma futura produção desses meios de comunicação. Falta uma teoria ideológica dos meios de comunicação que ultrapasse os *slogans* macluhanianos ("o meio é a mensagem") e que nos leve mais longe do que o "romance via Internet" ou os encontros amorosos via serviços telefônicos. Isso é pedir demais?

2. Os Meios de Comunicação a Partir do Teatro

Poder-se-ia escrever uma história factual das invenções dos diversos meios de comunicação, mostrando sua filiação e a série de melhoramentos técnicos. Seria fácil, então, situar o teatro em relação a esses estádios técnicos, antes do surgimento dos meios de comunicação e depois, como reação ao avanço da tecnologia. Esta tarefa é pesada demais e contentar-nos-emos em notar a tendência oposta do teatro e dos meios de comunicação. O teatro tende à simplificação, à minimalização, à redução fundamental de uma troca direta entre ator e espectador. O meio de comunicação, ao contrário, tende a complicar-se e sofisticar-se graças ao avanço tecnológico; ele é, por natureza, reprodutível e multiplicável ao infinito. Inserido nas práticas tecnológicas, mas também culturais e ideológicas, num processo de informação ou de desinformação, o meio de comunicação multiplica sem dificuldade o número de seus espectadores, tornando-se acessível a um público potencialmente infinito. Num teatro, para que a *relação teatral** se estabeleça, a encenação não deve ultrapassar um número limitado de espectadores e de representações, pois o teatro, quando repetido demais, degrada-se, ou, quando muito, vira outro. Assim, o teatro é, "por essência" (por causa do seu modo ideal de recepção), uma arte de alcance limitado.

3. Quantificação e Massificação

A possibilidade de repetir e diversificar indefinidamente as produções mass-midiáticas influi nas expectativas e no gosto do público de maneira muito mais ativa que a frequência, muitas vezes pontual, da sala de espetáculos. Poder-se-ia, quanto a isso, distinguir os meios de comunicação ou as artes que se deve pesquisar e construir ativamente, como o teatro e o vídeo (na medida em que é preciso comparecer à representação e comandar a gravação do vídeo), e os meios de comunicação que são *imediatos*, servidos prontinhos e de maneira compulsória, quase que sem comandá-los (aperta-se o botão da televisão ou do rádio com o mesmo automatismo com que se acende a luz). Este critério de atividade/passividade continua, apesar de tudo, muito em uso e não prejulga a atividade espectatorial de recepção e de interpretação, sempre necessária, quer se trate de decifrar a encenação de um clássico ou de acompanhar um faroeste. Não é o meio de comunicação em si – a saber, suas possibilidades tecnológicas – que favorece a atividade ou a passividade, é a maneira pela qual ele estrutura suas informações, as utiliza segundo uma dramaturgia e uma estratégia que estimulam mais ou menos a atividade do espectador.

4. O Duplo Jogo dos Meios de Comunicação e do Teatro

O que, pelo menos à primeira vista, diferencia meios de comunicação e teatro é seu duplo estatuto ficcional: o programa de televisão ou de rádio se dá ora por real (informativo, no sentido jornalístico da palavra), ora por fictício, ao contar uma história. As ondas são então igualmente utilizadas para tarefas que temos o hábito de separar claramente. O espectador precisa saber incessantemente que estatuto atribuir ao que está vendo na tela ou ao que está ouvindo: informação ou ficção? Para indicar este estatuto ficcional, cada meio de comunicação dispõe de marcas próprias. O teatro também joga em ambos os quadros, no da informação e no da ficção, visto que sua fábula é incessantemente apoiada por efeitos de real e por observações que conferem a este discurso um efeito de verossimilhança. Porém, inversamente, as notícias transmitidas pela televisão e as reportagens supostamente objetivas têm sua fábula, sua narratividade, sua retórica, suas zonas de invenção e de ficção pura. Nesse sentido, teatro e meios de comunicação encontram-se em sua faculdade de misturar ficção e efeitos de real, invenção e informação.

Para esboçar uma teoria dos meios de comunicação que deixaria espaço à prática teatral, seria preciso confrontar alguns traços específicos e vários meios de comunicação, comparando-os a um teatro mínimo. Desta possibilidade de confronto e comparação depende o estabelecimento de uma teoria geral do espetáculo e dos meios de comunicação (PAVIS/HELBO, 1987b).

Fotografia de teatro.

Moles, 1973; Adorno, 1974; Quéré, 1982; Ertel, 1983; Hamon, 1994; Pavis, 1996a.

MELODRAMA

Fr.: *mélodrame*; Ingl.: *melodrama*; Al.: *Melodrama*; Esp.: *melodrama*.

O melodrama (literalmente e segundo a etimologia grega: drama cantado) é um gênero que surge no século XVIII, aquele de uma peça – espécie de opereta popular – na qual a música intervém nos momentos mais dramáticos para exprimir a emoção de uma personagem silenciosa. É "um gênero de drama no qual as falas e a música, em vez de andarem juntas, fazem-se ouvir sucessivamente, e onde a frase falada é de certo modo anunciada e preparada pela frase musical" (ROUSSEAU, *Fragments d'Observation sur l'"Alceste" de Gluck*, 1766).

A partir do final do século XVIII, o melodrama, "esse bastardo de Melpomene" (GEOFFROY) passa a ser um novo gênero, aquele de uma peça popular que, mostrando os bons e os maus em situações apavorantes ou enternecedoras, visa comover o público com pouca preocupação com o texto, mas com grandes reforços de efeitos cênicos. Surge no fim da Revolução (por volta de 1797) e conhece sua fase mais brilhante até o início dos anos 1820, marcando *L'Auberge des Adrets* ao mesmo tempo sua finalização e sua subversão paródica pela atuação de F. Lemaître (imortalizada pelo filme *Les Enfants du Paradis [O Boulevard do Crime]*). Trata-se de um gênero novo, e de um tipo de estrutura dramática que tem raízes na tragédia familiar (EURÍPEDES: *Alceste, Ifigênia em Táuride, Medeia*; SHAKESPEARE, MARLOWE) e no *drama burguês** (DIDEROT).

O melodrama é a finalização, a forma paródica sem o saber, da tragédia clássica, cujo lado heroico, sentimental e trágico teria sido sublinhado ao máximo, ao multiplicar os *golpes de teatro**, os reconhecimentos e comentários trágicos dos heróis. A estrutura narrativa é imutável: amor, infelicidade causada pelo traidor, triunfo da virtude, castigos e recompensas, perseguição como "eixo da intriga" (THOMASSEAU). Esta forma se desenvolve no momento em que a encenação começa a impor seus efeitos visuais e espetaculares, a substituir o texto elegante por golpes de teatro impressionantes. O melodrama triunfa em teatros como aqueles do Ambigu-Comique, da Gaîté ou da Porte-Saint-Martin com PIXÉRÉCOURT, o "Corneille dos boulevards" (*Coelina ou l'Enfant du Mystère*, 1800).'

Seu surgimento está ligado ao predomínio ideológico da burguesia que, nos primeiros anos do século XIX, afirma sua nova força oriunda da Revolução, substituindo as aspirações igualitárias de um povo apresentado como infantil, assexuado e excluído da história (*cf.* UBERSFELD, no número especial da *Revue des Sciences Humaines*, 1976, n. 162).

As personagens, claramente separadas em boas e más, não têm nenhuma opção trágica possível; elas são poços de bons ou maus sentimentos, de certezas e evidências que não sofrem contradição. Seus sentimentos e discursos, exagerados até o limite do paródico, favorecem no espectador uma identificação fácil e uma catarse barata. As situações são inverossímeis, mas claramente traçadas: infelicidade absoluta ou felicidade indizível; destino cruel que acaba ou se arranjando (no melodrama otimista) ou que permanece sombrio e tenso, como no *roman noir*, injustiças sociais ou recompensas feitas à virtude e ao civismo. Situado na maior parte das vezes em lugares totalmente irreais e fantasiosos (natureza selvagem, castelos, ilha, submundo), o melodrama veicula abstrações sociais, oculta os conflitos sociais de sua época, reduz as contradições a uma atmosfera de medo ancestral ou de felicidade utópica. Gênero traidor da classe à qual parece querer dirigir-se – o povo, o melodrama chancela a ordem burguesa recentemente estabelecida universalizando os conflitos e os valores e tentando produzir no espectador uma "catarse social" que desestimula qualquer reflexão ou contestação e que esteja pelo menos ao alcance do povo: "O melodrama sempre será um meio de instrução para o povo porque pelo menos este gênero está ao seu alcance" (PIXÉRÉCOURT).

O melodrama sobrevive e prospera hoje no *teatro de boulevard**, nas telenovelas ou nos romances baratos e nas fotonovelas: livrou-se de seus instrumentos um tanto vistosos do *roman noir* ou do melodramático fácil, refugiando-se em mitos neoburgueses do casal ameaçado ou dos amores impossíveis. Sob uma forma paródica, isto é, em sua própria negação, ele hoje é fonte de inspiração de um teatro da derrisão e dos efeitos visuais: desde o dadaísmo, o surrealismo e o teatro do absurdo. Muitos artistas – por exemplo, J. SAVARY e o Magic Circus – e muitos animadores populares são fascinados por este concentradíssimo caldo de cultura burguês que é o melodrama e pela repulsão/fascínio que ele continua a exercer sobre nossos contemporâneos. Aqui o melodrama (como o *grand guignol*) reafirma sua cumplicidade com a teatralidade e o espetacular.

Brooks, 1974; *Revue des Sciences Humaines*, n. 162, 1976; Thomasseau, 1984, 1995; Przybos, 1987; Ubersfeld *in* Corvin, 1991.

MELODRAMÁTICO

Fr.: *mélodramatique*; Ingl.: *melodramatic*; Al.: *melodramatisch*; Esp.: *melodramático*.

1. Adjetivo para *melodrama** (peça melodramática).

2. Que produz um efeito de exagero e de excesso do sentimento no estilo, na interpretação dos atores ou na encenação. O texto melodramático abunda em construções retoricamente muito complexas, em termos raros e afetados, em locuções que comprovam a emotividade e a ausência de organização estrutural da frase. O jogo de cena adora prolongar o gesto, acentuar e deixar entrever bem mais do que ele exprime. A encenação imobiliza os momentos patéticos em *quadros vivos**, favorece a identificação provocando a emoção, contribui, num palco ilusionista, para o fascínio do espectador, graças a uma ação rica em saltos qualitativos.

Drama, teatro de *boulevard*.

MENSAGEM TEATRAL

Fr.: *message théâtral*; Ingl.: *theatrical message*; Al.: *theatralische Botschaft*; Esp.: *mensaje teatral*.

1. Mensagem como Tese

No sentido tradicional do termo, hoje cada vez menos usado, a mensagem da obra ou de sua representação seria aquilo que se supõe que os criadores querem dizer, o resumo de suas teses filosóficas ou morais. Esta concepção da literatura é meio suspeita, pois implica que os criadores possuam primeiro, antes de seu trabalho dramatúrgico e cênico, uma lição a transmitir, e que o teatro não seja senão um meio subalterno e ocasional para esta transmissão. Ora, mesmo que o poeta e o encenador tenham de fato em mente, no início do trabalho, um certo projeto artístico, sua obra só toma forma e sentido no trabalho concreto da *escritura**, da *dramaturgia** e da *encenação**, e não numa intencionalidade abstrata aplicada de maneira acessória à cena. Ademais, à parte o caso *da peça didática** – ainda essa! – não existe uma mensagem única e, sim, um conjunto de questões e sistemas significantes que o próprio espectador deve interpretar e combinar com maior ou menor liberdade e fantasia.

Expressões como *teatro com mensagem* ou *teatro de tese** são portanto sentidas como pejorativas: o público não gosta que lhe apresentem um sistema de ideias mal "disfarçadas" de dramaturgia e apresentadas dramaticamente apenas "quanto à forma". Para ele, é muito mais estimulante chegar a uma "mensagem" ao cabo de sua própria reflexão sobre os recursos teatrais usados para a produção do sentido. O teatro de pesquisa entendeu isto bem e toma o cuidado de não apregoar suas teses e confia na inteligência e na sensibilidade do público.

2. A Mensagem Dentro de uma Teoria da Informação

Mensagem opõe-se aqui a *código**. A mensagem é decifrada com o auxílio de um código, o qual serve em compensação para fabricar novas mensagens. Adaptado ao teatro, o esquema da *comunicação** procura constituir códigos (narrativos, gestuais, musicais, ideológicos etc.) para decompor as informações veiculadas pela representação (*função**). BARTHES foi o primeiro a sugerir esta teoria da comunicação: "Que é o teatro? Uma espécie de máquina cibernética. Na folga, esta máquina fica escondida atrás de uma cortina. Mas a partir do momento que a descobrem, ela se põe a enviar para o seu endereço um certo número de mensagens. Estas mensagens têm isto de particular: são simultâneas e, no entanto, de ritmo diferente; em determinado ponto do espetáculo, você recebe *ao mesmo tempo* seis ou sete informações (vindas do cenário, do figurino, da iluminação, da marcação, dos gestos dos atores, de suas mímicas, de suas falas), mas algumas dessas informações *ficam* (é o caso do cenário), ao passo que outras se vão (a fala, os gestos); vemo-nos então às voltas com uma verdadeira polifonia informacional, e isto é a teatralidade: *uma densidade de signos* [...]" (BARTHES, 1964: 258). Infelizmente, em seguida verificou-se ser impossível encontrai' as *unidades** dos diferentes códigos e, sobretudo, superar a simples descrição dos canais de emissão e dos signos emitidos. E, por assim dizer, isto foi melhor para a arte teatral... Na realidade, o espectador "pratica" o espetáculo construindo a significação a partir de signos ou de conjuntos de signos que formam tantas vetorizações no espetáculo... que ele escolhe em função de sua rentabilidade para a descrição e de sua produtividade para esclarecer o(s) sentido(s) cênico(s).

Dito e não dito, silêncio, prática significante, recepção, comunicação, signo.

Jakobson, 1963; Moles, 1973; Eco, 1975; Helbo, 1975, 1979.

METATEATRO

Fr.: *métathéâtre*; Ingl.: *metatheatre*; Al.: *Metatheater*, Esp.: *metateatro*.

Teatro cuja problemática é centrada no teatro que "fala", portanto, de si mesmo, se "auto representa".

1. Teatro Dentro do Teatro

Não é necessário – como para o *teatro dentro do teatro** – que esses elementos teatrais formem uma peça interna contida na primeira. Basta que a realidade pintada apareça como já teatralizada: será o caso de peças onde a metáfora da vida como teatro constitui o tema principal (CALDERÓN, SHAKESPEARE; hoje, PIRANDELLO, BECKETT e GENET entram nessa categoria). Assim definido, o metateatro torna-se uma forma de anfiteatro onde a fronteira entre a obra e a vida se esfuma.

Esta tese desenvolvida por L. ABEL (1963), que parece haver forjado o termo, só prolonga a antiga teoria do teatro dentro do teatro: ela continua demasiado vinculada a um estudo temático da vida como palco e não se apoia o suficiente numa descrição estrutural das formas dramatúrgicas e do discurso teatral.

2. Imagem da Recepção da Peça

O estudo que J. CALDERWOOD (1971) dedica a SHAKESPEARE baseia-se na hipótese de que "as peças de Shakespeare não se referem apenas às diferentes questões morais, sociais, políticas e a outros temas dos quais os críticos se ocuparam há tanto tempo e tão justamente, mas também às peças de SHAKESPEARE" (1971: 5). De modo mais geral, pode-se analisar toda peça de acordo com a atitude de seu autor para com a linguagem e sua própria produção: esta atitude não deixa de transparecer na peça, e, às vezes, o autor é tão consciente desta problemática que a *tematiza** até fazer dela um dos principais motores de sua escritura e estruturar sua peça em função dessa tensão metacrítica e metateatral (SHAKESPEARE, MARIVAUX, PIRANDELLO, GENET, PINGET, SARRAUTE).

3. Consciência da Enunciação

Esta teoria de uma metapeça em ação em todo texto dramático como seu comentário, sua imagem invertida e sua enunciação ainda não passa de uma hipótese em vias de constituição e, sobretudo, baseia-se em formas de teatro dentro do teatro. Contudo, ela deveria concretizar-se com as pesquisas sobre os performativos e sobre o *discurso**.

Se o teatro é mesmo uma metacomunicação (OSOLSOBE, 1981) (comunicação a um público de uma comunicação entre atores), deve-se encontrar nas duas comunicações – externa e interna – concepções comuns: a personagem é necessariamente feita da mesma matéria comunicativa que aquela que o dramaturgo tem em vista (mesmo que imprecisamente). A fórmula de todo ato de fala do texto dramático é na verdade: "Eu (1) digo que eu (2) digo...". O primeiro *eu* é teoricamente um *ele* objetivo, aquele do autor, mas mesmo assim é ele quem *narra* à sua maneira o que parecia apenas mostrado mimeticamente. O segundo *eu*, aquele da personagem, supõe-se ser o sujeito de verbos de ação e não refletir sobre sua situação de locutor; no entanto, a personagem pode se descobrir como produtora de fala, enunciadora sem outro enunciado que não aquele de ser um ser falante (MARIVAUX, BECKETT, PINGET). Entre esses dois *eu* de contornos movediços estabelece-se todo um *jogo* de identificação e troca. A metateatralidade é uma propriedade fundamental de toda comunicação teatral. A "operação meta" do teatro consiste em tomar a cena e tudo o que a constitui – ator, cenário, texto – como objetos disfarçados de signo demonstrativo e *denegativo** ("isto não é um objeto, mas uma significação do objeto"). Assim como a linguagem poética se designa como *procedimento** artístico, o teatro se designa como mundo já contaminado pela ilusão e pela teatralidade.

4. Encenação do Trabalho Teatral da Encenação

Um marcada tendência da *prática** cênica contemporânea é não separar o processo de trabalho preparatório (com base no texto, da personagem, da gestualidade) do produto final: assim, a encenação apresentada ao público deve dar conta não só do texto a ser encenado, como da atitude e da *modalidade** dos criadores perante o texto e a atuação. Assim, a encenação não se contenta em contar uma história, ela reflete (sobre) o teatro e propõe sua reflexão sobre o teatro integrando-a, mais ou menos organicamente, à representação. Portanto, não é somente o ator, como no distanciamento brechtiano, que diz sua relação com seu papel, mas o conjunto da equipe teatral que se põe em cena "em segundo grau". Desta maneira, o trabalho teatral passa a ser uma atividade autorreflexiva e lúdica: ele mistura alegremente o enunciado (o texto a ser dito, o espetáculo a ser feito) à enunciação (a reflexão sobre o dizer). Esta prática comprova uma atitude metacrítica sobre o teatro e enriquece a prática contemporânea (exercícios para atores nos espetáculos de VITEZ, do Living Theatre, da Schaubühne etc.).

Comunicação, ostensão, *mise en abyme*, distanciamento.

A. Righter, 1972; Dort, 1977*b*, 1979; Pfister, 1978; Swiontek, 1980; 1990, 1993; Schmeling, 1982.

MIMESE

(Do grego *mimeistkai*, imitar.)
Fr.: *mimesis*; Ingl.: *mimesis*; Al.: *Mimesis*; Esp.: *mímesis*.

A mimese é a imitação ou a representação de uma coisa. Na origem, mimese era a imitação de uma pessoa por meios físicos e linguísticos, porém esta "pessoa" podia ser uma coisa, uma ideia, um herói ou um deus. Na *Poética* de ARISTÓTELES, a produção artística (*poiesis*) é definida como *imitação** (*mimese*) da ação (*práxis*).

1. Lugar da Mimese

a. Em Platão

Na *República*, livros 3 e 10, a mimese é a cópia de uma cópia (da ideia, que é inacessível ao artista). A imitação (essencialmente pelos meios dramáticos) é banida da educação, pois poderia levar os homens a imitarem coisas indignas da

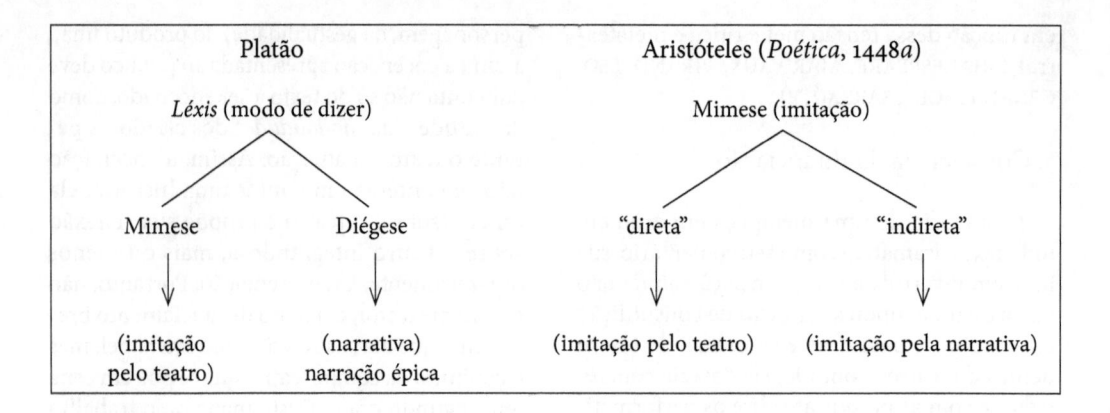

Platão	Aristóteles (*Poética*, 1448a)
Léxis (modo de dizer)	Mimese (imitação)
Mimese / Diégese	"direta" / "indireta"
(imitação pelo teatro) / (narrativa) narração épica	(imitação pelo teatro) / (imitação pela narrativa)

arte e porque ela só se prende à aparência exterior das coisas. A imitação se torna, sobretudo para os neoplatônicos (PLOTINO, CÍCERO), a imagem de um mundo exterior oposto ao das ideias. Daí, talvez, a condenação do teatro, e, mais particularmente, do espetáculo, durante séculos, em nome de seu caráter exterior, físico, contrário à ideia divina.

b. Em Aristóteles

Na *Poética* (1447a), a mimese é o modo fundamental da arte; só que ela tem diversas formas (poesia, tragédia, relato épico). A imitação não se aplica a um mundo ideal, mas à ação humana (e não a caracteres): o importante, para o poeta, é, então, reconstituir a *fábula**, isto é, a estrutura dos acontecimentos: "A tragédia é uma imitação de uma ação de caráter elevado e completo, de uma certa extensão, numa linguagem condimentada com tempero de uma espécie particular conforme as diversas partes, imitação que é feita pelas personagens em ação e não por meio de uma narrativa e que, provocando piedade e temor, opere a purgação própria a semelhantes emoções" (144%). "A fábula é que é a imitação da ação, pois chamo aqui 'fábula' à reunião das ações realizadas" (1450a). Esta oposição continua a valer hoje: assim o binômio *showing/telling* da crítica anglo-saxônica (BOOTH, 1961).

2. Objeto da Mimese

A mimese diz respeito à representação dos homens e, sobretudo, daquela de suas ações: "A mimese da ação é o *mythos*, e por *mythos* se entende a organização das ações" (1450a).

A mimese é a imitação de uma coisa e a observação da lógica narrativa. Ela tem por objeto a oposição ação/caráter:

a. Imitação da ação

O *mythos* aristotélico é definido como a mimese da ação (*práxis*).

b. Imitação dos caracteres (do ethos)

É a imitação no sentido pictórico do termo: a representação figurativa.

c. Imitação dos antigos

A esses dois tipos de imitação convém acrescentar a imitação dos modelos antigos (SCALIGER, 1561; BOILEAU, 1674). Por vezes, mesmo – é o caso, principalmente, do classicismo – o poeta é obrigado a "imitar a natureza", o que tanto pode querer dizer escrever em estilo claro ou observar o *naturalismo** de detalhe.

🔍 Realidade representada, realidade teatral, ficção, realismo, diégese.

📖 Else, 1957; Francastel, 1965; Auerbach, 1969; Genette, 1969; Ricoeur, 1983.

MÍMICA

↻ (Do grego *mimikos*, que diz respeito ao mimo.)
Fr.: *mimique*; Ingl: *mimic, facial expression*; Al.: *Mimik*; Esp.: *mímica*.

1. Na Era Clássica, a mímica compreende ao mesmo tempo a linguagem por gestos e as atitudes do rosto. Pelo menos o autor do verbete

"Gesto" da *Enciclopédia* de DIDEROT define, por exemplo, o gesto como "movimento exterior do corpo e do rosto, uma das primeiras expressões dadas ao homem pela natureza". O uso atual da palavra diz respeito sobretudo aos jogos de fisionomia ou *expressão facial*. Estes jogos têm uma função paraverbal para sublinhar ou distanciar um enunciado verbal, fazer notar uma reação psicológica a um estímulo, comunicar uma mensagem pelo olhar, a "careta", a contração ou o relaxamento de um ou vários músculos faciais, a contradição entre o olhar e a boca.

2. A mímica, sua codificação precisa imediatamente compreendida pelo espectador (com uma precisão extrema comparável à da *entonação*) pode parecer sobretudo importante no estilo de interpretação naturalista e psicológica. O rosto está ligado à psicologia, ao indizível, a toda uma metafísica do corpo que fala, manipulável com a facilidade das "máquinas da ópera" (MARIVAUX). A mímica é, além do mais, "no teatro, o lugar onde se diz, de maneira mais clara, a *reflexividade* do discurso produzido pelo ator, que não só diz a fala-ato, mas diz que a diz" (UBERSFELD, 1981: 227). Limitar a mímica a um acompanhamento tático e paraverbal seria reduzir excessivamente seu alcance. Sem dúvida, a mímica é bastante utilizada, como na comunicação cotidiana, principalmente como modalizador da mensagem linguística, como efeito de presença e função fática, mas pode, também constituir um sistema autônomo não ligado a efeitos de real psicológicos, a uma verdadeira encenação do rosto e do corpo inteiro (no *teatro gestual**, por exemplo). A era clássica já havia previsto e captado, em poses reproduzidas por gravuras expressões estereotipadas e atitudes, e o sentido codificado delas, o que não deixa de levar a uma convencionalização paralisante do jogo do ator e a uma psicologização da expressividade. Por reação a esta deriva psicológica da mímica, a teoria moderna da encenação, aquela de ARTAUD ou GROTOWSKI, por exemplo, influenciadas, ambas, pelas tradições extremo-orientais, busca codificar e controlar o corpo de maneira plástica (e não mais como subproduto psicológico). Segundo ARTAUD, "as dez mil e uma expressões do rosto tomadas em estado de máscara poderão ser etiquetadas e catalogadas, visando participar direta e simbolicamente desta linguagem concreta da cena; e isto fora de seu uso psicológico particular" (1964b: 143). Para GROTOWSKI, "o próprio ator deve compor uma máscara orgânica por intermédio de seus músculos faciais e cada personagem conserva a mesma careta ao longo da peça" (1971: 68, fotos: 64).

Certas formas teatrais, como a *Commedia dell'arte** ou a farsa, menos ligadas à psicologia ou à codificação do rosto, recusam a precisão mímica do rosto em benefício de uma gestualidade do resto do corpo, principalmente pelo uso da *máscara** (COPEAU, DECROUX, LECOQ), ou de uma *maquiagem** pesadíssima para neutralizar a expressão facial considerada demasiado precisa e invasiva. BRECHT admirava em Karl VALENTIN e Charlie CHAPLIN "a renúncia quase completa aos jogos fisionômicos e à psicologia barata" (BRECHT, 1972: 44). A criação contemporânea se caracteriza por uma atenção cada vez maior ao rosto, às mãos, ao olhar, ao corpo inteiro. O rosto se torna um cenário ambulante, seja ele controlável como uma *marionete** ou submetido a efeitos dificilmente controláveis. Ele é o lugar onde o sentido desenha signos na carne.

Kinésica, corpo, expressão.

Engel, 1788; Aubert, 1901; Bouissac, 1973; Birdwhistell, 1973; Bernard, 1976; Pavis, 1981a, 1996; Winkin, 1981; Roubine, 1985; Paquet, 1990.

MIMO

(Do grego *mimos*, imitação.)
Fr.: *mime*; Ingl.: *mime*; Al.: *Mimenspiel, Mime*; Esp.: *mimo*.

Arte do movimento corporal.

1. Mimo e Rapsodo

A narrativa dispõe de dois meios de expressão fundamentais: a imitação direta pelo *mimo* e a descrição verbal pelo *rapsodo*. O mimo conta uma história por gestos, estando a fala completamente ausente ou só servindo para a apresentação e os encadeamentos dos números. Remonta à Antiguidade grega (SOFRON de Siracusa, no século V a.C., compôs as primeiras peças mimadas). Na tradução grega e latina, o mimo se torna uma forma popular. Na Idade Média, o mimo se mantém graças às trapes ambulantes. Conhece um renascimento no século XV, na Itália, sob a forma da *Commedia dell'arte**, e floresce hoje na arte de DECROUX (1963), de MARCEAU (1974) e do *teatro gestual**.

2. Mimo e Pantomima

O uso atual diferencia os dois termos valorizando-os diferentemente: o *mimo* é apreciado como criador original e inspirado, ao passo que a *pantomima** é uma imitação de uma história verbal que ela conta com "gestos para explicar". O mimo tenderia para a dança, logo, a expressão corporal liberta de qualquer conteúdo figurativo; a pantomima buscaria comparar por imitações de tipos ou de situações sociais: "O teatro parece contido entre dois silêncios, como a própria vida, entre um mimo do início, feito de gritos, inspirações, identificação, e um mimo do fim, última cabriola no virtuosismo e na pantomima" (LECOQ). A oposição entre *mimo* e *pantomima* se baseia numa questão de estilização e de abstração. O mimo tende para a poesia, amplia seus meios de expressão, propõe conotações gestuais que cada espectador interpretará livremente. A pantomima apresenta uma série de gestos, muitas vezes destinados a divertir e substituir uma série de frases; denota fielmente o sentido da história mostrada.

3. Formas de Mimo

O mimo varia de acordo com cada intérprete, e não se pode falar em *gênero*, no máximo em tendências:

O *mimodrama* constrói toda uma fábula a partir de um encadeamento de episódios gestuais, vai ao encontro das estruturas narrativas da comédia ou da tragédia (ex.: MARCEAU).

O *mimo dançado* utiliza um gesto estilizado, abstrato e depurado à maneira de um balé. É acompanhado de música e muitas vezes se confunde com a dança (ex.: TOMASZEWSKI).

O *mimo puro* corresponde a um gesto que não imita uma situação, não visa o efeito de reconhecimento; é abstrato e despojado (PAVIS, 1980d).

O *mimo corporal* provém das experiências de COPEAU no Vieux-Colombier: o ator, o rosto mascarado, o corpo, "tão nu quanto o permitia a decência" (DECROUX, 1963: 17), praticava uma "arte dramática interpretada exclusivamente com o corpo", ancestral de todo o teatro gestual contemporâneo.

4. Relação entre Mimo, Gesto e Verbo

O mimo está apto a produzir um constante dinamismo do movimento, é uma "arte em movimento na qual a atitude é apenas pontuação" (DECROUX, 1963: 124). O gesto restitui o ritmo de uma espécie de fraseado valorizando os momentos-chaves do gesto, detendo-se imediatamente antes do início ou do fim de uma ação, atraindo a atenção para o desenvolvimento da ação gestual e não para seu resultado (técnica *épica*): "No mimo, o espectador só capta o gesto se o preparamos para isso. Assim, quando vou apanhar uma carteira, primeiro levanto a mão, olha-se para a mão, e em seguida é que me dirijo à carteira. Existe um tempo de preparação, e depois uma outra ação" (MARCEAU, 1974: 47). O mimo estrutura o tempo à sua maneira, decide o tempo das paradas ou da "pontuação" marcada pelas atitudes dos atores. Deste modo, ele se separa do ritmo da frase verbal e evita o efeito de redundância.

📖 Dorcy, 1958, 1962; Mounin, 1970: 169-180; Kipsis, 1974; Lorelle, 1974; Marceau, 1974; de Marinis, 1980, 1993; Lecoq, 1987; Leabhart, 1989.

MIMODRAMA

Fr.: *mimodrame*; Ingl.: *mime play*; Al.: *Mimusspiel*; Esp.: *mimodrama*.

Peça que só utiliza a linguagem corporal da mímica. Distingue-se do mimo: "O ponto de partida deles foi o mesmo, mas por seu resultado: na pantomima, o corpo não bastava, ele apelava a outros elementos do espetáculo; no mimodrama, ele é tudo" (DORCY, 1962: 69).

MIRACLE

(Do francês, assim usado em português.) Fr.: *miracle*; Ingl.: *miracle play*; Al.: *Legendenspiel, Mirakelspiel*; Esp.: *milagro*.

Gênero teatral medieval (do século XI ao século XIV) que conta uma vida de santo, sob forma narrativa e dramática (*Miracle de Théophile* por RUTEBEUF). A Virgem salva um pecador arrependido, o que dá lugar a cenas da vida cotidiana e a intervenções milagrosas. A mais célebre coletânea é aquela dos *Miracles de Notre-Dame* por GAUTIER DE COINCY (1177-1236); ela compreende trinta textos que compõem um conjunto narrativo de trinta mil versos. Certos *miracles* eram encenados por "estudantes" ou por confrarias; eles foram pouco a pouco sendo suplantados pelos *mistérios** e pelas *paixões**.

MISE EN ABYME

(Do francês, sem correspondente em português.)
Fr.: *mise en abyme*; Ingl.: *embedding, specular reduplication*; Al.: *mise en abyme*; Esp.: *mise en abyme*.

1. Em heráldica, o *abyme* (abismo) é o ponto central do brasão. Por analogia, a *mise en abîme* (ou *abyme*, termo introduzido por GIDE) é o procedimento que consiste em incluir na obra (pictórica, literária ou teatral) um enclave que reproduz certas propriedades ou similitudes estruturais dela. A pintura (VAN EYCK, MAGRITTE), o romance (CERVANTES, DIDEROT, STERNE, o *nouveau roman*) e o teatro (ROTROU, CORNEILLE, MARIVAUX, PIRANDELLO) conhecem bem esta prática. O reflexo da obra externa no enclave interno pode ser uma imagem idêntica, invertida, multiplicada ou aproximativa.

A *mise en abyme* compreende "todo espelho que reflete o conjunto da narrativa por reduplicação simples, repetida ou especiosa" e "todo enclave que mantém uma relação de similitude com a obra que a contém" (DÄLLENBACH, 1977: 71, 18). A *mise en abyme* teatral se caracteriza por um desdobramento estrutural-temático, "isto é, uma estreita correspondência entre o conteúdo da peça engastante e o conteúdo da peça engastada" (FORESTIER, 1981: 13).

2. O *teatro dentro do teatro** é a forma dramática mais comum de *mise en abyme*. A peça interna retoma o tema do jogo teatral, sendo analógico ou paródico o vínculo entre as duas estruturas. A encenação contemporânea recorre à *mise en abyme* para relativizar ou enquadrar (*quadro**) o espetáculo: marionetes mimando a ação da peça e representando o teatro do mundo (no *Fausto* de GOETHE ou na *Ilusão Cômica* de CORNEILLE): espetáculo enquadrado pelo mesmo motivo que anuncia e conclui a fábula; o ator interpretando o ator interpretando seu papel etc.; retomada de palavras ou de cenas que resumem a ação principal; palco colocado dentro do palco do teatro e remetendo à ilusão e à sua fabricação (*Hamlet, A Gaivota*).

3. Certos textos contemporâneos tentam usar o procedimento da *mise en abyme* em sua própria prática de escritura e ao fazer de sua problemática de criação e de enunciação o centro de suas preocupações e de seus enunciados (HANDKE, PINGET, SARRAUTE).

4. A autorrepresentação (que também se chama autorreferenciação quando o texto remete a si mesmo, e não ao mundo) é um caso particular de *mise en abyme*; ela é um "daqueles efeitos de espelhos pelos quais o texto cita, se cita, põe-se a si mesmo em movimento" (DERRIDA, *La Dissémination*, p. 351); é, portanto, um caso de intertextualidade relacionada ao próprio texto. A auto representação teatral diz respeito, na maioria das vezes, a uma representação desdobrada, o que remete à forma bastante conhecida do teatro dentro do teatro.

No teatro, a auto reflexividade se expressa em muitos outros níveis além daquele do texto. A cenografia pode figurar em espelho um elemento considerado pertinente, colocando um palco dentro do palco (*Hamlet* de MESGUICH; *Bérénice* de VITEZ). O ator, citando sua própria atuação ao desdobrar aquela do parceiro, instaura facilmente uma "interludicidade" que não remete senão a si mesma. Muitas vezes, a auto reflexividade não é senão uma marca bastante banal da função poética autorreferencial que, segundo JAKOBSON (1963), caracteriza o signo estético. O teatro tem muita dificuldade em falar de teatro em termos teatrais, a saber, não literários e linguísticos, mas cênicos e lúdicos: até mesmo PIRANDELLO é um teórico muito falante.

Metateatro, distanciamento, fantasia.

Kowzan, 1976; *Texte*, n. 2, 1982; Pavis, 1985c; Corvin *in* Scherer, 1986; Jung, 1994.

MISTÉRIO

↻ (Do latim *ministerium*, ofício, ato. Ou, de acordo com outra etimologia, do latim *mysterium*, mistério, verdade secreta.)
Fr.: *mystère*; Ingl.: *mystery play*; Al.: *Mysterium, Mysterienspiel*; Esp.: *misterio*.

Drama medieval religioso (do século XIV ao século XVI) que põe em cena episódios da Bíblia (Antigo e Novo Testamento) ou da vida dos santos, representado quando das festas religiosas pelos atores amadores (mímicos e menestréis, principalmente), sob a direção de um condutor e em cenários simultâneos, as *mansões*. O mistério dura vários dias, com um narrador para estabelecer a ligação entre os episódios e os locais e com um *meneur de jeu*. Ele é comandado pelos governos municipais (texto e condutor), representado em todos os estilos numa sequência de quadros. Os atores se agrupam em confrarias. Chocada com a evolução do mistério para o burlesco e a grosseria, a Igreja proíbe, em 1548, dar a religião em espetáculo na Île de France, mas a tradição se perpetua na França e em toda a Europa (*auto-sacramentales* na Espanha e em Portugal, *miracle plays* na Inglaterra; *laudi* na Itália, *Mysterienspiele* na Alemanha). A influência sobre a dramaturgia elisabetana (MARLOWE, SHAKESPEARE) e espanhola (CALDERÓN) será considerável.

O Mistério da Paixão relata a vida de Cristo, misturando cômico e grotesco e discussões teológicas, teatralizando toda a cidade por efeitos espetaculares.

🔍 Autossacramental, milagre, drama litúrgico.

📖 Koningson, 1969, 1975; Rey-Flaud, 1973.

MODELO (REPRESENTAÇÃO...)

↻ (Tradução do alemão *Modellbuch* ou *Modellaufführung*.)
Fr.: *modèle*; Ingl.: *model*; Al.: *Modell*; Esp.: *modelo (representación)*.

A representação "modelo" do *Modellbuch* brechtiano nada tem de um modelo *exemplar* a ser imitado: é um modelo *reduzido*, uma maquete da *encenação**, um dossiê composto de fotografias, de indicações de atuação, de análises dramatúrgicas e de *caracterização** das personagens. Ela fixa as etapas da elaboração do espetáculo, registra as dificuldades do texto e propõe um quadro geral para a *interpretação**. Para BRECHT, que começou no Berliner Ensemble esses modelos de representação, estes deviam servir de base para futuros encenadores, sem, todavia, serem usados tal e qual nas encenações posteriores. Dentro do mesmo espírito do *Modellbuch*, os volumes de *Les Voies de la Création Théâtrale* (CNRS) reconstituem espetáculos propondo sua análise dramatúrgica e fornecendo uma rica documentação.

🔍 Adaptação, descrição.

📖 *Theaterarbeit* (1952), 1961; Pavis, 1981b, 1996.

MOMENTO DE DECISÃO

↻ Fr.: *point de retournement*; Ingl.: *turning point*; Al.: *Wendepunkt*; Esp.: *punto decisivo*.

Momento da peça em que a ação dá uma nova virada, quase sempre ao contrário do que se poderia esperar. Essa noção é muito aproximada daquela de *peripécia**.

MONODRAMA

↻ Fr.: *monodrame*; Ingl.: *monodrama*; Al.: *Monodrama*; Esp.: *monodrama*.

1. No sentido banal, é uma peça com uma personagem, ou pelo menos com um só ator (que poderá assumir vários papéis). A peça é centrada na figura de uma pessoa da qual se exploram as motivações íntimas, a subjetividade ou o lirismo. A peça com uma personagem está em voga no final do século XVIII (*Pygmalion* de ROUSSEAU) e no início do século XIX, notadamente com o expressionismo.

2. No início do século XX, o monodrama passa a ser um gênero que se esforça para reduzir tudo à visão única de uma personagem, mesmo no interior de uma peça com inúmeras personagens. Assim STANISLÁVSKI, ao convidar CRAIG a montar *Hamlet*, lhe sugere "fazer com que o público compreenda que está vendo a peça pelos olhos de Hamlet; que o rei, a rainha e a corte não são mostrados no palco como são na realidade e, sim, como parecem a Hamlet" (citado em D. B ABLET, *E. G. Craig*, p. 175.)

É EVREINOFF quem, em sua *Introdução ao Monodrama* (1909) e em seu monodrama *Os Bastidores da Alma*, dará a este gênero suas cartas de nobreza: trata-se, para ele, de "um tipo de representação dramática na qual o mundo que rodeia a personagem aparece tal e qual a personagem o vê em todo momento de sua existência cênica". Através desse mundo ambiente, o público é que deve tornar-se parceiro do protagonista.

3. Um tipo de monodrama em que tudo é levado à representação de um *espaço interior** é constituído pelo *drama cerebral*, conforme o termo de Maurice BEAUBOURG para sua obra *L'Image* (1894), "uma peça na qual todo o interesse humano, toda a ação, toda a emoção derivam de uma crise mental".

4. A encenação contemporânea se inspira muitas vezes nesse ponto de vista sobre a realidade e o drama para dar uma imagem extraída do interior da personagem, sejam suas ações visíveis (*Concerto à la Carte* de F.-X. KROETZ, 1972) ou situadas em sua imaginação (*Orlando* de V. WOOLF encenado por R. WILSON, 1989, 1993).

📖 Evreinoff, 1930; Danan, 1995.

MONÓLOGO

↻ (Do grego *monólogos*, discurso de uma só pessoa.)
Fr.: *monologue*; Ingl.: *monologue, soliloquy*; Al.: *Monolog*; Esp.: *monólogo*.

O monólogo é um discurso que a personagem faz para si mesma. Encontra-se também o termo *solilóquio**.

O monólogo se distingue do *diálogo** pela ausência de intercâmbio verbal e pela grande extensão de uma fala destacável do contexto conflitual e dialógico. O *contexto** permanece o mesmo do princípio ao fim, e as mudanças de direção semântica (próprias do diálogo) são limitadas a um mínimo, de maneira a garantir a unidade do assunto da *enunciação**.

1. Inverossimilhança do Monólogo

Por ser sentido como antidramático, o monólogo é frequentemente condenado ou reduzido a alguns empregos indispensáveis. Reprovam-lhe, além de seu caráter estático, até mesmo tedioso, sua inverossimilhança: já que o homem sozinho não fala em voz alta, toda representação de uma personagem que confia seus sentimentos a si mesma será facilmente ridícula, vergonhosa e sempre irrealista e inverossímil. Assim, o teatro realista ou naturalista só admite o monólogo quando é motivado por uma situação excepcional (sonho, sonambulismo, embriaguez, efusão lírica). Nos outros casos, o monólogo revela a artificialidade teatral e as convenções de jogo. Certas épocas, não preocupadas com uma expressão naturalista do mundo, acomodam-se bem ao monólogo (SHAKESPEARE, o *Sturm und Drang*, o drama romântico ou simbolista). Com o *teatro íntimo** (STRINDBERG, mas já em MUSSET, MAETERLINCK), o monólogo se torna um tipo de escritura próxima da poesia lírica.

2. Traços Dialógicos do Monólogo

Não existe diálogo suficientemente naturalista para apagar qualquer vestígio de seu autor-enunciador: do mesmo modo, o monólogo tende a revelar certos traços dialógicos. Este é o caso, principalmente, quando o herói avalia sua situação, dirige-se a um interlocutor imaginário (Hamlet, Macbeth) ou exterioriza um debate de consciência. Segundo BENVENISTE, o "monólogo" é um diálogo interiorizado, formulado em "linguagem interior", entre um eu locutor e um eu ouvinte: "Às vezes, o eu locutor é o único a falar; o eu ouvinte permanece, entretanto, presente; sua presença é necessária e suficiente para tornar significante a enunciação do eu locutor. Às vezes também o eu ouvinte intervém para uma objeção, uma pergunta, uma dúvida, um insulto" (1974: 85-86).

3. Tipologia dos Monólogos

a. Conforme a função dramatúrgica do monólogo

- Monólogo técnico (*narrativa**)

Exposição, por uma personagem, de acontecimentos passados ou que não podem ser apresentados diretamente.

- Monólogo lírico

Momento de reflexão e de emoção de uma personagem que se deixa levar por confidências.

- Monólogo de reflexão ou de decisão

Colocada diante de uma escolha delicada, a personagem expõe a si mesma os argumentos e contra-argumentos de uma conduta (*dilema**, *deliberação**).

b. Conforme a forma literária

- *Aparte**

Algumas palavras bastam para indicar o estado de espírito da personagem.

- *Estâncias**

Forma bastante elaborada próxima de uma balada ou de uma canção.

- Dialética do raciocínio

O argumento lógico é apresentado de maneira sistemática e numa sequência de oposições semânticas e rítmicas: por exemplo, as estâncias de CORNEILLE (PAVIS, 1980a).

- Monólogo interior ou "*stream of consciousness*"

O recitante emite de qualquer maneira, sem preocupação com lógica ou censura, os fragmentos de frases que lhe passam pela cabeça. A desordem emocional ou cognitiva da consciência é o principal efeito buscado (BÜCHNER, BECKETT) (*cf.* DANAN, 1995).

- *Palavra de autor**, hit musical

O autor dirige-se diretamente ao público, sem passar pela ficção da fábula ou do universo musical, para seduzi-lo ou provocá-lo.

- Diálogo solitário

"O diálogo do herói com a divindade, diálogo paradoxal no qual apenas um dos interlocutores fala para dirigir-se ao outro que nunca lhe responde, e do qual não se tem certeza de que ouça" (GOLDMANN: *Racine*, p. 26).

- Peça como monólogo

Com uma única personagem (ex.: *La Sagouine* de A. MAILLET) ou constituída de uma sequência de longuíssimas intervenções (*Inventaires* de Philippe MINYANA; *Le Faiseur de Théâtre* de T. BERNHARD; *Vous qui Habitez le Temps* de V. NOVARINA).

4. Estrutura Profunda do Monólogo

Todo discurso tende a estabelecer uma relação de comunicação entre o locutor e o destinatário da mensagem: o diálogo é que melhor se presta a este intercâmbio. O monólogo, que por sua estrutura não espera uma resposta de um interlocutor, estabelece uma relação direta entre o locutor e o *ele* do mundo do qual fala. Enquanto "projeção da forma exclamativa" (TODOROV, 1967: 277), o monólogo se comunica diretamente com a totalidade da sociedade: no teatro, todo o palco aparece como o parceiro discursivo do monologante. O monólogo dirige-se em definitivo diretamente ao espectador, interpela-o como cúmplice e *voyeur* – "ouvinte". Esta comunicação direta constitui a força e ao mesmo tempo a inverossimilhança e a fragilidade do monólogo.

5. Dramaturgia do Discurso

Na dramaturgia brechtiana e sobretudo pós-brechtiana, o que importa é o conjunto dos discursos da "peça" e não as consciências isoladas das personagens individualizadas. Se o "monólogo" volta com força na escritura contemporânea (M. DURAS, P. HANDKE, B. STRAUSS, H. MÜLLER, B.-M. KOLTÈS), é porque o monólogo – interior, a literatura do *stream of consciousness* passaram por aí: a ideia de uma conversa bem comportada entre dois indivíduos tomando café e falando gravemente do mundo é doravante anacrônica, até mesmo absurda. Através dos textos contemporâneos, é o conjunto do texto que é dirigido, ou melhor, atirado na cara do público (HANDKE, BERNHARD). O diálogo não é mais possível a não ser entre o texto em bloco e o espectador. Esta escritura se caracteriza por uma "destruição da dramaturgia dialógica", um "mergulho suicida no solilóquio": "Se as personagens deste teatro sem diálogo falam, é apenas aparência. Seria mais exato dizer que elas são faladas por seu criador ou que o público lhes empresta sua voz interior" (WIRTH, 1981: 11 e 14). Nesta "dramaturgia do discurso" (WIRTH, 1981), o discurso não é nem monológico nem dialógico, é ao mesmo tempo monolítico e pulverizado. Dele, de sua estrutura, depende toda a organização cênica: ele não é mais o código linguístico inscrito na imagem e na linguagem cênica, mas o organizador de toda a teatralidade. Segundo as palavras de P. HANDKE, "a figura do discurso determina a figura do movimento".

Mukařovský, 1941; Szondi, 1956; Klotz, 1969; von Matt in Keller, 1976; Sarrazac, 1989; *Alternatives Théâtrales* n. 45, 1994.

MONTAGEM

Fr.: *montage*; Ingl.: *montage*; Al.: *Montage*; Esp.: *montaje*.

Termo proveniente do cinema, mas usado desde os anos trinta (EISENSTEIN, PISCATOR, BRECHT) para uma forma dramatúrgica onde as sequências textuais ou cênicas são montadas numa sucessão de momentos autônomos.

1. Montagem Cinematográfica

Foi "descoberta" pelos praticantes do cinema (GRIFFITH, EISENSTEIN, PUDOVKIN) para decupar os planos-sequências previamente filmados, em porções de películas, as quais dão, uma vez coladas, a fisionomia definitiva do filme. O ritmo e a estrutura narrativa do filme dependem estreitamente do trabalho de edição na mesa de montagem (MARIE, 1977).

2. Montagem Teatral

A priori, semelhante operação parece dificilmente realizável em cima do palco. Este se afigura pouco apto a transformar-se tão eficientemente quanto no cinema. Mas a montagem no teatro não é servilmente submissa ao modelo do cinema. É antes uma técnica épica de narração que encontra seus precursores em DOS PASSOS, DÖBLIN ou JOYCE: ela é vista em BRECHT e, sobretudo, em EISENSTEIN e sua "montagem de atrações" (1929). Jogando com o duplo sentido da palavra, a montagem de *atrações* é aquela das formas espetaculares populares (circo, *music-hall*, feira ou *Balagan*) e, depois, das livres associações entre motivos visuais (ou *montagem intelectual*), pelo "choque, pelo conflito de dois fragmentos opondo-se um ao outro" (EISENSTEIN, 1976: 29).

a. Montagem dramatúrgica

Em vez de apresentar uma ação unificada e constante, uma "obra natural, orgânica, construída como um corpo que se desenvolve" (BRECHT, 1967, vol. 19: 314), a fábula é quebrada em unidades autônomas. Ao recusar a tensão dramatúrgica e a integração de todo ato a um projeto global, o dramaturgo não aproveita o impulso de cada cena para "lançar" a intriga e cimentar a ficção. O corte e o contraste passam a ser os princípios estruturais fundamentais. Os diversos tipos de montagem se caracterizam pela descontinuidade, pelo *ritmo** sincopado, pelo entrechoque, pelos *distanciamentos** ou pela fragmentação. A montagem é a arte da recuperação dos materiais antigos; ela nada cria *ex nihilo* e, sim, organiza a matéria narrativa cuidando de sua decupagem significante. Vê-se aqui como ela é diferente da *colagem**: a montagem é organizada em função de um movimento e de uma direção a ser impressa à ação, ao passo que a colagem se limita a entrechoques pontuais, produzindo efeitos de sentido "estrelados".

Como exemplos de montagem dramática, citemos:

- composição em *quadros**: cada imagem forma uma cena que não se transforma numa outra cena (SHAKESPEARE, BÜCHNER, BRECHT);
- crônica ou a biografia de uma personagem, quando elas são apresentados como etapas separadas de um encaminhamento;
- uma sequência de *esquetes** ou uma revista de feira ou de *music-hall*;
- *teatro documentário**: só recorre a fontes autênticas que ele seleciona e organiza de acordo com a tese demonstrada;
- *teatro do cotidiano**: investiga os lugares comuns e a fraseologia de um certo ambiente.

Às vezes o teatro intercala, como na montagem cinematográfica, curtas sequências repetitivas que tornam evidente, por efeito de contraste, o sentido do fragmento enquadrado: um refrão, uma ária de música, uma luz bastam para pôr em movimento a cena "montada" e fazem um papel de *contraponto** visual.

b. Montagem da personagem

Consequência dessa dramaturgia do fragmento, a personagem também é o resultado de uma montagem/desmontagem (tema de *Um Homem é um Homem*, de BRECHT): cada propriedade é escolhida em função de uma ação ou de um comportamento a ser ilustrado; passa de uma a outra figura por adição/subtração dessas propriedades, e seu lugar no esquema *actancial** determina logicamente sua constituição. Quanto ao trabalho de preparação do papel, quando é baseado em improvisações ou pesquisas de fontes (*Commedia dell'arte*, trabalho do Théâtre du Soleil etc.), também ele consiste numa paciente montagem de traços caracterizantes e de sequências de atuação.

c. Montagem do palco

Todo o palco é um jogo de construção; por exemplo, um acessório trazido do exterior para o palco transforma incessantemente os signos do cenário. Passa-se sem transição temática nem justificação pela fábula ou pelo discurso das personagens. A montagem influenciou consideravelmente a escritura dramática contemporânea.

Change, 1968; Eisenstein, 1976; Bablet, 1978; Danan, 1995.

MORALIDADE

Fr.: *moralité*; Ingl.: *morality*; Al.: *Moralität*; Esp.: *moralidad*.

Obra dramática medieval (a partir de 1400) de inspiração religiosa e com intenção didática e moralizante. As "personagens" (de cinco a vinte) são abstrações e personificações alegóricas do vício e da virtude. A intriga é insignificante, mas sempre patética ou enternecedora. A moralidade participa ao mesmo tempo da *farsa** e do *mistério**. A ação é uma *alegoria** que mostra a condição humana comparada a uma viagem, a um combate incessante entre o bem e o mal, donde o caráter pedagógico e edificante das peças. Os assuntos são bíblicos (*O Filho Pródigo*) ou contemporâneos (*O Concílio da Basileia*, 1432; *Mister, Mercadoria e o Tempo que Corre*; *Bem Aconselhado, Mal Aconselhado*) com elementos farsescos e bufões próximos da *sotie**. A *psicomaquia* põe em cena os conflitos entre os sete pecados capitais, as virtudes, os vícios, enquanto o homem, eterno pecador, é convidado a arrepender-se e a implorar a piedade divina. O "percurso do combatente" é cheio de obstáculos, mas a graça divina o assiste quando das tentações. Já é uma forma teatral, visto que o texto, bastante literário e cujo autor é muitas vezes conhecido, é dividido em diálogos e desenha uma ação. *Everyman*, publicado em 1509, é considerado uma das mais antigas e puras moralidades. Em nossos dias, foram mesmo feitas algumas tentativas para retomar este tipo de peça (HOFMANNSTHAL, ELIOT, YEATS e, parodicamente, BRECHT: *Os Sete Pecados Capitais*).

Milagre, autossacramental, mistério, máscara.

Coletânea de moralidades in *Moralités Françaises*, 1980, W. Helmich, ed.

MOTIVAÇÃO

Fr.: *motivation*; Ingl.: *motivation*; Al.: *Motivation*; Esp.: *motivación*.

1. Motivação das Personagens

Exposição ou sugestão das razões (psicológicas, intelectuais, metafísicas etc.) que levam a personagem a adotar uma certa conduta.

A motivação é a parte essencial da *caracterização**. Ela comunica ao espectador as molas (*recurso dramático**) da ação e as razões, muitas vezes obscuras, da atividade das personagens. Em teoria literária, é, segundo TOMASCHÉVSKI (1965: 282), a "justificação imanente da lógica da narrativa da introdução de todo motivo particular".

A "objetividade" do drama, a saber, a apresentação exterior dos caracteres atuantes, obriga o dramaturgo a deixar transparecer, pelos discursos e pelas ações, a visão e o projeto de cada caráter, a tornar plausíveis suas ações e a dar, pelo menos em aparência, uma oportunidade igual a todos para o conflito geral. A caracterização varia conforme o tipo de dramaturgia: geral, universal e elíptica para o drama clássico; precisa e de pano de fundo socioeconômico para o naturalismo. O dramaturgo às vezes faz mistério das motivações dos *heróis**, deixando para o público descobrir suas verdadeiras intenções. Uma das principais tarefas do ator é elucidar as motivações de sua personagem e encontrar os meios para fazer como se ela estivesse em sua situação (STANISLÁVSKI, 1963, 1966).

2. Motivação da Ação

Para a dramaturgia clássica e para toda forma teatral que se baseia numa *imitação** e numa produção de *ilusão**, a ação aparece como necessária e lógica. O acaso, o irracional ou o ilogismo são então excluídos de imediato, ou, quando aparecem, sua presença é devidamente explicada e justificada. O espectador deve poder aceitar as mudanças de ação e reconhecer nelas a lógica do seu próprio mundo. Pegando o contrapé desta lógica, o teatro do *absurdo** põe em confronto personagens que agem de maneira imprevisível para o espectador médio, isto até que este se dê conta – como Polônio a propósito de Hamlet – de que "existe um sistema nessa loucura".

A motivação também diz respeito ao desenlace; este não deixará dúvida sobre o estado de coisas e sobre a conclusão definitiva dos conflitos: em dramaturgia clássica, todo conflito e toda ação devem ser motivados. Outros dramaturgos recusarão motivar a conclusão, fazer com que a fábula chegue a um ponto estável e definitivo, e dar a chave das ações físicas.

MOTIVO

↻ Fr.: *motif*; Ingl.: *motive, motif*; Al.: *Motiv*; Esp.: motivo.

Unidade indescomponível da intriga que constitui, segundo TOMASCHÉVSKI (1965), uma unidade autônoma da ação, uma unidade funcional da narrativa, um tema recorrente. Este termo não é específico do teatro, mas é frequentemente usado pela crítica dramática.

1. A Análise em Motivos

A análise da narrativa, principalmente aquela de PROPP (1929), voltou-se primeiro para formas simples *estereotipadas**, como o conto popular, para formalizar um número de motivos recorrentes, definir suas esferas de ação e determinar sua sintaxe. Parece difícil proceder da mesma maneira para formas teatrais complexas. Apenas certos gêneros simples e codificados (farsa, *Commedia dell'arte*, teatros populares) se prestam a um inventário de seus motivos e a um esboço de sintaxe. Entretanto, distinguem-se no interior de uma mesma peça certos temas fundamentais, às vezes repetitivos (*leitmotiv**); estes *temas** formam uma cadeia ao mesmo tempo poética e narrativa (assim, por exemplo, o motivo das pistolas em *Hedda Gabler* de IBSEN, da cerejeira ou da gaivota nas peças de TCHÉKHOV).

2. Tipologia dos Motivos

a. Segundo seu gênero

Para o teatro, os motivos mais frequentes serão a rivalidade de duas pessoas, o conflito e o dilema, a luta contra o destino, o amor ou o desejo contrariados pela sociedade etc. O traço mais frequente desses motivos é seu caráter dialético: rivalidade, *conflito**, troca, *quiproquó** (*motivação**).

b. Segundo suas dimensões

Acontece de um motivo estar estreitamente associado ao surgimento de um *tipo** da personagem (motivo do avarento, do misantropo, por exemplo). Todavia, o motivo é da ordem do conteúdo temático e não é, nesta qualidade, propriedade de um tipo de personagem, de figura ou de episódio narrativo. Ele assume as mais diversas dimensões: desde o motivo geral da obra (tema principal que resume a ideia da peça, como o motivo da vingança em *Hamlet*) até o motivo individual de uma cena ou de um diálogo. De modo geral, deve-se analisar um motivo numa sequência de motivos individuais, para valorizar seu encadeamento que constitui, a bem dizer, a *fábula** ou a *intriga**.

c. Segundo sua integração à ação

– motivo dinâmico: *episódio** que faz a ação avançar;
– motivo estático: episódio que caracteriza a personagem e neutraliza provisoriamente a ação;
– motivo retardador: que impede a realização de um projeto, cria um certo "suspense". Para

a tragédia clássica, o retardamento é uma etapa essencial antes da catástrofe: trata-se de criar um certo suspense, de dar aos heróis a última possibilidade de uma outra decisão ou de um recuo diante do obstáculo;
- motivo de volta para trás (*flashback**) ou de antecipação de um acontecimento vindouro;
- motivo central e motivo de enquadramento (*quadro**).

d. Segundo sua integração à intriga

TOMASCHÉVSKI (*in* TODOROV, 1965) distingue *motivo livre* e *motivo associado*. O primeiro pode ser cortado sem pena para a compreensão, ao passo que o segundo não poderia ser descartado sem prejudicar a sucessão causal dos fatos.

e. Segundo sua inclusão em diversos conjuntos

- motivo próprio de uma só obra;
- motivo ou tema obsessivo de um autor;
- motivo observável em uma tradição literária (tema de *Fausto*, da sedução etc.);
- motivo antropológico ou *arquétipo**.

📖 Frenzel, 1963; Mauron, 1963; Propp, 1965; G. Durand, 1969; Trousson, 1981.

MOVIMENTO

↻ Fr.: *mouvement*; Ingl.: *movement*; Al.: *Bewegung*; Esp.: *movimiento*.

Maneira neutra e comum de designar a atividade do ator e mesmo seu treinamento (aula de "movimento"). O movimento fornece uma primeira abordagem geral à análise do ator e reagrupa a maioria das questões sobre o corpo, o gestual, o jogo do ator, das quais daremos aqui um primeiro esboço.

1. Estudo do Movimento

A análise do movimento que remonta ao final do século passado com as experiências de MAREY, a cronofotografia de MUYBRIDGE e as classificações de DELSARTE, permite entender melhor como organizar o estudo do jogo do ator. A este respeito, são bastante esclarecedoras as categorias que o estudo do movimento propõe.

Segundo LABAN, "os movimentos do corpo podem ser sumariamente divididos em: passos, gestos dos braços e das mãos, e expressões faciais" (1994: 46). Estes três conjuntos são às vezes designados e reagrupados segundo outras distinções e principalmente:

• Impulsos ou movimentos instintivos que nos levam a agir

Pode-se tratar de *desencadeadores* (em STANISLÁVSKI) ou, em GROTOWSKI, daquilo que supera o bloqueio do ator e lhe abre o ato total que implica todos os seus recursos psicofísicos ou do *corpo decidido* do ator que, segundo BARBA, "não estuda a fisiologia, mas cria uma rede de estímulos exteriores aos quais ele reage por ações físicas" (1993: 55).

• Posturas

Caracterizam-se pelo modo de inserção sobre o solo, em função do peso e da gravitação.

• Atitudes

São descritas em função das posições somáticas e segmentárias.

• Deslocamentos

Correspondem ao modo de ocupação do espaço cênico e à trajetória descrita pelo ator ou pelo bailarino.

• O caminhar

Reveste-se, para a maioria dos encenadores que dirigem atores, de uma importância particular: STANISLÁVSKI, VAKHTÂNGOV, DECROUX fazem dele um dos fundamentos do treinamento do ator, pois "um iniciante não sabe caminhar em cena" (DULLIN, 1946: 115) e "ter um papel nas pernas, conforme a expressão do ofício, por vezes exige longas pesquisas".

• O andar

Foi objeto de reflexões filosóficas e fornece aos mímicos um infinito campo de experimentações. BALZAC, em sua *Teoria do Andar*, via aí "uma fisionomia do corpo": "O olhar, a voz, a respiração, o andar são idênticos, mas como não foi dado ao homem poder cuidar ao mesmo tempo dessas quatro expressões diversas e simultâneas do seu pensamento, procurem aquela que diz a verdade: vocês conhecerão o homem inteiro" (BALZAC, citado *in* LECOQ, 1987: 24). LECOQ fez disso um momento hilariante de sua conferência-demonstração *Tudo se Mexe* e de sua pesquisa, em seu laboratório, de estudo do movimento. O Théâtre du Mouvement de C. HEGGEN e Y. MARC criou um espetáculo, *Attention à la Marche* (Atenção ao Andar), comparando as maneiras de andar e concluindo que "os desenhos do ator no chão exprimem os 'desígnios' da personagem" (citado em ASLAN, 1993: 365).

• As ações corporais de Laban Definem-se segundo as quatro seguintes perguntas: "*a*) que parte do corpo está em movimento? *b*) em que direção do espaço o movimento se desenvolve?; *c*) em que velocidade o movimento progride?; *d*) que quantidade de energia muscular é usada?" (1994: 53).

• As ações físicas de Stanislávski

São executadas pelo ator em função de uma lógica do movimento e de uma finalidade da ação cênica.

2. Relação do Físico e do Mental

O estudo do movimento só pode ser efetuado de maneira convincente se for acompanhado de uma reflexão sobre a interioridade do sujeito em movimento, chame-se ela emoção, imagem, mental ou vida interior. Ela obriga a incessante vaivém entre moção e emoção. As diversas teorias e treinamentos do ator consistem em elucidar este vaivém que pode tornar-se busca da diferença (da dualidade) ou, ao contrário, da fusão, da organicidade entre corpo e espírito. Na maior parte do tempo, o vínculo entre moção e emoção é afirmado, assim, por LABAN: "Cada frase de um movimento, a menor transferência de peso, todo gesto de uma das partes do corpo revelam algum traço de nossa vida interior" (1994: 46). M. TCHÉKHOV usou a noção de *gesto psicológico** para influir sobre o físico e o mental do ator trabalhando para gravar cada vez melhor as duas faces dessa mesma moeda. FELDENKRAIS fez disso a base de sua prática: cada emoção está, para ele, associada e ligada, no córtex, a uma configuração e a uma atitude muscular que tem o mesmo poder de recriar a situação global que a atividade sensorial, vegetativa ou imaginária. Em vez de entregar-se a misteriosas análises da psicologia da personagem, é melhor, calcula JOUVET, buscar o ritmo e a respiração do texto e da personagem e reconstituir aos poucos o sentimento da personagem na maneira de dizer o texto.

Entende-se assim que a tarefa do mímico, do bailarino ou do ator seja aquilo que J. LECOQ chama de *rejogo*: "rejogar, dentro do nosso corpo, o real". Um real em perpétuo movimento...

MULTIMÍDIA (TEATRO...)

O espetáculo multimídia não é simplesmente uma representação que recorre a recursos audiovisuais e multiplica as fontes de informação; é um espetáculo que introduz uma outra dimensão no espetáculo vivo habitualmente definido pelo encontro entre um ator e um espectador.

Os meios de comunicação disponíveis – tecnologia da imagem (*slides*, filmes, vídeos), microfones HF, *vocalizer* (modelização vocal), fibra ótica, som e imagem digitais, telemática, CD-ROM etc. – podem todos, numa ou noutra qualidade, participar de um evento teatral que logo fica submerso sob um dilúvio de novas tecnologias. O todo ainda continua a ser arte? É preciso, pelo menos, que os meios de comunicação sejam usados segundo alguns critérios: beleza formal, autenticidade da experiência, gratuidade da atuação, comunicação com o espectador.

A comunicação, todavia, assume formas inesperadas: ela não é discursiva, linear e hierarquizada; o texto é tratado mais como ruído ou música, como substância manipulável, do que como lugar original do sentido. O corpo humano do ator ora é apreendido ao vivo, num tempo e num lugar reais, ora dissolvido, ora visto como uma sombra pelos meios eletrônicos; seu suporte muda assim sem cessar, muitas vezes tornando mesmo problemática a distinção entre real e virtual. Dirigimo-nos para um "ator de síntese", feito de diversos materiais, segundo uma arte da simulação que rejeita a fronteira entre o autêntico e o fabricado. Acha-se assim redefinido o papel do autor, do espectador e dos protagonistas, sejam eles "de síntese" ou "de carne e osso".

A partir dos anos sessenta, nos Estados Unidos, os artistas visuais e os bailarinos tentaram integrar as mais avançadas tecnologias ao espetáculo vivo (CAGE, RAINER). O Wooster Group especializou-se na interação entre tecnologia audiovisual e atores vivos (*Fish Story*, 1993); R.

LEPAGE usa as transformações cenográficas e a imagem gravada ao vivo, meio difusa e suja, mas muito presente e viva (*Les Sept Branches de la Rivière Ota*, 1994; *Elseneur*, 1996). "Dialogando" com sua própria imagem filmada, o ator questiona a identidade do ser humano, sugere a *intermidialidade** das artes cênicas e das pessoas.

📖 Kostelanetz, 1968; Battcock, 1984; Couchote Tramus, 1993; Norman, 1993; Carlson, 1996.

MUSEUS DE TEATRO

↻ Fr.: *musées de théâtre*; Ingl.: *theatre museum*; Al.: *Theater museum*; Esp.: *museo de teatro*.

Apesar da recente tendência a criar museus para toda e qualquer coisa, o teatro não foi objeto de tal solicitude, pelo menos na França, onde continua a não existir um museu de teatro. Os arquivos e as coleções, bastante ricos, aliás, não podem se prevalecer de semelhante título, pois não há lugar onde os objetos teatrais – textos dramatúrgicos, programas, cartazes, esboços e maquetes de cenários, figurinos, objetos diversos, *books* de imprensa – poderiam ser expostos permanente ou temporariamente. Assim, a biblioteca ou o arquivo só viram museu quando consentem em se expor aos raios de nossos olhares críticos e quando somos convidados a neles flanar, em vez de embolorarmos neles como eruditos anêmicos ou de nos enterrarmos aí como ratos de biblioteca.

Que é que se pode exatamente mostrar do teatro? No fundo, absolutamente nada, exceto algumas lastimáveis relíquias (texto dos diálogos, figurinos ou acessórios, fragmentos de cenografia, vozes gravadas: Vozteca de N. FRIZE), naturezas mortas que são, antes, deprimentes para os artistas de ontem e para os pesquisadores de hoje. Como dispor este nada? Muitas vezes, por uma acumulação muda de camadas depositadas ao longo dos anos sobre um acontecimento que se tornou inapreensível, uma série de relíquias e de provas do esplendor passado, um testemunho de sua gênese e de sua recepção, uma descontextualização sistemática do ambiente onde o espetáculo se desenrolou, um cadáver enfiado num caixão, cuja vida anterior não se pode nem imaginar.

A arte museológica consistirá em encontrar uma cenografia apropriada para dispor (de) o acontecimento teatral passado: cenografia que não tem de converter-se em réplica do teatro e, sim, inventar seu próprio dispositivo (senão o museu viraria uma garagem onde a encenação é reconstituída). Tirar os objetos das caixas, estetizar sua apresentação é, contudo, uma faca de dois gumes: facilita-se a apresentação e melhora-se a percepção, mas toma-se partido sobre o sentido e a estética do objeto, atribui-se a ele, muitas vezes, uma intenção ou uma função que não era a sua. O museu, tentado por uma espécie de teatro dos objetos, vira rapidamente uma nova encenação dos objetos do passado ou uma iniciação pedagógica ao teatro (museu de Berna), o que é, aliás, uma das mais belas maneiras de celebrar sua perenidade.

O acesso aos documentos, o tipo de classificação deles, sua hierarquia, a valorização de sua materialidade ou de sua abstração, tudo isso é revelador e decisivo para a reflexão metodológica sobre a análise do espetáculo: entre os pesquisadores, há também os acumuladores, os sondadores, os ilustradores, os que gostam de amostragens, os fetichistas, os saqueadores e, até mesmo, os desertores.

Os mais belos museus de teatro se encontram na Europa Central e Oriental: Suíça, Alemanha, Áustria, Polônia (Centro de Estudos Grotowski, em Wroclaw), Hungria (Museu dos Atores de Gizi Bajor) e Rússia onde eles são geralmente dedicados a um autor ou a um encenador em particular. A biblioteca do Arsenal, a Maison Jean-VILAR em Avignon, o Centro Nacional de Teatro, a SACD, o museu Kwok-On, a Biblioteca Nacional da rua de Richelieu guarda tesouros que poderiam facilmente dar lugar a exposições e colóquios.

📖 Veinstein, *Bibliothèques et Musées des Arts du Spectacle dans le Monde*, Paris, CNRS, 1984.

MÚSICA DE CENA

↻ Fr.: *musique de scène*; Ingl.: *incidental music*; Al.: *Bühnenmusik, Begleitmusik*; Esp.: *música incidental*.

Música usada na encenação de um espetáculo, seja ela especialmente composta para a peça ou emprestada de composições já existentes, constitua uma obra autônoma ou só tenha existência com relação à encenação. Às vezes a composição musical assume uma tal importância que relega o texto a segundo plano e se torna uma forma musical inteira (ópera, entreato musical, abertura, final): por exemplo, a *Abertura de Egmont* de BEETHOVEN para a peça de GOETHE, *O Sonho de unia Noite de Verão* de MENDELSSOHN para SHAKESPEARE, os trechos sinfônicos de GRIEG para *Peer Gynt* de IBSEN.

1. Estatutos do Acompanhamento Musical

a. Música produzida e motivada pela ficção: uma personagem canta ou toca um instrumento.

b. Música produzida exteriormente ao universo dramático (abrindo ou fechando um ato, por exemplo), como as entradas e saídas musicais compostas por Maurice JARRE para o TNP.

• Fonte não visível: orquestra no fosso, música gravada; a música produz uma atmosfera, pinta um ambiente, uma situação, um estado de alma. A música traz um lirismo e uma euforia que desrealizam o diálogo e a cena para fazê-los significar "liricamente". Às vezes ela foi especialmente composta, porém, na maior parte das vezes, trata-se de gravação de músicas já existentes.

• Fonte visível: músicos em cena, às vezes disfarçados de personagens (coro), atores capazes de tocar um instante de um instrumento. A encenação e a música não procuram iludir sobre sua origem e fabricação.

• Música que faz tanto parte (ou faz um pouco parte) de uma ficção quanto de uma realidade exterior ilustrativa (como os músicos nas encenações "orientalistas" do Théâtre du Soleil). E o caso das experiências atuais (APERGHIS, GOEBBELS, KUHN, FRIZE) sobre o teatro musical. Elementos verbais e musicais não são contraditórios, e sim partes integrantes da produção cênica global.

2. Funções da Música Cênica

– Ilustração e criação de atmosfera correspondente à situação dramática. A música repercute e reforça esta ambiência. (Caso da música de fundo.)
– Estruturação da encenação: enquanto o texto e a atuação são muitas vezes fragmentados, a música liga seus elementos esparsos e forma um *continuum*. Às vezes ela pontua os tempos da encenação.
– Efeitos de contraponto: como em EISENSTEIN, BRECHT, WEILL, DESSAU ou RESNAIS, a música às vezes sublinha ironicamente um momento do texto ou da atuação (*distanciamento** dos *songs** brechtianos).
– Efeito de reconhecimento: criando uma melodia, um refrão, o compositor instaura uma estrutura de *leitmotiv**, provoca a expectativa da melodia e assinala a progressão temática ou dramatúrgica.
– Substituição total do texto: música popular de 1930 a 1980 para *O Baile* ou para a dança-teatro.
– Técnica cinematográfica da música para uma ambientação e uma série de sequências com mudanças correlativas de melodia.

A música de cena assumiu uma considerável importância, nestes últimos anos, a ponto de se tornarem a estrutura que *ritma** todo o espetáculo. Nas encenações de *Ricardo II* ou de *Noite de Reis* como em *Sihanouk*, *L'Indiade*, espetáculos do Théâtre du Soleil, os percussionistas mais criam a dinâmica do espetáculo do que acompanham os atores.

📖 Appia, 1899; Craig, 1911.

MÚSICA (E TEATRO)

Fr.: *musique (et théâtre)*; Ingl.: *music (and theatre)*; Al.: *Musik (und Theater)*; Esp.: *música y teatro*.

Deixando de lado a questão da *música de cena**, da *ópera** ou do *teatro musical**, examinaremos as relações complexas e conflituadas que a música mantém com o teatro.

1. Metáfora Musical

A encenação é frequentemente comparada a uma composição no espaço e no tempo, a uma partitura que agrupa o conjunto dos materiais, a uma interpretação individual dos atores. A notação e a composição musicais fornecem o esquema diretor do jogo teatral, permitindo aos espectadores, assim como aos atores, "sentir o tempo em cena como o sentem os músicos". "Um espetáculo organizado de maneira musical não é um espetáculo no qual se toca música ou se canta constantemente atrás do palco; é um espetáculo com uma partitura rítmica precisa, um espetáculo no qual o *tempo* é organizado com rigor" (MEIERHOLD, 1992, IV: 325).

2. Novas Alianças

As relações da música e da cena estão mudando: uma não está mais a serviço exclusivo da outra e cada uma delas mantém uma autonomia que serve também ao parceiro: a música não é mais uma simples serva, a acompanhante da cena; ela não é mais, como na ópera doméstica, aquilo que afoga o texto e o teatraliza. Durante muito tempo (historicamente) e sistematicamente (teoricamente) separados em sua busca de *especificidade**, música e teatro estão muito mais de acordo, atualmente, sobre sua complementaridade. Está-se redescobrindo a musicalidade dos textos e se evidencia a teatralidade de uma música (teatro musical de APERGHIS, por exemplo). Percebida no espaço teatral, a música assume para o espectador toda uma outra ressonância, diferente do quadro asséptico da sala de concerto. No entanto, ainda precisa ser restabelecido – e isso é muito mais difícil que para o cinema, onde foram criados separadamente – como o visual e o auditivo trabalham juntos: tende-se mais, na atual teoria da música de cena (N. FRIZE) ou da ópera (MOINDROT, 1993), a insistir na integração das percepções visuais e auditivas, integração na sequência de uma vetorização e de uma sinalização do olhar e da audição, de uma filtragem de todos os materiais pelo "espectouvinte": "Nossa percepção de espectador exige que as coisas sejam constituídas, não que sejam compostas (*colocadas com*)" (N. FRIZE).

Bastaria desde então poder avaliar essas (*re*) *constituições* a partir dos diversos componentes da representação, pensando que cada componente está em condições de veicular:

- a música, sozinha, cria mundos virtuais, quadros emocionais para o resto da representação;
- a arquitetura fornece a evidência concreta de um continente a ser preenchido;
- a literatura e o texto dramático fornecem um molde rítmico ligeiramente modificável pelo jogo do ator, ao passo que a estrutura musical é muito mais rígida (donde, para a ópera, a necessidade de um compromisso entre o encenador que tende à flexibilidade e o maestro que se inclina à rigidez).

Entre os componentes das (re)constituições, cada elemento influi nos outros, de maneira às vezes imprevista. Assim, a música dá uma atmosfera emocional que ilumina o gesto e o jogo do ator; inversamente, o gesto ou a dança podem "abrir" a música: "A dança pode revelar tudo o que a música tem de misterioso, e ela tem, além do mais, o mérito de ser humana e palpável" (BAUDELAIRE, *La Fanfarlot*).

MYTHOS

↻ Fr.: *mythos*; Ingl.: *mythos*; Al.: *Mythos*; Esp.: *mythos*.

Termo da *Poética* de ARISTÓTELES. O *mythos* (traduzido na maioria das vezes por *fable [fábula*]* em francês, *plot* em inglês, *Handlung* em alemão) é a reunião das ações (§ 1450a), a seleção e ordenação dos *acontecimentos** narrados.

Na origem, o *mythos* é a fonte literária ou artística, a história mítica (*fábula** no sentido 1) na qual o poeta se inspira para construir suas tragédias. Os mitos são incessantemente variados e combinados; formam *motivos** e *temas** que os dramaturgos gregos reutilizam em suas tragédias. Depois, a partir do emprego de ARISTÓTELES, *mythos* designa com cada vez mais frequência a estrutura organizada da ação (a *fábula** nos sentidos 2 e 3). O *mythos* se caracteriza por: a ordem temporal dos acontecimentos: início, meio, fim (1450b); a organização perceptível de um todo (1450b); a *unidade** de ação. Assim, de simples imitação de uma fonte anterior, o *mythos* é elevado ao nível de *unidade** de ação, de ordenação narrativa de elementos esparsos e de forma fechada (*aristotélica**).

📖 Mauron, 1963; Vernant, 1965; Szondi, 1972*a*;
Ventant e Vidal-Naquet, 1972, 1979; Ricoeur, 1983, 1984, 1985; Delmas, 1985; Schechner, 1985; Barba e Savarese, 1985.

N

NARRAÇÃO

Fr.: *narration*; Ingl.: *narration*; Al.: *Erzählung*; Esp.: *narración*.

1. No sentido de *narrativa**: maneira pela qual os fatos são relatados por um sistema, linguístico, na maioria das vezes, ocasionalmente por uma sucessão de gestos ou imagens cênicas. Como a narrativa, a narração recorre a um ou vários sistemas cênicos e orienta linearmente o sentido de acordo com uma lógica das ações, em direção a um objetivo final: o *desenlace** da história e a resolução dos *conflitos**. A narração faz "ver" a fábula em sua temporalidade, institui uma sucessividade de ações e imagens.

De acordo com a distinção de BENVENISTE (1966) e GENETTE (1966), a narração ora é a *história* contada (o conjunto dos conteúdos narrativos), ora o *discurso* ou *relato* constante (o discurso que conta os acontecimentos). A história ou fábula é o que é narrado; o relato é o discurso narrante; a narração é o ato fictício ou real que produz o relato.

2. Na dramaturgia clássica: em certas longas tiradas, as personagens procedem à narração de eventos passados. Assim, a propósito do discurso de Cinna sobre a conspiração, CORNEILLE fala em *narração ornada*.

3. Narração e descrição são, muitas vezes, opostas (em particular nas formas *épicas**), conforme o objeto de seu discurso: "A narração é a expressão dos fatos, como a descrição é a exposição das coisas" (MARMONTEL, 1787). No teatro, a *descrição** é assumida pelos acontecimentos visuais, ao passo que a narração se faz "em ato" no encadeamento dos motivos da fábula. Esta narração, para sua apresentação cênica, apelará necessariamente à instância discursiva que organiza a *fábula** de acordo com seus próprios modos e técnicas. Cumpre distinguir as estruturas narrativas (em profundidade) e as estruturas discursivas (em superfície). As primeiras só são visíveis sob a forma de um sistema teórico de ações apresentadas por *actantes** sob uma lógica universal (PROPP, 1965; GREIMAS, 1970, 1973). As segundas constituem a disposição concreta das tiradas e dos diálogos, o conjunto dos atores da narrativa.

Narrador, discurso, análise da narrativa, focalização, contador de histórias, diégese.

Savona, 1980, 1982.

NARRADOR (1)

Fr.: *récitant*; Ingl.: *narrator*; Al.: *Erzähler*; Esp.: *recitante (narrador)*.

1. Em música, o narrador ou recitante canta o *recitativo**, espécie de canto não subordinado

ao tempo que serve para contar uma narrativa entre cantada e falada.

2. Por extensão, o *narrador** de um comentário, uma descrição ou uma ação passada. No teatro, o narrador se manifesta por intermédio da "voz *off*" ou se concretiza numa personagem situada mais ou menos à margem da ação (*dramático** e *épico**).

NARRADOR (2)

↩ Fr.: *narrateur*; Ingl.: *narrator*; Al.: *Erzähler*; Esp.: *narrador*.

Em princípio excluído do teatro *dramático** no qual o dramaturgo nunca fala em seu próprio nome, o narrador reaparece em determinadas formas teatrais, em particular no teatro épico. Certas tradições populares (teatros africanos e orientais) usam-no frequentemente como mediador entre público e personagens (*contador de histórias**). Também se pode considerar que o encenador se comporta, diante do texto e do palco, como um narrador que escolhe um ponto de vista e conta uma *fábula**, como um sujeito da enunciação, que comanda todos os enunciados textuais e cênicos.

O narrador não intervém no texto da peça (exceto, às vezes, no *prólogo**, no *epílogo** ou nas *indicações cênicas** quando elas são ditas ou mostradas). Portanto, só pode haver narrador sob a forma de uma personagem que é encarregada de informar os outros caracteres ou o público contando e comentando diretamente os acontecimentos. O caso mais frequente é aquele de uma personagem-narradora que, como no caso do relato clássico, narre o que não pôde ser mostrado diretamente em cena por razões de conveniência ou verossimilhança. Existe *narrativa** (logo, narrador, e não simplesmente personagem que age) desde que as informações trazidas não estejam concretamente ligadas à situação cênica, que o discurso apele para a representação mental do espectador e não para a representação cênica real do acontecimento. A fronteira entre narrativa e ação dramática é, por vezes, difícil de ser traçada, pois a enunciação do narrador permanece ligada à cena, de modo que uma narrativa é sempre mais ou menos "dramatizada".

1. No Sistema Épico

a. Aquele que quebra a ilusão

Na medida em que a *ilusão** dramática de um jogo apresentado diretamente ao público, sem a intermediação do autor, é quebrada no teatro épico (BRECHT), as personagens tomam o lugar do seu criador e representam então o papel idêntico ao do narrador de romance: comentários, resumos, transições, canções, *songs* são também formas específicas da personagem-narradora. Fica impossível distinguir aquilo que pertence ao papel da personagem (o que ela pode narrar de maneira verossimilhante) e aquilo que é transposição direta do discurso do autor. Passa-se constantemente da ficção interna à peça (onde a presença do narrador é motivada e justificada pela ficção) ao rompimento da ilusão (ao *dirigir-se ao público**).

b. Duplo do autor

Uma personagem ou um grupo (*coro**) escapa do jogo, "sai" do universo ficcional (ou, pelo menos, cria um outro nível ficcional) para comentar a peça e dar ao espetáculo uma interpretação que poderá ser aquela do autor. É o caso dos recitantes em BRECHT, GIRAUDOUX, WILDER (SZONDI, 1956, 1972a).

c. Encenador

O narrador se encarrega do espetáculo, é o mestre de cerimônia, o organizador dos materiais da história (assim, o mendigo em *A Guerra de Troia não Ocorrerá*, de GIRAUDOUX, antecipa o fim da história. Em *Biografia*, de Max FRISCH, o comentarista passa a palavra às personagens, propõe esta ou aquela solução para seus problemas).

d. Intermediário entre fábula e ator

Nas criações coletivas a partir de romances ou para *troupes* que trabalham a partir de improvisações antes de elaborar um texto a ser representado, o ator/narrador explica como sente a personagem, o que ele poderia ser levado a dizer, o que não chega a expressar etc. Sem nenhum temor de fazer os narradores figurarem em cena, encenam-se textos narrativos não "previstos" para a cena (poema, romance, notícia de jornal etc.). A insistência no narrador se explica muitas vezes pela vontade de levar em conta a enunciação do ator e sua atitude crítica diante daquilo que está representando, de seu desejo de representar o fato de representar, talvez na esperança de reencontrar assim uma autenticidade perdida.

🔍 Análise da narrativa, épico e dramático, dramaturgia, narração.

NARRATIVA

↔ Fr.: *récit*; Ingl.: *narration, narrative*; Al.: *Bericht, Erzähluntg*; Esp.: *relato*.

Narrativa, em sentido estrito, de acordo com a maneira como é usada pela crítica teatral, consiste no discurso de uma personagem que narra um acontecimento que ocorreu *fora de cena**. Em princípio excluída do teatro, que mostra mimeticamente a ação em vez de fazer alusão a ela por meio de um discurso, a narrativa, no entanto, é frequente no texto dramático (relato do mensageiro ou do *confidente** na dramaturgia clássica) e hoje, no teatro épico, no qual a personagem é frequentemente instada a externar seu ponto de vista sobre o desenvolvimento do drama. Quando é efetuada simultaneamente a uma ação que ocorre fora da vista dos espectadores, a narrativa recebe o nome de *teicoscopia** (visão através das paredes). De maneira geral, há narrativa quando a ação, por si só, apresenta dificuldades de ser encenada: "Uma das regras do teatro consiste em pôr como relato apenas as coisas que não podem se passar em ação" (RACINE, prefácio de *Britannicus*).

Na época clássica, a narrativa é tida como um sucedâneo que não é tão eficiente quanto uma ação real, pois "aquilo que se expõe à vista toca bem mais do que aquilo que se apreende através de um relato" (CORNEILLE, "Exame do *Cid*").

1. Limites e Definição da Narrativa

A narrativa, no sentido dado pela narratologia (*análise da narrativa**), é uma categoria bastante ampla que tem por objeto o conjunto das formas narrativas; é "bem precisamente o que Aristóteles chama de *mythos*, isto é, a disposição dos fatos" (RICOEUR, 1983: 62).

Em sentido estrito, fala-se de narrativa quando a personagem monopoliza a fala a fim de relatar acontecimentos dos quais foi a única testemunha e que ela conta às outras personagens que ficam atentas (ex.: relato de Terâmeno em *Fedra* ou relato da batalhas dos Mouros no *Cid*).

É difícil delimitar a narrativa já que a peça (especialmente a obra clássica) oferece uma sequência de trocas verbais muitas vezes longas, em cujo interior as personagens organizam seu discurso aludindo a fatos exteriores à cena. A própria expressão *poema dramático** – como eram chamadas as peças no século XVII – indica que o texto dramático era concebido mais como uma sequência global de discursos encadeados do que como uma verdadeira troca verbal no calor da ação. Cada personagem fazia, desempenhava, pois, um pouco o papel (fictício, evidentemente) de um organizador dos materiais dramáticos e sua tomada de palavra se articulava de maneira bastante retórica segundo a lógica de uma narrativa: apresentação dos fatos, descrição dos sentimentos, indicação das intenções, conclusões morais etc. Por outro lado, reencontra-se essa estrutura nos relatos-monólogos dos heróis clássicos. A narrativa tende a desprender-se da situação cênica a fim de organizar seu mecanismo e elevar-se, às vezes, ao nível de fórmulas ou *sentenças** gerais (*retórica**).

2. Funções da Narrativa

Na época clássica, o dramaturgo emprega a narrativa quando a ação relatada apresenta dificuldade de ser representada em cena por razões de conveniência, de *verossimilhança** ou em virtude das dificuldades técnicas de realização. Na maioria das vezes, a narrativa relata cenas violentas, horríveis até (como duelos, batalhas, catástrofes), peripécias que prepararam a ação ou dão sequência à catástrofe ou ao conflito resolvido, pois "aquilo que não devemos ver, a narrativa nos expõe" (BOILEAU, *Arte Poética*, cap. III). Entretanto, sua função não é unicamente a de "conserto" no trabalho do dramaturgo, que não teria outra saída senão resumir verbalmente uma ação. A narrativa permite tornar a peça mais leve passando rapidamente, graças ao discurso, por algo que necessitaria, em cena, de uma orgia de cenário, gestos e diálogos. Ela "filtra" o acontecimento através da consciência do recitante que interpreta livremente os fatos, que os mostra com a iluminação adequada. Ao enunciado se acrescenta, portanto, a modalização que o enunciador imprime aos fatos narrados. Para Rodrigo, por exemplo, a narrativa da batalha serve também de argumento político para sua situação pessoal: as coisas são apresentadas de modo a tornar, doravante, indispensáveis os seus serviços.

Finalmente, ao "distanciar" a ação através da narração, ao fazer com que o *narrador** intervenha, o dramaturgo oferece ao espectador a possibilidade de julgar com mais objetividade. Essa técnica é empregada com frequência por BRECHT quando uma reflexão crítica é preferível à identificação comovida com a cena. A narrativa, ao realizar e desmaterializar a representação, impede a ilusão, despsicologiza a cena insistindo na produção da fala da personagem e, através dela, do dramaturgo e do ator.

Diferentemente da narrativa dramática, a narrativa brechtiana não busca mais a justificação de uma situação que exige o monólogo de um protagonista; ela se dá de maneira completamente artificial: a personagem declina sua identidade, coloca-se fora da ficção para sublinhar-lhe a falsidade e resumir, como intérprete, a ação do ponto de vista de um encenador, senhor do desenrolar do espetáculo. O narrador muitas vezes desempenha um papel didático: indica as dificuldades das personagens ou a necessidade de recorrer ao público para mudar "o roteiro da realidade" (como no final de A Alma Boa de Se-Tsuan, de BRECHT). A narrativa, principalmente a clássica, sempre é um ornamento, um *morceau de bravoure*, um poema de forma particularmente elaborada.

3. Tentativa de "Dramatização da Narrativa"

No entanto, a narrativa não pode, sem correr o risco de destruir totalmente o caráter teatral da obra, assumir uma importância demasiado grande no corpo da peça. Ela se limita, na maioria das vezes, aos *monólogos** da *exposição** e aos discursos fúnebres ou matrimoniais do epílogo. Além do mais, a narrativa está integrada à ação: deve sempre incidir nos momentos fortes para retardar a informação (técnica de *suspense**) ou nas grandes articulações da ação. Muitas vezes, é dividida entre o herói e seu *alter ego* (o *confidente**), que expõem a situação num falso diálogo, ou durante uma discussão artificialmente animada (Alceste e Filinto, no início do *Misantropo*, contam sua concepção da vida em sociedade). A narrativa também será entrecortada pelas intervenções monossilábicas dos interlocutores. Em suma, o relato volta muito rapidamente ao estado de cena dramática e de ação: *diégese** e *mimese** não são facilmente isoláveis.

4. Jogo com o Encaixe das Narrativas

A produção atual (adaptação de textos romanescos ou não "dramáticos", por exemplo) aprecia particularmente a encenação dos narradores nas quais eles mesmos apelam, na história narrada, para outros narradores etc. Mais do que uma moda, é preciso ver nesse caso um jogo com base na relativização da fala. A narrativa, de acidental e culpada que era na dramaturgia clássica, tornou-se trunfo de todas as práticas narratológicas e meio de reescrever a "grande narrativa do mundo" para a cena.

Fábula, dramático e épico, brechtiano, *flashback*, diégese, narração, relato.

Scherer, 1950; Szondi, 1956; Genette, *in Comunicações*, 1966, n. 8; Wirth, 1981; Mathieu, 1974.

NATURAL

Fr.: *naturel*; Ingl.: *natural*; Al.: *natürlich, Natürlichkeit*; Esp.: *natural*.

O natural, noção tão velha quanto fluida, é também metafísica e impossível de circunscrever. Cada modo de atuar julga-se natural e pretende, a cada vez, inventar a representação verdadeiramente natural. O natural, ainda que criado pelo homem, nega-se como produção artificial e designa os "objetos artificiais que se apresentam a nós, como se a arte não houvesse em absoluto se misturado a eles, e como se fossem produções da natureza. Um quadro que atinge os olhos como se víssemos o próprio objeto que eles representam, uma ação dramática que faz esquecer que aquilo não passa de um espetáculo [...], tudo isso se chama *natural* [...]" (verbete "Natural" da *Enciclopédia*).

A *dicção** e o gestual do ator são mais ou menos postos à prova como naturais ou codificados, principalmente quando o texto é escrito numa forma muito retórica e estrita como a alexandrino clássico. O ator é intimado a optar por banalizar, "prosaizar" o alexandrino como se quisesse neutralizá-lo através de um natural pequeno burguês ou, ao contrário, ele se esforça para criar a distância formal em face da retórica e da matéria significante, para aceitar e até mesmo amplificar o poder da convenção sobre a criação da ficção.

📖 Barthes, 1963; Vitez e Meschonnic, 1982.

NATURALISTA (REPRESENTAÇÃO...)

↔ Fr.: *représentation naturaliste*; Ingl.: *naturalistic staging*; Al.: *naturalistischer Aufführungsstil*; Esp.: *naturalista (representation)*.

A representação naturalista se dá como sendo a própria realidade, e não como uma transposição artística no palco. B. DORT a define como "tentativa de constituir a cena num meio coerente e concreto que, por sua materialidade e fechamento, integra o ator (ator-instrumento ou ator-criador) e propõe-se ao espectador como a própria realidade" (1984: 11).

1. Origem

Historicamente, o naturalismo é um movimento artístico que, por volta de 1880-1890, preconiza uma total reprodução de uma realidade não estilizada e embelezada, insiste nos aspectos materiais da existência humana; por extensão, estilo ou técnica que pretende reproduzir fotograficamente a realidade.

O naturalismo toma impulso em plena euforia positivista e cientificista, enquanto se pensa em aplicar o método científico a fim de observar a sociedade como clínico ou fisiologista, mas enquanto, de fato, se fecha esta sociedade num determinismo não dialético. Na verdade, apesar da palavra de ordem de Zola de mostrar no teatro "a dupla influência das personagens sobre os fatos e dos fatos sobre as personagens", a representação naturalista engolfa o homem num *meio** imutável.

O naturalismo no teatro é o remate de uma estética que exige, moderadamente no século XVII, mais insistentemente no século XVIII (DIDEROT e o *drama**), uma produção de ilusão. Porém, ele não se limita a ZOLA, IBSEN, BECQUE, STRINDBERG, HAUPTMANN e GORKI. Torna-se um estilo de interpretação e caracteriza toda uma corrente contemporânea (*boulevard**, telenovelas) e um modo "natural" de conceber o teatro.

2. Estética Naturalista

Limitar-nos-emos a três características da representação naturalista, sabendo, contudo, como espectadores não ingênuos desta estética não ingênua, que a realidade é bem mais complexa!

a. O meio*

É dado por cenários tão verdadeiros quanto a natureza, que fazem o papel de "descrições contínuas" (ZOLA) e que frequentemente são feitos de objetos reais (portas verdadeiras, quartos de bois sangrentos no palco de ANTOINE). A encenação naturalista tem gosto pela acumulação, pelo detalhe, pelo único e pelo imprevisto.

b. A língua

A língua empregada reproduz sem modificação os diferentes níveis de estilo, dialetos e modos de falar próprios de todas as camadas sociais. Dizendo seu texto de modo hiperpsicológico, o ator procura sugerir que as palavras e a estrutura literária são talhadas no mesmo estofo que a psicologia e a ideologia da personagem. Acha-se assim banalizada e negada a fatura poética ou literária do texto dramático: a estética burguesa da arte como expressão psicológica esforça-se para camuflar todo o trabalho significante da encenação, trabalho de produção do sentido, dos discursos e dos mecanismos inconscientes da cena (*prática significante**, *efeito de real**).

c. A interpretação do ator

Visa a *ilusão** reforçando a impressão de uma realidade mimética e impelindo o ator a uma total identificação com a personagem, sendo suposto que o todo se produza atrás de uma *quarta parede** invisível que separa a plateia do palco.

3. Crítica do Naturalismo

A principal reserva ideológica com respeito à representação naturalista é sua visão metafísica e estática dos processos sociais: estes são apresentados como fenômenos naturais. Assim, BRECHT reprova que a peça *Os Tecelões* (de G. HAUPTMANN), uma obra-farol do naturalismo, conceba a luta de classes como inerente à natureza humana. O naturalismo, assim, substituiu a concepção clássica que se baseava, também ela, numa visão mistificante do homem como abstração intelectual. Este "idealismo" só foi transmutado num naturalismo estreito do homem como "animal pensante que faz parte da grande natureza" (ZOLA, 1881).

A crítica também se dirige à ingenuidade de uma estética que pretende escapar à *convenção** e ao rompimento da *ilusão**, ao passo que depende delas do princípio ao fim e que o espectador tem necessidade do duplo jogo da ilusão/desilusão para tirar daí prazer e identificação. Na realidade, o jogo naturalista exige a convenção e a artificialidade das quais ele gostaria de se privar. Ele nunca está muito afastado do seu contrário: *estilização** e *simbolismo**. O texto mais realista ou naturalista é aquele que melhor domina as convenções artísticas que presidem sua produção.

4. Prolongamento e Renovação do Naturalismo

Além do sucesso sempre assegurado de uma dramaturgia do *efeito de real** (*teatro burguês** ou *de boulevard**, *telenovelas*), o naturalismo inspira interessantes tentativas neonaturalistas. Estas se caracterizam por uma sempre perceptível crítica subterrânea da ideologia naturalizante. O "Kitchen-Sink Drama" ("drama da pia da cozinha") dos anos 1950 na Inglaterra (WESKER, OWEN), marca um retorno a uma descrição dos meios desfavorecidos. Na Alemanha, o teatro de KROETZ pinta e faz os "sem linguagem" falarem. Esta voga do teatro do *cotidiano** também se faz sentir na França nos anos 1970 (DEUTSCH, WENZEL, LASSALE, VINAVER), sob formas que oscilam entre um relatório fotográfico e um lirismo crítico que dá uma visão subjetiva da realidade.

Realismo, realidade representada, história.

Zola, 1881; Antoine, 1903; *Drama Review*, 1969; Sanders, 1974, 1978; Amiard-Chevrel, 1979; Chevrel, 1982; Grimm, 1982.

NEGAÇÃO

Ver *Denegação*.

NÓ

Fr.: *noeud*; Ingl.: *knot, nodus, node*; Al.: *Knoten, Verflechtung*; Esp.: *nudo*.

O nó é o procedimento que bloqueia o fio da intriga, provocando um conflito entre o desejo do *actante** sujeito e o obstáculo do actante objeto. Uma vez amarrada (bloqueada) a situação, os actantes esforçam-se para desatar a intriga. A narratologia examina como a fábula é abalada, graças aos "motivos dinâmicos que destroem o equilíbrio da situação inicial. O conjunto dos motivos que violam a imobilidade da situação inicial e que empreendem a ação chama-se nó" (TOMASCHÉVSKI, 1965: 274).

1. Nó e Desenlace

O nó, conjunto de conflitos que bloqueiam a ação, opõe-se ao *desenlace** que desbloqueia esta: "Sendo o nó das peças um acidente inoportuno que detém o curso da ação representada, e o desenlace um outro acidente imprevisto que facilita a realização daquela, achamos que essas duas partes do poema dramático estão manifestas naquele do Cid" (*Sentiments de l'Académie sur "Le Cid"*).

Desenlaçar consiste em fazer a ação passar da felicidade à infelicidade, ou da infelicidade à felicidade. A dramaturgia da *peça bem feita** maneja com virtuosismo a prática do nó, um pouco demais ao gosto de alguns, como ZOLA, que se queixa daqueles que têm a arte de "enlaçar os fios complicados para ter o prazer de desenlaçá-los em seguida" (ZOLA, 1881).

2. Apresentação do Nó

O nó é parte integrante de toda dramaturgia na qual intervém um conflito, porém é mais ou menos "visível". Para a dramaturgia clássica, o aperto do nó se faz de maneira contínua e subterrânea. Para a dramaturgia épica brechtiana, ao contrário, a atenção é atraída para os pontos nodais nevrálgicos da ação; trata-se de mostrar as mudanças de rumo da fábula, a causalidade e o entrechoque das contradições: "Os diversos elementos devem ser encadeados de maneira a que os nós apareçam" (BRECHT, *Pequeno Organon*, 1963: § 67). Muitas vezes, a ação é interrompida "do exterior" no momento que poderia ser trágico.

3. Natureza do Nó e do Desenlace

As coisas se enlaçam por mil razões que voltam todas ao mesmo esquema fundamental: há uma contradição insolúvel entre duas consciências, duas aspirações ou exigências igualmente justificadas (para a tragédia clássica) ou então, ao contrário, tem-se um *conflito** que remete a contradições sociais fabricadas pelo homem e, portanto, transformáveis (segundo BRECHT). No primeiro caso, o nó é finalmente eliminado pela intervenção do sentimento de conciliação que "a tragédia nos proporciona pela visão da eterna justiça que impregna com seu poder absoluto a justificação relativa dos fins e das paixões unilaterais" (HEGEL, 1832: 379). No segundo caso, o nó exige a intervenção externa do espectador que é o único a poder eliminar as contradições sociais em que se embaraçam as personagens. Seja ele desatado ou cortado, o nó sempre deixa sua marca.

NOTA INTRODUTÓRIA

Fr.: *avertissement*; Ingl.: *preface*; Al.: *Vorwort*; Esp.: *advertência*.

Texto condutor onde o autor dramático, ao dirigir-se diretamente ao leitor, adverte-o de suas intenções, precisa as circunstâncias de seu trabalho, analisa sua obra, prevê eventuais objeções. Pertinente ao *paratexto**, portanto exterior ao *texto dramático**, a nota introdutória ou preliminar é muitas vezes um modo de leitura do futuro público. Nesta qualidade, é um procedimento de orientação da *recepção** (*prefácio**).

NOVO TEATRO

(Em francês, *nouveau théâtre*.)

Termo usado na França para o teatro dos anos cinquenta: IONESCO, BECKETT, ADAMOV, autores chamados "absurdos", os romancistas-dramaturgos como PINGET, DURAS, SARRAUTE, os poetas WEINGARTEN, TARDIEU, VAUTHIER.

Jacquot, 1965; Serreau, 1966; Corvin, 1969; Jacquart, 1974; Mignon, 1986; Rykner, 1988; Corvin *in* Jornaron, 1989.

NUDEZ

Fr.: *nudité*; Ingl.: *nudity*; Al.: *Nacktheit*; Esp.: *desnudez*.

O corpo nu num palco reintroduz o olhar e o *corpo** "privado" do espectador ou da espectadora, os quais não podem permanecer na ficção e se reencontram na realidade da exibição e do desejo. O nu é portanto um escândalo semiológico: ele nos lembra oportunamente que a cena não é só representação e signo do real, mas convocação e ostensão deste real.

Não se pode generalizar funções e efeitos da nudez: é preciso contentar-se em distinguir alguns usos da nudez e algumas grandes maneiras de reagir. Impõe-se uma primeira distinção, entre o teatro erótico (ou melhor, a revista erótica) que usa sistematicamente e como gênero mais para "encher os olhos" a nudez, feminina, na maioria das vezes, e o teatro de ficção onde o ato do desnudamento obedece às exigências da situação dramática (mesmo que a nudez e a emoção gerada nos observadores rompam o âmbito protetor de um "como se" ficcional).

Portanto, é difícil julgar o nu sem ser ou moralista, ou emocional, e enumerar propriedades suas puramente estéticas! Porque, diferentemente do nu em pintura, em escultura e mesmo no cinema, é efetivamente uma pessoa de carne e osso que o espectador encontra à sua frente: daí um erotismo "inevitável", mas também um constrangimento ainda maior, um prazer atenuado pelo medo de ser pego em flagrante delito de voyeurismo.

O corpo desnudo nem sempre é erótico ou pornográfico, como no caso de sua exibição complacente; às vezes ele é assimilado à destruição e à morte, mais a Tânatos do que a Eros, como o corpo lívido e sepulcral dos dançarinos de Butô ou o corpo violado e supliciado das ações semirrituais, semiestéticas do grupo Fura dels Baus.

Se a nudez não é mais, pelo menos no Ocidente, um problema ético, ela é sempre o espaço de uma crise existencial, o tubo de ensaio e a caixa de ressonância da visualização da vida e da morte, do gozo e do terror.

O

OBJETO

↻ Fr.: *objet*; Ingl.: *object*; Al.: *Gegenstand*; Esp.: *objeto*.

O termo *objeto* tende a substituir, nos escritos críticos, os termos *acessório** ou *cenário**. A neutralidade, até mesmo a vacuidade da expressão, explica seu sucesso para descrever a cena contemporânea, que participa tanto do cenário figurativo, da escultura moderna ou da *instalação** quanto da plástica animada dos atores. A dificuldade de estabelecer uma fronteira demarcada entre o ator e o mundo ambiente, a vontade de apreender a cena globalmente e segundo seu modo de significação promoveram o objeto ao nível de *actante** primordial do espetáculo moderno. Uma tipologia dos objetos cênicos estabelecida de acordo com sua forma, seus materiais ou seu grau de realismo faria pouco sentido, pois o objeto varia em função da dramaturgia empregada e ele se integra – se for bem utilizado – ao espetáculo do qual é o suporte visual e um dos significantes essenciais.

1. Função do Objeto

a. Mimese do âmbito da ação

O objeto, a partir do momento que é identificado pelo espectador, situa imediatamente o cenário. Quando é importante para a peça caracterizar o ambiente cênico, o objeto deve apresentar alguns traços distintivos. O objeto naturalista é autêntico como um objeto real. O objeto realista, em compensação, reconstitui somente um número limitado de características e funções do objeto imitado. O objeto simbolista estabelece uma contra realidade que funciona de maneira autônoma.

b. Intervenção no jogo

O objeto teatral é usado para certas operações ou manipulações. Esta função pragmática é particularmente importante quando a cena mostra homens ou mulheres em ocupações cotidianas. Quando o cenário não é figurativo, certos elementos servem de máquina de representar (*praticáveis**, planos inclinados, mobiles, máquinas construtivistas etc.). O objeto é então menos funcional do que lúdico: ele "produz" sentidos cenográficos que se enxertam no texto.

c. Abstração e não figuração

Quando a encenação se organiza unicamente a partir do jogo do ator, sem pressupor um local de ação específico, o objeto é muitas vezes abstrato, não é utilizado dentro de um uso social e assume um valor de objeto estético (ou poético) (SCHLEMMER, 1927).

d. Paisagem mental ou estado d'alma

O cenário dá uma imagem subjetiva do universo mental ou afetivo da peça: nele, raramente o objeto é figurativo, mas fantástico, onírico ou "lunar". O fim buscado é criar familiaridade visual com o imaginário das personagens da peça (ver *imagem**). (Ex.: o quadro de FRIEDRICH, *Naufrágio*, para o espetáculo *Empedokles, Hölderlin lesen* por GRÜBER, em 1975, em Berlim, ou para a encenação de *A Dança da Morte* de LANGHOFF na Comédie Française, em 1996.)

2. Polimorfia do Objeto

a. Desvio de sentido

O objeto não mimético presta-se a todos os usos, em particular àqueles que podiam parecer os mais distantes dele (técnica surrealista do *objet trouvé*, desviado ou distanciado). Por uma sequência de *convenções**, o objeto se transforma num signo das coisas mais variadas (técnica do teatro popular e do teatro que se baseia apenas na presença dos atores; assim, por exemplo, os tijolos e a roda no *Ubu Rei*, encenação de P. BROOK em 1978, em Paris).

b. Níveis de apreensão

O objeto não é reduzido a um único sentido ou nível de apreensão. O mesmo objeto é muitas vezes utilitário, simbólico, lúdico, conforme os momentos da representação e, sobretudo, conforme a perspectiva da apreensão estética. Ele funciona como um teste projetivo de Rorscharch, estimulando a criatividade do público.

c. Desmultiplicação dos signos

Não existe objeto bruto que já não tenha sentido social e que não se integre a um sistema de valores. O objeto é consumido tanto por sua conotação quanto por sua funcionalidade primeira. Além disso, o objeto teatral é sempre signo de algo. De modo que ele se acha preso num circuito de sentidos (de equivalências) e remetido por conotações a uma grande quantidade de significações que o espectador o faz "experimentar" sucessivamente (BAUDRILLARD, 1968).

d. Artificialização/materialização

Por causa desse circuito de sentidos, o objeto funciona como significado, o que quer dizer que sua materialidade (seu significante) e sua identidade (seu referente) tornam-se inúteis e integram-se ao processo global da simbolização. Todo objeto posto em cena sofre esse efeito de artificialização/abstração (de *semiotização**), o que não ocorre sem cortá-lo do mundo real e intelectualizá-lo. Este é, sobretudo, o caso dos objetos simbólicos não utilitários que designam seu referente de modo abstrato, até mesmo mítico (símbolos religiosos e idealizações da realidade).

Mas a tendência inversa – a do objeto material, intraduzível em categorias abstratas – está igualmente presente na encenação atual. O cenário escolhe um ou dois materiais básicos (madeira, couro, metal, tapeçaria, têxteis) conforme a atmosfera material da peça e o tom básico do representação. Estes materiais são apenas trabalhados (*rough look*); não remetem a significado algum, agem como matéria-prima da qual é preciso extrair um sentido e sentir a sensação conforme a situação cênica. Muitas vezes os objetos se veem elevados ao estatuto de *plástica móvel*, atuando para e com a cena, produzindo, graças a sua dimensão poética, teatral e lúdica, uma miríade de associações mentais no espectador.

Encenação, realidade representada, signo, máquina teatral, tablado, cenografia.

Veltruský, 1940; Hoppe, 1971; Saison, 1974; Bablet, 1975; Pavis, 1976a, 1996; Ubersfeld, 1978a.

OBSTÁCULO

Fr.: *obstacle*; Ingl.: *obstacle*; Al.: *Hindernis*; Esp.: *obstáculo*.

Aquilo que se opõe à ação da personagem, dificulta seus projetos, contraria seus desejos. Para que haja *conflito** e, portanto, desenvolvimento *dramático**, é preciso que a ação do herói se choque com "um obstáculo proveniente de outros indivíduos que perseguem outros fins" (HEGEL, 1832: 327). O obstáculo aparece a partir do momento que o herói é desafiado em seu desejo. No modelo *actancial**, o obstáculo é o oponente que impede o sujeito de ter acesso ao objeto cobiçado.

Em dramaturgia clássica, o *obstáculo exterior* é materializado por uma força independente da vontade da personagem e que se opõe a ela. O *obstáculo interior* é uma oposição psicológica ou moral que a personagem se impõe a si mesma. A fronteira entre os dois tipos de obstáculo é, contudo, muito tênue e se determina conforme o tipo de dramaturgia: a personagem clássica tem tendência a interiorizar os conflitos exteriores, fazê-los seus e a agir em seguida de acordo com suas próprias normas livremente consentidas (SCHERER, 1950).

Da precisão e da explicação do obstáculo depende a especificidade dos caracteres e da ação. O obstáculo ora é real, ora puramente subjetivo e imaginário, ora superável, ora artificialmente eliminado (*deus ex machina**).

O obstáculo é o elemento estrutural que serve de passagem entre o sistema das personagens e a dinâmica da ação.

OLHAR

↔ Fr.: *regard*; Ingl.: *look*; Al.: *Blick*; Esp.: *mirada*.

1. Psicologia do Olhar

O olhar do ator é uma inesgotável fonte de informações, não só para sua caracterização psicológica, para sua relação com os outros atores, mas também para a estruturação do espaço, a enunciação do texto, a constituição do sentido.

A *kinésica** e a *proxêmica** analisam o rosto e as relações espaciais; mas o estudo do olhar tanto na psicologia como em semiologia do teatro – ainda está pouco avançado.

Os psicólogos sabem que a direção e o movimento do olhar oferecem informações preciosas sobre a interação entre duas pessoas e que a troca de olhares é a troca mais rápida e imediata que há. O olhar estrutura o encontro de dois rostos e rege o desenrolar da conversa, em particular para as mudanças de locutor.

2. O Olhar do Mímico e do Ator

A maior parte das descobertas da psicologia e da neurolinguística são diretamente aplicáveis ao estudo do olhar do ator. Uma estética muito declamatória e retórica, como a dos tratados de eloquência e de atuação do século XVIII, utiliza todo um vocabulário do olhar, fazendo com que determinada expressão facial corresponda a um sentimento ou a uma situação bem precisa (ENGEL, 1788).

Em cena, o olhar liga a palavra à situação (função dêitica), ancora o discurso num elemento da cena, garante um sistema de revezamento da fala e da interação verbal e gestual. O olhar introduz a duração no espaço, graças à possibilidade de "varrer", de unir elementos espaciais esparsos, de contar uma história através da simples trajetória das "olhadas". O olhar atrai a atenção (e o olhar) do espectador, tanto frontal e diretamente (como se o espectador se identificasse e se confundisse com o ator), como lateral e indiretamente, quando vemos o olhar de um ator pousado em outro. O ator nos prende de algum modo "pelos olhos" para obrigar-nos, um pouco como no cinema, a ver o resto da cena através de seu próprio olhar e assim, de olhar em olhar, penetramos no universo ficcional da cena.

Os mímicos desenvolveram particularmente essa espécie de comunicação. O olhar focalizante indica que o mímico vê e enxerga o mundo, que está concentrado e presente; o olhar que não focaliza o deixa ver sem enxergar. O olhar dirigido para o alto conota reflexão e grandes ideias; quando se dirige para baixo, pormenores e início de um gesto; em direção ao espaço à sua frente, a execução de um projeto concreto. Esse sistema estético vai ao encontro, aliás, e de maneira bastante curiosa, dos resultados da pesquisa neurolinguística que analisa os movimentos oculares e a direção do olhar, encontrando neles um número limitado e recorrente de atitudes mentais.

Se os olhos são "o espelho da alma", o olhar é o suporte do corpo, do movimento e de toda a *enunciação** cênica. Muitas vezes ele organiza a representação teatral. Como observava JAQUES-DALCROZE: "O domínio dos movimentos corporais constituirá apenas um virtuosismo sem finalidade alguma, se tais movimentos não forem valorizados pela expressão do olhar. Um mesmo gesto pode expressar dez sentimentos diferentes conforme o olho o ilumine de uma ou de outra maneira. As relações entre os movimentos corporais e a direção do olhar devem, então, ser objeto de uma educação particular" (1919: 108).

ONE-(WO)MAN SHOW

O *one-man* (ou *one-woman*) *show* é um espetáculo interpretado por uma única pessoa que faz uma ou várias personagens. E também um espetáculo de extensão limitada, centrado frequentemente numa personagem. Emprestado do *music-hall*, o termo é frequentemente depreciativo quando aplicado ao teatro, pois não se associa a ele um processo completo de trabalho teatral, e sim se o limita a um recital de canto ou de variedades. Isto é que explica que a noção seja às vezes recusada por artistas de teatro – como Philippe CAUBÈRE – cujo *Romance de um Ator* se aparenta mais a uma encenação teatral que a um número cômico, um *esquete** ou um número de ator.

ÓPERA E TEATRO

Mesmo que pertençam a gêneros diferentes e se oponham quanto à prática cênica, ao modo de financiamento e de funcionamento e a seu público, a ópera e o teatro estão hoje mais ligados do que nunca, descobriram-se e fascinaram-se mutuamente. A ópera exerce grande influência na encenação contemporânea, apesar de sua evolução diferente.

1. Teatro por Excelência

Usando de todos os recursos do teatro, com, além do mais, o prestígio da voz e da música, a ópera representa o teatro por excelência, e este se compraz em ressaltar a convenção e a teatralidade daquela. Arte naturalmente excessiva, baseada em feitos vocais, valorizada pelo *pathos* da música e pelo prestígio da cena, a ópera "fala" doravante à gente de teatro que lhe traz a sistematicidade de uma encenação e a atuação empenhada, virtuosística e total dos atores. E pelo jogo físico dos atores que não são mais apenas cantores, e sim virtuoses e atletas afetivos, que o teatro veio renovar a encenação de ópera outrora estática, sem imaginação e exclusivamente escrava da música. CHÉREAU com o *Ring* de Wagner, BROOK com *Carmen*, LAVELLI com *Madame Butterfly* levaram os cantores a seus limites físicos e livraram a encenação de suas convenções obsoletas. Entretanto, aí eles só fizeram respeitar "uma das particularidades da ópera dentro do repertório musical: o emissor vocal é exibido no palco enquanto ator" (MOINDROT, 1993: 72).

2. Operização do Teatro?

Poder-se-ia falar hoje em uma "operização" do teatro, no sentido banal, aliás, de que o teatro recorre a todos os recursos da teatralidade e da artificialidade que melhor encarna a voz cantada. Operização também porque a encenação de teatro tornou-se uma composição de conjunto que se anota numa partitura de grande precisão. Teatro e música travam relações estreitas e inéditas: a encenação teatral confronta teatralidade (visualidade cênica) e musicalidade (vocal e textual); ela recebe a representação como uma partitura que filtra e liga o texto, a música, a imagem, que vetoriza o conjunto dos estímulos numa certa direção para o espectador que não mais distingue o que vem de sua visão, de sua audição e de sua *kinestesia**.

Todavia, o teatro não busca mais somente, na ópera, o paradigma do teatro total ou a ilusão wagneriana das correspondências entre as artes ou entre espaço, texto e música. Ele renegocia essas relações diferentemente, e ao acaso, buscando novas alianças entre um elemento vocal-musical e um elemento cênico-visual. Assim, o *teatro musical** (OHANA, MALEC, APERGHIS, GOEBBELS) reduzirá, por exemplo, as relações a um ruído tanto "musical" quanto textual; ou então, o *Lehrstück** ópera de BRECHT/Kurt WEILL (*Aquele que Diz Sim, Aquele que Diz Não*) ou de RAMUZ/STRAVINSKI (*A História do Soldado*) proporá uma ópera de bolso onde a música se esforçará para ser tão simples quanto a história é simplista; ou ainda a recente "redescoberta" da *ópera seria* mozartiana se esforçará para reconstituir um gestual aparentemente codificado e uma encenação que pareça repetitiva e convencional; ou então a pesquisa dirá respeito, em GROTOWSKI e BARBA, a uma partitura vocal enxertada numa trajetória gestual. A redefinição da noção de ópera, a renegociação das relações do texto e da música, a reativação da passagem do texto à música e da música ao texto, tudo isto muda radicalmente os dados da ópera teatral ou do teatro operístico e nos obriga a questionar as antigas categorias e as oposições tradicionais.

📖 Appia, 1899; Regnault, 1980.

OPSIS

↻ (Termo grego que significa *visão*.)

O *opsis* é aquilo que é visível, confiado ao olhar, daí as noções de *espetáculo** e de *representação**. Na *Poética* de ARISTÓTELES, o espetáculo é uma das seis partes constitutivas da tragédia, mas é desvalorizado em relação a outros componentes considerados mais fundamentais (*fábulas**, *caráter**, canto etc.) – O lugar atribuído ulteriormente, na história do teatro, ao *opsis*, ao que chamaremos atualmente de *encenação**, será determinante para o modo de transmissão e para o sentido global do espetáculo.

ORADOR

↻ Fr.: *orateur*; Ingl.: *announcer*; Al.: *Ansager*; Esp.: *orador*.

O orador da *troupe* era, no século XVII, encarregado do cumprimento de praxe para a abertura da temporada, da saudação aos hóspedes ilustres, da arenga para introduzir a obra representada, do serviço de ordem durante a representação, dos agradecimentos e anúncios no final do espetáculo. Intermediário, até mesmo duplo do autor, ele tinha um papel importante na inserção da obra em seu contexto social. MOLIÈRE e depois LA GRANGE foram os oradores do Illustre-Théâtre; MONTFLEURY e HAUTEROCHE, os do Hôtel de Bourgogne; FLORIDOR, o do Marais.

ORQUÉSTICA

↻ (Do grego *orkhêstikê*.)

Arte da dança e conhecimento das atitudes, assim como dos movimentos expressivos, principalmente dos gestos codificados e de seu significado convencional.

ORQUESTRA

↻ (Termo do teatro grego: "local da dança".)
Fr.: *orchestra*; Ingl.: *orchestra*; Al.: *Orchester*; Esp.: *orquestra*.

Espaço circular, depois semicircular, no centro do teatro, entre o palco e o público, onde evoluía o coro da tragédia grega. No Renascimento, a orquestra ficava num nível inferior ao palco; a sociedade da Corte podia dançar aí durante os intermédios. Hoje, nas salas italianas, a orquestra é a parte da sala situada quase no mesmo nível que o palco, em frente a ele.

OSTENSÃO

↻ (Do latim *ostendere*, mostrar.)
Fr.: *ostension*; Ingl.: *ostension*; Al.: *Zeigen*; Esp.: *ostensión*.

1. Comunicação Ostensiva

Este ato de pôr "à disposição cognitiva de algo para alguém" (OSOLSOBE, 1980) faz-se sempre no aqui e agora da comunicação. Em parte intencional e em parte não intencional, tal comunicação se faz fora dos signos linguísticos e gestuais e possui um caráter extra ou pré-semiótico, segundo a tese de OSOLSOBE.

A ostensão dá a ver diretamente, sem a intermediação de um sistema de signos, objetos e pessoas presentes diante de um observador. Toda comunicação não é necessariamente ostentatória (linguagem, símbolos, alfabetos), mas sempre implica a ação de expor à vista de pelo menos um elemento da coisa comunicada: cartas, um mapa, um retrato. Aí, o signo sempre é necessariamente mostrado e proposto à atividade cognitiva. Todo objeto estético, mesmo quando é constituído de um sistema de signos (linguísticos, pictóricos, plásticos), mostra esses signos (e não só a realidade à qual os signos remetem). Esta insistência na mensagem e em sua fabricação caracteriza toda obra estética (JAKOBSON, 1963; MUKAŘOVSKÝ, 1977, 1978).

2. Demo(n)stração da Ostensão

A ostensão é um dos princípios essenciais da representação teatral. A cena sempre se dá, qualquer que seja sua forma ou função, como objeto a ser olhado. Este aspecto de mostração foi desde sempre considerado como a marca do teatro, por oposição à epopeia ou à poesia que não mostram as coisas diretamente, mas descrevem-nas por um narrador. Enquanto no romance o gesto do mostrar é interior à ficção, no teatro esta mostração atravessa os limites da obra e dirige-se diretamente ao público, graças ao gesto do ator e ao "*gestus** de entrega" do espetáculo encenado, rompendo o *quadro** da *representação**.

A ostensão, no teatro como na vida, raramente existe em estado puro: é acompanhada pela fala ou pela música ou por qualquer outro sistema semiológico. Contrariamente à tese de OSOLSOBE, seríamos tentados a dizer que a ostensão carece ser colocada em situação; logo, que ela exige um quadro e sistemas semiológicos que a instalam. No teatro, a ostensão faz-se na sequência de uma série de convenções: venha a tal hora, em tal lugar, sente-se aqui, olhe lá etc. É preciso insistir, como faz J. MARTIN (1984), sobre o espaço relacional do teatro.

3. Formas da Ostensão

Nunca há ostensão completa: no decorrer de um espetáculo, só percebemos signos ou fragmentos da realidade cênica ou corporal. A ostensão também se aplica a elementos não mostrados e apenas sugeridos. Ela assume a forma de uma sinédoque: uma parte remete ao todo, e o encenador só precisa sugerir uma realidade complexa por um detalhe característico: a coroa para o rei, as correntes e a bola de ferro para o cativeiro. A encenação muitas vezes procede por metonímia ou metáfora. Um elemento mostrado chama outro, um objeto idêntico se transforma em mil figurações, conforme as necessidades da representação (*símbolo**).

Toda uma estilística ou uma retórica da ostensão estaria em elaborar de acordo com o modo de (de)mo(n)stração. Três tipos fundamentais poderiam servir de balizas:

a. Ostensão mimética

Mostra o objeto sugerindo que ele é idêntico a seu referente. Por exemplo, a porta em cena é uma porta de verdade (*naturalismo**).

b. Ostensão simbolizante

Extrai do objeto propriedades que sugerem uma outra existência (ideal, religiosa ou moral). O que é mostrado sugere a existência de uma face velada das coisas: a gaivota é a inocência morta etc.

c. Ostensão abstrata

Esta só mostra os traços principais e a estrutura de conjunto.

d. Ostensão demonstrativa

Mostra o objeto como reconstituído ou desmontável: por trás do objeto não mais aparece um aspecto secreto, mas a figura do fabricante e o comentário daquele que mostra ou põe esta realidade à distância. Sabe-se que BRECHT comparou, para demo(n)strar seu teatro épico, a representação teatral a um acidente de rua. Tudo o que se vê é reconstituído por testemunhas do acidente que interpretam a cena e a comentam em todos os planos: técnico, social e político. O ator que reconstitui o acidente "jamais esquece e jamais deixa esquecer que ele não é a personagem mostrada e, sim, o demonstrador. Em outros termos, o que o público vê não é o amálgama do demonstrador e da personagem mostrada, como o teatro tradicional nos oferece em suas produções" (BRECHT, 1972: 528). A ostensão demonstrativa brechtiana aparece como uma síntese das duas primeiras: ela ultrapassa o simples naturalismo e o subjetivismo poético usando alternadamente esses dois modos: o do relatório direto e o do comentário segundo uma *perspectiva** crítica. Ela associa uma ostensão pura e um comentário sócio estético sobre a ostensão.

4. Limites da Ostensão

Com frequência limita-se a ostensão teatral ao cenário, à coreografia, à organização e à figuração das personagens. O ator, a partir do momento que entra em cena, está igualmente destinado a ser aquele que se olha sem interrupção e cuja *presença** fascina. Mas é preciso acrescentar a esta ostensão de elementos visuais uma *ostensão verbal*: a das falas das personagens. Desde que o discurso é emitido a partir de uma sala, e, portanto, numa situação fictícia e estética, o espectador o recebe como signo poético, fica atento a seus sentidos ocultos, à sua estrutura teórica e a seus *procedimentos** estilísticos. Esta maneira de adiantar/colocar na frente a textura do discurso é uma maneira de mostrar e de *iconizar** a linguagem, o texto e sua retórica.

Se é verdade que o teatro mostra as coisas, não é menos verdade que, de si, ele só mostra o que quer e graças a uma técnica insuspeitada. O dramaturgo, o encenador e o autor intervém como comentadores em sua exposição das ações e dos protagonistas. Representação objetiva e comentário subjetivo de um narrador não são, como pressentiu BRECHT, senão aspectos complementares de uma mesma atividade artística. *Mostrar* precisa de um arranjo metacrítico de um narrador, logo, de um *dizer*. E, inversamente, *dizer* não exclui tentativas para fazer sentir de maneira icônica a realidade da linguagem e do universo descrito.

Jacky MARTIN, que infelizmente não se refere aos trabalhos pioneiros de OSOLSOBE, propõe uma teoria da ostensão que leve em conta a *relação teatral** e que explicite os elementos mostrados como "um instrumento do qual se serve o destinador do espetáculo para estabelecer com a plateia um vínculo significante" (1984: 125). Mas sua teoria desnatura a noção original de *ostensão* que, em OSOLSOBE, se basta a si mesma e, sobretudo, ela não mais distingue o que se baseia numa semiótica e o que se dá como pura mostração, de modo que a noção de ostensão perde aí sua especificidade e morre.

Épico, índice, ícone, comunicação, visual e textual, dêixis.

Goffman, 1959; Booth, 1961; Jakobson, 1963; Eco, 1975, 1977, 1985; de Marinis, 1979.

P

PAIXÃO

⇆ Fr.: *passion*; Ingl.: *passion play*; Al.: *Passionspiel*; Esp.: *pasión*.

Forma dramática medieval inspirada nos Evangelhos que representava a Paixão de Cristo nos *mistérios**. A representação apresentava quadros espetaculares, durava vários dias, e empregava centenas de atores, envolvendo nela toda a cidade. Ainda hoje se representam paixões em Oberammergau, Telefen, Nancy, Ligny.

No Brasil representam-se Paixões de Cristo em inúmeras cidades do interior, notadamente no Nordeste onde chegou a ser construída uma cidade cenográfica, Nova Jerusalém. Os poucos circos-teatro ainda existentes também realizam apresentações na Semana Santa. (N. de T.)

PAIXÕES

⇆ Fr.: *passions*; Ingl.: *passions*; Al.: *Liedenschaften*; Esp.: *pasiones*.

Em todas as épocas, existiu a preocupação de expressar as paixões no teatro, de significá-las através da voz e do gesto. Na época clássica, aquela de DESCARTES e de seu *Tratado das Paixões*, ou de LE BRUN e de sua *Conférence sur l'Expression Générale te Particulière* (1668), tentou-se codificar mímicas e posturas. A paixão é "um movimento da alma que reside na parte sensitiva, movimento este que se faz para acompanhar o que a alma pensa ser bom para ela, ou para fugir do que ela acha ser mau para ela, e, geralmente, tudo o que provoca paixão na alma, faz o corpo efetuar alguma ação (LE BRUN, 1668). Os tratados de LE BRUN, de CORNEILLE ou de LE FAUCHEUR (*Traité de l'Action de l'Orateur*) propõem um catálogo das paixões da alma, mímicas e posturas que ás exprimem: desse modo, segundo LE BRUN, o olho seria particularmente eloquente e as sobrancelhas é que melhor expressariam as paixões. Em seu tratado *Passions of the Mind* (1604), WRIGHT define a ação como "a imagem externa de um espírito interno, pela boca [o ator], diz seu espírito/opinião [*his mind*]; sua postura é a de alguém que fale aos olhos com uma voz silenciosa; com sua vida e seu corpo universal, ele parece dizer: é assim que nos movemos, porque é pela paixão que somos movidos/comovidos [*moved*]" (p. 176).

A voz é, com frequência, encarregada de veicular as paixões, graças às expressões faciais bastante codificadas, à mão esquerda que marca o ritmo, à mão direita que acentua efeitos, nuances e alusões. Donde resulta uma declamação que diz mais respeito ao recitativo e ao canto que à pantomima da ação, exigida por DIDEROT e ENGEL (1788). Este último terá um projeto de uma coleção de gestos expressivos, de um inventário de todas as codificações. Projeto que ainda é sensível num ARTAUD quando ele afirma que "as dez mil e uma expressões do rosto tomadas em estado de máscaras poderão ser rotuladas e catalogadas" (1964: 143).

PALAVRA DO AUTOR

Fr.: *mot d'auteur*; Ingl.: *authorial intervention*; Al.: *Einschreiten des Autors in die Handlung*; Esp.: *dicho de autor*.

Parte do texto dramático que se sente que não foi realmente pronunciada pela personagem em função de sua psicologia e da situação, mas posta em sua boca pelo autor, de modo a insinuar no texto um dito espirituoso, uma zombaria, um aforismo ou uma *máxima**.

A palavra do *autor** é uma forma *citacional** que se apregoa como tal e cuja finalidade é passar "por cima" das personagens para valorizar, em primeiro grau, o talento estilístico do autor dramático. O teatro de tese e o teatro de *boulevard*, sempre ávidos de piscadelas cúmplices para o público, gostam particularmente deste tipo de ilusão. Graças às palavras do autor, o dramaturgo provoca um curto-circuito na *comunicação** entre suas personagens e desmistifica a convenção de um discurso espontaneamente inventado pelas personagens.

PALCO

Ver Cena. Pelo teor do artigo *scène*, a sua tradução é mantida em cena, em vez de palco, que é a sua forma corrente em português, sobretudo no Brasil. (N. de T.)

PANTOMIMA

(Do grego *pantomimos*, que imita tudo.)
Fr.: *pantomime*; Ingl.: *pantomime*; Al.: *Pantomime*; Esp.: *pantomima*.

A pantomima antiga era a "representação e a audição de tudo o que se imita, tanto pela voz, como pelo gesto: pantomima náutica, acrobática, equestre; procissões, carnavais, triunfos etc." (DORCY, 1962: 99). No final do século I a.C., em Roma, a pantomima separa texto e gesto, o ator mima cenas comentadas pelo coro e pelos músicos. A *Commedia dell'arte** usa tipos populares que falam e se exprimem através de *lazzis**. A pantomima tem sua época áurea nos séculos XVIII e XIX: arlequinadas e paradas, jogo não verbal (cenas mudas) dos atores de feira, que reintroduzem a palavra através de subterfúgios engraçados. Hoje, a pantomima não usa mais a palavra. Tomou-se um espetáculo composto unicamente dos *gestos** do comediante. Próxima da anedota ou da história contada através de recursos teatrais, a pantomima é uma arte independente, mas também um componente de toda representação teatral, particularmente dos espetáculos que exteriorizam ao máximo o jogo dos atores e facilitam a produção *de jogos de cena** ou *quadros vivos**.

A pantomima "sem palavras" dos atores da feira utilizava cartazes para contornar a proibição do uso da palavra. A partir da segunda metade do século XVIII, com DIDEROT e sua exigência de realismo cênico, apela-se ao "homem de gênio que saiba combinar a pantomima com o discurso, entremear uma cena falada com uma cena muda [...] A pantomima é parte do drama".

No século XIX, a pantomima-arlequinada, como, por exemplo, a de um DEBUREAU, instala-se no Boulevard du Temple; seu mimo puro foi imortalizado no filme de CARNÉ, *Les Enfants du Paradis* (1943) e pela pantomima de PRÉVERT, *Baptiste* (1946). No século XX, os melhores exemplos encontram-se nos filmes burlescos de B. KEATON e C. CHAPLIN.

Mimo, gesto, mimodrama, corpo, atelanas.

Diderot, 1758; Decroux, 1963; Lorelle, 1974; Marceau, 1974; de Marinis, 1980, 1993; Lecoq, 1987.

PAPEL

(A palavra francesa vem do latim *rotula*, rodinha.)
Fr.: *rôle*; Ingl.: *role*; Al.: *Rolle*; Esp.: *papel*.

1. Papel do Ator

Para os gregos e os romanos, o papel do *ator* era um rolo de madeira em torno do qual se enrolava um pergaminho contendo o texto a ser dito e as instruções de sua interpretação.

Metaforicamente, o termo papel designa o conjunto do texto e da interpretação de um mesmo ator. A delegação dos papéis geralmente é feita pelo encenador em função das características dos atores e de sua possível utilização na peça (*distribuição**). A seguir, o papel passa a ser a própria personagem (papel de mau, de traidor etc.) construída pelo ator: quando o papel não corresponde em nada ao seu *emploi*, referimo-nos a ele como papel de composição. Toda peça contém o que se convencionou chamar de papéis principais e papéis secundários. A relação com o papel é ora de imitação e identificação ("encarnação" da personagem pelo ator), ora, ao contrário, de diferença e de *distanciamento**. Recrutar sem enganar, esse poderia ser o lema do ator brechtiano perante seu público: recusando o mito do ator possuído, BRECHT atribui ao espectador o papel de perito crítico que supervisiona de perto a construção da ação e dos caracteres.

A antiga imagem do papel – partitura a ser desenrolada, trapo de pele existente antes e depois da interpretação e da qual o ator pode se separar ou desfazer-se – impõe-se novamente na compreensão moderna que desmistifica a noção vitalista da encarnação cênica. Não é o que acontecia até bem recentemente: o ator ficava limitado na carreira a um reduzido número de papéis (*emploi**). Procurava a vida toda o papel que melhor correspondia a ele, aprofundava – como as "máscaras" da *Commedia dell'arte* – a gestualidade e os *lazzis** de seu tipo, imaginava-se por vezes – como o ator romântico KEAN – urdir o papel a partir de sua própria vida.

A relação com o papel continua a ser vivenciada pelo ator como uma tensão: a questão é imitar e aproximar-se do papel como que vestindo uma roupa alheia, que se tenta usar o mais proximamente possível do corpo; ou criar o papel na medida do ator, talhando-o de acordo com sua personalidade, corpo e imaginário. A prova do papel – escritura e decifração – ocupa-o sem provocar descontinuidade, mas o ator, daqui para a frente, coloca outra questão a si mesmo, questão esta que determina todos os seus "compromissos e mudanças: seu papel no âmbito da sociedade e o papel, transformador ou conformista, desempenhado pela atividade teatral no mundo no qual ele evolui.

2. O Papel como Tipo de Personagem

Enquanto *tipo** de personagem, o papel está ligado a uma situação ou uma conduta geral. Ela não tem característica individual alguma, mas reúne várias propriedades tradicionais e típicas de determinado comportamento ou determinada classe social (papel de traidor, de homem mau). É nesse último sentido que GREIMAS emprega o termo técnico *papel* no quadro dos três níveis de manifestação da personagem (*actante**, *ator**, papel). O papel situa-se no nível intermediário entre o actante, força geral não individualizada da ação, e o ator, instância antropomórfica e figurativa. É uma "entidade figurativa animada, mas anônima e social" (GREIMAS, 1970: 256). Local de passagem do código actancial abstrato para a personagem e para o ator, concretamente postos em cena, funciona como esboço da busca da personagem definitiva (*gestus**).

3. Teoria Psicológica dos Papéis

GOFFMAM (1959) compara o comportamento humano a uma encenação. O texto social é determinado pelas relações interpessoais. O encenador é representado pela autoridade paterna ou da sociedade. O público observa o comportamento de quem atua.

Esta teoria metafórica da interação social como *jogo dramático**, por sua vez, ajuda a compreender a concepção de papel teatral: sua construção pelos atores é efetuada em função do conjunto das personagens, no âmbito de certas leis próprias de determinado universo dramático. A construção do papel nunca está pronta; é, ao mesmo tempo, resultado da leitura do texto e produtora dessa *leitura**.

📖 Huizinga, 1938; Stanislávski, 1963, 1966; Moreno, 1965.

PARÁBASE

↻ (Palavra grega para "pôr-se de lado".)
Fr.: *parabase*; Ingl.: *parabasis*; Al.: *Parabase*; Esp.: *parábasis*.

Parte da comédia antiga grega (notadamente a de ARISTÓFANES) em que o coro avançava em direção ao público a fim de expor-lhe, por intermédio do corifeu, os pontos de vista e as reclamações do autor e oferecer-lhe conselhos.

🔍 Dirigir-se ao público.

PARÁBOLA

↔ (Do grego *parabole*: comparação, *parabollein*, colocar-se ao lado.)
Fr.: *parabole*; Ingl.: *parable*; Al.: *Parabel*; Esp.: *parábola*.

1. Dualidade e Ambiguidade

Em sentido estrito, parábola (bíblica) é uma narrativa que contém em si, quando se lhe aprofundam a aparência e o sentido, uma verdade, um preceito moral ou religioso (por ex.: a parábola do filho pródigo).

Uma peça parabólica pode ser lida em dois níveis, como, em retórica, a *alegoria** ou a parábola: a narrativa imediata, espécie de "corpo" perceptível externo, e a narrativa oculta, cuja alma deve ser descoberta pelo ouvinte. Frequentemente, as peças contêm cenas de parábolas (como a do anel em *Natan, o Sábio*, de LESSING, ou a dos três cofrinhos em *O Mercador de Veneza*, de SHAKESPEARE). Historicamente, a parábola teatral surge em épocas marcadas por profundas discussões ideológicas e pelo desejo de usar a literatura para fins pedagógicos: como na época da Reforma e da Contrarreforma, no filosófico século XVIII, no período contemporâneo (com BRECHT, FRISCH, DÜRRENMATT, B. STRAUSS).

2. Estrutura e Função

a. A parábola é um gênero de "duplo fundo": o plano da anedota, da fábula, que usa uma narrativa facilmente compreensível, contada de modo agradável, que é atualizada no espaço e no tempo – evoca um ambiente fictício ou real, no qual se presume que os acontecimentos sejam produzidos; e o plano da "moral" ou da lição, que é o da transposição intelectual, moral e teórica da fábula. Nesse nível profundo e "sério" é que apreendemos o alcance didático da peça, podendo – nesse caso – estabelecer um paralelo com a nossa atual situação.

b. A parábola é um modelo reduzido do nosso próprio mundo, cujas proporções foram fielmente respeitadas. Todo fato concreto é remetido a um princípio teórico, dado como exemplo. Paradoxalmente, a parábola é um meio de falar do presente, colocando-o em perspectiva e travestindo-o numa história e num quadro imaginários. Muitas vezes o dramaturgo recusa a solução imediata, que consistiria em descrever o presente com fortes detalhes naturalistas; pois poderia mascarar então o essencial, e deixar de evidenciar o mecanismo ideológico que o subtende e que subentende a aparência verista.

c. A parábola exige, por sua própria constituição, ser traduzida como subtexto ideológico que reporta a aparência da fábula à nossa própria situação. Normalmente, esta tradução é feita sem dificuldade: por trás de *A Alma Boa de Setsuan* (de BRECHT), ler-se-á a impossibilidade de sermos humanos no mundo da exploração econômica. Todavia, ocorre sobretudo a partir do drama absurdo ou grotesco contemporâneo, que a lição seja indecifrável: M. FRISCH dá a seu *Biedermann e os Incendiários* o subtítulo de *Peça Didática Sem Lição*. A dramaturgia do *absurdo** proíbe qualquer tentativa de significação simbólica; entretanto, muitas vezes ela dá a ilusão de ser apenas o invólucro lúdico de verdades essenciais da condição humana. Ela contraria, porém, de maneira perversa, qualquer hipótese interpretativa.

Entretanto, a parábola não poderia ser, sem perder o encanto, um simples disfarce termo a termo de uma mensagem unívoca. Deve preservar sempre uma certa autonomia e opacidade para significar por si própria, nunca ser totalmente traduzível em uma lição, mas prestar-se ao jogo da significância e aos reflexos da teatralidade.

📖 Dürrenmatt, 1955, 1966; Hildesheimer, 1960; Brecht, 1967: vol. 17; Müller *in* Keller, 1976.

PARADA

↔ Fr.: *parade*; Ingl.: *parade*; Al.: *Parade*; Esp.: *parada*.

Em sua origem, a parada significava saltimbancos, artistas que arregimentavam o público, muitas vezes em cima de um balcão ou de uma área mais elevada, para convidá-lo a assistir ao espetáculo. Por vezes, o termo tomou-se sinônimo de "má peça de teatro" (*Littré*).

A palavra exprime apropriadamente o desejo de exibição, de exposição das habilidades acrobáticas e cômicas dos atores. A parada é uma forma tradicional de intervenção teatral que conheceu seu momento de glória no espetáculo de feira dos séculos XVII e XVIII. Mas já no começo do Grande Século, o Hôtel de Bourgogne assistia às exibições dos farsantes (*stricto sensu*) (como GROS GUILLAUME, GAULTIER-GARGUILLE, TURLUPIN). A tradição popular da farsa e da *Commedia dell'arte** se perpetua no teatro de feira (*cf.* as *Parades Inédites* da feira de Saint-Germain, de Charles GUEULLETTE, publicadas em 1885).

As paradas são propositalmente grosseiras e provocativas; sua linguagem é crua, escatológica mesmo, e seu estilo, chulo. É oferecida como fala popular para as ligações duvidosas ("*une parade z'est un mot moral en ce que ça annonce une bonne pièce pour engager à z'entrer dedans*" – "uma parada 'zé' uma palavra moral já que anuncia uma boa peça para induzir o público a 'zentrar' pra dentro" –, declara Gilles, uma das personagens mais célebres…). Em sua paródia dos gêneros nobres e das classes superiores, a parada dá provas de grande inventividade verbal e põe em crise o teatro nobre e sério.

Às vezes, as paradas são escritas por autores como COLLÉ e VADÉ ou BEAUMARCHAIS para teatros de sociedade e atores da boa sociedade que se soltam, se vulgarizam ou criam peças de circunstância.

No século XIX, a tradição se mantém com o *boulevard* do Crime e os atores itinerantes (como BOBÈCHE e GALIMAFRÉ). Atualmente, a parada é, por excelência, a forma do *teatro de agit-prop** ou do contador de histórias populares (como DARIO FO). Ela foi redescoberta por MEIERHOLD, que ficou fascinado por sua teatralidade (*cf.* sua encenação de *Barraca de Feira*, de A. BLOK).

PARATEATRO

↻ Fr.: *parathéâtre*; Ingl.: *paratheatre*; Al.: *Paratheater*, Esp.: *parateatro*.

Atividade dramática, teatral em sentido lato, que recorre a procedimentos tomados por empréstimo ao teatro, mas não visa uma realização estética, e situa-se à margem da instituição.

Os "derredores" do teatro são infinitos:

1. GROTOWSKI usa o termo *parateatro* a fim de designar, no início dos anos 1970, sua passagem da encenação ao teatro antropológico e ao parateatro, "isto é, o teatro participativo (portanto, com participação *ativa* de pessoas de fora" (RICHARDS, 1995: 182). O teatro das fontes (de 1970 a 1979) se interessa por uma reflexão antropológica que busca "a fonte de diferentes técnicas tradicionais, daquilo que precede as diferenças" (182). Preocupado em encontrar o tronco comum a todas as manifestações espetaculares, BARBA põe-se em busca do *pré-expressivo* e dos grandes princípios universais comuns a todas as tradições de atuação e dança.

2. A atividade terapêutica utiliza o teatro como exercício que desenvolve a presteza; interessa-se, por exemplo, pela *expressão cênica* (DARS e BENOÎT, 1964), por meio da qual se testam com participação de um psiquiatra e de um ator, exercícios próximos do *psicodrama**.

3. Às vezes, doentes mentais são convocados a atuar com atores-animadores, com finalidade estética, sem que a prática seja apenas terapêutica (*cf.* a experiência relatada por Mike PEARSON in *Internationale de l'Imaginaire*, 1996, n. 4).

4. O *terceiro-teatro*, como foi definido por BARBA (*International Journal Information*, 1976) também "vive à margem, muitas vezes fora ou na periferia dos centros e das capitais da cultura. E um teatro feito por pessoas que se definem como atores, encenadores, ainda que raramente tenham recebido uma formação teatral tradicional, o que lhes acarreta o não reconhecimento como profissionais". Sendo tanto fenômeno sociológico quanto afirmação estética, o terceiro-teatro é constituído por uma rede de troca, de apoio e de estímulo mútuo (WATSON, 1993). Assim, o terceiro-teatro escapa ao teatro comercial, subvencionado ou de militância; organiza-se em rede e economia paralelas, com seus próprios meios de produção e de edição (*cf.* revista *Bouffonneries*, editada por P. PEZIN e pelo Odin Theatret, de BARBA).

PARATEXTO

↻ Fr.: *paratexte*; Ingl.: *paratext*; Al.: *Parasprache*; Esp.: *paratexto*.

J.-M. THOMASSEAU (1984) propõe o termo paratexto para evitar o binômio *texto principal/texto secundário**, considerado excessivamente normativo: entende-se por paratexto "o texto impresso (em itálico ou em qualquer caráter tipográfico que o diferencie *visualmente* do restante da obra) que envolve o texto dialogado de uma peça de teatro" (1984: 79). O paratexto compreende o *título**, a *lista de personagens**, as indicações cênicas de tempo e espaço, as descrições de cenário, as didascálias sobre o jogo do ator (*kinestésica**, *proxêmica**), como também qualquer discurso de acompanhamento como a *dedicatória**, o prefácio ou *nota introdutória**.

📖 Thomasseau, 1984, 1996.

PARÓDIA

↻ (Do grego *parodia*, contracódigo, contracanto.)
Fr.: *parodie*; Ingl: *parody*; Al.: *Parodie*; Esp.: *parodia*.

Peça ou fragmento que transforma ironicamente um texto preexistente, zombando dele por toda espécie de efeito cômico. O *Littré* define a paródia como sendo "peça de teatro de gênero burlesco que traveste uma peça de gênero nobre". ARISTÓTELES atribui sua invenção a HEGEMON DE THASOS, ao passo que ARISTÓFANES parodia obras de ESQUILO e EURÍPIDES em *As Rãs*. A *Paródia do Cid* no século XVII ou *O Chapeleiro Sem Chapéu*, de 1665 ou *La Mise en Pièce(s) du Cid*, de R. PLANCHON, se divertem com o Cid, enquanto *Harnali ou La Contrainte par Cor* "homenageia" *Hernani* e *Ruy Blag* faz o mesmo com *Ruy Bias*. As ópera-cômicas de OFFENBACH (como *A Bela Helena*; *Orfeu no Inferno*) desconstroem o universo mitológico e trágico.

1. Desdobramento

A paródia compreende simultaneamente um texto parodiante e um texto parodiado, sendo os dois níveis separados por uma distância crítica marcada pela *ironia**. O discurso parodiante nunca deve permitir que se esqueça o alvo parodiado, sob pena de perder a força crítica. Ele cita o discurso original deformando-o; apela constantemente para o esforço de reconstituição do leitor ou do espectador. Sendo ao mesmo tempo *citação** e criação original, mantém com o pré-texto estreitas relações *intertextuais**. Mais que imitação grosseira ou travestimento, a paródia exibe o objeto parodiado e, à sua maneira, presta-lhe homenagem. O ato de comparar faz parte do fenômeno da *recepção**. Consiste, para o parodiante e, na sequência, para o espectador, na inversão de todos os signos: substituição do elevado pelo vulgar, do respeito pelo desrespeito, da seriedade pela caçoada. Essa inversão de signos é feita, na maioria das vezes, com fito de degradar, mas não necessariamente: um gênero vulgar ou uma fábula medíocre podem ser substituídos por um estilo nobre ou uma história de príncipes; o contraste e o efeito cômico apenas parecerão mais surpreendentes (essa técnica de travestimento é utilizada pelo herói cômico).

2. Mecanização

De acordo com os formalistas russos, os gêneros evoluem principalmente através de paródias sucessivas, sendo que o elemento parodiante se opõe aos procedimentos automatizados e estereotipados: "A essência da paródia reside na mecanização de um procedimento definido [...] desse modo, a paródia realiza um duplo objetivo: 1) mecanização de um procedimento definido; 2) organização de uma nova matéria, que é apenas o antigo procedimento mecanizado" (TYNIANOV, 1969: 74).

A paródia tende a tornar-se um gênero autônomo e uma técnica para revelar o procedimento artístico. No teatro, ela se traduzirá num resgate da teatralidade e num rompimento da ilusão através de uma insistência grande demais nas marcas do jogo teatral (exagero da declamação, do *pathos*, do trágico, dos efeitos cênicos etc.). Como a ironia, a paródia talvez seja um princípio estrutural próprio da obra dramática: desde que a encenação mostre um pouco demais seus "cordéis" e subordine a *comunicação** interna (da cena) à comunicação externa (entre palco e plateia).

3. Finalidade e Conteúdos

A paródia de uma peça não se restringe a uma técnica cômica. Ela institui um jogo de comparações e comentários com a obra parodiada e com a tradição literária ou teatral. Constitui um meta-discurso crítico sobre a peça de origem. Por vezes, ao contrário, reescreve e transforma a dramaturgia e a ideologia da peça imitada (como o *Macbett*, de IONESCO, que parodia o *Macbeth* shakespeariano).

A paródia diz respeito a um estilo, um tom, uma personagem, um gênero ou simplesmente a situações dramáticas. Quando tem finalidade didática ou moralizante, é aparentada à sátira nitidamente social, filosófica ou política. Sua mira é, então, fundamentalmente séria, uma vez que opõe aos valores criticados um coerente sistema de contravalores. A sátira não se satisfaz, como a *ironia**, com a paródia ou o pastiche, em roçar seu objeto apenas por brincadeira. Ela se considera reformadora ("A sátira como lições, como novidade fértil / sabe, como nenhuma outra, pôr pimenta no divertido e no útil / depurando um verso com pitadas de bom senso / faz com que os Espíritos vejam os erros do seu tempo"; BOILEAU, *Sátira* IX). Muitas vezes foi notada sua violência e sua capacidade de atacar o homem no que ele tem de mais sagrado. Nesse aspecto ela se aproxima do *deboche*, que é, segundo LA BRUYÈRE, "[...] a mais imperdoável de todas as injúrias; é a linguagem do desprezo [...] ataca o homem em sua última trincheira: a opinião que ele tem de si próprio; quer torná-lo ridículo a seus próprios olhos [...]" (1934: 86).

Quando não tem pretensão reformadora, a paródia muitas vezes é formal (destruir para quebrar a forma, um estilo), ou *grotesca** e *absurda**, todos os valores estéticos e filosóficos são negados, em um gigantesco pim-pam-pum [o jogo de bola atirado em bonecos nos parques de diversões].

Cômico, intertextualidade.

Cahiers du XXe Siècle, 1976; Hutcheon, 1978, 1981; Genette, 1982; Pavis, 1982; Pavis, 1986a.

PAROXISMO

(Do grego *paroxusmos*, aguçar, excitar.) Fr.: *paroxysme*; Ingl.: *climax*; Al.: *Höhepunkt*; Esp.: *paroxismo* (*punto culminante*).

Momento da peça em que a intensidade dramática está em seu ápice, geralmente após um lento ascenso da ação e exatamente antes da catástrofe, no *ponto culminante** da curva dramática.

PARTITURA

Fr.: *partition*; Ingl.: *score*; Al.: *Partitur*; Esp.: *partitura*.

1. A Impossível Partitura Cênica

Se a música dispõe de um sistema muito preciso para notar as partes instrumentais de um trecho, o teatro está longe de ter à sua disposição semelhante metalinguagem capaz de fazer o levantamento sincrônico de todas as artes cênicas, todos os códigos ou todos os sistemas significantes. No entanto, periodicamente surge a reivindicação de uma linguagem de notação cênica entre encenadores e teóricos. Os hieróglifos de ARTAUD ou de GROTOWSKI, os *gestus** de BRECHT, as ondas rítmicas de STANISLÁVSKI e os esquemas biomecânicos de MEIERHOLD são algumas célebres tentativas de uma *escritura cênica** autônoma. Alguns cadernos de encenação, como os de STANISLÁVSKI ou de BRECHT, por exemplo, são verdadeiras reconstituições do espetáculo. Em compensação, as notações coreográficas (como o sistema de LABAN, 1960, 1994) dificilmente podem ser transpostas para o teatro. Estaria a informática em condições de resolver a dificuldade técnica da *notação**?

A semiologia, preocupada em raciocinar sobre os dados da representação, pergunta-se a mesma coisa, sem no entanto chegar a estabelecer uma metalinguagem suficientemente flexível e precisa. Isto também diz respeito à natureza do teatro, em particular ao vínculo bastante problemático entre *texto e cena**. Tal gênero de partitura cênica tem dificuldade em escapar da influência da metalinguagem, que imprime sua marca na decupagem da cena e na descrição.

2. O Texto como Partitura

Para os "puristas" do texto, para aqueles que se recusam a levar em conta qualquer encenação por ser forçosamente falsificadora, o texto é considerado um fim em si (ao passo que, em música, nenhum melômano ousaria dizer que prefere ler BEETHOVEN na partitura a ir ao concerto). Esta atitude filológica nada tem, em si, que a desmereça: o texto é lido, afinal, também como poesia – principalmente o texto clássico; ele sempre comporta um mínimo de indicações cênicas exteriores ou integradas ao corpo da peça. E, no entanto, a leitura simples e o poema dramático se ressentem cruelmente da falta da eventual experiência da representação. Esquece-se rapidamente que o texto dramático não é mais que o vestígio muito empobrecido de um acontecimento passado: "Graças ao terrorismo da literatura, que se pode observar no Ocidente por volta do final de Idade Média, uma notação se arroga o direito de ser uma obra" (REY, 1980: 187).

3. A Partitura como Texto

Após o advento da encenação e de um *teatro de imagens** que tudo subordinam à colocação no espaço e ao discurso do encenador, observa-se um retorno ao teatro de texto e a uma exigência de constituição de uma partitura textual comparável, em precisão e normatividade (para a futura realização cênica) a uma partitura musical. Autores como Jean VAUTHIER, Jean AUDUREAU ou Michel VINAVER, escrevem textos notando as pausas e encadeamentos, as cadências, ligações, *staccati*, tempos rápidos ou lentos, em suma, esforçando-se para prever o *ritmo** da enunciação cênica do texto. A questão é saber de onde vem esse ritmo, se o autor é seu proprietário, se ele tem a chave desse ritmo ou se a cada nova encenação e emissão pelo ator, o ritmo deve ser colocado novamente em questão e recriado.

4. A Subpartitura do Ator

Substituindo a notação de *subtexto**, limitada demais ao teatro psicológico e literário, há quem proponha usar a noção de subpartitura, que é um "esquema diretor cinestésico e emocional, articulado com base nos pontos de referência e de apoio do ator, esquema esse criado e representado por ele, com a ajuda do encenador, mas que só pode se manifestar através do espírito e do corpo do espectador" (PAVIS, 1996: 94).

Caderno de encenação, roteiro, descrição, texto espetacular.

Theaterarbeit, 1961.

PATHOS

(Do grego *pathos*, sentimento, sofrimento.)
Fr.: *pathos*; Ingl.: *pathos, false heroics*; Al.: *Pathos, falsches Pathos*; Esp.: *pathos*.

1. Qualidade da obra teatral que provoca emoção (piedade, ternura, pena) no espectador.

Em retórica, *pathos* significa a técnica que deve comover o ouvinte (por oposição a *ithos*, impressão moral exercida pelo orador). É preciso distingui-lo do dramático e do trágico.

O *dramático** é uma categoria literária que descreve a ação, bem como sua condução e suas repercussões.

O *trágico** está ligado à ideia de necessidade e de fatalidade do destino funesto, porém livremente provocado e aceito pelo herói.

O *patético** é um modo de *recepção** do espetáculo que provoca compaixão. Vítimas inocentes são abandonadas à sua própria sorte sem defesa alguma.

O patético conheceu seu apogeu na tragédia dos séculos XVII e XVIII e no drama burguês. Figura sempre, porém, como um dos ingredientes do sucesso emocional e/ou comercial.

2. O teatro, em particular a tragédia, recorre ao patético a partir do momento que convida o público a se identificar com uma situação ou uma causa cuja evocação perturbará o ouvinte.

Na *Poética* de ARISTÓTELES, *o pathos* é a parte da tragédia que, em função da morte ou dos acontecimentos trágicos da personagem, provoca sentimentos de *piedade** (*éleos*) e de *terror** (*phobos*) conduzindo à *catarse**.

HEGEL (1832: 518-583) distingue *pathos* subjetivo e *pathos* objetivo. O *pathos* subjetivo é o sentimento de sofrimento, abatimento e passividade que toma o público, ao passo que o *pathos* objetivo tem por finalidade "emocionar o espectador desenrolando diante de seus olhos o lado substancial das circunstâncias, das metas e dos caracteres" (525). "O *pathos* que impele à ação pode ser provocado em todos por forças morais, espirituais, por apelos divinos, pela paixão da justiça, pelo amor à pátria, aos pais, aos irmãos, pelo amor conjugal" (327).

3. Hoje, a palavra *pathos* tem muitas vezes um sentido pejorativo: é o *patético** excessivamente afetado. A interpretação de certos atores

(notadamente no século XVIII) e a escritura dramática fazem uso de um *pathos* grande demais; abusam em demasia dos efeitos e esticam além da conta nossa corda sensível. As paródias do *pathos* schilleriano, por BÜCHNER e BRECHT, indicam bem a proximidade entre essa emoção estilizada e o ridículo.

4. O *pathos* não é legível apenas no nível do texto abarrotado de exclamações, repetições e de termos que nos dão o estado psicológico do locutor. Ele se manifesta numa gestualidade não realista, acentuando expressões, jogando com os efeitos plásticos dos agrupamentos de atores, reconstituindo *quadros vivos** (*cf.* DIDEROT, 1758, descrevendo a morte de SÓCRATES e as reações aterrorizadas dos que lhe eram próximos).

O *pathos*, elemento apreensível tanto como produção como enquanto *recepção**, varia de acordo com cada época. Pode ocorrer que ele não seja chocante, mas natural para a época em que é produzido. Só alguns anos depois, ao ouvir-se a gravação ou ver-se o filme, ele vai parecer exagerado e artificial. Isto demonstra a importância dos códigos ideológicos da recepção para avaliar sua presença e sua qualidade (*natural**).

📖 Diderot, 1758; Schiller, 1793; Hegel, 1832; Kommerell, 1940; Romilly, 1961; Eisenstein, 1976, 1978.

PEÇA

↔ Fr.: *pièce*; Ingl.: *play*; Al.: *Stück*; Esp.: *obra*.

No século XVII, peça é uma obra literária ou musical. Depois, a palavra passa a designar exclusivamente o *texto dramático**, a obra escrita para a cena. A palavra peça conserva, de sua etimologia, a conotação de um discurso relatado, informado, textualizado e *remendado* (*rapiécé*), de uma reunião artesanal (montagem ou colagem) de diálogos ou monólogos, o que levava BRECHT a dizer que sua atividade como dramaturgo era a de um "escritor de peças", de um *Stückeschreiber*. Para insistir no caráter construído e falado de suas peças, dirigido diretamente ao público, Peter HANDKE fala de *Sprechstücke* ou "peças faladas". Prefere-se a noção de *texto* ou *montagem* dramática ao termo *peça*. Os autores não mais reivindicam, salvo nas trilhas batidas do *boulevard**, escrever peças: falam em *texto*, *montagem*, *reescritura*, até em *poema dramático**; a organicidade e a regularidade de uma peça à antiga os choca.

PEÇA BEM FEITA

↔ Fr.: *pièce bienfaite*; Ingl.: *well-made play*; Al.: *well-made play*; Esp.: *obra bien hecha*.

1. Origens

Nome dado, no século XIX, a certo tipo de peça que se caracteriza pela perfeita disposição lógica de sua ação. Atribui-se a E. SCRIBE (1791-1861) a paternidade da expressão e da coisa. Outros autores (como SARDOU, LABICHE, FEYDEAU, até IBSEN) construíram suas peças de acordo com esta mesma receita. Porém, além dessa "escola de composição" historicamente situada, a peça bem feita descreve um protótipo de dramaturgia pós-aristotélica que leva o drama de volta à estrutura fechada; torna-se sinônima de peça cujos cordéis são suficientemente grossos e numerosos para serem repertoriados.

2. Técnicas de Composição

O primeiro mandamento é o desenrolar contínuo, fechado e progressivo dos motivos da ação. Mesmo que a intriga seja complicada (*cf. Adrienne Lecouvreur*, de SCRIBE), o *suspense** deve ser mantido continuamente. A curva da ação passa por altos e baixos e apresenta uma sequência de quiproquós, efeitos e *golpes de teatro**. O objetivo é claro: manter viva a atenção do espectador, jogar com a ilusão naturalista.

A distribuição da matéria dramática se faz de acordo com normas muito precisas: a exposição coloca discretamente sinalizações para a peça e sua conclusão; cada ato compreende um ascenso da ação pontuada por um ponto. A história culmina numa cena central (cena obrigatória) ou os diferentes fios da ação se reagrupam revelando ou resolvendo o conflito central. É a oportunidade, para o autor (ou para seu delegado, o *raisonneur**) de trazer algumas frases brilhantes ou reflexões profundas. Esta é a referência da ideologia por excelência, que assume a forma de verdades gerais e inofensivas.

A temática, por mais original e escabrosa que seja, nunca deve ser problemática, nem propor ao público uma filosofia que lhe seja estranha. A *identificação** e a *verossimilhança** são regras de ouro.

A peça bem feita é um molde ao qual sistematicamente os acontecimentos são ajustados de acordo com a aplicação mecânica de um esquema tomado de um modelo clássico caduco. É a finalização e provavelmente a "conclusão" (paródica sem o saber) da tragédia clássica. Atacada pelos naturalistas (ZOLA, entre outros), influenciou, no entanto, autores como SHAW ou IBSEN. Não é de se espantar, portanto, que a peça bem feita, apesar do aparente cumprimento da formulação, tenha se tornado protótipo e qualificativo de uma dramaturgia banal e de uma técnica sem invenção, símbolo de um formalismo abstrato. No entanto, ela sempre faz a alegria dos escritores do *boulevard** ou das telenovelas.

📖 Zola, 1881 ("Polêmica"); Shaw, 1937; Taylor, 1967; Ruprecht, 1976; Szondi, 1996.

PEÇA DE CAPA E ESPADA

↻ Fr.: *pièce de cape et d'épée*; Ingl.: *cape and swordplay*; Al.: *Mantel-und-Degenstück*; Esp.: *Comedia de capa y espada*.

A *comedia de capa y espada* espanhola forneceu o tipo de comédia tipicamente espanhola que coloca as personagens da nobreza às voltas com uma intriga muito elegante em que se trata muito de honra, de destino, de disfarce (LOPE DE VEGA, CALDERÓN, TIRSO DE MOLINA). Uma contra intriga grotesca muitas vezes é centrada no *gracioso*, criado *bufão**, que proporciona uma luz contrastada e paródica ao mundo refinado da aristocracia.

PEÇA DE TESE

↻ Fr.: *pièce à problème (à thèse)*; Ingl.: *problem play*; Al.: *Problemstück*; Esp.: *obra de problema*.

A peça de tese ou de problema expõe, através da cena, questões morais ou políticas sentidas como atuais. A dialética das personagens e de seus pontos de vista oferece o instrumento ideal para encarnar ideias controvertidas. Nada obriga o autor a nomear um porta-voz de sua posição pessoal, nem mesmo uma personagem próxima dele. Na maior parte do tempo, a fábula e o peso relativo dos carácteres informam a respeito da possível solução do problema exposto. Toda dramaturgia é, potencialmente, uma peça de tese, mas o gênero só se concretiza verdadeiramente nos séculos XIX e XX (SCRIBE, o SARTRE de *A Engrenagem*, o BRECHT das peças didáticas, bem como a tendência do *teatro documentário*: P.WEISS, R. HOCHHUT etc.).

PEÇA DIDÁTICA

↻ (Do grego *didaktikos*, ensinar.)
Fr.: *pièce didactique*; Ingl.: *didactic play*; Al.: *Lehrstück*; Esp.: *obra didáctica*.

Esforçando-se para instruir o público, a obra didática milita em prol de uma tese filosófica ou política. Pressupõe-se que o público extraia dela ensinamentos para sua vida privada e pública. Por vezes, o teatro didático não se destina ao público, é feito para ser apreciado pelos atores, que fazem experimentos com o texto e sua interpretação e permutam os papéis (*cf.* as *Lehrstücke* de BRECHT: *A Exceção e a Regra*, *A Decisão* etc.).

🔍 Teatro de tese, teatro didático.

PEÇA EM UM ATO

↻ Fr.: *pièce en un acte*; Ingl.: *one-act-play*; Al. *Einakter*; Esp.: *obra en un acto*.

Peça curta, representada sem interrupção, com duração média de vinte a cinquenta minutos. Este gênero se desenvolve principalmente a partir do século XIX. Como na novela, por oposição ao romance, a peça em um ato concentra sua matéria dramática numa crise ou num episódio marcante. Seu ritmo é muito rápido, procedendo o dramaturgo por alusões à situação e rápidos toques realistas para pintar o ambiente.

PERCEPÇÃO

↻ Fr.: *perception*; Ingl.: *perception*; Al.: *Wahrnehmung*; Esp.: *percepción*.

Conceito a ser diferenciado do de *recepção**, que consiste no conjunto dos processos cognitivos, intelectuais e hermenêuticos que se desencadeiam na mente dos espectadores. A percepção compreende o uso concreto dos cinco sentidos, além da visão e da audição, que tendem a ser associados com exclusividade ao espetáculo.

1. Tatilidade

Aparentemente banido da experiência ocidental do espectador mantido a uma distância respeitável da cena e convidado apenas a ouvir e ver sem intervir, o tato, no entanto, atua através da percepção do movimento e da ativação da sensorialidade, graças, por exemplo, à utilização de elementos naturais como terra, água, fogo (BROOK). O sentido do tato faz da arte dramática, segundo BARRAULT, "um jogo fundamentalmente carnal, sensual. A representação teatral é um corpo-a-corpo coletivo, um verdadeiro ato de amor, uma comunhão sensual de dois grupos humanos" (1961: 13).

Existem, em suma, duas espécies de teatro: um teatro seco, no qual a cena é apenas um local de simbolização, no qual conta apenas a imagem "limpa" e a abstração do texto; e um teatro úmido no qual a experiência estética consiste em (fazer) pôr o dedo na suja realidade cotidiana.

A *memória corporal* provocada pela dança através das mudanças de estabilidade, de equilíbrio, de tonicidade, reporta-nos à nossa história pessoal inscrita em nosso corpo e que o espectador sente sem parar.

2. Olfato e Paladar

Bastante solicitados nas formas de teatro popular, nas quais a festa e o alimento se mesclam ao espetáculo, são normalmente neutralizados no Ocidente, com experiências notáveis: o teatro olfativo (PAQUET, 1995) ou alguns espetáculos durante os quais se prepara comida que é consumida em cena (*Fausto Gastrônomo*, de Richard SCHECHNER; *Risoto* do Politechnico de Roma), antes de oferecê-la ao público, quando terminada a peça e a preparação.

A visão fenomenológica do espetáculo tende a voltar a centrar tudo no espectador, a fazer dele o encenador indispensável à massa dos estímulos, signos e materiais que não podem ser reduzidos a um único sentido. Ela integra todas as percepções heterogêneas unindo, por exemplo, visual e sonoro, cognitivo e sensível, gestual e psicologia. Seja sob forma do corpo pensante, seja sob a "do corpo no espírito" (JOHNSON, 1987), a percepção do espectador situa-se no lugar estratégico no qual ocorre a experiência teatral em sua complexidade e irredutibilidade.

PERCURSO

↻ Fr.: *parcours*; Ingl.: *site-specific performance*; Al.: *Parcours*; Esp.: *itinerário*.

Em reação contra uma tradição que fazia do espectador um ser passivo e "amarrado" na cadeira, de frente para o palco, a encenação às vezes incita o público a um percurso no espetáculo e na *cenografia**: o cenário não é mais uma prisão (tanto para o ator quanto para o público) e, sim, um objeto percorrido pelo olhar desconstrutor e, na maioria das vezes, pelo deslocamento físico do público diante de áreas de atuação, tablados, vitrines, salas, locais diversos ou objetos expostos. E um rito do movimento que se efetua às vezes, também, como um percurso iniciático. Temos, assim, *Orlando Furioso*, montado em 1969 por Luca RONCONI, ou *1789 e 1793*, pelo Théâtre du Soleil, *Shakespeare's Memory*, por Peter STEIN (1976), ou *Le Désamour*, pela Comédie de Caen (1980), ou *Camlaan*, pelo grupo gales Brith Gof.

O percurso na cenografia convida o espectador a descobrir os pontos nevrálgicos da cenografia ou do espaço teatral, a não considerar o cenário como fixo e acabado, mas como um local onde o olhar se investe de maneira diferente conforme os momentos do espetáculo, as mudanças de luz, a marcação dos atores. O espectador cria a cenografia e – em parte – o espetáculo, conforme os tempos de parada, as mudanças de regime: ele não é mais esmagado pelo cenário, e o modela em função da ação e do ator. O espectador "em percurso" avalia o espetáculo, distancia-se dele ou investe-se nele, fica atento aos pontos nevrálgicos da cena. A encenação – instalação de um objeto confrontado com um olhar – vira uma meditação sobre o olhar do espectador e o que ele produz a partir das propostas cenográficas.

O percurso passa a ser a materialização de uma liberdade de movimentos, de uma aproximação com as artes plásticas (*instalação**) ou com o jogo (passeio ou *happening**); ele gera visões e imagens múltiplas adaptadas ao objeto teatral, textual e cênico, que não é mais literário e monocórdio e, sim, fragmentado ou "estrelado".

PERFORMANCE

Fr.: *performance*; Ingl.: *performance*; Al.: *Performance*; Esp.: *espectáculo*.

A *performance* ou *performance art*, expressão que poderia ser traduzida por "teatro das artes visuais", surgiu nos anos sessenta (não é fácil distingui-la do *happening**, e é influenciada pelas obras do compositor John CAGE, do coreógrafo Merce CUNNINGHAM, do *videomaker* Name JUNE PARK, do escultor Allan KAPROW). Ela chega à maturidade somente nos anos oitenta.

A performance associa, sem preconceber ideias, artes visuais, teatro, dança, música, vídeo, poesia e cinema. É apresentada não em teatros, mas em museus ou galerias de arte. Trata-se de um "discurso caleidoscópico multitemático" (A. WIRTH).

Enfatiza-se a efemeridade e a falta de acabamento da produção, mais do que a obra de arte representada e acabada. O *performer* não tem que ser um ator desempenhando um papel, mas sucessivamente recitante, pintor, dançarino e, em razão da insistência sobre sua presença física, um autobiógrafo cênico que possui uma relação direta com os objetos e com a situação de enunciação. "A arte da performance é perpetuamente reestimulada por artistas que têm de seu trabalho uma definição híbrida, deixando, sem pudor, que suas ideias derivem na direção do teatro, de um lado; por outro, no da escultura, considerando mais a vitalidade e o impacto do espetáculo do que a correção da definição teórica daquilo que estão fazendo. A *performance art*, a bem dizer, não quer significar nada" (Jeff NUTTAL).

Andrea NOURYEH, em artigo inédito, distingue cinco tendências da *performance*:

• A *body art* (*arte corporal**) usa o corpo do *performer* para pô-lo em perigo (V. ACCONCI, Ch. BURDEN, G. PANE), expô-lo ou testar sua imagem.

• Exploração de espaço e tempo através de deslocamentos, em câmera lenta, das figuras: como em *Walking in an Exaggerated Manner Around the Perimeter of a Square*, de RINKE (1968).

• Apresentação autobiográfica em que o artista fala de acontecimentos reais de sua vida (L. MONTANO: *Michell Death*; ou Spalding GRAY: *A Personal History of the American Theater*, 1980).

• Cerimônia ritual e mítica, como, por exemplo: *Orgias e Mistérios*, de NITSCH.

• Comentário social: como o *videomaker* Bob ASHLEY contando as mitologias modernas e Lauri ANDERSON em *United States, I e II* (1979-1982), combinando poesia, violino eletrônico, filme e *slides* num espetáculo multimídia.

Meios de comunicação (mídias) e teatro, teatro experimental.

Marranca, 1977; Goldberg, 1979; Wiles, 1980; Battcock, Nickas, 1984; Thomsen, 1985. Ver igualmente as revistas *ArTitudes International*; *Performing Arts Journal*, *Parachute*, *The Drama Review*; Carlson, 1996.

PERFORMER

Fr.: *performer*; Ingl.: *performer*; Al.: *performer*; Esp.: *performer*.

1. Termo inglês usado às vezes para marcar a diferença em relação à palavra ator, considerada muito limitada ao intérprete do teatro falado. O *performer*, ao contrário, é também cantor, bailarino, mímico, em suma, tudo o que o artista, ocidental ou oriental, é capaz de realizar (*to perform*) num palco de espetáculo. O *performer* realiza sempre uma façanha (uma performance) vocal, gestual ou instrumental, por oposição à interpretação e à representação mimética do papel pelo ator.

2. Num sentido mais específico, o *performer* é aquele que fala e age em seu próprio nome (en-

quanto artista e pessoa) e como tal se dirige ao público, ao passo que o ator representa sua personagem e finge não saber que é apenas um ator de teatro. O *performer* realiza uma encenação de seu próprio eu, o ator faz o papel de outro.

PERIPÉCIA

↻ (Do grego *peripeteia*, reviravolta imprevista.) Fr.: *péripétie*; Ingl.: *peripety, peripeteia*; Al.: *Péripétie*; Esp.: *peripécia*.

Mudança súbita e imprevista da situação, *reviravolta** ou "inversão da ação" (ARISTÓTELES).

1. No sentido técnico do termo, a peripécia situa-se no momento em que o destino do herói dá uma virada inesperada. Segundo ARISTÓTELES, é a passagem da felicidade para a infelicidade ou o contrário. Para FREYTAG, é "o momento trágico em que, na sequência de um acontecimento imprevisto, ainda que verossímil no contexto da ação anteriormente exposta, muda o rumo da busca do herói e a ação principal para uma nova direção" (1857).

2. No sentido moderno, a peripécia não está mais ligada apenas ao momento trágico da peça; ela designa tanto os altos e baixos da ação ("uma viagem com muitas peripécias"), ao episódio que segue o momento forte da ação ("o resto foi apenas uma peripécia").

PERSONAGEM

↻ Fr.: *personnage*; Ingl: *character*; Al.: *Person, Figur*; Esp.: *personaje*.

No teatro, a personagem está em condições de assumir os traços e a voz do ator, de modo que, inicialmente, isso não parece problemático. No entanto, apesar da "evidência" desta identidade entre um homem vivo e uma personagem, esta última, no início, era apenas uma máscara -uma *persona* – que correspondia ao papel dramático, no teatro grego. É através do uso de *pessoa* em gramática que a *persona* adquire pouco a pouco o significado de ser animado e de pessoa, que a personagem teatral passa a ser uma ilusão de pessoa humana.

1. Metamorfoses Históricas da Personagem

a. Personagem e pessoa

No teatro grego, a *persona* é a máscara, o papel assumido pelo ator, ela não se refere à personagem esboçada pelo autor dramático. O ator está nitidamente separado de sua personagem, é apenas seu executante e não sua encarnação a ponto de dissociar, em sua atuação, gesto e voz. Toda a sequência da evolução do teatro ocidental será marcada pela completa inversão dessa perspectiva: a personagem vai-se identificar cada vez mais com o ator que a encarna e transmudar-se em entidade psicológica e moral semelhante aos outros homens, entidade essa encarregada de produzir no espectador um efeito de *identificação**.

Esta simbiose entre personagem e ator (que culmina na estética do grande ator romântico) é que causa as maiores dificuldades na análise da personagem.

b. História de um itinerário

Essa relação se esboça desde os primórdios do individualismo burguês, desde o Renascimento e O Classicismo (BOCCACCIO, CERVANTES, SHAKESPEARE) e atinge o apogeu depois de 1750, e até o final do século XIX, quando a dramaturgia burguesa vê nessa rica individualidade o representante típico de suas aspirações ao reconhecimento de seu papel central na produção de bens e ideias.

Desse modo, a personagem estaria ligada, ao menos por sua forma mais precisa e determinada, a uma dramaturgia burguesa que tende a fazer dela o substituto mimético de sua consciência: força passional em Shakespeare, a personagem teve dificuldade para constituir-se em indivíduo livre e autônomo. Na era clássica francesa, curva-se sempre, mas cada vez mais dificilmente, às exigências abstratas de uma ação universal ou exemplar, sem possuir os caracteres de um tipo social definido (exceto no drama burguês). No início do século XVIII, ainda hesita em lançar todas as suas forças contra o feudalismo e se agarra às formas codificadas da *Commedia dell'arte** (no Teatro Italiano e notadamente em MARIVAUX) e às estruturas esclerosadas do neoclassicismo (VOLTAIRE). Somente com DIDEROT e seu drama burguês é que a personagem passa a ser uma *condição** e não mais um *caráter** abstrato e puramente psicológico. O trabalho, a família (e no século XIX, a pátria!) tornam-se os ambientes nos quais as personagens, calcadas no real, evoluem até o naturalismo e os primórdios da encenação. Nesse momento, a tendência se inverte e a personagem tende a dissolver-se no drama simbolista, no qual o universo é povoado apenas por sombras, cores e sons que se correspondem (MAETERLINCK, STRINDBERG, CLAUDEL). A seguir, a deliquescência se confirma: a personagem se estilhaça na dramaturgia épica dos expressionistas e de BRECHT: esta desmontagem da personagem, totalmente entregue às necessidades *da fábula**, da historicização e da desconstrução do real a ser criticado, marca o remate de sua "encenação". O início de certo recentramento faz-se sentir com a personagem surrealista, onde sonho e realidade se entremesclam, a personagem auto reflexiva (PIRANDELLO, GENET) na qual os níveis de realidade se embaralham nos jogos de *teatro dentro do teatro** e de personagem dentro da personagem.

2. Dialética entre Personagem e Ação

Toda personagem de teatro realiza uma ação, (mesmo se, a exemplo das personagens de BECKETT, nada fizer de visível); inversamente, toda ação, para ser encenada, necessita de protagonistas, sejam eles personagens humanas ou simples *actantes**. Provém desta constatação a ideia fundamental para o teatro e para qualquer *narrativa** de uma dialética entre *ação** e *caráter**. São possíveis três modalidades deste intercâmbio:

a. A ação é o elemento principal da contradição e determina todo o resto. Trata-se da tese de ARISTÓTELES: "As personagens não agem para imitar seu caráter, mas adquirem esse caráter por acréscimo, em razão de sua ação, de modo que os atos e a fábula são o fim da tragédia e é no fim que, em todas as coisas, está o principal" (1450*a*). Aqui, a personagem é um agente e o essencial é mostrar as diferentes fases de sua ação numa intriga bem "encadeada". É necessário ressaltar que, hoje, volta-se a essa concepção da ação como motor do drama: dramaturgos e encenadores recusam-se a partir de uma ideia preconcebida da personagem e apresentam "objetivamente" as ações, reconstituem séries de ações físicas, sem preocupação de justificá--las por um estudo psicológico de suas motivações (*cf*. PLANCHON em suas encenações clássicas, texto citado por COPFERMAN, 1969: 245-249).

b. A ação é a consequência secundária e quase supérflua de uma análise caracterológica: o dramaturgo não se preocupa, então, em explicitar a relação entre esses dois elementos. Tal é a concepção da dramaturgia clássica ou, mais precisamente, da tragédia francesa do século XVII. Desse modo, em RACINE, a personagem é colocada como essência moral; ela vale por seu ser, sua oposição trágica e não tem nenhuma necessidade de passar diretamente à ação, uma vez que: "Falar é fazer, o *logos* assume as funções da práxis e a substitui: toda a decepção do mundo se recolhe e se redime na palavra; o fazer se esvazia, a linguagem se enche" (BARTHES, 1963: 66). A personagem atinge aqui um ponto sem volta em sua essencialidade: ela não mais se define por uma *essência* (o trágico), por uma *qualidade* (a avareza, a misantropia) ou por uma lista de *emplois** físicos e morais. Nessas condições, a personagem é indesmontável, tende a tornar-se um indivíduo autônomo. Isto é o que ocorre, mais tarde, com a estética naturalista: a personagem não é mais, com certeza, um ser definido idealmente e em abstrato, mas continua a ser uma substância (desta vez, determinada por um meio socioeconômico) que se basta e que só se imiscui na ação por via de consequência, sem poder intervir livremente em seu desenrolar.

c. A ação e o *actante** não mais estão em contradição numa teoria funcionalista da narrativa e das personagens; elas se completam; a personagem se identifica como o actante de uma esfera de ações que de fato lhe pertencem; a ação difere conforme seja realizada pelo actante, pelo *ator**, *pelo papel** ou pelo *tipo**.

Quem está na origem dessa visão dialética da personagem que age é V. PROPP (1929). As teorias da narrativa que se seguiram (GREIMAS, 1966; BREMOND, 1973; BARTHES, 1966*a*) aplicam esse princípio afinando a análise de acordo com as diferentes fases obrigatórias de qualquer narrativa, e com as funções dramatúrgicas propriamente ditas (SOURIAU, 1950). Traçam-se, desse modo, vários percursos obrigatórios da ação e determinam-se suas principais articulações. Além dessa análise "horizontal", procura-se

Graus de realidade da personagem

Particular ↑			
	Indivíduo	Hamlet	
	Caráter	O Misantropo	
	Humor*	Sir Toby (*Noite de Reis*)	
	Ator	O Enamorado	
	Papel	O Ciumento	
	Tipo	O Soldado	Exemplos
	Condição*	O Comerciante	
	Estereótipo	O Criado Velhaco	
	Alegoria	A Morte	
	Arquétipo	O Princípio do Prazer	
Geral	*Actante**	Busca de lucro	

sondar a espessura da personagem: radiografam-se vários níveis ou camadas de realidade, do geral ao particular (ver quadro).

3. A Personagem como Signo num Sistema mais Amplo

A personagem (rebatizada de *agente*, *actante** ou *ator**) é concebida como um elemento estrutural que organiza as etapas da narrativa construindo a fábula, guiando o material narrativo em torno de um esquema dinâmico que concentra em si um feixe de signos em oposição a duas das outras personagens.

Para que haja *ação** e *herói**, é necessário que se defina um campo de ação normalmente proibido ao herói e que este viole a lei que o impede de entrar aí. A partir do momento que o herói "sai da sombra", deixa seu ambiente sem conflito para penetrar em domínio alheio, o mecanismo da ação é acionado. A ação só se deterá quando a personagem tiver reencontrado seu estado original ou atingido um estágio no qual não haja mais conflito.

A personagem de uma peça se define por uma série de traços distintivos: herói/vilão, mulher/homem, criança/adulto, enamorado/não enamorado etc. Tais traços binários fazem dela um paradigma, um cruzamento de propriedades contraditórias. Isto equivale a destruir totalmente a concepção de uma personagem com essência indivisível: sempre há, na filigrana, um desdobramento do caráter e uma referência a seu contrário (BRECHT, em seu efeito de distanciamento, não faz outra coisa senão aplicar este princípio estrutural trazendo à luz a *duplicidade* da personagem e a impossibilidade, que daí resulta para o espectador, de identificar-se com este ser dividido).

Dessas sucessivas decomposições resulta não uma destruição da noção de personagem, mas uma classificação de acordo com seus traços e, principalmente, um relacionamento de todos os protagonistas do drama: estes, na verdade, são levados a um conjunto de traços complementares, chegando-se mesmo a uma noção de *interpersonagem*, muito mais útil para a análise do que a antiga visão mítica da individualidade do caráter. Não há que se temer quanto à personagem de teatro que ela se "esgarce" numa infinidade de signos contrastantes, uma vez que, via de regra, é sempre encarnada pelo mesmo ator.

4. Semântica da Personagem

a. Aspecto semântico

Sob os traços do ator, a personagem é diretamente "colocada" diante do espectador (*ostensão**). A princípio, nada designa a não ser ela mesma oferecendo uma imagem (*ícone**) de sua aparência na ficção, produzindo um *efeito** de realidade e de *identificação**. Essa dimensão do aqui e agora, do sentido do imediato e da auto referência constitui o que BENVENISTE (1974) chama de dimensão *semântica*, de significação global (ou processada) do sistema do signo.

b. Aspecto semiótico

A personagem, porém, se integra igualmente ao sistema das outras personagens; ela vale e significa por diferença, num sistema semiológico feito de unidades correlatas. É uma engrenagem dentro do conjunto da maquinaria dos caracteres e das ações. Certos traços de sua personalidade são comparáveis aos traços de outras personagens e o espectador manipula essas características como num fichário em que cada elemento remete a outros. Essa funcionalidade e esta capacidade de montagem/desmontagem fazem dela matéria bastante maleável, apta a todas as combinações.

c. A personagem como "rotatória"

Esta dupla pertinência da personagem ao semântico e ao semiótico faz dela um ponto de passagem entre o acontecimento e seu valor diferencial no interior da estrutura fictional. Enquanto "rotatória" entre *acontecimento** e *estrutura**, a personagem coloca em relação elementos que, de outra forma, seriam inconciliáveis: em primeiro lugar, o efeito de realidade, a identificação e todas as projeções que o espectador é capaz de experimentar; segundo, a integração semiótica a um sistema de ações e de personagens no interior do universo dramático e cênico.

Essa interação entre dimensão semântica e semiótica chega a uma verdadeira troca que constitui o próprio funcionamento da significação teatral. Tudo o que pertence ao domínio do semântico (*presença** dos atores, *ostensão**, iconicidade da cena, *acontecimento** do espetáculo) é, na verdade, passível de ser vivenciado pelo espectador, mas também de ser utilizado e integrado pelo sistema da ficção e, em definitivo, pelo universo dramático: todo acontecimento é semiotizável (*semiotização**). Inversa e dialeticamente, todos os sistemas que pudemos construir só viram realidade teatral no momento (acontecimento) da identificação e da emoção que experimentamos diante do espetáculo. Acontecimento espetacular e estrutura da ação e das personagens se completam e contribuem para o prazer teatral.

d. Personagem lida e personagem vista

O estatuto da personagem de teatro é ser encarnada pelo ator, não mais se limitar a esse ser de papel sobre o qual se conhece o nome, a extensão das falas e algumas informações diretas (por ela e por outras figuras) ou indiretas (pelo autor). A personagem cênica adquire, graças ao ator, uma precisão e uma consistência que fazem-na passar do estado virtual ao estado real e icônico. Ora, o aspecto físico e eventual da personagem é exatamente o que há de especificamente teatral e mais marcante para a recepção do espetáculo. Tudo o que, na leitura, podíamos ler nas entrelinhas da personagem (seu físico, o ambiente onde evolui) foi ditatorialmente determinado pela encenação: isto reduz nossa percepção imaginária do papel, mas *acrescenta*, ao mesmo tempo, uma perspectiva que não imaginamos, mudando a *situação** de enunciação e, portanto, a interpretação do texto falado.

Pode-se, é claro, comparar *personagem lida* e *personagem vista*, mas, na condição normal de recepção da representação, só tratamos com a segunda. Nisso, nossa situação – quando não conhecemos a peça que vamos ver – difere profundamente da do encenador, e nossas análises devem partir da personagem encenada, a qual – por sua posição de enunciadora e de elemento da *situação** dramática - já nos impõe uma interpretação do texto e do espetáculo em sua totalidade. Os pontos de vista do leitor e do espectador "ideal", aqui, são inconciliáveis: o primeiro exige que a interpretação dos atores corresponda a uma certa visão que ele tinha da personagem e de suas aventuras, o segundo contenta-se em descobrir o sentido do texto através das informações da encenação e em observar se a encenação faz o texto "falar" de maneira clara, inteligente, redundante ou contraditória (*visual e textual**). Entretanto, produz-se um certo ajustamento na visão da personagem *lida* (pelo leitor) e na da personagem *vista* (pelo espectador): a personagem do livro só é visualizável se adicionarmos informações às suas caraterísticas físicas e morais explicitamente enunciadas: reconstituímos seu retrato a partir de elementos esparsos (processo de inferência e de generalização). Para a personagem em cena, ao contrário, há detalhes visuais em demasia para que estejamos em condições de percebê-los todos e de considerá-los em nosso julgamento: é preciso que abstraiamos os traços pertinentes e os coloquemos em correspondência com o texto, de modo a escolher a interpretação que nos pareça mais adequada e a simplificar a imagem cênica rica demais que recebemos (processo de abstração e de *estilização**).

e. Personagem e discurso

A personagem teatral parece inventar seus *discursos** – e nisso reside não só seu embuste, mas também sua força de persuasão. Na realidade, é exatamente o contrário: seus discursos, lidos e interpretados pelo encenador e pelo ator, é que inventam a personagem. Esquece-se essa evidência diante do jogo resoluto desse locutor que não se cala. Mas a personagem, por outro lado, só diz e significa o que seu texto (lido) pareceria querer dizer; seu discurso depende da *situação de enunciação** em que ela se encontra, dos interlocutores, de seus pressupostos discursivos, em suma, da verossimilhança e da probabilidade do que ela pode dizer numa situação dada.

Compreender uma personagem é ser capaz de realizar a junção entre seu texto e uma situação encenada e, ao mesmo tempo, entre uma situação e a maneira como ela ilumina o texto. Trata-se de iluminar mutuamente a cena e o texto, a enunciação e o enunciado.

O importante é apreender a construção da personagem de acordo com as modalidades de informação muito diferenciadas que nos são dadas sobre ela: "É preciso considerar, diz ARISTÓTELES na *Poética*, a personagem que age ou fala, e a quem ela se dirige, quando age ou fala, para quem, por que [...]" (1461*a*). Desse modo, na ficha estabelecida em nome de cada personagem indica-se e compara-se o que ela diz e o que ela faz, o que se diz sobre ela e o que se faz com ela, muito mais do que fundamentá-la na visão intuitiva de sua interioridade e personalidade. A análise da personagem desemboca, portanto, na análise de seus discursos: trata-se de compreender como a personagem é ao mesmo tempo a *fonte* de seus discursos (ela os enuncia em função de sua situação e de seu "caráter") e *seu produto* (ela não é senão a figuração humana de seu discursos). Entretanto, o que é perturbador para o espectador é que a personagem, de fato, nunca é dona de seus discursos e que este é quase sempre entremeado de vários "filamentos" de diferentes procedências: uma personagem é quase sempre a síntese mais ou menos harmoniosa de várias formações discursivas, e os conflitos entre personagens nunca são debates entre pontos de vista ideológicos e discursivos distintos e homogêneos (PAVIS, 1986*a*). O que é uma razão a mais para desconfiar dos *efeitos de real** e para questionar sua construção discursiva e ideológica.

5. Morte ou Sobrevivência das Personagens?

Ao final dessa experimentação sobre a personagem, pode-se temer que esta não sobreviva à desconstrução e que perca seu papel milenar de suporte de signos. O encenador O. KREJCA, tempos atrás, perguntava-se com inquietude se a perspectiva semiológica não acabaria por fazer do ator um macaco encerrado num *sistema fechado de signos* (1971: 9). Parece oportuno tranquilizá-lo: apesar da morte "constatada" da personagem de romance, da obliteração dos contornos dos caracteres no monólogo interior, não há evidências de que o teatro também possa fazer economia da personagem e que esta se dissolva numa lista de propriedades ou de signos. Que ela é divisível, que não é mais uma pura consciência de si, onde coincidam a ideologia, o discurso, o conflito moral e a psicologia, ficou claro desde BRECHT e PIRANDELLO. O que não quer dizer, mesmo assim, que os textos contemporâneos e as encenações atuais tenham deixado de recorrer nem ao ator, nem, pelo menos, a um embrião de personagem. Permutas, desdobramentos, ampliações grotescas de personagens, de fato, só propiciam a conscientização do problema da divisão da consciência psicológica ou social. Elas trazem sua pedra para a demolição do edifício do sujeito e da pessoa com um humanismo já exaurido. Porém elas nada podem contra a constituição de novos *heróis** ou anti-heróis: heróis positivos de todas as causas imagináveis, heróis constituídos apenas por seu inconsciente, figura paródica do bufão ou do marginal, heróis dos mitos publicitários ou da contracultura. A personagem não morreu; simplesmente tornou-se polimorfa e de difícil apreensão. Esta era sua única chance de sobrevivência.

Caracterização, motivação.

Dictionnaire des Personnages Littéraires, 1960; Stanislávski, 1966; Pavis, 1976*b*; Ubersfeld, 1977*a*; Hamon, 1977; Abirached, 1978; Suvin, 1981; Pidoux, 1986.

PERSPECTIVA

(Do latim *perspicere*, ver claramente através.) Fr.: *perspective*; Ingl.: *perspective*; M.: *Aussichtspunkt, Perspektive*; Esp.: *perspectiva*.

1. Perspectiva Visual

Como o teatro apresenta as coisas à vista do espectador, a perspectiva, concretamente, é o ângulo sob o qual ele percebe a cena e o modo pelo qual a ação cênica lhe aparece: "O teatro é, na verdade, aquela prática que calcula o lugar para as coisas serem olhadas: se eu colocar o espetáculo aqui, o espectador verá tal coisa; se o colocar noutro lugar, ele não a verá e poderei aproveitar o fato para jogar com uma ilusão: o palco é exatamente a linha que vem barrar o feixe óptico desenhando o termo e como que o *front* de sua expansão" (BARTHES, 1973*b*: 185).

O encenador dispõe o cenário e os atores tanto em função da lógica de suas relações num determinado momento quanto da maneira pela qual a imagem aparecerá ao público. De acordo com a concepção da cena como cubo-fragmento de uma realidade "posta na vitrine" (*Guckkastenbühne*, em alemão), o espectador se encontra como que imobilizado no ponto de fuga das linhas da cena; torna-se necessariamente um ser passivo e *voyeur*, presa fácil da ilusão. Tudo parece concentrar-se e ser encenado em seu feixe óptico. Ao contrário, uma área de atuação circular, ou estilhaçada em lugares que circundem o espectador é percebida somente a partir de uma única perspectiva. A perspectiva é um elemento dramatúrgico dinâmico que força o público a "se acomodar" – portanto, a relativizar – e a reduzir sua visão das coisas. No entanto, não seria necessário transpor diretamente esse conceito de visão real em dado objetivo e mensurável do envolvimento intelectual e emocional daquele que olha, pois o envolvimento depende de muitos outros fatores de *recepção**: a estrutura da ação e a apresentação dos acontecimentos, o jogo ilusionista ou "distanciado" dos atores, a identificação com um partido ou um herói. Esses elementos já pertencem à perspectiva interna das personagens, ao seu *ponto de vista** no universo fictício.

2. Perspectiva das Personagens

Trata-se do ponto de vista de um caráter em relação ao mundo e aos outros caracteres, o conjunto de seus pontos de vista, opiniões, conhecimentos, sistema de valores etc. Como não se pode comparar diferentes perspectivas senão a partir de um mesmo objeto fixo, as perspectivas das personagens só têm significação em relação com a mesma questão, mais frequentemente um conflito de interesses ou valores, um juízo sobre a realidade. Esse trabalho de comparação cabe primeiramente ao dramaturgo, que distribui o discurso de suas personagens, e depois ao espectador, que percebe seus pontos de vista em relação ao mundo.

O estudo dos pontos de vista se baseia no pressuposto de que cada personagem é uma consciência autônoma, dotada, pelo dramaturgo, da faculdade de julgar e expor suas diferenças com os outros. Esse pressuposto, no teatro, é reforçado pela presença dos atores/personagens trocando palavras que parecem pertencer-lhes de fato. Falando em perspectiva, corre-se o perigo de psicologizar essa noção, fazer dela o apanágio de uma consciência que, na verdade, não existe, e de não associá-la a uma forma ou instância discursiva específica. Não é possível uma comparação objetiva de todos os pontos de vista, simplesmente porque os discursos das personagens não são calcados naqueles das pessoas reais e porque a escritura dramática não é uma imitação de diálogos extraídos da vida cotidiana. O trabalho dramatúrgico e escritural do autor é que fabrica as perspectivas. Só ele constitui uma perspectiva central (ainda que imprecisa, contraditória e desconhecida para o próprio autor). A perspectiva de cada personagem é, portanto, sobre determinada pela perspectiva "autoral".

Feita essa ressalva, a análise das perspectivas individuais e, sobretudo, de sua resultante ou perspectiva global de *recepção** "desejada" ou sugerida pelo autor continua sendo muito importante para a análise dramatúrgica. Ela torna possível nosso juízo sobre as personagens, daí nossa *identificação** ou nosso distanciamento crítico.

3. Determinação das Perspectivas Individuais

Excetuando-se o *monólogo** ou o *aparte**, nos quais a personagem descreve diretamente o que pensa, sempre temos que reconstruir os pontos de vista dos protagonistas. Para julgar a ação mostrada em cena, devemos nos colocar na pele de cada personagem e adivinhar seu ponto de vista sobre a ação. Este se torna uma espécie de ficha na qual anotamos essas características. Qualquer informação vale, em contrapartida, para todos os outros, pois se pode supor que cada personagem só diz o que a torna original e distinta das outras. Pouco a pouco, estamos em condições de aproximar os *contextos** das figuras, e de estabelecer nosso próprio sistema de valores, e de decidir para quem vai nossa simpatia. Ao fim de certo tempo (quase sempre, a partir da exposição) as *caracterizações** ficam tão precisas, os campos tão bem delimitados que nossa opinião é fixada e as figuras quase não podem mais nos surpreender, a menos que se trate de uma técnica dramatúrgica em que o "bom" de repente vira mau, em que o assassino é aquele de quem não suspeitávamos etc. Uma vez assim traçada a topologia, estruturemos esses pontos de vista:

– agrupamento por identidade ou por oposição de pontos de vista;
– relativização de pontos de vista; subordinação de um ponto de vista a outro;
– construção de um sistema *actancial**; determinação da parte de verdade de cada um;
– importância relativa das visões;
– *focalização** do interesse e descarte do acessório.

Todas essas questões que as personagens nos inspiram, auxiliam na formação do sentido e, em definitivo, na busca de uma *perspectiva central*, resultante das perspectivas particulares, centro ideológico da obra.

4. Perspectiva Central

A perspectiva central nem sempre é dedutível da estrutura de conjunto das perspectivas individuais. A teoria da recepção, atualmente, busca encontrar na peça a imagem de um espectador implícito (ou superespectador ideal para o qual convergiriam os sentidos da peça e que seria o receptor ideal que o autor teria "em vista").

a. Convergência das perspectivas

Ocorre quando nossa simpatia foi manipulada sem ambiguidade na direção de um herói: desse modo, não resta dúvida que a perspectiva do "falso devoto" Tartufo é a má; mesmo que não nos digam qual é a boa, ao menos sabemos para que lado se inclina MOLIÈRE. Frequentemente, a via do meio entre dois extremos é que é apresentada como a boa solução (comédia clássica).

b. Divergência de perspectivas

O autor se recusa a concluir (quem tem razão: Alceste ou Philinte?) ou embaralha as pistas (pouco importa saber quem tem razão, se Wladimir ou Estragon, em *Esperando Godot*).

Cabe a cada um, a cada grupo social, escolher sua boa perspectiva (a dos patrões ou a dos criados em MARIVAUX, por exemplo).

c. O lugar não decidível da ideologia

Cabe precisamente ao espectador, em última instância, situar-se diante do emaranhado dos pontos de vista. Esse aspecto não decidido e não decidível do texto dramático é o próprio espaço de sua ideologia. A ideologia se manifesta como representação de ideias e como provocação de reação-recepção por parte do espectador. Se a obra for constituída de modo a interpelar e provocar um receptor implícito, sua perspectiva global se situa no ponto cego em que o sentido artístico e ideológico está em perpétua elaboração.

📖 Uspenski, 1972; Pfister, 1977: 225-264; Fieguth, 1979; Pavis, 1980c; Francastel, 1965, 1967, 1980.

PESQUISA TEATRAL

↔ Fr.: *recherche théâtrale*; Ingl.: *theatre research*; Al.: *Theaterforschung*; Esp.: *investigación teatral*.

Quem diz pesquisa parece implicar que foi perdido algo que se passa a procurar: definição bem conveniente à pesquisa teatral que perdeu seu objeto, a representação, ou não sabe mais localizar o texto dramático e os outros textos, didascálico, espetacular, espectatorial etc., que o acompanham.

Convém distinguir a pesquisa fundamental daquela de formação profissional e de ensino de teatro nos conservatórios e universidades. A pesquisa fundamental sobre teatro impõe uma certa distância do objeto estudado, uma disponibilidade intelectual e institucional para conduzir uma investigação aprofundada sobre determinado aspecto da atividade teatral.

1. Pesquisadores

A pesquisa, no entanto, só abrange especialistas e eruditos: cada artista deve resolver, por si só, uma série de questões práticas que sua situação no teatro lhe coloca; *a fortiori*, o encenador, o dramaturgo-conselheiro literário, o professor encarregado de redistribuir e organizar os saberes da *Theaterwissenschaft* (ciência teatral) têm necessidade de aprofundar esse ou aquele ponto de detalhe histórico ou teórico; daí a visita aos arquivos é inevitável.

2. Lugares

Quase não existem mais estudiosos independentes, eruditos que dedicam sua vida ao estudo do teatro; a pesquisa ocorre nas *universidades** a partir do mestrado e do doutorado, nas academias de ciência (no Leste, antigamente) ou no Centre National de la Recherche Scientifique (CNRS, Centro Nacional de Pesquisa Científica) (apesar do cruel afastamento dos pesquisadores e do corpo discente), raramente nos teatros, que "documentam" seus espetáculos ou publicam revistas (*Théâtre/Public, Comédie Française*). Sem a sanção de um diploma universitário (mestrado, doutorado, livre-docência), a pesquisa parece não ter finalidade suficiente, uma vez que a publicação não é viável a não ser quando subvencionada pela Universidade ou pelo CNRS. Os centros de documentação e as bibliotecas dos departamentos das artes do espetáculo no Arsenal, no Centre National du Théâtre, na Maison Jean Vilar ou, na Europa Ocidental, os museus de teatro não têm meios de publicar os resultados das pesquisas nem de precisar a extensão de seus fundos. "A solidão do pesquisador de acervos" será interrompida apenas por breve instante pela banca examinadora da tese, que emite distraidamente sua opinião, mas não influi verdadeiramente na circulação e difusão dos resultados.

Os lugares referidos neste item se reportam ao caso específico da França. (N. de T.)

3. Formas

A forma mais frequente é a da investigação individual que desemboca em uma tese de doutorado em formato de monografia, quase sempre ilegível e longa demais, que deverá ser reduzida e reescrita para publicação: um grande esforço para um resultado não adaptado à "comunicação moderna".

Felizmente, outras formas de investigação surgiram recentemente, renovando a pesquisa:

– abertura de mestrados e até mesmo de doutorados práticos: um memorial acompanha a experiência, ainda que limitada, de encenação, de atuação ou de escritura (entretanto são raras as universidades que fornecem as instalações necessárias à experimentação prática);
– observação do processo de preparação de um espetáculo, durante os ensaios, "observação participante" de estagiários ou assistentes da encenação, da cenografia e da parte técnica;
– organização, cada vez mais frequente, de colóquios temáticos sobre determinado aspecto da criação ou da atualidade;
– encontros entre praticantes e historiadores/teóricos: artistas são convidados a mostrar seu método de trabalho com atores ou dançarinos, sob o olhar crítico e com os comentários dos "acadêmicos". Como as ISTA (International School of Theatre Anthropology) organizadas por Eugênio BARBA, as *Transversales* ou *Matières à conversations* do Théâtre du Mouvement, os encontros organizados pela Academia Experimental de Espetáculos dirigida por Michelle KOKOSOWSKI. Tenta-se então recriar uma situação de laboratório no qual um público reduzido e especializado assiste à gênese e ao método de trabalho de artistas – o que, por outro lado, sempre falseia um pouco as condições de atuação.

4. Reavaliações: História e Teoria

Ao abordar mais frontalmente os processos de criação, o pesquisador sai de seu isolamento, mas, continua sendo – o que é uma exigência da "ciência teatral" – um sujeito independente, habitualmente anarquista e franco-atirador, esforçando-se para ser objetivo, ao mesmo tempo que permanecendo totalmente consciente dos limites de sua investigação. Deve especialmente adaptar seus métodos e suas questões ao objeto concomitantemente estudado.

A pesquisa experimenta dessa forma, ao mesmo tempo, uma diversificação e um aprofundamento das questões e metodologias; ela se desloca no terreno, principalmente no da *etnocenologia**, e abre sua investigação às formas parateatrais, ao *etnodrama**, às tradições culturais que lhe haviam permanecido alheias.

A história não é mais a única garantia, nem a abordagem dominante: a variação do cânone, a aceitação de novos gêneros, o questionamento da hierarquia, tudo isso concorre para modificar o objeto da pesquisa, para suscitar uma contínua avaliação dos métodos históricos. A pesquisa baseada em documentos históricos não está isenta de teorias, deixou de ser uma teoria positivista segura de si. Não se coloca mais como ciência objetiva diante da subjetividade da leitura dos textos e da interpretação da encenações. Reflete sobre o modo como se escreve a história do teatro, toma emprestados da literatura, da hermenêutica (RICOEUR) seus modelos narrativos e retóricos, adquire consciência de sua escritura, da influência da cultura ambiente que lhe sugere determinado modo de expressão. A pesquisa, especialmente a histórica, é assim reconduzida ao debate teórico, no qual sempre é necessário tudo reconstruir o tempo todo; ela se abre para perspectivas tais que as estantes retilíneas dos arquivos não deixavam prever.

PLÁSTICA ANIMADA

⇄ Fr.: *plastique animée*; Ingl.: *stage plastic*; Al.: *belebte Plastik*; Esp.: *plástica escénica*.

Arte "que, em oposição às artes congeladas da pintura e da escultura, podemos chamar de *plástica animada* ou *plástica viva*" (JAQUES-DALCROZE, 1920: 133), é, muito simplesmente, a arte do teatro. Na época clássica, também se falava em "pintura falante" ou "quadro vivo", quando os atores ficavam dispostos num conjunto imóvel. BABLET (1975) chama de *plástica cênica* àquilo que as artes plásticas contribuem para criar para a cena; o cenógrafo é encarregado por e com o encenador da "encenação plástica do drama" (J. SVOBODA).

POEMA DRAMÁTICO

⇄ Fr.: *poème dramatique*; Ingl.: *dramatic poem*; Al.: *dramatisches Gedicht*; Esp.: *poema dramático*.

1. Tradicionalmente, a teoria dos gêneros literários distingue os poemas épico, lírico e dramático.
Na era clássica, o poema dramático é o *texto dramático**, independentemente de sua realização cênica ou *espetáculo*, que os doutos tendem a rejeitar como exterior, secundário ou, em todo caso, menos precioso que o poema. O poema trágico está ligado à ordenação de uma fábula (ARISTÓTELES); até o século XVIII, o poema dramático é, na maioria das vezes, escrito em alexandrinos.

2. A expressão *poema dramático* parece-nos hoje contraditória, na medida em que pensamos que o texto nada mais é senão a etapa primeira e incompleta da representação. Entretanto, na era clássica, quando se fala em *poesia dramática** (ou ainda em *poesia representativa*), considera-se que o poema é que deve conter todas as indicações necessárias à sua compreensão e os discursos nele representam as ações "de tal forma que agir seja falar" (D'AUBIGNAC, *Pratique du Théâtre*, 1657). Este poema pode, então, ser lido "numa poltrona", mas já está "dividido" em papéis; a *poiesis*, fabricação da ficção, não prejulga a qualidade literária do texto, mas sua composição harmoniosa numa fábula mais contada do que interpretada pelos atores que se exprimem em longos monólogos sucessivos.

3. Frequentemente, as estéticas e classificações de gênero atribuem ao poema dramático um lugar à parte no desenvolvimento das formas literárias: assim, segundo HEGEL, "o drama deve ser considerado como o estágio mais elevado da poesia e da arte, uma vez que ele chega à sua mais perfeita totalidade no conteúdo e na forma"; a poesia dramática é o único gênero que "une em si a objetividade do *epos* e o princípio subjetivo da poesia lírica" (HEGEL, *Estética*, "Poesia Dramática").

4. Há quase sempre uma fronteira bastante fluida entre o *poema* "dramatizado", com personagens, conflitos e diálogos ocasionais, e o *drama poético**, que se destina realmente à cena e é composto de uma série de textos poéticos.

5. Às vezes se opõe – como VILAR (1963: 140) – o poeta dramático ao dramaturgo: o primeiro seria o que se contenta em versificar o texto, em ser o "mestre em prosódia"; o segundo, o que sabe construir ações e personagens, além do controle absoluto da prosódia. Por vezes, um mesmo autor – RACINE, por exemplo, – é considerado mestre tanto em prosódia (BARRAULT), quanto autor de ações para a cena (VILAR, PLANCHON). Esta oposição é especiosa e perigosa, uma vez

que dissocia arbitrariamente forma de conteúdo do texto dramático.

🔍 Peça, ritmo, escritura cênica.

POESIA NO TEATRO

↔ Fr.: *poésie au théâtre*; Ingl.: *poetry in the theatre*; Al.: *Dichtung im Theater*; Esp.: *poesia en el teatro*.

Muito mais que das relações essenciais ou históricas da poesia e do teatro, tratar-se-á aqui do lugar da poesia na dramaturgia e na encenação contemporâneas. Esse lugar é considerável na criação teatral do século XX, como se a poesia procurasse reconquistar um território perdido.

1. A Linguagem Poética

Sem entrar na discussão da especificidade da linguagem poética, da diferença entre prosa e poesia, basta notar que a poesia normalmente é lida ou ouvida fora da situação teatral, ou seja, sem indicação concreta sobre sua enunciação. O que a diferencia, além do mais, do texto filosófico, ou romanesco ou pragmático, é a insistência na forma, a condensação e a sistematização dos procedimentos literários, o distanciamento da língua e da comunicação cotidiana, a consciência, do leitor ou ouvinte, de estar às voltas com um enigma que lhe fala de maneira individual.

Não é, portanto, a versificação que fará do texto, um texto poético: RACINE escreveu suas tragédias em verso, mas em momento algum em detrimento da tensão dramática, e da língua poética; qualquer que seja sua força e autonomia, está a serviço da situação dramática.

Convém fazer uma distinção entre texto poético (poema) e poeticidade do texto (seu caráter "poético" no sentido lato e corrente do termo). Para a poesia no teatro, o que importa não é saber se se representa um poema, mas se o texto representado contém em si uma grande poeticidade e que consequência essa carga poética terá na representação teatral.

2. Situação Poética, Situação Teatral

A estratégia da poesia e do teatro, que diferem entre si, força a repensar suas relações como naturalmente problemáticas. A poesia se basta, contém suas próprias imagens, ao passo que o texto dramático está à espera de um palco e de uma interpretação. Mais ainda que o texto dramático destinado aos atores, o texto poético (ou filosófico) fica à mercê do que a encenação fizer dele.

A poesia, lida ou transmitida pela voz do poeta ou do intérprete, é recebida como um espaço mental que se abre no leitor ou no ouvinte, fazendo o texto ressoar sem necessitar de ilustração, nem de representação de uma situação ou uma ação (como no teatro). Ela é como uma página em branco, dentro de nós, uma tela vazia, um eco sonoro que não necessitam de exteriorização. Quanto a isso, há um contraste e uma contradição entre o estatismo da poesia (sua sutileza) e o dinamismo do drama (sua brutalidade), mesmo se se considerar, como CELAN (*Discours de Brème*, 1968), a essência do poema como sendo dialógica.

Não há, portanto, incompatibilidade, mas também não há tranquilidade se se quiser desdobrar e concretizar, através da cena, essa página em branco, pois o leitor/ouvinte ficará perturbado ao ver em cena elementos de seu espaço mental. Com efeito, a partir do momento em que há disposição do texto poético no espaço concreto, desde que personagens-locutoras tomam corpo, a poesia oscila do espaço mental, protegido, ao espaço público, aberto a todos. Ao tomar corpo assim de repente, o texto poético que apresentava ao leitor apenas vozes misturadas põe-se a representar locutores, sobre os quais não se sabe se são representantes diretos do poeta, que fala na primeira pessoa, ou, então, personagens que se expressam em seu próprio nome. "Normalmente", na forma dramática do teatro (SZONDI, 1956), as vozes das personagens não são as do autor dramático; o drama é objetivo. Pois bem, com a poesia dita em cena por locutores-atores, é o eu "pessoal" do poeta que dá a volta, quebrando assim a lei da objetividade. Não se sabe mais como ouvi-la: essa voz, é a das personagens dizendo poemas ou a do poeta que nos fala diretamente, sendo o ator, nesse caso, apenas uma embalagem translúcida?

3. Dificuldades de se Dizer Poesia

Por natureza, o texto poético se basta (ele só pede para ser lido), não exige ilustração exterior a si próprio; às vezes é até "autossuficiente", chegando a recusar outro suporte que não a ressonância sonora na mente do leitor-ouvinte. Tudo o que a cena e a encenação possam inventar para se encarregar dele parecerá supérfluo, falastrão e perturbador. De fato, essa é a crítica que se pode fazer, na maioria das vezes, às montagens poéticas: os atores se agitam demais, perturbam a escuta com uma gesticulação excessiva. DECROUX faz deste fenômeno uma lei fundamental sobre a dosagem da palavra e do gesto: "Pode-se mesclar palavra e mímica com a condição de que sejam pobres" (1963: 49). "Quanto mais rico for o texto, mais pobre deverá ser a música do ator; quanto mais pobre o texto, mais rica deverá ser a música do ator" (54).

A proferição vocal e a gesticulação que a acompanham são, quase sempre, demasiado acentuadas e perturbadoras, mas também demasiado repetitivas: com frequência, tais excessos se manifestam através de um dirigir-se ao público, de um aparte, de uma violência contra o espectador a fim de captar-lhe a atenção por meios não verbais.

Querendo fazer-se ouvir, o poeta delegado em cena tende a gritar, a se impor, em vez de deixar ao ouvinte a possibilidade de uma escuta solta, concentrada, porém seletiva. Como o texto é muitas vezes de extrema densidade e riqueza, de grande dificuldade de compreensão, o risco é que o ouvinte, solicitado em sua imaginação verbal, e distraído pela gesticulação oral e física, acabe se desligando rapidamente, não fazendo mais justiça ao texto. Se, ainda por cima, tratar-se da montagem poética de vários textos ou autores, a desorientação será ainda maior, a concentração difícil, o abandono provável, e inevitável a passagem para uma atenção dirigida ao acessório da representação cênica. E se, para coroar a todo, a poesia for uma tradução, se o significante verbal não estiver mais acessível em sua corporalidade vocal de origem, o risco de enjoo do texto e do desvio da atenção estão garantidos.

4. Razões do Sucesso da Entrada da Poesia no Teatro

Por que o teatro teima hoje em montar poesia? A princípio, porque a poesia obriga o espectador a uma outra escuta, o que beneficia tanto a poesia quanto o teatro. A poesia reencontra a oralidade, a corporalidade, a humanidade de textos quase sempre condenados ao segredo do papel e da voz interior. O monólogo interior, as vozes misturadas, a polifonia têm que se expor *na performance* cênica. Assim, o teatro abre uma outra *via* à poesia: ao teatralizar-se, ao enunciar-se em público, a poesia reencontra suas origens na poesia oral ou no conto de certas culturas orais remanescentes, dando aos poetas a oportunidade de lerem seus próprios textos, por ocasião de grandes reuniões, perante auditórios habituados a dar ouvidos a seus poetas (como na Rússia e na Indonésia). A encenação, determinada a "fazer teatro de tudo" (VITEZ), com um só golpe estende seu império a outros domínios, efetua passagens extremas montando renomados textos consagrados, poéticos ou filosóficos (por exemplo BLANCHOT, HANDKE, KAFKA por P.-A. VILLEMAINE) ou escritos numa língua inventada (*Vocês que Habitam o Tempo*, de NOVARINA, na encenação de C. BUCHVALD e G. BRUN). Não mais buscando explicar ou ilustrar a palavra poética, não mais sendo encenação, mas "colocação em ato de um escrito" (DERRIDA a respeito de um trabalho de VILLEMAINE), a encenação encontra liberdade de atuação e obriga o espectador a abrir mão de sua preguiça natural, do gosto pela identificação prazerosa ou pelo distanciamento protetor, para refletir sobre o que se passa nele, e isto, unicamente durante a enunciação do texto e para favorecer uma mediação interior, uma livre associação a partir da escuta dos poemas.

POÉTICA TEATRAL

↪ Fr.: *poétique théâtrale*; Ingl.: *theatre poetics*; Al.: *Theaterpoetik*; Esp.: *poética teatral*.

1. A mais célebre das poéticas (das *artes poéticas**), a de ARISTÓTELES (330 a.C.), se baseia sobretudo no teatro: na definição de tragédia, nas causas e consequências da *catarse** e em inúmeras outras prescrições correntes nas artes poéticas. No entanto, a poética ultrapassa amplamente o domínio teatral e se interessa por muitos outros gêneros além do teatro (pela poesia em geral). Se as regras e normas são particularmente numerosas e precisas no caso do teatro, arte necessariamente pública e portanto regulamentada com rigor, todas essas regulamentações escondem ou desestimulam uma reflexão global, descritiva e estrutural sobre o funcionamento textual e cênico. Eis por que a ciência da literatura e a *semiologia**, hoje, lan-

çaram-se a essa empreitada universal e titânica, procurando velar por duas exigências: primeiro, ultrapassar as particularidades de um autor ou uma escola, não ditar normas para decidir o que o teatro deva ser; em segundo lugar, apreender o teatro como arte cênica (quando as poéticas anteriores a ARTAUD e BRECHT privilegiavam muito o texto).

2. Apesar de a arte poética aplicada ao teatro haver propiciado o confronto dos melhores espíritos, é preciso confessar que seus pressupostos metodológicos nos parecem hoje bastante fora de moda, anacrônicos. A poética se baseia, por exemplo, numa comparação da fábula ou das personagens com o objeto representado, fazendo da *mimese** o critério da verdade e, portanto, de êxito da representação: daí resultará uma estética secular do verossímil, a distinção entre gêneros populares e desprezíveis (como a sátira e a comédia, que têm por protagonistas pessoas "comuns") e gêneros nobres e sérios (a tragédia e a epopeia, cujas personagens são nobres de nascimento e de alma). É preciso esperar pelo romantismo e pelo individualismo burguês para que a poética apresente a questão das outras formas e examine o vínculo da obra com o autor. Só por volta do final do século XVIII e, principalmente, no século XX, é que a poética se torna menos normativa, mais descritiva, até mesmo, estrutural, e que examina as peças e a cena como sistemas artísticos autônomos (ainda que, por outro lado, se perca de vista a relação da obra com o mundo e o receptor).

3. Portanto, a poética fracassou na pretensão de elucidar duas relações essenciais: a da representação para o espectador e a do trabalho teatral para o ator. Paradoxalmente, isto se explica pela universalização *teórica* (pelas inúmeras poéticas) do modelo grego baseado na comoção e na catarse. Outras poéticas, pertencentes a outras culturas, como o tratado do teatro clássico indiano (*Natya-Sastra*) ou o tratado de Zeami sobre o Nô teriam provocado uma visão completamente diferente de conflito, de drama e de recepção teatral. Do mesmo modo, uma pesquisa sobre as cerimônias africanas teatralizadas colocaria novamente em questão as regras da unidade, da tensão e da fronteira entre arte e vida. Talvez seja numa semiologia do ator já iniciada por J. DUVIGNAUD (1965), J. MUKAŘOVSKÝ (1941, 1977) e Anne UBERSFELD (1981) que a poética possa, enfim, ultrapassar as questões banais, mas obcecadas pelo natural, pela emoção e pelo distanciamento do ator. Finalmente será então permitido ao autor da poética esclarecer a troca entre ator e espectador não só em termos psicológicos, mas também sociais e históricos.

4. Algumas artes poéticas centradas no teatro:

ARISTÓTELES, *Poética*, 330 a.C.
HORÁCIO, *Arte Poética*, 14 a.C.
SANTO AGOSTINHO, *Da Música*, 386-389.
VIDA, *A Poética*, 1527.
DU BELLAY, *Defesa e Ilustração da Língua Francesa*, 1549.
PELETIER DE MANS, *Arte Poética*, 1555.
SCALIGER, *Poetics Libri Septem*, 1561.
CASTELVETRO, *A Poética de Aristóteles Vulgarizada e Exposta*, 1570.
Jean de LA TAILLE, *Da Arte da Tragédia*, 1572.
LAUDUN D'AIGALIERS, *Arte Poética*, 1598.
VAUQUELIN DE LA FRESNAYE, *Arte Poética*, 1605.
LOPE DE VEGA, *Nova Arte de Fazer Comédias nessa Época*, 1609.
HENSIUS, *Poética*, 1611.
OPITZ, *Livro do Poetizar Alemão*, 1624.
CHAPELAIN, *Carta sobre as Vinte e Quatro Horas*, 1630.
MAIRET, prefácio de *Silvanira*, 1631.
CHAPELAIN, *Da Poesia Representativa*, 1635.
GUEZ DE BALZAC, *Carta ao Sr. Scudéry sobre suas Observações do "Cid"*, 1637.
SARASIN, *Discurso sobre a Tragédia*, 1639.
SCUDÉRY, *Apologia do Teatro*, 1639.
LA MESNADIÈRE, *Poética*, 1640.
VOSSIUS, *Poética*. 1647.
D'AUBIGNAC, *Prática do Teatro*, 1657.
CORNEILLE. *Discurso sobre as Unidades*, 1660.
CORNEILLE, *Discurso sobre o Poema Dramático*, 1660.
MOLIÈRE, *Crítica da "Escola de Mulheres"*, 1663.
ABBÉ DE PURE, *Ideia dos Espetáculos*, 1668.
BOILEAU, *Arte Poética*, 1674.
DRYDEN, *Ensaio sobre a Poesia Dramática*, 1688.
LA BRUYÈRE, "Tragédia", em *Caracteres*, 1691.
FONTENELLE, *Reflexões*, 1691-1699.
DACIER, tradução da *Poética* de Aristóteles, 1692.
BOSSUET, *Máximas e Reflexões sobre a Comédia*, 1694.
DU BOS, *Reflexões Críticas sobre a Poesia e a Pintura*, 1719.
HOUDAR DE LA MOTTE, *Discursos e Reflexões*, 1721-1730.
BAILLET, *Julgamentos dos Doutos sobre as Principais Obras dos Autores*, 1722.
VOLTAIRE, *Discurso sobre a Tragédia*, 1730.
RICCOBONI, *História do Teatro Italiano*, 1731.

LUZAN, *Poética*, 1737.
RICCOBONI, *A Reforma do Teatro*, 1743.
DIDEROT, *Conversas sobre o Filho Natural*, 1757.
DIDEROT, *Da Poesia Dramática*, 1758.
ROUSSEAU, *Carta a d'Alembert sobre os Espetáculos*, 1758.
NOVERRE, *Carta sobre a Dança e sobre os Balés*, 1760.
JOHNSON, *Prefácio a Shakespeare*, 1765.
BEAUMARCHAIS, *Ensaio sobre o Gênero Dramático Sério*, 1767.
LESSING, *Dramaturgia de Hamburgo*, 1767-1769, tradução francesa 1785.
DIDEROT, *Paradoxo sobre o Comediante*, 1773-1780.
MERCIER, *Sobre o Teatro*, 1773.
MARMONTEL, *Elementos de Literatura*, 1787.
GOETHE, *Tratado de Poesia Épica e Dramática*, 1797.
GOETHE, *Regras para os Atores*, 1803.
SCHILLER, prefácio aos *Salteadores*, 1781.
SCHILLER, prefácio à *Noiva de Messina*, 1803.
CONSTANT, *Reflexão sobre a Tragédia de Wallstein e o Teatro Alemão*, 1809.
KLEIST, *Ensaio sobre as Marionettes*, 1810.
Mme. DE STAËL, *Da Alemanha*, 1813.
SCHLEGEL, *Curso de Literatura Dramática*, 1814.
STENDHAL, *Racine e Shakespeare*, 1823-1825.
HUGO, prefácio de *Cromwell*, 1827.
MUSSET, *Espetáculo numa Poltrona*, 1834.
HEGEL, *Estética*, 1832.
WAGNER, *A Obra de Arte do Futuro*, 1848.
FREYTAG, *Técnica dos Dramas*, 1863.
NIETZSCHE, *O Nascimento da Tragédia*, 1871.
MEREDITH, *Ensaio sobre a Comédia*, 1879.
ZOLA, *O Naturalismo no Teatro*, 1881.
APPIA, *Encenação do Drama Wagneriano*, 1895.
JARRY, *Da Inutilidade do Teatro no Teatro*, 1896.
MAETERLINCK, *O Tesouro dos Humildes*, 1896.
ANTOINE, *Conversa sobre a Encenação*, 1903.
ROLLAND, *Teatro do Povo*, 1903.
CRAIG, *Arte do Teatro*, 1905.
APPIA, *A Obra de Arte Viva*, 1921.
PISCATOR, *Teatro Político*, 1929.
ARTAUD, *O Teatro e seu Duplo*, 1938.
STANISLÁVSKI, *A Formação do Ator*, 1938.
SARTRE, *Teatro de Situações*, 1947-1973.
BRECHT, *Pequeno Organon para o Teatro*, 1948.
CLAUDEL, *Minhas Ideias sobre Teatro*, 1894 a 1954.
DÜRRENMATT, *Problemas de Teatro*, 1955.
IONESCO, *Notas e Contra-Notas*, 1962.
GROTOWSKI, *Em Busca de um Teatro Pobre*, 1965.
SASTRE, *Anatomia do Realismo*, 1974.

📖 Reportar-se ao verbete *Teoria do teatro*.

PONTO

Fr.: *souffleur*, Ingl.: *prompter*, Al.: *Souffleur*, Esp.: *apuntador*.

A função do ponto, criada no século XVIII, está hoje em vias de desaparição: ela só existe, de maneira institucional, na Comédie-Française, talvez por causa do abandono do sistema de alternância e dos palcos italianos. O ponto ajuda os atores em dificuldade, falando em voz baixa, soprando, articulando bem, mas sem gritar, a partir dos bastidores ou do buraco, mascarado por um nicho (o "capo") no meio e na frente do palco. Sopra-se a palavra ou, se o ator se embaralha na frase, a frase seguinte, tomando cuidado com os tempos de extensão variável para não confundi-los com lapsos de memória. O bom ponto deve saber, ao observar os atores, antecipar o erro ou a dificuldade e interferir no momento exato.

PONTO DE ATAQUE

Fr.: *point d'attaque*; Ingl.: *point of attack*; Al.: *Einatzpunkt der Handlung*; Esp.: *punto de ataque*.

1. Para a *narrativa** – seja ela teatral, romanesca ou outra qualquer – o ponto de ataque situa-se no momento da embricação da ação com a dinamização da história (quase sempre no primeiro e segundo atos). O ponto de ataque dramatúrgico depende da apresentação explícita do esquema *actancial** particular da peça e, principalmente, do início da ação do sujeito.

2. A esse ponto de ataque actancial acrescenta-se um ponto de ataque cênico: no momento em que, após alguns segundos ou minutos destinados a criar a atmosfera da cena e estabelecer a comunicação (função fática), o jogo do ator começa de fato. Frequentemente a encenação faz esse tempo morto durar mais, estica o tempo ao máximo a fim de estabelecer uma certa expectativa. Para introduções *in médias res*, ao contrário, nas quais algo começa a acontecer no momento da abertura do pano, o ponto de ataque parece ser efetuado logo no início, até mesmo antes de iniciar-se a peça, como a sugerir que o espetáculo não passa de um trecho da realidade exterior.

📖 Levitt, 1971; Pfister, 1977.

PONTO DE INTEGRAÇÃO

🔄 Fr.: *point d'intégration* ; Ingl.: *point of integration*; Al.: *Integrationspunkt*; Esp.: *punto de integración*.

Momento em que as diversas linhas da ação dos diferentes destinos das personagens e das intrigas secundárias – convergem para uma mesma cena, no final da peça. Trata-se do "ponto de fuga no qual as numerosas perspectivas do drama se coordenam" (KLOTZ, 1960: 112).

PONTO DE VISTA

🔄 Fr.: *point de vue*; Ingl.: *point of view*, Al.: *Gesichtspunkt, Perspektive*; Esp.: *punto de vista*.

Visão que o autor e, na sequência, o leitor e o espectador têm do acontecimento narrado ou mostrado. Esse termo remete à noção *de perspectiva**. É melhor reservá-lo para a perspectiva do autor (em oposição à perspectiva individual das personagens).

1. Objetividade do Gênero Dramático

O ponto de vista do narrador caracteriza a atitude do autor em relação à história que ele conta. Em princípio, a forma *dramática** não se utiliza dele ou, pelo menos, não muda durante a peça, permanecendo invisível por trás das *dramatis personae**.

De maneira global, o ponto de vista do espectador acompanha de perto o do autor, pois aquele não tem outro acesso à obra além da construção dramática que este lhe impõe. Quando são utilizados elementos épicos, o ponto de vista também muda: a intervenção do narrador (sob a forma de uma personagem, de um cartaz, uma canção ou um substituto do autor) quebra a ilusão e destrói a crença da apresentação objetiva e externa dos elementos (visão objetiva).

2. Ponto de Vista dos "Autores"

À medida em que o autor dramático não copia diálogos colhidos ao vivo, mas fabrica uma *montagem** de réplicas de acordo com uma estrutura pertencente exclusivamente a ele, fica patente que ele intervém diretamente no texto como organizador de materiais, isto é, como uma espécie de narrador. O encenador também assume o papel de narrador ao organizar os materiais cênicos, acrescentando assim à montagem do texto dramático uma segunda montagem: a dos elementos visuais e de seu vínculo com o texto. Finalmente, o próprio ator também faz, em certa medida, um papel não de executante mas de maestro e organizador de todos os sistemas cênicos (linguísticos, proxêmicos, espaciais). Em suma, o produto teatral acabado é "filtrado" por uma sucessão de pontos de vista – dramaturgia, encenação, jogo cênico – cada qual determinando o seguinte e repercutindo dessa maneira no elemento final da representação.

🔍 Discurso, análise da narrativa, narrador, atitude, *gestus*.

PORTA-VOZ

🔄 Fr.: *porte-parole*; Ingl.: *mouthpiece*; Al.: *Sprachrohr*; Esp.: *portavoz*.

1. O porta-voz do autor é a personagem que deve representar o *ponto de vista** do dramaturgo. O teatro que representa "objetivamente" (HEGEL) personagens que têm ponto de vista próprio dispensa narrador ou porta-voz. O porta-voz é claramente identificável apenas no *teatro de tese** ou em breves porções particularmente espinhosas do texto dramático. Esse ingrato papel amiúde cabe ao *raisonneur**, responsável pela *recepção** correta dos discursos pelo espectador e pelas retificações necessárias da *perspectiva**. É sempre muito difícil e, aliás, desinteressante, reencontrar um traço da palavra "autoral": isto é, de resto, cometer um contrassenso em relação à obra teatral, que se caracteriza pela ausência de sujeito central, e resulta do entrelaçamento das contradições *actanciais** e discursivas.

2. Quando a peça é mais um debate de ideias e um diálogo filosófico do que ficção a várias vozes, acontece de se detectar qual ideologia ou filosofia se oculta sob a máscara do ator. A personagem, nesse caso, serve apenas de suporte pedagógico para a troca de ideias (*peça*

didática*). Ela fica reduzida ao papel do que MARX (1967: 187) denomina "porta-voz do espírito da época": alusão às personagens schillerianas, espécie de caráter totalmente idealizado e abstrato, que representa de maneira hegeliana uma tendência histórica e filosófica, nada tendo em comum com um indivíduo concreto e cheio de contrastes. A esse tipo de idealização opõe-se a personagem shakespeareana de fatura realista, que dá a impressão de uma pessoa viva indefinível, que existe apenas por seus impulsos e contradições (Hamlet, Lear, Otelo etc.).

Confidente, parábase.

PÓS-MODERNO (TEATRO)

Fr.: *post-moderne (théâtre)*; Ingl.: *post-modern theatre*; Al..: *postmodernes Theater*; Esp.: *teatro postmoderno*.

Termo pouco usado pela crítica dramática francesa, talvez em razão de sua falta de rigor teórico, uma vez que nem o modernismo ("drama moderno", SZONDI, 1956), nem o que veio depois parecem corresponder a momentos históricos, a gêneros e estéticas determinados (PAVIS, 1990: 65-87). Mais que uma ferramenta rigorosa para caracterizar a dramaturgia e a encenação, o *pós-moderno* é um toque de reunião, (principalmente nos Estados Unidos e na América Latina), um cômodo rótulo para descrever um estilo de atuação, uma atitude de produção e de recepção, uma maneira "atual" de fazer teatro (*grosso modo*, desde os anos sessenta, após o teatro de *absurdo** e o teatro existencialista, com a emergência da *performance**, do *happening**, da chamada dança pós-moderna e da *dança-teatro**). A filosofia do pós-moderno (de LYOTARD, 1971, 1973, 1979 ou de DERRIDA) continua desconhecida pelos criadores de teatro ou mal assimilada e adaptada às suas necessidades (exceção talvez a R. FOREMAN, 1992). É preciso, portanto, contentar-se com a enumeração de algumas características bem gerais, e sem grande valor teórico, comumente associadas à noção de encenação pós-moderna. Deixa-se de lado a questão de uma escritura dramática pós-moderna (ou, como diz LEHMANN, *pós-dramática*), já que a literatura obedece a critérios completamente diferentes para julgar sua pós-modernidade.

a. A encenação pós-moderna não tem mais nem a radicalidade, nem a sistemática das vanguardas históricas do primeiro terço do século XX. Obedece frequentemente a vários princípios contraditórios, não receia combinar estilos díspares, nem apresentar colagens de estilos de atuação heterogêneos. Tal explosão impossibilita a centralização da encenação em torno de um princípio, tradição, herança, estilo ou intérprete. Contém em si momentos e procedimentos nos quais tudo parece *desconstruir-se** e desfazer-se entre os dedos de quem quer que pense deter os cordéis e as chaves do espetáculo.

b. Em vez de *representar* uma história e uma personagem, o ator, do mesmo modo que o encenador, grandes chefes de operação da estrutura, *apresentam-se* a si mesmos enquanto artistas e indivíduos, ao apresentarem uma *performance**, que não mais consiste em signos, mas "num errar de fluxos com uma possibilidade de deslocamento e uma espécie de eficácia através de afetos, que são os da economia libidinal" (LYOTARD, 1973: 99).

c. Assim procedendo, negam ao trabalho o título de encenação como obra fechada, centrada; preferem a noção de dispositivo eventual ou *instalação**.

d. Supervaloriza-se, assim, o polo da recepção e da percepção: o espectador deve organizar impressões divergentes e convergentes e restituir certa coerência à obra, graças à lógica das sensações (DELEUZE) e a sua experiência estética. Ocorrendo tudo em um mesmo espaço-tempo, sem hierarquia entre os componentes, sem lógica discursiva assumida por um texto de referência, a obra pós-moderna não tem outra referência que não ela mesma; ela nada mais é senão uma guinada dos signos, que deixam o espectador diante de uma "representação emancipada" (DORT, 1988): "Os signos múltiplos e variados que se sucedem (no palco) nunca constituem um sistema fechado designificações. Colocam-se mutuamente em perigo" (1988: 164). O teatro pós-moderno já é uma espécie em perigo.

POSTURA

Ver *Atitude*.

PRAGMÁTICA

↻ Fr.: *pragmatique*; Ingl.: *pragmatics*; Al.: *Pragmatik*; Esp.: *pragmática*.

1. Variedades da Pragmática

A dimensão pragmática da linguagem, "isto é, o levar-se em conta locutores e contexto" (ARMENGAUD, 1985: 4), interessa também ao teatro que coloca em relação actantes e ações, e onde dizer é sempre fazer (*ação falada**). A pragmática conheceu um desenvolvimento recente, no domínio da linguística, a ponto de parecer, às vezes, substituir a semântica e tornar-se um dos ramos dominantes da semiótica dividida, desde PEIRCE ou MORRIS, em semântica, sintaxe e pragmática. Esse crescimento mal controlado deu-se em várias direções e de acordo com metodologias e epistemologias bastante heterogêneas, tornando-se a pragmática, segundo as palavras cruas, porém bastante justas de um pesquisador italiano, a "lata de lixo da linguística" (citado por KERBRAT-ORECCHIONI, 1984: 46). Fazer a triagem nessa lata de lixo da história causa, se não náusea, ao menos, vertigem, tal a complexidade das problemáticas postas em jogo. Poder-se-ia enumerar aqui apenas alguns compartimentos, cujas fronteiras, aliás, são quase sempre muito fluidas:

- a filosofia da ação e o pragmatismo americano (PEIRCE, MORRIS). A pragmática, para MORRIS, é "a parte da semiótica que trata da relação entre os signos e seus usuários";
- a teoria dos atos de linguagem (AUSTIN, 1961; SEARLE, 1972, 1982);
- a teoria conversacional (GOFFMAN, 1959; WATZLAWICK, 1967; GRICE, 1979);
- a teoria dos efeitos de discurso (DILLER, RECANATI, 1979): "A pragmática estuda o uso da linguagem no discurso e as marcas específicas que atestam, na língua, sua vocação discursiva" (DILLER e RECANATI, *in Língua Francesa*, 1979: 3);
- a pragmática interlocutiva de F. JAQUES, que "aborda a linguagem como fenômeno ao mesmo tempo discursivo, comunicativo e social";
- a problemática da enunciação (BENVENISTE, 1966, 1974; *Langages*, n. 17; KERBRAT-ORECCHIONI, 1980, 1984, 1996; MAINGUENEAU, 1975, 1981). Ela distingue *enunciado* (o que é dito) e *enunciação* (a maneira de dizê-lo);
- a "pragmática semântica" ou "pragmática linguística" (DUCROT, 1972, 1980, 1984), que trata da "ação humana realizada por intermédio da linguagem, indicando suas condições e alcance" (1984: 173). A hipótese fundamental de DUCROT é que é preciso compreender a argumentação e a enunciação de um enunciado para compreender-lhes o sentido.

Para o que nos interessa diretamente aqui, o uso mais pragmático possível de todos esses domínios da pragmática no interior da teoria do teatro, consideraremos, não sem sérias restrições metodológicas, as seguintes abordagens:

- estudo dos mecanismos dos diálogos e dos jogos de linguagem e comparação da "linguagem comum" com a "linguagem dramática" (ASTON *et al.*, 1983; ELAM, 1980, 1984);
- estudo da ação (*Poética*, 1976), da fábula e de seu estabelecimento pela leitura e pela encenação;
- estudo empírico da recepção do público (GOURDON, 1982);
- comparação de diversas concretizações de uma obra no curso da história (VODICKA, 1975);
- estudo das marcas da enunciação teatral e da produção/recepção do espectador (PAVIS, 1983a; UBERSFELD, 1982).

Através desses estímulos para estudo – mais que de metodologias estabelecidas, trata-se na verdade de projetos de pesquisa – bem se vê o que a pragmática permite ou tenta ultrapassar: um modelo unicamente narratológico que analisa a fábula numa análise do relato, sem levar em conta a especificidade da representação teatral; uma *semiologia** com eixo ainda mais fixado no texto.

Na realidade, a pragmática não constitui, a bem dizer, uma nova metodologia; é, antes, uma sistematização de procedimentos utilizados na análise dos diálogos, principalmente para determinar seu papel no estabelecimento das situações dramáticas, a progressão da ação e o estabelecimento da fábula. Apesar da proliferação de estudos linguísticos, e também muitas vezes literários, que reivindicam a pragmática, as dificuldades dessa última não devem ser subestimadas, e principalmente as da pragmática teatral.

2. Dificuldades da Pragmática

a. Objeto analisado

A pragmática linguística tende a considerar somente o texto dramático, reduzindo a representação ao texto. Com efeito, é fácil transferir os estudos pragmáticos da argumentação do discurso comum (conectores lógicos como *mas, já que, se*, por exemplo, em DUCROT (1980, 1984)) no nível do texto dramático, e as conclusões, bem entendido, continuam válidas para este texto específico e não, para o conjunto da representação. Assim, a situação cênica fica excluída e a utilização concreta da enunciação é, no entanto, o elemento que decide o sentido pragmático do *texto em representação*. Seria pois mais apropriado examinar que conectores lógicos (e sob que forma) são empregados pelo ator e pela cena e em que medida estes últimos modificam os conectores lógicos do texto.

b. Incerteza epistemológica

A diversidade das abordagens pragmáticas sublinhada acima explica sua frequente incompatibilidade epistemológica, principalmente a da pragmática linguística (como a de DUCROT) e das abordagens que procuram abarcar a abertura do sujeito para a psicanálise ou a teoria mais ou menos marxista dos discursos em conflito (na esteira de BAKHTIN, por exemplo). DUCROT procurou limitar por muito tempo sua investigação argumentativa a um tema ideal e abstrato, mas sob pressão de pesquisadores como AUTHIER (*Langages*, n. 73, 1984) ou FUCHS (*DRLAV*, n. 25, 1981: 50) e de toda uma corrente de análise política e psicológica dos discursos, acaba pedindo socorro a BAKHTIN (1984: 171). Pura manobra tática, uma vez que DUCROT, apesar de seu "esboço de uma teoria polifônica e da enunciação" (1984), continua a raciocinar – aliás, também sempre de maneira impecável – sobre um sujeito falante ideal, observável na linha de sua argumentação, e às voltas com um dialogismo teatral ("no âmbito da polifonia e da concepção 'teatral' dos atos de linguagem", 1984: 231).

Sua concepção "teatral" dos atos de linguagem não produz, em contrapartida, um modelo utilizável para a análise do diálogo teatral, pois se baseia numa visão muito ingênua da enunciação teatral: haveria, segundo DUCROT, dois tipos de falas: as "primitivas", que "o autor dirige ao público assemelhando-se à personagem" (1984: 225) e as "derivadas", que "dirige, não mais através de suas personagens, mas pelo próprio fato de representá-las, pela escolha que faz delas" (226). Esta oposição entre dois tipos de enunciação pode parecer óbvia e é frequentemente destacada pela pesquisa como sendo a marca específica do discurso teatral, como sua "dupla enunciação" (UBERSFELD, 1977a: 129) ou como oposição (feita por INGARDEN: 1931-1971, e, na esteira dele, H. SCHMID, 1973) entre os "discursos diretos das personagens" e os temas não enunciados, mas presentes, todavia, na consciência do receptor, aqueles temas sugeridos pela situação atual, mas não atualizados no discurso direto das personagens. Essa oposição só é superficialmente pertinente, pois, na realidade, a divisão entre a fala das personagens e a do autor é muito difícil de ser estabelecida, sendo apenas uma última tentativa de salvamento do sujeito. A linha divisória não se mantém, já que é o próprio autor quem organiza as falas das personagens, e nunca se sabe onde ler *o* discurso autoral: ele não está nem nas rubricas, nem à margem do texto, mas na resultante estrutural dos conflitos e discursos em diálogo. Talvez fosse mais satisfatório examinar cada fala, seja ela da personagem, ou do "autor" (mas, no teatro, onde está o autor, principalmente na encenação?) em sua capacidade, claramente evidenciada por BAKHTIN, de citar o discurso do outro, de retrabalhá-lo, de construí-lo como arena para o combate de formações discursivas e ideológicas. O dispositivo da enunciação, em todo caso, é muito mais complexo que uma divisão clara entre voz do autor e voz das personagens. Coube à linguística do discurso e da enunciação o mérito de haver feito ouvir vozes nas vozes, de haver mostrado a intertextualidade, até mesmo a polifonia do texto. Para o teatro, isto é tanto mais verdade quanto nele se torna rapidamente impossível distinguir as marcas específicas da enunciação de cada praticante (cenógrafo, dramaturgo, iluminador, músico, ator etc.).

Feitas essas ressalvas epistemológicas, cometeríamos um erro se déssemos pouca importância a métodos de análise textual desenvolvidos pela pragmática, principalmente a de DUCROT (1975, 1984).

3. Aplicação ao Estudo dos Diálogos

Sua aplicação ao estudo dos diálogos se faz de maneira ainda experimental.

a. Direção dos diálogos

Demarca-se a argumentação e a direção, e os enunciados só fazem sentido se percebemos seu sentido, pois "todos os enunciados de uma língua se dão e extraem seu sentido do fato de se darem, como que impondo ao interlocutor determinado tipo de conclusão" (DUCROT, 1980: 12). Tentar-se-á, portanto, estabelecer a lógica interna dos diálogos, por mais descosidos que sejam.

b. A conexão ausente

A leitura do texto obriga a estabelecer um vínculo de causalidade ou de similaridade temática entre enunciados que parecem não ter relação, a completar as reticências...

c. A orientação restabelecida

No texto dialógico aberto, estabelecem-se possíveis conexões entre falas. Além da lógica do diálogo, por vezes delimita-se uma orientação metaenunciativa que organiza fragmentos esparsos ou uma rede de imagens ou sonoridades (TCHÉKHOV, VINAVER).

d. Citação do discurso do outro

Observam-se repetições de termos, de ideologemas, temas e formações discursivas de uma personagem a outra, estabelecendo-se algumas leis dessas trocas intertextuais.

4. Pragmática da Enunciação

A teoria da enunciação, que muitas vezes se confunde meio rapidamente com *a pragmática**, não coincide, no entanto, com essa última disciplina que se desenvolveu a partir da problemática dos atos de linguagem (AUSTIN, 1962; SEARLE, 1972, 1982), cujo método parece ser de muito mais difícil transposição para o teatro. Em contrapartida, a teoria da enunciação (BENVENISTE, 1966; MAINGUENEAU, 1981; KARBRAT-ORECCHIONI, 1980; PAVIS, 1983a, 1986a) é de importância capital para esclarecer, ao mesmo tempo, a leitura e a concretização do texto dramático, bem como a instalação da encenação.

a. Mecanismos textuais da enunciação

Encontramos uma parte das observações feitas pela "pragmática semântica" ou "pragmática linguística" de DUCROT (1984: 173). Citaremos de memória, tendo em vista que uso o teatrólogo poderia fazer dessas observações:

– embreadores de embreagens (como a situação dramática é marcada pelo jogo dos pronomes pessoais, das indicações espaço-temporais, das dêiticas);
– modalidades (que atitude em face dos enunciados é legível no texto; de acordo com que modo de existência é encarada a ação);
– organização das narrativas relatadas (como o ator mostra que está citando outro texto ou outra atuação);
– estratégias discursivas (referências à enunciação e sua influência sobre o sentido dos enunciados; aceitação ou recusa dos pressupostos do adversário, o fato de que no diálogo, "atacar os pressupostos do adversário é bem mais, ainda, do que quando se nega o que ele coloca, atacar o próprio adversário", DUCROT, 1972: 92);
– determinação da orientação do discurso na argumentação de uma personagem;
– subentendidos, o jogo do locutor e do (ou dos) enunciador(es) na ironia (DUCROT, 1984: 210-213).

b. Enunciação cênica

Epistemólogos e linguistas como DUCROT (1984: 179) ou CULIOLI (in *Materialidades Discursivas*, 1981: 184) observam a tendência a considerar a situação de enunciação como "uma situação que seria historicamente descritível. Naquele momento, o termo situação de enunciação é uma maneira de tentar recuperar tudo o que pertencer ao domínio empírico, à vivência, à experiência..." (1981: 184). É, pois, abusivo comparar a enunciação cênica a uma situação concreta, viva, real da representação num dado momento. Porém essa noção nos parece capital no teatro: nele, a enunciação cênica é a operacionalização, no espaço e no tempo, com os atores, de todos os elementos cênicos e dramatúrgicos considerados úteis à produção do sentido e à sua recepção pelo público colocado em situação de recepção. Descrever a enunciação cênica convida a mostrar como a encenação organiza no espaço e no tempo cênico o universo ficcional do texto (suas personagens e ações), apelando para uma série de enunciadores: o ator, sua voz, entonação, mas também toda a cena, no que ela se ancora no presente da enunciação de todos os materiais cênicos. Trata-se, além do mais, de estruturar e hierarquizar as diversas fontes de enunciação. Enunciar o texto através do ator e da encenação é, bem concretamente, vocalizá-lo (ver *dicção**) determinando a altura da voz, a emissão, o *ritmo* etc. e os elementos paralinguísticos (cenestésicos e proxêmicos) do ator; cabe a ela dar sentido, saber tanto sua *direção*, quanto sua significação.

📖 Van Dijk, 1976; Pagnini, 1980; Jaques, 1979, 1985; Kerbrat-Orecchioni, 1984; Savona, 1980, 1982; Pfister, 1985.

PRÁTICA ESPETACULAR

🔄 Fr.: *pratique spectaculaire*; Ingl.: *performance*; Al.: *Darstellung*; Esp.: *práctica espectacular*.

Esta expressão traduz (mal) a noção de *performance* no sentido que se imprime, em inglês, a *performance studies*, estudos de práticas espetaculares e culturais. Os *performance studies* foram criados nos anos 1970, por etnólogos (como TURNER, 1982), teóricos e homens de teatro (como SCHECHNER, 1985), administradores universitários no mundo anglo-saxão, para englobar o estudo do conjunto das manifestações espetaculares ou culturais que vão dos ritos, das danças folclóricas, aos espetáculos de teatro, dança, mímica, teatro corporal e práticas ritualizadas da vida cotidiana.

Quase sempre traduzida por *prática espetacular*, a noção de *performance* está mais ligada à ideia de realizar uma ação (*to perform*), à maneira dos verbos "performativos" que executam a ação pelo fato de serem enunciados (por exemplo: "Juro!"), do que à ideia de representar um espetáculo visual diante do espectador. Portanto, o ponto de vista entre *espetacular* e *performance* (ou *arte performática*) é que é diferente. O *espetacular* é visto -por assim dizer – do ponto de vista do espectador, ao passo que a *performance* é concebida em função do que fazem os *performers*, isto é, do que GROTOWSKI chama de "arte como veículo", dos artistas que agem: "actantes" (GROTOWSKI *in* RICHARDS, 1995: 181).

A *etnocenologia** busca – sem complexos -agrupar, e depois analisar, o conjunto das *performances*, sejam elas espetaculares, em sentido estrito, ou culturais, em sentido lato.

PRÁTICA SIGNIFICANTE

🔄 Fr.: *pratique signifiante*; Ingl.: *signifying practice*; Al.: *Signifikanten-praxis*; Esp.: *práctica significante*.

A prática significante opõe-se à concepção (problemática, aliás) de uma estrutura estática e fechada do texto ou da representação, estrutura que seria dada logo de saída sem a intervenção ativa do leitor/espectador.

O fato de recorrer às teorias do trabalho produtor da ideologia (MARX, ALTHUSSER) ou do sonho (FREUD) inaugura uma semiótica que examina não simplesmente a comunicação do sentido, mas sua produção no ato de uma leitura/escritura (*recepção**). Para a encenação, a prática significante do intérprete (encenador ou espectador) leva a reconstruir a significação a partir dos significantes cênicos: antes de "traduzir" os significantes em significados unívocos, procura-se examinar sua materialidade e levantar todos os sentidos que possam produzir, procura-se ouvir igualmente a pluralidade das vozes enunciadoras que a compõem.

A prática significante aproxima-se, assim, da noção estrutural de *encenação**, na medida que esta última se define, com Jean CAUNE, como "uma prática que transforma determinados materiais (texto, espaço, corpo, voz...) numa forma determinada destinada a criar relações sensíveis e efeitos de sentido entre o espaço da cena e espectadores reunidos num espaço e para um tempo" (1981: 230).

🔍 Prática teatral, produção teatral, semiologia.

📖 Greimas, 1977; A. Simon, 1979; Barthes, 1984.

PRÁTICA TEATRAL

🔄 Fr.: *pratique théâtrale*; Ingl.: *theatre practice*; Al.: *Theaterpraxis*; Esp.: *práctica teatral*.

A prática teatral é o trabalho coletivo e produtivo dos diferentes praticantes de teatro (ator, cenógrafo, encenador, iluminador etc.). Supõe--se que a neutralidade da palavra sirva para prevenir contra a idealização dos processos da "criação" "poiética" (PASSERON, 1996), salientando-se o *fazer coletivo* dos enunciadores da cena. Nada mais a ver com o gênero normativo de um tratado que, como *La Pratique du Théâtre*, de D'AUBIGNAC (1657), ditava regras teóricas para o bom andamento da prática teatral.

🔍 Dialética, historicização, realidade representada, produção teatral, teatro materialista.

PRATICÁVEL

↻ Fr.: *praticable*; Ingl.: *practicable*; Al.: *Podest*, *Pratikabel*; Esp.: *praticable*.

Parte do cenário constituída por objetos reais ou sólidos que é utilizada em seu uso normal, particularmente para nele se apoiar, caminhar e evoluir como em um plano cênico firme.

O praticável, hoje, é empregado com muita frequência não como objeto decorativo, mas funcional. Tornou-se elemento ativo do cenário como máquina cênica ou *máquina teatral**.

🔍 Dispositivo cênico, área de atuação, cenário, cenografia.

PRÁXIS

Na *Poética* de ARISTÓTELES, a práxis é a *ação** das personagens, ação essa que se manifesta na cadeia dos acontecimentos ou *fábula**. O drama é definido como *a imitação** desta ação (*mimese* da* práxis).

PRÉ-ENCENAÇÃO

↻ Fr.: *pré-mise en scène*; Ingl.: *pre-performance*; Al.: *Vorinszenierung*; Esp.: *pre-puesta en escena*.

1. Hipótese segundo a qual o texto dramatúrgico já conteria, de maneira mais ou menos explícita, indicações para a realização de sua encenação "ideal". Entretanto, tais indicações variam consideravelmente em natureza e importância, conforme os autores. Pode-se admitir facilmente que a divisão do texto dramático em diálogos dá, de início, uma visão ao mesmo tempo *dramática** (conflito de falas) e *teatral** (oposição e visualização das fontes do discurso). Toda a encenação levará necessariamente isso em conta. Mas a pré-encenação é, na maioria das vezes, legível – e, de fato, amiúde é assim que o encenador procede no "ritmo do discurso ou do movimento, ou pela mudança ou pela intensificação do tom ou de seus modos" (STYAN, 1967: 3). Os elementos rítmicos do texto são a "medida do valor cênico da peça" (ibid.). Por outro lado, toda a teoria brechtiana do *gestus** se baseia na noção de uma atitude gestual do dramaturgo já inserida no texto a ser proferido, atitude essa que se traduz por meio de determinado tipo de leitura e encenação.

2. Outros pesquisadores chegam a pressupor a existência, no texto, de "matrizes textuais de representatividade" e de "núcleos de teatralidade" (UBERSFELD, 1977a: 20) e até mesmo de uma "virtualidade cênica conotada no texto" e assumida na sequência pela "metalinguagem do realizador, do ator, do encenador etc." (SERPIERI, 1977, também GULLI-PUGLIATI, 1976). Tal concepção pressupõe a distinção radical entre texto dramático e outros textos (poema, romance etc.) em razão da presença e da polifonia de seus enunciadores. Infelizmente, estas teorias raramente precisam como e onde a teatralidade se insere no texto. Seria unificadora a ausência de sujeito ideológico? E a parte das *indicações cênicas**, do *cenário verbal** ou das notações proxêmicas entre os atores que o texto sugere? Somente J. VELTRUSKÝ fala de movimentos cênicos que são "as transposições das significações veiculadas pelas notas do autor, observações e comentários" e são "chamados diretamente e, portanto, predeterminados pelo diálogo" (1941: 139 e 1976: 100). Concepção bastante discutível uma vez que logocentrista, porém posição típica da maior parte dos teóricos que dão a impressão de confundir texto dramático e texto espetacular (teatralidade).

3. Mais do que procurar no texto e em sua pré--encenação a fonte e a garantia da "boa e única" encenação – posição que equivale a fetichizar o texto e a fazer dele uma garantia de uma suposta boa encenação – é preferível tentar, sobre o texto, várias opções cênicas, e constatar que leitura ou releitura do texto se seguem a isto.

Não é que o texto aceite uma encenação preferencialmente à outra, não há um texto, em si, encenável ou não, teatral ou não. O que há são hipóteses dramatúrgicas e cênicas concretas que questionam o texto e, ao pô-lo em questão, fazem-no confessar coisas insuspeitadas.

🔍 Texto e cena, encenação, roteiro, texto dramático.

📖 Hornby, 1977; Swiontek, 1990, 1993; Vinaver, 1993.

PREFÁCIO

↔ Fr.: *préface*; Ingl.: *preface*; Al.: *Vorwort*; Esp.: *prefacio*.

Texto escrito pelo autor, que precede a edição da peça. Com frequência, o prefácio consiste em uma *nota introdutória** que serve para se justificar (CORNEILLE) para garantir que não foi tomada excessiva liberdade em relação à história (RACINE) ou, ao contrário, para sugerir a novidade de um gênero (BEAUMARCHAIS e seu *Ensaio Sobre o Gênero Dramático Sério* (1767); HUGO e seu prefácio a *Cromwell*, lançando, em 1827, o movimento romântico).

PRESENÇA

↔ Fr.: *présence*; Ingl.: *presence*; Al.: *Präsenz*; Esp.: *presencia*.

"Ter presença", é, no jargão teatral, saber cativar a atenção do público e impor-se; é, também, ser dotado de um "quê" que provoca imediatamente a *identificação** do espectador, dando-lhe a impressão de viver em outro lugar, num eterno presente.

1. A Presença do Corpo

Segundo a opinião corrente entre a gente de teatro, a presença seria o bem supremo a ser possuído pelo ator e sentido pelo espectador. A presença estaria ligada a uma comunicação corporal "direta" com o ator que está sendo objeto de percepção. Desse modo, segundo J.-L. BARRAULT, "o objetivo final da mímica [não é] o visual, mas a presença, isto é, o momento do presente teatral. O visual é só meio, não um fim" (1959: 73) e, segundo E. DECROUX, "a mímica só produz presenças, que não são, em absoluto, signos convencionais" (1963: 144). Finalmente, para J. GROTOWSKI (1971), a busca da improvisação deve ter por meta reencontrar na gestualidade rastros de impulsos universais e arquetípicos, de raízes míticas semelhantes aos arquétipos junguianos. Esta presença também é o grande desafio dos teóricos colocados diante de um mistério inexplicável. "Nem sempre ela existe através das características físicas do indivíduo, precisa J.-P. RYNGAERT, mas sob forma de uma energia irradiante, cujos efeitos sentimos antes mesmo que o ator tenha agido ou tomado a palavra, no vigor de seu estar ali" (1985: 29).

Tal presença é perturbadora. Eugênio BARBA e Moriaki WATANABE fazem dela a contradição e o oxímoro do ator: "Ser marcadamente presente e, no entanto, nada apresentar, é, para um ator, um oxímoro, uma verdadeira contradição, [...] o ator de pura presença [é um] ator representando sua própria ausência" (*Bouffonneries*, 1982, n. 4: 11).

2. Presença da Cena

Todas essas aproximações têm em comum uma concepção idealista, mística até, do trabalho do ator. Perpetuam, sem explicá-lo, o mito do jogo sagrado, ritual e indefinível do ator. Tocam, porém, incontestavelmente, num aspecto fundamental da experiência teatral.

Sem penetrar totalmente no "mistério" do ator dotado de presença, uma apreensão semiológica do problema reduz, entretanto, o fenômeno a proporções mais adequadas, despidas, seja como for, de qualquer halo de misticismo. A presença será aí definida como colisão do *acontecimento** social do jogo teatral com a ficção da personagem e da fábula. O encontro do acontecimento com a ficção – que é a própria característica do teatro – produz um efeito de dupla visão: temos diante de nós um *ator* X estereotipando Y e este Y, personagem fictícia (*denegação**).

Mais do que de *presença* do ator, poder-se-ia falar do *presente* contínuo da cena e de sua enunciação. Tudo o que é representado o é efetivamente em relação à situação concreta dos locutores (*dêixis**, *ostensão**). Cada ator anima o *eu* de sua personagem, que é confrontada com as outras (os *tu*, *você*). A fim de constituir-se em *eu*, ela deve apelar para um *tu*, *você*, ao qual emprestamos, por identificação (isto é, por identidade de visão), nosso próprio *eu*. O que encontramos no *corpo** do ator *presente* nada mais é que nosso próprio corpo: daí nossa perturbação e nosso fascínio diante dessa presença ao mesmo tempo estranha e familiar.

📖 Bazin, 1959, vol. 2: 90-92; Strasberg, 1969; Chaikin, 1972; Cole, 1975; Bernard, 1976; States, 1983; Barba, 1993.

PRÉ-TEATRO

⇄ Fr.: *pré-théâtre*; Ingl.: *pre-theatre*; Al. *Urtheater*; Esp.: *pre-teatro*.

Termo usado por André SCHAEFFNER (*ir* DUMUR, 1965: 53) para agrupar as práticas espetaculares em todos os contextos culturais, notadamente nas chamadas (antigamente) sociedades primitivas. SCHAEFFNER precisa bem que não se trata "em absoluto do teatro antes do teatro, historicamente falando" (27), mas sua noção arrisca-se a sugerir que tais formas ainda não atingiram a perfeição da tradição grega e europeia, ou que são uma realização incompleta daquela. A *etnocenologia**, hoje, prefere falar em *performances culturais: práticas* culturais e/ ou *espetaculares*. Aborda essas práticas com o olhar relativizante da etnologia, concordando aqui com SCHAEFFNER, para quem "o caminho mais direto de um teatro a outro, será descoberto mais facilmente pelo etnólogo do que pelo historiador" (27).

🔍 Antropologia teatral.

PROCEDIMENTO

⇄ Fr.: *procédé*; Ingl.: *device, procedure*; Al.: *Verfahren*; Esp.: *procedimiento*.

1. O procedimento teatral é uma *técnica** de encenação, de jogo cênico ou de escritura dramática da qual o artista se serve para elaborar o objeto estético e que conserva, na percepção que temos dele, seu caráter artificial e construído. Os formalistas russos (CHKLOVSKI, TYNIANOV, EIKHENBAUM) sublinharam a importância do procedimento artístico para a simbolização da obra de arte: "Denominaremos objeto estético, no sentido próprio da palavra, os objetos criados com o auxílio de procedimentos particulares cuja finalidade é garantir, por esses objetos, uma percepção estética" (CHKLOVSKI, in TODOROV, 1965: 78).

2. Uma dramaturgia e uma encenação que não escondem os procedimentos de construção e de funcionamento teatral renunciam à ilusão e à identificação com a cena. Elas restabelecem "a realidade do teatro como teatro", o que, para BRECHT, é "a condição prévia para que possa haver reproduções realistas da vida em comum dos homens" (1972: 246). O procedimento adquire então o estatuto de trabalho significante, trabalho este efetuado com base em sistemas cênicos que não são um reflexo da realidade, mas o local da produção dos processos artísticos e sociais. A afixação do procedimento e o efeito de ruptura da ilusão serão realizados todas as vezes que o teatro se apresentar como produção material de signos pela equipe de realização: nesse tipo de teatro materialista (formas populares, circo, *realismo** brechtiano etc.), o trabalho de preparação e de produção da ilusão, os bastidores da maquinaria textual e cênica serão sempre claramente percebidos pelo espectador.

A *declamação** ritmada do alexandrino, a mudança do cenário à vista do espectador, a "entrada" progressiva do ator em seu papel são alguns dos procedimentos teatrais assumidos abertamente.

📖 Meierhold, 1963; Erlich, 1969; Matejka, 1976a, 1976b; Mukařovský, 1977, 1978.

PROCESSO TEATRAL

⇄ Fr.: *processus théâtral*; Ingl.: *theatrical process*; Al.: *Theatervorgang*; Esp.: *proceso teatral*.

As ações ou acontecimentos encenados são processos quando se mostra seu caráter dialético, o perpétuo movimento e a dependência de *fatos** anteriores ou exteriores. *Processo* opõe-se a *estado* ou a *situação* fixada; é o corolário de uma visão transformadora do homem "em processo", pressupõe um esquema global dos movimentos psicológicos e sociais, um conjunto de regras de transformação, e de interação: eis por que esse conceito é empregado sobretudo numa dramaturgia aberta, dialética e até mesmo marxista (P. WEISS, B. BRECHT).

Reprodução, dramaturgia, ação, realidade representada, prática significante.

Dort, 1960; Wekwerth, 1974; Knopf, 1980.

PRODUÇÃO TEATRAL

Fr.: *production théâtrale*; Ingl.: *theatrical production*; Al.: *Theaterproduktion*; Esp.: *producción teatral*.

O inglês *production* tomado como *encenação**, *realização cênica*, sugere bem o caráter construído e concreto do *trabalho teatral** que precede a realização de todo espetáculo. Às vezes se fala de produção do sentido ou de produtividade da cena para indicar a atividade conjunta dos artesãos ou executores dos espetáculos (do *autor** ao ator) e do público (*recepção**). A produção do sentido não termina, de modo algum, com o final da peça; prolonga-se na consciência do espectador e sofre transformações e interpretações que a evolução de seu ponto de vista dentro da realidade social exige e produz.

No Brasil, o termo *produção teatral* engloba todos os procedimentos adotados para o levantamento *material* do espetáculo, abrangendo custos (a produção propriamente dita) e a operacionalização da encenação (contratação e administração de pessoal artístico e técnico, aquisição de materiais etc.). (N. de T.)

PROGRAMA

Fr.: *programme*; Ingl.: *program*; Al.: *Programmheft*; Esp.: *progama*.

1. Metamorfoses do Programa

O programa, tal como conhecemos hoje, é uma invenção bem recente. Desde o século XVI, às vezes se distribuem volantes, até mesmo à população, para informar sobre a representação. Os programas propriamente ditos, oferecidos ou vendidos ao público antes do espetáculo, datam do final do século XIX. Sua forma e conteúdo variam muito de país para país. Mesmo durante os últimos trinta anos, sua função evoluiu constantemente e, hoje em dia, encontram-se exemplos tão variados quantos são os teatros.

Fundamentalmente, presume-se que o programa deva informar o público sobre o nome dos autores, do encenador; às vezes, dá um resumo da ação; os encartes publicitários propiciam ao teatro um ganho suplementar, nem que seja para sua impressão... Quem não tem saudade daquele papel brilhante, com propagandas de marcas de perfumes, fotos de estrelas elegantemente vestidas e todo o cerimonial mundano do teatro burguês?

2. Programação do Olhar

Os programas dos teatros oficiais e dos grupos experimentais têm uma imagem completamente diferente. Contêm reflexões do encenador ou do dramaturgo, expõem grandes excertos de textos críticos ou literários que pretendem tomar mais claras as opções da encenação. Todo um discurso sobre a encenação é assim fornecido à margem do espetáculo, com o texto da peça, as notas de encenação e uma verdadeira paráfrase do trabalho cênico. Apesar do interesse desse aparato crítico, é muito grande o perigo de programar a visão e dizer verbalmente aquilo que o espectador deveria sentir unicamente a partir da encenação, uma vez que falseia o jogo e estraga o prazer.

É necessário ler tais libelos antes da representação? Por conta disso, a percepção será modificada, até mesmo empobrecida, mas também pode ocorrer que, privado desse discurso de apoio, falte ao público a tática ou a agudeza da encenação. A citação ou o conjunto dos textos colocados em exergo são, por vezes, o intertexto indispensável à compreensão da encenação: quem não houvesse lido a citação de Giscard d'Estaing que abria o programa de *Britannicus* encenado por La Salamandre, por exemplo, correria o perigo de passar ao largo do tom irônico e zombeteiro da interpretação cênica. A cavaleiro entre a análise dramatúrgica e a encenação, tal programa explode os limites entre o texto dramatúrgico e sua encenação. Os programas de certos teatros – excelentes, na maior parte das vezes – como os de Bochum, Stuttgart ou Strasburgo, assumem proporções livrescas, constituindo-se em dossiês bastante completos da obra representada. São verdadeiros números especiais de revista e alguns teatros assumem a edição de uma revista da casa que ilustra e comenta abundantemente o espetáculo. Alguns encenadores, conscientes do perigo de sugestão demasiado livresca, limitam-se a citar outros textos do autor ou outras obras que esclareçam seu trabalho de maneira intertextual e indiquem qual o percurso dos executantes durante os ensaios (como VITEZ, LASSALLE ou STEIN).

Este discurso é sempre bastante revelador de uma estratégia, de um desejo hermenêutico ou de uma imagem de si próprio, mas é preciso evitar tentar torná-lo similar ao discurso da encenação tal como o próprio espectador o recebe e produz. O programa não é uma palavra do evangelho: certo dramaturgo que, como Daniel BESNEHARD, pretendia, no papel, "respeitar as ambiguidades marivauxianas, fazia-as entrar na nota a uma encenação (da *Double Inconstance*, por Michel DUBOIS) quê não primava pelas nuances. Ultrapassando a função de simples convocação para a de informação e depois, de publicidade, o programa corre o perigo de reverbalizar o teatro, desviar o espectador de sua pulsão escópica, para colocá-lo novamente na posição de um leitor que não se deixa envolver pela cena.

PROJEÇÃO

⟲ Fr.: *projection*; Ingl.: *projection*; Al.: *Übertragung*; Esp.: *proyección*.

Quando se projetam em cena textos, imagens fixas, filmes ou vídeos, injeta-se no corpo vivo e presente da representação materiais sob forma de imagens. Disto resulta um ruído no regime da representação: presença corporal e duplicação mediática opõem-se, de imediato, irredutivelmente. Desde os primórdios do cinema, projetaram-se em cena fragmentos de filmes; as primeiras utilizações, com clara função dramatúrgica, encontram-se na encenação do *Livro de Cristóvão Colombo*, de Paul CLAUDEL (1927) e nas encenações engajadas de PISCATOR, BRECHT e NEHER, nos anos vinte. Mas, APPIA, desde 1891, já utilizava projeção da sombra de um cipreste em um cenário abstrato e mineral.

As projeções respondem a todas as funções dramatúrgicas imagináveis: efeitos de ambiência, de distanciamento obtido através de palavras, quadros ou ilustrações, confronto do real com o imaginário; visualização de um detalhe da atuação filmado ao vivo, aumentado e transmitido por telões; ou simples ostentação tecnológica, ingênua, aliás, uma vez que não é pelo fato de a televisão ser a cores que é pós-moderna...

PRÓLOGO

⟲ (Do grego *prólogos*, discurso que vem antes.) Fr.: *prologue*; Ingl.: *prologue*; Al.: *Prolog*; Esp.: *prólogo*.

Parte que antecede a peça propriamente dita (e, portanto, distinta da *exposição**) na qual um ator – às vezes também o diretor do teatro ou o organizador do espetáculo – dirige-se diretamente ao público para lhe dar boas-vindas e anunciar alguns temas importantes, como o início da função, fornecendo-lhe dados considerados necessários à boa compreensão da peça. Trata-se de uma espécie de "prefácio" da peça, no qual só é correto falar ao público de algo que esteja fora da intriga e seja do interesse do poeta e da própria peça.

1. Metamorfose e Permanência do Prólogo

Em sua origem, o prólogo era a primeira parte da ação antes da primeira aparição do coro (*Poética* de ARISTÓTELES, 1452b). Em seguida, foi transformado (por EURÍPIDES) em monólogo que expunha a ação. Na Idade Média, encontramo-lo como exposição do *praecursor*, espécie de mestre-de-cerimônias e encenador "*avant la lettre*". O teatro clássico (francês e alemão) recorreu a ele a fim de garantir os favores do príncipe ou dar uma rápida ideia da missão da arte ou do trabalho teatral (*cf.* MOLIÈRE em *O Improviso de Versalhes*). Tende a desaparecer a partir do momento que a cena se dá como apresentação realista de um acontecimento verossímil, já que é sentido como enquadramento que torna não realista a ficção teatral. Ressurgiu com os dramaturgos expressionistas (WEDEKIND) ou épicos (BRECHT). As pesquisas teatrais atuais apreciam-no de maneira especial, pois se presta ao jogo das apresentações que quebram a ilusão e a modalização das narrativas "encaixadas".

2. Funções desse Tipo de Discurso

Sem pretender resumir as inúmeras funções dos prólogos na evolução das formas teatrais, destacaremos ao menos alguns princípios estruturais comuns a todos:

a. Integração na sequência

Integra-se perfeitamente à peça, está à frente dela e é sua apresentação ou ao contrário, constitui-se num espetáculo autônomo, uma espécie de *intermédio** ou *cortina**.

b. Mudanças de perspectiva

O espectador, colocado a par da ação pelo anunciador, vive a ação dramática em dois níveis: seguindo o fio da fábula, "sobrevoando" e antecipando a ação: está ao mesmo tempo dentro e acima da peça e, graças a essa mudança de perspectiva, identifica-se, tomando a devida distância às vezes necessária. Quando o prólogo anuncia a saída da ação, diz-se que a técnica é *analítica**: tudo decorre da proposição final anunciada no início e a peça é uma reconstituição de um *episódio** passado.

c. Discurso intermediário

O prólogo garante a "suavidade" da passagem da realidade social da plateia para a ficção da cena. Introduz pouco a pouco o espectador na peça, tanto autenticando o universo ficcional que vai ser apresentado, quanto introduzindo o jogo teatral por patamares. Sua ficção é, portanto, ora verossímil, ora lúdica (*cf.* os diálogos entre diretor, autor e ator no "Prólogo ao céu" do *Fausto* de GOETHE). É um modo de ultrapassar os limites da obra e ironizar sua feitura (*quadro**).

d. Modalização

O prólogo dá o tom da peça por analogia ou por contraste. Apresenta as diferentes camadas do texto ou da representação, manipula o espectador influenciando-o diretamente, propondo um modelo de recepção mais ou menos claro. Ele contém, em seu uso atual, todo um discurso sobre a companhia, seu estilo, engajamento, estado financeiro etc. O prólogo é essencialmente um discurso misto (realidade/ficção, descrição/ação, seriedade/lúdico etc.). Faz sempre o papel de metalinguagem, de intervenção crítica *antes do* e *no* espetáculo.

Epílogo, exposição, discurso, dirigir-se ao público.

Enciclopedia dello Spettacolo (verbete "Prólogo"), 1954.

PROSÓDIA

(Do grego *prosódia*, acento e qualidade da pronúncia.)
Fr.: *prosodie*; Ingl.: *prosody*; Al.: *Prosodie*; Esp.: *prosódia*.

Acento vocálico na dicção de um verso e na estrutura rítmica utilizada para valorizar o texto, regras de quantidade de sílabas, particularmente a alternância das sílabas breves e longas em função da métrica do verso. Em linguística, prosódia é o "estudo dos traços fônicos que, nas diferentes línguas, afetam sequências cujos limites não correspondem à decupagem da cadeia falada em fonemas" (DUBOIS *et al.*, *Dicionário de Linguística*, p. 398). Trata-se da apreensão dos fonemas que escapam ao quadro fonemático e que se situam além da organização em fonemas, especialmente o acento dinâmico e tônico, a duração da emissão, sua altura, timbre de intensidade dos sons.

A qualidade prosódica do texto dramático depende do desenho melódico que se pode encontrar à sua leitura: da versificação e sujeições à métrica, mas também da maneira pela qual o ator utiliza sua presença e corpo a fim de ritmar o texto, fazê-lo respirar, acompanhar sua emissão com figuras gestuais, ressaltar e ocultar partes do texto, valorizar aliterações, ecos, repetições e toda a retórica da *declamação**. A encenação, especialmente do texto clássico em verso, passa por experimentações de sua prosódia e ritmos possíveis, por parte do ator. Colocar os sons já é fixar o sentido ou os sentidos que o espectador receberá. *Dicção** e *gestualidade** estão intimamente ligadas pela estrutura *rítmica**, pela enformação da matéria verbal e gestual.

PROTAGONISTA

↻ (Do grego *pratos*, primeiro e *agonizesthai*, combater.)
Fr.: *protagoniste*; Ingl.: *protagonist*; Al.: *Protagonist*; Esp.: *protagonista*.

Para os antigos gregos, protagonista era o ator que fazia o papel principal. O ator que fazia o segundo se chamava deuteragonista e o terceiro, tritagonista. Historicamente surgiram, na ordem: o coro, depois o protagonista (com TÉSPIS), a seguir o deuteragonista (com ÉSQUILO) e finalmente o tritagonista (com SÓFOCLES, *Antagonista**).

Atualmente, costuma-se referir aos protagonistas como personagens principais de uma peça, os que estão no centro da *ação** e dos *conflitos**.

PROVÉRBIO DRAMÁTICO

↻ Fr.: *proverbe dramatique*; Ingl.: *dramatic proverb*; Al.: *dramatisâtes Sprichwort*; Esp.: *provérbio dramático*.

Gênero literário extraído de um jogo de salão que consistia em ilustrar, através de um sainete improvisado, um provérbio que o público deveria reconhecer. Madame de MAINTENON escreveu alguns para seus pensionistas de Saint-Cyr, CARMONTELLE publicou uma coletânea deles em 1768. No século XIX, Henri de LATOUCHE, Octave FEUILLET e sobretudo MUSSET aperfeiçoaram o gênero. (*Não se brinca com o Amor*; *É preciso que uma Porta esteja Aberta ou Fechada*); Hoje em dia o gênero só subsiste sob forma lúdica e paródica. Vários títulos conservam a forma de uma adivinhação ou sentença moral ou filosófica: *The Importance of Being Eannest*, de WILDE; *A Exceção e a Regra*, de BRECHT; as comédias e provérbios do cineasta Eric ROHMER.

PROXÊMICA

↻ Fr.: *proxémique*; Ingl.: *proxemics*; Al.: *Proxemik*; Esp.: *proxêmica*.

1. A Medida do Espaço

Disciplina recente de origem americana (HALL, 1959, 1966), a proxêmica estuda o modo de estruturação do espaço humano: tipo de espaço, distâncias observadas entre as pessoas, organização do habitat, estruturação do espaço de um edifício ou de um cômodo. HALL distingue:

- espaço fixo ("*fixed-feature space*") ou espaço arquitetônico;
- espaço semifixo ("*semi-fixed feature space*") ou espaço da disposição dos objetos num local;
- espaço informal ("*informal space*") ou espaço interpessoal. As relações entre os indivíduos se definem em quatro categorias principais: íntimas (menos de 50 cm), pessoais (50 cm a 1, 50 m), socioconsultivas (1, 50 m a 3, 50 m), públicas (até onde a voz alcançar).

Propõe-se considerar o comportamento proxêmico dos indivíduos em função das oito variantes seguintes:

- postura corporal global (em função do sexo);
- ângulo de orientação dos parceiros;
- distância corporal definida pelo braço;
- contato corporal de acordo com forma e intensidade;
- troca de olhares;
- sensações de calor;
- percepções olfativas;
- intensidade da voz.

2. Proxêmica Teatral

Essas categorias aplicadas ao teatro permitiriam observar que tipo de espaço (fixo/móvel) a encenação escolhe, como ela codifica as distâncias entre os actantes, entre os atores e os objetos ou entre palco e plateia. Enquanto mimese da interação social, o teatro reproduz essas leis espaciais e cada mudança dos códigos é significante. Mais ainda que a observação dos espaços reproduzidos em cena, a proxêmica poderia avaliar que distância (psicológica/simbólica e não puramente geométrica) separaria o palco da plateia, como a encenação escolhe aproximar ou distanciar plateia e palco, e para que fins estéticos e ideológicos seria feita a escolha. Ver-se-ia como o gesto, a voz, a iluminação são capazes de modular esta distância e criar efeitos de sentido.

A encenação teatral opta por um determinado tipo de relações espaciais entre as personagens/atores em função de sua psicologia, *status* social, sexo etc. Cada estética cênica possui um código proxêmico implícito e a maneira de visualizá-lo a partir das relações espaciais e rítmicas entre os atores influi na leitura do texto (na *enunciação**) e em sua recepção; um mesmo autor será assim reconstituído *proxemicamente* por várias encenações: isto pôde ser visto recentemente nas encenações de RACINE de A. VITEZ, M. HERMON; J.-C. FALL ou GRÜBER, que inventam, a cada vez, um rigoroso código de distâncias e movimentos. O teatro reúne num palco pessoas que "normalmente" não se encontrariam; ioniza e mostra suas relações sociais de maneira concreta: no modo de olhar, de ouvir, de falar, de se repelirem, se tocarem. Seus percursos e trajetórias se inscrevem no espaço cênico. Às vezes, o encenador figura assim seu itinerário privado, social ou inconsciente, a trajetória deles, o desenho deles, se inscreve como um desenho no palco, como uma *partitura** que eles são os únicos a escrever e a decifrar corretamente. O percurso da personagem (VITEZ) está inscrito no seu movimento e seu desenho no chão.

3. Programa para uma Próxima Proxêmica

Aproximando a metodologia da proxêmica com os estudos do *ritmo** e da *enunciação cênica**, poder-se-ia propor o seguinte programa:

a. Medida e levantamento das distâncias entre os locutores, traçado de suas evoluções, avaliações de seus ritmos.

b. Imbricação dos espaços nos quais o ator está envolvido (*espaço**, *questionário**).

c. Formalização da situação de enunciação (olhar, distância, modalidade do discurso, comunicação não verbal, entonação, inscrição do discurso no espaço e do espaço no discurso).

d. Percursos* do ator comparados com os do espectador.

e. Arquitetura dos *olhares** e dos *corpos* dos atores, produção da enunciação cênica global a partir das enunciações individuais dos diversos sistemas significantes, daquilo que BRECHT denominava *gestus de entrega*.

f. Inserção da voz no espaço, sua relação com os espectadores (em função do ator e do lugar do espectador no espaço cenográfico).

 Langages, 1968; K. Scherer, 1970; Schechner, 1973a, 1977; Cosnier, 1977; Pavis, 1981a; Sarrazac *et al.*, 1981.

PSICODRAMA

Fr.: *psychodrame*; Ingl.: *psychodrama*; Al.: *Psychodrama*; Esp.: *psicodrama*.

Técnica desenvolvida por J.-L. MORENO (1892-1974) nos anos 1920, a partir da improvisação teatral (*Psychodrama Monographs*, 1944-1954). Psiquiatra em Viena, depois nos Estados Unidos desde 1925, MORENO, ao estudar as relações afetivas e a dinâmica de grupo, criou o teatro improvisado (*Stegreiftheater*), no qual cada ator improvisa seu papel. Essa tentativa de reforma teatral fez com que descobrisse o psicodrama, "ciência que explora a verdade por meio de métodos dramáticos". O psicodrama é uma técnica de investigação psicológica e psicanalítica que procura analisar conflitos interiores fazendo com que alguns protagonistas interpretem um roteiro improvisado a partir de determinadas senhas. A hipótese que se configura é a de que, mais do que na palavra, é na ação e na atuação que os conflitos recalcados, as dificuldades das relações interpessoais e os erros de julgamento são passíveis de se revelarem com maior nitidez.

O psicodrama permite, sobretudo à criança, reviver seus conflitos, dando-lhe a oportunidade, no seio de uma equipe de dois ou três terapeutas, de fazer comédia, distribuir papéis, improvisar uma história (*cf.* D. ANZIEU, *Le Psychodrame Affectif chez l'Enfant*).

O psicodrama, técnica terapêutica, diferencia-se tanto da *catarse** aristotélica como da peça psicológica e do teatro da crueldade de ARTAUD. Nele, não se deve procurar imitar uma ação, uma vez que a relação humana é tanto mais autêntica quanto menos mimética.

 Jogo, jogo dramático, identificação, mimese.

 Moreno, 1965, 1984; Ancelin-Schützenberger, 1970; Franchette, 1971; Flashar, 1974; Boal, 1977, 1990.

Q

QUADRO (1)

↻ Fr.: *tableau*; Ingl.: *tableau*; Al.: *Tableau*; Esp.: *cuadro*.

Unidade da peça do ponto de vista das grandes mudança de lugar, de ambiente ou de época. A cada quadro corresponde, na maior parte do tempo, um cenário particular.

1. Ato/Quadro

A estruturação em quadros não se integra ao sistema *ato*/*cena**, o qual funciona mais no plano da *ação** e da *entrada*/*saída** das personagens.

A referência à pintura que o termo *quadro* implica indica bem toda a diferença em relação ao ato: quadro é uma unidade espacial de ambiência; ele caracteriza um meio ou uma época; é uma unidade temática e não actancial. Ao contrário, o ato é função de uma *decupagem** narratológica estrita, e não passa de um elo na cadeia actancial, ao passo que o quadro é uma superfície muito mais vasta e de contornos imprecisos que recobre um universo épico de personagens cujas relações bastante estáveis dão a ilusão de formar um afresco, um corpo de baile ou um *quadro vivo**.

2. Surgimento da Decupagem em Quadros

É no século XVIII que a estética do quadro se constitui em relação com uma visão pictórica da cena dramática. O quadro é "uma disposição [das] personagens no palco, tão natural e verdadeira que, dada fielmente por um pintor, ele me agradaria no quadro [...] O espectador está no teatro como diante de uma tela onde os quadros diversos se sucederiam por encadeamento [...] A pantomima é um quadro que existia na imaginação do poeta, quando ele escrevia, e quando queria que o palco mostrasse a cada instante quando ela é representada" (DIDEROT, 1975: 110). Paralelamente a esta concepção épica da ação teatral, diferentes dramaturgos subdividem seus textos em cenas autônomas centradas num tema ou numa situação (LENZ, GOETHE em *Fausto*; no século XIX, BÜCHNER, MUSSET ou HUGO; no século XX, WEDEKIND, BRECHT etc.).

3. Dramaturgia do Quadro

O surgimento do quadro está ligado àquele dos elementos épicos no drama: o dramaturgo não enfoca uma crise, ele decompõe uma duração, propõe um fragmento de um tempo descontínuo. Ele não se interessa pelo lento desenvolvimento, mas pelas rupturas da ação. O quadro lhe fornece o âmbito necessário a uma investigação sociológica ou a uma pintura de gênero. Em vez do movimento dramático, ele escolhe a fixação fotográfica de uma cena. Contemporânea da emergência da encenação, a colocação em quadro é, na verdade, uma maneira de arranjar visual e globalmente a *cena**.

Todavia, a ideologia subjacente a esta valorização do quadro é muito variável. Para DIDEROT, o quadro realizava uma síntese harmoniosa de mobilidade, de concentração dramática e de ação: "Um quadro bem composto é um todo fechado sob um ponto de vista, onde as partes concorrem para um mesmo fim e formam, por sua correspondência mútua, um conjunto tão real quanto aquele dos membros num corpo animal" (art. "Composição" da *Encyclopédie*). Para BRECHT, ao contrário, o quadro é um fragmento típico, porém incompleto sem a perspectiva crítica e reestruturante do espectador: cada quadro forma um todo, não se projeta no seguinte; ele se encerra brutalmente a partir do momento que ameaça se "prender" a uma substância que vale por ela e que não obriga à comparação com a sequência.

📖 Szondi, 1972b; Valdin, 1973; Banhes, 1973b.

QUADRO (2)

↻ Fr.: *cadre*; Ingl.: *frame*; Al.: *Rahmen*; Esp.: *marco*.

✎ O termo, nesta acepção, deve ser entendido como *âmbito* e não deve ser confundido com *quadro**, divisão formal da peça. (N. de T.)

O quadro da representação teatral não é apenas o tipo de cena ou de espaço cênico onde a peça ocorre; em sua maior acepção, é também o conjunto de experiências e de *expectativas** do espectador, a situação da ficção representada. A palavra *quadro* deve ser tomada do ponto de vista material (colocação do espetáculo na "caixa") e do ponto de vista abstrato (colocação da ação em situação e em relevo).

1. Quadro Cênico

O acontecimento teatral – jogo dos atores, "colocação do texto no espaço", disposição da plateia etc. – é apresentado ao público de acordo com um modo adequado a cada encenação. Desde o palco italiano, no qual nada pode sair do quadro "pictórico" da cena concebida como quadro vivo, até a explosão total do espaço cênico, foram feitas todas as espécies de tentativas para redefinir o quadro da ação teatral. Evidentemente, é importantíssimo saber como a realidade cênica é apresentada ao espectador. Os espaços de entrada e saída dos atores materializam o limite entre o palco e o exterior; daí a importância real e simbólica da porta no teatro. Do lugar aberto raciniano da antecâmara, que garante a passagem entre o exterior e o lugar trágico, à verdadeira porta maciça dos naturalistas, a porta liga o espaço cênico e o mundo exterior cuja emergência em cena ela facilita ou emperra (*teicoscopia**).

2. Quadro da Ação

O texto e a cena situam mais ou menos concretamente a ação, explicando-a ou sugerindo-a (*meio**). A cenografia tem plenos poderes para encerrar os atores em determinado lugar ou, ao contrário, deixá-los produzir o espaço pelas convenções de sua situação e de seus deslocamentos.

3. Enquadramento

A "implicação" do espectador naquilo que ele vê e a distância crítica diante da cena são muito variáveis. Ao variar a distância em relação à cena (*identificação** ou *distância**), ao decidir sob que ângulo o espetáculo deve ser visto, a encenação modifica incessantemente o enquadramento. Como na técnica cinematográfica do *zoom*, a ação é colocada a maior ou menor distância, os detalhes são mascarados ou postos em primeiro plano.

A escritura dramática marca os limites formais, às vezes por um mesmo motivo, no começo e no fim da peça, dando a impressão de círculo que se fecha em si mesmo (TCHÉKHOV, PIRANDELLO e todas as formas de *teatro dentro do teatro**). Em outros casos de *mise en abyme**, distingue-se uma ação enquadrante, que apresenta dentro de si mesma uma ação enquadrada (como no caso das narrativas "encaixadas"). Toda representação consiste em enquadrar, por certo tempo, uma porção do mundo e em declarar o quadro significativo e artificial (fictional). Tudo o que está dentro do quadro adquire valor de signo exemplar oferecido à decifração do espectador.

A encenação enquadra um acontecimento: evidencia certos signos e exclui outros. Esse processo de *semiotização** traça o limite entre o visto e o escondido, entre o sentido e o não sentido.

4. Ficção e Função do Quadro

Às vezes, a obra moderna se caracteriza pela imprecisão de limites: onde começa, realmente, a escultura moderna ou *instalação** em seu local de exposição? Do mesmo modo, certos espetáculos (de inspiração "pirandelliana") embaralham as pistas e aspiram abolir a ribalta. O teatro "cerca-se", então, de "precauções", de quadros cada vez mais restritos que nos fazem penetrar passo a passo ao cerne da ficção. Entre os quadros materializados de maneira tão diversa, é necessário levar em conta: o bairro onde está instalado o lugar teatral, a vizinhaça mais próxima do teatro, o *hall* de entrada com sua exposição de documentos, sua ambientação, a plateia arrumada de acordo com a cenografia da peça, o programa que introduz o universo representado, as personagens "narradoras" que anunciam o início do jogo, as que apresentam a si mesmas etc. Todos esses quadros inauguram "a história a ser contada; servem de transição entre o mundo exterior e a peça a ser relatada; modalizam e filtram a matéria ficcional, como se ela sentisse necessidade de tornar-se verossímil e colocar o público paulatinamente em situação.

5. Ruptura do Quadro

Querendo dar a ilusão de que não existe um fosso entre arte e vida, a arte contemporânea, com frequência, esforçou-se para inventar formas em que o quadro fosse suprimido: *Seis Personagens à Procura de um Autor*, de PIRANDELLO, *Afronta ao Público*, de P. HANDKE, *O Preço da Revolta no Mercado Negro*, de D. DIMITRIADIS, *Paradise Now*, do Living Theatre, os *happenings**, o teatro de rua etc.

Acontecimento, narrativa, perspectiva, teatro dentro do teatro, fechamento, decupagem.

Goffman, 1959, 1974; Uspenski, 1972, 1975; Bougnoux, 1982; Swiontek, 1990.

QUADRO VIVO

Fr.: *tableau vivant*; Ingl.: *tableau vivant*; Al. *lebendes Bild*; Esp.: *cuadro viviente*.

Encenação de um ou vários atores imóveis e congelados numa pose expressiva que sugere uma estátua ou uma pintura.

1. Já se encontra esta técnica na Idade Média e no Renascimento, mas a moda e a "teorização" remontam sobretudo ao século XVIII (C. BERTINAZZI é considerado um dos inventores desta prática cênica: ele compôs um quadro reconstituindo a pintura de GREUZE, *A Nubente da Aldeia*). Esta técnica passa a ser um gênero do qual DIDEROT, em *Sobre a Poesia Dramática*, fez-se advogado: "é preciso pôr as figuras juntas, aproximá-las ou dispersá-las, isolá-las ou agrupá-las, e extrair delas uma sucessão de quadros, todos compostos de maneira grande e verdadeira" (1758: 110).

2. O quadro vivo inaugura uma dramaturgia que descreve ambientes, apreendendo a vida em sua realidade cotidiana e dando um conjunto de imagens patéticas do homem com o auxílio de quadros de gênero. Supõe-se, como em GREUZE, que a imobilidade contenha em germe o movimento e a expressão da interioridade. O quadro vivo se presta mais à evocação de *situações** e *condições** que àquela de ações e de caracteres. Certas peças fazem dele um uso sistemático (DIDEROT, mas também GÓGOL, cujo *Inspetor Geral*, 1836, encerra-se pela imagem catastrófica e fixa das personagens esperando o inspetor de finanças). Mas é antes de tudo no trabalho de encenação que esta técnica do instantâneo é hoje reutilizada. Certas encenações do *teatro do cotidiano** ou do *teatro de imagens** (LASSALE, WENZEL, DEUTSCH, KROETZ) encerram cada sequência por uma imobilização dos atores numa atitude congelada, sugerindo por aí a influência do meio e o modo de abordagem desta dramaturgia: por pequenos toques para cenas apenas entrevistos num lampejo de consciência.

QUARTA PAREDE

Fr.: *quatrième mur*; Ingl.: *fourth wall*; Al.: *vierte Wand*; Esp.: *cuarta pared*.

Parede imaginária que separa o palco da plateia. No teatro *ilusionista** (ou *naturalista**), *o espectador* assiste a uma ação que se supõe rolar independentemente dele, atrás de uma divisória translúcida. Na qualidade de *voyeur*, o público é instado a observar as personagens, que agem sem levar em conta a plateia, como que protegidas por uma quarta parede. MOLIÈRE, no *Improviso de Versalhes*, já se perguntava "se a quarta parede invisível não dissimula uma multidão que nos observa" e DIDEROT reconhecia sua realidade: "Seja compondo, seja interpretando, pensem também no espectador como se ele não existisse. Imaginem, na beira do palco, uma grande parede que os separa da plateia; atuem como se o pano não se levantasse" (*Sobre a Poesia Dramática*, 1758, XI: 66). O realismo e o naturalismo levam ao extremo essa exigência de separação entre palco e plateia, ao passo que o teatro contemporâneo quebra deliberadamente a ilusão, (re)*teatraliza** a cena, ou força a *participação** do público. Uma postura dialética parece ser mais apropriada: existe separação entre palco e plateia e isso pode sofrer várias transformações, e ora eles estão apartados, ora juntos, sem que uma coisa elimine a outra, e o teatro vai vivendo dessa constante *denegação**.

Dramático e épico, espaço, ilusionista.

Zola, 1881; Antoine, 1903; Deldime, 1990.

QUESTIONÁRIO

Fr.: *questionnaire*; Ingl.: *questionnaire*; Al.: *Fragebogen*; Esp.: *cuestionario*.

Com frequência usam-se questionários com a finalidade de investigar o público, porém métodos, finalidade e resultados variam consideravelmente.

1. Questionários Sociológicos

Tratam da aquisição de conhecimento da composição do público, sua origem socioprofissional, sua bagagem ideológica e cultural. Temos, assim, A. BOURASSA, que, em sua pesquisa sobre a função social do teatro (desenvolvida na Universidade de Quebec), distribui ao público um questionário antes da representação. Ele começa por generalidades sobre educação, renda, língua materna, e depois procura determinar seus hábitos teatrais: periodicidade de frequência, o que se sabe a respeito da companhia, desse espetáculo em particular, opiniões sobre o programa, sobre os atores, a receptividade, os diversos tipos de espetáculo e de atividade cultural. Esses dados fornecem uma imagem bastante precisa do público de determinado teatro ou cidade.

2. Questionários Psicológicos e Ideológicos

Trata-se da avaliação da percepção do espaço, da emoção sentida pelo público durante o espetáculo e sua percepção das personagens (*cf.* TAN e SCHOENMAKERS, *in* KESTEREN e SCHMID, 1984; TINDEMANNS, *in* FISCHERLICHTE, 1985).

3. Questionários "Socioestéticos"

Propõem respostas de múltipla escolha, por vezes, respostas abertas, ou assumem a forma de entrevista mais ou menos direcionada. Algumas vezes, usa-se vídeo para gravar as entrevistas. Frequentemente, como para Marie GOURDON, trata-se de "dar a palavra [ao] público com a finalidade de conhecer suas motivações, aspirações e opiniões frente ao fato teatral [...], com o objetivo de analisar as reações do público em relação a certos espetáculos e de se obter informações que completem nosso conhecimento dos modos de criação teatral" (1982: 9). A revelação do modo de decifrar a encenação continua marginal, uma vez que as perguntas e o cálculo estatístico fazem com que se perca o detalhe das respostas. Falta a essa abordagem uma teoria hermenêutica e semiológica da *recepção**, mas a imagem que ela fornece do público contemporâneo é bastante instrutiva.

4. Questionários Ideológico-Estéticos

São elaborados em função de uma determinada encenação e visam reconstituir o modo pelo qual os espectadores constroem sua significação. O reconhecimento da linguagem e dos sistemas de signos utilizados força os pesquisadores (como S. AVIGAL e S. WEITZ, 1985) a colocarem questões de múltipla escolha muito gerais (demais), sem entrar no detalhe dos níveis da representação e dos elementos não verbais. Pode-se concluir daí que o público (israelense, nesse caso) percebe apenas uma parte limitada dos signos e que essa pobreza quantitativa repercute na qualidade da percepção e da interpretação e, sobretudo, se o que está em jogo é político, ele percebe e salienta somente o que quiser ver e o que serve de combustível para sua fogueira política.

5. Outros Questionários

Outras fórmulas, mais ou menos quantitativas ou baseadas no discurso, também são válidas. Ainda aí, o conhecimento prévio do público a ser testado parece indispensável para a elaboração de um tipo de questionário mais "contundente". A título de exemplo, reproduzir-se-á o questionário utilizado durante as análises de espetáculos com estudantes:

1. *Características gerais da encenação*
   a. O que sustenta os elementos do espetáculo (relações dos sistemas cênicos).
   b. Coerência ou incoerência da encenação: e se fundamenta em quê?
   c. Lugar da encenação no contexto cultural e estético.
   d. O que o perturba nessa encenação: que os momentos fortes, fracos ou tediosos? Como se situa na produção atual?

2. *Cenografia*
   a. Formas do espaço urbano, arquitetural, cênico, gestual etc.
   b. Relação entre espaço do público e espaço da representação.
   c. Princípios da estruturação do espaço.
      1. Função dramatúrgica do espaço cênico e de sua ocupação.
      2. Relação do do mostrado e do escondido.
      3. Ligação entre o espaço utilizado e a ficção do texto dramático encenado.
      4. Relação entre o mostrado e o oculto.
      5. Como evolui a cenografia? A que correspondem suas transformações?
   d. Sistemas das cores, das formas, das matérias: suas conotações.

3. *Sistemas de iluminação*
   Natureza, ligação com a ficção, com a representação, com o ator. Efeitos sobre a recepção do espetáculo.

4. *Objetos*
   Natureza, função, matéria, relação com o espaço e com o corpo, sistema de seu emprego.

5. *Figurinos, maquiagens, máscaras*
   Função, sistema, relação com o corpo.

6. *Performance dos atores*
   a. Descrição física dos atores (gestual, mímica, maquiagem); mudanças em sua aparência.
   b. Sinestesia presumida dos atores, sinestesia induzida no observador.
   c. Construção da personagem; ator/papel.
   d. Relação do ator e do grupo: deslocamento, relações de conjunto, trajetória.
   e. Relação texto/corpo.
   f. Voz: qualidades, efeitos produzidos, relação com a dicção e canto.
   g. Estatuto do ator: seu passado, sua situação na profissão etc.

7. *Função da música, do barulho, do silêncio*

   a. Natureza e características: relação com a fábula, com a dicção.
   b. Em que momentos intervêm? Consequência sobre o resto da representação.

8. *Ritmo do espetáculo*

   a. Ritmo de alguns sistemas significantes (trocas de diálogos, iluminação, figurinos, gestualidade etc.). Ligação entre duração real e duração vivida.
   b. O ritmo global do espetáculo: ritmo contínuo ou descontínuo, mudanças de regime, ligação com a encenação.

9. *Leitura da fábula por essa encenação*

   a. Que história é contada? Resuma-a. A encenação conta a mesma coisa que o texto?
   b. Quais escolhas dramatúrgicas? Coerência ou incoerência da leitura?
   c. Que ambiguidades no texto, que esclarecimentos na encenação?
   d. Que organização da fábula?
   e. Como a fábula é construída pelo ator e cena?
   f. Qual é o gênero do texto dramático segundo essa encenação?
   g. Outras opções de encenação possíveis.

10. *O texto na encenação*

    a. Escolha da versão cênica: que modificações?
    b. Características da tradução (quando houver). Tradução, adaptação, reescrita ou escrita original?
    c. Que lugar a encenação atribui ao texto dramático?
    d. Relações do texto e da imagem, do ouvido e do olho.

11. *O espectador*

    a. No interior de que instituição teatral se situa essa encenação?
    b. Que expectativas você tinha em relação a esse espetáculo (texto, encenador, atores)?
    c. Que pressupostos são necessários para apreciar esse espetáculo?
    d. Como reagiu o público?
    e. Papel do espectador na produção do sentido. A leitura encorajada é unívoca ou plural?
    f. Que imagens, que cenas, que temas o desafiam e permanecem com você?
    g. Como a atenção do espectador é manipulada pela encenação?

12. *Como anotar (fotografar ou filmar) esse espetáculo? Como conservar sua lembrança? O que escapa à anotação.*

13. *O que não é semiotizável*

    a. Aquilo que na sua leitura da encenação, não fez sentido?
    b. O que não é redutível ao signo e ao sentido (e por que).

14. *Balanço*

    a. Quais os problemas particulares a serem examinados?
    b. Outras observações, outras categorias para essa encenação e para o questionário.

Fonte: Patrice PAVIS, *L'Analyse des Spectacles*, Nathan Universités, col. "Fac", 1996.
(Trad. bras., Perspectiva, 2. ed., São Paulo, 2006.)

QUIPROQUÓ

↻ (Do latim *qui pro quo*, tomar um *que* por um *o que*.)
Fr.: *quiproquo*; Ingl.: *mistaken identity, quiproquo*; Al.: *Verweclislung*; Esp.: *quiproquo*.

Equívoco que faz com que se tome uma *personagem** ou coisa por outra. O quiproquo é tanto interno (vemos que X toma Y por Z), quanto externo em relação à peça (confundimos X com Y), como também misto (como uma personagem, tomamos X por Z). O quiproquo é uma fonte inesgotável de situações cômicas e por vezes trágicas (*Édipo*; *O Mal-entendido* de CAMUS). O quiproquo é "uma situação que apresenta ao mesmo tempo dois sentidos diferentes, [...] aquele que lhe é atribuído pelos atores [...] e o que é lhe dado pelo público" (BERGSON).

QUIRONOMIA

↻ (Do grego *kheir*, mão.)

Regras que codificam a simbologia do uso das mãos, como, por exemplo na dança indiana ou nas posturas dos atores trágicos do século XVII.

R

RÁDIO E TEATRO

↻ Fr.: *radio et théâtre*; Ingl.: *radio and theatre*; Al.: *Rundfunk und Theater*; Esp.: *radio y teatro*.

1. Promessas e Decepções

a. O teatro radiofônico depende – do mesmo modo que o teatro na televisão – do desenvolvimento da técnica de gravação e de emissão bem como da instituição que administra sua elaboração e garante sua difusão. Recebido com entusiasmo por ocasião de seu aparecimento nos anos vinte como arte do futuro e das massas por escritores como BRECHT, DUBLIN ou COPEAU, o teatro radiofônico parece não ter cumprido suas promessas. A culpa não é da falta de criatividade de seus autores (ainda que a tradição só se tenha estabelecido na Inglaterra, na Alemanha e, um pouco, na França) mas, antes, da situação de produção e recepção, que não favorece o rádio: a concorrência da televisão, verdadeiro rádio a cores, a comercialização das rádios e o fim parcial do monopólio do Estado, os incessantes e ociosos debates sobre a legitimidade das rádios livres, da indústria cultural que só promove músicas de massa padronizadas, as mudanças do gosto do público fascinado pela imagem da televisão ou do vídeo, tudo isso não favorece em nada a eclosão de uma forte tradição de rádio-teatro.

b. Apesar disso, o teatro radiofônico constitui um novo setor de criação, uma parte não desprezível, pelo menos potencialmente, da produção dramática global, especialmente para as peças radiofônicas que não mais se contentam em gravar ou copiar determinada representação teatral, mas se envolvem numa criação específica. Certos países entenderam isso, como a Grã-Bretanha, onde a *BBC*, frequentemente considerada a melhor rádio do mundo, vem produzindo, ao longo de anos, milhares de peças radiofônicas, empregando dezenas de escritores, mantendo uma política de textos especialmente encomendados e de adaptação de textos, e até de formação contínua de autores para rádio. Muitas vezes o rádio revelou dramaturgos, garantiu a difusão de sua obra antes da encenação propriamente dita.

c. Na origem desse novo gênero (que atualmente conhece as mais sofisticadas experimentações acústicas) está o desejo de fazer ouvir os textos literários; esta é uma arte da leitura por vozes particularmente radiogênicas. Nos anos 1920 e 1930, não era raro os produtores apelarem aos poetas (ARAGON, DESNOS, TARDIEU, ÉLUARD) para que lessem seus textos ou inventassem uma escritura radiofônica. Na Alemanha, o *Hörspiel* ("peça radiofônica") conseguiu atrair autores como BRECHT, DÖBLIN, BACHMANN, BÖLL, DÜRRENMATT, GRASS, HEISSENBÜTTEL, HANDKE.

d. Por muito tempo, o trabalho radiofônico foi visto não como gênero autônomo, mas como teatro despido das contingências da representação cênica. Tal é a postura de quem faz um teatro muito literário, como Jacques COPEAU: "Desobrigado do cuidado com a memória, uma vez que tem o texto diante dos olhos, livre do 'branco', já que trabalha em recinto fechado, dependendo apenas de si mesmo e de sua própria inspiração, já que as reações do público não mais o atingem; preservado dos acidentes materiais de cenário, figurino ou acessórios, que muitas vezes desarmam o ator no palco; reduzido, enfim, à saudável nudez, purificado por esse *tête-à-tête* com o texto, a única coisa que alimenta sua inteligência e sua sensibilidade, condenado, além do mais, a uma imobilidade que deveria ser para ele o garante de uma intensa concentração, esperando enfim o testemunho de sua sinceridade apenas de um instrumento único: sua voz, o ator diante do microfone, desde que esteja passando por um estudo aprofundado e um número conveniente de ensaios, deveria encontrar as condições ideais" ("Remarques sur la radio", *Notes sur le Métier de Comédien*, 1955: 57).

Todavia, só em comparação ao "verdadeiro teatro" é que a peça radiofônica tem possibilidades de constituir-se em gênero novo, mas aprofundando suas especificidades, não imitando o teatro. A meio caminho entre a presença física do teatro e o espaço simbólico da página do romance, o drama radiofônico hesita em elaborar suas próprias estratégias.

2. Busca da Especificidade

a. Palavra

Raramente o ouvinte está concentrado na exclusiva escuta da peça. O transistor multiplica os lugares em que o teatro se insinua. O rádio encontra uma fonte intimista, quase religiosa da palavra; remete ao estado edênico de uma literatura exclusivamente oral. Sem estar completamente imobilizado no lugar como no caso do teatro na TV, o ouvinte radiofônico acha-se numa situação de escuta próxima do sonho acordado da fantasia. Através do rádio, o ouvinte mantém uma espécie de monólogo interior; seu corpo fica como que desmaterializado e recebe o eco amplificado de seus devaneios e pulsões.

b. Ficção

A peça radiofônica está ligada a uma ficção, ainda que tal caráter nem sempre seja percebido claramente pelo público (*cf.* O. WELLES e seus programas radiofônicos desencadeando o pânico em 1938). Diferentemente da reportagem, das informações, das discussões, a ficção radiofônica faz intervir vozes que interpretam personagens e criam um mundo imaginário. Pouco a pouco ela se liberta do jornalismo, da informação linear, da forma dialógica e do realismo nas situações e nas vozes.

c. Produção em estúdio

Diferentemente do palco, o estúdio é um lugar imaterial que o público não vê e que serve de suporte à fabricação de sons, à montagem das vozes, à sincronização da voz, dos ruídos, da música. O ouvinte tem a ilusão de que a performance auditiva é fabricada e emitida no momento da recepção.

d. Tipos de peças radiofônicas

• Retransmissão ao vivo diretamente do teatro: no início do rádio, às vezes as peças eram retransmitidas ao vivo diretamente dos teatros parisienses. Os cenários, os jogos de cena eram, então, descritos por um comentarista. Essa prática existe ainda hoje com as retransmissões ao vivo da Comédie-Française. Nem teatro, nem rádio: tal programa é mais um documentário do que uma obra original.

• Leitura dramatizada diretamente do estúdio.

• Peça radiofônica dramática com vozes de personagens reconhecíveis, diálogos, conflitos, como se encontraria numa dramaturgia naturalista.

• Peça radiofônica épica: dramatiza uma personagem ou uma voz.

• Monólogo interior.

• Colagem de vozes, sons, música.

• Criação eletrônica da voz humana por sintetizador, trabalho musical feito com voz e sons.

3. Dramaturgia

a. Personagem

A personagem só existe através da voz; esta deve ser muito típica e distinguível das vozes das outras personagens. A boa voz radiofônica é a pouco usual, inimitável. As vozes das diversas personagens devem ser bem distintas, escolhidas de acordo com o sistema que caracteriza os locutores. O "casting" é uma das instâncias fundamentais de um programa.

b. Espaço e tempo

O espaço e o tempo são sugeridos pelas mudanças de intensidade vocal, pelos efeitos de afastamento, de eco, de reverberação. Um plano sonoro é criado por um ruído ou uma música que abre e fecha determinada sequência: a cena é situada de imediato e, depois, "suprimida" no final da sequência. É um procedimento de plano e de enquadramento. O lugar dos microfones, o controle do volume, a sequência de sons característicos criam uma orientação espaço-temporal que o ouvinte identifica sem dificuldade. A possibilidade de intensificar ou reduzir o som, de fazer o ator falar mais ou menos longe do microfone informam imediatamente uma mudança de quadro ou deslocamento dentro de um mesmo quadro.

Uma série de "embreadores" ou de *leitmotive* musicais ou sonoros entre as sequências ou os espaços permite a identificação dos locutores, a observação de lugares ou temporalidades. Muitas vezes, a montagem sugere um apagar das temporalidades, compõe um monólogo interior, produz, pelo jogo dos ritmos, repetições, variações quase musicais, efeito de interioridade física, instaura trocas entre o visível e o audível. O prazer dessa percepção se baseia na alucinação do ouvinte que tudo ouve e nada vê: com efeito, a enunciação do texto pelos atores e a transmissão dão ao ouvinte a impressão de que a cena foi, de fato, representada em outro palco; ele tem, então, ao mesmo tempo, a sensação de nada ver e de ver, com os "olhos da alma", a cena representada em outro lugar.

Mais do que qualquer outra arte, esta é a arte da metonímia, da convenção, da abstração significante. Compete ao autor fornecer aos ouvintes as referências indispensáveis para que a narrativa mantenha uma certa coerência e que o universo ficcional se organize sem que o ouvinte pareça estar fazendo algum esforço de memória.

Quando as pesquisas eletroacústicas se juntam às regras estritas da dramaturgia, por vezes resulta dessa união uma obra muito forte e original, o que prova que a literatura radiofônica já é um gênero estabelecido e com um futuro bastante promissor.

RAISONNEUR

↻ (Do francês *raisonneur*, que raciocina, argumenta.)
Fr.: *raisonneur*, Ingl.: *raisonneur*; Al.: *Raisonneur, Räsoneur, Sproachrohr des Autors*; Esp.: *raisonneur*.

Personagem que representa a moral ou o raciocínio adequado, encarregada de fazer com que se conheça, através de seu comentário, uma visão "objetiva" ou "autoral" da situação. Ele nunca é um dos protagonistas da peça, mas uma figura marginal e neutra, que dá sua opinião abalizada, tentando uma síntese ou uma reconciliação dos pontos de vista. Muitas vezes, é considerado *porta-voz** do autor, mas é preciso desconfiar da manobra enganosa desse último quando acha necessário reafirmar ao público a pureza de suas intenções. (Como Cleanto no *Tartufo*, que supostamente deve tranquilizar os verdadeiros devotos e louvar uma atitude religiosa equilibrada.) Por vezes, o *raisonneur* apresenta apenas um comentário superficial da ação, e o *ponto de vista** global do autor ou da peça deve ser procurado em outro lugar, na dialética dos discursos de cada personagem. Esse tipo de personagem, herdeiro do *coro** trágico grego, aparece sobretudo na época clássica, no teatro de tese e nas formas de *peças didáticas**. Surge – ou retorna sob forma paródica – no teatro contemporâneo. É, então, simples manobra discursiva, não representando nem o autor, nem o bom senso, nem o resultado dos diferentes pontos de vista, uma norma da qual o autor caçoa sem deixar de salvar as aparências.

REALIDADE REPRESENTADA

↻ Fr.: *réalité représentée*; Ingl.: *represented reality*; Al.: *dargestellte Wirklichkeit*; Esp.: *realidad representada*.

A partir do momento em que se questiona a relação entre realidade representada e forma dramatúrgica ou cênica, pressupõe-se a existência de uma relação dialética entre ambas: a natureza e a análise da realidade influenciam a forma dramática escolhida e, de maneira inversa, a forma dramática utilizada aclara e influi no conhecimento dessa realidade. Mas a ligação entre a realidade e o universo estético está longe de ser evidente. Pensou-se durante muito tempo que essa ligação só poderia ser direta e *mimética**, isto é, que a obra era um reflexo (ainda que muito infiel) do mundo exterior. Então, é possível observar os processos de representação, de estilização, até de deformação do universo pintado. Se, ao contrário, se considerar que a escritura dramatúrgica e cênica não é submetida direta e numericamente à marca do real, que ela modeliza a realidade a seu bel-prazer, fica muito mais delicado retraçar a ligação com essa última. Para isso é necessário apreender os processos de ficcionalização e ideologização que indicam a passagem entre o texto dramático ou espetacular e o intertexto (PAVIS, 1985d).

1. Dramaturgia Mimética

a. O herói

G. LUKÁCS (1956) extrai de sua análise comparativa do romance e do drama histórico uma série de critérios para uma boa apreensão do real; ao mesmo tempo, eleva estes critérios à categoria de normas absolutas a fim de contrabalançar o processo de *epicização** do teatro, processo esse que, desde meados do século XIX, "ameaça" detonar a forma dramática (SZONDI, 1956). Para ele, o herói não tem que brilhar por qualidades sociais ou morais excepcionais, mas é conveniente que possua uma existência *dramática** em si, ou seja, rica em momentos significativos, portadora das contradições de um ambiente ou de uma época, situada no momento de uma profunda crise interior e política. Somente os "indivíduos de importância histórica mundial" (HEGEL), nos quais coexistem traços individuais originais e a marca social de conflitos históricos serão suscetíveis de fornecer bons temas dramáticos. A arte dramática deve encontrar indivíduos que, por suas ações (e não pelo sistema abstrato e épico de sua caracterização) estejam pessoalmente implicados nos processos históricos (unidade da ação e da personagem, do individual e do social).

b. "Totalidade do movimento"

A tragédia e a literatura épica devem "representar a totalidade do processo da vida" (LUKÁCS, 1956: 99), se bem que, para o teatro "essa totalidade esteja concentrada em torno de um centro sólido, a colisão dramática" (101) e diga respeito à "totalidade dos movimentos", não, como no romance, à totalidade dos objetos.

c. Estilização

Dispondo de pouco tempo para ser identificado, o universo dramático concentra e, portanto, deforma os processos sociais que descreve. A *unidade** de tempo e de lugar força o dramaturgo a apresentar o herói em ação em plena crise. O drama, nesse caso, ganha em simplificação, afastamento e colocação em perspectiva. Opera-se, naturalmente, uma *estilização** e uma *modelização** da realidade e tal esquematização possibilita uma comparação das motivações pessoais do herói e dos processos sociais da peça. A relação da *historicidade** representada e da historicidade do espectador é assim facilitada (*historicização*, abstração**).

2. Dramaturgias Não Miméticas

A análise lukacsiana faz justiça ao teatro clássico realista e naturalista. Em compensação, desde o princípio, ela recusa as tendências épicas do drama moderno, sob o pretexto de que não passariam de uma perversão da forma canônica especificamente teatral. Evidentemente, nem leva em conta novas formas de textos dramáticos e práticas cênicas.

a. Intervenção épica

Ora, a apreensão épica do real não é necessariamente menos realista que o método puramente dramático. Talvez ela esteja mais apta a responder pela atual complexidade dos processos sociais e pela "totalidade do movimento" das classes e dos grupos. Assim, através de um comentário épico, o narrador resume facilmente uma situação, apresenta um relatório político ou financeiro, atrai a atenção para os pontos fortes de um desenvolvimento. É necessário, simplesmente, conceder ao dramaturgo o direito de arranjar à sua maneira seu balanço da análise social e deixar-lhe todo espaço para que intervenha à vontade no jogo teatral, como se fosse uma personagem, um representante universal ou uma simples testemunha.

Não existem mais "indivíduos de importância mundial" e, seja como for, eles não poderiam, sozinhos, influir no curso do mundo. A propósito disso, DÜRRENMATT observa que

Napoleão foi o último herói moderno: "Não se pode fazer Wallensteins a partir de Hitler e Stalin; seu poder é tão gigantesco que eles nada mais são que formas fortuitas e exteriores desse poder. [...] Os secretários de Creonte é que 'despacham' o caso Antígona" (1970: 63). A tragédia não está mais em condições de representar os conflitos de nosso tempo. A forma *aristotélica**, por demais esgotada, deve dar lugar a outras dramaturgias: para DÜRRENMATT, é a vez da comédia, que vive da ideia repentina e do achado (1970: 64) e não está, portanto, submetida a uma necessidade profunda. Para muitos outros contemporâneos, somente a intervenção épica ou a boa narrativa de um monólogo interior lírico ainda podem aflorar uma parcela de realidade.

b. Transformação e representação do real

Os dramaturgos renunciam em suma, a fornecer uma representação coerente e global do mundo. Até BRECHT apresenta sinais de uma certa intimidação em relação à realidade: "O mundo de hoje é resgatável no teatro, mas apenas se for concebido como passível de transformação" (1967, vol. 16: 931). Daí a dificuldade dos dramaturgos pós-brechtianos (DÜRRENMATT, ou WEISS, por exemplo) de representarem o real, sua vontade declarada de partir de representações artísticas e ficcionais para dizer, em seguida e eventualmente, algo sobre o real, com o qual acreditam haver perdido qualquer contato.

c. Mimetismo não mimético e não épico do cotidiano

Sem abrir mão do apelo brechtiano por um teatro realista, que mostre o homem às voltas com seus determinismo sociais, outras dramaturgias sondam a realidade, renunciando a expressá-la totalmente e a reduzi-la a um modelo cibernético autônomo. Entre elas, o *teatro do cotidiano** assumiu a tarefa de entregar fragmentos de linguagem solidificada pela ideologia. Esse teatro abre mão de uma colocação das personagens em situação no mecanismo social global: mostra-as nas imagens quotidianas que as produzem e que elas reproduzem. Ele coloca a única oportunidade de elucidação desse real comprimido num efeito de reconhecimento e em alguns estereótipos linguísticos e ideológicos dos quais nem a personagem, nem o espectador haviam tomado consciência até então. Talvez seja um menos por um mais.

d. Colocação em signo e em jogo

Tentativas recentes ultrapassam essa oposição brechtiana, amiúde estéril, entre dramático e épico, modificando sem cessar sua relação com a ficção, utilizando uma voz lírica ou narrativa, variando os procedimentos de ficcionalização no próprio interior da representação. Aliás, o teatro ficou muito mais "modesto" e "realista" em suas pretensões de representar a realidade: os dois termos tendem a desaparecer do vocabulário crítico e nem a prática, nem a teoria exigem do teatro uma imitação naturalista ou realista do real, mas, sim, quando muito, uma colocação em signo ou em jogo.

Ficção, imitação, reprodução, signo teatral, dramaturgia, forma, formalismo

Szondi, 1956; Lukács, 1960, 1965, 1975; Lotman, 1973; Eisenstein, 1976, 1978; Hays, 1977, 1981.

REALIDADE TEATRAL

Fr.: *réalité théâtrale*; Ingl: *theatrical reality*; Al.: *theatralische Wirklichkeit*; Esp.: *realidad teatral*.

Onde se situa a realidade cênica ou teatral e qual é seu estatuto? Desde ARISTÓTELES se reflete sobre essa questão, sem que se tenha encontrado uma resposta definitiva e segura. É que, nesse caso, somos vítimas da *ficção** e da *ilusão** teatral – nas quais se baseia nossa visão do espetáculo – e misturamos várias realidades.

Que percebemos de fato em uma cena? Objetos, atores, às vezes um texto. Misturam-se vários elementos que tentaremos distinguir assim:

1. Realidade "Social" da Maquinaria Teatral

Tudo o que serve para fabricar o espetáculo e que é identificável como tal na representação (painéis, paredes do edifício teatral, tablados etc.) faz parte da *maquinaria** teatral. Muitas vezes, essa maquinaria é envergonhadamente escondida no chamado teatro "ilusionista", mas ela sempre se deixa detectar desde que nos debrucemos sobre o "segredo de fabricação". Tal realidade de máquina é, por definição, alheia ao mundo fictício sugerido pela cena. É o único objeto que não tem valor de signo (exceto, evidentemente, quando a encenação o requisita para sua prática teatral, como em *Seis Personagens à Procura de um Autor*, de PIRANDELLO, por exemplo). Até o pódio e a cortina se tomam, em BRECHT ou numa encenação brechtiana, *signos** de "mostrar o funcionamento" e, hoje, de "isto é teatro épico-crítico à moda de Brecht". Este é o processo de semiotização que P. BROOK descreve: "Posso pegar um espaço vazio e chamá-lo de palco vazio. Um homem atravessa esse espaço vazio enquanto alguém olha para ele e aí está tudo o que se precisa para criar um ato de teatro" (1968: 4).

2. Realidade dos Objetos Cênicos

Podemos identificar os objetos cênicos quanto à sua função normal (uma mesa, um copo), decifrá-los como objetos-materiais, não funcionais, como "objetos cênicos não identificados". O problema é saber se é preciso tomar os objetos literalmente, como coisas, ou se se deve conferir-lhes valor de *signo**, isto é, enxergar, para além de sua materialidade, o que eles representam (determinado símbolo, determinada emoção, determinada conotação social). Em outras palavras, estamos tratando com objetos reais ou com objetos estéticos? Esses objetos já foram semiotizados?

No teatro, passamos o tempo todo correndo atrás de referentes que sempre nos escapam (*efeito de real**). O referente – ou seja, o objeto ao qual o símbolo remete (assim, a mesa concreta é o referente do signo/mesa) – está sempre presente aparentemente em cena, porém, a partir do momento que pensamos havê-lo identificado, percebemos que é, de fato, um significante que definimos por seu significado. O único referente possível seria ainda a maquinaria teatral. Todos os outros objetos, desde que utilizados no quadro de uma ficção, são elementos que remetem a outra coisa que não a eles mesmos. E, consequentemente, têm valor de *signo*: são postos no lugar de alguma outra coisa que eles *sugerem*, mas não encarnam. Assim, a mesa sob a qual Orgonte se esconde não é um acessório de teatro, nem mesmo uma verdadeira mesa do século XVII; é um signo-convenção a cujo respeito os espectadores ficam de acordo e que *quer dizer*, mobília de Orgonte ao estilo da época, propícia a servir de esconderijo. Portanto, a mesa de Orgonte é um signo que vale não por seu referente (que, de qualquer modo, é fictício), menos ainda por seu significante (pouco importa que seja de carvalho ou compensado) e, sim, pelo significado que lhe atribuímos aqui: mesa usada para a armadilha na qual Tartufo poderia cair. O significante – ou seja, a forma e a matéria dessa mesa – tem uma função de transição: é o que leva o espectador a identificar determinado significado. Entretanto, isto não quer dizer – muito ao contrário – que o espectador não deva estar atento à materialidade do espetáculo, portanto aos significantes.

Mas o que acontece com outros objetos da cena (o assoalho, as cadeiras, o cenário) que, no momento, não são utilizados no jogo de cena ou de diálogo? Continuam a ser objetos "brutos", "significante" que ainda não encontrou significado, que ainda não tem valor de signo. Porém, depois que são postos em evidência pelo diálogo ou pela atuação, tais objetos passam a ser signos e o espectador, analisando suas propriedades significantes, constrói seus significados e os integra ao funcionamento da cena. A *encenação** é a arte de aspirar o mundo exterior para fazê-lo desempenhar um papel numa ficção.

3. Realidade dos Atores

O mesmo raciocínio aplicado aos objetos será aplicado aos atores em cena. Eles valem por seu significado, e não pelo referente [corpo do ator X] ou [corpo real de Orgonte]. Eles só interessam num conjunto significante e em relação a outros signos, outras personagens, situações, cenas etc.

A partir do momento que um ator aparece em cena, é, de certa forma, colocado num *quadro** semiológico e estético que faz uso dele dentro do universo dramático fictício. Todas as suas propriedades físicas (beleza, sexualidade, seu "ser misterioso") são *semiotizados**, transferidos para a personagem que ele representa: uma heroína bela, *sexy* e misteriosa. O ator é apenas um suporte físico que vale por algo que não ele mesmo. Isto não quer dizer que não possamos ver diretamente esse ator como um ser humano, que existe como nós, a quem podemos desejar. Nesse caso, tomamos o comediante como pessoa e não como personagem ou como signo de sua personagem ou de uma ficção.

Não há dúvida de que existem tentativas de negar a dimensão de signo do comediante: o *happening**, no qual o "ator" pessoa representa apenas a si mesmo; as formas do circo, nas quais as proezas corporais não remetem ao corpo estranho de uma personagem, mas aos próprios artistas; e a *performance*, na qual o ator não remete a uma personagem e a uma ficção, mas a si mesmo enquanto pessoa que se comunica com seus ouvintes.

4. Realidade do Texto Dramático

Exatamente como o objeto cênico ou o ator, o texto dramático vale primeiramente como realidade que se pode captar em sua materialidade, em sua musicalidade e não como um signo de alguma coisa. Mas, esse "texto-coisa" é também imediatamente remetido ao seu quadro, semiotizado, considerado como o significante correspondente a um significado global, significado este que só é identificado quando recolocado no sistema global dos signos cênicos, comparado principalmente aos signos cênicos não linguísticos.

O princípio de semiotização da realidade teatral aplica-se portanto indiferentemente ao objeto, ao ator, ao texto, enfim, a tudo o que se apresenta ao olhar do espectador dentro do espaço cênico.

Texto principal e texto secundário, discurso, realismo.

Honzl, 1971; Krejca, 1971; Ertel, 1977; Pavis, 1978c, 1978d.

REALISTA (REPRESENTAÇÃO)

Fr.: *représentation réaliste*; Ingl.: *realistic performance*; Al.: *realistischer Aufführungsstil*; Esp.: *realista (representación...)*.

1. Pontos de Referência

O realismo é uma corrente estética cuja emergência se situa historicamente entre 1830 e 1880. É também uma técnica capaz de dar conta, de maneira objetiva, da realidade psicológica e social do homem.

O termo *realismo* aparece no *Mercure Français*, em 1826, com a finalidade de reagrupar as estéticas que se opõem ao classicismo, ao romantismo e à arte pela arte, pregando uma imitação fiel da "natureza". Na pintura, COURBET, por ocasião de uma exposição, agrupa várias de suas telas em uma sala intitulada "Do realismo". Na literatura, o movimento realista engloba romancistas preocupados com uma pintura precisa da sociedade como STENDHAL, BALZAC, CHAMPFLEURY, DUMAS OU OS GONCOURT. Em todas as artes em que se encontra esboçado um retrato do homem ou da sociedade, a representação realista tenta dar uma imagem considerada adequada ao seu objeto, sem idealizar, interpretar pessoal ou incompletamente o real. A arte realista apresenta signos icônicos da realidade na qual se inspira.

2. Realismo Imitativo, Ilusionismo, Naturalismo

No teatro, o realismo nem sempre se distingue com clareza da *ilusão** ou do *naturalismo**. Esses rótulos têm em comum a vontade de duplicar a realidade através da cena, imitá-la da maneira mais fiel possível. O *meio** cênico é reconstituído de modo a enganar sobre sua realidade. Os diálogos se inspiram nos discursos de determinada época ou classe socioprofissional. O jogo de ator torna o texto natural ao máximo, reduzindo os efeitos literários e retóricos pela ênfase na espontaneidade e na psicologia. Assim, paradoxalmente, para fazer o verdadeiro e o real, é necessário saber manipular o artifício: "Fazer o verdadeiro consiste, portanto, em dar a ilusão completa do verdadeiro [...]. Daí, concluo que os realistas de talento deveriam se chamar, mais apropriadamente, ilusionistas" (MAUPASSANT).

Muitas vezes, no entanto, o naturalismo não ultrapassa o realismo em razão do seu dogma da cientificidade e do determinismo do meio ambiente. A realidade descrita se apresenta como intransformável, como essência eternamente hostil ao homem. "Os naturalistas mostram os homens como se mostrassem uma árvore a um transeunte. Os realistas mostram os homens como se mostra uma árvore a um jardineiro" (BRECHT, 1967, vol. 16: 797).

A teoria literária do reflexo da sociedade na obra de arte, tal como é exposta em LUKÁCS por exemplo, é totalmente insatisfatória. A história não se "deposita" diretamente na obra. Numa obra realista, é ilusão esperar encontrar necessariamente uma descrição da realidade em "sua totalidade diversificada, agitada e em devir". Quanto a querer apresentar o tipo que une os elementos concretos e a lei que os abarca, o que pertence ao domínio do "eterno humano" e o que é historicamente determinado, eis um critério de realismo de difícil realização e igualmente bastante estreito (LUKÁCS, 1956: 98-153).

3. Realismo Crítico

O realismo, diferentemente do naturalismo, não se limita à produção de aparências, nem à cópia do real. Para ele, não se trata de fazer com que a realidade e sua representação coincidam, mas de fornecer uma imagem da fábula e da cena que permita ao espectador ter acesso à compreensão dos mecanismos sociais dessa realidade, graças à sua atividade simbólica e lúdica. Essa posição se aproxima do procedimento brechtiano, que não se limita a uma estética particular, mas funda um método de análise crítica da realidade e da cena baseado na teoria marxista do conhecimento. Esse método marca em demasia as atuais pesquisas da encenação realista para que se deixe de esboçar aqui seu sistema estético e ideológico.

a. Exprimir/significar

A cena tem que "exprimir", exteriorizar uma realidade contida a princípio em uma ideia; ela não fornece uma reprodução fotográfica ou uma quintessência do real. A cena "significa" o mundo; apresenta, portanto, os signos pertinentes deste, afastando-se de um decalque mecânico da "natureza". Essa encenação da cena cuida da distância conveniente entre significante (material cênico utilizado) e significado (mensagem a ser transmitida).

Portanto, uma reprodução realista não utilizará necessariamente uma propriedade sensível do objeto imitado; simplesmente cuidará para que o espectador seja capaz de identificar este objeto; "O signo deve ser parcialmente arbitrário, sem o que se cai numa arte da expressão, numa arte da ilusão essencialista" (BARTHES, 1963: 88).

b. Modelização* da realidade

Significar a realidade é também propor para ela um *modelo** de funcionamento coerente: tornar clara a causalidade dos fenômenos sociais, encontrar a relação fundamental (o *gestas** brechtiano) entre personagens e classes, indicar claramente de que ponto de vista o quadro é pintado, desvendar a "causalidade complexa das relações sociais" (BRECHT) etc. Em última análise, a modelização consiste em opor e fazer coincidir o esquema da realidade (sua perspectiva e historicidade) com o do público (sua situação ideológica e histórica atual). O realismo, dirá BRECHT, não consiste em reproduzir as coisas reais, mas em mostrar como as coisas realmente são.

c. Abstração

O realismo é, então, acompanhado por uma busca de abstração, de *estilização** e de formalização para simplificar a percepção da fábula e dos detalhes cênicos. Essa estilização, inerente de fato a toda representação artística, aproxima-se do real em vez de distanciar-se dele. É, segundo MEIERHOLD, a marca de todo realismo profundo: "É um erro opor o teatro estilizado ao teatro realista. Nossa fórmula é teatro realista estilizado" (1963).

d. Realismo/formalismo

O realismo não está ligado a uma forma canônica. Mesmo a forma mais rematada do realismo balzaquiano não é, ao contrário do que afirma LUKÁCS, a única forma realista. Como a realidade humana (psicológica e social) está em perpétua mudança, também a representação do homem no teatro deverá evoluir. Tratar como formalista uma pesquisa sobre uma forma teatral adaptada a uma visão nova das coisas é, portanto, absurdo, tão absurdo quanto acreditar na perenidade dos conteúdos ao longo da evolução literária (*formalismo**). Ser realista é também, e talvez somente, estar consciente dos *procedimentos** estéticos utilizados para decifrar o real. Eis por que "restabelecer o teatro em sua realidade de teatro" (BRECHT) e não se iludir sobre o poder da ilusão serão os primeiros mandamentos dos realistas (*teatralização**). BRECHT e seus cenógrafos (NEHER, APPEN) lembrar-se-ão disso em seu "realismo épico".

4. Procedimentos do Realismo

Cabe à crítica "formalista", preocupada com uma descrição dos procedimentos discursivos de sinalização do real, o mérito de haver desmistificado a noção de realismo como pintura direta do real. O realismo não se prende a uma temática ou a conteúdos particulares, mas a um conjunto de técnicas: "O realismo nada mais seria que um conjunto de respostas técnicas a obrigações narrativas, umas e outras formuladas mais ou menos de acordo com a época e a pressão da demanda social. Essas técnicas devem garantir a transitividade e, portanto, a legibilidade de um texto em relação a um determinado público; elas têm a dupla função de garantir a veracidade de um enunciado – sua conformidade com o real que ele designa – e sua própria verossimilhança, ou seja, sua relativa invisibilidade ou sua "naturalização" (DUCHET, 1973: 448).

No teatro, todas essas técnicas visam autenticar a comunicação e o referente do discurso. A presença do *fora de cena**, sempre visível em sua invisibilidade, propicia a primeira ilusão de um mundo do qual se fala e de onde vêm as personagens. Todos os discursos e ações "mais irrealistas" são naturalizados pela presença cênica e extra cênica. Definitivamente, é a ideologia que, como discurso da evidência e do já conhecido, assume o papel de ilusão referencial e de "garantia" de autenticidade realista. Assim, não é tanto o efeito de realidade que produz a ilusão e a identificação, mas a identificação com um conteúdo ideológico previamente conhecido que produz a ilusão realista (ALTHUSSER, 1965).

Imitação, efeito de real, realidade representada, realidade teatral, representação, verismo, história.

Ingarden, 1949; Lukács, 1960, 1975; Jacquot, 1960; Brecht, 1967; Chiarini, 1970, 1971; Gombrich, 1972; *Poética*, 1973; Amiard-Chevrel, 1979; Chevrel, 1982; Barthes *et al.*, 1982.

REAPRESENTAÇÃO

(Do francês *reprise*, retomada.)
Fr.: *reprise*; Ingl.: *revival*; Al.: *Wiederaufahme*; Esp.: *reposición*.

1. Reapresentar um espetáculo é levá-lo novamente após uma interrupção mais ou menos longa (de algumas semanas a alguns anos), na maioria das vezes o mais parecido possível com o original.

A retomada de uma encenação é algo delicado, uma vez que esta, reapresentada, necessariamente estará deslocada e defasada em relação à primeira versão, talvez porque o público e suas expectativas poderão ter mudado. Essa é uma das razões pelas quais, às vezes, o encenador prefere apresentar uma versão completamente diferente, demonstrando assim que toda interpretação é relativa e provisória. Muitas vezes, a reapresentação se situa a meio caminho entre a réplica do antigo espetáculo, ao qual pretende ser o mais fiel possível, e uma nova versão, que procura distância do modelo anterior. Esse é o caso da terceira versão de *Na Solidão dos Campos de Algodão*, montada por CHÉREAU com diferentes parceiros (1996): a situação da fala continua a ser a mesma, as personagens falam com a mesmas motivações, mas sua relação com o texto – e também a de CHÉREAU, como encenador – mudou, e, de pronto, um outro tom se destaca na peça de KOLTÈS.

2. A retomada de um papel por um novo ator traz problemas idênticos à encenação: não se troca um ator como uma peça num motor; sua chegada modifica o equilíbrio das interpretações, as reações de seus parceiros de cena e, portanto, o conjunto da representação. Toda reapresentação é, um pouco, uma nova encenação.

No Brasil também se usa, não com muita propriedade, o termo original francês *reprise*. (N. de T.)

RECEPÇÃO

Fr.: *réception*; Ingl.: *reception*; Al.: *Aufnahme*, *Rezeption*; Esp.: *recepción*.

Atitude e atividade do espectador diante do espetáculo; maneira pela qual ele usa os materiais fornecidos pela cena para fazer deles uma experiência estética. Distingue-se:

– recepção de uma obra (por um público, uma época, determinado grupo). É o estudo his-

tórico da acolhida da obra, estudo da interpretação adequada a cada grupo e período;
– recepção ou interpretação da obra pelo espectador ou análise dos processos mentais, intelectuais e emotivos da compreensão do espetáculo. Este último aspecto é o que consideramos aqui.

1. Uma Arte do Espectador

a. Confrontado diretamente com o objeto artístico, o espectador está literalmente imerso num banho de imagens e sons. Se permanecer "fora" do espetáculo ou se for englobado por ele, se ele lhe disser respeito ou agredi-lo, a recepção coloca do mesmo modo um problema de estética e justifica a elaboração do que BRECHT chama de "arte do espectador". Assim, encontrar-se-ia invertida a perspectiva tradicional da estética. Esta busca na obra e na cena as estruturas mentais e sociológicas do público e seu papel na constituição do sentido: "Se se quiser chegar à fruição artística, nunca basta querer consumir confortavelmente e sem muito trabalho o resultado da produção artística; é necessário assumir sua parte da própria produção, estar num certo grau produtivo, "permitir certo dispêndio de imaginação, associar sua experiência pessoal à do artista ou opor-se a ela" (BRECHT, 1972).

b. Etimologicamente, *estética** é o estudo das sensações e vestígios da obra de arte no sujeito que percebe. Certas *categorias teatrais** (como o *trágico**, o estranho ou o *cômico**), não poderiam ser apreendidas de outro modo salvo na relação do sujeito com o objeto estético. Trata-se de estabelecer em que medida a percepção já é uma *interpretação**, até mesmo uma recriação da significação, particularmente nos textos ou espetáculos em que tudo se baseia na profusão ou na ambiguidade das estruturas significativas e dos estímulos nos quais o espectador deve, necessariamente, se comprometer em sua própria pista *hermenêutica**.

c. A dificuldade de formalização dos modos de recepção diz respeito à heterogeneidade dos mecanismos em jogo (estética, ética, política, psicológica, linguística etc.). Ela é também inerente à situação de recepção própria do espetáculo. O espectador é "imerso" em pleno acontecimento teatral, num espetáculo que provoca sua capacidade de *identificação**; tem a impressão de estar-se confrontando com ações semelhantes às de sua própria experiência. Recebe a *ficção** mesclada com essa impressão de interpelação direta: há poucas mediações entre a obra e seu mundo, e os códigos cênicos atuam diretamente sobre ele sem que pareçam estar sendo manipulados por uma equipe e sem serem anunciados por um narrador; o *procedimento** artístico é, então, mascarado. Finalmente e sobretudo, ao assistir a uma ação transmitida diretamente, o espectador se utiliza dos modelos teóricos que conhece, reconduz a diversidade dos acontecimentos a um esquema unificador lógico e, ao mesmo tempo, capaz de estruturar a realidade exterior.

d. Conhece-se pouco os mecanismos que regem a dinâmica de um grupo de *espectadores** reunidos com a finalidade de assistir a uma manifestação artística. Sem mencionar os pressupostos culturais, o público forma um grupo mais ou menos manipulado pela maneira como é disposto na sala de espetáculo: a luz ou a escuridão na plateia, o amontoamento ou o conforto alveolar, tecem uma rede sutil no grupo e influenciam a qualidade da escuta e da experiência estética.

2. Códigos de Recepção

Sem cair na armadilha da *semiologia** da *comunicação** (e não da *significação**) ou de uma teoria da informação – disciplinas que fariam do teatro um conjunto de sinais intencional e diretamente transmitidos ao público – é importante destacar alguns *códigos** de recepção (mesmo que esses códigos só existam teoricamente, ou até hipoteticamente):

a. Códigos psicológicos

• Percepção do espaço: examina-se como o palco ou o dispositivo cênico apresenta a realidade artística; como se utiliza a perspectiva; quais são as possíveis distorções da visão; em que medida o espetáculo está armado em função do ponto de vista dos espectadores.

• Fenômeno de *identificação**: que prazer o espectador extrai dele; de que maneira se produzem a ilusão e a fantasia; que mecanismos inconscientes são interpelados por eles.

- Estruturação das experiências perceptivas anteriores (estéticas e psicossociais); qual é o horizonte de *expectativa** dos sujeitos. Não existe um modo universal de receber a obra artística (*intercultural**).

b. Códigos ideológicos

- Conhecimento da *realidade representada**, da realidade do público.

- Mecanismos de condicionamento ideológico pela ideologia, pelos meios de comunicação de massa, pela educação.

c. Códigos estético-ideológicos

- Códigos especificamente teatrais: de uma época, de um tipo de palco, de um gênero, de um estilo de atuação em especial.

- Códigos gerais da *narratividade**.

- Códigos das *categorias teatrais**.

- Códigos de ligação entre uma estética e uma ideologia:

   - O que é que o espectador espera do teatro?
   - Que busca ele encontrar, na peça, de sua realidade social?
   - Que ligação existe entre determinado modo de recepção e a estrutura interna da obra, entre, por exemplo, a existência brechtiana de não identificação e a fábula descontínua e distanciada?
   - Como encontrar, por meio do trabalho dramatúrgico e da encenação, um código ideológico que possibilite ao público de hoje a leitura de uma obra do passado?
   - Como fazer com que a *historicização** intervenha e como possibilitar ao público considerar determinado sistema social a partir de outro?
   - Por que uma época aprecia a tragédia, outra parece reunir as condições ideais para o cômico, ou para o absurdo etc.?
   - Podem-se distinguir vários diferentes modos de comunicação teatral?

3. Ficção e Acontecimento

Considerando-se a hipótese ideal a partir da qual esses códigos pudessem ser reconstituídos, a etapa final consistiria em constatar as possíveis interações entre a ficção narrativa e o *acontecimento** da representação concreta. Seria preciso dar conta da natureza ao mesmo tempo semiológica (estrutural, sistemática) e eventual (*[événementielle]*, única, incodificável, subordinada ao tempo da percepção) da prática teatral. Entre a materialidade cênica vista pelo espectador e a ficção que apela para sua construção cognitiva, são inúmeras as rupturas e as idas e vindas.

4. Rumo a uma Estética da Recepção

Os recentes trabalhos da Escola de Constance (JAUSS, 1970, 1977) permitem entrever-se um aprofundamento dos mecanismos da recepção. Será possível uma volta ainda mais proveitosa às teses do Círculo de Praga (MUKAŘOVSKÝ, 1977, 1978; VODICKA, 1975).

a. Horizonte de expectativa

A reconstituição das expectativas do público (estéticas e ideológicas) e do lugar da obra na evolução literária leva a divisar o espetáculo como resposta a todas as etapas da realização da encenação.

b. O sujeito percepiente

Ele participa ativamente da constituição da obra; desse modo, seu trabalho vai ao encontro do trabalho do crítico e do escritor.

A recepção aparece assim como um processo que engloba o conjunto das práticas críticas e cênicas: "A atividade teatral se situa, é claro, por um lado, no nível da representação do espetáculo, mas, por outro, começa antes, continua durante e se prolonga depois, quando se leem artigos, fala-se do espetáculo, veem-se os atores etc. É um circuito de trocas que atinge o conjunto de nossa vida" (VOLTZ, 1974: 78).

O espectador é mais ou menos *competente*, isto é, detém mais ou menos as regras do jogo: essas regras podem ser aprendidas, podem contribuir para o aprimoramento de sua percepção, mas estão, às vezes, deterioradas pelos maus hábitos de recepção ou pela "matraqueação" da mídia.

c. Teoria da concretização, da ficcionalização e da ideologia

A teoria global do texto dramático e espetacular se esforça para determinar de que maneira a obra é concretizada historicamente em função da mudança do "contexto total dos fenômenos sociais" (MUKAŘOVSKÝ, 1931: 389), contexto esse que é o da obra neste ou naquele momento da evolução histórica. Ela estuda os processos de ficcionalização, enquanto confronto do *texto e da cena**, mediação da análise dramatúrgica e do relacionamento do texto dramático e/ou espetacular com os textos da ideologia e da *história** (PAVIS, 1985: 233-296).

Texto dramático, pragmática, sociocrítica.

Descostes, 1964; Dort, 1967; Lagrave, 1975; Warning, 1975; Turk, 1976; (*Das*) *Theater und sein Publikum*, 1977; Caune, 1978; Fieguth, 1979; Beckerman, 1979; Hinkle, 1979; Eco, 1980; Coppieters, 1981; Gourdon, 1982; Guarino, 1982*a*; Heistein, 1983, 1986; Avigal e Weitz, 1985; bibliografia geral in Pavis, 1985: 330-340, 1996*a*; *Versus*, 1985; Schoenmakers, 1986.

RECITANTE

Ver *Narrador* (1).

RECITATIVO

(Do italiano *recitativo*.)
Fr.: *récitatif*; Ingl.: *recitative*; Al.: *Rezitativ*; Esp.: *recitativo*.

Na ópera ou na cantata, parte declamada – e não cantada – cujo ritmo e métrica diferem profundamente da música que o precede e da que lhe dá sequência, pela observação da acentuação e inflexão do discurso falado. O recitativo se adapta às mudanças de emoções, de narrativa e de retórica. E tanto modo musical de dizer um texto falado, quanto forma verbal da música. Serve como transição entre duas árias ou se torna um *Sprechgesang*, "canto falado" em SCHENNBERG e nos *songs** brechtianos.

No teatro falado, o recitativo consiste em certas passagens declamadas em outro tom, diferente do utilizado no texto em geral: como os *leitmotive** e os refrões temáticos (TCHÉKHOV), como certas partes muito "construídas" da narrativa clássica, como os monólogos ditos em tom de confidencia ou, enfim, passagens que indicam transições na ação (comentários épicos, por exemplo) ou indicações sobre a ligação entre vários momentos líricos e musicais. No século XVII, floresce, na França, na tragédia lírica, o recitativo declamado: mudanças de ritmo, apoio da orquestra, artificialidade da dicção.

O recitativo é um meio bastante eficaz para marcar mudanças na textura do texto dramático e do espetáculo.

RECONHECIMENTO

Fr.: *reconnaissance*; Ingl.: *recognition*; Al.: *Wiedererkennen*; Esp.: *reconocimiento*.

Na dramaturgia clássica, não raro ocorre que uma personagem seja reconhecida por outra, o que *desenlaça** o conflito, desarmando-o (no caso da comédia) ou concluindo-o trágica ou magicamente (graças ao *deus ex machina**). Para ARISTÓTELES (*Poética*), o reconhecimento (*anagnorisis*) é um dos três itinerários possíveis da fábula. Ele sucede à falha trágica do herói (*hamartia**). Seu exemplo mais célebre é o *Édipo* de SÓFOCLES.

Além do tipo de reconhecimento – no fim de contas, limitado – de uma personagem, a representação joga sistematicamente com a capacidade espectadora de reconhecimento (ideológica, psicológica ou literária). Ela produz, então, a *ilusão** necessária ao desenvolvimento da ficção. O drama só acaba quando as personagens tomaram consciência de sua situação, reconheceram a força do destino ou de uma lei moral, bem como seu papel no universo dramático ou trágico.

Ao criticar o efeito de ilusão da cena naturalista, BRECHT tentou substituir o reconhecimento-aceitação por um reconhecimento crítico, distanciando o objeto apresentado: "A reprodução distanciada é uma reprodução que permite, certamente, reconhecer o objeto reproduzido, mas, ao mesmo tempo, permite torná-lo insólito" (*Pequeno Organon*, 1963: § 42). Nesse caso, pouco importa se a personagem tem ou não consciência de suas contradições e da solução delas, desde que o espectador haja tomado conhecimento delas e dominado o funcionamento ideológico do universo representado e do seu próprio universo.

Efeito de reconhecimento, catarse, mimese, imitação, realismo, disfarce.

Althusser, 1965; Forestier, 1988.

RECRUDESCIMENTO DA AÇÃO

↻ Fr.: *rebondissement de l'action*; Ingl.: *rebounding of the action*; Al.: *Wiederaufleben der Handlung*; Esp.: *resurgimiento de la action*.

Termo da dramaturgia clássica. Momento em que, após uma espécie de "calmaria" (diminuição passageira dos *conflitos** e das contradições) a/d-*bula** progride novamente para sua conclusão. Um acontecimento inesperado (um *golpe de teatro**) derruba o curso da ação e retoma a intriga.

RECURSO DRAMÁTICO

↻ Fr.: *ressort dramatique*; Ingl.: *main spring of the action, dramatic potential*; *Handlungspotential*; Esp.: *recurso dramático*.

1. Recurso dramático é o mecanismo que, de maneira eficaz, mas quase sempre oculta, comanda a ação, organiza o sentido da peça, dá a chave das motivações e da intriga. Esses recursos estão situados nas motivações das personagens, na disposição da fábula, no *suspense** da ação e no conjunto dos procedimentos cênicos que contribuem para criar uma atmosfera teatral e dramática capaz de cativar o espectador: "O segredo é agradar e tocar: inventar recursos que possam me prender" (BOILEAU). A utilização de recursos, permitida e até aconselhada pela dramaturgia clássica, pressupõe sempre o gosto por efeitos e motivações fáceis, pelas motivações ocultas do comportamento: "O sistema moderno da tragédia coloca em jogo todos os recursos do coração humano", escreveu MARMONTEL.

2. O cordel, imagem favorita e excessiva do recurso, é, de fato, um termo irônico, pejorativo, que designa o que ata e "segura" os episódios ou as personagens de uma peça, o que possibilita a seus criadores manipulá-los como marionetes, em função das necessidades caprichosas da intriga. Quando esses elementos estruturais e esses procedimentos dramatúrgicos são demasiado automáticos e visíveis, a peça é uma *peça bem feita**, mas, o dramaturgo é apenas um artífice, um "Senhor Cordel" (alcunha de SCRIBE), cujo virtuosismo não passa de uma técnica mecânica e repetitiva.

REGRAS

↻ Fr.: *règles*; Ingl.: *rules*; Al.: *Regeln*; Esp.: *reglas*.

1. Regras Normativas

Conjunto de conselhos ou preceitos formulados por um teórico ou autor de poética. As regras são tidas como guias do dramaturgo em sua *composição** dramática.

a. A tranquila segurança dos doutos sem dúvida provém (além da crença nos modelos antigos) de sua convicção de que a arte dramática é uma *techné* cujos segredos podem ser descobertos. A ideia de modelo a ser imitado e de regras destinadas a convencer o espectador de que ele está assistindo a um acontecimento real é mais importante do que a noção contemporânea de regras estruturais ou de funcionamento textual.

b. A questão das regras ultrapassa rapidamente o âmbito do conselho técnico, para se tornar uma questão moral e até política. Ela se coloca, então, em termos de liberdade ou de vexame: o artista tem dificuldade em aceitar, principalmente se fizer sucesso junto ao público, que se legisle sobre todos os aspectos de sua arte. LOPE DE VEGA, em sua *Nova Arte Dramática* (1609), por exemplo, dá provas de uma liberdade de ação e de fala que faltará aos trágicos franceses trinta anos depois: "Tais coisas ofendem bastante os entendidos; pois bem!, que quem ficar ofendido com eles não vá assistir às nossas comédias [...] Se o que realmente importa é agradar o espectador, todos os meios são válidos para consegui-lo".

A discussão, quando não é apaixonada, gira em torno da necessidade das regras e das unidades: essa necessidade é baseada na razão ou é apenas relativa e está vinculada à mudança dos gostos e das normas estético-ideológicas? Uma discussão dessas não termina facilmente, pois as regras, em sua extrema codificação, estão vinculadas a uma ordem efêmera – quem, hoje, se preocuparia em obedecer a unidade de tempo e de lugar para escrever uma telenovela? –, é, no entanto, evidente que o dramaturgo iniciante pode tirar proveito das regras da construção dramática ou da verossimilhança.

Foi na Itália do Renascimento que se elaboraram, por diversos autores de poética (CINTHIO, GUARINI, CASTELVETRO) as regras que os teóricos franceses do século seguinte (CHAPELAIN, LA MESNARDIÈRE, SCUDÉRY) estabeleceriam por vezes como dogma. Por volta de 1630, a polêmica sobre as boas regras chega ao auge. A "Querela do *Cid*" marca o momento mais agudo do conflito entre o êxito prático brilhante e a falta de regras. Os argumentos trocados variam da certeza de atingir a perfeição através das regras ("Quanto mais o poema se aproximar dessas regras, mais é poema, isto é, mais estará próximo da perfeição", CHAPELAIN, no prefácio de *Adonis*), ao ceticismo do artista diante dos esquemas teóricos ("Como estabelecermos regras gerais para uma arte em que a prática e o julgamento apresentam novidades todos os dias?", RACAN, carta de 25 de outubro de 1654).

Sem dúvida, exagerou-se a respeito da influência da norma e da "regularidade" nos autores clássicos. Seja como for, os de maior prestígio têm por lema agradar conforme as regras: para CORNEILLE, a finalidade da poesia dramática é "agradar e as regras que ela nos prescreve são apenas habilidades para facilitar ao poeta de fazê-lo, e não razões que possam persuadir os espectadores de que uma coisa é agradável, quando ela os desagrada" (dedicatória de *Medeia*, 1639). No prefácio de *Berenice*, RACINE nos faz lembrar que "a regra principal é agradar e tocar: todas as outras são feitas apenas para se chegar a essa primeira". Tal prudência diante da *doxa* crítica de seu tempo atesta, enfim, um certo pessimismo perante a regulamentação de sua arte, mas também o desejo de não bater de frente com o gosto e sua crescente jurisdição. A imposição de regras era também uma maneira de estabelecer uma distinção em face das peças de *máquina**, as quais, muito mais espetaculosas e populares, não eram submetidas à mesma jurisdição.

c. A palavra *regras* engloba duas noções heterogêneas: primeiro, as regras ou técnicas da construção literária que respondem a certa análise dos mecanismos teatrais; segundo, as regras ideológicas do bom gosto, da verossimilhança ou da unidade de tom. Estas têm uma base muito mais subjetiva e variável conforme as épocas e as sociedades.

Se se procurar identificar a verdadeira natureza desse poder legislador, depreende-se um número significativo de critérios sem grande denominador comum:

– as leis de um gênero teatral (comédia, tragédia) obedecem a certas constantes quanto à *recepção** do público (por ex.: distanciamento vs emoção; fantasia vs necessidade etc.);
– tradição estética: a influência de ARISTÓTELES e de seus comentários é capital: o esquema da *Poética* tem força de lei;
– as regras de *decoro** e de *verossimilhança** variam de acordo com a norma ideológica e a estrutura da sociedade: é compreensível que, no século XVII, os heróis trágicos devam ser reis ou príncipes, e não indivíduos ridículos como o comum dos mortais representado pela comédia;
– regras das *unidades**: unidade de tempo (a ação não pode exceder a duração da representação), de lugar (o espaço da ação não muda), de ação (concentrada num único acontecimento).

d. A história das regras é instrutiva tanto para o estudo sociológico de um determinado grupo, quanto para a verdadeira compreensão da estrutura literária. O paralelismo estético-político é impressionante: é nos séculos XVII e XVIII que a doutrina literária se forma e pretende universalizar-se, no momento em que o poder monárquico atinge seu apogeu e tenta legislar para a manutenção "racional" (*raisonnée*) de seu poder. As regras são relaxadas no século XVIII e, sobretudo, no século XIX, quando as estruturas ideológico-políticas vacilam. Quanto ao século XX, a explosão das ideologias, dos sistemas e das formas fazem com que consideremos as normas poéticas como anacronismos gritantes.

2. Regras Estruturais

A noção de regra ou regularidade estrutural tem um sentido completamente diferente numa abordagem estruturalista do texto. A regra é uma propriedade e uma função da dramaturgia utilizada: por exemplo, a regra da abertura e da resolução do *conflito** ou a da convergência das *intrigas** principais ou secundárias na *catástrofe** final ou no *ponto de integração**.

Esse tipo de regra não é nem normativo, nem ornamental; é consequência metodológica da estrutura da *narrativa** dramática. Considerada de acordo com a evolução literária, essa regra nada tem de absoluta; varia conforme a mudança qualitativa das dramaturgias: desse modo, a regra do conflito da integração das ações num ponto nodal não vale mais para o teatro épico, nem para o *happening*. Outras normas tomaram seu lugar (como a autonomia dos elementos e o desarme dos conflitos, no primeiro caso, invenção permanente das ações coletivas, no segundo). A regra estrutural é puramente descritiva; é válida somente no âmbito específico de uma peça ou de um modo dramatúrgico; estabelecida por indução a partir de vários textos é, em seguida, aplicada experimentalmente aos textos, modificada e tornada precisa de acordo com os fatos. Esse circuito dialético entre obra e regra estrutural afina as regras e a análise do texto dele decorrente. Evidentemente, não se descarta o fato de que as regras normativas dos doutos imprimem sua marca às regras estruturais da dramaturgia, por um lado, porque os dogmas às vezes se baseiam numa análise retórica "pré-estrutural" da técnica teatral; por outro, porque os dramaturgos devem submeter-se ao menos a certas prescrições dos doutos. A questão essencial é encontrar a função profunda de uma regra dramática e observar em que medida ela contribui para dar forma ao modelo dramatúrgico empregado.

Quando é possível agrupar várias regras estruturais de uma mesma escola ou de um mesmo autor, chega-se à reconstituição de seu esquema temático e narrativo. T. PAVEL propõe a seguinte sequência como regra de funcionamento do universo trágico das personagens racinianas: "1) elas amam à primeira vista; 2) sentem o efeito da proibição, tentam lutar contra a paixão e algumas vezes pensam tê-lo conseguido; 3) percebem a inutilidade dessa luta e abandonam-se à paixão" (1976: 8). Não há uma maneira universal de formalizar o esquema actancial. R. BARTHES proporá uma dupla equação característica das ações e, ao mesmo tempo, das personagens: "A tem todo poder sobre B – A ama B que não a ama" (1963: 34-35).

3. Regras de uma Gramática Geradora da Narrativa Teatral

Nas tentativas de formalização de uma gramática narrativa atinge-se um grau final de generalização e, talvez, de cientificismo. Já que não reconstituem toda a narrativa ou a dramaturgia a partir das regras da estrutura profunda, essas gramáticas propõem regras fundamentais de reescritura. T. PAVEL (1976) propõe uma adaptação do modelo proppiano e greimassiano para as tragédias de CORNEILLE (*análise da narrativa**). A seguir, essa base será completada e variada por uma série de sub-regras que diferenciam os tipos de fábula e de *textualização** dos conflitos.

Esse uso das regras de escritura propicia resultados, em suma, decepcionantes. Primeiramente, é preciso ressaltar que essas regras se referem unicamente à sintaxe narrativa, não sendo, portanto, específicas da dramaturgia e, menos ainda, da representação. Ora, a semântica abstrata dos conflitos e das ações é apenas uma parte da manifestação teatral. Seria preciso questionar também a cena quanto à sua capacidade de organização conforme constantes análogas às regras narrativas. Finalmente, o imenso continente das *convenções** teatrais – sejam elas históricas, estéticas ou específicas de determinado tipo de jogo – permanece ainda mal explorado. A gente se contenta facilmente demais em regular o problema falando de convenções de recepção, sem analisar anteriormente a função e as consequências cênicas das regras convencionais.

A polêmica dos Antigos e dos Modernos não terminou: ela passa pela avaliação das regras de atuação. E é útil guardar na memória a observação cética de MATISSE: "As regras não existem fora dos indivíduos, senão todo professor seria tão genial quanto RACINE".

Unidades, convenções, estruturas dramáticas, códigos, análise da narrativa, dramaturgia clássica.

d'Aubignac, 1657; Bray, 1927; Scherer, 1950; Morel, 1964; Viala, 1985.

RELAÇÃO PALCO-PLATEIA

Fr.: *rapport scène-salle*; Ingl.: *stage-audience relationship*; Al.: *theatralisches Grundverhatnis*; Esp.: *relación escena-sala*.

1. Cenografia

Disposição relativa do palco e da área de atuação sobre a transmissão e a recepção do espetáculo. Não se fala indiferentemente das mesmas coisas num palco italiano, num teatro de arena ou num palco elisabetano. Cada palco possui seu próprio modo de *relação** com o público: ilusionismo, participação, interrupção do jogo, consumo etc. Cada tipo de palco tende a reproduzir as estruturas de uma certa sociedade: hierarquizada para o teatro italiano, mais comunitária para o teatro popular em forma de arena, dividido para o *percurso** teatral. Entretanto, não seria necessário se deixar enganar por um determinismo estreito entre o tipo de sala e o tipo de sociedade (*cf.* BRECHT representando num palco italiano, a falsa democratização dos palcos em forma de arena que visam fazer o público participar etc.). Apesar de tudo, é verdade que a encenação contemporânea tem o maior cuidado em estabelecer uma relação apropriada, se necessário construindo uma cenografia específica no interior do invólucro exterior do teatro existente.

2. Troca Entre Palco e Plateia

Além dessa relação cenográfica concreta, palco e plateia mantêm relações psicológicas e sociais que refletem a finalidade do espetáculo.

a. Identificação*

O palco italiano exige do *espectador** que se identifique com a ficção, projetando-se nela. Tem-se o costume de dizer que o palco reproduz então a estrutura do público chamado a se entregar em bloco nas mãos dos atores-ilusionistas (*denegação**).

b. Distância* crítica

Ao contrário, o palco brechtiano cava um fosso entre palco e plateia, impede o "deslocamento" do interesse da sala para o palco, provoca uma distância crítica e divide o público a propósito da peça. Estas contradições sociais da plateia (se existem) remetem àquelas da ficção, e vice-versa. A relação palco-plateia é, portanto, uma espécie de barômetro que indica como o teatro age sobre um público.

c. Alternância

Busca de uma relação variável entre palco e plateia, alternando identificação e distância (WILSON, DEMARCY, LASSALE), proximidade e afastamento, unicidade e recepção. Este novo tipo de relação parece querer superar a oposição identificação/distanciamento.

d. Modificação da relação ficção-realidade

O teatro às vezes empenha-se em modificar a relação entre a área de atuação (a ficção) e a plateia (a realidade). Ao explodir o *quadro** cênico tradicional, ele tenta usurpar, graças à ficção, o espaço real do espectador, pôr em questão a segurança de um lugar de onde se observa sem ser implicado. Às vezes, certos espetáculos (jogo dramático ou *happening**) gostariam de anular esse espaço do olhar para integrá-lo à ficção, de modo a derrubar a barreira entre palco e plateia. Todas essas tentativas se chocam, todavia, com o olhar do espectador, que institui de cara a separação entre o seu mundo e o universo fictício.

3. Permanência da Dualidade Palco-Plateia

Na verdade, em vez de anular-se, a *distância** entre palco e plateia se aprofunda. Esta é mesmo a marca fundamental da representação teatral. Só muda o projeto estético do dramaturgo: encurtar ou aumentar esta distância. Para o drama musical wagneriano, por exemplo, a orquestra deverá ser enterrada para não atrapalhar a fusão entre palco e plateia. O teatro épico, ao contrário, acentuará a diferença: se ele busca "enterrar a orquestra" (W. BENJAMIN), é para aí instalar, no lugar, um pódio, e desvendar melhor os mecanismos da ilusão cênica. Inúmeras experiências sobre a distância palco-plateia vão no sentido wagneriano da fusão para estimular a participação. MEIERHOLD junta os dois pela "passarela das flores", emprestada do teatro japonês. O teatro de arena ou os palcos explodidos visam a mesma integração. Porém, seja a relação frontal-lateral, englobadora ou superficial, a regra do dualismo se mantém para todo espetáculo. O que varia é a distância estética entre o espectador e a cena, a maneira pela qual a *recepção** determina a compreensão do espetáculo. Esta confusão no emprego ora concreto, ora cognitivo da *distância* ou da *perspectiva**, está na base de todos os paradoxos sobre a ilusão, mas também é a fonte de toda reflexão sobre a especificidade da comunicação teatral.

📖 Hays, 1977; Pavis, 1980c; R. Durand, 1980; Chambers, 1980.

RELAÇÃO TEATRAL

⇄ Fr.: *relation théâtrale*; Ingl.: *stage audience relationship*; Al.: *theatralisches Grundverhältnis*; Esp.: *relación teatral*.

Visualização e concretização das inúmeras relações dentro do processo criativo: entre autor, encenador, ator e todos os outros membros da equipe de realização; entre as personagens e, de maneira global, entre o espetáculo e o público.

1. Relações Entre os Criadores

A cadeia das *interpretações** e transformações do sentido teatral entre o autor – ele próprio submetido à influência de determinada época, classe, horizonte de *expectativa** – e o ator que interpreta uma personagem é muito extensa. Mesmo se for quase impossível iluminar as etapas desse processo, cada encenação constitui uma tentativa de resposta a essas trocas entre os diversos sujeitos da enunciação cênica final.

2. Relações Entre Personagens

O teatro é a arte das relações sociais entre os homens. Foi possível retraçar sua história examinado-se a natureza dos vínculos inter-humanos. Determinada antes do Renascimento pela relação do homem com Deus, a relação interpessoal se constitui a seguir como pivô da ação humana, oscilando entre liberdade e necessidade. Por volta do final do século XIX, a crise do drama anuncia a ruptura desse vínculo e das diversas tentativas dramatúrgicas de salvamento ou ultrapassagem do diálogo inter-humano (SZONDI, 1956).

3. Relações Entre Espectador, Ator e Personagem

A identificação do ator com a personagem e do espectador com o ator-personagem é necessária para o estabelecimento da *ilusão** e da *ficção**, mas é, ao mesmo tempo, muito frágil e ameaçada de ruptura e de *denegação**. Estabelece-se então uma distância crítica, provocada por rupturas estéticas de atuação (efeito de estranhamento) ou por mecanismo ideológico (BRECHT). A relação entre público e representação é sintomática daquilo que a encenação espera do ato teatral: submissão, crítica, divertimento etc. A relação entre palco e plateia, mesmo que seja conciliatória (identificação global com a cena) ou divida profundamente o público (como queria BRECHT), é sempre de confronto. A definição mínima de teatro está inteira contida aqui: "o que se passa entre espectador e ator. Todas as outras coisas são suplementares" (GROTOWSKI, 1971: 31).

4. Relação Crítica

A visualização da relação *palco-plateia** não deve fazer com que se esqueça uma última relação, de longe a mais importante: o trabalho de recepção e da *interpretação** crítica. O trabalho com base na representação envolve o espectador fazendo-o ultrapassar a simples descrição da estrutura interna da obra.

Essa relação crítica não se esgota no "escrupuloso inventário das partes da obra e na análise de suas correspondências estéticas; é preciso que, ainda por cima, intervenha uma variação da relação estabelecida entre o crítico e a obra – variação graças à qual a obra desenvolve diferentes aspectos e graças à qual também a consciência crítica conquista a si própria, passa da heteronomia à autonomia" (STAROBINSKI, 1970: 14).

🔍 Distância, comunicação teatral, recepção, hermenêutica.

📖 Goffman, 1967; Reiss, 1971; Caune, 1978; Chambers, 1980; Durand, 1980a; Pavis, 1980c; Helbo, 1983a; Martin, 1984.

RELATO

Ver *Narrativa*.

REPERTÓRIO

⇄ Fr.: *répertoire*; Ingl.: *repertory*; Al.: *Repertoire*; Esp.: *repertório*.

1. Conjunto de peças representadas por um mesmo teatro durante uma temporada ou por um lapso de tempo ("repertório da Comédie-Française", "inserir uma peça no repertório").

2. Conjunto de peças, francesas ou estrangeiras, de um mesmo estilo ou de uma mesma época ("repertório moderno"). O teatro de repertório é às vezes oposto ao "teatro de pesquisa". Desde COPEAU e sua "tentativa de renovação dramática" (1913), o repertório compreende os clássicos, as criações contemporâneas e tudo o que o encenador julgar útil para a constituição de uma programação de qualidade organizada para vários anos.

3. Conjunto de *papéis** que um ator tem ou está em condições de interpretar, o leque de suas possibilidades de atuação, de seus *emplois**.

4. As personagens do repertório possuem *emplois** fixos e características (por ex.: o criado malandro, o pai nobre).

🔍 Distribuição, caráter, personagem.

RÉPLICA

🔄 Fr.: *replique*; Ingl.: *cue, reply*; Al.: *Stichwort, Replik*; Esp.: *réplica*.

1. Fato de responder a um discurso anterior, de dar uma resposta imediata a um argumento ou a uma objeção. ("Sem dote. Ah! Não há réplica para isso" – MOLIÈRE, *O Avarento*, 1, 5.) Dar a réplica a um ator consiste em dar as falas ditas por outras personagens e dirigidas à personagem encarnada pelo ator, de modo que o diálogo pareça se encadear naturalmente.

2. De maneira mais restrita (desde 1646, segundo o dicionário *Robert*), réplica é o texto dito por uma personagem durante o diálogo em resposta a uma pergunta ou discurso de outra personagem, o que instaura logo no início uma relação de forças.

3. A réplica (no sentido 2) só adquire valor dentro da engrenagem da réplica anterior e da seguinte. A *unidade mínima** de sentido e de situação é constituída pelos pares réplica/contrarréplica, fala/contrafala; ação/reação. O espectador não segue o fio de um texto coerente e monológico; ele interpreta cada réplica dentro do contexto cambiante das enunciações. A estruturação do conjunto das réplicas fornece indicações sobre o ritmo da peça e sobre a resultante das forças em conflito. O jogo das réplicas não se situa somente no nível das oposições semânticas entre as figuras; ocorrem no nível da entonação, do estilo de atuação e do ritmo da encenação. Para BRECHT, a instalação das réplicas se dá como num jogo de tênis: "A entonação é pega no ar e prolongada; daí resultam vibrações e ondulações de entonação que atravessam cenas inteiras" (*Theaterarbeit*, 1961: 385). A réplica sempre sugere uma dialética das respostas e perguntas que faz com que a ação avance. Entretanto, há dramaturgias que não se baseiam na réplica como jogo de falas, mas como uma sequência de acontecimentos verbais que somente o ouvinte pode interconectar e, desse modo, fazer significar (TCHÉKHOV, BECKETT, VINAVER, CHARTREUX, DRAGUTIN).

🔍 Texto e contratexto, diálogo, monólogo.

REPRESENTAÇÃO TEATRAL

🔄 Fr.: *représentation théâtrale*; Ingl.: *theatrical performance*; Al.: *Theatervorstellung*; Esp.: *representación teatral*.

1. Jogo de Palavras

Para definir esse termo chave e ressaltar algumas de suas inúmeras dimensões, é de utilidade verificar que imagens servem diferentes línguas para designar a apresentação cênica da obra:

a. O francês insiste na ideia de uma representação de uma coisa que já existe, portanto (principalmente sob forma textual e como objeto dos ensaios), antes de se encarnar em cena. Representar, porém, é também tornar presente no instante da apresentação cênica o que existia outrora num texto ou numa tradição teatral. Esses dois critérios – repetição de um dado prévio e criação temporal do *acontecimento** cênico – estão, com efeito, na base de toda encenação.

b. O alemão *Vorstellung, Darstellung* ou *Aufführung* usa a imagem espacial de "pôr na frente" e "pôr aí". Acham-se aqui sublinhadas a frontalidade e a exibição do produto teatral, que é entregue ao olhar, assim como é colocado em exergo, visando o *espetacular**.

c. A palavra inglesa *performance* indica a ideia de uma ação realizada (*to perform*) no próprio ato de sua apresentação. A "*performance*" teatral envolve ao mesmo tempo o palco (e tudo o que, antes, prepara o espetáculo) e, depois, a plateia (com toda a receptividade de que ela é capaz). A teoria linguística dos performativos sustenta ainda a conceitualização do ato realizado pelo locutor, no caso do teatro, por toda a equipe que se "realiza" cenicamente (artística e socialmente). Além disso, poder-se-ia jogar com a oposição da gramática geradora entre performance e competência para ilustrar uma das finalidades da representação: fazer a passagem do sistemático e da habilidade teórica (competência) à atualização prática particular (*performance*) (SCHECHNER, 1977).

2. Funções da Representação

a. O presente da representação

O teatro não representa algo preexistente, que teria existência autônoma (o texto) e que se apresentaria "uma segunda vez" nos palcos. É preciso tomar a cena como acontecimento único, construção que remete a si mesma (este é o signo poético) e que não imita um mundo de ideias. "O drama é primário. Não é a reprodução (secundária) de algo (primário), apresenta a si mesmo, é ele mesmo" (SZONDI, 1956: 16; 1983: 15). A representação só existe no presente comum ao ator, ao espaço cênico e ao espectador. É isto que diferencia o teatro das outras artes figurativas e da literatura.

b. O texto à espera

O *texto dramático** é um "script" incompleto à espera de um palco. Só adquire sentido na representação, uma vez que é, por natureza, "dividido" em várias falas e papéis, e só é compreendido quando proferido pelos atores no contexto de enunciação escolhido pelo encenador. Isto não significa, entretanto, que haja somente uma forma de representação possível a partir de um mesmo texto. Seria necessário, antes, inverter a proposição: a diversidade das representações imagináveis multiplica o sentido do texto que não é mais o centro fixo do universo teatral, como se acreditou por muito tempo.

c. Exteriorização ou ponto de partida?

Hoje se considera a representação como o dado do qual é preciso partir para analisar a *encenação**. Essa concepção assumidamente *teatral* (e não mais *literária* ou mesmo *dramática*) só se desenvolveu a partir da sistematização da prática da *encenação**. Anteriormente, a representação clássica só aparecia como a parte exterior e secundária do texto; não comprometia o sentido da obra representada, mas propiciava um complemento artístico à fala. A definição hegeliana do teatro atesta essa concepção: "Como a arte teatral se limita à recitação, à mímica e à ação, é a fala poética que continua a ser o elemento determinante e dominante [...] a execução pode usar todos os recursos cênicos que se tornem independentes da palavra poética" (HEGEL, 1832: 357). Aqui, texto e cena permanecem completamente independentes, sendo a cena recalcada e considerada como casca material (logo, desprezível) da alma do drama (isto é, do texto linguístico) – isto desde a *Poética* de ARISTÓTELES. Esse platonismo latente, ligado a uma ideologia da hegemonia do Texto e da Palavra, marcou toda a evolução do teatro ocidental até as descobertas cênicas do século XX, das quais A. ARTAUD foi um dos profetas apaixonados. "Enquanto a encenação continuar a ser, mesmo no espírito dos mais livres encenadores, meio de apresentação, modo acessório de revelar obras, espécie de intermédio espetacular sem significado próprio, ela só valerá enquanto conseguir se dissimular atrás das obras que pretende servir. E isso durará tanto tempo quanto o interesse maior de uma obra representada residir no seu texto, tanto tempo quanto, no teatro – arte da representação –, a literatura assumir a dianteira da representação, chamada impropriamente de espetáculo, com tudo o que essa denominação acarreta de pejorativo, efêmero e exterior" (ARTAUD, 1964b: 160).

d. Representação da ausência

Todavia, não seria necessário, como é costume atualmente, assimilar a representação à visualidade, à *opsis** aristotélica. Representar, é também tornar temporal e auditivamente *presente* o que não o estava; é apelar ao tempo de enunciação para mostrar algo, ou seja, insistir na dimensão temporal do teatro. A representação, não é, portanto, ou não exclusivamente, o espetáculo; é tornar presente a ausência, apresentá-la novamente à nossa memória, aos nossos ouvidos, à nossa temporalidade (e não somente aos nossos olhos).

e. Relação da representação com o texto dramático

O estatuto da representação é muito ambíguo: pertence ela unicamente à visualização produzida por uma encenação ou já é sensível, "performatizada", no texto dramático? A *semiologia** se debruça sobre essa questão, já que ela tem que decidir se parte, em suas análises, seja unicamente da encenação, seja do texto no que ele deixa transparecer como indicações espaço-temporais. Portanto, o problema é saber se uma visão cênica, uma espécie de *pré-encenação** está inserida no texto. Negamos essa tese, por ser logocentrista demais e considerar a teatralidade como propriedade textual. Entretanto, é preciso reconhecer que a hipótese de uma escritura especificamente teatral, isto é, que impõe de antemão sua visão cênica, é frequentemente defendida pelos dramaturgos e encenadores, que "sentem" intuitivamente se o texto se presta ou não à cena. Para DIDEROT, a escritura teatral "não engana": "Reconhecerei de imediato se um poeta escreveu ou não a pantomima, se compôs ou não a partir dela. A condução da peça não será a mesma; as cenas terão um movimento completamente diferente; o diálogo se ressentirá disso [...]. A pantomima é o quadro que existia na imaginação do poeta quando escrevia e que ele queria que fosse mostrado a cada instante ao ser representado" (1758: 110-111). Algumas pesquisas dramatúrgicas tentam definir as predeterminações de encenação do texto que o autor tem necessariamente em mente: convenções cênicas da época, concepções de espaço e tempo, decupagem* dramatúrgica etc. (SERPIERI, 1977; GULLI-PUGLIATI, 1976). Essas pesquisas são legítimas enquanto não tentam impor dogmaticamente *uma* encenação a partir de uma simples leitura do texto. Sempre será preferível, no entanto, partir da situação de enunciação concreta que constitui toda representação, para examinar de que maneira ela influi no texto e em sua leitura.

Aí estamos bem longe da concepção hegeliana de teatro como exteriorização do texto, uma vez que, ao contrário, a encenação e a representação é que conferem seu sentido ao texto (PAVIS, 1986a, 1996).

Visual e textual, artes da representação, texto e cena, etnocenologia.

Williams, 1968; Pavis, 1983b; *Literatura*, n. 57, 1985.

REPRODUÇÃO

Fr.: *reproduction*; Ingl.: *reproduction*; Al.: *Abbildung*; Esp.: *reproducción*.

Termo brechtiano (*Abbildung* ou *Abbild*) para designar as imagens produzidas pelo teatro e para pintar a realidade extrateatral: "O teatro consiste em elaborar reproduções vivas de acontecimentos, relatados ou inventados, produzidos entre homens, com a finalidade de divertir" (BRECHT, 1963: 11). A reprodução é uma imitação/transformação do mundo pelo teatro. Ela funda a teoria do *realismo**, mas não se liberta suficientemente da arte como reflexo mimético da realidade. Para BRECHT, a reprodução deve ser distanciada e "distanciadora", isto é, ela "permite, sem sombra de dúvida, reconhecer o objeto reproduzido mas, ao mesmo tempo, tomá-lo insólito" (1963: 57). O trabalho que cabe ao espectador nessa *reprodução* é de importância capital, de modo que a reprodução cênica só toma corpo após sua *recriação* na estética brechtiana, porém, de maneira mais geral, em toda *prática teatral**.

Realidade representada, realidade teatral, recepção, signo.

RESMUNGOS

Fr.: *grommelots*; Ingl.: *gibberish*; Al.: *Cemurmel*; Esp.: *murmullo*.

O ator usa resmungos quando "fala" grunhindo, sem empregar uma língua, mas dando a impressão de que está dizendo algo, ou que está se exprimindo com entonações incorretas. *Le Saperleau*, de G. BOURDET, está escrito num idioma imaginário, "resmungado" pelos atores. D. FO recorre aos resmungos para marcar uma nação ou imitar um grupo. Os resmungos brincam com a destruição da linguagem articulada para melhor reconstituí-la num sistema misto que tem, de certo modo, algo de musical, de gestual, de narrativo e de expressão vocal.

RETEATRALIZAÇÃO DO TEATRO

↻ Fr.: *(re)théâtralisation du théâtre*; Ingl.: *theatralization*; Al.: *Theatralisierung*; Esp.: *teatralización*.

1. Movimento na contracorrente do naturalismo. Enquanto o naturalismo apaga ao máximo os rastros da produção teatral para dar a ilusão de uma realidade cênica verossimilhante e natural, a teatralização ou, mais exatamente, a reteatralização não "esconde seu jogo" e supervaloriza as regras e as *convenções** do jogo, apresenta o espetáculo apenas em sua realidade de ficção lúdica. A interpretação do ator indica a diferença entre a personagem e o ator. A encenação apela aos "*gadgets*" tradicionalmente teatrais (exagero da maquiagem, efeitos cênicos, jogo melodramático, roupas "de cena", técnicas de *music-hall* e de circo, expressão corporal levada ao exagero etc.).

2. Segundo a tipologia de DORT (1984), a representação teatralizada é a "tentativa de suscitar, num palco que se dá como tal, um jogo múltiplo no qual o ator, empregando conscientemente certos procedimentos tradicionais ou reinventando-os espontaneamente, apela, no espectador, ao gosto e ao instinto do jogo" (1984: 11).

3. Artistas tão diversos quanto MEIERHOLD (1963), BRECHT ou COPEAU exigem do teatro sua reteatralização, a saber, a percepção da cena como o local do jogo e do artifício e "o restabelecimento da realidade teatral [como] condição necessária para que possam ser dadas representações realistas da vida em comum dos homens" (BRECHT, 1967, vol. 15: 247; trad. fr., 1972: 247).

RETÓRICA

↻ Fr.: *rhétorique*; Ingl.: *rhetoric*; Al.: *Rhetorik*; Esp.: *retórica*.

A retórica, arte de bem falar e persuadir, tem seu papel no teatro, já que este constitui um conjunto de discursos destinados a transmitir ao espectador a mensagem textual e cênica, da maneira mais eficaz possível.

Os tratados de retórica (de QUINTILIANO ou CÍCERO, por exemplo) frequentemente comparam a arte do orador à arte do ator. A doutrina da apresentação e da eloquência corporal ("*sermo corporis, eloquentia corporis*") aplica-se de maneira direta à arte persuasiva do ator (*Institutio Oratória* (11, 3), de QUINTILIANO). Os tratados dos gestos os retomam, com frequência, no século XVIII. A voz do orador e do ator está subordinada aos princípios de clareza e expressividade; os olhos, o porte da cabeça, o uso das mãos são codificados. Os gestos devem sublinhar as palavras e não as coisas. A arte do ator guardou na memória esses conselhos.

1. Retórica do Texto Clássico

O texto clássico (séculos XVII e XVIII) utiliza de maneira maciça discursos que tomam numerosas figuras de estilo por empréstimo. Nele encontramos três gêneros principais de retórica: o demonstrativo, o deliberativo e o judiciário.

a. Demonstrativo

Expõe os fatos descrevendo os acontecimentos: a exposição, os relatos, as demonstrações dos discursos clássicos pertencem a este gênero.

b. Deliberativo

As personagens ou as partes em conflito se esforçam para persuadir o campo adversário, para defender seu ponto de vista, para fazer com que a ação se desenvolva a seu favor. De maneira global, a cena muitas vezes é concebida como se fosse um tribunal em que são expostas as contradições para um público-juiz.

c. Judiciário

Toma as decisões finais, divide os papéis entre acusação e defesa, distingue força motriz (sujeito), oponente e árbitro (modelo *actancial**).

Outras retóricas do texto clássico decompõem a peça em:

– exposição patética (épico);
– debate dialético (*dramático**);
– catástrofe patética (lírico).

2. Retórica do Texto Moderno e da Cena

A partir do século XIX, fica muito mais problemático deduzir do texto procedimentos retóricos universais: os discursos não mais obedecem a um modelo único ou a um projeto ideológico claramente definido; eles transgridem a norma dos textos anteriores, constituindo uma nova retórica em constante mudança.

As encenações atuais (especialmente as dos clássicos) redescobrem uma apresentação retórica do texto e do jogo. Em vez de psicologizar o discurso para tomá-lo verossímil, insiste-se no caráter construído e literário do texto, revelam-se suas engrenagens: declamação ritmada dos alexandrinos, insistência na construção literária da frase (em VILLÉGIER), distância artificialmente escavada entre significante e significado do texto (em MESGUICH), colocação do *procedimento** artístico em evidência, visualização cênica das relações entre personagens, essas figuras que são "a forma de uma função trágica" (BARTHES, 1963: 10), busca de uma dicção antinaturalista (VITEZ). O jogo do ator, ao dar a impressão de citar o texto, não busca, então, a verossimilhança psicológica, mas, sim, seus códigos. Trata-se, portanto, absolutamente do contrário da retórica da persuasão, na qual o ator procura manter a comunicação com o espectador por todos os meios (interpretação interiorizada, silêncios significativos, falsas hesitações no início de um monólogo etc.). A retórica fornece notadamente o modelo da oposição metáfora/metonímia, essencial à compreensão do funcionamento das grandes figuras cênicas (JAKOBSON, 1963, 1971; PAVIS, 1996).

🔍 Poética, escritura cênica, espaço cênico, gênero, gesto, declamação.

📖 Fontanier, 1827; Lausberg, 1960; Jakobson, 1963; Kibedi-Varga, 1970; de Man, 1971; Fumaroli, 1972; Bergez, 1995.

RÍTMICA

↔ Fr.: *rythmique*; Ingl.: *eurhythmies, eurhythmy*; Al.: *Eurhythmie*; Esp.: *eurítmica*.

(Empregado como substantivo.) Estudo dos *ritmos** musicais ou poéticos. A rítmica, termo retomado por JAQUES-DALCROZE (1919), tem "por finalidade a representação corporal dos valores musicais, com o auxílio das pesquisas particulares tendendo a reunir em nós mesmos os elementos necessários a essa figuração" (1919: 160). Esta disciplina busca uma expressão comum aos ritmos musicais e aos movimentos corporais que os acompanham: "A magnífica e poderosa música [é] como que a animadora, como que a estilização do gesto humano e este, como a emanação eminentemente "musical" de nossos desejos e aspirações" (1919: 18).

RITMO

↔ Fr.: *rythme*; Ingl.: *rhythm*; Al.: *rhythmus*; Esp.: *ritmo*.

Todo ator, todo encenador sabe intuitivamente da importância do ritmo tanto para o trabalho vocal e gestual, como para o desenrolar do espetáculo. A noção de ritmo não é então uma ferramenta semiológica recém-inventada para a leitura do texto dramático ou para a descrição da representação. Ela é constitutiva da própria fabricação do espetáculo.

Contudo, as implicações teóricas do ritmo são fundamentais, a partir do momento que ele se torna, como é o caso na prática teatral contemporânea, um fator determinante para o estabelecimento da fábula, o desenrolar dos acontecimentos e dos signos cênicos, a produção do sentido. As pesquisas teóricas e práticas sobre o ritmo intervém num momento de ruptura epistemológica: após o imperialismo do visual, do espaço, do signo cênico no interior da encenação concebida como visualização do sentido, acabamos, tanto na teoria quanto na prática, procurando um paradigma completamente diferente para a representação teatral (VINAVER, VITEZ), o do auditivo, do temporal, da sequência significante, em suma, da estruturação rítmica.

1. Teorias Tradicionais de Ritmo

a. Na maioria das vezes, estende-se ao teatro a teoria ornamental do ritmo do texto poético. O ritmo não seria mais que um ornamento prosódico e superficial do texto calcado na estrutura sintático-semântica, considerada fundamental e invariável; seria um modo melódico e expressivo de dizer o texto e desenrolar a fábula.

Henri MESCHONNIC, em sua *Crítica do Ritmo* (1982), distingue três categorias de ritmo: o linguístico (próprio de cada língua), o retórico (tributário das tradições culturais) e o poético (ligado a uma escritura individual). Ele mostra os dois perigos que pesam sobre o ritmo: "Seja ser decomposto como um objeto, uma forma ao lado do sentido, em relação ao qual se considera que pode refazer o que ele diz: redundância, expressividade; seja ser compreendido em termos psicológicos que o escamoteiam até ver nele o inefável, absorvido pelo sentido ou pela emoção" (1982a: 55). No teatro, como em poesia, o ritmo não é um ornamento exterior acrescentado ao sentido, uma expressividade do texto. O ritmo constitui o sentido do texto, como já observava VALÉRY em seus "Cânticos Espirituais" (*Variedades*): "É preciso e basta, para que haja poesia certeira, que o mero ajuste das palavras, que íamos lendo como se fala, obrigue nossa voz, mesmo a interior, a apartar-se do tom e do andamento do discurso comum, e a coloque num outro mundo e num outro tempo. Essa sujeição íntima ao impulso e à ação *ritmada* transforma profundamente todos os valores do texto que no-la impõe."

b. A teoria da versificação, na maioria das vezes, se contenta em examinar a feitura técnica e normativa do verso, sua adequação a um cânone estabelecido; ela se espalha na musicalidade do verso de Racine ou na rapidez do diálogo da comédia. O ritmo só aparece em conformidade com um esquema cujas origens e incidência sobre o sentido da representação não são postas em questão. Cabe a MESCHONNIC o mérito de uma crítica radical do ritmo incluído por tempo demais "na métrica, identificando de fato, sobretudo na França, a prosa e a ausência de ritmo, a prosa e o discurso comum. É a teoria tradicional do ritmo como alternância de tempos fortes e fracos, fechados na métrica, fora do sentido, subcategoria da forma" (MESCHONNIC, 1982b: 3).

c. A teoria brechtiana (do *gestus**, da música gestual, da "poesia rimada aos ritmos irregulares") aproxima-nos consideravelmente das pesquisas contemporâneas. Ela pretende ser ao mesmo tempo um apanhado das relações sociais no gesto individual e um método que demonstra a influência do movimento e da cadência na produção do sentido dos enunciados e das ações. Esta teoria prepara o caminho para as atuais reflexões sobre ritmo, reflexões estas que procuram vincular a produção/percepção do ritmo à do sentido do texto interpretado e de sua encenação.

2. Ritmo e Sentido

a. Emergência do sentido

Qual é o sentido do ritmo e onde ele se faz ouvir e ver? MESCHONNIC, em sua *Critique du Rythme* (1982), mostrou de fato que o ritmo do texto poético não se encontra "acima" do sentido sintático-semântico, mas o constitui. É o ritmo que dá vida às partes do discurso; a disposição das massas dos diálogos, a figuração dos conflitos, a divisão dos tempos fortes e fracos, a aceleração ou a diminuição das trocas, tudo isso é uma operação dramatúrgica imposta pelo ritmo ao conjunto da representação (KLEIN, 1984). Procurar/encontrar um ritmo para o texto a ser representado é sempre procurar/encontrar um sentido.

b. Ritmo e corte

A percepção do ritmo obriga a estruturar e a desestruturar o texto, principalmente a colocar em relevo elementos sintáticos e, portanto, a mascarar outros. O recorte sintático da frase e a desambiguização semântica que daí resultam dependem estritamente da dicção e da percepção do ritmo interno da frase. Não se poderia afirmar então que o texto tem um sentido primeiro, denotativo, fixo e evidente, uma vez que uma enunciação diferente o desvia imediatamente do "caminho certo".

c. Ritmo e apoio visual ou gestual

O ritmo da leitura e da dicção dado pelo ator é igualmente perceptível quando uma parte do discurso é recebida no pano de fundo do jogo cênico, de modo que o sentido literal do enunciado verbal é desviado por um jogo cênico.

d. Origem do ritmo no teatro

A teoria do ritmo ultrapassa o âmbito da literatura e do teatro. Ela se fundamenta, na maior parte dos estudos, em bases fisiológicas: ritmo cardíaco, respiratório ou muscular, ou influência das estações e dos ciclos lunares etc. Sem entrar no complicado terreno desses ritmos, lembraremos simplesmente que sua dinâmica tem muitas vezes dois tempos: inspiração/expiração, tempo forte (marcado)/tempo fraco (não marcado). Para a ação teatral – ao menos na dramaturgia clássica – é válido o mesmo esquema: ascensão/queda da ação, nó/desenlace, paixão/catarse etc. A prática de encenadores como MNOUCHKINE (em *Ricardo II* ou *Henrique IV*) muitas vezes consiste em encontrar, na respiração dos atores, na alternância das pausas e das explosões vocais e gestuais, essa dualidade dos ritmos biológicos e em impor ao texto transmitido um esquema rítmico que faça com que sua linearidade seja detonada e que impeça qualquer identificação do texto com uma individualidade psicológica.

Em relação ao texto a ser lido e/ou dito, trata-se de esmiuçar se o ritmo é dado partindo "de dentro" como esquema de entonação e sintaxe inserida no texto, ou – ao contrário – se é trazido de fora pelo enunciador (o ator, o encenador e, definitivamente, o espectador).

A encenação contemporânea, seja a do Théâtre du Soleil (MNOUCHKINE), de VITEZ, de DELBÉE, está como que fascinada pela possibilidade de partir de uma pesquisa sobre o ritmo para mudar a percepção do texto. Nos Shakespeares do Théâtre du Soleil, o trabalho com base na voz (mudanças de colocação, entonações) é concebido como sendo da mesma natureza que a estilização do gesto e o tratamento do texto como massas de sonoridades e formas retóricas. VITEZ parece dar a suas atrizes (mais do que aos atores) a tarefa de atuar de maneira falsa, de estar "ao lado" do papel, de teatralizar a emissão vocal. Buscar a quebra é a nova obsessão dos encenadores.

e. Ritmo, recusa do sentido e da expressividade

Por isso também não nos surpreenderá o fato de que comediantes ou encenadores preocupados com a *leitura* do texto se esforcem – como Louis JOUVET – para "rejeitar, conter o sentimento, o efeito que a fala comunica à primeira vista, à primeira leitura" (1954: 143). A reconstituição da física do texto como a descreve JOUVET, e dentro do mesmo espírito de ARTAUD, surge como pesquisa sobre um ritmo que comece por dessemantizar o texto, por desfamiliarizar o ouvinte, por fazer com que se veja sua mecânica retórica, significante e pulsional. Tal retardamento do sentido abre o texto a várias leituras, leva mais em conta as situações de recepção.

3. O Ritmo na Encenação

O ritmo está situado em todos os níveis da representação, e portanto, não apenas no plano do desenvolvimento temporal e da duração do espetáculo.

a. Enunciação da leitura

No plano da leitura mais "rasa" e "inexpressiva" do texto (o tom "branco"), o ritmo já entra em jogo, a partir do momento em que a enunciação se situa em face dos enunciados.

b. Oposições rítmicas

Na representação, o ritmo é sensível na percepção de efeitos binários: silêncio/fala, rapidez/lentidão, cheio/vazio de sentido, acentuação/não acentuação, destaque/banalização, determinação/indeterminação. O ritmo não se limita à enunciação do texto; também vale para os efeitos plásticos: APPIA fala, por exemplo, aos seus cenógrafos, de um "espaço rítmico". CRAIG faz do ritmo um componente fundamental da arte do teatro, "a própria essência da dança".

c. Gestus e trajetória

A pesquisa do *gesms*, da disposição fundamental dos atores em cena, a composição dos grupos em quadros ou subgrupos são alguns dos efeitos gestuais e proxêmicos dos atores. Os deslocamentos passam a ser a representação física do ritmo da encenação. O ritmo é a visualização do tempo no espaço, escritura e inserção desse corpo no espaço cênico e ficcional.

d. Ruptura

A prática da *ruptura**, da descontinuidade, do efeito de distanciamento, procedimentos tão comuns na arte contemporânea, favorece a percepção das suspensões na representação: o ritmo sincopado revela isso de maneira mais aparente.

e. Voz

A voz se tornou o modalizador extremo do texto em sua totalidade; a coloração da entonação, sua capacidade de unir o verbal e o não verbal, o explícito e o implícito, fazem dela "expressão fônica da avaliação social" (BAKHTIN in TODOROV, 1981: 74).

f. Ritmo narrativo

Todos os diversos ritmos dos sistemas cênicos da representação (cuja resultante forma, como se verá, a encenação), todos os sistemas são legíveis apenas quando inseridos no âmbito da fábula. O ritmo reencontra sua função de estruturação do tempo em episódios, réplicas, sequência de monólogos ou *esticomitias**, mudanças de cena.

g. Ritmo global da encenação

No quadro narrativo que dá ritmo à progressão da fábula, dessa "corrente elétrica" que une os diversos materiais da representação de que falava J. HONZL (1940), organizam-se os ritmos específicos de todos os sistemas cênicos (iluminação, gestualidade, música, figurino etc.). Cada sistema cênico evolui de acordo com seu próprio ritmo; o trabalho de ordenação (lógica e narrativa) da encenação pelo espectador consiste propriamente na percepção das diferenças de velocidade, das defasagens, das embreagens, das hierarquias entre si.

Esta concepção clássica de ritmo como relação dos movimentos entre si, como *metarritmo*, aproxima-nos da encenação ou da enunciação cênica. O ritmo, no sentido de se perceber corpos falantes deslocando-se em cena, no tempo e no espaço, possibilita pensar na dialética do tempo e do espaço no teatro.

O ritmo está situado em um círculo hermenêutico, uma vez que a escolha rítmica da encenação institui um sentido específico do texto, bem como determinada enunciação imprime um sentido específico aos enunciados. Na encenação, o que determina a escolha ou as escolhas rítmicas? É propriamente a busca do significante, a evidência do sentido, o projeto mais ou menos realizado e produtivo para animar um determinado texto e uma cena.

A análise dramatúrgica ou semiológica necessariamente se interroga sobre o sentido do texto dramático tentando vários esquemas rítmicos, relativizando de uma só vez a noção de significado textual, descentrando o texto, pondo novamente em questão o logocentrismo do texto dramático, a pretensão de encontrar um esquema rítmico previamente inserido no tex-

to. O ritmo impede basear uma *semiologia** em unidades fixas e congeladas de uma vez por todas em unidades mínimas. É ele que constitui e destitui as unidades, opera aproximações e distorções entre os sistemas cênicos, dinamiza as relações entre as unidades variáveis da representação, insere o tempo no espaço e o espaço no tempo.

Na teoria e na prática contemporâneas, o ritmo se vê assim promovido à condição de estrutura global ou de enunciações da cena. A partir daí, é grande o risco de que, ampliado assim à estrutura global da enunciação da e pela encenação, ele se torne uma categoria tão geral ou vaga quanto a de *estrutura*. Entretanto, isso seria desconhecer o desejo de ultrapassar uma teoria baseada na estrutura como visualização firme e definitiva do sentido, desejo também de fazer do ritmo o lugar e o tempo da prática produtivo-receptiva da encenação (PAVIS, 1985e).

Blanchot, 1955; Leroi-Gourhan, 1965; Benveniste, 1966; Mukařovský, 1977: 116-134; *Língua Francesa*, 1982; Vitez, 1982; Ryngaert, 1984; Garcia-Martinez, 1994.

RITUAL (TEATRO E...)

Fr.: *rituel (théâtre et...)*; Ingl.: *ritual (theatre and...)*; Al.: *Ritual (Theater und...)*; Esp.: *ritual (teatro y...)*.

1. Origens Rituais

Concorda-se em colocar, na origem do teatro, uma cerimônia religiosa que reúne um grupo humano celebrando um rito agrário ou de fertilidade, inventando roteiros nos quais um deus morreria para melhor reviver, um prisioneiro é condenado à morte, uma procissão, uma orgia ou um carnaval eram organizados. Entre os gregos, a tragédia proveria do culto dionisíaco e do ditirambo. Todos esses rituais já contêm elementos pré-teatrais: trajes dos oficiantes e vítimas humanas ou animais; a escolha de objetos simbólicos: o machado e a espada que serviram para consumar os assassinatos, e são julgados a seguir e, depois, "eliminados"; simbolização de um espaço sagrado e de um tempo cósmico e mítico, de outra natureza, pois que os dos fiéis.

A separação dos papéis entre atores e espectadores, o estabelecimento de um relato mítico, a escolha de um lugar específico para esses encontros, institucionalizam pouco a pouco o rito em acontecimento teatral. Desde então, o público passa a vir para olhar e se emocionar "à distância", por intermédio de um mito que lhe é familiar e de atores que, sob a máscara, o representam.

Esses ritos, que ainda hoje são encontrados, sob formas estranhamente parecidas, em certas regiões da África, da Austrália e da América do Sul, teatralizam o mito encarnado e recontado pelos oficiantes de acordo com um desenvolvimento imutável: ritos de entrada, que preparam o sacrifício, ritos de saída, que garantem a volta de todos à vida quotidiana. Os meios de expressão desses ritos são a dança, a mímica e a gestualidade muito codificadas, o canto e, depois, a palavra. Dessa maneira produziu-se outrora, na Grécia, segundo NIETZSCHE, *o nascimento da tragédia a partir do espírito da música* (título de sua obra publicada em 1871).

2. Ritual da Encenação

Além da história, sempre problemática, de uma filiação da arte ao rito, é preciso observar que o ritual impõe "aos actantes" (aos atores) palavras, gestos, intervenções físicas cuja boa organização sintagmática adequada é o aval de uma representação bem-sucedida. Nesse sentido, todo trabalho coletivo na encenação é execução de um ritual, como o entende M. FOUCAULT, na produção e na "ordem do discurso": "O ritual define a qualificação que devem possuir os indivíduos que falam (e que, no jogo de um diálogo, da interrogação, da recitação, devem ocupar determinada posição e formular determinado tipo de enunciados); ele define os gestos, os comportamentos, as circunstâncias e todo o conjunto de signos que deve acompanhar o discurso; fixa, enfim, a eficácia suposta ou imposta quanto às palavras, seu efeito sobre aqueles aos quais elas se dirigem, os limites de seu valor repressivo" (1971: 41).

3. A Sobrevivência do Rito no Teatro

O teatro de hoje tem uma forte nostalgia de suas origens cultuais, agora que a civilização ocidental parou de pensar em si mesma como única e superior, e que abriu seus horizontes a culturas extraeuropeias, em cuja vida social o rito ainda tem um papel importante. A. ARTAUD, sob esse ponto de vista, é apenas a cristalização mais pura dessa volta às origens do *acontecimento** teatral. Rejeitando o teatro burguês baseado no verbo, na repetição mecânica e na rentabilidade, ele reata com a ordem imutável do rito e da cerimônia; nada mais faz do que concentrar e exprimir – como um xamã – uma profunda aspiração do teatro preocupado com suas origens: "A nostalgia secreta, a ambição final do teatro é, de certo modo, reencontrar o rito do qual nasceu tanto entre pagãos como entre cristãos" (MANN, 1908: 144).

Portanto, o ritual encontra seu caminho na apresentação sagrada de um acontecimento único: ação não imitável por definição, teatro invisível ou espontâneo, mas, sobretudo, desnudamento sacrificial do ator (em GROTOWSKI ou BROOK) diante de um espectador que coloca assim suas preocupações, bem como as profundezas de sua alma, à vista de todos, com a esperança confessa de uma redenção coletiva. Muitas encenações retomam a "missa em cena": rito do sacrifício do ator, da passagem a um estado de consciência superior, submissão à repetição infindável e ao serialismo, obsessão da imobilidade ou da "performance única", desejo de tornar visível o invisível, crença numa mudança política ao termo da morte ritual do indivíduo, obsessão pela participação do público no cerimonial cênico. Quaisquer que sejam suas manifestações, sempre existe esse desejo de voltar às fontes do qual GROTOWSKI, em seu *Teatro das Origens*, etapa importante de sua busca, se tornou a figura emblemática.

Mas, ao lado dessas formas conscientes de ritualização, observam-se, em todas as representações teatrais e em todas as épocas, traços rituais (por vezes derrisórios, mas ainda mais presos às raízes): como as três batidas, sem as quais a peça não poderia começar, a cortina vermelha, a ribalta, a saudação ao público, sem falar dos temas obrigatórios de cada gênero aguardados com impaciência: o delito do traidor, a queda dos inocentes, a redenção por meio de um homem providencial etc.

Tudo indica que o teatro, depois de ter apenas se apartado do rito e da cerimônia, busca desesperadamente voltar a eles, como se uma matriz do teatro sagrado (o *Holy Theatre* de que fala BROOK) fosse sua única oportunidade de sobrevivência ao contato com as artes de massa industrializadas e no seio da tribo eletrônica.

🔍 Antropologia teatral, teatralidade, teatro de massa, teatro de participação, etnodrama, etnocenologia.

📖 Artaud, 19641); Girard, 1974; Borie, 1981, 1989; Innés, 1981; Turner, 1982; Schechner, 1985; Slawinska, 1985; Richards, 1995.

ROTEIRO

↻ Fr.: *scénario*; Ingl.: *scenario, screenplay*; Al.: *Szenarium*; Esp.: *guión*.

Esse termo italiano, que significa "cenário", designava o *canevas* de uma peça de *Commedia dell'arte**. O roteiro dava indicações sobre o *argumento**, a ação, a maneira de representar, em particular os *lazzis**. A palavra quase não é mais usada hoje a não ser no cinema, onde ela compreende o mesmo gênero de indicações, excluindo-se indicações técnicas, mas com o texto dos diálogos dos atores. Quando o termo é usado -bastante raramente – no teatro, é em geral para espetáculos que não se baseiam num texto literário, mas são amplamente abertos à improvisação e compõem-se sobretudo de ações cênicas extralinguísticas. A *encenação** às vezes considera o texto a ser representado como um simples roteiro, a saber, como fonte de inspiração, como um material textual que não tem que ser restituído literariamente, mas serve de pretexto à criação teatral. Daí os mal-entendidos sobre o estatuto do texto e os direitos do encenador...

🔍 Texto e cena, texto dramático.

📖 Hornby, 1977; Taviani, 1994.

RUBRICA

Ver *Didascálias* e *Indicações cênicas*.

RUPTURA

↻ Fr.: *rupture*; Ingl.: *rupture, discontinuity*; Al.: *Brucli*; Esp.: *ruptura*.

1. Ruptura da Ilusão Teatral

Há ruptura sempre que um dos elementos do jogo se opuser ao princípio de *coerência** da representação e da ficção de uma realidade representada. A ilusão, no teatro, é tão rápida e eficaz, quanto frágil: o conjunto dos enunciadores, de fato, arrisca-se a sair do quadro da representação ilusionista a todo instante. A ruptura é efetuada pelo ator. Em literatura, as rupturas de tom são igualmente possíveis, mas parecem integradas à ficção, enquanto, no teatro, elas vêm de fora, trazidas pelos atores que, nas rupturas de atuação, aparentam estar fora do universo ficcional.

2. Ruptura de Atuação

Ela se produz quando o ator repentinamente para de dizer seu papel (ou erra o texto), despreza o jogo e atua propositadamente de maneira falsa, ou ainda, quando muda de registro, mescla tons e quebra a unidade da personagem.

3. Função das Rupturas

Essencialmente meios de *distanciamento**, as rupturas são a marca de uma estética do descontínuo e do fragmento. Elas convidam o espectador "a colar os pedaços", a recompô-los a intervir para dar um sentido ideológico ao procedimento estético.

Mas a *encenação** contemporânea não deveria esquecer que a ruptura é uma noção dialética e que só é eficaz quando uma unidade ou uma *coerência** tiver sido estabelecida anteriormente. Rupturas em demasia ou sem motivação produzem, na verdade, novo estilo de atuação, uma nova coerência do incoerente e, nisso, o espetáculo perde aí qualquer legibilidade.

🔍 Dramático e épico, citação, colagem, montagem, ritmo.

📖 Benjamin, 1969; Adorno, 1974; Voltz, 1974.

S

SAINETE

↻ Fr.: *saynète*; Ingl.: *playlet, sketch*; Al.: *sainete*; Esp.: *sainete*.

1. Do espanhol *sainete*, trecho delicado. O *sainete* é, na origem, uma peça curta cômica ou burlesca em um ato no teatro espanhol clássico; serve de intermédio (*entreniez**) ao curso dos entreatos das grandes peças. No final do século XVII, vem a substituir o *entremez*, torna-se uma peça autônoma, principalmente nas composições de Ramón DE LA CRUZ, que faz dele uma peça popular para relaxar e divertir o público. Escrita nos séculos XVII e XVIII (particularmente por Quinones DE BENAVENTE (1589-1651) e sobretudo Ramón DE LA CRUZ (1731-1795)), fica em voga até o final do século XIX. Apresentando com poucos recursos e grossos traços burlescos e críticos um quadro animado e pego da realidade da sociedade popular, o sainete obriga o dramaturgo a opor-se a seus efeitos, a acentuar os caracteres cômicos e a propor uma sátira muitas vezes virulenta do seu círculo. Ele aprecia a música e a dança e não tem nenhuma pretensão intelectual.

2. Emprega-se hoje o termo arcaizante sainete para toda peça curta sem pretensão, interpretada por amadores ou artistas de teatro ligeiro (*gag** ou *esquete**). Mais curta que a peça em um ato, o sainete é uma escola de composição e de estilo. Ele compreende tanto o espetáculo de *agitprop** quanto o quadro edificante, o número do *chansonnier* ou a *piécette de patronage*.

SALTIMBANCO

↻ Fr.: *bateleur*; Ingl.: *juggler*, Al.: *Gaukler*; Esp.: *malabarista*.

O saltimbanco era um artista popular que, nas praças públicas, quase sempre em cima de um tablado, fazia demonstrações de habilidades físicas, de acrobacias, de teatro improvisado, antes de vender ao público objetos variados, pomadas ou medicamentos.

Saltimbanco é o termo genérico para malabarista, pelotequeiro, embusteiro, charlatão, farsante, pregoeiro, arranca-dentes, paradista.

Na Idade Média, os saltimbancos se reuniam nos lugares de passagem mais frequentados: Pont-Neuf, em Paris, Praça de São Marcos, em Veneza. São os representantes de um teatro não literário, popular e assumidamente satírico ou político. O espetáculo é gratuito e é ponto de encontro das classes populares, mas também, às vezes, de aristocratas que não se furtavam a se misturar ao populacho.

O espetáculo dos saltimbancos, na maior parte das vezes, é baseado numa performance física, e não na produção de um sentido textual ou simbólico. Os procedimentos se baseiam numa habilidade física ou burlesca. Entretanto, algumas vezes o saltimbanco desenvolve uma forma mais elaborada: textos satíricos, diálogos cômicos, *paradas*. De 1619 a 1625, TABARIN (1584-1633) e MONTDOR interpretam assim "fantasias tabarínicas", monólogos ao mesmo tempo populares e eruditos, farsas que ambos apresentam em *tablados** ao ar livre.

Hoje, com a volta do interesse pelo teatro popular, os saltimbancos – animadores, agitadores, oradores, vendedores e líderes – são reverenciados no *teatro de rua**. Certos artistas, como Dario FO, restabelecem uma velha tradição para dirigir-se a um público apaixonado pela sátira social ou política, público que eles encontram nas fábricas, nas praças públicas... ou nos teatros de periferia.

SEMIOLOGIA TEATRAL

↔ Fr.: *sémiologie théâtrale*; Ingl.: *semiology of theatre, semiotics of theatre*; Al.: *Theatersmiotik*; Esp.: *semiologia teatral*.

A semiologia é a ciência dos signos. A semiologia teatral é um método de análise do texto e/ou da representação, atento a sua organização formal, à dinâmica e à instauração do processo de significação por intermédio dos praticantes do teatro e do público.

Segundo M. FOUCAULT, a semiologia é "o conjunto dos conhecimentos e técnicas que permitem distinguir onde estão os signos, definir o que os institui como signos, conhecer seus vínculos e as leis de seu encadeamento" (1966: 44). A semiologia se preocupa não com a demarcação da *significação**, isto é, com a relação da obra com o mundo (questão que remete à *hermenêutica** e à crítica literária), mas com o modo de produção do *sentido* ao longo do processo teatral que vai da leitura do texto dramático pelo encenador até o trabalho interpretativo do espectador. Esta é uma disciplina ao mesmo tempo "antiga" e "moderna": o pensamento do signo e do sentido está no cerne de qualquer questionamento filosófico, porém o estudo semiológico (ou semiótico) *stricto sensu* remonta a PEIRCE e a SAUSSURE. Este último resumia assim em seu *Cours* o imenso programa da semiologia: "Uma ciência que estuda a vida dos signos no seio da vida social [...] nos ensinaria em que consistem os signos, que leis os regem" (1915: 32-33). Quanto à sua aplicação aos estudos teatrais, ela remonta (pelo menos como método consciente de si próprio) ao Círculo Linguístico de Praga dos anos trinta (ZICH, 1931; MUKAŘOVSKÝ, 1934; BURIAN, 1938; BOGATYREV, 1938; HONZL, 1940; VELTRUSKÝ, 1941). Sobre o histórico desta escola, ver: MATEJKA e TITUNIK, 1976; SLAWINSKA, 1978; ELAM, 1980.

1. "Semiologia" ou "Semiótica"?

A diferença não é uma simples polêmica de palavras, nem um resultado da batalha terminológica franco-americana entre a *semiotics* de PEIRCE e a *sémiologie* de SAUSSURE. Ela se baseia, mais profundamente, na oposição irredutível de dois modelos de *signo**: SAUSSURE limita o signo à aliança de um significado e de um significante. PEIRCE acrescenta a esses termos (chamados *representação* e *interpretante*) a noção de *referente*, isto é, de realidade denotada pelo signo.

Curiosamente, no uso que, na sequência dos trabalhos de GREIMAS (1966, 1970, 1979), parece estabelecer-se, a *semiologia* designa, segundo seu autor, a *semiotics* de PEIRCE, ao passo que suas próprias pesquisas, que se valem de SAUSSURE e HJELMSLEV, tomam o nome de *semiótica*: "Cava-se assim um fosso entre a semiologia para a qual as línguas naturais servem de instrumentos de paráfrase na descrição dos objetos semióticos, de um lado, e a semiótica que se dá por tarefa primeira a construção de uma metalinguagem, de outro [...]. A semiologia postula, de maneira mais ou menos explícita, a mediação das línguas naturais no processo de leitura dos significados pertinentes às semióticas não linguísticas (imagem, pintura, arquitetura etc.), ao passo que a semiótica a recusa" (1979: 338). Haveria muito a dizer desta desqualificação *a priori* da semiologia (teatral por exemplo) que não passaria de um estudo dos discursos sobre o teatro. Ela é, sem dúvida, inteiramente legítima dentro da perspectiva greimassiana que só se ocupa das estruturas (profundas) *semio-narrativas*, remetendo para mais tarde o exame das estruturas (de superfície) *discursivas*. GREIMAS quer constatar o surgimento e a elaboração de toda significação; ele se aplica a "destacar as formas semióticas mínimas (relação, unidades) comuns aos diferentes campos visuais" (1979: 282). Por conseguinte, o teatro, enquanto manifestação discursiva exterior, não é o objeto de sua pesquisa. Pois bem, o teatrólogo não poderia deixar de descrever o que vê em cena; ele não renuncia a estabelecer o vínculo entre os signos e seu referente (sem, contudo, fazer do teatro uma imitação mais ou menos icônica da realidade, e da *iconicidade** o critério de apreciação dos signos teatrais).

Portanto, é de *semiologia*, e não de *semiótica*, que falaremos neste exame das aquisições teóricas e dos boicotes deste método. Porém, falar assim de *semiologia teatral* pressupõe que se possa isolar e definir o fenômeno teatral, o que, no atual contexto de explosão das formas teatrais, é bastante problemático. No entanto, não parece necessário resolver de antemão a questão estética da *especificidade** ou não especificidade da arte teatral para postular uma semiologia teatral; basta conceber esta semiologia como "sincrética", isto é, pondo "em ação várias linguagens de manifestação" (GREIMAS, 1979: 375) e fazer dela o local de encontro de outras semiologias (espaço, texto, gestualidade, música etc.).

2. Dificuldades e Impasses da Primeira Fase Semiológica

Uma primeira fase – necessária e da qual seria portanto pouco elegante zombar – refletiu antes de mais nada sobre os fundamentos de uma semiologia teatral; ela se chocou com as seguintes dificuldades metodológicas:

a. Busca do signo mínimo

Os semiólogos puseram-se em busca das *unidades mínimas** necessárias a uma formulação da representação, seguindo nisso o programa dos linguistas: "Todo estudo semiológico, no sentido estrito, consistirá em identificar as unidades, em descrever suas marcas distintivas e em descobrir critérios cada vez mais finos da distintividade" (BENVENISTE, 1974: 64). Para o teatro, contudo, como observa KOWZAN (1975: 215), de nada serviria fragmentar o *continuum* da representação em microunidades temporais que correspondem à menor *unidade* de* um mesmo significante: isto só faria "pulverizar" a encenação e negligenciar a globalidade do projeto cênico. Melhor seria destacar um conjunto de *signos** que formam uma *Gestalt*, significando globalmente, e não por pura adição de signos. Quanto à distinção entre signos fixos e signos móveis (cenário e ator, elementos está-

veis *vs* móveis), ela não é mais pertinente na prática contemporânea.

Vê-se que o signo enquanto unidade mínima não é um *a priori* para a constituição de uma semiologia do teatro e que ele pode mesmo bloquear a pesquisa, se começarmos por querer definir a qualquer preço seus limites.

b. Tipologia dos signos

Da mesma maneira, uma tipologia dos signos (de inspiração peirciana ou outra) não é uma preliminar à descrição da representação. Não só porque o grau de iconicidade ou de simbolismo não é pertinente para dar conta da sintaxe e da semântica dos signos, mas também porque a tipologia permanece com frequência generalizada demais para dar conta da complexidade do espetáculo. Mais que tipos de signos (como o *ícone**, o *índice**, o *símbolo**, o sinal, o sintoma), preferiremos falar doravante, com U. ECO, *de função significante*: o signo é concebido como o resultado de uma semiósis, isto é, de uma correlação e de uma pressuposição recíproca entre plano da expressão (significante saussuriano) e plano de conteúdo (significado saussuriano). Esta correlação não é dada de imediato, ela se acha instituída pela leitura produtiva do encenador e a leitura receptiva do espectador. Estas funções significantes em ação na representação dão uma imagem dinâmica da produção do sentido: elas substituem uma tipologia ou um inventário de signos e uma concepção mecanicista de códigos de substituição entre significados e significantes; elas permitem um certo jogo na decupagem dos significantes e demarcam significados ou significantes ao longo do espetáculo.

c. "Automatismos" de uma semiologia da comunicação

Muitas vezes se tomou ao pé da letra a metáfora barthesiana segundo a qual o teatro é "uma espécie de máquina cibernética" que "se põe a enviar para o vosso endereço um certo número de mensagens [...] simultâneas e, no entanto, de ritmo diferente" de modo que se recebe "*ao mesmo tempo* seis ou sete informações (vindas do cenário, do figurino, da iluminação, da localização dos atores, dos gestos deles, de sua mímica, de suas falas) [...]" (1964: 258). Na verdade, por causa desta constatação, quis-se aplicar à emissão teatral o aparelho conceitual de uma semiologia da *comunicação**: No intento de definir a troca teatral como processo recíproco, de traduzir automaticamente determinado significante por determinado significado – decididamente ainda muito "filológico" – fazia-se da encenação o significante (de maneira quase "superfetatória") de um significado textual, este conhecido e primordial, perguntando-se como "conciliar a presença de significantes múltiplos com aquela de um significado único" (GREIMAS/COURTÈS, 1979: 392).

d. Universalidade do modelo semiológico

Um modelo semiológico baseado numa tipologia dos signos não ultrapassa a constatação de generalidades que não dão conta, em nada, do funcionamento específico de um texto dramático ou de uma representação.

Dentro da mesma ordem de ideia, os *modelos actanciais** inspirados em PROPP (1929), SOURIAU (1950) ou GREIMAS (1966) foram aplicados de maneira muitas vezes demasiado esquemática e indiferenciada, de modo que os universos de sentido das peças se assemelhavam estranhamente. Utilizado segundo o espírito estritamente greimassiano, o modelo actancial conserva seu caráter abstrato e não figurativo; a partir do momento que nos dedicamos demasiado especificamente ao universo dramático de um texto dramático e que os actantes não são mais "um tipo de unidade sintática, de caráter propriamente formal, anteriormente a todo investimento semântico e/ou ideológico" (GREIMAS, 1973: 3), caímos muito depressa na noção de *personagem** ou de *intriga**. A narratologia, mal aplicada ao teatro, não permite falar especificamente da representação teatral.

Sem desqualificar este tipo de semiótica não figurativa, preferiremos acompanhar o processo da *recepção** por um certo público em certas condições, efetuando assim uma semiologia *in situ* que liga seus esquemas explicativos aos percursos interpretativos do espectador: "Aquele que vê o espetáculo não faz semiótica no sentido da teoria semiótica; no entanto, os processos pelos quais ele vê, ouve, sente, passam a ser processos de avaliação, os quais sempre são processos de natureza semiótica" (NADIN, 1978: 25). Reportar-se ao verbete *descrição**.

e. Fetichismo do código*

A frequente confusão entre *material cênico* – isto é, objeto real – e *sistema cênico** ou *códigos** – isto é, objeto de conhecimento, noção teórica ou abstrata – por vezes levou semiólogos a estabelecer uma lista limitativa dos códigos especificamente teatrais ou a decidir *a priori* que códigos são teatrais ou extrateatrais. Muitas vezes, também, a hierarquia que propõem deles (o código dos códigos) imobilizava peremptoriamente o espetáculo e erigia como modelo normativo o que não passa de um caso de espécie. Melhor seria não buscar *a priori* uma taxinomia dos códigos, mas observar como cada espetáculo fabrica ou oculta seus códigos, tece seu *texto espetacular**, como os códigos evoluem durante a representação, como se passa de códigos ou *convenções** explícitas a códigos implícitos. Em vez de considerar o código como um sistema "enterrado" na representação e destinado a ser revelado pela análise, seria mais exato falar em *processo de instauração de código* pelo intérprete, pois é mesmo o receptor que, enquanto hermeneuta, decide ler determinado aspecto da representação segundo determinado código livremente escolhido. O código, assim concebido, é mais um método de análise do que uma propriedade fixa do objeto analisado.

f. Limites de um "delírio conotativo"

Um importante ramo da semiologia dedicou-se, a partir de BARTHES (1957, 1970), a levantar as conotações e os sentidos derivados que um signo poderia evocar no receptor. Todavia, também é necessário estruturar as séries assim obtidas intrinsecamente e em relação com os diversos sistemas cênicos, seja em função de um sentido "construtível" a partir das conotações, seja em função de um texto latente comparável ao trabalho simbólico do sonho tal como analisado por FREUD (1900) ou BENVENISTE (1966: 75-87). Assim ultrapassa-se a simples enumeração – por mais sutil que ela seja – de sentidos derivados para melhor aprender como as conotações do texto espetacular são inseridas na estrutura profunda do sentido da encenação e como constroem este sentido.

g. Relação entre texto e representação

Esta relação nem sempre foi esclarecida, pois as pesquisas investiram paralelamente numa semiologia do texto e numa semiologia da representação, sem nem sempre tomar o cuidado de comparar os resultados das duas abordagens. Muitas vezes, a semiologia textual contentou-se em tentar um resgate filológico do texto considerado como parte fixa e central da representação: ou, inversamente, o texto foi banalizado e conduzido ao nível de um sistema dentre outros, sem que seja considerada sua posição privilegiada na formação do sentido.

Parece útil o recurso a um texto *espetacular*, espécie *de partitura** onde se articulam no espaço e no tempo todos os recursos cênicos da representação (*cf. infra 3b*). Aí se figuram, assim, os ritmos, as redundâncias, os recortes dos diversos sistemas significantes, ao mesmo tempo diacrônica e sincronicamente. Esta esquematização permite visualizar o espetáculo no espaço abstrato da partitura, dando a entender que a encenação, como ritmo global dos ritmos específicos de cada sistema significante, é assim reconstituível por este diagrama, modelo reduzido da representação.

Mesmo entre certos semiólogos ainda se encontra a ideia de que a encenação de um texto não é senão uma *tradução** intersemiótica, uma transcodificação de um sistema em outro – o que é uma monstruosidade semiológica! Por vezes, mesmo, o texto é considerado como a estrutura profunda da representação, o significado invariante passível de ser expresso mais ou menos "fielmente" em significantes da encenação. Estas concepções são, é claro, errôneas: não é porque os significantes textuais permanecem os mesmos, quando são retomados pelos atores de PLANCHON, VITEZ ou BROOK, que o texto conserva a mesma significação. A encenação não é a enformação de uma evidência textual. A enunciação do texto dramático numa encenação particular é que confere ao texto este ou aquele sentido (*texto e cena**).

3. Novas Tendências e Reorientações

a. Encenação e semiologia

Após os primeiros embates e debates teóricos dos semiólogos que propunham um modelo "bem azeitado" mas girando no vazio, porque demasiado genérico e abstrato, volta-se – como no início do Círculo Linguístico de Praga (HONZL, VELTRUSKÝ, MUKAŘOVSKÝ, BOGATYREV) – a um questionamento muito mais pragmático do objeto teatral. O modelo semiológico escolhido é obrigado a justificar-se dentro do contexto particular da representação teatral estudada; a encenação é concebida como uma "semiologia em ação", a qual apaga mais ou menos os vestígios do seu trabalho, mas reflete sempre sobre a posição e o deciframento de seus signos. O encenador propenso à semiologia (R. DEMARCY ou C. RÉGY, por exemplo) "pensa" em séries paralelas de signos, é consciente da dosagem dos materiais, sensível às redundâncias, às correspondências entre os sistemas: música "plástica", dicção "espacial", gestualidade alinhada com base no ritmo subterrâneo do texto etc.

b. Estruturação dos sistemas de signos

A semiologia identifica as oposições entre os diversos sistemas significantes, ela emite uma hipótese sobre a relação dos códigos, os efeitos da evidenciação dos signos e de enfoque. Compreender o espetáculo é ser capaz de recortá-lo segundo toda espécie de critérios: narrativos, dramatúrgicos, gestuais e prosódicos (*ritmo**).

c. Ramificações da semiologia

A semiologia substitui e é substituída por inúmeras disciplinas mais específicas ligadas a aspectos particulares do fato teatral. Trata-se mais de uma especialização que de uma explosão. Dentre os novos ramos, lembraremos:

– *à pragmática**;
– a teoria da enunciação;
– a *sociocrítica**;
– a teoria da *recepção**;
– as teorias relacionais (às quais tomam emprestada da fenomenologia a ideia de que é preciso associar o sujeito que observa à estruturação do objeto observado) (*cf.* HINKLE, 1979; CHAMBERS, 1980; HELBO, 1983a; STATES, 1987).

4. Prolongamentos e Explosões

Ao lado dessas disciplinas, acha-se um certo número de tendências, ou, antes, de tentações da semiologia:

a. Tentação pedagógica

A semiologia não seria mais (mas isto já é considerável) que um modo de falar da representação de maneira sistemática e clara. Nesse sentido, ela tenta vários tipos de *questionários**, ela se torna escola do espectador (de acordo com o título do livro de Anne UBERSFELD, 1981). É um suicídio como disciplina autônoma, como receia Marco DE MARINIS (1983*b*), ou um desvio para uma "pedagogia normativa de fruição do espetáculo" (1983*b*: 128)? O risco é bem real. Preferimos ver neste requestionamento da semiologia uma vontade de ser uma epistemologia das ciências do espetáculo.

b. Tentação antiteórica

Dentro da complexidade da descrição e do mínimo de neologismos de sua metalinguagem, o crítico às vezes se queixa da improdutividade da semiologia, ao protestar contra a ideia de um encenação como ensignação. Ela preconiza um retorno a uma crítica do "não-sei-quê", no inapreensível (arriscando-se a batizá-la de "não semiotizável" ou a "pura presença"). B. DORT vê aí uma regressão a uma concepção literária do teatro, a partir do momento em que se fala de leitura ou de texto espetacular: "Passamos da noção de texto à noção de representação teatral, mas para encontrar, graças a certos métodos semiológicos, a noção de texto cênico ou de leitura do teatro" (*Actes du Colloque de Reims*, 1985: 63).

c. Crítica do signo

A crítica da noção de signo não é nova, desde ARTAUD (1938) até DERRIDA (1967), BARTHES (1982) e LYOTARD (1973). ARTAUD sonhava com um meio de anotar a "linguagem teatral" com um sistema de hieróglifos: "No que diz respeito aos objetos comuns, ou mesmo ao corpo humano, elevados à dignidade de signos, é evidente que podemos inspirar-nos em caracteres hieroglíficos, não só para anotar esses signos de uma maneira legível e que permita reproduzi-los à vontade, mas para compor em cena símbolos precisos e diretamente legíveis" (1964*b*: 143). ARTAUD está em busca de signos que sejam ao mesmo tempo icônicos ("diretamente legíveis") e simbólicos (arbitrários); ele encontra no hieróglifo uma síntese assim. Ao fazê-lo, é a própria possibilidade de representar e de repetir os signos que é posta em xeque. DERRIDA, ao reler ARTAUD, chega a uma crítica do fechamento da representação e, portanto, de toda semiologia formada e baseada em unidades recorrentes: "Pensar o fechamento da representação é pensar o trágico: não como representação do destino, mas como destino da representação" (1967: 368). BARTHES, quanto a si, opõe a representação e a obra, que são baseadas no signo legível, ao texto, que é inteiramente construtível e desconstrutível para o leitor. Mas ele também constata que a arte não poderia "deixar de ser metafísica, isto é: significativa, legível, representativa, fetichista" (1982: 93). LYOTARD sonha com uma "dessemiótica generalizada" que poria fim ao "tenentismo" do signo, com um "teatro energético" que "só tem a sugerir que isto quer dizer aquilo; não há também que dizê-lo, como desejava BRECHT. Ele tem que produzir a mais alta intensidade (por excesso ou falta) do que está ali, sem intenção. Eis minha pergunta: isso é possível?" (1973: 104).

A resposta que o semiólogo daria só poderia ser negativa. Pelo menos a questão teria tido o raro mérito de denunciar a força de inércia que afeta todo sistema semiológico de equivalência, e, sobretudo, toda semiótica baseada na visualidade, na massividade e na fixidez do signo e da estrutura significante onde ele se aninha. Quanto a propor um outro modelo baseado na música, o *Texto*, a energia ou o corpo hieroglífico, parece que sempre se está no estádio das proclamações proféticas, e não naquele das realizações. Não nos surpreenderemos se lembrarmos que cada um dos quatro filósofos já citados acaba por se resignar com a fatalidade do fechamento, no interior do qual é *fatal* que a representação continue" (DERRIDA, 1967: 368), ou do signo que termina mesmo assim, apesar de sua crise ["que se abriu no século passado na metafísica da verdade (NIETZSCHE)". BARTHES, artigo "Texto" da *Encyclopaedia Universalis*], ao fechar o texto, transformando-no numa obra.

Apesar deste fracasso de uma reviravolta da perspectiva logocêntrica e representativa, é preciso mesmo constatar que a semiologia e sua notação representativa estão em crise. Esta crise do signo, que Raimondo GUARINO diagnosticava naquela "semiologia substancialista que ainda se encontra governada por noções como substituição e revezamento e que tem dificuldade em pensar simultaneamente a matéria e o sentido" (1982: 96). Esta crise é real, mas nos habituamos a viver com ela: ou então, para superá-la, para escapar à influência substitutiva e visual do modelo semiológico, será necessário inventar uma teoria que se preocupe unicamente com efeitos produzidos pelo espetáculo sobre o espectador.

Existiu uma teoria das paixões e dos afetos, desde a catarse aristotélica até os tratados do ator no século XVIII. A *Receptionstheorie* de JAUSS reata com ela analisando os mecanismos do cômico e do trágico. Um modelo mais diferenciado é concebível, com, todavia, o risco constante de se desviar para uma teoria das emoções que não tem mais nenhuma influência sobre o modo de produção do texto ou do espetáculo. Uma notação dos afetos do espetáculo, uma classificação de sua força, forma e duração é concebível: isto seria ir até o fim do estudo da recepção da arte pelo homem, mas ainda não seria necessário esquecer de dar conta da fabricação do espetáculo e do objeto espetacular.

5. Rumo a uma Semiologia Integrada

As repetidas críticas da semiologia são úteis para sua sobrevivência e permitem superar definitivamente uma teoria estática dos signos. Propõe-se descrever a encenação como um conjunto de operações estruturais e partir, mais uma vez, da retórica e da oposição entre metonímia e metáfora, ligada, no trabalho do sonho, à diferença entre deslocamento e condensação. A representação é imaginada como retórica de quatro tipos de vetores:

Metonímia (Deslocamento)	Metáfora (Condensação)
Vetor-conector	Vetor-acumulador
Vetor-podador	Vetor-embreador

A semiologia integrada demarca as principais vetorizações e o relacionamento dos grandes tipos de vetores. Ela examina os grandes eixos segundo os quais trabalha a encenação; determina os pontos de partida e de finalização dos vetores, sem decidir *a priori* as forças energéticas que os ligam. A vetorização continua aberta: a identificação do vetor dominante em determinado momento do espetáculo continua delicada e o local entre conexão, acumulação, ruptura e embreagem ainda fica a ser estabelecido.

Vê-se o que a semiologia pegou a aprendeu das teorias pós-estruturalistas e faz-se deste empréstimo o local de um oxímoro teórico, de uma contradição produtiva, entre, por exemplo:

• Signo e energia

O signo, sua demarcação, sua vetorização, não exclui o recurso à energia, ao fluxo pulsional.

• Semiologia e energética

A semiologia instala redes energéticas, faz circular o sentido e as sensações na rede.

• Vetor e desejo

O vetor é portador do interesse, da experiência estética do ator-encenador, mas também da receptividade e do desejo do espectador.

• Semiotização e dessemiotização

A cena, a matéria feita signo, e, inversamente, o signo, cai numa materialidade significante.

Tais oxímoros põem em questão e em crise as operações clássicas da semiologia clássica. Eles sugerem a superação, ou pelo menos o reexame de uma semiologia imobilizada.

📖 Arnold, 1951; Prieto, 1966; Kowzan, 1968, 1975; Pagnini, 1970; Ducrot e Todorov, 1972; Lyotard, 1973; Ruffini, 1974, 1978; Bettetini, 1975; Vodicka, 1975; Pavis, 1975, 1987, 1996; Gossman, 1976; Gulli-Pugliati, 1976; Pfister, 1977; Lyons, 1977; Ubersfeld, 1977o, 1991; Krysinski, 1978; Angenot, 1979; Fischer-Lichte, 1979, 1984, 1985; Helbo, 1979, 1983*a*, 1983*b*, 1986; Bassnett, 1980; Durand, 1980; Hess-Lüttich, 1981; Caune, 1981; Ferroni, 1981; Alter, 1981, 1982; Kirby, 1982; Gourdon, 1982; Banhes, 1982; Steiner, 1982; Strihan, 1982; Sinko, 1982; Procházka, 1984; Carlson, 1984; Schmide van Kesteren, 1984; McAuley, 1984; Toro, 1984, 1986; Segre, 1984; Urrutia, 1984; Piemme, 1984; Slawinska, 1985; Pradier, 1985; Roach, 1985; Corvin, 1985; Issacharoff, 1986*a*, 1986*b*; Schoenmakers, 1986; Nattiez, 1987; Reinelt, 1992; Rozik, 1992; Watson, 1993; Pavis, 1996*a*.

Bibliografias em: Helbo e Roach, 1975, 1979; de Marinis, 1975, 1977; Ruffini, 1978; Serpieri, 1978; Rey-Debove, 1979; Carlson, 1984, 1989, 1990; Schmid e van Kesteren, 1984; Issacharoff, 1985; Jung, 1994.

Números especiais das revistas: *Langages*, 1968, 1969 (n. 13), 1970 (n. 17); *BibliotecaTeatrale*, 1978; *Versus*, 1975, 1978, 1979, 1985; *Degrés*, 1978, 1979, 1982; *Études Littéraires*, 1980; *Drama Review*, 1979; *Organon*, 1980; *Poetics Today*, 1981; *Modern Drama*, 1982.

SEMIOTIZAÇÃO

↔ Fr.: *sémiotisation*; Ingl.: *semiotization*; Al.: *Semiotisierung*; Esp.: *semiotización*.

Há semiotização de um elemento da representação quando este aparece claramente como o signo de alguma coisa. No *quadro** da cena ou do evento teatral, tudo o que é apresentado ao público passa a ser um signo "querendo" comunicar um significado. O Círculo de Praga foi o primeiro a teorizar este fundamento da abordagem semiológica: "Em cena, as coisas que fazem o papel de signos teatrais adquirem, durante a peça, traços, qualidades e propriedades que não possuem na vida real" (BOGATYREV, 1938; *in* MATEJKA e TITUNIK, 1976: 35-36). "Tudo o que está em cena é signo" (VELTRUSKÝ, 1940; 1964: 84).

O processo de semiotização se realiza a partir do momento em que integramos um signo a um sistema significante e que estabelecemos sua função estética. Ao escapar do mundo real, a cena passa a ser o local de uma ação simbólica.

A semiotização, porém, só existe em relação a uma realidade que ela não faz signo, e pode a qualquer momento desembocar numa *dessemiotização*: "Em cena tudo pode também cessar de tornar-se signo, ser submetido a uma dessemiotização" (ALTER, 1982: *d*11). Isto acontece nos momentos em que o público tem a sensação de assistir a um acontecimento real: um incidente durante o desenrolar do espetáculo, um erro de "timing", um rompimento do jogo, a percepção erótica do espectador ou seu interesse pelo ator enquanto estrela ou pessoa (e não personagem).

Esta dialética entre semiotização e dessemiotização é, em suma, específica do teatro: tomam-se "objetos" reais, seres humanos, acessórios, espaço e tempo para fazê-los significar outra coisa que não eles mesmos e construir uma ficção. Quem se espantaria que, no final das contas, confunda-se a coisa e o signo, a realidade cênica e a *outra cena* onde a ficção ocorreria?

Semiologia, signo, realidade teatral.

Mukařovský, 1934; Bogatyrev, 1971; Deák, 1976; Osolsobe, 1981.

SENTENÇA (OU MÁXIMA)

(Do latim *maxima sentencia*, pensamento maior, daí pensamento geral.)
Fr.: *sentence* (*maxime*); Ingl.: *maxim*; Al.: *Sentem*; Esp.: *sentencia*, *máxima*.

Forma de *discurso** que enuncia uma verdade geral, e ultrapassa o quadro estreito da *situação dramática**. A sentença, no sentido estrito, é a máxima enunciada dentro de um contexto linguístico de outra natureza (romance, diálogo, peça), ao passo que a máxima dispensa qualquer contexto (ex.: *Máximas* de LA ROCHEFOUCAULD (1664) ou DE VAUVENARGUES (1746)). O vínculo da sentença com o texto só se estabelece às custas de uma abstração e de uma generalização dos diálogos. As sentenças são "proposições gerais que encerram verdades comuns e que só dizem respeito à ação teatral por aplicação e consequência" (D'AUBIGNAC, *Pratique du Théâtre*, IV, 5: 1657). Elas são usadas principalmente em dramaturgia clássica e em gêneros que pretendem edificar o público fazendo-o extrair lições da peça. Quase desaparecem do texto naturalista, que busca caracterizar o falar de um indivíduo ou de um grupo e renuncia às formas autorais gerais consideradas demasiado prescritivas.

1. Estatuto e Função

A sentença constitui um discurso absoluto e autônomo, não submisso ao texto que o encerra. Ela passa por fala de verdade, por uma espécie de pérola engastada no escrínio do discurso "normal" da peça. Ela deve ser detectada absolutamente como discurso de um *outro* nível, universal e metatextual.

O espectador tem a impressão de que esse discurso não pertence realmente à personagem, de que ele foi simplesmente posto na boca dela pelo autor, estilista e moralista superior. A sentença é portanto uma forma de comunicação direta entre autor e espectador, como a *palavra do autor** ou *dirigir-se ao público**. Sua *modalidade** se dá (de maneira abusiva) como discurso "sério", verdadeiro e não fictício, como o resto da peça. É este estatuto privilegiado que fundamenta a sentença como "fala de evangelho".

2. Forma

Gramaticalmente, muitas vezes a sentença parece uma forma impessoal ("Ao vencermos sem perigo, triunfamos sem glória", *Le Cid*, II, 2, v. 434), sem vínculo com as personagens da peça, no presente "histórico". Às vezes ela não passa de um falso diálogo (eu-tu/você) disfarçado de réplica geral quando este se abriga por trás de um código ideológico ou de uma sabedoria exterior ("Por maiores que sejam os reis, eles são o que somos", *Le Cid*, 1, 3, v. 157). Muitas vezes, uma tirada clássica começa por enunciar uma série de proposições gerais, para passar em seguida – como num silogismo – à menor adaptada à situação particular do herói.

📖 Scherer, 1950; Meleuc, 1969; Pavis, 1986a.

SEQUÊNCIA

🔁 Fr.: *séquence*; Ingl.: *sequence*; Al.: *Sequem*; Esp.: *secuencia*.

Termo de narratologia que designa uma unidade da narrativa. O encadeamento das sequências forma a intriga. A sequência é uma série orientada de *funções**, um segmento formado de diversas proposições que "dá ao leitor a impressão de um todo acabado, de uma história, de uma anedota" (TODOROV, 1968: 133).

A dramaturgia clássica procede por grandes painéis de ação recortados conforme os cinco *atos**. No interior do ato, a cena é definida pela ação efetuada por um mesmo número de personagens. Falar de sequência só é possível, portanto, nesse nível da cena. No interior de uma longa cena, distinguiremos vários momentos ou sequências definidos conforme um centro de interesse ou uma ação determinada.

Pode-se isolar no interior de uma sequência uma série de microssequências, "Fração de tempo teatral (textual ou representado), durante a qual se passa algo que não pode ser isolado" (UBERSFELD, 1977a: 255). Outras noções, como o movimento na linha contínua da ação (STANISLÁVSKI) ou a unidade performática – dêitica (SERPIERI, 1977), prestam ao analista um serviço comparável à noção de sequência.

🔍 Unidade, decupagem, quadro, análise da narrativa.

SIGNO TEATRAL

🔁 Fr.: *signe théâtral*; Ingl.: *theatrical sign*; Al.: *théâtralisches Zeichen*; Esp.: *signo teatral*.

1. Definição do Signo

No âmbito de uma *semiologia teatral** de inspiração saussuriana, define-se o signo teatral como a união de um significante e um significado, mais ou menos restritivamente como a "menor unidade portadora de sentido proveniente de uma combinação de elementos do significante e de elementos do significado" (JOHANSEN e LARSEN, *in* HELBO *et al.*, 1987), sendo esta combinação a significação do signo.

a. Signo saussuriano

A transposição do signo linguístico (definido por SAUSSURE como aquilo que "une não uma coisa e um nome, mas um conceito e uma imagem acústica", 1915: 98) não deixa de colocar sérios problemas em relação à representação teatral e ao texto dramático. No teatro, o plano do significante (da expressão) é constituído por materiais cênicos (um objeto, uma cor, uma forma, uma luz, uma mímica, um movimento etc.), ao passo que o plano do significado é o conceito, a representação ou a significação que vinculamos ao significante, estando entendido que o significante varia em suas dimensões, natureza, composição.

Para uma semiologia saussuriana, significante e significado (ou, se preferirem, plano dos sistemas significantes e plano dos significados ou *semas*) bastam, unindo-se, para formar a significação, sem que seja necessário recorrer ao *referente*, o objeto, existente ou imaginário, ao qual o signo remete na realidade.

Para os signos linguísticos, a significação – a saber, a união do significante e do significado – é não motivada, o que quer dizer que a seleção do significado e do significante não é analógica.

Para os signos cênicos, ao contrário, sempre há uma certa motivação (ou analogia ou iconicidade) entre significante e significado, muito simplesmente porque o referente do signo dá a ilusão de confundir-se com o significante, de modo que se compara muito naturalmente signo e mundo exterior, o teatro passando mesmo a ser, em certas estéticas, a arte da *mimese**. Certas semióticas (as de OGDEN e RICHARD, 1923, ou de PEIRCE, 1978, por exemplo) interessam-se pela relação do signo com o referente e propõem uma tipologia dos signos conforme a natureza desta relação (motividade pelo *ícone**, arbitrário para o *símbolo**, de contiguidade espacial para o *índice**).

b. Tipologia peirciana dos signos

Ver os verbetes: ícone, índice, símbolo.

2. Contra o Teoria do Referente Atualizado

A realidade cênica não é o referente atualizado do texto dramático. O palco e a encenação não estão, na verdade, encarregados de receber e de figurar um referente textual. Aliás, não se poderia "mostrar um referente" e, sim, no máximo, um significante, o qual se dá como ilusão de referente, isto é, como referente imaginário. A ilusão referencial (também chamada por vezes de *efeito de real**) é a ilusão de que enxergamos o *referente* do signo, ao passo que só temos, na verdade, seu *significante*, do qual só apreendemos o sentido através de seu *significado*. Portanto, é abusivo falar de "signo teatral", cujo referente seria atualizado em cena. Na verdade, o espectador é apenas a vítima (que consente em sê-lo) de uma ilusão referencial: ele acredita ver Hamlet, sua coroa, sua loucura, ao passo que só enxerga, na verdade, o ator, seu acessório e a simulação da loucura.

O teatro, pelo menos em sua tradução mimética (representacional), poderia definir-se não só como uma colocação em signo da realidade, mas como uma realidade cênica que o espectador transforma sem cessar em signo de alguma coisa (processo de *semiotização**). Poderíamos inverter aqui a fórmula de Anne UBERSFELD que lhe serve para definir semiologicamente o teatro: "Um referente (um real) que 'produz signo' (*Travail Théâtral*, n. 31, 1978: 121)" e dizer que, inversamente, o teatro é também um *signo que produz real* (processo de dessemiotização). Aliás, parece que é a esta mesma proposição que chega A. UBERSFELD quando precisa que "o signo teatral concreto [é] ao mesmo tempo signo e referente" (1978: 123).

3. Especificidade do Signo Teatral

a. Numa primeira fase das pesquisas semiológicas (e não só no caso do teatro), acreditou-se que a determinação de um signo ou de uma *unidade mínima** era indispensável à elaboração de uma teoria. Por outro lado, esta busca de um modelo semiológico calcado na língua levou a fragmentar em excesso o *continuum* da representação definindo a unidade mínima unicamente de maneira temporal, como "fatia cuja duração é igual ao signo que dura menos" (KOWZAN, 1975: 215). Apesar da advertência clara, contudo, de KOWZAN, isso levou os pesquisadores a "uma excessiva atomização das unidades do espetáculo e talvez fosse necessário introduzir uma distinção entre as pequenas unidades e as grandes unidades (sobretudo no nível da fala e dos signos kinésicos)" (1975: 215).

b. Por outro lado, esta busca do signo mínimo às vezes impede observar a interação dos diferentes sistemas de signos e estudar suas conexões e sua dinâmica. Teria sido muito mais frutífero, para a análise do espetáculo, observar a convergência ou a divergência das redes de signos, ou *sistemas significantes**, e salientar o papel do produtor e do espectador no estabelecimento das redes e de sua dinâmica (PAVIS, 1985e, 1996a).

4. Caracteres do Signo Teatral

a. Hierarquia

Nenhum signo da representação pode ser entendido fora da rede dos outros signos. Esta rede está em perpétua elaboração, em particular quanto à hierarquia dos sistemas cênicos: ora o texto dramático domina e comanda os outros sistemas, ora determinado signo visual está no centro da comunicação (*focalização**).

b. Mobilidade

O signo é móvel tanto por seu significante quanto por seu significado. Um mesmo significado, "casa", por exemplo, poderá ser concretizado em diversos significantes: cenário, música, gesto etc. Inversamente, um mesmo significante poderá acolher sucessivamente diversos significados: os tijolos no *Ubu aux Bouffes* de BROOK significam sucessivamente alimento, armas, degraus etc. Neste sentido, HONZL pode afirmar que a ação é uma corrente elétrica que permite passar de um sistema significante a outro, hierarquizando e dinamizando os signos com base em uma partitura imaginária segundo uma vetorização que depende tanto da produção quanto da recepção (*semiologia**).

SILÊNCIO

↻ Fr.: *silence*; Ingl: *silence*; Al.: *Schweigen*; Esp.: *silencio*.

Esta noção dificilmente se deixa definir no absoluto, visto que o silêncio é a ausência de ruído. O silêncio assume tanto mais importância quanto esta ausência é rara, até mesmo impossível, e quanto a música, bem como as artes da representação, têm por missão, tradicionalmente, preencher o vazio produzindo uma fala que se origina na cena. Contudo, o silêncio é, no teatro, um componente indispensável para o jogo vocal e gestual do ator, seja ele indicado por uma rubrica ("pausa") ou marcado pela encenação ou pelo ator. Uma dramaturgia do silêncio pôde constituir-se a partir do início deste século, e distinguem-se diferentes qualidades de silêncio.

1. O Silêncio no Jogo do Ator: As Pausas

Toda recitação do texto dramático intercala um certo número de pausas. Muitas vezes – principalmente no caso do alexandrino – as pausas são fixadas pelo esquema rítmico (em fim de verso, no hemistíquio, em fim de frase, argumento ou tirada). As pausas contribuem para o estabelecimento do *ritmo**, estruturam, tonificam e animam a *enunciação** do ator e da encenação. Elas são mais ou menos motivadas pela situação psicológica, podem ser *rupturas** voluntárias ou involuntárias, aumentando a tensão, preparando um efeito ou um vazio onde a reflexão e a desilusão logo se precipitam. No texto realista (que parece extraído de uma conversa qualquer), os silêncios são deixados à livre interpretação do ator, este os realiza (em acordo com o encenador) conforme-mente à análise psicológica de sua personagem, tentando encontrar intuitivamente os momentos em que a reflexão, a alusão ou a ausência de coerência do pensamento se tornam necessários. A gestualidade e a mímica preenchem então as necessidades desses vazios, e os silêncios não são mais que o avesso e a preparação da fala: "Há silêncios e as palavras fabricam-nos e ajudam a fabricá-los" (CAGE, 1966: 109). Este tipo de silêncio não é, por natureza, problemático: ele só fica assim quando o ator acentua as pausas, deixando adivinhar um não dito que contaminou e até mesmo contradisse seu texto.

O emprego de pausas, ritmos, acelerações usados de maneira psicológica desestabiliza a situação, mas dá a entender a estrutura verbal do texto, sua construção retórica, sua gestualidade. Assim procede MNOUCHKINE com o Théâtre du Soleil em suas encenações de SHAKESPEARE (*Ricardo II*, *Henrique IV*).

2. Uma Dramaturgia do Silêncio

Desde sempre, a dramaturgia encheu o texto de silêncios e pausas; mas somente com os primeiros lineamentos da encenação é que ela faz dele um elemento completo da representação. DIDEROT, em seu tratado *Sobre a Poesia Dramática*, já insistia, no entanto, na necessidade de escrever a pantomima "todas as vezes que ela constitui um quadro; que ela dá energia ou clareza ao discurso; que liga o diálogo, que caracteriza; que consiste num jogo delicado que não se adivinha; que faz as vezes de resposta, e quase sempre no início das cenas" (1758: 103).

O silêncio parece invadir o teatro por volta do final do século XIX, ao mesmo tempo que a exigência de encenação. Ele não é mais "pimenta" para o texto, mas o elemento central da composição.

O naturalismo já se mostrara atento à fala reprimida da gente "comum". Com TCHÉKHOV – sobretudo nas encenações de STANISLÁVSKI –, o texto dramático tende a ser um pré-texto de silêncios: as personagens não ousam e não podem ir até o fim de seus pensamentos, ou se comunicam por meias-palavras, ou, ainda, falam para nada dizerem, cuidando para que esse *nada-dizer* seja entendido pelo interlocutor como efetivamente carregado de sentido. Nos anos 1920, J.-J. BERNARD, H. LENORMAND e C. VILDRAC foram os representantes de um teatro do silêncio (ou do não expresso) que sistematiza, por vezes de maneira grosseira demais, esta dramaturgia do não dito (assim J.-J. BERNARD em *Le Feu qui Prend Mal*, 1921, ou *Martine*, 1922). Mas o silêncio, usado demasiado sistematicamente, logo fica muito tagarela/falante. BECKETT, cujos heróis passam sem mais nem menos da afasia total ao delírio verbal, conhece bem isso.

3. Mil Vozes do Silêncio

Uma tipologia dos silêncios no teatro permite distinguir a partir deles dramaturgias radicalmente opostas quanto a sua estética e ao seu alcance social.

a. Silêncio decifrável

É o silêncio psicológico da fala recalcada; por exemplo: STRINDBERG, TCHÉKHOV, hoje o VINAVER do Théâtre de Chambre. Percebe-se muito bem aquilo que a personagem se recusa a revelar, e a peça é baseada nessa dicotomia entre *não dito* e *decifrável*; o "sentido" do texto é saber fundamentar a oposição entre *dito* e *não dito*.

b. Silêncio da alienação

Sua origem ideológica é manifesta. Este tipo de silêncio é preenchido por uma fala fútil, envenenada pelos meios de comunicação e pelas fórmulas convencionais, deixando sempre entrever as razões sociológicas da alienação. KROETZ e, atrás ele, o *teatro do cotidiano** (WENZEL, TILLY, DEUTSCH, LASSALE) são seus atuais representantes.

c. Silêncio metafísico

É o único silêncio que não se reduz facilmente a uma fala em voz baixa. Ele não parece ter outra causa além de uma impossibilidade congênita de comunicar (PINTER, BECKETT) ou uma condenação a jogar com as palavras sem poder vinculá-las às coisas de outro modo que não o lúdico (HANDKE, BECKETT, HILDESHEIMER, PINGET).

d. Silêncio falante

Falsamente misterioso, este silêncio que não o é, ressoa com muita frequência no melodrama, na peça de *boulevard* ou nas crônicas folhetinescas da televisão. Ele faz uso sem problemas de sua função fática.

O silêncio é o ingrediente mais difícil de manipular no trabalho da encenação, pois escapa rapidamente a seu autor, para tornar-se um mistério insondável – e, portanto, dificilmente comunicável – ou um procedimento vistoso demais – e, portanto, rapidamente cansativo.

SÍMBOLO

↻ (Do grego *symbolon*, sinal de reconhecimento.)
Fr: *symbole*; Ingl.: *symbol*; Al.: *Symbol*; Esp.: *símbolo*.

1. Para a semiótica de PEIRCE, o símbolo é "um signo que remete ao objeto que ele denota em virtude de uma lei, geralmente uma associação de ideias gerais, que determina a interpretação do símbolo por referência a este objeto" (1978: 140). O símbolo é um signo *arbitrariamente* escolhido para evocar seu referente: assim, o sistema de semáforo vermelho/verde/amarelo é usado de acordo com uma *convenção** arbitrária para assinalar as prioridades.

2. A noção de símbolo tem muitas vezes um sentido oposto ao sistema de PEIRCE. Dentro da tradição saussuriana, o símbolo é um "signo que apresenta pelo menos um rudimento de vínculo natural entre o significante e o significado" (SAUSSURE, 1971: 101). A balança é o símbolo da justiça, pois evoca analogicamente, por seus pratos em equilíbrio, o peso do pró e do contra. Aquilo que PEIRCE chamava de *símbolo*, SAUSSURE denomina *signo* ou *signo arbitrário*.

3. O emprego do termo *símbolo* generalizou-se na crítica dramática, com todas as imprecisões imagináveis e sem que a teoria ganhe muito com isso. É evidente que, em cena, todo elemento simboliza algo: a cena é *semiotizável**, ela faz *signo** (sinal) ao espectador.

Poder-se-ia estudar os processos cênicos de simbolização considerando a cena como retórica:

– metáfora: utilização icônica do símbolo: determinada cor ou determinada música remete a esta ou àquela atmosfera; está ligada à condensação, aos vetores acumuladores e embreadores;

– metonímia: utilização indicial (*índice**) do signo; uma árvore remete à floresta; ela corresponde ao deslocamento, aos setores conectores e secantes;

– alegoria: a gaivota, na peça do mesmo nome, não remete apenas a Nina, ela "simboliza" a inocência fenecida por inoperância.

4. Um movimento literário, no final do século XIX, o simbolismo, generalizou a noção de símbolo fazendo dele o código da realidade; ele procura "vestir a ideia de uma forma sensível" (Jean MORÉAS). Autores como MAETERLINCK, WAGNER, IBSEN, HOFMANNSTHAL, ELIOT, YEATS, STRINDBERG, PESSOA ou CLAUDEL servem-se de símbolos para inventar uma linguagem que se basta a si mesma.

Esta estética ainda se encontra hoje naquilo que B. DORT chama de representação simbolista: "A tentativa de constituir, no palco, um universo (fechado ou aberto) que tome alguns elementos emprestados da realidade aparente mas que, por intermédio do ator, remeta o espectador a uma realidade outra que este deve descobrir" (DORT, 1984: 11).

Ícone, realidade representada, semiologia teatral.

Robichez, 1957; Frenzel, 1963; Marty, 1982.

SISTEMA CÊNICO

Fr.: *système scénique*; Ingl.: *stage system*; Al.: *Bühnensystem*; Esp.: *sistema escénico*.

O sistema cênico (ou sistema significante) agrupa um conjunto de signos pertencentes a um mesmo material (iluminação, gestualidade, cenografia etc.) e que forma um sistema semiológico de oposições, redundâncias, complementaridades etc.

Esta noção permite superar aquela, demasiado estreita, de *signo** ou de *unidade mínima**. Ela abarca ao mesmo tempo a organização interna de um dos sistemas e as relações dos sistemas entre si. Ela convida a imaginar o espetáculo como um objeto atravessado por vetorizações em todos os sentidos.

Código, semiologia, questionário.

SITUAÇÃO DE ENUNCIAÇÃO

Fr.: *situation d'énonciation*; Ingl.: *situation of enunciation*; Al.: *Aussagesituation*; Esp.: *situación de enunciación*.

A *semiologia** e a teoria da enunciação usam a noção de *situação de enunciação* para descrever o local e as circunstâncias da produção de um ato de enunciação tanto na leitura de um texto dramático quanto em sua encenação: "A enunciação é essa ação de colocar em funcionamento a língua por um ato individual de enunciação" (BENVENISTE, 1974: 80).

A enunciação, prossegue BENVENISTE (1974: 79-88) é a "realização vocal da língua", ela "supõe a conversão individual da língua em discurso", é "um processo de apropriação" do aparelho formal da língua, graças a ela "a língua vê-se empregada na expressão de uma certa relação com o mundo". Na enunciação escrita do escritor – e *a fortiori*, no caso do autor de teatro, poder-se-ia acrescentar – "o escritor se enuncia escrevendo e, no interior de sua escritura, faz indivíduos se enunciarem" (88).

No teatro, a enunciação é aquela do autor, ele mesmo substituído pelos enunciados das personagens/atores e pelo conjunto dos realizadores da encenação. Mas esta oposição, esta "dupla enunciação" (UBERSFELD, 1977a: 250) não é absoluta, visto que, por um lado, é o "autor" que faz as personagens falarem e, por outro, o autor não é redutível a uma única voz ou a um discurso coerente e unificado que seria claramente legível nas indicações cênicas ou numa estrutura evidente dos diálogos e conflitos que eles encobrem.

1. Visualização da Enunciação

A situação da fala é atualizada na encenação, já que o espetáculo mostra personagens falando. Lendo o texto, o encenador busca uma situação na qual os enunciados das personagens, as indicações cênicas e seu próprio comentário sobre o texto acham como se concretizar. A análise dramatúrgica do encenador só chega a termo e só existe a partir do momento em que é concretizada no trabalho cênico, com o espaço, o tempo, os materiais e os atores. Assim é a enunciação cênica: o acionamento, no espaço e no tempo, de todos os elementos cênicos e dramatúrgicos considerados úteis à produção do sentido e à sua recepção pelo público, colocado assim numa certa situação de recepção.

2. "Latitude" da Enunciação

Interpretar um texto (em todo o sentido do termo) obriga a tomar partido quanto à situação de enunciação. Certos textos (naturalistas, principalmente) contêm mais indicações precisas sobre as situações e as personagens. A enunciação limita-se então, muitas vezes, a fundir texto e situação numa mesma mensagem. Quando, ao contrário, o texto ou as *indicações cênicas** dizem poucas coisas sobre a situação, a margem de manobra do encenador/enunciador é muito ampla e a escolha de uma situação de enunciação produz frequentemente uma leitura e uma iluminação novas.

3. As Condições da Fala

Não só se trata de determinar quem fala e a quem ele se dirige, mas de apreender como a encenação, enquanto enunciação cênica global, se abre e se apresenta ao público, como ela é a visualização (e a "audialização"), pelo espaço e pelo tempo, das condições de enunciação para que a encenação seja recebida pelo público.

A enunciação é igualmente clarificada pela *atitude* dos locutores, em face de seus enunciados. Estas *atitudes* (no sentido brechtiano de *Haltung*, isto é, de maneira de se manter e de se comportar e também de postura diante de uma questão) não se limitam à enunciação gestual dos atores; a cenografia, a dicção, o jogo das luzes também dizem bem da relação do dizer e do enunciado.

Os diversos enunciadores cênicos dão uma imagem concreta da situação de enunciação propondo uma hierarquia ou, pelo menos, uma interdependência das fontes de enunciação.

4. Hermenêutica da Enunciação

Do mesmo modo que, na frase, a enumeração sempre tem a "última palavra" sobre o enunciado, a dicção é um ato hermenêutico que impõe ao texto um volume, uma coloração vocal, uma corporalidade, uma modalização responsável por seu sentido. Imprimindo ao texto um certo *ritmo**, um "desfile" contínuo ou entrecortado, o ator apresenta os acontecimentos, constrói a fábula, dá a ouvir tanto o texto dramático quanto o comentário metatextual. A aliança (a "aliagem") desta enunciação própria do ator (e, através dele, da encenação) e do texto dramático é que produz a encenação.

Há, portanto, dois textos linguísticos e duas maneiras de analisá-los e de fundar uma semiologia: o texto dramático estudado "no papel" e sujeito a uma semiologia do texto que toma emprestada de outros tipos de texto alguns de seus métodos, e o texto enunciado, encenado, no qual vêm se encontrar todos os sistemas significantes possíveis, baseados na imagem visual ou acústica. Como escreve Jean CAUNE, "o texto será considerado como um material transformado pela escritura cênica, do mesmo modo que o gesto, a voz, o espaço. A expressão verbal dos atores não é da mesma natureza, no plano da expressão, que o texto escrito. E não é tanto a substância que mudou, quanto sua organização formal. O texto verbalizado é introduzido numa respiração, num gestual, numa atividade, num espaço. Ele é um dos elementos da forma cênica e, enquanto tal, só vale por seu lugar na forma global e pelas relações que mantém com os outros elementos" (1981: 234).

É precisamente pelas relações e interações dos diferentes sistemas significantes e, portanto, de sua enunciação, que melhor se define a *enunciação cênica* ou *encenação*.

Situação, situação dramática, dêixis, discurso, pragmática.

Veltruský, 1977; Pavis, 1978a; Kerbrat-Orecchioni, 1980, 1996.

SITUAÇÃO DE LINGUAGEM

Fr. *situation de langage*; Ingl.: *language situation*; Al.: *Sprechsituation*; Esp.: *situación de lenguaje*.

1. *Situação de linguagem* opõe-se à *situação dramática**. Enquanto esta última confronta a situação vivenciada com o texto dito, a *situação de linguagem* é produzida por um discurso que não remete a uma realidade exterior a ela própria e, sim, a sua própria formulação, como no caso da linguagem poética, também ela intransitiva e auto reflexiva. É uma "configuração de falas, apropriada para gerar relações à primeira vista psicológicas, de modo algum tão falsas quanto paralisadas no próprio comprometimento com uma linguagem anterior" (BARTHES, 1957: 89).

2. Todo texto que não tenta parecer claro e "transparente" e traduzir-se numa situação e numa ação, mas que joga com sua própria materialidade, produz situações de linguagem. O texto insiste em seu caráter construído e artificial, recusa-se a passar pela expressão natural de uma psicologia. Todos os *procedimentos** de literalidade e de teatralidade são aí apregoados

francamente. Ele é irredutível a um referente ou a um sistema de ideias. Entre os textos que se baseiam em situações de linguagem, BARTHES (1957) cita o teatro de MARIVAUX e de ADAMOV. Poder-se-ia acrescentar a isso, porém, todos os textos dramáticos que refletem (sobre) a problemática do teatro dentro do teatro e que exibem seu funcionamento retórico. É neste espírito que encenações de clássicos (como as de A. VITEZ, J.-C. FALL, J.-M. VILLÉGIER ou C. RÉGY) empenham-se em reencontrar a dimensão retórica e linguística do texto.

Estereótipo, discurso, semiologia.

Segre, 1973; Helbo, 1975; Pavis, 1980a, c, 1986a.

SITUAÇÃO DRAMÁTICA

Fr.: *situation dramatique*; Ingl.: *dramatic situation*; Al.: *dramatische Situation*; Esp.: *situación dramática*.

Conjunto de dados textuais e cênicos indispensáveis à compreensão do texto e da ação, em um determinado momento da leitura ou do espetáculo. Assim como a mensagem linguística não quer dizer nada se se ignorar sua situação ou seu contexto de *enunciação**, no teatro, o sentido de uma cena é função da apresentação, da clarificação ou do conhecimento da situação. Descrever a situação de uma peça equivale a tirar, num momento preciso, uma fotografia de todas as relações das personagens, a "congelar" o desenvolvimento dos acontecimentos para fazer o balanço da ação.

A situação pode ser reconstituída a partir das *indicações cênicas**, das *indicações espaço-temporais**, da *mímica** e da expressão corporal dos atores, da natureza profunda das relações psicológicas e sociais entre as personagens e, mais genericamente, de qualquer indicação determinante para a compreensão das motivações e da ação das personagens.

A expressão "situação dramática" faz, antes de mais nada, o efeito de uma contradição nos termos: o dramático está ligado a uma tensão, uma expectativa, uma dialética das ações. Ao contrário, a situação pode parecer estática e descritiva, como um quadro de gênero. A forma dramática procede por uma sequência de diálogos que fazem alternar momentos descritivos e passagens dialéticas com novas situações. Toda situação, aparentemente estática, não é senão a preparação do episódio seguinte, ela participa da construção da fábula e da ação.

1. Situação e Modelo Actancial

A situação recíproca das personagens envolvidas numa mesma empreitada é "visualizável" por diversos esquemas *actanciais**: as relações dos *actantes** do drama num instante preciso do desenvolvimento dramático constituem uma imagem de sua situação. Não se pode extrair uma personagem desta *configuração* actancial* sem desregular o esquema da situação. Toda ação não é senão a transformação de situações sucessivas. Segundo a abordagem estruturalista, os acontecimentos e os personagens só têm sentido se recolocados no contexto global de uma situação: eles só valem por seu lugar e sua diferença na constelação das forças do drama.

2. Situação e Encenação

Traçar os limites de uma situação equivale, para certos pesquisadores (JANSEN, 1968, 1973), a fazer corresponder um segmento do texto a elementos cênicos que não variam durante um certo tempo. A situação serve de mediação entre texto e representação na medida em que se recorta necessariamente o texto conforme o jogo cênico próprio de uma situação.

3. Situação e Subtexto

A situação tem a propriedade de existir sem ser dita (descrita ou explicitada) pelo texto; ela pertence ao extralinguístico, ao cênico, àquilo que as pessoas fazem e sabem tacitamente. Assim, "interpretar a situação" (por oposição a "interpretar o texto") será, para o ator ou o encenador, não se contentar em dar o texto e, sim, organizar silêncios e jogos de cena que recriem uma atmosfera e uma situação particulares. Nesse caso, a situação é que dará a chave da cena. A situação se aproxima de uma noção de *subtexto**. Ela se dá ao espectador como uma estrutura global e fundamental de compreensão. Ela lhe é indispensável como ponto de apoio relativamente estável sobre cujo fundo os pontos de vista variados e cambiantes se destacam como que por contraste.

4. Situação do Texto

A consequência derradeira é que o texto se torna a emanação acessória de uma situação, que ele perde toda autonomia e espessura, não sendo mais que "o epifenômeno da situação" (VITEZ). Num teatro inteiramente baseado em situações naturalistas, a personagem e a situação acabam sendo as únicas realidades, relegando o texto ao nível de manifestação secundária, oriunda da situação. Esta mudança de rumo não deixa de oferecer perigo, pois o texto não passa, então, de um roteiro que não podemos questionar em si mesmo, fora da situação e da encenação concretamente realizadas. Contra esta invasão da situação, encenadores reagem, pretendem interpretar o texto, e não a situação: "Quando um ator diz uma palavra, eu me interesso por aquela palavra, e então, em vez de interpretar a situação, eu interpreto os sonhos que a situação me inspira [...], o que as palavras desencadeiam em mim de sonho, em mim e nos atores" (VITEZ, *L'Humanité* de 12.11.1971).

Situação de enunciação, situação de linguagem, texto dramático.

Polti, 1895; Propp, 1929; Souriau, 1950; Mauron, 1963; Sartre, 1973.

SOCIOCRÍTICA

Fr.: *sociocritique*; Ingl.: *sociocriticism*; Al.: *Soziokritik*; Esp.: *sociocrítica*.

Método de análise de texto que se propõe a examinar a relação do texto com o social, estudar "o estatuto do social no texto e não o estatuto social do texto" (DUCHET, 1971: 14). A sociocrítica busca a maneira pela qual o social se insere na estrutura do texto: estrutura da ficção, estrutura da fábula e especificidade da escritura; ela pretende ser "uma poética da sociedade, inseparável de uma leitura do ideológico em suas possibilidades textuais" (DUCHET, GAILLARD, 1976: 4).

1. A Sociocrítica em Teoria e em Crítica Literária

Este método foi aplicado primeiro ao romance (essencialmente realista e naturalista), a obras para as quais a relação com a sociedade e a ideologia do seu tempo era bastante clara (DUCHET, 1979). Foi elaborado no início dos anos 1970 para substituir ao mesmo tempo uma sociologia da literatura e uma abordagem formalista do fato literário. A sociologia parecia na verdade muito geral, ligada a grandes temas e a conteúdos explícitos das obras; ela dificilmente chegava a analisar os textos reencontrando neles as estruturas sociais ou mentais das quais fazia a hipótese; o formalismo, por outro lado, analisava textos que pretendiam excluir sua referência social, o que levava a uma descrição de micromecanismos textuais cuja emergência histórica ou cujo vínculo com uma história das ideias se entendia mal. Em suma, a sociocrítica visa, se não reconciliar, pelo menos confrontar as perspectivas sociológica e formalista. Ela aborda obras específicas cujo mecanismo pretende descrever, sem excluir a relação com o contexto social de sua produção e de sua recepção.

2. Dificuldades da Sociocrítica

A sociocrítica aplicada ao teatro está apenas dando seus primeiros passos, ao menos a sociocrítica *stricto sensu*, pois as abordagens para ligar o texto à história evidentemente não datam de hoje. Antes de imaginar qual poderia ser seu programa específico, é preciso primeiro levar em conta dificuldades da teoria da ideologia, a relação do texto com a história, a determinação do contexto social.

É certo que uma teoria da ideologia falha cruelmente, se se entender por isso uma teoria que ultrapassa a concepção da ideologia como *camera obscura* (MARX), falsa consciência, manobra de diversão e de exploração. Seria meio apressado considerar (como um certo marxismo) que a ideologia é feita unicamente para mascarar o real, camuflar a verdade, dominar um grupo e servir outro. Ainda seria preciso saber como esta ideologia age no e para o texto literário!

Opor o individual e o social, como a sociologia, tanto quanto o senso comum o faz de bom grado, é colocar o problema segundo uma oposição que se trata precisamente de superar, se se pretende "sair da dualidade mecanicista: indivíduo *e* sociedade, obra artística *e* condições exteriores de sua produção" (JAFFRÉ, 1974: 73), se se busca a articulação da sociologia e da psicanálise.

3. Tarefas de uma Sociocrítica do Teatro

As tarefas são tão numerosas quanto pragmáticas. Contudo, Claude DUCHET tem razão ao ver no teatro um terreno privilegiado da (futura) sociocrítica, pois "o teatro exibe um uso socializado da fala e seu texto pode voltar-se para este uso, tomando em sua perspectiva o próprio valor da fala e daquilo que a nomeia, baseando uma problemática no intercâmbio/troca verbal que a constitui" (DUCHET, 1979: 147).

a. Intercâmbio da fala

Além da evidência de um diálogo, de papéis, de personagens, perguntamo-nos quem, em definitivo, fala a quem, que papéis e que estratégias são postos em ação, como o discurso produz uma ação, que forças sociais – formações ideológicas e discursivas – "dialogam" assim através dos conflitos e dos atores (*cf*. FOUCAULT, ALTHUSSER).

b. O sistema dramático

Se há teatro e, portanto, falas com conflito e em desequilíbrio, é também porque o microcosmo social das personagens não encontra melhor expressão que sob esta forma conflitual onde ninguém nunca dá a última palavra.

c. O texto e as práticas cênicas

O teatro não se limita ao texto dramático. Aliás, ele só existe verdadeiramente quando enunciado em cena, inserido (e não mais servido) nos múltiplos sistemas de signos (ator, luzes, ritmo de fala, cenografia etc.). Aí está um lugar de eleição para a sociocrítica que deve investigar sobre o trabalho concreto da cena, a origem e a função dos sistemas paraverbais. Ela encara a representação como uma prática social: que companhia representa ou representava MOLIÈRE? Que tipos de atores eram usados? Quem coordenava o trabalho deles e dentro de qual fim social e estético? Como a representação era hierarquizada?

Através dessas interrogações, trata-se de captar a socialidade da prática cênica, o sentido das formas e materiais utilizados. O questionamento é, muitas vezes, ambicioso: qual o vínculo entre uma sociedade, uma dança, uma cenografia? (FRANCASTEL, 1970) Como analisar "a situação do público no interior do espaço teatral?" (HAYS, 1981b: 369).

d. Mediação da encenação

A encenação assegura um vínculo, altamente "socializado", e às vezes personalizado na função do encenador, entre o texto e o público a ser atingido intelectual e emocionalmente. Este relacionamento obriga a levar em consideração a evolução do público, o contexto social, a função cambiante do teatro.

e. Concretização do texto e da representação

Para adaptar-se a esta evolução, a sociocrítica observa a concretização do texto, na leitura do encenador, depois do público frente à representação. Ela encontra em seu caminho o contexto social ("contexto total dos fenômenos sociais", segundo MUKAŘOVSKÝ) que ela deve reconstituir para a produção da obra como para sua recepção atual.

f. Contradições ideológicas

Fundamentalmente, a sociocrítica supõe que o texto dramático traga a marca de contradições ideológicas, mais ou menos visíveis no conflito dos ideologemas ou na configuração de um sistema dramático. Ela se recusa a responder à questão: "O autor é *x* (reacionário) ou *y* (progressista)?", para melhor sentir as contradições, isto é, os paralogismos, as incompatibilidades entre concepções de mundo. Assim BÉNICHOU, sociocrítico *avant la lettre*, afirma em *Morales du Grand Siècle* (1948) que MOLIÈRE não repercute uma ideologia burguesa e sim dá provas de um idealismo aristocrático. Não é nas falas das personagens e, sim, na maneira de representar teatralmente os conflitos que BÉNICHOU demonstra o equilíbrio e o sentido profundo do teatro de MOLIÈRE; a principal dificuldade continua a ser fundamentar textualmente essas grandes diferenças e articulá-las tanto em cima das oposições discursivas quanto sobre as relações actanciais (sem que o discurso e a ação coincidam necessariamente).

4. Sociocrítica e Outras Disciplinas

Embora ainda esteja buscando seu caminho e sua identidade, a sociocrítica difere, em métodos e finalidades, de outras abordagens "sociais":

- a sociologia dos públicos analisa a composição e a mudança do público, explica a recepção segundo classificações socioeconômico-culturais (GOURDON, 1982);
- a sociologia da cultura integra o teatro ao desenvolvimento global de uma cultura;
- a sociologia das instituições investiga sobre as instituições literárias, os modos de produção-consumo, a crítica e a edição (SARKANY, 1984).

Como sua irmã mais velha, a semiologia, a sociocrítica está muito arriscada a perder toda especificidade, integrando de maneira inconsiderada os resultados dessas disciplinas vizinhas sem tomar cuidado com a inserção textual e cênica desses dados sociais. Pelo menos terá aprendido com ela que o texto ou a representação a ser analisada só podem sê-lo ultrapassando seus limites estreitos e aceitando as perpétuas incursões do social no interior da fortaleza textual ou cênica.

📖 Lukács, 1914; Goldmann, 1955; Adorno, 1974; Jameson, 1981; Pavis, 1983a, 1986a; Viala, 1985.

SOCIOLOGIA DO TEATRO

↔ Fr: *sociologie du théâtre*; Ingl.: *sociology of theatre*; Al.: *Soziologie des Theaters*; Esp.: *sociologia del teatro*.

Disciplina que se interessa pela maneira pela qual o espetáculo é produzido e recebido por uma coletividade humana e pela qual pode-se lhe aplicar uma pesquisa empírica (sobre a estrutura sociodemográfica do público, por exemplo) ou abordá-lo em função do "capital cultural incorporado" (BOURDIEU) do espectador.

A sociologia não tem que estabelecer as relações da obra com a infraestrutura econômica, mas sim, antes, avaliar o vínculo da obra, textual ou cênica, com as mentalidades, as concepções ideológicas de um grupo, de uma classe social, de um momento histórico. O programa de GURWITCH (1956), prolongado por DUVIGNAUD (1965) ou SHEVTSOVA (1993) continua a parecer atual:

- estudo dos públicos, a fim de "constatar sua diversidade, seus diferentes graus de coesão, a importância de suas possíveis transformações em agrupamentos propriamente ditos" (1956: 202);
- "análise da própria representação teatral, como que se desenvolvendo dentro de um certo quadro social";
- "estudo do grupo de atores, enquanto companhia e, mais amplamente, enquanto profissão";
- análise da relação entre a ficção, textual e cênica e, a sociedade onde ela foi produzida e onde é recebida;
- comparação das funções possíveis do teatro conforme o estado de uma sociedade num determinado momento.

A sociologia ganhará ao confrontar seus resultados com a estética da recepção (JAUSS, 1978), estabelecendo o horizonte da expectativa do público, o "sistema teatral das pré-condições pré-receptivas" (DEMARINIS, 1987; 88) e sobretudo a experiência estética do espectador (PAVIS, 1996), sem negligenciar a reflexão hermenêutica sobre as condições de entender e experimentá-la e desembocando assim numa antropologia do espectador e do espetáculo.

🔍 Sociocrítica, semiologia, realidade representada.

SOLILÓQUIO

↔ (Do latim *solus*, sozinho, e *loqui*, falar.)
Fr.: *soliloque*; Ingl.: *soliloquy*; Al.: *Monolog*; Esp.: *soliloquio*.

Discurso que uma pessoa ou uma personagem mantém consigo mesma. O *soliloquio*, mais ainda que o *monólogo**, refere-se a uma situação na qual a personagem medita sobre sua situação psicológica e moral, desvendando assim, graças a uma convenção teatral, o que continuaria a ser simples monólogo interior. A técnica do solilóquio revela ao espectador a alma ou o inconsciente da personagem: daí sua dimensão épica e lírica e sua tendência a tornar-se um trecho escolhido destacável da peça e que tem valor autônomo (*cf.* o solilóquio de Hamlet sobre a existência). Dramaturgicamente, o solilóquio responde a uma dupla exigência:

1. Conforme a norma dramática, o solilóquio é justificado e conduzido por certas situações onde ele pode, de maneira verossímil, ser pronunciado: momento de busca de si do herói, diálogo entre duas exigências morais ou psicológicas que o sujeito é obrigado a formular em voz alta (*dilema**). A única condição para seu êxito é que ele seja suficientemente construído e claro para ultrapassar o estatuto de um monólogo ou de um fluxo de consciência "inaudível".

2. Segundo a norma épica, o solilóquio constitui uma forma de objetivação de pensamentos que, sem ele, permaneceriam letra morta. Daí seu caráter não verossimilhante no âmbito da forma puramente dramática. O solilóquio provoca um rompimento de ilusão e instaura uma convenção teatral para que possa instaurar-se uma comunicação direta com o público.

Diálogo, aparte, dirigir-se ao público, estância.

SONG

(Palavra inglesa para *canção*.)
Fr.: *song*; Ingl.: *song*; Al.: *Song*; Esp.: *song*.

Nome dado às canções no teatro de BRECHT (desde a *Ópera de Três Vinténs*, 1928) para distingui-las do canto "harmonioso" e que ilustra uma situação ou um estado d'alma na ópera ou na comédia musical. O *song* é um recurso de *distanciamento**, um poema paródico e grotesco, de ritmo sincopado, cujo texto é mais falado ou salmodiado que cantado.

SONOPLASTIA

Fr.: *bruitage*; Ingl.: *sound effects*; Al. *Geräuschekulisse*; Esp.: *efectos de sonido*.

A sonoplastia é uma reconstituição artificial de ruídos, sejam eles naturais ou não. A sonoplastia deve ser distinta, ainda que nem sempre isso seja tarefa fácil, da palavra (em sua materialidade vocal), da música, dos *resmungos** e sobretudo, do ruído gerado pela cena. Trata-se do "conjunto dos acontecimentos sonoros que entra na composição musical" (N. FRIZE).

1. Origem

Stricto sensu, a sonoplastia ora é produzida pela cena e motivada pela fábula, ora é produzida nos bastidores ou na cabine de som e como que "colada" no espetáculo: ela é, portanto, diegética e extradiegética. Às vezes, entretanto, músicos e sonoplastas situam-se no limiar entre o palco e os bastidores, como as percussões das encenações das peças de SHAKESPEARE ou de *Sihanouk* pelo Théâtre du Soleil.

2. Realização

A sonoplastia raramente é produzida em cena pelo ator; é executada nos bastidores pelos técnicos usando todo tipo de máquina: hoje, com frequência ela é gravada previamente de acordo com as necessidades específicas do encenador e é transmitida por caixas de som distribuídas pelo espaço do público.

A gravação dos sons é realizada com toda a sofisticação imaginável da tecnologia radiofônica: mixagem, criação e modulação dos sons. Às vezes, a sonoplastia invade totalmente a representação: uma arte mecânica introduz-se no tecido visando o acontecimento teatral, sem nada deixar ao acaso e ameaçando controlar tudo. A sonoplastia é sempre meio como uma raposa num galinheiro.

3. Funções Dramatúrgicas

*a. Efeito de real**

Graças a seu grande realismo, a sonoplastia executada nos bastidores imita um som (telefone, campainha, gravador etc.) e interfere no desenvolvimento da ação (FORTIER, 1990).

b. Ambiência ou atmosfera

A trilha sonora reconstitui um cenário sonoro ao evocar ruídos característicos de um determinado ambiente (PAVIS, 1996).

c. Plano sonoro

Num palco vazio, um ruído cria um lugar, uma profundidade de campo, uma atmosfera por toda a duração de um plano sonoro, como na peça radiofônica.

d. Contraponto sonoro

A sonoplastia age como efeito paralelo à ação cênica, como um som *off* no cinema, o que impõe à ação cênica uma coloração e um sentido muito ricos. A disposição variável das caixas de som nos bastidores ou na plateia faz circular o som, instaura um percurso e desorienta o espectador.

SOTIE

(Do francês, sem correspondente em português.)
Fr.: *sotie*; Ingl.: *sotie, farce*; Al.: *satirische Posse, Sotie*; Esp.: *sotie, farsa*.

Peça cômica medieval (séculos XIV e XV), a *sotie* é a peça dos "*sots*" (dos loucos) que, debaixo da máscara da loucura, atacam os poderosos e os costumes (exemplo: *Jeu du Prince des Sots* de GRINGORE).

Jeu, farsa, moralidade.

Picot, *Recueil Général des Soties*, 1902-1912; Aubailly, 1976.

SOUBRETTE

(Do francês, sem correspondente em português.) Fr.: *soubrette*; Ingl.: *lady's maid, soubrette*; Al.: *Soubrette, Zofe*; Esp.: *criada*.

A *soubrette* (do provençal *soubreto*, afetado) é a serva ou a acompanhante da principal personagem feminina da comédia. As servas se atribuem com frequência o direito de "endireitar" seus amos ou de reagir vigorosamente contra seus projetos insensatos (assim Dorina e Toinette em MOLIÈRE). Muitas vezes elas quase fazem parte da família burguesa a que servem. As acompanhantes estão mais próximas da dama de companhia (por exemplo, Marton em *As Falsas Confidências*, Lisette em *O Jogo do Amor e do Acaso*). Se raramente são *meneuses de jeu*, como os criados, as *soubrettes* pelo menos contribuem para esclarecer a psicologia de suas patroas e para mudar o rumo da intriga.

SUBTEXTO

Fr.: *sous-texte*; Ingl: *sub-text*; Al.: *Subtext*; Esp.: *sub-texto*.

Aquilo que não é dito explicitamente no texto dramático, mas que se salienta da maneira pela qual o texto é interpretado pelo ator. O subtexto é uma espécie de comentário efetuado pela *encenação** e pelo jogo do ator, dando ao espectador a iluminação necessária à boa *recepção** do espetáculo.

Esta noção foi proposta por STANISLAVSKI (1963, 1966), para quem o subtexto é um instrumento psicológico que informa sobre o estado interior da personagem, cavando uma distância significante entre o que é dito no texto e o que é mostrado pela cena. O subtexto é o traço psicológico ou psicanalítico que o ator imprime a sua personagem durante a atuação.

Embora esteja na natureza do subtexto não se deixar apreender inteiramente, podemos nos aproximar da noção de discurso da encenação: o subtexto começa e controla toda a produção cênica, impõe-se mais ou menos claramente ao público e deixa entrever toda uma perspectiva inexpressa do discurso, uma "pressão por trás das palavras" (PINTER). É útil distingui-lo da subpartitura (*partitura**).

Situação, discurso, silêncio, texto dramático.

Strasberg, 1969; Pavis, 1996: 90-97.

SUPERMARIONETE

Fr.: *sur-marionette*; Ingl.: *Über-marionette*; Al.: *Über-marionette*; Esp.: *Über-marionette*.

Nome dado por E. Gordon CRAIG ao ator que ele deseja ver um dia colocado à disposição do encenador: "O ator desaparecerá: em seu lugar veremos uma personagem inanimada – que portará, se quiserem, o nome de supermarionete, até que tenha conquistado um nome mais glorioso" (1905: 72). Esta concepção marca a conclusão de uma tradição teatral que busca controlar totalmente a encenação e aumentar o material vivo na empreitada intelectual do *meneur de jeu* e daquele que transforma esse material em signo. Ele remonta, no mínimo, ao *Paradoxo do Comediante* de DIDEROT, para quem o ator "se encerra num grande manequim de vime cuja alma ele é" (1773: 406).

📖 Kleist, 1810; Stanislavski, 1963, 1966; Bensky, 1971; Fournel, 1988.

SUSPENSE

↻ (Do inglês *suspense*.)
Fr.: *suspense*; Ingl.: *suspense*; Al.: *Spannung*; Esp.: *suspenso*.

Expectativa* angustiada do espectador confrontado a uma situação na qual o herói é ameaçado e na qual se antecipa o pior. Momento da ação em que o espectador/leitor suspende a respiração.

O suspense é uma atitude psicológica produzida por uma estrutura dramática muito retesada: a fábula e a ação são dispostas de maneira a que a personagem, objeto de nossa inquietude, não pareça mais poder escapar a sua sorte.

🔍 Leitura, tensão, *deus ex-machina*, dramático e épico.

T

TABLADO

↻ Fr.: *tréteau*; Ingl.: *stage boards*; Al.: *Gerüst, die Bretter*; Esp.: *tablado*.

Historicamente, o tablado (as "tábuas") é o palco popular reduzido à sua mais simples expressão (tábuas sobre dois suportes numa altura de um metro a um metro e cinquenta). Ele convém ao *teatro popular**, representado outrora ao ar livre pelos artistas de feira ou pelos saltimbancos (por exemplo, na Pont-Neuf, no início do século XVII).

Após os excessos da *maquinaria teatral**, do ilusionismo do palco italiano, a *cenografia** redescobre este *espaço** nu que dá a apreciar o virtuosismo gestual do ator e a pureza do texto: "Boa ou má, rudimentar ou aperfeiçoada, artificial ou realista, pretendemos negar a importância de toda maquinaria […]. Para a obra nova, que nos deixem um tablado nu" (COPEAU, 1974: 31-32).

A volta dos tablados está ligada à ideia (discutível) de que o grande texto dramático fala por si mesmo, sem que o encenador deva encarregá-lo de comentários visuais. Uma maquinaria desaparece, outra a substitui: aquela do ator que garante as coordenadas espaciais, mostra a cena e o fora de cena, inventa sem trégua novas convenções, revaloriza a teatralidade (como as cenas dos saltimbancos em cima de tablados improvisados) e, hoje, o Théâtre du Soleil. O tablado é às vezes também um pódio de demonstração (em BRECHT, a "cena de rua" força o ator a reconstruir o acidente do qual ele foi testemunha), um percurso já traçado, um tribunal da história ou um dispositivo-poleiro para o ator que recria e "projeta" o espaço a partir de si mesmo. É enfim um formidável trampolim para o ator entregue a si próprio e senhor do seu texto.

🔍 Percurso, espaço.

TEATRAL

↻ Fr.: *théâtral*; Ingl.: *theatrical*; Al.: *theatralisch*; Esp.: *teatral*.

1. Que diz respeito ao teatro.

2. Que se adapta bem às exigências do jogo cênico (ex.: uma cena muito visual num romance).

3. Pejorativamente: que visa demais um efeito fácil sobre o espectador, efeito artificial e afetado, julgado pouco *natural** ("um jogo demasiado teatral").

🔍 Teatralidade, dramático e épico, (re)teatralização, especificidade, declamação, efeito teatral.

TEATRALIDADE

↻ Fr.: *théâtralité*; Ingl.: *theatricality*; Al.: *Teatralik, Theatralität*; Esp.: *teatralidad*.

Conceito formado provavelmente com base na mesma oposição que literatura/literalidade. A teatralidade seria aquilo que, na representação ou no texto dramático, é especificamente teatral (ou cênico) no sentido que o entende, por exemplo, A. ARTAUD, quando constata o recalcamento da teatralidade no palco europeu tradicional: "Como é que o teatro, no teatro pelo menos como o conhecemos na Europa, ou melhor, no Ocidente, tudo o que é especificamente teatral, isto é, tudo o que não obedece à expressão pela fala, pelas palavras, ou, se quisermos, tudo o que não está contido no diálogo (e o próprio diálogo considerado em função de suas possibilidades de sonorização em cena, e exigências dessa sonorização), seja deixado em segundo plano?" (1964b: 53). Nossa época teatral se caracteriza pela busca dessa teatralidade por demasiado tempo oculta. Mas o conceito tem algo de mítico, de excessivamente genérico, até mesmo de idealista e etnocentrista. Só é possível (considerada a pletora de seus diferentes empregos) observar certas associações de ideias desencadeadas pelo termo teatralidade.

1. Uma Espessura de Signos

A teatralidade pode opor-se ao *texto dramático** lido ou concebido sem a representação mental de uma encenação. Em vez de achatar o texto dramático por uma leitura, a espacialização, isto é, a visualização dos enunciadores, permite fazer ressaltar a potencialidade visual e auditiva do texto, apreender sua teatralidade: "Que é teatralidade? É o teatro menos o texto, é uma espessura de signos e de sensações que se edifica em cena a partir do argumento escrito, é aquela espécie de percepção ecumênica dos artifícios sensuais, gestos, tons, distâncias, substâncias, luzes, que submerge o texto sob a plenitude de sua linguagem exterior" (BARTHES, 1964: 41-42). Do mesmo modo, no sentido artaudiano, a teatralidade se opõe à literatura, ao teatro de texto, aos meios escritos, aos diálogos e até mesmo, às vezes, à narratividade e à "dramaticidade" de uma fábula logicamente construída.

2. Local da Teatralidade

Coloca-se então a questão da origem e da natureza dessa teatralidade:

– é preciso buscá-la no nível dos temas e conteúdos descritos pelo texto (espaços exteriores, visualizações das personagens)?;
– é preciso, ao contrário, buscar a teatralidade na forma da expressão, na maneira pela qual o texto fala do mundo exterior e do qual mostra (iconiza) o que ele evoca pelo texto e pela cena?

a. No primeiro caso, *teatral* quer dizer, muito simplesmente: espacial, visual, expressivo, no sentido que se fala de uma cena muito espetacular e impressionante. Este emprego variável de teatralidade é muito frequente hoje... mas, em suma, banal e pouco pertinente.

b. No segundo caso, *teatral* quer dizer a maneira específica da enunciação teatral, a circulação da fala, o desdobramento visual da enunciação (personagem/ator) e de seus enunciados, a artificialidade da representação. A teatralidade se assemelha então ao que ADAMOV chama de representação, isto é, "a projeção, no mundo sensível, dos estados e imagens que constituem suas molas ocultas [...] a manifestação do conteúdo oculto, latente, que açoita os germes do drama" (ADAMOV, 1964: 13).

3. A Origem da Teatralidade e o Teatro

A origem grega da palavra teatro, o *theatron*, revela uma propriedade esquecida, porém fundamental, desta arte: é o local de onde o público olha uma ação que lhe é apresentada num outro lugar. O teatro é mesmo, na verdade, um ponto de vista sobre um acontecimento: um olhar, um ângulo de visão e raios ópticos o constituem. Tão somente pelo deslocamento da relação entre olhar e objeto olhado é que ocorre a construção onde tem lugar a representação. Durante muito tempo, na língua clássica dos séculos XVII e XVIII, o teatro será também a cena propriamente dita. Por uma segunda translação metonímica, o teatro se torna enfim a arte, o gênero dramático (daí as interferências com a literatura, tão amiúde fatais à arte cênica), mas também a instituição (o Teatro-Francês) e finalmente o repertório e a obra de um autor (o teatro de Shakespeare). A finalização desse exílio do teatro desde o local do olhar se concretiza nas metáforas do mundo como teatro (*Theatrum Mundi**) ou do sentido de lugar de ação (teatro das operações), ou finalmente da atividade do histrião na vida de todo dia (fazer teatro ou – para atualizar o idiotismo – fazer cinema).

Em francês (e em português também), *teatro* guardou a ideia de uma arte visual, enquanto nenhum substantivo tomou o sentido do conceito do texto: o drama, diferentemente do alemão ou do inglês *drama*, não é o texto escrito e, sim, uma forma histórica (o drama burguês ou lírico, o melodrama) ou a significação derivada de "catástrofe" ("estranho drama").

4. Teatro Pairo ou Teatro Literário

A teatralidade é uma propriedade do *texto dramático**! E o que se pretende dizer frequentemente, quando se fala de texto muito "teatral" ou "dramático", sugerindo assim que ele se presta bem à transposição cênica (visualidade do jogo teatral, conflitos abertos, troca rápida de diálogos). Não se trata aí, todavia, de uma propriedade puramente cênica, e esta oposição entre um "teatro puro" e um teatro "literário" não se baseia em critérios teatrais, mas na faculdade, quanto ao teatro "teatral" – para empregar a expressão de MEIERHOLD (1963) – de usar ao máximo as técnicas cênicas que substituem o discurso das personagens e tendem a se bastar a si mesmas. Paradoxalmente, é teatral, portanto, um texto que não pode se privar da representação e que, portanto, não contém indicações espaço-temporais ou lúdicas autossuficientes. Constata-se, aliás, a mesma ambiguidade no qualificativo teatral: ora significa que a ilusão é total; ora, ao contrário, que o jogo é demasiado artificial e lembra, sem trégua, que se está no teatro, ao passo que a gente gostaria de sentir-se transportado para um outro mundo ainda mais real que o nosso. Desta confusão sobre o estatuto da teatralidade decorrem as polêmicas, muitas vezes estéreis, sobre a atuação mais ou menos *natural** do ator.

A história do teatro ressoa em outra parte da eterna polêmica entre partidários apenas do texto e amadores do *espetáculo**, na medida em que texto e literatura passam quase sempre como sendo gênero nobre e que têm para si a vantagem de uma conservação intata (ou, ao menos, assim considerada) para as gerações futuras, ao passo que a mais bela expressão cênica é tão efêmera quanto o sorriso de uma mulher bonita. Esta oposição é de natureza ideológica: na cultura ocidental, tende-se a privilegiar o texto, a escritura, a sucessão do discurso. A isto se acrescenta a emergência quase simultânea do encenador (nomeado, no final do século XIX, responsável pela visualização cênica do texto) e do teatro como arte autônoma. A partir de então, é de fato a teatralidade que se toma o caráter essencial e específico do teatro e que, na era dos encenadores, constitui o objeto das pesquisas estéticas contemporâneas. No entanto, o estudo textual dos maiores autores (de SHAKESPEARE a MOLIÈRE e MARIVAUX) revela-se pouco satisfatório se não se tenta situar o texto numa prática cênica, num tipo de atuação e numa imagem da representação. Se não há, portanto, oposição irremediável e absoluta entre teatro puro e literário, existe uma tensão dialética entre o ator e seu texto, entre o significado que o texto pode assumir à simples leitura e a modalização que a encenação lhe imprime, a partir do momento que ele é enunciado por meios extra verbais. A teatralidade não surge mais, pois, como uma qualidade ou uma *essência** inerente a um texto ou a uma situação, mas como um uso pragmático da ferramenta cênica, de maneira a que os componentes da representação se valorizem reciprocamente e façam brilhar a teatralidade e a fala.

5. Teatralidade e Especificidade

Não existe essência absoluta. Se não existe uma *essência** do teatro, pode-se pelo menos enumerar os elementos indispensáveis a qualquer fenômeno teatral. Duas definições resumem de maneira excelente e paralela o funcionamento teatral:

• Alain GIRAULT: "O denominador comum a tudo o que se costuma chamar 'teatro' em nossa civilização é o seguinte: de um ponto de vista estático, um espaço de atuação (palco) e um espaço de onde se pode olhar (sala), um ator (gestual, voz) no palco e espectadores na sala. De um ponto de vista dinâmico, a constituição de um mundo 'real' no palco em oposição ao mundo 'real' da sala e, ao mesmo tempo, o estabelecimento de uma corrente de 'comunicação' entre o ator e o espectador" (*Théâtre/Public* n. 5-6, junho de 1975, p. 14).

• Alain REY: "É precisamente na relação entre o real tangível de corpos humanos atuantes e falantes, sendo esse real produzido por uma construção espetacular e uma ficção assim *re-*

*presentada**, que reside o próprio do fenômeno teatral" (REY e COUTY, 1980: 185).

🔍 Encenação, semiologia.

📖 Jarry, 1896; Burns, 1972; Jachymiak, 1972; Jaffré, 1974; Bernard, 1976, 1986; Krysinski, 1982; Feral, 1985; Bernard, 1986; Thoret, 1993.

TEATRALIZAÇÃO

🔄 Fr.: *théâtralisation*; Ingl.: *theatralization*; Al.: *Theatralisierung*; Esp.: *teatralización*.

Teatralizar um acontecimento ou um texto é interpretar cenicamente usando cenas e atores para construir a situação. O elemento visual da cena e a colocação em situação dos discursos são as marcas da teatralização.

A *dramatização** diz respeito, ao contrário, unicamente à estrutura textual: inserção em diálogos, criação de uma tensão dramática e de conflitos entre as personagens, dinâmica da ação (*dramático e épico**).

🔍 Adaptação, tradução.

TEATRO ALTERNATIVO

🔄 Fr.: *théâtre alternatif*, Ingl.: *alternative theatre*; Al.: *Alternativ-theater*, Esp.: *teatro alternativo*.

A alternativa a um teatro comercial e ao teatro público subvencionado é esta, difícil, de um *teatro experimental** ou de um terceiro teatro que propõe uma programação, um estilo e um modo de funcionamento totalmente originais. A modéstia dos recursos permite, paradoxalmente, testar novas formas com mais iniciativa, e com toda independência, econômica e estética.

TEATRO AMBIENTAL

🔄 Fr.: *théâtre de l'environnement*; Ingl.: *environmental theatre*; Al.: *environmental Theater*; Esp.: *teatro ambiental*.

Termo contemporâneo forjado por SCHECHNER (1972, 1973b, 1977) para uma prática preocupada em estabelecer novas relações cênicas, em pensar o público em termos de distância ou de aproximação, em reduzir a distinção entre palco e plateia e em reduzir os pontos de vista e de tensão dentro do espetáculo.

O teatro ambiental ultrapassa a separação entre vida e arte, usa o espaço comum a atores e espectadores, representa em locais não teatrais e multiplica os focos de atenção, não privilegia o ator em detrimento do espaço, a palavra em detrimento do espetáculo.

TEATRO ANTROPOLÓGICO

🔄 Fr.: *Théâtre anthropologique*; Ingl.: *anthropological theatre*; Al.: *anthropologisches Theater*; Esp.: *teatro antropológico*.

Este termo, empregado sobretudo na América Latina, não se refere às formas espetaculares não europeias (ao teatro "indígena") e, sim, antes, a uma tendência da encenação que se esforça em examinar o ser humano em suas relações com a natureza e a cultura, que amplia a noção europeia de teatro às práticas espetaculares e culturais (*cultural performances*), que adota uma abordagem *etnocenológica** para explicar estas práticas. O teatro das fontes de GROTOWSKI, a antropologia teatral de BARBA, as encenações de SCHECHNER (*Dionysus in 69*), os ritos e *ações** de grupos como Fura dels Baus ou Brith GOF participam dessa corrente antropológica.

TEATRO AUTOBIOGRÁFICO

🔄 Fr.: *théâtre autobiographique*; Ingl.: *auto-biographical performance*; Al.: *autobiographisches Theater*; Esp.: *teatro autobiográfico*.

1. Por autobiografia, convencionou-se entender "a narrativa retrospectiva em prosa que alguém faz de sua própria existência, quando põe a ênfase principal em sua vida individual, em particular na história de sua personalidade" (Philippe LEJEUNE, *L'Autobiographie en France*, Paris, Colin, 1971: 14). Esta definição parece tornar impossível o gênero de teatro autobiográfico, visto que o teatro é uma ficção presente assumida por personagens imaginárias que diferem do autor e têm outras preocupações além de contar sua vida. Gênero impossível e

muito pouco representado, apesar das tentativas tão velhas quanto o teatro: a *parábase** em ARISTÓTELES, *Le Jeu de la Feuillée*, 1276, onde o autor, ADAM DELA HALLE, aparece em pessoa no meio de seus amigos de Arras; *O Drama da Vida*, 1793, de RESTIF DE LA BRETONNE, que se propõe a "publicar a vida de um homem; pô-la em drama, com uma verdade que a faz agir, em vez de falar".

2. Não se deve confundir o teatro (ou a representação autobiográfica) com o *monodrama**, o drama cerebral, a dramaturgia do ego (centrada numa personagem que impõe sua visão ao mundo exterior) ou a tendência monológica do teatro europeu nos anos 1970 e 1980 (DANAN, 1995). Far-se-á também uma distinção entre os textos dramáticos autobiográficos (qualquer que seja a escritura) e a performance cênica do ator-autor que fala de si mesmo.

No primeiro caso, trata-se de examinar como a escritura leva sem cessar a ela, através das diferentes vozes das personagens, o eu obsessivo do autor. No caso, hoje muito mais frequente, da "autoperformance" de ator-autor biógrafo de si mesmo, trata-se de uma pessoa real, presente a nossa frente, que vemos, ao vivo, refletir sobre seu passado e seu estado atual, ao passo que o texto autobiográfico lido ou conduzido pelo ator é o resultado ativo e narrado desta reflexão. Assim, o ator em cena é, por natureza, autobiográfico, visto que ele "se dá em espetáculo", que fala no presente e que vive diante de nós. Está sempre se expondo a um risco, visto que escreve, no sentido estrito, com seu corpo sobre si mesmo. Porém, é claro, a partir do momento em que abre a boca, arrisca-se grandemente a falar de outra coisa que não ele próprio e de sua situação atual de ator diante de nós, arrisca-se a assumir um papel. Assim – e aí reside o paradoxo do comediante – a partir do momento em que parece estar ali, presente e real, assume também um papel de personagem, o que, ao mesmo tempo, o impede de dar um testemunho autobiográfico. Ou, pelo menos, esta comunicação autobiográfica será sempre suspeita porque será objeto de uma instalação, de uma escolha de materiais, de uma exibição, em poucas palavras, de uma encenação do ego para fins artísticos e ficcionais. No que ele dirá, sempre há, segundo GOETHE, "*Dichtung und Wahrheit*": "Poesia e verdade". O ator autobiográfico não é somente um "coração posto a nu"; ele também é um narrador, um arranjador, um embelezador, um demonstrador e um exibicionista, que trabalha sua matéria como o escultor, trabalha a argila ou o escritor, as palavras. E, a partir do momento em que ele (se) conta, toma distância do seu eu presente e o põe em cena na vida cotidiana (como dizia GOFFMAN, 1959). Paradoxalmente, o fato de ter em cena a verdadeira *persona* do ator torna o processo de autobiografia, de desnudamento, suspeito e artificial ou, pelo menos, inverossímil: o espectador se pergunta com ele: quem sou eu? Como me tornei eu? Onde quero chegar?

O desnudamento ou a autocrítica pública sempre são suspeitos e representados, pois que o ator renova toda noite sua confissão, sem modificá-la muito: daí a ironia dos que confessam: "Eu lhes roguei que viessem aqui para me olharem bancar o interessante" (*Pierre Desproges se Donne en Spectacle*, 1986: 8).

3. Formas da Autobiografia Cênica

a. Narrativa da vida

O ator-autor conta, com os recursos da cena, sua vida passada, fazendo referência a acontecimentos e pessoas reais. Ex.: *Le Roman d'un Acteur*, de Philippe CAUBÈRE, que retraça, numa espécie de romance de formação, seu itinerário de ator no Théâtre du Soleil: interpreta todas as personagens e a si mesmo reconstituindo momentos de vida e fornecendo um afresco vivo e emocionante do teatro dos anos setenta.

b. Confissão impudica

Por exemplo, sobre a doença, a sexualidade: o fato de saber que o ator é soropositivo e que está representando os últimos momentos de sua vida confere à confissão uma verdade pungente, mas às custas de um vivo mal-estar no espectador (ex.: *L'Avant-Mort* de J.-D. PARIS em 1992 no Théâtre de la Bastille; *Dumbo Type-SN* de T. FURUHASHI, em 1995).

c. Jogo com a identidade

É a forma mais rica, principalmente nos Estados Unidos com Spalding GREY, Laurie ANDERSON, GOMEZ-PENA, ANTIN (*cf.* CARLSON, 1996). O teatro autobiográfico é, aqui, uma pesquisa em ato sobre a identidade sexual, social, étnica, cultural, identidade flutuante conforme a ocasião (que faz o ladrão) e conforme a política (que faz o psicótico). A tentativa de diversos eus ficcionais (que PIRANDELLO realizou brilhantemente) leva a pôr novamente em questão a alternativa absoluta entre eu autêntico e eu representado, a colocar o sujeito num jogo permanente de eus e de espelhos, a nos "mostrar que a personagem, o papel e a identidade são categorias muito mais fluidas do que deixariam pensar as categorias binárias tradicionais" (CARLSON, 1996: 144-164).

📖 Rougemont *in* Scherer, 1986; Caubère, 1994.

TEATRO BURGUÊS

↔ Fr.: *théâtre bourgeois*; Ingl.: *bourgeois theatre*; Al.: *bürgerliches Theater*; Esp.: *teatro burguês*.

1. Um Teatro Negativo

Expressão frequente, hoje, para designar, de maneira pejorativa, um teatro e um repertório de *boulevard** produzido dentro de uma estrutura econômica de rentabilidade máxima e destinado, por seus temas e valores, a um público "(pequeno-)burguês", que veio consumir com grande despesa uma ideologia e uma estética que lhes são, de cara, familiares. O termo é, portanto, antes negativo, sendo empregado sobretudo pelos adeptos de um teatro radicalmente diferente, *experimental** e militante. Como no caso de um *slogan* ou de um insulto, não é fácil descrever seu campo semântico; ele reflete, no entanto, uma oposição ideológica que recusa as categorias puramente estéticas e designa o inimigo político por uma noção globalmente negativa, tanto no plano do modo de produção e do estilo quanto naquele da temática das peças. Como escreve P. BOURDIEU em *La Distinction. Critique Sociale du Jugement*: "O teatro divide e se divide: a oposição entre o teatro *rive droite* e o teatro *rive gauche*, entre o teatro burguês e o teatro de vanguarda é inseparavelmente estética e política" (1979: 16). No entanto, no século XVIII, o drama burguês pretendia ser uma forma de oposição, até mesmo revolucionária, alçada aos valores aristocráticos da tragédia clássica, na qual a criadagem se situa no extremo oposto da célula familiar burguesa. No século XIX, o drama burguês, sob sua forma elegante (drama romântico) ou popular (*melodrama** e *vaudeville**) se torna o modelo de uma dramaturgia na qual triunfam o espírito empreendedor e os novos mitos burgueses. Com a chegada, porém, de uma nova classe que se opõe diretamente aos interesses da burguesia, o teatro burguês assume um sentido completamente diferente e se torna, no jovem BRECHT por exemplo, sinônimo de dramaturgia "de consumo", baseada no fascínio e na reprodução da ideologia dominante. BRECHT contribuirá, por sua teorização, para fixar a imagem essencialmente negativa do teatro burguês, o que não impede este último de continuar a prosperar, de identificar-se, na mente do público, com o teatro por excelência e de representar os dois terços da produção global nos palcos das grandes cidades do mundo inteiro.

2. Cerimonial do Teatro Burguês

Esta imagem está ligada primeiro a de um teatro rico, onde não se economiza nos materiais empregados: ouro e veludo, trajes de gala em troca de cenários e figurinos "suntuosos", atores conhecidos e bajulados, peças facilmente compreensíveis e ricamente guarnecidas de estereótipos reconfortantes e de *mots d'auteur**. Aí se representam, infalivelmente, os pequenos dramas da burguesia: a família desunida, o adultério e o conflito de gerações, a elegância "natural" da gente de bem. Isto não exclui um aparente questionamento da vida burguesa, uma maneira de "provocar o burguês" levando-o a acreditar, durante um breve instante e numa espécie de catarse social adaptada a seu horizonte cultural, que ele está ameaçado de perder tudo o que possui de bens e de evidências. Por felicidade, o gênero quer que o burguês saiba "a arte de se safar" (conforme o título de um artigo de B. POIROT-DELPECH sobre o *boulevard**) e que o "trágico" de sua existência acabe sempre por se arranjar. Assim como a tragédia doméstica e burguesa assinalava, há dois séculos, a morte do trágico e da individualidade aristocrática, o teatro burguês assinala atualmente o advento de uma arte culinária baseada na riqueza e na expressividade, onde tudo é quantificável (o preço do ingresso dando direito a uma pletora de cenários, figurinos, grandes sentimentos, suor, lágrimas e risadas).

3. Contradição da Noção

Além desta forma caricatural de teatro, podemos nos perguntar se o teatro de hoje escapa verdadeiramente ao qualificativo de burguês, sendo o termo doravante empregado não mais como *slogan*, mas como conceito histórico. Como na verdade a dramaturgia (e não mais somente o aparelho de produção burguês das manifestações teatrais) poderia escapar ao individualismo burguês, quando toda a evolução do teatro, desde a tragédia grega, passando pelos classicismos europeus, termina por desativar o trágico do homem às voltas com um *fatum*, a reconstituir o conflito entre homens, caracteres (MOLIÈRE), tipos (o melodrama) ou condições (DIDEROT)? Enquanto um outro tipo de sociedade não houver redistribuído valores que nada mais devem ao gosto e à ideologia burgueses, o teatro não permanecerá necessariamente vinculado à cultura dita burguesa? Mais de uma vanguarda, que pretende romper com a visão burguesa e seu modo de produção, remanesce, no entanto, ligada a ele apesar de suas negativas e de seus comunicados. Estamos, pois, bem longe de havermos acabado com o pensamento e com a prática burguesa e, isto, apesar do "intermédio" socialista da revolução russa até a queda do muro de Berlim. As vanguardas perderam sua radicalidade. E, inversamente, o "teatro burguês" faz-se por vezes suficientemente sutil para flertar com a vanguarda (S. GUITRY, A. ROUSSIN, E. IONESCO, H. PINTER e alguns autores de *café-teatro**) ou para produzir "*boulevard* inteligente" (BOURDET, ANOUILH, DORIN). O teatro burguês, infelizmente, não é sempre e necessariamente estúpido e ocorre-lhe mesmo efetuar sua própria sátira (DORIN, OBALDIA) para melhor se fazer perdoar, colocar os que riem do seu lado, tomando para objeto de sarcasmo seu duplo "engajado e intelectual" e seu pesadelo, o *teatro experimental** de vanguarda que ele se empenha pesadamente em fazer parecer vazio e pretensioso (assim F. DORIN em *Le Tournant*, 1973). Todos esses combates ideológicos dizem bastante sobre o problema da batalha entre os gêneros teatrais que mascaram mal ideologias em conflito ou, de acordo com o termo em moda, "opções de sociedade".

TEATRO DA CRUELDADE

Fr.: *théâtre de la cruauté*; Ingl.: *theatre of cruelty*; Al.: *Theater der Grausamkeit*; Esp.: *teatro de la crueldad*.

Expressão forjada por Antonin ARTAUD (1938) para um projeto de representação que faz com que o espectador seja submetido a um tratamento de choque emotivo, de maneira a libertá-lo do domínio do pensamento discursivo e lógico para encontrar uma vivência imediata, uma nova *catarse** e uma experiência estética e ética original.

O teatro da crueldade nada tem a ver, entretanto, pelo menos em ARTAUD, com uma violência diretamente física imposta ao ator ou ao espectador. O texto é proferido numa espécie de encantamento ritual (em vez de ser dito em cima do modo da interpretação psicológica). O palco todo é usado como num ritual e enquanto produtor de imagens (hieróglifos) que se dirigem ao inconsciente do espectador: ele recorre aos mais diversos meios de expressão artísticos.

Muitas companhias se valem hoje desta ética da crueldade. A estética de J.-L. BARRAULT e R. BLIN, a encenação de *Marat/Sade* de P. WEISS por P. BROOK, o teatro pânico de ARRABAL e o Living Theatre, a Fura dels Baus estão entre as mais bem sucedidas tentativas dessa estética.

Blüher, 1971; Girard, 1974; Borie, 1981, 1989; Grimm, 1982.

TEATRO DAS MULHERES

Fr.: *théâtre des femmes*; Ingl.: *women's theatre*; Al.: *Frauentheater*; Esp.: *teatro de las mujeres*.

Mais do que *teatro de mulheres* (feito por mulheres ou para mulheres), expressão que sugere de imediato que existe um gênero específico, ou que *teatro feminino*, o qual remete a uma visão militante de teatro, preferiremos o termo mais neutro e mais genérico *teatro das mulheres*; feito por mulheres e tendo uma temática e uma especificidade femininas. Este termo, aliás, convém melhor à nossa época, que passou, no espaço de trinta anos, de um movimento feminista ativo a um "feminismo difuso" (*Études Théâtrales*, 1995, n. 8: 138). A questão é, todavia, saber se estamos em condições de levantar os critérios de uma escritura dramática ou de uma prática cênica especificamente feminina. Toda generalização se expõe, na verdade, a um desmentido rápido ou a uma excessiva simplificação.

1. A Escritura Dramática Feminina

Da diferença dos sexos decorre uma diferença entre a maneira de pensar e de sentir, de ler e de escolher certos temas, de estruturar a obra, de atribuir esta ou aquela finalidade ao ato de escrever? A resposta fica em cima do muro, por sua ambiguidade: muito bem, existe uma diferença, mas ela é dificilmente perceptível e generalizável. Haveria, calcula Sieghild BOGUMIL, "uma maneira diferente de perceber as coisas que é refletida por uma certa defasagem de sua própria escritura. As diferenças são sutis e não permitem que se introduza uma separação nítida entre escritura feminina e escritura masculina" (*Études Théâtrales*, op. cit., 149). Por conseguinte, esta honesta e humilde constatação da dificuldade de perceber a voz feminina só autoriza algumas hipóteses pouco garantidas:

– a temática do teatro das mulheres seria muito mais concreta, local, particular, do que abstrata, geral, universal, como entre os "pensadores" masculinos;
– a estrutura dramática estaria mais próxima do anedótico, do fragmentário, do vivenciado, da sensação (N. SARRAUTE);
– a finalidade atribuída à escritura seria mais concreta e modesta que entre os escritores que aspiram às grandes sínteses e à universalidade.

Hipóteses frágeis demais, recusadas por inúmeras mulheres escritoras, para quem o "contexto histórico, político e social é um traço mais 'pertinente', como dizem os linguistas, que o sexo" (M. FABIEN, ibid., 27). A escritura é, para muitos, mais decisiva do que o "gênero", masculino ou feminino: "Quando escrevo, não sou nem homem, nem mulher, nem cão, nem gato" (N. SARRAUTE).

A escritura dramática, em todo caso, coloca as mulheres diante de um dilema: fazer como todo mundo, isto é, como os homens, ou encontrar sua voz, na falta da voz real. Mas a voz de todo(a) artista não é muda, deslocada, pouco confortável, perseguida ou tolerada, exatamente à imagem da condição feminina? Daí a urgência de repensar pelo menos a representação da mulher no teatro, como procederam autores tão diferentes e talentosos como Simone BENMUSSA, Hélène CIXOUS, Marguerite DURAS, Friederike ROTH.

2. A Encenação Feminina

Talvez no trabalho concreto de preparação do espetáculo, de direção de ator e de encenação é que se observará mais facilmente a maneira feminina de fazer teatro. A relação com a autoridade, com a lei e com noções metafísicas como o gênio ou a inspiração difere bastante claramente entre os sexos, por causa dos hábitos seculares da divisão das tarefas. A direção dos atores – desde que os atores masculinos aceitem ser questionados ou dirigidos por uma mulher ou por mulheres – permite ao encenador repensar todos os papéis tradicionais entre o homem-encenador-Pigmalião e sua criatura-atriz-estátua. Somente uma mulher como Brigitte JAQUES poderia, talvez, em *Elvire-Jouvet 40*, entender a estranha relação sadomasoquista, mas também perfeccionista e generosa, que liga o encenador a suas atrizes; somente uma sensibilidade feminina como a de E. SOLA ou Gilberte TSAÏ soube reencontrar os gestos cotidianos e poéticos das mulheres vietnamitas ou chinesas. Só H. CIXOUS e A. MNOUCHKINE souberam reconstituir a atmosfera feminina, feita tanto de doçura quanto de abnegação, que reinava na corte khmer de Sianuk ou no governo indiano de Gandhi e Nehru.

Até onde, entretanto, formalizar esta relação de trabalho e convertê-la numa questão ligada à distribuição dos papéis e dos sexos? Parece pouco convincente fazer uma distinção entre relação paterna e materna (ibid., 121) ou redistribuir os papéis em função dos estereótipos vinculados a cada sexo. Parece muito mais instrutivo examinar a imagem e a representação da mulher (e do homem) que veiculam os textos, as encenações e os métodos de trabalho dos artistas, homens e mulheres.

📖 Bassnet, *in* Schmid, 1984; Féral, 1984; Savona, 1984; Miller, 1994.
Números especiais: *TheaterZeitSchriftn*. 9-10, 1984; *Women in Performance, a Journal of Feminist Theory*, New York University; *Western European Stages*, vol. 7, n. 3, 1996 ("Contemporary Women Directors"); *Études Théâtrales*, n. 8, 1995.

TEATRO DE AGIT-PROP

↻ Fr.: *théâtre d'agit-prop*; Ingl.: *agit-prop theatre*; Al.: *Agit-Prop Theater*; Esp.: *teatro de agitación*.

1. O teatro de *agit-prop* (termo proveniente do russo *agitatsiya-propaganda*: agitação e propaganda) é uma forma de *animação** teatral que visa sensibilizar um público para uma situação política ou social. Surge após a revolução russa de 1917 e se desenvolve sobretudo na URSS e na Alemanha, depois de 1919 e até 1932-1933 (anúncio do realismo socialista por Jdanov e tomada do poder por Hitler). Fez pouco sucesso na França, sendo que sua única publicação, *Scène Ouvrière*, teve breve existência.

2. O *agit-prop* tem antepassados distantes: o teatro barroco jesuítico, o *autossacramental** espanhol ou português já continham, por exemplo, exortações à ação. No entanto, o *agit-prop* é muito mais radical em sua vontade de servir de instrumento político para uma ideologia, esteja ela na oposição (na Alemanha ou nos Estados Unidos) ou seja, diretamente propagada pelo poder instalado (Rússia dos anos vinte). Esta ideologia situa-se nitidamente à esquerda: crítica da dominação burguesa, iniciação ao marxismo, tentativa de promover uma sociedade socialista ou comunista. A principal contradição desse movimento crítico é que ora ele está a serviço de uma linha política que lhe cabe fazer triunfar (como na Alemanha), ora à mercê de diretivas vindas do alto que a agitação teatral precisa fazer repercutir e ajudar a triunfar (na URSS). Segundo seu estatuto político, o *agit-prop* é portanto levada a inventar formas e discursos ou a aplicar um programa que ele necessariamente não preparou e do qual pode querer se livrar: daí sua fragilidade e sua diversidade como gênero híbrido, ao mesmo tempo teatral e político.

3. Ligada à atualidade política, o *agit-prop* ocorre, antes de tudo, como uma atividade ideológica e não como uma nova forma artística: ele proclama seu desejo de ação imediata definindo-se como "jogo agitatório em vez de teatro" ou como "informação mais efeitos cênicos". Suas intervenções pontuais e efêmeras deixam poucos rastros para o pesquisador: o texto é apenas um recurso dentre muitos para tocar a consciência política; ele é substituído por efeitos gestuais e cênicos que pretendem ser os mais claros e diretos possíveis: daí a atração desse espetáculo pelo circo, pela pantomima, pelos saltimbancos e pelo cabaré.

Privilegiando a mensagem política, facilmente compreensível e visualizada, o *agit-prop* não se permite nem o tempo nem os meios para criar um gênero novo e um tipo ideal; muitas vezes ele não passa de um "rolo compressor" (F. WOLF) que não se importa com nuances. Suas formas e empréstimos são tão movediços quanto seus conteúdos; eles variam muito de um país para outro em função das tradições culturais. Na maioria das vezes, os "agitadores-propagandistas" se baseiam numa dessas tradições criticando-a do lado de dentro: *Commedia dell'arte**, circo, melodrama. Os gêneros "inferiores", como o circo ou a pantomima, prestam-se a uma recuperação muito eficaz, pois são frequentemente muito "populares" e fornecem uma forma familiar para novos conteúdos, até mesmo revolucionários. Mesmo quando a peça é suficientemente elaborada para contar uma história encarnada por personagens, ela conserva uma intriga direta e simplificada que desemboca em conclusões claras. O *Lehrstück* (peça didática que constitui uma forma "sofisticada" de *agit-prop* e da qual BRECHT se tornou o fabricante mais célebre) também corresponde a esses critérios simples ou simplistas. O "teatro-jornal" apresenta as notícias segundo uma iluminação crítica e que apela para os protagonistas da ação. Uma montagem ou uma revista política constituídas de números e de "*flashs* de informação" apenas dramatizados fornecem, na maioria das vezes, a trama da peça de *agit-prop*. Um *coro** de recitantes ou de cantores resume e "inculca" as lições políticas ou as palavras de ordem. A arte às vezes recupera seus direitos, quando o *agit-prop* se inspira em movimentos de vanguarda (futurismo, construtivismo) tanto quanto os inspira e mobiliza artistas como MAIAKÓVSKI, MEIERHOLD, WOLF, BRECHT OU PISCATOR (este último encena, para o Partido Comunista Alemão, a Revista *Roter Rummel*).

4. O *agit-prop* surgiu de repente, num momento de aguda crise política, quando a herança humanista e "burguesa" parecia inutilizável e fora de moda: ele desaparece também rapidamente quando a situação se estabiliza (no fascismo, no stalinismo, mas também no liberalismo capaz de absorver todos os choques) e quando o poder

não mais tolera nem questionamento nem posicionamento. A partir do momento que sua mensagem "foi passada", o *agit-prop* tende a tornar-se repetitivo; seu esquematismo e seu maniqueísmo indispõem o público ou fazem-no sorrir, em vez de ajudá-lo a "progredir" ideologicamente. É para evitar este obstáculo que as novas formas (*teatro de guerrilha**, *criações coletivas** de grupos como o Teatro Campesino, a San Francisco Mime Troupe, o Bread and Puppet, o Aquarium, o Teatro do Oprimido de BOAL e o teatro de intervenção surgido em 1968) se esforçam para não parecer esquemáticos demais e para cuidar da apresentação artística de seu discurso político radical. Talvez eles hajam compreendido que o discurso político mais exato e mais "ardoroso" não poderia convencer, num palco ou numa praça pública, se os atores não levassem em conta a dimensão estética e formal do texto e de sua apresentação cênica.

Participação, história.

Gaudibert, 1977; *Théâtre d'Agit-Prop...* (*Le*), 1978; textos do *agit-prop* alemão em *Deutsches Arbeitertheater*, 1918-1933, editado por Hoffmann e Hoffmann-Ostwald; Ivernel e Ebstein, 1983.

TEATRO DE ARENA

Fr.: *théâtre en rond*; Ingl; *theatre in the round, arena theatre*; Al.: *Rundtheater, Arenabühne*; Esp.: *teatro circular*.

Teatro no qual os espectadores são dispostos em torno da área de atuação, como no circo ou numa manifestação esportiva. Já usado na Idade Média para a representação dos mistérios, este tipo de cenografia é novamente privilegiado no século XX (M. REINHARDT, A. VILLIERS, 1958), não só para unificar a visão do público, mas, sobretudo, para fazer os espectadores comungarem na participação de um rito em que todos estão emocionalmente envolvidos.

TEATRO DE BOULEVARD

Fr.: *théâtre de boulevard*; Ingl.: *boulevard theatre*; Al.: *Boulevard-theater*; Esp.: *teatro de bulevar*.

O *boulevard* era, no século XIX, o famoso *boulevard* do crime (destruído em 1862), os *boulevards* Saint-Martin e du Temple, onde os palcos da Gaité (Alegria), do Ambigu (Ambíguo), dos Funambules (Funâmbulos) eram o teatro de inúmeros delitos e aventuras sentimentais: aí se representavam melodramas, pantomimas, espetáculos de *féerie* e de acrobacia, comédias burguesas (SCRIBE) já criticadas por artistas e intelectuais da época. O *boulevard* conheceu, antes da Segunda Guerra Mundial, seu período mais faustoso, com uma vertente cômica vaudevillesca e uma vertente séria e psicológica (BERNSTEIN). Depois de 1930, o *boulevard* passa a ter qualidade: GUITRY, BOURDET, BATAILLE, mais tarde ANOUILH, AYMÉ, ACHARD, MARCEAU são escritores talentosos.

Hoje, o teatro de *boulevard* (do qual está se tratando aqui) é um gênero muito diferente, uma arte de puro divertimento, mesmo que mantenha ainda, de sua origem melodramática, a arte de divertir com pouco esforço intelectual. Constitui um setor quantitativa e financeiramente importante, à margem dos gêneros "distintos" da Comédie-Française, do teatro de pesquisa e das formas populares do teatro de rua. Ele se especializa em comédias leves, escritas por autores de sucesso para um público pequeno-burguês ou burguês, de gosto estético e político totalmente tradicional, que jamais são perturbadoras ou originais. O *boulevard* é ao mesmo tempo o tipo de teatro, o repertório e o estilo de atuação que o caracterizam. (Autores de *boulevard* de sucesso: A. ROUSSIN, BARILLET e GRÉDY, F. DORIN, J. POIRET e, antes deles: FEYDEAU, LABICHE, BOURDET, COURTELINE, e até mesmo ROSTAND. Todos eles tiveram a sorte de ser servidos por grandes atores de sucesso: COQUELIN, RAIMU, P. FRESNAY, P. BRASSEUR).

1. Dramaturgia do *Boulevard*

Dramaturgicamente, a peça de *boulevard* é a conclusão *da peça bem feita**, do *melodrama** e do *drama burguês**, os quais têm em comum uma estrutura dramática muito fechada e bem amarrada, onde os conflitos sempre são finalmente resolvidos sem surpresa. A fábula se revela de um conformismo à toda prova, mesmo enquanto parece ameaçar a ordem e fustigar (e não chocar) o burguês sobre a possível perda de seus valores pecuniários e morais. Esta tragédia/comédia doméstica gira, para o prazer de toda a família, em torno do eterno trio infernal: a Mulher (Madame), o Marido (Monsieur), o amante (ou a amante). Particularidade topográfica: não é raro descobrir o Marido (ou o amante da Mulher) de cuecas dentro de um guarda-roupa. Mas o trio tende hoje a adaptar-se ao gosto do momento (tema da homossexualidade, aparição tímida do povo infantilizado ou débil, eternos conflitos de geração entre o ricaço e o *hippie*). A peça continua a ser uma peça bem feita, cuja forma e cuja solução não trazem surpresa alguma, diferentemente das vanguardas, sempre radicais.

2. Temática

O *boulevard* procura seduzir por temas "provocantes" que nunca questionam a cumplicidade fundamental que liga autor, encenação e público: se zombamos das gentis excentricidades burguesas (muitas vezes batizadas de traços de caráter "bem franceses"), é somente para reconhecer, no final das contas, seu valor eterno e tranquilizador. Em momento algum, na verdade, uma análise de mecanismos econômicos e ideológicos vem perturbar a festa e a alegria de viver desses franceses médios que circulam de Mercedes. Mesmo aquelas poucas pessoas do povo que se aventuram nesse mundo frívolo (a boa espanhola simplória, o carteiro gago, o encanador débil, todas elas bravas criaturas inofensivas) ficam encantados pela doce vida desse salão. Apresentando apenas a superfície brilhante da vida social (conversa na sala de visitas, no quarto ou na casa de campo), os autores nunca correm o risco de perturbar; e, além do mais, eles se concedem o álibi indestrutível do humor, das *palavras de autor** desabusadas sobre os jovens ou a loucura atual do mundo, o todo servido com piadas fáceis, mas eficientes. O *boulevard* – ao qual se assiste como a um coquetel, uma visita ao Folies-Bergère ou uma subida à Torre Eiffel, ao qual a televisão nos convoca regularmente levando-nos *Au théâtre ce soir* (Ao teatro esta noite) – é decididamente um gênero bem implantado nos bairros finos e nas consciências estéticas. Mantendo a mesma função ideológica conservadora, ele tem a arte de se adaptar ao gosto do dia por temas que parecem ousados (o erotismo de superfície, a homossexualidade em *A Gaiola das Loucas*, a "revolta" dos "herdeiros", o adultério como estilo de vida), a arte também de parecer eternamente novo e de fazer com que lhe perdoem a estupidez num "riso de direita".

3. O Estilo Burguês

O estilo de atuação (não nos atrevemos a dizer "de encenação") é invariavelmente agradável: os atores, canastrões deliciosos, empenham-se em parecer verdadeiros mostrando tiques de comportamentos que sejam familiares ao público: revirando os olhos, mexendo os braços como um moinho de vento, em marcações febris, com paradas e silêncios cheios de subentendidos. A função fática é posta à rude prova, pois é preciso que o público jamais tenha tempo nem vontade de "se desligar". Neste "naturalismo de salão", tudo deve parecer verdadeiro, e mesmo um pouco mais: a elegância dos móveis, o luxo sutil e negligente dos interiores "bon chic, bon genre", o conforto burguês de um mundo bastante próximo para que o espectador possa aspirar a ele sem receio, ou encontrar-se aí como que em sua própria casa. O recorte dessa fatia sociológica deve ser impecável e permitir, simultaneamente, o reconhecimento ideológico e o sonho de ascensão social. O *boulevard* é o *agitprop* discreto das pessoas bem situadas.

TEATRO DE CÂMARA

↻ Fr.: *théâtre de chambre*; Ingl.: *chamber theater*, Al.: *Kammerspiel*; Esp.: *teatro de câmara*.

O teatro de câmara, como a música de câmara (expressão na qual o termo é calcado), é uma forma de representação e de dramaturgia que limita os meios de expressão cênicos, o número de atores e de espectadores, a amplitude dos temas abordados.

1. Este tipo de apresentação teatral – dentre as quais o *teatro íntimo* de STRINDBERG (e suas *Kammerspiel*, peças de câmara), fundado em 1907, é o melhor exemplo – desenvolve-se como reação a uma dramaturgia "pesada", baseada na abundância do pessoal artístico e técnico, na riqueza e na multiplicidade dos cenários, na desmesurada importância do público no teatro à italiana, no palco central ou no teatro de massa, nas frequentes interrupções dos entreatos e no aparato grandioso do teatro burguês. A escritura dramática também é depurada, reduzida aos conflitos essenciais e unificada pelo emprego de regras simples, regras que STRINDBERG assim descreverá: "Se me perguntarem o que pretende o Teatro íntimo, qual sua finalidade, responderei: desenvolver, no drama, um assunto carregado de significado, porém limitado. Evitamos expedientes, efeitos fáceis, tiradas brilhantes, os números para estrelas. O autor não deve estar previamente amarrado por nenhuma regra, o assunto é que condiciona a forma. Portanto, liberdade completa para a maneira de tratar o assunto, contanto que seja respeitada a unidade de concepção e do estilo" (*Carta Aberta do Teatro Íntimo*, 1908).

2. Dentro da mesma ordem de ideia, o teatro intimista é uma corrente de entreguerras com autores como GANTILLON, PELLERIN, BERNARD. Ele conduz à "decifração do enigma que o homem é para si" (J.-J. BERNARD).

A voga do teatro de câmara, no início do século até nossos dias, explica-se pela vontade de fazer do palco um local de encontro e de confissão recíproca entre ator e espectador, por uma grande sensibilidade para as questões psicológicas. Nesse "entre quatro paredes", o ator parece diretamente acessível ao público, que não pode recusar sua participação emocional na ação dramática e que se sente pessoalmente interpelado pelos atores. Os temas – o casal, o homem isolado, a alienação – são escolhidos para falar "discretamente" ao espectador, confortavelmente instalado, quase como no diva do psicanalista, e confrontado, por ator e ficção interpostos, com sua própria inferioridade. A cena é quase que o prolongamento da consciência, até mesmo do seu inconsciente, como se ele pudesse alternadamente abrir e fechar os olhos e continuar a enxergar uma peça ou uma fantasia de sua "outra cena" (*cf. Le Théâtre de Chambre* de J. TARDIEU, 1955). Certos encenadores (GROTOWSKI, BARBA) insistem que o número de espectadores seja limitado e que uma atmosfera "religiosa" impregne palco e plateia. O espectador, contrariamente à festa, ao ritual, ao grande espetáculo dramático ou épico, ao *happening*, fica isolado e é reconduzido a si mesmo, como no espaço alveolar do cinema intimista. Eis por que um gênero hoje muito popular e próximo da "pobreza" de recursos, o *café-teatro**, é exatamente o contrário desse teatro de câmara; este último, na verdade, não resiste ao barulho, à bagunça e aos temas satíricos que despertam imediatamente a "coletividade dos que riem". Dramaturgias realmente voltadas para o indivíduo – como o teatro psicológico – ou a classe social – como o *teatro do cotidiano** ou ainda, o *teatro de câmara* de M. VINAVER (1978, 1982, para a teoria) ou o *teatro intimista* de L. CALAFERTE ou de G. LÉPINOIS (*Pas la Mort*, 1995) – acham no teatro intimista uma situação de escuta propícia à sua escritura e à sua relação ideal com o público.

Acontece com o teatro de câmara como com a música: é-lhe necessário restituir a polifonia dos diálogos e dos temas, as dissonâncias, o tom específico de cada instrumento: trabalho minucioso de elaboração dramatúrgica e de composição entremeada das vozes.

📖 Strindberg, 1964; Sarrazac, 1989, 1995; Danan, 1995.

TEATRO DE DIRETOR

↔ Fr.: *théâtre de metteur en scène*; Ingl.: *director's theatre*; Al.: *Regietheater*; Esp.: *teatro de director*.

Teatro que usa os serviços de um *encenador** e, portanto, atribui grande importância à interpretação do texto e à originalidade das opções de *encenação**: a marca e a assinatura do artista são nele sensíveis.

TEATRO DE GUERRILHA

↔ Fr.: *théâtre de guérilla*; Ingl.: *guerilla theatre*; Al.: *Guerillatheater*; Esp.: *teatro de guerrilla*.

Teatro que se pretende militante e engajado na vida política ou na luta de libertação de um povo ou de um grupo.

Por exemplo: Teatro campesino de VALDEZ, San Fransciso Mime Troupe etc.

🔍 *Agit-prop*, teatro de participação, teatro de rua.

📖 R. Davis, "Théâtre de Guérilla", *Travail Théâtral* n. 7, 1972.

TEATRO DE IMAGENS

↻ Fr.: *théâtre d'images*; Ingl.: *theatre of images*; Al.: *Bildertheater*; Esp.: *teatro de imageries*.

Tipo de encenação que visa produzir imagens cênicas, geralmente de uma grande beleza formal, em vez de dar a ouvir um texto ou de apresentar ações físicas "em relevo". A imagem é vista de longe, em duas dimensões, achatada pela distância e pela técnica de sua composição. Segundo FREUD, a imagem está mais em condições de figurar os processos inconscientes do que o pensamento consciente e a linguagem: "As imagens constituem [...] um meio muito imperfeito de tornar o pensamento consciente, e pode-se dizer que o pensamento visual se aproxima mais dos processos inconscientes que o pensamento verbal e é mais antigo que este, tanto do ponto de vista filogênico quanto ontogênico" (*Ensaios de Psicanálise*, 1972: 189). Esta é provavelmente a razão pela qual as encenações de WILSON a KANTOR, de CHÉREAU a BRAUNSCHWEIG, recorrem naturalmente a um pensamento visual passível de sugerir a dimensão inconsciente profunda da obra.

📖 Marranca, 1977; Simhandl, 1993.

TEATRO DE MASSA

↻ Fr.: *théâtre de masse*; Ingl.: *mass theatre*; Al.: *Massentheater*; Esp.: *teatro de masas*.

Teatro "popular", "de participação", "de massa": tantos títulos que são muito mais *slogans* e palavras de ordem do que conceitos claros e distintos. A era das artes de massa começou a partir do momento que se passou a ter os recursos técnicos para reproduzir a obra de arte e para atingir o maior número de pessoas pelos *meios de comunicação de massa** (BENJAMIN). O teatro, em suas origens, não se colocava mesmo a questão de sua reprodução, visto que nascera justamente desses ajuntamentos rituais e cúlticos das sociedades primitivas. Somente após haver perdido sua relação direta com o grupo – por causa de sua literarização, de seu confisco por um grupo de letrados ou de especialistas – é que ele começou a sentir falta deste contato popular, até fazer disso, no século XVIII (ROUS-SEAU) e por volta do final do século XIX, uma de suas principais reivindicações nostálgicas. A ambiguidade provém, entretanto, desse conceito de arte de massa: é uma arte feita *pelas* massas, como um artesanato e uma atividade popular, ou é uma arte criada *para* as massas por uma minoria ou uma tecnologia moderna (rádio, televisão etc.)?

1. Teatro Feito pelas Massas

Além do *rito**, cuja natureza artística, aliás, poderia ser discutida, e além da festa, "onde se dá os espectadores em espetáculo", tornando-os "atores eles mesmos" (ROUSSEAU), existem poucas experiências onde a massa é convocada a atuar e a participar "em pessoa" de uma atividade teatral. Só quando das grandes mudanças políticas e de suas comemoração/representação é que o povo é chamado a participar em massa: assim, a festa da Federação (1790) celebra o primeiro aniversário da tomada da Bastilha; o encenador russo EIVREINOV organiza, em 7 de novembro de 1920, a tomada do Palácio de Inverno em Petrogrado: o palácio é o local de uma festa, de uma celebração, de um *happening* e de um gigantesco estúdio cinematográfico em que oito mil atores interpretam um filme de massa. Somente o desfile militar, as paradas fascistas e stalinistas se aproximarão deste teatro ultra organizado onde o público é reduzido a alguns generalíssimos impotentes e ditadores cobertos de medalhas. Este gênero de espetáculo aflitivo está evidentemente no extremo oposto daquilo que exigem os profetas do teatro popular, como R. ROLLAND (1903) ou F. GÉMIER (*Cahiers du Théâtre*, 1926-1938), pois, para eles, o teatro é, antes de mais nada, feito *para* o povo.

2. Teatro Criado para as Massas

"A arte dramática, escreve F. GÉMIER, deve dirigir-se ao povo todo. Por essa palavra, não entendo apenas a classe popular, mas todas as categorias sociais ao mesmo tempo, cientistas e artesãos, poetas e comerciantes, dirigentes e governados, enfim, toda a vasta família dos poderosos e dos humildes" (*Le Théâtre*, 1925). Esta reivindicação, que VILAR e inúmeros animadores do teatro popular retomarão, tornou-se a palavra de ordem do teatro para as massas. Mas ele não foi acompanhado da criação de uma dramaturgia e de um repertório especificamente "de massa". (Com algumas exceções, como o Festival Universitário de teatro-futebol que reunia todo ano um público de esportistas e de espetáculos em Santiago do Chile, cf. OBREGON, 1983). Quando muito, poder-se-ia falar em efeitos secundários de "esquerdização" do jogo de teatro: signos muito legíveis e repetitivos, procedimentos melodramáticos muito evidentes, fábula simplificada e mensagem clara e nítida. Nenhum gênero novo se criou, a partir do *agit-prop** ou do *teatro de rua** ou de *guerrilha**, e a tendência do teatro de massa é muito mais reativar técnicas populares já experimentadas (*Commedia dell'arte* pela San Francisco Mime Troupe ou o Théâtre du Soleil, paradas e mimodramas). Mesmo os procedimentos industriais de reprodução, como o rádio ou a televisão, não criaram uma arte de massa convincente, se se entende por isso um gênero mais original do que as novelas sentimentais ou as retransmissões de *Au Théâtre ce Soir*. Na verdade, o teatro parece ser uma arte nem mecanicamente reprodutível, nem multiplicável ao infinito, visto que a eletrônica não está em condições de reconstituir a "relação teatral" viva, e que as formas de neotribalismo televisivo das quais fala MCLUHAN não incluem uma participação teatral que só o *happening* está em condições de assumir. O "teatro para as massas" continua a ser, portanto, uma reivindicação mais política do que estética: trata-se de criar as condições sociais para que as classes sociais mais amplas tenham acesso à cultura, antes e em vez de criar uma arte de massa que transforme mágica e socialmente todos aqueles que a contemplam. A fórmula de T. MANN, tão utópica quanto cética, traduz bem as dificuldades e ambições de uma arte de massa: "O teatro, passatempo sublime e infantil, cumpre sua bela tarefa quando sagra 'povo' a massa" (1908: 105).

TEATRO DE OBJETOS

Fr.: *théâtre d'objets*; Ingl.: *theatre of objects*; Al.: *Theater der Gegenstande*; Esp.: *teatro de objetos*.

Termo bastante recente que às vezes substitui o de "teatro de marionetes", considerado fora de moda e depreciativo. Ele engloba, além das marionetes, a cenografia móvel, as *insta-*

lações*, as alianças entre atores e figuras (Philippe GENTY). Ver a revista *Puck* publicada pelo Instituto Internacional da Marionete de Charleville.

TEATRO DE PARTICIPAÇÃO

Fr.: *théâtre de participation*; Ingl.: *theatre of participation*; Al.: *Mitspieltheater*; Esp.: *teatro de participación*.

A expressão "teatro de participação" parece pleonástica, visto que é evidente que não existe teatro sem a participação emocional, intelectual e física de um público. No entanto, o teatro, apesar de suas origens rituais ou míticas, perdeu algumas vezes seu caráter de acontecimento imediato, de modo que um movimento de volta à participação só se fez sentir a partir do início do século por motivos, é verdade, muito diversos: atividade crítica, choque psíquico em ARTAUD e na corrente ritual e mística que ele desencadeou (BROOK, GROTOWSKI), mas também prática da afetividade coletiva na cerimônia fascista ou na representação dramática ilusionista, como BRECHT pode descrevê-la, de um jeito meio exagerado:

"Se lançarmos um olhar à nossa volta, perceberemos silhuetas imóveis, mergulhadas num estranho estado. Elas parecem estirar todos os músculos num esforço violento; a menos que estes, flácidos e relaxados, tenham cedido ao esgotamento; dir-se-ia uma assembleia de dorminhocos, mas daquele gênero cujo sono, agitado, seria entrecortado por maus sonhos. [...] Eles veem a cena como se estivessem enfeitiçados. [...] Olhar e ouvir é estar ativo, e de uma maneira que pode proporcionar prazer, mas essas pessoas parecem alheias a qualquer atividade e dão a impressão de objetos que se manipula" (*Pequeno Organon*, § 26).

Esta intensa participação emocional é, para BRECHT, o contrário de uma participação intelectual e crítica: esta é a ambiguidade da noção que descreve modos de ação muito diversos. Ora ela é social, quando o espectador, na festa ou na peça popular, se associa aos outros, faz corpo com o grupo pelo riso ou pela emoção; ora física, se o público é convidado a circular entre as cenas, a jogar com os atores ou... a receber descargas da corrente elétrica; ora lúdica, quando no jogo dramático ou no *teatro invisível** (BOAL) onde os atores o são sem saber. Portanto, não há *uma* forma ou *um* gênero de teatro de participação, mas um estilo de jogo e de encenação que ativa o espectador convidando-o a uma leitura dramatúrgica, a um deciframento dos signos, a uma reconstituição da fábula e a uma comparação da realidade representada e de seu próprio universo.

📖 Pörtner, 1972; Moreno, 1984.

TEATRO DE RUA

🔄 Fr.: *théâtre de rue*; Ingl.: *street theatre*; Al.: *Strassentheater*; Esp.: *teatro de calle*.

Teatro que se produz em locais exteriores às construções tradicionais: rua, praça, mercado, metrô, universidade etc. A vontade de deixar o cinturão teatral corresponde a um desejo de ir ao encontro de um público que geralmente não vai ao espetáculo, de ter uma ação sociopolítica direta, de aliar *animação** cultural e manifestação social, de se inserir na cidade entre provocação e convívio. Durante muito tempo, o teatro de rua se confundiu com o *agit-prop** e o teatro político (anos vinte e trinta na Alemanha e na União Soviética). A partir dos anos setenta, assumiu uma postura menos política e mais estética.

O teatro de rua desenvolveu-se particularmente nos anos sessenta (Bread and Puppet, Magic Circus, *happenings** e ações sindicais). Trata-se, na verdade, de uma volta às fontes: TÉSPIS passava por representar num carro no meio do mercado de Atenas, no século VI a.C., e os *mistérios** medievais ocupavam o adro das igrejas e as praças das cidades. Paradoxalmente, o teatro de rua tende a se institucionalizar, a se organizar em festivais (*Éclats*, desde os anos oitenta, em Aurillac), a se instalar num percurso urbano, numa *land art*, ou numa política de renovação urbana, tentando permanecer fiel à sua arte de desviar o cotidiano.

🔍 *Agit-prop*, teatro de participação.

📖 Kirby, 1965; Boal, 1977; Barba, 1982; Obregon, 1983.

TEATRO DE TESE

🔄 Fr.: *théâtre à thèse*; Ingl.: *thesis drama*; Al.: *Thesenstück*; Esp.: *teatro de tesis*.

O teatro de tese é uma forma sistemática de *teatro didático**. As peças desenvolvem uma tese filosófica, política ou moral, buscando convencer o público de sua legitimidade convidando-o a analisar mais a reflexão que suas emoções. Toda peça apresenta, necessariamente, numa embalagem mais ou menos discreta, uma tese: a liberdade ou a servidão do homem, os perigos da avareza, a força do destino ou das paixões. O teatro de tese não hesita, no entanto, em formular os problemas num comentário bastante didático. Dramaturgos como IBSEN, SHAW, CLAUDEL, GORKI ou SARTRE escreveram peças que queriam fazer o público refletir, ou até mesmo obrigá-lo a mudar a sociedade.

Este gênero goza hoje de má fama, pois o assimilamos (muitas vezes rapidamente demais) a uma aula de catecismo ou de marxismo e considera-se que ele trata o público como uma criança, em vez de obrigá-lo a "procurar a saída" (BRECHT). É verdade que, com muita frequência, a importância das teses evocadas leva desagradavelmente a negligenciar a forma, a usar uma estrutura dramática que serve para tudo e um discurso demasiado discreto, e rapidamente tedioso. Daí sua fraqueza estética e a frustração do público, a quem se "dá a aula". (Por exemplo: *Casa de Bonecas*, de IBSEN, a maioria das peças de B. SHAW e, para crianças filosoficamente bem adiantadas, *Entre Quatro Paredes*, de J.-P. SARTRE.)

🔍 *Agit-prop*, mensagem.

TEATRO DENTRO DO TEATRO

🔄 Fr.: *théâtre dans le théâtre*; Ingl.: *play within the play*; Al.: *Theater im Theater*; Esp.: *teatro dentro del teatro*.

Tipo de peça ou de representação que tem por assunto a representação de uma peça de teatro: o público externo assiste a uma representação no interior da qual um público de atores também assiste a uma representação.

1. Emergência desta Forma

Esta estética surge desde o século XVI (*Fulgence et Lucrèce de Medwall*, lançado em 1497 seria sua primeira manifestação, assim como *The Spanish Tragedy* de T. KYD (1589) e *Hamlet* de SHAKESPEARE (1601)). Ela está vinculada a uma visão barroca de mundo, segundo a qual "o mundo todo é um palco, e todos os homens e mulheres não passam de atores" (SHAKESPEARE) e a vida não passa de um sonho (CALDERÓN). Deus é o dramaturgo, o encenador e o ator principal! De metáfora teológica, o teatro dentro do teatro passa à forma lúdica por excelência, onde a representação está consciente de si mesma e se auto representa pelo prazer da ironia ou da busca de uma ilusão ampliada. Ela culmina nas formas de teatro dentro de nossa realidade cotidiana: doravante, aí é impossível cindir vida e arte, o jogo é o modelo geral de nossa conduta diária e estética (GOFFMAN, 1959, 1974).

Entre os inúmeros dramaturgos, seria preciso citar SHAKESPEARE, T. KYD, ROTROU, CORNEILLE, MARIVAUX, PIRANDELLO, GENET, ANOUILH, BRECHT.

2. Um Jogo de Superilusão

O emprego desta forma corresponde às mais diversas necessidades, mas sempre implica uma reflexão e uma manipulação da *ilusão**. Mostrando, em cena, atores dedicando-se a interpretar a comédia, o dramaturgo implica o espectador "externo" num papel de espectador da peça interna e restabelece, assim, sua verdadeira situação: a de estar no teatro e de apenas assistir a uma função. Graças a esse desdobramento da teatralidade, o nível externo adquire um estatuto de realidade ampliada: a ilusão da ilusão passa a ser realidade.

3. Instrumento Epistemológico

A universalidade do teatro dentro do teatro através das épocas e dos estilos se explica por uma hipótese sobre a propriedade epistemológica dessa técnica. O teatro, na verdade, é uma "metacomunicação", uma comunicação a propósito da comunicação entre as personagens (OSOLSOBE, 1980). De maneira idêntica (e metacrítica), o teatro dentro do teatro trata do teatro teatralmente, servindo-se por conseguinte dos procedimentos artísticos desse gênero: fica impossível dissociar o que o autor diz a propósito da cena do que *diz* esta cena (*Seis Personagens à Procura de um Autor* não é a encenação de vinte e cinco séculos de poética teatral?) De modo que o teatro dentro do teatro não é senão uma maneira sistemática e autoconsciente de fazer teatro. Admitida esta hipótese, examinar-se-ão os elementos metateatrais inerentes a toda forma de teatralidade. Generalizar-se-á para toda representação teatral a propriedade de desdobrar-se espontaneamente numa ficção e numa reflexão sobre esta ficção. Chega-se então a uma definição bastante ampla, porém válida, da noção: há teatro dentro do teatro "quando um elemento teatral fica como que isolado do resto e aparece, por sua vez, como objeto do olhar de espectadores situados no palco, quando há, ao mesmo tempo, em cena, olhantes e olhados, quando o espectador da cena vê atores diante de um espetáculo que ele próprio também olha" (UBERSFELD, *in* COUTY e REY, 1980: 100). É aí que é preciso distinguir o teatro dentro do teatro, no sentido estrito, dos efeitos de teatralidade.

Metateatro, denegação, *mise en abyme*.

Nelson, 1958; Reiss, 1971; *Revue de Sciences Humaines*, 1972; Kowzan, 1976; Sawecka, 1980; Forestier, 1981; Schmeling, 1982; Swiontek, 1990; Jung, 1994.

TEATRO DIDÁTICO

Fr.: *théâtre didactique*; Ingl.: *didactic theatre*; Al.: *Lehrtheater*; Esp.: *teatro didáctico*.

1. É didático todo teatro que visa instruir seu público, convidando-o a refletir sobre um problema, a entender uma situação ou a adotar uma certa atitude moral ou política.

Na medida em que o teatro geralmente não apresenta uma ação gratuita e privada de sentido, um elemento de didatismo acompanha necessariamente todo trabalho teatral. O que varia é a clareza e a força da mensagem, o desejo de mudar o público e de subordinar a arte a um desígnio ético ou ideológico. O teatro didático *stricto sensu* é constituído por um teatro moralizador (as *moralidades** no final da Idade Média) ou político (o *agit-prop** ou os *Lehrstücke* brechtianos) ou pedagógico (as peças didáticas ou pedagógicas, o *teatro de tese**, as *parábolas**, as fábulas filosóficas: *Quisaitout et Grosbêta* ou *Lapin-Lapin*, de C. SERREAU). Foram feitas inúmeras experiências no século XIX, na Europa, ou hoje, no Terceiro Mundo, para fazer com que um público desfavorecido (de operários, de camponeses, mas também de crianças que, muitas vezes, não têm direito a uma forma de expressão específica) conheça uma arte muitas vezes difícil e cuja contribuição para uma transformação social é esperada por artistas e intelectuais.

2. A reivindicação de uma poesia didática remonta à mais alta Antiguidade; ela alia, em sua forma clássica, a *Arte Poética* de HORÁCIO (14 a.C.), o útil ao agradável, pretendendo edificar o público. A Idade Média concebe esta edificação como uma educação religiosa, ao passo que, no Renascimento, as poéticas se combinam para moralizar a literatura. A era clássica, na França, cede a este princípio, pelo menos nos prefácios e nos tratados teóricos, pois na verdade ele muitas vezes limita esse moralismo a um exórdio, um prólogo ou um epílogo, a uma forma compacta como a máxima ou a *sentença**: "A única regra que se pode estabelecer sobre isso é que é preciso colocá-las [as máximas] judiciosamente e, principalmente, colocá-las na boca de pessoas que tenham espírito desimpedido, e que não sejam, em absoluto, levadas pelo calor da ação" (CORNEILLE, *Discurso do Poema Dramático*).

No século XVIII, o moralismo burguês leva teóricos como VOLTAIRE, DIDEROT ou LESSING a organizar sua fábula de modo a que a mensagem moral apareça claramente. LESSING também pede ao poeta para "organizar a fábula, de modo a que ela sirva para a explicação e a confirmação de uma grande verdade moral". SCHILLER faz do palco uma "instituição moral".

3. Nossa época está menos aberta a este gênero de discurso didático, desde que a política comprometeu a arte de maneira duradoura, seja no nazismo, no stalinismo, na arte oficial das antigas democracias pleonasticamente denominadas populares ou de muitos países em vias de desenvolvimento. Por outro lado, ficou evidente que o sentido e a mensagem nunca são dados diretamente, que eles residem na estrutura e na forma, no não dito ideológico. A partir de então, a aliança das palavras "arte didática" se revela pouco favorável a uma reflexão séria e realmente pedagógica sobre arte e sobre política.

TEATRO DOCUMENTÁRIO

Fr.: *théâtre documentaire*; Ingl.: *documentary theatre*; Al.: *Dokumentartheater*; Esp.: *teatro documental*.

Teatro que só usa, para seu texto, documentos e fontes autênticas, selecionadas e "montadas" em função da tese sociopolítica do dramaturgo.

1. Reutilização das Fontes

Na medida que a dramaturgia nunca cria nada *ex nihilo*, mas recorre a fontes (mitos, notícias, acontecimentos históricos), toda composição dramática comporta uma parte de documentário. Já no século XIX, certos dramas históricos usavam, às vezes *in extenso*, suas fontes (BÜCHNER cita, para *A Morte de Danton*, autos e obras históricas). Nos anos vinte ou trinta, na Alemanha, e depois nos Estados Unidos, E. PISCATOR (1893-1963) retoma esta estética para estar às voltas com a atualidade política. Mas é sobretudo desde os anos cinquenta e sessenta e até os anos setenta que a literatura documentária se constitui como gênero no romance, no cinema-verdade, na poesia, nas peças radiofônicas e no teatro. Sem dúvida é preciso enxergar nisso uma resposta ao gosto atual pela reportagem e pelo documento-verdade, à influência dos *meios de comunicação de massa** que inundam os ouvintes de informações contraditórias e manipuladas, e ao desejo de replicar segundo uma técnica similar. O teatro do documento é herdeiro do *drama histórico**. Ele se opõe a um teatro de pura ficção, considerado demasiado idealista e apolítico, e se insurge contra a manipulação dos fatos, manipulando também ele os documentos para fins partidários. Usa bastante a forma do processo ou do interrogatório que permite criar os relatórios: R. KIPPHARDT para *O Caso Oppenheimer* (1964); P. WEISS para *Die Ermittlung* (1965) e *Vietnam-Diskurs* (1968); H. M. ENZENBERGER para *Das Verhör von Habanna*. Mescla frequentemente documentos e ficção: *Der Stellvertreter* (1963), *Soldaten* (1963) de R. HOCHHUT; *US* de Peter BROOK (1969); *Front Page* de R. NICHOLS; *Trotzki ira Exil* (1970) e *Hölderlin* (1971) de P. WEISS.

2. Montagem Combativa

No lugar da fábula e da ficção, encontra-se a instalação de materiais ordenados de acordo com seu valor contrastivo e explicativo. O uso de fragmentos dispostos conforme um esquema global e um modelo socioeconômico critica a visão habitual da sociedade imposta por um grupo ou uma classe, e ilustra a tese sustentada.

A montagem e a adaptação teatral dos fatos políticos mantêm o teatro em seu papel de intervenção estética e não direta na realidade. A perspectiva que daí resulta esclarece as causas profundas do acontecimento descrito e sugere soluções de substituição (WEISS, 1968).

Colagem, montagem, história, *agit-prop*, teatro de tese.

Piscator, 1962; Marx, Engels, 1967, vol. 1: 166-217; Hilzinger, 1976.

TEATRO EQUESTRE

Fr.: *théâtre équestre*; Ingl.: *horse show*; Al.: C-*Reitkunsttheater*; Esp.: *teatro ecuestre*.

Na origem, usado sobretudo no circo (adestramento, montaria), assim como nas reconstituições históricas, o cavalo se tornou o protagonista de espetáculos que lhe são inteiramente dedicados; ele não está mais a serviço do cavaleiro e, sim, é seu verdadeiro parceiro. Assim, o teatro equestre Zíngaro, dirigido por BARTABAS, evoca civilizações onde o cavalo estava no centro da vida social (M.-C. PAVIS).

TEATRO ESPONTÂNEO

Fr.: *théâtre spontané*; Ingl.: *spontaneous theatre*; Al.: *spontanés Theater*, Esp.: *teatro espontâneo*.

O teatro *espontâneo* (ou *autônomo*, segundo N. EVREINOFF (1930) e, mais tarde, T. KANTOR) tenta abolir a fronteira entre a vida e o jogo, entre público e ator. Uma atividade espontânea é realizada a partir do momento em que há troca criativa entre espectador e ator, e que o espetáculo fica com jeito de um *happening**, de *um jogo dramático** e de uma improvisação que se apropria da realidade exterior, ou de um *psicodrama**.

Psicodrama, improvisação, *happening*, teatro invisível.

Moreno, 1965, 1984; Pörtner, 1972; Kantor, 1977.

TEATRO EXPERIMENTAL

Fr.: *théâtre expérimental*; Ingl.: *experimental theatre*; Al.: *Experimentelles Theater*; Esp.: *teatro experimental*.

O termo *teatro experimental* está em concorrência com *teatro de vanguarda*, *teatro-laboratório*, *performance**, *teatro de pesquisa* ou, simplesmente, *teatro moderno*; ele se opõe ao teatro tradicional, comercial e *burguês** que visa a rentabilidade financeira e se baseia em receitas artísticas comprovadas, ou mesmo ao teatro de repertório clássico, que só mostra peças ou autores já consagrados. Mais que um gênero, ou um movimento histórico, é uma atitude dos artistas perante a tradição, a instituição e a exploração comercial.

1. A Era dos Inovadores

Seria arbitrário situar historicamente o início de um teatro experimental, pois toda forma nova necessariamente experimenta, desde que não se contente mais em reproduzir as formas e técnicas existentes e desde que não considere o sentido e sua produção como entendidos por antecipação. Concorda-se, no entanto, em considerar a criação do Théâtre Libre de ANTOINE (1887) e do Théâtre de l'Oeuvre de LUGNÉPOE como a certidão de nascimento de um teatro baseado na encenação. Este momento coincide com a institucionalização do encenador e da prática da encenação doravante considerada como atividade artística total. Muitas vezes, a experimentação é bem mais que um remanejamento formal, e isto desde o apogeu do naturalismo na virada do século (STANISLÁVSKI, ANTOINE), desde a vanguarda dos anos vinte, na Rússia (VAKHTÂNGOV, MEIERHOLD, TAÍROV), os pioneiros da luz e dos volumes cênicos (APPIA, CRAIG), os inovadores franceses (ARTAUD, COPEAU, BATY, JOUVET), os realistas críticos (PISCATOR, BRECHT, JESSNER), o projeto da Bauhaus de MOHOLY-NAGY e W. GROPIUS. A era dos "inovadores", para retomar o termo de J. COPEAU, só venceu em parte, pois estes não souberam conciliar suas teorias e sua prática e "ficaram suspensos e como que paralisados entre sua aspiração espiritual insatisfeita e o vão domínio do seu ofício" e, sobretudo, limitaram a experimentação à técnica, deixando-se "desviar e debilitar por refinamentos exteriores, por pesquisas técnicas sem destinação" (COPEAU, 1974: 198).

De fato, para muitos, a noção de teatro experimental evoca simplesmente um teatro onde a técnica arquitetônica, cenográfica ou acústica é nova, ao passo que a experiência deveria, antes de mais nada, dizer respeito ao ator, à relação com o público, à concepção da encenação ou à releitura dos textos, ao olhar ou à recepção renovada do acontecimento cênico. Sem dúvida não se deveria deixar de lado a incidência dos progressos técnicos sobre o desenrolar da representação: a nova arquitetura das salas, a mobilidade e a polivalência do palco, o uso de materiais leves e modeláveis ao infinito, a fina modulação das luzes, a sonorização do espetáculo são outras tantas possibilidades que facilitam a manipulação da encenação. Ainda é preciso que o público compreenda, nela, a função dramatúrgica, que esses efeitos novos não se tomem um fim em si para impressionar o espectador, mas que eles participem da elaboração do sentido da encenação.

Experimentar pressupõe que a arte aceita fazer tentativas, até mesmo errar, visando à pesquisa do que ainda não existe ou a uma verdade oculta. Fazem-se tentativas na escolha de textos inéditos ou considerados "difíceis", na interpretação dos atores, na situação de recepção do público. De uma noite para outra, a ordem do espetáculo é submetida a variações: o tempo dos ensaios ou da teorização é muito mais longo que o da exploração comercial. O direito à pesquisa e, portanto, ao erro, estimula os criadores a assumirem riscos a propósito da recepção (a ponto, por vezes, de não procurarem chegar a uma representação pública), a modificar incessantemente a encenação, a buscar e a transformar em profundidade o olhar do espectador muitíssimas vezes instalado na rotina: daí a frequente acusação de elitismo ou hermetismo.

2. Um Espaço Incerto

Não podendo descrever o programa fixo do teatro experimental em suas diversas manifestações, e em vez de reescrever uma história das práticas experimentais que deveria cobrir toda a atividade contemporânea, levantaremos algumas de suas tendências e obsessões, para situar várias de suas direções de pesquisa.

a. Marginalidade

O teatro experimental situa-se à margem do "grande teatro", aquele que atrai o público, faz as estrelas viverem, atrai subvenções, garante a instituição. Aquele ocupa junto a este um lugar vistoso (por suas excentricidades), porém marginal (por seu orçamento e seu público). Sua marginalidade é muitas vezes a má consciência ou o contrapeso da cena oficial: BROOK experimenta sob os auspícios da Royal Shakespeare Company nos anos sessenta, antes de conciliar encenação e pesquisas, no Centro de Estudos e Pesquisas Teatrais em Paris. GROTOWSKI e, mais recentemente. T. KANTOR oficiam sob a proteção tácita de um teatro oficial muito conformista e de um poder político muito opressivo. M. KIRBY ou R. SCHECHNER, nos Estados Unidos, J. LASSALE, R. DEMARCY, J.-F. PEYRET, J. JOURDHEUIL, G. BRUN, C. BUCHVALD, J.-P. SARRAZAC ou F. REGNAULT, na França, são professores-criadores. É frequente que o sucesso desse tipo de teatro, sua expansão para um grande público, a demanda e a imitação que daí resultam, acabem por oficializar e esvaziar a experiência da substância original, aniquilando o desejo e a necessidade na fonte de seu surgimento.

b. Reconquista do espaço cênico

O teatro experimental não tem particularmente um único tipo de arquitetura ou de *cenografia**: o teatro de arena, o teatro explodido não são mais sinônimos de modernidade; inversamente, é numa subversão ou numa supervalorização dos princípios do palco italiano que se efetuam as realizações mais marcantes. A conquista de espaços não previstos para teatro (estádio, fábrica, transportes e praças públicas, apartamentos) acaba desorientando o público. O indispensável efeito de desestabilização do já adquirido chegou ao seu cúmulo: tudo é teatro, tudo não o é mais.

c. A relação com o público

Está no centro das pesquisas, pois o teatro não mais se contenta com a tola oposição entre diversão e didatismo; ele deseja agir sobre o olhar demasiado submisso aos modelos narrativos e aos mitos publicitários, impor uma atividade de questionamento, provocar a perturbação ante o *non-sens* dos textos ou dos acontecimentos cênicos. A mudança da situação de escuta (situação *física* para a disposição do público no espaço ou dos materiais duros onde ele é convidado a depositar seu corpo fatigado, mas sobretudo *psíquica*, visto que é a atitude diante da obra de arte que varia) provoca um condicionamento do espectador em função da obra e não mais o contrário (*cf.* o grupo II Carozonne, La Fura dels Baus, *Brith Gof,* o Théâtre de l'Unité).

d. O ator em suspenso

Desde o teatro-laboratório de GROTOWSKI, sabe-se novamente que o teatro é aquilo que se passa entre um ator e um espectador. A maioria das pesquisas consiste em estender os limites desses dois impérios. O espectador amplia sua faculdade de perceber o inédito e o irrepresentável. O ator organiza seu corpo de acordo com uma dupla exigência: ser legível em sua expressividade, ilegível quanto a seu significado ou a suas intenções. Seu corpo e sua voz são os pontos de ligação entre todos os materiais da cena e a presença física do espectador.

e. A produção do sentido

Ela não deve chegar necessariamente a um significado unívoco, por adição e cruzamento dos diversos sistemas significantes, considerando-se que a representação está sempre em progresso ou em desequilíbrio: é o processo de significação e de vetorização que importa mais que a identificação dos signos isolados. Muitas vezes o teatro experimenta com base nas relações entre os materiais, som e imagem principalmente para H. GOEBBELS (*Ou Bien le Débarquement Désastreux*), APERGHIS (*Enumerations*), N. FRIZE (*La Voix des Gens*).

f. O texto e não a obra

A distinção de BARTHES ("De l'oeuvre au texte", *Revue d'Esthétique* n. 3, 1971) entre *obra*, sistema fechado e material, e *texto*, conceito operatório e semiótico, estabelece uma mesma linha de divisão entre o texto a ser interpretado (que o leitor/espectador é convidado a completar e a fechar) e o texto a ser manipulado, onde o sentido não mais está ligado à estrutura narrativa e se dispersa segundo a escuta que lhe é concedida. O texto é tratado como material, como montagem de fragmentos, como resistência ao significado definitivo e universal.

g. A especificidade

A prática contemporânea põe em dúvida a ideia de uma *essência** ou de uma *especificidade** da arte teatral; ela contesta as fronteiras erguidas no século XVIII com as artes plásticas, a música, a mímica, a dança, a cerimônia, a poesia. Ela apela ao cinema ou ao vídeo, medita sobre as relações do humano e do inumano, do animado e do inanimado, pretende-se pós-moderna, isto é, à margem de tudo o que fazia as certezas da arte e da estética de antigamente.

h. "Melting pot" dos gêneros e das técnicas

A tradição de jogo teatral de uma escola ou de uma instituição é questionada; a separação e a hierarquia valorizante dos gêneros não têm mais vez. As formas e culturas de contextos diferentes são confrontadas, até que a metáfora sobrevenha.

Hoje, o teatro que não procura nem descerebrar nem vender produtos de consumo corrente sabe muito bem que deve ser experimental ou não ser teatro.

Schlemmer, 1927; Ginestier, 1961; Pronko, 1963; Kirby, 1965, 1969; Brecht, 1967, vol. 15: 285-305 (trad. fr. *Théâtre Populaire* n. 50, 1963); Kostelanetz, 1968; Veinstein, 1968; Madral, 1969; Roose-Evans, 1971; Artioli, 1972; Lista, 1973; Corvin, 1973; Bartolucci, 1977; Béhar, 1978; Grimm, 1982; *Raison Présente*, 1982; Banu, 1984; Javier, 1984; Berg e Rischbieter, 1985; Thomsen, 1985; Mignon, 1986; Rokem, 1986; Finter, 1990.

TEATRO GESTUAL

↻ Fr.: *théâtre gestuel*; Ingl.: *gestural theatre*; Al.: *gestisches Theater*; Esp.: *teatro gestual*.

Forma de teatro que privilegia o gesto e a expressão corporal sem, todavia, excluir *a priori* o uso da fala, da música e de todos os recursos cênicos imagináveis. Este gênero tende a evitar não só o teatro de texto, mas também a *mímica**, muitas vezes escrava demais da linguagem codificada e narrativa da *pantomima** clássica *à la* Marcel Marceau, para fazer do *corpo** do ator o ponto de partida da cena e mesmo da fala, na medida que o *ritmo**, a frase, a *voz** são concebidos como gestos expressivos.

TEATRO INVISÍVEL

↻ Fr: *théâtre invisible*; Ingl.: *invisible theatre*; Al.: *unsichtbares Theater*, Esp.: *teatro invisible*.

Termo de BOAL (1977: 37). Jogo improvisado do ator no meio de um grupo de pessoas que devem ignorar, até o fim, que fazem parte de um jogo, para não voltarem a ser "espectadores".

TEATRO LABORATÓRIO

↻ Fr.: *théâtre laboratoire*; Ingl.: *laboratory theatre*; Al.: *Labortheater*; Esp.: *teatro laboratório*.

*Teatro experimental** onde os atores efetuam pesquisas sobre interpretação ou encenação, sem preocupação com lucro comercial e sem mesmo considerar como indispensável a apresentação, para um grande público, de um trabalho acabado. (Exemplos: o laboratório do Théâtre Art et Action de E. AUTANT e de L. LARA, o teatro-laboratório de GROTOWSKI, 1971.)

📖 Corvin, 1973; Jomaron, 1981.

TEATRO MATERIALISTA

↻ Fr.: *théâtre matérialiste*; Ingl.: *materialist theatre*; Al.: *Materialistisches Theater*; Esp.: *teatro materialista*.

Quando a produção de materiais e sua integração ao espetáculo é visível e reivindicada como parte essencial da representação, falar-se-á em teatro materialista (BRECHT); a cena aparece como local de intervenção do homem e, por conseguinte, como prolegômenos e modelo da transformação do mundo. A materialidade da representação ultrapassa em muito o objeto cênico; ela se estende à manipulação crítica da *fábula**, do papel do ator e do sentido da peça. BRECHT ou MEIERHOLD tentam basear a encenação "num sistema preciso, antes de tudo profundamente materialista e [...] construído sobre o método do materialismo dialético" (1980, vol. III: 88).

🔍 Código, realidade representada, semiologia, estética.

📖 Althusser, 1965; Macherey, 1966; Voltz, 1974.

TEATRO MECÂNICO

↻ Fr.: *théâtre mécanique*; Ingl.: *mechanical theatre*; Al.: *mechanisches Theater*; Esp.: *teatro mecânico*.

Forma do teatro de marionetes ou de objetos onde os atores foram substituídos por figuras animadas, autômatos ou máquinas. Desde o teatro automático inventado no século I por HERON DE ALEXANDRIA, até o teatro *multimídia** de hoje, passando pelas experiências de Torelli no século XVI, os jogos de feira nos séculos XVIII e XIX, o teatro mecânico se esforça em curto-circuitar o ator vivo, como se ele quisesse se anular ou jogar com o paradoxo, muitas vezes mal entendido, da *supermarionete** de CRAIG.

É no século XX que o teatro mecânico conhece suas mais belas experiências estéticas. Para o futurista E. PRAMPOLINI, "as cores e a cena deverão provocar no espectador valores emotivos que não podem dar nem a fala do poeta, nem o gesto do ator" (*Manifesto da Cenografia Futurista*, 1915); trata-se de encontrar a "expressão luminosa que irradiará com toda a sua potência emotiva as cores exigidas pela ação teatral". MARINETTI põe em cena em *Vengono* um drama de objetos com oito cadeiras e um canapé. Com seu *Balé Triádico* (1922), Oskar SCHLEMMER esconde os atores debaixo de cenários-figurinos que dão a impressão de se mover com a precisão de um mecanismo, e MOHOLY-NAGY imagina um *excêntrico mecânico*, enquanto Fernand LÉGER cria um balé mecânico. Os objetos colocados em movimento às vezes são pinturas – assim KANDINSKY com seus *Quadros de uma Exposição* (1928) – ou esculturas móveis – assim CALDER e seu *Work in Progress* (1968). O fascínio da gente de teatro pela mecânica cênica diz respeito, talvez, ao tabu da presença viva que eles têm prazer em romper, como que para melhor afirmar sua habilidade técnica.

TEATRO MÍNIMO

Fr.: *théâtre minimal*; Ingl: *minimalist theatre*; Al.: *Minimaltheater*; Esp.: *teatro mínimo*.

Como as artes plásticas minimalistas, o teatro, em sua escritura e encenação, procura às vezes reduzir ao máximo seus efeitos, suas representações, suas ações, como se o essencial residisse naquilo que não é *dito**, seja ele indizível ontologicamente (BECKETT), informulável pela personagem alienada (teatro do cotidiano) ou escrito/mostrado na montagem, no intervalo, no silêncio, no não dito (VINAVER e seu teatro de câmara). O teatro mínimo é influenciado pela *Minimal Dance* (CUNNINGHAM, RAINER, MONK, CHILDS).

TEATRO MUSICAL

Fr.: *théâtre musical*; Ingl.: *musical theatre*; Al.: *Musiktheater*; Esp.: *teatro musical*.

Esta forma contemporânea (a ser distinta da opereta ou da comédia musical) se esforça para fazer com que se encontrem texto, música e encenação visual, sem integrá-los, fundi-los ou reduzi-los a um denominador comum (como a ópera wagneriana) e sem distanciá-los uns dos outros (como as óperas didáticas de Kurt WEILL e B. BRECHT).

As primeiras experiências do teatro musical ocorreram com óperas de bolso, como *A História do Soldado*, de STRAVINSKI e RAMUZ (1918), ou as óperas didáticas de BRECHT (*Mahagony, Aquele que diz Sim, Aquele que diz Não*, 1930). O gênero se constitui verdadeiramente nos anos 1950, quando compositores como KAGEL, SCHNEBEL ou STOCKHAUSEN concebem seus concertos como representações teatrais, e não como realizações de uma partitura ou de um libreto de ópera. A teatralidade da produção vocal ou musical é acentuada por G. APERGHIS: em *Enumerações*, os intérpretes, tanto cantores, atores, músicos quanto sonoplastas e comediantes, produzem ruído por atrito de objetos ou de materiais cotidianos, variando o ritmo e provocando a emergência da voz e do texto. Meio com jeito de brincadeira, eles recuperam musicalmente toda uma ambiência física e visual. O atrito é, às vezes (assim em H. GOEBBELS, em *Ou Bien le Débarquement Désastreux* (1993)), entre culturas e tradições diametralmente opostas: a música ocidental eletroacústica ou de rock se atrita com a kora e a voz cantada africana. O teatro musical é um vasto canteiro de obras onde se experimentam e se testam todas as relações imagináveis entre os materiais das artes cênicas e musicais.

TEATRO NUMA POLTRONA

Fr.: *théâtre dans un fauteuil*; Ingl.: *closet drama*; Al.: *Lesedrama, Buchdrama*; Esp.: *teatro para leer*.

Texto dramático que não é, pelo menos em sua concepção de origem, destinado a ser representado, e sim a ser lido. A razão mais frequentemente invocada para esse tipo de peça é a enorme dificuldade de uma encenação (tamanho do texto, grande número de personagens, mudanças frequentes de cenário, dificuldade poética e filosófica dos monólogos etc.). As peças só são lidas por um grupo ou individualmente, o que deve permitir uma maior atenção para as belezas literárias desse "poema dramático". Hoje, considera-se ao contrário, segundo a fórmula de VITEZ, que se pode "fazer teatro de tudo".

O primeiro autor de um "teatro para ler" assim foi SÊNECA. Mas é principalmente no século XIX que esse gênero floresce: o *Espetáculo numa Poltrona* de MUSSET (1832); peças de SHELLEY: *Os Cenci* (1819), *Prometeu Libertado* (1820); de BYRON: *Manfred* (1817). Inúmeros dramas românticos são demasiado imponentes para serem levados à cena (TIECK, HUGO, MUSSET, GRABBE). Em nossos dias, o drama é muitas vezes considerado "poético", e é adaptado e encenado (ex.: *O Sapato de Cetim*, de CLAUDEL). A tendência contemporânea é representar todo tipo de textos, inclusive aqueles que passam por irrepresentáveis. A noção de teatro numa poltrona é, portanto, relativa, e não existe critério algum para decidir de vez sobre o caráter literário ou *cênico** de uma obra.

Dramático e épico, leitura, texto e cena, texto dramático, teatro documentário.

Hogendoorn, 1973, 1976.

TEATRO POBRE

Fr.: *théâtre pauvre*; Ingl: *poor theatre*; Al.: *armes Theater*; Esp.: *teatro pobre*.

Termo forjado por GROTOWSKI (1971) para qualificar seu estilo de encenação baseado numa extrema economia de recursos cênicos (cenários, acessórios, figurinos) e preenchendo esse vazio por uma grande intensidade de atuação e um aprofundamento da relação ator/espectador. "O espetáculo é construído em cima do princípio da estrita autarquia. A norma geral é a seguinte: é proibido introduzir na representação o que quer que seja que não esteja nela desde o início. Um certo número de pessoas e de objetos reunidos no teatro. Eles devem bastar para realizar qualquer situação da representação. Eles criam a plástica, o som, o tempo e o espaço" (1971: 266).

Esta tendência à pobreza é muito marcada na encenação contemporânea (P. BROOK (1968), Théâtre de l'Aquarium, BARBA, Living Theatre), por razões mais estéticas que econômicas. O espetáculo se organiza inteiramente em torno de alguns signos básicos, graças ao gestual que faz muito rapidamente, auxiliado por algumas convenções, o quadro da atuação e da caracterização da personagem. A representação tende a eliminar tudo o que não é estritamente necessário; ela não mais apela senão ao poder sugestivo do texto e à presença inalienável do corpo.

TEATRO POLÍTICO

Fr.: *théâtre politique*; Ingl: *political theatre*; Al.: *politisâtes Theater*; Esp.: *teatro político*.

Tomando-se política no sentido etimológico do termo, concordar-se-á que todo teatro é necessariamente político, visto que ele insere os protagonistas na cidade ou no grupo. A expressão designa, de maneira mais precisa, o teatro de *agit-prop**, o *teatro popular**, o *teatro épico** brechtiano e pós-brechtiano, o *teatro documentário**, o *teatro de massa**, o teatro de poli-tico--terapia de BOAL (1977). Estes gêneros têm por características comuns uma vontade de fazer com que triunfe uma teoria, uma crença social, um projeto filosófico. A estética é então subordinada ao combate político até o ponto de dissolver a forma teatral no debate de ideias.

Piscator, 1929; Fiebach, 1975; Miller, 1977; Brauneck, 1982; Abirached, 1992.

TEATRO POPULAR

Fr.: *théâtre populaire*; Ingl.: *popular theatre*; Al.: *Volkstheater*; Esp.: *teatro popular*.

1. A noção de teatro popular, invocada hoje com tanta frequência, é uma categoria mais sociológica que estética. A sociologia da cultura define assim uma arte que se dirige e/ou provém das camadas populares. A ambiguidade está em seu auge quando nos perguntamos se se trata de um teatro originário do povo ou destinado ao povo. E, aliás, que é o povo, e, como perguntava BRECHT, o povo ainda é popular?

O mais simples, para desenrolar a meada, é determinar a que noções aquela de teatro popular se opõe, já que é verdade que o termo tem um uso polêmico e discriminatório:

– o teatro elitista, erudito, o dos doutos que ditam as regras;
– o teatro literário que se baseia num texto inalienável;
– o teatro de corte cujo repertório se dirige, no século XVII, por exemplo, aos altos funcionários, aos notáveis, às elites aristocráticas e financeiras;
– o teatro burguês (*boulevard*, ópera, setor de teatro privado, do melodrama e do gênero sério);
– o teatro italiano, de arquitetura hierarquizada e imutável que situa o público à distância:
– o teatro político que, mesmo sem ser vinculado a uma ideologia ou um partido, visa transmitir uma mensagem política precisa e unívoca.

2. Diante de todos esses duplos, o teatro popular tem muita dificuldade em encontrar sua própria identidade. Se ele sempre existiu ao lado do teatro literário (como, por exemplo, a *Commedia dell'arte** ao lado da *commedia erudita*), somente no final do século XIX ele tenta institucionalizar-se: assim a Freie Volksbühne em Berlim (1889), o Teatro do Povo de Maurice POTTECHER em Bussang, o Volkstheater de Viena, os esforços de Romain ROLLAND e de seu ensaio *O Teatro do Povo* (1903) e suas peças: *Danton, le 14 Juillet*. Na França, o projeto popular ressurge após a Segunda Guerra Mundial, sob o impulso dos altos funcionários da cultura como Jeanne LAURENT ou de encenadores como Jean VILAR e Roger PLANCHON, bem como dos teóricos reunidos em torno da revista *Théâtre Populaire* (1953-1964). Os criadores estão em busca de um estilo, de um público e de um repertório acessível à grande maioria. A bem da verdade, tal público popular compreende apenas poucos operários ou camponeses; ele se recruta, sobretudo, entre a pequena burguesia intelectual, executivos, professores.

Existe um repertório popular? As peças representadas pelos aldeões, os canevas nos quais se inspiravam os artesãos da *Commedia dell'arte* não constituem um repertório que se conservou até nossos dias. No século XX, os grandes textos clássicos é que são encarregados de reunir o público, como se essas peças falassem diretamente à grande maioria: a ambiguidade é grande, pois pode-se também, com SARTRE, por exemplo, ver no teatro de repertório um teatro popular tradicional e um fato cultural burguês (SARTRE, 1973: 69-80).

Recentemente, o teatro popular não parece ser mais uma unanimidade entre a gente de teatro: VITEZ fala de um teatro "de elite para todos" e "o público popular, é simplesmente isso: o público... em expansão – não necessariamente muito popular" (*Loisir*, novembro 1967, p. 17). Fala-se muito mais em teatro intercultural (BROOK) ou em *teatro de participação** (BOAL), de volta às tradições teatrais (*Commedia dell'arte, Nô* etc.) ou, numa outra ordem de ideias, do teatro de *boulevard*, de programas de televisão, como o muito "popular" *Au Théâtre ce Soir*, ou da cultura pop ou dos *mass-media* (televisão e vídeo, principalmente). Esta cultura de massa talvez tenha tornado vã qualquer esperança de favorecer a criatividade das forças populares. A popularidade não prova mais grande coisa nesses tempos da mídia.

📖 Rolland, 1903; Th. Mann, 1908; Copeau, 1959; Brecht, 1967; Vilar, 1975; ver também a revista *Théâtre Populaire* (1954-1964).

TEATRO TOTAL

↻ Fr.: *théâtre total*; Ingl.: *total theatre*; Al.: *Totaltheater*; Esp.: *teatro total*.

Representação que visa usar todos os recursos artísticos disponíveis para produzir um espetáculo que apele a todos os sentidos e que crie assim a impressão de totalidade e de uma riqueza de significações que subjugue o público. Todos os recursos técnicos (dos gêneros existentes e vindouros), em particular os recursos modernos da maquinaria, dos palcos móveis e da tecnologia audiovisual, estão à disposição desse teatro. Os arquitetos da Bauhaus realizaram seu esboço mais completo: "O teatro total deve ser uma criação artística, um conjunto orgânico de feixes de relações entre luz, espaço, superfície, movimento, som e ser humano, com todas as possibilidades de variações e de combinações desses diversos elementos" (SCHLEMMER, citado *in* MOHOLY-NAGY, 1925).

1. Realizações e Projetos

O teatro total é mais um ideal estético, um projeto futurista, que uma realização concreta da história do teatro. Certas formas dramáticas figuram um esboço dele: o teatro grego, os mistérios medievais e as peças barrocas de grande espetáculo. Mas é sobretudo a partir de WAGNER e de seu *Gesamtkunstwerk** que essa estética toma corpo na realidade e no imaginário do teatro. Ela atesta o desejo de tratar o teatro *em si* e não como subproduto literário. "O que queremos é romper com o teatro considerado como gênero distinto, e trazer novamente à luz aquela velha ideia, no fundo jamais realizada, do *espetáculo integral*. Sem que, é claro, o teatro se confunda em momento algum com a música, a pantomima ou a dança, nem, sobretudo, com a literatura" (ARTAUD, 1964a: 149).

2. Princípios Fundadores

a. Construir "literalmente e em todos os sentidos" (RIMBAUD)

Livre da compulsão da ação literária, o teatro total explora todas as dimensões das artes cênicas, não limita o texto a um sentido explicitamente posto em cena e, sim, multiplica as interpretações possíveis e deixa a cada sistema sua própria iniciativa para prolongar o sentido imediato da fábula.

b. Inserir o gesto original e definitivo

Sendo o ator geralmente considerado material básico, o teatro total atribui grande importância à gestualidade. Além de seu caráter de hieróglifo, ele insere a relação do homem com os outros, com seu parceiro, com seu meio (*gestus* * brechtiano). As *atitudes* * que resultam dessas trocas gestuais dão a chave de todo o universo dramático: "As palavras não dizem tudo. A verdadeira relação entre as pessoas é determinada pelos gestos, pelas atitudes, pelo silêncio [...] As palavras se dirigem ao ouvido, à plástica, ao olho. Desta maneira, a imaginação trabalha sob o impacto de duas impressões, uma visual e outra auditiva. E o que distingue o antigo teatro do novo é que, neste último, a plástica e as palavras são submetidas cada uma a seu próprio ritmo, e se divorciam, mesmo, havendo oportunidade" (MEIERHOLD, 1973, vol. I: 217).

c. Orquestrar o espetáculo para a encenação

Todo teatro total implica uma consciência unificante ou, pelo menos, organizadora. Da encenação depende a impressão de globalidade ou de fragmentação. Assim, quando J.-L. BARRAULT encena o *Christophe Colomb* de CLAUDEL (1953): "O ponto mais precioso na montagem de uma obra teatral consiste portanto em encontrar o meio de elevar suficientemente o nível do espetáculo (cenários, acessórios, luzes, sons, música) para que este não se contente com seu papel secundário do 'quadro' ou mistura das artes, mas consiga humanizar, a tal ponto que faça de certo modo parte da ação e para trazer sua cota da mesma maneira que o homem; em suma, que ele consiga servir o teatro em sua totalidade – e naquele instante – o teatro encontre sua unidade" (*World Theatre*, 1965: 543).

d. Ultrapassar a separação placo-plateia e participar ritualmente

Uma das intenções do teatro total é reencontrar uma unidade considerada perdida que é a da festa, do rito ou do culto. A exigência de totalidade escapa ao plano estético: ela se aplica à recepção e à ação exercida sobre o público. Visa fazer com que todos os indivíduos participem.

e. Reencontrar uma totalidade social

É preciso observar que mesmo o teatro épico de um PISCATOR ou de um BRECHT reivindica uma participação do público no acontecimento. PISCATOR foi mesmo um dos primeiros a empregar, com W. GROPIUS, a expressão *Totaltheater*, que ele traduz por *teatro da totalidade* (e não *teatro total*, reservado para um "conceito dramático-estético, uma ideia, bastante vaga, de libertação do conjunto das artes figurativas", *World Theatre*, 1965: 5). *Teatro da totalidade* é para ele sinônimo de teatro épico, "isto é, um teatro de análise quase científica, de objetividade crítica. Não mais se expunham sobre o palco conflitos pessoais, não se esmiuçavam mais sentimentos, mas se apresentavam, cruamente e sem panos quentes, processos sociais. Pedia-se ao público que tomasse posição e não mais que usufruísse do espetáculo. O teatro não mais se contentava em captar fragmentos de realidade, ele a queria total. [...] "Teatro da totalidade" é uma construção "totalmente" concebida pelo jogo teatral, na qual o espectador, centro espacial, é cercado por um palco total, é "totalmente" confrontado com ela. A simultaneidade dos acontecimentos históricos, a sincronização da "ação" e da "reação" sociais e políticas podem, neste palco, neste conjunto de palcos, serem representadas ao mesmo tempo. "Teatro total", em contrapartida, designa apenas a passagem constante de um gênero de jogo, de uma forma de expressão a outra, postulando que os dons e a formação do intérprete permitem realizar a passagem com felicidade. Dentro desta acepção, o teatro total é, portanto, a fusão perfeitamente homogênea de todas as artes figurativas (o que lembra irresistivelmente a "obra de arte total" de Richard WAGNER) [...] o pretenso teatro total, enquanto teatro eclético, não produz quase mais do que uma totalidade de aparências. Ele se encena para si mesmo. É um teatro formalista" (*World Theatre*, 1966: 5-7).

Em tudo isto que precede, cumpre de fato levar em conta o projeto e as realizações. O tom, muitas vezes profético e dogmático das diversas definições, lembra-nos que há muitas estéticas do teatro, e, mais ainda, concepções da totalidade do real a representar. No fundo, o teatro total não é outra coisa senão o teatro por excelência.

📖 Nietzsche, 1872; Appia, 1895; Craig, 1911; Moholy-Nagy, 1925; Piscator, 1929; Barrault, 1959; Resting, 1965; *World Theatre*, 1965, 1966; Boll, 1971.

TEATROLOGIA

↔ Fr.: *théâtrologie*; Ingl.: *theatre studies*; Al.: *Theaterwissenschaft*; Esp.: *teatrología*.

Estudo do teatro em todas as suas manifestações e sem exclusividade metodológica. Este termo, de uso recente e relativamente reduzido, corresponde ao do alemão *Theaterwissenschaft* ou "ciência do teatro". Mais do que a exigência de cientificidade, o que é determinante é a globalidade e a autonomia desta disciplina, mas também sua confiança universalista completamente ocidental. Seu surgimento coincide com a emancipação do teatro do "reinado" literário, o advento da encenação e da reflexão dos encenadores sobre as relações do teatro com as outras práticas culturais. A *Theaterwissenschaft* é uma disciplina "sócio antropológica" que tem por objeto um relação social precisa: "Quando num quadro espaço-temporal determinado ocorre uma interação simbólica recíproca entre atores e público que se baseia na produção e na recepção de ações simuladas e que evolui num conjunto significativo ligado a uma certa prática cultural, o teatro se constitui como uma manifestação social e estética específica" (PAUL, in KLIER, 1981: 239).

A teatrologia engloba todas as pesquisas da dramaturgia e da cenografia, da encenação, das técnicas do ator. Como a *semiologia**, ela coordena diferentes conhecimentos e reflete sobre as condições epistemológicas dos estudos teatrais. Ela se aplica, antes de tudo, à tradição teatral do teatro literário e deveria, portanto, ser completada, ou pelo menos acompanhada, por uma *etnocenologia**.

📖 Ingarden, 1931; Zich, 1931; Steinbeck, 1970; Klünder, 1971; Knudsen, 1971; Slawinska, 1979, 1985; Klier, 1981.

TEATRO-NARRATIVA

Forma de texto e/ou encenação que usa materiais narrativos não dramáticos (romances, poemas, textos diversos) não estruturando-os em função de personagens ou de situações dramáticas. O teatro-narrativa acentua o papel de narrador do ator, evitando qualquer identificação com uma personagem e estimulando a multiplicação das vozes narrativas (*Martin Éden* pelo Théâtre de la Salamandre, *Catherine*, a partir de *Les Cloches de Bâle* de ARAGON, por VITEZ).

📖 B. Martin, 1993.

TEICOSCOPIA

↔ (Do grego *teichoskopia*, visão através da parede.)
Fr.: *teichoscopie*; Ingl.: *teichoscopia*, *teischoscopy*; Al.: *Teichoskopie*, *Mauerschau*; Esp.: *teichoscopia*.

O termo é empregado para descrever uma cena de HOMERO (*Ilíada*, 3, 121 a 244), na qual Helena descreve a Príamo os heróis gregos que só ela enxerga.

Recurso dramatúrgico para levar uma personagem a descrever o que se passa nos bastidores, no mesmo instante em que o observador faz o relato disso (*fora de cena**). Evita-se assim representar ações violentas ou inconvenientes, dando ao espectador a *ilusão* de que elas se passam realmente e que ele assiste a elas através de uma pessoa interposta. Semelhante à reportagem radiofônica (de uma competição esportiva, por exemplo), a teicoscopia é uma técnica épica: ela renuncia ao suporte visual, enfocando o enunciador e arrumando uma tensão talvez ainda mais viva do que se o acontecimento fosse visível. Ela amplia o espaço cênico, põe em relação diversas cenas, o que reforça a veracidade do local propriamente visível a partir do qual se efetua a reportagem.

Alguns casos de teicoscopia: SHAKESPEARE (*Júlio César*), KLEIST (*Pentesileia*), GOETHE (*Götz von Berlichingen*), SCHILLER (*Maria Stuart, Die Jungfrau von Orléans*), BEAUMARCHAIS, GRABBE (*Napoléon*), BRECHT (*Galileu*), GIRAUDOUX (*Electra, La Guerre de Troie n'Aura pas Lieu*).

🔍 Mensagem, narrativa, dramático e épico.

TELEVISÃO (E TEATRO)

↻ Fr.: *télévision (et théâtre)*; Ingl.: *Television and theatre*; Al.: *Fernsehen und Theater*; Esp.: *televisión y teatro*.

O teatro representa, na televisão, um papel que não deve ser negligenciado. Todo um público só verá teatro sob a forma de uma retransmissão, de uma gravação ou de um teleteatro. A produção teatral é, atualmente, muitas vezes guardada sob a forma de um vídeo gravado. Portanto, é capital refletir sobre as relações destas duas artes e sobre as transformações sofridas pelo evento teatral, quando transformado em programa de TV.

1. A Televisão como Novo Meio de Comunicação

A televisão multiplica facilmente por dez mil, numa noite, o público médio de uma peça. Um repertório, clássico na maioria das vezes, acha-se assim constituído, no espaço de alguns anos, para uma audiência considerável: o teatro é igualmente o objeto de especiais ou de reportagens sobre os espetáculos em cartaz. Supõe-se que os trechos filmados deem uma amostragem de encenação teatral.

A escolha dos espetáculos e sua apresentação é sem dúvida tributária das condições de produção. Até o final dos anos cinquenta, não se podia conservar as imagens e devia-se, portanto, transmiti-las ao vivo, na maioria das vezes em estúdio, com todas as incertezas ligadas ao teatro vivo às quais se acrescentavam os acasos da técnica. Exceto o aparelho de transmissão e a recepção em casa, o teatro televisado mantinha um caráter essencial de sua essência: sua fragilidade e sua incodificabilidade eventual. Os clássicos, representados então com frequência, encontravam assim, naturalmente, suas unidades. Entretanto, a televisão não soube tirar vantagem deste imediatismo; prevaleceu uma preocupação com perfeição, com segurança, com performance acabada. É verdade que a falha técnica, sempre interessante no teatro, significa na televisão o branco integral e o fim da comunicação. Atualmente, a rodagem de peças ou de filmes não é mais feita ao vivo, mas preparada em estúdio e em externas com base no modelo fornecido pelo filme. A televisão se afasta cada vez mais do modo de produção teatral, para aproximar-se do trabalho cinematográfico. O teatro televisado só existe ainda em programas como *Au Théâtre ce Soir*, ou *Emmenezmoi au Théâtre*; trata-se, pelo registro público (faça-se ele ou não ao vivo), de dar ao público de televisão a ilusão de que ele está indo realmente ao teatro, de que encontra aí todos os ingrediente fantasiosos (cortina vermelha, campainha, três batidas, aplausos, estrelas conhecidíssimas do teatrão, espectadores deixando a sala). Como antigamente para a transmissão ao vivo, efetuada em estúdio, a técnica dos planos é bastante sumária: algumas câmeras dispostas frontalmente a partir da sala, em geral; duas câmeras pesadas para os planos próximos, uma câmera leve sobre grua para os planos de conjunto e os movimentos. O repertório desses programas é o do pior teatrão; às vezes se escolhem clássicos "comprovados", muito raramente peças contemporâneas; para a encenação, convém a maior prudência. Na França, diferentemente da Grã-Bretanha, por exemplo, os autores de teatro raramente são chamados pela televisão para escrever roteiros originais.

2. Teatro e Televisão: o Choque das Especificidades

a. A situação de recepção

A telinha, no coração da casa, é o ponto de atração e o cordão umbilical que liga a alguém nalgum lugar que mal situamos. São possíveis interrupções voluntárias ou involuntárias do programa, e o telespectador, solicitado por inúmeros outros programas, é um ser fundamentalmente instável, donde a necessidade, para retê-lo e interessá-lo, de um espetáculo muito mais nervoso que aquele da versão cênica, que dura três horas e mais. A encenação do telefilme nunca deverá (deveria), portanto, provocar tédio ou perder sua força narrativa.

b. Mediações entre produtores e receptores

Elas são inúmeras: mediações tecnológicas, mas também interferências e transformações semióticas do sentido nas etapas do jogo dos atores no palco do teatro, depois no estúdio, depois no enquadramento e na montagem do filme ou do vídeo rodados com base no trabalho deles, finalmente na adaptação e na miniaturização para a telinha.

c. Anulação da teatralidade

O encenador televisivo de um espetáculo teatral preexistente ou de teleteatro pode escolher seja anular as manifestações mais evidentes e cênicas da teatralidade buscando "efeitos-cinema", naturalizando a atuação e os cenários, seja afixar de maneira ostensiva esta teatralidade, ressaltá-la através de um cenário abstrato, uma dicção muito cantada, como se a câmera efetuasse uma reportagem sobre os espaços teatrais.

d. Princípios da transposição do teatro para a televisão

Ao passo que, no teatro, o próprio espectador faz sua triagem nos signos da representação, na televisão (como no cinema), uma crítica do sentido já foi efetuada para ele no enquadramento, na montagem, nos movimentos de câmera. Para um programa a partir de uma encenação teatral, isto implica que a encenação fílmica tem a "última palavra" para dar sentido ao espetáculo. O objeto teatral mais compacto e acabado vê-se sempre desconstruído e reconstruído no discurso fílmico quando da rodagem e da montagem e no discurso televisivo (miniaturização, recepção particular etc.). Tudo isso exige uma dramaturgia televisiva específica.

2. Uma Dramaturgia Televisiva

Deixemos de lado o caso da retransmissão, ao vivo ou gravada, de um espetáculo teatral preexistente, pois tal processo conserva o aspecto de uma reportagem, de um levantamento e de uma perda de sentido (acompanhada, no caso de ser ao vivo, de um resto de autenticidade). Para o telefilme (o "teleteatro"), a dramaturgia se baseia em alguns princípios gerais:

a. A imagem

Deve ser enquadrada com precisão, composta cuidadosamente para ser facilmente legível, consideradas as pequenas dimensões da tela. Daí uma estilização, uma abstração dos elementos do cenário e dos figurinos, um tratamento sistemático do espaço. A miniaturização da imagem provoca uma importância maior da banda sonora.

b. Som

Por sua qualidade e proximidade, garante o maior efeito de real. A palavra passa muito bem para a televisão, muitas vezes melhor que no teatro, pois pode ser modulada, transmitida em voz *off*, harmonizada com a situação e a imagem: a "deslocalização" do som na imagem é muito menos sensível que na tela grande. Muitas vezes a televisão não passa de um rádio visual: nós o ouvimos de maneira ao mesmo tempo privada e distraída, como uma voz próxima e convincente, cuja imagem não é senão a confirmação da autenticidade vocal.

c. Cenários

Percebemos apenas fragmentos deles por trás dos atores, exceto quando, para insistir num detalhe ou caracterizar uma atmosfera, a câmera fixa um *close* ou organiza uma panorâmica. De tanto as cenas serem rodadas principalmente em estúdio (na França, até cerca de 1965), os cenários reconstituídos em estúdio ficaram próximos ao da estilização teatral; em seguida, a gravação em externas forneceu um quadro próximo ao cinema, e o efeito de real se impôs, em detrimento da clareza e da estilização.

d. Iluminação

Raramente é tão variada e sutil quanto no cinema; ela deve levar em conta a existência de aparelhos em preto e branco, acentuar os contrastes e gerir bem as massas luminosas.

e. Montagem

Joga com efeitos de forte pontuação, com rupturas dramatizadas, prolongamentos. A narrativa deve ser legível e organizada preparando o suspense, rápida e coerente.

f. O jogo do ator

A câmera é centrada nos atores-locutores, na maioria das vezes em plano americano, de modo a mostrar suas reações psicológicas e fisiológicas. Muitos *closes* em cor podem revelar as imperfeições epidérmicas deles. O ator, como os outros elementos do filme e da tela, não é senão um elemento integrado e submetido ao dispositivo industrial e significante dos encenadores. Daí uma certa "descorporalização": o ator só existe em sua fragmentação, em sua metonímia, em sua integração ao discurso fílmico.

g. Fábula e temática

São variáveis, sem dúvida, mas referem-se na maior parte do tempo à realidade social, ao jornalismo, a assuntos da vida corrente. Tal matéria narrativa presta-se à novela ou ao seriado; herdeira da literatura trivial de folhetim e do melodrama, o teleteatro gosta de histórias com receitas comprovadas, heróis infelizes, destinos não lineares. Na televisão, o teatro é consumido da mesma maneira que as informações, a meteorologia ou a publicidade. As informações assumem assim a coloração de um show espetacular, com sangue, mortes ou casamentos parecidos aos de um melodrama ou de uma opereta; inversamente, a ficção televisiva nunca abandona um fundo de realismo e de coisa do cotidiano; ela se presta melhor a um repertório naturalista e a uma estética dos efeitos do real.

h. Encenação

Para a televisão, ela resulta dos elementos precedentes; é a vasta cadeia de junção onde o enquadramento e sequencialização deve finalmente hierarquizar e correlacionar os componentes do telefilme. Quanto mais sensível é a coerência, quanto mais indistinta do fundo, mais a dramaturgia televisiva prova sua especificidade, passando assim com sucesso do teatro ao elétron.

TEMA

Fr.: *thème*; Ingl.: *theme*; Al.: *Thema*; Esp.: *tema*.

1. Ideia ou Organização Central

O tema geral é o resumo da ação ou do universo dramático, sua ideia central ou seu princípio organizador. Falta rigor a esta noção, muito usada na linguagem crítica.

Os temas são os elementos do conteúdo (as ideias fortes, as imagens, os *leitmotive**, é aquilo de que se fala). Mas como se fala dele? Os *motivos** são conceitos abstratos e universais (o motivo da traição), ao passo que os temas são motivos concretizados e individualizados (o tema da traição de Fedra para com seu marido). Os temas são pertinentes a partir do momento que são organizados numa estrutura, seja como "rede organizada de obsessões" (BARTHES), "princípio concreto de organização" e "constelação de palavras, ideias, conceitos" (RICHARD), "arquétipo involuntário" (DELEUZE), "mito pessoal obsecante" (MAURON, 1963), "imagem obsessiva traumática" (WEBER). Esta noção de tema, apesar de sua utilidade pedagógica evidente, é dificilmente manejável na análise dramática, pois pressupõe que primeiro seja feito o acordo sobre a natureza e o número de temas de uma obra, o que raramente é o caso. Ou então, falar de temas genéricos acaba sendo uma atividade superficial e gratuita. Cada intérprete rastreia no texto e na cena uma infinidade de temas, mas o importante é organizá-los hierarquicamente e destacar sua resultante ou a hierarquia deles.

2. Dimensão do Tema

É quase impossível descrever todas as formas sob as quais um tema é revelável, pois esta noção fica dissolvida no conjunto do texto dramático (e mesmo da encenação, que também cria imagens ou temas recorrentes). Isolar um tema, isto é, um conteúdo excluído de sua forma, é igualmente problemático. Não há, com efeito, no texto poético e dramático, dissociação da forma e do *sentido**, mas imbricações dos dois: é o caráter único e não fixo desta imbricação que atesta a poeticidade do texto. Extraindo da peça certos temas, entregamo-nos muito mais a uma operação extraliterária de comentário ou de interpretação que a uma análise científica da obra. Toda crítica temática deveria ser, portanto, também estrutural, e descrever um percurso ou um arranjo. Sendo o tema um esquema mais ou menos consciente e obsessivo do texto, cabe ao crítico rastrear essas estruturas temáticas, mas também decidir por meio de que temas a obra é mais facilmente explicável ou produtiva.

Tema, realidade representada, realismo, mito.

📖 Fergusson, 1949; Frenzel, 1963; Mauron, 1963; Tomaschévski, 1965; G. Durand, 1969; Bradbrook, 1969; Starobinski, 1970; Monod, 1977; Aziza *et al.*, 1978a; Trousson, 1981; Demougin, 1985.

TEMPO (1)

↻ (Do italiano *tempo*, tempo.)

Termo musical (às vezes usado no vocabulário teatral); indicação de um movimento que não é notado pelo número de batimentos do metrônomo. Em música, como na encenação, a interpretação do tempo é deixada, para muitos, à discrição do encenador, até mesmo do ator. As indicações cênicas sobre a qualidade da elocução e da atuação só abundam no texto naturalista, na peça psicológica ou de conversação.

TEMPO (2)

↻ Fr.: *temps*; Ingl.: *time*; Al.: *Zeit*; Esp.: *tiempo*.

O tempo é um dos elementos fundamentais do texto dramático e/ou da manifestação cênica da obra teatral, de sua apresentação ("presentificação") cênica. Noção que tem a força da evidência e que não é, contudo, fácil de descrever, pois, para fazê-lo, seria necessário estar fora do tempo, o que, evidentemente, não é uma coisa cômoda. Diríamos de bom grado com SANTO AGOSTINHO: "Sei o que é o tempo, se não me perguntam".

Partiremos da dupla natureza do tempo: o tempo que remete a si mesmo, ou *tempo cênico*, e o tempo que é preciso reconstruir por um sistema simbólico, ou *tempo extracênico*.

1. Dupla Natureza do Tempo Teatral

Para o espectador – cujo ponto de vista adotaremos aqui, nem que seja para termos um ponto de referência – há dois tipos de tempo.

• O tempo cênico

Tempo vivido pelo espectador confrontado ao acontecimento teatral, tempo eventual, ligado à enunciação, ao *hic et nunc*, ao desenrolar do espetáculo. Este tempo se desenrola num presente contínuo, pois a representação ocorre no presente; o que se passa diante de nós passa-se aí em nossa temporalidade de espectador, do início ao fim da representação.

• O tempo extracênico (*ou* dramático)

Tempo da ficção do qual fala o espetáculo, a fábula, e que não está ligado à enunciação *hic et nunc*, mas à ilusão de que algo se passa ou se passou ou se passará num mundo possível, aquele da ficção. Retomando nossa distinção feita a propósito do *espaço** entre *cênico* e *dramático*, poderíamos chamar o tempo de *tempo dramático* e definir o tempo teatral como a relação do tempo cênico e do tempo extracênico. (Certos autores dão, todavia, àquilo que chamamos de *tempo teatral*, o nome de *tempo dramático*, tempo "formado pela coexistência de dois tempos de natureza diferente: o tempo cênico e o tempo extracênico", MANCEVA, 1983: 79.) Preferimos falar – como A. UBERSFELD (1977: 203; 1981: 239) – de *tempo teatral*, definido como a relação da temporalidade da representação e da temporalidade da ação representada.

Detalhemos um pouco essas duas temporalidades:

a. Tempo cênico

É ao mesmo tempo aquele da representação que está se desenrolando e aquele do espectador que a está assistindo. Consiste num presente contínuo, que não para de desvanecer-se, renovando-se sem cessar. Esta temporalidade é ao mesmo tempo cronologicamente mensurável – de 20h31 a 23h 15, por exemplo – e psicologicamente ligada ao sentido subjetivo da duração do espectador. No interior de um quadro objetivo e mensurável, o espectador organiza sua percepção do espetáculo de acordo com uma impressão de duração – de tédio ou de entusiasmo – que só pertence a ele. Um mesmo segmento de tempo varia em duração conforme a peça, seu lugar na curva dramática e a recepção do espectador.

Tanto é fácil – porém sem interesse – segmentar numericamente o *continuum* desse tempo cênico, quanto é difícil – porém apaixonante -organizá-lo em unidades pertinentes a partir de sua percepção. A cena é uma sequência de acontecimentos, constituindo-se o presente de uma série de presentes: "O presente percebido tem uma espessura temporal cuja duração tem os próprios limites da organização do sucessivo numa unidade" (FRAISSE, 1957: 71).

O tempo cênico se encarna nos signos da representação, temporais, mas também espaciais: a modificação dos objetos e da cenografia, dos jogos de luz, das entradas e saídas, das marcações etc. Cada sistema significante tem seu próprio *ritmo**, o tempo e sua estruturação inscrevem-se nele de maneira específica e conforme a materialidade do significante.

b. Tempo dramático

Também é analisável de acordo com uma dupla modalidade, pela oposição entre ação e intriga (GOUHIER), fábula e assunto (formalistas russos), história ou narrativa (BENVENISTE, GENETTE), a saber, a relação entre "a ordem temporal da sucessão dos elementos na diégese e a ordem pseudotemporal de sua descrição na narrativa" (GENETTE, 1972: 78). Trata-se de apreender a maneira pela qual a intriga organiza – escolhe e dispõe – os materiais da fábula, como ela propõe uma montagem temporal de certos elementos. Este tempo da ficção não é próprio do teatro, mas, sim, de todo discurso narrativo que anuncia e fixa uma temporalidade, remete a uma *outra cena*, dá a ilusão referencial de um outro mundo, parece-nos logicamente estruturado como o tempo do calendário.

O relacionamento dessas duas temporalidades – cênica e dramática – desemboca rapidamente numa confusão entre os dois níveis. Da mesma maneira que o prazer do espectador reside na confusão da ficção cênica e da ficção dramática (proveniente do texto), seu prazer consiste em não mais saber onde ele está; ele vive num presente, mas esquece esta imediatidade para penetrar num outro universo do discurso, uma outra temporalidade: aquela da fábula que me é contada e que eu contribuo para construir, antecipando sua sequência (*texto dramático**).

2. Modalidades do Relacionamento das Duas Temporalidades

Todas as modalidades de relação são imagináveis.

a. Td (tempo dramático) > Tc (tempo cênico): o tempo dramático é muito longo (anos nas peças históricas de SHAKESPEARE), mas é evocado numa representação que dura duas ou três horas. Na estética clássica, Td não deve ultrapassar vinte e quatro horas para uma representação de duas horas.

b. Td = Tc: a estética clássica chegou a exigir, por vezes, que a ação do Td coincidisse com a ação cênica do Tc. Vai-se desembocar numa estética naturalista na qual a realidade cênica reproduz em tamanho natural a realidade dramática. Às vezes o tempo da *performance** não imita um tempo exterior a ela, ele é ele próprio, não procura fugir numa ficção e numa temporalidade exteriores à cena.

c. Td < Tc: é bastante raro, mas não impossível (MAETERLINCK, B. WILSON), que o tempo cênico seja dilatado e restitua um tempo referencial muito mais curto.

Seja como for, o tempo cênico, isto é, o tempo do presente, é o tempo que organiza o mundo a partir dele e que se alimenta no "reservatório" do tempo dramático, o qual se derrama na enunciação cênica. Insistiremos com BENVENISTE na definição do tempo com relação a sua enunciação, para o teatro a colocação em enunciação cênica de todos os materiais. "Poder-se-ia acreditar, escreve BENVENISTE, que a temporalidade é um âmbito inato do pensamento. Ela é produzida, na realidade, na e pela enunciação [...] O presente é propriamente a fonte do tempo. Ele é aquela presença no mundo que só o ato da enunciação torna possível, pois, se quisermos refletir bem sobre isto, o homem não dispõe de nenhum outro meio de viver o 'agora' e de fazê-lo atual a não ser realizando-o pela inserção do discurso no mundo" (1974: 83).

Com BENVENISTE, notar-se-á, para o teatro, o caráter sempre presente da representação e a necessidade de conduzir toda a ficção à enunciação presente da representação.

O tempo cênico porta um certo número de marcas indiciais, logo, signos dêiticos que atestam sua inserção no espaço e nas personagens (*dêixis**).

A instalação do presente cênico ocorre graças a outras temporalidades, as quais devemos também constatar:

- Tempo social

É preciso saber em que dia e a que horas começa a representação, se posso ir ao teatro naquela noite, se haverá metrô após o espetáculo etc.

É útil saber se o público é capaz de manter sua atenção durante meia hora, três horas ou dois dias, que unidades temporais lhe convém, qual é seu "sentimento temporal".

- Tempo iniciático

Ele permite o acesso à grande noite: antes de ir ao teatro (compra de ingressos, reservas etc.) e antes que se abram as cortinas (permanência no saguão do teatro, conversa mundana, os três sinais, escuro, silêncio etc.). "Em todos esses casos, observa A. UBERSFELD, estamos às voltas com uma espécie de tempo iniciático que precede o tempo do teatro [...] um umbral e uma preparação, a preparação psicológica do tempo outro, os umbrais do espetáculo" (1981: 240). Este tempo iniciático garante a passagem de um tempo social para um tempo apropriado à obra e à sua recepção, ele mistura ainda o tempo real do espectador e o tempo ficcional do jogo teatral. Mas sem esta iniciação cerimoniosa, sem este rito, este "espaço de tempo privilegiado e solene que iniciam e finalizam o abrir e o fechar das cortinas, os três sinais ou o escuro [...]" (DORT, 1982: 5) não há teatro de verdade!

- O tempo mítico

Este tempo mítico, que seria aquele dos "acontecimentos que ocorreram *in principio*, isto é, "nos princípios", num instante primordial e atemporal, num lapso de *tempo sagrado*" (ELIADE, 1950: 73) ou no tempo do "retorno cerimonial" (UBERSFELD, 1977: 205), não nos parece ser um componente da representação teatral, exceto se virmos nisso um rito não repetível ou, é claro, um tema da fábula. Os estudos que o mencionam não explicam sua função exata na representação, ficam na metáfora do teatro como retorno a um eterno presente mítico ou a um ritual que se produz fora do tempo histórico. Talvez esta seja, na verdade, a origem do teatro, mas o funcionamento atual quase não faz mais alusão a ela.

- O tempo histórico

É, em contrapartida, uma realidade que se insere necessariamente no texto e na representação. Devido à multidão de suas temporalidades e de seu modo de produção, o teatro é sempre situado na história. A dificuldade, para ler nele a história fictícia da fábula e nossa própria história, provém, para muita gente, do encavalamento e da confusão do tempo representado (dramático) e do tempo da representação (cênico). (CY. *infra* 3.*b*.)

3. Modulação do Tempo

a. Concentração dramatúrgica

Em *dramaturgia clássica**, observa-se uma tendência à concentração e à desmaterialização do tempo dramático (extracênico): este tempo é filtrado pela fala da personagem, só é evocado em função da presença cênica desta personagem em situação e em conflito. O tempo extracênico sempre é relacionado ao tempo cênico, ele tende a se auto apagar, a só existir sob forma de uma fala e de um universo ficcional não realizado e mostrado em cena, mas evocado graças à imaginação combinada do poeta e do espectador que escuta e imagina uma realidade referencial exterior à cena. Entende-se então a necessidade lógica e a unidade de tempo clássico: a realidade temporal extracênica deve ser reduzida ao máximo (a vinte e quatro ou doze horas, por exemplo), pois ela deve, para chegar a sua evocação cênica, ser "filtrada" pela consciência do herói visível em cena, o qual só dispõe de duas ou três horas para efetuar esta laminação do mundo e de sua temporalidade extracênica. O teatro clássico desmaterializa o tempo exterior à cena, dando a ilusão de uma fala pura, de um discurso onde coincidem o mundo e a personagem simbolizada, seu discurso presente e sua existência fictícia exterior.

b. Dialética das historicidades

Na encenação do texto clássico, a questão da historicidade do texto se acrescenta ao caso habitual da relação entre tempo cênico e extracênico. É preciso então considerar pelo menos três historicidades:

- o tempo da enunciação cênica (o do momento histórico em que a obra é encenada);
- o tempo da fábula e de sua lógica actancial (tempo dramático);
- o tempo da criação da peça e as práticas artísticas que estavam então em vigor.

O conhecimento dessas três variáveis temporais evolui sem cessar: isto é evidente para a primeira historicidade, mas é igualmente o caso para o reconhecimento retrospectivo que temos da época na qual a obra surgiu. Quanto à lógica temporal da fábula, não é fixada indefinidamente, ela se constitui em função da perspectiva escolhida para reconstituir a fábula e avaliar os acontecimentos relatados. A quem deseja interpretar hoje a peça clássica, impõe-se pois, primeiro, um relacionamento das três historicidades. Estas nunca estão nem situadas no mesmo plano nem são equipolentes: toda passagem de uma época a outra parece resultar de uma acumulação: a época mais recente (aquela da enunciação cênica) reconduz a ela aquela da qual se fala. Tomemos o exemplo do *Triunfo do Amor* (de MARIVAUX): a temporalidade do século XVIII levava a ela a Antiguidade grega ficcional na qual se situa a fábula; a temporalidade do século XX leva a ela aquela do século XVIII que produziu o texto e sua relação com a Antiguidade. O que conta para os níveis temporais é o processo na chegada (portanto, em nossa época), a maneira pela qual a última temporalidade (a que chega ao espectador atual) funcionaliza e põe em signo (semiotiza) as anteriores. É impossível tratar no mesmo plano, e como universos de referência distintos, as três historicidades; só se tem acesso ao sistema de suas sucessivas funcionalizações, à acumulação de cada conjunto naquele que lhe sucede no tempo.

c. Manipulação do tempo cênico e do tempo extracênico

Todas as operações de concentração/alongamento, aceleração/ralentamento, parada/partida, volta para trás/projeção para a frente são possíveis, concomitantemente, para o tempo extracênico e para o tempo cênico. No entanto, toda manipulação de um dos níveis temporais repercute necessariamente no outro. Por exemplo: se desejo concentrar o tempo dramático da fábula, eu deverei mostrar um tempo cênico – uma maneira de fazer – que sugira esta concentração, assim como uma certa rapidez de execução ou de evocação de ações cênicas. Se, ao contrário, eu ra-lento e dilato ao máximo o tempo cênico – à maneira de WILSON, que seja – estou dizendo, por isso mesmo, a lentidão do processo correspondente num universo ficcional possível que tem necessariamente uma relação com nosso mundo; por ironia e antífrase, esta lentidão cênica de WILSON poderá, aliás, fazer assim alusão à vivacidade e à brutalidade das relações humanas. Assim, o tempo cênico "escapa" a todo momento para algum lugar que é a ficção-realização de um tempo e de um universo extracênico e, inversamente, esta exterioridade ameaça a todo momento irromper em cena e no tempo cênico do acontecimento teatral.

Sobre o tempo teatral, diremos então que é variável, com riscos de precipitações.

Entreato, história, texto dramático, unidades.

Langer, 1953; Pütz, 1970; Weinrich, 1974; Lagrave, 1975; Ricoeur, 1983, 1984, 1985; Slawinska, 1985; Mesguich, *L'Éternel Éphémère*, Paris, Seuil, 1991; Garcia-Martinez, 1995; Pavis, 1996.

TENSÃO

Fr.: *tension*; Ingl.: *tension*; Al.: *Spannung*; Esp.: *tension*.

A tensão dramática é um fenômeno estrutural que liga, entre si, os episódios da fábula e, principalmente, cada um deles ao final da peça.

A tensão se produz por antecipação, mais ou menos angustiada, do fim. Antecipando a sequência dos acontecimentos, o espectador cria um *suspense**: ele imagina o pior e sente-se ele próprio muito "tenso".

No texto dramático, todo episódio, todo motivo só assume seu sentido em se projetando no seguinte. STAIGER (1946) faz mesmo da tensão um princípio específico da arte dramática. A estrutura dramática aparece então como uma arte na qual cada ação estica a corda até que ela dispare a flecha mortal.

A dramaturgia épica (brechtiana principalmente) exige uma tensão com base no desenvolvimento (*Gang*) e não do fim (*Ausgang*).

Quando a saída do conflito é conhecida antecipadamente, como no drama *analítico**, a tensão é totalmente desativada e o espectador se concentra no desenvolvimento da fábula.

Dramático e épico, leitura, estrutura dramática.

Freytag, 1857; Beckerman, 1970; Pütz, 1970; Genette, 1972; Demarcy, 1973.

TEORIA DO TEATRO

Fr.: *théorie du théâtre*; Ingl.: *theory of theatre*; Al.: *Theatertheorie*; Esp.: *teoria del teatro*.

Disciplina que se interessa pelos fenômenos teatrais (texto e cena): somente a partir do advento da encenação, por volta do final do século XIX, é que a teoria ultrapassa a *dramaturgia** e a poética e leva em conta a obra cênica em todos os seus aspectos.

1. Teatralidade e Literatura

Seguindo o exemplo da teoria literária cujo objeto é a literalidade, a teoria teatral se dá por objeto de estudo a *teatralidade**, isto é, as propriedades específicas da cena e as formas teatrais historicamente comprovadas. O sistema geral que ela busca construir deve levar em conta tanto exemplos históricos quanto formas teoricamente imagináveis: a teoria é uma hipótese sobre o funcionamento da representação particular estudada. Armado dessa hipótese, o pesquisador será em seguida levado a precisar o modelo e a restringir ou ampliar a teoria.

2. Teoria e Ciências do Espetáculo

Estamos ainda muitos distantes de uma teoria unificada do teatro, tendo em vista a amplitude e a diversidade dos aspectos a serem teorizados: *recepção** do espetáculo, análise do discurso, *descrição** da cena etc. Esta diversidade de perspectivas torna muito difícil a escolha de um ponto de vista unificador e de uma teoria científica passível de englobar a dramaturgia, a estética, a semiologia. Até o momento, na verdade, antes da pesquisa estrutural de um sistema suficientemente vasto para abarcar as manifestações teatrais, a teorização era garantida por diversas disciplinas: a *dramaturgia** (para a composição da peça, as relações de tempo e espaço da ficção e da encenação), a *estética** (para a produção do belo e das artes cênicas), a *semiologia** (para a descrição dos sistemas cênicos e a construção do sentido).

Estas três disciplinas, cuja abordagem se pretende tão "científica" quanto possível, são ferramentas para a teoria teatral; elas não têm, portanto, que entrar em concorrência, mas deveriam permitir um vaivém metodológico entre a obra particular e o modelo teórico da qual constituem uma possível variante. Nesse sentido, é inútil perguntar-se que disciplina engloba as outras: ora é a estética como teoria da produção/recepção da obra de arte; ora é a dramaturgia enquanto esquema de todas as interações possíveis entre tempo/espaço da ficção e da representação; ora é a semiologia que fornece uma análise de todos os sistemas significantes e de sua organização no acontecimento teatral; ora, enfim, a *etnocenologia**, ultrapassando a perspectiva e a teorização europeia, se interessa por todas as práticas espetaculares no mundo nas diversas áreas geográficas e culturais, com o risco, que não deve ser descartado, de perder todo rigor epistemológico.

Mukařovský (1941) *in* Van Kesteren, 1975; Bentley, 1957; Else, 1957; Nicoll, 1962; Clark, 1965; Goodman, 1968; Steinbeck, 1970; Chambers, 1971; Klünder, 1971; Lioure, 1973; Adorno, 1974; Dukore, 1974; Fiebach, 1975; Van Kesteren e Schmid, 1975; Autrand, 1977; Klier, 1981; Paul, 1981; Styan, 1981; Pavis, 1983a; Carlson, 1984; Slawinska, 1985; Schneilin e Brauneck, 1986; Heistein, 1986; Fitzpatrick, 1986; Hubert, 1988; Roubine, 1990; Brauneck, 1992; Ryngaert, 1993.

TERROR E PIEDADE

Fr.: *terreur et pitié*; Ingl.: *terror and pity*; Al.: *Furcht und Mitleid*; Esp.: *terror y piedad*.

Para ARISTÓTELES, é provocando no espectador a piedade e o terror que a tragédia cumpre a purgação (*catarse**) das paixões. Há compaixão e, portanto, identificação, "quando presumimos que também poderíamos ser vítimas dela, ou alguém dos nossos, e que o perigo parece próximo de nós" (ARISTÓTELES, *Retórica* II: 3). Nesse caso, as personagens, de acordo com o dogma clássico, não deverão ser nem "inteiramente boas", nem "inteiramente más"; é preciso que elas "caiam em desgraça por alguma falta que as faça queixar-se sem fazê-las detestar" (RACINE, prefácio de *Andrômaca*).

TEXTO DRAMÁTICO

Fr.: *texte dramatique*; Ingl.: *dramatic text*; Al.: *dramatischer Text*; Esp.: *texto dramático*.

1. Dificuldades de uma Definição Limitativa

É muito problemático propor uma definição de texto dramático que o diferencie dos outros tipos de textos, pois a tendência atual da escritura dramática é reivindicar não importa qual texto para uma eventual encenação; a etapa "derradeira" – a encenação da lista telefônica – quase não parece mais uma piada e uma empreitada irrealizável! Todo texto é teatralizável, a partir do momento que o usam em cena. O que até o século XX passava pela marca do *dramático** – *diálogos**, *conflito** e *situação dramática**, noção de *personagem** – não é mais condição *sine qua non* do texto destinado à cena ou nela usado. Limitar-nos-emos portanto a levantar algumas marcas do texto na dramaturgia ocidental.

2. Critérios Possíveis do Texto Dramático

a. Texto principal*, texto secundário

O texto a ser dito (aquele dos atores) é muitas vezes introduzido pelas *indicações cênicas** (ou *didascálias**), texto composto pelo dramaturgo, até mesmo pelo encenador. Mesmo quando o texto secundário parece ausente, encontramos amiúde seu rastro no *cenário verbal** ou no *gestus** da personagem. Porém, o estatuto desse cenário verbal ou do *gestus* é, todavia, radicalmente diferente daquele do texto secundário. As *indicações cênicas espaço-temporais** no texto são parte integrante do texto dramático: elas não podem ser ignoradas pelo leitor ou pelo espectador, embora as indicações cênicas não sejam necessariamente levadas em conta pela encenação.

b. Texto dividido e "objetivo"

Diálogo à parte, o texto dramático é dividido entre as diversas personagens-locutoras. O diálogo dá igual oportunidade a cada um deles; ele torna visíveis as fontes da fala sem reduzi-las a um centro hierarquicamente explicitado: as tiradas ou as réplicas dão-se como que independentes de um narrador ou de uma voz centralizadora. Ler ou receber o texto dramático é fazer com ele uma análise dramatúrgica graças à qual se iluminam espaço, tempo, ação e personagens.

c. Ficcionalidade

A poética estrutural, saída do estruturalismo e da teoria do texto, não chega mais, no momento, diante da explosão das formas e dos materiais textuais usados, a englobar e descrever de maneira homogênea o conjunto dessas práticas e critérios textuais. Quanto à distinção entre texto dramático literário e linguagem comum, ela se choca com uma dificuldade metodológica: todo texto "comum" pode se tornar dramático a partir do momento em que é posto em cena, de maneira que o critério de distinção não é textual e, sim, pragmático: a partir do momento em que é emitido em cena, o texto é lido num *quadro** que lhe confere um critério de ficcionalidade e o diferencia dos textos "comuns" que pretendem descrever o mundo "real". Não há, escreve SEARLE, propriedade textual, sintática ou semântica que permita identificar um texto como obra de ficção" (1982: 109).

d. Relacionamento dos contextos

Para que as personagens evoluam num mesmo universo dramático, devem ter ao menos uma porção do universo do discurso em comum. Na falta disso, elas encetam um diálogo de surdos ou não trocam informação alguma (teatro do absurdo). Cumpre também estudar como se passa de uma réplica a outra, ou de um argumento a outro, de uma ação à seguinte. Ler o texto é, em suma, preocupar-se com seu contexto cultural, histórico, ideológico, a fim de não abordá-lo num vazio formal, pois nenhum método, mesmo o de VINAVER (1993) e contrariamente ao que ele afirma, "põe-nos em contato direta e imediatamente com a própria vida do texto, sem exigir um conhecimento prévio: histórico, linguístico, semiológico, por exemplo" (1993: 893).

e. Texto lido, texto representado

Para analisar o texto, convém saber se o lemos como obra literária ou se o recebemos no interior de uma encenação: neste último caso, ele é acompanhado de sua vocalização e de sua encenação, ao passo que sua interpretação já é colorida por sua enunciação cênica.

3. Construção do Texto Dramático

a. Circuito da concretização

Estaríamos equivocados em considerar o texto dramático como uma entidade fixa, diretamente acessível, compreensível de uma só vez.

Na realidade, o texto só existe ao termo de uma leitura, a qual sempre está situada na história. Esta leitura depende do contexto social do leitor e de seu conhecimento do contexto do texto ficcional. Não tanto com INGARDEN (1931-1949) quanto com MUKAŘOVSKÝ (1934) e VODICKA (1975), falar-se-á portanto de um processo de concretização do texto, e tentaremos abranger o circuito da concretização, através da percepção dos significantes textuais e de um contexto social, para chegar à ou às leituras possíveis do texto (PAVIS, 1983*a*).

b. Locais de indeterminação

As diversas leituras e suas concretizações divergentes trazem à luz locais de indeterminação do texto, locais estes que, aliás, não são nem universais nem fixados para sempre e, sim, variam em função do nível de leitura, principalmente da elucidação do contexto social. O texto dramático é uma areia movediça, em cuja superfície são localizados periódica e diversamente sinais que guiam a recepção e sinais que mantêm a indeterminação ou a ambiguidade. No teatro, determinado episódio da fábula, determinada troca verbal assumem sentidos muito diferentes conforme a situação de enunciação escolhida pela encenação. O texto, e singularmente o texto dramático, é areia movediça e também ampulheta: o leitor escolhe clarificar um grão tirando o brilho de outro, e assim por diante, até o infinito. A noção de indeterminação/determinação é dialética: dirá bem quem ler por último. A legibilidade, a orientação da recepção só é determinável com relação ao processo de orientação/desorientação que leva o leitor a "passear" através do texto alternando os pontos de referência e as vias erráticas. Esta leitura "em ziguezague" do texto dramático desdobra-se numa oscilação permanente, na representação, do estatuto ficcional, entre ilusão e desilusão, identificação e distância, efeito de real mimético e insistência na forma e no jogo teatral.

c. Manutenção e eliminação das ambiguidades

Diante desta instabilidade do texto dramático, coloca-se a questão do seu uso e de sua manipulação. Cabe ao leitor e ao encenador, mas também ao espectador, decidir onde se encontram as zonas de incerteza/certeza e de determinar a sua mobilidade e a oportunidade de sua identificação. Por exemplo, é capital decidir se a ambiguidade está estruturalmente inserida no texto ou se ela resulta de um desconhecimento ou de uma mudança de contexto social. Tendo em vista a troca verbal e a situação de enunciação, toda encenação toma partido com base em uma marcação das determinações e das ambiguidades.

Fora de cena e fora de texto, discurso.

Savona, 1980, 1982; Manceva. 1983; Prochazka, 1984: Thomasseau, 1984*a*, *b*, 1996; bibliografia geral *in* Pavis, 1985*e*, 1987, 1990, 1996*a*; Swiontek, 1990, 1993; Sallenave, 1988; B. Martin, 1993.

TEXTO E CENA

Fr.: *texte et scène*; Ingl.: *text and performance*; Al.: *Text und Aufführung*; Esp.: *texto y escena*.

Refletir sobre as relações do texto e da cena inicia um debate de fundo sobre a *encenação**, o estatuto da palavra no teatro e a *interpretação** do *texto dramático**.

1. Evolução Histórica

a. A posição logocêntrica

Durante muito tempo – desde ARISTÓTELES até o início da encenação como prática sistemática, no final do século passado, e à exceção dos espetáculos populares ou das peças de grande espetáculo – o teatro esteve encerrado numa concepção logocêntrica. Mesmo que esta atitude seja característica da *dramaturgia clássica**, do aristotelismo ou da tradição ocidental, ela acaba, seja como for, convertendo o texto no elemento primário, na estrutura profunda e no conteúdo essencial da arte dramática. A cena (o "espetáculo", o *opsis**, como diz ARISTÓTELES) só vem em seguida como expressão superficial e supérflua, ela só se dirige aos sentidos e à imaginação e desvia o público das belezas literárias da fábula e da reflexão sobre o conflito trágico. Uma assimilação teológica produz-se entre o texto, refúgio do sentido imutável da interpretação e da alma da peça, e a *cena*, local periférico da lantejoula, da sensualidade, do corpo em falta, da instabilidade, em suma, da *teatralidade**.

b. A reviravolta copernicana da cena

No final do século XIX, tem início uma reviravolta da posição logocêntrica. A suspeita em relação à palavra como depositária da verdade e a liberação das forças inconscientes da imagem e do sonho provocam uma exclusão da arte teatral do domínio do verbo, considerado como único pertinente; a cena e tudo o que se pode operar nela são promovidas ao escalão de organizador supremo do sentido da *representação**. A. ARTAUD marca a conclusão dessa evolução na limpeza da estética e no vigor da formulação: "Um teatro que submete a encenação e a realização, isto é, tudo aquilo que há nele de especificamente teatral, ao texto, é um teatro de idiota, de louco, de invertido, de gramático, de vendeiro, de antipoeta e de positivista, isto é, de ocidental" (1964, IV: 49-50).

2. Dialética do Texto e da Cena

A evolução histórica da relação entre o texto e a cena só faz ilustrar a dialética desses dois componentes da representação. Das duas uma:

- ou a cena procura dar e redizer o texto;
- ou cava um fosso entre ela e ele, o critica ou o relativiza por uma visualização que não o redobra.

a. Potencialidade cênica do texto

No primeiro caso, aquele da *redundância** cênica, a encenação limitou-se a procurar signos cênicos que ilustram ou dão a ilusão, ao espectador, de ilustrar o referente do texto. É perturbador constatar que, para o público – e mesmo para muitos dos encenadores "realistas" e críticos "filólogos", mas também dos praticantes do ofício do palco –, esta solução é apresentada como exemplar, como a meta a ser atingida: "Uma boa encenação é uma transformação íntima, ponto a ponto, que só evolui por inteiro. O texto *tornou-se* representação perseguindo uma direção de potencialidade que estava, antes, apenas implícita e, portanto, oculta, mas que é atualmente atualizada de maneira a parecer inevitável" (HORNBY, 1977: 109). Esta teoria do texto como potencialidade oculta (HORNBY, 1977) ou "virtualidade cênica" (SERPIERI, 1978) considera em definitivo que o texto contém uma boa encenação que basta encontrar e que a representação e o trabalho cênico não estão em conflito com o sentido textual, mas a serviço dele. Aí está a concepção de uma atitude filosófica para com o teatro (sem que este termo nada tenha de ofensivo). Ela possui o mérito de não jogar fora a criança (textual) junto com a água do banho (cênico), o que, hoje, é seguramente saudável em face das experimentações nem sempre controladas de nossos manipuladores e obcecados textuais. Mas ela ameaça, por sua vez, bloquear a pesquisa teatral e perpetuar um certo logocentrismo.

b. A defasagem hermenêutica irredutível

Inversamente, parece muito mais justo notar uma certa defasagem entre o texto e a encenação. A partir do momento que a encenação se liberta de seu papel ancilar frente ao texto, cria-se uma distância de significação entre os dois componentes, e um desequilíbrio entre o visual e o textual. Este desequilíbrio gera um novo olhar sobre o texto e uma nova maneira de mostrar a realidade sugerida pelo texto.

A separação é aquela de um fosso intransponível entre o texto e o espaço/tempo onde ele é proferido. "Talvez, escreve Bernard DORT, nosso prazer no teatro tenha a ver precisamente com ver inserir um texto, por definição alheio ao tempo e ao espaço, no momento passageiro e na era delimitada do espetáculo. Assim, a representação teatral não seria o local de uma unidade reencontrada, mas aquele de uma tensão, nunca apaziguada, entre o eterno e o passageiro, entre o universal e o particular, entre o abstrato e o concreto, entre o texto e a cena. Ela não realiza mais ou menos um texto: ela o critica, o força, o interroga. Ela se confronta com ele e o confronta com ela. Ela é não um acordo e, sim, um combate" (Le *Monde du Dimanche*, 12 de outubro de 1980).

3. Ficcionalização Textual e Ficcionalização Cênica

A teoria da *ficção** obriga a pensar a relação do texto e da cena perante o processo de ficcionalização que a encenação realiza à vista do espectador. A ficção pode parecer o meio termo e a mediação entre o que conta o texto dramático e o que figura a cena, como se a mediação fosse realizada pela figuração, textual e visual, de um mundo possível ficcional, primeiro construído pela análise dramatúrgica e pela leitura, e depois figurado pela instalação cênica. Esta hipótese não é falsa, se tomarmos o cuidado de não reintroduzir sub-repticiamente a teoria do referente atualizado que figuraria esta mediação. Se existe na verdade uma relação evidente entre texto e representação, não é sob a forma de uma tradução ou de um redobramento do primeiro no segundo, mas de uma focalização de um universo ficcional estruturado a partir do texto e de um universo ficcional que é produzido pela cena; são as modalidades dessa *focalização* que se deve questionar.

a. Dois estatutos ficcionais.

Os dois estatutos *ficcionais*, pelo texto e pela cena, possuem propriedades específicas, entendendo-se, entretanto, que o universo ficcional cênico é ao mesmo tempo:

– o que engloba e integra o universo ficcional do texto pronunciado em cena, o que lhe fornece a situação de enunciação;
– o que é passível de ser a qualquer momento *contradito* e desconstruído do interior pela intervenção do texto enunciado no interior da representação. Este *texto* dramático é, na verdade, em sistema semiológico cuja precisão semântica e caráter verbal imediatamente compreensível impõem aos outros sistemas significantes uma troca e uma possibilidade de ancorar-se nos significados extraídos do texto linguístico.

A focalização dos dois modos flexionais se estabelece graças a uma ficção desdobrada no caso da encenação teatral.

• Ficcionalização cênica

Através da enunciação cênica, a situação visível e audível na qual o texto dramático é proferido.

• Ficcionalização textual

Através da ficcionalização de parte dos ouvintes do texto, pois mesmo que seja verdade que o texto só faz sentido em sua enunciação cênica, o espectador fica livre para construir uma *outra* ficção que não aquela escolhida pela encenação, e tratar o texto como um maciço ou um continente ao qual se tem acesso apenas pela leitura e pela imaginação ("*in the mind's eye*", diria Hamlet).

Esta distinção real não é, contudo, menos puramente teórica, pois os dois modos ficcionais interferem e embaralham suas pistas para o prazer e a ilusão do espectador. A cena e a figuração do local e do espaço fixam de entrada um *quadro**

que se dá como o local da ficção, a mimese do mundo ficcional. Esta primeira ficcionalização cênica é tão mais *forte* que os atores, a atmosfera, o ritmo etc. fazem de tudo para persuadir-nos de que eles são a ficção encarnada.

A ficcionalização cênica "cimenta" totalmente a ficção textual (passando mesmo por vezes pela encarnação do verbo, a única encenação possível etc.). As duas ficções acabam por se interpretar, a ponto de não se saber mais se é o texto dramático que criou a situação de enunciação que não poderia desembocar num outro texto que não aquele ouvido. A confusão desse dois estatutos ficcionais se produz como que para melhor ancorar e acentuar a ilusão do espectador de estar num mundo ficcional estranho, a tal ponto que o que ele vê à sua frente (um ator, uma luz, um ruído) lhe parece existir noutro lugar, numa "outra cena", segundo a palavra de MANNONI (1969).

b. Presença/ausência

Esta confusão geral dos dois tipos de ficcionalização, dos quais se poderia fazer um dos traços específicos da percepção teatral, provém, pelo menos para a encenação, de um texto dramático preexistente, da troca de dois princípios semióticos para o texto linguístico e para a figuração cênica:

– o texto linguístico significa apenas por meio dos seus signos, como *ausência* para uma *presença*, isto é, como a realidade fictícia experimentada como presente e real;
– a cena se dá como *presença* imediata daquilo que não passa, na verdade, de *ausência* e confusão de um significante e do referente.

Uma vez tomadas essas precauções sobre a relação da ficção textual e da ficção cênica e sobre sua difícil dissociação, a teoria da ficção está em condições de especificar algumas das operações de relações do texto e da representação.

Roteiro, visual e textual, pré-encenação.

Aston, 1983; Pavis, 1983*b*, 1986*a*; Fischer-Lichte, 1985; Issacharoff, 1988; Carlson, 1990.

TEXTO ESPETACULAR

Fr.: *textespectaculaire*; Ingl.: *performance text*; Al.: *Aufführungstext*; Esp.: *texto espectacular*.

A noção semiológica de *texto* deu a expressão *texto espetacular* (ou *texto cênico*): é a relação de todos os *sistemas significantes** usados na representação e cujo arranjo e interação formam a *encenação**. O texto espetacular é portanto uma noção abstrata e teórica, e não empírica e prática. Ela considera o espetáculo como um *modelo* reduzido onde se observa a produção do sentido. Este texto espetacular é anotado e materializado num *caderno de encenação**, um *Modellbuch** ou qualquer outra metalinguagem que faz o relato – sem dúvida sempre incompleto – da encenação, principalmente de suas opções estéticas e ideológicas.

Texto e cena, semiologia, descrição, visual e textual.

Theaterarbeit, 1961; Ruffini, 1978; de Marinis, 1978, 1979, 1982.

TEXTO PRINCIPAL, TEXTO SECUNDÁRIO

Fr.: *texte principal, texte secondaire*; Ingl.: *dialogue, stage directions*; Al.: *Haupttext, Nebentext, Bühnenanweisungen*; Esp.: *texto principal, texto secundário*.

Distinção introduzida por R. INGARDEN (1931, 1971) segundo a qual o drama "escrito" contém em paralelo as *indicações cênicas** – ou *texto secundário* – e o texto dito pelas personagens – ou *texto principal*.

1. Os dois textos estão numa relação de complementaridade: o texto dos atores deixa entrever a maneira pela qual o texto deve ser enunciado, e completa as indicações cênicas. Inversamente, o texto secundário esclarece a situação ou as motivações das personagens e, portanto, o sentido de seus discursos.

INGARDEN (1971: 221) considera que os dois textos se recortam necessariamente pela mediação dos objetos mostrados em cena, dos quais o texto principal faz-se igualmente o eco. Na verdade, esta junção dos dois textos só é realizada numa encenação realista ou ilustrativa onde o cenógrafo tem o cuidado de escolher uma realidade cênica decorrente das indicações do texto secundário. Esta concepção estética muito datada parte do princípio de que o autor tinha, ao escrever, uma certa visão da cena que a encenação deve restituir absolutamente.

2. Hoje, muitas encenações pegam o contrapé das informações dadas no texto secundário pelo dramaturgo e iluminam o texto principal por uma ilustração crítica (sociológica, psicanalística). Este tipo de interpretação transforma evidentemente o texto a ser representado, ou pelo menos o fixa e o concretiza em uma de suas potencialidades.

A prática atual da *encenação** revela que o texto secundário não é uma muleta obrigatória e indispensável à construção do sentido, que ele não assume uma posição de domínio e de vigilância com relação ao texto principal. Precisemos que esta concepção vai ao encontro de muitas ideias prontas e, em particular, daquela da "boa" encenação, ou da encenação "fiel ao texto".

Texto dramático, texto e cena, visual e textual.

Steiner, 1968; Pavis, 1983*b*.

THEATRON

Fr.: *théâtron*; Ingl.: *thetron*; Al.: *Theatron*; Esp.: *theatron*.

Palavra grega que designa o lugar de onde se vê o espetáculo, o espaço dos espectadores. Só muito mais tarde o teatro será concebido como o edifício inteiro, e depois a arte dramática ou a obra de arte dramática.

THEATRUM MUNDI

("Teatro do mundo", em latim.)

Metáfora inventada na Antiguidade e na Idade Média, generalizada pelo teatro barroco, que concebe o mundo como um espetáculo encenado por Deus e interpretado por atores humanos sem envergadura, *[cf.* CALDERÓN: *El Gran Teatro del Mundo* (1645) e, no século XX, *Das Salzburger Grosse Welttheater* de HOFMANNSTHAL (1922).]

Este também é o termo para os espetáculos *interculturais** que BARBA prepara ao termo de um estágio do ISTA, reunindo mestres orientais e atores ocidentais.

TIPO

↻ Fr.: *type*; Ingl.: *type*; Al.: *Typus*; Esp.: *tipo*.

Personagem* convencional que possui características físicas, fisiológicas ou morais comuns conhecidas de antemão pelo público e constantes durante toda a peça: estas características foram fixadas pela tradição literária (o bandido de bom coração, a boa prostituta, o fanfarrão e todos os caracteres da *Commedia dell'arte**). Este termo difere um pouco daquele de *estereótipo**: do estereótipo, o tipo não tem nem a banalidade, nem a superficialidade, nem o caráter repetitivo. O tipo representa se não um indivíduo, pelo menos um *papel** característico de um estado ou de uma esquisitice (assim o papel do avarento, do traidor). Se ele não é individualizado, possui pelo menos alguns traços humanos e historicamente comprovados.

1. Há criação de um tipo logo que as características individuais e originais são sacrificadas em benefício de um generalização e de uma ampliação. O espectador não tem a menor dificuldade em identificar o *tipo* em questão de acordo com um traço psicológico, um meio social ou uma atividade.

2. O tipo goza de má fama: reprovam sua superficialidade e sua dissemelhança das personagens reais. Ele é assimilado à figura cômica definida, dentro da perspectiva bergsoniana, como "mecânica aplicada sobre o vivo" (BERGSON, 1899). Observa-se que as personagens trágicas possuem, quanto a elas, uma dimensão muito mais humana e individual. Contudo, inclusive a personagem mais trabalhada se reduz na verdade a um conjunto de traços, até mesmo de signos distintivos, e não tem nada a ver com uma pessoa real. E, inversamente, o tipo não é senão uma personagem que confessa francamente seus limites e sua simplificação. Enfim, os tipos são os mais aptos a se integrarem à intriga e a servirem de objeto lúdico de demonstração, na medida em que se caracterizam por sua ideia fixa que os põe em conflito com os outras personagens (individualizadas ou típicas também).

3. As personagens tipos se encontram sobretudo nas formas teatrais de forte tradição histórica onde os caracteres recorrentes representam grandes tipos humanos ou esquisitices com os quais o autor dramático se vê às voltas. Historicamente, o surgimento dessa figuras estereotipadas se explica com muita frequência pelo fato de que cada personagem era interpretada pelo mesmo ator, o qual elaborava, ao longo dos anos, uma gestualidade, um repertório de *lazzi** ou uma psicologia original. Certas dramaturgias não podem se privar dos tipos (farsa, comédia de caracteres). Às vezes, a representação do típico, isto é, do genérico, do "filosófico", passa a ser uma reivindicação do dramaturgo.

🔍 Actancial (modelo), ator, papel, *emploi*, distribuição.

📖 Bentley, 1964; Aziza et al., 1978; Herzel, 1981; Amossy, 1982.

TIRADA

↻ Fr.: *tirade*; Ingl.: *tirade*; Al.: *Tirade*; Esp.: *parlamento*.

Réplica de uma personagem, que tem todo tempo para expor suas ideias. Muitas vezes a tirada é longa e veemente: ela se organiza retoricamente em uma sequência de frases, questões, argumentos, afirmações, *morceaux de bravoure* (peças de resistência, passagens brilhantes) ou boas palavras (a "tirada dos narizes" em *Cyrano de Bergerac*). A tirada é frequente em dramaturgia clássica, quando o texto é dividido em discursos bastante longos e autônomos, formando quase que uma sequência de *monólogos**. Cada tirada tende a tornar-se um poema que tem sua própria organização interna e responde às tiradas anteriores.

🔍 Esticomitia, narrativa, estância, solilóquio.

TÍTULO DA PEÇA

↻ Fr.: *titre de la pièce*; Ingl: *title of play*; Al.: *Titel des Stückes*; Esp.: *título de la obra*.

Não existe regra para encontrar um bom título de peça, nem estudos globais sobre a escolha dos títulos. O título é um texto exterior ao texto dramático propriamente dito: ele é, com relação a isto, um elemento *didascálico** (*extra* ou *para-textual*), mas seu conhecimento obrigatório – ainda se vai ao teatro por causa de um título, mesmo que, como hoje, nos interessemos sobretudo pelo trabalho da encenação – influi sobre a leitura da peça. Anunciando a cor, o título instaura uma expectativa que será ora frustrada, ora satisfeita: o espectador, na verdade, julgará se a fábula cola bem no rótulo escolhido. Certas dramaturgias, como o drama romântico ou herói-cômico, dão um título a cada ato ou *quadro**, de maneira que a fábula fica perfeitamente resumida na sequência dos títulos (assim, em *Cyrano de Bergerac*).

1. Concisão

O título é de bom grado conciso: deve ser fácil de se guardar e não dizer tudo (como aqueles romances do século XVIII cujo título interminável já era uma mini narração). Se é comprido ou complicado demais, simplificar-se-á com o uso, como em *A Tragédia de Hamlet, Príncipe da Dinamarca*, reduzido a *Hamlet*, ou como o título (paródico) da peça de Peter WEISS *A Perseguição e o Assassinato de Jean-Paul Marat, representada pelo grupo teatral do Hospício de Charenton sob a direção do Senhor de Sade*, abreviada para *Marat-Sade*.

2. Nome Próprio

Na maioria das vezes, o título leva o nome próprio do herói central (*Tartufo, Andrômaca*), com o perigo de que nossa época não mais veja aí o herói mais interessante: *Britannicus* é o nome da vítima principal, mas quem nos fascina na hora é Nero. Para os reis, principalmente em SHAKESPEARE, o nome é precedido do título e da parte em questão: *The First Part of King Henry the Fourth*.

3. Caracterização Imediata

O título procura muitas vezes caracterizar o herói, seja generalizando seu caráter (exemplo: *O Misantropo, O Avarento, O Mentiroso*), seja jogando com as assonâncias: *Tartufo, O Pingue-Pongue* (ADAMOV), *Mann ist Mann* (BRECHT). Às vezes um subtítulo precisa o título esboçando a intriga: em dramaturgia elisabetana (*All for Love* para *Antônio e Cleópatra*, de SHAKESPEARE).

4. Comentário Metatextual

O título se encaminha de bom grado para um comentário metatextual sobre a fábula: *O Jogo do Amor e do Acaso* convida a elucidar as relações desses dois motivos na intriga. *Terror e Miséria do Terceiro Reich* reflete os sentimentos que são liberados num espectador quando assiste a todos os *sketches* da peça.

5. Gosto pela Provocação e pela Publicidade

Quem tem Medo de Virginia Woolf? (ALBEE), *Um Chapéu de Palha da Itália* (LABICHE), *Pena que Ela Seja uma Puta* (FORD) são títulos que excitam a curiosidade e atraem a atenção. Eles fariam sonhar os cineastas contemporâneos.

6. Provérbio

As *Comédias e Provérbios* de MUSSET dão o tema ilustrado pela peça, como se eles decorressem de uma encomenda ou de uma aposta a partir de uma ideia a ser ilustrada dramaticamente. Muitas vezes se trata de um trocadilho mais ou menos enigmático (*The Importance of Being Earnest, A Importância de Ser Prudente*).

7. A Escolha do Título

A vanguarda é hoje muito mais reservada em suas escolhas de um título, considerando-o como uma simples convenção ou nomenclatura para um texto que é a única coisa considerada importante. Por isso tem-se a impressão de que todos os títulos se parecem um pouco. E, no entanto, o título é relevante para a carreira da obra, principalmente no *boulevard*, onde é preciso atrair o público e lhe prometer algo em troca do seu dinheiro (*On Dînera au Lit, Les Baba-Cadres, Le Dindon, Reviens Dormir à l'Elysée*). Os autores de melodramas sabiam bem disso quando diziam que "para fazer um bom melodrama, é preciso primeiramente escolher um título. Em seguida, é preciso adaptar este título a um assunto qualquer" (*Traité du Mélodrame*, 1817, por A.A.A.!).

🔍 Antonomásia.

TRABALHO TEATRAL

⇄ Fr.: *travail théâtral*; Ingl.: *theatrical work*; Al.: *Theaterarbeit*; Esp.: *trabajo teatral*.

Este termo – talvez uma tradução inconsciente do *Modellbuch** brechtiano que leva o título de *Theaterarbeit* (1961) – teve nos anos 1950 e 1960 uma grande voga, pois evocava não só o estrito trabalho dos ensaios e do aprendizado do texto pelos atores, mas também a *análise dramatúrgica**, a *tradução** e a *adaptação**, as improvisações gestuais, a busca do *gestus**, da *fábula** ou a abertura do texto a uma pluralidade de sentidos, a marcação dos atores, a preparação dos figurinos, dos cenários, das luzes etc. *Trabalho teatral* implica assim uma concepção dinâmica e operatória da encenação. Encontra-se geralmente vestígio disso na realização final, e às vezes esse vestígio é voluntariamente conservado e mostrado como parte integrante da peça.

A revista francesa *Travail Théâtral*, que surgiu entre 1971 e 1981, se interessava por todos os níveis da produção do espetáculo e da atividade teatral, reatando assim com a concepção brechtiana de uma teorização baseada numa prática contínua e transformadora.

TRABALHOS DE ATOR

⇄ Fr.: *travaux d'acteur*; Ingl.: *actor's exercise*; Al.: *Schauspielerübung*; Esp.: *ejercicio del actor*.

No programa da maioria das escolas de atores figuram exercícios (em STANISLÁVSKI, MEIERHOLD, COPEAU, DULLIN, BRECHT, VITEZ, LASSALLE) que muitas vezes dão lugar à preparação meticulosa de um fragmento de encenação. Daí a ideia de sistematizar os exercícios e trabalhos de ator que se tornam apresentações dentro da escola ou para um grupo de amigos ou de profissionais (por exemplo, no TNS de Estrasburgo ou no CDNA de Grenoble). Muitas vezes, atores ou aprendizes de atores se organizam entre si, sem encenador, e testam modos de apresentação experimentais. O resultado é muito variável: ora os atores se veem libertos da tutela de um diretor, ora ficam entregues a si mesmos e se sentem mais desestabilizados que regenerados (exemplos dados em *Théâtre/Public* n. 64-65, 1985).

TRADUÇÃO TEATRAL

⇄ Fr.: *traduction théâtrale*; Ingl.: *translation*; Al.: *Übersetzung*; Esp.: *traducción*.

1. Especificidade da Tradução para a Cena

Para fazer justiça à teoria da tradução teatral, principalmente a tradução para a cena efetuada visando uma encenação, é preciso levar em conta a *situação de enunciação** própria do teatro: aquela de um texto proferido por um ator, num tempo e num lugar concreto, dirigindo-se a um público que recebe imediatamente um texto e uma encenação. Para pensar o processo da tradução teatral, seria necessário fazer perguntas ao mesmo tempo ao teórico da tradução e ao encenador ou ao ator, assegurar-se de sua cooperação e integrar o ato da tradução àquela *translação* muito mais ampla que é a encenação de um texto dramático. No teatro, na verdade, o fenômeno da tradução para a cena supera em muito aquele, bastante limitado, da tradução interlingual do texto dramático. Para tentar chegar ao âmago de alguns problemas de tradução específicos da cena e da encenação, será indispensável levar em conta duas evidências: *primo*, no teatro, a tradução passa pelo corpo dos atores e pelos ouvidos dos espectadores; *secundo*, não se traduz simplesmente um texto linguístico num outro; confronta-se, faz com que se comuniquem situações de enunciação e culturas heterogêneas, separadas pelo espaço e pelo tempo. Convém, enfim, distinguir claramente entre tradução e *adaptação**, principalmente brechtiana (*Bearbeitung*, literalmente: "retrabalho"): por definição, a adaptação escapa a qualquer controle: "Adaptar é escrever uma outra peça, substituir o autor. Traduzir é transcrever toda uma peça na ordem, sem acréscimo nem omissão, sem cortes, desenvolvimento, inversão de cena, alteração das personagens, mudanças de réplicas" (DÉPRATS, *in* CORVIN, 1995: 900).

2. Interferência das Situações de Enunciação

O tradutor e o texto de sua tradução estão na intersecção de dois conjuntos aos quais eles pertencem em graus diferentes. O texto traduzido faz parte, ao mesmo tempo, do texto e da cultura-fonte e do texto e da cultura-alvo, entendendo-se que a transferência diz respeito ao mesmo tempo ao texto-fonte, em sua dimensão semântica, rítmica, acústica, conotativa etc., e o texto-alvo, nessas mesmas dimensões necessariamente adaptadas à língua e à cultura-alvo. A este fenômeno "normal" para tradução linguística acrescenta-se, no teatro, a relação das situações de enunciação: esta é, na maioria das vezes, virtual, visto que o tradutor trabalha, na maior parte do tempo, a partir de um texto escrito; todavia, acontece (porém raramente) que ele tenha apreendido este texto a ser traduzido dentro de uma encenação concreta, a saber, "cercada" de uma situação de enunciação realista.

Mesmo neste caso, porém, diferentemente da dublagem para o cinema, ele sabe que sua tradução não poderá conservar sua situação de enunciação inicial, mas que ela está destinada a uma futura situação de enunciação que ele ainda não conhece, ou não conhece muito bem. No caso de uma encenação concreta do texto traduzido, percebe-se perfeitamente a situação de enunciação na língua e na cultura-alvo. Remando contra a maré, no caso do tradutor, a situação é muito mais difícil, pois, traduzindo, ele deve adaptar uma situação de enunciação virtual, porém passada, que ele não conhece ou não conhece mais, a uma situação de enunciação que será atual, mas que ele não conhece, ou ainda não conhece. Antes mesmo de abordar a questão do texto dramático e de sua tradução, constata-se portanto que a situação de enunciação real (aquela do texto traduzido e colocado em situação de recepção) é uma transação entre as situações de enunciação-fonte e alvo e que ela leva de certo modo a lançar um olhar meio desfocado para a fonte e muito desfocado para o alvo.

A tradução teatral é um ato hermenêutico como outro qualquer: para saber o que quer dizer o texto-fonte, é preciso que eu o bombardeie com questões práticas *a partir* de uma língua-alvo, que eu lhe pergunte: colocado aí onde estou, nesta situação final de recepção, e transmitido nos termos dessa outra língua que é a língua-alvo, que quer você dizer para mim e para nós? Ato hermenêutico que consiste, para *interpretar a* texto-fonte, em destacar dele algumas grandes linhas, traduzidas numa outra língua, em atrair este texto estrangeiro para si, a saber, para a língua e a cultura-alvo, para fazer toda a diferença com sua origem e sua fonte. A tradução não é uma busca de equivalência semântica de dois textos, mas uma apropriação de um texto-fonte por um texto-alvo. Para descrever esse processo de *apropriação*, é preciso acompanhar as etapas de seu encaminhamento, desde o texto e a cultura-fonte até a recepção concreta do público (PAVIS, 1990).

3. A Série de Concretizações

Para entender as transformações do texto dramático, sucessivamente escrito, traduzido, analisado dramaturgicamente, enunciado cenicamente e recebido pelo público, é preciso reconstituir seu périplo e suas transformações durante suas sucessivas concretizações.

O texto de onde se parte (T^0) é a resultante das escolhas e da formulação por seu autor. Este próprio texto só é legível dentro do contexto de sua situação de enunciação, principalmente de sua dimensão inter e ideotextual, a saber, de sua relação com a cultura ambiente.

a. O texto da tradução escrita (T^1) depende da situação de enunciação virtual e passada de T^0 assim como daquela do futuro público, que receberá o texto em T^3 e T^4. Este texto T^1 da tradução constitui uma primeira concretização. O tradutor está na posição de um leitor e de um dramaturgo (no sentido técnico da palavra): ele faz sua escolha nas virtualidades e nos possíveis percursos do texto a ser traduzido. O tradutor é um dramaturgo que deve primeiro efetuar uma tradução *macrotextual*, a saber, uma análise dramatúrgica da ficção veiculada pelo texto. Ele deve reconstituir a fábula, segundo a lógica actancial que lhe parece convir; ele reconstitui a dramaturgia, o sistema das personagens, o espaço e o tempo em que evoluem os actantes, o ponto de vista ideológico do autor ou da época que transpareciam no texto, os traços individuais específicos de cada personagem e os traços suprassegmentais do autor que tende a homogeneizar todos os discursos e o sistema dos ecos, repetições, retomadas, correspondências que garantem a coerência do texto-fonte. Mas a tradução macrotextual, se ela só é possível à leitura do texto – microestruturas textuais e linguísticas – envolve em troca a tradução dessas mesmas microestruturas. Nesse sentido, a tradução teatral (como toda tradução literária ou tradução de ficção) não é uma simples operação linguística: ela envolve demais uma estilística, uma cultura, uma ficção, para não passar por aquelas macroestruturas.

b. O texto da dramaturgia (T²) é, portanto, sempre legível na tradução de T°. Acontece mesmo de um dramaturgo interpor-se entre tradutor e encenador (em T², portanto) e de preparar o terreno para a futura encenação, sistematizando as escolhas dramatúrgicas, ao mesmo tempo na leitura da tradução T¹ – a qual é, como acabamos de ver, infiltrada pela análise dramatúrgica – e eventualmente reportando-se ao original T°.

c. A etapa seguinte, em T³, é aquela da colocação à prova do texto, traduzido em T¹ e T², no contato da cena: é a concretização da enunciação cênica. Desta vez, a situação de enunciação é enfim realizada: ela "mergulha" no público, na cultura-alvo, os quais verificam imediatamente se o texto passa ou não! A encenação, enquanto confrontação das situações de enunciação virtual de T° e atual de T³ propõe um *texto espetacular*, sugerindo o exame de todas as relações possíveis entre signos textuais e signos cênicos.

d. Mas a série ainda não está concluída, pois é preciso que o espectador receba esta concretização cênica T³ e que ele se aproprie dela por sua vez: poder-se-ia chamar esta última etapa *concretização receptiva* ou *enunciação receptiva*. Este é o momento em que o texto-fonte finalmente chegou a seus fins: tocar um espectador durante uma encenação concreta. Este espectador só se apropria do texto ao termo de uma cascata de concretizações, de traduções "intermediárias" que elas próprias, em cada etapa, reduzem ou ampliam o texto-fonte, fazem dele um texto sempre a ser encontrado, sempre a ser constituído. Não é exagerado dizer que a tradução é ao mesmo tempo uma análise dramatúrgica (T¹-T²), uma encenação (T³) e um dirigir-se ao público (T⁴) *que se ignoram*.

4. As Condições de Recepção da Tradução Teatral

a. A competência hermenêutica do futuro público

Viu-se que a tradução vai dar, no final do caminho, na concretização receptiva que decide, em última instância, o uso e o sentido do texto-fonte T°. Isto é, a importância das condições de chegada do enunciado traduzido, condições, aliás, muito específicas no caso do público de teatro, que deve *ouvir* o texto e, em particular, entender o que levou o tradutor a efetuar determinada escolha, a imaginar no público determinado "horizonte de expectativa" (JAUSS). É na avaliação de si mesmo e do outro que o tradutor fará uma ideia do caráter mais ou menos apropriado de sua tradução. Mas esta depende de muitos outros fatores e, principalmente, de uma outra competência.

b. Competência rítmica, psicológica, auditiva do futuro público

A equivalência ou, pelo menos, a transposição rítmica e prosódica do texto-fonte (T°) e do texto da concretização cênica (T³) é muitas vezes considerada indispensável à "boa" tradução. É preciso, na verdade, levar em conta a forma da mensagem traduzida, principalmente sua duração e seu ritmo que fazem parte de sua mensagem. Mas o critério do interpretável ou do falável é ao mesmo tempo válido para controlar o modo de recepção do texto proferido e problemático a partir do momento que ele degenera numa norma do bem interpretar ou do verossimilhante. E certo que o ator deve ser fisicamente capaz de pronunciar e de interpretar seu texto. Isto implica evitar as eufonias, os jogos gratuitos de significante, a multiplicação dos detalhes às custas de uma apreensão rápida do conjunto. Esta exigência de um texto *interpretável* ou *falável* pode, todavia, conduzir a uma norma do bem falar, a uma simplificação fácil da retórica da frase ou da performance propriamente respiratória e articulatória do ator (*cf.* as traduções de SHAKESPEARE). Um perigo de banalização sob a capa do texto "redondo na boca" espreita o trabalho da encenação.

Quanto à noção correlata do texto *audível* ou *receptível*, ela também depende do público e da faculdade de calcular o impacto emocional de um texto e de uma ficção sobre os espectadores. Aí também se observará que a encenação contemporânea não mais reconhece esta norma da correção tônica, da clareza do discurso ou do ritmo agradável. Outros critérios substituem estes, demasiado normativos, de um texto redondo na boca e agradável ao ouvido.

5. A Tradução e sua Encenação

a. Substitutos da situação de enunciação

A tradução em T^3, tradução já inserida numa encenação concreta, é "ramificada" sobre a situação de enunciação cênica, graças a um sistema de dêiticos. A partir do momento que é assim ramificado, o texto traduzido pode se aliviar dos termos que só são compreensíveis dentro do contexto de sua enunciação. O texto dramático, que joga muito com dêiticos, pronomes pessoais, silêncios, ou que faz recair nas indicações cênicas a descrição dos seres e das coisas, sabe muito bem disso, esperando pacientemente que uma encenação substitua o texto.

Esta propriedade do texto dramático e, *a fortiori*, de sua tradução para a cena, permite que o ator complete o texto a ser dito por toda espécie de recursos acústicos, gestuais, mímicos, posturais. Entra então em jogo toda a intervenção rítmica do ator sobre o texto dramático, sua entonação que diz, sobre o texto, mais que um longo discurso, seu fraseado que abrevia ou alonga à vontade suas tiradas, estrutura ou desestrutura o texto: são procedimentos gestuais que garantem a circulação entre a fala e o corpo.

b. A tradução como encenação

Entre os tradutores e os encenadores, opõem-se duas escolas de pensamento quanto ao estatuto da tradução diante da encenação. E a mesma discussão que a da relação do texto dramático e de sua *encenação**.

- Para tradutores ciosos de sua autonomia e que muitas vezes consideram que seu trabalho é publicável tal como está, que não está vinculado a uma encenação em particular, a tradução não determina necessária ou totalmente a encenação: ela deixa as mãos livres aos futuros encenadores. Esta é a posição de DÉPRATS (*in* CORVIN, 1995).

- A tese contrária quase assemelha a tradução a uma encenação, já contendo o texto da tradução sua encenação e comandando-a. Isto equivale a considerar que o texto original ou traduzido contém uma *pré-encenação**, posição criticável quando chega até a sugerir que se deve levá-la em conta para realizar a encenação e para preparar a tradução. DÉPRATS nuança esta oposição demasiado demarcada: "Se é o caso em que o próprio projeto da tradução é indissociável do projeto espetacular, uma grande tradução passível de ser retomada em diferentes encenações existe fora de toda referência a um espetáculo preciso" (901).

6. Teoria do Verbo-Corpo

Chama-se *verbo-corpo* a aliança do gesto e da palavra. É uma regulagem, específica de uma língua ou de uma cultura, do ritmo (gestual e vocal) e do texto. Trata-se de apreender a maneira pela qual o texto-fonte e, depois, a colocação em jogo-fonte, associam um tipo de enunciação gestual e rítmica a um texto; em seguida procura-se um *verbo-corpo* equivalente e apropriado para a língua-alvo. É portanto necessário, para efetuar a tradução do texto dramático, o tradutor criar para si uma imagem visual e gestual desse *verbo-corpo* da língua e da cultura-fonte para tentar apropriar-se dela a partir do *verbo-corpo* da língua e da cultura-alvo. Insistiu-se muitas vezes na necessidade de efetuar, pelo jogo do ator e da encenação, a inserção do gesto e do corpo na língua-fonte, de restituir sua "fisicalidade". Trata-se, sempre, de proceder ao encontro do *verbo-corpo* vindo da cultura e da língua-fonte com aquele da cultura e da língua dentro da qual se faz a tradução.

📖 *Théâtre Public*, n. 44, 1982; Pavis, 1987b, 1990; *Sixièmes Assises*, 1990.

TRAGÉDIA

↻ (Do grego *tragoedia*, canto do bode – sacrifício aos deuses pelos gregos.)
Fr.: *tragédie*; Ingl.: *tragedy*; Al.: Tragödie; Esp.: *tragédia*.

Peça que representa uma ação humana funesta muitas vezes terminada em morte. ARISTÓTELES dá uma definição de tragédia que influenciará profundamente os dramaturgos até nossos dias: "A tragédia é a imitação de uma ação de caráter elevado e completo, de uma certa extensão, numa linguagem temperada com condimentos de uma espécie particular conforme as diversas partes, imitação que é feita por personagens em ação e não por meio de uma narrativa, e que, provocando piedade e temor, opera a purgação própria de semelhantes emoções" (1449b).

Vários elementos fundamentais caracterizam a obra trágica: a *catharsis** ou purgação das paixões pela produção do terror e da piedade; a *hamartia** ou ato do herói que põe em movimento o processo que o conduzirá à perda; a *hybris**, orgulho e teimosia do herói que persevera apesar das advertências e recusa esquivar-se; o *pathos*, sofrimento do herói que a tragédia comunica ao público. A sequência tipicamente trágica teria por "fórmula mínima": o *mythos** é a *mimese** da *práxis** através do *pathos** até a *anagnoris**. O que significa, dito de maneira clara: a história trágica imita as ações humanas colocadas sob o signo dos sofrimentos das personagens e da *piedade** até o momento do *reconhecimento** das personagens entre si ou da conscientização da fonte do mal.

Sem fazer aqui a história da tragédia, cumpre reter três períodos em que ela floresce particularmente: a Grécia clássica do século V, a Inglaterra elizabetana e a França do século XVII (1640-1660).

📖 Ver os artigos *Trágico* e *Poético*.

TRAGÉDIA DOMÉSTICA (BURGUESA)

↻ Fr.: *tragédie domestique*; Ingl.: *domestic tragedy*; Al.: *bürgerliche Tragödie*; Esp.: *tragédia doméstica*.

Nome do gênero empregado no século XVIII por DIDEROT, para designar o *drama burguês**.

TRAGÉDIA HERÓICA

↻ Fr.: *tragédie héroïque*; Ingl,: *heroic tragedy*, *heroic play*; Al.: *heroische Tragödie*; Esp.: *tragédia heroica*.

Gênero de tragédia que surgiu na Inglaterra, após a restauração da monarquia, principalmente com John DRYDEN (*The Conquest of Granada*, 1670). Trata-se de uma imitação da tragédia clássica francesa, dentro de um estilo elevado e patético, com uma temática romanesca e idealista. Ela não se livrará de sua paródia em *The Rehearsal* (1671) por BUCKINGHAM.

TRAGÉDIA POLÍTICA

↻ Fr.: *tragédie politique*; Ingl.: *political tragedy*; Al.: *politische Tragödie*; Esp.: *tragédia política*.

Tragédia que retoma elementos históricos autênticos ou que se dão como tais. O trágico provém das decisões que grupos antagônicos impõem mais ou menos ao herói. Por exemplo: *Horácio*, *Cinna* de CORNEILLE, *Britannicus* de RACINE, *A Morte de Danton*, de BÜCHNER.

TRÁGICO

↻ Fr.: *tragique*; Ingl.: *tragic*; Al.: *tragisch*; Esp.: *trágico*.

É preciso distinguir cuidadosamente a *tragédia**, gênero literário que possui suas próprias regras, e o *trágico*, princípio antropológico e filosófico que se encontra em várias outras formas artísticas e mesmo na existência humana. No entanto, é claramente a partir das tragédias (dos gregos às tragédias modernas de um GIRAUDOUX ou de um SARTRE) que melhor se estuda o trágico pois, como observa P. RICOEUR, "a essência do trágico (se existe uma) só se descobre por meio de uma poesia, de uma representação, de uma criação de personagem; em suma, o trágico é primeiro mostrado em obras trágicas, operado *por* heróis que existem plenamente no imaginário" (1953: 449). No estudo das diferentes filosofias do trágico, sempre se encontrará esta dicotomia:

– uma concepção literária e artística do trágico relacionado essencialmente à tragédia (ARISTÓTELES);
– uma concepção antropológica, metafísica e essencial do trágico que faz decorrer a arte trágica da situação trágica da existência humana, concepção que se impõe a partir do século XIX (HEGEL, SCHOPENHAUER, NIETZSCHE, SCHELER, LUKÁCS, UNAMUNO).

Não caberia propor uma definição global e completa do trágico, pois os fenômenos e os tipos de obras examinados são demasiado diversos e por demais historicamente situados para se reduzir a um corpo constituído de propriedades trágicas. Quando muito é útil esboçar o sistema clássico da tragédia e seus prolongamentos modernos.

1. A Concepção Clássica do Trágico

a. O conflito e o momento

O herói realiza uma ação trágica quando sacrifica voluntariamente uma parte legítima de si mesmo e dos interesses superiores, podendo esse sacrifício ir até a morte. HEGEL dá uma definição dele mostrando o dilaceramento do herói entre exigências contraditórias: "O trágico consiste nisto: que, num conflito, os dois lados da oposição têm razão em si, mas só podem realizar o verdadeiro conteúdo de sua finalidade negando e ferindo a outra potência que também tem os mesmos direitos, e que assim eles se tornam culpados em sua moralidade e por essa própria moralidade" (1832: 377). O trágico é produzido por um conflito inevitável e insolúvel, não por uma série de catástrofes ou de fenômenos naturais horríveis, mas por causa de uma fatalidade que persegue encarniçadamente a existência humana. O mal trágico é irremediável. Como diz LUKÁCS, "quando a cortina se abre, o futuro já é presente desde a eternidade".

b. Os protagonistas

Qualquer que seja a natureza exata das forças em confronto, o conflito trágico clássico sempre opõe o homem e um princípio moral ou religioso superior. Para o surgimento da tragédia grega, "para que haja ação trágica, é preciso que se haja destacado a noção de uma natureza humana que tem seus próprios caracteres, e que, por conseguinte, os planos humano e divino sejam bastante distintos para se oporem; mas é preciso que eles não deixem de parecer inseparáveis" (VERNANT, 1974: 39). Assim, para HEGEL, o verdadeiro tema da tragédia é o divino, não o divino da consciência religiosa, mas o divino em sua realização humana através da lei moral.

c. Reconciliação

A ordem moral sempre conserva, quaisquer que sejam as motivações do herói, a última palavra: "A ordem moral do mundo, ameaçada pela intervenção parcial do herói trágico no conflito de valores iguais, é restabelecida pela justiça eterna quando o herói sucumbe" (HEGEL, 1832: 377). Apesar do castigo ou da morte, o herói trágico se reconcilia com a lei moral e a justiça eterna, pois compreendeu que seu desejo era unilateral e feria a justiça absoluta sobre a qual repousa o universo moral do comum dos mortais. Isto faz dele uma personagem que sempre admiramos, mesmo que tenha se tomado culpado dos maiores crimes.

d. Destino

O destino assume às vezes a forma de uma fatalidade ou de um destino que esmaga o homem e reduz a nada sua ação. O herói tem conhecimento desta instância superior e aceita confrontar-se com ela sabendo que está selando sua própria perda ao dar início ao combate. Na verdade, a ação trágica comporta uma série de episódios cujo encadeamento necessário só pode levar à catástrofe. A motivação é ao mesmo tempo interior ao herói e dependente do mundo exterior, da vontade dos outras personagens. A transcendência assume suas identidades muito diversas no decorrer da história literária: fortuna, lei moral (CORNEILLE), deus oculto (em RACINE, segundo GOLDMANN, 1955), paixão (RACINE, SHAKESPEARE), determinismo social ou hereditariedade (ZOLA, HAUPTMANN).

e. Liberdade e sacrifício

O homem recobra assim sua liberdade: "Foi uma grande ideia admitir que o homem consente em aceitar um castigo mesmo por um crime *inevitável*, a fim de manifestar assim sua liberdade para a própria perda de sua liberdade e de soçobrar por uma declaração de direitos da vontade livre" (SCHELLING, citado em SZONDI, 1975b: 10). O trágico é, portanto, tanto a marca da fatalidade quanto a fatalidade livremente aceita pelo herói: este resgata o desafio trágico, aceita lutar, assume a falta (que às vezes lhe é imputada equivocadamente) e não procura compromisso algum com os deuses: está disposto a morrer para afirmar sua liberdade, baseando-a no reconhecimento da necessidade. Por seu sacrifício, o herói se mostra digno da grandeza trágica.

f. Falha trágica

É ao mesmo tempo a origem e a razão do trágico (*hamartia**). Para ARISTÓTELES, o herói comete uma falha e "cai em desgraça não em razão de sua má sorte e de sua perversão, mas na sequência de um ou outro erro que cometeu" (*Poética*, 1453a). Este paradoxo trágico (aliança da *falha* moral e do *erro* de julgamento) é constitutivo da ação, e as diferentes formas de trágico se explicam pela avaliação incessantemente reconsiderada desta falha. A regra de ouro para o dramaturgo é, seja como for, apresentar heróis nem demasiado culpados, nem completamente inocentes. Ora o tragediógrafo minimiza o alcance da falta, faz dela um dilema moral que ultrapassa a individualidade e a liberdade do herói (CORNEILLE), ora faz do herói um ser que é entregue sem piedade a um deus oculto: assim, segundo GOLDMANN, o trágico do herói raciniano nasce da "oposição radical entre um mundo sem consciência autêntica e sem grandeza humana e a personagem trágica, cuja grandeza consiste precisamente na recusa desse mundo e da vida" (1955: 352).

A falta varia de acordo com os conflitos trágicos, mas BARTHES tem razão ao dizer "que todo herói trágico é inocente: ele se torna culpado para salvar a Deus" (1963: 54). Assim, no caso de RACINE, "a criança descobre que seu pai é mau e quer, contudo, continuar a ser seu filho. Para esta contradição, só existe uma saída (e esta é a própria tragédia): que o filho assuma a falta do pai, que a culpa da criatura alivie a carga da divindade" (1963: 54). Mas esta *hamartia** é muito ambígua: nós a traduzimos ora por *falha*, por *erro* de julgamento ou por *pecado* (na tradução cristã).

g. O efeito produzido: a catharsis*

A tragédia e o trágico se definem essencialmente em função do efeito produzido sobre o espectador. Além da célebre purgação das paixões (sobre a qual não se sabe exatamente se é *eliminação das* paixões ou *purificação pelas* paixões), o efeito trágico deve deixar no espectador uma impressão de elevação da alma, um enriquecimento psicológico e moral: eis por que a ação só é verdadeiramente trágica quando o herói oferece ao público, em sacrifício, esse sentimento de transfiguração (*terror e piedade**).

h. Outros critérios do trágico

As diferentes estéticas não se contentam em considerar o trágico num nível ontológico e antropológico. Confundindo com muita frequência trágico e tragédia, elas redefinem o trágico em função de normas mais dramatúrgicas e estéticas do que filosóficas, e isto, desde a famosa definição aristotélica segundo a qual a ação trágica é a imitação dos *incidentes** da fábula. O classicismo francês insiste no respeito às três unidades. Certos autores, como RACINE, fazem dessas regras, principalmente aquela da unidade de tempo, uma necessidade interna. GOETHE, comentando ARISTÓTELES, indica que a tragédia se concretiza por uma construção acabada, a *catarse**, como "conclusão finalizante conciliadora que é exigida, de fato, de todo drama e mesmo de todas as obras poéticas" (1970, vol. VI: 235). Mais que o público, é o herói que experimenta a expiação e a reconciliação trágicas: somente em seguida, e por contragolpe, que "a mesma coisa se passa no espírito do espectador, o qual voltará para casa sem ter ficado melhor em nada" (1970, vol. VI: 236).

Outros autores dão inúmeras interpretações do conflito trágico: o que muda em cada uma dessas concepções é a finalidade da ação do herói. Para SCHILLER, o trágico nasce com a resistência dos caracteres contra um destino onipotente, com a resistência moral ao sofrimento, resistência esta que leva os heróis ao sublime.

Uma psicologização do trágico transforma o conflito moral em subjetividade dilacerada entre duas paixões ou aspirações contraditórias: Hamlet fica dividido entre seu desejo de vingança e a impossibilidade de agir de acordo com seu humanismo.

SHAKESPEARE se situa, como mostra admiravelmente bem GOETHE, numa encruzilhada da consciência trágica, no momento do enfraquecimento da tragédia, entre o antigo e o novo, o dever (*Sollen*) e o querer (*Wollen*): "Através do dever a tragédia fica grande e forte, através do querer fraca e pequena. Por este último caminho, nasceu o *drama*, a partir do momento que se substituiu o monstruoso dever por um querer e porque este querer lisonjeia nossa fraqueza, sentimo-nos comovidos, porque, após uma dolorosa espera, somos finalmente mediocremente consolados" (GOETHE, 1970, vol. VI: 224). SHAKESPEARE "liga o antigo e o novo de maneira transbordante. O querer e o dever tentam manter-se em equilíbrio em suas peças; ambos se combatem com força, mas sempre de tal modo que o poder seja aí perdedor. Ninguém nunca representou tão magnificamente o primeiro vínculo do querer e do dever no caráter individual. A personagem, considerada do lado de seu caráter, 'deve': ela é limitada, destinada ao particular; mas enquanto ser humano, ela 'quer': é ilimitada e reivindica o geral" (GOETHE, 1970, vol. VI: 224).

2. Superação da Concepção Clássica

a. Desativação do trágico

A própria possibilidade do trágico está vinculada à ordem social. Ela pressupõe a onipotência de uma transcendência e a solidificação dos valores aos quais o heróis aceita submeter-se. A ordem é sempre restabelecida no fim do caminho, seja ela de essência divina, metafísica ou humana.

História e tragédia são elementos contraditórios: quando por trás do destino do herói trágico adivinha-se um pano de fundo histórico, a peça perde seu caráter de tragédia do indivíduo para chegar à objetividade da análise histórica.

Eis por que uma visão mais historicizante do mundo desloca totalmente a concepção do trágico. Se, por exemplo, com MARX, concebe-se a personagem não como substância atemporal, mas como representante de certas classes e correntes, suas motivações não são mais, a partir de então, pequenos desejos individuais, mas aspirações comuns a uma classe. Assim, só é trágica uma colisão entre uma "postulação historicamente necessária e sua realização que é praticamente impossível" (MARX, 1967: 187). O trágico não é mais, então, que uma defasagem entre postulação individual e realidade social e a perda do indivíduo contra uma ordem social vindoura ou advinda. Para uma visão marxista ou mesmo simplesmente transformadora da sociedade, o trágico reside numa contradição (entre indivíduo e sociedade), que não pôde ser eliminada ou que só pode sê-lo às custas de lutas e sacrifícios prévios: "O trágico de Mãe Coragem e de sua vida, que o público sente profundamente, residia numa contradição terrível que destruía um ser humano, uma contradição que podia ser resolvida, mas somente pela própria sociedade e às custas de longas e terríveis lutas" (BRECHT).

GOLDMANN distingue com muita exatidão a tragédia, onde o conflito é irremediável, e o drama, onde ele é acidental: "Chamaremos de 'tragédia' toda peça na qual os conflitos são necessariamente insolúveis, e 'drama' toda peça na qual os conflitos são resolvidos (pelo menos no plano moral) ou insolúveis devido à intervenção acidental de um fator que – segundo as leis constitutivas da peça – teria podido não intervir" (1970: 75).

b. Visão trágica, visão onírica

N. FRYE (1957) mostrou como a evolução da tragédia a conduziu rumo à *ironia**, à conscientização da *evitabilidade* (a "resistível ascensão", como diria BRECHT) do acontecimento trágico e de suas consequências. A instância trágica começa a tomar uma forma humana ou social, "o 'aquilo dever ser assim' vira 'em todo caso, é assim' da ironia, uma concentração sobre os fatos evidentes e uma rejeição das superestruturas míticas" (1957: 285). Desta mutação trágica resulta, no século XIX, o *Schicksalsdrama* (tragédia do destino) (BÜCHNER, GRABBE, HEBBEL, IBSEN e mesmo HAUPTMANN), onde a instância suprema reside no bloqueio da sociedade e na ausência de perspectiva de futuro.

c. Visão trágica, visão absurda

Do trágico ao *absurdo**, o caminho é por vezes curtíssimo, principalmente quando o homem não consegue mais identificar a natureza da transcendência que o esmaga ou desde que o indivíduo põe em dúvida a justiça e a legitimidade da instância trágica. Todas as metáforas da história como mecanismo cego revelam em profundidade os germes do absurdo na ação trágica: BÜCHNER, procurando explicar a história, não encontra aí nenhum significado nem meio de ação: "Eu me senti como que aniquilado sob o terrível fatalismo da história. Encontro na natureza humana uma uniformidade atroz, nas relações humanas uma força inexorável que pertence a todos e a ninguém. O indivíduo não é senão a espuma sobre a onda, a grandeza de um puro acaso, a dominação do gênio, um jogo de fantoches, um combate ridículo contra uma lei implacável, que seria sublime reconhecer, mas que é impossível controlar" (1965: 162). Em nossos dias, a confusão entre o trágico e o absurdo é muito maior porque os dramaturgos do absurdo (CAMUS, IONESCO, BECKETT etc.) parecem ocupar o terreno da antiga tragédia e renovar a aproximação dos gêneros misturando cômico e trágico como ingredientes básicos da condição absurda do homem. Basta de tragédia nas regras, mas um sentimento tenaz do trágico da existência.

📖 Benjamin, 1928; Scherer, 1950; Goldmann, 1995; Frye, 1957; Steiner, 1961; Szondi, 1961, 1975b; Jacquot, 1965a, Barthes, 1963; Morel, 1964; Vernant, 1965, 1972; Dürrenmatt, 1966; Domenach,

1967; Green, 1969, 1982; Romilly, 1970; Hilgar, 1973; Vickers, 1973; Girard, 1974; Truchet, 1975; Saïd, 1978; Bollack e Bollack, 1986; Couprie, 1994. Dossiês em *Théâtre/Public* n. 70-71, 82-83, 88-89, 100)

TRAGICOMÉDIA

↔ Fr.: *tragi-comédie*; Ingl.: *tragicomedy*; Al.: *Tragikomödie*; Esp.: *tragicomedia*.

Peça que participa ao mesmo tempo da tragédia e da comédia. O termo (*tragico-comoedia*) é empregado pela primeira vez por PLAUTO no prólogo do *Anfitrião*. Na história teatral, a tragicomédia se define pelos três critérios do tragicômico (personagens, ação, estilo).

A tragicomédia se desenvolve realmente a partir do Renascimento: na Itália, *Pastor Fido* de GUARINI (1590), na Inglaterra, FLETCHER e, na França, onde ela floresce entre 1580 e 1670, como precursora, e depois como rival da tragédia clássica. Designa, na época clássica, toda tragédia que acaba bem (CORNEILLE chama assim *O Cid*). Pode-se ver na tragicomédia um romance de aventuras e de cavalaria. Aí se passam muitas coisas: encontros, reconhecimentos, quiproquós, aventuras galantes. Enquanto a tragédia clássica é respeitosa com as regras, a tragicomédia, aquela de ROTROU ou MAIRET, por exemplo, se preocupa com o espetacular, com o surpreendente, com o heroico, com o patético, com o barroco, para dizer tudo.

O *Sturm und Drang* (GOETHE, LENZ), e depois o drama burguês e o drama romântico se interessam pelo gênero misto, capaz de aliar o sublime ao grotesco e de esclarecer a existência humana por fortes contrastes. A época realista ou pré-absurdo vê nela a expressão da situação desesperada do homem (HEBBEL, BÜCHNER), ao passo que nossa época se reconhece plenamente nela (IONESCO, DÜRRENMATT).

TRAGICÔMICO

↔ Fr.: *tragi-comique*; Ingl.: *tragicomical*; Al.: *tragikomisch*; Esp.: *tragicômico*.

1. O gênero tragicômico é um gênero misto que responde a três critérios: as personagens pertencem às camadas populares e aristocráticas, apagando assim a fronteira entre comédia e tragédia. A ação, séria e até mesmo *dramática**, não desemboca numa *catástrofe** e o *herói** não perece. O estilo conhece "altos e baixos": linguagem realçada e enfática da tragédia e níveis de linguagem cotidiana ou vulgar da comédia.

2. Segundo HEGEL, *comédia** e *tragédia** se aproximam na tragicomédia e se neutralizam reciprocamente: a subjetividade normalmente cômica é aí tratada de modo sério; o trágico é atenuado na conciliação (*burguesa* no *drama**, mundana, segundo a palavra de GOLDMAN, na tragédia clássica no final feliz). Por outro lado, cada gênero parece secretar secretamente seu antídoto: a tragédia sempre revela um momento de ironia trágica ou um *intermédio cômico**: a comédia abre frequentemente perspectivas inquietantes (*cf. O Misantropo, O Avarento*). Certos críticos chegam mesmo a imbricar estruturalmente os dois gêneros. Segundo N. FRYE (1957), a comédia contém implicitamente a tragédia, a qual não é senão uma comédia não terminada.

3. Estrutura constitucionalmente ambígua e dupla, o tragicômico revela a incapacidade do homem de fazer face a um adversário digno dele: "Ele surge em todo lugar onde um destino trágico se manifesta sob uma forma não trágica, onde, de um lado tem-se o homem em luta que é eliminado, mas, do outro lado, não se encontra o poder moral, mas um pântano de circunstâncias que submerge milhares de homens sem merecer um único deles" (HEBBEL, Prefácio a *Ein Trauerspiel in Sizilien*, 1851; cf. também LENZ, *Anmerkungen über das Theater*, 1774).

Assim se explica a atual predileção da dramaturgia pelo derrisório, pelo *absurdo** e pelo *grotesco** do tragicômico. DÜRRENMATT vê em nossa época elementos trágicos que só podem, todavia, se encarnar numa comédia. Do mesmo modo, para IONESCO, cômico e trágico são intercambiáveis e consubstanciais: "Um pouco de mecânico colocado sobre o vivo, é o cômico. Mas se há cada vez mais mecânico, e cada vez menos vivo, fica sufocante, trágico, porque tem-se a impressão de que o mundo escapa a nosso espírito...".

📖 Frye, 1957; Guthke, 1961, 1968; Styan, 1962; Kott, 1965; Dürrenmatt, 1966, 1970; Girard, 1968; Guichemerre, 1981.

U

UNIDADE DE AÇÃO

↻ Fr.: *unité d'action*; Ingl.: *unity of action*; Al.: *Einheit der Handlung*; Esp.: *unidadde acción*.

A ação é una (ou unificada) quando toda a matéria narrativa se organiza em torno de uma história principal, quando as intrigas anexas são todas ligadas logicamente ao tronco comum da fábula. Das três unidades, é a fundamental, pois envolve a estrutura dramática inteira. ARISTÓTELES exige do poeta que represente uma ação unificada: "A fábula [...] deve imitar apenas uma única ação completa cujas partes devem ser dispostas de tal maneira que não se possa desordenar ou retirar uma delas sem alterar o conjunto. Porque o que pode estar num todo ou não estar nele, sem que ele apareça aí, não faz parte do todo" (*Poética*, 1451a). A unidade de ação é a única unidade que os dramaturgos fizeram questão, pelo menos em parte, de respeitar, não por preocupação com uma norma, mas por necessidade interna do seu trabalho. Em três horas de espetáculo, não seria mesmo o caso de multiplicar as ações, subdividi-las ou ramificá-las ao infinito: o espectador não mais se reconheceria nelas sem as explicações, os resumos e os comentários de um narrador externo à ação. Pois bem, esta intervenção do autor é impensável em dramaturgia clássica (não épica); o dramaturgo deve, portanto, curvar-se à regra artesanal da unidade de ação. Talvez a unidade de ação se explique pela relativa simplicidade da narrativa mínima e pela necessidade de segurança sentida por todo leitor perante um esquema narrativo conciso e acabado. A ação e sua unidade são tanto categorias da produção dramatúrgica quanto da *recepção** do espectador, pois é este último quem decide se a ação da peça forma um todo e se deixa resumir num esquema narrativo coerente.

UNIDADE DE LUGAR

↻ Fr: *unité de lieu*; Ingl.: *unity of space*; Al.: *Einheit des Ortes*; Esp.: *unidad de lugar*.

Ela exige o uso de um só lugar, correspondente ao que o espectador está em condições de englobar pelo olhar. Subdivisões deste lugar são, contudo, possíveis: cômodos de um palácio, rua de uma cidade, "locais onde se pode ir em vinte e quatro horas" (CORNEILLE), cenários múltiplos e simultâneos.

UNIDADE DE TEMPO

↻ Fr.: *unité de temps*; Ingl.: *unity of time*; Al.: *Einheit der Zeit*; Esp.: *unidad de tiempo*.

Esta regra, muitas vezes contestada, exige que a duração da ação representada não exceda vinte e quatro horas. ARISTÓTELES aconselha não se ultrapassar o tempo de uma "revolução solar" (12 ou 24 horas). Certos teóricos (no século XVII francês) chegaram mesmo a exigir que o *tempo** representado não ultrapasse o da representação.

A unidade de tempo está intimamente ligada à da ação. Na medida em que o classicismo – e toda abordagem idealista da ação humana – nega a progressão do tempo e a ação do homem sobre o curso do seu destino, o tempo se acha comprimido e reconduzido à ação visível da personagem em cena, isto é, relacionada à consciência do herói. Ele é filtrado e passa necessariamente, para ser mostrado ao público, pela consciência da personagem. Na medida em que, por outro lado, o *drama analítico** (onde a catástrofe é inevitável e conhecida por antecipação) é o modelo da tragédia, o tempo acha-se necessariamente esmagado e reduzido ao estrito necessário para dizer a catástrofe: "A unidade de tempo insere a história não como *processo*, mas como fatalidade irreversível, imutável" (UBERSFELD, 1977a: 207).

UNIDADE MÍNIMA

Fr.: *unité minimale*; Ingl.: *minimal unit*; Al.: *minimale Einheit*; Esp.: *unidad mínima*.

A pesquisa da unidade mínima da representação não é um simples capricho de semiólogo preocupado em encontrar na representação unidades e sua sintaxe e, com a ajuda deste ponto de apoio, "revirar" o terreno desconhecido do funcionamento teatral. Esta pesquisa se impõe a partir do momento que se concebe a representação como um conjunto de *materiais** instalados pela encenação e cujos arranjo e vetorização produzem o *sentido** do espetáculo.

1. Existência de Uma Unidade Mínima

Com o cuidado de remontar à própria fonte da "matéria" teatral, surge a preocupação de distinguir "átomos" de sentido teatral definindo a unidade como o menor *signo** emitido no tempo (BARTHES, 1964: 258). Apesar da advertência clara, no entanto, de KOWZAN (1968), essa atitude levou a descrever a cena como o conjunto fragmentado de signos de dimensões muito reduzidas. Os vínculos entre signos e sua hierarquia não foram elucidados devido ao fato de haver ausência de um projeto ou de uma estrutura capaz de "atrair" diversos sistemas que participam do mesmo conjunto (significado). Nesse cuidado com a distintividade dos signos, esqueceu-se que a unidade mínima depende do sentido global, que a decupagem nunca é inocente, e é, sim, sempre função do sentido atribuído pelo observador à cena.

A análise "atomizante" da cena é agora abandonada, ou pelo menos completada pela dimensão que BENVENISTE chama de semântica e que reintroduz a impressão geral do espectador e o sentido global.

2. Semiótica e Semântica

Um segundo método consiste pois em não mais buscar a qualquer preço, como se faz para a língua, unidades semióticas, isto é, em "identificar as unidades, escrever suas marcas distintivas e descobrir critérios cada vez mais finos da distintividade" (BENVENISTE, 1974: 64). Partir-se-á do sentido global, do "intentado" ("aquilo que isso quer dizer") e, portanto, do aspecto semântico do discurso teatral.

Doravante, toda unidade é integrada a um projeto global: um projeto *dramatúrgico**, uma *atuação** ou um *gestus**. Só depois é que se trata de saber se a semântica (o sentido global) pode se articular e se particularizar em unidades semióticas. Na verdade, poder-se-ia dizer da semiologia da língua: ela "foi bloqueada, paradoxalmente, pelo próprio instrumento que a criou: o signo" (1974: 66). O fato de que o teatro não possui, como a língua, unidades mínimas como as palavras que são uma dimensão ao mesmo tempo semiótica e semântica, impõe partir da dimensão semântica do teatro. Esta dimensão semântica da expressão artística encobre noções de *acontecimento** teatral, *recepção**, *prática significante** do espectador.

As unidades de sentido teatral não serão mais então mínimas, mas sintéticas e globais. (Reportar-se a *decupagem** para a apresentação de algumas unidades globalizantes.)

📖 Propp, 1929; Jansen, 1968, 1973; Greimas, 1970, 1973; Caune, 1978; de Marinis, 1978, 1979; Pavis, Ruffini, 1978.

UNIDADES (TRÊS)

Fr.: *unités*; Ingl.: *unities, units*; Al.: *Einheiten*; Esp.: *unidades*.

O sistema das três unidades é ao mesmo tempo a pedra de toque e a chave da *dramaturgia clássica**. Ele só faz sentido recolocado no contexto estético-ideológico de sua época.

1. Origens

A regra das três unidades constituiu-se como doutrina estética nos séculos XVI e XVII (CHAPELAIN, de 1630 a 1637, D'AUBIGNAC em 1657, LA MESNARDIÈRE) apoiando-se na *Poética** de ARISTÓTELES considerada – sem razão – a fonte e a legisladora das três unidades. À *unidade de ação**, efetivamente recomendada por ARISTÓTELES (*Poética*, cap. 5), são acrescentadas a *unidade de lugar** e a *unidade de tempo**, sob a influência da tradução e do comentário de ARISTÓTELES por CASTELVETRO (1570). Estas duas unidades raras vezes foram totalmente respeitadas, pois impõem restrições muito severas à dramaturgia; elas representaram sobretudo um papel de "parapeito" para as experimentações e as tentações épicas do drama. BOILEAU deu sua mais célebre definição: "Que em um lugar, que em um dia, um único fato realizado/Mantenha até o fim o teatro repleto."

2. Consequências Dramatúrgicas

As regras se baseiam sobretudo numa convergência do tempo/lugar cênico (da representação) e do tempo/lugar exterior (da matéria representada). O dogma da unidade tende a fazer convergir essas duas temporalidades/espacialidades, a tornar contínuo e homogêneo o desenrolar da ação, o que é uma das preocupações essenciais da dramaturgia clássica (por razões de verossimilhança e bom gosto; ser capaz de englobar pelo espírito um conjunto limitado).

A matéria dramática vê-se submetida a rude prova: concentração, distorção dos fatos, isolamento de momentos privilegiados (*crise**), inserção em narrativa de acontecimentos externos e interiorização da ação.

3. Outros Tipos de Unidades

a. Unidade de tom

O classicismo exige uma unidade na apresentação das ações. Não se deve saltar de um a outro nível de linguagem, de um a outro gênero. A atmosfera deve permanecer a mesma (*coerência**). Deve haver unidade de interesse, "que é a verdadeira fonte da emoção contínua" (HOUDAR DE LA MOTTE, *Premier Discours sur la Tragédie*, 1721).

b. Unidade da consciência do herói: o sistema das unidades

Esta unidade se aproxima daquela da *unidade de ação*, mas transcende-a e forma a unidade fundamental da dramaturgia clássica da qual dependem todas as outras, o *herói* se define, como o mostrou HEGEL, pela consciência de si, a qual faz corpo com seus atos. Ele não pode se contradizer e controla perfeitamente a situação. Nele não passa nenhuma contradição social que ele não tenha assumido e da qual sua consciência não seja o reflexo. A unidade de sua consciência impõe a unidade de sua ação, a qual não é desmontável em processos contraditórios (como, por exemplo, em BRECHT), mas forma um todo. A unidade de tempo decorre da unidade de ação: o tempo só pode ser, na verdade, pleno e contínuo; ele é uma emanação da unidade de consciência e de ação. A derradeira unidade, a de lugar, decorre, por sua vez, da unidade de tempo: em pouco tempo e num tempo homogêneo, não se pode ir muito longe, nem saltar de uma temporalidade a outra. (É assim que MAGGI introduz, em 1550, a unidade de lugar que não existe em ARISTÓTELES.)

4. Função das Unidades

Se os tratados clássicos gastam uma energia louca para justificar a necessidade dessas regras unificantes, baseando-se na autoridade dos Antigos e regendo a produção todavia muito conformista de sua época, eles não dizem, contudo, a que corresponde filosófica e esteticamente uma tal regulamentação. A função das unidades nunca aparece com clareza ou, em qualquer estado de causa, varia de um para outro texto. A principal justificativa invocada é a da *verossimilhança**: a cena unificada e concentrada deve poder dar ilusão ao espectador que não aceitaria passar em duas horas de representação por lugares e temporalidades múltiplas; ele veria então os vazios e as interrupções da construção dramática, o que produziria um desagradável efeito de distanciamento. Poder-se-ia, porém, evocar também a razão inversa:

concentrar o acontecimento obriga a cortes e manipulações que são pouco verossimilhantes. Como observa HUGO em sua crítica da tragédia clássica, "o que há de estranho é que aqueles que seguem a rotina pretendem apoiar sua regra das duas unidades [de tempo e de espaço] na verossimilhança, ao passo que é precisamente o real que a mata. O que há, na verdade, de mais inverossímil que esse vestíbulo, esse peristilo, essa antecâmara, local banal onde nossas tragédias têm a complacência de virem se desenrolar, onde chegam, não se sabe como, os conspiradores para declamarem contra o tirano, o tirano para declamar contra os conspiradores" (prefácio de *Cromwell*, 1827).

É, portanto, preciso procurar em algum outro lugar que não numa noção de verossimilhança, absoluta, a justificativa das regras das unidades, e primeiro explicá-las pelas condições materiais dos palcos do século XVII: apesar de toda a maquinaria, as mudanças de lugar e de tempo são imediatamente visíveis e obrigam o público a aceitar uma convenção simbólica, pois o palco não se transforma ainda, como no final do século XIX, num lugar ou um tempo outros.

Mas, sobretudo, é preciso lembrar-se que a noção de verossimilhança, tão frequentemente invocada a favor ou contra as unidades, não fundamenta em teoria e de maneira absoluta o uso ou a ignorância das unidades. A convenção que autoriza essas unidades é, em contrapartida, um fato decisivo; trata-se simplesmente de saber se procuramos mascará-la e ignorá-la para dar a ilusão de um relato realista da ação humana, ou se a aceitamos e a sublinhamos para aceitar o caráter artístico e teatral da representação. Para a dramaturgia clássica e suas regras, a ambiguidade é total; por um lado, ela aceita a abstração, a concentração, a convenção de jogo, e a unidade é então mais um trunfo que um obstáculo; por outro lado, ela tem pretensões à ilusão naturalista, já anuncia o realismo e o naturalismo por sua vontade de fazer coincidir a representação da realidade e esta realidade representada. Nos dois casos, porém, as unidades são mais convenções e códigos teatrais que princípios eternos tirados de uma análise de realidade.

A justificativa das unidades está em outro lugar, e se o classicismo se cala a respeito, não é por perversidade, mas por causa de uma falta de distanciamento histórico e de uma crença universalista e fixa no homem que pretende decidir de uma vez por todas a natureza humana e os meios artísticos de representá-la. As unidades – e, em particular, aquela da ação que quase constitui unanimidade dos doutos e dos dramaturgos – são na verdade a expressão de uma visão unitária, homogênea do homem. O homem clássico é, primeiro, uma consciência inalienável e indivisível que se pode reduzir a um sentimento, uma propriedade, uma unidade (quaisquer que sejam os conflitos que são o tema das peças, mas que são feitos para ser resolvidos). Com a força desta unidade das motivações, das ações, o teórico não supõe, por um segundo sequer, que também a consciência possa ela também explodir, a partir do momento que não mais refletir um mundo unificado, universalizado e que surgir como falsa consciência, ruptura social ou psicológica. A partir do momento que há corte e dialogismo – e este é o caso de HUGO, BÜCHNER ou MUSSET – a unidade que dá segurança voa em estilhaços, o dialogismo e a diversidade a substituem. A personagem e a representação teatral deixam de ser uma unidade indivisível. A escritura dramática não resiste a uma divisão dessas, e a representação não é mais um mundo mimético autônomo, calcado num real unificado; ela tem necessidade de ser construída por um narrador (é no século XIX que a forma dramática será pouco a pouco trincada por diversas intervenções épicas no caso de BÜCHNER, GRABBE, mas também de HUGO ou MAETERLINCK). Desde então, nenhuma unidade – de tempo, lugar, ação, tom ou "interesse" – está doravante em condições de mascarar esta multiplicidade. Se nossa modernidade (com PIRANDELLO, BRECHT ou BECKETT) pulveriza todas as unidades, é que o fim do homem e de sua consciência unificadora não é mais um segredo para ninguém. Pulverização muito relativa, aliás – ou que retoma imediatamente corpo – pois não é fácil admitir que a ação humana, último bastião da querela dos unitários, possa ser deslocada, continuando a atrair a atenção da consciência do público de hoje, público que mal se resolve, mesmo que tudo vá mal, em rejeitar o princípio mais claramente formulado no século XVII pelo abade D'AUBIGNAC: a necessidade de ordem inerente ao espírito humano.

📖 Platão, *Fedra*, *Symposium* (sobre a unidade do discurso); Aristóteles, *Poética*, cap. 5; Horácio, *Arte Poética*, século I a.C.; Maggi, *In Aristotelis Librum de Poética Communes Explicationes*,

1550; Scaliger, *Poetices Libri Septem*, 1561; Castelvetro, *Comentário de Aristóteles*, 1570; Laudun, *Art Poétique François*, 1593; Mairet, *Préface de Silvanire*, 1630, *Sophonisbe*, 1634, La Mesnardière, *Poétique*, 1639; d'Aubignac, *Pratique du Théâtre*, 1657; Corneille, *Discours sur les Trois Unités*, 1657; Dryden, *Essay of Dramatic Poetry*, 1668-1684; Boileau, *L'Art Poétique*, 1674; Gottsched, *Versuch einer critischen Dichtung für die Deutschen*, 1750; Johnson, *Préface de l'Edition de Shakespeare*, 1765; Lessing, *Dramaturgia de Hamburgo*, 1767-1769; Herder, *Shakespeare*, 1773. Para uma lista mais completa, mas não centrada unicamente nas unidades, ver a bibliografia do artigo *poética**.

UNIVERSIDADE (E TEATRO)

Se os *estudos** teatrais propõem, em teoria, programas muito ambiciosos, o ensino do teatro é muito mais limitado. As dificuldades parecem acumular-se sobre a escola dos atores, deixando perplexos tanto os aprendizes de atores quanto as autoridades escolares e universitárias. Estas dificuldades são ainda mais insuperáveis porque a tradição ocidental não limita o ensino ao treinamento físico e ao aprendizado de uma tradição e de uma técnica, mas pretende formar a personalidade inteira do ator em todas as suas dimensões. Do ensino – mais ou menos magistral – à formação, até mesmo à transformação ou à "formação dos formadores", o deslizamento do vocabulário é significativo.

1. Um Programa Demencial

O programa dessa escola ideal é ilimitado: todos os autores, todos os técnicos, todas as artes da cena, todos os métodos de investigação são objeto de estudo. O caos epistemológico dos estudos teatrais só tem igual na anarquia dos ensinos artísticos (na França e no mundo) e a ausência de acordo e de harmonização entre os ministérios e os estabelecimentos. Mais do que pretender cobrir o conjunto dos campos de conhecimento sobre o teatro, talvez fosse mais razoável limitar o ensino e o aprendizado a alguns eixos privilegiados como, por exemplo, a escritura teatral, o ator, o espaço, a encenação, a instituição, o interartístico, a recepção. Estes eixos deveriam permitir uma abordagem ao mesmo tempo teórica (acadêmica no sentido de uma descrição) e prática (uma realização que produz um objeto artístico e se esforça, em seguida, para analisá-lo).

2. O Local da Aprendizagem; a Universidade

A mesma incerteza quanto ao local onde esses conhecimentos complexos devem ser transmitidos. Na Europa Ocidental, a arte dramática é ensinada ora na universidade, ora nas escolas profissionalizantes (conservatórios ou cursos particulares). Esta separação que pensa encontrar sua legitimação na distinção entre teoria e prática é particularmente funesta, pois impede todo aprofundamento quer de uma quer de outra, e prolonga uma posição artificial que tanto a universidade quanto a escola teriam interesse em superar.

A universidade só descobriu o teatro recentemente, quando admitiu, após muitos adiamentos e a contragosto, que ele não era uma sucursal da literatura e, sim, uma prática artística total (sem, no entanto, conceder-lhe as condições de uma sobrevivência decente e de um ensino pluridisciplinar). Ela não soube redividir os conhecimentos e as disciplinas segundo essa prática artística nem decidir qual é, exatamente, seu objeto de estudo: o teatro profissional ou amador, o jogo dramático ou as formas híbridas do interartístico. Ela também não sabe muito bem se o estudante deve aprender a fazer teatro ou se o põe na "escola do espectador" para melhor "ler o teatro" (retomando os títulos de dois livros de Anne UBERSFELD) (1977a, 1981); ou se as duas coisas não são nem contraditórias nem incompatíveis, pois o ensino de teatro deveria recorrer tanto ao estudo acadêmico dos textos e das representações, ao aprendizado das técnicas e ofícios do espetáculo, quanto à própria prática artística.

Na Europa continental, o ensino versa, essencialmente, sobre os textos, às vezes sobre a análise dramatúrgica, no melhor dos casos sobre a análise dos espetáculos. Nos países anglo-saxônicos, o teatro é abordado na escola ou na universidade ora como uma atividade de espertamento (*Drama in Education*), ora como uma arte. A universidade estimula a representação de espetáculos que põem os estudantes em condições de produzir um espetáculo.

A universidade tem muita dificuldade em conciliar sua exigência tradicional de cultura humanista universalizante e as necessidades profissionais a curto prazo que dela reclamam sua administração preocupada com a rentabilidade ou seus estudantes com poucos recursos econômicos ou com falta de um Conservatório nacional.

3. Problemas Não Resolvidos

Pelo menos na França, existe uma má circulação das ideias entre a universidade e a profissão teatral, ou entre a universidade e as escolas profissionalizantes: conservatórios, Escola Nacional Superior das Artes e Técnicas do Teatro (ENSATT), Escola do Théâtre National de Estrasburgo (TNS), seja por causa de um desprezo recíproco, pela divergência dos interesses ou pela estreiteza das mentalidades. A isto se acrescenta uma desconfiança das pessoas de teatro em relação à escola e à universidade, uma recusa em participar das ações pedagógicas comuns. Talvez haja, ao fim e ao cabo, uma natural incompatibilidade entre a exigência humanista universalizante e as necessidades profissionais imediatas, tanto mais quanto não é fácil inverter os papéis: ter uma universidade aberta para as técnicas profissionais e uma criação teatral explorável pela instituição pedagógica. A universidade e o Estado se recusam a bancar os custos de uma formação cara; e se eximem de sua missão estimulando a privatização mais ou menos mascarada; recusam associar-se a projetos equidistantes do ensino e da cultura.

O estatuto dos docentes das escolas e das universidades exigiria ser redefinido distinguindo claramente:

- uma finalidade pedagógica e universitária onde os exercícios e os trabalhos práticos propostos por profissionais "*charges de cours*" (professores contratados) são um complemento parapedagógico bem integrado ao ensino teórico;
- uma finalidade profissional e artística assumida nas escolas profissionalizantes e nos conservatórios por verdadeiros profissionais com, entretanto, um recurso repetido a historiadores, teóricos ou personalidades externas.

No entanto, apesar dessas dificuldades estruturais endêmicas, será preciso de fato esboçar esta aproximação entre universidade e profissão se o ensino de teatro quer continuar a ser universitário e se ele aspira verdadeiramente a uma descompartimentação entre competências e abordagens.

Inversamente, a universidade pode ir ao encontro do teatro: por exemplo, participando de festivais, analisando imediatamente os espetáculos, confrontando a reflexão com as necessidades da ação imediata, favorecendo a implantação de estagiários no meio profissional, assistindo a ensaios e deduzindo conclusões sobre a produção e a recepção do espetáculo.

Numa dimensão mais modesta, é permitido sonhar com a elaboração de exercícios para atores que venham a reconsiderar a fronteira entre o corpo e o espírito, conduzir a reflexão teórica através de uma experimentação lúdica, garantir um vaivém entre questionamento teórico e sua colocação à prova cênica, evoluir entre o seminário e a oficina. O estudo dos textos e dos espetáculos não é mais uma atividade lúdica e emotiva que tem um fim em si. O estudo e a atuação talvez sejam reconciliáveis se se criar para eles um espaço de ensino e de formação, um seminário-oficina, onde seja dado experimentar imediatamente as ideias e as ações. Este espaço poderia ser ao mesmo tempo aquele da universidade mas também das oficinas ou dos estudos temáticos dos conservatórios e dos teatros nacionais ou centros dramáticos (segundo a técnica inaugurada por STANISLÁVSKI e MEIERHOLD, retomada por VITEZ no Conservatório de Chaillot, ou pelo TNS em Estrasburgo).

Também seria necessário reinventar o exercício do final de ano para que ele não seja um simples espetáculo realizado pelos alunos sob a orientação de um professor ou de um profissional, mas um projeto individual ou coletivo, um "autocurso" no sentido de Jacques LECOQ, um "estúdio temático", em suma, um projeto de pesquisa artística acompanhado e seguido de reflexão, sob a forma de um domínio prático.

O ensino de teatro apresenta inúmeras deficiências e atesta um impressionante desperdício de energia humana e institucional. Mas é também portador de esperanças, pois apresenta uma síntese do conhecimento humano que se trata de avaliar, transmitir e retrabalhar.

📖 *Théâtre/Public* n. 34-35, 1980, n. 82-83, 1988; "La formation du comédien", *Les Voies de la Création Théâtrale*, vol. IX, Ed. do CNRS, 1981; P. Vernois e G. Herry, *La Formation aux Métiers du Spectacle en Europe Occidentale*, Paris, Klincksieck, 1988; Knapp, 1993.
Fonte: Patrice PAVIS *in* Michel CORVIN (ed.), *Dictionnaire Encyclopédique du Théâtre*, Paris, Bordas, 1995.

V

VAUDEVILLE

↻ Fr.: *vaudeville*; Ingl: *vaudeville*; Al.: *Vaudeville*; Esp.: *vodevil*.

Na origem, no século XV, o *vaudeville* (ou "vaux de vire") é um espetáculo de canções, acrobacias e monólogos, e isto até o início do século XVIII: FUZELIER, LESAGE e DORNEVAL compõem espetáculos para o teatro de feira que usam música e dança. A ópera-cômica surge quando a parte musical se desenvolve consideravelmente. No século XIX, o *vaudeville* passa a ser, com SCRIBE (entre 1815 e 1850) e depois LABICHE e FEYDEAU, uma comédia de intriga, uma comédia ligeira, sem pretensão intelectual: "O *vaudeville* [...] é na vida real o que o fantoche articulado é para o homem que caminha, um exagero muito artificial de uma certa rigidez natural das coisas" (BERGSON, 1899: 78). *Peça bem feita**, o *vaudeville* se prolonga hoje no *boulevard** que herdou sua vivacidade, seu espírito popular e cômico e suas *palavras de autor**.

🔍 Comédia, teatro burguês, farsa.

📖 Sigaux, 1970; Ruprecht, 1976; Gidel *in* Beaumarchais *ét al.*, 1984; Thomasseau, 1994; Lemahieu *in* Corvin, 1995.

VERISTA (REPRESENTAÇÃO)

↻ Fr.: *vériste (représentation)*; Ingl.: *verism*; Al.: *Verismus*; Esp.: *verista (representación...)*.

Movimento e atitude estética que exigem uma imitação perfeita da realidade.

1. O verismo é um movimento literário e pictórico italiano que dá sequência ao *naturalismo** francês e nele se inspira, e se desenvolve por volta de 1870 até 1920 (chefe de fila: G. VERGA, 1840-1922). Ele se vale de ZOLA, TOLSTÓI e IBSEN.

A montagem, em 1884, de *Çavalleria Rusticana* de MASCAGNI é considerada a origem do movimento. (Outras obras-faróis: *I Pagliacci* de LEONCAVALLO, *El Nost Milan* de C. BERTOLAZZI, as óperas de PUCCINI.)

2. O verismo vai ao encontro do naturalismo em sua submissão fotográfica ao real, sua crença na ciência e num determinismo absoluto (regionalismo, hereditariedade). No teatro, a representação verista reconstitui fielmente o lugar, faz as personagens falarem conforme sua origem regional (e não unicamente social, como para o naturalismo), renuncia a todas as *convenções* irrealistas de atuação (confidentes, monólogos, longas tiradas, *raisonneurs* e coro), volta incessantemente ao tema do *meio** que produz e sufoca o homem.

Além do movimento propriamente dito, a encenação verista (ou naturalista) é um estilo muito frequente no palco contemporâneo. Tudo é feito para que o espectador não tenha mais a impressão de estar no teatro, mas de assistir sub-repticiamente a um acontecimento real, "extraído" da realidade ambiente.

> Realismo, realidade representada, realidade teatral, signo, história.

📖 "Verismo", *Encyclopedia dello Spettacolo*, 1962; "Verismo", *Encyclopoedia Universalis*, 1968; Chevrel, 1982.

VEROSSIMILHANTE, VEROSSIMILHANÇA

↔ Fr.: *vraisemblable, vraisemblance*; Ingl.: *verisimilitude*; Al.: *Wahrscheinlichkeit*; Esp.: *verosimilitud*.

1. Origem da Noção

Para a dramaturgia clássica, a verossimilhança é aquilo que, nas ações, personagens, representações, *parece verdadeiro* para o público, tanto no plano das ações como na maneira de representá-las no palco. A verossimilhança é um conceito que está ligado à recepção do espectador, mas que impõe ao dramaturgo inventar uma fábula e motivações que produzirão o efeito e a ilusão da verdade. Esta exigência do *verossimilhante* (segundo o termo moderno) remonta à *Poética* de ARISTÓTELES. Ela se manteve e se precisou até o classicismo europeu. Ela distingue várias outras noções que descrevem o modo de existência das ações: o verdadeiro, o possível, o necessário, o razoável, o real. Segundo ARISTÓTELES: "Não é contar as coisas realmente acontecidas que é a obra própria do poeta, mas, sim, contar o que poderia acontecer. Os acontecimentos são possíveis conforme a verossimilhança ou a necessidade." O importante não é, portanto, para o poeta, a verdade histórica, mas o caráter verossimilhante, crível, do que ele relata, da faculdade de generalizar o que ele está adiantando. Daí uma oposição fundamental entre ele e o historiador: "Eles se distinguem [...] no fato de que um [o historiador] conta os acontecimentos que ocorreram, o outro os acontecimentos que poderiam ocorrer. Por isso a poesia é mais filosófica e de caráter mais elevado que a história; pois a poesia conta mais o geral e a história o particular" (§ 1451*b*).

Ao escolher o geral, o típico, o poeta prefere a persuasão à verdade histórica, ele aposta numa ação "média", crível, porém interessante, possível, mas fora do comum. Há, portanto, uma tensão a observar entre a ação que cativa (porque fantástica e excepcional) e a ação que seja aceita pela opinião e pela crença do público. Daí uma oposição, também clássica, entre o verossímil e o *maravilhoso**, termos antagônicos que nunca devem andar separados: "O maravilhoso é tudo o que é contra o curso ordinário da Natureza. O verossímil é tudo o que está de acordo com a opinião do Público" (RAPIN, *Réflexions sur la Poétique*, 1614).

O verossimilhante caracteriza uma ação que seja logicamente *possível*, levando-se em consideração o encadeamento lógico dos motivos, portanto, *necessário* como lógica interna da fábula: "É preciso, também nos caracteres como na composição dos fatos, sempre buscar ou o necessário ou o verossimilhante, de maneira que seja necessário ou verossimilhante que determinada personagem fale ou aja de determinada maneira, que depois de determinada coisa se produza outra determinada coisa" (*Poética* de ARISTÓTELES, § 1454*b*).

O equilíbrio entre esse componente do verossimilhante é muito delicado e instável; ele se realiza perfeitamente quando é encontrado um terreno de entendimento entre o autor e o espectador, quando há "acordo perfeito do gênio do poeta com a idade do espectador" (MARMONTEL, 1763, vol. HI: 478), quando a ilusão teatral é perfeita e é realizada "a unidade da fábula, sua exata extensão; em suma, esta verossimilhança tão recomendável e tão necessária em todo poema, apenas na intenção de tirar dos que olham todas as oportunidades de fazer reflexão sobre o que veem e de duvidar da realidade" (CHAPELAIN, *Lettre sur la Règle des Vingt-Quatre Heures* (1630). A verossimilhança é, portanto, garantia para um respeito escrupuloso da regra das três unidades.

2. Relatividade da Verossimilhança

A regra da verossimilhança vale para uma dramaturgia normativa baseada na ilusão da razão e na universalidade dos conflitos e comportamentos. Contrariamente à crença clássica, não existe em si verossimilhante imutável que se possa definir de uma vez por todas. Ele não passa de um conjunto de codificações e normas que são ideológicas, a saber, ligadas a um momento histórico, apesar de seu universalismo aparente. Ele não é senão um "código ideológico e retórico comum ao emissor e ao receptor, portanto que assegura a legibilidade da mensagem por referências implícitas ou explícitas a um sistema de valores institucionalizados (extratexto) a fazer as vezes de 'real'" (HAMON, 1973).

O verossimilhante é um elo intermediário entre as duas "extremidades", a teatralidade da ilusão teatral e a realidade da coisa imitada pelo teatro. O poeta busca um meio de conciliar as duas exigências: refletir o real fazendo-o verdadeiro, significar o teatral criando um sistema artístico fechado em si mesmo. Este "trocador" entre a realidade e a cena é ao mesmo tempo mimético (deve produzir o efeito do real representando-o) e semiológico (deve significar o real por uma estrutura coerente de signos, produzindo um efeito de teatro). A própria expressão do verossimilhante, conforme se insiste num dos dois termos, contém ao mesmo tempo a ilusão do verdadeiro (realismo absoluto) e a verdade da ilusão (teatralidade realizada). Tudo indica, portanto, que o verossímil é construído ao mesmo tempo como um processo de abstração da realidade imitada e como um código de oposições semânticas.

Isto é que explica sua relatividade histórica: o verdadeiro muda e, sobretudo, a aparência (a "parecença") evolui. O primeiro fator dessas mudanças é a crença de uma época em sua faculdade e seus métodos para reproduzir a realidade. Cada escola tenta, com mais ou menos ardor, descrever a realidade: para o classicismo, a *verdade* das relações humanas e das boas regras a usar era capital; para o naturalismo, é a própria *realidade* que é o objeto da descrição. Além do mais, cada gênero literário possui um "regime ficcional" específico, com convenções de jogo e de sentido que é imperativo respeitar (para a parábola ou o conto de fadas, o *verdadeiro* e o *real* serão, por exemplo, perfeitamente opostos). Tanto para o dramaturgo como para o espectador, o conhecimento da "chave" ficcional – segundo a qual é preciso codificar, para ler as ações – é indispensável.

Estas reflexões nos conduzem a uma mudança de perspectiva e de pressupostos do dogma do verossimilhante: não se trata – como pensavam os clássicos – de saber que realidade é preciso descrever e textualizar no texto e no palco; trata-se de captar o tipo de discurso ficcional mais adaptado à realidade que se quer descrever; o verossimilhante, não mais que o realismo, não é uma questão de realidade a bem imitar, mas uma técnica artística para pôr em signo esta realidade.

D'Aubignac, 1657; Corneille, 1660; Bray, 1927; *Poétique*, 1973, n. 16.

VERSÃO CÊNICA

Fr.: *version scénique*; Ingl.: *stage version*; Al.: *Bühnenfassung*; Esp.: *version escénica*.

Versão de uma obra não dramática que foi adaptada ou recriada tendo em vista uma representação, ou uma tradução destinada inicialmente à leitura, e que foi modificada ou reduzida tendo em vista sua passagem para o palco.

VERSIFICAÇÃO

Fr.: *versification*; Ingl.: *versification*; Al.: *Versifizierung*; Esp.: *versificación*.

1. O texto dramático, particularmente o da tragédia clássica, é muitas vezes escrito em versos, o que obriga o ator a respeitar um esquema prosódico bastante estrito, principalmente a pronunciar os doze pés do alexandrino, a observar as cesuras, a decompor os hemistíquios em seis figuras possíveis (um/cinco, dois/quatro, três/três, quatro/dois, cinco/um, dois/dois/dois), e sobretudo a notar os momentos de ruptura em relação à regra e o vínculo com a estrutura prosódica e o sentido do texto. O teatro em versos não é necessariamente um teatro poético, pois obedece antes de tudo a uma norma, a uma poética que impõe sua lei formal e seus versos, e isso dos gregos até o drama romântico. O alexandrino é então incontornável, seja ele clássico (RACINE), em liberdade (HUGO) ou neoclássico (ROSTAND).

2. Em vez de banalizar o alexandrino, de afogá-lo na psicologia ou de ressaltar fragmentos dele considerados centrais, a encenação se esforça

muitas vezes, atualmente, para não eludir este esquema e mesmo para fazer dele o lugar onde o texto "vive" musicalmente, antes de assumir um sentido e de "dissolver-se" na situação e na caracterização das personagens. VITEZ é implacável com o alexandrino: "Nós nos exercitaremos no encadeamento e na inversão sem jamais transgredir as leis da arquitetura prosódica. Não se trata de representar o teatro de Racine eludindo o problema do alexandrino. Racine sem o verso perde sua forma e seu sentido. Desperdício fatal! Restaria a intriga, funestamente alterada" (*Le Monde-Dimanche*, 11-12 de outubro de 1981). Formas menos restritivas do que o alexandrino acham-se assim no versículo de CLAUDEL, no verso livre (DUJARDIN. YEATS. T. S. ELIOTT, C. FRY, HOFMANNSTHAL; e hoje em Heiner MÜLLER ou T. BERNHARD.

3. O verso não é mais considerado como mal necessário ou como forma vergonhosa envolvendo o substrato do texto; ele se torna o lugar onde se vê a fatura do texto, onde a linguagem aparece ao mesmo tempo como o pelourinho e a prisão para o locutor e o que estrutura e identifica o ser humano. Fazendo, como VITEZ, "brilhar o alexandrino", "esticando-o ao máximo", o ator diz também sua relação com o mundo, e a história que conta a fábula. Porém, ao mesmo tempo, fica impossível fiar-se numa psicologia, em caracteres, numa história, numa situação dramática: o significante apregoa sua desconfiança em face de um significado definido em termos de ficção e de fábula.

Declamação, dicção.

Vitez e Meschonnic, 1982; Claudel, 1983: Bernard, 1986; Milner e Regnault. 1987: Bergez, 1994.

VIRADA

Fr.: *retournement*; Ingl.: *turning point*; Al.: *Umschlag, Wendepunkt*; Esp.: *viraje*.

Momento em que a ação muda de direção, quando um *golpe de teatro** súbito muda o aspecto das coisas e "faz com que a personagem em foco passe da desgraça à prosperidade ou vice-versa" (MARMONTEL).

VISUAL E TEXTUAL

Fr.: *visuel et textuel*; Ingl.: *visual and textual*; Al.: *visuell und textuel*; Esp.: *visual y textual*.

No teatro, distingue-se três componentes fundamentais da representação teatral. Eles são designados por vários termos:
- *visual*: jogo do ator, iconicidade da cena, cenografia, imagens cênicas;
- *textual*: linguagem dramática e textual, simbolização, sistema de signos arbitrários.

Se é claro que a encenação é o confronto do texto e da cena, que é a colocação em enunciação de um texto, em contrapartida as propriedades recíprocas dos dois sistemas – visual e textual -são muito mal conhecidas. A partir das análises de LESSING sobre a pintura e a poesia (*cf. Laokoon*, 1766) até a sistematização jakobsoniana em signos visuais e auditivos (JAKOBSON, 1971), a comparação destaca as oposições (ver quadro na página seguinte); aquelas não são absolutas; trata-se antes mais de grandes tendências do que de oposições absolutas, pois no calor da ação, somos evidentemente incapazes de discriminar o modo de semiose de cada signo, daí a impressão do *espetáculo* como oralidade e síntese das artes (*Gesamtkunstwerk**).

1. Esquema das Oposições

Ver quadro na página seguinte.

2. Mediação da Voz

O ator é "imagem falante". Às vezes, o texto é "ilustrado" por uma imagem; às vezes, ao contrário, não se entende a imagem sem a "legenda" de um texto. A sincronização é tão perfeita que esquecemos mesmo que estamos diante de dois modos de significação e que passamos sem dificuldade de uma a outro (VELTRUSKÝ, 1941, 1977; RAVIS, 1976*a*). A encenação é uma regulagem dos elementos textuais e visuais, a tomada de consciência de que esta sincronização, banal e evidente na realidade é, no teatro, o efeito de uma arte. A presença física do ator monopoliza a atenção do público e predomina sobre o sentido imaterial do texto: "No teatro, o signo criado pelo ator tende, por causa de sua realidade subjugante, a monopolizar a atenção do público às custas das significações materiais cobiçadas

Visual	Textual
Princípio de simultaneidade	Princípio de sucessividade
Figuras e cores no espaço	Sons articulados no tempo
Contiguidade espacial	Continuidade temporal
Permanência possível da imagem	Fugacidade do texto
Comunicação direta por ostensão	Comunicação mediatizada por um narrador (ator), por um sistema de signos arbitrados
Facilidade de distinguir os índices visuais	Dificuldade de distinguir os índices auditivos
Possibilidade de uma descrição dos objetos	Possibilidade de uma narração dos episódios
Referente simulado pela cena (confundido com o significante)	Referente simbolizado e imaginário
Possibilidade de ancoragem no visual do texto	Possibilidade de explicações do texto pela contribuição de elementos visuais
Indicações imediatas sobre a situação de enunciação	Situação de enunciação a reconstituir
Dificuldade de verbalizar o signo visual	Dificuldade de diferencializar (concretizar) o texto

pelo signo linguístico. Ele tende a desviar a atenção do texto para a realização vocal, do discurso para as ações físicas e mesmo para a aparência física da personagem cênica etc. [...] Como a semiótica da linguagem e a semiótica do jogo são diametralmente opostas quanto a suas características fundamentais, há uma tensão dialética entre o texto dramático e o ator, baseada primariamente no fato de que os componentes acústicos do signo linguístico são uma parte integral dos recursos vocais utilizados pelo ator" (VELTRUSKÝ, 1977: 115).

3. Leitura em Ato

A encenação é uma *leitura em ato*: o texto dramático não tem um leitor individual, mas uma *leitura possível*, resultado da concretização textual e da própria concretização, isto é, concretização cênica. A leitura da encenação e do texto dramático é, portanto, dividida entre os diversos enunciadores (ator, cenógrafo, iluminador etc.). A encenação é sempre uma parábola sobre a troca impossível entre o verbal e o não verbal: o não verbal (isto é, a figuração pela representação e a escolha de uma situação de enunciação) faz falar o verbal, dobra sua enunciação, como se o texto dramático, uma vez *emitido* em cena, conseguisse falar de si mesmo sem reescrever um outro texto, por uma evidência daquilo que é dito e daquilo que é mostrado, porque a encenação *diz* mostrando; ela diz sem dizer; a denegação (a *Verneinung* freudiana) é seu modo de existência habitual. A encenação, seja ela a mais simples e explícita, "desloca" o texto: ela faz o texto dizer o que um texto crítico não conseguiria dizer: é o *indizível* no sentido primeiro.

A relação do visual e do textual sempre é "tensa", principalmente no "novo teatro", pois o olho e o ouvido reagem a ritmos diferentes: "As palavras se dirigem ao ouvido, à plástica, ao olho. Desta maneira, a imaginação trabalha sob o impacto de duas impressões, uma visual e outra auditiva. E o que distingue o antigo teatro do novo é que, neste último, a plástica e as palavras são submetidas, cada uma delas, a seu ritmo próprio, e se divorciam mesmo na oportunidade" (MEIERHOLD, 1973: 117).

Texto e cena, signo teatral, encenação, situação de enunciação, espaço interior, semiologia.

Francastel, 1970; Lyotard, 1971; Freud, 1973; Leroi-Gourhan, 1974; Lindekens, 1976; Banhes, 1982; Gauthier, 1982; Pavis, 1996a.

VOZ

Fr.: *voix*; Ingl.: *voice*; Al.: *Stimme*; Esp.: *voz*.

A voz do ator é a última etapa antes da recepção do texto e da cena pelo espectador: isto diz de sua importância na formação do sentido e do afeto, mas também da dificuldade que existe em descrevê-la e em avaliá-la e em apreender seus efeitos.

1. O "Grão da Voz": Critérios Fônicos

A voz, esta "assinatura íntima do ator" (BARTHES), é primeiro uma qualidade física dificilmente analisável de outra maneira que não como *presença** do ator, como efeito produzido no ouvinte.

A altura, a potência, o timbre, a coloração da voz são fatores puramente materiais, portanto, pouco controláveis pelo ator. Eles permitem identificar imediatamente a personagem e, ao mesmo tempo, influem diretamente, como uma percepção direta e sensual, sobre a sensibilidade do espectador. Quando ARTAUD descreve seu "teatro da crueldade", ele nada faz, na verdade, senão descrever toda enunciação de um texto no teatro: "A sonorização é constante: os sons, os ruídos, os gritos são procurados primeiro por sua qualidade vibratória, e em seguida pelo que representam" (1964a: 124). As palavras são "tomadas num sentido encantatório verdadeiramente mágico – por sua forma, suas emanações sensíveis, e não mais apenas por seu sentido" (1964b: 189). A voz é uma extensão, um prolongamento do corpo no espaço.

No teatro, mais talvez do que na mensagem cotidiana, a materialidade da voz nunca é totalmente apagada para beneficiar o sentido do texto. O "grão da voz" (BARTHES, 1973a) é uma mensagem anterior à sua expressão-comunicação (conforme um sotaque, uma entonação, uma coloração psicológica). Ele nada tem de intencional e de expressivo, porém "misto erótico de timbre e de linguagem, [ele] pode portanto ser, também ele, tanto como a dicção, a matéria de uma arte: a arte de conduzir o corpo (daí sua importância nos teatros extremo-orientais)" (1973a: 104).

A voz situa-se na junção do corpo e da linguagem articulada: ela é uma mediação entre a pura corporeidade não codificada e a textualidade inerente ao discurso "*entre-deux*", [entremeio], "do corpo e do discurso" (BERNARD, 1976: 353), "oscilação permanente, duplo movimento em tensão pois que está em busca de ressonância corporal a que conjuntamente visa superar num sentido a ser comunicado a outrem" (ibid.: 358). A voz se situa portanto no lugar de um encontro ou de uma tensão dialética entre corpo e texto, jogo do ator e signo linguístico. O ator é, graças a sua voz, ao mesmo tempo pura presença física e portador de um sistema de signos linguísticos. Nele se realizam simultaneamente uma encarnação do verbo e uma sistematização do *corpo**.

2. Avaliação Prosódica

a. Entonação

A entonação regula a altura da voz e os acentos da frase. A voz do ator é igualmente portadora da mensagem da *entonação**, da acentuação, do ritmo. A entonação indica de imediato (antes mesmo que o sentido intervenha) a *atitude** do locutor, seu lugar no grupo, seu *gestus** social. Ela modaliza os enunciados, imprimindo-lhes uma luz muito sutil, donde o teste bem conhecido pelos atores que consiste em fazê-los representar várias situações pronunciando as mesmas palavras em diferentes tons (ver JAKOBSON, 1963: 215). A entonação marca a posição do locutor em face de seus enunciados, exprime sua modalidade, principalmente as emoções, a volição, a adesão aos enunciados etc. Ela também exprime, como bem mostrou BAKHTIN, o contato com o ouvinte, a relação com o outro, a avaliação da situação, daí seu lugar estratégico: "A entonação se encontra sempre no limite entre o verbal e o não verbal, o dito e o não dito. Na entonação, o discurso entra em contato imediato com a vida" (citado em TODOROV, 1981: 74). A entonação diz respeito tanto ao enunciado quanto à enunciação, tanto ao sentido do texto quanto àquele do trabalho do ator, tanto à semântica quanto à pragmática.

b. Teatralização

Encenadores como LEMAHIEU, VILLÉGIER, VITEZ (os quatro MOLIÈRE) ou MNOUCHKTNE (o ciclo dos SHAKESPEARE) ou BUCHVALD se esforçam para teatralizar a voz do ator, evitando as produções de efeitos de naturalidade, de psicologia ou de expressividade, e acentuando ou ritmando o texto a ser dito de acordo com uma retórica autônoma dotada de suas próprias leis que tratam o texto como material fônico, mostrando claramente a localização da fala no corpo e sua enunciação como um *gesto** que estira o corpo inteiro. Cabe ao ouvinte deixar sua atenção flutuar, como o psicanalista diante do discurso do analisado, para melhor ouvir o que esta nova *declamação** pode dizer sobre o desejo do ator e da personagem que ele interpreta musicalmente diante de nós.

c. Materialidade

A voz possui uma certa "espessura": sente-se nela a corporalidade do ator. O sentido do ritmo, a espacialização do discurso, da polifonia das falas, tudo isto dá à voz "grão" e teatralidade.

d. Análise

Sem usar os meios científicos da fonética, a análise se esforça pelo menos para levantar os efeitos de velocidade ou de lentidão, a frequência, a duração da função das pausas, a "física da língua", a evidenciação dos grupos de sopro e da linha melódica, a instalação dos "quadros rítmicos" (GARCIA-MARTINEZ, 1995), o investimento do corpo do ator no texto que ele pronuncia.

📖 Trager, 1958; VELTRUSKÝ, 1941, 1977; *Traverses* n. 20, 1980; R. Durand, 1980b; Finter, 1981; Meschonnic, 1982; Banhes, 1981, 1982: 217-227; Cornut, 1983; Zumthor, 1983; Fonagy, 1983; Bernard, 1986; Castarède, 1987; J. Manin, 1991; Garcia-Martinez, 1995.

VOZ OFF

Do inglês *voice off*: termo empregado no cinema, onde designa uma voz ouvida fora do campo de ação, a ser diferenciada da *voice over*, voz que é ouvida, mas que não pertence às personagens, visíveis ou invisíveis, da ficção, e que é a voz de um narrador exterior ou interior à ficção.

No teatro, a voz (mas também a música, os sons e a trilha sonora) pode vir dos alto-falantes, e não dos atores em cena. A *voz off* não é portanto aquela de uma personagem da ficção e de um ator da representação, invisível para o espectador; ela provém de um instante extraficcional encarnado pelo encenador, pelo autor dizendo suas didascálias, por um narrador comentando a ação cênica, por uma personagem da qual se ouve ou da qual uma outra personagem imagina os pensamentos ou o monólogo interior.

Dissociando a voz de um corpo identificável, dando-o a ouvir por meios extracorporais, a encenação introduz uma incerteza sobre sua origem e sobre o assunto do discurso.

Bibliografia

A maioria dos artigos que compõem este dicionário compreendem uma bibliografia específica. Quando uma obra é citada no corpo do artigo, ela não é retomada no fim do artigo, mas constitui evidentemente uma referência básica para o problema tratado. A data da obra ou do artigo citado é a da edição utilizada. Para os textos mais conhecidos e reeditados, indicou-se a data da primeira edição e, quando é o caso, entre parênteses no final do texto do verbete, a da edição utilizada.

ABEL, L.
1963. *Metatheatre. A New View of Dramatic Form*. Hill and Wang, Nova York.

ABIRACHED, R.
1978. *La Crise du Personnage dans le Théâtre Moderne*. Grasset, Paris, reed. "Tel", 1994.
1992. *Le Théâtre et le Prince*. Plon, Paris.

ABRAHAM, F.
1933. *Le Physique au Théâtre*. Coutan-Lambert, Paris.

ADAM. J.-M.
1976. *Linguistique et Discours Littéraire*. Larousse, Paris. 1984. *Le Récit*. PUF, Paris.

ADAMOV, A.
1964. *Ici et Maintenant*. Gallimard, Paris.

ADORNO, Th.
1974. *Théorie Esthétique*. Klincksieck, Paris.

ALCANDRE, J.-J.
1986. *Écriture Dramatique et Pratique Scénique. Les Brigands sur la Scène Allemande des XVIIIᵉ et XIXᵉ siècles*. Lang, Bem, 2 vol.

ALIVERTI, I. (ed.)
1985. *Quaderni di Teatro*, n. 28 ("Rittratto d'attore").

ALLEVY, M.-A.
1938. *La Mise en Scène en France dans la Première Moitié du XIXe siècle*. Droz, Paris.

ALLIO, R.
1977. "De la machine à jouer au paysage mental". Diálogo com J.-P. Sarrazac, *Travail Théâtral*, n. 28-29.

ALTER, J.
1975. "Vers le mathématexte au théâtre: en codant Godot". *In* Helbo, 1975.
1981. "From Text to Performance". *Poetics Today*, 11, 3.
1982. "Performance and Performance: on the Margin of Theatre Semiotics". *Degrés*, n. 30.

ALTHUSSER, L.
1965. "Notes sur un théâtre matérialiste". *Pour Marx*, Maspero, Paris.

AMIARD-CHEVREL, C.
1979. *Le Théâtre Artistique de Moscou*. CNRS, Paris.

1983. (ed.) *Du Cirque au Théâtre*. Ed. L'Âge d'homme, Lausanne.

AMOSSY, R.
1981. (ed.) *Poetics Today*, vol. II, n. 3 ("Drama, Theater, Performance").
1981. "Towards a Rhetoric of the Stage. The Scenic Realization of Verbal Cliché". *Poetics Today*, vol. II, n. 3.
1982. *Les Discours du Cliché*. SEDES, Paris.

ANCELIN-SCHUTZENBERGER, A.
1970. *Précis du Psychodrame*. Éditions Universitaires, Paris.

ANDERSON, M. (ed.)
1965. *Classical Drama and its Influence*. Methuen, Londres.

Annuel du Théâtre (L') (ed. J.-P. SARRAZAC) Período 1981-1982, período 1982-1983, Meudon.

ANTOINE, A.
1903. "Causerie sur la mise en scène". *Revue de Paris*, 1º abril.
1979. *Le Théâtre Libre*. Slatkine reprints.

APPIA, A.
1895. *La Mise en Scène du Drame Wagnérien*. Léon Chailley, Paris.
1899. *La Musique et la Mise en Scène*. Sociedade Suíça de Teatro, Berne, 1963.
1921. *L'Œuvre d'Art Vivant*. Atar-Billaudot, Paris-Genebra.
1954. "Acteur, espace, lumière, peinture". *Théâtre Populaire*, n. 5, janeiro-fevereiro.
1983-1992. *Œuvres complètes*. 4 vol., Éd. L'Âge d'homme, Lausanne.

ARISTÓTELES
330 a. C. *Poétique*. Les Belles Lettres, Paris, 1969.

ARMENGAUD, F.
1985. *La Pragmatique*. PUF, Paris.

ARNOLD, P.
1946. *Frontières du Théâtre*. Éd. du Pavois, Paris.
1947. *L'Avenir du Théâtre*. Éd. Savel, Paris.
1951. "Éléments de l'art dramatique". *Journal de Psychologie Normale et Pathologique*, janeiro-junho.
1957. *Le Théâtre Japonais – Nô-Kabuki – Shimpa-Shingeki*. L'Arche, Paris.
1974. *Le Théâtre Japonais Aujourd'hui*. La Renaissance du livre, s.l.

ARRIVÉ, M.
1973. "Pour une théorie des textes polyisotopiques". *Langages*, n. 31.

ARTAUD, A.
1964a. *Œuvres Complètes*. Gallimard, Paris.
1964b. *Le Théâtre et son Double*. Gallimard, "Idées", Paris, 1938.

ASLAN, O.
1963. *L'Art du Théâtre, Anthologie de Textes*. Seghers, Paris.
1974. *L'Acteur au XXe Siècle*. Seghers, Paris. [Trad. bras., Perspectiva, São Paulo, 1994.]
1977. "L'improvisation approche d'un jeu créateur". *Revue d'Esthétique*, n. 1-2. 1993. *Le Corps en Jeu*. CNRS, Paris.

ASLAN, O; BABLET, D. (ed.)
1985. *Le Masque, du Rite au Théâtre*. CNRS, Paris.

ASTON, G. (et al.)
1983. *Interazione, Dialogo, Convenzioni. Il Caso del Testo Drammatico*. Clueb, Bolonha.

Atlantisbuch des Theaters (ed. M. HÜRLIMANN)
1966. Atlantis Verlag, Zürich/Freiburg.

ATTINGER, G.
1950. *L'Esprit de la Commedia dell'Arte dans le Théâtre Français*. Librairie théâtrale, Paris.

ATTOUN, L.
1988. *Théâtre Ouvert à Livre Ouvert 1971-1988*. Rato diffusion.

AUBAILLY, J.-C.
1976. *Le Monologue, le Dialogue et la Sotie*. Honoré Champion, Paris.

AUBERT, C.
1901. *L'Art Mimique*. E. Meuriot, Paris.

AUBIGNAC (D'), F.-H.
1657. *La Pratique du Théâtre*. Ed. P. Martino, Champion, Paris, 1927.

AUBRUN, C.
1966. *La Comédie Espagnole*. PUF, Paris.

AUERBACH, E.
1969. *Mimésis. La Représentation de la Réalité dans la Littérature Occidentale*. Gallimard, Paris. [Trad. bras., Perspectiva, São Paulo, 1971.]

AUSTIN, J.-L.
1970. *Quand Dire, c'est Faire*. Le Seuil, Paris.

AUTRAND, M.
Le Cid et la Classe de Français. Cedic, Paris.

AVIGAL, S.
1980. *Les Modalités du Dialogue dans le Discours Théâtral*. Tese III ciclo, Universidade de Paris III.
1981. "What do Brook's Bricks Mean? Toward a Theory of 'Mobility' of Objects in Theatrical Discourse". *Poetics Today*, vol. II, n. 3.

AVIGAL, S.; WEITZ, S.
1985. "The Gamble of Theatre: From na Implied Spectator to the Actual Audience". *Poetics Today*, vol. VI.

AZIZA, C.; OLIVIERI, C.; SCTRICK, R.
1978. *Dictionnaire des Symboles et des Thèmes Littéraires*. Nathan, Paris.
1978. *Dictionnaire des Types et des Caractères Littéraires*. Nathan, Paris.

BABLET, D.
1960. "Le mot décor est périmé". *Revue d'Esthétique*, tomo XIII, fas. 1.
1965. *Le Décor de Théâtre de 1870 à 1914*. CNRS, Paris.
1968. *La Mise en Scène Contemporaine (1887-1914)*. La Renaissance du livre, Paris.
1972. "Pour une méthode d'analyse du lieu théâtral". *Travail Théâtral*, n. 6.
1973. "L'éclairage et le son dans l'espace théâtral". *Travail Théâtral*, n. 13, outubro-dezembro.
1975. *Les Révolutions Scéniques au XXe Siècle*. Société internationale d'art XXe siècle, Paris.
1978. *Collage et Montage au Théâtre et dans les Autres Arts Durant les Années Vingt*. La Cité, Lausanne.

BABLET, D.; JACQUOT, J.
1971. *L'Expressionnisme dans le Théâtre Européen*. CNRS, Paris.

BACHELARD, G.
1957. *La Poétique de l'Espace*. PUF, Paris.

BADENHAUSEN, R; ZIELSKE, H. (eds.).
1972. *Bühnenformen, Bühnenraume, Bühnendekorationen*. Berlim.

BAKHTIN, M.
1970. *La Poétique de Dostoïevski*. Seuil, Paris.
1971. *L'Œuvre de François Rabelais et la Culture Populaire au Moyen Age et sous la Renaissance*. Gallimard, Paris (original em russo: 1965).
1978. *Esthétique de la Création Verbale*. Gallimard, Paris.

BALME, C.
1995. *Theater im Postkolonialen Zeitalter*. Niemeyer, Tubingen.

BANHAM, M.
1988. (ed.) *The Cambridge Guide to World Theatre*. Cambridge University Press.

BANU, G.
1981. *Bertolt Brecht ou le Petit Contre le Grand*. Aubier-Montaigne, Paris.
1981. *Le Costume de Théâtre dans la Mise en Scène Contemporaine*. CNDP, Paris.
1984. *Le Théâtre, Sorties de Secours*. Aubier, Paris.
1989. "Le théâtre art du passé, art du présent". In: *Art Press*.

BANU, G.; UBERSFELD, A.
1979. *L'Espace Théâtral*. CNDP, Paris.

BAR, F.
1960. *Le Genre Burlesque en France au XVIIe siècle. Étude de Style*. D'Artrey, Paris.

BARBA, E.
1982. "Anthropologie théâtrale". *Bouffonneries*, n. 4, Janeiro.
1982. *L'Archipel du Théâtre*. Contrastes Bouffonneries.
1993. *Le Canoë de Papier*. Bouffonneries.

BARBA, E.; SAVARESE, N.
1985. *L'Anatomie de l'Acteur*. Contrastes Bouffonneries.
1995. *L'Energie Qui Danse. L'Art Secret de l'Acteur*. Bouffonneries, n. 32-33.

BARKER, C.
1977. *Theatre Games. A New Approach to Drama Training*. Eyre Methuen, Londres.

BARRAULT, J.-L.
1959. *Nouvelles Réflexions sur le Théâtre*. Flammarion, Paris.
1961. *Le Phénomène Théâtral*. Clarendon Press, Oxford.

BARRET, G.
1973. *Pédagogie de l'Expression Dramatique*. Universidade de Montreal.

BARRUCAND, D.
1970. *La Catharsis dans le Théâtre, la Psychanalyse et la Psychothérapie de Groupe*. Épi, Paris.

BARRY, J.
1970. *Dramatic Structure: the Shaping of Experience*. University of California Press, Berkeley.

BARTHES, R.
1953. *Le Degré Zéro de l'Écriture*. Le Seuil, Paris.
1957. *Mythologies*. Le Seuil, Paris.
1963. *Sur Racine*. Le Seuil, Paris.
1963. *Essais Critiques*. Le Seuil, Paris. [Trad. bras., Perspectiva, São Paulo, 1970.]
1966a. "Introduction à l'analyse structurale des récits". *Communications*, n. 8. Reeditado em *Poétique du récit*, 1977.
1966b. *Critique et Vérité*. Le Seuil, Paris. [Trad. bras., Perspectiva, São Paulo, 1970.]
1970. *S/Z*. Le Seuil, Paris.
1973a. *Le Plaisir du Texte*. Le Seuil, Paris.
1973b. "Diderot, Brecht, Eisenstein", *Revue d'Esthétique*. Vol. XXVI, fascículo 2-3-4. Reeditado em Barthes, 1982.
1975. *Roland Barthes par Roland Barthes*. Le Seuil, Paris.
1978a. *Leçon*. Le Seuil, Paris
1978b. *Prétexte: Roland Barthes* (Colloque de Cerisy). UGE, Paris.
1981. *Le Grain de la Voix*. Le Seuil, Paris
1981. *L'Obvie et l'Obtus. Essais Critiques III*. Le Seuil, Paris.
1984. *Le Bruissement de la Langue*. Le Seuil, Paris.

BARTHES, R.; BERSANI, L.; HAMON, Ph.; RIFFATERRE, M.; WATT, I.
1982. *Littérature et Réalité*. Le Seuil, Paris.

BARTOLUCCI, G.
1968. *La Scrittura Scenica*. Lerici, Roma.

BARTOLUCCI, G. e URSIC, G.
1977. *Teatro-Provocazione*. La Biennale di Venezia, Marsilio Editori.

BASSNETT, S.
1980. "An introduction to Theatre Semiotics". *Theatre Quarterly*, n. 38.

BATAILLE, A.
1990. *Lexique de la Machinerie Théâtrale à l'Intention des Praticiens et Amateurs*. Librairie Théâtrale, Paris.

BATAILLON, M.
1972. "Les finances de la dramaturgie". *Travail Théâtral*, n. 7.

BATTCOCK, G.; NICKAS, R.
1984. *The Art of Performance. A Critical Anthology*. Dutton, Nova York.

BATY, G.
1945. "La mise en scène". *Théâtre I*, Éditions du Pavois, Paris.

BAUDELAIRE, C.
1951. *Œuvres Complètes*. Gallimard; "La Pleiade", Paris. (Em particular "De l'essence du rire", 1855 e "R. Wagner et Tannhäuser", 1861.)

BAUDRILLARD, J.
1968. *Le Système des Objets*. Gonthier, Paris.

BAZIN, A.
1959. *Qu'est-ce que le Cinéma?*. Éditions du Cerf, Paris.

BEAUMARCHAIS (DE), J.-R; COUTY, D.; REY, A.
1984. *Dictionnaire des Littératures de Langue Française*. Bordas, Paris, 3 vol., reed. 1994, 4 vol.

BECKERMAN, B.
1970. *Dynamics of Drama*. Alfred A. Knopf, Nova York.
1979. "Theatrical perception". *Theatre Research International*, vol. IV, n. 3.

BECQ DE FOUQUIÈRES, L.
1881. *Traité de Diction et de Lecture à Haute Voix*. Charpentier, Paris.
1884. *L'Art de la Mise en Scène. Essai d'Esthétique Théâtrale*. Charpentier, Paris.

BÉHAR, H.
1978. "Le théâtre expérimental". *Littérature*, n. 30.

BEHLER, E.
1970. "Der Ursprung des Begriffs der tragischen Ironie". *Arcadia*, Band 5, Heft 2.

BENHAMOU, A.-F.
1981. *Britannicus par le Théâtre de la Salamandre*. Solin, Paris.

BENHAMOU, M.; CARAMELLO, C. (ed.)
1977. *Performance in Postmodern Culture*. Coda Press, Madison.

BENICHOU.P.
1948. *Morales du Grand Siècle*. Gallimard, Paris, reed. "Folio", 1988.

BENJAMIN, W.
1928. *Ursprung des deutschen Trauerspiels*. In: *Schriften*, tradução francesa: *Origine du*

Drame Baroque Allemand, Flammarion, Paris, 1985.
1969. *Écrits sur Bertolt Brecht*. Maspero, Paris.

BENMUSSA, S.
1971. "Le théâtre des metteurs en scène". *Cahiers Renaud-Barrault*, n. 74.
1974. "La déréalisation par la mise en scène". *L'Onirisme et l'Insolite dans le Théâtre Français Contemporain*, P. Vernois, Éd. Klincksieck, Paris.
1977. "Travail de scène, travail de rêve". *Revue d'Esthétique*, n. 1-2.

BENSKY, R.-D.
1971. *Recherches sur les Structures et la Symbolique de la Marionnette*. Nizet, Paris.

BENTLEY, E.
1957. *In Search of Theatre*. Vintage Books, Nova York.
1964. *The Life of the Drama*. Atheneum, Nova York.

BENVENISTE, É.
1966, 1974. *Problèmes de linguistique générale*. Gallimard, Paris, 2 vol.

BERG, J.; RISCHBIETER, H.
1985. *Welttheater*. Braunschweig, Westermann.

BERGALA, A.
s.d. *Initiation à la Sémiologie du Récit en Images*. Les Cahiers de l'audiovisuel, Paris.

BERGEZ, D., GÉRAUD, V., ROBRIEUX, J.-J.
1994. *Vocabulaire de l'Analyse Littéraire*. Dunod, Paris.

BERGMAN, G.
1964. "Der Eintritt des Berufsregisseurs in das französische Theater". *Maske und Kothurn*, n. 3-4.
1966. "Der Eintritt des Berufsregisseurs in die deutschsprachige Bühne". *Make und Kothurn*, n. 12.
1977. *Lighting in the Theatre*. Almqvist et Wiksell International, Estocolmo.

BERGSON, H.
1899. *Le Rire. Essai sur la Signification du Comique*. PUF, Paris, 1940.

BERNARD, J.-J.
1922. "Le silence au théâtre". *La Chimère*, n. 5.

BERNARD, M.
1976. *L'Expressivité du Corps*. J.-P. Delarge, Paris.
1977. "Les mythes de l'improvisation théâtrale ou les travestissements d'une théâtralité normalisée". *Revue d'Esthétique*, n. 1-2.
1980. "La voix dans le masque et le masque dans la voix". *Traverses*, n. 20.
1986. "Esquisse d'une théorie de la théâtralité d'un texte en vers à partir de l'exemple racinien". In: *Mélanges pour J. Scherer*, 1986.

BERNARD Y, M.
1988. *Le Jeu Verbal ou Traité de Diction Française à l'Usage de l'Honnête Homme*. Éd. de l'Aube.

BERRY, C.
1973. *Voice and the Actor*. Harrap, Londres.

BETTETINI, G.
1975. *Produzione del Senso e Messa in Scena*. Bompiani, Milão.

Biblioteca Teatrale
1978. n. 20 ("Drama/Spettacolo").

BICKERT, H.
1969. *Studien zum Problem der Exposition im Drama der tektonischen Bauform*. Marburger Beitrage zur Germanistik, vol. XXIII.

BIRDWHISTELL, R.
1973. *Kinesics and Context. Essays na Body-Motion Communication*. Penguin University Press.

BLANCHART, P.
1948. *Histoire de la Mise en Scène*. PUF, Paris.

BLOCH, E.
1973. "*Entfremdung* et *Verfremdung*, aliénation et distanciation". *Travail Théâtral*, n. 11, primavera.

BLÜHER, K.
1971. "Die französischen Theorien des Dramas im 20. Jahrhundert". W. Pabst (ed.), *Das Moderne Französische Drama*, E. Schmidt Verlag.

BOAL, A.
1977. *Théâtre de l'Opprimé*. Maspero, Paris.
1990. *Méthode Boal de Théâtre et de Thérapie*. Ramsay, Paris.

BOGATYREV, P.
1938. "Semiotics in the Folk Theatre" e "Forms and Fonctions of Folk Theatre". *In* Matejka, 1976a.
1971. "Les signes au théâtre". *Poétique*, n. 8.

BOLL, A.
1971. *Le Théâtre Total. Étude Polémique*. O. Perrin, Paris.

BOLLACK, J.; BOLLACK, M.
1986. *Commentaire et Traduction de Œdipe Roi*. Presses Universitaires de Lille, 3 vol.

BONNAT, Y.
1982. *L'Éclairage des Spectacles*. Librairie théâtrale, Paris.

BOOTH, W.
1961. *The Rhetoric of Fiction*. The University of Chicago Press.
1974. The *Rhetoric of Irony*. The University of Chicago Press.
1977. "Distance et point de vue". *Poétique du Récit*, Le Seuil, Paris.

BORGAL, C.
1963. *Metteurs en Scène*. F. Lanore, Paris.

BORIE, M.
1980. "Anthropologia". *Enciclopédia del Teatro del 1900* (A. Attisani, ed.), Feltrinelli, Milão.
1981. *Mythe et Théâtre aujourd'hui: une Quête Impossible?*. Nizet, Paris.
1982. "Théâtre et anthropologie: l'usage de l'autre culture". *Degrés*, n. 32.
1989. *Antonin Artaud. Le Théâtre et le Retour aux Sources*. Gallimard, Paris.

BORIE, M.; ROUGEMONT (DE), M.; SCHERER, J.
1982. *Esthétique Théâtrale. Textes de Platon à Brecht*. SEDES-CDU, Paris.

BOUCHARD, A.
1878. *La Langue Théâtrale*. Arnaud et Labat, Paris (reimp. Slatkine, 1982).

BOUCRIS, L.
1993. *L'Espace en Scène*. Librairie théâtrale, Paris.

Bouffonneries
1982. n. 4 ("Improvisation. Anthropologie théâtrale").

BOUGNOUX, D.
1982. "Questions de cadre". *Journal du Théâtre National de Chaillot*, n. 9, dezembro.

BOUISSAC, P.
1973. *La Mesure des Gestes. Prolégomènes à la Sémiotique Gestuelle*. Mouton, Paris-La Haye.
1976. *Circus and Culture. A Semiotic Approach*. Mouton, Paris-La Haye.

BOURDIEU, P.
1979. *La Distinction. Critique Sociale du Jugement*. Éditions de Minuit, Paris.

BOWMAN, W. P.; BALL, R. H.
1961. *Theatre Language. A Dictionary of Terms in English of the Drama and Stage from Medieval to Modern Times*. Theatre Arts Books, Nova York.

BRADBROOK, M. C.
1969. *Themes and Conventions of Elizabethan Tragedy*. Cambridge University Press, Londres (1a edição 1935).

BRADBY, D.; WILLIAMS, D.
1988. *Director's Theatre*. Macmillan, Londres.

BRAINERD, B.; NEUFELDT, V.
1974. "On Marcu's Method for the Analysis of the Strategy of a Play". *Poetics*, n. 10.

BRAUN, E.
1982. *The Direction and the Stage: From Naturalism to Grotowski*. Methuen, Londres.
1994. *Meyerhold. A Revolution in Theatre*. Londres.

BRAUNECK, M.
1982. *Theater im 20. Jahrhundert*. Rowohlt, Hamburgo.
1992. *Theaterlexikon*. Rowohlt, Hamburgo.

BRAY, R.
1927. *La Formation de la Doctrine Classique*. Nizet, Paris.

BRECHT, B.
1951. *Versuche*. (25, 26, 35), Heft 11, Suhrkamp, Frankfurt.
1961. Ver *Theaterarbeits*. 1963-1970. *Petit Organonpour le Théâtre 1948-1954*. L'Arche, Paris.
1967. *Gesammelte Werke*. Suhrkamp Verlag, Frankfurt, 20 vol. 1972-1979. *Écrits sur le Théâtre*. L'Arche, Paris, 2 vol.
1976. *Journal de Travail*. L'Arche, Paris.

BREMOND, C.
1973. *Logique du Récit*. Le Seuil, Paris.

BRENNER, J.
1970. *Les Critiques Dramatiques*. Flammarion, Paris.

Brèves d'Auteurs
1993. MGL, Actes Sud Papiers, Paris.

BROOK, P.
1968. *The Empty Space*. Mc Gibbon and Kee, Londres (trad. *L'Espace Vide*, Le Seuil, Paris, 1977).
1991. *Le Diable, c'est l'Ennui*. Actes Sud Papiers.
1992. *Points de Suspension*. Le Seuil, Paris.

BROOKS, P.
1974. "Une esthétique de l'étonnement: le mélodrame". *Poétique*, n. 19.

BÜCHNER, G.
1965. *Werke und Briefe*. DTV, Frankfurt.

BÜHLER, K.
1934. *Sprachtheorie*. Fischer, Iena.

BURNS, E.
1972. *Theatricality. A Study of Convertion in the Theatre and in Social Life*. Harper and Row, Nova York.

CAGE, J.
1966. *Silence*. Cambridge, MIT Press.

Cahiers de Médiologie. 1996. n. 1. *Cahiers du XXe siècle*.
1976. n. 6 ("La Parodie").

Cahiers Renaud-Barrault
1977. n. 96 ("Scène, film, son…": artigos de M. Kirby, G. Fink, E. Rohmer, S. Benmussa).

CAILLOIS, R.
1958. *Les Jeux et les Hommes*. Gallimard, Paris.

CALDERWOOD, J.
1971. *Shakespearean Metadrama*. University of Minnesota Press, Minneapolis.

CAMPBELL, T.
1922. *Hebbel, Ibsen and the Analytic Exposition*. Heidelberg.

CARLSON, M.
1983. "The Semiotics of Character in the Drama". *Semiótica*, n. 44, 3/4.
1984. *Theories of the Theatre*. Ithaca, Cornell University Press.
1985. "Semiotic and Nonsemiotic Performance". *Modern Drama*, Fall.
1990. *Theatre Semiotics – Signs of Life*. Indiana University Press, Bloomington.
1996. *Performance: A Critical Introduction*. Routledge, Londres.

CASTARÈDE, M.-F.
1987. *La Voix et ses Sortilèges*. Les Belles Lettres, Paris.

CAUBÉRE, PH.
1994. *Le Roman d'un Acteur*. Éd. Losfeld, Paris.

CAUNE, J.
1978. "L'analyse de la représentation théâtrale après Brecht". *Silex*, n. 7.
1981. *La Dramatisation*. Edição dos Cahiers Théâtre Louvain, Louvain.

CHABERT, R
1976. "Le corps comme matériau dans la représentation théâtrale". *Recherches Poïétiques*, Klincksieck, Paris, vol. II.
1981. "La création collective dans le théâtre contemporain". *La Création Collective* (R. Passeron ed.), Clancier-Guénaud, Paris.
1982. "Problématique de la répétition dans le théâtre contemporain". *Création et Répétition*, Clancier-Guénaud, Paris.

CHABROL, C.
1973. *Sémiotique Narrative et Textuelle*. Larousse, Paris.

CHAIKIN, J.
1972. *The Presence of the Actor*. Atheneum, Nova York.

CHAILLET, J.
1971. "Rythme verbal et rythme gestuel. Essai sur l'organisation musicale du temps". *Journal de psychologie normale et pathologique*, n. 1, Janeiro-março.

CHAMBERS, R.
1971. *La Comédie au Château*. Corti, Paris.
1980. "Le masque et le miroir. Vers une théorie relationelle du théâtre". *Études Littéraires*, vol.13, n. 3.

CHANCEREL, L.
1954. *L'Art de Lire, Réciter, Parler en Public*. Bourrelier, Paris.

Change
1968. n. 1 ("Le montage").

CHARLES, M.
1977. *Rhétorique de la Lecture*. Le Seuil, Paris.

CHEVREL, Y.
1982. *Le Naturalisme*. PUF, Paris.

CHIARINI, P.
1970. *Brecht, Lukács e il Realismo*. Laterza, Bari.
1970. "L'écriture scénique brechtienne: style ou méthode". *Travail Théâtral*, n. 4.

CHION, M.
1990. *L'Audio-Vision*. Nathan, Paris.

CHKLOVSKI, V.
1965. "L'art comme procédé" (1917). *In* Todorov, 1965.

CHRISTOUT, M.-E
1965. *Le Merveilleux et le Théâtre du Silence en France à partir du XVIIe Siècle*. Mouton, Paris-La Haye.

CLARK, B.-H.
1965. *European Theories of the Drama*. Crown Publishers, Nova York.

CLAUDEL, P.
1983. *Réflexions sur la Poésie*. Gallimard, Paris.

COLE, D.
1975. *The Theatrical Event*. Wesleyan University Press, Middletown.

COLE, S.
1992. *Directors in Rehearsal*. Routledge, Londres.

COLLET, J.; MARIE, M.; PERCHERON, D.; SIMON, J.-P; VERNET, M.
1977. *Lecture du Film*. Albatros, Paris.

Communications
1964. n. 11 ("Le vraisemblable").
1966. n. 8 ("L'analyse structurale du récit").
1983. n. 38 ("Enunciation et cinéma").

COMPAGNON, A.
1979. *Le Seconde Main ou le Travail de la Citation*. Le Seuil, Paris.

COPEAU, J.
1955. *Notes sur le Métier de Comédien*. Michel Brient.
1959. "Le théâtre populaire". *Théâtre Populaire*, n. 36, 4º trimestre.
1974. *Appels I*, Gallimard, Paris.
1974-1984. *Registres*. I, E, IE, IV, Gallimard, Paris.

COPFERMAN, E.
1969. *Roger Planchon*. La Cité, Lausanne.

COPPIETERS, F.
1981. "Performance and Perception". *Poetics Today*, Vol. II, n. 3.

COPPIETERS, F; TINDEMANS, C.
1977. "The Theatre Public. A Semiotic Approach". *Das Theater und sein Publikum*, Institut fur Publikumsforschung, Akademie der Wissenschaft, Viena.

CORNEILLE, P.
1660. *Discours sur le Poème Dramatique*.

CORNUT, G.
1983. *La Voix*. PUF, Paris.

CORTI, M.
1976. *Principi della Communicazione Letteraria*. Bompiani, Milão.

CORVIN, M.
1969. *Le Théâtre Nouveau en France*. PUF, Paris.
s.d. *Le Théâtre de Recherche entre les Deux Guerres. Le Laboratoire Art et Action*. La Cité, Lausanne (1973).
1976. "Contribution à l'analyse de l'espace scénique dans le théâtre contemporain". *Travail Théâtral*, n. 22, janeiro-março.
1978a. "Analyse dramaturgique de trois expositions". *Revue de la Société d'Histoire du Théâtre*, n. 30.
1978e. "La redondance du signe dans le fonctionnement théâtral". *Degrés*, n. 13 ('Théâtre et sémiologie').
1980. *Organon*. Presses universitaires de Lyon ("Sémiologie et théâtre").
1985. *Molière et ses Metteurs en Scène d'Aujourd'hui. Pour une Analyse de la Représentation*. Presses Universitaires de Lyon.
1989. *Le Théâtre de Boulevard*. PUF, Paris.
1992. "Une écriture plurielle". *In: Le Théâtre en France*, J. de Jomaron (ed.), Armand Colin, Paris.
1994. *Lire la Comédie*. Dunod, Paris.
1995, 2a edição. *Dictionnaire Encyclopédique du Théâtre*. Bordas, Paris. (1ª edição, 1991).

COSNIER, J.
1977. "Gestes et stratégie conversationnelle". *Stratégies Discursives*, Presses Universitaires de Lyon.

COUCHOT, E.; TRAMUS, M.-H.
1993. "Le geste et le calcul". *Protée*, vol. 21, n. 3.

COUPRIE, A.
1994. *Lire la Tragédie*. Dunod, Paris.

COUTY, D.; REY, A. (ed.)
1980. *Le Théâtre*. Bordas, Paris.

CRAIG, G.
1911. *De l'Art du Théâtre*. Lieutier, Paris, 1942.
1964. *Le Théâtre en Marche*. Gallimard, Paris.

Création collective (La)
1981. (Grupo de estudos de estética do CNRS, ed.) Clancier-Guénaud, Paris.

Critique et Création Littéraire en France au XVIIe Siècle
1977. (Obra coletiva do quadro das conferências internacionais do CNRS, n. 557), CNRS, Paris.

CUBE (VON), F.
1965. "Drama ais Forschungsobjekt der Kybernetik". *Mathematik und Dichtung* (ed. H. Kreuzer), Nymphenburger Verlag, München.

CULLER, J.
1975. *Structuralist Poetics*. Cornell University Press, Ithaca.

DÄLLENBACH, L.
1977. *Le Récit Spéculaire*. Le Seuil, Paris.

DANAN, J.
1995. *Le Théâtre de la Pensée*. Éd. Médianes, Paris.

DARS, E.; BENOÎT, J.-C.
1964. *L'Expression Scénique*. Éd. Sociales, Paris.

DEÁK, F.
1976. "Structuralism in Theatre: The Prague School Contribution". *The Drama Review*, vol. XX, n. 4, t. LXXII, dezembro.

DEBORD, G.
1967. *La Société du Spectacle*. Buchet-Chastel, Paris.

DECROUX, E.
1963. *Paroles sur le Mime*. Gallimard, Paris.

Degrés
1978. n. 13 ("Théâtre et sémiologie").
1981. n. 24 ("Texte et société").
1982. n. 29 ("Modèles théoriques").
1982. n. 30 ("Performance/représentation").
1982. n. 31 ("Réception").
1982. n. 32 ("Sens et culture").

DELDIME, R.
1990. *Le Quatrième Mur, Regards Sociologiques sur la Relation Théâtrale*. Éd. Promotion théâtre, Carnières.

DELMAS, C.
1985. *Mythologie et Mythe dans le Théâtre Français*. Droz, Genebra.

DELS ARTE, F.
1992. *Une Anthologie par Alain Porte*. Institut de pédagogie musicale et chorégraphique.

DEMARCY, R.
1973. *Éléments d'Une Sociologie du Spectacle*. UGE, Paris.

DE MARINIS, M.
1975. "Materiali bibliografici per una semiótica del teatro". *Versus*, n. 11.
1977. (Com G. Bettetini) *Teatro e Communicazione*. Guaraldi, Florença.
1978-1979. "Lo spettacolo come testo". *Versus*, n. 21-22, 2 vol.
1980. *Mimo e Mimi*. Casa Usher, Florença.
1982. *Semiótica del Teatro. L'Analisi Testuale dello Spettacolo*. Bompiani, Milão.
1983a. *Al Limite del Teatro*. Casa Usher, Florença. 1983I). "Semiótica del teatro: una disciplina al bivio?". *Versus*, n. 34, janeiro-abril.
1993. *Mimo e Teatro nel Novecento*. La Casa Usher, Florença.

DEMOUGIN, J. (ed.)
1985. *Dictionnaire Historique Thématique et Technique des Littératures*. Larousse, Paris.

DERRIDA, J.
1967. *L'Écriture et la Différence*. Le Seuil, Paris. [Trad. bras., Perspectiva, São Paulo, 1972.]

DESCOTES, M.
1964. *Le Public de Théâtre et son Histoire*. PUF, Paris.
1980. *Histoire de la Critique Dramatique en France*. Narr, Tubingen.

DHOMME, S.
1959. *La Mise en Scène d'André Antoine à Bertolt Brecht*. Nathan, Paris.

Dictionnaire des Personnages Littéraires et Dramatiques de Tous les Pays.
1960, SEDE, Paris.

Dictionnaire International des Termes Littéraires, sob a direção de R. Escarpit.
1970. Francke, Berne.

DIDEROT, D.
1758. *De la Poésie Dramatique*. Larousse, Paris, 1975.

1773. *Le Paradoxe sur le Comédien*. In: *Œuvres*, Gallimard, Paris, 1951. Também *in* "Folio", 1994, ed. R. ABIRACHED.

1962. *Œuvres Romanesques*. Garnier, Paris.

DIETRICH, M. (ed.)
1966. "Bühnenform und Dramenform". *Das Atlantisbuch des Theaters*, Atlantis Verlag, Zurique.

1975. *Regie in Dokumentation, Forschung und Lebre – Mise en Scène en Documentation, Recherche et Enseignement*. Otto Millier Verlag, Salzburg.

DINU, M.
1977. "How to Estimate the Weight of Stage Relations". *Poetics*, vol. VI, n. 3-4.

DODD, W.
1979. "Metalanguage and Character in Drama". *Lingua e Stile*, XIV, n. 1, março.

1981. "Conversation, dialogue and exposition". *Strumenti Critici*, n. 44, fevereiro.

DOMENACH, J.-M.
1967. *Le Retour du Tragique*. Gallimard, Paris.

DORAT, C.-J.
1766. *La Déclamation Théâtrale*. Paris.

DIRCY, J.
1958. *A la Recherche de la Mime et des Mimes Decroux, Barrault, Marceau*. Cahiers de danse et de culture, Neuilly-sur-Marne.

1962. *J'Aime la Mime*. Denoël, Paris.

DORFLES, G.
1974. "*Innen* et *aussen* en architecture et en psychanalyse". *Nouvelle Revue de Psychanalyse*, n. 9, primavera.

DORT, B.
1960, *Lecture de Brecht*. Le Seuil, Paris.

1967. *Théâtre Public*. Le Seuil, Paris. [Trad. bras., Perspectiva, 1977.]

1971. *Théâtre Réel*. Le Seuil, Paris. [Trad, bras., Perspectiva, 1977.]

1975. "Les classiques ou la Métamorphose Sans Fin". *Histoire Littéraire de la France*, Éditions Sociales, Paris.

1977a. "Un âge d'or. Sur la mise en scène des classiques en France entre 1945 et 1960". *Revue de l'Histoire Littéraire de la France*, vol. IV.

1977". "Paradoxe et tentations de l'acteur contemporain". *Revue d'Esthétique*, 1977, n. 1-2.

1979. *Théâtre en Jeu*. Le Seuil, Paris.

1982. "Un jeu du temps. Notes prématurées". *Journal du Théâtre National de Chaillot*, n. 8.

1988. *La Représentation Émancipée*. Actes Sud, Arles.

1995. *Le Spectateur en Dialogue*. POL, Paris.

DORT, B.; NAUGRETTE-CHRISTOPHE, C.
1984. "La représentation théâtrale moderne (1880-1980). Essai de bibliographie". *Cahiers de la Bibliothèque Gaston Baty*, I, université de la Sorbonne nouvelle.

Drama Review
1969. Tomo XLII ("Naturalism revisited").
1973. Tomo LVII ("Russian Issue").

DUBOIS, Ph.
1983. *L'Acte Photographique*. Nathan et Labor, Paris-Bruxelas.

DUCHARTRE, P.-L.
1925. *La Comédie Italienne*. Librairie de France, Paris.

1955. *La Commedia dell'Arte et ses Enfants*. Éd. d'Art et d'Industrie.

DUCHEMIN, J.
1945. *L'Agon dans la Tragédie Grecque*. Paris.

DUCHET, C.
1973. "Une écriture de la sociabilité". *Poétique*, n. 16.

DUCHET, C. (ed.)
1979. *Sociocritique*. Nathan, Paris.

DUCHET, C; GAILLARD, F.
1976. "Introduction to Sociocriticism". *Substance*, n. 15.

DUCROT, O.
1972. *Dire et Ne Pas Dire*. Hermann, Paris.
1984. *Le Dire et le Dit*. Minuit, Paris.

DUCROT, O.; SCHAEFFER, J.-M.
1995. *Nouveau Dictionnaire Encyclopédique des Sciences du Langage*. Le Seuil, Paris.

DUCROT, O.; TODOROV, T.
1972. *Dictionnaire Encyclopédique des Sciences du Langage*. Le Seuil, Paris. [Trad, bras., Perspectiva, São Paulo, 1979.]

DUKORE, B.
1974. *Dramatic Theory and Criticism, Greeks to Grotowski*. Holt, Rinehart and Winston, Nova York.

DULLIN, C.
1946. *Souvenirs et Notes de Travail d'un Acteur.* Lieutier, Paris.
1969. *Ce Sont les Dieux qu'il Nous Faut.* Gallimard, Paris.

DUMUR, G. (ed.)
1965. *Histoire des Spectacles.* Gallimard, Paris.

DUPAVıLLON, C.
1970-1978. "Les lieux du spectacle". *Architecture d'Aujourd'hui,* n. 10-11, 1970 e outubro 1978.

DUPONT, F.
1989. *L'Acteur-Roi ou le Théâtre dans la Rome Antique.* Les Belles Lettres, Paris.

DURAND, G.
1969. *Les Structures Anthropologiques de l'Imaginaire.* Bordas, Paris, (Reed. Dunod, 1995).

DURAND, R.
1975. "Problèmes de l'analyse structurale et sémiotique de la forme théâtrale". *In* Helbo, 1975.
1980a. (R. Durand, ed.) *La Relation Théâtrale.* Presses Universitaires de Lille.
1980b. "La voix et le dispositif théâtral". *Études Littéraires,* 13, 3.

DÜRRENMATT, F.
1955-1966-1972. *Theaterschriften und Reden.* Arche, Zurique.

DUVIGNAUD, J.
1965. *L'Acteur. Esquisse d'une Sociologie du Comédien.* Gallimard, Paris.
1970. *Spectacle et Société.* Denoël, Paris.
1976. *Le Théâtre.* Larousse, Paris.

ECO, U.
1965. *L'Œuvre Ouverte.* Denoël, Paris. [Trad. bras., Perspectiva, São Paulo, 1969.]
1973. "Tutto il mundo è attore". *Terzoprogramma,* n. 2-3.
1975. *Trattato di Semiótica Générale.* Bompiani, Milão. [Trad, bras., Perspectiva, São Paulo, 1980.]
1975. "Códice". *Versus,* n. 14.
1977. "Semiotics of Theatrical Performance". *The Drama Review,* XXI, 1.
1978. "Pour une reformulation du concept de signe iconique". *Communications,* n. 29.
1980. *The Role of the Reader.* Indiana University Press, Bloomington.
1985. *Lector in Fabula.* Grasset, Paris. [Trad, bras., Perspectiva, São Paulo, 1986.]
1990. *Les Limites de l'Interprétation.* Grasset, Paris. [Trad, bras., Perspectiva, São Paulo, 1995.]

EISENSTEIN, S.
1976. *Le Film: Sa Forme, Son Sens.* C. Bourgois, Paris.
1976-1978. *La Non-Indifférente Nature.* UGE, Paris, 2 vol.

ELAM, K.
1980. *The Semiotics of Theatre and Drama.* Methuen, Londres.
1984. *Shakespeare's Universe of Discourse: Language-Games in the Comedies.* Cambridge University Press.

ELIADE, M.
1963. *Aspects du Mythe.* Gallimard, Paris.
1965. *Le Sacré et le Profane.* Gallimard, Paris.

ELLIS-FERMOR, U.
1945. *772e Frontiers of Drama.* Methuen, Londres.

ELSE, G.
1957. *Aristotle's Poetics: the Argument.* Harward University Press, Cambridge.

EMELINA, J.
1975. *Les Valets et les Servantes dans le Théâtre Comique en France de 1610 à 1700.* PUG, Grenoble.

Enciclopédia dello Spettacolo
1954-1968. (ed. S. d'Amico). LeMaschere, Roma.

Enciclopédia Garzanti dello Spettacolo
1976-1977. Garzanti Editore, Milão.

ENGEL, J.-J.
1788. *Idées pour le Geste et l'Action Théâtrale.* Barrois, Paris, Slatkine Reprints, 1979 (original alemão: *Ideen zu einer Mimik,* 1785-1786).

ERENSTEIN, R. (ed.)
1986. *Conference on Theatre and Television.* FIRT e NOS.

ERLICH, V.
1969. *Russian Formalism.* Mouton, Paris-La Haye.

ERTEL, E.
1977. "Eléments pour une Sémiologie du Théâtre". *Travail Théâtral,* n. 28-29.
1983. "L'électronique à l'assaut du théâtre". *Journal du Théâtre National de Chaillot,* n. 12.

1985. "Le métier de critique en question". *Théâtre Public*, n. 68.

ESCARPIT, R.
1967. *L'Humour*. PUF, Paris.

ESCARPIT, R. (ed.)
1970. *Dictionnaire International des Termes Littéraires*. Francke, Berne.

ESSLIN, M.
1962. *The Theatre of the Absurd*. Doubleday, Nova York.
1970. *Au-delà de l'Absurde*. Buchet-Chastel, Paris.
1979. *Anatomie de l'Art Dramatique*. Buchet-Chastel, Paris
1987. *The Field of Drama. How the Signs of Drama Create Meaning on Stage and Screen*. Methuen, Londres.

Europe
1983. n. 648, abril ("Le théâtre par ceux qui le font").

EVREINOFF, N.
1930. *Le Théâtre dans la Vie*. Stock, Paris.

FABBRI, J.; SALLÉE, A. (ed.)
1982. *Clowns et Farceurs*. Bordas, Paris.

FEBVRE, M.
1995. *Danse Contemporaine et Théâtralité*. Chiron, Paris.

FELDENKRAIS, M.
1964. *L'Expression Corporelle*. Chiron, Paris.
1972. *Awareness Through Movement: Health Exercises for Personel Growth*. Harper & Row, Nova York.

FÉRAL, J. (ed.)
1977. *Substance*, n. 18-19.
1984. "Writing and Displacement: Women in Theatre". *Modem Drama*, vol. XXVII, n. 4.
1985. "Performance et théâtralité: le sujet démystifié". *Théâtralité, Écriture et Mise en Scène*, J. FÉRAL, J. SAVONA, E. WALKER (ed.), Hurtubise, Montreal.

FERRONI, G. (ed.)
1981. *La Semiótica e il Doppio Teatrale*. Liguori, Nápoles.

FIEBACH, J.
1975. *Von Craig bis Brecht*. Henschelverlag, Berlim.

FIEGUTH, R.
1979. "Zum Problem des virtuellen Empfängers beim Drama". A. J. Van Holk (ed.), *Approaches to Ostrowski*, Kafka-Presse, Bremen.

FINTER, H.
1981. "Autour de la voix au théâtre: voix de texte ou texte de voix". *Performance, textes et documents*, C. Pontbriand (ed.), Parachute, Montreal.
1990. *Der Subjektive Raum*. Narr Verlag, Tubingen.

FISCHER-LICHTE, E.
1979. *Bedeutung – Problème einer Semiotischen Hermeneutik und Ásthetik*. Narr Verlag, Miinchen.
1983. *Semiotikdes Theaters*. Narr Verlag, Tubingen, 3 vol.
1985. (ed.) *Das Drama und seine Inszenierung*. Niemeyer, Tubingen.

FITZPATRICK, T.
1986. "Playscript Analysis, Performance Analysis toward a Theorical Model". *Gestos*, n. 2.

FLECNIAKOSKA, J.-L.
1961. *La Formation de l'Auto-Religieux en Espagne Avant Calderon (1550-1635)*. Éditions P. Déhan Montpellier.

FLESHMAN, B.
1983. *Theatrical Movement: a Bibliographical Anthology*. The Scarecrow Press, Metuchen.

FLOECK, W.
1989. *Théâtre Contemporain en Allemagne et en France*. Francke Verlag, Tubingen.

FO, D.
1990. *Le Gai Savoir de l'Acteur*. L'Arche, Paris.

FONAGY, I
1983. *La Vive Voix*. Payot, Paris.

FONTANIER, P.
1827. *Les Figures du Discours*. Flammarion, Paris, 1977.

FOREMAN, R.
1992. *Unbalancing Acts. Fondations for a Theater*. Pantheon, Nova York.

FORESTIER, G.
1981. *Le Théâtre dans le Théâtre sur la Scène Française du XVIIe Siècle*. Droz, Genebra.
1988. *Esthétique de l'Identité dans le Théâtre Français*. Droz, Genebra.

FORTIER, D.
1985. *La Sonorisation*. Nathan, Paris.

FOUCAULT, M.
1966. *Les Mots et les Choses*. Gallimard, Paris.
1969. *L'Archéologie du Savoir*. Gallimard, Paris.
1971. *L'Ordre du Discours*. Gallimard, Paris.

FOURNEL, P. (ed.)
1982. *Les Marionnettes*. Bordas, Paris.

FRAISSE, P.
1957. *Psychologie du Temps*. PUF, Paris.

FRANCASTEL, P.
1965. *La Réalité Figurative*. Gonthier, Paris. [Trad, bras., Perspectiva, São Paulo, 1973.]
1967. *La Figure et le Lieu*. Gallimard, Paris.
1970. *Études de Socilogie de l'Art*. Denoël-Gonthier, Paris.

FRENZEL, E.
1963. *Stoff, Motiv und Symbolforschung*. J.-B. Metzlersche Verlagsbuchhandlung, Stuttgart.

FREUD, S.
1900. *L'Interprétation des Rêves*. PUF, Paris, 1973.
1905. *Le Mot d'Esprit et ses Rapports avec l'Inconscient*. Trad, francês, Gallimard, Paris, 1930; collection "Idées" (1976).
1969. *Studienausgabe*. Fischer Verlag, Frankfurt, 10 vol.

FREYTAG, G.
1857. *Die Technik des Dramas*. Darmstadt (13a edição, 1965).

FRYE, N.
1957. *Anatomy of Criticism*. Princeton University Press; trad. francês, Gallimard, Paris, 1969.

FUMAROLI, M.
1972. "Rhéthorique et dramaturgie: le statut du personnage dans la tragédie classique". *Revue d'Histoire du Théâtre*, n. 3.

GARCIA-MARTINEZ, M.
1995. *Réflexions sur la Perception du Rythme au Théâtre*. Tese, Université Paris 8, Paris.

GAUDIBERT, P.
1977. *Action Culturelle, Intégration et Subversion*. Casterman, Paris.

GAULME, J.
1985. *Architecture, Scénographie et Décor de Théâtre*. Magnard, Paris.

GAUTHIER, G.
1982. *Vingt Leçons suri 'Image et le Sens*. Edilig, Paris.

GAUVREAU, A.
1981. *Masques et Théâtres Masqués*. CNDP, Paris.

GENETTE, G.
1966. *Figures I*. Le Seuil, Paris.
1969. *Figures II*. Le Seuil, Paris.
1972. *Figures III*. Le Seuil, Paris.
1976. *Mimologiques*. Le Seuil, Paris.
1977. "Genres", "types", "modes". *Poétique*, n. 32.
1982. *Palimpsestes*. Le Seuil, Paris.

GENOT, G.
1973. 'Tactique du sens". *Semiótica*, vol. VIII, n. 13.

GHIRON-BISTAGNE, P.
1976. *Recherches sur les Acteurs dans la Grèce Antique*. Les Belles Lettres, Paris.
1994. *Gigaku, Dionysies Nippones*. Université Paul-Valéry, Montpellier.

GILLIBERT, J.
1983. *Les Illusiades. Essai sur le Théâtre de l'Acteur*. Clancier-Guénaud, Paris.

GINESTIER, P.
1961. *Le Théâtre Contemporain*. PUF, Paris.

GINISTY, P.
1982. *La Féerie*. Reimpressão "Les introuvables", Paris.

GINOT, I.; MICHEL, M.
1995. *La Danse au XXe Siècle*. Bordas, Paris.

GIRARD, R.
1968. *R. M. Lenz, Genèse d'une Dramaturgie du Tragicomique*. Klincksieck, Paris.

GIRARD, R.
1974. *La Violence et le Sacré*. Grasset, Paris.

GIRAULT, A.
1973. "Pourquoi monter un classique". *La Nouvelle Critique*, n. 69, dezembro.
1982. "Photographier le théâtre". *Théâtre/Public*, número especial.

GISSELBRECHT, A.
1971. "Marxisme et théorie de la littérature". *La Nouvelle Critique*, n. 39 bis.

GITEAU, C.
1970. *Dictionnaire des Arts du Spectacle (Français, Anglais, Allemand)*. Dunod, Paris.

GOBIN, P.
1978. *Le Fou et ses Doubles*. Presses de l'Université de Laval, Québec.

GODARD, C.
1980. *Le Théâtre Depuis, 1968*. Lattes, Paris.

GODARD, H.
1995. "Le geste et sa perception". In: *La Danse au XX" Siècle*, I. Ginot (ed.), Bordas, Paris.

GOETHE, F. W.
1970. *Werkausgabe*. Insel, Frankfurt, 6 vol.

GOFFMAN, E.
1959. The *Presentation of Self in Everyday Life*. Doubleday, Nova York.
1967. *Interaction Ritual. Essays on Face-to-Face Behavior*. Doubleday, Nova York; trad, francês: *Les Rites d'Interaction*. Éd. de Minuit, Paris, 1974.
1974. *Frame Analysis*. Penguin Books, Harmondsworth.

GOLDBERG, R. L.
1979. *Performance: Live Art 1909 to the Present*. H. Abrams, Nova York.

GOLDMANN, L.
1955. *Le Dieu Caché, Étude sur la Vision Tragique dans les Pensées de Pascal et dans le Théâtre de Racine*. Gallimard, Paris.
1970. *Racine*. L'Arche, Paris.

GOMBRICH, E.
1972. *L'Art et l'Illusion Psychologie de la Représentation Picturale*. Gallimard, Paris.

GOODMAN, N.
1968. *Languages of Art*. Bobb Merrills, Nova York.

GOSSMAN, L.
1976. "The Signs of the Theatre". *Theatre Research International*, vol. II, n. 1, outubro.

GOUHIER, H.
1943. *L'Essence du Théâtre*. Flammarion, Paris (reedição 1968).
1952. *Le Théâtre et l'Existence*. Flammarion, Paris.
1958. *L'Œuvre Théâtrale*. Flammarion, Paris.
1972. "Théâtralité". *Encyclopaedia Universalis*, Paris.

GOURDON, A.M.
1982. *Théâtre, Public, Réception*. CNRS, Paris.

GREEN, A.
1969. *Un Œil en Trop. Le Complexe d'Œdipe dans la Tragédie*. Éditions de Minuit, Paris.
1982. *Hamlet et Hamlet*. Balland, Paris.

GREIMAS, A.
1966. *Sémantique Structurale*. Larousse, Paris.
1970. *Du Sens*. Le Seuil, Paris.
1972. (ed.) *Essai de Sémiotique Poétique*. Larousse, Paris.
1973. "Les actants, les acteurs et les figures". In C. Chabrol, 1973.
1976. *Sémiotique et Sciences Sociales*. Le Seuil, Paris.
1977. "La sémiotique". *La Linguistique*, Larousse, Paris.

GREIMAS, A.; COURTÈS, J.
1979. *Sémiotique. Dictionnaire Raisonné de la Théorie du Langage*. Hachette, Paris.

GRIMM, J.
1982. *Das avantgardistische Theater Frankreichs (1895-1930)*. Beck, München.

GRIMM, R.
1971. *Deutsche Dramentheorien*. Frankfurt, 2 vol.

GROTOWSKI, J.
1971. *Vers un Théâtre Pauvre*. La Cité, Lausanne.

GRÜND, F.
1984. *Conteurs du Monde*. Éd. de la Maison des Cultures du Monde, Paris.

GUARINO, R.
1982a. "Le théâtre du sens. Quelques remarques sur fiction et perception". *Degrés*, n. 31, verão.
1982b. *La Tragédia e le Macchine. Andromède di Corneille e Torelli*. Bulzoni, Roma.

GUESPIN, L.
1971. "Problématique des travaux sur le discours politique". *Langages*, n. 23.

GUICHEMERRE.R.
1981. *La Tragi-Comédie*. PUF, Paris.

GULLI-PUGLIATI, P.
1976. *I Segni Latent! – Scrittura come Virtualità Scenica in "King Lear"*. D'Anna, Messina-Florença.

GUTHKE, K. S.
1961. *Geschichte unci Poetik der deutschen Tragikomödie*. Vandenhœck, Göttingen.
1968. *Die Moderne Tragikomödie*. Vandenhœck, Göttingen.

GUY, J.-M.; MIRONER, L.
1980. *Les Publics de Théâtre*. La documentation française, Paris.

HADDAD, Y
1982. *Art du Conteur, Art de l'Acteur*. Cahiers Théâtre, Louvain.

HALL, T. E.
1959. *The Silent Language*. Doubleday, Nova York; trad. francês: Mame, 1973.
1966. *The Hidden Dimension*. Doubleday, Nova York; trad, trances: Seuil, 1971.

HAMON-SIRÉJOLS, C.
1992. *Le Constructivisme au Théâtre*. CNRS, Paris.

HAMON, Ph.
1973. "Un discours contraint". *Poétique*, n.16.
1974. "Analyse du récit". *Le Français Moderne*, n. 2, abril.
1977. "Pour un statut sémiologique du personnage". *Poétique du Récit*, Le Seuil, Paris.

HANNA, J.-L.
1979. *To Dance is Human*. University of Texas Press, Austin.

HARRIS, M.; MONTGOMERY, E.
1975. *Theatre Props*. Motley-Studio Vista, Londres.

HARTNOLL, Ph. (ed.)
1983. *Oxford Companion to the Theatre*. Oxford University Press, Londres.

HAYS, M.
1977. "Theater History and Practice: An Alternative View of Drama". *New German Critique*, n. 12.
1981. *The Public and Performance*. Ann Arbor, UMI, Research Press.
1983. (ed.) *Theater*, vol. XV, n. 1 ("The Sociology of Theater").

HEFFNER, H.
1965. "Towards a Definition of Form in Drama". *In* Anderson, 1965.

HEGEL, F. W.
1832. *Esthétique* (tradução de S. Jankélevitch). Aubier-Montaigne, Paris, 1965.
1964. *Sàmtliche Werke*. Stuttgart.

HEIDSIECK, A.
1969. *Das Groteske und das Absurde im Modernen Drama*. Kohlhammer, Stuttgart.

HEISTEIN, J.
1983. *La Réception de l'Œuvre Littéraire*. Presses de l'Université de Wroclaw.
1986. *Le Texte Dramatique, la Lecture et la Scène*. Presses de l'Université de Wroclaw.

HELBO, A.
1975. (ed.) *Sémiologie de la Représentation*. Complexe, Bruxelas.
1979. (ed.) *Le Champ Sémiologique. Perspectives Internationales*. Complexe, Bruxelas.
1983a. *Les Mots et les Gestes, Essai sur le Théâtre*. Presses Universitaires de Lille.
1983b. *Sémiologie des Messages Sociaux*. Edilig, Paris.
1986. (ed.) *Approches de l'Opéra*. Didier Érudition, Paris.

HELBO, A.; JOHANSEN, D.; PAVIS, P.; UBERSFELD, A. (ed.)
1987. *Le Théâtre, Modes d'Approche*. Labor, Bruxelas.

HERZEL, R.
1981. *The Original Casting of Molière's Plays, Ann Arbor*. UMI Research Press.

HESS-LUTTICH, E.
1981. (ed.) *Multimedial Communication*. Narr Verlag, Tubingen, 2 vol.
1984. *Kommunikation ais Ásthetisches Problem*. Narr Verlag, Tubingen.
1985. *Zeichen und Schichten des Dramas und Theaters*. E. Schmidt Verlag, Berlin.

HILDESHEIMER, W.
1960. "Erlangener Rede über das absurde Theater". *Akzente*, 7.

HILGAR, M.-F
1973. *La Mode des Stances dans le Théâtre Tragique Français, 1610-1687*. Nizet, Paris.

HILZINGER, K. H.
1976. *Die Dramaturgie des dokumentarischen Theaters*. Tubingen.

HINK, W. (ed.)
1981. *Geschichte als Schauspiel*. Frankfurt.

HINKLE, G.
1979. *Art as Event*. Washington.

HINTZE, J.
1969. *Das Raumproblem im Modernen Deutschen Drama und Theater*. Elwert Verlag, Marburg.

Histoire des Spectacles
1965. (G. Dumur, ed.), Gallimard, Paris.

HODGSON, J.; RICHARDS, E.
1974. *Improvisation*. Eyre Methuen, Londres.

HOGENDOORN, W.
1973. "Reading on a Booke. Closet Drama and the Study of Theatre Arts". *Essays on Drama and Theatre* (*Mélanges Benjamin Hunningher*), Moussault, Amsterdam-Anvers.
1976. *Lezen en zien spelen*. Karstens, Leiden.

HONZL, J.
1940. "Pohyb divadelniho znaku". *Slovo a slovesnost*, 6 (trad, francês em *Travail Théâtral*, n. 4, julho 1971: "La mobilité du signe théâtral"). Ver também em Matejka, 1976a.

HOOVER, M.
1974. *Meyerhold. The Art of Conscious Theater*. University of Massachussetts Press, Amherst.

HOPPE, H.
1971. *Das Theater der Gegenstände*. Schäuble Verlag, Bensberg.

HORNBY, R.
1977. *Script into Performance – a Structuralist View of Play Production*. University of Texas, Austin.

HRUSHOVSKI, B.
1985. "Présentation et représentation dans la fiction littéraire". *Littérature*, n. 57.

HUBERT, M.-C.
1988. *Le Théâtre*. Armand Colin, Paris.

HÜBLER, A.
1973. *Drama in der Vermittlung von Handlung, Sprache und Szene*. Bonn.

HUGO, V.
1827. Prefácio de *Cromwell*.

HUIZINGA, J.
1938. *Homo Ludens: Essai sur la Fonction Sociale du Jeu*. trad. francês: Gallimard, Paris, 1951. [Trad, bras., Perspectiva, São Paulo, 1971.]

INGARDEN, R.
1931. *Das literarische Kunstwerk*. Tubingen, Niemeyer: trad. francês: *L'Œuvre d'Art Littéraire*, L'Âge d'Homme, Lausanne, 1983.
1949. "Les différentes conceptions de la Vérité dans l'œuvre d'art". *Revue d'Esthétique*, 2.
1971. "Les fonctions du langage au théâtre". *Poétique*, n. 8.

INNES, C.
1981. *Holy Theatre: Ritual and the Avant-Garde*. Cambridge University Press.

IONESCO, E.
1955. "Théâtre et Antithéâtre". *Cahier des Saisons*, n. 2, outubro.
1962. *Notes et Contre-Notes*. Gallimard, Paris.
1966. *Entretien avec Claude Bonnefoy*. Belfond, Paris.

ISER, W.
1972. "The Reading Process: a Phenomenological Approach". *New Literary History*, n. 3.
1975. "The Reality of Fiction: a Functionalist Approach to Literature". *New Literary History*, vol. VII, n. 1.

ISSACHAROFF, M.
1981. "Space and Reference in Drama". *Poetics Today*, vol. II, n. 3.
1985. *Le Spectacle du Discours*. Corti, Paris.
1986. (ed.) *Performing Texts*. University of Pennsylvania Press.
1987. (ed. com A. Whiteside) *On Referring in Literature*. Indiana University Press, Bloomington.
1988. *Le Discours Comique*. Corti, Paris.
1990. *Lieux Comiques*. J. Corti, Paris.

IVERNEL, P.: EBSTEIN, J.
1983. *Le Théâtre d'Intervention Depuis 1968*. L'Âge d'Homme, Lausanne.

JACHYMIAK, J.
1969. "Sur la théâtralité". *Littérature*, sciences, idéologie, n. 2.

JACQUART, E.
1970. *Le Théâtre de Dérision*. Gallimard, Paris.

JACQUOT, J.
1960. (ed.) *Réalisme et Poésie au Théâtre*. CNRS, Paris.
1965a. (ed.) *Le Théâtre Tragique*. CNRS, Paris.
1965b. *Théâtre Moderne. Hommes et Tendances*. CNRS, Paris.

1968. (ed.) *Dramaturgie et société – Rapports entre l'Œuvre Théâtrale, son interpretation et son public aux XVIe et XVIIe siècles*. CNRS, Paris, 2 vol.

1972. "Sur la forme du masque jacobéen". *Actes des Journées Internationales d'Étude du Baroque*, Montauban (5a. ata).

1979. *Les Théâtres d'Asie*. CNRS, Paris.

JACQUOT, J.; VEINSTEIN, A. (eds.)
1957. *La Mise en Scène des Œuvres du Passé*. CNRS, Paris.

JAQUOT, J.; BABLET, D. (eds.)
1963. *Le Lieu Théâtral dans la Société Moderne*. CNRS, Paris.

JAFFRÉ, J.
1974. "Théâtre et idéologie, note sur la dramaturgie de Molière". *Littérature*, n.13.

JAKOBSON, R.
1963. *Essais de Linguistique Générale*. Le Seuil, Paris.
1971. "Visual and Auditory Signs". *Selected Writings*, Paris-La Haye, Mouton, vol. II.

JAMATI, G.
1952. *Théâtre et Vie Intérieure*. Flammarion, Paris.

JAMESON, F.
1972. *The Prison-House of Language*. Princeton University Press.
1981. *The Political Unconscious*. Methuen, Londres.

JANSEN, S.
1968. "Esquisse d'une théorie de la forme dramatique". *Langages*, n. 12.
1973. "Qu'est-ce qu'une situation dramatique?". *Orbis Litterarum*, XX-VIII, 4.
1984. "Le rôle de l'espace scènique dans la lecture du texte dramatique". *In* H. Schmid e A. Van Kesteren (ed.), 1984.

JAQUES, F.
1979. *Dialogiques. Recherches Logiques sur le Dialogue*. PUF, Paris.
1985. *L'Espace Logique de l'Interlocution*. Dialogiques II, PUF, Paris.

JAQUES-DALCROZE, E.
1919. *Le Rythme, la Musique et l'Éducation*. Foetisch Frères, Lausanne (reedição: 1965).

JARRY, A:
1896. "De l'inutilité du théâtre au théâtre". *Mercure de France*, setembro. Reeditado em *Tout Ubu*, Le Livre de Poche, Paris, 1962.

JAUSS, H. R.
1970. *Literaturgeschichte als Provokation*. Suhrkamp, Frankltirt.
1977. *Ästhetische Erfahrung vend Literarische Henneneutick I*. Fink Verlag, Miinchen (trad. francês: *Pour une Esthétique de la Réception*, Gallimard, Paris, 1978).

JAVIER, F.
1984. *Notas para la Historia Científica de la Puesta en Escena*. Editorial Leviatan, Buenos Aires.

Jeu. Cahiers de Théâtre
1985. n. 37 ("La photographie de théâtre").

JEAN, G.
1976. *Le Théâtre*. Le Seuil, Paris.

JOHANSEN, D.
1981. Ver HELBO (ed.), 1986.

JOHNSON, M.
1987. *The Body in the Mind*. University of Chicago Press.

JOMARON, J.
1981. *La Mise en Scène Contemporaine II: 1914-1940*. La Renaissance du livre, Bruxelas.
1989. *Le Théâtre en France*. Armand Colin, Paris.

JOURDHEUIL, J.
1976. *L'Artiste, la Politique, la Production*. UGE, Paris.

JOUSSE, M.
1974. *L'Anthropologie du Geste*. Gallimard, Paris.

JOUVET, L.
1950. *Le Comédien Désincarné*. Flammarion, Paris.

JUNG, C.
1937. "Ülber die Archetypen". *Gesammelte Werke*, Zurique.

JUNG, U.
1994. *L'Énonciation au Théâtre. Une Approche Pragmatique de l'Autotexte Théâtral*. Narr Verlag, Tubingen.

KANDINSKY.W.
1975. "De la composition scénique", "De la synthèse scénique abstraite". In: Écrits Complets, t. III, Denoël-Gonthier, Paris.

KANT, E.
1790. Kritik der Urteilskraft '(ed. Vorländer). Hamburgo, 1959.

KANTOR, T.
1977. Le Théâtre de la Mort. Textos reunidos por D. Bablet, L'Âge d'Homme, Lausanne.

KANTOR, T. et al.
1990. L'Artiste à la Fin du XXe Siècle. Acte Sud Papiers, Paris.
1991. Ma Création, Mon Voyage. Éd. Plume.

KAYSER, W.
1960. Das Groteske in Malerei und Dichtung. Rowohlt, Hamburgo. [Trad, bras., Perspectiva, São Paulo, 1986.]

KELLER, W.
1976. Beitrage zur Poetik des Dramas. Wissenschaftliche Buchgesellschaft, Darmstadt.

KERBRAT-ORECHIONI, C.
1980. L'Énonciation. De la Subjectivité dans le Langage. A. Colin, Paris.
1984. "Pour une approche pragmatique du dialogue théâtral". Pratiques, n. 41, março.
1990. Les Interactions Verbales. A. Colin, Paris.
1996. La Conversation. A. Colin, Paris.

KESTEREN (VAN), A.; SCHMID, H. (ed.)
1975. Moderne Dramentheorie. Scriptor, Kronberg.
1984. Semiotics of Drama and Theatre. John Benjamins, Amsterdã.

KESTING, M.
1959. Das epische Theater. Kohlhammer, Stuttgart.
1965. "Gesamtkunstwerk und Totaltheater". Vermessung des Labyrinths, Suhrkamp, Frankfurt.

KIBÉDI-VARGA, A.
1970. Rhétorique et Littérature. Didier, Paris.
1976. "L'invention de la fable". Poétique, n. 25.
1981. (ed.) Théorie de la Littérature. Picard, Paris.

KIPSIS, C.
1974. The Mime Book. Hanper and Row, Nova York.

KIRBY, E. T.
1969. Total Theatre – A Critical Anthology. Dutton, Nova York.

KIRBY, M.
1965. Happenings – An Illustrated Anthology. Dutton, Nova York.
1976. "Structural Analysis/structural Theory". The Drama Review, n. 20.
1982. "Nonsemiotic Performance". Modern Drama, vol. XXV, n. 1, março.

KLEIN. M.
1984. "De la théâtralisation comme travail du rythme". Le Rythme, Colloque d'Albi, vol. 1.

KLEIST, H. (VON)
1810. "Über das Marionettentheater". Werkeund Briefe, Aufbau Verlag, Berlim, 1978.

KLIER, H.
1981. Theaterwissenschaft im deutschsprachigen Raum. Wissenschafliche Buchgesellschaft, Darmstadt.

KLOTZ, V.
1969. Geschlossene und offene Form im Drama. Hanser, Munchen.
1976. Dramaturgie des Publikums. Hanser, München.

KLÜNDER, J.
1971. Theaterwissenschaft als Medienwissenschaft. Lüdke Verlag, Hamburgo.

KNAPR A.
1993. Une École de la Création Théâtrale. Acte Sud, ANRAT

KNOPF, J.
1980. Brecht Handbuch. Metzler, Stuttgart.

KNUDSEN, H.
1971. Methodik der Theaterwissenschaft. Kohlhammer, Stuttgart.

Kodikas/Code
1984. Vol. VII, n. 1-2 ("Le spectacle au pluriel", P. Delsemme, A. Helbo, ed.).

KOMMERELL, M.
1940. Lessing und Aristóteles. Untersuchung über die Théorie der Tragödie. Frankfurt.

KONIGSON, E.
1969. La Représentation d'un Mystère de la Passion à Valenciennes en 1547. CNRS, Paris.
1975. L'Espace Théâtral Médiéval. CNRS, Paris.

KOSTELANETZ, R.
1968. *The Theatre of Mixed-Means*. Routledge, Londres.

KOTT, J.
1965. *Shakespeare, Notre Contemporain*. Marabout, Université, Verviers.

KOURILSKY, F.
1971. *The Bread and Puppet Theatre*. La Cité, Lausanne.

KOWZAN, T.
1968. "Le signe au théâtre". *Diogène*, vol. LXI.
1970. "L'art du spectacle dans un système général des arts". *Études philosophiques*, janeiro.
1975. *Littérature et Spectacle*. Mouton, La Haye-Paris.
1976. "L'art en abyme". *Diogène*, n. 96, outubro-dezembro.
1980. "Les trois Impromptus: Molière, Giraudoux et Ionesco face à leurs critiques". *Revue d'Histoire du Théâtre*, n. 3.
1985. "Iconographie-iconologie théâtrale: le signe iconique et son réfèrent". *Diogène*, n. 130, abril-junho.
1992. *Sémiologie du Théâtre*. Nathan, Paris.

KREJCA, O.
1971. "L'acteur est-il un singe savant dans un système de signes fermé?". *Travail Théâtral*, n. 1, outubro-dezembro.

KRISTEVA, J.
1969. *Semiotiki Recherches pour une Sémanalyse*. Le Seuil, Paris. [Trad, bras., Perspectiva, São Paulo, 1974.]

KRYSINSKI.W.
1981. "Semiotic Modalities of the Body in Modern Theater". *Poetics Today*, vol. II, n. 3.
1982. "Changed Textual Signs in Modern Theatricality". *Modern Drama*, vol. XXXV, n. 1.

LABAN, R.
1960. *The Masteiy of Movement*. Macdonald e Evans, Londres.
1994. *La Maîtrise du Mouvement*. Actes Sud, Arles.

LA BORDERIE
1973. "Sur la notion d' iconicité" e (corn A. Le Galloc'h) "L'iconicité de la représentation et de l'évocation dans le théâtre classique". *Messages*, n. 4.

LABORIT, H.
1981. "Le geste et la parode. Le théâtre vu dans l'optique de la biologie des comportements". *Degrés*, n. 29.

LA BRUYÈRE (DE), J.
1934. *Œuvres Complètes*. (Ed. J. Benda), Gallimard, Paris.

LAFON, D.
1991. Le *Chiffre Scènique dans la Dramaturgie Moliéresque*. Klincksieck, Paris.

LAGRAVE, H.
1973. "Le costume de théâtre approche sémiologique". *Messages*, n. 4.
1975. "Du côté du spectateur: temps et perception théâtrale". *Discours Social*, n. 5.

Langages
1968. n.10 ("Pratiques et langages gestuels").

LANGER, S.
1953. *Feeling and Form*. Scribner's, Nova York. [Trad, bras., Perspectiva, São Paulo, 1980.]

Langue Française
1979. n. 42, maio (ed. F. Récanati e A.-M. Diller, "La pragmatique").
1982. n. 56, dez. (ed. H. Meschonnic, "Le rythme et le discours").

LARTHOMAS, P.
1972. *Le Langage Dramatique*. A. Colin, Paris.

LASSALLE, J.
1991. *Pauses*. Actes Sud, Arles.

LAUSBERG, H.
1960. *Handbuch der literarischen Rhetorik*. Max Hüber Verlag, München.

LAVER, J.
1964. *Costume in the Theatre*. George and Harrap, Londres.

LEABHART, T.
1989. *Modem and Post-Modem Mime*. Macmillan, Londres.

LEBEL, J.-J.
1966. *Le Happening*. Denoël, Paris.

LECOQ, J.
1987. (ed.) *Le Théâtre du Geste*. Bordas, Paris.
1996. *Jacques Lecoq au Conservatoire*. Actes Sud Papiers, e ANRAT, Paris.

LE GALLIOT, J.
1977. "La scène et l'autre scène'". *Psychanalyse et Langage Littéraire Théorie et Pratique*. Nathan, Paris.

LEMAHIEU, D.
1995. "Vaudeville". In: *Dictionnaire Encyclopédique du Théâtre*, M. Corvin, Bordas, Paris.

LEROI-GOURHAN, A.
1974. *Le Geste et la Parole*. Albin Michel, Paris, 2 vol.

LEROY, D.
1990. *Histoire des Arts du Spectacle en France*. L'Harmattan, Paris.

LESSING, E.
1767. *Dramaturgie de Hambourg* (trad. francês, Perrin, Paris, 1885).

LEVIEUX, F. e J.-P.
Expression Corporelle. Marly, ed. de l'INJEP.

LÉVI-STRAUSS, C.
1958. *Anthropologie Structurale*. Pion, Paris.

LEVITT, R. M.
1971. *A Structural Approach to the Analysis of Drama*. Mouton, Paris-La Haye.

LINDEKENS, R.
1976. *Essai de Sémiotique Visuelle*. Klincksieck, Paris.

LINDENBERGER, H.
1975. *Historical Drama — The Relation of Literature and Reality*. University of Chicago Press.

Linguistique et Sémiologie
1976. n. 2 ("L'ironie").

LIOURE, M.
1973. *Le Drame de Diderot à Ionesco*. A. Colin, Paris.

LISTA, G.
1973. *Futurisme: Manifestes, Documents, Proclamations*. L'Âge d'homme, Lausanne.

Littérature
1985. n. 57 ("Logiques de la représentation").

LORELLE, Y.
1962. "Les transes et le théâtre". *Cahiers Renaud-Barrault*, n. 38.
1974. *L'Expression Corporelle du Mime Sacré au Mime de Théâtre*. La Renaissance du Livre, Paris.

LOTMAN, Y.
1973. *La Structure du Texte Artistique*. Gallimard, Paris.

LOUYS, M.
1967. *Le Costume, Pourquoi et Comment?*. Renaissance du Livre, Bruxelas.

LUKÁCS, G.
1914. *Die Soziologie des Modernen Dramas*. Archiv für Sozialwissenschaft. Reeditado em *Gesammelte Werke*, Luchterand Verlag.
1956. *Le Roman Historique*. Payot, Paris, 1965.
1960. *La Signification Présente du Réalisme Critique*. Gallimard, Paris.
1975. *Problèmes du Réalisme*. L'Arche, Paris.

LYOTARD, J.-F.
1971. *Discours, Figure*. Klincksieck, Paris.
1973. "La dent, la paume". *Des Dispositifs Pulsionnels*, UGE, Paris.

MADRAL, P.
1969. *Le Théâtre Hors les Murs*. Le Seuil, Paris.

MAINGUENEAU, D.
1976. *Initiation aux Méthodes de l'Analyse du Discours*. Hachette, Paris.

MAN (DE), P.
1971. *Blindness and Insight: Essays in the Rhetoric of Contemporary Criticism*. Oxford University Press, Nova York.

MANCEVA, D.
1983. "Considérations sur l'Analyse du Texte Dramatique Contemporain". *Philologia*, n. 12-13, Sofia.

MANN, Th.
1908. "Versuch über das Theater", *Gesammelte Werke*, vol. X, Fischer Verlag 1974 (trad, francês: "Essai sur le théâtre", *Cahiers Renaud-Barrault*, outubro 1978).

MANNONI, O.
1969. "L'illusion comique ou le théâtre du point de vue de l'imaginaire", *Clés pour l'Imaginaire*, Le Seuil, Paris.

MARCEAU, M.
1974. *M. Marceau ou l'Aventure du Silence. Interview de G. et T. Verriest-Lefert*. Desclée de Brouver, Paris.

MARCUS, S.
1974. *Mathematische Poetik*. Athenäum, Frankfurt.

1975. "Stratégie des personnages dramatiques". in Helbo, 1975.

MARIE, M.
1977. "Montage". In Collet et al., 1977.

MARIN, L.
1985. "La sémiotique du corps". *Encyclopaedia Universalis*, Paris.

MARMONTEL, J.-F.
1763-1787. *Éléments de Littérature*. Née de la Rochelle, Paris, 6 vol.

MARRANCA, B. (ed.)
1977. *The Theatre of Images*. Drama Book Specialists, Nova York.

MARTIN, Bernard.
1993. *La Théâtralisation de l'Écrit Non Théâtre!*. Tese, Université de Paris VIII.

MARTIN, Jacky.
1984. "Ostension et communication théâtrale". *Littérature*, n. 53, fevereiro.

MARTIN, Jacqueline.
1991. *Voice in Modem Theatre*. Routledge, Londres.
1993. *La Théâtralisation du Texte Écrit Non Théâtre!* Université de Paris 8.

MARTIN, John
1966. *The Modem Danse*. Barnes, Nova York, trad. 1991, *La Danse moderne*, Actes Sud, Arles.

MARTIN, Marcel
1977. *Le Langage Cinématographique*. Éditeurs Français Réunis, Paris.

MARTY, R.
1982. "Des trois icônes aux trois symboles". *Degrés*, n. 29.

MARTY, R; BIJTRZLAFF, W.; BRUZY, G; RETHORÉ, L; PERALDI, F.
1980. "La sémiotique de C. S. Peirce". *Langages* (número especial sobre Peirce), junho.

MARX, K.; ENGELS, F.
1967. *Über Kunst und Literatur*. Berlim, Dietz Verlag (2 vol.). (Especialmente "Die Sickingen Débatte", 1859. Trad. francês in *Correspondance Marx-Engels*, Éditions Sociales, tomo V, Paris 1975, cartas de 19 de abril a 18 de maio.)

MATEJKA, L.
1976. *Sound, Sign and Meaning-Quinquagenary of the Prague Linguistic Circle*. The University of Michigan Press, Ann Arbor.

MATEJKA, L.; TITUNIK, I.
1976. *Semiotics of Art: Prague School Contributions*. MIT Press, Cambridge.

MATHIEU, M.
1974. "Les acteurs du récit". *Poétique*, n. 19.

MAURON, C.
1963. *Des Métaphores Obsédantes au Mythe Personnel. Introduction à la Psychocritique*. J. Corti, Paris.

MAUSS, M.
1936. "Les techniques du corps". *Journal de Psychologie*, n. 3-4, XXXII, 15 março-15 abril.

MC AULAY, G.
1984. "Freedom and Constraint: Reflections on Aspects of Film and Theatre". *Aulla XXII*, Camberra, Australian National University.

MC GOWAN, M.
1978. *L'Art du Ballet de Cour en France*. CNRS, Paris.

MEHLIN, U.
1969. *Die Fachsprache des Theaters. Eine Untersuchung der Terminologie von Bühnentechnik*. Schauspielkunst und Theaterorganisation, Pädagogischer Verlag Schwann, Düsseldorf.

MEIERHOLD, V.
1963. *Le Théâtre Théâtral*. Gallimard, Paris.
1969. *Meyerhold on Theatre*. (E. Braun, ed.), Hill and Wang, Nova York.
1973-1975-1980-1992. *Écrits sur le Théâtre*. La Cité-L'Âge d'Homme, Lausanne, 4 vol.

MELDOLESI, C; OLIVI, L.
1989. *Brecht Regista*. Il Mulino, Bolonha.

MELEUC, S.
1969. "Structure de la maxime". *Langages*, n. 13.

MERKER, P.: STAMMLER, W. (ed.)
1950. Ver *Reallexikon der deutschen Literaturgeschichte*. 4 vol.

MERLE, P.
1985. *Le Café-Théâtre*. PUF, "Que sais-je?", Paris.

MESCHONNIC, H.
1982. *Critique du rythme. Anthropologie Historique du Langage*. Lagrasse, Verdier.

METZ, Ch.
1977. *Le Signifiant Imaginaire*. UGE, Paris.

MEYER-PLANTUREUX, C.
1992. *La Photographie de Théâtre ou la Mémoire Éphémère*. Paris-Audiovisuel, Paris.
1995. *Le Berliner Ensemble à Paris*.

MIC, C.
1927. *La Commedia dell'Arte*, . Éditions de la Pleiade, Paris.

MICHAUD, G.
1951. *L'Œuvre et ses Techniques*. Nizet, Paris.

MIGNON, P.-L.
1986. *Le Théâtre au XXe Siècle*. Gallimard, "Folio", Paris.

MILLER, L
1972. "Non-Verbal Communication". R. A. Hinde (ed.), *Non-Verbal Communication*, Londres.

MILLER, J. G.
1977. *Theatre and Revolution in France since 1968*. French Forum, Lexington.

MILNER, J.-C.; REGNAULT, F.
1987. *Dire le Vers*. Le Seuil, Paris.

Modern Drama
1982. Vol. XXXV, n. 1 ("Theory of Drama and Performance").

MOHOLY-NAGY, L.; SCHLEMMER, O.
1925. *Die Bühne im Bauhaus*. Bauhaus Bücher.

MOINDROT, I.
1993. *Dramaturgie de l'Opéra*. PUF, Paris.

MOLES, A.
1973. (ed.) *La Communication et les Massmédia*. Marabout, Verviers.

MOLES, A.; ROHMER, E.
1972. *Psychologie de l'Espace*. Castermann, Paris.

MONOD, R.
1977. *Les Textes de Théâtre*. CEDIC, Paris.
1983. (ed.) *Jeux Dramatiques et Pédagogie*. Édilig, Paris.

MORAUD, Y.
1981. *La Conquête de la Liberté de Scapin à Fígaro*. PUF, Paris.

MOREL, J.
1964. *La Tragédie*. A. Colin, Paris.

MORENO, J.-L.
1965. *Psychothérapie de Groupe et Psychodrame*. PUF, Paris.
1984. *Théâtre de la Spontanéité*. L'Épi, Paris.

MORVAN DE BELLEGARDE
1702. *Lettres Curieuses de Littérature et de Morale*. Guignard, Paris.

MOUNIN, G.
1970. *Introduction à la Sémiologie*. Éditions de Minuit, Paris.

MOUSSINAC, L.
1948. *Traité da la Mise en Scène*. Librairie Centrale des Beaux-Arts, Paris.

MUKAŘOVSKÝ, J.
1933. "L'intonation comme facteur du rythme poétique". *Archives Néerlandaises de Phonétique Expérimentale*, n. 8-9. (Trad, inglês: J. Burbank-P. Steiner (ed.) *The World and the Verbal Art*, Yale University Press, 1977).
1934. "L'art comme fait sémiotique". *Actes du Huitième Congrès International de Philosophie à Prague*. (Reeditado em *Poétique*, n. 3, 1970).
1941. "Dialog a monolog". *Kapitoly z Ceské poetiky*, vol. I, Praha (trad, inglês de J. M. 1977).
1977. *The World and Verbal Art*. (Ed. J. Burbarrk e P. Steiner), Yale University Press, New Haven.
1978. *Structure, Sign and Function*. (Ed. J. Burbank e P. Steiner), Yale University Press, New Haven.

NADIN, M.
1978. "De la condition sémiotique du théâtre". *Revue Roumaine d'Histoire de l'Art*, XV.

NATTIEZ, J.-J.
1987. *Sémiologie Générale et Sémiologie*. Bourgois, Paris.

NELSON, R.
1958. *Play Within the Play*. Yale University Press, New Haven.

NICOLL, A.
1962. *The Theatre and Dramatic Theory*. Barnes & Noble, Nova York.
1963. *The World of Harlequin – A Critical Study of the Commedia dell'Arte*. Cambridge University Press.

NIETZSCHE, F.
1872. "Die Geburt der Tragödie". *Werke in Zwei Banden*, C. Hanser, München 1967. Trad. francês: Gallimard, Paris, 1977.

Nouvelle Revue de Psychanalyse
1971. n. 4 ("Effets et formes de l'illusion").

NORMAN, S.-J.
1980. "Le Body Art", em *Le Corps en Jeu*, CNRS, Paris. 1996. In: *Cahiers de Médiologie*.

NO VERRE, G.
1978. *Lettres sur la Danse et les Arts Imitateurs*. Ramsay, Paris.

OBREGON, O.
1983. The University clasico in Chile". *Theater*, vol. XV, n. 1.

OGDEN, R.: RICHARDS, I.A.
1923. *The Meaning of Meaning*. Harcourt, Londres e Nova York.

OLSON, E.
1968a. "The Elements of Drama: Plot". *Perspectives on Drama* (J. Calderwood, ed.), Oxford University Press.
1968b. *The Theory of Comedy*. Indiana University Press, Bloomington.

Organon 80
1980. Sémiologie et théâtre (M. Corvin, ed.), Presses de l'Université de Lyon.

OSOLSOBE, I.
1967. *Muzikál Je, Kdyz-* Supraphon, Praha.
1974. *Divaldo, ktere mluví, spíva a tanci*. Supraphon, Praha.
1980. "Cours de théâtristique génerale". *In* J. Savona, ed., 1980.

Oxford Companion to the Theatre (ed. P. Hartnoll)
1957-1983. (2a edição), Oxford University Press.

PAGNINI, M.
1970. "Per una semiologia del teatro clássico". *Strumenti Critici*, n. 12.
1980. *Pragmatica della Letteratura*. Sellerio, Palermo.

PANDOLFI, V.
1957-1961. *La Commedia dell'Arte*. Florença, 6 vol. 1961. *Regia e Registi nel Teatro Moderno*. Capelli.
Universale Capelli. 1969. *Histoire du Théâtre*. Marabout Université, Verviers, 5 vol.

PAQUET, D.
1990. *Alchimie du Visage*. Chiron, Paris.
1995. "Pour un théâtre de fragrances". *Comédie Française*, n. 17.

PASSERON, René
1996. *Naissance d'Icare. Éléments de Poïétique Génerele*. Presses Universitaires de Valenciennes.

PAUL, A.
1981. "Theater ais Kommunikationsprozess". *In* Klier, 1981.

PAVEL, T.
1976. *La Syntaxe Narrative des Tragédies de Corneille*. Klincksieck, Paris.

PAVIS, P.
1975. Problèmes d'une sémiologie du théâtre. *Semiótica*, 15: 3.
1976a. *Problèmes de Sémiologie Théâtrale*. Presses de l'Université du Québec, Montreal.
1976b. "Théorie du théâtre et sémiologie: sphère de l'objet et sphère de l'homme". *Semiótica*, 16: 1.
1978a. "Remarques sur le discours théâtral". *Degrés*, n. 13, primavera.
1978b. "Mise au point sur le gestus". *Silex*, n. 7.
1978c. "Des sémiologies théâtrales". *Travail Théâtral*, n. 31.
1978d "Débat sur la sémiologie du théâtre". *Versus*, n. 21, setembro.
1979a. "Il discorso de la critica teatrale". *Quaderni di Teatro*, n. 5.
1979b. "Notes towards a semiotic analysis". *The Drama Review*. T84, dezembro.
1980a. "Dire et faire au théâtre, Sur les stances du Cid". *In* J. Savona (ed.), 1980.
1980b. "Toward a Semiology of *Mise en Scène*". Conference on The Theory of Theatre, University of Michigan, 17-19 abril (reeditado em 1982b).
1980c. "Vers une esthétique de la réception théâtrale. Variations sur quelques relations". R. Durand (ed.) 1980a, *La Relation théâtrale*, Presses de l'Université de Lille.
1980d. "Le discours du mime". *In* de Marinis, 1980.
1981a. "Problems of a Semiotics of Gesture". *Poetics Today*, II, 3.
1981b. "Réflexions sur la notation théâtrale". n. 4, *Revue d'Histoire du Théâtre*, n. 4.
1982a. *Voix et Images de la Scène. Essais de Sémiologie Théâtrale*. Presses Universitaires

de Lille (2a edição: 1985e). Rever particularmente 1978a, 1978b, 1978d, 1979a, 1979b, 1980a, 1980c, 1981a, 1981b.

1982b. *Languages of the Stage. Essays in the Semiology of the Theatre*. Performing Arts Journal Publications, Nova York.

1983a. "Production et réception au théâtre: la concrétisation du texte dramatique et spectaculaire". *Revue des Sciences Humaines*, n. 189, 1983-1.

1983b. "Du texte à la scène: un enfantement difficile". Communication à la *Conférence* "Scène, Signe, Spectacle", abril 1983, *Forum Modernes Theater*, 1986, n. 2

1983c. *Marivaux à l'Épreuve de la Scène*. Thèse d'État, université Paris III. (Resumido em 1986a.)

1984a. "Du texte à la mise en scène: l'histoire traversée". *Kodikas/Code*, vol. VII, n. 1-2.

1984b. "De l'importance du rythme dans la mise en scène". Communication à la *Conférence sur le texte dramatique*, la lecture et la scène. (Reeditado em 1985c e in Heistein, 1986.)

1985a. "Le théâtre et les médias: spécificité et Interférences". A. Helbo et al. (ed.) 1987.

1985b. "Questions sur un quastionnaire". *In A.* Helbo et al. (ed.) 1987.

1985c. "Commentaires et édition de *La Mouette*". Le Livre de Poche, Paris.

1985d. "La réception du texte dramatique et spectaculaire: les processus de fictionnalisation et d'idéologisation". *Versus*, n. 41 (Reeditado em 1985e).

1985e. *Voix et Images de la Scène. Pour une Sémiologie de la Réception*. Presses Universitaires de Lille (segunda edição ampliada de 1982a).

1986. *Marivaux à l'Épreuve de la Scène*. Publications de la Sorbonne, Paris.

1987. Pavis, P.; Ubersfeld, A.; Johansen, D.; Helbo, A. (ed.) *Théâtre. Modes d'Approches*, Paris.

1987. *Semiotik der Theaterrezeption*. Narr Verlag, Tubingen.

1990. *Le Théâtre au Croisement des Cultures*. J. Corti, Paris.

1992. *Confluences. Le Dialogue des Cultures dans les Spectacles Contemporains*. PPBBR, Saint-Cyr.

1996. *L'Analyse des Spectacles*. Nathan, Paris. [Trad. bras., Perspectiva, 2. ed., São Paulo, 2006].

1996b. *The Intercultural Performance Reader*. Routledge, Londres.

PAVIS, P.; THOMASSEAU, J.-M. (eds.)
1995. *Copeau l'Éveilleur*. Bouffonneries.

PAVIS, P; VILLENEUVE, R.
1993. *Protée*. Vol. 21, n. 3 ("gestualité").

PEIRCE, C.
1978. *Écrits sur le Signe*. (Textos reunidos, traduzidos e comentados por G. Deledalle), Le Seuil, Paris.

PFISTER, M.
1973. "Bibliographie: Théorie des Komischen, der Komödie und der Tragikomödie (1943-1972)". *Zeitschrift für französische Sprache und Literatur*, n. 83.

1977. *Das Drama*. Fink Verlag, München.

1978. "Kommentar, Metasprache und Metakommunikation im *Hamlet*". *Jahrbuch der deutschen Shakespeare Gesellschaft*, West.

1985. "Eloquence is action: Shakespeare und die Sprechakttheorie". *Kodikas/Code*, vol. VIII, n. 3-4.

PIDOUX, J.-Y.
1986. *Acteurs et Personnages*. L'Aire, Lausanne.

PIEMME, J.-M.
1984. *Le Souffleur Inquiet, Alternatives Théâtrales*. N. 20-21, Ateliers des Arts, Bruxelas.

1989. *L'Invention de la Mise en Scène*. Labor, Bruxelas.

PIERRON, A.
1980. "La scénographie: décor, masques, lumières…". *Le Théâtre* (ed. A. Couty, e A. Rey), ed. Bordas, Paris.

1994. *Le Théâtre ses Métiers, son Langage*. Hachette, Paris.

PIGNARRE, R.
1975. *Histoire de la Mise en Scène*. PUF, Paris.

PISCATOR, E.
1962. *Le Théâtre Politique*. L'Arche, Paris.

PLASSARD, D.
1992. *L'Acteur en Effigie*. Éd. L'Âge d'Homme, Institut international de la marionnette, Lausanne.

PLATÃO
385-369 a.C. *La République* (Livro III, 1).

POERSCHKE, K.
1952. "Vont Applaus". *Mimus und Logos, Eine Festgabe fur C. Niessen*, Verlag, Lechte.

PÖRTNER, P.
1972. *Spontanés Theater*. Kiepenheuer und Witsch, Koln.

Poética
1976. Band 8, Heft 3-4 ("Dramemtheorie, Handlungstheorie").

Poetics
1977. Vol. VI, n. 3-4 ("The formal Study of the Drama").

Poetics Today
1981. Vol. II, n. 3 ("Semiotics and Theater", R. Amossy, ed.).

Poétique
1973. n. 16 ("Le Discours réaliste").
1978. n. 36 ("L'ironie").

Poétique du Récit
1977. (Artigos de R. Barthes, W. Kaiser, W. Booth, Ph. Hamon), Le Seuil, Paris.

POLTI, G.
1895. *Les Trente-Six Situations Dramatiques*. Mercure de France (Reedição Éd. Aujourd'hui, 1981).

POUGIN, A.
1985. *Dictionnaire du Théâtre*. Firmin-Didot, Paris.

PRADIER, J.-M.
1985. "Bio-logique et sémio-logique". *Degrés*, n. 42-43, verão-outono.
1987. "Anatomie de l'Acteur". *Théâtre Public*, n. 76-77.
1996. "Ethnoscénologie: la profondeur des émergences". *Internationale de l'Imaginaire*, n. 5.

Pratiques
1977. n. 15-16, julho ("Théâtre").
1979. n. 24, agosto ("Théâtre").

PRIETO, L.
1966a. *Messages et Signaux*, PUF, Paris.
1966b. "La sémiologie", *Le Langage*, Gallimard, Paris.

PRINCE, G.
1973. *A Grammar of Stories. An Introduction*. Mouton, Paris- La Haye.

Princeton Encyclopedia of Poetry and Poetics
1974. (ed. A. Preminger). Princeton University Press.

PROCHÁZKA.M.
1984. "On the Nature of the Dramatic Text". In Schmid e A. van Kesteren (ed.), 1984.

PRONKO, L.-C.
1963. *Théâtre d'Avant-Garde*. Donoël, Paris.
1967. *Theater East and West*. University of California Press, Berkeley. [Trad, bras., Perspectiva, São Paulo, 1986.]

PROPP, W.
1965. *Morphologie du Conte*. Le Seuil, Paris. (Publicação em russo: 1929).

PRZYBOS, J.
1987. *L'Entreprise Mélodramatique*. J. Corti, Paris.

PUJADE-RENAUD, C.
1976. *Expression Corporelle, Langage du Silence*. ESF, Paris.

PÜTZ, P.
1970. *Die Zeit im Drama*. Vandenhoeck und Ruprecht, Göttingen.

QUERÉ, L.
1982. *Des Miroirs Équivoques. Aux Origines de la Communication Moderne*. Aubier, Paris.

Raison Présente 1982. n. 58 ("Théâtres parcours, paroles").

RAPP, U.
1973. *Handeln und Zuschauen*. Darmstadt.

RASTIER, F.
1971. "Les niveaux d'ambiguïté des structures narratives". *Semiótica*, III, 4.
1972. "Systématique des isotopies". *Essai de Sémiotique Poétique* (ed. A. Greimas), Larousse, Paris.

Reallexikon der deutschen Liteturgeschichte 1955. (Éd. Stammler et Merker), 4 vol.

REGNAULT, F.
1980. *Histoire d'un "Ring". Bayreuth. 1976-1980*, Laffont, Paris.
1996. *La Doctrine Inouïe. Dix Leçons sur le Théâtre Classique Français*. Hatier, Paris.

RÉGY, C.
1991. *Espaces Perdus*. Pion, Paris.

REINELT, I; ROACH, J.
1992. *Critical Theory and Performance*. University of Michigan Press.

REINHARDT, M.
1963. *Ausgewählte Briefe*. Reden, Schriften und Szenen aus Regiebüchern, Prachner Verlag, Viena.

REISS, T. J.
1971. *Toward Dramatic Illusion: Theatrical Technique and Meaning from Hardy to Horace*. Yale University Press, New Haven.

Revue d'Esthétique
1960. Número especial ("Question d'esthétique théâtrale").
1977. n. 1-2 ("L'envers du théâtre").
1978. n. 3-4 ("Collages").

Revue des Sciences Humaines
1972. n. 145 ("Théâtre dans le Théâtre").
1976. n. 162 ("Le Mélodrame").

REY, A.; COUTY, D. (ed.)
1980. *Le Théâtre*. Bordas, Paris.

REY-DEBOVE, J.
1979. *Lexique sémiotique*. PUF, Paris.

REY-FLAUD, B.
1984. *La Farce ou la Machine à Rire. Théorie d'un Genre Dramatique*. 1450-1550, Droz, Genebra.

REY-FLAUD, H.
1973. *Le Cercle Magique. Essai sur le Théâtre en Rond à la Fin du Moyen Age*. Gallimard, Paris.

RICHARDS, I.A.
1929. *Pratical Cristicism*. Harcourt, Brace & World, Nova York.

RICHARDS, T.
1995. *Travailler avec Grotowski sur les Actions Physiques*. Actes Sud, Arles.

RICOEUR, P.
1953. "Sur le tragique". *Esprit*, março.
1965. *De l'Interprétation*. Le Seuil, Paris.
1969. *Le Conflit des Interprétations*. Le Seuil, Paris.
1972. "Signe et sens". *Encyclopaedia Universalis*.
1983-1984-1985. *Temps et Récit*. Le Seuil, Paris, 3 vol.

RISCHBIETER, H. (ed.)
1993. *Theaterlexikon*. Orell Füssli Verlag, Zurique.

RISCHBIETER, H; STORCH, W.
1968. *Bühne und bildende Kunst im XX Jahrhundert*. Friedrich Verlag.

RIVIÈRE, J.-L.
1978. "La déception théâtrale". *Prétexte: Roland Barthes* (colloque de Cerisy), UGE, Paris.

ROACH, J.
1985. *The Player's Passion*. Newark, University of Delaware Press.

ROBICHEZ, J.
1957. *Le Symbolisme au Théâtre*. Paris.

ROGERS, P. (ed.)
1986. *L'Écart Constant. Récit, Didascalies*, Bruxelas.

ROKEM, F.
1986. *Theatrical Space in Ibsen*. Chekov and Strindberg, UMI Research Press, Ann Arbor.

ROLLAND, R.
1903. *Le Théâtre du Peuple. Essai d'Esthétique d'un Théâtre Nouveau*. A. Michel, Paris.

ROMILLY (DE), J.
1961. *L'Évolution du Pathétique d'Eschyle à Euripide*. PUF, Paris.
1970. *La Tragédie Grecque*. PUF, Paris.

ROOSE-EVANS, J.
1971. *Experimental Theatre – From Stanislavsky to Today*. Avon, Nova York, Reed. Routledge, Londres, 1989.

ROUBINE, J.-J.
1980. *Théâtre et Mise en Scène, 1880-1980*. PUÉ, Paris.
1985. *L'Art du Comédien*. PUF, Paris.
1990. *Introduction aux Grandes Théories du Théâtre*. Dunod, Paris.

ROUCHÉ, J.
1910. *L'Art Théâtral Moderne*. Ed. Comély et Cie, Paris.

ROUGEMONT (DE), M.; SCHERER, I; BORIE, M.
Esthétique Théâtrale. Textes de Platon à Brecht. CDU-SEDES, Paris.

ROUSSEAU, J.
1984. "À quoi sert le répertoire". *Journal de Chaillot*, n. 16.

ROUSSEAU, J.-J.
1758. *Lettre à M. d'Alembert sur son Article Genève*. Introdução de Michel Launay, Garnier-Flammarion, Paris, 1967.
1762. *Du Contract Social*. Garnier, Paris, 1960.

ROUSSET, J.
1962. *Forme et Signification*. Corti, Paris.

ROZIK, E.
1992. *The Language of the Theatre*. Theatre Studies Publications, Glasgow.

RUDNITSKI, K.
1988. *Théâtre Russe et Soviétique*. Éd. du Regard, Paris.

RUELICKE-WEILLER, K.
1968. *Die Dramaturgie Brechts*. Henschelverlag Kunst und Gesellschaft, Berlim.

RUFFINI, F.
1978. *Semiótica del Testo: l'Esempio Teatro*. Bulzoni, Roma.

RUNCAN, A.
1974. "Propositions pour une approche Logique du Dialogue". *Versus*, n. 17.

RUPRECHT, H. G.
1976. *Theaterpublikum und Textauffassung*. Lang, Bern-Frankfurt.
1983. "Intertextualité". *Texte*, n. 2.

RYNGAERT, J.-P.
1977. *Le Jeu Dramatique en Milieu Scolaire*. CEDIC, Paris.
1984. "Texte et espace: sur quelques aventures contemporaines". *Pratiques*, n. 41.
1985. *Jouer, Représenter*, CEDIC, Paris.
1991. *Introduction à l'Analyse du Théâtre*, Dunod, Paris.
1993. *Lire le Théâtre Contemporain*. Dunod, Paris.

SAÏD, S.
1978. *La Faute Tragique*. Maspero, Paris.

SAISON, M.
1974. "Les objects dans la création théâtrale". *Revue de Métaphysique et de Morale*, 79º ano, 2, abril-junho.

SALLENAVE, D.
1988. *Les Épreuves de l'Art*. Actes Sud, Arles.

SALZER, J.
1981. *L'Expression Corporelle, un Enseignement de la Communication*. PUF, Paris.

SAMI-ALI
1974. *L'Espace Imaginaire*. Gallimard, Paris.

SANDER, V.
1971. *Tragik und Tragôdie*. Wissenschaftliche Buchgesellschaft, Darmstadt.

SANDERS, J.
1974. *Aux Soucers de la Vérité du Théâtre Moderne*. Minard, Paris.
1978. *André Antoine*. Directeur de l'Odéon, Minard, Paris.

SAREIL, J.
1984. *L'Écriture Comique*. PUF, Paris.

SARRAZAC, J.-P.
1981. *L'Avenir du Drame. Écritures Dramatiques Contemporaines*. Éditions de l'Aire, Lausanne.
1989. *Théâtres Intimes*. Actes Sud, Arles.
1994. *Les Pouvoirs du Théâtre. Essais pour Bernard Dort*. Éd. Théâtrales, Paris.
1995. *Théâtres du Moi, Théâtre du Monde*. Éd. Médianes, Rouen.

SARRAZAC, J.-P; VANOYE, F; MOUCHON, J.
1981. *Pratiques de l'Oral*. Colin, Paris.

SARTRE, J.-P.
1973. *Un Théâtre de Situations*. Gallimard, Paris.

SAUSSURE (DE), F.
1915. *Cours de Linguistique Générale*. Payot, Paris.

SAVONA, J.
1980. (ed.) "Théâtre et théâtralité". *Études Littéraires*, vol. XIII, n. 3, dezembro.
1980. "Narration et actes de parole dans le texte dramatique". *Études Littéraires*, dezembro.
1982. "Didascalies as Speech Act". *Modem Drama*, vol. XV, n. 1, março.
1984. "French Feminism and Theatre: An Introduction". *Modern Drama*, vol. XXVII, n. 4.

SCHECHNER, R.
1972. "Propos sur le théâtre de l'environnement". *Travail Théâtral*, n. 8, outubro-dezembro.
1973a. "Kinesics and performance". *Drama Review*, t. LIX, vol. XVII.
1973b. *Environmental Theater*. Hawthorn Books, Nova York.
1977. *Essays on Performance Theory*. 1970-1976, Drama Books Specialists, Nova York.
1985. *Between Theater and Anthropology*. University of Pennsylvania Press.

SCHERER, J.
1950. *La Dramaturgie Classique en France*. Nizet, Paris.
1977. *"Le Livre" de Mallarmé*. Gallimard, Paris.

SCHERER, J. (*Mélanges pour*)
1986. *Dramaturgies. Langages Dramatiques*. Nizet, Paris.

SCHERER, K.
1970. *Non-Verbale Kommunikation*. Buske Verlag, Hamburgo.

SCHILLER, F.
1793. "Uber das Pathetische". (*in* SCHILLER, 1968).
1968. *Sämtliche Werke*. Winckler Verlag, Munchen, 2 vol.

SCHLEGEL, A. W.
1814. *Cours de Littérature Dramatique*. Slatkine reprints, Genebra, 1971.

SCHLEMMER, O.
1927. *Théâtre et Abstraction*. L'Âge d'Homme, Lausanne, 1978.

SCHMELING, M.
1982. *Métathéâtre et Intertexte. Aspects du Théâtre dans le Théâtre*. Lettres modernes, Paris.

SCHMID, H.
1973. *Strukturalistische Dramentheorie*. Scriptor Verlag, Kronberg.

SCHMID, H. (ed.); VAN KESTEREN, A.
984. *Semiotics of Drama and Theatre*. John Benjamins, Amsterdã.

SCHNEILIN, G.; BRAUNECK, M.
1986. *Drama und Theater*. Bamberg.

SCHOENMAKERS, H. (ed.)
1986. *Performance Theory*. Instituut voor Theater wetenschap, Utrecht.

SCOTTODI CARLO, N.
1991. "La Voix chantée". *In*: *La Recherche*, n. 235.

SEARLE, J. R.
1975. "The Logical Status of Fictional Discourse". *New Literary History*, vol. VI, n. 2, inverno (trad, francês: *Sens et Expression*, Éditions de Minuit, Paris, 1982).

SEGRE, C.
1973. *Le Strutture e il Tempo*. Einaudi, Turim (em particular "La fonction du langage dans l'*Acte Sans Paroles* de S. Beckett). 1984. *Teatro e Romanzo*. Einaudi, Turim.

SENTAURENS, J.
1984. *Seville et le Théâtre*. Presses Universitaires de Bordeaux.

SERPIERI, A.
1981. "Toward a Segmentation of the Dramatic Text". *Poetics Today*, H, 3.

SERPIERI, A. (e CANZIANI; ELAM; GUIDICCI; GULLI- -PUGLIATI; KEMENY; PAGNINI; RUTELLI)
1978. *Come Communica il Teatro: dal Testo alla Scena*. Il Formichiere, Milão.

SERREAU, G.
1966. *Histoire du Nouveau Théâtre*. Gallimard, Paris.

SHARPE, R. B.
1950. *Irony in the Drama*. The University of North Carolina Press.

SHAW, G. B.
1937. *Théâtre por Tous*.

SHEVTSOVA, M.
1993. *Theatre and Cultural Interaction*. University of Sydney Studies.

SHOMIT, M.
Systems of Rehearsal. Routledge, Londres.

SIGAUX, G.
1970. *La Comédie et le Vaudeville de 1850 à 1900*. Le Cercle du Bibliophile, Évreux, 5 vol.

SIGAUX, G; TOUCHARD, P.-A.
1969. *Le Mélodrame*. Le Cercle du bibliophile, Évreux, 2 vol.

SIMHANDL, P.
1993. *Bildertheater*, Berlim.

SIMON, A.
1970. *Dictionnaire du Théâtre Français Contemporian*. Larousse, Paris.
1979. *Le Théâtre à Bout de Souffle*. Le Seuil, Paris.

SIMON, R.
1979. "Contribution à une nouvelle pédagogie de l'œuvre dramatique classique". *Pratiques*, n. 24.

SLAWINSKA, I.
1959. "Les problèmes de la structure du drame". P. Böckmann (ed.), *Stil und Formprobleme in der Literatur*, Heidelberg.
1978. "La semiologia dei teatro *in statu nascendi*, Praga 1931-1941". *Biblioteca Teatrale*, 1978.
1985. *Le Théâtre dans la Pensée Contemporaine*. Cahiers théâtre, Louvain.

SOBEL, B.
1993. *Un Art Légitime*. Actes Sud, Arles.

SOLGER, K.
1829. *Vorlesung über Ästhetik* (ed. K. Heyse). Leipzig.

SONREL, P.
1943. *Traité de Scénographie*. O. Lieutier, Paris.

SOURIAU, E.
1948. "Le cube et la Sphère". *Architecture et Dramaturgie*, Flammarion, Paris
1950. *Les Deux Cent Mille Situations Dramatiques*. Flammarion, Paris.
1960. *Les Grands Problèmes de l'Esthétique Théâtrale*. CDU, Paris.

Spectacles à Travers les Ages (*Les*)
1931. Éditions du Cygne, Paris, 3 vol.

SPIRA, A.
1957. *Untersuchungen zum Deus ex Machina bei Sophokles und Euripides*. Diss, Frankfurt.

SPOLIN, V.
1985. *Theatre Games for Rehearsal*. Northwestern University Press. [Trad, bras., Perspectiva, São Paulo, 1999].

STAIGER, E.
1946. *Grundbegriffe der Poetik*. Atlantes Verlag, Bedim.

STANISLÁVSKI, C.
1963. *La Formation de l'Acteur*. Payot, Paris.
1966. *La Construction du Personnage*. Perrin, Paris. 1980. *Ma Vie dans l'Art*. L'Âge d'Homme, Lausanne.

STAROBINSKI, J.
1970. *La Relation Critique*. Gallimard, Paris.

STATES, B. O.
1971. *Irony and Drama*. Ithaca, Cornell University Press.
1983. "The Actor's Presence: Three Phenomenal Modes". *Theatre Journal*, Vol. XXXV, n. 3. Reeditado em *Great Reckonings in Little Rooms*, University of California Press, Berkeley.

STEFANEK, P.
1976. "Von Ritual zum Theater. Zur Anthropologie und Emanzipation szenischen Handelns". *Maske und Kothurn*, 22.Jg, H. 3-4.

STEINBECK, D.
1970. *Einleitung in die Theorie und Systematik der Theaterwissensachft*. De Gruyter, Berlim.

STEINER, G.
1961. *The Death of Tragedy*. Faber and Faber, Londres (trad, francês, Le Seuil, Paris, 1965).

STEINER, J.
1968. *Die Bühnenanweisung*. Vandenhoeck und Ruprecht, Göttingen.

STEINER, P. (ed.)
1982. *The Prague School. Selected Writings.* 1929-1946, University of Texas Press.

STEINER, R.
1981. *Cours d'Eurythmie de la Parole*. Éd. du Centre Triade, Paris.

STERN, D.
1973. "On Kinesic Analysis". *Drama Review*, t. LIX, setembro.

STIERLE, K. H.
1975. *Text ais Handlung*. Fink Verlag, München.

STRASBERG, L.
1969. *Le Travail à l'Actors Studio*. Gallimard, Paris.

STRÄSSNER, M.
1980. *Analytisches Drama*. Fink Verlag, München.

STRAWSON, P. F.
1950. "On Refering". *Mind*.

STREHLER, G.
1980. *Un Théâtre pour la Vie*. Fayard, Paris.

STRIHAN, M.
1983. "Semiotics and the Art of Directing". *Kodikas*, Vol. VI, n. 1-2.

STRINDBERG, A
1964. *Théâtre Cruel et Théâtre Mystique*. Gallimard, Paris.

STYAN, J. L.
1962. *The Dark Comedy*. Cambridge University Press.
1967. *Shakespeare's Stagecraft*. Cambridge University Press.
1975. *Drama, Stage and Audience*. Cambridge University Press.
1981. *Modern Drama in Theory and Practice*. Cambridge University Press, 3 vol.

SUVIN, D.
1970. "Reflexion on Happenings". *The Drama Review*, vol. XIV, n. 3.
1981. "Per una teoria dell'analisi agenziale". *Versus Quaderni di Studi Semiotici*, n. 30.

SWIONTEK, S.
1990. *Dialog – Drama – Metateatr*. Presses Universitaires de Lodz.
1993. "Le dialogue dramatique et le métathéâtre". *Zagadniena Rodzajów Literackich*, vol. 36, n. 1-2.

SZEEMANN, H. (ed.)
1983. *Der Hang zum Gesamtkunstwerk*. Frankfurt.

SZONDI, P.
1956. *Théorie des modernen Dramas*. Suhrkamp, Frankfurt (trad, francês de P. Pavis, L'Âge d'Homme, Lausanne, 1983).
1961. *Versuch überdas Tragische*. Insel, Frankfurt.
1972a. "Der Mythos im modernen Drama und das epische Theater", *Lektüren und Lektionen*, Suhrkamp, Frankfurt.
1972b. "Tableau et coup de théâtre. Pour une sociologie de la tragédie domestique et bourgeoise chez Diderot et Lessing". *Poétique*, n. 9.
1973. *Die Theorie des bürgerlichen Trauerspiels im 18. Jahrhundert*. Suhrkamp, Frankfurt.
1975a. *Das lyrische Drama des Fin de siècle*. Suhrkamp, Frankfurt.
1975b. *Poésie et Poétique de l'Idéalisme Allemand*. Editions de Minuit, Paris.
1985. *L'Acte Critique* (M. Bollack, ed.). Presses Universitaires de Lille. (Estudos sobre Szondi).

TAÍROV, A.
1974. *Le Théâtre Libéré*. L'Âge d'Homme, Lausanne.

TALMA, F.
1825. *Réflexions sur Lekain et l'Art Théâtral*. A. Fontaine, Paris, 1856.

TARRAB, G.
1968. "Qu'est-ce que le happening?". *Revue d'Histoire du Théâtre*, n. 1.

TALVIANI, F.; SCHINO, M.
1984. *Le Secret de la Commedia dell'Arte*. Contrastes Bouffonneries, Cazilhac.

TAYLOR, J. R.
1966. *A Dictionary of the Theatre*. Penguin, Londres.

1967. *The Rise and Fall of the Well-Made Play*. Methuen, Londres.

TCHÉKHOV, M.
1980. *Être Acteur*. Pygmalion, Paris.
1995. *L'Imagination Créatrice de l'Acteur*. Pygmalion, Paris.

TEMKINE, R.
1977-1979. *Mettre en Scène au Présent*. L'Âge d'Homme, Lausanne, 2 vol.

TENSCHERT, J.
1960. "Qu'est-ce qu'un dramaturge?". Diálogo com E. Copferman, *Théâtre Populaire*, n. 38.

Texte 1982. n. 1 ("L'autoreprésentation").
1983. n. 2 ("L'intertextualité").
1984. n. 3 ("L'herméneutique").

Theaterarbeit (Brecht et al. ed.)
1961. Henschelverlag, Berlim.

Théâtre d'agit-prop de 1917 à 1932 (*Le*)
1977-1978. La Cité, Lausanne, 4 vol.

Théâtre/Public
1980. n. 32, março-abril ("Théâtre, image, photographie").

THOMASSEAU, J.-M.
1984a. "Pour une analyse du para-texte théâtral". *Littérature*, n. 53, fevereiro.
1984b. *Le Mélodrame*. PUF, Paris.
1984c. "Les différents états du texte théâtral". In: *Pratiques*, n. 41.
1994. "Le vaudeville". In: *Europe*, n. 786.
1995. *Drame et Tragédie*. Hachette, Paris.
1996. "Les manuscrits de théâtre". *Les Manuscrits de Théâtre*, J. Neefs, B. Didier (ed.), Presses de l'Université de Vincennes.

THOMSEN, Ch. (ed.)
1985. *Studien zur Ästhetik des Gegenwartstheaters*. Carl Winter, Heidelberg.

THORET, Y.
1993. *La Théâtralité, Étude Freudienne*. Dunod, Paris.

TISSIER, A.
1976-1981. *La Farce en France de 1450 à 1550*. (Compilação de farsas), CDU e SEDES, Paris.

TODOROV, T.
1965. (ed.) *Théorie de la Littérature, Textes des Formalistes Russes*. Le Seuil, Paris.

1966. "Les catégories du récit littéraire". *Communications*, n. 8.
1967. "Les registres de la parole". *Journal de Psychologie*, n. 3.
1968. "Poétique". *Qu'est-ce que le structuralisme?*, Le Seuil, Paris.
1976. "The Origins of Genres". *New Literary History*, Outono.
1981. *Mikhaïl Bakhtine. Le Principe Dialogique.* Le Seuil, Paris.

TOMASCHÉVSKI, B.
1965. "Thématique". *Théorie de la Littérature*.

Texte des Formalistes Russes (ed. Todorov), Le Seuil, Paris.

TORO (DE), F.
1984. *Brecht en el Teatro Hispanoamericano Contemporâneo: Acercamento Semiotico al Teatro Épico en Hispanoamerica*. Ottawa, Girol Books.
1986. *Semiótica del Teatro. Del texto a la puesta en escena. Ensayos de semiologia tetral: theoria y pratica*. Galerna, Buenos Aires.

TOUCHARD, P.-A.
1968. *Dionysos*. Seguido por *L'Amateur de Théâtre*, Le Seuil, Paris.

Traverses
1980. n. 20, novembro ("La voix, l'écoute").

TROUSSON, R,
1981. *Thèmes et Mythes*. Éditions de l'Université de Bruxelles.

TRUCHET, J.
1975. *La Tragédie Classique en France*, PUF, Paris.

TURK, H.
1976. "Die Wirkungstheorie poetischer Texte". *Literaturtheorie I*, Vandenhoeck und Ruprecht, Göttingen.

TURNER, V.
1982. *From Ritual to Theatre*. Nova York.

TYNIANOV, J.
1969. "La destruction". *Change*, n. 1.

UBERSFELD, A.
1974. *Le Roi et le Bouffon*. Corti, Paris.
1975. "Adamov ou le lieu du fantasme". *Travail Théâtral*, n. 20, julho.
1977a. *Lire le Théâtre*. Éditions Sociales, Paris (2a edição, 1982). [Trad. bras., Perspectiva, São Paulo, 2005.]
1977b. "Le lieu du discours". *Pratiques*, n. 15-16, julho.
1978a. *L'Objet Théâtral*. CNDP, Paris.
1978b. "Le jeu des classiques". *Voies de la Création Théâtrale*, CNRS, Paris, vol. VI.
1981. *L'École du Spectateur*. Éditions Sociales, Paris.
1991. *Le Théâtre et la Cité: de Corneille à Kantor*. AISS-IASPA, Bruxelas.
1993. *Le Drame Romantique*. Belim, Paris.

URMSON, J.
1972. "Dramatic Representation". *Philosophical Quarterly*, 22, n. 89.

USPENSKI, B.
1970. *Poetik der Komposition*. Suhrkamp, Frankfurt.
1972. "Structural Isomorphism of verbal and visual Art". *Poetics*, n. 5.

VAIS, M.
1978. *L'Écrivain Scénique*. Les Presses Universitaires du Québec, Montreal.

VALDIN.B.
1973. "Intrigue et tableau". *Littérature*, n. 9.

VALENTIN, F.-E.
1988. *Lumière pour le Spectacle*. Librairie théâtrale, Paris.

VANDENDORPE, C.
1989. *Apprendre à Lire des Fables. Une Approche Sémiocognitive*. Éd. du Préambule, Montreal.

VAN DIJK, T.
1976. *Pragmatics of Language and Literature*. North-Holland Publishing Co, Amsterdã-Oxfofd.

VEINSTEIN, A.
1955. *La Mise en Scène Théâtrale et sa Condition Esthétique*. Flammarion, Paris.
1968. *Le Théâtre Expérimental*. Renaissance du Livre, Paris.
1983. "Théâtre, étude, enseignement, éléments de méthodologie". *In: Cahiers Théâtre-Louvain*.

VELTRUSKÝ, J.
1940. "Clovek a predmet v divadle". *Slovo a Slovesnost*, VI, trad. P. Garvin, *A Prague School Reader on Esthetics. Literary Structure and Style*. Georgetown University Press, Washington, 1964.

1941. "Dramaticky text jako soucast divadla". *Slovo a Slovesnot*, Vu, traduzido em *Semiotic of Art*, Prague School Contribution (ed. Matejka, 1976).
1977. *Drama as Literature*. The Peter de Ridder Press, Lisse.

VERNANT, J.-P.
1965. *Mythe et Pensée chez les Grecs*. Maspero, Paris.
1974. *Mythe et Société en Grèce Ancienne*. Maspero, Paris.

VERNANT, J.-P. e VIDAL-NAQUET, P.
1972. *Mythe et Tragédie en Grèce Ancienne*. Vol. 1, Maspero, Paris, (vol. 2, La Découverte, 1986). [Trad, bras., Perspectiva, São Paulo, 1999].

VERNOIS, P.
1974. (ed.) *L'Onirisme et l'Insolite dans le Théâtre Français Contemporain*. Klincksieck, Paris.

VERRIER, J.
1993. (ed.) *Le Français Aujourd'hui*, n. 103.

Versus
1978. n. 21 ("Teatro e semiótica". Intervenu di Bettetini, Gulli-Pugliati, Helbo, Jansen, Kirby, Kowzan, Pavis, Ruffini).
1985. n. 41, "Semiotica della ricezione teatrale". M. de Marinis, ed.

VIALA, A.
1985. *Naissance de l'Écrivain. Sociologie de la Littérature*. Éd. de Minuit, Paris.

VICKERS, B.
1973. *Towards Greek Tragedy*. Longman, Londres.

VICTOROFF, D.
1953. *Le Rire et le Risible*. PUF, Paris.

VILAR, J.
1955. *De la Tradition Théâtrale*. L'Arche, Paris (reedição NRF, coleção "Idées").
1975. *Le Théâtre, Service Public et Autres Textes*. Gallimard, Paris.

VILLIERS, A.
1951. *La Psychologie de l'Art Dramatique*. Armand Colin, Paris.
1958. *Le Théâtre en Rond*. Librairie Théâtrale, Paris.
1968. *L'Art du Comédien*. PUF, Paris. 1987. *L'Acteur Comique*. PUF, Paris.

VINAVER, M.
1982. *Écrits sur le Théâtre*. Reunido e apresentado por Michelle Henry, Éd. de l'Aire, Lausanne.
1987. *Le Compte Rendu d'Avignon*. Actes Sud, Arles.
1988. "La mise en trop". *In*: *Théâtre Public*, n. 82-83.
1993. *Écritures Dramatiques*. Actes Sud, Arles.

VITEZ, A.
1974. "Ne pas montrer ce qui est dit". *Travail Théâtral*, XIV, inverno.
1991. *Le Théâtre des Idées*. Gallimard, Paris.
1994. *Écrits I-L'École*. POL, Paris.

VITEZ, A.; COPFERMAN, E.
1981. *De Chaillot à Chaillot*. Hachette, Paris.

VITEZ, A.; MESCHONNIC, H.
1982. "À l'intérieur du parlé, du geste, du mouvement. Entrevista com Henri Meschonnic". *Langue Française*, n. 56, dezembro.

VODICKA, F.
1975. *Struktur der Entwicklung*. Fink Verlag, München.

Voies de la Création Théâtrale (Les)
1970-1996. CNRS, Paris, 13 vol.

VOLTZ, P.
1964. *La Comédie*. Armand Colin, Paris.
1974. "L'insolite est-il une catégorie dramaturgique?". *L'Onirisme et l'Insolite dans le Théâtre Français Contemporain* (ed. P. Vernois), Klincksieck, Paris.

WAGNER, R.
1850. *Das Kunstwerk der Zukunft* (*L'Œuvre d'Art de l'Avenir*, Delagrave, 1910).
1852. *Oper und Drama* (*Opéra et Drame*, Delagrave, Paris).

WARNING, R. (ed.)
1975. *Rezeptionsästhetik*. Fink Verlag, Mtinchen.

WARNING, R.; PREISENDANZ, W. (ed.)
1977. *Problème des Komischen*. Fink, Mtinchen.

WATSON, I.
1993. *Towards a Third Theatre. Eugênio Barba and the Odin Teatret*. Routledge, Londres.

WEINRICH, H.
1974. *Le Temps*. Le Seuil, Paris.

WEISS, P.
1968. "14 Punkte zum dokumentarischen Theater". *Dramen*, vol. 2, Suhrkamp, Frankfurt.

WEKWERTH, M.
1974. *Theater und Wissenschaft*. Hanser Verlag, Mtinchen.

WILES, T. J.
1980. *The Theater Event: Modem Theories of Performance*. Chicago University Press.

WILLIAMS, R.
1968. *Drama in Performance*. Penguin, Londres.

WILLS, J. R.
1976. *The Director in a Changing Time*. Mayfield, Palo Alto.

WINKIN, Y. (ed.)
1981. *La Nouvelle Communication*. Le Seuil, Paris.

WINNICOTT, D, W.
1971. *Jeu et Réalité. L'Espace Potentiel*. Gallimard, Paris.

WINTER, M. H.
1962. *Le Théâtre du Merveilleux*. Olivier Perrin, Paris.

WIRTH, A.
1981. "Du dialogue au discours". *Théâtre/Public*, n. 40-41.
1985. "The Real and the Intented Theater Audiences". *In* Thomsen, 1985.

WITKIEWICZ, S.
1970. "Introduction à la théorie de la forme pure au théâtre". *Cahiers Renaud-Barrault*, n. 73.

WITTGENSTEIN, L.
1961. *Les Investigations Philosophiques*. Gallimard, Paris.

WODTKE, F. W.
1955. Artigo "Katharsis". *Reallexikon der deutschen Literaturgeschichte* (W. Stammlet e P. Merker, ed.).

WÖLFFLIN, H.
1915. *Grundbegriffe der Kunstgeschichte*. Basel, Stuttgart (11a edição, 1956).

World Theatre
1965-1966. Vol. XIV, n. 6 e vol. XV, n. 1 ("Théâtre total").

ZICH, O.
1931. *Estetika Dramatickeho Umeni*. Melan-trich, Praha.

ZIMMER, C.
1977. *Procès du Spectacle*. PUF, Paris.

ZOLA, E.
1881. "Le naturalisme au théâtre". *Œuvres Complètes* (ed. H. Mitterrand), t. XI, Cercle du Livre Précieux, Paris, 1968.'

ZUMTHOR, P.
1983. *Présence de la Voix. Introduction à la Poésie Orale*. Le Seuil, Paris.

Índice

Abel: 240
Abirached: 32, 127, 194, 289, 393
Abraham: 122
Acconci: 284
Achard: 380
Adam: 6, 50, 51
Adam de la Halle: 219, 375
Adamov: 1, 2, 94, 162, 163, 263, 363, 372, 411
Adorno: 35, 51, 146, 238, 347, 366, 404
Adrien: 112, 133, 137, 204
Aillaud: 47
Albee: 1, 162, 411
Alcandre: 127, 132
Alezra: 37
Aliverti: 179
Allevy: 127, 128
Aluo: 47, 131, 233
Alloucherie: 128
Alter: 235, 355, 356
Althusser: 49, 64, 120, 172, 196, 201, 303, 329, 332, 365, 391
Amiard-Chevrel: 262, 329
Amossy: 87, 144, 410
Ancelin-Schützenberger: 311
Anderson: 69, 115, 284, 375
Angenot: 355
Anne: 128
Anouilh: 56, 74, 377, 380, 386
Antin: 375
Antoine: 46, 127, 128, 205, 236, 261, 262, 297, 316, 388, 389
Anzieu: 311
Aperghis: 255, 256, 268, 390, 392

Apollinaire: 1, 2
Appen: 328
Appia: 26, 46, 47, 123, 127, 133, 140, 143, 184, 202, 255, 268, 297, 308, 344, 389, 396
Aragon: 213, 321, 396
Archer: 42
Ariosto: 62
Aristófanes: 1, 11, 54, 164, 233, 275, 278
Aristóteles: 1, 2, 3, 4, 12, 14, 20, 22, 24, 25, 26, 29, 33, 39, 40, 41, 53, 60, 87, 88, 91, 92, 96, 107, 110, 113, 121, 139, 141, 149, 158, 159, 160, 165, 191, 194, 204, 217, 221, 232, 241, 242, 256, 269, 278, 280, 285, 286, 289, 293, 295, 296, 304, 308, 325, 332, 334, 339, 375, 404, 406, 415, 416, 417, 418, 421, 423, 424, 428
Armengaud: 300
Arnold: 25, 355
Arrabal: 377
Arrivé: 217
Artaud: 6, 7, 17, 18, 20, 22, 25, 75, 79, 118, 122, 126, 127, 131, 140, 142, 143, 185, 186, 187, 205, 210, 236, 243, 273, 279, 296, 297, 311, 339, 344, 346, 347, 354, 372, 377, 384, 389, 394, 407, 432
Artioli: 390
Ashley: 284
Aslan: 25, 31, 57, 85, 146, 205, 235, 253
Aston: 300, 408
Attinger: 62
Attoun: 228
Aubailly: 164, 368
Aubert: 243
Audureau: 280
Auerbach: 242

AUGÉ: 193
AURIC: 47
AUSTIN: 103, 300, 302
AUTANT: 391
AUTHIER: 301
AUTRAND: 404
AVIGAL: 95, 141, 228, 316, 332
AYMÉ: 380
AZIZA: 80, 145, 400, 410

BABLET: 43, 44, 47, 52, 127, 131, 135, 138, 200, 235, 247, 250, 266, 293
BACHELARD: 137
BACHMANN: 321
BADENHAUSEN: 47
BAILLET: 296
BAKHTIN: 35, 36, 102, 127, 164, 188, 189, 214, 301, 345, 432
BAKST: 47
BALASKO: 38
BALÉ: 81
BALL: 91
BALME: 152
BALZAC: 252, 327
BANHAM: 152, 211
BANU: 34, 127, 135, 169, 197, 390
BAR: 36
BARBA: 7, 17, 18, 19, 20, 21, 28, 76, 98, 143, 151, 210, 226, 256, 268, 277, 292, 305, 306, 374, 382, 385, 393, 409
BARILLET: 380
BARKER: 31, 155, 205, 222
BARRAULT: 62, 112, 283, 293, 305, 377, 395, 396
BARRET: 155, 222
BARRUCAND: 41
BARRY: 174
BARTABAS: 388
BARTHES: 3, 4, 17, 34, 50, 65, 95, 96, 107, 120, 132, 141, 146, 161, 162, 167, 170, 176, 178, 179, 187, 204, 205, 208, 213, 222, 228, 240, 261, 286, 290, 303, 314, 328, 329, 335, 342, 352, 354, 355, 362, 363, 372, 390, 399, 418, 419, 422, 431, 432, 433
BARTOLUCCI: 132, 390
BASSNETT: 355, 378
BATAILLE: 233, 380
BATAILLON: 116, 149
BATTCOCK: 254, 284
BATY: 127, 389
BAUDELAIRE: 59, 184, 189, 256
BAUDRILLARD: 266
BAUSCH: 83, 84

BAZIN: 140, 306
BEAUBOURG: 247
BEAUMARCHAIS: 66, 104, 206, 214, 230, 277, 297, 305, 397, 427
BEAUZÉE: 121
BECKERMAN: 332, 402
BECKETT: 1, 2, 5, 16, 41, 94, 164, 173, 174, 189, 194, 206, 222, 240, 241, 248, 263, 286, 338, 359, 360, 392, 419, 424
BECQ DE FOUQUIÈRES: 96, 127
BECQUE: 261
BEDOS: 143
BEETHOVEN: 255, 280
BEHLER: 216
BÉHAR: 390
BEN JONSON: 234
BENAVENTE (DE): 129, 349
BENHAMOU: 127
BÉNICHOU: 115, 365
BENJAMIN: 11, 20, 24, 48, 107, 177, 336, 347, 383, 419
BENMUSSA: 137, 162, 205, 378
BENOÎT: 155, 277
BENSKY: 234, 368
BENTLEY: 140, 143, 183, 404, 410
BENVENISTE: 88, 95, 97, 101, 102, 213, 247, 257, 287, 300, 302, 345, 351, 352, 361, 401, 422
BERG: 390
BERGEZ: 168, 171, 342, 430
BERGMAN: 128, 202
BERGSON: 58, 59, 181, 319, 410, 427
BERLIOZ: 227
BERNARD (J. J.): 359, 382
BERNARD (R.): 76, 85, 86, 139, 155, 205, 235, 243, 306, 373, 430, 432, 433
BERNARDY: 86
BERNHARD: 222, 248, 430
BERNSTEIN: 380
BERTINAZZI: 315
BERTOLAZZI: 427
BESNEHARD: 308
BESSON: 116
BETTETINI: 127, 355
BEUYS: 191, 192
BÉZU: 52, 128, 204
BIAGINI: 228
BICKERT: 154, 175
BIRDWHISTELL: 186, 225, 243
BLANCHART: 127
BLANCHOT: 295, 345
BLIN: 377
BLOCH: 106, 107

BLOK: 277
BLÜHER: 377
BOAL: 7, 155, 222, 311, 380, 385, 391, 393, 394
BOBÈCHE; 277
BOCCACCIO: 285
BOGATYREV: 6, 170, 350, 353, 355
BOGUMIL: 378
BOHNER: 83
BOILEAU: 41, 242, 259, 296, 333, 423, 425
BOLL, A.: 396
BÖLL, H.: 321
BOLLACK: 420
BONNAT: 202
BOOTH: 106, 216, 242, 271
BORGAL: 128
BORHAN: 177
BORIE: 18, 21, 146, 192, 347
BOSSUET: 296
BOUCHARD: 91
BOUCRIS: 47, 135
BOUGNOUX: 315
BOUISSAC: 186, 243
BOURASSA: 316
BOURDET: 171, 340, 377, 380
BOURDIEU: 188, 366, 376
BOUTEILLE: 37
BOWMAN: 91
BRADBROOK: 72, 400
BRADBY: 127
BRAINERD: 235
BRAQUE: 47
BRASSEUR: 380
BRAUN: 33, 63, 127, 128
BRAUNSCHWEIG: 128, 163, 204, 383
BRAUNECK: 31, 44, 127, 393, 404
BRAY: 34, 115, 183, 335, 429
BRECHT: 2, 9, 10, 13, 14, 15, 16, 20, 21, 22, 24, 27, 28, 30, 31, 34, 36, 41, 48, 50, 64, 65, 69, 72, 73, 74, 77, 80, 81, 83, 92, 97, 101, 104, 105, 106, 110, 112, 113, 114, 116, 117, 119, 121, 123, 125, 130, 131, 137, 139, 140, 145, 154, 158, 159, 160, 172, 173, 175, 178, 184, 187, 189, 191, 194, 196, 197, 200, 201, 203, 208, 210, 223, 225, 228, 229, 233, 243, 246, 249, 250, 255, 258, 260, 262, 263, 268, 270, 271, 275, 276, 279, 281, 282, 286, 287, 289, 296, 297, 306, 307, 308, 310, 311, 313, 314, 321, 325, 326, 327, 328, 329, 330, 332, 336, 337, 338, 340, 341, 354, 367, 371, 376, 379, 384, 385, 386, 389, 390, 391, 392, 393, 394, 395, 397, 411, 412, 419, 423, 424
BRÉMOND: 5, 10, 14, 161, 179, 286
BRENNER: 81

BROOK: 17, 20, 21, 22, 43, 72, 98, 127, 128, 129, 135, 137, 138, 155, 161, 163, 210, 219, 266, 268, 283, 326, 346, 347, 353, 358, 377, 384, 388, 389, 393, 394
BROOKS: 239
BRUN: 295, 389
BÜCHNER: 29, 74, 130, 131, 171, 173, 174, 188, 196, 211, 223, 248, 249, 281, 313, 387, 416, 419, 420, 424
BUCHVALD: 295, 389, 432
BUCKINGHAM: 35, 416
BURDEN: 284
BURIAN: 350
BURNS: 72, 374
BYRON: 392

CAGE: 191, 253, 284, 359
CAHUSAC: 184
CAILLOIS: 11, 221
CALAFERTE: 2, 78, 382
CALDER: 392
CALDERÓN: 31, 129, 240, 246, 282, 386, 409
CALDERWOOD: 240
CAMPBELL: 15
CAMUS: 1, 2, 10, 112, 319, 419
CARLSON: 17, 135, 146, 211, 254, 284, 355, 375, 376, 404, 408
CARMONTELLE: 310
CARNÉ: 274
CARRIÈRE: 127
CASTARÈDE: 433
CASTELVETRO: 296, 334, 423, 425
CAUBÈRE: 268, 375, 376
CAUNE: 113, 303, 332, 337, 355, 362, 422
CELAN: 294
CENDRARS: 181
CERVANTES: 129, 245, 285
CÉSAIRE: 210
CHABERT: 76, 80
CHABROL: 14, 17, 69
CHAIKTN: 57, 306
CHAMBERS: 54, 337, 353, 404
CHAMPFLEURY: 327
CHANCEREL: 86
CHAPELAIN: 33, 165, 296, 334, 423, 428
CHAPLIN: 243
CHARLES: 228
CHARPENTIER: 47
CHARTREUX: 338
CHÉREAU: 47, 52, 78, 128, 177, 204, 268, 329, 383
CHEVREL: 262, 329, 428
CHIARELLI: 188

CHIARINI: 107, 329
CHILDS: 392
CHION: 121
CHKLOVSKI: 106, 175, 306
CHRISTOUT: 166
CÍCERO: 121, 242, 341
CINTHIO: 334
CIXOUS: 52, 196, 378
CLAIRON: 169
CLARK: 404
CLAUDEL: 6, 130, 134, 184, 286, 297, 308, 360, 385, 393, 395, 430
COCTEAU: 206
COLAS: 127, 128
COLE: 7, 129, 305
COLLÉ: 277
COLLET: 96, 181
COLUCHE: 37, 143
COMPAGNON: 48
CONGREVE: 51
CONSTANT: 297
COPEAU: 43, 46, 47, 62, 65, 66, 100, 112, 120, 123, 127, 155, 243, 244, 321, 322, 338, 341, 389, 394, 412
COPFERMAN: 286
COPPIETERS: 332
COQUELIN: 380
CORMAN: 78, 112
CORNEILLE: 6, 22, 34, 32, 40, 56, 66, 67, 69, 80, 88, 91, 113, 161, 166, 182, 206, 232, 245, 248, 257, 259, 273, 296, 305, 334, 335, 371, 386, 387, 416, 417, 418, 420, 421, 425, 429
CORNUT: 433
CORTI: 65
CORVIN: 27, 32, 50, 54, 65, 130, 152, 153, 164, 213, 216, 229, 233, 235, 239, 263, 355, 390, 391, 412, 415, 426
COSNIER: 186, 311
COUCHOT: 254
COUPRIE: 420
COURBET: 327
COURTELINE: 164, 380
COURTÈS: 7, 14, 142, 352
COUTY: 374, 386
CRAIG: 26, 27, 30, 46, 47, 123, 134, 184, 233, 247, 255, 297, 344, 369, 389, 391, 396
CRATÈS: 54
CRATINOS: 54
CUBE: 235
CULIOLI: 302
CULLER: 205
CUNNINGHAM: 83, 191, 284, 392

D'AMICO: 44
D'ASSOUCI: 35
D'AUBIGNAC: 4, 6, 29, 34, 91, 103, 113, 115, 141, 144, 206, 229, 293, 296, 304, 335, 355, 423, 424, 425, 429
DA COSTA: 37
DA SILVA: 128
DACIER: 296
DADA: 24
DALI: 47
DÄLLENBACH: 245
DANAN: 104, 128, 247, 248, 250, 375, 382
DANCOURT: 55
DARS: 155, 277
DAVIS: 382
DE MARINIS: 50, 64, 65, 72, 76, 87, 127, 244, 271, 274, 354, 355, 366, 409, 422
DEÂK: 120, 355
DEBORD: 143
DEBUREAU: 274
DECROUX: 28, 65, 75, 76, 212, 225, 243, 244, 252, 274, 295, 305
DELBÉE: 214, 344
DELDIME: 141, 316
DELEDALLE: 199
DELEUZE: 299, 399
DELMAS: 256
DELSARTE: 252
DEMARCY: 52, 152, 204, 228, 336, 353, 389, 403
DEMOUGIN: 171, 400
DÉPRATS: 412, 415
DERRIDA: 7, 119, 137, 245, 295, 299, 354
DESCARTES: 273
DESCOTES: 332
DESNOS: 321
DESPROGES: 143
DESSAU: 255
DEUTSCH: 77, 78, 262, 315, 360
DEVOS: 143
DHOMME: 127
DIAGHILEV: 47
DICKENS: 112
DIDEROT: 30, 40, 56, 57, 66, 129, 169, 178, 181, 184, 187, 204, 206, 214, 220, 233, 238, 242, 245, 261, 273, 274, 281, 285, 297, 313, 314, 315, 316, 340, 359, 369, 377, 387, 416
DIGTRICH: 173
DILLER: 300
DIMITRIADIS: 315
DINU: 235
DIONISO: 54
DÍFILO: 56

DÖBLIN: 249, 321
DODD: 95
DODINE: 112
DOMENACH: 419
DONATO: 29
DORAT: 86
DORCY: 65, 244, 274
DORFLES: 137
DORIN: 377, 380
DORNEVAL: 427
DORT: 31, 34, 57, 76, 81, 112, 115, 117, 122, 125, 127, 141, 143, 197, 241, 261, 299, 307, 332, 341, 354, 361, 402, 407
DOS PASSOS: 249
DOSTOÏEVSKI: 10
DRAGUTIN: 52, 338
DRYDEN: 35, 56, 296, 416, 425
DU BELLAY: 296
DU BOS: 85, 296
DUBILLARD: 2
DUBOIS: 179, 204, 308, 309
DUCHAMP: 24, 51
DUCHARTRE: 62
DUCHEMIN: 11
DUCHET: 329, 364, 365
DUCROT: 94, 95, 103, 108, 300, 301, 302, 355
DUFY: 47
DUJARDIN: 430
DUKONE: 404
DULLIN: 62, 104, 125, 127, 128, 202, 252, 412
DUMAS: 327
DUMUR: 143, 306
DUPAVILLON: 143
DURAND, (G.): 21, 252, 337, 400
DURAND, (R.): 132, 337, 355, 433
DURAS: 128, 248, 263, 378
DÜRRENMATT: 2, 16, 41, 56, 74, 103, 189, 193, 194, 221, 276, 297, 321, 324, 325, 419, 420
DURRINGER: 78, 128
DUVIGNAUD: 296, 366

EBSTEIN: 380
ECO: 50, 57, 127, 173, 199, 208, 228, 240, 271, 332, 351
ELKHENBAUM: 306
EISENSTEIN: 63, 249, 250, 255, 281, 325
EIVREINOV: 383
ELAM: 5, 87, 104, 222, 300, 350
ELIADE: 18, 20, 21, 402
ELIOT: 74, 250, 360, 430
ELLIS-FERMOR: 108, 140
ELSE: 242, 404

ÉLUARD: 321
ÉMÉLINA: 80
ENGEL: 28, 86, 185, 204, 243, 267, 273
ENGELS: 388
ENZENBERGER: 387
ERLICH: 173, 306
ERTEL: 81, 200, 238, 327
ESCARPIT: 60
ÉSQUILO: 73, 278, 310
ESOPO: 157
ESSLIN: 2
ESTANG: 16
EURÍPIDES: 92, 165, 238, 278, 308
EVREINOFF: 127, 221, 247, 388

FABIEN: 378
FABRE: 112
FAGUET: 81
FALL: 311, 363
FANCHETTE: 311
FAVARD: 169
FEBVRE: 83
FELDENKRAIS: 155, 253
FÉRAL.: 374, 378
FERGUSSON: 400
FERRAN: 125
FERRONI: 118, 355
FEUILLET: 310
FEYDEAU: 2, 164, 214, 281, 380, 427
FLEBACH: 393, 404
FIEGUTH: 65, 141, 291, 332
FIELDING: 35
FINTER: 137, 390, 433
FISCHER-LICHTE: 127, 192, 316, 355, 408
FITZPATRICK: 404
FLASHAR: 24, 311
FLECNIAKOSKA: 32
FLESHMAN: 225
FLETCHER: 420
FLOECK: 128, 129
FLORIDOR: 269
FO: 226, 277, 350
FONAGY: 433
FONTANIER: 104, 168, 342
FONTENELLE: 211, 296
FORD: 411
FOREMAN: 34, 138, 204, 299
FORSTER: 157
FORESTIER: 80, 105, 115, 206, 245, 332, 386
FORMIGONR: 126
FOUCAULT: 35, 104, 192, 346, 350, 365
FOURNEL: 234, 368

FRAISSE: 401
FRANCASTEL: 168, 173, 203, 242, 291, 365, 431
FRENZEL: 171, 252, 361, 400
FRESNAY: 380
FREUD: 14, 17, 18, 58, 60, 77, 90, 126, 136, 162, 163, 168, 181, 186, 200, 203, 212, 303, 352, 383, 431
FREYDEFONT: 233
FREYTAG: 29, 63, 154, 285, 297, 403
FRIEDRICH: 266
FRISCH: 2, 189, 276
FREE: 254, 255, 256, 367, 390
FRY: 430
FRYE: 11, 24, 53, 183, 194, 419, 420
FUCHS: 301
FUMAROLI: 89, 115, 342
FURUHASHI: 375
FUZÈLLER: 427

GAILLARD: 364
GALIMAFRÉ: 277
GALOTTA: 83
GANTILLON: 382
GARCIA: 232
GARCIA-MARTINEZ: 345, 403, 433
GARRAN: 210
GARRICK: 166, 169
GATTI: 78
GAUDIBERT: 380
GAULTIER-GARGUILLE: 164, 277
GAUTHIER: 204, 431
GAUTIER: 81, 188
GAUTIER DE COINCY: 245
GAUVREAU: 235
GAY: 35
GÉMIER: 383
GENET: 104, 240, 241, 286, 386
GENETTE: 36, 96, 168, 171, 182, 183, 205, 215, 242, 257, 260, 279, 401, 403
GENOT: 149
GENTY: 204, 384
GEOFFROY: 238
GHIRON-BISTAGNE: 31
GIDE: 10, 112, 25
GIDEL: 427
GINESTIER: 235, 390
GINOT: 83
GIRARD: 347, 420
GIRAUDOUX: 55, 74, 101, 206, 258, 397, 416
GIRAULT: 116, 127, 161, 179, 373
GISSELBRECHT: 175
GITEAU: 143
GLISSANT: 210

GOBIN: 35
GODARD: 31, 52, 128
GOEBBELS: 255, 268, 390, 392
GOETHE: 14, 41, 74, 81, 100, 111, 130, 131, 153, 245, 255, 297, 309, 313, 375, 397, 418, 420
GOF: 127
GOFFMAN: 22, 225, 271, 275, 300, 315, 337, 375, 386
GOGOL: 315
GOLDBERG: 284
GOLDMAN: 420
GOLDMANN: 248, 366, 417, 418, 419
GOLDONI: 62
GOLOMB: 430
GOMBRICH: 147, 204, 329
GOMBROWICZ: 2
GOMEZ: 91
GOMEZ-PENA: 375
GONCOURT: 327
GONTSCHAROVA: 47
GOODMAN: 404
GORKI: 137, 261, 385
GOSSMAN: 355
GOTTSCHED: 425
GOUGAUD: 70
GOUHIER: 3, 4, 42, 115, 140, 143, 146, 161, 214, 401
GOURDON: 140, 300, 332, 355, 366
GOZZI: 62, 166, 167
GRABBE: 131, 196, 392, 397, 419, 424
GRASS: 2, 321
GRAY: 284
GRÉDY: 380
GREEN: 15, 137, 163, 420
GREIMAS: 3, 4, 5, 7, 8, 9, 14, 142, 216, 257, 275, 286, 303, 350, 351, 352, 422
GREUZE: 315
GREY: 69
GRICE: 300
GRIEG: 255
GRIFFITH: 249
GRIMM: 16, 130, 183, 262, 390
GRINGORE: 368
GROPIUS: 395, 389
GROS-GUILLAUME: 164, 277
GROTOWSKI: 7, 17, 18, 20, 43, 75, 126, 127, 137, 140, 185, 187, 205, 210, 232, 243, 252, 268, 277, 279, 297, 303, 305, 337, 346, 374, 382, 384, 389, 390, 391, 393
GRÜBER: 47, 48, 52, 95, 204, 266, 311
GRÜND: 70
GRYPHIUS: 11, 28
GUARINI: 334, 420

Guarino: 167, 233, 332, 354
Guespin: 102
Gueullette: 277
Guez de Balzac: 296
Guichemerre: 420
Guignon: 98
Guitry: 377, 380
Gulli-Pugliati: 21, 304, 340, 355
Gurwitch: 366
Gutai: 191
Guthke: 420
Guy: 141

Haddad: 70
Hakim: 128
Hall: 310
Hamon: 12, 13, 161, 194, 238, 289, 429
Handke: 2, 5, 16, 133, 206, 222, 245, 248, 249, 281, 295, 315, 321, 360
Hanna: 73, 76, 186
Harris: 6
Hauptmann: 93, 261, 262, 417, 419
Hauteroche: 269
Havel: 2
Hays: 141, 127, 128, 135, 196, 337, 365
Hebbel: 110, 153, 419, 420
Heffner: 173
Hegel: 22, 29, 32, 40, 41, 53, 59, 67, 68, 69, 73, 96, 131, 136, 146, 147, 149, 154, 172, 193, 195, 196, 263, 266, 280, 281, 293, 297, 324, 339, 416, 417, 420, 423
Hégémon de Thasos: 278
Heggen: 253
Heidsieck: 189
Heissenbüttel: 321
Heistein: 332, 404
Helbo: 50, 225, 238, 240, 337, 353, 355, 357, 363
Helmich: 250
Hensius: 296
Herder: 425
Hermon: 311
Héron d'Alexandria: 391
Herry: 426
Herzel: 122, 410
Hess-Lüttich: 65, 355
Hijikata: 210
Hildesheimer: 2, 276, 360
Hilgar: 144, 420
Hilzinger: 388
Hindenoch: 70
Hinkle: 7, 332, 353
Hintze: 134, 136

Hiss: 91, 109
Hjelmslev: 350
Hochhut: 282, 388
Hodgson: 205
Hoffmann: 83, 380
Hoffmann-Ostwald: 380
Hofmannsthal: 109, 250, 360, 409, 430
Hogendoorn: 228, 393
Holinshed: 81, 112
Homero: 193, 396
Honzl: 44, 89, 139, 162, 183, 217, 327, 345, 350, 353, 358
Hoover: 63
Hoppe: 6, 266
Horácio: 29, 296, 386, 424
Hornby: 305, 347, 407
Houdar de La Motte: 206, 211, 296, 423
Hrushovski: 167
Hubert: 109, 404
Hübler: 5
Hugo: 30, 74, 109, 138, 141, 188, 297, 305, 313, 392, 424, 429
Huizinga: 220, 275
Hutcheon: 279

Ibsen: 15, 29, 46, 110, 130, 137, 153, 162, 251, 255, 261, 281, 360, 385, 419, 427
Iffland: 99, 128
Ingarden: 96, 108, 179, 208, 228, 301, 329, 396, 406, 409
Innes: 21, 347
Ionesco: 1, 2, 6, 16, 41, 51, 94, 164, 174, 189, 194, 196, 206, 263, 279, 297, 377, 419, 420
Iser: 108, 167, 228
Issacharoff: 54, 60, 101, 102, 136, 355, 408
Ivernel: 32, 380

Jachymiak: 374
Jacquart: 1, 263
Jacquot: 115, 127, 138, 234, 263, 329, 419
Jaffré: 104, 115, 365, 374
Jakobson: 89, 119, 133, 175, 240, 245, 269, 271, 342, 430, 432
Jam Ati: 137
Jameson: 175, 196, 366
Jansen: 4, 5, 87, 133, 135, 136, 167, 179, 363, 422
Jaques: 95, 128, 300, 303, 378
Jaques-Dalcroze: 46, 226, 267, 293, 342
Jarre: 255
Jarry: 1, 2, 196, 233, 297, 374
Jauss: 59, 64, 146, 152, 192, 201, 331, 366, 414
Javier: 127, 390
Jean: 43

JESSNER: 389
JOHANSEN: 357
JOHNSON: 54, 55, 283, 297, 425
JOLY: 38
JOMARON: 27, 127, 263, 391
JONES: 234
JOOS: 83
JOSS: 84
JOUANNEAU: 128
JOURDHEUIL: 116, 389
JOURNIAC: 25, 192
JOUSSE: 21, 69
JOUVET: 57, 96, 253, 344, 389
JOYCE: 249
JUNE PARK: 284
JUNG: 18, 24, 104, 245, 355, 386

KAFKA: 112, 295
KAGEL: 392
KAISER: 188
KANDINSKY: 392
KANT: 18, 58
KANTOR: 7, 31, 132, 383, 388, 389
KAPROW: 191, 284
KAYSER: 189
KEAN: 275
KEATON: 36, 274
KELLER: 115, 154, 249, 276
KEMENY: 87
KEMP: 81
KERBRAT-ORECCHIONI: 95, 104, 300, 302, 303, 362
KEREN YI: 18
KESTING: 24, 112, 130, 184, 396
KIBÉDI-VARGA: 14, 161, 342
KIPPHARDT: 387
KIPSIS: 244
KIRBY: 6, 173, 191, 355, 385, 389, 390
KLEIN: 86, 343
KLEIST: 15, 234, 297, 369, 397
KLIER: 396, 404
KLINCKSIECK: 426
KLÖPFER: 95
KLOTZ: 115, 116, 130, 133, 154, 173, 175, 215, 249, 298
KLONDER: 396, 404
KNAPP: 99, 426
KNOPF: 34, 107, 112, 119, 120, 130, 187, 307
KNUDSEN: 396
KOKKOS: 47, 119
KOKOSOWSKI: 292
KOLTÈS: 210, 248, 329

KOMMERELL: 24, 281
KONIGSON: 246
KOSTELANETZ: 254, 390
KOTT: 189, 420
KOWZAN: 27, 87, 91, 140, 143, 200, 206, 245, 351, 355, 358, 386, 422
KREJCA: 47, 163, 289, 327
KRESNIK: 83, 84
KRISTEVA: 126, 213
KROETZ: 77, 78, 163, 247, 262, 315
KRYSINSKI: 76, 186, 355, 374
KUHN: 255
KUNDERA: 41
KYD: 386

LA BORDERIE: 200
LA BRUYÈRE: 39, 165, 188, 279, 296
LA FONTAINE: 157, 232
LA GRANGE: 269
LA MESNARDIÈRE: 33, 157, 296, 334, 423, 425
LA ROCHEFOUCAULD: 355
LA TAILLE: 296
LABAN: 186, 225, 252, 253, 279
LABICHE: 164, 281, 380, 411, 427
LABORIT: 76
LABOU TANSI: 210
LACAN: 76
LACASCADE: 128
LA CRUZ (DE): 349
LAPON: 235
LAGRAVE: 76, 332, 403
LANGER: 137, 173, 403
LANGHOFF: 266
LANSON: 171
LARA: 391
LARIONOV: 47
LARSEN: 357
LARTHOMAS: 21, 96, 115, 132, 229
LASCAUT: 77
LASOS D'HERMIONE: 107
LASSALLE: 77, 78, 100, 107, 127, 128, 262, 308, 315, 336, 360, 389, 412
LA SALLE (DE): 70
LATOUCHE: 310
LAUDUN: 425
LAUDUN D'ALGALIERS: 296
LAURENT: 394
LAUSBERG: 342
LAVAUDANT: 137, 204
LAVELLI: 232, 268
LAVER: 170
LAZARINL 112

Le Brun: 273
Le Faucheur: 273
Le Galliot: 137, 162, 163
Le Tasse: 56
Leabhart: 244
Lebel: 192
Leclerc: 81
Lecoq: 186, 243, 244, 252, 253, 274, 426
Ledoux: 125
Lefèvre: 78
Léger: 47, 392
Lehmann: 214, 299
Lejeune: 374
Lekain: 169
Lemahieu: 32, 78, 128, 229, 427, 432
Lemaître: 81
Lenormand: 359
Lenz: 29, 313, 420
Leoncavallo: 427
Lepage: 132, 204, 253
Lépincis: 382
Leroi-Gourhan: 21, 186, 345, 431
Lesage: 55, 427
Lessing: 40, 56, 81, 113, 117, 157, 158, 297, 387, 425
Lévi-Strauss: 18, 19, 21
Levieux: 155
Levitt: 96, 174, 298
Lindekens: 204, 431
Lindenberger: 196
Lindley: 234
Lioubimov: 76
Lioure: 404
Lista: 390
Livchine: 76
Lope de Rueda: 129
Lope de Vega: 31, 56, 62, 281, 296, 333
Lorelle: 152, 244, 274
Lotman: 135, 172, 325
Loucashevsky: 128
Louys: 170,
Lugné-Poe: 388
Lukâcs: 24, 68, 74, 112, 116, 131, 140, 147, 173, 175, 194, 195, 196, 324, 325, 328, 329, 366, 416, 417
Lully: 35, 54
Luzan: 297
Lyons: 355
Lyotard: 6, 139, 168, 228, 299, 354, 355, 431

Macherey: 391
Madral: 390
Maquiavel: 62

Maeterlinck: 109, 162, 214, 247, 286, 297, 360, 401, 424
Maggi: 424
Magritte: 245
Maiakóvski: 379
Maillet: 248
Maingueneau: 103, 300, 302
Maintenon: 310
Mairet: 296, 420, 425
Malec: 268
Malevitch: 232
Mallarmé: 109, 183
Manceva: 400, 406
Man (de): 342
Mann: 346, 394, 384
Mannheim: 99
Mannoni: 90, 136, 163, 203, 205, 408
Marc: 253
Marceau: 244, 274, 380
Marcheschi: 78, 128
Marcus: 149, 235
Maréchal: 116
Marey: 252
Marie: 249
Marin: 76, 83, 155, 179, 186
Marinetti: 16, 24, 391
Marivaux: 5, 34, 35, 36, 52, 62, 66, 80, 94, 98, 104, 115, 165, 206, 211, 215, 222, 226, 232, 240, 241, 245, 285, 291, 363, 373, 386, 403
Marlowe: 73, 81, 246
Marmontel: 29, 33, 34, 53, 58, 60, 84, 85, 115, 116, 129, 141, 144, 153, 158, 202, 203, 206, 214, 257, 297, 333, 428, 430
Marranca: 163, 204, 284
Mars: 152, 181
Martin: 65, 84, 85, 113, 132, 226, 270, 271, 337, 396, 406, 433
Marty: 199, 200, 361
Marx: 40, 195, 196, 299, 303, 364, 388, 419
Marx (Brothers): 36
Mascagni: 427
Masson: 47
Matejka: 120, 162, 170, 306, 350, 355
Mateo: 69
Mathieu: 14, 260
Matisse: 45, 47, 335
Matt (von): 249
Maugham: 55
Maupassant: 327
Mauron: 34, 53, 54, 60, 118, 163, 164, 252, 256, 364, 399, 400
Mauss: 19, 76

Mayor: 98
Mc Auley: 91, 355
Mc Gowan: 54
Mc Luhan: 384
Mehlin: 91
Meiningen (de): 128
Meldolesi: 129
Meleuc: 357
Méliès: 166
Melrose: 127
Menandro: 56
Mendelssohn: 255
Mercier: 297
Meredith: 297
Merle: 38
Meschonnic: 85, 261, 343, 430, 433
Mesguich: 52, 76, 95, 126, 127, 213, 227, 245, 342, 403
Metz: 168
Meyer-Plantureux: 177, 179
MeierholD: 18, 33, 47, 57, 62, 63, 65, 66, 75, 85, 99, 121, 122, 185, 186, 187, 188, 210, 223, 225, 232, 233, 256, 277, 279, 328, 336, 341, 373, 379, 389, 391, 395, 412, 426, 431
Mic: 61, 62, 226
Mignon: 27, 263, 390
Milhaud: 47
Miller: 65, 108, 170, 378, 393
Milner: 86, 430
Minks: 47
Minyana: 128, 248
Mion: 121
Mironer: 141
Mnouchktne: 98, 133, 210, 344, 359, 378, 432
Moholy-Nagy: 389, 392, 394, 396
Moindrot: 115, 256, 268
Moles: 65, 136, 238, 240
Molière: 10, 35, 39, 47, 50, 54, 55, 60, 62, 80, 92, 104, 117, 164, 166, 206, 212, 214, 215, 226, 227, 232, 269, 291, 296, 308, 316, 338, 365, 368, 373, 377, 432
Monk: 392
Monod: 112, 115, 205, 222, 400
Montano: 284
Montdor: 350
Montfleury: 269
Montgomery: 6
Moraud: 80
Moréas: 360
Morel: 335, 419
Moreno: 275, 311, 385, 388
Morris: 300

Morvan de Bellegarde: 97
Motta: 52
Mounin: 7, 64, 65, 244
Moussinac: 127
Mrozek: 2, 16
Muhl: 6
Mukařovský: 93, 124, 147, 175, 249, 269, 296, 306, 331, 332, 345, 350, 353, 355, 365, 404, 406
Müller: 10, 248, 276, 430
Musset: 74, 131, 141, 196, 247, 297, 310, 313, 392, 411, 424
Muybridge: 252

Nadar: 178
Nadin: 352
Nadj: 83
Nakache: 78, 128
Napoleão: 127
Nattiez: 355
Neher: 308, 328
Nelson: 386
Nestroy: 166, 188
Neufeldt: 235
Neveux: 16
Nichols: 388
Nickas: 284
Nicoll: 404
Nietzsche: 20, 22, 34, 41, 143, 194, 200, 346, 354, 396, 416
Nitsch: 6, 192, 284
Nordey: 128
Norman: 24, 212, 254
Norton: 81
Nouryeh: 284
Novarina: 248, 295
Noverre: 28, 73, 297
Nuttal: 284

O'Casey: 162
Obaldia: 377
Obregon: 384, 385
Offenbach: 278
Ogden: 357
Ohana: 268
Ohno: 210
Okhlopkov: 232
Oldenburg: 191
Olsen: 191
Olson: 54, 161, 206, 214
Opitz: 296
Osolsobe: 64, 208, 241, 269, 270, 271, 355, 386
Ostergaard: 90
Owen: 262

PAGNINI: 87, 115, 303, 355
PANDOLFI: 127
PANE: 192, 284
PAQUET: 210, 232, 243, 283
PARIS: 375
PASSERONI: 80, 304
PASSOW: 37
PAUL: 396, 404
PAVEL: 13, 14, 335
PAVIS: 4, 6, 11, 21, 28, 31, 34, 35, 37, 51, 57, 62, 68, 70, 72, 73, 76, 81, 89, 91, 96, 97, 104, 106, 108, 116, 124, 126, 127, 135, 138, 140, 141, 144, 146, 152, 167, 170, 172, 186, 187, 188, 196, 197, 199, 200, 208, 211, 212, 213, 214, 222, 225, 226, 228, 238, 243, 244, 245, 246, 248, 266, 279, 280, 289, 291, 299, 300, 301, 311, 318, 324, 327, 332, 337, 340, 342, 345, 355, 357, 358, 362, 363, 366, 368, 388, 403, 404, 406, 408, 409, 413, 415, 422, 426, 430, 431
PEARSON: 277
PEDUZZI: 47
PEIRCE: 199, 208, 300, 350, 357, 360
PELETIER DE MANS: 296
PELLERIN: 382
PERCHERON: 96
PERRAULT: 35, 36, 166
PESSOA: 360
PEYMANN: 44
PEYRET: 116, 128, 389
PFISTER: 6, 21, 54, 60, 95, 174, 215, 241, 291, 298, 303, 355
PIC: 179
PICASSO: 45, 47
PICOT: 368
PIDOUX: 289
PIEMME: 123, 127, 355
PIERRON: 44, 47, 91, 137, 204
PIGNARRE: 127
PINGET: 1, 5, 222, 241, 245, 263, 360
PINTER: 1, 360, 368, 377
PINTILIÉ: 163
PIRANDELLO: 6, 16, 88, 93, 104, 154, 162, 188, 195, 206, 222, 240, 241, 245, 286, 289, 314, 315, 326, 376, 386, 424
PISCATOR: 27, 130, 249, 297, 308, 379, 387, 388, 389, 393, 395, 396
PIXÉRÉCOURT: 238, 239
PLANCHON: 47, 48, 52, 116, 126, 127, 132, 133, 137, 161, 204, 213, 227, 229, 278, 286, 293, 353, 394
PLASSARD: 234
PLATÃO: 26, 182, 242, 424
PLAUTO: 1, 56, 61, 62, 117, 164, 420

PLOTINO: 242
PLUTARCO: 112
POERSCHKE: 22, 141
POIRET: 380
POIROT-DELPECH: 81, 376
POLTI: 8, 144, 179, 235, 364
PÔRTNER: 385, 388
POTTECHER: 394
PUDOVKTN: 249
POUGIN: 122
PRADIER: 21, 28, 152, 211, 355
PRADINAS: 128
PRAMPOLINI: 391
PRATTS: 167
PREISENDANZ: 60
PRESTON: 81
PRÉVERT: 274
PRIETO: 64, 355
PRINCE: 14, 161
PROCHÁZKA: 355, 406
PRONKO: 16, 152, 211, 390
PROPP: 4, 7, 8, 12, 179, 235, 251, 252, 257, 286, 352, 364, 422
PRZYBOS: 239
PUCCINI: 427
PUJADE-PVENAUD: 155
PURE (ABBÉ DE): 296
PÜTZ: 403 PY: 127, 128, 163

QUÉRÉ: 65, 238
QUINTILIANO: 341

RABELAIS: 188
RACAN: 56, 334
RACINE: 22, 52, 66, 67, 74, 85, 117, 158, 162, 259, 286, 293, 294, 305, 311, 334, 335, 404, 416, 417, 418, 429
RAIMU: 380
RAIMUND: 166
RAINER: 253, 392
RAMBERT: 128
RAMUZ: 268, 392
RANK: 118
RAFAEL: 22
RAPIN: 34, 165, 428
RAPP: 5, 141, 143
RASTIER: 11, 95, 216
RAUSCHENBERG: 191
RAYNAUD: 143
RECANATI: 300
REGNARD: 55
REGNAULT: 86, 115, 268, 389, 430
RÉGNIER: 109

RÉGY: 85, 127, 128, 135, 204, 353, 363
REICHERT: 214
REINELT: 355
REINHARDT: 127, 184, 380
REISS: 204, 337
RESNAIS: 170, 255
RESTIF DE LA BRETONNE: 375
REY: 280, 373, 374
REY-COUTY: 386
REY-DEBOVE: 355
REY-FLAUD: 164, 246
RICOEUR: 7, 123, 192, 213, 214, 242, 256, 259, 293, 403, 416
RICCOBONI: 62, 85, 297
RICHARD: 357, 399
RICHARDS: 5, 205, 277, 303, 347
RIGHTER: 241
RIMBAUD: 395
RINKE: 284
RISCHBIETER: 44, 47, 138, 192, 390
RIVIÈRE: 204
ROACH: 31, 355
ROBBE-GRILLET: 170, 221
ROBICHEZ: 361
ROGIERS: 179
ROHMER: 136, 310
ROKEM: 390
ROLLAND: 297, 383, 394
ROMILLY: 11, 131, 191, 281, 420
RONCONI: 232, 283
RONSE: 232
ROOSE-EVANS: 390
ROSTAND: 380, 429
ROTH: 378
ROTROU: 56, 245, 386, 420
ROUBINE: 31, 57, 235, 243
ROUCHÉ: 27, 127
ROUGEMONT (DE): 146, 376
ROUSSEAU: 40, 128, 238, 297, 383
ROUSSET: 113, 115, 173
ROUSSIN: 377, 380
ROZIK: 216, 355
RUDLIN: 62
RUDNLTSKI: 63
RUFFINI: 87, 96, 355, 409, 422
RÜLICKE-WEILER: 34, 107, 130
RUNCAN: 95
RUPRECHT: 141, 214, 282, 427
RUSSELL: 44
RUTEBEUF: 245
RUTELLI: 87
RUTTMANN: 121

RUZZANTE: 61
RYKNER: 263
RYNGAERT: 98, 115, 138, 145, 155, 205, 221, 222, 305, 345, 404

SABBATTINI: 232
SACCHI: 166
SACKVILLE: 81
SAÏD: 191, 197, 420
SANTO AGOSTINHO: 296, 400
SAISON: 6, 266
SALACROU: 15, 47, 170
SALLENAVE: 127, 406
SALZER: 155
SAMI-ALI 136
SANDERS: 127, 262
SANDFORD: 192
SANDIER: 81
SAPORTA: 83
SARASIN: 296
SARCEY: 42, 81
SARDOU: 281
SAREIL: 60
SARKANY: 364
SARRAUTE: 222, 241, 245, 263, 378
SARRAZAC: 78, 109, 163, 186, 205, 221, 225, 249, 311, 382, 389
SARTRE: 1, 2, 4, 6, 47, 55, 112, 282, 297, 364, 385, 394, 416
SASTRE: 297
SATIE: 47
SAUSSURE: 101, 102, 350, 357, 360
SAVARESE: 7, 17, 19, 20, 143, 256
SAVARY: 239
SAVONIA: 257, 303, 378, 406
SAWECKA: 386
SCALIGER: 242, 296, 425
SCARRON: 35, 54
SCHAEFFNER: 20, 306
SCHECHNER: 17, 20, 27, 57, 143, 210, 221, 225, 256, 283, 303, 311, 339, 347, 374, 389
SCHELER: 416
SCHELLING: 417
SCHERER: 33, 67, 97, 113, 115, 144, 146, 147, 149, 154, 194, 215, 225, 229, 245, 260, 267, 335, 357, 376, 419
SCHIARETTI: 128
SCHILLER: 14, 15, 16, 29, 41, 74, 111, 117, 153, 216, 281, 297, 387, 397, 418
SCHINO: 62
SCHLEGEL: 66, 74, 216, 297
SCHLEMMER: 1, 168, 233, 265, 390, 391, 394

480

SCHMELING: 241, 386
SCHMID: 32, 104, 235, 301, 316, 355, 378, 404
SCHNEBEL; 392
SCHNEILIN: 404
SCHNITZLER: 55
SCHOENBERG: 332
SCHOENMAKERS: 141, 235, 316, 332, 355
SCHOPENHAUER: 178, 196, 416
SCHRODER: 128
SCHWARTZ-BART: 210
SCOTT: 112
SCRIBE: 281, 282, 333, 380, 427
SCUDÉRY: 296, 334
SEARLE: 6, 167, 300, 405
SEBEOK: 225
SEGRE: 14, 112, 355, 363
SEIDE: 128
SÊNECA: 29, 392
SENNET: 36
SENTAURENS: 32
SERPIERI: 87, 88, 89, 304, 340, 355, 357, 407
SERREAU: 263, 387
SÉVIGNÉ: 52
SHAKESPEARE: 2, 10, 29, 35, 44, 46, 55, 56, 62, 71, 73, 81, 104, 107, 116, 131, 161, 165, 166, 173, 193, 196, 206, 214, 215, 238, 240, 241, 246, 247, 249, 255, 276, 285, 359, 367, 373, 386, 397, 401, 411, 414, 417, 418, 432
SHARPE: 216
SHAW: 55, 282, 385
SHELLEY: 392
SHERIDAN: 55
SHEVTSOVA: 366
SHOMIT: 129
SIGAUX: 427
SIMHANDL: 204
SIMON: 115, 127, 214, 303
SIMONIDE DE CÉOS: 107
SINGER: 143
SINKO: 355
SLAWINSKA: 21, 24, 110, 179, 347, 350, 355, 396, 403, 404
SOBEL: 116, 161
SÓCRATES: 215, 281
SOLA: 128, 378
SOLGER: 216
SONREL: 44
SÓFOCLES: 10, 14, 73, 165, 310, 332
SOFRON: 243
SOULIER: 78
SOURIAU: 4, 8, 27, 59, 67, 144, 146, 179, 235, 286, 352, 364

SPENSER: 161
SPIRA: 92
SPOLIN: 129, 222
STAËL (DE): 297
STARTER: 183, 403
STANISLÁVSKI: 31, 57, 85, 99, 108, 123, 128, 220, 247, 251, 252, 253, 275, 279, 289, 297, 357, 359, 368, 369, 389, 412, 426
STAROBINSKI: 106, 150, 337, 400
STATES: 151, 216, 306, 353
STEFANEK: 20
STEIN: 138, 283, 308
STEINBECK: 396, 404
STEINER: 208, 355, 409, 419
STENBERG: 232
STENDHAL: 297, 327
STERN: 186
STERNE: 245
STERNEHIM: 188
STIERLE: 5, 58
STOCKHAUSEN: 392
STORCH: 44, 47, 138, 192
STRASBERG: 57, 368
STRÀSSNER: 15
STRAUSS: 248, 276
STRAVINSKI: 47, 268, 392
STREHLER: 48, 85, 99, 126, 127, 128, 226
STRIHAN: 355
STRINDBERG: 30, 134, 137, 162, 247, 261, 286, 360, 381, 382
STYAN: 44, 65, 304, 404, 420
SUVIN: 10, 192, 289
SUZUKI: 210
SVOBODA: 27, 47, 293
SWIFT: 188
SWIONTEK: 72, 241, 305, 315, 386, 406
SZEEMANN: 184
SZONDI: 9, 15, 26, 39, 68, 109, 112, 114, 115, 123, 131, 149, 172, 174, 175, 187, 249, 256, 258, 260, 282, 294, 299, 314, 324, 325, 337, 339, 417, 419

TABARIN: 164, 350
TAÍROV: 47, 168, 389
TALMA: 31, 85
TAN: 316
TARDIEU: 222, 263, 321, 382
TARRAB: 192
TATLINE: 232
TAVIANI: 19, 62, 347
TAYLOR: 282
TCHÉKHOV (M.): 65, 253

TCHÉKHOV: 29, 93, 94, 95, 99, 137, 163, 195, 216, 227, 251, 302, 314, 332, 338, 359
TEMKINE.-81, 128
TENSCHERT: 117
TERÊNCIO: 29, 56
TESNIÈRE: 7
TÉSPIS: 73, 310, 385
THIBAUDAP.81, 127
THOMASSEAU: 96, 207, 208, 230, 238, 239, 278, 406, 427
THOMSEN: 127, 284, 390
THORET: 163, 374
TIECK: 392
TILLY: 77, 78, 163, 360
TINDEMANNS: 316
TIRSO DE MOLINA: 31, 282
TISSIER: 164
TITUNIK: 162, 170, 350, 355
TODOROV: 95, 106, 112, 158, 161, 163, 173, 175, 183, 193, 248, 252, 306, 345, 355, 357, 432
TOLLER: 74
TOLSTOÏ: 427
TOMASCHÉVSKI: 3, 5, 158, 161, 193, 215, 250, 251, 252, 262, 400
TOMASZEWSKI: 244
TORELLI: 166
TORO (DE): 34, 112, 355
TOUCHARD: 27, 127 TRAGER: 433
TRAMUS: 254
TREATT: 177
TREMBLAY: 77
TROUSSON: 252, 400
TRUCHET: 420
TSAÏ: 128, 378
TUDOR: 191
TURK: 141, 332
TURLUPIN: 164, 277
TURNER: 21, 143, 308, 347
TYNIANOV: 175, 278, 306

UBERSFELD: 6, 8, 9, 35, 67, 90, 96, 102, 108, 127, 132, 133, 135, 151, 163, 172, 189, 197, 200, 226, 238, 239, 243, 266, 289, 296, 300, 301, 304, 354, 355, 357, 358, 361, 386, 400, 402, 422, 425
UNAMUNO: 173, 416
URMSON: 5, 167
URRUTIA: 355
USPENSKI: 63, 291, 315
UTRILLO: 47

VADÉ: 277
VAIS: 132

VAKHTÂNGOV: 99, 252, 389
VALDEZ: 382
VALDIN: 187, 314
VALENTIN (F.-E): 202
VALENTIN (K.): 243
VALÉRY: 343
VAN DIJK: 5, 104, 303
VAN EYCK: 245
VAN KESTEREN: 235, 316, 355, 404
VANDENDORPE: 161
VARDA: 177
VASSILIEV: 99
VAUQUELIN DE LA FRESNAYE: 296
VAUTHIER: 263, 280
VAUVENARGUES (DE): 356
VEINSTEIN: 109, 122, 127, 128, 146, 254, 390
VELTRUSKÝ: 6, 32, 70, 89, 95, 139, 172, 266, 304, 350, 353, 356, 362, 430, 431, 433
VERGA: 427
VÉRICEL: 128
VERNANT: 18, 191, 194, 216, 256, 417, 419
VERNOIS: 119, 163, 426
VERSUS: 332
VIALA: 335, 366
VICENTE: 31
VICKERS: 420
VICTOROFF: 60
VIDA: 296
VIDAL-NAQUET: 194, 256
VILAR: 15, 44, 100, 126, 127, 166, 254, 293, 383, 394
VILDRAC: 359
VILLÉGIER: 85, 95, 232, 342, 363, 432
VILLEMAINE: 295
VILLENEUVE: 28, 186
VILLIERS: 25, 31, 57, 380
VILLON: 37
VINAVER: 32, 78, 128, 132, 228, 229, 262, 280, 302, 305, 338, 342, 382, 392, 405
VINCENT: 126
VITEZ: 15, 47, 69, 85, 76, 95, 98, 99, 107, 116, 119, 126, 127, 128, 161, 163, 213, 214, 220, 232, 241, 245, 261, 295, 308, 311, 342, 344, 345, 353, 363, 364, 392, 394, 396, 412, 426, 430, 432
VODICKA: 300, 331, 355, 406
VOLLI: 19
VOLTAIRE: 115, 144, 169, 171, 188, 209, 222, 285, 297, 386
VOLTZ: 7, 54, 331, 347, 391
VORSTELL: 192
VOSSIUS: 91, 296

WAGNER: 46, 166, 183, 184, 226, 297, 360, 395

Warning: 60, 192, 332
Watanabe: 305
Watson: 277, 355
Watzlawick: 300
Weber: 399
Wedekind: 11, 30, 162, 188, 308, 313
Weill: 255, 268, 392
Weingarten: 263
Weinrich: 403
Weiss: 282, 307, 387, 388, 411
Weitz: 141, 228, 316, 332
Wekwerth: 307
Welles: 322
Wenzel: 77, 78, 262, 315, 360
Wesker: 77, 163, 262
Wigmann: 84
Wilde: 55, 310
Wilder: 30, 101, 130, 258
Wiles: 7, 284
Williams: 127, 162, 340
Wills: 127, 128
Wilson: 14, 132, 133, 138, 204, 210, 227, 247, 336, 383, 401, 403

Winkin: 65, 243
Winnicott: 221
Winter: 166
Wirth: 95, 104, 141, 249, 260, 284
Witkiewicz: 173
Wittgenstein: 2, 222
Wodtke: 40
Wolf: 379
Wölfflin: 173, 175
Wolzogen (Von): 226
Woolf: 112, 247
Wright: 273

Yaari: 277 Yacine: 210 Yeats: 250, 360, 430

Zadek: 47
Zeami: 296
Zich: 146, 350, 396
Zielske: 47
Zimmer: 143
Zola: 43, 236, 261, 262, 282, 297, 316, 417, 427
Zouc: 38
Zumthor: 433

OBRAS DE REFERÊNCIA DESTE DICIONÁRIO PUBLICADAS PELA EDITORA PERSPECTIVA

Obra Aberta (D 04)
    Umberto Eco

Crítica e Verdade (D 24)
    Roland Barthes

A Escritura e a Diferença (D 49)
    Jacques Derrida

Introdução à Semanálise (D 84)
    Julia Kristeva

O Teatro e sua Realidade (D 127)
    Bernard Dort

Mimesis (E 02)
    Erich Auerbach

Homo Ludens (E 04)
    Johan Huizinga

A Realidade Figurativa (E 21)
    Pierre Francastel

Sentimento e Forma (E 44)
    Susanne K. Langer

Tratado Geral de Semiótica (E 73)
    Umberto Eco

Teatro Leste & Oeste (E 80)
    Leonard C. Pronko

Lector in Fabula (E 89)
    Umberto Eco

O Ator no Século XX (E 119)
    Odette Aslan

Os Limites da Interpretação (E 135)
    Umberto Eco

O Grotesco (ST 06)
    Wolfgang Kayser

Dicionário Enciclopédico das Ciências da Linguagem (LSC)
    Oswald Ducrot e Tzvetan Todorov

Este livro foi impresso na cidade de Cotia,
nas oficinas da Meta Brasil, para a Editora Perspectiva.